AGLAÏA
Autour de Platon

Mélanges offerts à Monique Dixsaut

Photo : © Louis Monier

AGLAÏA
Autour de Platon

Mélanges offerts à Monique Dixsaut

Textes réunis par Aldo Brancacci
Dimitri El Murr et Daniela Patrizia Taormina

Ouvrage publié avec le concours
du Centre national du livre

Librairie philosophique J. VRIN

6, place de la Sorbonne, Paris V^e^
ISSN 0249-7980
ISBN 978-2-7116-2309-9
www.vrin.fr

LIMINAIRES

LES CIGALES DE L'ILLISSOS

JACQUELINE RISSET

Très haut platane, brise modérée,
source fraîche,
platane, poivrier parfumé

Parmi tous les biens les plus grands
sont ceux qui viennent par délire
troisième délire celui qui a
affaire aux Muses

Cigales cygnes sirènes
cigales pour endormir le philosophe
et recommence – pensée

Les cigales nous regardent
et si elles voient que notre esprit
sans céder à leurs enchantements
les côtoie comme des sirènes

alors ce privilège
que les dieux leur ont accordé
elles nous en font présent, peut-être

Cigales étaient des hommes, vivaient
avant la naissance des hommes
et quand par le plaisir du chant
elles cessèrent de boire et manger

devinrent cigales

Chantant jusqu'au terme de la vie
le soir se rendent chez les Muses
leur nomment ceux qui sur terre les honorent
passant la vie en philosophant

Ainsi les Muses les honorent
et comme elles ont plus que les autres
rapport aux choses qui regardent
et les dieux et les hommes

leur musique est toujours celle
qui a la plus grande beauté

Aussi les deux qui se promènent
vers l'heure de midi
l'un plus âgé l'autre plus jeune
ne s'abandonnent pas au sommeil

et parlent
au bord de l'Illissos

Tandis qu'ici les hirondelles
enfin aujourd'hui arrivées dans la ville
arrivant chaque printemps
un peu plus tard et plus petites

s'élancent en criant dans le ciel
ciel gris clair de printemps cris de joie
cris d'énergie et de naissance
entiers champs de joie qui attendent

Elle dit que tant qu'elle a des ailes
tant qu'elle s'élance elle n'a
d'autre vérité que cet élan

ne se devance pas
ne se précède pas

rythme

surprise

métamorphose

force de l'énigme

LE REGARD DE MÉDUSE

MONIQUE DIXSAUT

Dans la première de ses *Six Leçons américaines*, intitulée « Légèreté », Italo Calvino parle de la lente pétrification qui le saisit dès qu'il se livre à une évocation autobiographique. Quiconque se retourne sur sa propre vie se trouve en effet paralysé par le regard de Méduse et seul Persée peut lui venir en aide. En utilisant comme miroir un bouclier, don d'Athéna, et grâce à des sandales ailées, don d'Hermès, Persée a pu éviter de regarder le monstre en face, le survoler et lui trancher la tête. L'imiter, c'est refuser de succomber à la pesanteur de sa vie et s'envoler dans un autre espace. Car « seules, peut-être, la vivacité et la mobilité de l'intelligence échappent à la condamnation ».

En dehors de la poésie, ce qui me paraît le plus apte à faire fonction de sandales ailées est la philosophie. Elle aussi instaure un langage différent, dont chaque mot doit être réfléchi, raturé et traversé autant que faire se peut par la vivacité et la mobilité de l'intelligence, un langage qui n'est ouvert à aucune autre sorte d'événements que ceux consistant à comprendre et à ne pas comprendre, à chercher, trouver, perdre et réinventer du sens. On n'attend malheureusement pas ici de moi que j'utilise ce langage. Faute de sandales, reste le miroir qui rend la réalité supportable. L'histoire qui suit sera donc aussi fictive que toute histoire qu'on raconte, surtout si on ajoute, comme Orson Welles dans *Vérité et Mensonge* : « mais pas celle-ci ». Il est absurde de prétendre démêler la vérité des double-dits d'Orson Welles ou d'Epiménide le Crétois, mais on peut leur accorder la vertu de légèreté. C'est la seule vertu que je me souhaite.

L'histoire vraie ne sera évidemment pas celle de ma vie, qui ne deviendrait intéressante que si j'avais le talent de la rendre telle, mais celle de ce que j'ai tenté de faire en enseignant et en écrivant. À un moment, j'ai choisi la philosophie. Est-ce à dire que je suis devenue philosophe ? Philosophe et philosophie sont des termes autour desquels a tourné et tourne encore tout mon travail et il m'est difficile d'oublier qu'ils recouvrent plus de questions que de réponses. Par exemple, est-ce qu'un philosophe peut se dire philosophe ? Est-ce qu'il peut transformer en adjectif, qualité, propriété, ce qui lui est essentiel mais qui reste pour lui un problème ? Pris comme attribut, « philosophe » désigne-t-il une compétence, un savoir dans un domaine particulier, un statut social (professeur ou chercheur en « philosophie ») ou encore une certaine attitude, une certaine sagesse ? Comme je refuse de faire de la philosophie un sujet de conversation, je vais saisir ici l'occasion de parler, tant bien que mal, de mes rencontres, et d'abord avec celui dont je ne savais pas encore qu'il était le premier philosophe, Platon.

Après une année de terminale presque exclusivement consacrée aux localisations cérébrales, je n'avais pas la moindre idée de ce qu'était la philosophie et je n'avais, concernant Platon, pas le plus petit préjugé, la plus petite opinion. C'était pour moi un auteur de version grecque comme un autre. Pour me récompenser d'avoir obtenu mon baccalauréat, mon père m'avait offert les *Œuvres complètes* en deux volumes qui venaient de paraître dans la collection de la Pléiade. J'ai donc eu la chance de lire Platon d'abord pour le plaisir et ai découvert les Dialogues dans la traduction faite par Léon Robin (inventeur d'une langue qui n'est pas du grec ni du français mais les deux à la fois), celle qui de toutes les traductions me fait le mieux entendre la voix de Platon. Cet été-là, Socrate ou l'Étranger d'Élée me parlaient comme ils parlent à Charmide, Lysis ou Théétète (je saisissais moins distinctement, je l'avoue, ce que pouvait bien me vouloir l'Athénien des *Lois*). Ils me disaient que savoir n'est pas croire; qu'ignorer c'est croire savoir et non pas ne pas savoir; que savoir n'est pas penser, puisque penser c'est apprendre; que l'opinion est forcément tyrannique et que la pensée qui libère de l'opinion est la seule liberté véritable. Je comprenais que tout doit donner lieu à question et que rien n'est matière à drame : la vie, la mort, l'amour, la pensée, du coup, tout s'allégeait. Il ne faisait pour moi aucun doute que Socrate avait raison et que, délesté de son poids d'opinions et de certitudes, Théétète pèserait moins à ceux qui l'entourent.

Pourquoi est-ce cela que j'ai alors compris ? Sans doute parce que j'avais eu mon compte de tragique, d'exode, d'exil, de déracinement, après quoi je n'ai plus jamais été très sûre de retrouver, comme dit un personnage du *Philèbe*, la route pour rentrer chez moi. Socrate l'atopique, le sans-lieu, n'avait pas eu trop de mal à me convaincre que, lorsqu'il m'ordonnait « de fuir d'ici là-bas », il ne me conseillait pas de me réfugier dans l'abstrait ou l'imaginaire, il me montrait le chemin pour rentrer chez moi. Je ne savais pas encore très clairement que ce chemin menait vers la philosophie, mais j'étais désormais certaine qu'il passait par Platon.

La philosophie ne m'est tombée dessus que lors de mon année de khâgne au Collège Sévigné, en la personne de Jeanne Delhomme. En l'écoutant, je me suis dit que ce discours était à la fois incompréhensible et inévitable. Jeanne Delhomme n'exposait jamais une doctrine, sa parole faisait subir aux textes une transmutation; ils se mettaient à dire, non pas autre chose, mais ce qu'il apparaissait incontestable qu'ils avaient toujours voulu dire si ce qu'ils voulaient dire voulait encore dire quelque chose. La mémoire de Jeanne Delhomme – elle citait toujours « de mémoire » – vérifiait ce que Jeanne Delhomme disait de la mémoire :

> Platon et Bergson ont vu combien la mémoire était métaphysique; c'est par elle, qui soutient et maintient, qui donc présente, que le présent est présence, c'est elle qui pressent et devine, c'est elle qui *sait* (...) exister c'est se souvenir, car c'est perpétuellement révéler, rendre présent ce qui était enfoui dans l'abîme de l'absence et dissimuler – rendre absent – oublier ce qui était venu à la lumière (...) elle seule sait qu'elle ne sait pas et ce qu'elle ne sait pas, elle seule ne sait pas ce qu'elle sait, et demande et questionne.

Jeanne Delhomme avait donné des cours d'agrégation sur Platon à Poitiers, puis à Nanterre, mais pas à Sévigné où j'ai continué à suivre ses cours même une fois entrée à l'École Normale Supérieure de Sèvres. Les quelques lignes de *La Pensée Interrogative* que je viens de citer suffisent cependant à montrer ce que je lui dois: réfléchie par elle, la théorie platonicienne de la réminiscence cesse justement d'être une théorie platonicienne. En perdant son nom historiquement codé, « réminiscence », la mémoire vue par Platon récupère sa dimension métaphysique, et sa vérité. Pour comprendre ce que disait Jeanne Delhomme il fallait une connaissance des textes presque égale à la sienne, être capable de les reconnaître lorsque, insérés dans une autre problématique, leur sens se révélait sans s'expliquer. Entendre comment Jeanne Delhomme comprenait un texte (toujours un « grand » texte: il n'y avait chez elle pas l'ombre de curiosité érudite) n'était pas avoir affaire à un sens possible, à une interprétation, c'était à la fois comprendre quelque chose et comprendre ce que signifie comprendre. Et que ce n'est pas exposer, analyser ou commenter.

Si elle était l'exigence philosophique incarnée, si en elle brillait et brûlait la pensée, elle était aussi la personne la plus vivante que j'aie jamais connue. Il y a à coup sûr une dimension érotique dans tout rapport véritable, et elle est d'autant plus intéressante qu'elle est plus sublimée et que la séduction passe par du langage et une intensité de vie. Le nom de Jeanne Delhomme n'évoque pas pour moi seulement ses cours et ses livres mais toutes les coupes de champagne bues à la Closerie des Lilas, les canards à l'orange et les soupes de poisson (le secret, c'est le vin blanc), les romans d'Henry James et de Giraudoux, les tableaux et les films dont elle parlait dans la langue élégante et fulgurante qui lui était propre, les fous rires et les malheurs pudiquement partagés, la générosité implacable qui m'a fait préférer à toute réussite le souci de ne pas la décevoir. Le plus difficile a certainement été pour moi de m'en inspirer sans la répéter. J'ai fait ce que j'ai pu, et les Grecs, Platon en tête, m'y ont aidée. Mais j'ai essayé de ne jamais oublier que la philosophie grecque était de la philosophie et non pas un objet de science historique, archéologique ou philologique. J'ai simplement voulu ajouter à ce que Jeanne Delhomme m'avait transmis que la philosophie était grecque, et en quel sens elle l'était.

Avant de la rencontrer j'avais été une bonne élève dans un bon lycée, Fénelon (Nathalie Sarraute, qui y a fait ses études à peu près à cette époque, dit dans *Enfance* qu'elle y a découvert la justice, et c'est une expérience que je partage). Pour l'amour du grec, j'avais commencé en khâgne une licence de lettres classiques. J'ai brusquement obliqué vers la philosophie lors de mon entrée à l'École. J'avais passé le concours d'entrée devant Paul Ricœur et Gaston Bachelard dont la fille, Suzanne, était alors agrégée répétitrice à Sèvres. Je dois dire que je n'ai gardé aucune empreinte philosophique ni du père ni de la fille. Suzanne nous enseignait la logique et les œuvres de Bachelard ne m'offraient rien de ce que je cherchais à l'époque. Mais c'est d'un être lui aussi incroyablement vivant que j'ai gardé le souvenir. Avec l'inconscience de la jeunesse, je débarquais chez lui quand bon me chantait et il me recevait dans une chambre où, voisinant avec des caisses de vin, des cageots entiers de pommes (hommage un peu appuyé à Schiller) pourrissaient sous le lit et où des piles de livres s'élevaient du plancher au plafond, rendant les parcours périlleux. Tantôt il voulait me faire découvrir ses dernières lectures, D'Annunzio par exemple, ou il me lisait les quelques bons vers qu'il avait extraits des recueils de poèmes qu'on lui envoyait en abondance; et tantôt, coiffé d'un chapeau rond en équilibre instable, il m'emmenait au Balzar manger des tartes aux framboises.

Cet homme couvert d'honneurs ne parlait pas de lui-même, il voulait faire admirer ce qu'il admirait, découvrir ce qu'il venait de découvrir. J'ai longtemps pensé qu'il ne m'avait rien enseigné, je vois maintenant qu'avec Jeanne Delhomme il reste pour moi le modèle d'une certaine grandeur et de l'absence totale de conformisme qui l'accompagne. Je m'aperçois d'ailleurs que mes « figures marquantes » sont liées à des plaisirs et à des lieux d'un Paris disparu, à ces « cafés de la jeunesse perdue » dont parle Modiano. J'ai connu ces cafés-là (grands ou petits, même s'ils existent encore ils ont perdu leur âme); je les ai beaucoup fréquentés avec des gens qui aimaient boire, manger, parler... et fumer. Je me demande souvent quelle image ascétique, exsangue, décolorée, sérieusement affairée, les étudiants d'aujourd'hui peuvent avoir de leurs maîtres.

J'ai profité à Sèvres d'avantages matériels enviables, y ai rencontré ma meilleure amie (poète, forcément poète), passé l'agrégation, suis partie enseigner et me suis mariée. Je n'ai vraiment commencé ma thèse qu'après la naissance de mon second enfant. Un poste à l'Université de Poitiers, où enseignait Jeanne Delhomme et où j'ai croisé Lévinas, m'a permis de travailler à loisir (peu d'étudiants, donc de travaux à diriger et corriger). Pendant une douzaine d'années, j'ai mené un travail solitaire, sans fréquenter aucun séminaire ni assister à aucun colloque, sans même écrire aucun article, mais en lisant et travaillant toutes sortes de philosophes (le petit nombre d'enseignants empêchait heureusement de se limiter à sa spécialité) et une masse de commentateurs. La plupart d'entre eux étaient anglo-saxons et leur méthode de micro-analyse m'a sans aucun doute influencée. Mais une pratique devenue vite caricaturale, avec sa fausse alternative : ou la scientificité ou l'interprétation, devait inévitablement engendrer la stérilité qui caractérise actuellement la presque totalité d'articles écrits pour allonger un *curriculum vitae* et non pour être lus. J'ai pendant de nombreuses années eu le sentiment d'assister à l'instauration d'une nouvelle scolastique, aussi mécanique et vide de sens que la précédente mais plus ignorante et plus amnésique.

Je n'avais pour ma part d'autre ambition que de faire de bons cours et d'autre but que rendre sensibles l'audace et la liberté des textes de Platon. Je voulais que ma thèse dise : c'est cela Platon, pas le dualisme des deux mondes, la théorie des Idées, la transcendance ineffable d'un Bien incompréhensible, la morale saint-sulpicienne ou l'amour platonique. Je voulais faire entendre ce que j'y avais toujours entendu : le bruit de la vie grecque, l'allégresse de la pensée, l'ivresse dialectique, la violence d'eros, la justesse et la justice d'une intelligence à l'acuité incomparable. Avant d'énoncer quelques verdicts sur les femmes, Nietzsche dit qu'il y a en tout homme, philosophes compris, une part de bêtise indéracinable, comme un « fatum granitique ». Il a le mérite de le savoir, ce qui n'est pas le cas de beaucoup d'autres philosophes. Ni sur les femmes, ni sur l'esclavage, ni sur les Barbares on ne peut prendre Platon en défaut. En ce qui le concerne, il est prudent de se méfier car chaque accusation stupide (totalitarisme etc.) a toutes les chances de finir par se retourner contre celui qui la porte.

Peu de professeurs étaient à l'époque prêts à accepter ce Platon-là – Maurice de Gandillac, cet homme du XVIIIe siècle, l'a reçu avec une bienveillance et un scepticisme qui étaient ce que je pouvais espérer de mieux; Henri Joly, dont le Platon était différent sans être opposé au mien, m'a soutenue autant qu'il a pu. Mais ma thèse puis le livre que j'en ai tiré ont confirmé ce que tous mes collègues soupçonnaient déjà : que l'université était une chose « qui n'était pas mon genre ». J'en ignorais les usages et les codes secrets, je n'avais la protection d'aucun mandarin puissant, j'étais connue pour une maladresse insolente dont témoignait la regrettable habitude de rire de façon intempestive, et voilà que je tenais pour nulles et non avenues des interprétations comme celles de Festugière, Schuhl ou Goldschmidt. Donc, quand je me suis avisée qu'il serait bon de mettre fin à une quinzaine d'années d'allers-retours Paris-Poitiers, on m'a fait comprendre que je devais m'estimer bien contente d'avoir un poste dans une université.

J'étais bien contente. Après huit ans de cours en classes de terminale et classes préparatoires, je commençais à me demander comment échapper à l'usure qui guette celui qui, semaine après semaine, doit avoir quelque chose à dire, et surtout combien de temps il serait possible de conserver l'énergie et le désir de le dire. Si ni cette énergie ni ce désir n'existent, on a peu de chance de les éveiller en ceux qui écoutent. Il m'est souvent arrivé *avant* mes cours au lycée d'envier ceux pour qui enseigner signifiait transmettre un savoir et des contenus objectifs, mais cela, heureusement, ne m'est jamais arrivé *pendant* mes cours. Une fois nommée à l'université, j'ai pu savourer toutes les nuances du machisme et de l'antisémitisme, allant de la condescendance apitoyée à la volonté d'humilier et d'écraser. Je garde pourtant de ces années un souvenir lumineux – l'expression est d'une étudiante, une parmi ceux responsables de cette lumière. Dimitri El Murr a pris l'initiative de ce volume, d'autres y ont participé, et je ne saurais dire à quel point je les en remercie, mais je remercie aussi tous les autres. C'est à eux que je dois, non pas un, mais un nombre assez considérable de coqs.

J'y serais encore, à Poitiers, si Pierre Aubenque ne m'avait pas aidée à en sortir. Auteur de deux livres magnifiques sur Aristote, il dirigeait un séminaire de philosophie antique à l'Université Paris IV où une ancienne élève m'avait entraînée après ma thèse. L'autorité naturelle et la tolérance de son directeur avaient fait de ce séminaire un lieu où heideggeriens et anti-heideggeriens, philologues purs et durs et philosophes de toutes provenances, de toutes nationalités et de tous âges travaillaient ensemble. J'y ai rencontré beaucoup de ceux qui sont devenus mes amis, Aldo Brancacci, l'une des rares personnes avec lesquelles je peux réellement travailler et qui donne à amitié son sens le plus complet, Alexandre Lowit, qui réussit presque à me convaincre que Heidegger est mon allié, Barbara Cassin, qui parle des sophistes comme personne, beaucoup de ceux que l'on va lire et qu'il est inutile d'énumérer, et Denis O'Brien. Cet ancien *fellow* de Cambridge, venu travailler sur Plotin à Paris, au CNRS, a été, entre autres aventures improbables, le compagnon de la plus improbable de toutes : fonder à Créteil, où un petit département de philosophie battait de l'aile et où n'existait pas d'enseignement du grec, un séminaire de philosophie antique ayant pour modèle celui de Pierre Aubenque à la Sorbonne. Ce coup de folie fut une réussite d'un double point de vue. Le résultat de deux années de séminaire a été publié dans les deux volumes du *Contre Platon*, et les étudiants se montrèrent pleins d'une reconnaissance touchante envers les « autorités » que nous avions invitées et qui prenaient la peine de venir leur parler : cela les changeait d'un mépris qu'ils avaient fini par intérioriser. C'est là que j'ai rencontré Daniela Taormina lors d'une séance assez ahurissante, des étudiants ayant décidé de faire une fête sur fond de rap vigoureux et particulièrement sonore dans la salle à côté de celle où nous étions censés réfléchir sur l'antiplatonisme des néoplatoniciens.

Quand j'ai été élue à la Sorbonne, j'y ai transporté mon séminaire et Denis O'Brien a bien voulu me suivre. Parallèlement, j'avais, soutenue par une petite subvention de mon université, créé chez Vrin la collection « Tradition de la pensée classique » grâce à l'aide, là encore bienveillante et sceptique, de Gérard Paulhac (je répète qu'il fallait un certain courage à l'époque pour dépasser l'aspect peu rassurant de mon personnage). Il n'aurait pas donné cher de l'avenir de cette entreprise, et à vrai dire moi non plus, mais la collection compte trente-cinq ouvrages à ce jour. Son titre s'explique par la citation de *Fictions* de Borges qui figure en tête de chaque ouvrage :

> Est classique le livre qu'une nation ou un groupe de nations ou les siècles ont décidé de lire comme si tout dans ses pages était délibéré, fatal, profond comme le cosmos et susceptible d'interprétation sans fin. (...)
> N'est pas classique (je le répète) un livre qui nécessairement possède tel ou tel mérite, mais un livre que les générations humaines, pressées par des raisons différentes, lisent avec une ferveur préalable et une mystérieuse loyauté.

J'ai été assez peu marquée par les figures intellectuelles des années 1970. Elles m'ont paru justement n'être que cela, des figures intellectuelles, ce qui n'était pas du tout négligeable mais impliquait qu'elles étaient plus occupées d'elles-mêmes que d'une vérité à l'existence de laquelle il était devenu par trop naïf de croire. Je serais bien moins réservée à l'égard de Foucault, mais Deleuze, dont j'avais suivi les cours d'agrégation quand il était assistant à la Sorbonne,

Lyotard, Derrida, Lacan, que je suis allée entendre à la rue d'Ulm, n'étaient à mes yeux pas assez inactuels, pas assez sincères, pas assez philologues au sens nietzschéen du terme.

C'est certainement à Nietzsche que je dois de ne pas avoir été de mon temps et de ne reconnaître de fécondité qu'à ce qui est susceptible d'interprétations sans fin. Je ne sais plus quand je me suis mise à le lire. Je l'ai abordé sans aucun romantisme, j'ai vu en lui un philosophe, pas cette « dynamite » dont certains font un slogan leur permettant de disqualifier ou, ce qui revient au même, de qualifier d'universitaire, quiconque prétend lire Nietzsche comme il voulait être lu : lentement. J'ai conscience de la bizarrerie de ce mot, mais j'ai toujours perçu en lui quelque chose de *fraternel.* Il défend et attaque ce qui mérite de l'être, et il mérite d'être défendu contre la médiocrité et le moralisme de ceux qui proclament n'être pas nietzschéens, et tout autant contre les extravagances faciles de ceux qui ne voient que peu de différence entre lui et, disons, Antonin Artaud. Jeanne Delhomme m'avait fait connaître Bergson, lequel m'avait immunisée contre Heidegger. Je n'ai vu dans *Être et Temps* qu'une version germanique de thèmes bergsoniens lourdement mis en scène et accompagnés de l'auto-célébration de leur profondeur. D'autres textes m'ont amenée à nuancer un verdict qui apparaîtra à certains d'une stupidité scandaleuse, sans jamais me convaincre complètement. Mais Nietzsche m'a préservée de toutes les idéologies du moment.

Le point essentiel qui m'a, après Platon, conduite vers Nietzsche, est que leur pensée ne se meut pas dans un espace logique, que la direction n'en est pas prédéterminée. « Il ne se produit jamais, écrit Nietzsche, de phénomènes logiques conformes à ceux qu'on voit dans les livres. » Il est banal de relever que son écriture et celle de Platon ne ressemblent pas à celle des autres philosophes : elles n'en ont ni l'impersonnalité, ni la continuité, ni l'uniformité. La raison en est que le cheminement de leur pensée peut être pénible ou inspiré mais est toujours ponctué de détours, retours, ruptures et reprises. Chez l'un comme chez l'autre il convient d'ailleurs de mettre la pensée au pluriel : des pensées leur viennent et disparaissent, souvent sans laisser de trace. Chacune est un tout organisé, mais selon sa propre logique. Ce n'est jamais la même : cette logique est intérieure, pas antérieure. Chaque pensée dessine ainsi son horizon propre et rayonne sa force, distincte de toutes les autres et pourtant en interaction avec elles. Espace platonicien et espace nietzschéen sont également *désorientés* : « Essayer et interroger, c'est ma façon d'avancer » dit Zarathoustra, « Toujours à nouveau j'erre et me trouve dans l'embarras » dit Socrate. Je ne souhaite évidemment pas suggérer que la pensée de Platon ou de Nietzsche souffre d'incohérence, mais que toute cohérence purement logique leur paraît suspecte. De plus, l'omniprésence de Nietzsche produit exactement le même effet que l'absence de Platon, celui d'une démultiplication : l'un est partout parce qu'il n'est nulle part, et l'autre nulle part parce qu'il est partout. D'où l'impossibilité de leur attribuer thèses ou doctrines, alors que ce qu'ils disent les révèle bien davantage qu'il n'est d'usage pour les autres philosophes. Enfin, ils ont en commun la métaphore de l'éclair et du feu qui jaillit, ce qui fait de leurs pensées autant d'événements.

Il m'a semblé qu'on pouvait trouver chez eux une manière semblable de concevoir la pensée : comme une aventure, un « beau risque », un « dangereux peut-être ». Ce sont les seuls philosophes à dire « demain » : demain, dit Socrate à la fin de bon nombre de dialogues, nous reprendrons le problème ; et Nietzsche : « Voici ce que nous pensons aujourd'hui de la pensée. Demain, nous penserons peut-être autrement. » Demain, ce n'est pas après et cela ne renvoie pas à la prochaine étape d'une argumentation. C'est une nouvelle aurore, un nouveau commencement.

En résumé : à tort ou à raison, j'ai cru qu'il fallait lire Platon comme on lit Nietzsche, et Nietzsche comme on lit Platon : en admirant leurs audaces renversantes et le sérieux, la dureté, l'exigence de justice dont elles s'accompagnent. J'espère pouvoir, demain, le faire encore.

INTRODUCTION

ALDO BRANCACCI

Monique Dixsaut a souvent remarqué, aussi bien dans ses écrits que dans les discussions auxquelles elle a participé, que la thèse de Heidegger, selon laquelle l'histoire de la pensée occidentale depuis Platon jusqu'à Nietzsche est l'histoire de la métaphysique, est doublement contestable et, avant tout, du fait même de ses présupposés. Elle résume ces derniers par les trois postulats suivants. Le premier « consiste à reconduire toutes les questions d'un philosophe non seulement à une question fondamentale – celle-ci pouvant alors différer selon les différents philosophes –, mais à une seule et même question», qui serait sa question fondamentale et, par là, sa position métaphysique fondamentale. Le deuxième, qui repose sur le précédent, « autorise l'inscription des philosophes dans une histoire commune, histoire de ce genre commun que serait la métaphysique », l'histoire de la métaphysique étant à son tour l'histoire des différentes réponses que les différents philosophes ont donné à la question : qu'est-ce que l'étant?, une question qui dirige la pensée précisément parce que toute pensée véridique se laisse déterminer par cela même qui *doit être* pensé. Le troisième, qui découle lui aussi du précédent, conclut que dans chaque philosophie, tous les domaines problématiques que nous pourrions estimer, ou qu'elle même «pourrait estimer distincts, sont en fait, eux aussi, métaphysiques ». On peut résumer la critique que Monique Dixsaut adresse à ce geste théorique préliminaire de Heidegger en une seule question : sur quoi cette « valorisation du métaphysique d'où dépend la dévalorisation de tout autre champ problématique» se fonde-t-elle? La question est d'autant plus légitime s'agissant d'«une évidence jamais justifiée, et qui pèse lourd sur l'interprétation (pas seulement sur celle de Heidegger) de Platon»[1]. Mais, même si l'on accepte la formulation heideggerienne de la question métaphysique fondamentale, à savoir de l'histoire de la métaphysique, la thèse de Heidegger est contestable précisément pour ce qui concerne le choix des termes

1. *Cf.* M. Dixsaut, « De Platon vers Nietzsche : l'autre manière de philosopher », *Bulletin de la Société française de Philosophie*, 93, 1999, p. 4-7.

extrêmes de cette histoire : Platon et Nietzsche, deux philosophes que Monique Dixsaut fréquente l'un et l'autre depuis longtemps.

En ce qui concerne le second terme, on pourrait dire que l'erreur de Heidegger consiste peut-être dans le fait d'avoir vu chez Nietzsche l'accomplissement de toute une longue tradition de pensée plutôt qu'un nouveau point de départ et, peut-être aussi à cause de cela, dans le fait d'avoir compris la Volonté de puissance et l'Eternel retour essentiellement dans un sens ontologique, à savoir comme des réponses thétiques, dogmatiques, à la question métaphysique fondamentale. En ce qui concerne le terme initial, l'erreur de Heidegger consisterait en revanche dans le fait de ne pas avoir réellement distingué, ou de ne pas avoir vraiment approfondi la distinction entre Platon et le platonisme. Même s'il était conscient de la nécessité d'opérer cette distinction, Heidegger a pourtant cristallisé le rapport entre Nietzsche et Platon dans les termes d'une pure et simple antinomie, fondée sur une lecture en fin des comptes élémentaire de la proposition de Nietzsche (« Ma philosophie, *platonisme inversé* »). Mais il faut approfondir de manière théorique et fouiller les antinomies, parce que c'est seulement en les fouillant et en les approfondissant qu'on aperçoit la possibilité de les dépasser, non pas en termes logiques, mais dans les termes d'une pensée qui fonde des hiérarchies[1].

Or, comme Heidegger, Monique Dixsaut considère que cette relation de Nietzsche à Platon est essentielle mais, en outre, qu'elle est complexe et problématique[2]. Et, si la médiation nietzschéenne lui apparaît comme une médiation éclairante pour comprendre certains aspects de la pensée de Platon, elle l'est sûrement, à ses yeux, pour faire de Platon une lecture non métaphysique. Pour ne pas, dès le départ, replonger Platon dans le Platonisme ou, en tout cas, dans une histoire philosophique qui lui est postérieure, qui projette sur les Dialogues, le plus souvent de manière inconsciente, des notions et des constellations conceptuelles héritées, en laissant échapper paradoxalement le lieu de leur naissance et de leur problématisation, les formes premières de cette problématisation, et en même temps, tout ce que, dans les Dialogues, la constitution de la pensée et de ses moyens nous apprend sur la philosophie.

La question préalable que Monique Dixsaut a soulevée avec force dans ses recherches et agitée dans la littérature critique contemporaine est celle de savoir quelle conception de la philosophie est à l'œuvre dans la réflexion de Platon. C'est la raison pour laquelle c'est ce thème précis que je voudrais prendre comme fondement et fil directeur de cette présentation évidemment partielle des lignes de force de l'interprétation de Platon élaborée par Monique Dixsaut : une

1. C'est le thème dominant du livre important que Monique Dixsaut a publié récemment sur Nietzsche : M. Dixsaut, *Nietzsche. Par-delà les antinomies*, Chatou, Les Éditions de la Transparence, 2006.

2. Pour une première contribution, très dense, à l'étude d'une telle relation, voir l'article « Contre images et comparaisons. D'un commun paradoxe chez Platon et chez Nietzsche » que Monique Dixsaut a publié dans le *Giornale Critico della Filosofia Italiana*, 86, 2005, p. 213-235.

présentation qui ne vise qu'à esquisser l'une des idées directrices (mais une idée néanmoins essentielle) de son travail si riche et si complexe.

Cet intense intérêt de Monique Dixsaut pour la question de la philosophie, qui constitue aussi l'une des plus profondes motivations de sa lecture de Platon, se manifeste dans l'approche même de son premier livre, réédité et réimprimé à plusieurs reprises : le *Naturel philosophe*. Dès les toutes premières phrases de l'Introduction, on comprend que le but de l'enquête est éminemment philosophique : non pas historico-philosophique, non pas théorétique ou systématique, mais « simplement » philosophique, dans la mesure où il vise à restituer, à travers un « dialogue entre les Dialogues », le sens de cette architecture conceptuelle que Platon a bâti progressivement non sans détours et retours sur ses pas. L'effort analytique qui caractérise les questionnements détaillés qui composent l'œuvre est en fait inspiré par une question de fond : l'examen de la valeur sémantique particulière que les termes « philosophie », « philosopher », et « philosophe » prennent dans l'usage que Platon en fait. Le premier résultat complexe qui se dégage touche au fait que Platon a esquissé une figure nouvelle et unique du philosophe et de son activité, une figure complexe, voire composite, mais toujours marquée par un élément fondamental : l'élan et l'ouverture que la pensée seule dans son évolution peut garantir à l'homme. Pour souligner les acceptions platoniciennes des sens de ces termes, Monique Dixsaut adopte leur translittération : « *Philosophos* ne peut être que l'attribut d'une nature, jamais d'une attitude, encore moins d'un texte (*sungramma*). *Philosophia* ne peut désigner qu'un certain mode d'érôs, d'acquisition, de déliaison ou de délire[1] » (Précisons que « le délire érotique, c'est d'abord une rupture, rupture d'avec ce qui est l'objet des préoccupations humaines[2]. ») Ces phrases, au delà de la valeur formulaire qu'elles pourraient avoir aujourd'hui, nous amènent à comprendre, si elles sont pensées jusqu'au bout, que le philosophe et la philosophie dans leur sens ordinaire ne correspondent pas du tout à ce qu'il faut laisser résonner dans l'usage que Platon fait dans les Dialogues des termes *philosophos* et *philosophia*. En effet, il ne s'agit pas de mots désignant des genres, des types ou des formes conceptualisées et codifiées du savoir. Terme plurivoque[3], *philosophia* signifie, dans le portrait qu'en trace Monique Dixsaut, force, possibilité, tension. Sa structure est donc soustraite à la détermination et à la cristallisation, en se constituant, au contraire, comme le "lieu" où les ressources de la pensée s'activent authentiquement, parce qu'elle n'est rien d'autre qu'« une certaine relation du désir au savoir, relation qui altère et le désir et le savoir; parce que sous son nom, le philosophe n'a pas d'abord

1. M. Dixsaut, *Le Naturel philosophe. Essai sur les Dialogues de Platon*, Paris, Vrin-Les Belles Lettres, 1985, p. 13. Ce livre a été traduit en italien sous le titre : *La natura filosofica. Saggio sui dialoghi di Platone*, Napoli, Loffredo, 2003, p. 16. La traduction a été faite par C. Colletta à partir de la troisième édition française (Paris, Vrin, 2001).

2. *Ibid.*, p. 15.

3. « Parler de *philosophia*, c'est user d'un terme non pas équivoque mais plurivoque. La philosophia *est à la fois cette force de désorganisation et de réorganisation des champs, un champ particulier, et aussi un terme constitué par ses multiples entrelacements* » (*Ibid.*, p. 35).

signifié ses différences relatives ni sa prétention à l'universalité, mais cette différence absolue, exclusive, démoniaque, qu'était sa nature (*phusis*) »[1]. C'est donc pour *cette* raison[2] que le fait de parler d'une « philosophie de Platon » dans le sens d'un ensemble de doctrines définies, ou encore le fait de fixer définitivement des déterminations conceptuelles ou méthodologiques, apparaît aux yeux de Monique Dixsaut totalement inadéquat. En effet, cela reviendrait à considérer les dialogues de Platon selon un critère banalement historico-philosophique, critère qui ne ferait que trahir le sens de cette *philosophia*, à laquelle Platon avait laissé de l'espace, en raidissant le terme et sa notion dans un schéma *a posteriori* purement comparatif et statique. Le défi que Monique Dixsaut a relevé est un défi de la pensée, ou encore mieux, *dans* la pensée, car il ne vise pas à réduire le contenu des dialogues de Platon à des formulations plus ou moins profondes, plus ou moins exactes et éclairantes, et même pas à en exalter le caractère purement et simplement ouvert et problématique. Ce défi a comme but de répéter et de mettre en lumière le parcours et la dynamique multiple, plurivoque et puissante de cet élan du désir par lequel Platon s'est laissé posséder et dont il a témoigné de manière unique. C'est pourquoi, comme le déclare Monique Dixsaut elle-même, le *Naturel philosophe* n'est pas un ouvrage d'histoire de la philosophie : il ne peut pas l'être, du moment que la compréhension de la nature du *philosophos* échappe essentiellement à l'instauration d'un rapport purement historique avec les textes écrits. L'« impossible histoire » dont parle Monique Dixsaut n'est donc pas (seulement) une question d'approche exégétique, mais il s'agit, en premier lieu, d'une caractéristique interne et constitutive de la pensée de Platon, et, plus originairement, de la *philosophia*. Dans son essai consacré à l'analyse de la μνήμη et de l'ἀνάμνησις[3], Monique Dixsaut en vient à affirmer que « la seule dimension temporelle qui convienne à la pensée, qui ne lui soit pas étrangère, ce ne sont pas les parties du temps, c'est la totalité d'un temps sans parties – d'un temps indivisible, auquel seul le mouvement propre de la pensée peut assigner sa mesure, sa continuité ou sa discontinuité, sa limite, mais certes pas le mouvement physique des astres, ni celui, biologique ou social, qui se règle sur lui »[4].

Le thème conceptuel de la réminiscence a justement pour origine l'exigence d'établir une césure entre temps biologique ou social et temporalité de l'âme pensante, entre histoire humaine et temporalité ontologique. Contrairement à la mémoire, qui libère des énergies intellectuelles en se bornant à insérer le sujet connaissant dans une chaîne d'événements et l'enferme ainsi dans une trame

1. *Op. cit.*, p. 13.

2. Une telle approche n'a rien à voir avec les considérations, souvent banales, de ceux qui nient que Platon ait des doctrines ou de ceux qui réduisent ou nient l'autonomie philosophique de Platon, en faisant de lui un auteur littéraire, ou encore, de ceux qui en font un philosophe sceptique ou très aporétique. Cette approche de Monique Dixsaut exploite au contraire le caractère ouvert et problématique de la pensée de Platon.

3. « Platon et ses deux mémoires », dans A. Brancacci, G. Gigliotti (éd.), *Mémoire et souvenir. Six études sur Platon, Aristote, Hegel et Husserl*, Napoli, Bibliopolis, 2006, p. 13-45.

4. *Ibid.*, p. 40.

d'« expérience », la réminiscence, qu'il faut concevoir comme un moment originaire de la pensée, est libératrice d'une manière plus authentique et radicale dans la mesure où, grâce à elle, la pensée se constitue comme possibilité : « En pensant, l'âme se donne une essence pensante, mais cette essence n'est pas l'essence de l'âme humaine en tant que telle. C'est pour elle une essence simplement possible (à laquelle il lui est simplement possible de participer), donc ce n'est pas vraiment une essence ; la pensée constitue pour l'âme la possibilité de se rapprocher du mode d'être de l'*ousia*, la possibilité d'exister en étant presque exclusivement ce qu'elle désire être : pensante[1]. » Monique Dixsaut tire de certains passages du *Phédon* et du *Ménon* deux propositions essentielles sur lesquelles il faut réfléchir : d'une part, l'affirmation que ce qui appartient à l'âme se trouve depuis toujours en elle, à savoir « la vérité des êtres » (*Mén.* 86b1-2), de l'autre, l'affirmation selon laquelle, pour pouvoir rattacher les choses sensibles aux réalités eidétiques dont elles ne sont qu'une imparfaite manifestation, il faut avoir connu ces réalités « avant ». Socrate veut évidemment parler d'une priorité ontologique et épistémologique qui est comme une réfutation transcendantale avant la lettre de l'aristotélisme : ce qui est en soi n'est pas le résultat d'une opération mentale d'abstraction à partir de la perception de choses possédant un certain mode d'existence, par exemple les choses égales, belles, bonnes ou justes ; ce qui est en soi est au contraire la condition pour qu'une série de choses égales, belles, bonnes ou justes sembles telles. Mais si la connaissance de la réalité en soi est antérieure aux expériences sensibles que nous faisons tout au long de notre vie à partir du moment où nous sommes nés, de deux choses l'une : ou bien nous possédons avant de naître la science de tout « ce à quoi nous imprimons la marque "ce que c'est" » (*Phéd.* 75d1), ou bien nous oublions ce savoir et tout l'effort consiste à le réacquérir en s'en ressouvenant. La première branche de l'alternative, que Socrate rejette formellement, conduit, si on la pousse jusqu'au bout, à l'interprétation néo-kantienne de Platon, c'est-à-dire à l'interprétation de l'Idée comme *a priori,* comme condition de possibilité de la connaissance ; la seconde ouvre la voie à la manière proprement platonicienne de penser, et c'est ce chemin que parcourt Monique Dixsaut. Elle souligne combien, dans cette perspective, la notion d'oubli est essentielle. Ce qui est oublié, cependant, n'est ni telle ou telle connaissance ni une somme de connaissances mais « le mode d'être de ce qui est à savoir » : c'est un oubli qui porte « sur la capacité de l'âme à atteindre ce qui est vraiment ». Quand l'âme, précise Monique Dixsaut, se ressouvient de sa puissance d'atteindre ce qui est véritablement, par elle seule et par ses seuls moyens, quand on se ressouvient « que l'âme humaine a en propre, et même est, cette capacité à s'interroger sur l'essence, on cesse d'oublier qu'on est capable d'apprendre[2] ». C'est pourquoi, dans cette perspective, l'*anamnesis* est réellement constitutive de la notion platonicienne de pensée, puisqu'on suppose que c'est la synthèse de l'acte de connaître qui est réellement première, qu'elle

1. *Ibid.*, p. 37-38.
2 *Ibid.*, p. 36, et p. 37-41 pour les autres passages cités.

possède une priorité logique, ontologique et transcendantale, qu'elle est pour ainsi dire derrière nous et antérieure en ce sens – puisqu'on suppose, donc, que le passé de la pensée la constitue absolument et définitivement, alors il est vrai que la pensée « ne peut que, d'un coup, l'oublier entièrement et prendre chaque fois tout son temps pour penser ». Cela revient à dire que toutes les ruptures, toutes les discontinuités du discours sont garanties, originairement, que chaque nouveau questionnement, chaque nouvel examen provient du « même tout » et y revient. De sorte qu'on pourrait conclure que ce « tout » où se nouent des questions sans fond et qui constitue pour Platon à la fois l'origine, le contenu et le mode de fonctionnement de la pensée, est finalement l'horizon de la philosophie, et que c'est en ces termes que se pose pour Platon la « question de la pensée ».

Un trait caractéristique et original de la lecture de Platon que Monique Dixsaut a progressivement élaborée et toujours enrichie de nouvelles facettes, est le caractère non statique ou systématique – et il s'agit de deux choses bien différentes – de sa *philosophia* à laquelle on attribue, au contraire, une valence dynamique et créatrice. De cela témoigne l'interprétation de l'idée du Bien, que Monique Dixsaut a élaboré dans de nombreux écrits, et, en particulier, dans son article intitlé « L'Analogie intenable »[1]. En se penchant en particulier sur la valeur du terme ἰδέα, qui désigne le Bien[2], Monique Dixsaut aborde ces pages cruciales de la *République* pour montrer que le Bien ne peut pas être considéré comme un étant ou une essence, mais qu'il est compris par Platon comme une propriété et, surtout, comme un ζυγόν[3], un joug, à savoir « une puissance de liaison »[4].

Par la *puissance*, le Bien explique sa fonction de cause. Monique Dixsaut fixe son attention sur ce concept car c'est justement dans la manière toute particulière que le Bien a de fonctionner comme cause qu'elle en repère la spécificité philosophique, dans l'horizon de pensée où Platon évolue. « Sous l'effet (*hypo*) du Bien (509 b 7), l'être connu est le mode de présence (*pareinai*) qui appartient au connu en tant que tel – l'être *connu* et non pas l'être vu, ou perçu, ou opiné. Lui appartiennent en plus (*proseinai*) l'être et l'essence, l'être présent sur le mode de l'*ousia* et non pas l'être en devenir[5] » : l'action causale du Bien consiste donc à dispenser un statut épistémique et un profil ontologique à l'objet noétique de l'âme. Mais c'est justement dans cette manière particulière d'être cause que l'on repère encore une fois ce caractère intrinsèquement dynamique de la philosophie dont nous parlions à l'instant : « L'*idea* du Bien n'est pas cause ici à la façon d'une

1. Cet essai a été publié pour la première fois dans *Rue Descartes*, I, p. 93-120, puis a été repris dans M. Dixsaut, *Platon et la question de la pensée. Études platoniciennes I*, Paris, Vrin, 2000, p. 121-151. *Cf.* aussi *Le Naturel philosophe. Essai sur les Dialogues de Platon*, Paris, Vrin, 2001, p. 269-288 ; *Métamorphoses de la dialectique dans les Dialogues de Platon*, Paris, Vrin, 2001, p. 94-101 ; *Platon. Le désir de comprendre*, Paris, Vrin, 2003, p. 253-265. Voir également la note suivante.

2. *Cf.* sur cela M. Dixsaut, « Encore une fois le Bien », dans *Études sur la* République *de Platon*, t. 2 : *De la science, du Bien et des mythes*, sous la direction de M. Dixsaut, avec la collaboration de F. Teisserenc, Paris, Vrin, 2005, p. 232-246.

3. Platon, *République*, 508 a 1.

4. M. Dixsaut, *Platon et la question de la pensée*, *op. cit.*, p. 127.

5. *Ibid.*, p. 141.

Forme, d'une *ousia*, il n'est pas "ce par quoi les bonnes choses sont bonnes", il est ce dont dérive la condition de la connaissance, et il est ainsi la garantie que l'intelligence n'est pas une visée vide. Dans l'*idea* du Bien n'est contenue que la double puissance de révéler la puissance du sujet connaissant (508 e 2), sa possession d'une intelligence (508 d 6), et d'arracher les choses connues au devenir incessant, en les rendant présentes sur le mode du "véritablement étant", de l'*ousia*[1]. » À partir de ces pages de Monique Dixsaut naît ainsi une image inhabituelle et féconde de cette idée du Bien qui a été si souvent l'objet d'analyses, mais aussi de malentendus : le Bien, différent de toute ἰδέα et des εἴδη, est cause de différence, différence de la connaissance et de l'opinion, différence de l'essence et de ce qui devient. Mais le Bien ne peut exercer cette fonction que pour celui qui a les yeux pour le voir dans toute sa lumière. Cette interprétation du Bien, en effet, ne peut pas être séparée de la conception de la *philosophia* sur laquelle nous nous sommes brièvement arrêtés : « Seuls les philosophes savent que le Bien n'est pas réductible à une Forme conférant leur prédicat aux choses qui en participent : le Bien est la cause de ce qu'ils font. Désirer le Bien, pour l'intelligence, c'est s'engendrer elle-même dans sa différence et engendrer les conditions de son exercice[2]. » Dans la mesure où le Bien n'est pas une essence qui existe et qui est douée de cognoscibilité, mais plutôt *puissance* et condition de cognoscibilité, l'âme n'est pas, dans sa structure, nécessairement tournée vers lui. Le Bien reste plutôt l'un de ses objets possibles de désir. Dans la mesure où le Bien est différence, c'est l'âme "différente" du philosophe qui peut le désirer : « La différence naturelle existant entre les âmes fait qu'il n'est pas possible à toute âme d'aller jusqu'au terme de la *paideia*, bien que toute âme possède une intelligence. [...] Ce qui manque alors, ce n'est pas l'acte de discernement propre à l'intelligence (l'intelligence entendue comme capacité), c'est l'intelligence comme désir d'atteindre ce que chaque être est véritablement – non pas une aptitude intellectuelle, mais une orientation ontologique de cette aptitude[3]. »

L'orientation ontologique est celle propre à l'âme du *philosophos*, qui accomplit, pour ainsi dire, une sorte d'ouverture confiante à l'égard du réel parce qu'il présuppose qu'il a un sens, qu'il est stable et connaissable; et celle-ci est aussi la signification profonde qu'il faut donner à la fonction d'*eros*, que Monique Dixsaut a toujours soulignée avec force. Le fait de désirer le Bien signifie précisément connaître les choses en s'orientant vers leur essence, cette essence que le Bien a justement la tâche de fonder et de garantir[4]. Mais si le mouvement intellectuel désirant et connaissant du *philosophos* – la dialectique – entretient un rapport familier au Bien, c'est aussi parce qu'il en partage la nature. De même que

1. *Ibid.*, p. 145.
2. *Ibid.*, p. 146.
3. *Ibid.*, p. 136.
4. « Se rapporter au Bien comme à sa cause signifie pour la pensée que ce qu'elle désire – la différence de la pensée – a un sens. L'assignation de cette cause traduit une présupposition du sens et une anticipation nécessaire du sens sur le sens qu'exprime le mouvement même de la dialectique dont le Bien est le *telos* achèvement à partir d'une orientation intiale » (*Ibid.*, p. 147-148).

le Bien est *puissance*, la dialectique « n'est pas un objet que l'on pourrait totaliser et poser devant soi pour le définir du dehors : ce sont deux puissances, et il faut être à l'intérieur de l'une pour comprendre l'autre, et pour la comprendre comme cause[1]. »

La dialectique est un autre noyau thématique auquel Monique Dixsaut a consacré d'amples et pénétrantes analyses, en en esquissant, en parfaite cohérence avec sa lecture globale de Platon, un profil une fois de plus absolument convaincant, original et, pour certains aspects, à contre-courant tout en demeurant très fidèle aux textes (on pourrait dire : au dialogue philosophique platonicien). Il faut tout d'abord remarquer que Monique Dixsaut refuse systématiquement d'entendre la dialectique comme une sorte de méthode ou de système logique. Il s'agit plutôt de la forme de la pensée dans son sens le plus authentique, à savoir, quand elle assume cette orientation vers l'essence finalisée par la connaissance de ce qui est, comme on l'a déjà dit[2]. Monique Dixsaut prend pour point de départ cette prémisse afin de mettre en lumière le caractère multiforme et créatif de la dialectique[3], correspondant à nouveau à la place centrale qu'elle assigne à la catégorie de *puissance* en vue d'une pleine compréhension de la pensée de Platon, à savoir de sa *philosophia*[4]. Quand Monique Dixsaut explique la signification de l'affirmation de Platon, selon laquelle la dialectique est la « science des hommes libres », elle a pour but de souligner que la dialectique représente le mouvement de la pensée authentique qui, dans sa recherche de l'intelligible et de l'essence, est libre d'inventer ses propres procédés et, ensuite, de les modifier là où et quand il le faut. Si, d'une part, ceci explique pourquoi la dialectique ne peut pas être rabaissée au niveau d'une méthodologie[5], ni être considérée comme une procédure universelle, codifiée une fois pour toutes, cela met, d'autre part, en lumière comment le *philosophos* lui–même ne dispose pas *a priori* d'une série d'instruments d'enquête déjà codifiés et confectionnés, et comment il n'est jamais en condition de maîtriser totalement toutes les ressources de sa capacité

1. *Ibid.*, p. 128.

2. « La dialectique est donc la forme que prend la pensée quand elle cesse d'exprimer des affects ou des opinions, quand elle ne cherche ni à démontrer ni à argumenter – bref quand elle pense, c'est-à-dire veut comprendre ce qui est » (M. Dixsaut, *Métamorphoses de la dialectique dans les Dialogues de Platon*, *op. cit.*, p. 9).

3. « La dialectique n'est donc pas un procédé consistant simplement à rassembler et diviser : il existe plusieurs manière d'unifier, et la différence ne se manifeste ni toujours ni seulement dans la division » (*Ibid.*, p. 341).

4. Sur la notion de puissance chez Platon, voir l'analyse ample et exhaustive de M. Dixsaut, « Une dimension platonicienne de la puissance : la puissance de pâtir », dans M. Crubellier, A. Jaulin, D. Lefebvre, P.-M. Morel (éd.), *Dunamis. Autour de la puissance chez Aristote*, Louvain, Peeters, 2008, p. 225-49.

5. « Comprendre la nécessaire différenciation que la puissance dialectique introduit dans les instruments qu'elle utilise pour se rendre intelligibles les êtres qu'elle cherche, et aussi pour se rendre à elle-même intelligibles ses propres instruments, cela aurait dû interdire de parler d'une méthodologie platonicienne, interdire de croire possible que Platon formule des règles séparables du mouvement de la pensée qui, simultanément, les invente ou les réinvente et les applique » (*Métamorphoses de la dialectique*, *op. cit.*, p. 342-343).

cognitive. C'est pourquoi on ne peut pas parler d'une logique de la philosophie (quelle que soit sa forme dans l'histoire de la pensée) séparée de l'acte même de philosopher. En outre, en plus des stratégies et des instruments, ce sont les puissances cognitives elles-mêmes qui se différencient continuellement pendant l'exercice de l'activité authentique de la pensée, ce qui non seulement met en évidence la contribution la plus profonde que Platon ait offerte à la constitution de la rationalité dans l'histoire de la pensée[1], mais aussi rend vain le fait de continuer à parler de la connaissance dans les termes des vieilles “facultés” de la raison, ces facultés tirées de la scène psychologico-philosophique de la philosophie moderne. S'il y a chez Platon une imbrication structurelle entre l'âme et le *logos*, elle a pourtant une autre signification que celle d'une simple formulation de l'*Erkenntnisproblem*: elle représente un choix philosophique fondamental, la forme même du sujet théorique, tel que Platon le constitue dans les Dialogues, et peut-être de toute inspiration platonicienne authentique à la philosophie.

La « question de la pensée » est donc la question fondamentale non seulement de la *philosophia* mais aussi, nécessairement, de l'herméneutique platonicienne, de son travail toujours difficile et de ses efforts incontournables, et plus généralement de toute herméneutique au sens profond et de toute histoire de la philosophie digne de son objet – d'une histoire de la philosophie qui vise non seulement à commenter les textes et à reconstituer les doctrines, mais à penser les problèmes. Elle possède, à elle seule, la force d'une idée qui suffit à soutenir le travail intellectuel d'une vie et qui peut transmettre aux autres la signification de cette aventure de la pensée, en se donnant aussi comme une tâche capitale de la recherche. Cela ne doit donc pas étonner que celle qui l'entreprend, sur le terrain privilégié de la philosophie de Platon, puisse affirmer, presque avec fierté : « pour moi, la philosophie antique est la plus vivante et la moins morte qui soit[2]. » C'est pourquoi il était nécessaire d'évoquer cette « question » en guise de conclusion à l'Introduction d'un volume d'études qui veut rendre hommage et faire honneur à la contribution profonde que Monique Dixsaut a apportée et continue d'apporter à la compréhension de la pensée de Platon.

1. Sur ce point, je me permets de renvoyer à mon article « Monique Dixsaut interprete della dialettica di Platone », dans A. Brancacci, *Studi di storiografia filosofica antica*, Firenze, Olschki, 2008, p. 81-96 (particulièrement les p. 95-96).

2. M. Dixsaut, « De Platon vers Nietzsche. L'autre manière de philosopher », art. cit., p. 41.

PRÉSENTATION

DIMITRI EL MURR ET DANIELA PATRIZIA TAORMINA

Directement et indirectement, chacun des articles rassemblés dans ce volume traite de la philosophie de Platon. Qu'il se consacre à l'étude d'un ou de plusieurs passages des Dialogues, à l'examen d'une question générale que suscite le texte platonicien ou encore à l'analyse de sa réception chez un philosophe ultérieur, chaque contribution poursuit, selon sa modalité propre, le travail d'interprétation auquel Monique Dixsaut se consacre, travail dont l'importance justifie à lui seul le présent recueil qui constitue le témoignage de l'amitié profonde et de la reconnaissance qu'ont voulu lui exprimer ses amis et ses collègues.

Une vie entière consacrée à Platon (et à Nietzsche !), c'est-à-dire à la philosophie, voilà qui explique pourquoi il y a bien un « Platon de Monique Dixsaut », *son* Platon, différent de tous les autres et absolument reconnaissable. C'est à ce Platon-là, mais aussi bien à Platon lui-même, tout court, autant qu'à sa lectrice, qu'est consacrée l'étude de David Lefebvre qui ouvre ce volume. Cette étude montre tout ce que la lecture de Platon développée depuis plus de vingt ans par Monique Dixsaut a transformé dans le paysage platonicien mais aussi tout ce qu'elle doit à certains intercesseurs, tels que Nietzsche ou Bergson, ainsi qu'à des notions transversales et structurantes, qu'il s'agisse de la *philosophia* ou de la *dunamis*, bref de cette manière particulière de *pâtir* consistant à philosopher. Elle montre également à quel point Monique Dixsaut a pris au sérieux la forme du dialogue, en la considérant non pas comme le medium d'expression d'une doctrine mais comme la forme philosophique qui réfléchit, pour la première fois, les conditions de toute pensée philosophique.

Il n'est donc pas surprenant que plusieurs des contributions à ce volume cherchent, elles aussi, à s'interroger sur l'importance qu'il convient de conférer à la forme du dialogue dans la pensée de Platon. Charles Kahn soutient que le dialogue est un outil représentant une multiplicité irréductible de formulations doctrinales et que cette multiplicité est constitutive de la structure profonde de la pensée de Platon. Si les doctrines philosophiques les plus célèbres attribuées à Platon (la réminiscence ou encore la « théorie » des Formes intelligibles) sont formulées différemment selon leurs contextes d'apparition, c'est que la vérité de la philosophie de Platon n'est pas à trouver dans un ensemble de doctrines, mais bien dans une compréhension globale qui ne peut surgir sans que la pertinence et les limites de chaque formulation doctrinale soient saisies et interrogées. Le perspectivisme platonicien auquel Kahn aboutit constitue le point de départ de l'analyse proposée par Samuel Scolnicov. Pourquoi Platon fait-il usage du dialogue ? Pour placer le lecteur dans une perspective à chaque fois singulière. Mais ce faisant, que cherche-t-il ? Scolnicov montre que le dialogue est une mise en œuvre du « dialoguer » mais qu'on ne saurait pour autant réduire l'ensemble des Dialogues à une collection de perspectives particulières sans aucun géométral unifiant. Le point fixe des Dialogues, même s'il reste extérieur aux Dialogues eux-mêmes, réside dans l'examen socratique de soi-même et dans la vertu de cohérence dont la mort de Socrate est la démonstration ultime.

Y aurait-il alors continuité directe entre l'examen socratique et le dialogue platonicien ? L'étude de la forme du dialogue mène ainsi tout naturellement au problème de son origine philosophique et aux rapports qu'elle entretient avec les conditions de son émergence. Aldo Brancacci met en lumière la spécificité de la version *platonicienne* du διαλέγεσθαι de Socrate en insistant sur l'institution de la relation intersubjective et sur la primauté accordée au sujet à l'intérieur de cette relation. Il montre également que dans l'*Apologie* le principe éthique fondamental énoncé par Socrate ne nomme pas le bonheur comme condition qui en prouverait le caractère absolu : cela signifie que la dialectique est le tout de la connaissance et du bien et que pour cette raison c'est la dimension du « toujours » qui lui convient. Annie Larivée examine, quant à elle, les différents moyens mis en œuvre par Socrate, de l'*Apologie* à la *République*, pour mettre à l'épreuve ses interlocuteurs : ce faisant, elle met au jour, contre l'idée d'un Socrate « schizophrène », la profonde continuité entre le Socrate réfutatif des premiers dialogues et le Socrate soi-disant platonisé de la *République*. Parmi les interlocuteurs de Socrate, il en est un dont l'absolue singularité n'est plus à prouver : il s'agit bien sûr d'Alcibiade. C'est à ce dernier et à la relation complexe que Socrate entretient avec lui que Stanley Rosen se consacre. S'il est facile de montrer ce que, dans le *Banquet* ou le *Premier Alcibiade*, le personnage d'Alcibiade doit à l'enseignement de Protagoras, cela ne suffit pas à expliquer pourquoi Socrate n'a pas réussi à le convertir à la philosophie. Cet échec n'est peut-être alors que la métaphore de l'échec de Platon à transformer la cité.

De la figure de Socrate dans les Dialogues, on passe donc tout naturellement à l'analyse platonicienne du rôle de la philosophie dans la cité. La réforme de la cité est-elle possible ? La philosophie politique de Platon nous réconcilie-t-elle avec le monde chaotique des affaires humaines ? Pour Charles Griswold, c'est un aspect particulier d'une question plus générale : peut-on selon Platon se réconcilier avec l'imperfection ? Il montre ainsi que la célèbre théorie platonicienne de l'amour du *Banquet* et du *Phèdre* est l'histoire d'un désir de fuir qui ne peut être satisfait et que cette histoire s'accorde parfaitement avec les leçons désespérées que l'on peut tirer de la *République*, tant sur le statut de l'âme individuelle que sur celui de la cité. La pulsion idéalisante qui traverse l'éthique comme la métaphysique de Platon ne peut donc souffrir l'imperfection : le monde où nous vivons reste haïssable, comme nous le sommes nous-mêmes.

Quel est alors le sens profond de la philosophie politique de Platon ? En quel sens peut-on même parler d'une philosophie politique ? Selon Etienne Helmer, elle n'est pas réductible à une simple utopie à valeur critique : la cité bonne de Platon vise à dégager un horizon et à montrer tout ce que nous pourrions faire, sans pour autant se réduire à un programme d'action. Platon voit la *polis* en philosophe, non en politicien. Ni purement idéaliste ni simplement réaliste, la philosophie politique platonicienne est les deux à la fois. Cette tension constitutive de la pensée politique de Platon n'est évidemment pas la seule. Melissa Lane examine l'une des oppositions conceptuelles les plus récurrentes dans les Dialogues dès qu'il s'agit de réfléchir à la réforme politique de la cité. Si la persuasion et la force sont deux notions essentielles de la pensée politique platonicienne, comment comprendre leur articulation ? La plupart des commentateurs voient dans les *Lois* un changement profond de Platon quant au rapport de la force et de la persuasion, et ce parce que la cité des *Lois* mettrait en œuvre un idéal de persuasion opposée à l'usage de la force et fondée sur la liberté morale ou la liberté politique. À l'encontre de ces interprétations, Lane montre que le contraste entre la tyrannie caractérisée par l'usage de la force et la liberté politique caractérisée par le recours à la persuasion permet de tracer dans toute l'œuvre platonicienne, et pas seulement dans les *Lois*, un idéal de législation et d'un mode de gouvernement qui ne se fonde ni sur un droit moral des citoyens ni sur une légitimité constitutionnelle.

Pour les lectures ciblées, consacrées à l'analyse de certains passages des Dialogues, nous avons adopté l'ordre traditionnel en classant l'exégèse des passages particuliers selon une chronologie approximative mais commune des Dialogues. Néanmoins, l'ensemble de ces études textuelles prolonge les perspectives tracées dans la section précédente et soumet à examen plusieurs des oppositions conceptuelles les plus importantes et les plus constitutives de la pensée de Platon.

En lisant un passage du *Ménéxène*, Barbara Cassin montre tout ce qui oppose Platon et Isocrate à Antiphon, sur la question de la différence culturelle et linguistique entre grec et barbare et celle de l'égalité devant la loi conçue comme un effet de l'égalité de naissance. Les quatre contributions suivantes, consacrées au *Gorgias* et au *Phèdre*, traitent du rapport entre philosophie et rhétorique. Pour Maria Isabel Santa-Cruz, la polarité établie par Socrate dans le *Gorgias* ne consiste pas à critiquer la persuasion, objet de la seule rhétorique, au profit d'une conviction que seule la philosophie pourrait atteindre. Au contraire, Socrate défend l'idée d'une bonne croyance et d'une bonne persuasion produites par le philosophe et correspondant à un état de l'âme intermédiaire entre la croyance visée par l'orateur et la connaissance résultant d'un enseignement philosophique. Le Socrate du *Gorgias* précise que, contrairement à la rhétorique qui dit toujours des choses différentes sur les mêmes sujets, « la philosophie dit toujours la même chose (482 a) ». Soulignant son importance dans l'ensemble du *Gorgias*,

Michael Erler examine cette phrase-clef du dialogue et relève que l'opposition entre rhétorique et philosophie se trouve inscrite dans le cadre d'un débat entre musique traditionnelle et musique nouvelle. En rapprochant la philosophie de la musique, Socrate met ainsi en relief un aspect décisif de la nouvelle compréhension de la *philosophia* qu'il défend. Le *Gorgias* est donc le lieu d'une lutte, d'un combat, où les polarités et les oppositions se développent au fur et à mesure que les interlocuteurs de Socrate se succèdent. Examinant l'ensemble de ces oppositions, Giovanni Casertano remarque que le *Gorgias* est avant tout le théâtre d'une ambiguïté fondamentale sur la valeur de vérité du discours. La vérité suffit-elle à convaincre ? Est-elle indépendante du consentement de l'autre et des conditions de l'entretien (l'amitié, la bienveillance et la franchise) ? Et si oui, n'a-t-on à faire dans le *Gorgias* qu'à une démonstration seulement formelle de la vérité ? Selon Casertano, le *Gorgias* est un dialogue de sourds où les interlocuteurs se parlent, mais ne communiquent jamais. Le thème traité par Wilfried Kühn est encore le rapport entre philosophie et rhétorique mais tel qu'il se présente dans le *Phèdre*. Soucieux de subordonner la rhétorique à la philosophie et à la connaissance dialectique, Platon est amené à préciser dialectiquement la nature de la tromperie dont la rhétorique fait usage. Mais la situation se complique car Socrate, pour présenter une ébauche de la méthode dialectique, prend pour paradigme ses deux précédents discours sur l'amour. Plutôt que de voir dans la méthode de division et de rassemblement du *Phèdre* une définition abstraite de la méthode dialectique, les deux procédés visent en fait à justifier la division du désir amoureux en deux réalités opposées.

Les quatre études qui suivent traitent de la question de l'âme. Comparant Eschyle et Platon, mais interrogeant aussi bien Homère, Jean Frère considère comment le *Phédon* envisage la mort et le cheminement de l'âme après celle-ci. Ce faisant, il met au jour la profonde originalité de Platon qui, pour la première fois, non seulement distingue radicalement le monde des vivants et celui des morts mais surtout fait de la vie *post mortem* une expérience morale et métaphysique indispensable à la vie bonne et à la justice humaine. C'est aussi de l'âme et de son désir insatiable d'avoir davantage que Socrate discute avec Thrasymaque dans le premier livre de la *République*. Contre toute une tradition exégétique qui fait de ce court argument (*Rép.*, I 349 b-350 c) soit un argument fallacieux, usant délibérement de l'équivoque, soit un échec pur et simple, Christopher Rowe démontre que, même si Thrasymaque ne la comprend pas, Socrate soutient une position parfaitement cohérente : seul l'homme juste, qui est nécessairement savant et bon, peut l'emporter sur l'homme injuste ; l'injuste ne saurait, par définition, l'emporter sur qui que ce soit. Thrasymaque n'est d'ailleurs pas le seul à ne pas comprendre Socrate ou à ne le comprendre que partiellement. Au livre II, aussitôt après que Socrate a dressé le portrait de la vie dans la cité simple, Glaucon réagit violemment à ce qu'il nomme la cité des cochons décrite par Socrate. Kenneth Quandt analyse ce tournant de la *République* et montre que la réaction de Glaucon a pour fonction de révéler une résistance qui justifie, à elle seule, le détour par la cité enfiévrée, seule cité capable de nous faire comprendre que la vie juste est en effet la plus heureuse.

C'est encore de l'âme qu'il s'agit quand Platon réfléchit longuement, au livre III de la *République*, sur les effets de la musique. Evanghelos Moutsopoulos aborde un passage peu connu du livre III où Platon explique de quelle façon la musique nourrit l'âme. Un détour par la physiologie acoustique du *Timée* permet de rendre compte des détails du mécanisme d'imprégnation musicale de l'âme. Le livre IV de la *République* amène Marcelo Pimenta Marques à poser la question suivante : dans quelle mesure l'apparaître contradictoire est-il constitutif du processus même de la pensée ? Examinant l'argumentation qui mène à la division de l'âme en trois parties distinctes, Pimenta Marques avance que l'âme est déterminée intérieurement par la différence et par le conflit entre des désirs qui sont toujours désirs d'un apparaître. Fulcran Teisserenc conclut cet ensemble d'analyses dédiées à la *République* par une interprétation de ce qui constitue, à bien des égards, le point culminant du dialogue : le Bien en soi. Principe à la fois ontologique et épistémologique, à quoi sert-il pratiquement ? est-il source de motivation humaine ? justifie-t-il les motivations pratiques et politiques du philosophe ? Si les Formes intelligibles, parmi lesquelles le Bien, servent à éclairer l'action, il s'en faut de beaucoup qu'elles en soient la condition nécessaire *et* suffisante.

Les articles qui concluent cette première partie de l'ouvrage portent sur ce que l'on considère, à tort ou à raison, comme les derniers dialogues de Platon. Sylvain Delcomminette propose une lecture d'ensemble de la deuxième partie du *Parménide* autour d'une question centrale : la méthode du *Parménide* est-elle la dialectique au sens platonicien ? Il compare la méthode du *Parménide* à la méthode dianoétique telle qu'elle est définie au livre VI de la *République* car les méandres des hypothèses du *Parménide* s'expliquent par l'incapacité de Parménide à s'interroger sur ses principes. Giuseppe Cambiano compare lui aussi deux dialogues : abordant la question de la mémoire, il met en lumière tout ce qui sépare le *Théétète* et le *Philèbe*. La mémoire ne subit pas le même traitement dans les deux dialogues : alors que la mémoire dans le *Théétète* est directement liée à la perception et à l'apprentissage laissant des empreintes en l'âme, les opérations de mémorisation sont conçues de façon nettement plus complexe dans le *Philèbe*, du fait de l'usage des deux modèles du scribe et du peintre qui permettent d'attribuer à la mémoire des contenus propositionnels significativement absents du *Théétète*. Également consacrée au *Philèbe*, la contribution de Dimitri El Murr relève la présence d'une métaphore domestique récurrente dans le dialogue et analyse la déclaration de Socrate qui, en 64c, se dit arrivé « aux portes du bien ». Contre une interprétation récente du dialogue qui voit dans sa section finale l'exposé du bien en soi qui dans la *République* brillait par son absence et contre la lecture néoplatonicienne qui, au contraire, stipule que Socrate s'arrête au seuil de l'indicible, El Murr montre que si Socrate s'arrête aux portes du bien, c'est qu'il n'a pu examiner la seule route authentique qui aurait pu y mener : la vie divine consacrée à la philosophie et aux plaisirs les plus purs de l'intelligence. L'article de Luc Brisson est consacré au *Sophiste* et plus précisément à la célèbre définition que l'Étranger d'Élée donne de la dialectique en 253d. Brisson propose de voir dans ce passage non la caractérisation des différentes situations du dialecticien face à l'intelligible, mais une sorte de parenthèse où Platon montre l'interêt de la dialectique appliquée au cas concret de l'âme en général. La contribution de Dominic O'Meara conclut cette première partie : consacrée à la question du thème principal du *Timée*, elle montre que le dialogue n'est pas seulement un traité sur la nature de l'Univers mais aussi un éloge à la déesse Athéna.

Pour la seconde partie du volume, il s'agit non du Platon des Dialogues, mais du platonisme ou plutôt des différentes figures du platonisme auxquelles les Dialogues ont donné naissance. La première lecture critique des Dialogues, celle d'Aristote, est ainsi examinée sous deux angles différents et complémentaires. Selon Cristina Viano, lorsqu'Aristote traite de la responsabilité morale et de l'évaluation des passions (notamment de la colère) dans l'*Ethique à Nicomaque* comme dans la *Rhétorique*, il élabore une théorie différente de celle des *Lois*, s'appuyant sur des principes anthropologiques, psychologiques et, en dernière instance, métaphysiques très différents de ceux de Platon. Si la philosophie morale d'Aristote rompt avec celle des *Lois*, il n'en va pas exactement de même de sa philosophie politique : car c'est des *Lois* que, selon Richard Bodéüs, le Stagirite tire ses thèses principales sur les conditions préalables du régime parfait, même s'il les systématise de façon spécifique. Le problème de la systématisation de Platon est ainsi déjà posé par Aristote. Considérant cette systématisation pour elle-même, John Dillon examine certains aspects du platonisme développé dans l'Académie dans les domaines de l'éthique et de la physique (par Xénocrate, Polémon et Speusippe) ainsi que la rivalité entre l'Académie et le Lycée, dans le cadre plus général d'une compétition entre platonisants tardifs, stoïciens et aristotéliciens.

Dans le platonisme de l'Antiquité tardive, les compétitions entre les différentes écoles philosophiques prennent la forme d'une lutte violente pour l'orthodoxie. Plusieurs aspects de ces débats théoriques sont traités dans le volume. Quelle conception du non-être et de l'altérité Plotin a-t-il développée ? Commentant le dernier chapitre du traité 12 (*Énnéade* II 4), Denis O'Brien montre à quel point Plotin tire profit des critiques adressées à Parménide par Platon, mais aussi par Aristote. Si l'on veut dégager l'originalité et la force de la conception plotinienne de l'Un, de la matière et de l'âme, il est indispensable, montre O'Brien, de reconstituer précisément cette intertextualité. Annick Charles-Saget se consacre, quant à elle, au traité 33 *Contre les Gnostiques* (*Énnéade* II 9) et à la question de la parenté et de l'être-au-monde chez Plotin. Comment Plotin peut-il soutenir contre les Gnostiques que le soleil et les autres astres nous sont plus parents, nous sont plus frères que les autres hommes ? Soulignant l'aspect profondément paradoxal de la notion plotinienne de συγγένεια, Charles-Saget examine son rapport au *Timée* et comment tous les platoniciens de l'Antiquité tardive se sont employés à justifier une telle analyse de l'imperfection de l'âme humaine par rapport à la perfection de l'âme du monde.

L'analyse plotinienne de l'art de persuader fait l'objet de la contribution de Laurent Lavaud. Reprenant la conception philosophique de l'art de persuader développée par Platon dans le *Phèdre*, Plotin l'intègre selon les modalités propres à sa pensée : la nécessité est dans l'intellect, alors que la persuasion est dans l'âme. Considérant notamment le traité 38 (VI 7), Lavaud montre que ce partage n'est pourtant pas si clair ni si tranché qu'il y paraît et que si Plotin le respecte dès qu'il s'agit du rapport entre l'âme et l'intellect, les choses se compliquent singulièrement dès qu'il s'agit de traiter du Bien en soi, au delà de la nécessité comme de la raison. Daniela Patrizia Taormina examine enfin la question de la migration de l'âme humaine et de sa descente dans l'animalité à partir de plusieurs passages de Stobée attribus à Porphyre par certains commentateurs, à Plutarque par d'autres. Critiquant cette dernière position exégétique, Taormina défend l'attribution des fragments à Porphyre en développant la doctrine prudente de l'auteur qui, contrairement à Plutarque, s'abstient de prendre position en faveur d'une métansomatose animale.

Après les Ancien, les Modernes, et tout d'abord, Nietzsche pour qui Platon constitue un interlocuteur, c'est-à-dire un pair autant qu'un ennemi, privilégié. Michèle Cohen-Halimi montre que s'il est vrai que le jeune Nietzsche vise à renverser le platonisme et son antinomie fondamentale de l'être et du devenir, ce renversement s'opère surtout au moyen d'une réactualisation de la pensée d'Héraclite. Gianna Gigliotti analyse la lecture que Paul Natorp a proposée du *Phèdre*, lecture qui soulève plusieurs problèmes liés à l'ontologie et à la théorie platonicienne de la connaissance. Cette étude s'appuie sur des lettres inédites, placées en appendice, que Lutoslawski a adressées à Natorp entre novembre 1895 et décembre 1902. Heidegger, lecteur de Platon, est également examiné ici par Françoise Dastur qui place l'interprétation heideggerienne de Platon sous un nouvel éclairage, en mettant en évidence l'importance de l'ontologie de Platon dans le contexte plus général des lectures platoniciennes développées, avant et après Heidegger, par Husserl, Lotze, Fink et Patocka. Carlo Natali propose une lecture croisée des interprétations du *Philèbe* construites par deux des principaux philosophes du XXe siècle : Gadamer et Davidson. Il montre tout ce qui les distingue, tant méthodologiquement que philosophiquement, mais aussi tout ce qu'elles doivent à Aristote : ces interprétations révèlent ainsi à quel point bon nombre de lectures contemporaines de Platon sont teintées, et parfois entièrement constituées, d'aristotélisme. Cette tendance est à coup sûr une tentation à laquelle les travaux de Monique Dixsaut n'ont jamais cédé. On en trouvera une preuve supplémentaire dans la contribution d'Alain Badiou, épilogue à tout l'ouvrage, et, aux dires mêmes de l'auteur, exemple partiel d'une « hypertraduction » pour notre temps de la *République*, en forme d'hommage à Monique Dixsaut. Signe de la vitalité de Platon comme de celle de son interprétation par Monique Dixsaut, la contribution de Badiou reconduit le lecteur au point de départ de ce volume : à un Platon vivant que Monique Dixsaut n'a de cesse de faire vivre dans ses œuvres, comme elle l'a toujours fait dans son enseignement.

REMERCIEMENTS

Les éditeurs souhaitent chaleureusement remercier plusieurs collègues et amis pour leur aide précieuse dans l'élaboration de ce volume. Nos plus sincères remerciements vont ainsi à Wilfried Kühn, Etienne Helmer, Fulcran Teisserenc et Cristina Viano pour leur traduction d'une ou de plusieurs contributions. Nous tenons également à remercier Jean Dixsaut pour son indéfectible soutien à notre entreprise, et Pierre Alechinsky pour nous avoir autorisés à reproduire l'une de ses œuvres. Maurice Patronnier de Gandillac a malheureusement disparu avant de pouvoir nous donner sa contribution. Nous tenons ici à rendre hommage à sa mémoire.

PREMIÈRE PARTIE

PLATON

PUISSANCE ET PHILOSOPHIE
SUR LE PLATON DE MONIQUE DIXSAUT

DAVID LEFEBVRE

Rien n'est supérieur à cette force de l'intelligence qui désire[1].

Si quelqu'un voulait appliquer le projet de la *Dianoématique* de Martial Guéroult aux historiens contemporains de la philosophie, l'œuvre de Monique Dixsaut lui poserait certainement des problèmes[2]. Pour les étudiants de ma génération, à travers « son » livre et son enseignement, son Platon fut l'un des Platon dominants en circulation dans l'université et dans le paysage français des études d'histoire de la philosophie ancienne. Malgré elle[3], ce Platon était – et reste – pourtant absolument différent de tous les autres et reconnaissable en ce qu'il ne vise pas seulement (selon elle, pas du tout) à fournir des informations sur la doctrine platonicienne, des explications des passages difficiles, des renseignements savants sur le vocabulaire, les allusions, le contexte historique, philosophique et culturel des Dialogues, mais en propose une lecture qui les extrait finalement de l'histoire de la philosophie, qui les extrait même de l'histoire tout court, pour en faire le lieu, l'exercice actuel et vivant de ce qu'on appellera avec elle l'activité de penser, la philosophie ou, mieux, la *philosophia*. Œuvre unique puisque Monique Dixsaut a fait de Platon l'unique voix du philosopher et qu'elle entend être fidèle à cette exigence qu'enseignent les Dialogues dans sa propre

1. M. Dixsaut, *Le Naturel philosophe. Essai sur les Dialogues de Platon*, Paris, Les Belles Lettres-Vrin, 1985, 1994 et 2001, p. 363.

2. Guéroult y proposait une histoire et une philosophie des conceptions et des méthodes des historiens de la philosophie depuis l'antiquité jusqu'à ses contemporains. Décédé en 1976, Guéroult s'est arrêté avec Gouhier et Gilson ; l'éditeur signale que, dans ses cours au Collège de France, il avait fait figurer aussi dans son programme les travaux de Jean Hyppolite et de Victor Goldschmidt, représentants d'une « méthode des structures » en histoire de la philosophie (*Dianoématique*, Livre I, *Histoire de l'histoire de la philosophie*, t. 3, *De Condorcet à nos jours*, Paris, Aubier-Montaigne, 1988, p. 875).

3. Dans l'Avertissement de la réimpression du *Naturel philosophe* en 1994, l'auteur signale, p. 7, qu'elle n'avait pas, en 1985, « l'ambition d'interpréter Platon d'une façon qui soit originale, nouvelle ou provocante ».

manière tout à la fois d'enseigner Platon, de penser et d'écrire à son sujet, exigence naturelle selon elle de parler de Platon en étant toujours dedans, alors qu'on pense qu'il vaut mieux être dehors pour parler « objectivement » d'un auteur et même le plus extérieur à lui[1], et ce dans une fidélité à l'effet produit par les Dialogues sur le lecteur, qui n'interroge ni ne répond, mais, s'il est philosophe, ne peut que pâtir de leur lecture et en parler depuis cette passion. Monique Dixsaut introduit parfaitement « son » Platon par ces deux questions qui enfoncent, selon elle, « une porte ouverte » : « Comment lire et comprendre un texte philosophique sinon philosophiquement? Et, plus que tout autre, le texte où se réfléchissent, pour la première fois, les conditions de la pensée philosophique? »[2]. Il y aurait eu là, pour Guéroult, un cas singulier : une méthode procédant par empathie subjective (si on veut le comprendre, il faut lire Platon « en Platon » comme dirait Bergson) sans pour autant viser à rejoindre « l'intuition » de l'auteur, de l'histoire de la philosophie sans historicisme, une lecture interne sans être ni structurale ni phénoménologique, une lecture philosophique du premier et peut-être du seul texte philosophique, quelque chose d'irréductible dont Monique Dixsaut pourrait suggérer l'idée en en faisant une invitation à lire les Dialogues du point de vue de Platon lui-même mais d'un Platon vu par les yeux d'un certain Nietzsche, le Platon du buste de Naples – à condition qu'il s'agisse bien de Platon[3].

Du point de vue de notre connaissance des Dialogues, ce Platon a non pas tant résolu que déplacé ou fait disparaître nombre de difficultés – les principales peut-être – dont se nourrissent les études platoniciennes « classiques »[4] : le statut et la fin du recours à la forme dramatique du dialogue, la question de l'existence d'un vocabulaire technique, celle de la forme (littéraire) et du contenu (philosophique), celle des « *agrapha dogmata* », l'absence de Platon, le rôle de Socrate, l'évolution de la méthode de Platon ou ses « contradictions », le statut des Idées, enfin, voire surtout, la question ancienne et toujours posée de l'existence d'une doctrine philosophique ou d'un système platonicien[5]. Ce déplacement est tel que son interprétation donne souvent l'impression d'être incommensurable avec la plupart des autres – quelle que soit l'inspiration herméneutique dont elles se réclament : littéraire, systématique, « ésotériste », « pédagogique », évolutionniste, historique, analytique, etc. –, même si, par ailleurs, elle s'accorde sur les

1. *Le Naturel philosophe*, p. 39 et le « Post-scriptum en forme de non réponse à Jonathan Barnes » dans « L'analogie intenable : le soleil et le bien », *Platon et la question de la pensée, Études platoniciennes*, t. I, Paris, Vrin, 2000, p. 150-151, avec la référence à la seconde des *Considérations inactuelles* de Nietzsche.

2. « *Ousia*, *Eidos* et *Idea* dans le *Phédon* », *Platon et la question de la pensée*, *op. cit.*, Paris, Vrin, 2000, p. 71.

3. Nietzsche, *Œuvres philosophiques complètes*, Paris, Gallimard, t. X, 26 [355] p. 270. Nous revenons plus bas sur l'identification du buste en bronze du Musée archéologique de Naples.

4. *Le Naturel philosophe*, *op. cit.*, p. 38 et 127.

5. Monique Dixsaut rappelle (« De Platon vers Nietzsche : l'autre manière de philosopher », *Bulletin de la société française de philosophie*, Séance du 23 janvier 1999, 93e année, n.°2, Avril-Juin 1999, Paris, Vrin, p. 24) : « On sait à quel point, de Leibniz à Hegel, les philosophes ont déploré que Platon n'ait pas su – pas encore – donner à sa philosophie une forme systématique ».

résultats avec elles. À la source de ce Platon, s'il y a déplacement, en effet, c'est qu'il y a une « inversion » ou un « renversement » du Platon traditionnel, bien exprimé par le titre de son premier recueil d'articles : *Platon et la question de la pensée* – et non, parmi les contemporains, à la manière de Ross, « la théorie platonicienne des Idées »[1]. Au centre de ce déplacement agit non pas une méthode herméneutique particulière mais une conception des Dialogues comme acte vivant d'un philosopher unique (ou presque), qui s'appuie elle-même de manière parfaitement explicite sur une certaine conception du philosopher comme activité, et enfin sur une promotion insistante des notions de force, de puissance et de désir. Platon, c'est la philosophie et la philosophie n'est ni une doctrine ni une méthode, encore moins un système, c'est une puissance en acte qui procède d'une nature et d'un désir. Ce déplacement des difficultés, ce « renversement » du Platon traditionnel au terme duquel on part non des Idées, non du dialogue comme forme dramatique, mais du libre exercice de la dialectique, s'appuie sur celui que Monique Dixsaut appelle « l'intercesseur paradoxal », Nietzsche[2]. Le coup de force de sa lecture est d'en avoir fait non pas, comme tant d'autres, le point de départ d'une critique du platonisme, mais, « paradoxalement », le moyen de la découverte d'un autre Platon, d'un Platon qui anticipe le renversement nietzschéen lui-même.

Les études contemporaines de philosophie ancienne sont souvent silencieuses sur leurs propres présupposés de méthode, considérant en un sens que l'histoire de la philosophie n'en a qu'une. Dans ce paysage, l'œuvre de Monique Dixsaut se démarque, aujourd'hui comme il y a vingt ans, par le caractère parfaitement explicite, voire militant, de son principe de lecture, qui n'est pas celui d'une méthode formelle mais d'abord d'une position philosophique sur Platon et sur la philosophie. Ce principe engage bien aussi un choix de méthode. Dans un article ancien[3], Victor Goldschmidt, faisant le point sur l'état de la littérature platonicienne, distinguait deux manières, outre la sienne, d'établir l'existence d'un

1. Sur le choix du titre du recueil, voir l'Avant-propos, p. 12. Le livre de Ross est *Plato's Theory of Ideas*, Oxford, Clarendon Press, 1951. Le titre est un cliché, sans qu'on puisse dire quand l'expression s'est fixée (voir, par exemple, dans *Platonism* de John Burnet qui, en 1928, dit préférer cette expression à celle d'« *ideal theory* » utilisé par Frazer, l'auteur du *Rameau d'or*, dans sa dissertation). Ross reprend peut-être le titre de la dissertation de 1884 de Shorey (*De Platonis idearum doctrina atque mentis humanae notionibus commentatio*) ou celui de Natorp : *Platos Ideenlehre, Eine Einführung in den Idealismus* (1903), avec d'autres résultats évidemment, puisqu'il critique explicitement le conceptualisme de Natorp. – Après *Platon et la question de la pensée*, Paris, Vrin, 2000, un second recueil d'articles sur l'âme est annoncé, à paraître chez le même éditeur.

2. *Le Naturel philosophe*, Avertissement à la deuxième édition, p. 8. Le même terme est employé au sujet du rôle joué par Heidegger pour P. Aubenque dans sa lecture d'Aristote au début de « Ce qu'était Aristote pour Nietzsche », *Ontologie et Dialogue*, Mélanges en Hommage à Pierre Aubenque, textes réunis par N.-L. Cordero, Paris, Vrin, 2000, p. 197-217 : p. 197.

3. V. Goldschmidt, « Sur le problème du "système de Platon" », *Rivista critica di Storia della Filosofia*, 5, 1950, repris dans *Questions platoniciennes*, Paris, Vrin, 1970, p. 24-33. Sur l'originalité de la méthode de Goldschmidt dans les études platoniciennes de l'après-guerre, voir la longue notice bibliographique de P.-M. Schuhl « Vingt années d'études platoniciennes (1938-1958) » dans *Études platoniciennes*, Paris, P.U.F., 1960, p. 23-47.

système de Platon : de manière dogmatique, en ayant recours à des cadres doctrinaux étrangers à Platon, de manière génétique, en prétendant lire un développement philosophique dans la reconstitution d'une évolution perceptible au sein des Dialogues. L'approche systématique est de fait elle-même multiple[1] ; elle ne suppose pas toujours l'existence d'une architectonique rigoureuse et n'exclut pas le recours à la chronologie. Léon Robin, dans son *Platon*, en 1935, sentant le besoin de réagir contre une lecture trop exclusivement littéraire des Dialogues, rappelait que Platon est « principalement un philosophe » et que « à ce titre, il essaie d'avoir une doctrine », ce qui ne l'empêchait pas de compléter par une « histoire » de leur évolution son exposé « systématique » des ses idées[2]. Pour Léon Robin, si Platon « systématise » ses résultats sans pour autant « dogmatiser », c'est qu'il diffuse dans ses Dialogues un enseignement (non-écrit) « fortement défini et peut-être même [...] un peu raide », potentiellement de l'ordre d'une « scolastique »[3]. Victor Goldschmidt avait trouvé sa place en résolvant à sa manière la question du « système » de Platon : s'il y a système ou plutôt « structure », ce n'est pas directement au niveau des contenus, mais dans la mise en rapport de la morphologie des dialogues et de la méthode explicite ou enseignée, la dialectique et ses « procédés », mise en rapport qui doit aboutir à une connaissance de la « méthode pratiquée » ou « en acte », et, ensuite, à celle des *dogmata* ou contenus de doctrine de l'auteur en question[4]. Dans ce contexte, la position de Monique Dixsaut était particulière, aussi étrangère à une approche purement littéraire qu'à la question de la chronologie ou au structuralisme de Goldschmidt. Ce dernier fixe cependant le meilleur terme d'opposition, pour la France en tout cas, la dialectique constituant chez l'un et l'autre la « voie royale » de la connaissance de Platon, mais si Goldschmidt y voit des procédés définissant une méthode et produisant une structure, Monique Dixsaut fait de la dialectique entendue, si l'on veut, comme pure génialité philosophique, une invention libre et inspirée de règles, toujours provisoires, de circulation dans les intelligibles[5]. Autrement dit, il y a entre les deux ce qui sépare l'attention à la force et la mise en valeur de la

1. Le système de Schleiermacher n'est évidemment pas le même que celui dégagé sur les bases de la supposition d'un platonisme oral par l'école de Tübingen. Voir Eugène N. Tigerstedt, *Interpreting Plato*, Stockholm, Almquist et Wiksell, 1977.

2. L. Robin, *Platon*, Paris, P.U.F., [1935], « Quadrige », 2000, Avant-Propos de la première édition, p. V.

3. *Ibid.*, p. V.

4. V Goldschmidt, *Les Dialogues de Platon*, Structure et méthode dialectique, Paris, P.U.F., 2e éd., 1963. Voir la Préface à la seconde édition, p. XIX-XXVII sur le sens de la notion de structure. Goldschmidt se situe dans le contexte de la question (où se sont notamment illustrés en France J.-M. Le Blond et P. Aubenque) du rapport entre méthode enseignée et méthode appliquée.

5. Rappelons les titres de la thèse et de la thèse complémentaire de Goldschmidt en 1947 : *Les Dialogues de Platon : structure et méthode dialectique* et *Le Paradigme dans la dialectique platonicienne*. Voir aussi « Sur le problème du "système de Platon" », *Questions platoniciennes*, Paris, Vrin, 1970, p. 32. – Sur la méthode dialectique, en langue anglaise, on peut citer dans les ouvrages contemporains du précédent, le livre de Richard Robinson, *Plato's Earlier Dialectic*, Ithaca, New York, Cornell University Press, 1941.

forme, « la différence entre Dionysos et Apollon, entre l'élan et la structure »[1] – la dialectique comme procédés, règles et méthodes ou la dialectique comme force et puissance de penser. Sans chercher à donner ici une présentation complète d'une lecture plus que jamais vivante des Dialogues, on a voulu relire certains de ses textes, non en direction des œuvres de Platon qu'ils commentent, mais pour eux-mêmes, et d'abord *Le Naturel philosophe*, dans leur manière de construire, inlassablement avec ces mêmes notions de force, de puissance et de désir, le philosophe selon Platon.

« PLATON EST LA PHILOSOPHIE »

Les deux questions posées en introduction de « *Ousia*, *Eidos* et *Idea* dans le *Phédon* » donnent bien le ton de la lecture à laquelle Monique Dixsaut soumet les Dialogues : « Comment lire et comprendre un texte philosophique sinon philosophiquement ? Et, plus que tout autre, le texte où se réfléchissent, pour la première fois, les conditions de la pensée philosophique ? »[2]. On s'accordera sur la première question et sur la seconde peut-être aussi. Il est arrivé à son auteur de la formuler plus vivement, dans l'introduction de son *Naturel philosophe* et, par exemple, en exergue de l'introduction à son *Platon*, publié près de vingt ans après[3]. On y lit le mot bien connu d'Emerson : « Platon est la philosophie et la philosophie, Platon »[4]. Monique Dixsaut commente : « Il n'y a donc pas de philosophie de Platon. Pour une bonne raison : Platon est la philosophie ». On l'aura compris : « l'ouvrage qui suit n'est pas neutre »[5]. Le *Naturel philosophe* était lui-même sous-titré « *Essai* sur les Dialogues de Platon »[6]. Il ne s'agit pas d'une posture exégétique : dire « Platon est la philosophie », ce n'est pas seulement dire ce qu'il faut pour se mettre dans la meilleure position pour lire Platon, mais prononcer une thèse philosophique sur Platon et sur la philosophie. Cette position philosophique a aussi des avantages exégétiques : aucun risque d'historiciser Platon, de le réduire à un dogme, à une place dans une histoire, au rang de prédécesseur illustre et maladroit d'Aristote, d'en faire un objet quelconque de mécanique ou de technique conceptuelle, de le juger selon ses nombreuses erreurs et rares vérités argumentatives sous les verres de « lunettes analytiques »[7]. Il y a cependant beaucoup plus dans le choix de cet exergue d'Emerson que la profession de foi obligée d'un commentateur rendant hommage

1. On pense à l'article de J. Derrida « Force et signification », *L'Écriture et la différence*, Paris, Seuil, 1967, p. 9-49 : p. 47, initialement paru dans *Critique* en 1963 et écrit au sujet du livre de J. Rousset, *Forme et Signification, Essais sur les structures littéraires de Corneille à Claudel*.

2. « *Ousia*, *Eidos* et *Idea* dans le *Phédon* », art. cit., p. 71.

3. *Platon, Le Désir de comprendre*, Paris, Vrin, 2003.

4. *Ibid.*, p. 7, comme la phrase suivante. La phrase d'Emerson se trouve au tout début de son *Platon, ou Le philosophe*, le premier de la série de portraits composant *Representative Men* (1850).

5. *Ibid.*, p. 8.

6. Nous soulignons.

7. *Cf.* le titre de l'article de J. Barnes, « Le soleil de Platon vu avec des lunettes analytiques », *Rue Descartes*, n° 1-2, 1991, Paris, Albin Michel, p. 5-16.

à son auteur de prédilection. Si l'on demande en effet ce qu'il reste aux « autres », prédécesseurs et successeurs de Platon, « présocratiques », médio-platoniciens, néoplatoniciens, anti-platoniciens, à tous les autres, si l'on demande s'ils sont des philosophes, la réponse sera négative. Nous reviendrons plus loin sur ce que cela signifie pour eux. La thèse philosophique est en effet, dans sa radicalité, qu'il n'y a pas eu de philosophie avant Platon, sauf de nom, ce qui peut se défendre et se dit même généralement[1], mais surtout que, s'il y en a eu après Platon, ce qui s'est fait sous ce nom ne fut plus jamais de la philosophie comme en a fait Platon[2]. En d'autres termes, il n'y en a jamais eu non plus après Platon, sauf de nom, d'où l'usage de l'écriture « *philosophia* » pour désigner « l'exemplarité d'un sens dont [Platon] est le premier, le seul et le dernier exemple »[3]. Ce jugement repose sur une conception absolument univoque de la philosophie, moins sur une conception d'ailleurs que sur une « exigence », qui la définit à partir de la spécificité de l'exercice de la pensée dans les Dialogues. On pourrait être tenté de comprendre que l'affirmation « Platon est la philosophie » ne signifie donc rien d'autre que la tautologie : Platon est Platon et il n'y eut Platon, ni avant ni après Platon. Ce ne serait pas vrai pour deux raisons. La première est qu'il n'est pas impossible que la philosophie que Platon invente et appelle de ses vœux, celle qui s'est miraculeusement incarnée dans les Dialogues, sans que d'ailleurs jamais Platon n'appelle Socrate un philosophe[4], soit encore à venir : un usage unique du *logos*, jamais repris, toujours nécessairement à reprendre, actuel, jamais dépassé, sur lequel nous n'avons aucune avance[5] et qui appelle un « avenir ». C'est sur cet « avenir encore incertain » annoncé par Nietzsche au paragraphe 382 du *Gai savoir* que se clôt l'introduction du *Naturel philosophe*[6]. Pour Platon, comme pour Nietzsche, en effet « le philosophe n'a d'existence qu'à venir. [...] Le philosophe, tel qu'ils en construisent la figure, n'a jamais encore existé »[7]. Son existence à venir, même si elle n'est pas impossible, comme le rappelle Platon dans la *République*, ne comporte aucune certitude, car le désir de philosopher n'a pas l'assurance aristotélicienne du désir naturel à l'homme pour le savoir. L'homme ne désire pas philosopher, seul le philosophe le désire. Rien ne conduit nécessairement de

1. À condition évidemment de penser que tous les présocratiques sont auteurs d'« enquêtes sur la nature » qui ne relèvent pas de la « philosophie » (au sens platonicien du terme) pas plus que les Sophistes. Cela ne veut pas dire naturellement que le terme était inemployé avant Platon. Voir dans *Le Naturel philosophe*, p. 43-83 ; H.B. Gottschalk, *Heraclides of Pontus*, Oxford, Clarendon Press, 1980, p. 23-36 et un point récent sur le sens de « philosophie » chez les présocratiques dans A. Laks, *Introduction à la « philosophie présocratique »*, « Libelles », Paris, P.U.F., 2006, p. 55-81.

2. On peut citer cette phrase d'introduction au *Platon* de 2003 (p. 7) : avec Platon, la philosophie « devient philosophique au sens où nous n'avons cessé depuis d'employer ce terme, *au sens où en tout cas il faudrait peut-être que nous nous gardions de cesser de l'employer* ». Nous soulignons.

3. *Le Naturel philosophe*, *op. cit.*, p. 12.

4. *Ibid.*, p. 89.

5. *Ibid.*, p. 31.

6. Dans *Le Naturel philosophe*, *op. cit.*, M. Dixsaut cite p. 39 : « nous autres qui sommes nouveaux, sans nom, difficiles à comprendre, nous autres prémices d'un avenir encore incertain ... ».

7. « De Platon vers Nietzsche », p. 17. Dans *Le Naturel philosophe*, *op. cit.*, (p. 269, n. 27), Monique Dixsaut signale que « *philosophein* » est surtout employé au futur dans la *République*.

l'amour de la connaissance et des sciences propédeutiques à la philosophie[1]. Il y a donc eu quelque chose d'inespéré, de gratuit, d'unique dans le philosopher de Platon.

La seconde raison pour laquelle l'identification de la philosophie à Platon ne revient pas à une tautologie est la suivante : ce n'est pas n'importe quel Platon qui est la philosophie – c'est un certain Platon : celui qui philosophe. « Philosophie » au sens propre définit un Platon, voire circonscrit un corpus de prédilection dans les Dialogues, et « un Platon » définit et circonscrit ce qu'est la philosophie au sens propre. Dire que « Platon est la philosophie » n'apprend donc en soi rien ni sur Platon ni sur la philosophie, si l'on ne sait pas de quelle façon les deux termes se déterminent l'un l'autre. L'identification de la philosophie à Platon n'a en effet rien d'original, comme l'atteste la référence à Emerson. Cependant, pour Emerson, comme souvent, dire « Platon est la philosophie » est en réalité seulement dire que tous les philosophes doivent quelque chose, voire tout, à Platon, penseur universel et fondateur de la tradition philosophique européenne. Cela laisse donc une place à d'autres philosophes, tout aussi philosophes parce que justement ils sont platoniciens[2]. Ce n'est évidemment pas en ce sens que l'entend Monique Dixsaut : tout montre, selon elle, que ce qu'il y a de proprement philosophique chez Platon n'est ni universel ni universalisable, et que son philosopher est malheureusement loin d'avoir fait école et agi sur les « philosophes » qui s'en sont réclamés. Identifier Platon et la philosophie constitue aussi, en un tout autre sens, l'interprétation devenue classique de Heidegger. « Toute la philosophie occidentale est du platonisme. Métaphysique, idéalisme, platonisme signifient la même chose par essence » écrit Heidegger dans son *Nietzsche*[3]. Ce que Heidegger identifie dans le platonisme, c'est la doctrine des Idées et ce que sa mise au point a eu comme effet sur la question de l'être. C'est justement contre une telle interprétation que Monique Dixsaut identifie Platon et la philosophie : pour purifier Platon de toute accusation de platonisme, pour séparer Platon de la tradition métaphysique, idéaliste, platonicienne, pour revenir à Platon en deçà du platonisme, c'est-à-dire en deçà de la réification de la doctrine des Idées comme thèse philosophique de Platon sur l'être[4].

1. Sur ces thèmes, voir par exemple, *ibid.*, p. 363 et « De Platon vers Nietzsche », p. 18.

2. Emerson se contente en effet de remarquer l'universalité de Platon qui n'a pas eu d'enfants mais dont nombre de philosophes et de traditions religieuses postérieurs se sont inspirés. Emerson cite : « the Alexandrians, a constellation of genius; the Elizabethans, not less; Sir Thomas More, Henry More, John Hales, John Smith, Lord Bacon, Jeremy Taylor, Ralph Cudworth, Sydenham, Thomas Taylor; Marcilius Ficinus and Picus Mirandola ». La non moins célèbre phrase de Whitehead (*Process and Reality*, Free Press, 1979, p. 39) va dans le même sens : « La caractérisation générale la plus sûre de la tradition philosophique européenne est qu'elle consiste en une série de notes de bas de page à Platon. » (Nous traduisons).

3. M. Heidegger, *Nietzsche*, II, trad. P. Klossowski, Paris, Gallimard, 1971, p. 176.

4. C'est en vertu aussi de l'unicité et de l'exemplarité de la *philosophia* chez Platon, qu'il n'y a pas d'histoire de la philosophie et qu'il est impossible de procéder à son histoire à la manière d'une genèse idéale husserlienne (*cf. Le Naturel philosophe*, *op. cit.*, p. 10-11).

C'est dans la question du statut et des sens de *philosophia* chez Platon que Monique Dixsaut situe elle-même l'originalité de son livre de 1985 : « Dans l'énorme masse des commentaires » sur Platon, il n'y a rien sur la philosophie comme « question » chez Platon. Les commentateurs ont déployé, expliqué, critiqué le « système philosophique », la « doctrine des Idées », la « pensée » de Platon comme chose achevée, mais jamais la question de ce qu'est le *philosopher* pour Platon[1]. Monique Dixsaut ne s'intéresse pas à la « philosophie de Platon », mais au philosopher, à la philosophie en acte, à la pensée telle que Platon en donne dans ses dialogues la forme la plus vivante et la plus aboutie : l'interrogation, la liberté de poser et de déposer des hypothèses, même celle des Idées. On pourrait voir dans ce goût pour la pensée interrogative, une trace de cette tradition universitaire française de la philosophie du jugement, qui n'est ni celle du système, ni celle de l'analyse des arguments[2]. Il ne s'agit pas de cela. La philosophie avant et après Platon « ne s'est pensée, quand elle s'est pensée, que comme science première ou système achevé »[3]. Avant et après, il n'y a eu que *sophia* ou apparence de *sophia*, possession, prétention à la possession ou apparence de la possession d'un savoir[4]. Chez Platon, et c'est sa marque, la *philosophia* ne précède ni n'espère ni ne cache aucune *sophia*, aucun exposé triomphant des *dogmata* sur les principes. Les Dialogues n'ont pas de vocation protreptique à la vraie philosophie; ils la constituent à eux-mêmes. Seul Platon philosophe au sens strict, et pour toujours, puisque l'opposition entre le dogmatisme de la science achevée (dite aussi « métaphysique ») et la sophistique n'est pas moins vivante aujourd'hui qu'hier. L'identification de la philosophie et de Platon n'est donc pas une thèse sur l'universalité de la pensée de Platon à travers les siècles ni sur le destin historial de « l'histoire de la métaphysique » depuis Platon, mais une interprétation et un coup de force qui conduit à réserver la philosophie ou *philosophia* non au platonisme mais à Platon, parce que simultanément on définit la philosophie comme cette manière unique qu'a Platon d'exercer l'activité de penser, et qu'on définit le corpus platonicien comme celui qui incarne une telle activité. Le cercle n'est pas évité. Nous reviendrons plus bas sur le sort qui est ainsi fait aux autres « philosophes ». Une question préalable est celle de la conception du philosopher qui est ainsi attribuée à Platon.

1. *Le Naturel philosophe*, *op. cit.*, Introduction, p. 9.

2. S'il fallait chercher dans notre tradition universitaire une des sources de la conception que Monique Dixsaut se fait de « l'exigence philosophique », il faudrait bien sûr relire les ouvrages et les cours publiés de Jeanne Delhomme, professeur à l'université de Nanterre, citée avec reconnaissance au début du *Naturel philosophe*. Voir le volume d'hommage dirigé par Monique Dixsaut : *Jeanne Delhomme*, « Les Cahiers de *La nuit surveillée* », Paris, Éditions du Cerf, 1991.

3. *Le Naturel philosophe*, *op. cit.*, Introduction, p. 9.

4. *Ibid.*, p. 55-56, notamment p. 55 : « être sage (*sophos*), c'est avoir au savoir une relation de possession ».

« LA SCIENCE DES HOMMES LIBRES »

Dans sa lettre à Remond du 11 février 1715, Leibniz formait un vœu qui à un degré ou à un autre continue de nous retenir : « Si quelqu'un réduisait Platon en système, il rendrait un grand service au genre humain, et l'on verrait que j'en approche un peu ». Le service au genre humain n'a pas été rendu ou pas complètement, on l'a vu. On a remarqué qu'il ne pouvait pas l'être[1]. L'originalité de la lecture de Monique Dixsaut ne réside pas dans son refus, partagé, de toute recherche d'une systématicité mais dans la manière dont elle identifie dans les Dialogues une cohérence et une unité qui ne procèdent ni d'une doctrine, écrite ou orale, ni d'une méthode, explicite ou latente, ni d'une intuition, initiale ou « supra-discursive », ni d'une évolution, mais de l'activité du philosophe lui-même[2]. Cette activité prime sur la philosophie comme doctrine ou effet, même si elle n'a pas d'autre lieu d'existence que les Dialogues. Il y a bien de ce point de vue une « inversion » ou un « renversement ». Les Formes intelligibles ne constituent pas une « doctrine » progressivement dégagée de l'universel socratique, puis fixée, enfin critiquée dans le *Parménide* et abandonnée par Platon lui-même dans les dialogues tardifs, tels que le *Philèbe* ou les *Lois*, mais une hypothèse du philosophe lui-même, une condition de l'accomplissement de sa nature : le philosophe et lui seul pose des formes pour penser[3]. L'exigence d'intelligibilité qui définit et anime l'activité du philosophe prime sur une « théorie » des Formes ou des Idées.

Cela revient à mettre le désir du philosophe pour les Formes au centre, non les Formes elles-mêmes. Si le philosophe les pose, c'est parce qu'il en a besoin, que lui seul en ressent le besoin, que lui seul ressent un manque dans le sensible et désire autre chose. Les formes sont des hypothèses du philosophe pour penser en philosophe, et l'on peut très bien penser sans, sur le mode de l'opinion droite ou des sciences dianoétiques. Les Formes ne sont pas ainsi envisagées comme des causes, ne sont pas déterminées comme des paradigmes dont toute chose sensible serait mécaniquement et systématiquement pourvue pour constituer un monde des Idées dont la population serait déterminée une fois pour toutes[4] ; elles sont des conditions d'intelligibilité et des conditions variables de l'intelligibilité non d'une chose mais d'une question ou d'un problème. Les Formes ne dérivent pas de la position par abstraction et induction d'une propriété commune, redoublement mécanique du monde sensible qu'Aristote voulait voir chez les platoniciens.

1. Voir par exemple R. Schaerer, *La Question platonicienne*, Études sur les rapports de la pensée et de l'expression dans les « Dialogues », 2e édition revue et augmentée d'une postface, Neufchâtel, Université de Neufchâtel, Paris, Vrin, [1938] 1969.

2. *Le Naturel philosophe*, *op. cit.*, p. 37.

3. *Ibid.*, p. 229.

4. D'où la réponse embarrassée de Monique Dixsaut à la question d'un critique anonyme qui lui demande pourquoi toute chose, *pathè* ou *dynameis* y compris, n'aurait pas une Idée (« What is it Plato Calls "Thinking" ? », p. 1-27, suivi de « Commentary on Dixsaut » par K. Brinkmann, p. 28-33, *Proceedings of the Boston Area Colloquium in Ancient Philosophy*, J.J. Cleary, G. Gurtler (éd.), Leiden-Boston-Köln, Brill, vol. XIII, 1997, p. 22).

Les arguments, exposés dans le traité aristotélicien *Des Idées* et rappelées dans la *Métaphysique*[1], qui entendent démontrer la nécessité des Idées, sont des formulations scolaires, statiques, tardives d'un geste dont la nécessité intellectuelle a été oubliée. La forme est un moyen d'intelligibilité, pas l'universel hypostasié d'une pluralité sensible. Monique Dixsaut le développe en commentant un passage bien connu du *Parménide* : « À cause de sa jeunesse, Socrate sous-estime la force de la pensée et sa puissance de poser une Forme à l'occasion de n'importe quel cas, à condition que ce soit bien une Forme qu'elle pose, et que ce ne soit plus la *Forme de* (des cheveux ou des beaux corps) mais la *Forme à laquelle* le sensible doit participer s'il veut acquérir un peu d'intelligibilité »[2]. C'est la leçon notamment du *Parménide* et du *Sophiste*. La question lancée par Parménide au jeune Socrate : « Que feras-tu donc de la philosophie ? »[3], s'il n'y a pas de Formes ou si l'on ne parvient pas à rendre l'existence des Formes pensable, est sinon l'objet explicite, du moins l'enjeu et l'horizon de tous les dialogues. Ce n'est pas une question tardive dévoilant les difficultés techniques de la doctrine des Idées, mais la source constante de l'activité du philosophe, l'expression même de sa force[4]. Les Formes sont une hypothèse portée et supportée par le philosophe pour rendre sa pensée dialectique possible et vivante[5]. Les Dialogues se situent ainsi presque toujours dans une position de justification de la possibilité de la dialectique; ils exposent l'hypothèse d'intelligibilité qui rend leur existence possible. C'est pourquoi Monique Dixsaut doit distinguer dans certains contextes philosophie et dialectique. Si seul le philosophe est capable de dialectique, la philosophie est aussi une pensée plus originaire et moins spécialisée qu'elle. « La *philosophia* signifie la manière propre qu'a l'intelligence de désirer, l'unité de l'intelligence, du désir et de la puissance. Le logos est l'exercice même de cette unité »[6]. C'est à la *philosophia* que revient la charge de poser l'hypothèse des Formes dont la dialectique a besoin pour circuler dans les intelligibles et rencontrer le vrai. La dialectique, avec ce qu'elle exige de poser comme objets intelligibles, est, parmi d'autres, une hypothèse du philosophe pour penser. Telle est la leçon du *Phédon*, dialogue qui, plus que tout autre, remarque Monique Dixsaut, a servi la formulation scolaire de la doctrine des Idées et fut ainsi à l'origine « de la substitution du platonisme aux Dialogues »[7] : « La méthode du *Phédon* n'est donc pas à proprement parler dialectique, elle examine les conditions de tout *dialegesthai* »[8].

1. *Métaphysique*, A 9, 990 b 8-15 et M 4, 1079 a 4-11.
2. *Le Naturel philosophe*, *op. cit.*, p. 313, au sujet de *Parménide* 130 c-d.
3. *Parménide*, 135 c 5 : Τί οὖν ποιήσεις φιλοσοφίας πέρι …
4. *Le Naturel philosophe*, *op. cit.*, p. 324.
5. Il arrive à Monique Dixsaut de citer, en plus des textes du *Parménide* (135 b-c) et du *Sophiste* (249 c-d), un passage du *Timée* (51 d-e) où s'énonce un « impératif auquel le philosophe doit répondre » (« De Platon vers Nietzsche », p. 10). On peut penser que ce dernier passage le montre de manière moins évidente.
6. *Le Naturel philosophe*, *op. cit.*, p. 24.
7. *Ibid.*, p. 219-220 où se lit clairement le sens du renversement de l'interprétation des Dialogues.
8. *Ibid.*, p. 221.

On comprend que Monique Dixsaut puisse de ce point de vue parler seulement de « métamorphoses » de la dialectique[1]. Il y a bien métamorphoses et non simplement pluralité de formes sans rapport, parce que la philosophie est l'unité interne de ces formes, le commun foyer de leur expression. Les divisions du *Sophiste* ne manifestent pas une autre conception, dichotomique, de la dialectique, mais une nouvelle forme d'une même puissance, d'un même élan, d'une même liberté : poser des hypothèses qui permettent la meilleure intelligence des choses ; c'est pourquoi le changement de point de départ dans les divisons n'est pas un signe d'incohérence ou une contradiction, mais la marque même du philosophe, de sa « méthode illogique et hautaine, ironique et désinvolte »[2]. La seconde partie du *Parménide* elle-même, dont la méthode n'est pas dialectique, n'est paradoxalement pas étrangère à la puissance philosophique. La succession des hypothèses y manifeste la même liberté, le même jeu sérieux de l'intelligence. « Le philosophe », dit Monique Dixsaut au sujet de ce dialogue, « est celui qui a la puissance d'envisager toutes les hypothèses et toutes leurs conséquences »[3]. Si renversement herméneutique il y a, c'est donc que, pour comprendre la théorie des Idées et en général toute forme de création théorique mise en jeu dans les Dialogues, comme le sont les hypothèses du *Parménide*, il faut partir de l'activité du philosophe, non du monde des Idées, puisque c'est le philosophe qui pose ses hypothèses comme ce dont il a besoin pour penser autrement que sur le mode de l'opinion vraie. On comprend, de ce point de vue, pourquoi la *philosophia* platonicienne n'est jamais en défaut par rapport à une *sophia* ou un savoir achevé. Il ne s'agit pas là d'un trait propre au moment socratique[4]. Le savoir achevé n'est pas du tout l'objet du philosophe, mais la libre expérience de pensées, libre par rapport à toute « méthode », « surtout libre de ses propres acquis », même de la dialectique[5]. La caractérisation la plus juste de la philosophie est donc bien celle employée dans le *Sophiste* (253 c) de « science des hommes libres » : la liberté n'est pas seulement celle, sociale et intellectuelle, du philosophe, libre d'user de son temps, libre par rapport à la clepsydre, ignorant les contraintes du prétoire; c'est la liberté absolue de la pensée de poser ce qui est et ce qui n'est pas. Il y a au fond de chacun des Dialogues une « décision ontologique »[6] renouvelée de poser l'existence d'autre chose que des réalités sensibles, de poser que ce qui *est* vraiment est ce sans quoi la pensée ne peut penser. Ainsi « la liberté est l'essence

1. Dans le livre récent qui porte ce titre, mais telle est déjà la thèse constante du *Naturel philosophe*. La question de l'unité des « méthodes » de Platon et de l'évolution de sa conception des Idées et de la dialectique est bien sûr récurrente dans les études platoniciennes.

2. *Ibid.*, p. 350.

3. « De Platon vers Nietzsche », p. 29.

4. *Le Naturel philosophe*, *op. cit.*, p. 54 : « L'inscience [socratique] rend nécessaire la forme dialectique et empêche la science de se constituer comme totalité architectonique ou encyclopédique ».

5. « De Platon vers Nietzsche », art. cit., p. 20 et 26 au sujet de la dialectique qui a « bien souvent laissé Socrate "démuni et dans l'embarras" (*Philèbe*, 16 b) ».

6. *Le Naturel philosophe*, *op. cit.*, p. 309.

de la vérité», puisque le «philosophe décide de l'Être»[1]. C'est en quoi se manifeste sa puissance : « la puissance du philosophe est la liberté d'un regard qui souverainement décide»[2]. Difficile d'imaginer un renversement plus absolu du platonisme et même peut-être de Platon. L'affirmation unilatérale de cette liberté absolue aurait cependant quelque chose de trompeur, si on ne la complétait de ce que Monique Dixsaut ne cesse de relever dans les Dialogues : l'expérience d'une double passivité. Passivité de l'âme du philosophe au regard de tout ce qui pourrait l'empêcher de penser et la détournerait de la philosophie, passivité au regard de tout ce à quoi elle aimerait sans doute succomber: les plaisirs, le pouvoir politique, l'attachement mortifère au corps, le sommeil, les cigales du *Phèdre*, le langage, l'écrit, la rhétorique, et aussi, voire surtout le ressassement doctrinal avec construction d'un vocabulaire technique, l'application stérile d'une méthode, l'enfoncement de la philosophie dans la *sophia*. Les Dialogues sous ce jour deviennent une description répétée de certaines modalités de la vie de la pensée en lutte contre cette mauvaise et inévitable passivité, d'une pensée «plurielle et discontinue», attachée à maintenir toujours sa différence et sa liberté, et d'abord par rapport à elle-même[3], par quelque moyen que ce soit, la dialectique, la rhétorique elle-même ou les mythes. La passivité est aussi, non ce qui endort et menace la pensée, mais ce qui l'éveille, ce dont elle pâtit mais de telle sorte qu'elle y trouve finalement la seule «objectivité» qui lui résiste parce qu'elle a besoin de la poser, l'intelligible.

LE PHILOSOPHER COMME PUISSANCE

C'est à partir de cette passivité-là qu'il faut revenir à la puissance que Monique Dixsaut attribue au philosophe. Avec ceux de force et de désir, il n'y a pas de terme qui focalise mieux son interprétation des Dialogues : pour s'arracher à l'usage métaphysique ou sophistique du *logos*, écrit-elle en effet, les Dialogues « nous enseignent qu'il faut une puissance, un désir, une force. Platon effectue sa double sortie hors de la métaphysique comme de la sophistique en concentrant en des noms encore *incertains de leur propriété* et pourtant *dialectiquement déterminés* une puissance : celle de la *philosophia*, une force : celle du philosopher, un désir : la nature du philosophe »[4]. Sans aucun doute, ces trois termes signent son interprétation. Quels rôles veut-elle leur faire jouer? Ceux qu'ils jouent dans les Dialogues ? Évidemment et plus. En introduisant la *philosophia*, la dialectique ou le penser dans le « genre » de la puissance, Monique Dixsaut désigne plus ou autre chose que ce que Platon entend par-là. Après tout, l'opinion, selon *République* V, est aussi une puissance, non moins que les sens et tout « ce par quoi nous pouvons

1. *Le Naturel philosophe*, *op. cit.*, p. 309 et 334 et «De Platon vers Nietzsche», art. cit., p. 11 : « l'Être doit être ce qui convient à la pensée et à l'intelligence [...] ».

2. *Le Naturel philosophe*, *op. cit.*, p. 334.

3. « De Platon vers Nietzsche », art. cit., p. 26-27.

4. *Le Naturel philosophe*, *op. cit.*, p. 10.

ce que nous pouvons »[1]. Commençons par une évidence. Dire que Monique Dixsaut a fait jouer un rôle particulier à la puissance dans sa lecture des dialogues, c'est d'abord dire qu'au lieu de voir dans son emploi le support d'une périphrase inutile, elle a identifié et amplement examiné l'importance de la notion, à l'œuvre dans l'*Hippias mineur*, le *Charmide*, la *République*, le *Phèdre*, le *Parménide*, le *Sophiste* ou l'*Euthydème*[2]. Il vaut la peine de le remarquer, car, en dehors de l'utile travail de repérage lexicographique de Souilhé[3], ce n'était pas si fréquent. Si elle le fait, c'est aussi qu'elle veut en faire autre chose. Le recours à la puissance a d'abord un sens négatif, exprimer la spécificité du penser platonicien sans en faire ni un corps de doctrines, ni un exercice rhétorique : est puissance la *philosophia*, « cette pensée que son nom ne précède pas, [...] cette pensée sans *cogito*, sans catégories, sans méthodes, [...] cette pensée libre, inspirée, errante [...] »[4]. Monique Dixsaut indique clairement le sens de ce choix dans une note du *Naturel philosophe* : pour Goldschmidt, « la dialectique est une méthode (au sens moderne du terme) et non pas une *dunamis* liée à une *phusis* »[5]. La puissance, c'est donc l'anti-méthode. La philosophie n'est pas méthode car elle est une pensée inséparable de la nature du philosophe et à l'origine de toute méthode de pensée. Cela veut dire plusieurs choses. Il y a dans cette puissance de l'indétermination et une ouverture sur les intelligibles envisagés comme possibles. Il y a aussi une naturalisation du philosopher lui-même, au sens où la puissance est manifestation ou extériorisation d'une nature, où elle est une vie se développant avec la même spontanéité univoque et normalement irrésistible que le fait cette semence à laquelle Socrate compare la nature du philosophe au livre VI de la *République*[6]. Il y a donc enfin dans cette puissance une efficacité, des effets, une force, une intensité. Rien n'est plus fort que l'intelligence, rien ne peut prétendre lui imposer sa loi ni la contraindre, pas même les Idées[7]. Tel est l'un des moments dominants du concept platonicien de la puissance selon Monique Dixsaut : pas de puissance sans différentiel de forces, sans une hiérarchie. L'expression se lit au début du *Naturel philosophe*, la lecture des Dialogues proposée est une lecture « en forces » que ces mêmes Dialogues appellent[8]. Et de fait, chez Monique Dixsaut, tout devient force, tout a une force, tout a une puissance : Érôs bien sûr et d'abord, le naturel philosophe, le *dialegesthai*, les appétits, le désir, la douleur, le plaisir et la crainte sont des forces et s'opposent à d'autres forces, comme la pensée[9], mais aussi l'écrit ou la parole du philosophe[10] ; l'âme est un théâtre de

1. *Rép.*, V, 477 c 1-2 : Φήσομεν δυνάμεις εἶναι γένος τι τῶν ὄντων, αἷς δὴ καὶ ἡμεῖς δυνάμεθα ἃ δυνάμεθα καὶ ἄλλο πᾶν ὅτι περ ἂν δύνηται.

2. Voir, par exemple, récemment, *Platon, Le Désir de comprendre*, *op. cit.*, p. 61.

3. *Étude sur le terme « dunamis » dans les dialogues de Platon*, Paris, Alcan, 1919.

4. *Le Naturel philosophe*, *op. cit.*, p. 31.

5. *Ibid.*, p. 64, n. 32 et p. 140 : si la dialectique est une méthode, c'est pour l'opinion.

6. *Rép.*, VI, 491 d 1-5, 492 a 3, 497 b 3-7.

7. *Sophiste*, 249 c ; *Lois*, IX, 875 c-d.

8. *Le Naturel philosophe*, *op. cit.*, Introduction, p. 38.

9. *Ibid.*, p. 65, 133, 145, 154 et *passim*.

10. *Platon, Le Désir de comprendre*, *op. cit.*, p. 24.

forces et de pulsions[1], et par conséquent, les Dialogues aussi : « Les Dialogues platoniciens font s'affronter des types de discours et des modes de pensée. La pensée y est représentée comme une force à laquelle d'autres forces – désirs, peurs, appétits de plaisir et de puissance – résistent et s'opposent; [...] les interlocuteurs ne diffèrent et ne se singularisent que par leur manière de concevoir la nature et la puissance de la pensée et du *logos*. [...] Ce que chaque Dialogue de Platon « imite » et raconte, ce sont les aventures de la pensée »[2]. Une pensée est inséparable de la force d'un désir par lequel elle s'affirme dans un Dialogue et se distingue des autres, et toute force manifeste avec elle aussi une certaine pensée de ce qui est bien et mal, beau et honteux. Les Dialogues mettent aux prises des « évaluations » et des « volontés de puissance »[3].

Le genre de la puissance

L'expression « *dunamis tou dialegesthai* » est employée six fois : aux livres VI et VII de la *République* (511 b 4 et 532 d 8, 533 a 8, 537 d 5), dans le *Parménide* (135 c 2) et le *Philèbe* (57 e 7)[4]. Ce n'est pas la seule expression par laquelle Platon désigne le *dialegesthai*. On peut même penser que son usage vise à montrer que la dialectique a exactement le même statut que les arts ou les sciences : dire qu'elle est une puissance, c'est dire que le *dialegesthai* existe, se manifeste, a une efficacité, produit un effet particulier. Dans tous les Dialogues, Platon détermine de la même manière les conditions et les effets de cette efficacité. Le passage de *République* V où Platon définit une puissance prolonge, explicite et généralise ce qui est dit dès le livre I au sujet des arts : chaque art se distingue des autres par une propriété particulière, la capacité, qui consiste dans le fait de pouvoir procurer un avantage propre et distinct des autres arts[5]. Socrate emploie presque les mêmes termes qu'au livre V : tous les autres arts accomplissent leur œuvre propre et avantagent ce à quoi ils sont ordonnés. L'objet du passage, distinguer les arts particuliers, est de fait proche de celui du livre V qui établit la différence entre l'opinion et la science, le philodoxe et le philosophe. Faire du *dialegesthai* une puissance, c'est donc d'abord dire qu'il appartient au même genre d'êtres que les arts et en général « tout ce par quoi nous pouvons ce que nous pouvons ». Peu après l'occurrence mentionnée de 511 b 4, Glaucon reprend en 511 c 5 les termes de Socrate en substituant à « τῇ τοῦ διαλέγεσθαι δυνάμει » « τῆς τοῦ διαλέγεσθαι ἐπιστήμης ». Ce n'est pas parce qu'une chose peut être qualifiée de puissance qu'elle n'est pas aussi une science, une méthode ou une doctrine, mais au contraire, c'est parce qu'une connaissance, science ou opinion, et un art ont une compétence sur un domaine quelconque qu'ils sont une puissance. Les cinq

1. *Platon, Le Désir de comprendre*, *op. cit.*, p. 32.
2. *Ibid.*, p. 27-28.
3. *Le Naturel philosophe*, *op. cit.*, p. 128-129 et « De Platon vers Nietzsche », p. 19.
4. Cf. *Les Métamorphoses de la dialectique dans les dialogues de Platon*, Paris, Vrin, 2001, Appendice 1, p. 352.
5. *Rép.*, I, 346 a 3, b 1.

sciences propédeutiques, dont on peut dire qu'elles sont, pour la majorité d'entre elles au moins, des savoirs constitués, ont une puissance, à laquelle est comparée celle de la dialectique, qui consiste à tourner l'âme du devenir vers la stabilité de l'être qui est vraiment[1]. La dialectique ne trouve donc aucun privilège dans le fait d'être qualifiée de puissance, tout simplement parce que, et de manière générale, la question de savoir quelle est la puissance d'une chose – vertu, art ou science – est régulièrement posée à chacune des étapes de la *République* : au sujet de la justice et de l'injustice (I, 351 e 7, e 9; II, 358 b 5; IX, 588 b 8), au sujet de l'opinion, des arts et des sciences. En faisant de la dialectique une puissance, Platon la soumet aux mêmes conditions, celles d'avoir un domaine et un type d'opération propre et distinctif, qui rendent possibles son examen et son intelligibilité. La solidarité entre le domaine et la puissance est ce sur quoi Parménide attire l'attention du jeune Socrate lorsqu'il lui signale que si l'on refuse qu'il y ait des Formes des êtres, on détruira aussi la « puissance de la dialectique » (135 c 2), ce qui revient à dire que la dialectique se trouvera dans le même cas que les Intelligibles ou les sensibles de la dernière objection : tout comme ces derniers n'auront aucun pouvoir l'un sur l'autre s'ils existent séparés l'un de l'autre, de même sans intelligibles, la dialectique pourra bien continuer d'exister mais sans puissance, sans pouvoir rien faire, comme éristique ou sophistique. Introduire la dialectique dans le genre de la puissance revient donc à lui conférer une certaine structure qui est celle de la puissance : un domaine, une fonction propre, une différence par rapport à d'autres puissances. C'est de manière plus fondamentale affirmer que le *dialegesthai* est un genre d'être parce qu'il se manifeste et se manifeste non pas n'importe comment mais selon certaines conditions.

La puissance en effets

Parmi ses conditions, celle de ne pouvoir s'appliquer à elle-même. Il n'y a pas d'examen dialectique possible de la dialectique. Monique Dixsaut le rappelle dans son commentaire du *Charmide*[2]. Cette restriction du domaine d'application de la puissance pourrait sembler en contradiction avec la thèse platonicienne plus spécifique déjà évoquée selon laquelle la dialectique est en elle-même une activité « ésotérique » : s'il n'y en a pas de présentation publique et si elle ne peut

1. *Rép.*, VII, 521 d 1 : Οὐκοῦν δεῖ σκοπεῖσθαι τί τῶν μαθημάτων ἔχει τοιαύτην δύναμιν ; 532 c 3-6 : πᾶσα αὕτη ἡ πραγματεία τῶν τεχνῶν ἃς διήλθομεν ταύτην ἔχει τὴν δύναμιν καὶ ἐπαναγωγὴν τοῦ βελτίστου ἐν ψυχῇ πρὸς τὴν τοῦ ἀρίστου ἐν τοῖς οὖσι θέαν [...].

2. *Platon, Le Désir de comprendre*, p. 83, sur *Charmide*, 167 b – 169 c et *Métamorphoses de la dialectique*, *op. cit.*, p. 62. L'examen de la réflexivité des puissances n'est sans doute pas achevé dans le *Charmide*. Le passage se termine par l'appel à un homme plus savant que Socrate pour statuer sur la réflexivité du mouvement en particulier (168 e – 169 a), ce en quoi on a pu voir une manière de ménager la possibilité qu'il existe certains êtres qui puissent exercer leur puissance sur eux-mêmes, telle que l'âme, définie au livre X des *Lois* (896 a 1-2) le « mouvement capable de se mouvoir soi-même », « τὴν δυναμένην αὐτὴν αὑτὴν κινεῖν κίνησιν ».

être elle-même, en tant que puissance, l'objet de ses propres opérations[1], comment la connaître ? En faire une puissance permet de la connaître de l'extérieur et de savoir ni plus ni moins à son sujet qu'au sujet de toute autre puissance. On connaît ainsi son genre, non ce qu'elle est. Puisqu'elle ne peut s'appliquer à elle-même, ce qu'elle est ne se donne à connaître qu'au philosophe quand il la met en œuvre sur d'autres objets qu'elle-même. Elle se connaît par ses effets sur autre chose qu'elle-même[2]. La puissance de la dialectique exerce ses effets sur le philosophe lui-même, mais aussi sur ses interlocuteurs, philosophes ou pas : les déclarations répétées des interlocuteurs de Socrate qui se sentent à cause de lui égarés, trompés, leur colère, leur silence, les souffrances de la maïeutique sont tout autant les signes de la puissance du *dialegesthai* sur leur âme. Les dialogues aporétiques ou socratiques constituent le moment « négatif » de l'expression de la puissance du philosopher, mais ils établissent bien cependant l'existence des effets de cette puissance, de sa force[3]. La puissance du *dialegesthai* se dit donc en plusieurs sens : c'est ce par quoi nous pouvons ce que nous pouvons avec les intelligibles, c'est aussi ce qui produit un effet dans l'âme du philosophe, c'est enfin ce qui produit un effet, pas toujours le même, dans celle de ses interlocuteurs. En ces trois sens, faire de la dialectique une puissance, c'est affirmer qu'elle est par ses effets, et donc aussi qu'elle est un savoir qui défend et conquiert sa place en se différenciant des autres. Mais son droit n'est jamais acquis. Sa puissance a des effets perpétuellement « diacritiques » – contre la sophistique, la rhétorique, l'éristique, les arts, les sciences propédeutiques : « le savoir ne cesse d'avoir à se différencier, certain de sa différence et pourtant toujours menacé dans sa différence[4] ».

Cette manifestation publique de la puissance de la dialectique n'est pas incompatible avec ce qu'on pourrait appeler l'enfermement du dialecticien dans la dialectique. En effet, et de manière plus générale, « l'intelligence de ce que c'est que savoir n'est pas un savoir du savoir, c'est une intelligence qui sait qu'il n'y a de savoir que de ce qui est intelligible »[5]. Ce n'est donc pas seulement parce qu'elle est une puissance que la dialectique ne se donne à connaître *comme telle* qu'à ceux qui l'exercent, c'est parce qu'elle est une activité : « la pensée, qui est une activité, ne peut faire l'objet d'un examen dialectique aboutissant à une

1. *Rép.*, VII, 533 a. Dans les *Métamorphoses de la dialectique*, *op. cit.*, p. 61-62, Monique Dixsaut insiste sur la possibilité de lire 533 a 1-4 comme si l'opposition entre l'image et le vrai de a 2-3 : Οὐδ' εἰκόνα ἂν ἔτι οὗ λέγομεν ἴδοις, ἀλλ' αὐτὸ τὸ ἀληθές portait sur la dialectique et non sur le « terme du chemin » immédiatement évoqué par Glaucon dans sa question (532 e 3). Cette dernière solution nous semble la plus naturelle (et de fait voir « L'analogie intenable » art. cit., p. 128), ce qui n'empêche qu'il est vrai de dire que « les deux points sont en fait liés » (p. 62).

2. *Ibid.*, p. 70, n. 4 : L'expression « ἡ τοῦ διαλέγεσθαι δύναμις » ne signifie pas la puissance de dialectiser du philosophe, sa compétence, mais ce que produit le fait de dialectiser. C'est un génitif subjectif : c'est le διαλέγεσθαι qui a en lui-même une puissance, c'est-à-dire des effets, notamment sur le dialecticien lui-même.

3. *Le Naturel philosophe*, *op. cit.*, p. 89 et 154.

4. *Platon, Le Désir de comprendre*, *op. cit.*, p. 74 et aussi p. 65-66 et 97.

5. *Ibid.*, p. 98.

définition »[1], puisque justement il faut pouvoir la pratiquer, et donc être philosophe, pour l'exercer[2]. En tant que puissance, la dialectique ne peut s'appliquer à elle-même, ce qui n'empêche qu'en étant exercée par un dialecticien, elle se manifeste bien, et à lui et aux autres, exercice qui est le seul mode d'accès à ce qu'elle est. C'est sans doute une des raisons qui justifient que le dialogue attendu sous le titre *Le Philosophe* n'ait jamais eu lieu. On voit comment Monique Dixsaut rend ce faisant inutile tout appel à l'existence d'un enseignement oral de Platon, inaccessible aux non initiés, pour rendre compte des réticences, « réserves » ou silences visibles à chaque instant dans les Dialogues. La réponse de Socrate en *République*, VII, 533 a repose seulement sur le fait que la dialectique est une puissance et ne peut donc faire elle-même l'objet d'un exposé ; l'absence du dialogue *Le Philosophe* ne vient pas d'une interdiction que Platon se serait faite à lui-même, mais de l'impossibilité d'essence de discuter dialectiquement de la dialectique. Il y a donc bien une différence entre l'initié et le profane, c'est celle entre le philosophe et le philodoxe, mais la disproportion entre leur intelligence du savoir n'exige pas de supposer l'existence d'une tradition ésotérique d'enseignement oral sur les premiers principes[3].

S'il n'y a pas de dialogue *Le Philosophe*, c'est aussi qu'il y aurait été traité du philosophe comme « genre », explique Monique Dixsaut, tandis que sa « nature », elle, est bien traitée aux livres V et VI de la *République* et c'est peut-être, propose-t-elle, parce que le philosophe est traité comme « nature », étudié dans la contingence de sa réalité naturelle, effet d'une éducation improbable, rencontre rare de qualités physiques, morales, intellectuelles et d'un désir particulier, qu'il ne peut-être traité comme « genre »[4]. Le philosophe est donc « une *phusis* qui a une *dunamis* d'exercer un certain *ergon* et en l'exerçant, de produire l'excellence de ses effets »[5]. Si la dialectique est une puissance, c'est ainsi qu'elle ne se donne à connaître que par ses effets multiples, variables, contradictoires à ceux qui l'exercent et à ceux qui l'éprouvent. Mais cette manifestation est celle d'une nature. La puissance de la dialectique est saisissable seulement dans une activité, tout à la fois action et passion.

Puissance d'agir et de pâtir

Cette puissance de la pensée qui pose ce dont elle a besoin pour s'exercer n'est pas toute-puissance de poser n'importe quoi. L'articulation entre action et passion est au centre du Platon de Monique Dixsaut car elle touche aux conséquences de son interprétation de la dialectique sur le statut des Idées. On lit à la fin

1. *Ibid.*, p. 33.

2. Cela ne constitue évidemment pas un privilège de la dialectique mais vaut pour tout type d'activité. Si la dialectique a un statut particulier, c'est en vertu de l'extrême rareté des philosophes.

3. Voir, par exemple, une mise au point en français dans M.-D. Richard, *L'Enseignement oral de Platon*, Paris, Éditions du Cerf, 1986, p. 59-64.

4. *Le Naturel philosophe*, *op. cit.*, p. 12, n. 7.

5. *Ibid.*, p. 266.

de l'Introduction du *Naturel philosophe* ce programme où elle reprend les termes mêmes du *Phèdre* en distinguant les moments actifs et passifs de la *philosophia* : « La *philosophia* est en effet pour Platon une puissance (*dunamis*), un élan (*hormè*), une force (*rhomè*), un désir (*erôs*). Pour déterminer une puissance il faut savoir "quelle puissance elle possède par nature sous le rapport de l'agir, et sur quoi ? Quelle puissance par rapport au pâtir et sous l'effet de quoi ?" (*Phèdre* 270 d). Comme puissance d'agir, la *philosophia* est puissance de bien user du *logos* ; le *logos* est ce à quoi (*pros ti*) sous le rapport de l'agir s'applique naturellement la puissance de la *philosophia*. Sous l'effet de cette puissance, le *logos* découvre sa nature propre qui consiste à dialoguer. Si sous le rapport de l'agir la *philosophia* est puissance dialectique, sous celui du pâtir, elle est guidée par l'intelligible, elle est réminiscence des Formes. Être philosophe, avoir la *philosophia* pour nature, c'est être tel qu'on ne pâtisse plus que d'elle, et à travers elle de ce dont elle pâtit »[1]. Ce n'est pas tant son activité que sa manière de pouvoir pâtir des intelligibles qui distingue la puissance du philosophe de celle du sophiste[2]. Cette passion des Intelligibles est le guide et la seule limitation de l'agir dialectique[3] : « Sa seule limite », écrit Monique Dixsaut, « c'est la *sumplokè tôn eidôn* »[4]. Les deux faces de l'opération sont inséparables : « La science dialectique est le *logos* lui-même déployant toute sa puissance d'agir et de pâtir »[5]. Mais comment peut-on tout à la fois poser des Formes et en pâtir ? Que sont les Formes si elles sont ce que nous forgeons pour penser dialectiquement ? Comment la liberté du philosophe peut-elle être absolue si l'entrelacement des Formes est doté d'une objectivité qui la limite ? On serait tenté de dire qu'il y a là l'effet propre de la pensée du philosophe, incompréhensible de l'extérieur pour un non philosophe : dans l'acte même par lequel il pose une Forme, parce qu'il pose ce qu'il pose, l'intelligence du philosophe en pâtit mais c'est aussi parce que lui seul pâtit du défaut d'intelligibilité du sensible et de l'intelligibilité de la Forme qu'il la pose[6]. Il ne peut être question ni de restaurer le réalisme du monde des Idées, doublons intelligibles des êtres sensibles, ni de tomber dans un idéalisme du type de celui de Natorp où un sujet transcendantal produirait les conditions de sa propre pensée[7]. La *philosophia* n'est ni soumise à l'objectivité immobile de la population des Idées, ni le sujet tout-puissant d'une multiplication inconsidérée

1. *Le Naturel philosophe*, *op. cit.*, p. 37.

2. *Ibid.*, p. 107.

3. *Ibid.*, p. 160.

4. « Aristote parricide. Note sur la dialectique chez Platon et Aristote », dans I. Tsimbidaros (dir.), *Platon et Aristote, Dialectique et métaphysique*, Bruxelles, Ousia, « Cahiers de Philosophie ancienne », 19, 2004, p. 71-99, p. 93 où Monique Dixsaut cite *Lois* IX 875 c et *Soph*. 249 c, et p. 94 où elle ajoute : « En la libérant [l'intelligence] du bourbier, elle [la puissance dialectique] lui ouvre un espace où elle peut se mouvoir en toute liberté, puisque, intelligente, elle ne trouve sa limite que dans l'être intelligible. »

5. *Le Naturel philosophe*, *op. cit.*, p. 22.

6. Voir *ibid.*, p. 239 et 256 sur ce cercle de l'action de position de Formes par le philosophe dont lui seul pâtit parce que lui seul les désire.

7. *Ibid.*, p. 230 et 91.

de Formes. Comme toujours, pour Monique Dixsaut, l'exigence d'intelligibilité à l'œuvre dans le *logos* prime sur les Idées. La question du statut de ces Formes, noms, concepts ou réalités, est sans pertinence ; il est même souhaitable de ne pas la poser, car l'objet de la *philosophia* n'est pas d'établir le cadastre du monde intelligible, mais de s'y mouvoir, le cas échéant, en différents sens contraires. La seule « objectivité » est la contrainte logique induite par le *logos* lui-même sur l'âme dans l'examen des hypothèses, mais les Dialogues confirment qu'une telle objectivité ne doit pas se solidifier, mais être à nouveau interrogée. L'hypothèse des Formes n'exige donc pas qu'on réponde à la question de leur mode d'être, car une telle hypothèse n'a pas d'autre fin que de permettre la pensée, c'est-à-dire l'unité d'une activité, diviser et rassembler par exemple, et d'un pâtir par l'âme de l'être ainsi posé par elle.

Les deux moments sont nécessaires, car la passivité fait de la puissance autre chose qu'un pouvoir. La puissance du philosopher se singularise en ce qu'elle déroge à l'exigence d'une science de l'usage : il n'y a pas de science de l'usage de la puissance dialectique en dehors de l'usage de la dialectique elle-même ; c'est en s'exerçant qu'elle se règle à la lumière et sous la condition de sa passion des intelligibles. La puissance dialectique n'est pas une puissance ambivalente et neutre qui trouverait en dehors d'elle sa fin et ses règles d'usage. C'est pourquoi la puissance du *dialegesthai* est particulièrement celle qui est à même de critiquer ce faux concept de puissance comme pouvoir disponible que met en jeu Hippias. Comme le suggèrent les apories auxquelles conduit la définition de « puissant » donnée par Socrate, la puissance n'est justement pas « ce par quoi nous faisons ce que nous voulons quand nous le voulons »[1]. Le pouvoir de Socrate ne lui donne pas le choix de l'exercer ou pas[2]. Car « seul celui qui use bien du discours – dialectiquement – sait qu'on ne peut utiliser la puissance dialectique à une autre fin que la recherche du vrai »[3].

Puissance, force et désir

Le registre de la puissance est cependant insuffisant à rendre compte de la philosophie : en elle-même, comme le signale la définition de *République* V, une *dunamis* désigne un pouvoir déterminé par une activité et un domaine. Si la dialectique a bien à voir avec un pouvoir de faire[4], diviser et réunir, interroger et répondre, et un pouvoir de pâtir des intelligibles, elle se définit aussi par le type de désir qui anime le philosophe, Erôs et qui le rend capable de pâtir. C'est Érôs qui

1. *Hippias mineur*, 366 b 7-c 1 : Δυνατὸς δέ γ' ἐστὶν ἕκαστος ἄρα, ὃς ἂν ποιῇ τότε ὃ ἂν βούληται, ὅταν βούληται.

2. *Le Naturel philosophe*, *op. cit.*, p. 98-100.

3. *Ibid.*, p. 23. – Sur la puissance de pâtir, on pourra lire : M. Dixsaut, « Une dimension platonicienne de la puissance : la puissance de pâtir » dans M. Crubellier, A. Jaulin, D. Lefebvre, P.-M. Morel (éd.), *Dunamis. Autour de la puissance chez Aristote*, Louvain, Peeters, « Aristote. Traductions et études », 2008, p. 225-249.

4. *Métamorphoses de la dialectique*, *op. cit.*, p. 70 et 105.

est à l'origine de la philosophie, non l'étonnement[1]; c'est lui qui fait de la puissance du philosophe une force et qui fait de la philosophie ce par quoi elle est toujours nommée chez Monique Dixsaut: un «élan», une «impulsion», un «désir». Erôs n'est pas un ingrédient extérieur à la puissance du dialecticien, mais son âme, sa vie. Avec elle, la puissance devient force et l'intervention du philosophe bascule dans quelque chose qui, tout en ne cessant de se mouvoir dans l'élément du *logos*, échappe aussi par essence à son emprise: «[...] une force ne se caractérise que par son origine, par sa direction et par ses effets», écrit Monique Dixsaut, ce pourquoi la force d'Erôs distingue le philosophe de tout autre; mais une force se définit aussi par son intensité, qui n'est pas exprimable dans un discours rationnel ni dans une définition[2]. C'est en ce point que se manifeste l'originalité la plus évidente de ce Platon: à rebours d'une tradition scolaire, cesser de voir dans la force l'élément négatif caractéristique des passions destructrices, de cette violence faite au *logos* exemplairement incarnées par Calliclès et Thrasymaque, à quoi s'opposeraient l'impassibilité de Socrate, les vertus de l'âme et la calme progression des divisions de la méthode dialectique. Le monde des Dialogues est un monde structuré et animé par des différences de forces, par des forces toujours en conflit, mais finalement hiérarchisées, car la force du désir du philosophe pour l'intelligible est la plus forte[3]. L'expérience du philosophe, celle des Dialogues n'est pas celle de la sereine contemplation du monde des Idées éternelles: «force, orientation d'une force, exercice de cette force, telle est l'expérience que le philosophe a de la philosophie»[4].

Les Dialogues donnent à voir dans leurs personnages, historiquement identifiables ou pas, y compris en Socrate, non seulement un caractère particulier, une individualité complètement déterminée (par son nom, son physique, son dème, etc.), mais surtout une certaine manière de se rapporter ou non à ce qui est en jeu: la philosophie, l'usage du *logos*. Un personnage est une «évaluation», une «hypothèse ontologique» faite homme (ou plus rarement femme), en d'autres termes un «désir» ou une manière de désirer[5]. Le dialogue mettrait en scène une cacophonie irréductible si un désir particulier, celui du philosophe, n'avait pour objet, non le ressassement autiste du manque de son objet, mais l'examen des hypothèses existentielles de ses semblables, qui sont aussi les siennes propres. Le philosophe n'a pas moins que les autres un désir, qui est à l'origine de l'ontologie dont il a besoin pour philosopher, Érôs: «La puissance d'Érôs» est «l'essence même de la *philosophia*»[6]. Erôs n'est pas n'importe quel désir; étranger au cycle de la réplétion et du manque qui caractérise l'appétit, il est perpétuel mouvement d'engendrement. C'est de lui seul que le philosophe tire sa force qui n'est rien d'autre qu'un désir contingent, injustifiable, naturel de

1. *Le Naturel philosophe*, *op. cit.*, p. 305.
2. *Ibid.*, p. 142 et 145.
3. *Rép.*, V, 477 e 1 et *Protagoras*, 357 c.
4. *Le Naturel philosophe*, *op. cit.*, p. 293, et aussi, par exemple, p. 363.
5. *Ibid.*, p. 130.
6. *Ibid.*, p. 130.

penser : Érôs est le nom du désir propre de l'intelligence, de ce qui donne sa force à l'intelligence, de ce à quoi en retour l'intelligence donne toute sa force.

Dans le naturel du philosophe décrit au livre VI de la *République*, Monique Dixsaut ajoute donc Érôs : « la dialectique ne suffit pas à constituer le philosophe, il faut la facilité à apprendre, et le courage et la justice et l'élégance, toutes les composantes enfin d'une nature : il faut enfin ce terrible Érôs qui ne cesse de récuser toute identification [...] »[1]. Érôs est dans le *Banquet* une force plastique, contradictoire, polymorphe : c'est la négativité elle-même, mais c'est aussi une orientation de l'intelligence qui la rend capable de pâtir des intelligibles, et d'abord de l'Idée du beau. Érôs est la force de la puissance du *dialegesthai* et la différence de l'âme du philosophe. C'est, si l'on veut, « l'archi-puissance » sans laquelle la puissance du philosophe ne serait que technique et méthode, sans laquelle la philosophie serait démocratiquement distribuée. C'est pourquoi l'analogie du Bien et du soleil de *République* VI apparaît dans l'analyse que Monique Dixsaut lui consacre si clairement inadéquate et « intenable »[2] : si tout œil est capable de voir dès que la lumière du soleil éclaire l'être visible, toute âme n'est pas capable d'avoir l'intelligence des Formes, alors même que l'Idée du Bien confère éternellement être et vérité au monde intelligible ; si par nature, l'œil voit le sensible en pleine lumière, tous les Dialogues rappellent que toute âme ne possède pas la même ouverture aux intelligibles. Il y a « même là une des difficultés principales du platonisme »[3]. En réconciliant le désir et l'intelligence, la force et la pensée[4], en les alimentant l'un à l'autre, Monique Dixsaut a bouleversé la représentation traditionnelle du philosophe selon Platon. Cette unité de l'irrationalité irréductible du désir d'une âme pour l'intelligible et de l'intelligence n'a qu'un nom, celui de *philosophia*. C'est assurément un nom propre.

PHILOSOPHIA ET SAVOIR PHILOSOPHIQUE

Du privilège absolument exclusif accordé à la *philosophia* découle un sens aigu de la différence entre Platon et ses successeurs immédiats, et parfois des mots sévères portés sur quelques-uns qui l'auraient compris en le rabaissant, comme Aristote dont on se demande si Monique Dixsaut, qui perçoit très bien leur différence, n'y voit pas quelque chose comme un ennemi ou un ennui de la pensée : « S'il me fallait, parmi tous les ouvrages d'Aristote, désigner celui où son opposition à Platon est la plus absolue, je choisirais sans hésiter les *Topiques*. L'abaissement de la dialectique à un niveau doxique n'est pas la simple conséquence d'une négation du statut des objets fondant cette dialectique, les Formes, il traduit une révolution radicale dans la manière dont la pensée se représente à elle-même et

1. *Ibid.*, p. 308.

2. « L'analogie intenable : le soleil et le bien », dans *Platon et la question de la pensée*, *op. cit.*

3. *Ibid.*, p. 29.

4. On serait tenté de dire aussi la force et la forme, en pensant à la manière dont l'*exaiphnès* du *Parménide* (156 d-e) sert à désigner l'étonnement dans lequel le philosophe saisit la parenté d'*eidos* et d'*érôs* (*Le Naturel philosophe*, *op. cit.*, p. 155).

son origine, et sa nature, et son pouvoir, et sa tâche »[1]. Dans la mesure où cette « révolution » porte sur ce qu'il y a de plus propre à Platon, l'opposition d'Aristote à Platon n'est pas mince et trouve dans l'évaluation aristotélicienne de la dialectique son lieu le plus révélateur. La critique aristotélicienne de la « doctrine des Idées », puisqu'elle opère sur des Idées séparées de la dialectique, pourrait même logiquement être mise au crédit d'Aristote et elle reste en tout cas d'inspiration platonicienne[2]. Le « parricide » se joue non dans cette « dialectique sans forme »[3], à laquelle on a souvent voulu réduire le différend, mais tout à la fois dans la promotion d'une dialectique avec des règles mais sans pensée et d'une science apodictique mais sans « inquiétude »[4]. Si, dans les *Topiques*, l'un des services que l'on peut attendre de la dialectique est l'entraînement gymnastique[5], il est loin de pouvoir se substituer à ce que vise la dialectique platonicienne : rendre les interlocuteurs « plus habiles dialecticiens » (διαλεκτικωτέρους), c'est-à-dire « plus inventifs dans l'art de rendre manifeste ce qui est au moyen du *logos* (τῆς τῶν ὄντων λόγῳ δηλώσεως εὑρετικωτέρους) »[6]. L'inventivité ne semble être en l'occurrence rien d'autre que l'exploration libre des relations entre les Intelligibles ; c'est cette liberté qu'Aristote enterre, non seulement au moyen des règles et des lieux dans ce qui est devenu chez lui la dialectique, non seulement au moyen de la recherche de l'apodictique, mais dans la philosophie elle-même : « C'est à cette liberté du *noûs*, liberté à la lettre souveraine, qu'Aristote s'oppose fondamentalement et délibérément, tant par sa doctrine des catégories que par celle des prédicables »[7]. Si nous sommes devenus aristotéliciens dans notre rapport au savoir, si nous ne pouvons plus ne pas l'être[8], si, par conséquent, nous avons peur de la contradiction, si nous vivons dans la « crainte » que le contraire de ce qu'on dit soit vrai, si donc nous avons sacrifié la liberté de la pensée sur l'autel de la science apodictique, on comprend que le retour à Platon, comme on l'a vu, soit aussi bien à penser comme encore à venir, et comme difficile à faire comprendre[9].

1. « D'un Antiplatonisme à l'autre », dans M. Dixsaut, (dir.), *Contre Platon*, vol. I, « Le platonisme dévoilé », Paris, Vrin, 1993, p. 9-25 : p. 12, n. 3.

2. « Aristote parricide », art. cit., p. 72 et n. 3.

3. L'expression vient du titre de l'article de F. Solmsen dans G.E.L. Owen (éd.), *Aristotle on Dialectic, The Topics*, Proceedings of the third Symposium Aristotelicum, Oxford, Clarendon Press, 1968.

4. « Aristote parricide », art. cit., p. 91.

5. Aristote, *Topiques*, I, 2, 101 a 26-30.

6. Platon, *Le Politique*, 287 a 3-4. Nous citons la traduction de Monique Dixsaut dans « Aristote parricide » art. cit., p. 91.

7. *Ibid.*, p. 94, voir aussi p. 97.

8. *Ibid.*, p. 98.

9. Voir les dernières lignes du très beau « Aristote parricide », art. cit., p. 99 : « Le parricide commis par Aristote, c'est la subordination de cette libre exploration des possibles – la manière dialectique de penser – à la modalité du nécessaire, l'apodicticité. » Les études sur la physique aristotélicienne, sur la biologie notamment, conduisent à nuancer, au moins dans la réalité de la recherche d'Aristote, la méthode scientifique qui lui est attribuée dans cet article (p. 95-98), mais ce sont surtout ces lignes (p. 98), dictées peut-être par un regret du succès de ce parricide, qui laisseront à

De ce point de vue, l'Aristote que Monique Dixsaut oppose à Platon a sans doute hérité quelques traits de l'Aristote dont Nietzsche se sert comme type de l'animal théorétique : si Nietzsche, dans *Aurore* (§ 424), voit en lui l'exemple de ces âmes « puissantes et ingénues, joyeuses et pacifiques », c'est que, pour lui, l'homme Aristote, a la capacité rare de prendre un vrai plaisir dans la recherche de la vérité dans « sa totalité et sa cohérence », d'une vérité qui ne soit ni remède ni consolation. Aristote incarne de ce point de vue la nature scientifique, désintéressée et objective, mais totalement étrangère au tragique de la vie et du monde, non seulement dans sa *Poétique*, cela va sans dire pour Nietzsche, mais dans son éthique, sa logique et son ontologie, qui repose toute entière sur l'établissement du principe de non-contradiction. Il invente ainsi, note Monique Dixsaut parlant pour Nietzsche et sans doute pour elle-même, une « conception qui a fini par s'identifier pour nous à la philosophie entendue comme connaissance des causes de tout ce qui est »[1]. Si l'on veut avoir une chance d'accéder à Platon, il faut donc décidément ne pas passer par Aristote et se purifier de tout aristotélisme de contenu et surtout de méthode. L'Aristote « problématique » de Pierre Aubenque, le plus proche à première vue de ce Platon, est donc lui aussi mis à distance. Platon ne pratique pas la philosophie, une pensée problématique, « comme Aristote », parce qu'il ne la pratique pas comme un substitut à la *sophia* et au savoir achevé, mais qu'il fait de la *philosophia* l'unique exercice possible de la pensée[2]. Aristote laisse encore à son horizon l'idéal d'un état capable de produire des démonstrations, l'*hexis apodektikè*, Platon se maintient dans la liberté inspirée, géniale, sans ordre établi mais pourtant constamment ordonnée de la « *dunamis dialektikè* »[3].

Le « maître de ceux qui savent » n'est pas le seul dans son cas. On a vu qu'il était la règle. « Comment devient-on antiplatonicien? Quand on refuse que la pensée puisse se contredire ce qui, manifestement, semble être, et qu'elle puisse

l'aristotélisant le sentiment d'une injustice et qui feront supposer chez la platonicienne un manque de goût pour la beauté propre de la phénoménologie aristotélicienne : « à travers certains Dialogues de Platon, la Beauté elle-même exerce sa puissance d'éveiller le désir, ils nous en font pâtir, alors que l'énoncé de forme aristotélicienne possède l'incontestable pouvoir de préciser et de clarifier, mais non la puissance de la beauté même ». Cet « énoncé de forme aristotélicienne » est-il une formule de prédication ou un développement d'Aristote ? En tout cas, avant de « préciser » et de « clarifier », s'il le fait jamais, Aristote fait voir. La beauté produite procède de la rapidité de l'analyse, de la suppression inattendue des médiations, des analogies imprévues, des exemples décalés, des changements brutaux de perspective, de la dissociation répétée des sens des termes, des hypothèses abandonnées et enfin de la force par laquelle il *fait voir*. Il y a chez Aristote une pratique dialectique dont on sait, depuis longtemps, combien elle est éloignée de celle de Platon certes, mais aussi de celle qu'il codifie lui-même dans les *Topiques*. À bien des égards, d'ailleurs, la liberté qu'il prend avec ses propres pensées n'est pas moins grande que celle de Platon : le caractère curieusement expérimental et « théorique » de la seconde partie du livre Lambda de la *Métaphysique* et de la notion de substance séparée sur laquelle il débouche fait penser que l'homme de l'idéal théorique était aussi un philosophe.

1. « Ce qu'était Aristote pour Nietzsche », art. cit., p. 217. Le texte extrait d'*Aurore* est cité dans le même article p. 202 dans la traduction de J. Hervier, Paris, Gallimard, 1989.

2. *Le Naturel philosophe*, *op. cit.*, p. 57, n. 19.

3. « Aristote parricide », art. cit., p. 95.

prétendre, par ses seules forces, c'est-à-dire par ses vertus propres, atteindre ce qui est en vérité, se définissant ainsi comme liberté de se soumettre à l'essentiel »[1]. Cette définition de l'antiplatonisme « externe », si l'on peut dire, constitue aussi un critère de sélection « interne » des Dialogues authentiques et il y a de l'antiplatonisme dans le « corpus » platonicien. L'authenticité est d'abord déterminée en fonction d'un critère philosophique : est platonicien un dialogue qui fait penser, qui « invente en découvrant », qui manifeste « ruptures, retournements, reprises »[2], ce pourquoi le *Premier Alcibiade*, qui ne donne à lire que « contenus et résultats » est inauthentique[3]. Toute forme de positivisme, le goût de la science, de la neutralité, de l'objectivité, la revendication de l'« absence de rhétorique », du scientifique en philosophie et surtout en histoire de la philosophie sont autant d'obstacles à la lecture et à l'intelligence des Dialogues[4]. De ce point de vue, « l'époque, à coup sûr, n'est pas platonicienne »[5]. Cette exigence philosophique et herméneutique a évidemment un prix déjà aperçu : ne lit vraiment Platon que celui qui désire en faire l'expérience, l'exercice et possède pour cela des vertus (la mémoire, le courage, etc.), plus qu'une méthodologie[6]. Il n'y a de Platon – mais cela est-il vrai seulement pour lui ? – qu'aux vrais philosophes, non aux historiens de la philosophie. D'où le côté hautain, exclusif, sélectif généralement reproché à ce Platon, qui n'est peut-être pas loin de la hauteur que Monique Dixsaut prête à Platon lui-même[7].

LE BUSTE DE NAPLES

Force du mouvement de l'intelligence vers l'intelligible qu'elle désire, la *philosophia* est ce par quoi Platon échappe depuis toujours à la tradition de la *sophia*, de la métaphysique, du savoir, de la science, de la maîtrise, de la possession, au platonisme et aussi à la tradition de l'ontothéologie et à la mainmise de la question de l'être, c'est-à-dire tout à la fois à la lecture de Nietzsche et celle de Heidegger. Si ce qui est premier, ce ne sont pas les Idées, mais la force et la puissance du naturel philosophe, se trouvent évitées en même temps leurs deux critiques : l'être, ce n'est pas l'*eidos*, mais la pensée et la pensée du philosophe[8].

1. « D'un Antiplatonisme à l'autre », art. cit., p. 13.
2. *Le Naturel philosophe*, *op. cit.*, p. 375.
3. *Ibid.*, p. 377.
4. « *Ousia*, *Eidos* et *Idea* dans le *Phédon* », art. cit., p. 71-72.
5. « D'un antiplatonisme à l'autre », art. cit., p. 24.
6. *Le Naturel philosophe*, *op. cit.*, p. 31 et 158.
7. On pense au compte-rendu acide que Jacques Brunschwig a consacré au *Naturel philosophe* (*Journal of the History of Philosophy*, 26, 4 Oct. 1988, p. 657-658). Non sans humour, l'auteur le résume ainsi : « Le texte de Platon apparaît alors comme un test et/ou comme un piège, dans lequel philosophes et non-philosophes ne peuvent que vérifier qu'ils sont bien tels » (p. 658), puis Jacques Brunschwig termine : « Il se peut bien, après tout, que Monique Dixsaut ait raison au fond. Seulement, on garde un peu l'envie d'ajouter : hélas. ».
8. Voir « De Platon vers Nietzsche », art. cit., p. 11 : « Ce n'est donc pas la question de l'étant qui est directrice, elle est subordonnée à celle de la pensée ».

C'est de son rapport avec « l'intercesseur paradoxal », Nietzsche, qu'on peut attendre l'explication la plus approfondie, même s'il ne peut s'agir de fonder sur une lecture de Nietzsche une lecture de Platon[1]. Monique Dixsaut en parle dans son interprétation du fameux fragment posthume 7 [156] qu'elle traduit ainsi : « Ma philosophie, platonisme renversé : plus on s'éloigne de l'étant vrai, plus pur, plus beau, meilleur c'est. La vie dans l'apparence comme but »[2]. Contrairement à ce qu'une lecture ontologique y voit, Nietzsche ne prétend pas inverser ou renverser les valeurs attribuées à l'étant et à l'apparence : chez Platon, l'étant vrai est « plus pur, plus beau, meilleur » et chez Nietzsche, ce serait l'apparence. Nietzsche y affirme en effet qu'il veut se donner comme but la vie dans l'apparence; or cette vie n'est pas la vie niée par Platon, mais la vie qu'il faut affirmer contre ce qu'est devenue la vie qu'a voulue Platon. En d'autres termes, il ne s'agit pas tant pour Nietzsche d'inverser ou de renverser les termes du monde de Platon (l'Idée, c'est bien, le sensible, c'est mal), mais de répéter la création, l'affirmation par laquelle Platon s'est lui-même opposé au monde « tragique » ou à l'instinct de l'aristocratie athénienne[3]. L'inversion ou le renversement ne porte pas sur des valeurs mais sur l'orientation des volontés de puissance, avec, dans l'esprit de Monique Dixsaut, sinon dans celui de Nietzsche, cette conséquence que Platon aurait pu dire et a dit : « l'étant vrai comme but » et a voulu, affirmé, construit la fiction de l'étant vrai. Si Platon non seulement ne tombe pas sous les critiques de Nietzsche, mais est nietzschéen, le premier et le dernier nietzschéen avant Nietzsche, c'est dans le geste créateur par lequel il affirme, lui aussi, la réalité de son but, l'étant vrai. Les Idées, l'étant vrai sont donc des fictions, des créations de la volonté de puissance de l'homme « Platon » auquel Nietzsche ne peut finalement reprocher que de dissimuler qu'il est le seul à leur origine : « Platon », écrit Monique Dixsaut, « pouvait poser les conditions nécessaires à sa pensée sans

1. Selon ses propres termes, pour Monique Dixsaut, « la médiation nietzschéenne est déterminante pour faire de Platon une lecture non métaphysique, médiation nietzschéenne ne renvoyant pas nécessairement à l'interprétation de Platon par Nietzsche... » (« De Platon vers Nietzsche », art. cit., p. 9). De fait les premiers cours de Nietzsche des années 1871-1873 (réunis dans *Introduction à l'étude des Dialogues de Platon*, trad. O. Sedeyn, Paris, Éditions de l'Éclat, 1991, 2005), inspirés d'abord par une critique de la théorie esthétique de Schopenhauer sur la genèse des Idées à partir des phénomènes, insistent de manière traditionnelle sur un point qui semble assez éloigné de l'interprétation de Monique Dixsaut : la concentration exclusive sur la « théorie des Idées » dans laquelle Nietzsche voit « une préparation inestimable à l'idéalisme kantien » (p. 6), théorie qu'il explique en suivant sa genèse à partir de la définition des notions morales rapportée par Aristote en *Métaphysique*, A, 6 (traduit p. 51-53). Cela dit, Nietzsche identifie aussi (p. 22) comme « point central du vouloir platonicien » une « mission de législateur » « dans la lignée de Solon et Lycurgue » et, au-delà, une manière de vouloir être soi-même un « modèle à suivre ».

2. Nietzsche, *Œuvres philosophiques complètes*, Paris, Gallimard, 1974, t. I, 1, fr. posth. 7 [156], p. 308. Cité dans « Nietzsche, lecteur de Platon », dans A. Neschke-Hentschke (éd.), avec la collaboration de A. Etienne, *Images de Platon et lectures de ses œuvres. Les interprétations de Platon à travers les siècles*, Louvain-Paris, Peeters, 1997, p. 295-313, p. 312.

3. Voir « De Platon vers Nietzsche », art. cit., p. 17 où Monique Dixsaut rapproche explicitement sur ce point Nietzsche et Platon : l'un dit non à « la vie grecque », l'autre à « la vie christianisée, moralisée, épuisée », en d'autres termes au réel inventé par Platon, le « chaos et la destruction aménagés, domestiqués, platonisés, christianisés » (p. 14-15).

donner à croire à leur existence et à leur valeur universelle »[1]. Si, pour Nietzsche, Platon a voulu mentir là-dessus, pour Monique Dixsaut, on l'a vu, il ne ment pas et ne dissimule rien. Pour qui sait lire, Platon, en dépit de son absence des Dialogues, est le personnage principal, celui du philosophe produisant les corrélats objectifs de la pensée qu'il veut défendre et promouvoir, de la pensée dont il est capable et dont il a besoin[2].

Monique Dixsaut est sans doute ainsi bonne avocate de Platon : Nietzsche renverse bien le platonisme, mais parce que Platon a d'abord renversé les valeurs de l'hellénisme en se donnant le monde vrai comme but. Le renversement ne porte pas sur les valeurs attribuées à l'être ou au devenir, mais sur l'affirmation ou la dissimulation de l'évaluation elle-même. On comprend que, pour Monique Dixsaut, Platon, en un sens, ne dissimule pas plus que Nietzsche son évaluation. L'interprétation suppose évidemment que, par le terme de « platonisme », Nietzsche désigne bien ici Platon, ce qui est indispensable pour l'interprétation qui conduit à attribuer à l'homme Platon (et non au platonisme) l'initiative d'une libre évaluation de l'être vrai. Mais, surtout, la question est de savoir si l'interprétation proposée du fragment ne revient pas à donner raison à l'antiplatonisme de Nietzsche : le platonisme (ou Platon) est une évaluation de la vie, mais ce que reproche Nietzsche à cette évaluation, n'est pas seulement qu'elle s'ignore comme évaluation, mais qu'elle évalue *comme elle évalue* la vie, l'être et le devenir. Il semble bien par ailleurs que Nietzsche, dans certains fragments, joue Platon contre le platonisme auquel le christianisme peut se réduire :

> Non, pas le bien, mais l'homme supérieur ! Platon vaut mieux que sa philosophie ! Nos instincts sont meilleurs que leur expression conceptuelle. Notre corps est plus sage que notre esprit ! *Si* Platon ressemble à ce buste de Naples, nous avons là la meilleure réfutation de *tout* christianisme[3].

Le fragment suivant prolonge la même idée :

> Socrate qui dit : « Je ne sais pas ce que c'est que bien et mal ! » était plus avisé que Platon qui le définit ! Mais Platon, lui, *l'incarne*, l'homme supérieur[4].

La philosophie de Platon manifeste la même « naïveté » que le christianisme : croire savoir ce qui est bon et ce qu'est l'homme bon, « l'homme de troupeau »[5]. Or s'il faut distinguer Platon de cette philosophie, c'est, propose Nietzsche ici, sous la nécessité de l'homme Platon, de son « corps » et de ce qu'il incarne, de ses « instincts », de son « buste ». Si l'homme Platon est l'homme supérieur, ce n'est donc pas dans ses Dialogues, « expression conceptuelle » de ses

1. « Nietzsche, lecteur de Platon », art. cit., p. 312.

2. Prolongeant la réflexion de « Nietzsche, lecteur de Platon » dans « De Platon vers Nietzsche », paru deux ans plus tard, Monique Dixsaut écrit (p. 14) à la suite de la dernière phrase citée : « Il n'est pas si sûr, d'ailleurs, qu'il ne l'ait pas au moins laissé entendre ».

3. Nietzsche, *Œuvres philosophiques complètes*, Paris, Gallimard, vol. X, 26 [355] p. 270.

4. *Ibid.*, vol. X, 26 [357] p. 271.

5. *Cf.*, par exemple, *Ibid.*, vol. X, 26 [354] p. 270.

« instincts », qu'on pourra le connaître, mais dans son *corps*. S'il faut distinguer Platon et platonisme, c'est qu'il faut dissocier en Platon, ses concepts, sa philosophie et ses « instincts », son « corps ». N'y a-t-il pas alors quelque difficulté à vouloir lire, malgré tout, dans sa philosophie ce que ses « instincts », selon Nietzsche, n'y ont pas dit? Entre un Platon supérieur mais muet et un platonisme de troupeau mais bavard, ne faut-il pas choisir? Monique Dixsaut ne choisit pas : quelque chose de ce « corps » doit encore parler dans les Dialogues et elle pourrait se dire, elle aussi : « si les Dialogues ressemblent à ce buste de Naples, nous aurons là la meilleure réfutation de tout platonisme, et nous aurons du même coup sauvé les Dialogues. » Le fait que, depuis Nietzsche, les archéologues aient vu dans ce bronze barbu non un buste de Platon mais un Dionysos hellénistique n'a pas beaucoup d'importance au regard de la lecture que Monique Dixsaut fait des Dialogues[1]. Lire, c'est aussi faire ressembler un texte à autre chose qu'à lui-même et nous sommes étonnés, en ayant lu les Dialogues avec elle, de voir maintenant qu'ils lui ressemblent.

1. Le buste figure sous le n° 5618 dans le catalogue du Musée archéologique de Naples.

PERSPECTIVES

L'IMPORTANCE PHILOSOPHIQUE DE LA FORME DU DIALOGUE POUR PLATON

CHARLES H. KAHN

L'usage que Platon fait de la forme du dialogue et son évitement total de celles plus courantes du traité ou de l'exposé philosophique ont déjà fait couler beaucoup d'encre. Je commencerai par résumer plusieurs points bien connus avant de proposer ma propre interprétation.

L'un des aspects les plus évidents de la forme du dialogue est la position centrale que Socrate y occupe. Socrate n'a lui-même rien écrit mais a cherché à mener une vie dédiée à la philosophie sous la forme de conversations continuelles avec ses amis et ses connaissances. Après sa mort, bon nombre de ses disciples s'attelèrent à la composition de *Sokratikoi logoi*, de *Conversations avec Socrate*. Ce genre littéraire, comparable à celui des très courtes nouvelles, resta cependant mineur. C'est Platon qui transforma progressivement le dialogue socratique en un genre majeur de prose littéraire, rivalisant ainsi par son ampleur avec les tragédies de Sophocle et d'Euripide. Le dialogue platonicien peut être vu comme une œuvre littéraire, mais aussi comme l'imitation écrite de la pratique orale de la philosophie. En ce sens, Platon est demeuré loyal, du moins en principe, au modèle de la conversation socratique.

À la présence centrale de Socrate dans les dialogues correspond l'absence totale de Platon. Sa voix propre n'y est en effet jamais entendue. L'anonymat platonicien est lourd de conséquences pour le lecteur interprète des dialogues. Jusqu'à quel point peut-on considérer que Socrate est le porte-parole de Platon ? Et pourquoi les propres positions de Socrate varient-elles d'un dialogue à un autre ? Pourquoi tant de dialogues s'achèvent-ils sans aucune conclusion positive ? Dans ces circonstances, déduire la position propre de Platon du texte des dialogues est toujours une entreprise délicate. Interpréter son œuvre est ainsi bien plus problématique qu'interpréter celle de tout autre philosophe important.

Outre la représentation qu'elle donne de Socrate, il y a d'autres aspects philosophiquement importants liés à la forme du dialogue en tant que telle. Comme l'indique le terme διάλογος, un dialogue est essentiellement une forme de conversation, du verbe διαλέγεσθαι, « converser, discuter ». Ce n'est en rien un accident si c'est un terme dérivé du même verbe que Platon a choisi pour désigner la forme la plus haute de la connaissance philosophique. La dialectique (διαλεκτική) est littéralement l'art de la conversation ou, dans un contexte socratique, l'art d'interroger et de répondre. Qui plus est, cette pratique du discours interrogatif est prise par Platon comme modèle de l'activité intellectuelle en général. Dans le *Théétète* et dans le *Sophiste*, la pensée (διάνοια) est définie comme la conversation de l'âme avec elle-même, par questions et réponses. Aussi la forme du dialogue est-elle, d'une part, une imitation littéraire de l'art socratique de la conversation philosophique, tandis que, de l'autre, elle représente dramatiquement la forme que prend la pensée en général. Les deux notions sont en quelque sorte incorporées à la conception platonicienne de la dialectique comme méthode de la philosophie.

J'ai, jusqu'ici, résumé certains aspects de la forme du dialogue, dont bon nombre de commentateurs ont déjà souligné l'importance. Je veux à présent développer une conséquence de l'usage de cette forme qui a été moins fréquemment reconnue. Dans le dernier chapitre de *Plato and the Socratic Dialogue*, j'ai décrit ce que j'ai appelé le perspectivisme de Platon, à savoir, l'idée selon laquelle le contenu doctrinal des dialogues dépend essentiellement du contexte dans lequel il est formulé. Je veux dire par là que le cadre dramatique des dialogues, les circonstances de la conversation et les caractères des interlocuteurs qu'ils mettent en scène, sont tous des facteurs déterminants de la teneur et de la portée des doctrines affirmées par Socrate (ou, dans les dialogues plus tardifs, de celles affirmées par l'interlocuteur principal, quel qu'il soit). La forme du dialogue est la seule qui convienne à un penseur systématique comme Platon, ayant une vision unifiée de la réalité mais, en même temps, profondément méfiant à l'égard de l'écriture philosophique. Mais ses appréhensions face au langage en général et à l'écriture en particulier n'impliquent pas pour autant que la vérité philosophique soit de l'ordre de l'ineffable. Platon n'est pas un mystique, à la manière d'un Plotin désireux de poser l'existence d'une forme de connaissance au-delà de la portée de la raison discursive. L'engagement de Platon en faveur de la pensée rationnelle, et de ses structures logiques ou para-linguistiques, est confirmé par son choix du terme διαλεκτική. Aux yeux de Platon, la forme la plus haute de la connaissance a encore pour modèle la conversation, l'échange linguistique, l'interroger et le répondre. Ainsi la réalité des limites du langage ne doit pas mener au silence mystique, mais bien plutôt à la multiplicité du discours. Il n'y a pour Platon qu'une seule réalité, mais des points de vue nombreux, qu'une seule philosophie, mais aucune formulation unique et privilégiée. C'est pourquoi la forme du dialogue, avec sa diversité d'interlocuteurs et d'occasions (et, dans les dialogues plus tardifs, sa diversité d'interlocuteurs principaux), convient parfaitement à l'expression de cette multiplicité de points de vue et de formulations partiales.

Je voudrais illustrer ce principe du perspectivisme platonicien par une série d'exemples empruntés à différents dialogues et à différents champs de la philosophie. Mon exemple principal sera emprunté à l'épistémologie, mais je suggérerai comment un type similaire d'interprétation peut s'appliquer au traitement platonicien du plaisir et aux principes de la cosmologie platonicienne.

On trouve dans les dialogues deux théories fondamentalement différentes de la connaissance humaine : la réminiscence, dans une série de dialogues débutant avec le *Ménon*; la vision intellectuelle des Formes, dans les livres centraux de la *République*. Je commencerai par un problème relatif à la réminiscence : pourquoi cette doctrine est-elle absente de la *République*? Son absence signifie-t-elle que Platon l'a abandonnée ? Je voudrais suggérer qu'une telle variation d'un dialogue à un autre est délibérée et systématique, et qu'elle nous force à repenser le statut des doctrines philosophiques pour Platon. En fin de compte, quel rôle les doctrines jouent-elle pour Platon ?

C'est là une vaste question, et pour l'aborder, il nous faut une terminologie plus flexible. Le terme «doctrine» s'avérera en effet bien trop étroit, si par doctrine on entend une thèse formulable sous forme propositionnelle. Les images centrales de la *République* – le Soleil, la Ligne et la Caverne – ne sont pas des doctrines en ce sens-là. Même la réminiscence se voit formulée de façon différente dans chacun des trois dialogues où elle apparaît. Nous avons donc besoin d'un terme qui renvoie non seulement à des doctrines explicitement formulées mais également à des thèmes et des images philosophiques fondamentaux. Nommons ces derniers des *schémas*. Le Soleil, la Ligne et la Caverne sont ainsi trois schémas distincts, conçus pour se rassembler en un schéma unique et complexe correspondant à la conception que Platon se fait de la connaissance humaine dans la *République*. Le thème unificateur de ce schéma plus ample est la conception de l'activité cognitive comme une vision. Le problème que nous considérons ici est la question de savoir pourquoi il n'y a, dans ce schéma complexe, aucune place pour la conception alternative de la connaissance humaine comme réminiscence. Cette divergence pourrait être considérée comme une objection à ma lecture unitaire des dialogues.

Ma réponse est qu'il nous faut rechercher, selon le principe du perspectivisme, l'unité philosophique qui sous-tend la pluralité des expressions littéraires. La diversité des schémas de la connaissance dans différents dialogues correspondra, pour ainsi dire, à la surface littéraire des dialogues, tandis que l'unité de la pensée de Platon sur ce sujet se situera dans leur structure profonde. Pour le dire de façon provocante, on pourrait soutenir que la diversité textuelle entre les différents schémas, les points de divergence par lesquels les dialogues diffèrent les uns des autres, est l'objet propre d'une interprétation littérale ou littéraire, tandis que l'interprétation philosophique a pour objet la recherche de l'unité de pensée sous-jacente aux différents dialogues. Je prends pour acquis le fait que pour Platon la philosophie est la recherche d'une vision unifiée, et que, par conséquent, un interprète charitable doit commencer par supposer que Platon a une telle vision à l'esprit quand il écrit. En même temps, le perspectivisme comme principe d'interprétation implique qu'une telle unité ne peut être saisie par aucune formulation unique et définitive. Chaque formulation est déterminée par les circonstances particulières et les enjeux spécifiques à tel ou tel dialogue. Aussi l'interprétation philosophique et l'interprétation littéraire sont-elles nécessairement interdépendantes. Dans le cas particulier qui nous occupe, l'interprétation philosophique, qui recherche l'unité, montrera que les deux schémas de la vision noétique et de la réminiscence ne sont pas seulement compatibles mais complémentaires. C'est pourquoi l'absence de la réminiscence dans la *République* ne peut être expliquée sur des bases philosophiques mais seulement par souci littéraire, c'est-à-dire par la structure littéraire de ce dialogue particulier.

Afin d'illustrer cette distinction entre structure de surface et structure profonde, et ainsi entre interprétations littéraire et philosophique, considérons d'abord deux textes parallèles sur la vision noétique, l'un extrait du *Banquet*, l'autre de la *République*.

Du point de vue littéraire, les degrés de l'amour selon Diotime dans le *Banquet* sont entièrement indépendants de l'allégorie de la Caverne dans la *République*. Dans le *Banquet*, Socrate rapporte une leçon sur l'amour que lui aurait administré la prêtresse imaginaire Diotime, décrivant l'ascension érotique de l'attachement à un seul corps à des degrés plus élevés de beauté, et de là, finalement, à la contemplation du Beau en soi ; en revanche, le schéma correspondant dans la *République* trace l'ascension cognitive des ombres portées sur le mur au fond de la Caverne à la réalité des Formes et enfin à la vision du Bien. Du point de vue littéraire, chacun de ces deux dialogues se suffit à lui-même et aucun des deux ne requiert une référence à l'autre. D'un autre côté, une interprétation philosophique doit prendre en considération le fait que les deux textes présentent des schémas de même type : l'ascension cognitive des objets sensibles au domaine des Formes intelligibles, culminant dans une vision révélatrice. En outre, les objets que vise l'intuition noétique – le καλόν dans un cas, l'ἀγαθόν dans l'autre – sont si étroitement proches tant dans leur sens que dans leur valeur normative que Platon traite habituellement les deux termes comme s'ils étaient interchangeables, de sorte que des platoniciens ultérieurs auront à se demander si le Bien et le Beau ne sont pas après tout une seule et unique Forme. Aussi la tâche propre de l'interprétation philosophique est-elle de tirer au clair ce que ces deux schémas ont en commun, et ce que chacun ajoute à la compréhension de l'autre, quand on les considère ensemble – de conclure, par exemple, que l'échelle cognitive de la *République* et l'échelle érotique du *Banquet* présentent un tel parallélisme qu'elles doivent en fin de compte coïncider. Ce que j'appelle la structure profonde de la pensée de Platon doit être précisément trouvée dans l'unité sous-jacente à des textes aussi différents.

On pourra en revanche avoir recours à une interprétation littéraire pour expliquer les différences qui séparent ces deux schémas en se reportant d'abord au contexte immédiat de chaque dialogue : l'initiation à l'amour dans le *Banquet*, l'éducation du philosophe-roi dans la *République*. C'est en ce sens précis que l'ascension présentée dans les deux passages dépend de son contexte. Mais le cadre dramatique plus large joue aussi un rôle dans la détermination du niveau et de la portée de chaque présentation. Dans le *Banquet*, Socrate prononce sur l'amour un discours post-dînatoire, devant un auditoire issu de la haute société athénienne : brièveté et simplicité sont ici de mise. En revanche, dans la *République*, Socrate explore les problèmes les plus épineux de la morale et de la politique avec deux interlocuteurs bienveillants et dans une œuvre d'une longueur sans précédent dans les dialogues. C'est la raison pour laquelle, à la différence de Diotime qui offre un résumé brillant mais court et très resserré de l'ascension de l'amoureux vers le Beau, le Socrate du livre VII de la *République* a l'opportunité d'exposer l'ascension vers la vision du Bien par l'entremise d'une allégorie très élaborée, elle-même encadrée par une théorie bien articulée de la connaissance et de l'éducation. Des sujets similaires appellent ainsi, dans des circonstances différentes, des traitements eux-mêmes différents. Mon idée est qu'une interprétation adéquate doit prendre en considération ces deux aspects à la fois : les différences textuelles comme les similarités sous-jacentes de pensée. Comme Platon pourrait le dire lui-même, la compréhension philosophique doit autant tenir compte de l'unité que de la multiplicité. Et l'unité comme la multiplicité apparaissent à tous les niveaux de l'analyse.

Restons-en là pour ce qui est de la vision noétique dans le *Banquet* et dans la *République* et passons à la réminiscence. Rappelons d'abord qu'elle joue un rôle majeur dans trois dialogues platoniciens – le *Ménon*, le *Phédon* et le *Phèdre* – mais qu'elle n'est pas mentionnée dans l'épistémologie des livres centraux de la *République*. Comment comprendre cette divergence ?

Certains interprètes pourraient être tentés de supposer un changement dans la philosophie de Platon pour expliquer cette différence. Cette hypothèse évolutionniste ne réglerait en rien le problème, mais résumons tout de même brièvement la ligne d'interprétation qu'elle pourrait emprunter. On pourrait supposer que Platon, après avoir fait usage de la réminiscence pour expliquer notre capacité à acquérir une connaissance qui transcende l'expérience ordinaire, ait décidé qu'il y avait d'autres manières de rendre compte de cette capacité cognitive. C'est la raison pour laquelle il aurait abandonné la notion quasi mythique de la connaissance innée acquise dans une existence antérieure au profit d'une conception plus rationnelle de l'intuition noétique ou *Wesenschau*, d'une « vision » intellectuelle des Formes accessible à ceux dont l'esprit aurait été adéquatement formé par la pratique de la dialectique. Ainsi, l'épistémologie de la *République*, centrée sur les images de la lumière et sur la vision culminante des Formes, pourrait être considérée comme destinée à remplacer la théorie innéiste du *Ménon* et du *Phédon*.

Cet argument évolutionniste ne saurait satisfaire à bien des égards. Il y a d'abord le témoignage du *Phèdre*, dans la psychologie duquel la réminiscence demeure le concept central. Rien n'indique que le *Phèdre* soit antérieur à la *République* et de nombreuses raisons internes au dialogue poussent même à croire le contraire (l'image de l'attelage ailé, avec ses deux chevaux menés par un cocher, dans le *Phèdre* semble bien présupposer la psychologie tripartite de la *République* ; au contraire, la description de la dialectique dans le *Phèdre* est bien plus proche de la doctrine du rassemblement et de la division que l'on trouve dans les derniers dialogues que de la conception de la dialectique présente dans la *République*). Le *Phèdre* montre que Platon n'a pas abandonné la réminiscence et aussi qu'il peut la combiner avec le schéma de la vision noétique. Dans le récit mythique de l'état des âmes avant l'incarnation, ces âmes qui parviennent à suivre la procession des dieux jusqu'aux limites du ciel accèdent en retour à une vision des Formes. Ainsi dans le *Phèdre* une vision transcendantale est en réalité présupposée par la doctrine de la réminiscence. On trouve une compatibilité semblable entre les deux schémas dans le *Phédon*. Bien que la réminiscence soit prédominante dans le *Phédon*, Socrate, au début du dialogue, décrit l'avenir du philosophe qui sera capable, une fois libéré de l'entrave du corps, « de saisir les réalités en elles-mêmes par l'âme elle-même » (66 d 8; *cf.* 65 e, 80 b 1, 81 b 7). Aussi ce que Socrate présente dans le *Phédon* comme l'objet du désir du philosophe après sa mort est-il précisément la même chose que ce que le mythe du *Phèdre* décrit comme une expérience prénatale : une vision directe des Formes par l'âme libérée du corps. L'allégorie de la Caverne implique aussi qu'une telle vision, quelle que soit la difficulté qu'il y a à l'atteindre, est accessible en cette vie. Et cette hypothèse n'est pas le propre de la seule *République*. Il n'y a rien de désincarné dans l'amoureux du *Banquet* que l'initiation aux mystères de l'amour mènera à son but, là où « plus que partout ailleurs, la vie vaut d'être vécue, en saisissant le Beau en soi » (211 d 2; *cf.* 212 a 1-3).

Aucune hypothèse évolutionniste ne peut rendre compte de ces passages où la réminiscence et la vision noétique apparaissent côte à côte dans une série de dialogues qui va du *Ménon* et du *Banquet* au *Phédon*, à la *République* et au *Phèdre*. Ces passages témoignent non pas d'un développement progressif où une épistémologie en remplace une autre mais bien plutôt de deux conceptions alternatives, utilisées dans des contextes spécifiques et pour des buts différents. On peut dire que la tâche de Platon, en tant qu'auteur, n'est pas de décider quelle doctrine il lui faut accepter une fois pour toutes mais plutôt laquelle il doit choisir d'utiliser dans un dialogue spécifique. Donc la tâche de l'interprète est de comprendre comment un contexte particulier détermine (ou est déterminé par) le choix que Platon fait de tel ou tel contenu doctrinal. C'est pour des raisons spécifiques à chaque dialogue que le concept de vision noétique ne joue qu'un rôle marginal dans le *Phédon* tandis que, d'un autre côté, la doctrine de la réminiscence est radicalement exclue de l'épistémologie de la *République*.

Avant de répondre à la question de savoir pourquoi la réminiscence est absente de la *République*, considérons la forme que prend la schéma de la réminiscence dans les trois dialogues où il apparaît : dans le *Ménon*, le *Phédon* et le *Phèdre*. On trouve entre ces trois dialogues une divergence comparable à celle qu'on trouve entre les deux passages sur l'ascension de l'âme dans le *Banquet* et dans la *République*. Dans ce dernier cas comme dans celui de la réminiscence, on reconnaît un schéma unique se subdivisant en une pluralité de schémas subalternes. Et tout comme pour les différences qui séparent le *Banquet* de la

République, les variations entre les trois différentes versions de la réminiscence trouvent leur interprétation dans le contexte particulier à chaque dialogue. Mais c'est là une tâche trop vaste pour être entreprise ici. Je me limiterai donc à un bref résumé des trois analyses de la réminiscence.

La première version de la réminiscence, qui est aussi la plus rudimentaire, est celle du *Ménon*, où il n'est fait aucune mention de la doctrine des Formes intelligibles. Dans ce dialogue, la réminiscence est introduite en réponse au paradoxe de Ménon relatif à la possibilité de la recherche et de l'apprendre. Comment rechercher ce que l'on ne connaît pas? La réminiscence apporte une réponse en affirmant que nous savons déjà ce que nous cherchons à savoir et devons seulement nous le remémorer. La nature des choses remémorées n'est pas spécifiée: Socrate se contente de dire que nous avons appris « toutes choses » (81 c 6, d 1) et que « la vérité des êtres (τὰ ὄντα) est présente dans l'âme » (86 b 1). Nous, en tant que lecteurs de Platon, devons nous tourner vers le *Phédon* pour comprendre que les objets de la réminiscence sont les Formes intelligibles et immuables. Dans le *Phédon*, le problème à l'étude n'est ni la recherche ni l'apprendre, mais le sort de l'âme après la mort. C'est pourquoi l'immortalité, qui pouvait être présupposée dans la thèse de la réminiscence dans le *Ménon*, est en revanche, dans le *Phédon*, l'objet systématique de l'argumentation, dont la réminiscence constitue l'un des éléments les plus importants (on remarque que la priorité logique entre l'immortalité et la réminiscence est déterminée par les intérêts propres à chaque dialogue, tant et si bien qu'il n'y a pas de réponse générale à la question: « L'immortalité est-elle la conséquence de la réminiscence ou la présuppose-t-elle? »). D'un autre côté, ce qui est tenu pour évident dans le *Phédon* est l'existence des Formes transcendantes, et l'argument de Socrate vise à montrer que « tout comme ces Formes existent, de même notre âme doit exister avant notre naissance » (76 e). La réminiscence sert ici à établir un lien essentiel entre l'âme humaine et la nature des Formes. Un lien semblable est présupposé dans le *Phèdre*, mais dans un contexte sensiblement différent. En effet, la réminiscence n'y est introduite ni pour expliquer l'apprendre ni l'immortalité, mais plutôt pour rendre compte du phénomène de l'amour conçu comme folie divine. L'émotion consistant à tomber amoureux est expliquée par une réminiscence de notre vision prénatale des Formes. Une telle vision est présupposée dans le *Phédon* et peut-être aussi dans le *Ménon*, mais en réalité seul le *Phèdre* offre une justification de cette cognition prénatale propre à l'âme désincarnée.

À passer en revue ces trois versions différentes, on voit la difficulté de formuler une doctrine de la Réminiscence, si par doctrine on entend un énoncé pouvant s'appliquer adéquatement à ces trois textes. Aussi peut-être faut-il nous contenter de l'énoncé suivant: « ce que l'on appelle communément apprendre est en réalité une réminiscence d'un savoir acquis par l'âme lors d'une existence antérieure ». Cette formulation masque le fait que la connaissance est conçue de façon différente dans les trois dialogues, que c'est dans le seul *Ménon* que le problème de l'apprendre est explicitement abordé, et que c'est dans le seul *Phèdre* que l'on trouve exposée l'expérience cognitive de l'âme dans une vie antérieure. On pourrait dire que c'est seulement le *Phèdre* qui présente un exposé complet de la théorie en question, mais le problème épistémologique qui au départ avait fait naître la théorie elle-même y est presque tombé hors de vue.

En raison de cette diversité, il est bien commode de parler d'un schéma plutôt que d'une doctrine de la réminiscence. Car il est clair que ces trois dialogues partagent une conception générale de l'âme et de sa capacité à connaître, bien que sa formulation doctrinale soit nettement différente dans chaque cas. L'unité de pensée sous-jacente relative à la réminiscence est, pour ainsi dire, proche de la surface dans les deux autres dialogues mais exprimée complètement dans le *Phèdre*. Car c'est seulement dans le *Phèdre* que l'on trouve à la fois une description de la cognition prénatale et aussi un exposé de la réminiscence qui s'applique à la pensée conceptuelle ordinaire. C'est ce qui se passe dans le fameux passage « kantien » de 249 b-c : seule une âme qui a eu la vision transcendantale des Formes peut naître sous forme humaine, « car un être humain doit saisir ce qui est dit en référence à une forme (εἶδος), en allant d'une multiplicité de perceptions sensibles jusqu'à une unité dont l'assemblage est le fruit d'un raisonnement (λογισμός). Mais cet acte est une réminiscence de ces choses que notre âme vit jadis quand elle cheminait aux côtés d'un dieu. » La réminiscence est invoquée ici pour expliquer non pas le fait d'apprendre mais plutôt la capacité rationnelle à comprendre ce qui est dit par le langage, à partir des conceptions unifiées extraites de la pluralité des perceptions sensibles.

Considérons maintenant le schéma de la vision noétique. J'ai suggéré qu'il était possible de trouver une unité de pensée sous-jacente aux deux conceptions de l'ascension cognitive vers les Formes : unité proche de la surface dans le *Banquet* et pleinement développée dans les trois images du Soleil, de la Ligne et de la Caverne dans la *République*. Notons qu'on aurait tort de demander pourquoi le schéma alternatif de la réminiscence n'est pas mentionné dans le *Banquet*, étant donné que le passage en question est très bref et n'est soutenu par aucune théorie psychologique ou épistémologique. Dans la *République*, en revanche, Platon présente son analyse la plus détaillée de la connaissance humaine et sa théorie de l'âme la plus complète.

Pourquoi donc la réminiscence est-elle absente de la *République* ? (En réalité, il y a quelque chose comme une réminiscence présupposée par le mythe d'Er en 619 b-620 c, et aussi par la suggestion, en 498 d, que Thrasymaque pourrait profiter de la conversation actuelle lors d'une réincarnation ultérieure. Mais aucune mention n'est faite de la réminiscence dans un contexte épistémologique). Il n'est pas vrai de dire que Platon a changé sa conception de la connaissance. Au contraire, on a souvent rapproché le passage sur la conversion de l'âme dans l'allégorie de la Caverne de la doctrine de la réminiscence. Dans ce passage, Socrate nie que l'on puisse implanter la connaissance dans une âme à qui elle fait défaut, « comme si l'on implantait la vision dans un œil aveugle. » Bien au contraire, « la capacité [à voir la vérité], cet instrument par lequel tout homme apprend, est présente dans l'âme de tout un chacun » (518 c). Mais il faut convertir l'âme tout entière pour que l'œil de l'âme regarde en direction de la réalité, vers la clarté de l'être vrai (VI, 518 c). Platon est ici évidemment innéiste : la conversion de l'œil de l'âme en direction de la lumière est très proche du processus de réminiscence. Mais la réminiscence, comme telle, ne joue aucun rôle dans l'épistémologie des livres centraux de la *République*.

Il est toujours périlleux de tenter d'expliquer pourquoi un auteur n'a pas dit quelque chose. Cependant, on peut au moins comprendre pourquoi une référence à la réminiscence n'aurait pas été à sa place dans la longue discussion de la connaissance philosophique qui commence à la fin du livre V de la *République* et s'étend jusqu'à la fin du livre VII. On a déjà noté que le thème de la vision cognitive servait à unifier ce long espace du dialogue, non seulement en liant ensemble les schémas du Soleil, de la Ligne et de la Caverne dans le contexte de la discussion sur l'éducation du philosophe. Le thème de la vision sert aussi à justifier la conception du gouvernant comme philosophe-roi (ou -reine) à travers l'image dominante de l'artiste qui a les yeux fixés sur le paradigme que constituent les Formes afin de modeler nos lois et nos coutumes d'ici bas sur le justice et le bien des Formes intelligibles (VI, 484 c-d, 500 b-501 c). Le thème de la vision est centré sur l'*idea* ou Forme du Bien comme Soleil de la réalité intelligible, comme « cause pour toutes choses de tout ce qu'il y a de juste et de noble, produisant la lumière et son maître (le soleil) dans le visible, et maîtresse elle-même dans l'intelligible, où elle procure vérité et compréhension (νοῦς). » Le gouvernement de la philosophie dans la cité est justifié par le statut suprême de la Forme du Bien. C'est en raison de la fonction universelle du Bien comme source de toute connaissance et de toute valeur que « quiconque agit avec intelligence en privé ou en public doit avoir eu cette vision » (VII, 517 c 5).

Ainsi la notion du Bien comme le suprême objet de la vision intellectuelle n'est-elle pas seulement une conception littéraire brillante. Elle est aussi la façon dramatique dont Platon se sert pour unifier sa théorie de l'éducation du philosophe et son épistémologie et en même temps sa philosophie morale et politique, en montrant comment tout cela dépend des principes fondamentaux de sa métaphysique. Les schémas du Soleil, de la Ligne et de la Caverne se joignent pour former non seulement un chef d'œuvre artistique mais aussi un tour de force conceptuel rassemblant tous les aspects de la philosophie de Platon. Platon a adroitement préparé l'introduction de son thème de la vision cognitive dès le livre V, où la δόξα était définie « plus obscure que la connaissance mais plus claire que l'ignorance » (478 c 14). Son exploitation prolongée de la métaphore de la vision se conclut sur ce moment, à la fin de la discussion sur l'éducation au livre VII, où les gardiens arrivés au terme du parcours « lèvent l'œil de leur âme pour regarder ce qui donne lumière à toutes choses et, une fois le bien en soi contemplé, s'en servent comme d'un paradigme pour ordonner la cité, les citoyens et eux-mêmes, pour le reste de leur vie » (540 a 7).

Dans ce réseau complexe d'images et de doctrine, quel effet produirait l'addition d'une conception de la connaissance comme réminiscence ? Je pense qu'il est clair qu'une telle addition ne saurait que perturber l'image harmonieuse de la vision qui unifie ce grand passage central de la *République*. Considérons un instant les complications inutiles qui ne manqueraient pas de surgir, pour l'allégorie de la Caverne, si, lorsque les prisonniers sont libérés de leurs chaînes, ils étaient dits revenir à un état d'illumination qu'ils auraient connu avant leur incarcération. Assurément, il n'y aurait aucune incohérence philosophique à supposer que ces prisonniers se remémorent une expérience passée de liberté et d'illumination. En d'autres termes, rien dans l'épistémologie de la *République* n'exclut la réminiscence. Celle-ci après tout coexiste harmonieusement avec une forme de la vision noétique dans le *Phédon* et le *Phèdre*. Aussi l'obstacle dans la *République* n'est-il pas philosophique mais rhétorique et artistique. La force de l'histoire et des péripéties du voyage ascendant hors de la Caverne s'en trouverait affaiblie, si les prisonniers libérés suivaient un chemin qui leur était déjà connu ; et le moment critique de la conversion psychologique à la lumière n'en serait qu'inutilement compliqué, s'il fallait le comprendre comme un retour à ce qui est familier. Aussi peut-on aisément voir en quel sens la réminiscence ne « colle » pas au schéma cognitif des livres centraux de la *République*. Mais, je le soutiens, la raison pour laquelle la réminiscence ne joue aucun rôle ici est essentiellement littéraire ou artistique – parce que sa présence affaiblirait l'ensemble des images et affadirait l'allégorie, et non pour des raisons de cohérence philosophique.

Si l'on donne sa juste mesure à de telles considérations artistiques et si l'on respecte la distinction entre les schémas de surface et la structure profonde, on voit qu'il serait erroné de prendre la métaphore de la vision trop au pied de la lettre et, par conséquent, de conclure que Platon maintient une ontologie qui justifierait une théorie de l'intuition intellectuelle. Certains philosophes de Ryle à Heidegger ont commis cette erreur et ont soutenu que Platon doit avoir conçu les Formes comme des « *simple nameables* » (Ryle) ou des « objets » quasi-visibles. Mais le *Phédon* (comme tant d'autres textes, y compris dans la *République* elle-même) est là pour nous prévenir contre de telles erreurs en nous rappelant que les Formes sont d'abord conçues comme le type de réalité (οὐσία) « de l'être (εἶναι) duquel on reçoit et on donne une raison (λόγος) dans le questionner et le répondre » (*Phédon*, 78 d 1), et pour lequel la désignation la plus propre est le « X en soi, ce que c'est » (αὐτὸ τὸ ὅ ἐστίν, 74 d 6, 75 b 1, b 6, 75 d 2, 78 d 4). En d'autres termes, la nature de la Forme doit être comprise non dans la perspective d'une vision mais dans celle du λόγος, où le λόγος est conçu comme la poursuite dialectique de la définition, la poursuite de la clarté et de la compréhension via l'échange linguistique par questions et réponses relatives à ce que *sont* les choses et à *comment* elles le sont. C'est cette conception de la dialectique que l'on trouve illustrée dans de nombreux dialogues et décrite aussi en *République* VII (532 e 4, 532 a 7, 533 b 2, c 2, 534 b 3-d 10).

Il y a donc une certaine dissonance entre cette conception quasi-linguistique de la dialectique et le schéma de la vision cognitive dans lequel elle est encadrée en *République* VI-VII. C'est pourquoi la tâche de l'interprétation philosophique est de relier ces deux conceptions l'une à l'autre, ainsi qu'au schéma de la réminiscence. C'est là une vaste tâche, dont je ne peux ici que suggérer quelques éléments.

D'abord, il est important de se rendre compte que la notion de vision noétique demeure tout du long métaphorique et ne se fixe jamais en une doctrine figée. La distinction platonicienne fondamentale entre les sens et l'intellect peut être considérée comme l'ancêtre de la théorie des facultés cognitives qui prévaut dans la philosophie de l'esprit depuis Aristote jusqu'à Kant; mais Platon lui-même ne soutient pas une telle théorie. Le terme νοῦς ou intellect sert de nom pour « la capacité de chaque âme [à voir la vérité], cet instrument par lequel tout homme apprend » (*République* 518 c). Mais Platon emploie fréquemment d'autres expressions, plus périphrastiques, afin de rendre évident le statut non technique de son concept de νοῦς. Par exemple, dans le *Banquet*, il parle de « voir la Beauté en soi *par l'entremise de ce par quoi elle est visible* » (212 a 3); ou, dans la *République*, de « saisir la nature de chaque essence *par la partie adéquate de l'âme* » (490 b 3); ou encore de « mener *ce qu'il y a de meilleur dans l'âme* à la vision de ce qu'il y a de meilleur parmi les êtres » (532 c 5). Tout ce que nous apprenons de cette capacité nommée νοῦς, c'est qu'elle n'est pas la perception sensible mais qu'elle implique le langage (λόγος) et le raisonnement ou le calcul (λογισμός). Le terme νοῦς nomme cette capacité mais ne l'explique pas.

En dépit des apparences, donc, la *République* n'offre aucune explication de la capacité d'acquérir la connaissance. Nous savons que les mathématiques y prennent leur part. Mais qu'est-ce qui dans l'âme la rend capable d'être éclairée et de tirer avantage des mathématiques ?

Pour répondre à cette question, on pourrait être tenté de compléter l'analyse de la *République* par l'ajout de la doctrine de la réminiscence. Et de fait le livre X offre une indication dans cette direction. En admettant que la psychologie des livres précédents est limitée parce jusque là seule l'âme défigurée par son incarnation y a été examinée, Socrate suggère que nous pouvons mieux voir sa véritable nature « en considérant son amour de la philosophie, sa compréhension de ce qu'elle saisit… et comment elle est apparentée au divin et à ce qui est immortel et éternel » (611 e). Cette parenté entre l'âme et les Formes immuables reflète le principe familier d'une connaissance du semblable par le semblable. Ce principe est développé de la façon la plus explicite dans la construction de l'âme à l'œuvre dans le *Timée*. Ainsi en *Timée*, 35 a, les ingrédients de l'Âme du monde incluent les Formes fondamentales de l'Être, du Même et de l'Autre, avec les genres correspondants de substance corporelle. Cela veut dire que l'âme est capable de connaître en vertu de sa parenté avec le connu. Cette doctrine du *Timée* fournit ainsi l'équivalent physique (ou métaphysique) de la réminiscence : afin que la connaissance soit possible, les objets de la connaissance *doivent déjà être présents dans l'âme*. Ce qui était en fait signifié dès le départ, lors de l'introduction de la réminiscence dans le *Ménon* : « la vérité des réalités (ὄντα) est dans l'âme » (86 b 1).

L'épistémologie de Platon finit donc par se fondre dans son ontologie. C'est parce que la réalité possède une structure définie que l'âme doit posséder une version de *cette même structure*. Je pense que cette notion de parenté ou d'identité formelle entre l'esprit et le monde, entre l'âme et les Formes, constitue le sens profond de la réminiscence. Il n'y a pas de théorie platonicienne du νοῦς, car pour Platon l'esprit n'a pas une structure indépendante : il est seulement la capacité de l'âme humaine à connaître et ainsi à s'identifier à la structure de l'être objectif. Au-delà, on trouve une affirmation, mais non un schéma de l'esprit, dans le passage précédemment cité du *Phèdre*, affirmation selon laquelle une âme humaine doit être capable de dériver des concepts rationnels d'une multiplicité de perceptions sensibles. La réminiscence fournit donc une histoire mythique permettant de rendre compte de cette capacité rationnelle à dépasser l'expérience sensible. Si l'on détache le mythe de la réincarnation, la thèse prosaïque de la réminiscence se réduit à la formule du *Ménon* : la vérité des êtres est dans l'âme.

Etant donné que la connaissance et la compréhension sont essentiellement des reflets psychiques de la structure de la réalité, l'épistémologie de Platon se fonde directement sur son ontologie. La réminiscence et la vision noétique servent de constructions alternatives pour le même phénomène : notre accès au niveau des concepts, qui, pour Platon, est le domaine de l'Être vrai et des Formes éternelles. Mais la notion de réminiscence est philosophiquement plus profonde, plus explicative que la métaphore de la vision. Elle n'affirme pas seulement que la structure objective de la réalité nous est accessible mais qu'elle est accessible pour la raison précise qu'elle est déjà nôtre, parce que la nature intrinsèque de notre esprit est ainsi formée pour pouvoir refléter et par conséquent s'identifier à la forme de la réalité elle-même. Le schéma sous-jacent à la théorie platonicienne de la connaissance est exprimé dans la formule du *Ménon* : « la vérité des êtres est présente dans notre âme. » Qu'il soit provoqué par l'interrogation socratique (dans le *Ménon*), par la réflexion sur les déficiences de l'expérience sensible (dans le *Phédon*) ou par l'expérience de l'amour (dans le *Phèdre*), si l'éveil de notre âme à la compréhension de la forme noétique est si passionnant, c'est qu'il est un retour à notre moi profond, à la nature primordiale de l'âme. Telle est la pensée fondamentale qui s'exprime dans les divers schémas spécifiques : comme vision noétique dans le *Banquet*, la *République* et le *Phèdre* et comme réminiscence dans le *Ménon*, le *Phédon* et le *Phèdre*.

Pour conclure, je voudrais revenir à la question générale du statut des doctrines philosophiques pour Platon. Comme la théorie de la réminiscence, la doctrine des Formes intelligibles est formulée différemment à chaque fois qu'elle apparaît : trois formulations distinctes dans la *République*, encore trois dans le *Banquet*, le *Phédon* et le *Cratyle*, une formulation différente encore dans le *Phèdre*, sans parler du problème que posent le *Parménide* et les allusions à cette doctrine dans les derniers dialogues. Je voudrais suggérer que dans ce cas comme dans les autres il n'y a pas une formulation unique qui représente la doctrine finale ou « correcte » de Platon. Chaque formulation a ses limites, car chacune est adaptée à son contexte et aux circonstances plus générales motivant chaque dialogue. Peut-être peut-on conclure qu'il n'y a rien qui ressemble à une formulation définitive ou à une doctrine indépendante de son contexte pour Platon. Il y a bien sûr des concepts universels, tels que l'Être, l'Un, le Même et d'autres du même genre. Et il y a aussi une distinction fondamentale entre l'Être éternel et la réalité toujours changeante des apparences sensibles. Mais il n'y a pas de description définitive de ces deux ordres de réalité, et aucune analyse pleinement satisfaisante de leur relation.

Peut-être devrions-nous alors considérer ces quasi-doctrines formulées dans les dialogues comme autant de procédés pour clarifier l'esprit, pour nous libérer de la distorsion inévitable de notre propre perspective localisée (ou « incarnée »). Si cette façon de parler semble par trop plotinienne, disons que chaque formulation doctrinale est une perspective partiale, localisée, sur une scène totale sur laquelle il n'existe aucun point de vue divin ou transcendant. Ce que j'appelle l'unité sous-jacente à un ensemble de schémas n'est pas en elle-même une doctrine définie, mais simplement une perspective plus profonde permettant de saisir les choses ensemble. Aussi peut-être pouvons-nous accorder aux tenants de l'École de Tübingen que la vérité platonicienne ultime – la véritable signification de la philosophie platonicienne – n'est pas explicitement énoncée dans les œuvres écrites de Platon. Mais elle l'est encore moins dans les commentaires modernes. Si cette vérité est à trouver quelque part, elle doit l'être dans la compréhension globale qui résulte du travail persistant sur l'ensemble de ces problèmes, afin de saisir la pertinence et de reconnaître les limites de chaque formulation doctrinale. Et quand il s'agit d'exprimer cette multiplicité irréductible de perspectives, c'est la forme du dialogue qui fournit l'instrument littéraire prédéterminé pour cette tâche.

Traduit de l'américain par Dimitri El Murr

COMMENT LIRE UN DIALOGUE DE PLATON

Samuel Scolnicov

Platon, on le sait bien, n'a écrit que des dialogues (sauf la lettre VII, peut-être la seule authentique). Il n'écrit jamais en son nom propre et ne se réfère à lui-même que trois fois (dans l'*Apologie* et dans le *Phédon*), par souci d'exactitude historique. Il aurait pourtant pu écrire des traités philosophiques. Alors qu'il écrivait ses dialogues, la prose philosophique constituait déjà le véhicule courant et bien accepté de communication en matière de théorie. De fait, la prose théorique écrite pourrait bien avoir été inventée par Anaximandre, le premier philosophe dont nous disposions d'un texte écrit. Quoi qu'il en soit, l'historien Hérodote écrivait de la prose à la même époque. Quand Parménide et, une génération plus tard, Empédocle, écrivirent en vers ce qui aujourd'hui serait considéré comme de la philosophie et de la science, ils firent consciemment retour à une forme antérieure de discours écrit, avec ses propres associations mythiques. Dans le *Phédon*, Socrate raconte que le livre en prose d'Anaxagore, dont nous avons encore quelques maigres restes, pouvait être acheté bon marché à l'agora. Et les sophistes, bien sûr, écrivaient de la prose, tout comme Démocrite, contemporain plus ancien de Platon.

Platon n'a pas inventé le dialogue socratique, la forme littéraire dans laquelle les amis de Socrate (celui-ci n'aurait pas consenti à ce qu'ils se désignent eux-mêmes comme ses « élèves » ou « disciples ») ont célébré sa mémoire, essayant de fixer pour la postérité ses étranges conversations (ou du moins leur fond), telles qu'ils les avaient entendues. Mais même si Platon n'a pas inventé ce genre (qui a eu des précurseurs de moindre importance), il l'a bien sûr porté à sa perfection.

I

Trois des grands maîtres de l'humanité, le Buddha, Socrate et Jésus, n'ont laissé aucun écrit, et ce sont d'autres qu'eux qui nous ont transmis leurs enseignements. Mais, même parmi eux, Socrate reste un cas à part. En effet, si on peut parler, avec raison, des doctrines, ou des enseignements, de Gautama et de Jésus, Socrate niait, quant à lui, être un maître ou enseigner quoi que ce soit. De fait, ses adversaires les plus vifs – Calliclès dans le *Gorgias* et Thrasymaque dans la *République* – se plaignent qu'il questionne toujours sans jamais répondre, et son ironie – que ces adversaires considèrent, non sans raison, comme de l'astuce – est pour eux exaspérante. Personne, mieux que Platon, n'a aussi bien compris l'ironie de Socrate. Comme le dira Goethe, lui-même un ironiste de talent : « Qui nous enseignera quand des hommes comme Platon ont parlé sérieusement et quand ils se jouaient rendra un grand service à l'éducation de l'humanité. »[1]

La forme dialogique est particulièrement apte à capter l'ironie de Socrate. Un vrai dialogue est un drame. Comme tout drame, ce n'est pas le *dit* seul qui a de l'importance, mais aussi – et parfois tout particulièrement – ce qui *se passe*. Maintes fois, ce qui se dit est en flagrant contraste avec ce qui se passe. Comme, par exemple, dans le *Lysis*, où Socrate et ses interlocuteurs ne peuvent pas trouver une définition de l'amitié, mais où le jeune Lysis nous est présenté comme celui qui démontre en lui-même cette vertu.

Les dialogues de Platon se déroulent dans des situations dramatiques très précises, et la scène en arrière-fond est un élément absolument indispensable à la compréhension de ce qui se passe dans chaque dialogue. Le *Phédon* – c'est l'exemple évident – se déroule lors des dernières heures de Socrate, et la discussion sur l'immortalité de l'âme n'est pas purement académique. Au contraire, comme on le verra, l'argument dépend, en dernière analyse, de l'impassibilité de Socrate face à sa propre mort. Autres exemples : les scènes du *Gorgias* et de l'*Euthydème*. Le *Gorgias* se passe dans la maison de Callias, un des riches magnats d'Athènes et amphitryon de Gorgias, le fameux orateur et ambassadeur de Léontini. Gorgias vient de finir sa démonstration rhétorique devant les nombreux invités de Callias. Si l'on prête attention à la fin de chacune des trois parties de la conversation – entre Socrate et Gorgias, Socrate et Polos, et Socrate et Calliclès – on notera que ce qui réduit chacun d'eux au silence n'est pas une erreur formelle de raisonnement mais plutôt la difficulté à admettre, par honte et chacun à sa façon, qu'il leur faut abandonner leurs propres prémisses. Polos et Calliclès le font très vite remarquer à l'interlocuteur qui précède l'intervention de chacun d'eux dans le dialogue, mais ressentent eux-mêmes encore assez de honte pour ne pas soutenir leurs propres positions en public, à savoir que l'injustice paie et qu'il n'y a pas de honte à rechercher son propre avantage aux dépens des autres. L'*Euthydème*, quant à lui, montre les deux sophistes, Euthydème et Dionysodore, se livrant à un jeu devant un auditoire d'admirateurs au lieu de se préoccuper vraiment de l'éducation du jeune Clinias.

La quasi totalité des personnages des dialogues de Platon sont des personnes ayant réellement existé, la plupart connues de nous par des sources indépendantes. Ménon, par exemple, nous est connu par l'*Anabase* de Xénophon, qui le présente comme un homme plutôt désagréable. Il fut l'un des commandants de la force mercenaire grecque qui tenta de soutenir Cyrus en Perse. Il trahit ses

1. « Plato als Mitgenosse einer christlichen Offenbarung », cité par P. Friedländer, *Plato*, Band I, Berlin, W. de Gruyter, 1964, p. 145 (et n. 1, p. 372).

camarades qui l'ont probablement tué. Il faut avoir cela présent à l'esprit quand on lit la première phrase du dialogue qui porte son nom : « Peux-tu me dire, Socrate, si la vertu s'enseigne, ou vient aux hommes par la nature, etc. ? » Sans doute, Ménon est le dernier à s'intéresser à la vertu, et il est dès l'abord exclu qu'il puisse la trouver.

Comme dans tout drame, on ne doit jamais oublier qui parle. En effet, comme en tout bon drame, les mêmes mots peuvent avoir des sens tout à fait différents selon qu'ils sont prononcés par des personnages différents. Considérons par exemple ce que « savoir » veut dire pour Ménon – un amas d'informations – et pour Socrate – une opinion vraie à laquelle on peut donner une justification adéquate. Ainsi, il n'est pas surprenant que, souvent, des réponses rejetées dans un dialogue soient acceptées dans un autre, ou même dans le même dialogue un peu plus tard dans la conversation. Considérons, en outre, le début et la fin du *Protagoras*, où Socrate et Protagoras échangent leurs positions respectives, du moins en apparence. Là encore, il faut être très attentif aux différentes manières dont chacun d'eux comprend les termes de « savoir » et d'« enseignement ». Au fur et à mesure que le dialogue progresse, Protagoras est prêt à concéder que le savoir est ce qu'il y a de plus noble pour l'homme. Mais très vite il devient clair qu'il considère le savoir d'une façon seulement instrumentale, dont la fonction unique est de servir les émotions.

Socrate n'examine donc jamais des propositions en elles-mêmes, déconnectées de celui qui les soutient. « Laissons Gorgias de côté – dit-il à Ménon – puisqu'il n'est pas ici ; dis-moi, plutôt, ce que tu penses toi qu'est la vertu. » De même, aussi, dans l'*Euthydème*, Socrate ne répond pas avant d'avoir compris quel sens son interlocuteur donne à la question qu'il pose. En cela, du moins à première vue, il est d'accord avec les deux sophistes selon lesquels les mêmes paroles n'ont pas toujours le même sens. Car ce sont les personnes qui donnent du sens aux paroles qu'elles profèrent, au moyen de leurs âmes.

C'est là le cœur de la critique que Platon adresse à la logique formelle. La logique formelle se fonde sur la supposition que les propositions peuvent être détachées de leurs contextes pragmatiques, conjuguées les unes aux autres, comparées entre elles, donnant ainsi naissance à des nouvelles propositions. Mais dans un dialogue, comme dans la vie réelle, les mots ne gardent pas le même sens d'un locuteur à un autre, et le même locuteur peut, en des moments différents, utiliser le même mot d'une manière légèrement – ou même totalement – différente. Certes, idéalement, les mots devraient être stables et univoques. C'est ce que Socrate veut atteindre en exigeant des définitions. Mais ce n'est pas ce qui se passe quand nous procédons par opinions confuses ou semi-entendues.

II

Faisons un pas de plus. Il suit de là que les mots ne peuvent pas transmettre du sens. Supposons que Socrate ait pris Euthyphron en pitié et, pour éviter qu'il n'accuse son père d'un crime, qu'il lui ait donné la véritable définition de la piété, en admettant qu'il l'ait sue. Euthyphron, vraisemblablement, l'aurait apprise par cœur, sans vraiment la comprendre. Supposons que Socrate ait succombé aux demandes répétées de Ménon et qu'il lui ait dit tout de go que la vertu est le savoir. Qu'aurait fait Ménon de cette définition ? Ménon, en bon « mnémoniste », aurait mémorisé la définition, comme il l'a fait avec les autres définitions qu'il cite tout au long du dialogue. Et, avec l'idée qu'il se fait du savoir, il aurait tiré la conclusion selon laquelle la véritable vertu est exactement la même chose que ce qu'il fait déjà, c'est-à-dire amasser des informations.

Telle est la raison pour laquelle Platon ne peut pas enseigner directement. Il nous revient de découvrir la vérité par nous-mêmes. Elle doit être remémorée, comme le dit Platon dans le *Ménon*. On ne peut pas l'acquérir, pour ainsi dire, « du dehors ». Mais la vérité n'est pas pour autant subjective. Elle est là pour être vue, mais elle ne peut pas être vue par un autre. Socrate peut seulement nous délivrer de nos concepts faux ou confus, et espérer que, si rien ne nous empêche, nous arriverons à voir où il veut en venir. Comme Platon le dit dans la lettre VII, « ce n'est pas une science quelconque comme une autre, qu'on peut apprendre. Mais après un long temps en commun, une étincelle passe d'une âme à l'autre, et allume une flamme, qui ensuite se nourrira elle-même » (341 c).

Ainsi, l'ironie socratique n'est pas une ironie « simple », comme celle dont fait preuve celui qui dit : « Quelle belle journée ! », quand il pleut à torrents. Mais ce n'est pas non plus l'ironie romantique, qui nous lasse indécis entre « oui » et « non ». En subissant l'ironie socratique, nous savons ce qui n'est pas le cas, mais jamais ce qui est vraiment le cas. Quand Socrate dit qu'il ne sait rien, nous savons que, selon le sens simple de cette expression, cela n'est pas vrai. Mais de là on ne peut pas inférer qu'il sache pour autant ou, si jamais il sait quelque chose, en quel sens particulier cela est vrai, car ce sens ne nous est pas immédiatement donné. L'ironie de Socrate ne se meut pas entre deux pôles prédéterminés tels « oui » et « non ». L'autre pôle est, d'une certaine manière, *inventé* par Socrate (ou, disons, plus charitablement : il y fait allusion) dans l'acte même de nier ce qui semble être donné. C'est à nous de découvrir, si nous le pouvons, quel est le sens qu'il donne à ce qu'il dit. Mais il faut prendre soin d'insister sur le fait que Socrate n'agit pas ainsi pour jouer au chat et à la souris avec les lecteurs que nous sommes. Étant donnée sa conviction que le vrai savoir est profondément personnel (et inébranlablement objectif) et que, par conséquent, les mots ne transmettent pas en eux-mêmes du sens, Socrate ne peut que faire allusion à ce qu'il ne peut jamais dire directement.

Socrate ne peut pas communiquer un sens de façon directe. Ses mots seront toujours mal interprétés ou rejetés. Quand il essaye d'affronter Polos ouvertement dans le *Gorgias*, le dialogue s'arrête et n'aboutit à rien. Socrate doit commencer par prendre en compte la position dans laquelle son interlocuteur se trouve, par ses concepts et ses opinions, que l'interlocuteur soit un adversaire, comme Protagoras, dans le *Protagoras*, ou Thrasymaque, dans le premier livre de la *République*, ou qu'il soit déjà prédisposé à sa conception de philosophie, comme Glaucon dans les livres suivants de la *République*, ou le jeune Clinias, dans l'*Euthydème*. C'est là un élément essentiel de son ironie. Socrate accepte toujours le point de vue de son interlocuteur et fait de lui son point de départ. La dialectique socratique suit en effet des règles très rigoureuses. Aucune prémisse ne peut être utilisée, sauf celles qui sont acceptées par l'interlocuteur, explicitement ou implicitement, et aucun pas ne peut être fait qui ne soit pas sanctionné par lui, ou sans que Socrate considère qu'il lui faut l'accepter pour maintenir la cohérence de sa position. Par « implicite », j'entends ces prémisses, ou ces interprétations de ses propres prémisses, sur lesquelles l'interlocuteur ne s'est pas expressément prononcé, mais que Socrate considère comme étant impliquées par la position que l'interlocuteur défend. Ainsi, par exemple, dans le *Protagoras*, Protagoras n'a pas accepté que la proposition : « tous les courageux ne ressentent pas la peur » soit convertible en cette autre proposition : « tous ceux qui ne ressentent pas la peur sont courageux », mais Socrate se considère autorisé à produire cette conversion et à continuer la conversation à partir d'elle, et ce, parce que Protagoras n'a pas donné – et, selon Socrate, ne peut donner – une *differentia* entre le courage et l'absence du peur. De même, vers la fin du dialogue, à partir de la position utilitariste de Protagoras et de sa conception instrumentale de la raison, Socrate développe son « calcul hédoniste », qui n'est qu'une élaboration de l'utilitarisme protagoréen. Un autre exemple évident est le *Théétète*, qui explore dans tous ses détails les points de vue proposés par le jeune Théétète. On ne peut rien inférer de positif de ces dialogues quant aux opinions de Socrate (ou de Platon) sur le courage, le plaisir ou le savoir.

Plus précisément, nous n'avons pas dans les dialogues un locuteur qui corresponde à Platon, et Socrate ne fait pas exception. Même dans les dialogues considérés comme les derniers, la discussion est toujours contextuelle, et doit être lue comme telle : tout ce qui est dit doit être pris comme prononcé dans un contexte, inséparable de celui qui le prononce.

Si l'on compare, par exemple, les dialogues qui nous sont narrés avec ceux qui nous sont présentés directement en forme « dramatique », on ne doit pas oublier que le narrateur du dialogue est, lui aussi, un personnage dramatique avec ses propres opinions, ses faiblesses et ses intérêts. À plus forte raison quand c'est Socrate qui nous raconte l'histoire. Même dans son rôle de narrateur – et peut-être encore plus – il n'abandonne pas son ironie ; au contraire, maintes fois Platon fait de Socrate le narrateur de l'histoire précisément pour tirer avantage de sa position privilégiée de narrateur contrôlant l'histoire. L'*Euthydème* en est, peut-être, le meilleur exemple : Socrate raconte l'histoire à son ami Criton, et trois fois nous met en garde contre la véracité du récit. D'abord, Clinias est amené à accepter – un peu trop rapidement, comme Socrate lui-même le fait remarquer – que seul le savoir peut être appris. Ensuite, un peu plus tard, ils finissent par se mettre d'accord – « Je ne sais comment », dit Socrate – que la bonne fortune (εὐτυχία) est identique au savoir. Enfin, quand le jeune Clinias développe un concept du roi-philosophe pas si différent de celui de la *République*, Criton interrompt la narration de Socrate : « Le garçon a dit cela ? [...] S'il l'a dit, il n'a pas besoin d'être éduqué, ni par toi ni par personne d'autre ! » Et Socrate de contester : « Bon, peut-être que ce n'était pas lui qui a dit cela. Mais je suis sûr de l'avoir ouï. » Platon ne pourrait pas nous prévenir plus clairement de ne pas prendre ce qui nous est raconté pour argent comptant.

La forme narrative permet à Platon de donner au lecteur un point de vue externe au dialogue principal, pour le renforcer ou, la plupart du temps, pour établir un contraste avec lui. Très souvent, Platon interrompt le dialogue narré à son exacte moitié, revenant brusquement au dialogue cadre, opérant ainsi, de prime abord, une simple digression. On le voit, par exemple, dans le *Théétète*. La digression centrale traite de la mémoire et de la réminiscence, et de la philosophie comme perception du tout. Si l'on examine à nouveau le dialogue sous cet angle, on verra que les définitions de Théétète ne peuvent précisément pas expliquer le savoir comme réminiscence, ni comprendre la perception du tout autrement que comme une série inarticulée ou une somme de parties atomiques. Dans le *Phédon*, la digression centrale contraste le destin personnel de Socrate avec le danger de la mort du *logos* et la haine envers les arguments, que Socrate considère comme le véritable problème en jeu.

Tout serait-il donc incertain dans les dialogues de Platon? N'y aurait-il aucune doctrine, ni aucune position que l'on puisse considérer comme étant sérieusement celle de Socrate ou, au moins, celle de Platon? N'y aurait-il aucun point fixe ni aucun point de départ, rien à quoi l'on puisse se fier, sans qu'on soit, plus tard, forcé de le rejeter sous la pression de l'ironie de Socrate? Comme Socrate le fait remarquer au pauvre Ménon : « Il ne suffit pas que cela nous soit apparu ainsi tout à l'heure; il est nécessaire que cela nous apparaisse tel maintenant aussi. » – N'y aurait-il, donc, chez Platon, aucune différence entre le sérieux et le non-sérieux, entre ce qui est et ce qui n'est pas? Certes, la *République* a été interprétée maintes fois comme une *reductio ad absurdum*, et le *Parménide* comme un jeu. Même l'*Apologie de Socrate* n'a pas été épargnée. À peine écrite qu'elle fut déjà considérée comme une provocation résolue de Socrate contre les juges, afin qu'ils le condamnent à mort et lui épargnent la décrépitude de la vieillesse. Comment, sinon, pourrait-on comprendre que Socrate ait rejeté la proposition d'une amende de cinquante drachmes (une belle somme) que Platon et Criton ont offert de payer pour lui, mais qu'il ait proposé que la *polis* lui offre plutôt des repas gratuits, comme elle le fait aux vainqueurs olympiques?

Il est vrai qu'à l'intérieur des dialogues nous n'avons aucun point fixe qui puisse ancrer la conversation. Tel est l'essence de l'ironie socratique. Le principe anhypothétique lui-même demeure insuffisant. D'abord Platon ne nous dit pas ce qu'il est, mais seulement qu'il doit être. Deuxièmement, le principe vient seulement, si du moins il vient, au terme de l'ascension dialectique. Mais par où devons-nous commencer pour arriver à ce terme? Et, finalement, sur quelle base interpréter les mots prononcés pas Socrate? Nous savons ce qu'il ne pense pas et l'ironie de Socrate nous rend au moins plus prudents quant à accepter ce que ses mots signifient. Mais nous ne savons pas ce qu'il pense. Et même si nous le savions, nous ne pourrions considérer que Platon défend lui-même les opinions de Socrate.

III

Pourtant, je crois qu'il y a un point fixe, vraiment sérieux, un point dont tout le reste tire sa signification. Mais Platon ne peut pas nous dire quel est ce point fondamental. S'il l'avait fait, il aurait contredit ses propres convictions, à savoir que la vérité peut être atteinte seulement par chacun et pour lui-même. Mais il peut cependant le *montrer*. Il ne s'agit pas d'une proposition, mais d'un événement – la mort de Socrate. Celle-ci n'est pas ironique, mais tout à fait sérieuse. Sa mort ne fut pas ambiguë. Rien n'est plus univoquement sérieux que la mort.

En relisant l'*Apologie* sous cet angle, une phrase acquiert un relief particulier : « La vie non examinée n'est pas pour l'homme digne d'être vécue. » Socrate a pris cette thèse tellement au sérieux qu'il fut prêt à mourir pour ne pas la contredire. Encore une fois, il pourrait accepter l'offre de Platon et de Criton. Mais cela équivaudrait à concéder un point capital aux accusateurs. Il aurait pu s'échapper de sa prison, comme Criton voulait l'en persuader. Mais cela aurait signifié de laisser derrière lui la philosophie, et sa vie n'aurait ainsi plus été une vie d'examen.

Fort bien – pourrait-on rétorquer – les gens sont parfois prêts à mourir pour leurs convictions ! Mais cela ne prouve pas qu'ils aient raison, seulement qu'ils sont convaincus d'avoir raison. Et cette opinion-ci est une opinion comme une autre, défendue avec véhémence, mais pourtant rien de plus qu'une opinion. Et Platon – pour ne rien dire de Socrate – a insisté, plus que sur toute autre chose, sur l'importance de la différence entre opinion et savoir.

Examinons cette phrase avec plus de soin. En quoi consiste l'examen tenu par Socrate en si haute estime ? Avant tout, c'est un examen de soi. Ce n'est pas l'examen des propositions scientifiques, d'intérêt purement théorétique (dans le *Timée*, Platon appellera une telle occupation « un passe-temps innocent »), mais de sa propre vie et de ses propres opinions : c'est un examen réflexif, d'une importance avant tout morale. Les principes de cet examen nous sont donnés par la vie et la mort de Socrate et par son exigence envers les autres : l'exigence de cohérence, c'est-à-dire l'évitement des contradictions dont nous sommes, en général, inconscients.

Comme Platon l'a bien vu, Socrate, en mourant, non seulement soutint consciemment ses convictions mais maintint, de façon cohérente, l'importance extrême de la cohérence. Sa mort ne fut pas un témoignage externe de la force de ses opinions personnelles. Elle constitua en elle-même une démonstration. Dans la mort de Socrate, la démonstration et ce qu'il fallait démontrer se sont confondus.

Autrement dit, la vérité de cette thèse socratique, selon laquelle « la vie non examinée n'est par pour l'homme digne d'être vécue », doit être saisie directement. On ne peut pas en donner une démonstration formelle. Elle peut seulement être montrée. En effet, supposons que quelqu'un qui en conteste la valeur en offre des raisons, comme pourrait le faire Philèbe dans le dialogue qui porte son nom. Mais, tant qu'il se refuse à entrer dans le jeu, tant qu'il se tait, il ne peut pas être réfuté. S'il s'était laissé attirer par Socrate dans une discussion (ce qu'il est trop astucieux pour faire), le jeu aurait pour lui été perdu d'avance. Dans ce dialogue, c'est Protarque qui parle pour lui. La position hédoniste qu'il défend est vaincue de façon abstraite. Mais Philèbe le silencieux, lui, ne l'a pas été.

Quelqu'un pourrait-il se contredire sans se sentir le moins du monde obligé de résoudre la contradiction ou, au moins, de s'en excuser? C'est ce qu'Euthydème essaye de faire. Quand, à un certain moment du dialogue, Socrate lui fait remarquer une contradiction entre ce qu'il dit à présent et ce qu'il a dit auparavant, Euthydème rétorque : « Es-tu vieux comme Kronos, Socrate, pour te souvenir maintenant de ce que j'ai dit plus tôt? Et si j'ai dit quelque chose l'année passée, tu le mentionneras alors? » Il n'y a rien à quoi Socrate puisse effectivement répondre. Si Euthydème se refuse à être cohérent, aucun argument ne le convaincra, car sans la cohérence il n'y a pas d'argument. Il est assez impudent pour l'admettre, il ne ressent aucune honte. C'est là précisément ce qui se passe : il n'y a rien qui puisse rendre Euthydème honteux, et il n'y a rien qu'il ne puisse dire, aussi honteux ou ridicule que ce soit. Et c'est ainsi que le dialogue aboutit au manque total de communication, même au niveau syntactique le plus élémentaire.

Pour Socrate, comme Platon l'a compris, la raison est normative. Elle n'est pas un instrument neutre, indifférent aux valeurs, au service d'intérêts établis indépendamment. Tel est, en fait, le point de vue protagoréen, et tel est, au fond, tout point de vue utilitariste. Une telle raison instrumentale, ou calculatrice, relie les moyens aux fins, mais est indifférente aux fins. La raison socratique, au contraire, a de la valeur en elle-même. On doit être cohérent non parce que, ou non seulement parce que la cohérence est avantageuse, mais parce que la cohérence a de la valeur en elle-même – en effet, elle seule a de la valeur en elle-même.

Que la raison soit normative signifie, pour le Socrate platonicien, que les opinions ne sont pas toutes équivalentes. Quelques unes peuvent être justifiées, d'autres non. Mais il ne suffit pas que l'opinion en question soit justifiable de façon abstraite : c'est celui qui la maintient qui doit la justifier. Au moyen d'une telle exigence Socrate entendait qu'on soit capable non seulement de produire la forme des mots qui servirait de raison à cette opinion, mais de voir *que* cette raison est une raison. C'est ce que l'enfant-esclave du *Ménon* est capable de faire, même si la solution du problème géométrique lui a été suggérée par Socrate, mais seulement comme une hypothèse devant être considérée par l'enfant lui-même.

Cela signifie, en outre, que la chaîne des raisons doit s'arrêter à un point ou un autre, ou alors nous resterions avec des groupes d'opinions, chacun cohérent en lui-même mais tous incommensurables les uns aux autres. Autrement dit il ne peut pas y avoir de consistance vide, et certainement pas de cohérence vide. Cohérence et vérité coïncident nécessairement. Au départ de notre voyage dialectique, c'est là seulement une forte intuition. C'est seulement à la fin, si jamais nous l'atteignons, que cette intuition se démontrera vraie.

IV

En admettant ce qui a été dit jusqu'ici, nous pouvons revenir aux dialogues et les examiner encore une fois. Protagoras doit avoir tort. Car Socrate et lui ne peuvent avoir tous les deux raison. Si « l'homme est la mesure de toutes choses », alors la mort de Socrate est privée de sens. Elle n'est qu'une affirmation vide de son opinion personnelle, laquelle, aussi forte qu'elle puisse être, n'a de force pour personne d'autre que lui. Par conséquent, toute interprétation de la raison comme seulement instrumentale, tout concept du bien comme relatif, toute perception de la nature humaine comme auto-suffisante et indépendante d'un contexte social et ontologique plus ample, doivent être faux.

C'est ainsi que les opinions et les positions socratiques doivent être comprises. Les mêmes mots, comme nous l'avons vu, peuvent signifier une chose pour Socrate et autre chose pour ses interlocuteurs. Quand Protagoras dit, dans le dialogue qui porte son nom, que la vertu n'est pas un savoir mais qu'elle s'enseigne, et quand Socrate dit qu'elle est un savoir mais ne s'enseigne pas, c'est à nous de découvrir par nous-mêmes les sens différents qu'ils donnent aux mêmes mots. Et nous pouvons le faire parce que nous savons comment l'histoire de Socrate s'achève. Platon nous a montré quel sens il faut donner à ses paroles.

Car la vérité ne peut pas être dite. Elle peut seulement être directement apprise. Elle n'est pas seulement, pour Platon, la correspondance d'une proposition à un état de choses. Elle est une question ontologique, morale et pratique : elle est là pour être apprise, et tant qu'elle ne l'est pas, tous les mots restent vides de sens. Le point d'appui des dialogues demeure ainsi toujours extérieur aux dialogues eux-mêmes.

Cela ne signifie pas, comme il est de nouveau à la mode de le soutenir, que Platon disposait d'une « doctrine secrète » ou d'une doctrine des principes, une *Prinzipienlehre*, et que les dialogues doivent être interprétés à la lumière d'une telle doctrine. Soutenir une telle interprétation revient à accepter que la position philosophique fondamentale de Platon peut être formulée et transmise à d'autres, après une longue préparation, qui ne convient pas à tous.

Je suis d'accord avec ces interprètes que les dialogues de Platon, tels qu'ils nous sont donnés à lire, sont incomplets, et que la clef de leur interprétation est en dehors d'eux. Mais je ne crois pas que celle-ci soit constituée par un ensemble de principes ou de doctrines de quelque type que ce soit, mais plutôt par un événement, un événement puissant, qui a non seulement laissé sur Platon l'impression la plus profonde, mais l'a aussi convaincu de l'absolue suprématie de la raison. Cette suprématie est, pour lui, non tant épistémologique qu'ontologique et, plus particulièrement, morale. Pour Platon, Socrate a démontré par sa vie et sa mort que le bien et le réel sont une seule et même chose. Ses dialogues tentent de nous faire comprendre ce que ses mots sont incapables en eux-mêmes de nous enseigner.

SUBJECTIVITÉ ET INTERSUBJECTIVITÉ DANS LE *DIALEGESTHAI* PLATONICO-SOCRATIQUE

ALDO BRANCACCI

En parlant de Socrate, je désignerai ici, et sans devoir nécessairement le répéter à chaque fois par des avertissements particuliers, le Socrate platonicien, qui ne correspond pas en soi au Socrate historique, mais qui est avant tout le moi littéraire que Platon choisit quand il adopte le *logos Sokratikos* comme forme intentionnelle de sa propre élaboration philosophique. Cela ne signifie pas que le Socrate platonicien ne nous transmette rien du Socrate historique : il nous en transmet certainement quelque chose, bien que ce ne soit pas dans les termes d'un témoignage présumé objectif, mais plutôt seulement par la réflexion, l'interprétation, la réélaboration que Platon en a offert depuis le commencement, l'opposant, aussi, au Socrate des autres Socratiques, et, surtout, dessinant à l'aide de cette figure, le début même de sa propre philosophie[1]. Cette phase initiale et fondatrice prévoit une référence fondamentale à Socrate qui, si elle n'est certes pas une répétition ou une relation fidèle de ce que le Socrate historique aurait dit, est pourtant riche de ce que Platon estime avoir recueilli de l'enseignement de son maître, de ce qu'il estime vouloir retenir de lui et valoriser pour progresser. L'adoption même du *logos Sokratikos* n'a et ne peut avoir, chez un philosophe, et un philosophe de la stature de Platon, d'autre motif et d'autre signification. Ce ne peut, par définition, être mis sur le même niveau que l'adoption de cette forme par Simon le cordonnier ou Eschine de Sphettos, pourtant agréable homme de lettres.

En confirmation de ceci, il est opportun de rappeler quelque chose qui n'est peut-être pas encore entré dans la conscience de l'historiographie platonicienne, mais qu'il serait nécessaire d'y intégrer, aussi bien par celui qui soutient la non-

1. Comme le remarque M. Dixsaut, *Métamorphoses de la dialectique dans les Dialogues de Platon*, Paris, Vrin, 2001, Socrate est, chez Platon, celui qui « incarne une certaine manière d'user du *logos* qui ne laisse aucun de ses interlocuteurs intact » (p. 15). « Avec lui, le dialogue prend nécessairement une tournure particulière, il se situe tout entier dans l'horizon d'une question, de telle sorte que toute réplique prend la forme d'une tentative de réponse ou d'une reformulation de la question ». De même, « Socrate incarne une dimension de la parole philosophique, dimension ironique, interrogative, critique, érotique, qui restera pour Platon fondamentale, même si par la suite il lui en ajoute d'autres » (p. 16).

identification du Socrate platonicien avec le Socrate historique que par celui qui veut, au contraire, soutenir cette identification. À ce dernier, surtout, il faudrait faire remarquer que la conception du διαλέγεσθαι de Socrate attribuée par Platon à Socrate n'est ni la seule ni la plus ancienne dans la littérature socratique. Antisthène – Socratique de premier rang et plus ancien que Platon de quelque vingt années, écrivant donc, au moins dans la phase initiale de sa propre activité littéraire, bien avant Platon –, avait déjà élaboré sa propre interprétation de la notion de διαλέγεσθαι, percevant l'ἐξετάζειν comme une étude logico-linguistique des noms vouée à déterminer le sens propre de chacun d'eux, et le διαλέγεσθαι lui-même comme une habileté et une méthode dialectique positive, dont la possession est l'apanage des savants (σοφοί). Pour le Socrate platonicien au contraire, l'ἐξετάζειν désignera la procédure destinée à analyser, non pas le sens οἰκεῖον des noms, mais bien le sens que l'interlocuteur leur attribue au cours du διαλέγεσθαι, donc ce que celui-ci veut dire quand il utilise des termes déterminés. À la base de cette conception il n'y a donc pas tant le principe de la correspondance objective entre nom et chose, propre à Antisthène, que la découverte de l'intentionnalité du dire, qui est recueillie et saisie justement dans le cadre de cette intersubjectivité, laquelle la requiert : là, le τί ἐστι, qui chez Platon lui-même désigne la question au sujet de l'unicité d'une notion ou d'un concept, indique donc en vérité « que veux-tu dire quand tu utilises un certain terme ? ». Pour Platon l'ἐξετάζειν est une situation dialogique qui se renouvelle toujours. Pour Antisthène, au contraire, la détermination de la notion objet d'examen vient se placer comme point d'arrivée de la recherche logico-linguistique, et de ce fait la clôture une fois pour toutes. Il ne pouvait en être autrement pour lui, puisque ce qui résulte de cette recherche est l'οἰκεῖος λόγος, le discours propre, ce discours qui identifie la qualité propre de chaque chose et qui la définit. De cette position s'ensuit que le διαλέγεσθαι constitue une habileté, et qu'il sert d'instrument de transmission d'un savoir. C'est sur des positions bien différentes que se tient le Socrate platonicien, auquel il n'est jamais attribué une conception du διαλέγεσθαι comme habileté qu'il posséderait en qualité de savant ou d'expert. Pour le Socrate platonicien cette distinction radicale, établie par Antisthène, entre les savants et les hommes communs, disparaîtra finalement, et la théorisation d'une figure positive du σοφός sera exclue. Le διαλέγεσθαι désignera encore moins l'instrument grâce auquel une connaissance déterminée, déjà possédée par les σοφοί, peut être mise en relation et dialectisée : il constituera plutôt le critère de la recherche en commun de la vérité[1].

La moindre, et la plus honnête, des conclusions à tirer de cette opposition est que le διαλέγεσθαι est, depuis l'*Apologie de Socrate*, une procédure réinterprétée et restituée par Platon sur la base de ses propres exigences de pensée, le regard fixé sur ce qu'il a considéré comme essentiel dans la pratique socratique du dialogue en commun. Ce qui, soit dit en passant, peut sans aucun problème valoir

1. Je me permets de renvoyer sur ces points à A. Brancacci, *Antisthène. Le discours propre*, Paris, Vrin, 2005, p. 105-149.

tout autant pour Antisthène, à cette seule différence près que toutes les sources antiques appellent Antisthène « le Socratique », tandis que personne ne s'est jamais avisé d'appeler Platon « le Socratique » et de chercher ainsi à signaler son appartenance à une école ou une fidélité de pensée, ce qui aurait été manifestement trop réducteur pour Platon, dont la philosophie reste bien à lui. Appliqué à Platon, le terme « socratique », tel que nous l'utilisons, nous modernes, aura toujours, et seulement, un sens adjectival, non substantiel : il ne révélera pas une identité, mais seulement une origine, philosophique, aussi profonde que puisse par ailleurs être la relation qui en découle.

Le διαλέγεσθαι platonico-socratique peut être décrit, en première instance, comme un dialogue rationnel qui implique deux locuteurs, le questionneur et le répondant, dont les rôles, librement choisis, sont fixes et ne peuvent être changés au cours de la même conversation dialectique. Le dialogue consiste en demandes et en réponses sur un concept, stipulé au début du dialogue, concept qu'il s'agit d'examiner selon des connexions logiques. Cet examen se nomme, plus spécifiquement, ἐξετάζειν τὸν λόγον, ce qui n'est pas autre chose que le διαλέγεσθαι, mais seulement sous l'un de ses aspects, logiquement distinguable par rapport à d'autres aspects qui, de fait, appartiennent à l'usage du dialogue en commun. Le διαλέγεσθαι repose sur un rapport dual, et du fait qu'il implique la présence effective de deux dialoguants, il doit forcément en reconnaître la présence physique réelle : bien que neutralisée, au sens où ce n'est pas cet aspect physique qui dicte ses exigences au dialogue, cet aspect est néanmoins toujours une source du dialogue rationnel. En effet, il est possible que sa présence rappelle que, quelle que soit l'acquisition cognitive qui émerge du dialogue, le sujet doit se l'approprier dans un sens réel et profond, puisque cette acquisition le modifie et s'incarne en lui. Le travail de l'ἐξετάζειν détermine la forme conceptuelle d'une notion, son εἶδος, puisqu'elle s'applique à la détermination logique de cette notion, considérée comme unitaire, face à la multiplicité des cas empiriques particuliers dans lesquels cette même exigence se présente en général comme simple prédicat x d'un simple sujet y. La recherche de la détermination d'une notion est mue par la question définitoire (le τί ἐστι, τι λέγεις;) et se conclut, si elle se conclut positivement, par une ὁμολογία, c'est-à-dire par l'accord des dialoguants sur une détermination conceptuelle acquise. L'ὁμολογία est donc une vérité intérieure au διαλέγεσθαι, et non extérieure à celui-ci ; c'est une vérité du διαλέγεσθαι, qui est valable et reste convenue tant qu'elle n'a pas été revue ou réfutée par un autre examen : parce qu'elle peut toujours être remise en discussion, bien qu'encore une fois seulement dans les termes du διαλέγεσθαι lui-même[1].

1. Sur la conception platonicienne du διαλέγεσθαι voir G. Giannantoni, *Dialogo socratico e nascita della dialettica nella filosofia di Platone*, édizione postuma a cura di B. Centrone, Napoli, Bibliopolis, 2005, surtout p. 197-256, qui l'identifie à celle du Socrate de l'histoire. Voir aussi R. Robinson, *Plato's earlier Dialectic*, 2e éd., Oxford, Clarendon Press, 1953, en particulier p. 1-60 ; C.H. Kahn, *Plato and the Socratic Dialogue. The philosophical use of a literary form*, Cambridge, University Press, 1996 ; F.J. Gonzalez, *Dialectic and Dialogue. Plato's Practice of Philosophical Inquiry*, Evanston (Ill.), Northwestern University Press, 1997.

Un passage du *Protagoras*, qui a jusqu'à présent échappé à l'attention, a, par certains aspects, un caractère fondateur dans la conception platonico-socratique du διαλέγεσθαι. Le passage en question survient à un moment d'une grande importance dans le développement du dialogue : en introduction à cette seconde conversation dialectique qui constitue l'ultime tentative mise en œuvre par Socrate pour que la question de l'unité de la vertu ait finalement une réponse, contre la tendance de Protagoras à l'éluder ou à ne pas l'affronter dans les termes rigoureux et rigides requis par l'usage du διαλέγεσθαι. Après que Protagoras a consenti « à contrecœur à discuter » (*Prot.*, 348 c 3-4) et que, ayant demandé à Socrate de l'interroger, il se dit prêt à répondre, Socrate remarque :

> Protagoras, ne crois pas que je désire discuter (βουλόμενον διαλέγεσθαι) avec toi pour un motif différent qui n'est pas la recherche (διασκέψασθαι) sur ces choses qui me mettent moi aussi en difficulté (ἀπορῶ). Je crois que ce que dit Homère est important :
> *Lorsque deux marchent ensemble, l'un peut voir avant l'autre* (*Iliade* X. 224).
> Tous ensemble, nous les hommes, disposons de davantage de ressources pour chaque action, discours ou pensée.
> *Mais si l'un a pensé seul* (*ibid.* 225)
> il part tout de suite en quête (ζητεῖ), jusqu'à ce qu'il trouve quelqu'un à qui pouvoir montrer ce qu'il a pensé, et avec qui pouvoir l'établir solidement (μεθ' ὅτου βεβαιώσηται)[1].

Ce texte met fortement en évidence le thème du désir de discuter, présenté comme quelque chose de fondamental et de capital : le διαλέγεσθαι, dans la version platonicienne, est quelque chose que l'on désire, qui est l'objet d'un désir et d'un vouloir. Le but du διαλέγεσθαι est certainement d'acquérir une connaissance, mais il est encore plus profondément la recherche (διασκέψασθαι) elle-même, laquelle a pour objet des problèmes. Le thème de l'aporie, ce sur quoi l'on est en difficulté, souligne la position centrale du sujet dans l'examen rationnel, et le caractère d'une pensée qui soulève des questions, ou qui y trouve son origine. Le thème du ζητεῖν confirme celui de la recherche, ainsi que celui de l'aporie, et ajoute la connotation d'un processus qui, comme le διαλέγεσθαι lui-même, se déroule dans le temps. Mais il a ici une portée tout à fait particulière : il n'est pas, comme souvent chez Platon, recherche de la vérité, ou du savoir, ou de la définition, mais *recherche de l'interlocuteur*. En face d'un thème de ce genre, on pourrait facilement être tenté de le mettre en relation avec le Socrate historique ; mais, à bien y regarder, rien ne nous autorise à le faire. Aussi est-il plus judicieux, et plus proche de la vérité, de remarquer ce qui l'a déjà été auparavant : l'interprétation, certes personnelle, que Platon a donnée, non seulement du διαλέγεσθαι, mais aussi et précisément de ce qu'il a considéré comme essentiel dans la pratique socratique du διαλέγεσθαι.

Il convient de noter les deux puissantes affirmations centrales sur l'importance de la dimension intersubjective. La première, la plus générale (« Je

1. Platon, *Prot.*, 348 c 5-d 5.

crois que ce que dit Homère est important : *Lorsque deux marchent ensemble, l'un peut voir avant l'autre.* Tous ensemble, nous les hommes disposons de davantage de ressource pour chaque action, discours ou pensée »), dans laquelle est exprimé un concept qui sera développé dans le livre II de la *Métaphysique* d'Aristote[1]. La seconde, la plus précise (« *Mais si l'un a pensé seul*, il part tout de suite en quête, jusqu'à ce qu'il trouve quelqu'un à qui pouvoir montrer ce qu'il a pensé, et avec qui pouvoir l'établir solidement »), dans laquelle apparaît, à vrai dire, le thème de l'intersubjectivité, interprété comme une impulsion à rechercher l'autre, thème qui répond au concept du désir de discuter, et le complète, en se posant comme principe réel du διαλέγεσθαι. Mais dans ce second passage aussi, le *primum* est donné dans tous les cas par le sujet, et la condition, ou source, du διαλέγεσθαι est justement la pensée, individuelle et privée, détachée de tout rapport intersubjectif. Pourquoi, dans ces conditions, recherche-t-on l'autre ? Pourquoi à deux établit-on solidement ce qu'on a pensé ? Cette affirmation n'a de sens que dans un cadre où l'on privilégie l'intersubjectivité comme lieu de *construction* du vrai. Elle renvoie aux opérations de la dialectique, comprise avant tout comme διαλέγεσθαι, lesquelles rendent plus forte la pensée. Ici, plus profondément, Platon invente la figure de l'autre, comprise comme nécessaire à la subjectivation. Dans le *Gorgias*, après avoir longuement et non sans difficulté discuté avec Calliclès, et résumé les acquisitions de l'étude dialectique (« ces choses qui *nous* sont apparues dans nos précédents discours », *Gorg.*, 508 e 6-7), Socrate affirme qu'elles – il s'agit de thèses philosophiquement importantes telles que le principe selon lequel commettre une injustice est pire que de la subir, et le principe en vertu duquel le rhéteur doit être juste et avoir la science de ce qui est juste – « sont connectées et liées ensemble par des raisonnements de fer et de diamant » (σιδηροῖς καὶ ἀδαμαντίνοις λόγοις)[2]. Il renvoie aussi au συζῆν, et à « l'effort » philosophique, dont parlera la *Lettre VII*, en ce sens que le besoin de trouver « quelqu'un à qui pouvoir montrer » ce qu'on a pensé est la matrice (si l'on admet le caractère socratique du concept) ou la projection externe (si on le considère seulement comme platonicien) du συζῆν en tant qu'activité interne de la pensée[3].

La convocation sur la scène philosophique, dans la recherche du vrai, de deux sujets liés par un rapport s'exprimant dans un dialogue rationnel, dialogue qui est fonction des deux thèmes de la volonté de discuter, et de la recherche de l'autre avec qui discuter, met en pleine lumière ce qui est au fondement de la réponse offerte par Platon à la question de savoir quelle configuration doit avoir cette nouvelle forme de savoir, bien distinct de toute τέχνη, qu'est le savoir

1. Aristote, *Métaph.*, II 993 a 30-b 4 : « L'étude de la vérité est, en un sens, difficile, et, en un autre sens, facile. Ce qui le prouve, c'est que nul ne peut atteindre adéquatement la vérité, ni la manquer tout à fait. Chaque philosophe trouve à dire quelque chose sur la nature ; en lui-même, cet apport n'est rien sans doute, ou il est peu de chose, mais l'ensemble de toutes les réflexions produit de féconds résultats » (trad. J. Tricot).

2. *Cf.* Platon, *Gorg.*, 508 e 6-509 c 2.

3. *Cf.* Platon, *Lettre VII*, 341 d 1 et 343 d 9-e 3. Voir M. Isnardi Parente (éd.), *Platone. Lettere*, traduzione di M.G. Ciani, Fondazione Lorenzo Valla, Milano, Mondadori, 2002, p. 234.

philosophique. Il s'agit de la dialectique. Si nous retournons à l'*Apologie de Socrate*, nous trouverons cette exigence exprimée dans le premier principe éthique fondamental que Platon attribue à Socrate, là où celui-ci explique pour quelle raison rien, pas même une exigence ou un ordre des Athéniens, ne pourrait le faire renoncer à la conduite de vie qu'il s'est fixée: vivre dans l'examen rationnel requis par le διαλέγεσθαι.

> Voilà justement ce dont il est le plus difficile de persuader certains d'entre vous : si je vous dis en effet que c'est là désobéir au dieu et que, pour cette raison, il m'est impossible de me tenir tranquille, vous ne me croirez pas, convaincus que je parle ironiquement. Et, si j'ajoute cette fois que c'est là précisément pour un homme le bien le plus grand (μέγιστον ἀγαθόν), de s'employer chaque jour à parler de la vertu et de ce dont encore vous m'entendez m'entretenir tandis que je procède à l'examen de moi-même comme des autres, et enfin, qu'une vie à laquelle l'examen fait défaut ne mérite pas qu'on la vive (ὁ δὲ ἀνεξέταστος βίος οὐ βιωτὸς ἀνθρώπῳ), vous me croirez bien moins encore si je vous dis cela ! Pourtant, Juges, c'est la vérité ; seulement, il n'est pas facile de vous le faire admettre[1].

Pour le Socrate platonicien, le διαλέγεσθαι est μέγιστον ἀγαθόν, bien suprême. Cela signifie que le διαλέγεσθαι n'est pas une méthode pour arriver à un objectif extérieur à ce dernier: c'est lui-même le but, le bien suprême, et l'équation διαλέγεσθαι = μέγιστον ἀγαθόν constitue le principe éthique fondamental de Socrate. Et puisque mener des raisonnements sur la vertu et sur les choses de valeur pour l'homme signifie examiner et soi-même et les autres, l'ἐξετάζειν n'est rien d'autre que cette situation concrète dialogique dans laquelle se réalise le principe éthique fondamental; pour cette raison justement, celui-ci se renouvelle indéfiniment. On voit de nouveau ici que l'impulsion qui anime le διαλέγεσθαι provient – il ne pourrait en être autrement – du sujet, et qu'il faut donc reconnaître une suprématie logique au fait de « développer les raisonnements » par rapport à la situation dialogique réelle : cela est si vrai que le verbe désignant la conversation dialectique apparaît sous la forme participiale διαλεγόμενος, mise en corrélation avec ἐξετάζων, indiquant donc la condition subjective, raisonnante, interrogeante, qui cherche l'interlocuteur et le dialogue. Dans le dialogue il advient nécessairement qu'on examine et soi-même et les autres, dans ce sens qu'il n'est pas possible de διαλέγεσθαι sans que les deux se réalisent. Cela ne signifie pas pour autant que la relation intersubjective soit première : comme on peut le déduire clairement du passage du *Protagoras* dont nous sommes partis, elle est *constituée* par une impulsion subjective.

Le second principe éthique fondamental, qui découle du premier, s'exprime dans la maxime : ὁ ἀνεξέταστος βίος οὐ βιωτὸς ἀνθρώπῳ. Le contenu de cette maxime est radical, car il signifie que la vie, pour le philosophe, n'est pas une valeur absolue. La philosophie est l'édification d'un monde parallèle et autre par rapport à la vie, qui entretient avec elle des rapports de type varié, mais qui, avant

1. Platon, *Apol.*, 38 a (trad. Robin, légèrement modifiée).

tout, la détermine. Et l'éthique, qui reçoit avec Socrate sa première formulation accomplie dans l'histoire de la pensée, est cette forme du penser qui indique ses buts à la vie, et, ce faisant, la sublime. Ainsi, si le premier principe détermine le domaine de la philosophie comme un domaine autonome, auquel il garantit une autosuffisance formelle, le second a une double fonction. D'un côté il se débarrasse de la vie en tant que facteur de distraction de la recherche philosophique, recherche qui est, par ailleurs, tellement liée, chez Platon, à la vie elle-même, qu'elle a besoin de mesurer préalablement ce qui la sépare d'elle pour parvenir à se mesurer et à se garantir elle-même. Ce n'est un hasard si, un peu auparavant, Socrate a parlé d'« une bien folle envie de vivre » (πολλή [...] φιλοψυχία, 37 c 5-6) comme de ce qui aurait pu le conduire à être déraisonnable (ἀλόγιστος, 37 c 6) et incapable de comprendre, alors qu'il est au contraire parfaitement capable de comprendre quelle destinée est la sienne et quelle chose résulte de toute son existence. D'un autre côté, le second principe fait de la vie, ainsi reformulée, le substrat de la recherche philosophique. Et ceci fait comprendre avec exactitude, et dans toute sa portée, la signification de l'affirmation selon laquelle l'ἐξετάζειν a pour objet soi-même et les autres.

Si maintenant, en gardant tout ceci présent à l'esprit, nous considérons le *Criton*, nous verrons que le troisième principe éthique fondamental que Platon attribue à Socrate est lui aussi inextricablement lié à ce tour de pensée :

> Parce que moi, non pas maintenant pour la première fois, mais depuis toujours, j'ai été tel que de ne prêter attention à aucune autre chose de moi sinon à ce discours qui, en raisonnant, me semble le discours le meilleur[1].

On doit remarquer, tout d'abord, l'assertion « non pas maintenant pour la première fois, mais depuis toujours » (οὐ νῦν πρῶτον ἀλλὰ καὶ ἀεί), avec laquelle coïncide, dans le passage de l'*Apologie*, la précision « chaque jour » (ἑκάστης ἡμέρας), toutes deux relevant la nécessité de l'indéfectibilité, dans le temps, de l'expérience intellectuelle qui fait que le philosophe est philosophe. La vie dirigée par les principes éthiques fondamentaux est aussi redéfinie d'après eux, et une certaine nature (« j'ai été tel ») est condition du caractère absolu, c'est-à-dire de la continuité, de l'expérience morale que réalise la maxime. Le terme πείθεσθαι indique l'assentiment donné par le sujet au *logos* qui se montre comme βέλτιστος, la capacité à tenir ferme celui-ci, et seulement lui, dans le temps. Le *logos* dont on parle dans cette maxime contient en lui les trois valeurs sémantiques fondamentales du terme : à savoir le discours, qui effectivement se profère en parlant, éventuellement avec soi-même, de manière silencieuse ; le raisonnement, qui innerve et régit ce discours, le rendant par là différent de n'importe quel discours que l'on a chaque jour l'occasion de prononcer ou de formuler ; et la *ratio*, c'est-à-dire la raison, le calcul, le principe rationnel et la norme, qui s'exprime dans *ce logos* seulement, ou principalement. Ce *logos* peut de toute façon être le meilleur puisqu'il conquiert une double primauté. D'un côté

1. Platon, *Criton*, 46 b 4-6.

il se fraie un chemin à l'intérieur de l'âme, où il y a aussi d'autres exigences (τῶν ἐμῶν), capables de se faire ressentir, et sur lesquelles le raisonnement βέλτιστος est toutefois capable de s'imposer ; de l'autre, il est soumis à la vérification du moi raisonnant (ἐγὼ λογιζόμενος) qui le promeut au rang de βέλτιστος au terme d'un examen dans lequel le moi s'apaise envers lui-même lorsqu'une conclusion est atteinte. On comprend alors aussi que l'ὁμολογία ne soit rien d'autre que l'équivalent, au niveau intersubjectif, de ce que le βέλτιστος λόγος est au niveau subjectif : c'est la construction, à deux, du βέλτιστος λόγος. Mais de nouveau, ce qui est premier est évidemment ce dernier, et non l'ὁμολογία, comme l'est nécessairement le moi raisonnant vis à vis du rapport dual.

Cela est tout aussi vrai en termes textuels : le principe auquel Socrate déclare s'être astreint durant toute sa vie est énoncé absolument dans la forme subjective du moi raisonnant et du raisonnement le meilleur. Et tout le *Criton* en est la claire illustration, parce que c'est seulement après avoir posé ce principe que Socrate procède au développement d'un ἐξετάζειν ultime, définitif, afin de montrer à Criton comment lui, en décidant de ne pas fuir de la prison, se conforme encore une fois au βέλτιστος λόγος : il résultera de cet examen que les raisonnements qui ont été faits dans le passé demeurent valables et sont encore parfaitement impératifs. Mais c'est surtout vrai en termes théoriques : qui est-ce qui établit, si ce n'est le sujet, la primauté du διαλέγεσθαι ? Qui peut, sinon celui qui a pensé tout seul, partir en quête (ζητεῖ) de l'autre avec lequel il peut rendre plus forte la pensée ? Qui *veut* ou *désire* discuter ? Le rapport entre le sujet qui promeut le διαλέγεσθαι et l'autre qui entre dans la relation dialectique, est donc un rapport asymétrique, et il l'est nécessairement. Si ce n'était pas le cas, ce ne saurait être une relation entre individus *réels*. Du reste, le διαλέγεσθαι ne se donne pas immédiatement, comme le fait de raisonner : il faut vouloir et chercher l'autre avec qui réaliser la conversation dialectique, tandis qu'on peut raisonner seul grâce à la seule initiative du moi qui veut le faire, et décider de le faire signifie déjà le faire. Sur le plan littéraire, le caractère ni facilement réalisable ni immédiat de la réalisation du dialogue en commun est représenté par le désaccord initial entre Criton et Socrate, par la rétivité du premier à comprendre les raisons du second, puis par le déploiement du διαλέγεσθαι, par le consentement et l'acquiescement de Criton, enfin par les ultimes répliques du dialogue. Et pourtant, tout le *Criton* (et pas seulement le *Criton*) est aussi l'illustration du fait que cette pulsion est irrésistible, qui pousse à chercher l'autre, et avec laquelle on peut « rendre plus forte la pensée », et ce, parce que la recherche de l'accord avec Criton n'est ni secondaire, ni facultative par rapport à la situation que vit Socrate, mais consubstantielle à la détermination de sa physionomie morale, de la physionomie qu'il veut se donner ; et à plus forte raison parce que les *logoi* mêmes auxquels Socrate s'est conformé dans le passé et au cours de toute sa vie, et qu'il faut maintenant rappeler, ont été, eux aussi, établis en commun. Ce vouloir est donc la racine ultime du διαλέγεσθαι : pourtant, ce n'est pas ce vouloir qui est le μέγιστον ἀγαθόν, mais le διαλέγεσθαι seulement.

Tout ceci porte à conclure que, pour le Socrate de Platon, trois sources différentes concourent à la détermination du διαλέγεσθαι : la pensée qui pose les principes éthiques fondamentaux ; le désir et la recherche de l'interlocuteur, qui posent la dimension de l'intersubjectivité, lui donnant pour objet de renforcer le sujet ; enfin l'impulsion à convaincre autrui des vérités morales, qui réalise la relation intersubjective dans son propre siège et sous la forme qu'on dit justement éthique.

Dans le passage de l'*Apologie*, l'énonciation par Socrate des deux premières formulations du principe éthique fondamental est suivie de l'affirmation suivante, jamais suffisamment relevée : « alors vous croyez encore moins à ce que je vous dis ». Socrate énonce le principe selon lequel le διαλέγεσθαι est μέγιστον ἀγαθόν, mais il n'accompagne pas cet énoncé d'assertions de caractère eudémoniste explicites, préférant tirer la conclusion bien différente, ayant une résonance émotionnelle elle aussi bien différente, qu'une vie ἀνεξέταστος n'est pas digne d'être vécue. Il ne parlera de bonheur, avec d'infinies précautions, que bien plus tard, quand il aura déjà été condamné, projetant en outre ce bonheur sur une vie après la mort, dans l'Hadès. Le contexte est complètement hypothétique, puisque Socrate ne professe pas une foi positive en une vie après la mort, mais se borne à dire que la mort est nécessairement l'une de ces deux choses : soit un « n'être plus rien », soit, comme le disent certains, « une espèce de mutation et de migration de l'âme d'un lieu d'ici-bas à un autre lieu »[1]. C'est seulement au cas où cette croyance n'est pas simplement une belle fable que Socrate pourra atteindre le bonheur : et Socrate, qui est conscient de ne pas savoir, ne peut certes pas affirmer, mais seulement espérer, qu'il y ait une telle vie après la mort. Au cas où cette vie dans l'Hadès n'existe pas, il ne lui restera que cette vie d'ici-bas, dans laquelle il n'est pas dit que le διαλέγεσθαι apporte le bonheur, mais où Socrate est pourtant convaincu qu'il est le μέγιστον ἀγαθόν, dans le sens bien précis, toutefois, où « une vie sans recherche n'est pas digne d'être vécue par l'homme ». Cela revient à dire qu'il n'est pas besoin que le διαλέγεσθαι assure le bonheur, parce que Socrate le considère μέγιστον ἀγαθόν : mais cela signifie aussi que quelque chose est μέγιστον ἀγαθόν, sans compter qu'on atteint le bonheur avec celui-ci.

Si l'on retourne à la lecture de cette même page qui conduit à la déclaration à caractère eudémoniste, on devra aussi remarquer à quel point les paroles de Socrate sont bien moins triomphalistes que ne le font apparaître certaines traductions, et, éventuellement, à quel point elles ne sont pas dépourvues d'expressions atténuantes ou ironiques, expressions qu'il est impossible d'ignorer. Il faut surtout remarquer à quel point toute la dernière partie de l'*Apologie*, depuis la page 39 et jusqu'à la page 41 d, est clairement consolatoire : c'est en effet le premier exemple de *consolatio* dans la littérature philosophique antique[2]. Socrate a

1. *Cf.* Platon, *Apol.*, 40 c 4-9.

2. Cette section de l'*Apologie* est donc, outre le premier exemple d'une *consolatio* philosophique (connue de nous) dans l'Antiquité, le précurseur direct et le modèle de l'*Axiochos* pseudo-platonicien, qui à son tour fait partie du groupe d'écrits à caractère consolatoire (on se rappelle le Περὶ πένθους de Crantor) nés dans l'Académie.

désormais été condamné : il s'est déjà adressé aux juges qui l'ont condamné (38 c 1-39 d 9), en un discours dur et digne, qui se conclut par la célèbre prophétie ; il s'adresse maintenant (39 e 1) aux juges qui l'ont absous, et avec eux, comme avec des amis, il désire « bavarder » (διαμυθολογεῖν, 39 e 5, verbe qui ne fait pas partie du vocabulaire du διαλέγεσθαι – et en effet, ce qui suit n'est pas un διαλέγεσθαι – et ne peut donc être traduit de manière à dissimuler que l'on se trouve ici à un autre niveau). Or la *consolatio* que Socrate adresse à ses amis prévoit différentes parties. Il commence par les assurer que ce qui lui est arrivé n'est pas un mal, mais au contraire quelque chose de merveilleux (θαυμάσιον τι). Quelle en est la preuve ? La voix prophétique habituelle, celle du démon, qui ce matin, quand Socrate est sorti de chez lui, ne s'est pas opposée, et ne s'est jamais opposée par la suite, à aucune des choses que Socrate a décidé de dire ou de faire au cours du procès : cela signifie que « ce qui m'est arrivé aujourd'hui risque d'être un bien ». Conclusion que Socrate se hâte de tirer (même si cela ne peut être déduit du fait que le signe démonique ne s'est pas manifesté) : « et certainement ils ne pensent pas correctement ceux d'entre nous qui croient que la mort est un mal ». La justification authentiquement socratique – du Socrate platonicien s'entend – de cette assertion est que, pensant ainsi, ils démontrent qu'ils croient savoir ce qu'en réalité ils ne savent pas. La suite immédiate du texte montre au contraire dans quelle direction différente Socrate veut ici avancer, alors qu'il met en lumière tous les subtils glissements logiques et sémantiques que Platon, avec une gradation admirable et avisée, met en œuvre pour construire la *consolatio*. Le raisonnement global se fonde sur le fait que, si mourir n'est pas un mal pour Socrate, alors ceux qui croient que la mort, dans l'absolu, est un mal ne pensent pas correctement (déduction évidemment invalide) ; or si cela est vrai, la mort est un bien (de nouveau la conclusion tirée est invalide). Platon, qui n'est pas en train de faire un exercice de logique, mais de construire une *consolatio*, est parfaitement conscient de tout cela, car de ce *qui a pourtant été dit*, il tire seulement la conclusion, tout à fait légitime, qu'il est licite de nourrir la « grande espérance » (πολλὴ ἐλπίς, 40 c 5 ; *cf.* εὐέλπιδας εἶναι πρὸς τὸν θάνατον, 41 c 8-9) que la mort soit un bien. Que la mort soit en fait, comme il l'anticipe, un sommeil sans rêves, le pur rien : alors la mort est un gain merveilleux (il est impossible de ne pas ressentir ici une note violemment pessimiste, remontant peut-être au Socrate historique, pessimisme envers lequel Platon, dans toute son œuvre, manifeste une double attitude : il lui donne voix, pour ne pas l'occulter, mais aussi cependant, et toujours de manière épisodique et discrète, pour mieux le neutraliser et pouvoir le réduire par la suite). La conclusion logique aurait du être que la mort n'est ni un bien ni un mal : mais qu'importe ? Socrate parle à ses amis, et doit les consoler, parce que ce qui compte est de démontrer que cette conduite inspirée des critères éthiques dont il a précédemment parlé *vaut* (et doit donc valoir pour toute la vie, jusqu'à la mort, car, sinon, tout s'écroule, tout a été inutile), et est même désirable. Que la mort soit au contraire, comme le racontent certains, un voyage vers un autre lieu, où Socrate pourra continuer à διαλέγεσθαι : quel bien sera alors plus grand que celui-là ? Encore plus s'il se trouve, une fois dans l'Hadès, à converser avec les vrais juges, pas avec ceux qui se font passer pour des juges et ne le sont pas. Mais à partir d'ici, lisons le passage en prêtant attention aux choix linguistiques et rhétoriques de Platon.

> Si en effet, une fois parvenu chez Hadès, libéré de ces hommes qui prétendent rendre la justice, on y doit trouver les juges qui le sont véritablement, ceux-là mêmes qui la rendent là-bas : Minos, Rhadamanthe, Éaque, Triptolème, avec tous les autres qui, entre les demi-dieux, ont été des justes dans leur propre vie, serait-ce un misérable voyage que l'on ferait ainsi ? La compagnie d'Orphée, de Musée, d'Hésiode, d'Homère, à quel prix tel ou tel ne se la voudrait-il pas ? Moi, si cela est la vérité, j'accepte de mourir cent fois, vu que, pour moi personnellement aussi, ce serait en ce lieu une merveilleuse conversation, chaque fois que je rencontrerais Palamède, et Ajax, fils de Télamon, ou tel autre des hommes du passé qui a pu mourir par l'effet d'un jugement injuste, et au sort desquels il ne me serait pas déplaisant, je crois, de comparer celui qui m'est fait. Mais le plus beau, c'est que je pourrais, en conversant avec eux, soumettre les gens de là-bas à mon examen et à ma recherche, tout comme avec ceux d'ici, pour savoir qui d'entre eux est sage, et qui se figure qu'il l'est, sans l'être réellement. Or, à quel prix ne voudrait-on pas, vous, Citoyens qui êtes des juges, pouvoir soumettre à l'examen celui qui a conduit devant Troie l'immense armée, ou bien Ulysse, ou encore Sysiphe, des milliers d'autres aussi, hommes et femmes, que l'on pourrait nommer? Discuter là avec ceux-ci et être ensemble et les examiner serait un montant de bonheur incalculable ! Et puis sans dire que, pour cela, ceux de là-bas n'envoient pas à la mort. Ceux de là-bas sont plus heureux, pour d'autres motifs, que ceux d'ici, et désormais pour toute l'éternité ils sont immortels – si ce qui se dit est vrai[1].

Le registre de l'impossibilité (« bien des fois voudrais-je mourir »), du rêve les yeux ouverts, mais lucide, ne pourrait être plus évident. Pourtant, me semble-t-il, cela n'a jamais été remarqué. Ainsi, dans une progression très étudiée, on passe de la remarque selon laquelle ce « serait une façon merveilleuse de passer le temps » (b 1) à celle selon laquelle, pour Socrate, comparer son propre cas aux leurs « ne serait pas déplaisant » (b 5) : assertion qui à première vue peut ne pas sembler importante, d'autant qu'elle est exprimée sous la forme d'une litote, mais qui au contraire est tout à fait essentielle, parce qu'elle introduit pour la première fois la notion d'« agréable », nécessaire pour passer du thème joyeux, mais de peu de poids théorique, du « merveilleux », encore une fois propre à la fable, à l'ἀμήχανον εὐδαιμονία de c 3-4, où est enfin prononcé le mot « bonheur ». Mais l'adjectif ἀμήχανον qui le détermine n'est pas employé au hasard, car il désigne la situation qui justement nie ou dépasse la μηχανή, la sphère de réalisabilité propre à l'homme, et dénotant donc un bonheur inconcevable, ou, comme ici, incalculable. Et ceci non seulement parce que la situation exposée est imaginaire, comme le rappelle le grave « si ce qui se dit est vrai » qui clôt tout le discours, mais surtout parce que le διαλέγεσθαι avec les personnages mythiques, les poètes, les héros évoqués se déroulerait dans des conditions et sous des formes qui sur cette terre

1. Platon, *Apol.*, 40 e 7-41 c 7 (trad. Robin, légèrement modifiée).

sont irréalisables : là-bas les interlocuteurs de Socrate seraient complètement justes, et même des paradigmes mythiques de la justice, ou de la science, ou des héros, et de toute façon, des êtres immortels pour toute l'éternité. Ici il n'en est rien. Le bonheur de Socrate, inaccessible et incalculable, dépend de la situation tout à fait particulière dans laquelle lui même, mort et dans l'Hadès, en compagnie de ses interlocuteurs mythiques, se trouverait réaliser le διαλέγεσθαι. Tout ce qu'on peut tirer de ce passage, en somme, c'est la confirmation que pour Socrate le διαλέγεσθαι est certainement le bien suprême, puisqu'il peut le présenter comme ce qui continuerait même lorsqu'on est mort, le plaçant au-dessus de toute autre chose et le considérant comme « le plus grand » (τὸ μέγιστον). En revanche, on ne peut en déduire que le διαλέγεσθαι apporte avec lui l'εὐδαιμονία. Il est à noter que le passage réitère, avant même ce point, le caractère omniprésent, impossible à éliminer, de l'impulsion de Socrate à rechercher le διαλέγεσθαι, confirmant combien la situation exposée dans le passage du *Protagoras* dont nous sommes partis est première et constitutive.

Nous pouvons maintenant conclure. Dans le passage 38 a de l'*Apologie* le principe énoncé par Socrate est présenté comme absolu et ne nomme le bonheur ni comme condition qui en prouverait ou en motiverait le caractère absolu, ni comme récompense ou résultat du principe lui-même : il n'existe pas d'accomplissement du διαλέγεσθαι, c'est-à-dire une valeur objective, extérieure à celui-ci. Éventuellement, l'énonciation du principe s'accompagne de la constatation lucide selon laquelle qui parlera de la sorte sera encore moins cru par autrui que s'il alléguait, en guise de motivation de son propre comportement, un ordre divin dont on croira vraiment qu'il ne cache que de l'ironie. Mais l'affirmation qui suit immédiatement (« pourtant, citoyens, c'est comme je vous le dis, même s'il n'est pas facile de vous convaincre ») montre que Socrate n'a pas besoin des autres, ni d'être cru par les autres, pour croire lui-même au principe qui anime sa recherche, et pour se sentir poussé, par ce principe, à convaincre autrui. Être μέγιστον ἀγαθόν, pour le διαλέγεσθαι, signifie que le διαλέγεσθαι ne peut s'apaiser dans un autre que lui, ne peut céder le pas à une dimension (la vérité, par exemple) qui lui serait ultérieure ; cela signifie que la dialectique est le tout de la connaissance et du bien, et que, pour cette raison, c'est la dimension du « toujours » qui lui convient. En pensant à tout ce que Platon dira sur l'*idée* de Bien dans la *République*, où bien et dialectique seront distingués, il n'est pas possible de ne pas voir que l'équation attribuée à Socrate dans l'*Apologie* a été brisée. Toutefois les termes du problème, qui n'est pas seulement le problème de la connaissance, mais celui de la philosophie en tant que telle (parce que ni pour Platon ni, à plus forte raison, pour Socrate, éthique et théorie de la connaissance n'existent en tant que disciplines déjà codifiées et distinctes), restent les mêmes, et plus encore leur interconnexion ; et c'est justement cette interconnexion, par laquelle le connaître est dans tous les cas lié au bien, qui fonde la différence du savoir propre au philosophe[1].

Il nous reste à nous demander, à ce point, s'il n'y a pas un rapport substantiel entre la primauté de la subjectivité, dans la dynamique dialogique, et le redimensionnement de l'importance de l'εὐδαιμονία comme fondement ou soutien du διαλέγεσθαι. La réponse ne peut qu'être positive, justement parce que le bien suprême de l'*Apologie* est un principe individuel, subjectif, pas ontologique, mais désignant un état de l'âme, un état de la conscience[2] qui marque son rapport à la recherche du vrai. Or, l'εὐδαιμονία a par tradition toujours été vue comme une garantie de la très grande désirabilité de la dimension dialogique. Mais nous n'avons pas besoin de cette garantie si nous reconnaissons que l'intersubjectivité est seconde. C'est pour cela qu'en dernière analyse, bien et dialectique coïncident dans l'*Apologie*.

1. Dans le cadre de la vaste littérature sur l'idée du Bien dans la *République*, je me limiterai à citer, pour les approfondissements nécessaires de ce qui se dit dans le texte, M. Dixsaut, « Encore une fois le Bien », dans M. Dixsaut (dir.), *Études sur la République de Platon*, t. 2 : *De la science du bien et des mythes*, Paris, Vrin, 2005, p. 225-255, et, dans ce même volume, sur d'autres aspects du bien chez Platon, les articles de B. Williams, « La construction par Platon d'un Bien intrinsèque », p. 153-175; T. Penner, « La forme du Bien et le bien de l'homme : quelques problèmes d'interprétation du passage 504 a – 509 c de la *République* », p. 177-207; Ch. Rowe, « Les parties de l'âme et le désir du bien dans la *République* », p. 209-223. Voir aussi M. Dixsaut, *Platon. Le désir de comprendre*, Paris, Vrin, 2003, p. 253-265; *Métamorphoses de la dialectique dans les Dialogues de Platon*, *op. cit.*, p. 94-101; « L'analogie intenable », dans *Rue Descartes*, n. 1-2 : « Des Grecs », avril 1991, repris dans *Platon et la question de la pensée. Études platoniciennes I*, Paris, Vrin, 2000, p. 121-151; *Le Naturel philosophe. Essai sur les Dialogues de Platon*, Paris, Les Belles Lettres, 1985, 3e éd. corrigée, Paris, Vrin, 2000, p. 269-288.

2. Sur le thème de la conscience dans l'*Apologie*, *cf.* A. Brancacci, « Socrate e il tema semantico della coscienza », dans G. Giannantoni, M. Narcy (éd.), *Lezioni Socratiche*, Napoli, Bibliopolis, 1997, p. 279-301.

DE LA CONTINUITÉ ENTRE LES DIALOGUES SOCRATIQUES ET LA *RÉPUBLIQUE* SUR LA QUESTION DE L'EXAMEN

ANNIE LARIVÉE

Y a-t-il quelqu'un, esclave ou homme libre, qui ait déjà été délivré de la maladie grâce à Socrate ?
Socrate, *Gorgias*, 514 d

Selon une opinion largement répandue que les travaux de Gregory Vlastos ont contribué à renforcer, le recul de l'*elenchos* dans les dialogues de maturité signalerait une rupture dans la pensée de Platon. Elle s'avérerait si profonde que le Socrate des dialogues dits socratiques ne serait pas le même que celui de la *République* : alors que le premier représenterait une évocation fidèle du « vrai » Socrate, le second serait un Socrate platonisé. Cette perspective herméneutique doit être discutée car elle est solidaire de présupposés aux implications considérables, notamment en ce qui concerne le statut de l'opinion droite et la question de savoir à qui – à l'humanité entière ou un à tout petit nombre de gens ? – s'adresse l'exhortation socratique à philosopher. Dans ce texte, je tenterai d'attirer l'attention sur une ligne de continuité entre les dialogues socratiques et la *République* concernant la question de l'examen, continuité qui, à mon avis, permet d'écarter l'hypothèse du schisme et des deux Socrate, pis, d'un Socrate schizophrène[1].

« UNE VIE SANS EXAMEN N'EST PAS VIVABLE POUR UN HOMME »

Citons d'abord un passage de Vlastos qui expose bien les implications philosophiques, éthiques et politiques de la césure possible entre un Socrate authentique et un Socrate platonisé qualifié de « crypto-oligarchique » :

1. « J'ai parlé d'un certain Socrate chez Platon. De fait, ils sont deux. [...] L'individu reste le même. Mais dans des groupes de dialogues bien différents on le voit pratiquer des philosophies si différentes qu'il est impossible qu'on les ait décrites en cohabitation constante dans le même cerveau, à moins que ce ne fût le cerveau d'un schizophrène », G. Vlastos, *Socrate. Ironie et philosophie morale* [1991], trad. C. Dalimier, Paris, Aubier, 1994, p. 70.

> Comment ceux-ci [les sentiments politiques de Socrate] sont profondément démocratiques au sens large du terme, nous pouvons le voir en comparant Socrate sur ce point avec Platon dans la *République*. Ne permettre la recherche morale qu'à une élite restreinte, comme le fait Platon dans les livres IV à VII de cet ouvrage, c'est faire table rase de la perspective socratique qui ouvre à tous l'accès à la vie philosophique. Puisque « la vie sans examen ne vaut pas la peine d'être vécue par un homme » (*Apologie* 38 a), en réduisant comme Platon l'examen de la vie à une élite, Socrate serait apparu comme quelqu'un pour qui la vie ne vaut pas la peine d'être vécue pour la masse de l'humanité. [...] Socrate a démocratisé la philosophie morale : il l'a mise à la portée de « la multitude »[1].

Ce raisonnement pourrait être résumé comme suit :

– Dans les dialogues socratiques, qui offrent un portrait fidèle, Socrate souligne la valeur de l'examen pour tous ;

– donc le Socrate historique ouvrait à tous l'accès à la recherche morale et à la vie philosophique.

– Le Socrate de la *République* restreint pour sa part l'examen de la vie à une élite ;

– il est donc manifeste que Platon, philosophiquement élitiste, se cache derrière le Socrate de la *République* puisque le vrai Socrate était pour sa part *démophile*.

La conclusion semble évidente. Elle repose cependant sur une prémisse implicite erronée, à savoir qu'*examen* d'une part, et *recherche morale* et *vie philosophique* d'autre part, seraient – sans autre précision – de parfaits synonymes. Or que faut-il entendre exactement lorsque Socrate déclare, dans l'*Apologie*, qu'une vie sans examen (ἀνεξέταστος) n'est pas βιωτός, vivable ?[2] Veut-il dire que tout homme devrait consacrer sa vie à une enquête philosophique sur la nature des vertus, du bien ? Que les hommes ne pourraient bien vivre, voire vivre tout court, sans s'adonner activement à une telle « recherche morale » ? Par ailleurs, la dialectique décrite dans la *République* est-elle vraiment ce qui vient prendre le relais de l'examen socratique ?

Contexte d'énonciation

Puisque Vlastos s'appuie sur la fameuse déclaration de l'*Apologie*, ὁ δὲ ἀνεξέταστος βίος οὐ βιωτὸς ἀνθρώπῳ (38 a 5-6), pour soutenir que Socrate « ouvre à tous la vie philosophique », examinons brièvement le sens de cette petite phrase, sans doute la plus célèbre du corpus platonicien. Dans l'*Apologie* Socrate déclare « vivre en philosophant », il désigne par là la tâche de soumission à

1. G. Vlastos, *Socrate. Ironie et philosophie morale*, *op. cit.*, p. 34.

2. Je ne suis pas la tradition qui consiste à traduire βιωτός par « digne d'être vécu » car les adjectifs verbaux en *–tos* expriment simplement la possibilité. D'ailleurs, dire que la vie n'est pas vivable est beaucoup plus fort que dire qu'elle n'est pas digne d'être vécue. Je reviendrai sur cette question dans une autre étude.

l'examen[1] dont l'a (indirectement) chargé le dieu. Du point de vue de la méthode, cet examen prend la forme d'un questionnement définitionnel de nature réfutative; mais qu'en est-il de sa finalité? Il est intéressant de noter que les termes apparentés à ἐξέτασις ont un sens militaire, désignant l'action d'inspecter des troupes, de passer des soldats en revue pour s'assurer que chacun se trouve correctement armé et bien à sa place[2]. Or en 28 e-29 a, Socrate évoque cette même image lorsqu'il compare sa mission à une forme de devoir militaire et évoque le « poste », τάξις, où le dieu l'a placé[3] : il est donc permis de penser que l'examen dont il souligne la valeur pour tous ne désigne pas, quant à son objectif, une forme de questionnement philosophique que chacun devrait entreprendre sur la morale – sorte d'invitation, kantienne avant la lettre, à se servir de son propre entendement – mais plutôt une forme de vérification, d'inspection à laquelle un individu doit accepter d'*être soumis* et lors de laquelle il s'expose à des reproches sur sa manière de se comporter, sur son orientation et sa valeur[4], sur la place qu'il doit occuper dans un ensemble auquel il s'intègre. D'ailleurs, même si la soumission à l'examen telle que Platon la présente dans les petits dialogues prend la forme d'une réfutation de la prétention au savoir dans le cadre d'une recherche définitionnelle, comme la petite phrase de 38 a le dit bien, cette mise à l'épreuve ne porte pas, en dernier lieu, sur la capacité intellectuelle de chacun à définir des concepts moraux, mais sur la (sa) *vie*. Les mises en garde de Socrate suite à sa condamnation l'indiquent clairement : la vie n'est pas tant le lieu que l'*objet* de l'examen.

1. Dans la phrase « *You shall no longer engage in this search nor philosophize* » (*Apol.*, 29 c), le « *nor* » est « *epexegetic* », explique Vlastos, dans la mesure où, « *for Socrates, to philosophize is to examine* », *Socratic Studies*, M. Burnyeat (éd.), Cambridge, Cambridge University Press, 1994, p. 4. La traduction de 28 e par Brisson chez GF-Flammarion (que nous utiliserons ici en la modifiant à l'occasion) évoque la même idée : « ... vivre en philosophant, c'est-à-dire en soumettant moi-même et les autres à l'examen ».

2. Après le sens général « *examine well* or *closely scrutinize, review* », c'est le second sens signalé par le LSJ : « *of troops, inspect, pass in review* ». Au sens propre voir Xénophon, *Anabase* V, 3, 3; Thucydide IV, 74, 3; VI, 42, 1; VI, 45, 1; VI, 96, 3; VI, 97, 3; VII, 33, 6 etc.; au sens figuré, voir Démosthène, *Sur la Couronne* 320.

3. La mission d'*exetasis* de Socrate est liée à une *taxis* imposée : « Quelle que soit la place dans le rang qu'on occupe (οὗ ἄν τις ἑαυτὸν τάξῃ) [...] le devoir s'impose [...] d'y demeurer quel que soit le risque encouru [...]. Moi donc, Athéniens, je me conduirais d'une façon bien étrange si, quand mes chefs, ceux que vous aviez élus pour me commander, que ce soit à Potidée, à Amphipolis ou à Délion, m'avaient assigné un poste (εἰ ὅτε μέν με οἱ ἄρχοντες ἔταττον), j'étais alors demeuré à ce poste [...] en courant le risque d'être tué, et que à l'inverse, quand le dieu m'a assigné un poste (τοῦ δὲ θεοῦ τάττοντος) [...] – de vivre en philosophant, c'est-à-dire en soumettant moi-même et les autres à examen (φιλοσοφοῦντά με δεῖν ζῆν καὶ ἐξετάζοντα ἐμαυτὸν καὶ τοὺς ἄλλους) à ce moment là, par peur de la mort ou de quoi que ce soit d'autre, je quittais mon poste (τάξιν) », 28 d-29 a.

4. Brisson parle d'une « pratique de la philosophie, entendue comme réfutation révélant la valeur d'un être humain », « Les accusations portées contre Socrate. Évanescence de la réalité et puissance du mythe », dans G. Romeyer Dherbey (dir.), J.-B. Gourinat (éd.), *Socrate et les Socratiques*, Paris, Vrin, 2001, p. 94. Dans l'*Apologie*, Socrate fait souvent allusion aux reproches qu'il a adressés aux Athéniens.

> En agissant ainsi aujourd'hui, vous avez cru en effet vous libérer de la tâche de rendre compte de votre vie (τοῦ διδόναι ἔλεγχον τοῦ βίου); or, c'est tout le contraire qui va vous arriver, je vous le prédis. Il augmentera le nombre de ceux qui vous mettront à l'épreuve (οἱ ἐλέγχοντες), et que je m'employais à retenir sans que vous ne vous en rendiez compte [...]. Car si vous vous imaginez que c'est en mettant des gens à mort que vous empêcherez qu'on vous reproche de ne pas vivre correctement, vous faites un mauvais calcul. (*Apologie*, 39 c-d)

Il faut résister à la tentation de détacher artificiellement la petite phrase de 38 a du contexte dramatique de l'*Apologie* et garder en tête que, dans le cadre de son procès, Socrate cherche à convaincre les juges de l'utilité prodigieuse de la mise à l'épreuve si désagréable qu'il a infligée à ses concitoyens. Ainsi ce qu'il faut entendre lorsque Socrate déclare que « la vie sans examen n'est pas vivable », ce n'est peut-être pas tant « Philosophez ! Consacrez votre vie, comme moi, à la recherche sur la nature des vertus sans quoi vous vivrez mal », que : « Laissez-vous examiner par moi ! Car votre vie ne sera pas vivable si vous me condamnez pour échapper à cette inspection pénible prescrite par le dieu ». Ce qui a valu à Socrate une accusation l'exposant à la peine capitale n'est pas d'avoir convié ses concitoyens à se consacrer à une libre recherche sur la nature des concepts moraux, mais plutôt d'avoir publiquement soumis certains Athéniens à une mise à l'épreuve humiliante, « inspection » dont le résultat fut de révéler au grand jour le caractère inepte de leurs prétentions à la vertu, au savoir et, par conséquent, l'usurpation d'un « poste » (τάξις) qui ne devait pas leur revenir dans la « vie » de la cité. Voilà le genre d'ignorance qui, si elle n'est pas révélée et dénoncée, risque de rendre la vie, notamment collective, invivable. Par l'examen auquel chacun doit *être soumis*, il s'agit donc essentiellement de faire la lumière sur l'état réel de l'âme – son ignorance – et sur son besoin de soin, autrement dit d'éducation. Or, si c'est bien là la finalité de la mission d'examen assumée par Socrate, une telle mise à l'épreuve existe toujours dans la *République* ; et contrairement à ce que déclare Vlastos, loin d'être réservé à une élite, elle s'applique encore à l'ensemble des citoyens.

Continuité et transformation de l'examen comme mise à l'épreuve

Si cette continuité a échappé à l'attention de Vlastos et s'il a cru nécessaire de postuler l'existence de deux Socrate, c'est peut-être tout simplement qu'il ne regardait pas au bon endroit. Car ce qui, dans la *République*, vient prendre le relais de la mise à l'épreuve réfutative à laquelle Socrate soumettait personnellement ses interlocuteurs dans les premiers dialogues n'est pas la dialectique – comme Vlastos le suggère implicitement –, mais bien plutôt la mise à l'épreuve destinée à vérifier quelles âmes contiennent de l'« or », de l'« argent » ou du « bronze », à distinguer à quel type de naturel appartient l'âme de chaque citoyen en vue de lui attribuer la fonction qui lui incombe[1]. Que l'on ne perçoive pas cette continuité de

1. Voir par ex. *Rép.*, IV, 415 b-c.

fond entre l'examen socratique des premiers dialogues et les divers processus de mise à l'épreuve présents dans la *République*, le *Politique* et les *Lois* s'explique sans doute par deux raisons principales : 1) le fait que l'attention des interprètes porte généralement sur des questions de méthode plutôt que de finalité[1] et, 2) le fait que, dans le sillage des travaux de Vlastos, les recherches se soient progressivement concentrées sur le terme *elenchos*. Or *elenchos* n'est qu'une des nombreuses expressions utilisées pour désigner la mise à l'épreuve que Socrate fait subir à ses interlocuteurs. Pour brosser un tableau vraiment significatif des continuités et des ruptures entre les premiers dialogues et les grandes œuvres politiques sur cette question, il faudrait donc cesser de se laisser obnubiler par l'*elenchos* pour examiner aussi les termes comme σκέψις, ἐξέτασις, πεῖρα et βάσανος[2].

Cela dit, les différences semblent de prime abord si profondes entre ces deux démarches qu'il est peut-être excessif d'y voir une continuité significative. Premier changement évident : alors que dans les dialogues socratiques Socrate soumettait une âme particulière à un examen prenant la forme d'un échange discursif, dans la *République* les philosophes-rois soumettent l'âme de l'ensemble des citoyens à une série de mises à l'épreuve *à l'insu* de ceux dont la nature se trouve ainsi éprouvée. Il s'agit pour les dirigeants d'observer le comportement des enfants dans leurs jeux[3], puis des jeunes gens dans le cadre de leur entraînement physique ou intellectuel[4], et plus particulièrement de placer les apprentis gardiens dans certaines situations déstabilisantes afin d'observer à chaque fois leur manière de réagir. Chaque étape de l'éducation des gardiens est décrite comme une forme de mise à l'épreuve[5]. Les citoyens de la cité imaginée par

1. Voir A. M. Smith, « Knowledge and expertise in the early Platonic dialogues », *Archiv für Geschichte der Philosophie* 80, 1998, p. 153.

2. R. Robinson, qui écrivait avant que les études de Vlastos ne focalisent l'attention sur le terme *elenchos*, pouvait encore apercevoir cette diversité d'expressions : voir *Plato's Earlier Dialectic* [1941], Oxford, Clarendon Press, 1984, p. 7 « ... *such is the Socratic elenchus* », explique-t-il, « *often referred to also as* exetasis *or scrutiny and* basanismos *or assay* ». En fait, le mot βασανισμός, qui selon le *LSJ* signifie « torture », n'apparaît pas chez Platon, mais l'on trouve en revanche plusieurs occurrences des termes βάσανος (16 occurrences) et βασανίζειν (30 occurrences).

3. *Rép.*, 537 a-b. Dans le *Politique*, l'art politique « conforme à la nature » qui ne tissera sa cité qu'avec de bons naturels accomplira son tri des âmes par l'observation du comportement dans les jeux : « il commencera par les éprouver au moyen de la pierre de touche (βασανιεῖ) des jeux enfantins ; puis à la suite de cette épreuve (τὴν βάσανον), il les mettra cette fois entre les mains de ceux qui ont capacité de donner l'éducation » (308 d 4). Voir aussi *Lois*, 735 a 4, 736 c 2.

4. La réaction face aux études est en soi une mise à l'épreuve qui permet d'identifier les âmes des gardiens, *Rép.*, VI 503 e 1. Voir aussi *Lettre* VII : « Les hommes ... qui ne sont pas réellement philosophes [...] en voyant combien sont nombreux les objets d'étude et toute la peine qui les accompagne [...] ceux-là, dis-je, jugeant que c'est difficile et à eux impossible, ne sont pas capables non plus de le pratiquer. [...] Voilà donc en quoi consiste cette mise à l'épreuve, celle qui est claire, celle qui est la plus sûre (ἡ ... πεῖρα ... ἡ σαφής τε καὶ ἀσφαλεστάτη) », 340 d - 341 a.

5. Après trente ans, il faudra désigner les meilleurs « pour les élever à de plus hautes distinctions et ... examiner, en les éprouvant par le moyen de la faculté dialectique (τῇ τοῦ διαλέγεσθαι δυνάμει βασανίζοντα), lequel est capable après avoir renoncé à l'usage de ses yeux et de ses autres sens, de s'avancer, en compagnie de la vérité, vers le réel qui n'est que réel » (*Rép.*, 537 d) ; lorsqu'on fera redescendre les gardiens dans la caverne, il « faudra mettre à l'épreuve (βασανιστέοι) la fermeté de

Socrate sont ainsi constamment soumis à un examen visant à révéler la véritable nature de leur âme et permettant de déterminer le rôle qu'ils seront appelés à assumer dans la cité.

Le second changement est plus radical encore. En effet, alors que dans les premiers dialogues, la mise à l'épreuve de Socrate visait principalement à purger les âmes de leurs opinions fausses – tout particulièrement de l'opinion qui consiste à croire savoir alors que l'on ne sait pas –, dans la *République* l'épreuve vise au contraire à sélectionner les âmes possédant la meilleure *capacité de rétention* de certaines opinions. L'examen n'a donc plus pour but de provoquer une forme de *détachement* entre l'âme et certaines de ses opinions, mais vise plutôt à éprouver sa capacité à rester fermement attachée aux opinions vraies qui lui ont été transmises. Ainsi, à propos des futurs gardiens, Socrate explique qu'« il faut les observer à tous les âges de la vie, pour voir s'ils sont aptes à garder ce principe [principe suivant lequel le souci doit d'abord être dirigé vers l'intérêt de la cité, *cf.* 412 d-e], et si – même quand on les soumet à des sortilèges ou à la violence – ils réussissent à ne pas rejeter, en l'oubliant, l'idée qu'on doit faire ce qui est le meilleur pour la cité » (*Rép.*, III 412 e). Des modes de mises à l'épreuve seront ainsi élaborés pour chacune des trois façons possibles de perdre une opinion vraie, à savoir : 1) Par « vol », c'est-à-dire, par oubli ou dissuasion due à un argument ; 2) Par « violence », lorsqu'on renonce à l'opinion vraie sous le poids de la souffrance ; 3) Par « sortilège », lorsqu'on est séduit par le plaisir ou ébranlé par la crainte. Les âmes seront donc examinées (ici, les verbes employés sont βασανίζειν et σκοπεῖν) en étant placées dans certaines situations critiques correspondant à ces trois possibilités de perte de l'opinion droite sous la pression des circonstances.

À première vue, les différences semblent donc considérables entre l'examen auquel Socrate soumet ses interlocuteurs dans les premiers dialogues et les modes de mise à l'épreuve qu'il présente dans la *République* et qui se retrouveront également dans le *Politique* et les *Lois*. Peut-on alors vraiment parler de continuité entre ces deux pratiques de mise à l'examen ?

D'un horizon correctif à un horizon préventif

D'abord, malgré la différence de méthode, il s'agit toujours, dans les deux groupes de textes, de mettre l'âme à nu, d'en révéler la nature, l'état. Mais surtout, les divergences de méthode et d'approche peuvent s'expliquer par une différence au niveau du contexte politique[1]. En effet, dans les premiers dialogues, Socrate se trouve face à des individus dont l'âme a été corrompue par une collectivité

leur résistance à ce qui, de tous côtés, les attire, ou aussi bien l'émoi qu'ils pourront en ressentir » (*Rép.*, 540 a 1).

1. Voir mon article « L'incarnation législative du souci de l'âme dans les *Lois* : un héritage socratique », dans L. Brisson, S. Scolnicov (éd.), *Plato's Laws : From Theory into Practice*, Proceedings of the VIth *Symposium Platonicum* (Jérusalem), Sankt Augustin, Academia Verlag, 2003, p. 98-102.

d'emblée constituée – une *politeia* malade suivant l'image de la *République*. Dans ces conditions, sa tâche, essentiellement *corrective*, consiste à tenter de réparer – autant que faire se peut – les dégâts causés par une éducation et des institutions politiques déficientes; il lui faut pour cela éveiller chez ses concitoyens la conscience de la nécessité de prendre soin de leur âme et de recourir aux compétences de l'expert apte à prodiguer un tel soin, le τεχνικὸς περὶ ψυχῆς θεραπείαν[1]. Or dans les grandes œuvres politiques le point de vue est radicalement autre : Socrate s'accorde la liberté d'imaginer comment prévenir l'apparition de tout mal. Il ne s'agit plus pour lui d'apporter un soin correctif individualisé, mais d'imaginer les conditions politiques permettant de rendre la vie *vivable* au point de vue psychique et civique. Le recul de l'*elenchos* ne signifie donc pas que Socrate – ou Platon – aurait renoncé à l'idée d'une participation directe de tous à la vie philosophique (qu'il y ait jamais adhéré reste douteux), mais que dans une perspective où il s'agit d'imaginer une forme de soin politique préventif, le procédé thérapeutique négatif de la purgation des opinions fausses n'a plus la même pertinence. En effet, dans un contexte préventif, c'est la transmission d'opinions vraies, susceptibles d'assurer une « santé » à l'âme, qui importe avant tout. Une telle différence d'orientation se laisse d'ailleurs clairement repérer dans le choix du vocabulaire puisque ce sont les termes reliés à βάσανος qui dominent, la réfutation de la fausseté faisant place à une forme d'attestation positive de la valeur[2].

Par ailleurs, bien que je ne puisse le démontrer ici, la valeur accordée à l'opinion vraie dans la *République* ne dénote pas un changement d'orientation philosophique fondamental chez Platon. Rappelons que selon Vlastos, à partir du *Ménon*, où il est dit que l'opinion vraie vaut autant que la connaissance pour la conduite, la conviction fondamentale de Socrate – une vie sans examen ne vaut pas d'être vécue – s'écroulerait complètement :

> … si l'opinion vraie sans la connaissance suffit vraiment à guider l'action correctement, alors la majeure partie des hommes et des femmes peut être dispensée des peines et des vicissitudes de la vie « soumise à l'examen » : on peut les placer sous la garde protectrice d'une élite dirigeante qui les nourrira de croyances vraies afin de guider leur conduite correctement, sans les laisser se demander pourquoi ces croyances sont vraies. On a dès lors de bonnes raisons pour refuser à tout le monde

1. *Lachès*, 185 e 4-6. Sur la portée politique de l'*elenchos*, voir J.-F. Balaudé, « La philosophie comme mise à l'épreuve – Les mutations de l'*elenchos* de Socrate à Platon », dans P.-M. Morel (dir.), *Platon et l'objet de la science*, Bordeaux, Presses Univ. de Bordeaux, 1996, p. 36.

2. Alors que réfuter (ἐλέγχειν, ἐξελέγχειν) consiste la plupart du temps à confondre, à prouver la fausseté d'une prétention (particulièrement dans le contexte juridique), βασανίζειν, βάσανον, λαμβάνειν, consistent plutôt à attester la valeur d'une déclaration, comme βάσανος, la pierre de touche confirmant que l'on a bien à faire à de l'or plutôt qu'à un alliage frauduleux. Ainsi la mise à la question (βάσανος) d'un esclave, dans le cadre d'un procès, visait à attester *la véracité* des dires de son maître – celui qui était accusé acceptait de livrer ses esclaves à son accusateur pour que celui-ci les soumette à la torture afin de prouver l'authenticité de ses propres déclarations. Voir L.-A. Dorion, « La subversion de l'*elenchos* juridique dans l'*Apologie de Socrate* », *Revue philosophique de Louvain* 88, 1990, p. 320 *sq.* et 324 *sq.*

> l'accès à l'examen critique des questions de bon et de mauvais, de bien et de mal – à tout le monde excepté à l'élite, et l'on peut même le refuser aux membres de l'élite tant qu'ils n'auront pas achevé les études mathématiques qui les prépareront à être éclairés[1].

Outre que ce raisonnement s'effondre une fois comprise la finalité de l'examen évoqué par Socrate dans l'*Apologie*, il faut signaler que l'insistance constante des premiers dialogues sur la nécessité d'avoir recours à certains experts en soin de l'âme comme on aurait recours au conseils d'un médecin ou d'un maître de gymnastique repose implicitement sur une valorisation de l'opinion droite. D'ailleurs, que le savoir ne doive pas être accessible à tous en toutes occasions et dans n'importe quelles conditions, c'est déjà ce que soutient Socrate dans le prologue du *Protagoras* où il explique au jeune Hippocrate que les nourritures de l'âme ne devraient être « ingérées » qu'en fonction des conseils d'un expert en la matière. Bref, si l'on résiste à la tentation anachronique de voir dans l'appel socratique au soin de l'âme une invitation à l'auto-thérapie, il apparaît clairement que l'« élitisme » épistémologique de la *République* est déjà bien présent dans les dialogues dits socratiques[2].

Certes, du point de vue *historique*, il n'est pas interdit de penser qu'en passant d'une perspective thérapeutique corrective axée sur une mise à l'examen individualisée à une approche préventive de nature collective et politique, Platon ait voulu critiquer, implicitement, la méthode de son maître. Que la méthode corrective reposant sur la réfutation et l'admonestation se soit avérée passablement inefficace, c'est en effet ce que révèle implicitement le destin de certains disciples de Socrate représentés dans les premiers dialogues tels Alcibiade ou Charmide, disciples dont les contemporains de Platon savaient qu'ils avaient finalement « mal tourné »[3]. D'où l'étrange phrase du *Gorgias* que j'ai citée en exergue. Cependant, d'un point de vue strictement *dramatique*, la coexistence de ces deux styles de mise à l'épreuve – corrective, préventive – n'affecte en rien la cohérence du personnage de Socrate qui peut très bien lutter contre la corruption ambiante par le biais de l'*elenchos* dans certains dialogues tout en croyant à la pertinence d'une solution collective, éducative et politique dans d'autres. Les dialogues de Platon ne nous présentent donc qu'un seul Socrate. Et même s'il lui arrive d'entendre des voix, rien n'indique qu'il soit schizophrène.

1. Voir Vlastos, « *Elenchus* et mathématiques » dans *Socrate, ironie et philosophie morale*, *op. cit.*, p. 176.

2. J'ai présenté cette démonstration dans ma thèse *L'Asclépios politique. Étude sur le soin de l'âme dans les dialogues de Platon*, à paraître.

3. Dans *Plato's Socrates as Educator* (Albany, State University of New York Press, 2000), G.A. Scott insiste sur cet échec.

SOCRATE ET ALCIBIADE

STANLEY ROSEN

En hommage à Monique Dixsaut, je me risque à faire publier le fragment qui va suivre : il est extrait d'un ouvrage hélas interrompu, et j'espère que les malformations de son torse ne l'empêcheront pas de se tenir sur ses jambes. Comme le lecteur va le voir, cet essai, ou ce fragment d'essai, trouve son origine dans la question suivante : pourquoi le Socrate de Platon déclare-t-il aimer Alcibiade ? Si je ne m'abuse, on tient d'ordinaire que Socrate essaye de maintenir Alcibiade sur le chemin de la philosophie. Or au vu des documents historiques du ve siècle athénien sur le personnage d'Alcibiade, sans parler des témoignages qu'on trouve chez Platon, je suis frappé par l'invraisemblance de cette hypothèse. Mais l'on sait par ailleurs que Platon songeait à fonder une cité philosophique en Sicile avec l'aide de Dion et de Denys. Les philosophes des cités réelles peuvent bien refuser d'exercer directement le pouvoir, rien ne les empêche d'être les éminences grises d'un étudiant parvenu au sommet de l'État. Ce genre d'entreprise est toujours très dangereux, mais réfléchir aux causes de ces dangers et aux raisons de l'impasse quasi certaine par laquelle se solde ce type de projet ne peut s'avérer que salutaire. Entre autres bénéfices, cette réflexion nous préparera à mieux comprendre le cas le plus extrême : l'exercice direct du pouvoir par les philosophes-rois.

Dans un célèbre passage du *Gorgias* (481 d 1-5), Socrate attire notre attention sur un trait qu'il partage avec Calliclès : il dit aimer Alcibiade, fils de Clinias, et la philosophie, tandis que Calliclès aime le *dèmos* athénien et le fils de Pyrilampe, qui, lui aussi, se nomme *Dèmos*. Dans un passage encore plus célèbre, extrait du *Banquet* (216 d 1-e 5 ; 222 b 1-7), Alcibiade expose en quoi l'attirance déclarée de Socrate pour les beaux jeunes gens, lui compris, n'a rien d'érotique. Non que Socrate n'éprouve aucun intérêt pour Alcibiade, ou d'ailleurs pour d'autres beaux jeunes gens, cultivés, bien nés, et donc politiquement influents. Au contraire : dès qu'il aperçoit Socrate au banquet, Alcibiade fait clairement savoir que le philosophe continue à le poursuivre, et Socrate d'évoquer alors son *érôs* pour Alcibiade (213 b 6-c 8). De même dans le *Charmide* (155 c 4-e 1), où Socrate évoque l'attirance érotique qu'il éprouve pour Charmide. On ne saurait évidemment confondre maîtrise de soi et absence d'érotisme.

On considère d'ordinaire le *Banquet* comme le *locus classicus* pour traiter des rapports entre Socrate et Alcibiade. Selon moi, la célèbre scène de séduction du *Banquet* ne prend tout son sens que si nous l'envisageons dans le contexte de l'*Alcibiade I*. Dans ce dialogue, Socrate brise un silence de plusieurs années envers Alcibiade, car son démon ne lui interdit plus de s'entretenir avec ce beau jeune homme. L'aval du démon provient semble-t-il de ce que les autres amants d'Alcibiade, malgré leur grand orgueil, ont été dépassés par Alcibiade lui-même sur ce point : vaincus, ils ont pris la fuite. L'unique rescapé est donc Socrate, le premier amant d'Alcibiade. L'orgueil insurpassable du jeune Alcibiade vient de sa supériorité sur tous les autres dans tous les domaines : beauté physique, prestige social, influence politique et richesse. Ces qualités n'impressionnent toutefois pas Socrate, qui aurait sans doute abandonné Alcibiade depuis longtemps s'il avait estimé que le jeune homme était assez préparé pour vivre en profitant de ces qualités. Mais la voie est désormais libre, et Socrate peut se faire entendre des couches plus profondes de l'âme d'Alcibiade (103 a 1-104 c 6).

Alcibiade voudrait savoir pourquoi Socrate lui tourne si souvent autour. La réponse renvoie au grand orgueil d'Alcibiade, qui dépasse même ce que pouvaient imaginer ses amants antérieurs. Comme le dit Socrate, si un dieu demandait à Alcibiade de choisir entre vivre en se satisfaisant de ses biens actuels, et mourir sur-le-champ s'il n'avait pas l'espoir d'acquérir plus encore, il choisirait la mort (104 c 7-105 a 6). Et si ce même dieu le sondait sur une vie où il commanderait aux Grecs et aux Barbares mais pas à l'Asie, c'est encore la mort qu'il choisirait. Bref, Alcibiade n'aspire qu'à une chose : remplir le monde habité de son nom et de sa puissance. Socrate a attendu que les amants plus conventionnels d'Alcibiade le quittent pour mieux retenir toute son attention. Le philosophe témoigne lui aussi de son propre orgueil quand il déclare : « de même que tu espères être désigné comme l'homme de la plus grande valeur pour la cité, et obtenir ainsi un pouvoir sans limites, de même j'espère avoir sur toi le plus de pouvoir possible en te montrant que je vaux bien mieux que les autres pour toi » (105 a 7-106 a 1).

Au cours de ce dialogue, Socrate essaye d'enseigner à Alcibiade que ce n'est qu'en apprenant à gouverner qu'il pourra satisfaire son immense orgueil. Cet apprentissage requiert la connaissance de soi, ainsi que le soin et la τέχνη (124 b 3-6). Comme le montre le passage en 128 e 10-11, Socrate soutient que la connaissance de soi nous rend meilleurs, donc plus en mesure de commander : cette capacité, dont il fait trouver le nom à Alcibiade, c'est l'εὐβουλία (125 e 5). Finalement, l'entretien s'avère profitable, du moins en surface. Alcibiade semble convaincu qu'il lui faut être maintenant l'amant de Socrate et poursuivre la justice. Mais le dialogue se clôt sur cet avertissement de Socrate : « Ce n'est pas que je me méfie de ta nature, mais à voir la force de la cité, je crains qu'elle ne l'emporte sur toi comme sur moi » (135 d 7-e 8).

Le *Banquet* confirme les craintes de Socrate. On y voit un jeune Alcibiade prêt à accorder ses faveurs sexuelles contre ce que l'*Alcibiade I* nomme l'εὐβουλία. Pour séduire Socrate, Alcibiade déclare qu'il souhaite tirer profit du pouvoir qu'a

Socrate de le rendre toujours meilleur, et même le meilleur possible (*Banquet*, 218 c 7-d 5). À l'époque où se déroule la soirée d'Agathon, soit peu avant l'expédition de Sicile, les limites de ce souhait sautent aux yeux, non sans conserver une note d'espoir néanmoins : car selon Alcibiade, Socrate recherche toujours sa compagnie. À la fin de l'*Alcibiade I*, Socrate déclare qu'il n'abandonnera pas le jeune homme aussi longtemps qu'il n'aura pas été corrompu par le *dèmos* athénien (132 a 1). Pour reprendre les termes de ce dialogue, la possibilité de gouverner Alcibiade et d'instaurer par ce biais quelque chose du régime des philosophes n'a pas encore disparu.

Le *Protagoras* offre un autre angle de vue sur tous ces problèmes. Protagoras, le plus célèbre des sophistes, prétend lui aussi enseigner l'εὐβουλία, c'est-à-dire la capacité de bien délibérer pour diriger ses affaires domestiques et, par extension, la cité. Il demande comme salaire non des faveurs sexuelles, mais de l'argent. À l'évidence, Protagoras et Socrate sont en principe en concurrence pour capter l'attention du fougueux Alcibiade (*Protagoras*, 319 a 2-7). Mais la question sous-jacente est la suivante : est-il possible que, pour Socrate, la rhétorique sophistique, qui recevra bientôt le nom de « science politique » (τέχνη πολιτική), vaille mieux pour ses entreprises politiques que les dons, incroyables mais incontrôlables, d'Alcibiade ?

Pour résumer, Socrate souhaite contrôler Alcibiade et, par ce biais, établir un régime philosophique, sans doute à Athènes. Même à l'époque de l'expédition de Sicile, Socrate n'a pas entièrement renoncé à ce projet quelque peu extravagant. Projet extravagant certes, mais bien plus réaliste que celui des philosophes-rois, ce rêve éveillé auquel est consacrée la *République*. Notons que la remarque de Socrate citée plus haut, extraite de l'*Alcibiade I*, 132 a 1, peut donner lieu à deux interprétations différentes. Elle peut vouloir dire que Socrate sera fidèle à Alcibiade aussi longtemps que celui-ci ne cédera pas au désir de gouverner le peuple. Mais elle peut signifier aussi que Socrate prolongera son expérience tant qu'Alcibiade ne sera pas devenu totalement inapte à gouverner le peuple en se conformant à l'εὐβουλία du philosophe.

Revenons à présent au *Protagoras* et poursuivons notre rêve réaliste. La date dramatique de ce dialogue me semble se situer après la scène de séduction relatée dans le *Banquet* et l'entretien de l'*Alcibiade I*, et avant la soirée d'Agathon imaginée dans ce même *Banquet*. Platon se livre là, me semble-t-il, à une autre expérience : la sophistique, en la personne de Protagoras, fait une offre pour s'attacher à la fois l'affection de Socrate et celle d'Alcibiade. En d'autres termes, Protagoras joue double jeu. Il veut montrer à Socrate que la *tekhnè* sophistique l'emporte sur la philosophie pour des raisons théoriques. Mais il voudrait aussi montrer à Alcibiade qu'il est d'accord avec Socrate en ce qui concerne les implications politiques de la sophistique. Pour le dire avec les mots de Platon, le *Protagoras* porte sur le conflit opposant l'intellect à l'ardeur pour le contrôle du désir.

Avant d'en venir directement au *Protagoras*, je tiens à évoquer le rapport étroit existant entre le *Protagoras* et le *Gorgias*. Dans le premier de ces dialogues, Protagoras présente ses références : il enseigne la politique aux fils de la haute société athénienne. Dans le *Gorgias*, ainsi que l'a montré Leo Strauss il y a plusieurs dizaines d'années dans un séminaire encore inédit, la rhétorique de Gorgias prouve sa pertinence par le fait que Gorgias peut, jusqu'à un certain point, contrôler Calliclès, alors que Socrate subit un complet échec sur ce point. On peut donc voir dans ces deux dialogues pris ensemble une réflexion sur l'impossibilité de réaliser la cité juste de la *République*. Pour se convaincre de l'urgence de ce problème, qu'il suffise d'évoquer les activités politiques d'un Heidegger, d'un Carl Schmitt, d'un Lukács ou d'un Kojève, pour ne rien dire de leurs prédécesseurs comme Feuerbach, Marx et Nietzsche. En d'autres termes, le problème général sous-jacent de cet article, c'est le rapport entre la théorie et la pratique.

Commençons par la structure dramatique du *Protagoras* qui, sur un point important, n'est pas sans rappeler le *Théétète*. Ce dialogue s'ouvre par un prologue qui conduit à l'entretien principal entre Socrate et deux mathématiciens : le jeune et brillant Théétète, et Théodore, son maître. Incarnation du νοῦς, Théétète représente l'une des deux antithèses dramatiques du philosophe socratique, qui, lui, s'occupe des affaires humaines et divines ; Alcibiade, qui subordonne le νοῦς à l'ἐπιθυμία et au θυμός, représente l'autre. Le *Protagoras* occupe pour ainsi dire une place intermédiaire ; son sujet principal porte sur la rhétorique de la prudence ou, pour reprendre le nom que Socrate donne à l'art de Protagoras, sur la τέχνη πολιτική (319 a 3-7). S'il existe un art comme celui-ci, et si Protagoras le possède, ce dernier sera plus beau, c'est-à-dire potentiellement plus utile à Socrate que ne l'est Alcibiade. Cette utilité dépendra de la capacité de Socrate à persuader, c'est-à-dire à dominer, la sophistique, dont Protagoras est le représentant. Les chances d'y parvenir sont faibles, mais pas plus que de voir un jour les philosophes devenir rois et les rois philosophes. Un examen attentif nous montrerait que nous avons beaucoup à apprendre de ces deux improbables scénarios.

Je dois glisser un mot sur la mort prématurée et héroïque de Théétète, qui survient avant l'entretien principal du dialogue. Théétète meurt pour la cité mais n'en est pas le chef. Les lois de la cité autorisent l'essor des mathématiques, mais en eux-mêmes, les théorèmes mathématiques ne sont pas politiques par nature. Pour le dire rapidement, les mathématiques ne comprennent en elles-mêmes nulle rhétorique : on n'en trouve que dans ce qu'on appellerait aujourd'hui les méta-mathématiques ou peut-être la philosophie des mathématiques. Mais ce n'est pas le sujet du *Protagoras* : il traite de l'art politique, dont la rhétorique est partie intégrante. Si j'évoque ici le *Théétète*, c'est pour expliciter le rapport entre la théorie et la pratique. D'après le portrait qu'en fait Théodore, Théétète figure le cours imperturbable de l'intelligence vers le savoir ; on ne trouve ici entre Socrate et Théétète aucun élément, même secondaire, de nature érotique, ni d'ailleurs entre Théétète et l'Étranger d'Élée dans le *Sophiste*. Théétète ressemble physiquement à Socrate, mais son âme est différente : elle est caractéristique de ces âmes purement théorétiques (*Théétète*, 143 e 7-144 b 6). Rien n'indique que Théétète partage l'intérêt de Socrate pour l'âme humaine.

La mort prématurée de Théétète aurait été tout aussi héroïque ou tragique, au sens grec du terme, quand bien même il n'aurait pas été mathématicien ou citoyen d'Athènes. L'essentiel pour notre propos est de voir qu'en reléguant dans le passé la mort de Théétète, Platon fait en quelque sorte de lui une figure mythique, alors que le *Protagoras* est contemporain et, bien sûr, ne comporte aucune mort. Au lieu de la mort, c'est une satire de la descente d'Ulysse chez Hadès qui nous est proposée, soit l'envers de la mort, ce qui convient bien au ton ironique du dialogue, perceptible notamment dans l'entretien entre Socrate et Protagoras ainsi que dans l'attitude des célèbres sophistes et de leurs disciples dans la maison de Callias. Aucun lecteur tant soit peu averti ne saurait lire ce dialogue sans percevoir avec quelle ironie Socrate fait l'éloge de Protagoras. Mais nous voudrions être un peu plus qu'avertis en nous demandant pourquoi Protagoras, et pas seulement dans le registre comique, est en concurrence avec Alcibiade pour obtenir l'amour de Socrate. Le *Protagoras* peut bien être une comédie, il n'en demeure pas moins que le sens des comédies est très sérieux.

Le caractère comique du *Protagoras* est souligné par une citation liminaire d'Homère, que Socrate emploie pour se comparer indirectement à Ulysse, et comparer Alcibiade à Hermès. Dans le prologue, Socrate est salué par un compagnon anonyme qui lui demande : « D'où apparais-tu ? » Le verbe φαίνω attire l'attention sur le rapport entre la vision et la beauté. « Évidemment (δῆλα), de la chasse à la beauté d'Alcibiade, n'est-ce pas ? Et justement, je l'ai vu (ἰδόντι) récemment, et j'ai trouvé que c'était encore un bel homme. Mais quand même, Socrate, soit dit entre nous, un homme (ἀνήρ), avec déjà toute cette barbe qui lui pousse au menton ? » (309 a 2-6).

Remarquons d'abord que la vision doit être complétée ou modifiée par le discours. La beauté physique d'Alcibiade s'offre à la vue, mais pas le sens de cette beauté ou, plus précisément, le sens qu'a la barbe d'Alcibiade. Pour le saisir, il faut recourir au discours. Tout bel homme qu'il soit, Alcibiade est trop âgé pour être poursuivi par les ardeurs de prétendus pédérastes comme Socrate. Le νόμος se donne dans le discours, non à la vue, et ce qu'il énonce prévaut sur la vision seule. En somme, le compagnon de Socrate indique que ce dernier est un pervers sexuel ou, pour être plus précis, un excentrique en matière de sexe qui n'a que mépris pour le νόμος athénien.

Socrate répond : « Et alors ? N'es-tu pas d'accord avec Homère quand il dit que la jeunesse a plus de charme chez celui dont la barbe commence à apparaître, ce qui est précisément le cas d'Alcibiade ? » (309 a 6-b 2). Il n'y a pas chez Homère, on s'en souvient, de référence explicite à la pédérastie. Croire la discerner dans l'amitié d'Achille et de Patrocle par exemple, c'est être victime d'une herméneutique anachronique, qui vaut essentiellement pour le ve siècle avant J.C. Pour revenir à Homère, le jugement évoqué par Socrate, qui en fait ici un emploi ironique, se trouve dans l'*Iliade* (XXIV, 148) et dans l'*Odyssée* (X, 279) où Ulysse s'exprime ainsi :

> Mais comme en avançant à travers les vallons solitaires
> J'allais atteindre le palais de la sorcière, Circé,

> Hermès à la baguette d'or vint au-devant de moi
> Qui m'approchais de la maison, sous l'aspect d'un jeune homme
> À sa première barbe, dans le charme de cet âge.

Socrate se compare à Ulysse et Alcibiade à Hermès, le dieu messager qui lie les dieux et les mortels. Ce passage relie donc le *Protagoras* et le *Banquet* directement et indirectement : directement par la définition que Diotime donne d'*érôs*, et indirectement par l'évocation de la profanation des Hermès. En d'autres termes, dans le *Protagoras*, l'ardeur et l'*érôs* se rejoignent dans le personnage d'Alcibiade. Mais, pour parler comme Freud, on peut aussi voir là une sublimation d'*érôs*, et cette remarque vaut aussi pour l'extension de l'objet érotique aux barbes et aux moustaches. Il n'y a pas d'objet naturel du désir sexuel. Comme Socrate en fait la remarque dans la *République*, celui qui aime les garçons aime, ou peut être amené à aimer, tous les garçons, Glaucon servant ici d'exemple (V, 474 d 4 *sq.*). Mais quand les objets sont compatibles avec le νόμος, il n'y a pas de place pour la φύσις. Telle est l'interprétation que Socrate donne des doctrines sophistiques en général, et de la formule de Protagoras en particulier « l'homme est la mesure de toutes choses ». Il en va de même pour Alcibiade, pour qui tous les actes érotiques sont justifiés en ce qu'ils contribuent à son excellence, à savoir la capacité de gouverner.

Ulysse est retenu captif dans la demeure de Circé ; dans le *Protagoras*, Socrate est retenu captif dans la maison de Callias par l'intérêt qu'il porte à Hippocrate, fils de son disciple Apollodore, et c'est là un lien supplémentaire entre le *Protagoras* et le *Banquet*. Dans le *Protagoras*, nous sommes en présence des maîtres, les sophistes (Protagoras, Prodicos, Hippias, etc.), et de leurs élèves, qui sont les principaux intervenants du *Banquet* (Éryximaque, Phèdre, Agathon et Pausanias). Pour qu'Hippocrate puisse rentrer chez lui indemne de sa rencontre avec les sophistes, Socrate doit faire tomber l'autorité de Protagoras. Mais qu'en est-il de Socrate lui-même? Au sens le plus étroit et le plus formel du terme, Socrate n'a pas de domicile, et Protagoras non plus, quoique pour une autre raison. La demeure de Socrate, c'est le monde des Idées, soit la φύσις ; celle de Protagoras, c'est le monde du νόμος. La question essentielle est de savoir quelle rhétorique – celle de Socrate ou celle de Protagoras ? – offre la meilleure sécurité pour éviter de se retrouver sans demeure. En termes plus généraux, laquelle de ces deux rhétoriques, pour autant qu'elles le puissent, remportera l'adhésion d'Alcibiade ? Enfin, à quelle rhétorique se ralliera Hippocrate ? Cette manière de poser la question indique toute la complexité du *Protagoras*, qui mériterait une étude minutieuse.

Quand Socrate entre dans la maison de Callias et observe la parade des célèbres sorciers du discours, il emploie une autre métaphore : il compare cette maison à l'Hadès, et se compare lui-même à Ulysse (315 b 9 *sq.*) par une autre citation empruntée à Homère (*Odyssée* XI, 572). Si Protagoras est Circé, Socrate doit donc maîtriser sa rhétorique pour pouvoir rentrer chez lui. Faute de quoi, il sera mis à mort par la multitude, qui parle la langue de Protagoras. C'est cette interprétation que développa Leo Strauss dans ses cours encore inédits. Elle me semble juste, mais il faut la compléter sur un point. Je l'ai souligné, Socrate n'est pas simplement aux prises avec Protagoras : ses échanges avec le grand sophiste sont aussi tournés vers Alcibiade.

Comme Protagoras l'explique à Hippocrate, il enseigne à ses élèves comment devenir chaque jour meilleurs (318 a 6-9). C'est là ce que désire Alcibiade : acquérir cette εὐβουλία qui constitue le cœur de la τέχνη de Protagoras. Le grand sophiste indique qu'il sait enseigner la manière de bien délibérer dans les affaires privées et l'administration domestique. Pour ce qui concerne les affaires de la cité, la promesse est légèrement différente. Hippocrate apprendra comment devenir l'homme le plus puissant de la cité, tant dans ses actes que dans ses paroles. Ceci ressemble davantage à ce qu'Alcibiade a en tête qu'à la prudence domestique. Protagoras lui offre de dominer dans la cité, et par extension, dans toutes les cités. Socrate désigne cet enseignement par l'expression τέχνη πολιτική, ce qui semble être la première occurrence de cette expression en grec, et Protagoras accepte cette appellation (318 e 5-319 a 7). Il est intéressant de voir que Protagoras ne rentre pas dans le détail de ce qu'est le pouvoir dans une cité : cela se comprend par nature. Tel est le sens premier de l'expression νόμος φύσεως : comprennent par nature ceux qui ont l'intelligence nécessaire pour assumer le pouvoir politique.

Ceci nous conduit à un point délicat de l'exposé de Protagoras. Puisque ce qu'il enseigne est déjà connu des puissants, ses doctrines ne sauraient rien avoir de révolutionnaire ou de nouveau. Si tel est le cas, pourquoi les puissants ont-ils cependant besoin de Protagoras? Pour le dire avec la plus grande concision possible, la réponse verbeuse de Protagoras est que certains, dont lui-même, l'emportent sur les autres par leur connaissance de la honte et de la justice, donc par leur aptitude à enseigner ces deux conditions de la vie politique données par Zeus à tous les hommes (319 b-323 c). Dans une étude plus approfondie, il faudrait examiner comment cet éloge de sa propre τέχνη par Protagoras est compatible avec la connaissance universelle de l'art politique. Qu'il suffise ici de remarquer, comme Socrate, que d'influents hommes politiques sont souvent incapables d'enseigner cet art à leurs fils (319 b-e). Une analyse plus complète pourrait conclure que la connaissance du honteux et du juste est une condition préalable à l'acquisition de la bonne délibération, laquelle doit néanmoins être enseignée. La bonne délibération, après tout, est une question d'expérience.

Si l'on suit l'allusion de Socrate, Protagoras prétend devenir le père d'adoption des jeunes gens bien nés, donc des riches fils de la haute société politique. Une remarque complémentaire s'impose. Le pouvoir politique suppose la connaissance de ce qui est évident à ceux qui l'ont appris par leur propre expérience. Mais on ne peut pas savoir s'il faut que tout le monde, et en particulier ceux qui ignorent encore ce qui vaut le mieux pour eux, reçoive l'enseignement de Protagoras. D'où ce dilemme : ceux qui comprennent cet enseignement n'en ont pas besoin, mais les enfants qui ne le comprennent pas encore risquent d'être corrompus par sa mécompréhension. Et certains, hélas, n'apprendront jamais rien, si puissantes soient leur familles.

En confortant les puissants citoyens d'Athènes, Protagoras indique tacitement qu'il risque de corrompre leurs fils en leur enseignant à lui obéir à lui plutôt qu'à leurs parents. En tant que professionnel, Protagoras doit supposer que l'εὐβουλία peut s'enseigner. Prétendre que les Athéniens comprennent la vertu politique aussi naturellement qu'ils respirent est une manière implicite d'affirmer que Protagoras sera incapable de corrompre ses élèves sans que leurs parents n'en aient vent. Mais peut-être s'en apercevront-ils trop tard.

Qu'on me permette d'ajouter ici quelques mots sur ce raisonnement. On n'a sans doute pas tort de dire que Protagoras joue un jeu de dupes en façonnant ses discours dans le sens de son propre intérêt. Socrate, qui est encore plus rusé, emploie une rhétorique médicale autorisant les mensonges pour soigner les citoyens d'Athènes, dont les âmes sont morcelées et en conflit avec elles-mêmes. De toute évidence, Protagoras le sait, et il s'étend largement sur les raisons qui rendent impossible la duplicité politique à l'égard de la classe dirigeante; il se donne ainsi l'air d'être parfaitement honnête. En politique, dénoncer la duplicité des autres est en général un moyen efficace d'afficher sa propre sincérité.

Avançons. Il est probable que de ces trois personnages, Socrate, Protagoras et Alcibiade, aucun ne soit capable de diriger Athènes à lui tout seul. Socrate est incapable de persuader la multitude, et il a donc besoin de la rhétorique sophistique, représentée ici par Protagoras. Tout brillant qu'il soit, Alcibiade est trop instable, trop peu mesuré, et trop centré sur lui-même pour être capable d'εὐβουλία. On ne sait pas bien encore si c'est l'enseignement de Socrate ou celui de Protagoras qui peut le mieux remédier à ce défaut. Protagoras n'est pas un homme de guerre (alors que Socrate excelle à la guerre, comme nous le savons par le récit d'Alcibiade dans le *Banquet*). Il est très peu probable, et c'est un euphémisme, que le sophiste parvienne à contrôler le caractère martial d'Alcibiade et à en tirer profit si ce dernier gouvernait Athènes. Mais comparé à Socrate, Protagoras aurait toutefois plus de chance, dans un régime gouverné par Alcibiade, de devenir premier ministre.

Un dernier commentaire. Dire que, dans ce dialogue, Platon veut montrer que Socrate est un meilleur sophiste que Protagoras ne prouve rien. Dire que la multitude n'a pas besoin de chefs doués d'une réelle aisance logique ou rhétorique est aussi un truisme politique. Ce qui compte pour persuader la multitude, c'est que l'hymne qu'on lui apprend à chanter possède une force de contrainte suffisante. Les gouvernants intelligents tâcheront donc sans doute d'empêcher les critiques « objectives » des idéologies, ainsi qu'on appelle parfois de nos jours l'herméneutique des hymnes. Pour cette raison, et cette seule raison, on ne saurait instaurer la démocratie contemporaine dans une cité gouvernée par les sophistes. Pour le sophiste contemporain, la nature humaine n'existe pas, et toutes les interprétations possibles des hymnes sont permises. Pour Protagoras, la nature humaine est toujours la même; sans quoi, aucune classe politique, quelle que soit sa dénomination idéologique, ne saurait la comprendre.

Quoi qu'il en soit, nous devons nous replier sur une analyse plus modeste du *Protagoras*. Nous étions en train de nous interroger sur cette affirmation de

Protagoras : lui-même ne serait pas dangereux pour la haute société politique de la cité où il exerce son métier. Examinons d'un œil plus attentif ce qu'il dit de l'inutilité de l'ésotérisme, pratique explicitement recommandée par Socrate dans d'autres dialogues (cf. *République* et *Phèdre*). Ce n'est pas par hasard que les citoyens des démocraties contemporaines ne reconnaissent qu'avec réticence cette recommandation très clairement identifiable, et même la refusent : c'est que pour nous, sincérité veut dire liberté. Le prix que nous payons en contrepartie, c'est que nous renonçons à l'unanimité qui accompagne les hymnes entonnés par la multitude.

Quoi qu'il en soit, Protagoras fait une distinction non pas entre la démocratie et les autres régimes, mais entre le petit nombre et la multitude. Le petit nombre a connaissance de ces vérités relatives au gouvernement qui sont perceptibles en pratique, quelle que soit la nature du régime. En d'autres termes, la distinction entre le petit nombre et la multitude n'est intelligible que pour le petit nombre, pas pour la multitude. En démocratie, la classe dirigeante connaît exactement les mêmes vérités politiques que les dirigeants d'une aristocratie. Parmi ces vérités, l'une consiste à dire que même si les hymnes composés pour la multitude varient selon les types de régime, ils ont néanmoins en commun d'affirmer chacun leur propre vérité.

C'est en 316 d 3 que Protagoras endosse le rôle de ce que nous appelons aux États-Unis un « tireur d'élite ». La « τέχνη sophistique » est très ancienne, dit-il, mais ceux qui la pratiquèrent avant lui « se dissimulèrent derrière des masques par crainte des hostilités suscitées par cette τέχνη ». Il énumère alors des sophistes du passé, dont Homère, Hésiode, Simonide, ainsi que divers personnages initiés aux mystères et à l'interprétation des oracles, des maîtres de gymnastique, des musiciens, mais, chose étrange, aucun philosophe. Les sophistes masqués sont censés être tous ceux que les Grecs non philosophes tiennent pour des éducateurs. À l'évidence, l'omission des philosophes est due en grande partie à l'absence de philosophie politique chez les Présocratiques. Quant aux autres, Protagoras estime que s'ils ont besoin de se dissimuler, c'est parce qu'ils craignent les jalousies que leur art pourrait susciter. Mais qu'est-ce qui est dissimulé ? Est-ce la pratique d'un art donné, par exemple la gymnastique, ou la prétention que la gymnastique soit la sagesse ? La première hypothèse est évidemment impossible ; on ne saurait soutenir qu'on n'est pas artiste dans l'art qu'on pratique, qu'on le fasse sous son nom exotérique ou sous son nom ésotérique. Reste donc la seconde hypothèse : si l'on suit le raisonnement de Protagoras, l'emploi du terme « sophiste » a été suspendu parce qu'il veut dire littéralement « homme sage », et que se prétendre sage suscite la jalousie.

Mais cette thèse pose le problème suivant : en quoi consiste l'enseignement ésotérique de la gymnastique ? Certains lui prêteront une signification religieuse ou mystique, mais tant qu'elle reste secrète, elle ne saurait susciter aucune jalousie. Et prétendre que l'habileté gymnastique puisse être à l'origine d'une forme de jalousie politique n'a pas grand sens. D'un autre côté, comme je viens d'en faire la remarque, si la gymnastique est enviable en soi, il n'est pas possible de la dissimuler derrière la pratique d'un autre art, comme la musique par exemple. Mais il n'est pas nécessaire de soumettre l'enseignement rhétorique de Protagoras à la rigueur des critères de la cohérence logique. Disons simplement que si la maîtrise de la gymnastique ou de la musique provoque de la jalousie, c'est par le biais de la pratique de cet art, ce qui veut dire qu'on ne peut la dissimuler.

En fait, cette idée rejoint la critique que Protagoras adresse à l'ésotérisme. S'il le rejette, ce n'est pas parce qu'il n'est pas démocratique, mais parce qu'il est inefficace. Cette idée repose à son tour sur le fait que la sagesse en question n'est pas celle des arts évoqués, mais celle qui tient à leur signification politique. L'art de la sagesse s'apprend par l'exercice du pouvoir politique, non par la pratique des arts, exception faite de l'art politique, pour autant qu'il existe. À strictement parler, la τέχνη de la politique, au sens d'ensemble de règles ordonnées qui peuvent être enseignées, n'existe pas. En revanche la gymnastique, elle, possède bien cette qualité. Si peu plausible que cela puisse nous paraître, Protagoras est forcé de soutenir que la science politique se résume au jugement droit. Ceux qui le détiennent ne peuvent être bernés par ces « hommes sages » que sont les sophistes, et il n'est donc pas nécessaire de dissimuler qu'on possède cette sagesse. Un dernier point sur cette question : ce qui prouve qu'on est doué d'εὐβουλία, c'est qu'on participe au pouvoir politique. Puisque ceux qui exercent le pouvoir politique se signalent par le fait qu'ils sont doués de l'εὐβουλία, le raisonnement de Protagoras est circulaire.

Il s'avère donc impossible de berner les gouvernants auxquels leur ascension au pouvoir a appris ce qu'ils devaient savoir et, de fait, tout ce qu'il y a à savoir. Voilà au moins une vérité en politique : ceux qui savent comment agir ou gouverner dans les cités ne peuvent être trompés par la sagesse sophistique, laquelle se réduit donc, comme le dit Protagoras, à la capacité de former les jeunes gens aux principes de l'expérience. Naturellement, Protagoras reste muet sur les dangers liés à l'art de la pédagogie. Enfin, « quant à la foule, elle ne se rend compte pour ainsi dire de rien. Les gouvernants proclament; la multitude entonne des hymnes (ὑμνοῦσι) » (317 a 4-6). En résumé, excepté en un sens défensif, on peut faire fi du petit nombre, c'est-à-dire de ceux qui comprennent d'eux-mêmes, et de la multitude, c'est-à-dire de ceux qui ne comprennent pas. La cible principale de Protagoras est exactement la même que celle de Socrate : ce sont les jeunes fils de la classe politique dominante. Mais ces deux hommes ont aussi une seconde cible, un individu qui leur serait d'une incomparable utilité s'il pouvait se laisser conquérir par l'un ou l'autre d'entre eux : Alcibiade.

De prime abord, la liste donnée par Protagoras des sophistes qui l'ont précédé a tout l'air d'une plaisanterie. Un examen plus attentif révèle cependant qu'elle se tient. Le premier groupe mentionné est celui des poètes, en qui la grande majorité des Grecs voyaient des maîtres d'une importance et d'une autorité sans égales. Prétendre connaître les mystères religieux revêt une importance décisive pour gouverner la multitude, et l'importance de la musique et de la gymnastique pour l'éducation de la jeunesse est amplement développée par Socrate dans la *République*. Une explication plus approfondie de l'enseignement de Protagoras nous est proposée dans le *Théétète* (152 c 8 *sq.*), où Socrate identifie l'objet caché de l'enseignement de Protagoras, dissimulé à la multitude mais révélé à ses élèves : « il n'y a rien qui soit un et invariable (ἓν μὲν αὐτὸ καθ' αὑτὸ οὐδέν ἐστιν) ». Ce principe est bien sûr en contradiction avec l'axiome fondamental de l'enseignement socratique, il va à l'encontre de la doctrine des Idées platoniciennes.

Rassemblons maintenant les fils épars de notre analyse. Protagoras n'a pas révélé grand-chose, c'est le moins qu'on puisse dire, du contenu de la sagesse politique. Il pourrait se défendre en arguant de ce que cette sagesse politique consiste en prudence, c'est-à-dire en la faculté de répondre le mieux possible au cas particulier. Mais nous devons bien savoir ce qui en principe vaut le mieux quand nous corrigeons notre réponse pour qu'elle soit la meilleure possible. Examinons dans cette perspective le célèbre principe de Protagoras selon lequel l'homme est la mesure de toutes choses. Envisagée avec le principe théorique voulant qu'il n'y ait aucune identité permanente, la position de Protagoras semble impliquer que nous pouvons plier les choses à nos désirs, *y compris nous-mêmes*. C'est ce que Nietzsche, en proche disciple de Protagoras, nomme la volonté de puissance. Le changement continu de la nature ouvre un horizon à la construction humaine. Dans le monde politique, cette construction s'appelle le νόμος. Il n'y a pas de νόμος en soi : toute communauté humaine, pour reprendre l'expression de Socrate, repose sur ce noble mensonge selon lequel notre νόμος est le meilleur car il provient d'un commandement divin.

La volonté de transformer le νόμος est bien plus profonde que le désir de gouverner les cités existantes. Pour Socrate, la transformation du νόμος suppose la connaissance d'entités αὐτὰ καθ' αὑτά, c'est-à-dire d'entités hors d'atteinte des pouvoirs de l'homme. Pour Protagoras au contraire, rien n'échappe aux pouvoirs de l'homme. Ces deux hypothèses sont toutes deux peu plausibles, mais l'enseignement secret de Protagoras a au moins l'avantage d'être plus cohérent avec la possibilité de la *praxis* humaine. Il est certainement plus attirant pour cet homme corrompu qu'est Alcibiade, qui se prend lui-même pour la mesure de tout homme. Parvenu à la force de l'âge, Alcibiade a dépassé la fascination pour Socrate qui avait marqué sa jeunesse. Plus précisément, cette fascination est suffisamment forte pour empêcher que Socrate n'abandonne Alcibiade à la veille de l'expédition de Sicile, mais trop faible pour transformer la cité dont Alcibiade est une version hypertrophiée. Qu'on relise chez Thucydide (I, 70) la description par les Corinthiens du caractère athénien, juste avant le déclenchement de la guerre du Péloponnèse. Les Athéniens sont novateurs, sont prompts à échafauder des plans et plus prompts encore à agir, ils osent entreprendre ce qui dépasse leurs moyens, ils font preuve d'une assurance extrême dans le danger et d'une avidité sans pareille. Mais ils sont incapables de jouir de ce qu'ils ont, car ils ne cessent de vouloir davantage : « ils sont persuadés de posséder même ce qu'ils n'ont pas. » La comparaison avec Alcibiade est peut-être plus frappante encore dans la phrase suivante : « si [les Athéniens] n'obtiennent pas ce qu'ils visent, ils s'estiment dépouillés de ce qui leur appartient, mais s'ils l'obtiennent, ils estiment que c'est bien peu en comparaison de ce que leurs actes leur réservent. » Tout cet extrait devrait faire l'objet d'une comparaison minutieuse avec un passage de l'*Alcibiade I* (104 e 6-105 e 4).

Depuis son adolescence, Alcibiade est l'expression de l'enseignement secret de Protagoras, à savoir que l'on peut refaçonner les choses pour les faire correspondre à la volonté de l'homme, parce qu'elles sont toutes en mouvement. Si les choses ne se défaisaient pas, personne ne pourrait innover. Cet enseignement est le lointain ancêtre de la doctrine centrale de Nietzsche. Quant à l'enseignement dispensé en public par Protagoras et que tout le monde connaît, c'est l'ancêtre du réalisme politique, dont Machiavel et Hobbes sont les meilleures illustrations. C'est en grande partie grâce à la puissante rhétorique de Nietzsche que ces deux enseignements, perceptibles dans les deux enseignements de la sophistique classique, ont fusionné en une synthèse que nous appelons aujourd'hui « libéralisme » quand nous sommes attentifs à la doctrine exotérique des sophistes, et « conservatisme » quand c'est la doctrine ésotérique qui retient notre attention.

On remarquera que je n'accorde aucun rôle indépendant à l'« empirisme » dans la philosophie politique contemporaine. C'est que tout le monde, les libéraux comme les conservateurs, apprend par l'expérience. Le problème est que la plupart d'entre nous n'en apprennent pas ce qu'il faudrait.

Traduit de l'américain par Étienne Helmer

LA QUESTION DE LA RÉCONCILIATION AVEC L'IMPERFECTION CHEZ PLATON

CHARLES L. GRISWOLD

à Monique Dixsaut

> Aujourd'hui, chacun s'autorise à exprimer son vœu et sa pensée la plus chère : eh bien, je veux dire, moi aussi, ce que je me suis souhaité à moi-même et quelle pensée m'est venue à l'esprit la première cette année, – quelle pensée doit être pour moi le fondement, la garantie et la douceur de toute vie à venir ! Je veux apprendre toujours plus à voir dans la nécessité des choses le beau : je serai ainsi l'un de ceux qui embellissent les choses. *Amor fati* : que ce soit dorénavant mon amour ! Je ne veux pas faire la guerre au laid. Je ne veux pas accuser, je ne veux pas même accuser les accusateurs. Que *regarder ailleurs* soit mon unique négation ! Et somme toute, en grand : je veux même, en toutes circonstances, n'être plus qu'un homme qui dit oui !
>
> Nietzsche[1]

Le thème général dont je vais traiter ici porte sur la réconciliation avec l'imperfection. L'imperfection a reçu bien des noms, car elle se présente sous de multiples visages : la folie, l'ignorance, l'irrationalité, l'aveuglement, la contingence, l'omniprésence du hasard, l'injustice, l'immoralité, le mal, la décadence, la déloyauté, la cupidité, la violence, la cruauté, la laideur, la division, l'instabilité, l'interdépendance, la fugacité, la finitude, le déclin, la tromperie, la futilité. Certaines de ces fautes sont de notre fait, d'autres s'abattent sur nous comme des forces naturelles, d'autres encore surviennent des deux manières à la fois, et il n'est presque personne qui ne soit en mesure d'allonger à tout moment cette liste d'imperfections. De la *banalité* même de ce catalogue, on ne saurait pourtant conclure qu'il ne nous concerne en rien, comme si ces motifs permanents de mécontentement étaient bien trop *ordinaires* pour mériter l'attention du philosophe. De tels motifs sont assez puissants pour inciter certains philosophes à se consacrer à des projets destinés à les corriger. L'imperfection a souvent fait

1. *Le Gai Savoir*, § 276 ; trad. P. Wotling, Paris, GF-Flammarion, 1997, p. 225-226.

l'objet du mépris du philosophe, mais ne serait-ce que pour cette seule raison, réfléchir à son propos n'est pas méprisable. Et pour d'autres raisons tout aussi décisives, nous sommes invités à réfléchir au défi que représente l'imperfection.

La volonté de changer le monde pour le rendre meilleur est une inévitable aspiration humaine. Même l'être le moins ambitieux parle avec envie d'un monde meilleur où les maux ordinaires – la maladie, la vieillesse, et bien évidemment la mort – ne seraient pas les fléaux qu'ils sont en effet. L'expérience ordinaire nous présente le problème plutôt que sa solution : en elle-même et d'elle-même, la plupart d'entre nous ressentent cette expérience comme imparfaite, voire comme intolérable. C'est une idée de ce qui est mieux, de ce qui est plus satisfaisant ou de ce qui a plus de sens, ou tout au moins de ce qui est moins imparfait, que nous devons tâcher d'exprimer, et cette recherche mobilise notre énergie.

Le comparatif conduit à l'absolu : quel sens donner à « ce qui est mieux » sans avoir pour critère « le meilleur », ou à « ce qui est moins imparfait » sans le considérer à la lumière du « parfait » ? Comme le dit Socrate dans la *République* (504 c 1-3), « une mesure qui reste, si peu que ce soit, en défaut par rapport à ce qui *est*, n'est pas du tout appropriée. Car rien d'imparfait ne peut être la mesure de rien[1] ». Si le réel est défectueux, il faut qu'il soit mesuré à l'aune du meilleur, de l'idéal. Si nous pouvions les articuler l'un à l'autre, nous nous donnerions alors une étoile fixe sur laquelle régler notre compas ; comme de véritables pilotes, nous voguerions à travers les imperfections de la vie humaine vers de plus heureuses, de plus vertueuses et de plus sûres latitudes. La réconciliation consistera peut-être en fin de compte en la découverte d'un moyen de nous protéger du monde, ce qui nous permettra alors de nous éduquer, en la découverte d'un port abrité ; peut-être consistera-t-elle à nous corriger nous-mêmes ainsi que nos semblables, de sorte que notre panier débordant de situations déplorables soit ramené à un niveau supportable ; ou encore à fuir avec toute l'humanité vers quelque condition vraiment transformée mais que nous n'entrevoyons qu'à peine. Dans tous les cas, une chose est sûre : nous ne sommes pas chez nous à l'endroit où nous vivons actuellement ; contre l'aliénation à cette vie, à laquelle celle-ci nous condamne elle-même, la seule alternative réside en un *nostos* correcteur.

Les propriétés prêtées à l'idéal seront très variables et refléteront sans nul doute une multitude de facteurs contingents aussi bien que de positions philosophiques et religieuses. Comme le faisait observer William James, pour bien gens, rester en dehors du ruisseau est un idéal qui, légitimement, les absorbe tout entier. Il ajoute :

1. Trad. P. Pachet, Paris, Gallimard, 1993. Toutes les citations suivantes de la *République* seront extraites de cette traduction. Dans les deux premières parties de mon article, les références à Platon renvoient à la *République*, sauf indication différente. Je ne fais pas ici de différence entre Platon et le Socrate des Dialogues de Platon, sauf mention contraire. Chaque fois que j'évoque Socrate, c'est du Socrate de Platon qu'il s'agit.

dès lors, vous le voyez, à prendre les choses en gros, abstraitement et sans précautions, l'idéal devient tout ce qu'il y a de plus vulgaire dans la vie. Sous une forme ou sous une autre, chacun a le sien, personnel ou impersonnel, bien ou mal entendu, bas ou élevé ; et le moins estimable des pleurnicheurs et des songe-creux, des ivrognes, des fainéants, des rimailleurs, qui n'a jamais fait preuve d'un grain d'énergie, de courage et de patience, est peut-être idéaliste au suprême degré[1].

Même en admettant avec James qu'un idéal ne recueillera notre admiration qu'à condition que la vertu soit nécessaire pour l'atteindre, les idéaux auxquels je songe sont un peu plus vastes que le simple fait de rester en dehors du ruisseau. Car si désirable que soit cet objectif, il ne représente qu'une amélioration par rapport à ce qui est. Un idéal lié à la perfection porte avec lui une profonde réforme du monde tel qu'il est. Comme le dit Aurel Kolnai à propos des utopies, un idéal est « la solution *du* puzzle »[2]. Il ne s'agit pas de viser à une amélioration partielle – assainir le ruisseau sans atteindre la source de la crasse, si l'on peut dire –; il s'agit de viser à un changement réel et global, et ce à la lumière d'un tableau général et harmonieux du monde. Nous pourrions alors aimer le monde de part en part, et une voie serait ainsi ouverte vers la réconciliation.

Le thème de la réconciliation pourrait nous sembler par trop religieux, et spécifiquement chrétien. La conception chrétienne de la réconciliation repose sur les notions de péché, d'expiation, de repentance, ainsi que sur la grâce dont Dieu fait preuve à travers le Christ[3]. Mais nous sommes tout autant familiers d'un autre sens de la réconciliation avec l'imperfection, consacré par l'usage. C'est une certaine version de l'expiation [*atonement*] au sens étymologique de « ne faire qu'un » [*at-one-ment*]. Ce sens est très certainement présent chez Platon et chez d'autres auteurs anciens non chrétiens. Certes, Platon ne fait pas de la réconciliation avec l'imperfection un thème explicite comme le font les penseurs post-chrétiens, tel Hegel – Platon n'y consacre aucun de ses dialogues ; mais le désir de (ré)instaurer une totalité, une unité ou une harmonie, est un thème d'une importance indéniablement majeure tant dans la philosophie politique de Platon que dans ses analyses de l'amour entre les individus[4]. Sur ces deux plans, la réconciliation est possible dès lors que le monde ou l'individu peut être aimé.

1. W. James, « Ce qui confère une valeur à la vie » dans *Aux étudiants, aux enseignants*, trad. L.-S. Pidoux et H. Marty, Paris, Payot, [1906-1914], 2000, p. 234.

2. « The Utopian Mind » dans Daniel J. Mahoney (éd.), *Privilege and Liberty and Other Essays in Political Philosophy*, Lanham, MD, Lexington Books, 1999, p. 128.

3. Sur ce point, les textes abondent : par exemple, *Corinthiens* II, 5, 18 : « Et le tout vient de Dieu, qui nous a réconciliés avec Lui par le Christ et nous a confié le ministère de la réconciliation ».

4. Le grec de Platon présente de nombreuses occurrences du terme « réconciliation » (διαλλαγή et bien plus rarement καταλλαγή). Il est utilisé en général dans un contexte politique (se réconcilier avec ses ennemis) plutôt que dans un contexte personnel ; mais dans le *Banquet*, Aristophane recommande explicitement les vertus d'unité et de « réconciliation » avec dieu (193 b 4); voir aussi *Banquet*, 213 d 7, *Rép.*, 470 e 2-471 a 4, *Lois*, 628 b 8. Aristote cite un proverbe avec καταλλαγή en *Rhét.*, 1418 b 35. Καταλλαγή est employé une fois par Platon (*Rép.*, 566 e 6) et une fois par Aristote (dans le passage évoqué précédemment). En ce sens de « réconciliation », ce terme grec apparaît principalement après l'époque classique ; avant, il n'apparaît que très ponctuellement chez les historiens et les orateurs, à propos de traités conclus entre des factions en guerre ou entre des *poleis*.

Pour Platon, le monde ou l'individu tels qu'ils sont *donnés* ne sont pas aimables; la réconciliation est donc indissociable d'un perfectionnement. Comme bien souvent, Platon établit un programme philosophique, et force ses successeurs à compter avec son propre point de vue.

Mon objectif principal est ici d'examiner de façon critique la conception que Platon se fait de la réconciliation avec l'imperfection, conception dont l'influence fut très grande. Dans la première partie, je partirai de la célèbre « théorie platonicienne de l'amour » telle qu'elle est exposée dans le *Phèdre* et dans le *Banquet*. Ce que j'appelle le très idéalisant *récit de la nostalgie* de Platon est l'histoire d'un ardent désir de fuir qui n'est pas satisfait et qui ne peut l'être, et dont les conséquences sur le statut des individus qui font l'objet de notre amour sont importantes. Par « idéalisant », je désigne la tendance à énoncer et à représenter une situation ou des qualités comme moralement idéales ou parfaites, comme des paradigmes qu'il faudrait s'acharner à atteindre. Chemin faisant, je réfléchirai sur la « théorie des Formes », notamment sur leur fonction dans le récit du retour et sur le rôle très significatif qu'elles jouent comme paradigmes de la perfection (pour Platon, ce sont les êtres les plus parfaits de l'univers). Dans toute cette première partie, je chercherai à dégager la structure de la perspective d'ensemble qu'expriment ces différents niveaux de la philosophie platonicienne.

Dans une seconde partie, je me pencherai sur ce qu'on pourrait appeler – de façon très générale et quelque peu imprécise – le niveau politique, tel qu'il est exposé dans la *République*. Je concentrerai mon analyse non seulement sur le rapport entre l'idéal et le réel dans les sections clés du dialogue, mais aussi sur la *psychè*. L'injonction qui conclut le livre IX, nous invitant à modeler nos âmes sur le paradigme de la cité en paroles, l'image concomitante de l'âme, et certains aspects du mythe d'Er, seront envisagés à la lumière de la question suivante : la *République* nous réconcilie-t-elle ou non avec le monde politique ou encore avec le moi ? Je montrerai que si nous la considérons en lien avec le problème de l'aspiration au meilleur – à la perfection –, la *République* est tout à fait cohérente avec la « théorie de l'amour » du *Phèdre* et du *Banquet*.

Dans la troisième partie, j'avancerai des observations plus approfondies sur la « théorie des Formes » – en particulier sur le défi, bien souvent passé sous silence, que pose une « Forme du mal », et plus généralement sur quelques questions soulevées par la métaphysique platonicienne de l'imperfection. Je tâcherai de tirer les conséquences de ces considérations sur la réconciliation avec le monde donné ou avec le monde idéal (ou « réel »).

J'esquisserai pour conclure, dans la quatrième partie, une alternative moderne au perfectionnement platonicien, alternative que j'appellerai « l'éthique de la sympathie ».

I

L'art idéalisant de Platon n'est nulle part plus évident que dans ses histoires célèbres et édifiantes sur l'amour (*erôs*). L'un des débats les plus connus concernant la théorie de l'amour exposée par Socrate dans le discours de Diotime qu'il rapporte, dans le *Banquet*, et dans la palinodie à laquelle il se livre dans le *Phèdre*, porte sur sa thèse selon laquelle l'objet de l'amour n'est pas le sujet, si je puis dire, mais les propriétés que présente un sujet. L'amoureux aime la qualité qu'est la beauté, ainsi que d'autres qualités qui se trouvent incarnées dans l'être aimé ; l'être aimé en tant qu'être aimé ne peut être aimé. En tant qu'individu, il n'est que cette âme particulière incarnée, qui en elle-même et d'elle-même est sans valeur ; mais en ce qu'il est porteur de propriétés divines, l'être aimé excite la passion et la réminiscence de l'amoureux. Comme l'aurait dit Diotime :

> Voilà donc quelle est la voie droite qu'il faut suivre dans le domaine des choses de l'amour ou sur laquelle il faut se laisser conduire par un autre : c'est, en prenant son point de départ dans les beautés d'ici-bas pour aller vers cette beauté-là, de s'élever toujours, comme au moyen d'échelons [...] dans le but de connaître finalement la beauté en soi (211 b 7-d 1)[1].

L'idéalisation dont l'être aimé est l'objet de la part de l'amoureux est si affirmée que Socrate explique que l'amoureux fait en réalité de l'être aimé une image sculpturale du divin (*Phèdre*, 252 e-253 c) ; et c'est là une autre façon de nier la valeur de l'individu réel. L'un des débats bien connus porte sur le point de savoir si cet exposé réduit l'être aimé à un simple moyen en vue d'une fin transcendante, comme un échelon qu'il faut laisser derrière soi aussi rapidement que possible, ou s'il donne une valeur inestimable à ce qui sans cela ne serait qu'une ombre dans le cours du temps, en conférant ainsi élévation et noblesse au simple mortel[2]. On observera que cette seconde hypothèse reconnaît en réalité ce qui fait précisément l'objet du refus central de la première : les êtres particuliers dont nous sommes le plus susceptibles de nous préoccuper, c'est-à-dire les êtres humains individuels, n'ont pas de valeur par eux-mêmes et en eux-mêmes, et ne sont donc pas, du point de vue de Platon, aimables en tant que tels. Il s'ensuit que personne ne peut avoir l'assurance, simplement en lui-même, d'avoir de la valeur ou d'être aimable.

Ce point de vue est admis par le silence presque complet qui entoure les questions implicites dans les passages du *Parménide* qui seront examinés plus bas, dans la troisième partie, et où Socrate se voit demander s'il existe une Forme de l'homme : y a-t-il une Forme du composé d'âme et de corps, ou une Forme de chacun de ces deux éléments pris séparément[3] ? Sans cette Forme, Platon ne peut tracer de ligne continue entre ce qu'il considère comme les aspects fondamentaux de l'homme – l'âme et le corps – et le divin tel qu'il le conçoit. Pourtant, quand bien même il pourrait faire ce lien, nous serions encore confrontés au problème qui vient d'être esquissé concernant le *Banquet* et le *Phèdre*, à savoir que les êtres

1. Trad. L. Brisson, Paris, GF-Flammarion, 2001.

2. Sur cette question, voir mon livre *Self-Knowledge in Plato's Phaedrus*, University Park, Pensylvania State University Press, 1999, p. 128-130.

3. Il y a dans le *Phèdre* une référence à « l'idée » de l'âme, mais comme je le montre dans mon livre (*Self-Knowledge...*, *op. cit.*, p. 88-99), ce terme ne doit pas être compris dans ce passage en son sens technique d'« Idée » ou de « Forme ».

humains particuliers, comme tous les composés du monde ordinaire, n'ont pas de valeur en eux-mêmes et par eux-mêmes, mais uniquement dans la mesure où ils sont l'incarnation de quelque chose de divin. Souvenons-nous que dans le *Banquet*, les individus particuliers se trouvent aux deux premiers échelons sur l'échelle de l'amour, c'est-à-dire tout en bas[1].

Dans ces passages, une possibilité très différente brille par son absence : on pourrait considérer que le caractère unique, passager et mélangé d'un individu est une condition nécessaire pour qu'il puisse être aimé – pour pouvoir être en effet aimé en tant qu'il est cet être imparfait, complexe et particulier. C'est un défaut commun à la *République* et aux dialogues consacrés à l'amour[2]. Mais il me semble qu'on ne peut donner suite de façon cohérente à cette manière d'envisager les choses dans un cadre platonicien. Pourquoi est-elle si étrangère à Platon ? Il est tentant de se tourner vers une « psychologie morale » au sens de Nietzsche, et de s'interroger sur la « pathologie » qui conduit Platon à concevoir ce qui a de la valeur comme un idéal ou un état de perfection situé métaphysiquement en dehors de l'ici-et-maintenant et en discontinuité avec lui – cet ici-et-maintenant fait de boue, de crasse, de poils, d'âmes individuelles incarnées, et de bien d'autres entités banales. Mais il faut dire que Platon répond aussi au désir familier, voire naturel, de perfection – ce désir de quelque chose de pur, de stable, qui ne soit pas susceptible de se corrompre, qui promeut et sanctifie l'inspiration, qui sauve la vie humaine de ce qui a tout l'air d'être une tragi-comédie désordonnée, impure et transitoire, semée d'erreurs et d'accidents. Sans nul doute, maintes générations de lecteurs ont trouvé convaincante cette idéalisation de l'amour (y compris de l'amour de la perfection politique) en grande partie parce qu'elle fait écho à ce désir. Le caractère religieux de l'amour tel que Platon le décrit – le dépassement du banal en extraordinaire – est une promesse de rédemption par rapport à la vie ordinaire.

1. *Cf.* J. Lear « Eros and Unknowing : the Psychoanalytic Significance of Plato's *Symposium* » dans *Open Minded*, Cambridge, Harvard University Press, 1999. À propos du *Banquet*, Lear écrit : « le but de l'amour n'est donc pas simplement d'aimer une chose qui ne soit pas particulière, mais de laisser derrière soi toute particularité. [...] Il faut donc dédaigner sa propre nature mortelle, en considérant qu'elle n'est pas une part de notre moi véritable [...]. Socrate a laissé derrière lui son humanité. Socrate ne s'intéresse à Alcibiade que dans la mesure où il est capable de développer en lui-même un principe divin. À cette fin, Socrate peut s'en tenir à son statut de modèle à suivre. Mais dans la mesure où Alcibiade est piégé par l'érotique humaine, il peut, du point de vue de Socrate, aller se faire voir » (p. 164).

2. Je suis d'accord avec G. Vlastos, quand il fait remarquer que la politique et l'érotique de Platon sont atteintes du même défaut élémentaire : « Celui qui a forgé cette utopie [la *République*] n'est de toute évidence pas parvenu à voir que ce qu'exige l'amour que nous portons à nos semblables, c'est avant tout une sympathie d'ordre imaginaire et un intérêt pour ce qu'ils pensent, éprouvent et veulent. Il a donc manqué cette dimension de l'amour où la tolérance, la confiance, le pardon et la tendresse sont valables », « The Individual as Object of Love in Plato », *Platonic Studies*, Princeton, Princeton University Press, 1981, p. 33. L'amour des Formes ne suppose de notre part aucun amour pour personne, et Vlastos oppose cette conception à la divinité idéale qu'il prête « aux traditions hébraïques et chrétiennes : un Être dont la perfection lui permet d'aimer l'imparfait » (p. 34).

Comme je l'ai laissé entendre, l'idéalisation platonicienne ne sauve pas l'homme des imperfections en question. Les termes mêmes du choix vouent, dès le départ, cet effort à l'échec[1]. En fait, les termes mutuellement exclusifs de ce schéma se requièrent l'un l'autre. L'amélioration de la vie humaine et simultanément le dénigrement de celle-ci, la crainte et l'espoir, sont intimement liés. Puisque la vie sur terre est définie comme une sorte de défaite, les Formes sont une consolation face à un monde impossible à aimer, car elles seules sont aimables au plus haut point. En se reconnaissant dans la promesse d'un amour érotique, l'amoureux semble se donner un abri sûr dans ce monde-ci, si l'on estime que le danger réside dans le mélange, la complexité, la différence, l'instabilité, l'insatisfaction. Platon donne à la connaissance des Formes un caractère orgasmique, comme s'il s'agissait d'une sorte d'amour culminant dans le relâchement extatique de l'intelligence et de la vérité (voir *Rép.*, 490 a 8-b 7, et l'expression μιγεὶς τῷ ὄντι ὄντως en 490 b 5). Comme le souligne le *Banquet*, une Forme est sans mélange (211 e 1), pure, « elle-même pour elle-même, perpétuellement unie à elle-même » (211 b 1), même qu'elle-même, indépendante de tout le reste, éternelle, immuable, entièrement autosuffisante, incorporelle, « étrangère à l'infection des chairs humaines, des couleurs et d'une foule d'autres futilités mortelles » (211 e 1-2), bref, libre de tout ce qui caractérise le monde où nous vivons de fait. Les Formes, dans la description qu'en donne ce passage ainsi que d'autres du même genre, incarnent une valeur platonicienne fondamentale : l'absence de mélange. C'est un caractère très significatif de la nature de la perfection.

Les Formes sont fiables et sûres ; elles sont toujours là, quoi qu'il arrive dans le cosmos, elles ne changent jamais et ne trahissent jamais, elles sont toujours fidèles. Elles émeuvent et attirent donc l'amant érotique platonicien pour qui le manque de fiabilité, la contingence, la limitation spatiale et temporelle, ainsi que la variabilité sont de graves défauts. Tout le monde sait que ces propriétés sont marquées négativement dans les dialogues de Platon. Étant donné l'exigence de perfection dont l'amoureux fait preuve, et étant donné son dégoût pour l'imperfection, ce qui passerait sans cela pour une série de rapports très contestables (par exemple, le rapport de l'éternel et du « réel », du temporel et de l'irréel ou du moins réel) semble naturel[2].

1. Comme le dit Nietzsche dans le « Problème de Socrate » (§ 11) : « C'est une duperie de soi de la part des philosophes et des moralistes que de s'imaginer sortir de la *décadence* en lui faisant la guerre. Y échapper est hors de leur pouvoir : ce qu'ils choisissent comme remède, comme moyen de salut, n'est qu'une autre expression de la *décadence* », *Le Crépuscule des idoles*, trad. H. Albert, Paris, GF-Flammarion, 1985, p. 87.

2. Pour des considérations déroutantes sur la logique que Platon emploie pour ficeler ensemble des prédicats comme « éternel » et « réel », voir D.H. Rice, *A Guide to Plato's* Republic, New York, Oxford, Oxford University Press, p. 85-89. Mes analyses sur les Formes comme paradigmes de la perfection et sur le portrait concomitant de la perfection humaine font écho à des passages du livre de M. Nussbaum, *The Fragility of Goodness*, Cambridge, Cambridge University Press, 1986, II, 5. Elle fait remarquer à juste titre que, dans la *République*, il est préconisé que nous jugions du caractère bon de la vie « à partir du pur point de vue de l'inutilité », p. 156.

Mais l'amour érotique platonicien est nécessairement décevant. Car il n'aboutit jamais; et si tel était le cas, en atteignant son sommet dans les Formes, l'amoureux découvrirait que les Formes ne l'aiment pas en retour. Son désir ne fait jamais l'objet d'aucune réciprocité. (Notons que si certains dialogues disent des dieux qu'ils nous viennent en aide – même si l'on ne peut imaginer qu'ils nous retournent notre amour – dans le *Phèdre*, ils s'occupent de leurs tâches et ont leurs propres préoccupations : ils n'aident pas les âmes, que ce soit avant le banquet divin ou après leur chute dans l'incarnation.) On ne peut s'en remettre aux Formes pour se sentir *soi-même* aimé. La pureté et le caractère non mélangé des Formes exigent qu'elles se tiennent en permanence à distance de leurs prétendants et, comme on l'a vu, les individus ne sont pas aimables en eux-mêmes et par eux-mêmes, fût-ce par d'autres amoureux. La dialectique entre un monde repoussant par ses imperfections, et des Formes fiables, sûres, aimables au suprême degré, situées en dehors du monde, est viciée en elle-même. La scène du banquet céleste met en présence des amoureux non aimés désirant des êtres qui n'aiment pas. C'est sans doute l'une des conceptions érotiques les plus étranges – quoique d'une influence considérable – de l'histoire de la philosophie.

Le caractère pour le moins singulier de ce tableau est accentué par plusieurs détails significatifs dans l'un des plus célèbres passages de ce qu'on pourrait appeler le « grand platonisme », c'est-à-dire dans le passage du *Phèdre* où sont exposés les voyages de l'âme avant sa descente cataclysmique dans la corporéité. Les âmes non divines se trouvent dans le sillage d'un dieu, et au moment opportun, « l'armée des dieux et des démons » (246 e 6) monte au banquet divin. Pour les âmes divines, le trajet est facile. Elles se repaissent de Formes et, se dressant « sur le dos du ciel », elles « contemplent les réalités qui se trouvent hors du ciel » (247 b 7-c 2). Une fois rassasiées et remplies, elles reviennent à leur demeure (247 e 4) et reprennent leur tâche de mise en ordre de l'univers (246 c 2). Même les dieux ne peuvent se nourrir eux-mêmes chez eux; seul l'univers peut les sustenter. Ils n'ont pas non plus le droit de rester dans cette plaine fertile située en dehors de l'univers où ils trouvent leur nourriture. À l'exception de Hestia, qui reste dans la demeure des dieux sans se nourrir, tous sont contraints à d'incessantes allées et venues.

Pour les âmes non divines, le tableau est bien plus sombre; Socrate évoque « l'épreuve et le combat suprêmes » qui les attendent (247 b 5). Le plus qu'elles puissent espérer est de survivre à la guerre de toutes les âmes non divines entre elles, et de faire sortir leur tête en dehors de l'univers assez longtemps pour récupérer quelques miettes du banquet divin. Comme le dit un commentateur, ces âmes ne « voient » – Socrate mêle ici les métaphores – que de maigres morceaux des Formes : cette vision est, au mieux, discontinue, floue et perspective[1]. Selon Socrate, la plupart des âmes

1. S. Rosen, *Hermeneutics as Politics*, Oxford, Oxford University Press, 1987, p. 76. « Perspectif » est peut-être trop fort ici; « partiel » conviendrait davantage. La traduction du *Phèdre* est celle de L. Brisson, Paris, GF-Flammarion, 1989.

> aspirent toutes à s'élever, elles cherchent à suivre, mais impuissantes elles s'enfoncent au cours de leur révolution ; elles se piétinent, se bousculent, chacune essayant de devancer l'autre. Alors le tumulte, la rivalité et l'effort violent sont à leur comble ; et là, à cause de l'impéritie des cochers, beaucoup d'âmes sont estropiées, beaucoup voient leur plumage gravement endommagé. Mais toutes, recrues de fatigues, s'éloignent sans avoir été initiées à la contemplation de la réalité, et, lorsqu'elles se sont éloignées, elles ont l'opinion pour nourriture (*Phèdre*, 248 a 5-b 5).

Elles ne sont chez elles ni au banquet divin ni dans le sillage de leur dieu. Elles plongent alors depuis les régions célestes, comme des oiseaux dont le cœur est transpercé d'une flèche ; et une fois incarnées, dans la mesure où elles sont capables d'anamnèse, elles aspirent à retrouver le tout. Il est clair que le royaume terrestre n'est pas leur demeure ; elles désirent ce *nostos*, mais de quelque côté qu'elles se tournent, elles sont toujours sans demeure. En somme, au final, sur le plan politique comme sur le plan érotique, Platon met l'accent sur l'insatisfaction, l'incomplétude et l'aliénation. Le récit de la nostalgie de Platon est l'histoire d'un ardent désir de fuir qui n'est pas satisfait et qui ne peut jamais l'être.

On remarquera que les âmes terrestres aspirent à *revenir* ; leur désir porte sur quelque chose qu'elles ont laissé derrière elles. Ce qui me semble significatif dans ce récit du retour, ce n'est pas seulement que nous soyons sans demeure, maintenant et plus tard, que ce soit ici ou ailleurs ; c'est que nous aspirions non à quelque chose que nous aurions possédé mais à quelque chose dont nous n'avons pas été rassasié et qui, même si notre désir se trouve satisfait dès l'instant que nous échappons au cycle des réincarnations, continuera à nous manquer (comme nous ne sommes pas des dieux, nous ne pouvons espérer participer à un festin qui nous rassasie). Les deux points frappants – que l'aspiration soit caractérisée comme un intense désir de retour, et que la scène « originelle » à laquelle on souhaite retourner ne soit pas rassasiante – sont indissociables. Si, en revanche, avant de s'incarner, les âmes avaient reçu leur part de Formes, il serait possible de les imaginer remplies et fortifiées – vagabondant dans un monde qu'elles exploreraient avec joie, se donnant une demeure, trouvant de nouvelles nourritures. Leur désir ne serait alors pas de revenir mais d'avancer dans un nouveau champ de possibles. Cette manière de voir les choses est étrangère au grand platonisme ; de fait, elle semble invisible à la plupart des âmes érotiques qui y sont décrites. Grâce à leur puissante pulsion idéalisante, elles se représentent à tort l'état qui précède l'incarnation comme leur demeure ou comme un idéal ; mais, tout comme la meilleure cité en paroles dans la *République*, la condition antérieure à l'incarnation est loin d'être exempte de défauts. Sur le plan politique comme sur le plan individuel, nous rêvons de façon érotique d'une vie menée dans une demeure que nous n'avons jamais eue, et nous nous berçons de l'illusion qu'elle est là, à nous attendre, et qu'il suffirait de vertu et de chance pour que le retour se produise. Pris par l'enthousiasme de l'idéalisation, Socrate explique qu'au retour,

> nous avons eu une vision bienheureuse et divine, en ce temps où nous étions initiés à cette initiation dont il est permis de dire qu'elle mène à la béatitude suprême.

> Cette initiation, nous la célébrions dans l'intégrité de notre nature, à l'abri de tous les maux qui nous attendaient dans le temps à venir. Intègres, simples, immuables et bienheureuses étaient les apparitions dont nous étions comblés en tant que mystes et époptes, car, dans une lumière pure, nous étions purs ; nous ne portions pas la marque de ce tombeau que sous le nom de "corps" nous promenons à présent avec nous, attachés à lui comme l'huître à sa coquille (*Phèdre*, 250 b 8-c 6).

Socrate se reprend et précise immédiatement : « le souvenir mérite sans doute cet hommage, mais en nous donnant le regret de ce passé, il vient de nous faire parler trop longuement » (250 c 7-8). En tant que lecteurs de cette histoire, et avec l'aide de la précision apportée par Socrate, nous percevons la falsification qu'implique ce rêve avec la lucidité qui fait défaut à l'amoureux érotique. Il n'est pas vrai de dire, d'après la propre palinodie de Socrate, que « nous » étions parfaits dans l'état précédant la vie ou que cet état était lui-même parfait. Parce que nous sommes des amoureux érotiques (ou des diseurs de mythes absorbés dans leur enthousiasme), notre idéalisation grandit sur la base d'un sentiment de *perte* de ce monde (perte de la fiabilité, de la simplicité, de la pureté, etc.), mais cette idéalisation falsifie aussi son propre *telos*. Si donc l'amour érotique n'atteint pas sa fin – et il ne saurait en être autrement – il est alors de son propre aveu condamné à être insatisfait ; s'il pouvait atteindre cette libération de la servitude, il serait condamné à être insatisfait (à subir le vacarme qui agite le royaume d'avant l'incarnation). La falsification propre à l'idéalisation a peut-être pour fonction, entre autres, de rendre supportable le désespoir qu'implique notre dilemme en nous masquant ce qu'il a de désespérant.

II

La *République* de Platon compte elle aussi parmi les grandes contributions aux aspirations idéalisantes de l'âme humaine. Le tableau qu'elle brosse de la réalité morale et politique et en fonction duquel elle définit ses orientations est évidemment très dérangeant. Le célèbre défi lancé par Glaucon et Adimante est censé s'appuyer sur une opinion populaire concernant la nature humaine, et peu de lecteurs du dialogue – et encore moins de personnages du dialogue – se demandent s'il s'agit d'une opinion populaire, et si cette opinion correspond bien à la conception qu'ont d'eux-mêmes *hoi polloi*, c'est-à-dire presque nous tous. Pour savoir si cette opinion est fondée, nous devons d'abord, dit Socrate, savoir ce que sont la justice et l'injustice et savoir ensuite ainsi si la vie juste est meilleure et plus heureuse qu'une vie injuste. Juste avant d'introduire la troisième vague, Socrate déclare : « C'était donc pour avoir un modèle [...] que nous cherchions à la fois ce qu'est la justice en soi et un homme parfaitement (τελέως) juste, au cas où il pourrait advenir à être, et quel homme il serait une fois advenu ; et inversement pour l'injustice et pour l'homme le plus injuste [...]. Nous ne cherchions pas à atteindre le but consistant à démontrer que ces choses-là sont capables de venir à l'être » (472 c 4-d 2). Le « modèle en paroles d'une cité bonne » doit nous guider pour ce qui est de savoir s'il est réalisable ou non, et faute d'une orientation efficace, nous nous ne cesserons d'être assaillis de maux et nous ne connaîtrons de bonheur ni privé ni public (473 c 11-e 5)[1]. Si nous devions utiliser le paradigme pour réordonner le monde tel qu'il nous est donné, comment procéderions-nous ?

Pour Socrate, il faut être capable, à la manière d'un peintre, « de tourner les yeux vers ce qui est le plus vrai, de s'y reporter à chaque fois et de le considérer avec le plus d'exactitude possible, pour précisément y conformer aussi les règles à établir ici concernant ce qui est beau, juste, et bon, chaque fois que besoin est de les établir ; et aussi bien de préserver celles qui sont établies, en étant leurs gardiens » (484 c 9-d 3). Il s'avère que ceux qui sont les plus aptes à tourner leurs regards vers les vérités éternelles sont les philosophes idéaux ; et c'est cependant dans la cité idéale qu'ils viendront à l'être. On apprend « qu'il n'y a aucune chance qu'une cité, ou un régime politique, ou encore, de la même façon, un homme, devienne jamais parfait (τέλεος) avant que ces philosophes peu nombreux et qui à présent sont nommés non pas méchants mais inutiles, ne tombent, par chance, sous l'effet d'une contrainte qui les oblige [...] à se soucier d'une cité [...] » (499 b 2-6). Mais il est besoin de la cité idéale pour entraîner les gardiens à gouverner. Les conditions de possibilité de la cité idéale supposent que la cité idéale ait vu le jour avec succès.

On pourrait répondre qu'un philosophe idéal pourrait naître de façon spontanée dans une *polis* non idéale, et pourrait accéder d'une manière ou d'une autre au pouvoir. Mais dans une cité non idéale, de quelque type qu'elle soit, les chances qu'un naturel philosophe accède au pouvoir politique sont presque nulles, comme l'explique Socrate. Car, bien que les *poleis* ne soient pas à l'abri des maux tant que les philosophes ne gouverneront pas, les philosophes ne seront pas davantage autorisés à gouverner qu'un « véritable pilote » ne le sera à conduire un bateau contrôlé par des marins bagarreurs, violents, saouls, incompétents et dupes d'eux-mêmes (487 e 7-489 a 2). « Il est impossible que la masse soit philosophe » (494 a 4) ; dans une cité non idéale, quelle « nécessité » pourrait contraindre les rares philosophes non corrompus à gouverner, *et* « la cité à obéir » (499 b 5-6) ? Certainement pas une nécessité logique ou rationnelle, car un tel argument ne pourrait être élaboré avec succès que dans une cité idéale. Ne reste que la chance extrêmement mince de voir, sous l'effet « de quelque inspiration divine », une passion érotique pour la philosophie s'emparer des dirigeants ou de leurs fils (499 b 6-c 2). Ce n'est certes pas impossible ; mais essayez de trouver ne serait-ce qu'un seul exemple de ce phénomène dans toute l'histoire, en gardant à l'esprit ce que Socrate entend par la « philosophie » qui rend capable de gouverner, c'est-à-dire la connaissance des Formes, la capacité dialectique, etc.

1. Je ne crois pas que la « cité en paroles » de la *République* soit une « Forme » au sens que Platon donne à ce terme. Elle constitue néanmoins un « paradigme » (472 d 9) au sens de modèle d'une cité parfaite. Sur ce point, je rejoins M. Burnyeat, « Utopia and Fantasy : the Practicability of Plato's Ideally Just City » dans G. Fine (éd.), *Plato* II, Oxford, Oxford University Press, 1999, p. 298. Burnyeat cite Leo Strauss qui fait la même remarque dans *La Cité et l'Homme* [1978], trad. O. Berrichon-Sedeyn, Paris, Agora, 1987, p. 272.

Ce constat apporte avec lui des nouvelles plus mauvaises encore : les chances que, dans une cité non idéale, un naturel philosophe puisse même parvenir à maturité sont faibles. « Aucune constitution de cité, parmi celles d'aujourd'hui, n'est digne d'un naturel philosophe » (497 b 1-2), et l'on peut ajouter sans se tromper que rien n'a changé depuis l'époque où Platon formulait ce jugement. Seul un nombre infime de naturels philosophes, dit Socrate, arrive au final à « rester au contact de la philosophie d'une manière valable », peut-être parce qu'ils se sont exilés loin des inévitables corrupteurs. Ce groupe minuscule cherchera-t-il au moins à reprendre le navire de l'État et à le ramener au port en toute sécurité ? Le philosophe cherchera-t-il à effacer le tableau de la politique pour tout redessiner ? Absolument pas : un tel homme « dédaigne les affaires de la cité et voit plus loin » (496 b 4-5). Il ressemble à un être qui, tombé parmi des bêtes féroces, s'emploierait uniquement à ne pas les croiser sur son chemin. C'est ce qu'explique Socrate :

> on prend tout cela en compte dans son raisonnement, on se tient tranquille et s'occupe de ses propres affaires, comme quand dans la tempête, lorsque nuages de poussière et tornades d'eau sont soulevés par le souffle du vent, on s'abrite au pied d'un muret ; voyant tous les autres pleins de mépris pour les lois, on se satisfait d'arriver d'une façon ou d'une autre à vivre soi-même la vie de ce monde en restant pur d'injustice et d'actes impies, et à la quitter avec au cœur un bel espoir, dans un esprit à la fois serein et bienveillant (496 d 5-e 2).

En d'autres termes, le mieux que l'être humain le meilleur puisse espérer atteindre dans une *polis* non idéale, c'est la sécurité ; en même temps, il se résoudra à l'irrémédiable corruption des choses, derrière son mur de protection. La description faite par Socrate montre en effet clairement que cette résignation est mêlée de mépris et de peur.

L'image de la caverne dresse de la condition humaine le même tableau épouvantable. Dans un passage de cette image, Socrate compare la caverne à l'Hadès (521 c 3). Le perfectionnement de soi exige un retrait douloureux mais total de la vie politique et sociale, bref, de la vie humaine telle que nous la connaissons. Le monde de la caverne et le monde extérieur sont reliés par un tunnel ou un passage, mais sont, pour le reste, discontinus ; ils relèvent de sphères différentes et pourraient tout aussi bien être situés sur des planètes différentes. La lumière et le son de l'un ne parviennent pas dans l'autre ; l'un est naturel, l'autre est rempli d'artifices et de constructions ; à l'exception de la remontée entreprise par un prisonnier ou une prisonnière, et sa redescente périodique forcée, il n'y a aucun contact entre les deux mondes.

Socrate prétend bien sûr que ceux qui reviennent de l'extérieur de la caverne sont mieux en mesure de comprendre les ombres de la caverne (520 c 3-6). Cette idée est difficile à comprendre, puisque les ombres de la caverne ne sont pas les images des originaux situés à l'extérieur ; elles sont bien plutôt projetées par les marionnettistes de la caverne ou par les faiseurs d'opinion qui utilisent des artifices de toutes sortes (au sens strict, les ombres ne sont pas du tout des *images*). Rien n'indique que ces artifices soient eux-mêmes les images des choses ou des

Formes situées à l'extérieur de la caverne (et si tel était le cas, ceux qui les ont fabriqués ne seraient-ils pas, par impossible, eux-mêmes sortis de la caverne ?). À moins qu'il y ait des Formes de choses comme l'être humain ou comme les ustensiles (dont les ombres sont projetées sur les parois de la caverne, 514 b 8-c 1), pourquoi la contemplation des Formes permettrait-elle de mieux distinguer la véritable nature des objets dont les ombres sont projetées[1] ? En dépit de ce qu'affirme Socrate en 520 c 3-6, on a peine à voir comment la vie du philosophe en dehors de la caverne lui permet d'apprendre à interpréter les figurines du marionnettiste ou leurs images, même si cela lui a appris à voir les images sur les parois *en tant qu'*images (mais le marionnettiste a aussi cette connaissance). Même Socrate insiste par la suite sur le fait qu'un programme éducatif très long et très difficile, *plus* environ quinze années de mise à l'épreuve dans toutes sortes de tâches dans la caverne, sont nécessaires pour avoir la certitude qu'un individu qui a vu les Formes est prêt à diriger dans la caverne (539 e 2-540 a 4). La capacité à gouverner ne découle donc pas *directement* de la vision des Formes à l'extérieur de la caverne.

Le philosophe ne revient que sous l'effet de la contrainte. Comme le dit Socrate en termes décisifs pour l'argument de tout le dialogue, ceux qui peuvent s'échapper ne veulent pas « s'occuper des affaires des hommes » (517 c 8-9). Même la cité la meilleure est encore une caverne (539 e 3) ; ce n'est pas comme si le plafond de la « demeure carcérale » (517 b 2 ; *cf.* 516 c 4) pouvait être soufflé par des « missiles intelligents (*smart bombs*) » philosophiques (quelle autre arme qu'un missile *intelligent* un philosophe pourrait-il d'ailleurs employer ?) spécialement conçues à cet effet, de façon à laisser entrer le soleil et à réunir les deux mondes. Comme le montre l'évocation de la contrainte, même dans la cité la « meilleure », la « perfection » sur le plan politique et social mérite à peine son nom (d'où la rareté des citations). Même dans la cité la meilleure, les philosophes ne sont pas prêts à abaisser leur âme à ce qui n'est en fin de compte qu'une corvée (540 b 2-5). Les philosophes diront que gouverner la *polis* fait obstacle au perfectionnement de soi, et ils ne pourraient donc pas le faire prévaloir sur le domaine venant en tête de leurs préoccupations, à savoir le perfectionnement de soi sur le plan éthique comme sur celui de la connaissance. J'en déduis que même dans la cité en paroles, on ne trouve au mieux (tout dépend de l'interprétation qu'on donne de la « contrainte » en question) qu'une réconciliation philosophique partielle de l'idéal (à savoir, être affranchi à jamais de la prison qu'est la caverne) avec le réel tel qu'il peut être « idéalement » (à savoir, la « *kallipolis* »). La cité

1. D'après 520 c 3-6, le philosophe libéré qui se réhabitue à la pâle lumière de la caverne « reconnaîtra chacune des illusions, et ce dont elle est l'illusion », car il « aura vu le vrai sur ce qui est beau, juste et bon ». Le début du livre VII reste muet sur les illusions correspondant aux qualités morales ou esthétiques ; seules sont évoquées les ombres des objets sensibles. Dans le commentaire que je consacre à ce paragraphe, je tiens en outre que les artifices manipulés par les marionnettistes ne sont pas les εἴδωλα auxquelles Platon fait référence ; ce point n'est certes pas incontestable. Ce sont là quelques-unes des nombreuses difficultés que l'on rencontre pour donner sens à l'allégorie de la caverne, notamment lorsque l'on essaye d'unifier les propos tenus par Socrate au livre VII.

idéale se révèle être imparfaite en elle-même. D'où la question de savoir si la « cité idéale » est en elle-même cohérente.

Mais la vie parfaite de l'individu – acceptons pour l'instant cette dénomination – est évidemment elle aussi impossible pour des raisons qui ne tiennent pas à la circularité de ses conditions d'apparition. Qualifier les dirigeants de la cité la meilleure de « philosophes », c'est jouer sur le sens de ce mot; car ce sont plus des hommes et des femmes sages que des *amoureux* de la sagesse. Ils possèdent ce que cherchent les amoureux de la sagesse. Le critère de la perfection individuelle est, si l'on peut dire, d'une hauteur astronomique. Personne ne va l'atteindre, parce que personne ne quitte entièrement la caverne et que par conséquent, personne n'est en mesure de s'adonner à la contemplation sans revenir dans la caverne. Le projet d'amélioration de soi est d'abord séduisant parce qu'il fait fond sur une vie humaine dépeinte comme étant *de facto* vouée à une ignorance et une imperfection irrémédiables. Et pourtant, non sans paradoxe, la réalisation du projet semble tout aussi désirable que son impossibilité paraît effrayante. La première est impossible, la seconde est inacceptable. Voilà qui a tout l'air d'une impasse sans espoir.

Comme je l'ai déjà dit, Socrate laisse cependant entendre qu'il existe une troisième voie entre la fuite miraculeuse dans les régions supra-politiques d'un côté, et, de l'autre, le désespoir, troisième voie qui semble convenir jusqu'à un certain point au désir que le philosophe a de sortir de la caverne : il s'agit de s'accroupir derrière un muret et de s'occuper de ses propres affaires. On ne peut manquer d'être frappé du fait que, comme je l'ai déjà fait remarquer, quand Socrate évoque pour la première fois ce repli sur soi au livre VI, il souligne à quel point cette solution est imparfaite : car on ne peut mûrir que dans un régime politique, et même le philosophe ne peut échapper aux effets néfastes d'un régime non idéal, « de la même façon qu'une semence étrangère, semée dans une autre terre que la sienne, se dévoie, et a tendance, étant dominée, à rejoindre la semence locale » (497 b 2-3). Socrate confirme explicitement cette conséquence que, dans une *polis* non idéale, le philosophe ne peut se réconcilier totalement avec lui-même, au sens où il deviendrait son moi véritable, même s'il a assez de chance pour trouver un muret derrière lequel s'abriter[1].

Comme la *République* le révèle progressivement, il devient tout à fait clair que la fondation de la « cité la meilleure » est si peu probable qu'elle s'avère impossible pour des raisons pratiques. L'une des conditions préalables les plus inquiétantes, à savoir l'expulsion de tout individu âgé de plus de dix ans, est insérée presque *en passant* par Socrate à la fin du livre VII. Il est surprenant que ses interlocuteurs, pas plus que bien des commentateurs, ne s'interrogent sur cette exigence peu banale, même si elle implique sûrement un si haut degré de violence

1. *Rép.*, 497 a 3-5 : le philosophe n'aurait pas accompli le moindre des exploits « s'il n'avait pas eu la chance de rencontrer le régime politique qui lui convient. En effet, dans un régime qui lui convient, il pourra à la fois lui-même grandir encore, et préserver ce qui est commun à tous, en même temps que ce qui lui est propre ». D'après le contexte, il est clair que le seul prétendant au titre de régime qui convient est celui où les philosophes gouvernent.

qu'il aurait pour toute conséquence de réduire presque à néant les chances de fonder la « *kallipolis* » (527 c 2). Combien de parents accepteraient de coopérer ? En outre, qui exercerait cette contrainte ? La cité n'a pas encore été fondée et par conséquent, ni les auxiliaires ni les dirigeants philosophes ne sont encore en mesure d'intervenir (ou si du moins ils existent, leur nombre est minuscule et il n'y a aucune raison de penser qu'ils puissent s'allier). Il semble impossible de faire naître le pur à partir de l'impur – constat peut-être fatal à tout projet révolutionnaire radical[1].

Je me risquerai à avancer que l'exigence énoncée par Socrate frappe la plupart d'entre nous par ce qu'elle comporte aussi de moralement inacceptable. Elle découle pourtant naturellement du postulat antérieur de Socrate, selon lequel les philosophes-rois « en prenant comme surface une cité et les façons d'être des hommes, tout d'abord [...] la nettoieraient » (501 a 1). Et avec une de ces litotes dont son époque était friande, Socrate ajoute : « ce qui n'est pas très facile ». Nous sommes autorisés à en conclure non seulement que le projet de fondation de la cité idéale est hautement improbable, mais aussi – bien que Socrate se refuse à le dire aussi directement – que la *polis* idéale ne viendra jamais à l'être[2].

La fin du livre IX étaye cette conclusion, car nous y apprenons que le philosophe regarde la *politeia* qui est en lui-même. À moins que quelque « hasard divin » instaure la cité la meilleure, il ne se préoccupera que de lui-même. Ainsi Glaucon s'exclame-t-il :

> Tu veux dire que [le philosophe] [s'occupera du domaine politique] dans la cité dont nous avons exposé la fondation, celle qui est située dans nos arguments, car je crois qu'elle n'existe nulle part sur la terre !

À quoi Socrate réplique :

> Mais elle est peut-être située là-haut dans le ciel, comme un modèle pour qui veut la regarder et, en la regardant, se gouverner lui-même. Et il n'importe d'ailleurs en

1. Dans le commentaire qu'il donne de ce passage, D.H. Rice fait remarquer que si l'expulsion devait avoir lieu « nous aurions alors une tablette vierge sur laquelle nous pourrions écrire, des cœurs et des esprits non corrompus qu'il faudrait éduquer selon la véritable nature. Mais qui resterait-il pour entreprendre cette écriture ? Quels adultes, préservés de la corruption, pourraient se charger de l'éducation ? La réponse de Platon, ce sont les philosophes-rois. Mais pourquoi, étant donné l'importance que Platon accorde à l'éducation dans la formation des caractères, devrions-nous espérer que les philosophes aient échappé à l'influence corruptrice du vieux régime dans lequel ils ont grandi ? », *A Guide to Plato's* Republic, *op. cit.*, p. 114-115. Rice montre de façon très convaincante que dans ce passage, Platon ne peut expliquer ni comment la perfection est censée naître de l'imperfection, ni le contraire. Au livre VIII, l'histoire de la dégénérescence de l'âge d'or montre en effet que le prétendu état de perfection était en fait défectueux (par exemple, les philosophes-rois n'étaient pas des sages, et ils commirent donc des erreurs fatales dans la détermination du nombre nuptial). La séparation antiseptique du parfait et de l'imparfait est une illusion de l'imagination.

2. Le thème de la possibilité revient évidemment sans cesse, et son importance fait l'objet de débats passionnés dans la littérature secondaire. Par exemple, à un moment, Socrate souligne qu'il n'est pas impossible que les philosophes gouvernent (499 c) ; mais à la lumière de tout le reste, déclare-t-il aussi, une telle affirmation revient presque à une « impossibilité logique ».

> rien qu'elle existe ou doive exister quelque part. Car lui se soucierait (πράξειεν) des affaires de celle-là seule, et d'aucune autre (592 a 10-b 5).

Voilà une formulation très étrange de ce qui pourrait passer pour une solution au problème de l'imperfection de la vie sociale et politique : tournez-lui le dos, et devenez vous-mêmes plus parfaits en vous conformant au paradigme de la *cité céleste*. Donner ce conseil, c'est reconnaître que la réconciliation *politique* (qui, selon la *République*, suppose le gouvernement de la sagesse) est impossible. Harmonisez bien plutôt votre âme, et réconciliez-vous avec vous-même en vous montrant à la hauteur de la *polis* en paroles que nous avons examinée dans le détail. Laissez la *polis* en paroles s'écrire en petits caractères dans votre âme. Compte tenu du tableau qu'il a brossé de l'absolue nécessité d'une amélioration politique et de son impossibilité, on se serait plutôt attendu à ce que Socrate dise ceci : le philosophe devrait s'occuper de son âme en prenant pour modèles *les Formes*, et oublier tout ce qui relève de la politique. Mais ce n'est pas ce qu'il dit ici, et le résultat est tout à fait significatif.

L'intériorisation de la cité idéale signifie d'abord que le perfectionnement de soi sera guidé par ces mêmes critères impossibles à remplir qui rendirent la cité idéale politiquement irréalisable. La cité idéale était gouvernée par la sagesse; l'âme idéale qui prend modèle sur cette cité doit donc être gouvernée par la sagesse. Mais la sagesse est irréalisable. Elle supposerait, comme l'a longuement expliqué Socrate, que nous puissions nous affranchir de la caverne des opinions, et que nous accédions à une connaissance directe des Formes. Il s'ensuit que l'aspiration au gouvernement de soi par soi se révèlera elle aussi en partie frustrée.

De plus, imaginons ce qu'impliquerait cette tentative de se gouverner soi-même : il a fallu forcer les philosophes-rois à se charger de la corvée consistant à diriger la populace dans la caverne; faut-il donc de même, dans l'âme, contraindre la raison à contrôler des passions indisciplinées? C'est bien ce qu'il semble; les termes de ce dispositif impliquent donc une aliénation de soi. Le gouvernement de soi par soi est lui aussi une « corvée », entreprise parce qu'elle est nécessaire, et non parce qu'elle serait bonne ou noble. D'une certaine manière, nous sommes la caverne écrite en petits caractères. Puisque nous sommes notre âme dans son intégralité (y compris ses parties souterraines et sombres), nous ne pouvons ni échapper à notre bestialité ni nous réconcilier avec elle.

Socrate nous force à nous interroger : quel doit être l'analogon psychique de ces mesures dérangeantes à suivre pour que la raison gouverne dans la cité en paroles? Faut-il que nous nettoyions nos âmes et les repeignions à neuf? Quelle violence correspond à l'expulsion des individus âgés de plus de dix ans? Socrate indique clairement que pour gouverner avec succès les ordres inférieurs, le philosophe doit recourir à une myriade de mensonges; par analogie, le gouvernement de soi par soi suppose-t-il que l'on se dupe soi-même en permanence?

Cette manière de présenter les choses suppose que l'injonction qui clôt le livre IX s'adresse aux philosophes; mais des problèmes tout aussi difficiles se posent si l'on estime que l'injonction s'adresse aux non philosophes. Si par hypothèse vous n'appartenez pas à la plus haute classe de la *polis*, comment pouvez-vous donc vous « identifier » au paradigme de la *polis* pour mettre en ordre votre âme, qui n'est pas philosophe ? À la raison de qui vous soumettriez-vous ? Il ne peut s'agir de celle de quelqu'un d'autre, sans quoi vous ne vous dirigerez pas vous-même ; or c'est précisément ce pour quoi vous conformez votre âme au modèle de la cité en paroles ; mais il ne peut s'agir non plus de vous soumettre à votre propre raison, puisque par hypothèse vous n'êtes pas philosophe. Ni les philosophes ni les non philosophes ne sont capables de se reconnaître eux-mêmes dans un tel « paradigme », ou plutôt de se reconnaître eux-mêmes *en tant que* leur moi est complet et harmonieux.

On pourrait objecter que j'ai surinterprété l'injonction nous invitant à conformer notre âme au modèle de la cité en paroles, et que je me trompe donc en accentuant l'aliénation de soi par soi qu'implique le modèle. Cependant, un passage du livre IX de la *République* situé juste avant celui étudié plus haut vient apporter une confirmation frappante à mes observations. Socrate y élabore une image de l'âme destinée à expliquer la différence entre le tyran – l'âme injuste – et le philosophe – l'âme juste. Peut-être parce qu'elle est destinée à refléter la nature profondément mélangée de l'âme, cette image se laisse difficilement visualiser. L'âme est dépeinte comme une monstrueuse conjonction de trois « formes » : l'une serait celle « d'un animal divers et polycéphale qui aurait, disposées en cercle, des têtes d'animaux paisibles et des têtes d'animaux sauvages, et capable de se transformer de l'une en l'autre et de faire sortir tout cela de lui-même » ; la seconde serait celle d'un lion ; et la troisième serait celle d'un homme. La première est « de loin la plus grande », la seconde est plus petite, et la troisième est la plus petite (588 b 10-e 1). L'image associe sur le plan plastique la partie émotive et appétitive de notre être au bestial – sont évoqués les serpents et les singes –, au corps (591 c 5), à la terre (589 b 2), et bien sûr à l'irrationalité (591 c 6 *sq.*). La « forme » humaine est quant à elle désignée comme la meilleure partie de l'âme (591 c 3) et associée à la raison et au divin (589 d 1, 590 d 1)[1].

Les métaphores politiques sont également importantes ici : la bête sauvage intérieure est « apparentée à la foule » (590 b 7), et dans ces classes inférieures apparentées à la foule, les individus apprennent « les arts mécaniques et manuels » parce qu'ils sont incapables de se soumettre à une véritable règle hiérarchisante

1. On retrouve le même type de schéma dans l'image de Glaucos exposée juste avant le mythe d'Er. Le soi véritable est « de la même race que ce qui est divin, immortel et toujours existant », par opposition au soi corporel qui est mutilé et dont nous savons qu'il est couvert d'incrustations « parce qu'il se repaît de terre » et que ses incrustations « se sont incorporées autour de lui en excroissances terreuses, pierreuses et sauvages, alimentées par ces prétendus banquets du bonheur » (611 e 2-612 a 3). L'âme telle qu'elle est vraiment n'est pas « mutilée par son association avec le corps et par d'autres maux, telle que nous la voyons à présent » (611 b10-c 2). Cf. *Phédon*, 110 a 1-7 : « car la terre que voici, les roches et le lieu d'ici-bas tout entier – tout est corrompu, rongé de part en part comme l'est par le sel ce que contient la mer. Dans la mer, rien ne pousse qui mérite qu'on en parle, rien non plus n'a une forme – comment dire ? – accomplie ; tout n'est que roche creusée, sable, masse informe de vase impraticable, et, dans les endroits où la terre se mêle à la mer, bourbier ; rien donc qui, de près ou de loin puisse se comparer aux beautés de chez nous » (trad. M. Dixsaut, Paris, GF-Flammarion, 1991, p. 296).

(590 c 2-6). À l'opposé, l'« *aristos* » est organisé de telle manière que la bête sauvage en lui soit son « esclave »; par analogie, il vaut mieux pour les individus apparentés à la bête qu'ils soient les esclaves de l'*aristos* (589 c 7-d 3; 590 c 8-d 6). Les métaphores politiques et les comparaisons avec les animaux autres que l'homme, avec le corps et la terre, indiquent que le moi doit être organisé sur un mode hiérarchique, tout comme une *polis* bien dirigée. Ces passages viennent juste avant l'injonction finale à fonder une cité en soi-même, sur la base du paradigme de la cité en paroles.

Socrate tente d'atténuer l'importance de ce schéma en laissant entendre qu'il ne porte que sur « l'harmonie » de l'âme et du corps. Glaucon relève cette suggestion et s'enthousiasme à l'idée que l'homme bien organisé qui vient d'être décrit puisse être « véritablement musicien » (591 d 4-5). Mais c'est déformer la notion d'harmonie musicale pour la faire entrer dans un système hiérarchique entre ce qui domine et ce qui est soumis, entre ce qui a de la valeur et ce qui n'en a pas, entre ce qui est noble et ce qui est méprisable. Or la notion d'harmonie est contraire à ces évaluations. Elle n'en permet pas moins d'arriver à l'étape ultime, en nous faisant passer d'une manière prétendument continue à la métaphore politique finale de la *politeia* intérieure. Selon moi, l'image du monstre employée pour évoquer l'âme humaine confirme l'aliénation de soi implicite dans la métaphore de l'âme comme cité écrite en petits caractères, qui vient conclure ce passage[1]. Pourrions-nous sortir de la caverne psychique que, par définition, nous sommes partiellement, qu'une auto-séparation se produirait en nous; ne pourrions-nous jamais en sortir, que les meilleures parts « humaines » de nous-mêmes seraient asservies par les plus mauvaises. Le projet d'une correction de soi par soi est voué à l'échec d'emblée, en raison des conditions mêmes dans lesquelles il est posé.

Le problème bien connu de « l'homuncule » invite aux mêmes remarques; même si la partie de l'âme que Socrate compare à un homme pouvait se détacher des formes bestiales de l'âme, elle emporterait ces bêtes avec elle, puisque tout « homuncule » est un composé de rationnel et d'irrationnel. Par nature, votre humanité intérieure est compromise.

En somme, l'injonction qui conclut le livre IX semble intérioriser, et par là même accentuer, l'impossibilité et le caractère non désirable de la réconciliation caractéristique de la cité en paroles, cité envisagée à la fois en elle-même et comme « paradigme » de la posture à adopter à l'égard de notre vie politique non

1. Après avoir mentionné ces passages de la *République*, J. Annas fait remarquer que d'après l'image de l'âme avec son cocher et ses deux chevaux dans le *Phèdre*, « l'agent chez Platon, censément unifié de cette manière, est en réalité profondément aliéné. Considérer une part de soi comme extérieure à soi, et se projeter sur celles de ses propriétés que nous rejetons, c'est à l'évidence vivre sur le mode d'une profonde *division* de soi; et parler de contrôle n'y change rien », *Platonic Ethics, Old and New*, Ithaca, Cornell University Press, 1999, p. 135. Je suis d'accord sur ce point. Notons que tandis que le cheval noir du *Phèdre* essaye de persuader les autres parties de l'âme de le suivre dans ses projets (254 b 3, 255 e 6), le cocher applique non la persuasion mais la force brute pour contrôler les parties obscures du soi. Voir aussi la référence à l'asservissement en 256 b 2.

idéale. Le résultat est pour le moins douloureux, du fait que l'éducation de son âme, derrière le muret de protection, devait être la meilleure manière de répondre à l'impossibilité de se réconcilier avec l'imperfection du monde humain extérieur. Le repli sur soi laisse tout aussi peu d'espoir que l'ouverture vers l'extérieur; dans les deux cas, nos aspirations idéalisantes, telles que Socrate les dépeint, sont fichues. C'est avec l'humanité dans son ensemble, y compris la nôtre, que nous ne pouvons nous réconcilier.

Des interprètes soutiennent parfois que la *République* représente le moment « utopique » ou « optimiste » de la pensée de Platon, et que les *Lois* refléteraient l'anti-utopisme et le pessimisme de sa vieillesse[1]. Quoi qu'il en soit des *Lois*, le message de la *République* me semble être un message de désespoir et de résignation sur le plan personnel comme sur le plan politique; le pessimisme n'est que l'envers de l'utopisme. Ce qui a d'abord tout l'air d'une invite à une révolution correctrice – ce qui est plus manifeste sur le plan politique, mais qui concerne donc aussi le plan psychique – devient ensuite prescription d'un quiétisme défensif sur ces deux plans. Accroupissez-vous derrière le muret intérieur, à l'abri du monde et de vous-mêmes. Vous n'êtes pas le bienvenu dans votre propre cité, extérieure comme intérieure. On peut difficilement y voir un slogan propice à l'épanouissement personnel, et encore moins à l'épanouissement politique.

Des interprètes soutiennent parfois aussi que la *République* a pour objectif de nous proposer une « seconde navigation » : nous étions tout d'abord censés voir que nos aspirations idéalisantes conduiraient à une cité en paroles qui s'avère impossible, si ce n'est indésirable (la *kallipolis* serait une « esquisse préparatoire » à l'action politique); vous voyez maintenant qu'il faut modérer ces aspirations et les tourner en direction du perfectionnement de soi[2]. Mais cette interprétation n'est pas convaincante. Comme l'indique l'alternative explicitement proposée par Socrate à la perfection politique, celui-ci ne se fait aucun espoir quant à la *modération* de notre désir d'amendement politique; il nous conseille bien plutôt de tourner complètement le dos au domaine politique. C'est le conseil du dégoût, de la résignation. La *République* ne propose donc aucune réconciliation avec la réalité politique, contrairement à ce que suppose la thèse de la « seconde navigation ».

On peut donc comprendre pourquoi les anciens stoïciens lisaient la *République* comme un dialogue éthique plutôt que comme un dialogue politique[3].

1. Qu'il soit clair désormais que je ne prétends pas tenir compte de tous les dialogues de Platon ou de tous les passages pertinents des dialogues que j'ai étudiés ici. On peut trouver des Platon très différents selon les dialogues qu'on envisage. Je ne prétends certes pas proposer une interprétation générale de Platon, mais je me fonde sans conteste sur des passages décisifs extraits de textes décisifs.

2. Voir le commentaire de la *République* par Allan Bloom : *La Cité et son ombre*, trad. É. Helmer, Paris, Le Félin, 2006, p. 161-164. Voir aussi L. Strauss, *La Cité et l'Homme*, *op. cit.*, p. 175 : « Il est certain que la *République* fournit la cure la plus magnifique jamais imaginée pour toute forme d'ambition politique. »

3. Pour l'interprétation stoïcienne, voir J. Annas, *Platonic Ethics...*, *op. cit.*, chap. 4, « The Inner City : Ethics without Politics in the *Republic* ». Les Stoïciens qu'elle analyse tirent évidemment des passages du livre IX que j'ai étudiés une morale très différente de la mienne.

Mais malheureusement, ce dialogue ne permet pas non plus de se réconcilier avec son âme ; les termes dans lesquels Socrate formule ses conseils pour que nous puissions satisfaire notre désir de perfectionnement de nous-même résument les problèmes auxquels ces conseils devaient plus ou moins servir de réponse. Le paradigme de la cité en paroles n'est pas non plus une esquisse préparatoire à la réforme de soi ; cette réforme est elle aussi impossible ; ou alors, dans la mesure où elle est possible, elle intériorise la déception, le dégoût, et la résignation (et peut-être même conduit-elle à la haine de soi). Et dans tous les cas, comme on l'a vu, le perfectionnement de soi par soi sera sérieusement entravé par notre situation de dépendance à l'égard du monde et par l'influence que celui-ci a sur nous. L'échec de la réconciliation politique a donc de réels effets sur la possibilité de s'éduquer soi-même.

C'est peut-être pourquoi le mythe final de la *République* fait référence de façon frappante à Ulysse, dont l'âme, avant de s'incarner, a tiré le dernier sort et s'en est réjoui : ce sort était celui « d'un homme privé qui se soucie de ses propres affaires » (620 c 6-7). Il n'y a là pas l'ombre d'une lutte pour le perfectionnement mais, à la place, une cause de soulagement : à la différence des autres âmes, Ulysse est purifié et n'est pas gouverné par les « habitudes » (620 a 2) de sa vie antérieure, c'est-à-dire par l'amour des honneurs (620 c 5). On pourrait s'attendre à ce qu'il choisisse une vie philosophique, mais rien ne permet de supposer qu'il ait fait un tel choix. Sans doute a-t-il fait un bon choix comparativement à sa vie antérieure, au sens où il évite de la répéter ; mais on a le sentiment qu'il a choisi une vie sans ambition, sans joie (elle ne présente ni heureuse réunion ni tentative de *nostos*) ; il donne l'impression de s'accommoder de l'option la moins mauvaise. Il renonce manifestement à tout projet d'amélioration politique ou philosophique. L'idée semble être qu'il se tiendra accroupi, évitera d'être injuste envers les autres, et s'en tirera ainsi.

Cette conclusion du dialogue est sinistre mais n'a rien de surprenant. Elle souligne les conséquences des âpres antithèses de la *République*, qui valent tout autant pour le domaine politique que pour le moi : soit le perfectionnement soit la résignation défensive ; et dans les deux cas, pas de réconciliation, ni politique ni spirituelle. Le prétendu paradigme de la cité en paroles n'est même pas mentionné dans le mythe d'Er, tout comme les Formes. Voilà qui est remarquable pour un texte évoquant autant le désir du Bien, les voyages longs et difficiles, et le désir de transcender le monde terrestre. La vie future d'Ulysse – aux assertions duquel nous sommes invités à nous rallier – est une manière de reconnaître que la dialectique présentée dans ce dialogue entre le donné et l'idéal est sans issue.

Le tableau est encore plus sombre du fait que presque toutes les âmes non philosophes, même celles qui vécurent auparavant « en ayant part à la vertu par habitude mais sans contribution de la philosophie », ont apparemment peu d'espoir d'échapper à de mauvais choix et à la réincarnation (619 c 6-d 11). Puisque presque toutes les âmes sont non philosophes, et que la plupart choisissent simplement la vie suivante en fonction des habitudes contractées dans la vie précédente, elles offrent « un spectacle pitoyable, risible et étonnant » (620 a 1-2).

L'âme rare qui tout à la fois philosophe « sainement » *et* qui a de la chance eu égard à l'ordre de disponibilité des sorts, *pourrait* être heureuse dans cette vie et faire des allées et venues sur les chemins célestes (619 d 7-e 5). Même dans les meilleures conditions réservées à de rares privilégiés, les perspectives de fuite sont bien contingentes.

III

Arrêtons-nous un instant pour répondre, ne fût-ce que brièvement, à une objection qu'on pourrait adresser à ma ligne argumentative générale. « Le Bien » en particulier ne nous promet-il pas une sorte de réconciliation philosophique avec le monde tel qu'il est? Le Bien n'est rien si ce n'est pas un principe conduisant à l'harmonisation et à la vérité, si ce n'est pas la « cause » de la lumière même dans ce monde-ci (voir par exemple 517 b 7-c 5). Certes, les problèmes sont, je le répète, bien plus complexes que ce que je peux en dire ici, mais je tiens à montrer certaines raisons pour lesquelles la doctrine platonicienne du Bien et des autres Formes étaye en fait ma thèse plus qu'elle ne la contredit (je ne prétends évidemment pas qu'ils soient destinés à soutenir cette thèse). La première raison, c'est que les Dialogues ne nous apprennent presque rien sur ce qu'est le Bien; tout le monde sait que Socrate diffère cette explication (506 d 6-e 5), et présente à la place une image de ses effets. Il ne dit pas grand-chose de plus sur les autres Formes. Hormis les prédicats les plus connus (elles sont immuables, incorporelles, réellement réelles, unes, toujours identiques sous tous les aspects, connaissables; 478 e 7-479 e 8), leur nature nous reste plus ou moins obscure. La dialectique est décisive pour la connaissance des Formes; mais Socrate en remet aussi l'explication à plus tard (533 a 1-6). Son impuissance à nous donner un exposé philosophique satisfaisant sur les Formes exclut la possibilité de ce qu'on pourrait appeler une réconciliation intellectuelle avec le monde tel qu'il est vraiment ou idéalement.

De plus, la théorie de Platon semble trouver ses limites dès qu'elle porte sur un aspect de l'imperfection. Or, faute de principes intelligibles de cette sorte qui soient liés au Bien de la même façon que les autres Formes le sont, la solution de continuité est totale entre les imperfections du monde où nous vivons et le lieu où les platoniciens aspirent à vivre. S'il existe des Formes des différents types d'imperfection, d'autres problèmes se posent. Ce dilemme apparaît dans le *Parménide*, dialogue dramatiquement « premier ». Lorsque le jeune Socrate propose sa toute nouvelle théorie des Formes et qu'il évoque le juste, le beau, le bien « et toutes les choses de cette sorte », Parménide lui pose cette question cruciale : « Eh quoi ! tu poses une Forme de l'Être humain distincte de nous qui sommes des êtres humains et de tous ceux qui comme nous le sont; tu poses une Forme de l'Être humain en soi, une Forme du feu et de l'eau ? » Socrate admet que sur ces questions, il est dans une *aporia*. Parménide étend la logique de l'argument de l'unité de la multiplicité, avancé plus haut dans le dialogue par Socrate : « Et au sujet de ces choses, Socrate, qui peuvent sembler grotesques comme le cheveu, la boue, la crasse ou tout ce qui par ailleurs est sans aucune valeur ou sans importance [...] ? » Le premier mouvement de Socrate est de dire qu'« il y ait une Forme de ces choses, ce serait, je le crains, trop absurde », mais il admet ensuite être dérouté par cette question. Quand il s'y arrête, il s'enfuit « de peur de tomber dans quelque abîme de niaiserie » et, revenant aux Formes comme celles du juste, du beau et du bien, c'est à elles qu'il se consacre. De toute évidence, il reconnaît qu'invoquer le grotesque n'a aucune pertinence philosophique, et donc il se défile. Parménide lui prédit qu'à l'avenir, il ne jugera rien indigne de son intérêt[1].

Malheureusement, aucun dialogue platonicien ne présente de liste achevée des Formes, et cette question décisive pour la théorie des Formes n'est jamais abordée de façon claire : y a-t-il une Forme du sans dignité, du sans valeur et – pour aller plus loin – des autres imperfections comme l'injustice, la laideur, la méchanceté ? La pure « logique » à laquelle les Formes doivent leur apparition – on songe à l'argument de l'unité de la multiplicité esquissé au livre V de la *République* (475 e-476 d) et repris comme un dogme au livre X (596 a-b) où sont posées les Formes du lit et de la table – laisse attendre une réponse affirmative. Et effectivement, dans le premier de ces deux passages, Socrate dit : « Pour le juste et pour l'injuste aussi, pour le bon et le mauvais (ἀγαθοῦ καὶ κακοῦ), et pour toutes les Formes (εἰδῶν), on peut dire la même chose : chacune en elle-même est une ; mais du fait qu'elles se présentent partout en communauté avec des actions, avec des corps, et les unes avec les autres, chacune paraît être plusieurs » (476 a 4-7). C'est la seule phrase du corpus platonicien affirmant sans ambiguïté l'existence de Formes de qualités ou de choses sans dignité, sans valeur ou d'une valeur inférieure.

Il n'est pas difficile de voir pourquoi le problème aurait sans doute provoqué chez Platon une certaine appréhension. Une Forme du Mal donnerait naissance à un univers manichéen qui vouerait à l'échec les points centraux de la pensée psychologique et éthique de Platon. Quitter la caverne pour acquérir quelque lumière en contemplant les Formes du Mal et de l'Injustice ? Un désir érotique tourné vers la connaissance de la Forme de la boue, de la crasse, du poil, etc. ? Une réminiscence du Mal ? Un banquet divin où l'âme se repaît de la connaissance de la Méchanceté, de la Laideur, de l'Ignorance, etc. ? Les tyrans seraient-ils donc ceux qui possèdent la connaissance de la Méchanceté divine, et qui font donc le mal en connaissance de cause ? Y a-t-il une Imperfection qui soit parfaite ? L'âme est-elle par nature aussi puissamment attirée vers le purement Mauvais, vers l'Injuste et le Laid que vers le Bien, le Juste et le Beau ? L'argument de l'unité d'une multiplicité fait naître des Formes avec lesquelles ce même argument, par d'autres aspects, est difficilement compatible. Il est également très difficile de comprendre le rapport entre de telles Formes et la Forme suprême qu'est le Bien.

1. *Parménide*, 130 c 1-e 3 ; trad. L. Brisson, Paris, GF-Flammarion, 1994. Parménide met le manque de sang-froid de Socrate au compte de sa jeunesse et de ses hésitations entre la philosophie et l'opinion populaire.

Tout cela a pour conséquence que la métaphysique de l'imperfection reste très obscure chez Platon[1].

Ce problème me semble confirmer ce que je soupçonnais, à savoir qu'en se limitant elle-même pour l'essentiel aux Formes du bien, du beau et du juste, la métaphysique platonicienne est le prolongement d'une pulsion idéalisante qui, du plus profond d'elle-même, ne peut ménager de place à une réconciliation avec l'imperfection. Le monde où nous vivons reste donc non aimable, et même haïssable. Il semble qu'il n'y ait de réconciliation ni politique ni philosophique avec le monde; aucun schéma n'explique la rationalité du monde d'une manière qui nous permettrait de l'accepter, voire de lui pardonner d'être ce qu'il est. C'est un hommage rendu au génie artistique de Platon qu'un tableau si désespéré de la condition humaine ait pu inspirer tant de gens pendant si longtemps[2].

IV

Le désir qu'a Platon d'une réconciliation dans un autre monde transparaît dans toute sa vérité vers fin de la *République*, dans un passage remarquable où nous apprenons que pour voir l'âme telle qu'elle est vraiment, il faudrait regarder « du côté de son amour de la sagesse ; et [...] concevoir ce à quoi elle s'attache, et les fréquentations qu'elle désire, du fait qu'elle est de la même race que ce qui est divin, immortel et toujours existant; et ce qu'elle deviendrait si tout entière elle poursuivait cela, et si, emportée par cet élan, elle s'arrachait au fond de la mer où elle se trouve à présent, et se dégageait des pierres et des coquillages qui, à présent, parce qu'elle se repaît de terre, se sont incorporés autour d'elle en excroissances terreuses, pierreuses et sauvages, alimentées par ces prétendus banquets du bonheur » (611 e 1-612 a 3). Cette image fait écho, dans l'esprit, aux passages du *Phèdre* et du *Banquet* examinés plus haut[3]. J'ai montré que cette conception, commune à ces dialogues, présentait de graves défauts. Que serait aujourd'hui une vision plus acceptable de la réconciliation ?

C'est à l'évidence une question vaste et difficile. Pour conclure, je me contenterai d'indiquer une conception tout à fait différente de l'amour, et une

1. Tandis que le problème posé par les sources du mal chez Platon a été analysé, celui posé par la « Forme » du mal, ou de la méchanceté, ou de tout autre aspect de l'imperfection n'est perçu qu'occasionnellement et n'est que rarement traité. Voir par exemple N.P. White, *A Companion to Plato's* Republic, Indianapolis, Hackett, 1979, où ce « paradoxe » est mentionné (p. 41) mais sans être résolu. Voir p. 41 et 42 pour les références aux passages pertinents qu'on trouve dans deux textes de H. Cherniss : *Aristotle's Criticism of Plato and the Academy*, Baltimore, 1944 et « The Sources of Evil According to Plato », *Proceedings of the American Philosophical Society*, 98, 1954, p. 23-30.

2. Je suis reconnaissant à Julia Annas et David Wiggins de leurs stimulantes réflexions sur les questions soulevées dans cette partie de mon article. J'ai présenté une analyse beaucoup plus longue des problèmes posés par une « Forme du Mal » lors d'une conférence prononcée à l'Université de Paris I (Panthéon-Sorbonne) en mai 2004. Je suis reconnaissant à Monique Dixsaut des questions pénétrantes qu'elle m'a posées à cette occasion.

3. Les commentateurs se sont néanmoins demandés si ce passage était entièrement compatible avec la théorie de l'âme tripartite, ou s'il était plus cohérent avec la conception de l'âme exposée dans le *Phédon*. Il exprime sans nul doute de façon intransigeante le rêve de détachement que j'ai analysé.

conception toute différente, mais fidèle à sa promesse, de notre « intégration » dans un monde imparfait. Je songe ici à une perspective ouverte dans une certaine mesure par David Hume et Adam Smith. Diverses parties de leurs œuvres laissent entendre que la réconciliation peut se produire par la compréhension, la sympathie et l'affirmation essentielle à l'amour. Trouver une personne ou le monde aimables, c'est être soi-même en position d'affirmer l'objet de l'amour, et d'une certaine manière s'identifier à lui. J'ai avancé l'idée que les variations platoniciennes sur ce thème aboutissaient à une profonde aliénation, parce qu'elles étaient trop étroitement liées à l'idéalisation ou, pourrait-on dire, parce qu'elles érotisaient l'amour trop profondément (au sens particulier que Platon donne à *erôs*, s'entend). Il est donc besoin, du moins par rapport au monde humain et au domaine *intra*-personnel, d'une conception de la réconciliation par l'amour qui reconnaisse la réciprocité et l'égale intervention des parties concernées. Tandis que certains se tourneront vers la notion hégélienne de « reconnaissance », la voie que je propose parlera plutôt de « sympathie ».

Prise au sens d'affinité, et donc au sens d'acte de l'imagination par lequel nous saisissons le point de vue de l'autre, « sympathie » rime avec philanthropie. En ce sens, chez Smith (et jusque-là, il en va de même chez Hume), le terme est plus large que celui de compassion. Comme le dit Smith, « pitié et compassion sont des mots appropriés pour désigner notre affinité avec le chagrin d'autrui. Le terme de sympathie, qui à l'origine pouvait peut-être signifier la même chose, peut maintenant et sans aucune impropriété de langage être employé pour indiquer notre affinité avec toute passion, quelle qu'elle soit[1]. » La compassion est une vertu née non pas dans un schéma de pensée aristocratique (comme celui de Platon), mais dans le sillage de la tradition chrétienne (bien que cette notion n'ait pas besoin d'un cadre religieux, *a fortiori* chrétien). La « sympathie » évoque l'amour pour le genre humain, la bonne volonté, l'amitié, le souci, le désir d'atténuer les souffrances des autres, et peut-être la commisération et le pardon. Elle fait donc écho à notre sort commun, non aux visées extraordinaires des *aristoi* philosophes.

L'accent mis sur la « sympathie » vise à faire valoir le point de vue et les vertus de la vie ordinaire et à alléger notre commune constitution ou notre condition d'homme sur le plan éthique comme sur le plan matériel, en promouvant ainsi la paix, le bonheur et l'amélioration de notre situation. La sympathie est le pendant de la séparation, de l'aliénation. Prise au sens large qu'elle a chez Hume et Smith, ce n'est pas tant en elle-même une vertu qu'un moyen qui nous permet d'entrer dans le monde des autres, et d'arriver ainsi à comprendre de façon réfléchie et à juger avec attention chacun de ces mondes – et, au final, le nôtre. Elle laisse entrevoir ce que les passages de Platon examinés plus haut rejetaient : une manière d'être dans le monde.

1. *Théorie des sentiments moraux*, trad. M. Biziou, C. Gautier, J.-F. Pradeau, Paris, P.U.F., 1999, p. 27. Smith fait également remarquer que « le mot de sympathie, dans sa signification la plus propre et primitive, dénote notre affinité avec les souffrances des autres, et non avec leurs plaisirs », p. 83.

Ce que j'appellerai « l'éthique de la sympathie » exige de chacun qu'il se mette à la place de l'autre, qu'il imagine à quoi les choses ressembleraient s'il les envisageait depuis le point de vue de l'autre. Elle reconnaît ainsi à l'autre un égal statut de personne, en lui donnant une voix (même si son détenteur ne peut la faire entendre), en reconnaissant que la perspective et la position de l'autre méritent qu'on les considère attentivement[1]. Cela ne signifie pas que les résultats de cette prise en considération doivent prendre la forme d'une approbation, mais que l'approbation ou la critique doivent être précédées d'une compréhension du point de vue de l'autre et de sa situation. Cette situation fera sans nul doute ressortir la complexité, la diversité, la particularité et l'instabilité qui sont à l'opposé des paradigmes défendus par Platon. Cette idée de « sympathie » est en effet si étrangère à Platon qu'il n'emploie jamais le terme « *sympatheia* » ni les mots de la même famille[2].

Il n'y a donc pas lieu d'être surpris de voir que Smith ne préconise pas l'*erôs* platonicien mais une amitié et une intimité fondées sur la sympathie. Son exemple favori d'amour est très particulier : il s'agit de l'amour entre membres d'une famille. Smith approuve totalement ce type d'amour. Car en tant que spectateurs, nous pouvons être en entière sympathie avec lui, et cet amour est, semble-t-il, le paradigme de la coopération sociale, des passions sociales dans ce qu'elles ont de meilleur. Smith fait remarquer à un moment que lorsque l'amour, l'amitié et des sentiments du même ordre incitent les gens à s'entraider, la société est florissante et heureuse ; là, « les liens agréables de l'amour et de l'affection » sont « attirés vers un centre commun de bons offices mutuels »[3]. C'est pour leurs ressem-

1. Voir le magnifique développement consacré à ce thème par S. Darwall, « Smith über die Gleichheit der Würde und den Standpunkt der 2. Person », trad. Ch. Fricke, H.-P. Schütt, dans Ch. Fricke, H.-P. Schütt (éd.), *Adam Smith als Moralphilosoph*, Berlin, W. de Gruyter, 2005, p. 178-189.

2. Συμπάθεια peut signifier « sympathie » au sens d'« affinité ». Le terme apparaît dix fois chez Aristote (toutes ses définitions apparaissent bien dans son traité sur la sympathie [*Problèmes* VII] et régulièrement ensuite chez des philosophes ultérieurs). Aristote n'emploie pas ce terme dans ses ouvrages éthiques ou politiques avec le même sens que celui qui nous intéresse ici (le terme est surtout employé dans des passages relatifs à la physique ou à la musique ; par exemple, *Politiques* 1340 a 13). Mais en général cette notion est peu attestée, et surtout on la trouve moins chez les philosophes que chez les orateurs, qui essayent de demander au jury de se mettre à leur place (voir par exemple Isocrate 16.12-13 ; Andocide 1. 57, 2. 6-7 où l'on demande de faire la part des défauts humains), et que chez les tragiques, où les personnages évoquent des situations analogues à la leur (par exemple, Euripide, *Iph. Taur.*, 1400-02 : Électre, dans une prière adressée à Artémis pour qu'elle sympathise avec l'amour qu'elle-même éprouve pour son frère Oreste, y rappelle à la déesse l'amour qu'elle-même a éprouvé pour son frère Apollon et elle invoque la συγγνώμη de la déesse). Quant à Platon, ajoutons une précision : en *Rép.*, X (605 d 4), Socrate dit de l'auditoire qu'il est συμπάσχοντες avec les émotions d'un personnage représenté par Homère ou un tragique. La ressemblance avec le fait de se mettre à la place de quelqu'un est ici intéressante. Platon semble considérer cependant que le poète produit de l'affinité à l'aveugle, au moyen d'une sorte d'enchantement verbal ; et surtout, Platon ne donne pas à cette notion (et encore moins au fait de se mettre dans la situation de l'autre) de place centrale dans son éthique ; en ce sens, il rejoint Aristote, qui restreint l'usage de cette notion à la *Poétique*.

3. *Théorie des sentiments moraux*, *op. cit.*, p. 140.

blances et leurs différences avec nous que nous devons faire cas des autres, et non parce qu'ils présenteraient certaines propriétés éternelles et divines.

Du point de vue de la sympathie, la conception platonicienne est une dangereuse invitation à réifier les personnes, et à nier ainsi leur statut moral d'individus. L'amour «sympathique» ouvre à la réciprocité, à l'adaptation mutuelle, à la compréhension par chacun du point de vue de l'autre, à l'acception de l'autre (ce qui est compatible avec la condamnation morale de l'autre). Smith réfrène la soif de transcendance de manière à ce qu'elle demeure dans le cercle de la sympathie, dans la dialectique de la reconnaissance, dans la réciprocité des sentiments et l'explication mutuelle. Pour Smith, prendre conscience que le *theatrum mundi* est notre demeure veut dire se libérer de l'obscurité du fanatisme et des conflits; pour Platon, cela veut dire être confiné dans la caverne, si nombreux que puissent être les feux dissipant les ombres.

Qu'est-ce que cette conception de l'amour apporte à la réconciliation avec l'imperfection? Tout d'abord, il s'agit d'une manière de penser dont le point central est l'humain avec tout ce qu'il comporte de particulier, de contingent, de faillible et de vulnérable. Pour reprendre une phrase d'Alasdair MacIntyre, cette manière de penser fait écho aux «vertus de la dépendance consentie»[1]. C'en est fini de la crainte et du mépris platoniciens pour le royaume de la boue, de la crasse, des poils, du corps, des passions, de l'imagination, du complexe, du temporel, du mortel, du perspectif. La conception fondée sur la sympathie nous invite à nous installer dans l'imperfection – sans pour autant, faut-il s'empresser d'ajouter, renoncer à l'idée d'un amendement moral et politique. Ce n'est pas simplement un essai d'inversion des pôles du dualisme de la grande tradition platonicienne; il s'agit de rejeter ce dualisme même, et d'envisager notre conception des affaires humaines dans un horizon tout à fait différent. Sans que je puisse développer ces points ici, disons que cette manière de penser considère le bon et le mauvais comme distincts mais inséparables, à tous les niveaux, depuis le niveau personnel jusqu'au niveau macro-économique. Du point de vue platonicien, tout cela paraîtra affreusement *ordinaire* et peu éclairé. Mais les tenants de la position que j'esquisse ici défendent les prétentions de la vie ordinaire contre ce qu'ils considèrent comme des exigences fanatiques de perfection et comme des jugements bien trop durs portés sur l'imperfection; ils estiment que leur vision des choses, qui embrasse de façon réfléchie toute notre humanité, est éclairée.

Smith écrit: «Quel plus grand bonheur qu'être aimé, et savoir que nous méritons de l'être? Quelle plus grande misère qu'être haï, et savoir que nous méritons de l'être?»[2]. Ou encore: «[...] la partie la plus importante du bonheur humain naît de la conscience d'être aimé [...]»[3]. On pourrait dire que selon Smith, ce qui est important pour nous, c'est d'*être important*, c'est que nous

1. *Dependent Rational Animals*, Peru, Illinois, Open Court, 1999, p. 119 (c'est le titre d'un chapitre).

2. *Théorie des sentiments moraux*, *op. cit.*, p. 175.

3. *Ibid.*, p. 78-79.

entrions en ligne de compte et que nous soyons considérés comme tels, que les autres pénètrent comme il faut dans notre monde, que nous soyons vus – et, comme nous l'espérons toujours, saisis – par les autres. Dans cette conception générale des choses, il est inévitable que ce que j'ai appelé le caractère « mélangé » du monde ne suscite pas la fuite mais soit accepté, même si dans bien des cas, telle ou telle personne, telle ou telle action ou intention méritera notre désapprobation. Et cela vaudra aussi pour l'amour de soi, pour la sympathie envers soi.

L'accent mis sur la « sympathie » participe donc d'une vision des choses qui nous invite à nous accepter nous-mêmes et à accepter l'autre, sans cesser pour autant de respecter des normes, des propriétés ou des vertus. Les exemples types de sympathie portent sur la douleur et la souffrance des autres; l'expérience de la sympathie de la souffrance des autres est douloureuse mais essentielle au développement de notre propre humanité et de notre connaissance de nous-mêmes. Elle est l'expression de notre intime dépendance envers les autres, même pour nous comprendre nous-mêmes. Elle nous engage dans le désordre du particulier et du contingent; et en nous apprenant que nous appartenons à un tissu continu, elle dessine un monde à la fois composé de moi incarnés et marqué au sceau de la générosité.

La méfiance concomitante de Smith à l'égard de « l'abstraction » philosophique façonne sa philosophie politique. Sa théorie de la justice naît certes de l'appréhension par sympathie de la situation de l'agent et du patient, mais aussi d'un réel scepticisme sur la puissance d'attraction que peut exercer la beauté d'un « système »: celle-ci conduit au fanatisme politique (et religieux). Ainsi Smith écrit :

> Au contraire, l'homme de système est susceptible par suffisance de se trouver très sage, et il est si souvent amoureux de la beauté supposée de son plan idéal de gouvernement qu'il est incapable de souffrir la moindre déviation par rapport à n'importe laquelle de ses parties. [...]. Il semble imaginer qu'il est capable de disposer les différents membres d'une grande société aussi aisément que la main dispose les différentes pièces sur un échiquier[1].

L'homme politique porté à la théorie a perdu son pouvoir de sympathie; il objective, à l'inverse de « l'homme dont l'esprit public est entièrement mû par l'humanité et la bienveillance ». Par « esprit », Smith entend dans ces passages quelque chose qui s'apparente à l'*erôs* politique; celui de « l'homme de système » est dépeint par des termes comme « amoureux » et « enivré »[2], et est mû par la vision d'une beauté transcendante – celle de la *polis* parfaitement organisée et gouvernée avec sagesse. Par le rejet de cet esprit, Smith ne veut pas dire qu'« une certaine idée générale et même systématique de la perfection de la police et du droit »[3] n'est pas nécessaire; mais il faut l'adapter aux « habitudes et aux

1. *Ibid.*, p. 324.
2. *Ibid.*, p. 322-324.
3. *Ibid.*, p. 324.

préjugés les plus répandus chez les gens »[1]. En se référant à Plutarque (*Vies*, *Solon*, 15), Smith déclare qu'il faut, à la manière de Solon, « établir le meilleur [système de lois] que les gens puissent supporter »[2] – et toujours s'en tenir à l'idée que les droits de l'individu sont « sacrés » et doivent être « religieusement » observés[3]. La défense du « système de la liberté naturelle », et par là du libre marché, reflète ce qu'un commentateur a appelé d'une formule heureuse le « libéralisme sympathique » de Smith. La conception politique de ce dernier est anti-perfectionniste, anti-utopique, mais pas quiétiste ; selon un autre commentateur, elle reflète une « politique de l'imperfection »[4]. Les différences avec Platon ne sauraient être plus marquées.

Ce projet général de « sympathie », conçu comme partie intégrante de ce que j'ai appelé la « réconciliation avec l'imperfection », devrait ouvrir la voie à une vaste éthique comprenant une conception de l'individu et une conception de ses rapports avec les autres individus qui soient compatibles avec l'interdépendance liant le moi avec les autres et avec le monde. Au seuil de ce projet, peut-être serait-il nécessaire de le rebaptiser : « ré-conciliation » suggère la restauration d'une unité originelle, ce qui semble être un présupposé bien trop lourd. Peut-être faudrait-il parler alors de « conciliation ». De même, le terme « imperfection » semble trop inspiré de la structure que nous cherchons à penser à nouveaux frais ; car il préserve le contraste implicite avec une norme de « perfection ». Mais je réserve l'étape suivante de ce projet, y compris la recherche du titre parfait, pour une autre occasion[5].

Traduit de l'américain par Étienne Helmer

1. *Théorie des sentiments moraux*, *op. cit.*, p. 323.
2. *Ibid.*, p. 324.
3. *Ibid.*, p. 335.
4. Le premier commentateur est S. Darwall ; voir son article « Sympathetic Liberalism : Recent Work on Adam Smith », dans *Philosophy and Public Affairs* 28, 1999, p. 139-164. Le second commentateur est K. Haakonssen ; pour les citations, voir mon livre *Adam Smith and the Virtues of Enlightenment*, Cambridge, Cambridge University Press, 1999, p. 262, n. 5. Mes remarques sur Smith y sont amplement développées.
5. Je remercie Jeffrey Henderson de l'aide qu'il m'a apportée sur l'histoire de l'emploi en grec des termes « réconciliation », « sympathie », et « pardon » ; je remercie aussi David Roochnik et Stanley Rosen pour les échanges que j'ai eus avec eux sur cet article. Cet article a été publié dans une version un peu différente dans *Arion* 11, 2003, p. 101-136. Je remercie Étienne Helmer de l'avoir traduit en français. Pour ce qui est des traductions françaises des textes cités, celles-ci ne m'étant pas accessibles, je me suis fié aux traductions utilisées par Etienne Helmer.

EN QUEL SENS PEUT-ON PARLER DE « PHILOSOPHIE POLITIQUE » À PROPOS DE PLATON ?

ÉTIENNE HELMER

La paternité de la philosophie politique est attribuée tantôt à Socrate et Platon[1], tantôt à Aristote[2]. Pourtant, dans le premier cas, le sens précis de cette expression est rarement explicité. Ce silence est moins une négligence que le révélateur d'une difficulté : comment une philosophie dialogique et dialectique, placée sous le signe du questionnement avec ses apories, ses inachèvements et ses impasses, peut-elle en effet énoncer le discours prescriptif et au contenu déterminé requis par l'action politique ? L'expression « philosophie politique » appliquée à Platon est en équilibre instable : le mot « philosophie » la tire vers la pensée interrogative et ses détours tandis que l'adjectif « politique » la ramène du côté de la pratique ; la philosophie s'inscrit dans une temporalité longue alors que l'action politique relève de l'urgence ; la philosophie neutralise les jugements de valeurs relatifs aux objets sur lesquels elle se penche alors que la politique a précisément besoin de ces jugements pour forger des opinions droites sur les valeurs communes. Faut-il donc neutraliser cette instabilité au profit de son versant théorique et conclure que le terme « philosophie » ne désigne qu'« un certain mode d'approche [et] le mot "politique" [...] un objet, la vie politique »[3] ? C'est au contraire cette instabilité qui caractérise et garantit la fécondité pratique de la philosophie politique de Platon.

1. L. Strauss et J. Cropsey, *Histoire de la philosophie politique* [1963], trad. fr., Paris, P.U.F., 1994, p. 1, 2, 5.

2. Pour F. Wolff, « il n'y a pas de philosophie politique proprement dite chez Platon [entendue comme] réflexion sur la cité comme telle, engagée dans les vicissitudes de l'histoire », *Aristote et la politique*, Paris, P.U.F., 1991, p. 13.

3. M.-P. Edmond, *Philosophie politique*, Paris, Masson, 1972, p. 12.

LE SENS COURANT DE L'EXPRESSION

Philosophie politique et pensée politique

L'étude de la « philosophie politique » de Platon consiste généralement soit en une description soit en une évaluation. Dans le premier cas, on résume les mesures qu'il préconise principalement dans la *République* et les *Lois* pour édifier une cité bonne ou juste, tant en ce qui concerne l'organisation interne de la cité que sa politique extérieure : par exemple dans la *République*, la mise en commun des femmes et des enfants chez les gardiens (V, 457 d-458 d), et le traitement différent réservé aux cités grecques et aux barbares à la guerre (V, 469 b-471 c) ; ou, dans les *Lois*, la division du territoire de la cité des Magnètes en 5040 lots (V, 737 e-738 a). On mentionne aussi les raisons ou les principes avancés pour justifier ces mesures : par exemple la hiérarchie des biens divins et des biens humains dans les *Lois* (I, 631 b-632 d), ou le principe qui limite à une fonction unique la participation de chacun à la cité dans la *République* (II, 370 a-d).

Si féconde et utile soit-elle, une telle démarche confond donc la « philosophie politique » de Platon avec ce qu'il faudrait plutôt appeler sa « pensée » ou sa « doctrine » politique, ou tout simplement sa politique, c'est-à-dire un programme ou un ensemble de mesures positives prêtes à être appliquées. Or si la synonymie de tous ces termes est acceptable dans le langage courant, elle l'est beaucoup moins dès que l'on songe que la plupart des Dialogues ont en partie pour objet de faire saisir et d'illustrer la spécificité du *logos* philosophique par rapport aux autres modes de parler et de penser. Cette confusion est repérable par exemple à propos de la *République* dans un livre de C. Despotopoulos dont le titre, *La Philosophie politique de Platon*, est en quelque sorte démenti dès la première phrase de la Préface : « En écrivant ce livre nous avons essayé d'exposer l'essentiel de la *doctrine politique* de Platon »[1]. L'auteur se propose donc de retrouver la vérité du contenu du texte, c'est-à-dire sa littéralité, notamment en corrigeant « des erreurs importantes sur cette *doctrine politique* classique, accumulées depuis longtemps dans la littérature portant sur l'œuvre de Platon »[2]. La légitimité et l'intérêt de cette démarche ne sont pas ici en cause : mais la confusion entre philosophie et doctrine dissimule la spécificité, les difficultés et les enjeux du discours platonicien sur la politique.

On objectera qu'à l'exception des passages exclusivement consacrés à définir la ou le politique et qui se trouvent pour l'essentiel dans le *Politique*, la politique ou la doctrine politique de Platon d'une part et sa philosophie politique d'autre part ne sont pas dissociées, que ce soit dans les Dialogues ou dans les Lettres, et qu'elles sont difficilement dissociables : elles sont exprimées ensemble, et l'analyse de sa pensée politique est indispensable pour découvrir sa philosophie

1. Bruxelles, Ousia, « Cahiers de philosophie ancienne » 14, 1997, p. 9 (nous soulignons).
2. *Ibid.*, (nous soulignons).

politique. Mais de toute évidence, une pensée politique ne suffit pas à faire une philosophie politique, dès l'instant que l'on accepte la spécificité du discours philosophique platonicien et que l'on veut en rendre compte. Ainsi les hommes publics attaqués par Socrate dans les Dialogues prétendaient-ils savoir ce qu'il fallait faire pour leur cité; certains principes guidaient leur démarche – explicitement ou non –, et c'est précisément à cause de ces principes que Socrate les critiquait : ainsi de la conception erronée de la vertu que Socrate prête à Thémistocle, Cimon, Miltiade et Périclès dans le *Gorgias* (503 b) et qui donne lieu au « procès » de Périclès quelques pages plus bas (515 b-516 d). Mais que ce soit sur la base d'une définition ancienne ou moderne de la philosophie, et *a fortiori* de la conception platonicienne, personne ne considère ces personnages comme des philosophes, et eux-mêmes ne se voyaient probablement pas non plus ainsi.

Une pensée idéologique et utopiste ?

La seconde manière de ramener la philosophie politique de Platon à une pensée ou une doctrine politique consiste à soumettre les mesures ainsi relevées à un jugement de valeur politique ou moral, ou encore à en évaluer la possibilité. Qu'on stigmatise en Platon le précurseur du totalitarisme et son antihumanisme, à l'instar de Karl Popper pour qui la théorie des Formes n'est qu'un instrument de pouvoir destiné à l'édification d'une cité prétendument juste[1]; qu'on reproche à l'unité visée par la cité de la *République* d'être irréalisable, comme Aristote dans *Les Politiques* (II 2, 1261 a 13-14): dans tous les cas, la part politique de ses œuvres est analysée comme s'il s'agissait d'un programme destiné à une application plus ou moins immédiate. Or si Popper et d'autres interprètes à peu près à la même époque peuvent accuser Platon de fascisme ou de totalitarisme[2], c'est précisément parce qu'ils lisent les dialogues politiques comme des programmes et qu'ils transforment ainsi la réflexion de Platon en une doctrine autoritaire destinée à asseoir une dictature.

Ainsi, qu'on lui reproche sa fonction idéologique ou, comme on va le voir plus en détail, son « utopisme », la dimension politique des Dialogues est toujours jugée défavorablement au profit d'une autre conception du bon régime politique[3], c'est-à-dire d'une autre pensée ou doctrine politique. Dès lors, à quoi tient cette conception de la *philosophie* politique de Platon? D'où vient donc ce malentendu?

1. *La Société ouverte et ses ennemis*, t. I : *L'Ascendant de Platon*, trad. fr., Paris, Seuil, 1979, p. 32-38.

2. Voir M. Lane, *Plato's Progeny*, Londres, Duckworth, 2001, p. 109-118.

3. Voir V. Goldschmidt, *Platonisme et pensée contemporaine* [1970], Paris, Vrin, 1990, p. 133-174.

LES CAUSES DU MALENTENDU

Deux causes peuvent l'expliquer : une erreur sur le sens de la forme dialoguée et de la dialectique, ainsi qu'une conception erronée et anachronique du rapport entre la pensée et les actes chez Platon.

Le dialogue et la dialectique sous-estimées

La philosophie politique de Platon est ramenée à une pensée politique ou à une politique tout d'abord à cause de la négligence dont est victime la forme dialoguée. Les Dialogues sont en effet très souvent envisagés comme s'il s'agissait de traités. Réduite à un simple procédé d'exposition, la forme dialoguée est alors dissociée du questionnement qui l'anime, lequel n'est pas un artifice pédagogique mais l'expression d'un *erôs* philosophique dont on ne peut prévoir ni les orientations ni les limites. Une négligence similaire concerne la dialectique et les Formes intelligibles sur lesquelles elle porte : faire remarquer que Platon ne donne jamais d'exemple d'analyse complète d'une Forme et qu'il se contente de décrire un procédé abstrait[1], c'est supposer que la dialectique est l'analyse exhaustive d'un contenu idéel dont il suffirait d'avoir la vision ou l'intuition intellectuelle pour ensuite l'appliquer s'il offre des implications d'ordre pratique. Or c'est méconnaître la dimension fondamentalement heuristique et inventive de la dialectique qu'évoque le *Politique* (287 a) et que chaque dialogue illustre à sa façon[2].

Ces deux lectures lacunaires peuvent néanmoins se prévaloir d'un argument non négligeable : on voit mal en effet comment une réflexion pourrait avoir une portée politique sur la base de l'instabilité de son principe intellectuel, *erôs*, et de l'inachèvement qui en découle pour la pensée. Comment un philosophe comme Socrate peut-il prescrire ou conseiller dès l'instant qu'il avoue que ses phrases ne tiennent pas en place (*Euthyphron*, 11 d 7-8) ? Ces lectures sont donc soucieuses de montrer la portée pratique de la philosophie de Platon, mais ne le peuvent qu'au prix de la relégation de sa spécificité.

À l'inverse, certains exégètes en prennent acte. Ainsi M. Vanhoutte qui, dans l'ouvrage qu'il consacre à *La Philosophie politique de Platon dans les* Lois, souligne l'inachèvement d'ensemble et de détail de ce dialogue comme cas particulier d'une propriété qui caractérise toute l'œuvre de Platon : « On retrouve [l'idée d'un voisinage du rationnel et de l'irrationnel dans les Dialogues] en particulier toutes les fois que Platon exprime sa conviction qu'un discours n'est jamais achevé, qu'il y a toujours un plus long détour à faire et finalement qu'il n'existe pas un écrit de sa main qui renferme sa pensée authentique. Le cours de la dialectique se poursuit et se nuance à l'infini, l'écriture qui tente de le capter n'en reproduit que des fragments épars et sans relief. On peut donc supposer que le

1. S. Rosen, *Tisser la cité. Le* Politique *de Platon* [1995], trad. fr., Paris, Vrin, 2004, p. 44-45.

2. Voir S. Delcominette, *L'Inventivité dialectique dans le Politique de Platon*, Bruxelles, Ousia, « Cahiers de Philosophie ancienne » 16, 2000, p. 21.

même problème se présente également, toutes proportions gardées, dans la philosophie politique des *Lois* »[1]. Mais s'il a raison d'imputer cette difficulté à l'écart entre d'un côté la visée scientifique de la législation des *Lois* et, de l'autre, les détails pratiques trop nombreux pour faire l'objet d'une législation exhaustive[2], il ne s'interroge ni sur l'éventuelle positivité de cette difficulté ni sur ce qu'elle permet de comprendre de la conception platonicienne de la philosophie politique.

La fracture prétendue entre la théorie et la pratique

Le second malentendu commun à toutes ces lectures consiste à croire qu'il y aurait chez Platon une fracture entre la théorie et la pratique, entre l'exercice de l'intelligence et la mise en œuvre de ses conclusions ou de ses propositions dans l'expérience. À l'instar du reproche d'Aristote évoqué plus haut, on accuse Platon de n'édifier qu'un « rêve de cité de céleste »[3], on condamne sa philosophie car « elle ne tient, assure-t-on, nul compte des réalités, elle raisonne géométriquement sur les faits sociaux, elle construit dans l'absolu, elle use dans la détermination des principes d'une méthode foncièrement mystique. À l'observation des faits économiques et sociaux, elle substitue les préoccupations proprement morales et la pure spéculation philosophique »[4]. Est ainsi projeté sur Platon un partage strict entre penser et agir, pourtant né aux XVIe et au XVIIe siècles : dans le mouvement général d'autonomisation des sciences par rapport à la philosophie, la science politique fut alors rapportée au modèle d'objectivité propre aux sciences de la nature et à leur finalité intrinsèquement théorique[5]. Prendre la mesure de la *philosophie* politique de Platon, plutôt que de sa *pensée* politique, suppose donc de s'affranchir de cette dichotomie anachronique.

LA PHILOSOPHIQUE POLITIQUE DE PLATON : SOUS LE SIGNE DU LIEN

Le lien de la théorie et de la pratique

Il serait tout d'abord plus juste de parler d'écart que de fracture entre la pensée et la pratique chez Platon. Sur le plan cosmologique, le *Timée* montre en effet que la nécessité se laisse partiellement persuader par la raison : cette causalité mécanique « errante » se plie « dans la mesure du possible » aux déterminations finales

1. *La Philosophie politique de Platon dans les* Lois, Louvain, Publications Universitaires de Louvain, 1953, p. 60.

2. *Ibid.*, p. 69-70.

3. F. Wolff, *op. cit.*, p. 15.

4. L. Robin : « Platon et la science sociale », *Revue de métaphysique et de morale* 21, 1913, p. 213. Voir aussi P. Lachièze Rey, *Les Idées morales, sociales et politiques de Platon*, Paris, Boivin, 1939, en particulier : « Platon n'est-il qu'un poète et un rêveur ? », p. 12-29 ; H. Joly, *Le Renversement platonicien. Logos, Epistèmè, Polis*, Paris, Vrin, 1974, p. 303-340.

5. L. Strauss, *La Renaissance du rationalisme politique classique* [1989], trad. fr., Paris, Gallimard, 1993, p. 103-105.

et rationnelles que lui imprime le démiurge (30 a, 48 a). Sur le plan épistémologique ensuite, il n'y a pas chez Platon de monde intelligible en surplomb du monde sensible[1] : les notions de participation, de communauté et de présence (*Phédon*, 100 c 4-e 7) témoignent plutôt d'un lien que d'une séparation stricte entre la multiplicité des entités sensibles et l'unicité des Formes intelligibles[2]. L'intellection des Formes liées à la vie politique ne se détourne donc des réalités empiriques que pour mieux les organiser en retour : la pratique est en un sens le prolongement naturel de la théorie. Sur le plan psychique enfin, Platon ne conçoit les agents qu'en termes de désirs. La conception moderne du sujet sépare le pouvoir théorique de la raison du pouvoir pratique de la volonté, qui est pouvoir de décision et d'action ; le désir platonicien, lui, est à la fois théorique et pratique, car le genre de désir qui domine en l'âme s'accompagne de la croyance en la supériorité du type de bien auquel il tend, et il s'attache les pouvoirs de l'intelligence pour l'obtenir. Une pensée pratique n'est donc jamais coupée de sa réalisation, *a fortiori* quand prévaut le désir de l'intelligible. D'après l'image de l'attelage ailé dans le *Phèdre* (246 a-b ; 253 c-256 e) ou l'exposé de la *République* (IV, 436 a-441 c), l'âme est constituée de désirs qui, à des degrés divers, coexistent dans la concorde ou au contraire sur le mode du conflit; mais quelle que soit la configuration envisagée, c'est elle qui explique le type d'actions et le genre de vie des agents. Seules la résistance nécessaire du monde extérieur et celle, entre les agents, des configurations antagonistes de désirs, font obstacle à leur réalisation.

Pourquoi Platon n'est pas un penseur utopiste

Si ces obstacles sont importants dans le domaine politique, on ne saurait donc en conclure qu'il est impossible de l'améliorer. Selon les détracteurs de l'utopisme prétendu de Platon, son discours politique proposerait « tout » mais reconnaîtrait que nous ne pouvons rien : il inviterait à une réforme radicale des régimes politiques mais admettrait en même temps que nous vivons « nécessairement » dans des régimes imparfaits (*Pol.*, 302 e 5-6), condamnant ainsi toute velléité d'action. Or l'alternative du tout ou rien que résume l'accusation d'utopisme repose encore sur la distinction entre une théorie stérile et une pratique impuissante, alternative qu'on ne peut imputer à Platon pour les raisons évoquées plus haut. Par conséquent, Platon n'est pas un penseur utopiste.

Tout d'abord en effet, les partisans d'une telle alternative n'échappent pas à la contradiction suivante : si Platon lui-même indique explicitement que le régime juste ou bon n'a qu'une très faible probabilité d'être réalisé empiriquement (*Rép.*, V, 473 c 2-4), ou qu'il n'est possible que pour des dieux (*Pol.*, 303 b 3-5 ; *Lois* V,

1. J. Laurent : « L'Unicité du monde selon Platon », dans P.-M. Morel (dir.), *Platon et l'objet de la science*, Bordeaux, P.U.B., 1996, p. 39-52.

2. Sur ce vocabulaire, voir L. Brisson : « La participation du sensible à l'intelligible chez Platon », dans J.-F. Pradeau (dir.), *Platon, les formes intelligibles*, Paris, P.U.F., 2001, n. 3, p. 56.

739 c-e), on ne saurait lui reprocher d'adopter une posture utopiste, c'est-à-dire de croire à la possibilité d'un monde par définition impossible : comme il l'écrit à Dion et à ses partisans, les régimes existant sont « presque incurables » (*Lettre VII*, 326 a 4). Malgré son influence sur Thomas More et sa place fréquente au début des histoires de la pensée utopiste[1], la philosophie politique de Platon ne relève donc pas pour autant de ce genre. *L'Utopie* de More – comme son abondante descendance – expose en effet la « réalité de l'ailleurs absolu »[2], une altérité politique radicale qui instaure « une différence de nature irréductible » entre d'un côté le contexte historique de l'Angleterre où More rédige son œuvre, et de l'autre la fiction d'un idéal politique qui, en dépit de son réalisme et de sa « luxuriance de détails »[3], reste à « une distance infinie »[4]. En présentant une image le plus souvent inversée du monde empirique, les utopies n'assument donc qu'une fonction critique. Au contraire, les cités empiriques et la cité bonne de Platon ne s'opposent pas comme le possible et l'impossible : la cité bonne est plutôt à la limite du possible, comme le laissent entendre les passages évoqués plus haut[5]. L'utopie met sous les yeux tout ce que nous ne faisons pas, la cité bonne de Platon tout ce que nous pourrions et devrions faire : la première fait le constat d'une séparation, la seconde ouvre à une préparation ; la première dévoile un abîme, la seconde dégage un horizon.

En ce sens, les diverses classifications des régimes présentées dans les Dialogues[6] peuvent exprimer la possibilité d'une « approximation infinitésimale » de la cité modèle par les cités empiriques ou, à l'inverse, la possibilité de prévenir la déliquescence politique : à défaut d'instaurer le régime parfait, nous pouvons au moins ralentir le mouvement de corruption affectant tout ce qui devient (*Rép.*, VIII, 546 a 2-3). Mais dans les deux cas, ces hiérarchies des régimes donnent une direction aux efforts que nous pouvons déployer « dans la mesure du possible » pour être « le plus proche possible (ἐγγύτατα) » de la cité en parole[7]. Entre d'un côté la nécessité mécanique d'Anaxagore et de Démocrite, et de l'autre une liberté ou une puissance démiurgique absolue[8], il y a place en effet dans les « affaires humaines » pour une petite marge d'action. C'est en ce sens qu'il faut comprendre les nombreux détails d'ordre économique et social à propos des régimes actuels au livre VIII de la *République* par exemple : évoquer

1. Voir J. Servier, *Histoire de l'utopie*, Paris, Gallimard, 1967, p. 30-53. Sur les limites du platonisme de Thomas More, voir l'Introduction de S. Goyard-Fabre à *L'Utopie*, Paris, Flammarion, 1987, p. 33-35.

2. *Ibid.*, p. 38.

3. *Ibid.*, p. 39.

4. *Ibid.*, p. 41.

5. *Rép.*, V, 473 c 2-4 ; *Pol.*, 303 b 3-5 ; *Lois* V, 739 c-e.

6. *Rép.*, VIII-IX, 543 a 1-576 b 3 ; *Pol.*, 291 c 9-303 d 3 ; *Lois* III, 693 d 2-702 b 1 ; IV, 712 b 8-714 a 8.

7. *Rép.*, V, 473 a 7-8.

8. Sur le statut cosmologique et ontologique des « affaires humaines », voir J.-F. Pradeau, *Le Monde de la politique*, Sankt Augustin, Academia Verlag, 1997, International Plato Studies n°8, p. 110-149, en particulier p. 123-124.

les dangers politiques du prêt à intérêts et les avantages du prêt aux risques du prêteur, ou les risques de conflit et d'accaparement qu'entraîne l'éducation pratiquée dans la famille traditionnelle de son temps, c'est déjà suggérer des moyens d'agir ou du moins d'orienter une action politique[1].

Mais comprises ainsi, ces mesures risquent encore d'être interprétées comme relevant d'une pensée ou d'un programme politique. C'est donc plus généralement le sens de ce régime parfait et de ces propositions pratiques particulières qu'il faut préciser pour cerner le sens de la *philosophie* politique de Platon.

L'inachèvement comme vertu de la philosophie politique de Platon

Que la théorie et la pratique soient intimement liées ne signifie pas pour autant qu'elles coïncident absolument. Si la réflexion, avec ce qu'elle comprend de désir et de croyance, peut transformer la vie des individus – ce dont Socrate est l'illustration – cette transformation est certes bien moins évidente au niveau collectif. Car de manière générale, « par nature, la pratique (πρᾶξιν) atteint moins la vérité que le discours (λέξεως) » (*Rép.*, V, 473 a 1-2) : ni antinomie ni contradiction entre la pensée et les actes, mais une hiérarchie qui instaure un inévitable écart entre le temps long de la pensée et l'urgence des actes, entre la vision synoptique de la dialectique et le niveau local et particulier requis par les mesures politiques. Cet écart, avec le nécessaire inachèvement qu'il implique dans les textes politiques de Platon présentant un contenu positif, est celui évoqué plus haut par M. Vanhoutte. Mais il ne faut pas y voir comme lui une césure irrémédiable entre la pratique politique et le discours : il faut y lire au contraire la possibilité d'un mouvement ou d'une circulation de l'un à l'autre, d'une dialectique qui éclaire les cités en devenir à la lumière d'un modèle définissant non un programme à réaliser mais un horizon à étudier et à reprendre en permanence, en raison de la corruption dont pâtit tout ce qui est engendré, et en fonction du présent de la cité. En somme, cet écart et le caractère d'ébauche plus ou moins appuyé qu'il confère à la cité bonne en parole ne sont pas du tout le signe de l'impuissance de la philosophie politique : ils en sont au contraire l'essentiel et le principe même. La *philosophie* politique ne consiste ni à imposer un régime idéal au mépris du monde empirique, ni à régler tout le détail de la vie quotidienne dans une cité parfaite. Elle consiste d'une part en un va-et-vient entre l'empirique et l'idéel, et d'autre part en un approfondissement permanent de la teneur des Formes intelligibles relatives à la politique, comme la justice ou l'unité, qui ne sont jamais saisies ni totalement ni définitivement : contrairement aux doctrines ou aux pensées politiques, l'inventivité dialectique est un cheminement au long cours. La philosophie politique se distingue ainsi tout autant de l'idéalisme dont sont accusées les utopies que du réalisme revendiqué par les pensées politiques. La philosophie politique n'est par elle-même ni purement réaliste, si l'on entend par là qu'elle s'indexe uniquement

1. Pour le prêt, voir *Rép.*, VIII, 555 c 1-556 b 4. Voir aussi *Lois* V, 742 c ; VIII, 849 e ; XI, 915 e. Pour l'éducation, voir notamment *Rép.*, VIII, 549 d-550 c.

sur les faits pour prescrire, ni purement idéaliste, si ce terme veut dire que les faits sont réglés exclusivement sur l'idée qu'on s'en forge : elle est toujours réaliste *et* idéaliste, en raison de son caractère dialectique. Ce n'est qu'ainsi qu'une philosophie politique peut toucher la réalité politique et avoir des effets sur elle, « dans la mesure du possible ».

PERSUASION ET FORCE DANS LA POLITIQUE PLATONICIENNE

MELISSA S. LANE

INTRODUCTION

Un courant récent et puissant des études platoniciennes voit dans les *Lois* la mise en œuvre d'un idéal de persuasion (πείθειν) associé à la liberté et opposé à la force violente (βιάζειν)[1]. Un tel idéal serait unique dans l'œuvre de Platon. Plus précisément, cette thèse qui fait appel à ce que je dénommerai le contraste « classique » entre persuasion et force a été avancée dans le cadre d'une interprétation faisant jouer un rôle fondamental à la liberté morale (Christopher Bobonich) ou à la liberté politique (entendue comme principe de consentement, lui-même source de légitimité ou d'autorité, John Cooper et Malcolm Schofield). Ces deux derniers commentateurs développent une position parente de celle qu'exprimait Herwig Görgemanns voici maintenant près de deux générations : « *Dass Einzelne ihren Willen nur durch Peitho, durch Überzeugung der Mitbürger, nicht mit Gewalt durchsetzen können, ist ein wesentliches*

1. Le contraste prévaut aussi en grec entre les termes parents, en particulier la forme des verbes à la voix moyenne, ou leur forme nominale. Je traduis βιάζειν par « forcer » et non par « exercer une coercition », comme me l'a suggéré Antony Hatzistavrou, parce que Platon est attentif quand il use de ce terme à ne pas induire l'idée selon laquelle la force violente serait nécessairement déployée pour obtenir que quelqu'un agisse contrairement à son intérêt véritable. Bien plutôt, comme je le montrerai, Platon envisage souvent l'emploi de la force comme de la persuasion pour atteindre une même fin. Βιάζειν est parfois traduit plus lâchement par « contraindre », traduction qu'il partage avec un autre terme grec, ἀναγκάζειν. Mais là où βιάζειν a le sens d'une force violente entre personnes, ἀναγκάζειν renvoie à la force de la nécessité, cette dernière n'étant pas nécessairement exprimée d'une manière violente, et pouvant d'ailleurs dériver d'un dispositif qui n'est pas nécessairement humain ou même encore des exigences de la logique. Nous dirons plus bas quelques mots sur cette nécessité, qui joue le rôle d'un principe pour choisir entre l'emploi de la force ou celui de la persuasion, mais nous ne pouvons ici examiner toutes les connotations impliquées par *anankazein* dans l'œuvre platonicienne, par exemple, dans l'exposé des raisons pour lesquelles les philosophes acceptent de gouverner dans la *République*, ou dans celui des liens entre persuasion et nécessité dans le *Timée* (à propos duquel voir G.R. Morrow, « Necessity and Persuasion in Plato's *Timaeus* », dans R.E. Allen (éd.), *Studies in Plato's Metaphysics*, London, Routledge and Kegan Paul, 1965, p. 421-438 : p. 429 : « la persuasion est bien sûr contrastée avec la contrainte, bien que Timée relie les deux en affirmant que "la raison persuade la nécessité" »).

kennzeichen der politischen Freiheit» (*Beiträge zur Interpretation von Platons* Nomoi, München, C.H. Beck'sche Verlagsbuchhandlung, 1960, p. 49-50)[1].

Opposé à une division si radicale sur ce point entre les autres dialogues et les *Lois*, André Motte soutient que la nature du véritable art politique à travers tout le corpus platonicien se distingue de la tyrannie en cela que la seconde est fondée sur des forces en conflit, alors que le premier repose sur « l'adhésion libre à ce bien universel et rationnel qu'incarne la loi », accomplie grâce à la persuasion.

> La véritable politique, en effet, se distingue du pouvoir tyrannique et des autres régimes corrompus en ce qu'elle mise non sur un rapport des forces, mais sur l'adhésion libre à ce bien universel et rationnel qu'incarne la loi. Pour atteindre ce but, le législateur philosophe ne ménagera aucun effort. Il faut user de la persuasion ... (*Lois*, X, 890 d) ... Les lois seront donc précédées de préambules ... (IV, 722 b *sq*.). On promulguera même des lois qui se bornent à conseiller et qui ne sont pas contraignantes (συμβουλευτικός, *ou* βιαστικός : IX, 921 e). (« Persuasion et violence chez Platon », *L'Antiquité Classique* 50, 1981, 562-77 : p. 569-70)

Pour Motte, le regroupement de la persuasion, de la liberté et de la loi d'un côté, opposé à la tyrannie de l'autre, n'est pas particulier aux *Lois*, mais se retrouve dans tout le corpus platonicien[2]. Motte partage une vision unifiée, ou

1. Sur la liberté dans les *Lois*, voir R. Muller, *La Doctrine platonicienne de la liberté*, Paris, Vrin, 1997 et A. Lefka, « Souveraineté divine et liberté humaine dans les *Lois* », dans S. Scolnicov, L. Brisson (éd.), *Plato's* Laws : *From Theory into Practice. Proceedings of the VI Symposium Platonicum : Selected Papers*, Sankt Augustin, Academia Verlag, 2003, p. 155-164. Pour G. Vlastos (« The Theory of Social Justice in the Polis in Plato's Republic », dans *Studies in Greek Philosophy*, vol. II : *Socrates, Plato, and Their Tradition*, éd. Daniel W. Graham, p. 69-103, Princeton, Princeton University Press [1re éd. dans Helen North (éd.), *Interpretations of Plato* (*Mnemosyne*, Suppl. vol. 50) (p. 1-40), Leiden, E.J. Brill, 1977], p. 98-99 et « The Rights of Persons in Plato's Conception of the Foundations of Justice », dans *Studies in Greek Philosophy*, vol. II : *Socrates, Plato, and Their Tradition*, éd. Daniel W. Graham (p. 104-125), Princeton, Princeton University Press, p. 104-125 [1re éd. dans H. Tristram Englehardt, Jr., Daniel Callahan (éd.), *Morals, Science and Society*, Hastings-on-Hudson, N.Y., The Hastings Center, 1978, p. 172-201], p. 120), qui tâche de le montrer avec force arguments, les *Lois* rejettent la conception défendue dans la *République* selon laquelle les supérieurs peuvent diriger de façon incorruptible les inférieurs au bénéfice de ces derniers ; dans « The Theory of Social Justice in the *Polis* in Plato's *Republic* », art. cit., p. 102, il s'en prend au point de vue de Shorey, qui rapproche et unifie les conceptions de la *République*, du *Politique* et des *Lois*, et entre autres choses réduit fortement l'importance théorétique des préambules. Mon propos n'est pas de défendre un unitarisme absolu (j'ai identifié dans Lane, *Method and Politics in Plato's Statesman*, Cambridge, Cambridge University Press, 1998, des différences majeures entre la *République* et le P*olitique*), mais de montrer que les différences qui surgissent dans les *Lois* sont moins radicales qu'on le pense d'ordinaire et passent ailleurs que là où Bobonich et Schofield en particulier situent celles qu'ils croient pouvoir relever.

2. Motte note aussi certains éléments qui compliquent sa description. Par exemple Gorgias et Calliclès semblent incarner ce contraste dans le *Gorgias*, le premier représentant la persuasion pure, le second la force violente pure (βία) ; pourtant Calliclès se sert de la rhétorique pour défendre sa position en faveur de la force (A. Motte, art. cit., p. 564-5). Et la persuasion elle-même, comme Motte le relève après Jacqueline de Romilly, peut être utilisée comme une espèce de force, par exemple pour établir « de force » une théorie (βιάζεσθαι, *Sophiste*, 241d 5-6) ou encore pour « dominer par l'argumen-

même « unitarienne », du corpus, peu encline à souligner ses différences internes et son développement (à la différence de Bobonich mais non de Schofield sur ce dernier point).

Dans cet article, je voudrais d'un côté mettre l'accent sur l'unité du corpus à propos du rapport entre persuasion et force, argumentant à l'encontre des essais de Bobonich, Schofield, Cooper et Görgemanns (entre autres), qui réservent un statut spécial aux *Lois* sur ce point[1]. D'un autre côté, je voudrais montrer que la nature et le sens de cette conception unifiée de la relation entre persuasion et force n'ont pas été correctement compris par Motte ni en réalité par personne dans la littérature secondaire. Ma thèse est que le contraste entre la tyrannie caractérisée par l'usage de la force et la liberté politique caractérisée par le recours à la persuasion permet de délimiter un idéal dans l'œuvre platonicienne, l'idéal de législateurs déterminant un moyen approprié à l'espèce de créatures qu'ils gouvernent et choisissant là où c'est possible de gouverner avec douceur plutôt qu'avec rudesse. Ce choix est subordonné au critère plus large d'un gouvernement politique fondé sur la connaissance (de la vertu et du bien), par opposition à celui que caractérise l'ignorance de ces matières. Ce choix n'est nullement fondé sur un droit moral des citoyens eux-mêmes (ils peuvent demander à être traités avec douceur, mais ne peuvent sur ce point s'appuyer sur un droit), comme le voudrait Bobonich, pas davantage n'est-il la source autorisant l'établissement des lois ou garantissant la légitimité du régime, comme Schofield le présuppose à certains égards.

Ni une analyse kantienne de l'autonomie, ni celle d'un contrat social à la base de la légitimité politique – les deux approches qui sous-tendent les lectures de Bobonich et de Schofield, et que nous pouvons considérer conjointement sous la rubrique d'un critère « juridique » pour la direction des affaires politiques – ne sont proprement ajustées au thème platonicien de la persuasion et de la contrainte. La célébration de la liberté politique associée à la préférence pour la persuasion dessinent bien davantage un idéal normatif, qui précise la meilleure façon d'exercer l'autorité politique, qu'un idéal de fondation, destiné à établir le pouvoir et à en fixer les limites. Persuasion et force sont utilisées pour produire une disposition volontaire plutôt qu'une dépendance à l'égard d'un principe d'autorisation préalable. Et si cet idéal ne correspond ni à l'autonomie morale ni à la légitimité politique, il ne constitue pas non plus, dans les termes de Platon lui-même, une définition de la nature de la direction politique elle-même. Car celle-ci reste

tation » (βιάσασθαι τῷ λόγῳ, *République*, I, 341b 1-2). Voir J. de Romilly, *La Douceur dans la pensée grecque*, Paris, Les Belles Lettres, 1979, p. 186-189, cité dans A. Motte, art. cit., p. 569, n. 15.

1. Je me limiterai aux vues de Christopher Bobonich et à celles de Malcolm Schofield, qui constituent les meilleurs exposés de leurs positions respectives ; mais j'aurai également l'occasion de discuter quelques unes des analyses subtiles d'André Laks, qu'il a présentées dans une série d'articles importants (« Legislation and Demiurgy : On the Relationship between Plato's *Republic* and *Laws* », *Classical Antiquity* 9, 1990, 208-229 ; « L'utopie legislative de Platon », *Revue philosophique* 3, 1991, 417-28 ; « The *Laws* », dans Ch. Rowe, M. Schofield (éd.), *The Cambridge History of Ancient Greek and Roman Political Thought*, Cambridge, Cambridge University Press, 2000, p. 258-292).

toujours comprise en termes de connaissance et a pour but d'améliorer la vertu – définie elle-même par la connaissance. Bien plutôt, l'idéal d'une politique de persuasion, là où elle est possible, désigne une bonne façon (littéralement, comme nous allons le voir, une « meilleure » façon comparée à une pire) d'exercer un tel pouvoir. Son point d'aboutissement est une situation superlative et idyllique où le pouvoir lui-même en viendrait à s'effacer.

Je commencerai par examiner certains passages décisifs qui présentent le contraste « classique » (persuasion *versus* force). Celui-ci est parfois utilisé pour opposer les deux concepts mais il est aussi souvent mis en œuvre de manière à les associer comme moyens parfois nécessaires, seul ou conjointement, à la réalisation de certaines fins politiques valides. Ces deux types de passage figurent dans la *République*, le *Politique*, et les *Lois* et permettent à première vue de plaider en faveur d'une lecture qui unifie la conception platonicienne de la persuasion et de la contrainte. Après avoir développé ce point, je me confronterai aux arguments en faveur de la singularité de la discussion des *Lois* sur la persuasion et de la contrainte et de son interprétation en termes de liberté morale par Bobonich et en termes de liberté politique par Schofield. Je montrerai que ces lectures sont défaillantes sur des points textuels essentiels et moins capables qu'une lecture unifiée de rendre compte tant des *Lois* en elles-mêmes que de leur continuité, sur la question de la persuasion et de la force, avec la *République* et le *Politique* correctement compris.

PERSUASION ET FORCE DANS LA *RÉPUBLIQUE* ET LES *LOIS* : DEUX CONTRASTES ET LEURS EMPLOIS

La *République* fait un usage notable du contraste « classique » entre persuasion et force violente, tout d'abord dans le contexte de l'éducation. L'individu *misologos* et *amousos* du livre III, qui manque d'éducation musicale pour tempérer son éducation gymnastique, « ne fait jamais aucun usage de la persuasion » mais en toute circonstance agit « avec force et sauvagerie » (πειθοῖ μὲν διὰ λόγων ... βίᾳ δὲ καὶ ἀγριότητι, 411 d 8-e 1). Notez que l'implication littérale n'est pas qu'un individu φιλόλογος agira avec la persuasion seule, mais seulement que lui ou elle fera quelque emploi de la persuasion, par opposition à celui qui n'en fait aucun. Le livre VIII diagnostique la tendance à utiliser la force plutôt que la persuasion comme le produit d'une tendance similaire dans l'éducation reçue : les timocrates, dira-t-on, fuient la loi comme les garçons fuient leur père, parce qu'ils ont été éduqués non par la persuasion mais par la force (οὐχ ὑπὸ πειθοῦς ἀλλ' ὑπὸ βίας, 548 b 7)[1]. Ceux qui sont éduqués par la force plutôt

1. Un passage similaire à propos de l'homme oligarchique (le contexte n'est pas celui de l'éducation) fait usage du contraste entre persuasion et contrainte (ἀνάγκη) plutôt que du contraste entre persuasion et force (βία) (554 d 2-3).

que par la persuasion utiliseront eux-mêmes davantage la force que la persuasion, et vice-versa[1].

Un second contraste, apparemment parallèle, que j'appellerai le contraste « volontaire », est tiré au livre II à l'occasion d'une distinction entre les modes musicaux doriques et phrygiens, les seuls que Socrate autorise dans la Callipolis (399 a 5-5). Dans ce passage, nous lisons que pour être à la fois modérés et courageux les individus éduqués ont besoin d'une éducation dans ces deux modes, décrits en résumé comme « violent [ou] volontaire » (βίαιον ἑκούσιον, 399 c 2). La personne éduquée est parfois dans la nécessité de s'engager dans des actions violentes qui réclament de la force, parfois dans des actions « pacifiques, non pas forcées mais volontaires » (ἐν εἰρηνικῇ τε καὶ μὴ βιαίῳ ἀλλ' ἐν ἑκουσίᾳ πράξει, 399 b 3-4), bien que, dans les deux cas elle doive le faire avec courage et modération.

Ce contraste « volontaire », qui a aussi son importance, est souvent mis sur le même plan que le contraste « classique ». Nous établirons plus loin que l'interprétation correcte consiste à voir en lui le produit d'un gouvernement politique plutôt que sa justification ou sa garantie. Pour le moment, il faut simplement remarquer que déjà dans le contexte de *République* III le contraste « volontaire » ne peut pas toujours être maintenu, en cela du moins qu'un certain type de persuasion produit son effet en agissant de manière, pour ainsi dire, subconsciente ou involontaire, sans solliciter l'intervention de l'attention (*Rép.*, III, 412 e 9-413 b 10; sur ce point, comparez avec la critique dans le *Gorgias* et le *Phèdre* de la persuasion rhétorique). Ainsi les deux contrastes ne sont pas toujours similaires : « la persuasion par les mots opposée à la force violente » ne peut pas toujours équivaloir au « volontaire et non forcé opposé au forcé et involontaire ».

Alors que l'individu vertueux possède une propension et une capacité à se servir de la persuasion, ce n'est pas pour autant, avons-nous vu, qu'il en fera un usage exclusif ou qu'il en appellera au seul volontaire. Quand nécessaire, il aura aussi recours à la force. Nous pouvons faire appel au *Gorgias* pour identifier le but que poursuit en de telles actions l'individu éduqué agissant en bon citoyen. Socrate déclare que la tâche du bon citoyen, une tâche en laquelle Périclès et d'autres grands Athéniens jouissant d'une réputation flatteuse furent à peine, s'ils le furent jamais, supérieurs à leurs successeurs vilipendés par l'opinion publique, consiste à « utiliser la persuasion ou la force (πείθοντες καὶ βιαζόμενοι) pour

1. L'ouverture du dialogue suggère un tel contraste en des termes plus lâches mais plus dramatiques. Polémarque invoque le pouvoir supérieur de lui-même et de ses amis (en tant que κρείττους) de faire que Socrate reste avec eux, écartant la possibilité soulevée par ce dernier qu'il puisse les persuader (πείσωμεν, 327 c 10) de les laisser, lui et ses compagnons, continuer leur chemin : comment, réplique Polémarque, Socrate serait-il capable de les persuader (πεῖσαι) dès lors qu'ils n'écoutent pas (μὴ ἀκούοντας, 327 c 12) ? Que la persuasion requiert « un engagement préalable en faveur de la raison » et une certaine réceptivité, est à juste titre relevé par G. Klosko (« Rational Persuasion in Plato's Political Theory », *History of Political Thought* 7, 1986, 15-31), dans un article auquel répond Th. I. Siemsen (« Rational Persuasion in Plato's Political Theory : A Reconsideration », *History of Political Thought* 9, 1988, 1-17), qui ne conteste pas ce point.

obtenir des citoyens qu'ils deviennent meilleurs (ἀμείνους)» (517 b)[1]. Ce passage permet de souligner le fait que le contraste « classique » sert tout autant à joindre les deux options à titre de moyens également possibles qu'à les opposer comme moyens respectivement légitime et illégitime. Il démontre aussi que le lien platonicien très fort entre connaissance – atteinte par la raison – et vertu n'interdit pas de recourir à la force pour inculquer la vertu. Quoique le degré exact de force qui pourrait servir à améliorer moralement les citoyens ne soit pas ici expliqué – nous pouvons toujours spéculer sur le fait que contraindre quelqu'un à faire certains actes le conduirait à les intérioriser et à les accomplir ensuite de manière authentiquement vertueuse, par exemple – Platon assurément ne croit pas que le respect de l'exigence rationnelle de vertu imposerait l'usage exclusif de la persuasion[2].

Ce qui est vrai de l'individu éduqué dans la *République* relativement à la persuasion et la force l'est aussi des dirigeants politiques dans les *Lois*. L'Athénien encourage Clinias et Megillos, fictivement placés à la tête des cités de Crète et de Sparte, de persuader ou de contraindre (πείσετε καὶ ἀναγκάσετε) les poètes d'honorer la valeur extrême de la justice et de la vertu (II, 661 c 6). Pareillement, Clinias décrit au livre IV un jeune « tyran » qui combine « la persuasion et la contrainte » (πειθῷ καὶ ἅμα βίαν, 711 c) et qui échappe à la condamnation générale de la tyrannie parce qu'il lui est fait crédit de vouloir établir un bon régime. Enfin, tout cela est vrai dans les *Lois* de la loi elle-même, comme l'explique l'analogie médicale introduisant la théorie des préludes : la loi est de forme « double » et combine la persuasion des préludes avec la contrainte de la loi proprement dite.

1. Comparer Vlastos, « Slavery in Plato's Thought » dans *Platonic Studies*, 2e éd. Princeton, Princeton University Press, 1981, (p. 146-63) [1re éd. dans la *Philosophical Review*, 50, 1941, 289-304] : « le bon dirigeant connaît la forme du Bien et se sert de "la persuasion et de la coercition" [référence à *Rép.*, 519 e] pour ordonner l'état en conséquence. Ainsi, le gouvernement est bon pour le gouverné, mais ne requiert pas son consentement (pour ce dernier point, il cite *Pol.*, 293 a, 296 b-297 b). Dans une note de bas de page, Vlastos fait ce commentaire : « l'idée de Platon, je suppose, serait que les ordres du bon dirigeant doivent être exécutés, qu'on y consente ou pas, bien que si les sujets partagent avec le chef la même connaissance du Bien (une hypothèse qui abolirait la différence entre eux dans la *République* et le *Politique*), ils accorderaient avec plaisir leur consentement » (p. 149, n. 12).

2. Dans le cadre d'une théorie républicaine moderne, Ph. Pettit, *A Theory of Freedom : From the Psychology to the Politics of Agency*, Oxford, Oxford University Press, 2001, plaide avec force pour l'idée selon laquelle le respect d'une conduite rationnelle et d'une liberté entendue comme « contrôle discursif » requiert l'usage de la persuasion plutôt que de la contrainte afin de modifier l'opinion des gens. Dans le présent article, je considère que la meilleure façon d'interpréter la distinction platonicienne entre persuasion et force (plutôt que « coercition », parce que les buts peuvent n'être ni contraires à mes intérêts ni même à mes souhaits) est que la « force » doit finalement être en mesure de modifier l'opinion des gens, sans quoi elle ne contribuerait pas à les rendre plus vertueux, bien que son effet immédiat et distinctif est d'agir sur le corps, alors que la persuasion agit sur les seuls esprits (âmes). Pour sa part, Derrida insiste sur l'inévitabilité de la violence lors de toute fondation de régime politique, bien qu'il soit nécessaire de limiter le plus possible son usage (voir J. Derrida, *Force de loi*, Paris, Éditions Galilée, 1994 – conférence en partie prononcée en partie distribuée à la Cardozo Law school, 1989 et R. Parrish, *Violence Inevitable : The Play of Force and Respect in Derrida, Nietzsche, Hobbes, and Berlin*, Lanham-Maryland, Lexington Books, 2006, p. 37).

Nous examinerons bientôt cette analogie et la théorie des préludes en détail, afin d'évaluer les propositions interprétatives expliquant la persuasion à l'aide d'une théorie de la liberté morale ou de la légitimité politique. Nous nous limitons pour l'instant à observer que le contraste « classique » sert autant à relier la persuasion et la contrainte qu'à les opposer. Dans les passages des *Lois* examinés dans ce paragraphe (en laissant de côté l'analogie médicale), ainsi que dans la *République* II et le *Gorgias*, elles sont discutées comme des moyens qui, séparément ou réunis, peuvent être utiles pour atteindre un objectif politique donné, plutôt que comme des formes normativement opposées d'action politique[1]. Le même point est présenté de manière encore plus frappante dans un passage mineur du *Politique* : au cours de la division du tissage, l'« *idea* » des « monnaies et des sceaux », nous est-il dit, ne forme pas un *genos* commun. Si quelques items de ce groupe, observe l'Étranger d'Élée, sont assignés au *genos* de la décoration, d'autres à celui des « instruments », « cela serait fait de façon forcée (βία) mais néanmoins ils s'accorderaient (συμφωνήσει) dans l'ensemble » (289 b 6-7). Or συμφωνία est un terme positif et sans ambiguïté pour « harmonie », « concorde », « accord » chez Platon. Il joue un rôle crucial dans la *République* en décrivant la concorde qu'établit la modération au sein de l'âme. L'« accord » modéré selon lequel la raison doit gouverner dans la cité et dans l'âme contraste avec la guerre civile dans laquelle une partie, de l'âme comme de la cité, cherche à dominer les autres (« cet accord entre le naturellement pire et le naturellement meilleur sur qui – des deux – doit gouverner la cité et l'individu est droitement appelé modération », IV, 432 a 6-b 1 ; *cf.* 442 c, 443 c-e). Dans le *Politique*, un tel accord pourrait tenir même s'il était fait usage de la force (βία). Aussi, la persuasion n'est-elle pas la seule route vers un consensus valable, βία peut parfois être utilisée pour réaliser la même fin. Βία peut en effet provoquer un changement d'état d'esprit, bien que ce soit moyennant un changement physique et non en visant directement à susciter un changement mental comme le fait πειθώ (sur ce dernier terme, Vlastos, « Slavery in Plato's Thought », art. cit., p. 148, n. 5, explique que « πειθώ signifie simplement changer l'opinion de quelqu'un d'autre. Il n'en spécifie nullement la manière »).

L'alternative classique du choix entre ces différents moyens – persuasion ou contrainte au sens de force violente – est présentée ailleurs dans les *Lois* en se référant à la contrainte entendue plutôt comme nécessité irrésistible liée à une situation donnée (ἀνάγκη) que comme force interpersonnelle violente[2].

1. Tous les passages considérés jusqu'à présent dans cette partie, avec *Politique*, 296 a-e, sont cités par Brian Vickers (*In Defence of Rhetoric*, Oxford, Clarendon Press, 1988, p. 141-7) pour souligner leurs sinistres implications politiques. L'auteur suit en cela Popper (*The Open Society and its Enemies*, vol. 1 : *The Spell of Plato*, London, Routledge and Kegan Paul, 1945) et radicalise la position de Bobonich en jugeant sinistres non seulement la force mais aussi la persuasion.

2. Développant les implications politiques de la Caverne en *République* VII, Socrate insiste sur le fait que la loi dans la Callipolis doit pousser à l'harmonisation des citoyens à travers la persuasion et la contrainte (πειθοῖ τε καὶ ἀνάγκῃ, 519 e 3-4, ma traduction). Ce contraste entre persuasion et contrainte au sens de nécessité, plutôt qu'au sens de force violente, est caractéristique du livre VII de la *République*, qui est préoccupé par la possibilité qu'une certaine sorte de nécessité (ἀνάγκη) puisse

L'Étranger d'Athènes illustre cette relation entre persuasion et force, deux moyens possibles pour faire face à la nécessité, par son insistance à vouloir que Clinias ne serve pas seulement comme l'un des législateurs et fondateurs de la nouvelle colonie, mais soit lui-même fait citoyen de cette colonie. Cette exigence découle de la nécessité (ἀναγκαιότατον) de choisir les gardiens des lois avec le plus grand soin (752 e 2), et cette nécessité doit être réalisée ou « en usant de persuasion ou par la capacité à user d'un degré raisonnable de force » (πείσαντες ἢ τῇ μετρίᾳ δυνάμει βιασάμενοι, 753 a 3-4). Que ce soit par persuasion ou par force, Clinias doit être conduit à satisfaire la nécessité liée à l'effort pour établir un bon ordre politique. Ce faisant, un changement se produit dans son esprit : il va commencer à raisonner comme un législateur. Toutefois, la cause de ce changement n'a pas nécessairement besoin d'être elle-même raisonnable ou persuasive. Elle peut être entièrement physique, qu'elle soit exercice de la force ou menace de celle-ci (et la menace est peut-être ce qui est sous-entendu par δυνάμει dans le texte cité ci-dessus).

Qu'en est-il du contraste « volontaire » dans les *Lois* ? Considérons les deux passages les plus importants en dehors de l'analogie médicale, que j'examinerai plus tard. Le premier prend place en 690 c, avant que la théorie des préludes ne soit introduite, quand l'Athénien corrige l'affirmation de Pindare selon laquelle la loi de nature est le règne du fort (*Cf.* Schofield, *Plato : Political Philosophy*, Oxford, Oxford University Press, 2006, p. 80). Mais cette correction, qui fait état du contraste entre volontaire et force, est introduite dans le contexte de ce que l'Athénien appelle le plus grand des sept ἀξιώματα qui distinguent ceux qui dirigent de ceux qui sont dirigés : ce sixième, et plus grand, « axiome » établit que « l'ignorant doit être commandé et le sage (le) dirige et le gouverne ». Cela, l'Athénien le défend contre Pindare comme n'étant pas contre la nature mais bien plutôt en accord avec elle, gouvernement par la loi, ajoute-t-il, de ceux qui sont volontaires plutôt que de ceux qui sont forcés (690 b 7-c 3)[1]. Ainsi, dans ce passage épineux, le contraste entre le volontaire et la force ne joue pas de manière

contraindre les philosophes à retourner dans la Caverne et à gouverner, et cette préoccupation semble structurer son exposé de la méthode suivie par la loi. Les *Lois* distinguent et clarifient les deux sens de la contrainte que la *République* a tendance à fondre, en argumentant de manière caractéristique que c'est la contrainte de la nécessité (ἀνάγκη) qui rend nécessaire la contrainte de (la menace de) la force violente ou βία, tout à la fois dans l'action individuelle et dans la formulation de la loi.

1. J. Rancière (« Does Democracy Mean Something ? », dans C. Douzinas (éd.), *Adieu Derrida*, Basingstoke, Palgrave Macmillan, 2007, p. 84-100 : p. 89-91), discutant ce passage, observe que la septième forme de gouvernement – le « tirage au sort » démocratique – ne donne aucune raison pour que certains dirigent et d'autres soient dirigés, et « présente en conséquence le paradoxe d'une détermination qui revient à l'absence de toute *archè*, à une « détermination sans détermination ». Rancière considère que cette septième forme, qui tout comme la forme pastorale, « bénéficie de la faveur des dieux » (690 c), constitue la démocratie « non comme un ensemble défini d'institutions, ni comme le pouvoir d'un groupe spécifique, mais comme un pouvoir supplémentaire, pouvoir instituant, qui à la fois rend légitimes et illégitimes tout ensemble d'institutions comme tout pouvoir de n'importe quel groupe de gens », et qu'il est « plus radical » que le concept derridéen d'auto-immunité de la démocratie (art. cit., p. 91), en ce qu'il implique la perturbation et l'altérité du sein même de la démocratie et du politique et non du dehors.

indépendante. L'acceptation volontaire par l'ignorant du gouvernement du sage, voilà qui est proprement en accord avec la nature : le volontaire et la connaissance apparaissent comme deux critères distincts, tous deux nécessaires pour définir le bon gouvernement, mais sans hiérarchie claire entre eux. Ce passage va donc dans le sens de l'opinion d'André Laks (« L'utopie législative de Platon », art. cit., p. 421-2; *cf.* « Legislation and Demiurgy : On the Relationship between Plato's *Republic* and *Laws* », art. cit., p. 218) pour qui la volonté et la sagesse forment deux critères différents au sein de la pensée de Platon, qui articule leur rapport de diverses manières prêtant à controverses[1]. Cependant, nous verrons plus bas qu'ailleurs, dans les *Lois* comme dans le *Politique*, leur relation est en fait clarifiée en des termes précis. Le critère de la connaissance est celui du pouvoir, tandis que le critère du volontaire sert à établir un degré supérieur du bon et du mauvais dans l'exercice de ce pouvoir, qui travaille idéalement à sa propre disparition dans la situation idyllique d'une conversation socratique. La connaissance constitue le seuil et la règle pour définir le pouvoir, alors que le volontaire se rapporte à une meilleure façon (et la force, à une pire) de mettre en œuvre ce pouvoir. De sorte que l'on gouverne de manière appropriée, par force ou par persuasion, pour autant que l'on tend à un but déterminé par la connaissance (c'est là justement le problème du *Politique*, comme nous allons bientôt le voir). Pour éviter l'accusation de tyrannie, on devrait aussi gouverner des sujets consentants et à la limite commune de leur consentement et de sa propre connaissance, la relation d'autorité devrait disparaître d'elle-même. Cependant, comme nous l'avons vu, le consentement peut être produit par la force, de sorte que le maintien du contraste « volontaire » ne renforce pas nécessairement le contraste « classique ». Plus important encore pour nous, la violation du critère formé par le contraste « volontaire » ne remet pas en cause la nature du droit fondamental à gouverner.

L'autre discussion importante du contraste « volontaire » dans les *Lois* figure en 832 b-c : l'Athénien évoque le critère du volontaire et du consentement pour démarquer les trois constitutions authentiques des trois types de régimes qui échouent à être proprement constitutionnels[2]. Ces derniers, déclare l'Athénien, ne sont pas des πολιτεῖαι (régimes constitutionnels) mais des στασιωτεῖαι (régimes factieux), parce qu'« en aucun de ceux-ci, des dirigeants consentants gouvernent des sujets consentants, mais plutôt des dirigeants consentants

1. Laks observe également de façon éclairante (« L'utopie législative de Platon », art. cit., p. 423) que *Gorg.*, 521 e 6-522 a 3 et *Pol.*, 293 a 9-b 8 mettent en œuvre une analogie médicale qui insiste sur le seul critère de la connaissance et rend inutile le besoin de persuasion. Les *Lois* réutilisent cette analogie dans un but opposé : montrer que le législateur qui dispose de la connaissance (et Laks va jusqu'à souligner sa nature philosophique, p. 426) est idéalement à même de susciter une obéissance volontaire. Mais cette observation, vraie au demeurant, ne renverse pas le consensus sur le rôle des deux critères que je prétends avoir identifié tant dans le *Politique* que dans les *Lois* dans le texte au-dessus.

2. Avec ce passage, il en est un autre cité par M. Schofield (*Plato : Political Philosophy*, *op. cit.*, p. 80), qui plaide pour l'importance sans précédent de la liberté dans les *Lois*, que souligne également Laks (« L'utopie législative de Platon », art. cit., p. 421-2).

gouvernent de sujets non consentants en utilisant toujours un certain degré de force » (832 c 2-5). Une telle condition, jointe à la peur qu'il ne soit permis aux sujets d'accroître leur vertu, leur richesse, leur courage ou encore leur capacité de combattre (peur qui s'enracine sans doute dans la crainte que les sujets soumis contre leur gré ne se révoltent) forme avec l'insatiable soif de possession les deux principales racines du mal politique (832 c 5-9).

Nous avons donc constaté que la loi, tant en Magnésie qu'en Callipolis, implique en elle-même nécessairement la force, de sorte que ce ne peut être le seul emploi de celle-ci qui distingue les στασιωτεῖαι. Peut-être le besoin de toujours user de la force, plutôt que de simplement menacer de le faire, forme-t-il une différence significative, puisqu'en Magnésie certaines menaces à tout le moins n'auront pas besoin d'être exécutées. Néanmoins, l'idéal constitutif de cette cité n'exige nullement l'élimination du recours à la force : il est plutôt, selon les termes éclairants de Laks, de le « réduire » autant que possible par l'emploi de préambules persuasifs (« Legislation and Demiurgy : On the Relationship between Plato's *Republic* and *Laws* », art. cit., p. 224).

Reste le fait le plus important pour l'interprétation de ce passage : la démocratie figure parmi les régimes factieux, ses citoyens sont gouvernés contre leur gré, alors que ceux de Magnésie le sont de plein gré (ce qu'indique l'Athénien à la ligne précédente, quand il déclare que son modèle de cité a échappé aux deux causes principales du mal[1]). Comment est-il possible de voir en la démocratie un exemple de régime où les sujets sont gouvernés contre leur gré ? La solution doit être du même esprit que la remarque faite par Socrate en *République* VIII : les sujets démocratiques sont gouvernés en dépit de leur volonté parce que fondamentalement ils n'acceptent aucun principe de gouvernement, aucun principe qui donne autorité à certains sur d'autres. Le fait d'être d'accord n'est pas une fonction d'un type de régime mais une attitude à l'égard du pouvoir, autrement dit à l'égard de la soumission. Les démocrates n'acceptent pas de ce point de vue la condition d'un esclavage volontaire qui distinguait les anciens Athéniens, comme l'observe l'Athénien dans un passage sur lequel nous reviendrons. En tout cas, le contraste « volontaire » ne se réciproque pas avec l'acceptation de la loi ou de la persuasion, puisque les démocrates dont il est question peuvent bien être gouvernés par la persuasion plutôt que par la force, il reste qu'ils n'acceptent pas d'être gouvernés du tout.

1. Le passage de la *République* consacré au navire de l'État souligne que la démocratie est loin de reposer seulement sur la persuasion. Les politiciens dans les démocraties existantes usent à la fois de la persuasion et de la force – comme l'exil ou l'exécution d'opposants politiques – pour atteindre leurs buts : les marins (les politiciens) « appellent la personne habile à persuader ou à forcer (ἢ πείθοντες ἢ βιαζόμενοι) le navire de l'État de la laisser diriger un "navigateur" » (488 d 2-3). Adimante s'appuie donc sur des pratiques démocratiques existantes quand il imagine comment les jeunes gens persuadés par l'histoire de l'anneau de Gygès se conduiront : « utilisant la persuasion en certaines circonstances et la force en d'autres, nous l'emporterons sur d'autres sans encourir de sanctions (τα μὲν πείσομεν, τὰ δε βιασόμεθα) » II, 365 d 4-6). Je remercie Carlo Natali de m'avoir invitée à reconsidérer la signification de ce passage.

Jusqu'à présent, nous avons vu d'abord que le contraste « classique » et le contraste « volontaire » figurent tant dans la *République* que dans les *Lois*, qu'ils sont ensuite mentionnés aussi bien pour dépeindre deux espèces de moyens politiques que pour interdire comme illégitime l'un des deux (la force), et enfin que ces contrastes ne sont pas toujours équivalents. À la lumière de ces traits communs à la *République* et aux *Lois*, tournons-nous maintenant vers l'analogie médicale et la théorie des préambules qu'elle est destinée à présenter, et évaluons les principaux arguments d'après lesquels les contrastes « classique » et « volontaire » introduiraient cette fois une différence cruciale sur le plan de la théorie politique et morale entre les *Lois* et les autres dialogues platoniciens. Nous considérerons d'abord ce que j'appelle la lecture en termes de liberté morale proposée par Christopher Bobonich, puis la lecture en termes de légitimité politique proposée par Malcolm Schofield, en tenant compte tout au long du chemin de quelques éléments essentiels de la lecture proposée par André Laks.

PERSUASION ET LIBERTÉ MORALE D'APRÈS BOBONICH : UNE ÉVALUATION CRITIQUE

Selon Bobonich, le statut de la liberté morale rend nécessaire et appropriée la persuasion des citoyens par les législateurs. C'est en ce sens qu'il lit la comparaison entre les médecins libres et les législateurs, et le contraste entre les médecins libres et les médecins esclaves en *Lois* IV et IX. « C'est le fait que les deux (le médecin et le patient / le législateur et le citoyen) sont libres qui détermine ce qui est approprié dans leur relation », plus particulièrement, « c'est en raison du statut du patient comme personne libre qu'il mérite d'être rationnellement persuadé » (*Plato's Utopia Recast : His Later Ethics and Politics*, Oxford, Clarendon Press, 2002, p. 105). Pour Bobonich, c'est donc le statut de la liberté morale qui compte ; nous examinerons plus loin une variante de cet argument qui traite la liberté d'un point de vue politique.

Bobonich commence par poser que les *Lois* partagent avec la *République* l'idée que la liberté morale est connectée à la compréhension rationnelle. Dans la *République* cependant, cette connexion ne vaudrait d'après lui que pour les philosophes rois que les autres classes servent comme « esclaves », alors que dans les *Lois*, Bobonich découvre à l'œuvre le statut moral de la liberté et par là le besoin d'une compréhension rationnelle qui s'étende à tous ceux qui ont grandi et ont été éduqués de façon satisfaisante sous le système des lois de Magnésie[1]

1. Un problème débattu par Bobonich, ses prédécesseurs, ses critiques ou ses défenseurs est de savoir si la persuasion dans les préambules et dans les *Lois* ou dans Platon généralement consiste à convaincre de façon rationnelle ou irrationnelle. Ce problème n'est pas essentiel à mon argumentation et je crois en effet que c'est un faux problème, dans la mesure où Platon conçoit clairement une large gamme d'espèces et de moyens de persuasion ; tous ceux qui agissent dans ce cadre impliquent virtuellement tout à la fois un appel à la raison, à l'émotion et à d'autres moyens irrationnels, selon des degrés différents. Dans les *Lois*, la distinction entre persuasion rationnelle et irrationnelle n'est pas en elle-même thématisée, comme Stalley l'observe : « l'Athénien n'est pas intéressé par la distinction

(*Plato's Utopia Recast*, *op. cit.*, p. 106). En particulier, il lit *République* 590 c-d comme « plaidant en faveur du fait que les membres des classes inférieures doivent être les "esclaves" des philosophes » (*ibid*, 203)[1].

Ce supposé contraste entre l'esclavage caractérisant la position des citoyens ordinaires de la *République* et la liberté caractérisant les citoyens ordinaires des *Lois* doit être tout d'abord contesté. Comme Malcolm Schofield l'a observé (*Plato : Political Philosophy*, *op. cit.*, p. 273-274, avec la note 57, voir aussi Vlastos (« Slavery in Plato's Thought », art. cit., p. 151-152), c'est faire un contresens à propos de *République* 590 c-d que de croire que les classes inférieures de la Callipolis doivent être esclaves des philosophes. La référence à l'esclavage (c 8) permet d'illustrer la condition extrême du travailleur manuel, en prenant appui sur l'expérience ordinaire de l'interlocuteur et du lecteur, afin de montrer qu'il est meilleur d'être gouverné par la raison que par la concupiscence ou le désir de posséder toujours davantage. Le livre V avait déjà nettement opposé la façon dont les dirigeants dans les cités ordinaires appellent leurs concitoyens des « esclaves » à la manière dont ils sont dénommés par leurs supérieurs dans la Callipolis, « fournisseurs de nourritures et de salaires » (463 b)[2]. Alors que Platon use parfois du terme « esclavage » dans son sens ordinaire et littéral (comme ici au livre V), il l'emploie aussi fréquemment dans le Livre IX de manière métaphorique pour désigner le gouvernement pris en lui-même, *simpliciter*, non pour stigmatiser le mauvais gouvernement. Aussi, alors que le passage du livre IX de la *République* cité par Bobonich utilise l'image de l'esclavage pour évoquer le besoin de subordonner quelqu'un dont la raison est naturellement faible à quelqu'un de sage, de sorte que tous soient « gouvernés par ce qui est divin et sage » (590 d 3-4), quelques lignes plus loin Socrate avertit que les citoyens de la Callipolis seront rendus « libres », mais pas avant que la constitution ne soit établie dans l'âme de chacun (590 e 3-591 a 3).

entre méthode rationnelle et irrationnelle mais plutôt par la distinction entre obtenir un accord par les mots ou la musique ou l'obtenir par la force physique » (« Persuasion in Plato's *Laws* », *History of Political Thought*, 15, 1994, 157-177 : p. 168, n. 58). Toutefois, comme je le défends ici, cette dernière distinction s'avère relative, problématique et non fondamentale. Pour un prédécesseur partiellement opposé aux vues de Bobonich, voir G.R. Morrow (*Plato's Cretan City : A Historical Interpretation of the* Laws, Princeton, Princeton University Press, 1960, p. 552-60), pour un autre globalement en accord, voir R.W. Hall (*Plato*, Hemel Hempstead, George Allen & Unwin, 1981, p. 93-6); pour un prédécesseur opposé, voir R.F. Stalley (*An Introduction to Plato's* Laws, Indianapolis, Hackett, 1983, p. 42-44), puis du même voir pour une critique, (« Persuasion in Plato's *Laws* », art. cit.); pour une autre critique, voir L. Brisson (« Les préambules dans les *Lois* », dans *Lectures de Platon*, Paris, Vrin, 2000, p. 235-262); enfin pour une défense voir Samaras (*Plato on Democracy*, New York-Oxford, Peter Lang, 2002, p. 305-25).

1. Cependant, dans la même discussion, Bobonich note aussi que ce passage fait du gouvernement de soi grâce à sa propre raison le meilleur des biens, s'il peut être atteint. Vlastos, « The Theory of Social Justice in the *Polis* in Plato's *Republic* » art. cit., souligne au contraire que *Rép.*, 590 c-d recommande au *doulos* d'être *philos* du maître et qu'à l'inverse cette voie est rejetée en *Lois* 757 a.

2. Je suis reconnaissante à Etienne Helmer de m'avoir rappelé ce passage dans le présent contexte de mon argumentation.

Un mouvement similaire s'observe dans les *Lois*. D'un côté, elles font de la liberté politique des citoyens un des trois buts généraux que poursuit la cité (bien que les artisans et les travailleurs ne soient pas citoyens de la cité de Magnésie comme ils le sont dans celle de Callipolis); de plus, elles contribuent à mettre en évidence la psychologie de la personne libre quand l'analogie médicale est employée pour la première fois à propos de la législation. D'un autre côté, l'Athénien admire aussi l'antique idée d'individus « vivant dans une espèce d'esclavage volontaire à l'égard de la loi » (700 a 4-5)[1]. Contre ce que soutient Bobonich, ces deux dialogues jouent donc tous les deux avec les idées de liberté et d'esclavage, bien plus que ces idées ne servent à les opposer.

Si donc Bobonich a tort de soutenir que le thème de la liberté morale pour tous les citoyens distingue les *Lois* de la *République*, il a encore plus tort de considérer que « c'est le statut moral de la liberté » qui est en cause dans les *Lois*. Car ce qui est en question quand les *Lois* et en particulier l'analogie médicale et la théorie des préambules invoquent la liberté, ce sont les capacités psychologiques et temporelles des sujets et le choix qui en découle des méthodes de gouvernement. Ces dernières se laissent classer dans leur diversité selon un critère du meilleur et du pire, sans que cela détermine la validité du gouvernement lui-même, laquelle repose sur le critère indépendant de la connaissance, en particulier celle de la finalité d'une vertu améliorée.

Pour bien voir que la liberté morale n'est pas concernée par l'analogie, nous devons commencer par nous attarder sur les remarques introductives de l'Athénien, qui présentent et contextualisent les deux méthodes de soin au livre IV. « Rappelons ces deux méthodes, de sorte que nous puissions adresser aux législateurs la même requête que celle que les enfants font à leur médecin, de les traiter avec la plus grande douceur (πρᾳότατον) » (720 a 4-6). Or Bobonich écarte la référence aux enfants, « clairement une espièglerie », une simple remarque isolée au sein des trois passages sur les médecins libres et esclaves, d'après son premier article sur les préludes (« Persuasion, Compulsion, and Freedom in Plato's *Laws* », *Classical Quarterly* 41, 1991, 365-87: p. 369, n. 18); il ne se soucie même pas d'en faire état dans son livre de 2002. Je suspecte tout au contraire cette référence aux enfants et à leur souhait d'être fondamentale pour la compréhension correcte de l'analogie. Les enfants chercheraient à être traités (pas seulement manipulés mais soignés, θεραπεύειν) de la façon la plus douce. La pratique des médecins libres est présentée non pas comme un exemple de

1. J'utilise la traduction par Malcom Schofield de ce passage, sur lequel il attire l'attention dans une discussion reliant la *République* et les *Lois* à propos de la valorisation d'une « liberté modérée » (*Plato : Political Philosophy*, Oxford, Oxford University Press, 2006, p. 79). Nous discuterons ce passage et l'interprétation qu'il en propose un peu plus bas. On peut comparer avec Vlastos, « Slavery in Plato's Thought », art. cit., p. 151-2, qui souligne que δοῦλος signifie ici la direction en général, qui prévaut autant dans les rapports du maître à l'esclave que dans ceux du souverain au sujet.

méthode moralement appropriée mais plutôt comme exemple d'une méthode dont la douceur est un fait d'expérience[1].

Comparons avec un passage important du *Critias* (109 c) décrivant la condition originelle de la terre quand elle était administrée par les dieux. Les termes du récit rappellent l'âge de Cronos, même si certains des aspects du mythe ne sont pas identiques à ceux du règne de Cronos tel qu'il est décrit dans le *Politique* et dans les *Lois*. Dans le *Critias*, alors que les dieux gouvernent les hommes comme « leurs propres biens et leur bétail », et donc « comme le font des bergers avec leurs brebis », ils « ne nous contraignent pas en exerçant une force corporelle sur nos corps, comme feraient des bergers qui conduisent à coup de piques leur troupeau au pâturage, mais plutôt par ce qui fait changer le plus aisément de direction une créature. C'est en suivant un dessein qui leur est propre que les dieux nous dirigent par l'arrière comme s'ils appliquaient à l'âme le gouvernail de la Persuasion. Et de cette manière, ils dirigent tout ce qui est mortel, comme le font en leurs bateaux les hommes de barre ». Ici la justification du mode de gouvernement n'est pas relative à ce qui est dû aux sujets mais à la manière dont ils sont le plus aisément pilotés. Dans l'analogie médicale comme dans la théorie des préambules des *Lois*, le mot « liberté » doit être compris comme évoquant un ensemble de dispositions psychologiques et temporelles qui font du traitement le plus doux un traitement possible et désirable susceptible d'être choisi par les dirigeants. Ce traitement est doux parce qu'il utilise les mots plutôt que la force violente. Mais il ne requiert ni ne fournit aucune sorte de justification morale ou politique (ce que nous avons appelé dans l'Introduction une justification « juridique ») pour l'exercice de l'autorité. Un traitement doux est adapté à l'espèce de créatures que nous sommes, et au type de gouvernement que le dirigeant décide d'exercer ; mais c'est au mieux une prérogative du dirigeant, non un droit ou une exigence des citoyens.

Cette interprétation est confirmée au livre X par l'introduction au préambule des lois relatives aux dieux, à l'occasion de laquelle l'Athénien livre une réflexion importante sur l'usage des préambules. Les jeunes athées censés réclamer ce préambule déclarent qu'ils méritent (ἀξιοῦμεν) que le législateur cherche à leur offrir une persuasion avant de recourir à la contrainte légale ; mais ils fondent cette réclamation sans jamais se référer à leur statut de citoyen libre mais sur le fait que le législateur lui-même prétend être doux et non pas brutal (μὴ ἀγρίων ἀλλὰ ἡμέρων, 885 e 2). Les citoyens eux-mêmes reconnaissent donc dans la douceur de ce traitement non l'expression de leur liberté morale mais l'engagement pris par les législateurs de gouverner aussi doucement que possible. Si « le statut du

1. Voir J. de Romilly, *La Douceur dans la pensée grecque*, Paris, Les Belles Lettres, 1979, consacré au thème plus large de la « douceur » dans la pensée grecque, qui figure chez Platon sous les termes de *praos* et d'*hèmeros*. J. de Romilly considère (p. 176-189) que Platon en ait venu à reconnaître l'importance de la « douceur » politique, en dépit de sa critique de la démocratie et de sa passion pour la justice, notamment en méditant l'exemple de Socrate et sa façon de valoriser la « douceur » dans les relations interpersonnelles. Je reviens sur sa discussion de ce passage des *Lois* dans la note 2, p. 180 ci-dessous.

patient» (Ch. Bobonich, «Persuasion, Compulsion, and Freedom in Plato's *Laws*», art. cit., p. 371, n. 24) est ici en question, ce n'est pas comme fondement pour des exigences morales qu'il importe mais en raison de la psychologie attenante à ce statut, laquelle sélectionne les modes possibles de traitement susceptibles d'être choisis par les législateurs[1].

Ce point est plus amplement développé au livre IV : après avoir expliqué une première fois l'analogie médicale et donné à titre d'exemple le préambule et la loi sur le mariage, l'Athénien retourne à l'analogie, montrant que les deux éléments différents de la loi sur le mariage – la loi proprement dite (prescription et sanction) et le préambule – correspondent respectivement au médecin des esclaves et à celui des hommes libres. Ici, le but du préambule est de «faire en sorte que la personne pour laquelle la loi est promulguée accepte ses ordres – la loi – dans une meilleure disposition d'esprit (εὐμενῶς) et soit, en raison de celle-ci, plus souple et désireuse d'apprendre (εὐμαθέστερον)» (723 a 4-6)[2]. C'est tout à fait en rapport avec l'aspiration plus générale qu'exprime l'Athénien pour le compte des législateurs quand il proclame juste avant l'introduction des préambules que son but est de rendre les citoyens ἡμερώτερον (718 d 4), εὐμενέστερον (d 4 et d 6) et εὐμαθέστερον (d 6).

Tant la syntaxe que la sémantique de ces passages sont importantes. Notez d'abord l'emphase mise sur la forme comparative dans les deux passages; le but est un but relatif : rendre les citoyens plus souples et plus désireux d'apprendre et non pas moins. Ce n'est pas un absolu juridique séparant la liberté de la non-liberté. Pour ce qui est de la sémantique, on peut certes donner un sens cognitif fort à εὐμαθέστερον, mettre en relief l'idée de devenir plus désireux d'apprendre et la relier au but énoncé juste auparavant par l'Athénien de rendre les citoyens εὐπειθεστάτους πρὸς ἀρετὴν (718 c 8) («bien disposés à l'égard de la vertu»). Il n'en demeure pas moins que cette discussion vise à conformer convenablement les dispositions des citoyens plutôt qu'à les rendre capable d'exercer leur liberté morale. D'ailleurs, il n'est fait nulle part mention d'une vertu requérant la liberté morale. L'enjeu est de savoir si la modalité de l'adresse (douce ou non) affectera la disposition et la psychologie du destinataire, de sorte qu'il sera désireux d'être traité ou d'agir comme il est requis (sans qu'il soit question de ses droits moraux

1. Ce passage est décisif pour répondre aux questions respectives de Catherine Osborne et Alice van Harten, soulevées lors de la discussion d'une version antérieure de cet article présentée au B Club (for ancient philosophy) de la Cambridge Faculty of Classics le 11 février 2008. Nous avons ici la connexion verbale entre un traitement ἥμερον par les législateurs et la fabrique de citoyens ἡμερώτερον (718 d 4, où la visée est plus générale, voir *infra*); nous constatons aussi que le but du préambule de *Lois* X au code législatif dans son ensemble est limité et relatif (comparatif).

2. Le débat mené autour de l'interprétation de ce passage a conclu à juste titre qu'on ne doit pas supprimer la dimension cognitive de εὐμαθέστερον, mais qu'on ne doit pas non plus l'exagérer : rendre quelqu'un plus désireux d'apprendre ne revient pas à établir cet apprentissage comme un critère concernant la manière de le traiter. La traduction allemande et latine procurée par H. Görgemanns (*Beiträge zur Interpretation von Platons* Nomoi, *op. cit.*, p. 40) est sur ce point précieuse : pour εὐμενής, qui équivaut pour lui à εὔνους, il propose «*wohlwollend*» et «*benevolus*; pour εὐμαθής, «*leicht belehrbar*» et «*docilis*».

ou même politiques). S'adresser de façon douce est possible et même approprié à l'égard de citoyens libres politiquement et l'on peut à juste titre considérer que cette conduite est liée à la liberté (politique) dans son opposition à la tyrannie. Mais ce n'est pas dû aux citoyens en vertu de leur liberté morale et la question plus fondamentale de la validité du régime ne le sous-entend pas.

Tournons-nous maintenant vers le cœur de l'analogie, afin de confirmer notre argumentation. Bobonich et d'autres éludent deux distinctions différentes faites par l'Athénien dans le cours de cette analogie. Par sa question posée en 720 a 6-8 et explicitée en 720 b 1-6, ce dernier esquisse deux catégories de médecins : les médecins proprement dits, décrits comme libres, et les assistants des médecins (ὑπηρέται, a 7), également « appelés » (καλοῦμεν) médecins. Les médecins au sens propre ont « appris (la connaissance médicale) par eux-mêmes » et l'enseignent à leurs élèves (διδάσκουσι), alors que les assistants – qui peuvent être « libres ou esclaves » (b 2) – apprennent leur τέχνη à travers l'observation et l'obéissance à leurs maîtres, et au moyen de l'expérience[1]. Notez que la différence ne passe pas entre l'esclave et l'homme libre, donc entre deux statuts politiques, mais entre deux statuts professionnels. Les médecins au sens propre ont appris par eux-mêmes une connaissance systématique qui les rend capables d'enseigner aux autres, même s'ils continuent à s'instruire de chaque cas qui se présente à eux (nous le verrons au livre IX). Les assistants, en revanche, qui peuvent être libres aussi bien qu'esclaves, sont engagés dans un apprentissage empirique consistant à regarder et à suivre leurs maîtres. Aussi la connaissance n'équivaut-elle pas au statut moral et politique d'un être libre ou esclave, ni n'en dépend ; c'est un critère indépendant qui passe à travers ces catégories (le lecteur du *Politique* sensible à l'insistance sur la connaissance comme seul critère d'expertise politique pouvait précisément s'y attendre, comme nous le verrons plus bas)[2].

L'Athénien introduit ensuite une seconde distinction (καὶ συννοεῖς ὅτι, b 8), qui se concentre non sur la qualification des médecins mais sur le statut politique des patients et les différentes formes de traitement qui en découlent (cette distinction semble être de son cru et non un trait commun à la médecine grecque)[3]. Ici, ce

1. Notez l'utilisation surprenante et inattendue du verbe θεωρεῖν ici – connotant la connaissance la plus élevée dans la *République* – pour décrire une des manières par lesquelles les assistants des médecins s'instruisent.

2. N'en déplaise à Muller qui dans son livre (*La Doctrine platonicienne de la liberté*, *op. cit.*), par ailleurs excellent, soutient que « les deux méthodes sont rapportées à deux sortes de médecins, les esclaves et les libres » (p. 156 ; voir p. 156-158). De Romilly, *La Douceur…*, *op. cit.*, p. 184 juge plus correctement qu'il y a « deux sortes de médecins », d'un côté, ceux « qui ont l'habitude de soigner des esclaves [et qui] ne donnent ni n'acceptent d'explications », de l'autre, « le médecin libre », qui emploie la persuasion ; elle conclut « qui dit persuasion dit douceur ».

3. Voir Schofield, *Plato : Political Philosophy*, *op. cit.*, p. 97-98, n. 99, et les informations qu'il rapporte d'une discussion avec Geoffrey Lloyd. B. Campbell, « Poliatrics : Physicians and the Physician Analogy within Fourth-century Athens », *American Political Science Review* 76, 1982, 810-824, soutient que l'analogie médicale au quatrième siècle n'était pas destinée d'ordinaire à justifier des fins autoritaires, mais était employée par des « démocrates conservateurs » pour invoquer un corps de connaissances établis par la tradition et disponibles sur une base égalitaire. Laissant ouverte la

qui définit la catégorie du médecin « esclave » (ainsi que le dénomme la littérature anglophone) n'est pas son propre statut légal : bien que la plupart soient des esclaves, tous ne le sont pas (c 1-2). Il s'agit plutôt du statut du patient comme esclave.

Il faut relever trois points à propos de ce médecin des esclaves. D'abord, ce médecin ne donne ni même n'écoute aucun exposé sur « la maladie particulière qui affecte l'individu esclave » (ἑκάστου, c 3, c 4). Ensuite, ce médecin prescrit à partir de son expérience, « comme s'il savait avec précision (ἀκριβῶς) ». Enfin, il le fait d'une manière arrogante, comme un tyran (καθάπερ τύραννος αὐθαδῶς) (720 c 5-7). Par contraste, le médecin des patients libres (lui-même libre) s'intéresse à l'histoire du cas individuel et donne au « patient individuel » autant d'instruction que possible. Cette dernière remarque renvoie à la définition donné plus haut de la connaissance du médecin libre : ce dernier a le savoir nécessaire à son enseignement (de ses assistants, mais aussi, comme ici, de ses patients), mais il poursuit son apprentissage par l'examen de chaque cas individuel qu'il rencontre. La dimension cognitive de « l'instruction », jointe à la précision du traitement individuel, met en relief l'attention au détail qui fait défaut au médecin des esclaves[1]. Finalement, le contraste implicite entre le médecin des esclaves agissant de manière arrogante comme un tyran et le médecin des patients libres est que ce dernier ne donne pas d'ordres « avant d'avoir persuadé le patient en quelque façon, cherchant à le rendre doux (ἡμερούμενον), à le soigner continûment grâce à la persuasion et à le conduire à la santé, s'efforçant ainsi d'achever (ce processus) » (720 d 7-e 2). Notez que l'homme adouci est dirigé par le médecin, et que par voie d'analogie, il est conduit par un législateur déjà en place (bien que, comme d'autres l'ont observé, l'analogie soit imparfaite dans la mesure où il n'est pas envisagé que le médecin libre recourt à quoi que ce soit de parallèle à la contrainte légale fournie par le législateur)[2]. L'adoucissement par

question de sa signification chez Platon, il suggère un contraste entre l'analogie telle qu'elle est utilisée dans le *Gorgias* et le *Politique* (où elle peut indiquer une conception autoritaire de la médecine) et entre la *Lettre* VII et les *Lois* où, soutient-il, le médecin « doit obtenir l'accord de son patient » (p. 811, n. 7).

1. Je remercie James Warren de m'avoir invité à clarifier ce point.

2. Stalley (« Persuasion in Plato's *Laws* », art. cit., p. 170) remarque à propos de la rupture dans l'analogie : « l'analogie entre le législateur et le médecin libre tourne court précisément parce que la persuasion du législateur est accompagnée de menace. Il n'est pas question d'une discussion libre et sans contrainte. Aussi la méthode législative incorporée dans les préludes est très éloignée des méthodes d'un politique socratique ». Mais il se pourrait que le silence des *Lois* sur ce point ne signale pas la fin de la comparaison : les médecins peuvent parfois avoir à mettre leurs patients en quarantaine en cas de peste par exemple – et la médecine grecque connaissait la quarantaine comme une méthode à employer en certains cas. Assurément, le *Politique*, comme nous le verrons, considère que les médecins peuvent agir sans persuader leurs patients : notre analyse du dialogue critiquera les tentatives d'interprétation qui le jugent similaire aux *Lois* sur ce point. Il demeure vrai, comme les participants au séminaire du B Club (voir *supra*, n. 1, p. 179) l'ont souligné, que la nature complexe et *ad hoc* du contraste (dont on ne trouve pas d'équivalent dans les textes et les pratiques médicales grecques) rend plus difficile à comprendre que Platon ait pu introduire des éléments qui seraient sans pertinence ou même inappropriés pour son analogie. Il est à tout le moins clair que l'existence de deux sortes de médecins, plutôt que d'une seule à la fois pour les esclaves et les hommes libres, est appelée à jouer un rôle crucial dans la reprise de l'analogie dans une perspective très différente au livre IX des *Lois*.

la persuasion est en partie le résultat du gouvernement, il n'est pas totalement antérieur à celui-ci.

Maintenant, il ne fait pas de doute que la comparaison d'un docteur d'esclaves à un tyran, ainsi que la mention de la persuasion caractéristique de l'activité d'un médecin libre évoquent implicitement le contraste « classique » entre la force et la persuasion, inséré contextuellement dans l'opposition entre tyrannie et liberté. Mais il convient de prendre note de deux aspects de la dernière citation afin de saisir exactement ce qui est signifié. D'abord, le « en quelque façon » : il suggère que la persuasion peut se produire de diverses manières, toutes n'étant pas nécessairement volontaires (comme nous l'avons vu à propos de la *République*). Ensuite, et de façon plus significative, l'allusion à un adoucissement du patient (ἡμερούμενον) entre en résonance avec l'analogie des enfants (même si le grec use d'un mot différent). De même que ces derniers recherchent un traitement doux de la part de leurs médecins, de même le médecin traitant un patient de condition libre devra le traiter avec douceur et le rendre lui-même doux (alors qu'un médecin traitant des esclaves pressés n'a pas de loisir à perdre pour ces raffinements). À la lumière de l'analogie, nous devons interpréter la décision de rendre la vie plus douce au patient de la même manière que la requête des jeunes athées du livre X : c'est le choix par le médecin des moyens de traitement les plus doux compatibles avec le type de créature qu'il traite. C'est un choix qui peut être aboli quand nécessaire, qui n'est pas dû aux patients en vertu de leur liberté morale, pas plus qu'il n'est senti comme indispensable à leur libre acquisition de la vertu ; il dépend seulement de la capacité psychologique que le dirigeant choisit de promouvoir et d'utiliser. Les dirigeants évitent la tyrannie en recourant à la persuasion où et quand ils le peuvent, et une telle persuasion sert et répond à la liberté politique des citoyens. Celle-ci constitue une certaine capacité d'être persuadé, à tout le moins parfois et dans une certaine mesure. Mais les dirigeants n'abjurent pas l'usage de la force quand nécessaire, ni ne font dépendre la valeur de leur gouvernement de l'emploi préférentiel de la persuasion, ou de la mesure selon laquelle ils en font réellement usage[1].

1. À l'objection avancée par Laragh Widdess, que la distinction entre gouvernement politique et tyrannie reposerait à coup sûr et précisément sur la renonciation à la force par les dirigeants politiques, et au contraire à son emploi par les tyrans, je répondrais comme ci-dessus qu'il y a en réalité une double distinction : l'usage de la force *ou* de la persuasion forme un axe séparé et subordonné à la distinction entre prétentions à gouverner selon qu'elles sont ou non fondées sur une connaissance directrice. D'autres membres du B Club ont observé que la disponibilité de la force pour le législateur pourrait constituer une situation sans parallèle avec la médecine, comme l'est à l'inverse le fait que le patient reconnaisse sa maladie et fasse appel au médecin, tandis que le « patient » politique ne fait pas nécessairement de façon volontaire l'un et l'autre. Toutefois, comme Nick Denyer me l'a fait observer, il existe (et il existait en Grèce ancienne) d'autres médecines qui ne se soucient pas du point de vue ou du consentement du patient, comme la médecine préventive ou la médecine publique, pour ne rien dire de la médecine vétérinaire. Plus gênant est le fait relevé par Geoffrey Lloyd dans la même discussion que les Hippocratiques distinguaient entre thérapies recourant à la parole et thérapies recourant à la violence et n'auraient pas été d'accord pour faire des premières le prélude aux secondes, ni pour reconnaître l'existence d'un type mixte plus ou moins doux. Ici, la reconnaissance par Platon

Nous avons vu que la comparaison entre le médecin des esclaves et celui des hommes libres est systématiquement conduite à l'intérieur des *Lois* sous les trois aspects cruciaux que nous avons considérés. Or les termes de la comparaison dans les *Lois* correspondent également aux termes de la critique de la loi opérée dans le *Politique*. Ce qui dans les *Lois* est un trait du médecin des esclaves (et donc du type de loi pour lequel le médecin est un analogue, c'est-à-dire la méthode consistant à légiférer en recourant à la menace ou à la force seulement) est dans le *Politique* une caractéristique de la loi comme telle. De même que le médecin des esclaves n'est pas en mesure de s'adresser à l'individualité de ses patients, de même la loi dans le *Politique* est incapable de s'adresser à l'individualité de ses sujets (295 a, à l'image des entraîneurs sportifs). Ensuite, le médecin des esclaves prescrit comme « s'il savait précisément » (ἀκριβῶς) alors que dans le *Politique* la loi en tant que telle est incapable d'être ἀκριβῶς (294 b 1). Jusqu'à présent le rapprochement est rigoureux, bien que la critique diffère sur des points essentiels entre les deux dialogues : le *Politique* critique la loi en tant que telle, comparée à la connaissance de l'expert. Les *Lois* acceptent cette critique ἀκριβῶς de la loi ordinaire (qui consiste seulement en commandes et en menaces). Mais elles élaborent une espèce de loi différente, une loi qui utilise la « double méthode » du préambule et de la menace, susceptible d'éviter les deux objections susdites. Ce qui nous conduit au troisième point de correspondance, où chaque dialogue introduit une perspective qui lui est propre. Dans les *Lois*, le médecin des esclaves prescrit « de manière arrogante » (καθάπερ τύραννος αὐθαδῶς) ; dans le *Politique*, c'est la loi en elle-même qui « comme une personne arrogante et ignorante (αὐθάδη καὶ ἀμαθῆ), n'autorise personne à discuter ses ordres » (294 c 1). L'« arrogance » de la loi est la même dans les deux dialogues, valable pour la loi αὐθάδη καὶ ἀμαθῆ comme telle dans le *Politique*, et seulement pour une espèce de loi, la loi menaçante, dans les *Lois*. Mais le *Politique* explique cette « arrogance » par l'ignorance propre à la loi, qui n'autorise aucun changement dans aucun cas individuel, par contraste avec la connaissance experte du vrai politique à même de traiter chaque cas individuel. Les *Lois* au contraire expliquent le caractère buté du médecin des esclaves – représentant ici la seule loi opérant par menace, la loi proprement dite ou nue (νόμος ἄκρατος, 723 a ; Morrow, *Plato's Cretan City : A Historical Interpretation of the* Laws, *op. cit.*, p. 554) – en termes de tyrannie. Alors que dans le *Politique* le problème posé par loi tient à son ignorance, il tient dans les *Lois* à sa tyrannie : elle gouverne par la force seule, sans user de la douceur et de la persuasion adoucissante, qui sont possibles et désirables pour le type de créatures que nous sommes. Un gouvernement non tyrannique (qui revient implicitement pour les Grecs à un gouvernement libre, ainsi que Görgemanns l'observait) est dans les *Lois* plus une question de méthode de gouvernement que de droit à gouverner, et comme nous allons bientôt le voir, le choix de la méthode est un choix qui peut être meilleur ou pire mais qui se réalise à l'intérieur des

de la nature essentiellement hybride de l'être humain – corps et âme, rationnelle et irrationnelle – semble l'avoir conduit à modifier l'image médicale pour l'accorder à son argumentation.

paramètres d'un pouvoir déjà légitimé à gouverner. La tyrannie est donc de ce fait une possibilité que ménage à l'intérieur de sa sphère l'art proprement politique, bien plus qu'un terme opposé et extérieur. Elle n'a donc plus la place centrale et le rôle de pivot qui étaient les siens dans la *République*. Mais c'est parce que dans la *République* elle était définie autant par son ignorance que par son usage (aveugle) de la force, alors que dans les *Lois* ce terme renvoie seulement à la force opposée à la persuasion, dans le cadre plus fondamental et indépendant d'une connaissance fondatrice, qui contraste pour sa part avec l'ignorance politique.

Dans les deux textes, le facteur fondamental qui met en échec les lois écrites coercitives est le temps. Dans le *Politique*, ce facteur était exprimé en des termes généraux et même métaphysiques : aucun politique ou législateur ne sera jamais capable de s'asseoir à côté de chaque individu tout le long de sa vie pour lui prescrire « précisément » ce qu'il doit faire (294 e 9-294 a 3 ; 295 a-b). On ne sait pas clairement si l'impossibilité de prescrire de la part du vrai politique est relative à un individu donné quelconque, ou à chaque individu, c'est-à-dire à tous ; mais ce dernier point est certainement visé, que le premier le soit ou non[1]. L'impossibilité de prescrire précisément pour chacun, dans le sens de tous, doit être mise en relation avec le manque inhérent de loisir dont peut jouir le politique, étant donné la charge des devoirs auxquels il doit satisfaire (M.S. Lane, « "Emplois pour philosophes" : l'art politique et l'Etranger dans le *Politique* à la lumière de Socrate et du philosophe dans le *Théétète* », *Les Études philosophiques* 74, n° 3, 2005, 325-45). Le *Politique*, quand il est lu avec *le Théétète* (comme dans Lane, *ibid.*) considère ce problème comme un problème métaphysique et définitionnel pour la politique en tant que telle.

Dans les *Lois*, la question du temps n'est pas présentée en termes métaphysiques ou en termes liés à la théorie politique en tant que telle, mais plutôt en des termes qui font écho au contraste entre différents types de régimes politiques. Ce n'est pas en référence aux politiques comme tels qu'elle est introduite, mais pour souligner l'absence de loisir et de temps de celui qui soigne des esclaves, alors que le médecin des hommes libres dispose de loisir et de temps. Il est vrai que ce médecin est lui aussi désigné comme « libre » (720 d), mais étant donné que certains médecins des esclaves ont été un peu plus tôt également reconnus comme libres, le problème crucial n'est pas ici celui du statut du médecin lui-même, mais plutôt celui de son patient. Quelqu'un qui soigne des patients libres a lui-même du loisir qui découle du loisir dont jouissent ses patients ; alors que celui qui soigne des esclaves est pressé d'en soigner le plus possible le plus vite car c'est sans doute ce pour quoi leurs maîtres acceptent de payer. Le statut du médecin, s'il est libre dans le premier cas, et esclave dans le second, renforcera cette attitude mais n'en est pas le déterminant fondamental.

L'Athénien conclut son exposé des deux méthodes de soin en demandant : « laquelle des deux manières de soigner fait d'un médecin un meilleur guérisseur

1. Etienne Helmer m'a enjoint de préciser ma position ici ; je ne suis pas sûre que le résultat lui agrée.

(ἰατρός ... ἀμείνων), ou un entraîneur plus efficace ? Doivent-ils utiliser les deux méthodes ... ou la méthode doit-elle être unique – approche la moins satisfaisante qui fait l'individu plus récalcitrant ? » (720 e). Remarquez que ces questions sont formulées au comparatif, exactement comme lorsqu'il était question de rendre les patients plus doux dans l'introduction de l'analogie. Une méthode est généralement utilisée pour traiter les esclaves, la « meilleure » méthode est appropriée quand il s'agit de traiter des hommes libres, et elle est, par la converse de la dernière question de l'Athénien, « plus » satisfaisante en rendant le patient « moins » récalcitrant. (Les hommes libres ont le loisir de poursuivre leur perfectionnement moral, et la persuasion est une manière appropriée de les aider à le faire, parce qu'ils se rangent dans le type de créatures susceptibles de répondre à la persuasion et donc d'être directement améliorées d'un point de vue moral). Mais le choix entre ces deux méthodes ne détermine pas ce que c'est qu'être médecin ou ce que c'est qu'être médecin d'un certain genre (un médecin proprement dit, ou bien l'assistant d'un médecin). La définition du médecin, qui comme telle est distincte de celle de la meilleure ou de la pire manière de soigner, dépend seulement de la nature de la connaissance possédée. C'est pourquoi il est important de maintenir séparés ces deux moments de l'analogie médicale, plutôt que de les joindre ensemble, comme le font la plupart des commentateurs. Les deux genres de médecins sont d'abord définis par la nature et le niveau de leur connaissance, indépendamment des méthodes qu'ils choisissent d'utiliser pour traiter différentes catégories de patients.

Quand elle est proprement comprise, l'analogie médicale des *Lois* ne modifie pas la définition du politique avancée dans le *Politique*, contrairement à ce que soutient Schofield (*Plato : Political Philosophy*, *op. cit.*, p. 176), qui avec John Cooper (« Plato's *Statesman* and Politics », dans *Reason and Emotion : Essays on Ancient Moral Psychology and Ethical Theory*, Princeton, Princeton University Press, 1999, p. 165-190, with Appendix, p. 190-191) considère que l'analogie médicale des *Lois* récuse et rejette la position du *Politique* qui fait de la connaissance le seul trait déterminant de l'expertise politique. L'analogie médicale offre non pas un nouveau genre de gouvernement politique, mais un choix de méthodes, l'une meilleure l'autre pire, à disposition du dirigeant ; elle conseille à celui-ci de choisir la meilleure, c'est-à-dire la méthode la plus douce, là où c'est possible. Elle est la meilleure sans doute parce qu'elle modifie directement l'état d'esprit des gens au lieu de modifier leur action et d'en attendre une modification de leur état d'esprit. Alors que le gouvernement par persuasion qui s'efforce de changer directement les opinions des gens est meilleur pour nous parce qu'il s'accorde au type de créatures que nous devrions espérer devenir (plus rationnelle et plus vertueuse), il est présenté dans Platon non comme la voie exclusive à choisir pour atteindre cette fin (voir le *Gorgias*) mais plutôt comme la voie peut-être la plus efficace sans être pour autant unique (voir le *Critias*).

En harmonie avec cette approche, le contraste « classique » entre persuasion et force vise dans l'analogie médicale un choix de méthode de soin et non une redéfinition de l'art médical. Il en va ici comme du choix de la méthode à l'antépénultième division du *Politique* séparant le politique du rhéteur en 304 d 4-6. « Agir par la persuasion quelle qu'elle soit relativement à telle ou telle personne, ou encore user de quelque espèce de force, ou encore ne rien faire », voilà qui appartient à l'expertise du politique, qui doit évaluer l'opportunité de l'emploi de la persuasion, de la force, ou de tout autre moyen de gouvernement. Les *Lois* ajoutent un souci concernant le mode de gouvernement, indépendamment de tout changement dans la définition de ce qui, pourrait-on dire, rend le gouvernement légitime (Platon dirait plutôt : de ce qui fait du gouvernement un authentique gouvernement, distinct de toute exploitation factieuse). Le médecin des patients de condition libre peut choisir d'utiliser d'abord et de façon préférentielle la méthode plus douce de persuasion, selon le type de créature qu'il soigne et ses capacités psychologiques, mais ce n'est pas son adhésion à cette méthode de persuasion mais bien son expertise médicale qui le définit comme médecin. De la même façon, le vrai politique ou législateur utilisera la persuasion pour éduquer ses concitoyens, les gouvernant de manière douce plutôt que rude en faisant des lois aussi plaisantes (ou aussi peu pénibles) que possible de sorte qu'ils « les acceptent de bon gré » (*Lois*, 684 c 2-3 ; nous reviendrons bientôt à la question du consentement). Mais en tant que politique ou législateur, il n'est pas défini par son adhésion à la méthode persuasive, mais par sa possession de l'expertise politique.

Le médecin des hommes de condition libre sera donc un « meilleur médecin » en vertu du type de thérapie qu'il utilise, s'efforçant d'apprendre pour son compte ou enseignant à ses patients et les persuadant. Mais c'est là une question relative à la façon de faire, bonne ou mauvaise, une chose par ailleurs nécessaire : agir avec expertise. Pour le dire de façon plus familière et contemporaine : il est préférable d'avoir un médecin qui sache se tenir au chevet de son malade, mais ce n'est pas cette façon de se conduire qui fait de lui un médecin : ce qui fait de lui un médecin, c'est d'être allé à la faculté de médecine, exactement comme le médecin grossier et brutal. Bien sûr, le médecin des hommes de condition libre ne se contente pas d'exhiber de bonnes manières, il pratique aussi son métier d'une manière significativement différente du médecin d'esclaves ; mais il n'en reste pas moins que les deux sont médecins (comparez avec la discussion du *Gorgias* sur les médecins en 453 e : persuader ne fait en aucune manière partie de l'essence de la médecine ; pratique médicale et pratique rhétorique sont distinctes). Cette notion restrictive de ce qui définit la pratique d'une *technè*, qu'on retrouve partout dans le corpus, n'est pas remise en question par l'intérêt que les *Lois* portent à la meilleure ou à la pire façon de la mettre en œuvre[1].

La comparaison entre la critique de la loi dans le *Politique* et la théorie de la loi dans les *Lois* peut encore être approfondie. Dans le premier dialogue, le lecteur constate avec surprise qu'en dépit d'une division antérieure s'appuyant sur le contraste « volontaire » (opposant un tyran gouvernant par force [βιαίῳ] à un roi

1. Je remercie Malcolm Schofield de m'avoir invité à reconsidérer mon jugement sur ce point.

gouvernant par consentement [ἑκουσίῳ] [276 d 10[1]]), le jeune Socrate est conduit vers le milieu de la discussion et sous la suggestion de l'Étranger d'Élée à abandonner un tel contraste – donc un critère relatif à l'obéissance (de plein gré ou non) – pour définir le vrai politique. Mais alors qu'il est disposé à écarter ce critère (en même temps que celui de l'opposition un / quelques uns / tous, et de l'opposition richesse / pauvreté), il hésite à refuser le quatrième critère auquel l'Étranger se réfère en déclarant que « le gouvernent idéal peut exister même en l'absence de lois » (293 e 8-9, selon les mots du jeune homme).

Pour défendre cette dernière affirmation, l'Éléate fait porter le débat sur l'opposition de la persuasion et de la force, mettant la loi du côté de la persuasion et le gouvernement sans loi du côté de la force, alors même que la question du consentement volontaire a déjà été écartée. Introduisant l'image d'un médecin ou d'un entraîneur qui doit laisser des instructions écrites à ses patients pour la période où il s'absente, l'Éléate ridiculise l'idée qu'il serait convenable pour un tel expert (ou quelqu'un d'autre lui ressemblant sur le plan de la possession de l'expertise) de ne changer les instructions écrites à son retour que s'il était en mesure de « persuader » (πείσαντα, 296 a 9) son patient de l'accepter. Quand un tel médecin ou un politique analogue use de la force (βιάζηται, 296 b 1 *sq.*), il serait au contraire risible pour lui d'être censuré sous le prétexte qu'il aurait accompli en recourant à la force des « choses honteuses, injustes et mauvaises » sur le patient ou sur les citoyens, alors qu'en réalité le nom correct pour ce qu'il a fait est tout sauf « une erreur contraire à la santé et à l'art » (296 b 7-9)[2]. Les actions du politique, que ce soit en usant de persuasion ou de force violente, doivent être jugées seulement sur le rapport du bénéfice ou de l'absence de bénéfice qui résulte de son expertise pour les citoyens. (On pouvait s'attendre à trouver le mot « tyrannie » ici, dans la mesure où l'Éléate aurait fort bien pu exprimer la même idée en disant que le vrai politique usant de la force n'en serait pas pour autant un tyran, mais il ne le fait pas, peut-être parce que la division précédente roi/tyran est ici suspendue). La distinction entre persuasion et force n'a donc aucune pertinence pour définir le vrai politique, qui agit en vertu de son expertise pour le bien véritable de la cité.

Parmi les régimes imparfaits, cependant, le critère de ce qui est « contraire ou bien fidèle à la loi » (302 e 1-2) peut être utilisé pour séparer le roi du tyran, l'aristocratie de l'oligarchie, et la démocratie respectueuse de la loi de la démocratie qui s'en moque. Toutefois, le concept de loi implicite à ce critère a été

1. Ces divisions restent incomplètes et doivent être corrigées par l'introduction du paradigme du tissage comme modèle pour l'art de diriger la cité. Schofield (*Plato: Political Philosophy*, *op. cit.*, p. 191, n. 99) note que cette distinction est à l'évidence annulée et remplacée par la discussion de 292 b-293 d et renvoie à des remarques du même ordre faites par George Klosko et Christopher Rowe.

2. Je commente cette partie intégrante de la méthode de division dans le *Politique* qu'est l'exigence de donner les noms corrects quand c'est possible, dans *Method and Politics in Plato's* Statesman, Cambridge, Cambridge University Press, 1998 : voir les p. 42, 75, 92, et 159-160 sur ce passage.

entre temps transformé par la critique de la loi par comparaison avec l'expertise. Cette discussion a purgé le concept de loi de son association privilégiée à la persuasion. On vient de le dire, et on l'avait déjà noté à propos de l'assimilation de la loi à un tyran arrogant et ignorant, l'Éléate montre que loin d'être liée à la persuasion, la loi comme telle doit réellement être comprise comme une espèce de force. De sorte que la loi qui sert maintenant à séparer les régimes de second rang des régimes les pires, comme le roi du tyran, n'est pas une loi accouplée avec la persuasion (abandonnée dans la critique de la loi) ni avec le consentement volontaire (abandonné dans une division antérieure), mais simplement avec le fait de la permanence et de la stabilité du régime (302 a). En retournant aux *Lois*, nous voyons que Platon n'oublie nullement sa vision de la loi comme force, quand elle est considérée dans sa formulation ordinaire, usant de la seule méthode faite de commandes et de menaces. L'association de la loi à la persuasion et au consentement volontaire est réalisée seulement par l'introduction d'une nouvelle méthode de législation qui accompagne la menace de la force d'un préambule persuasif. Les *Lois* rétablissent l'association conventionnelle de la loi à la persuasion et au consentement volontaire – et en font l'antithèse de la tyrannie – par le biais d'une méthode nouvelle et plus complète de législation. Mais elles conservent aussi la critique développée par le *Politique* de la loi comme telle, la loi proprement dite, qui menace de l'usage de la force.

Donc, la critique de la loi comme telle dans le *Politique* est beaucoup plus proche et plus significative pour l'argumentation des *Lois* qu'on ne le reconnaît habituellement. Elle établit que la loi constitue proprement une force et non une persuasion, déplacement adopté par les *Lois* qui ouvre le passage à l'innovation des préambules. Une fois défaits le contraste « classique » entre persuasion et force et son association conventionnelle à la loi et la liberté politique d'un côté et la tyrannie de l'autre, il faut trouver un nouvel espace pour l'aspect persuasif de la loi. La théorie des préambules dans les *Lois* ne contredit pas la critique de la loi dans le *Politique*, bien au contraire l'intelligibilité et les motivations de la première dépendent fondamentalement de la seconde.

La reprise de l'analogie médicale et l'idéal le plus élevé de la persuasion

Pour Bobonich, l'analogie médicale remplit une fonction permanente et cohérente dans les livres IV et IX (où elle est principalement exposée) et plus généralement dans toutes les *Lois*. Cependant, comme je vais le justifier maintenant, le contexte de l'introduction de l'analogie au livre IV et celui de sa reprise au livre IX diffèrent sensiblement et lui assignent à chaque fois une fonction différente. Au livre IV (et à la mention qui en est faite au livre X, comme nous l'avons vue), l'analogie sert à introduire la valeur de la persuasion sans pour autant rejeter la force, sinon pour la médecine, du moins pour la loi. Au livre IX cependant, nous avons affaire à ce que j'ai appelé l'idéal le plus élevé de la persuasion, un état idyllique dans lequel le besoin de la loi ne se ferait plus sentir.

Le premier usage de l'analogie au livre IV intervenait dans un contexte particulier : expliciter le besoin de préludes (ce que le législateur apprend d'un poète imaginaire averti). Et comme le problème des préludes est précisément celui du besoin d'une persuasion complétant les lois, l'analogie avec la persuasion dispensée par le médecin à ses patients de condition libre est étroite. Le contexte du second emploi de l'analogie au livre IX, c'est-à-dire de son rappel, est bien différent : c'est une réflexion sur les défauts de tous les essais antérieurs de législation, elle-même provoquée par une apparente incohérence mise en lumière par Clinias (entre la doctrine générale selon laquelle les législateurs doivent adapter la punition au crime et l'affirmation de l'Athénien selon laquelle tous les voleurs doivent être traités de façon semblable, indépendamment des circonstances relatives à la somme dérobée et à l'identité de la victime[1]). Cette fois, l'Étranger observe que n'importe quel médecin qui se sert ταῖς ἐμπειρίαις ἄνευ λόγου (857 c 8, écho à l'ἐμπειρία de l'assistant du médecin et du médecin des esclaves au livre IV), s'il était amené à voir un médecin libre conversant avec un patient libre, « presque philosophant », le moquerait en disant : « tu es stupide, tu n'es pas en train de le soigner, mais pratiquement de l'éduquer (παιδεύεις), comme s'il réclamait qu'on fasse de lui non un homme en bonne santé mais un médecin » (857 d 6-e 1).

Bobonich voit dans ce passage une franche approbation de la manière dont un médecin libre s'efforce d'instruire son patient, exactement comme le législateur doit s'efforcer à travers ses préludes d'instruire ses concitoyens (dans le même sens, voir Morrow, *Plato's Cretan City*, *op. cit.*, p. 553). Ainsi, il assimile « persuader » (πείθειν) au livre IV à « enseigner » (παιδεύειν) au livre IX, et dans son article de 1991, il cite le passage du livre IX sans aucun autre commentaire – comme si son sens était par lui-même évident. André Laks considère de façon assez proche que l'objection hypothétique (dans la bouche du médecin empirique) n'est pas « pertinente » pour le législateur idéal. Mais considérons la suite de discours. Clinias demande : « et ne serait-il pas (le médecin empirique, qui n'use pas de logos) justifié à s'exprimer ainsi ? », à quoi l'Athénien répond « peut-être le serait-il – s'il avait à l'esprit ce point supplémentaire que quiconque manie les lois comme nous le faisons maintenant éduque le peuple et ne lui impose pas les lois », 857 e 2-5).

Notez d'abord que l'Athénien reconnaît être d'accord avec l'objection de Clinias (encore qu'il faille relever le « peut-être » de l'Athénien en 857 e 2, auquel Clinias fait écho en 857 e 7) : l'Athénien développe plus qu'il ne rejette l'idée que ce que « nous » sommes en train de faire à présent est d'éduquer plutôt que de légiférer. La question qui vient alors à l'esprit est la suivante : que veut-il dire par « quiconque manie les lois comme nous le faisons à présent » ? Pour Bobonich,

1. Cette incohérence est ensuite laissée de côté, quoique l'Athénien soulève une incohérence similaire qui semble découler du conflit apparent entre le juste et le beau (καλόν) et leur cause, les passions αἰσχρά découlant d'une punition juste.

« quiconque manie les lois comme nous le faisons à présent » doit viser tout législateur cherchant à élaborer des lois et des préludes. Mais l'Athénien poursuit immédiatement en distinguant sa position et celle de ses compagnons de celle des législateurs contemporains. Cela montre que le « nous » concerne les trois interlocuteurs eux-mêmes – lui-même, Clinias, et Megillos –, et que le « maintenant » renvoie à leur esquisse d'une législation modèle pour Magnésie, laquelle est précisément libre de la force en cela qu'elle n'est « à présent » imposée à personne. « Nous », dit-il, sommes dans l'heureuse position « de n'avoir aucune nécessité (ἀνάγκην) à légiférer ». « Nous » sommes encore engagés dans une recherche (σκέψις), « nous » n'agissons pas réellement, même à titre d'enseignants. « Nous » pouvons choisir entre l'examen des « lois idéales » et celui du « standard minimum que nous sommes disposés à imposer » (littéralement, « le meilleur » ou « le plus nécessaire », 858 a 1, a 4-5). Clinias choisit avec empressement pour son projet « le meilleur » – contempler librement la législation –, impliquant par la même que des législateurs réels auraient à poursuivre à la place ce qui est « le plus nécessaire ». Il fait la même chose au livre X, 887 b 4-5, insistant sur le fait qu'ils n'ont pas besoin dans les circonstances présentes de choisir « le plus bref de préférence au meilleur », ce qui serait mesquin et ridicule. Les législateurs réels auront donc parfois à choisir « le plus bref de préférence au meilleur » ; ils ne peuvent donc agir comme les médecins d'hommes libres qui jouissent du même loisir que celui de leurs patients, ils auront plutôt tendance à se conduire comme les médecins d'esclaves pressés, qui doivent agir de façon plus rapide que ce qui requiert l'idéal. Pour leur part, les trois interlocuteurs ne sont pas encore engagés dans la tâche de proposer une législation effective, mais emploient leurs loisirs « en dépensant une partie de leur temps à rassembler le matériau et une autre partie à l'harmoniser ». Le loisir dont ils jouissent ferait qu'il serait ridicule pour eux de se comporter comme des législateurs conduits par « quelque puissante nécessité » (ὑπὸ μεγάλης τινὸς ἀνάγκης). (Toutes les citations précédentes sont tirées du passage 857 e 8-858 c 3).

La suite confirme que l'invocation au livre IX du médecin des hommes de condition libre n'est pas la même que celle du livre IV. Dans ce dernier, le médecin comme le législateur étaient contraints d'user de la persuasion en même temps que de la contrainte ; ils avaient à combiner à la fois la persuasion et la prescription, le préambule et la loi coercitive. Dans ce contexte, nous avons ce que Laks appelle « une utopie législative » (« L'utopie législative de Platon », art. cit.) dans laquelle la place de la force est limitée autant que possible. Selon ma lecture du livre IX, cette utopie législative est portée à son zénith dès lors qu'il n'est plus du tout besoin de légiférer parce qu'est seulement requise une persuasion éducative digne d'un philosophe. C'est ici que la distinction des deux espèces de médecins prend toute son importance, par contraste avec le livre IV où c'était la distinction entre les deux espèces de patients qui était alors, comme nous l'avons vu, au cœur du propos de l'Étranger d'Athènes.

Conformément à l'observation de Laks sur l'impossibilité de réduire entièrement la force, la situation idyllique d'une persuasion purement philosophique est au livre IX située non pas à l'intérieur de la cité de Magnésie, mais au dehors, dans la libre discussion des interlocuteurs des *Lois* elles-mêmes. Et le rôle de l'analogie médicale change en conséquence. Le médecin des hommes de condition libre n'est plus comparé à un législateur actuel, toujours exposé à des contraintes temporelles et à des demandes issues de la nécessité (comme le seraient également les médecins des hommes de condition libre, qui ont d'autres patients en attente, même si l'analogie au livre IV reste silencieuse sur ce point). Le médecin est comparé à l'Athénien, à Clinias et à Megillos, ces interlocuteurs des *Lois* qui bénéficient de tout leur temps pour construire librement un modèle de code légal sans avoir encore à produire un système effectif de commandes et de préambules. Ce n'est pas un législateur actuel, mais l'Athénien, Clinias et Megillos qui seuls éduquent (les uns les autres, et ceux qui liront leur code légal) ; ils ne persuadent ni ne contraignent (au sens de forcer), parce qu'en réalité, ils ne sont pas en train de légiférer[1].

Adimante en *République* II caresse brièvement l'idée d'un épisode semblable de disparition de la législation au profit d'un pouvoir de soi sur soi, d'un gouvernement par auto-persuasion. Ainsi en est-il dans sa vision mélancolique d'un monde dans lequel les anciens réussiraient à convaincre depuis l'enfance la jeune génération, la sienne, que la justice est réellement le plus grand bien de l'âme.

> Car si vous aviez tous parlé en ce sens depuis le début et si vous nous aviez persuadé (ἐπείθετε) depuis notre jeune âge, nous ne nous surveillerions (ἐφυλάττομεν) pas les uns les autres en craignant qu'une injustice soit commise, mais chacun serait son propre meilleur garde (φύλαξ), inquiet qu'en faisant l'injustice, on ne loge en soi le plus grand des maux (367 a 1-5).

Le terme φύλαξ, bien sûr, est le même que celui qui sera utilisé pour les gardiens, et finalement pour les philosophes. C'est pourquoi une persuasion suffisante induisant en chacun un gouvernement de soi par soi eut éliminé la fonction de gardiens et aurait, dans les termes de la *République*, dispensé de tout pouvoir et de tout gouvernement politique (M.S Lane, « Introduction », in *Plato* : The Republic, London, Penguin, 2007, p. I-XL : p. XXVI).

Ces deux moments (de la *République* comme des *Lois*) pourraient être décrits comme une idéalisation de la conversation socratique tendant à annuler la politique.

1. C'est pourquoi je suis en désaccord avec Andrea Nightingale, pour laquelle ce sont les citoyens de Magnésie qui sont éduqués et transformés en médecins soignant à l'aide de livres, comme c'est le cas des médecins égyptiens contemporains (A. Nightingale, « Plato's Lawcode in Context : Rule by Written Law in Athens and Magnesia », *Classical Quarterly* n.s. 49, 1999, 100-122 : p. 119).

SCHOFIELD ET LA LECTURE DES PRÉAMBULES, OU LE CONSENTEMENT POLITIQUE COMME SOURCE DE L'AUTORITÉ

Cette idéalisation de la conversation socratique est intégrée par Malcolm Schofield dans l'utopie législative (Laks) qui forme la structure de Magnésie. Pour Schofield, le contenu spécifique de la théorie idéale des préambules et de l'analogie médicale par laquelle elle est expliquée est essentiellement socratique : les lois doivent être justifiées devant les citoyens par et dans les préambules, qui « contiennent les résultats librement consentis d'innombrables exercices de dialogue socratique » (*Plato : Political Philosophy*, *op. cit.*, p. 85). De sorte que pour lui, l'idéal imaginaire d'un sage tuteur s'asseyant auprès de chaque individu tout le long de sa vie, dialoguant avec lui et le convertissant idéalement à la poursuite de la sagesse et de la vertu, idéal que nous avons vu dans la *République* et le *Politique*, est aussi présent dans la cité des *Lois*, et pas seulement dans la conversation qui se déroule à son sujet. C'est l'idéal d'une loi qu'on s'impose à soi-même (νόμον ἑαυτῷ ταξάμενον, 733 e 1), qui sert non pas à caractériser les préambules ou les lois actuelles (n'en déplaise à D. Cohen, *Law, Violence, and Community in Classical Athens*, Cambridge, Cambridge University Press, 1995, p. 48), mais plutôt à exprimer l'impératif éthique que chaque individu adopte une loi (métaphorique) pour lui-même[1]. Cet idéal est celui d'une conversation philosophique conduisant à la reconnaissance individuelle du rôle de la raison (et ce n'est pas par accident que l'une des deux mentions de la *philosophia* dans cette œuvre se situe dans la reprise de l'analogie éthique)[2], bien qu'il soit nécessaire dans la réalité de combiner la persuasion et la force indispensables à la production d'un consentement à la loi en vigueur.

Schofield distingue cette compréhension hypothétique de préambules postulant un idéal théorétique, de leur fonctionnement réel comme « un instrument de contrôle social » (*Plato : Political Philosophy*, *op. cit.*, p. 85). Ce qui compte réellement, c'est que les préambules réussissent à être fonctionnels, quelle que soit la manière dont ils y arrivent; et bien sûr, étant donné qu'ils sont préconditionnés, à la différence des cures individuelles que le médecin élabore pour chaque patient de condition libre, ils peuvent échouer à convaincre tous les citoyens. Ce mode opératoire réel des préambules, tel qu'il est, avec ses imperfections, doit être nettement distingué de l'idéal théorétique que les préambules et l'analogie médicale associée servent aussi à formuler.

Jusque là, nous ne pouvons qu'être d'accord. Mais en expliquant en quoi consiste l'idéal, Schofield rapproche l'idylle socratique de la notion d'une compréhension hypothétique « se rapportant au droit des citoyens à la persuasion », un droit similaire à celui d'« une justification rationnelle des principes » gouvernant l'entreprise coopérative d'une société politique, offerte par Hobbes et Rawls

1. D. Cohen discute aussi brièvement les préambules dans *Law, Sexuality, and Society : the Enforcement of Morals in Classical Athens*, Cambridge, Cambridge University Press, 1991, p. 236.

2. L'autre mention est en 967 c 8. Aucune des deux ne se réfère aux citoyens de Magnésie, comme l'a justement observé Laragh Widdess.

(Schofield, *Plato: Political Philosophy*, *op. cit.*, p. 87)[1]. C'est ce dernier aspect de sa lecture, dont il pourrait se débarrasser sans dommage pour le reste de son interprétation, que j'examine et critique ici (il convient en outre de préciser que Schofield ne partage pas la thèse de Bobonich d'une différence marquée et globale entre la *République* et les *Lois*).

Alors que Schofield s'abstient à juste titre de découvrir dans Platon une théorie du contrat social en bonne et due forme, dans laquelle le consentement servirait à justifier la légitimité de l'autorité politique et de la loi, il n'en relie pas moins sur certains points fondamentaux le consentement (aux lois) non seulement à la volonté et à la liberté, mais aussi, et plus spécifiquement, à la notion de consentement politique source d'autorité. « Sans leur consentement au cadre législatif à l'intérieur duquel ils vivent leur vie, l'asservissement aux lois ne peut être volontaire mais constitue un esclavage pur et simple » (*Plato: Political Philosophy*, *op. cit.*, p. 86, nous discutons plus bas le passage des *Lois* (700 a 3-5) auquel il est fait référence).

D'après lui, un souci pour « le consentement de celui qui est gouverné » ainsi qu'un « test de légitimité » sont inhérents à la *République* et aux *Lois*, et forment les termes appropriés dans lesquels comprendre les préambules. Il suggère de plus « que la théorie des "préludes législatifs" que Platon développe dans les *Lois* offre quelque chose de similaire à l'expérience de pensée de Habermas et présuppose une notion de pleine liberté rationnelle, laquelle est en mesure de fonder la légitimité du consentement envisagé par le dialogue » (*ibid.*, p. 83-84). C'est ce type d'interprétation politique du rôle des préambules que je vais à présent examiner.

Une telle justification rationnelle des principes politiques peut jouer deux rôles distincts : elle peut être élaborée par les législateurs comme méthode destinée à réconcilier les citoyens avec leur régime et produire une obéissance volontaire ; elle peut aussi être conçue afin de former un consentement collectif volontaire (même si hypothétique) qui servirait à établir la légitimité du régime.

La première version, plus faible, du rôle de la loi est en accord avec la ligne directrice de cet article. Il ne s'agit pas pour les individus d'accepter librement la loi en raison de leur statut de citoyens libres, loi qui autrement serait rejetée comme illégitime, mais de faire que leur libre acceptation rende la loi plus efficace, parce qu'il est tenu compte de leurs capacités en tant que citoyens libres. Le but poursuivi par la loi inclut comme finalité première d'accroître la vertu des

1. Cependant, Schofield reconnaît l'absence de « débat ouvert » sur l'acceptation des lois (*Plato: Political Philosophy*, *op. cit.*, p. 321), et conclut qu'« il n'y a pas grand chose ici que les penseur libéraux puissent trouver en accord avec leurs principes » (p. 323). Une conception similaire de la centralité du « problème constitutionnel du consentement » dans les *Lois* est défendue par André Laks (« L'utopie législative de Platon », art. cit., p. 421-422 ; *cf.* « Legislation and Demiurgy : On the Relationship between Plato's *Republic* and *Laws* », art. cit., p. 218) : il fait du « critère du consensus » un critère à égalité avec « le critère du savoir », quoique difficile à concilier avec lui. A. Laks semble avoir en vue une formulation juridique du problème mais son langage est ambigu, et il pourrait vouloir englober la notion psychologique plus large de volonté.

citoyens, mais cela n'exclut pas le recours à la force quand c'est nécessaire. La légitimité de la loi n'est pas en question ici, ou si elle l'est, c'est en des termes théologiques pour les citoyens et en des termes moraux pour les interlocuteurs et lecteurs (le but de la cité étant d'améliorer la vertu des citoyens et de réaliser ces biens que constituent la liberté, l'amitié et le bon discernement, sur lesquels nous reviendrons).

La seconde version du rôle de la loi, plus forte, devrait être interprétée à la lumière des théories de Hobbes et de Rawls, dans lesquelles la justification rationnelle *constitue* la légitimité de la loi.

Alors que la discussion de Schofield du rôle politique du consentement est pour l'essentiel compatible avec la version « faible » de la justification rationnelle des principes politiques, par certains côtés, son langage implique la version « forte ». D'après lui, bien que la cité de Magnésie soit sans aucun doute une théocratie, « il est envisagé que le législateur responsable de l'introduction de nouvelles mesures législatives procède uniquement en persuadant les citoyens dans leur ensemble d'admettre de plein gré qu'elles soient établies comme lois », citant 719 e-723 b, 693 b-e et 700 a. Cette formulation audacieuse suggère que dans les *Lois* la légitimité de celles-ci et du régime politique découle du peuple (et pour le lecteur, ou l'observateur informé) non d'une charte théocratique mais d'un consentement volontaire c'est-à-dire d'un consentement pris au sens juridique. Cela implique une disposition temporelle : le législateur n'établira pas de loi à moins qu'il ne puisse *d'abord* persuader les citoyens de les accepter; la persuasion précède la loi au lieu d'être le résultat expérimental et interne du gouvernement législatif, comme je l'ai précédemment défendu. Mais les trois textes qu'il cite à l'appui de son interprétation ne vont pas dans ce sens.

Le premier, constitué par les préambules eux-mêmes et l'analogie médicale (719 e-723 b), ne peut ni soutenir ni alimenter cette version forte, ainsi que j'ai tâché de le montrer plus haut. Les deux autres références (693 b-e et 700 a) font partie d'une vaste argumentation. Celle-ci établit d'abord que la liberté, l'amitié et le jugement forment les trois buts de la constitution, elle montre ensuite qu'ils sont réalisés en combinant les principes de la monarchie et de la démocratie (la référence à la liberté restant très générale), elle examine enfin l'assemblage de ces principes et sa dégradation jusqu'à une forme immodéré de chaque extrême, en Perse et en Attique respectivement. La discussion du cas de l'Attique culmine dans le rappel par l'Athénien des bons vieux jours des « lois anciennes » qui mêlaient l'autorité et la liberté, quand « le peuple n'avait pas autorité sur les lois, mais d'une certaine manière était l'esclave volontaire des lois » (700 a 3-5; *cf.* 715 c 6-d 2, voir sur ces textes A. Nightingale, « Writing/Reading a Sacred Text : A Literary Interpretation of Plato's *Laws* », *Classical Philology* 88, 1993, 279-300 : p. 299). Loin d'établir la thèse forte d'une légitimité des lois reposant sur un consentement populaire, un sujet qui n'est pas discuté ici, ce passage conclut bien plutôt que les gens ne doivent pas se voir eux-mêmes comme la source de l'autorité dominant la loi, mais comme ses esclaves volontaires[1] (de même, les « gouvernants » [ἄρχοντας] doivent être plus exactement décrits comme « les servants des lois » [ὑπηρέτας τοῖς νόμοις] en 715 c 6-7).

La volonté est importante, mais, précisément, elle n'a pas à être conçue comme source d'autorité, ni décrite à travers les métaphores modernes « d'autorisation » ou de « principe d'autorité », qui ont joué un rôle essentiel chez les penseurs modernes depuis Hobbes. Elle est au contraire le désir de se soumettre. Dans les théories modernes qui voient dans le consentement le fondement de la légitimité, les citoyens se voient eux-mêmes comme les auteurs de la loi. Pour Platon, tout au contraire, ils doivent se voir eux-mêmes comme ses esclaves (volontaires)[2].

L'interprétation de l'esclavage comme une synecdoque pour le gouvernement en *République* 590 c-d, discutée plus haut, s'applique également ici : le bon gouvernement peut aussi être décrit comme un esclavage précisément parce qu'il n'implique aucun rôle constituant pour ceux qui sont gouvernés, mais autorise au contraire ceux qui sont supérieurs du point de vue de l'intelligence et qui savent comment gouverner, de constituer leur structure psychique et leurs valeurs en agissant de la sorte. Les projets hobbesien, rawlsien ou habermasien d'une auto-législation mis en avant par Schofield, aussi variés soient-ils, diffèrent fondamentalement du projet platonicien d'une législation par quelques uns dans le but de gouverner tous les autres. Le caractère volontaire n'est pas ici le consentement politique ou le principe d'autorisation, mais la reconnaissance de l'organisation rationnelle qui définit de manière indépendante la validité d'un gouvernement. C'est un bien politique réel, mais subordonné et dépendant.

1. George Klosko est dans cette mesure tout à fait justifié à dire que les *Lois* de Platon ne sont pas une théorie du consentement populaire, pris dans son sens juridique de légitimation dans la tradition du contrat social (*The Development of Plato's Political Theory*, 2ᵉ éd. Oxford, Oxford University Press, 2006, p. 245). Klosko cependant conserve l'emploi du mot « consentement », alors que j'userai de préférence des termes de l'Athénien, « être volontaire et bien disposé », soulignant l'aspect dispositionnel et non l'aspect juridique. Mais je suis d'accord quand il dit que « le consentement » (quelle qu'en soit la signification dans les *Lois*) « est en premier lieu un mécanisme pour inculquer la tempérance » (p. 245-6). Un désaccord plus sérieux concerne la conception « développementaliste » de son ouvrage, qui le conduit à souligner diverses différences entre les dialogues « politiques ». Alors qu'il m'est arrivé de pointer quelques contrastes dans mon travail passé (par exemple entre la *République* et le *Politique* dans Lane, *Method and Politics in Plato's* Statesman, *op. cit.*), j'ai aussi en de nombreux autres endroits souligné comme ici les motifs profonds d'unité (par exemple Lane « "Introduction" to Plato and Socrates section », dans M. Schofield, Ch. Rowe (eds), *The Cambridge History of Greek and Roman Political Thought*, Cambridge, Cambridge University Press, 2000, p. 155-63 ; « Plato's Political Philosophy », dans M.L. Gill, P. Pellegrin (eds), *The Blackwell Companion to Ancient Philosophy*, Oxford, Blackwell, 2006, p. 170-91).

2. Il y a certainement un paradoxe ici, avec lequel Platon se plaît à jouer. Comparez avec la « force de penser » expérimentée en soi-même, sur laquelle Monique Dixsaut a attiré l'attention dans un article remarquable (« What is it Plato Calls "Thinking" ? » dans J.J. Cleary, G.M. Gurtler, SJ (eds), *Proceedings of the Boston Area Colloqium in Ancient Philosophy* 15, 1999, p. 1-27 : p. 20) ; Alcibiade relève dans le *Banquet* (216 a 4) la nature « contraignante » (ἀναγκάζει) de l'argumentation socratique qui oblige le répondant à donner certaines réponses.

Rousseau aurait pu fournir un point de comparaison plus approprié : alors que dans le *Contrat Social* il insiste sur le consentement du peuple à la loi (II. VI; et qu'« un peuple est toujours le maître de changer ses lois – même les meilleures », II. XII), il observe aussi que la seule façon d'obtenir le consentement en pratique est que « l'effet devienne la cause » et que le caractère volontaire que l'institution des lois et des coutumes produit préside au fondement de l'institution elle-même (II.VII) : « le législateur ne pouvant employer ni la force ni la violence, c'est une nécessité qu'il recoure à une autorité d'un autre ordre, qui puisse entraîner sans violence, et persuader sans convaincre », à savoir l'attribution des lois de l'état aux dieux, de sorte que les peuples « soumis aux lois de l'État comme à celles de la nature, et reconnaissant le même pouvoir dans la formation de l'homme et dans celle de la cité, obéissent avec liberté et portassent docilement le joug de la félicité publique ». On ne peut compter ni sur la force ni sur le raisonnement pour produire une soumission volontaire en l'absence d'une croyance en l'origine divine de l'ordre politique. Dans cette lumière, le prélude de vaste portée des *Lois* X à propos de l'existence des dieux ressemble moins à un exercice de pure persuasion et davantage à un exercice de formation de la persuasion et du consentement dans un espace théocratique déjà idéologiquement déterminé. Le fondateur législateur des *Lois* peut être comparé d'une manière similaire aux philosophes de Nietzsche, « commandeurs et législateurs » (*Par delà bien et mal*, 208), dans la mesure où la question de leurs croyances métaphysiques est moins significative que celle de leurs accomplissements et de leurs fonctions. Dans ses fragments, Nietzsche rapproche Platon et Mahomet « pour s'être délibérément bandé les yeux », parce que c'est « seulement comme "inspiration divine" que leur législation sur les valeurs est un fardeau supportable qui n'écrase par leur conscience », quoique sans les espèces de consolation trouvées par Platon et Mahomet, « la prétention du législateur à établir de nouvelles valeurs surgit avec une terreur nouvelle et sans précédent »[1]. Le Platon des *Lois* s'aveugle-t-il ou bien agit-il de manière lucide et délibérée en réclamant une théocratie? Les arguments du préludes des *Lois* X ne sont pas des arguments déraisonnables mais le poids qu'il sont supposés avoir dans le texte est sèchement identifié par Nietzsche et reste au service d'un usage de la force quand nécessaire. Lisant les *Lois* en compagnie de Rousseau, Nietzsche et Derrida (on l'a vu dans une note précédente) dégagent l'empressement de celles-ci à former la psychologie des citoyens de manière à les adoucir et à les rendre prêts à accepter un gouvernement politique dont le principe précède tout choix concernant ses outils (persuasion ou force), précède même tout ce qui pourrait être conçu comme procurant aux citoyens un droit à exprimer leur consentement moral et politique. Le législateur institue des valeurs substantielles, qui doivent s'imposer avant même que la question du consentement soit soulevée (quoique pour Rousseau, le consentement doive être donné pour que le régime

1. Fragment 38 [13], Juin-Juillet 1885.

politique devienne effectif) et, que ce consentement soit produit par persuasion ou par force, cela compte moins que le fait qu'il se produise[1].

CONCLUSION

Le contraste « volontaire » possède une certaine valeur pour Platon, ainsi que, toute chose égale par ailleurs, le contraste « classique » : il est meilleur de gouverner des sujets consentants et il est plus vraisemblable de considérer, étant donné le type de créatures qu'ils sont, que ce consentement sera l'œuvre de la persuasion plutôt que de la force. Mais ni l'un ni l'autre ne font partie des deux distinctions politiques qu'il juge fondamentales. Celles-ci, connectées entre elles, concernent les fins pour lesquelles on gouverne et la connaissance dont il est fait usage dans ce contexte. Sur ce point, le *Gorgias*, *la République*, le *Politique*, et les *Lois* sont en accord. Ce qui fait un bon (vrai) médecin ou un bon (vrai) politique, c'est la connaissance par laquelle il gouverne et l'intention qu'il a de rendre ses concitoyens aussi vertueux que possible. Que l'on use à cet égard de la persuasion ou de la force n'est pas indifférent en politique et la persuasion doit être préférée chaque fois qu'elle a des chances de succès car il convient aux législateurs et aux dirigeants d'exercer leur pouvoir avec douceur. Mais cela ne porte pas sur les questions les plus profondes. C'est pourquoi les *Lois* ne marquent pas une rupture par rapport à la *République* ou au *Politique*; nous trouvons les mêmes points fondamentaux dans les trois dialogues en dépit d'accents et de projets différents. Tous tendent à la réalisation du gouvernement de la raison, laquelle est conçue comme objective, exercée par les politiques ou les dirigeants, incorporée dans les lois et enfin intériorisée par les citoyens (Antony Hatzistavrou, « Socrates' Deliberative Authoritarianism », *Oxford Studies in Ancient Philosophy* 29, 2005, 75-114, considère que la même chose est vraie des dialogues « socratiques » antérieurs). Dans la structure de la *République*, on doit être gouverné par la raison supérieure d'un autre, si la nôtre est trop faible ou trop vide pour accomplir ce travail. Dans l'argumentation du *Politique*, seule la connaissance est pertinente pour déterminer qui gouverne. Dans la discussion des *Lois*, le pouvoir est meilleur quand il est exercé au moyen de la persuasion là où elle est possible, mais le choix de la persuasion ou de la force dépend de la fin suprême – établir l'εὐνομία dans l'âme des citoyens –, accomplie par intériorisation du code légal (Nightingale, « Writing/Reading a Sacred Text : A Literary Interpretation of Plato's *Laws* », art. cit. ; « Plato's Lawcode in Context : Rule by Written Law in Athens and Magnesia », art. cit.). L'emploi de la persuasion est assurément relié au statut de citoyen libre, et comme tel, aide à définir ce qui est meilleur dans la liberté politique et ce qui est pire dans la tyrannie, mais il ne découle ni de la liberté

1. Derrida, « La Bête et le Souverain », dans M.-L. Mallet (éd.), *La Démocratie à venir : autour de Jacques Derrida* (Actes de la quatrième decade autour de Jacques Derrida qui s'est tenue au Centre culturel international de Cerisy-la-Salle, du 8 au 18 juillet 2002) Paris, Éditions Galilée, 2004, p. 433-476 : p. 444.

morale des sujets, ni d'une source de la légitimité politique qu'il faudrait chercher en eux, et il ne concerne pas la justification du pouvoir en lui-même. Le choix entre l'usage de la persuasion et celui de la force est finalement soumis à la contrainte d'une nécessité politique au sens large, à laquelle doivent s'adapter ceux qui poursuivent le règne de la raison[1].

Traduit de l'anglais par Fulcran Teisserenc

1. Je remercie Fulcran Teisserenc pour la traduction de cet article, Katrina Gulliver et le Center for History and Economics, King's College, Cambridge, pour leur aide à la recherche, et Etienne Helmer, Miguel Ley-Pineda, Carlo Natali et Malcolm Schofield pour leurs commentaires sur des versions antérieures de ce travail. Je tiens aussi à marquer ma gratitude aux membres du B Club of Cambridge University Faculty of Classics pour une discussion de cet article en 2008 (et d'une première esquisse à l'automne 2001), et aux organisateurs de la conférence « Plato and Platonisms : the Constitution of a Tradition » à l'University of South Carolina (2008), où j'ai fait un exposé sur un thème voisin. Par-dessus tout, je suis reconnaissante aux éditeurs de m'avoir invité à concélébrer l'influence profonde et importante de Monique Dixsaut sur les études consacrées à Platon et à la pensée antique. Elle m'a généreusement fait participer aux séminaires de recherche qu'elle a dirigés à Paris durant de nombreuses années et j'ai beaucoup appris d'elle.

LECTURES

« BARBARISER » / « BARBARE »

BARBARA CASSIN

BARBARISER, *verbe trans.*

A. Rendre barbare :

1. L'exemple du sang répandu sur les échafauds n'a pas peu contribué à **barbariser** les cœurs et à avilir le peuple, témoin impassible de ces longues exécutions. S. MERCIER, *Néologie*, t. 1, 1801, p. 69.

Emploi pronom.

2. Si j'étais plus jeune et si j'avais de l'argent, je retournerais en Orient pour étudier l'Orient moderne, l'Orient-isthme de Suez. Un grand livre là-dessus est un de mes vieux rêves. Je voudrais faire un civilisé qui **se barbarise** et un barbare qui se civilise, développer ce contraste des deux mondes finissant par se mêler. FLAUBERT, *Correspondance*, 1877, p. 94.

B. Faire des barbarismes, utiliser des mots impropres :

3. La langue des grands écrivains de l'Angleterre s'est créolisée, provincialisée, **barbarisée**, sans avoir rien gagné en énergie au milieu de la nature vierge; ... CHATEAUBRIAND, *Mémoires d'Outre-Tombe*, t. 1, 1848, p. 349.

Emploi pronom.

4. Si l'on descend au XIXe siècle, la figure des mots étrangers, même les plus usuels, change et **se barbarise**. L'italien avait donné *brave*, il redonne *bravo*; il donne : *imbroglio, fiasco*; l'allemand ne nous communique plus que de féroces assemblages de consonnes : *kirsch, block-haus*; ... GOURMONT, *Esthétique de la lang. fr.*, 1899, p. 83.

(Source : Analyse et traitement informatique de la langue française)

Βαρβαρίζειν, « barbariser », puisque le *Trésor de la Langue Française* atteste ce verbe comme français, est un verbe d'action plutôt qu'un verbe d'état. Il connote un mouvement, une évolution, un passage; il exprime un devenir, et le situe dans le temps. Βάρβαρος, « barbare », est un substantif (plus rarement un adjectif) ; il renvoie à une substance, dénote une fixité, de l'ordre de l'essence, de la chosification, de l'intemporel. Le même type de différence existe avec les antonymes ἑλληνίζειν, « helléniser, gréciser », et ἕλλην, « grec ». Les noms produisent une identité naturelle ou naturaliste : on est barbare et l'on naît barbare, comme on est / naît grec. Les verbes induisent une identité culturelle : on devient barbare ou grec, à un certain moment et pour un certain temps. Je voudrais, à partir de quelques textes, m'intéresser à cette différence entre verbes et noms comme marque de la différence entre nature et culture – manière de poser la question du rapport entre racisme et démocratie sur fond de rapport à la langue.

« La haine pure à l'égard de la nature étrangère »

A ma connaissance, le texte le plus violent à l'appui de la thèse naturaliste, nature grecque / nature barbare, se trouve attribué à Aspasie par le Platon du *Ménéxène*.

Comme dans tous les dialogues de Platon, on ne prête jamais trop d'attention au sujet de l'énonciation, à la manière dont il est rhétoriquement « tordu » – en l'occurrence, rhétoriquement tordu contre la rhétorique. Ménéxène revient du Conseil, où l'on doit décider demain quel orateur prendra la parole pour rendre hommage, lors de la cérémonie annuelle des *Epitaphia*, aux soldats athéniens morts pour aider Corinthe. L'orateur n'aura guère le temps de préparer, s'inquiète Ménéxène, mais l'improvisation n'en sera pas vraiment une, remarque Socrate, car tous les éloges sont faits sur le même moule et avec les mêmes morceaux, voire avec les résidus et rognures – coupés collés – les uns des autres (περιλείματτα, 236 b 6). Il en donne pour preuve l'éloge développé devant lui par Aspasie, pas plus tard qu'hier, et ridiculise ainsi à la fois Périclès à qui elle a soufflé sa célèbre Oraison funèbre pour les morts du Péloponnèse, et Thucydide qui l'a rapportée en croyant bon de préciser combien le discours devait à l'historien qu'il est. Socrate se glisse, comme il sait si bien faire, sous le masque de l'autre et laisse parler Aspasie par sa bouche – elle : une femme, une courtisane (comme dit Méridier dans la présentation de son édition pour les Belles Lettres : « Socrate fréquentait chez Aspasie »[1]), une Milésienne, qui se trouve être ainsi son maître au moins autant que sa maîtresse (ἡ διδάσκαλος, au féminin, 236 c 2). Pastiche, parodie : Platon se moque, certes, mais de qui et de quoi, et qui en réchappe au juste ? Il n'est pas facile de savoir qui créditer des propos de Front National qui transitent par la bouche de Socrate, ni qui est censé y croire. C'est pourtant, à coup sûr, l'un des discours les plus politiquement incorrects de la tradition grecque, et d'autant plus troublant que ce que nous sommes en droit d'appeler racisme est posé au fondement même de la démocratie.

L'oraison funèbre se place d'emblée sous l'égide de la nature : « il faut κατὰ φύσιν, conformément à la nature, comme ils sont nés bons, ainsi les louer aussi. Or ils sont nés bons parce qu'ils ont poussé naturellement à partir de bons » (237 a 5-7 – qu'on m'autorise une traduction littérale dont le jargon seul fera sentir l'insistance extra-ordinaire du grec). « Leur eugénie vient de la génie de leurs engendreurs » (b 3-4) : leurs ancêtres « au lieu d'être des immigrés et de faire de leurs descendants des métèques dans le pays où ils seraient eux-mêmes venus

1. Platon, *Œuvres Complètes*, t. V, 1re partie, 1970⁵, p. 78.

du dehors, étaient des autochtones, habitant et vivant vraiment dans leur patrie, nourris, non comme les autres, par une marâtre, mais par la terre maternelle qu'ils habitaient» (je reprends à présent la traduction Méridier, 237 b 4-c 1). La « patrie » (πατρίς) est d'abord une « matrie », si bien que l'éloge des morts est d'abord l'éloge de leur mère-patrie. L'Attique, qui porte les fruits du blé et de l'orge, aliment le meilleur pour le genre humain, est « notre terre et notre mère », car, ne nous y trompons pas, « c'est la femme qui a imité la terre » (238 a 5)[1].

Or, le régime politique, la culture, n'est jamais qu'une traduction ou une transposition de cette égalité naturelle. L'*isonomia*, l'égalité devant la loi, fondement de la démocratie athénienne, est un effet de l'*isogonia*, l'égalité de naissance. La *politeia*, le régime ou la constitution politique, est à son tour dite « nourriture des hommes, bonne quand ils sont bons, le contraire quand ils sont mauvais » (238 c 1-2). Quel que soit d'ailleurs le nom qu'on donne à ce régime, « démocratie » ou « aristocratie avec l'approbation du grand nombre », ce qui importe est de comprendre que c'est le κατὰ φύσιν, « par nature », « selon la nature », qui contraint au κατὰ νόμον, « par loi », « selon la loi » :

> Nous et les nôtres, tous frères poussés naturellement d'une seule mère, nous ne nous pensons pas esclaves ni maîtres les uns des autres, mais l'égalité de naissance établie par la nature nous force à rechercher l'égalité politique établie par la loi, et à ne le céder les uns aux autres qu'en vertu d'une réputation d'excellence et de sagesse (239 a 1-5).

Socrate-Aspasie déroule alors longuement l'histoire d'Athènes, réécrite à coup d'omissions, d'altérations et de contre-vérités à la gloire de ceux qui luttent pour la liberté « contre les Grecs pour la défense des Grecs, et contre les Barbares pour la défense de l'ensemble des Grecs » (239 b 2-3), les seuls à ne jamais céder aux Barbares et à refuser jusqu'au bout de leur livrer les Grecs d'Asie Mineure :

> C'est ainsi que la bonne naissance et la liberté de notre cité sont fermes et saines et par nature pleines de haine pour le barbare (φύσειν μισοβάρβαρον), parce que nous sommes purs grecs et sans mélange de barbares. Car nul Pélops, Cadmos, Ægyptos, Danaos ou autres, par nature barbares mais par loi grecs, ne partage notre vie : nous vivons en Grecs authentiques sans mélange de sang barbare (αὐτοὶ Ἕλληνες, οὐ μειξοβάρβαροι), d'où le fait que la haine pure à l'égard de la nature étrangère (καθαρὸν τὸ μῖσος...τῆς ἀλλοτρίας φύσεως) soit constitutive de notre cité (245 c 5-d 5).

Difficile de faire pire... Matrie et patrie, nature et politique, sont superposables sans reste. Athènes comme modèle et preuve qu'on ne devient pas grec : on naît/est grec ou barbare, en toute exclusivité-exclusion du « ou ».

1. Sur l'autochtonie athénienne, je renvoie au livre décisif de Nicole Loraux, *L'Invention d'Athènes, histoire de l'oraison funèbre dans la cité classique*, Paris, New York, Éditions de l'École des hautes études en sciences sociales, Mouton, 1981.

« Non plus comme nom de la race mais comme nom de la réflexion »

Le *Panégyrique* d'Isocrate est daté de 380, mais c'est un discours-modèle sans doute travaillé pendant près de dix ans. En prise donc sur l'*Olympique* de Gorgias (392) et son *Oraison funèbre* (dont il ne reste que quelques bribes), sur l'*Olympique* de Lysias (388), et bien sûr le *Ménéxène* (386-387), il appartient comme eux à l'histoire de la rhétorique – ce qui à mon sens, comme on l'aura compris, implique l'histoire de la philosophie. Voici ce qu'on y lit, comme l'un des points culminants de l'éloge qu'on peut faire d'Athènes :

> Notre cité a tant distancé les autres hommes quant au penser et au parler (τὸ φρονεῖν καὶ λέγειν) que ses propres élèves sont devenus les maîtres des autres, et qu'elle a fait employer le nom de Grecs non plus comme celui de la race (γένους) mais comme celui de la réflexion (διανοίας), et qu'on préfère appeler Grecs ceux qui ont part à l'éducation qui est la nôtre (τῆς παιδεύσεως τῆς ἡμετέρας) plutôt que ceux qui partagent notre commune nature (τῆς κοινῆς φύσεως) (50)[1].

Quel manifeste en faveur de l'éducation et de la culture, par opposition à la race et à la nature ! C'est le penser et le parler, la réflexion, qui définit le Grec. L'antithèse absolue du *Ménéxène*...

À moins que ?

À y regarder de plus près, ce dont il est question est d'étendre l'appellation de Grec, de nommer Grecs des non-Grecs, par acculturation, enseignement et intégration, cette παίδευσις que propose moyennant finances l'école d'Isocrate. Il y va de la culture et de l'éducation comme outil de civilisation, d'expansion, de colonisation. Le terme d'hellénisation n'est pas prononcé, mais il est clair qu'on peut devenir culturellement grec quand on ne l'est pas naturellement.

Pour autant, rien ne bouge quant à l'exceptionnalité de l'Athénien. Le *Panégyrique*, comme le *Ménéxène*, fait fonds sur l'autochtonie : « Autochtones que nous sommes [...] nous seuls de tous les Grecs pouvons appeler notre cité nourrice, patrie et mère » (24-25). Rien ne change non plus quant à la haine du Barbare. L'éloge commun des Lacédémoniens et des Athéniens culmine même dans cette haine ancestrale. Il faut remettre en mémoire dans les deux cas « la vertu des ancêtres et les haines contre les Barbares » (73). « C'est une honte de juger bon, en tant qu'individus, d'utiliser des barbares comme serviteurs et, en tant que peuple, de laisser tant d'alliés asservis par eux » (181) : la guerre à laquelle exhorte Isocrate doit unir les Grecs, sous la direction d'Athènes et de Sparte, comme en une procession (θεωρία, 182) ou une croisade pour « châtier les Barbares » (185). Or si la menace impérialiste des Barbares est à ce point intolérable, c'est bien parce qu'elle est contre-nature : les Barbares sont « mous », « vaincus », « châtiés », « lâches » et, enfin, « ridicules » (149). Esclaves par

1. J'utilise en la modifiant parfois considérablement l'édition et la traduction de G. Mathieu et E. Brémond, *Isocrate, Discours*, t. II, Paris, Les Belles Lettres, CUF, 1961[4].

nature, donc, pour reprendre l'expression aristotélicienne[1]. Contre la πλεονεξία (179), l'outrance, l'enflure barbare, qui prétend les faire changer de nature et les rendre maîtres au lieu d'esclaves, on comprend que la παίδευσις grecque, qui en appelle à la mesure, soit réquisitionnée.

On ne s'étonnera plus alors que ce qui peut passer pour un manifeste en faveur de l'être-grec comme culture et non comme nature – et telle est bien la nouvelle définition de « Grec » – reste néanmoins prisonnier de l'opposition substantielle Grec / Barbare. On remarquera que le verbe ἑλληνίζειν n'est pas prononcé, pas plus que βαρβαρίζειν et que, même si la définition du substantif-adjectif ἕλλην se transforme, la réification demeure. Il y a d'autres Grecs que les autochtones, soit, mais le Barbare reste barbare.

« Nous barbarisons »

J'en viens à ce par quoi j'aurais dû chronologiquement commencer : la rhétorique d'Antiphon. Socrate y fait une allusion méchante au début du *Ménéxène* : « même quelqu'un d'éduqué à la rhétorique par Antiphon de Rhamnonte serait capable d'acquérir du renom en louant les Athéniens à Athènes » (236 a). Pas besoin d'Aspasie quand la tâche, flagorneuse, est si facile ! Cette brève notation suffit pour qu'on puisse supposer que le *Ménéxène* (écrit donc en 386-387) est, au moins partiellement, une réponse à Antiphon (480-411) – manière de le contrer ou de l'anéantir pour une postérité qui ne l'a d'ailleurs ré-exhumé que tout récemment, à la différence d'un Gorgias ou d'un Protagoras qui n'avaient cessé d'être présents grâce à Platon lui-même.

Laissons de côté les problèmes de philologues et d'historiens quant à l'identité d'Antiphon, si passionnants soient-ils[2]. Car ce qui nous reste du *Sur la vérité* d'« Antiphon », qu'il soit ou non mauvais orateur et mauvais pédagogue, bouleverse la donne philosophique classique.

Le papyrus est très abîmé, mais on peut sans trop de risque en proposer une traduction partielle[3] :

1. Voir en particulier *Politique*, 1252 b 9 ; 1255 a 29 ; 1285 a 20 ; et tout le chapitre 3 du livre VII. Sur le sens de « nature » dans « esclave par nature », et le rapport au *logos*, je me permets de renvoyer à « Aristote avec et contre Kant : sur l'idée de nature humaine », dans mon *Aristote et le* logos, Paris, P.U.F., 1997.

2. L'identité d'Antiphon, c'est à dire l'identité entre l'orateur Antiphon de Rhamnonte, oligarque « de droite », et Antiphon le sophiste, plutôt « gauchiste », ne fait plus guère de doute (voir B. Cassin, « Histoire d'une identité : les Antiphon », *L'Écrit du temps*, n° 10, 1985, et M. Narcy, article « Antiphon d'Athènes » dans R. Goulet (dir.), *Dictionnaire des Philosophes antiques*, Paris, CNRS-Éditions, 1989, *s.v.*). Sur le rapport entre Platon et Antiphon, on se reportera à F. Decleva Caizzi, « Hysteron proteron : la nature et la loi selon Antiphon et Platon », *Revue de Métaphysique et de morale*, 3, 1986, p. 291-310.

3. Des fragments ont été récemment retrouvés : *Corpus dei papiri filosofici greci i latini*, I, 1, Firenze, L.S. Olschki, 1989, ici POxy 1364 + 3647, fr. A ; j'avais proposé une première traduction française du nouvel ensemble reconstitué dans *L'Effet sophistique*, Paris, Gallimard, 1995, p. 274-275.

> Celles [les lois, les coutumes?] de ceux qui demeurent loin, nous ne les connaissons pas et nous ne les respectons pas. En quoi, de fait, nous barbarisons (βεβαρβαρώμεθα) les uns à l'égard des autres, alors que, par nature en tout cas, tous, en tout, de la même manière, nous nous trouvons naturellement être et barbares et grecs (φύσει πάντα πάντες ὁμοίως πεφύκαμεν καὶ βάρβαροι καὶ Ἕλληνες εἶναι). On peut constater que les choses qui relèvent de la nature sont nécessaires chez tous les hommes, accessibles à l'aide des mêmes facultés pour tous, et qu'en tout cela aucun d'entre nous ne se trouve marqué ni comme barbare ni comme grec (οὔτε βάρβαρος ἀφώρισται ἡμῶν οὐδεὶς οὔτε Ἕλλην). Nous respirons en effet dans l'air, tous, à travers la bouche et les narines ; et nous rions quand notre esprit se réjouit ou pleurons quand nous avons du chagrin ; et par l'ouïe, nous accueillons les sons, et par la lumière du soleil, nous voyons avec la vue ; et par les mains, nous œuvrons, et par les pieds, nous marchons.

« Nous », barbares et grecs, avons tous la même nature. Nous sommes tous des hommes faits sur le même moule, avec le même corps, le même esprit, les mêmes facultés, les mêmes dispositions, les mêmes émotions. Cette universalité-là (« tous les hommes ») est antérieure à toute distinction. La nature est indifférente à la distinction entre barbare et grec, qu'elle ne définit, ne détermine ni ne marque. La distinction doit donc être d'un autre type, culturelle si la dichotomie vaut, à moins que ce ne soit pas une distinction du tout et qu'il n'y ait pas de grec et pas de barbare.

À lire le texte de plus près, chacun de nous est par nature naturellement (le redoublement est dans le texte) à la fois barbare et grec, non pas « ou ... ou », mais « et ... et ». Autrement dit, la distinction existe, mais elle n'est pas assignable à une personne, à tel homme plutôt qu'à tel autre – on pourrait dire, en forçant un peu : elle a un sens, mais pas de référence. Elle n'est pas substantielle ou substantialisée, elle est ouverte, vacante.

Le verbe, que je traduis ici par « barbariser » (βαρβαρόομαι), d'un emploi relativement rare, signe cette vacance[1]. Nous barbarisons les uns à l'égard des autres – c'est donc là une action temporaire et non une essence –, quand nous ne connaissons pas et ne respectons pas ... À cet endroit, le papyrus est trop défectueux pour qu'on puisse proposer là autre chose qu'une conjecture sur laquelle les éditeurs s'entendent. Nous barbarisons quand nous refusons ce qui constitue l'autre comme autre, en l'occurrence non pas sa nature puisqu'elle ne diffère pas de la nôtre, mais ses lois, ses coutumes, voire ses dieux (σέβω se dit du respect pour les dieux, les parents, les rois, les hôtes, les amis), sa manière d'être, au sens large, politique.

1. Il y a deux verbes grecs, βαρβαρίζειν et βαρβαρόομαι, que j'ai choisi de rendre tous deux par « barbariser » – verbe français dont l'exergue montre les lettres de noblesse – afin d'éviter le prédicat « barbare » et le risque de l'entendre comme un prédicat de nature. Bailly donne pour βαρβαρίζω « agir ou parler comme un barbare, faire des barbarismes », et pour βαρβαρόω « rendre barbare », d'où au passif « devenir semblable à un barbare », « être barbare, inintelligible ». On trouve βαρβαρίζω chez Hérodote (II, 4-10) et Platon (*Théétète* 175 d), βαρβαρόομαι chez Sophocle (*Antigone* 1002) et Euripide (*Oreste* 485) : pas plus l'un que l'autre ne renvoie exclusivement à la langue ou à la conduite, et ils ont le même et unique antonyme : ἑλληνίζειν.

Si j'introduis le terme de politique, c'est qu'Antiphon propose dans le même papyrus un autre verbe insistant, probablement forgé ici, lui aussi, dans sa fraîcheur de néologisme : « politiser, citoyenner » – πολιτεύεται τις, dit-il, « on politise, on citoyenne » (fr. B, col. I). « La justice, c'est de ne pas transgresser les prescriptions de l'entité politique (τὰ τῆς πολέως νόμιμα) dans laquelle on se trouve politiser (ἐν ᾗ ἂν πολιτεύεται τις – j'insiste sur le ἄν, qui marque à la fois le hasard et la généralisation : chacun de nous est un être politique, relève d'une situation politique donnée, et se retrouve ainsi, qu'il le veuille ou non, toujours et d'emblée activement politique) ». Il y a des entités politiques – cités, Etats, sociétés, nations[1] –, et même ce qu'il y a, ce sont des entités politiques. Ces entités se caractérisent par du nomique (νόμιμα, plus général, est repris par νόμους, νόμον, « loi », quelques lignes plus bas). Ce nomique est à son tour défini comme le produit d'un accord, d'un consentement – on dirait aujourd'hui d'un consensus : ὁμολογία, dire ensemble, dire la même chose[2]. Chaque entité politique, dont celle dans laquelle on se trouve, est ainsi conjoncturellement validée comme communauté. Athènes donc, ni plus ni moins qu'un(e) autre. A ce degré de généralité, la différence Grec / Barbare est logiquement inassignable. On sait qu'elle passera, dans la vigoureuse thématisation de la *Politique* d'Aristote, entre cité (grecque) et empire (perse), c'est-à-dire entre liberté-égalité des dirigeants-dirigés au sein d'une cité, « politique » par là même, et soumission despotique au sein d'un Empire qui n'est jamais qu'une vaste maisonnée. Mais ce n'est pas la distinction qui opère ici : pour parler le langage aristotélicien, on en reste à la définition de l'homme comme animal politique.

À ceci près que l'homme en tant qu'animal, en tant qu'être de nature, n'est pour Antiphon justement pas politique. L'homme est d'abord politique, il politise, et c'est ensuite seulement qu'il fonctionne comme être naturel, comme animal. Il y a là, par rapport à Aristote qui détermine aujourd'hui classiquement notre appréciation, une double différence qu'il faut bien articuler. 1) La nature (la « physique ») n'est pas première, c'est le politique qui constitue notre monde. 2) La nature n'est qu'un reste, ce qui échappe au politique quand l'homme se retrouve dans le secret du privé. Or, à aucun de ces deux niveaux, il ne peut y avoir de place pour une différence d'essence entre Grec et Barbare. Dans l'immédiat du politique, la justice est la même pour tous – « ne pas transgresser les règles de la *polis* où l'on politise ». Et dans le hors politique, la nature est à son tour la même pour tous ou en tous. L'accent n'est donc pas sur l'opposition Grec/ Barbare, mais sur l'opposition politique / nature – le papyrus l'assène sans ambage :

1. Ce sont les termes que Francis Wolff relève comme servant à traduire l'intraduisible *polis*, article « Polis » dans B. Cassin (dir.), *Vocabulaire européen des philosophies, Dictionnaire des intraduisibles*, Paris, Seuil-Robert, 2004, *s.v.*

2. Ὁμολογηθέντα, ὁμολογήσαντας : fr. B, col. I, 29s ; 33s ; col. II, 6 (je cite dans la nouvelle édition et numérotation). Je me permets de renvoyer pour une analyse plus précise, au moins philologiquement, à la deuxième partie du chapitre 1 de *L'Effet sophistique*, *op. cit.*.

> La plupart des choses justes selon la loi sont en position de guerre contre la nature ; on a en effet établi par la loi, pour les yeux, ce qu'ils doivent voir et ce qu'ils ne doivent pas voir ; et pour les oreilles, ce qu'elles doivent et ce qu'elles ne doivent pas entendre ; et pour la langue, ce qu'elle doit et ce qu'elle ne doit pas dire ; et pour les mains, ce qu'elles doivent et ce qu'elles ne doivent pas faire ; et pour les pieds, vers où ils doivent et ne doivent pas aller ; et pour l'esprit, ce qu'il doit et ce qu'il ne devrait pas désirer[1].

Si bien que la meilleure règle de conduite est, elle aussi, la même pour tous, non pas quant à la matière mais quant à la forme : il faut respecter le politique en public et la nature dès qu'on est seul. « Un homme (ἄνθρωπος) utiliserait la justice à son plus grand avantage si, en présence de témoins, il faisait grand cas des lois, mais, seul et sans témoins, grand cas des prescriptions de la nature »[2]. La nature est un reste, mais un reste auquel on n'échappe pas même en se cachant : sa nécessité et son universalité réapparaissent quoi qu'il arrive, exactement comme si l'on enfouissait un lit dans la terre, c'est du bois, et non un lit, qui pourrait pousser[3] ; encore une fois, la nature n'est pas ce dont on part, mais ce que parfois l'on retrouve. Nous vivons cependant dans un monde de lits, dans une communauté où le technique a partie liée avec le politique via le partage social des compétences, des regards et des règles – s'il ne respectait pas la prééminence du politique, l'hypocrisie et le secret de l'« idiotie » privée, un Antiphon « sadien » irait à la Bastille.

En tenant compte du « politiser », « barbariser » se définit à présent de la manière suivante : ne pas considérer qu'une autre *polis* que la sienne est une *polis*. Autrement dit, il y a beaucoup de chances que Platon, Isocrate, et même Aristote, barbarisent. Car barbariser, ce n'est pas seulement croire que l'autre « est » un Barbare, que sa « nature » diffère de la vôtre, c'est aussi, cas ô combien fréquent, croire que l'autre n'est pas politique comme vous l'êtes.

« BARBARISER » ?

Cette leçon peut paraître un sommet de *political correctness*. Je crois qu'il faut néanmoins tempérer ce sentiment – encore un effort pour être politiquement correct...

Car appeler ce qui reste de la haine de l'autre « barbariser », voilà le reste imparable de l'ethnocentrisme. Nous sommes reconduits au lexique, et à l'opposition « barbariser » / « helléniser ». De même en effet que *logos* convoque sous un terme unique ce que les Latins ne pourront tenter de rendre que par un syntagme, *ratio et oratio*, « raison » et « discours », de même ἑλληνίζειν bloque sous un même mot le sens de « parler grec » et de « parler correctement ». Un seul exemple

1. Fr. B, col. II et III.
2. Fr. B, col. I, juste à la suite de la définition de la justice.
3. Aristote, *Physique* II, 193 a 13-15 : « Antiphon dit que, si l'on enfouissait un lit et que la putréfaction avait la force de faire pousser un rejeton, cela ne viendrait pas lit, mais bois ».

suffit à en témoigner ; dans le corpus rhétorique, où ἑλληνισμός constitue une tête de chapitre, on peut rendre au choix la première phrase du développement qu'Aristote y consacre par : « le fondement de l'expression, c'est de s'exprimer en grec » ou par : « le principe du style, c'est de parler correctement »[1] ; et la définition vaudra encore à l'identique bien des siècles plus tard, chez un Sextus Empiricus par exemple, pour qui « celui qui hellénise est capable de présenter les idées des choses de manière claire et distincte (σαφῶς ἅμα καὶ ἀκριβῶς) »[2] – comme le dit Momigliano, les Grecs étaient « fièrement monolingues », et plus d'un peuple les aura donc imités. Si bien que « barbariser » est une onomatopée de même acabit que « blablater ». Diogène Laërce spécifie même la différence, qui aura perduré jusque dans nos exercices scolaires, entre le « solécisme », qui est une faute de syntaxe, et le « barbarisme », qui rend un mot morphologiquement non reconnaissable et brouille le signifiant au point que le mot devienne étrange, étranger[3]. Évidemment, le corpus rhétorico-grammatical ne prend tout son sens que dans son lien au corpus historico-politique, où ἑλληνίζειν, on l'a vu avec Isocrate, renvoie au comportement de celui qui pense et parle correctement : quand on hellénise, on agit en homme libre, civilisé et cultivé, bref, en homme.

« Je voudrais faire un civilisé qui se barbarise et un barbare qui se civilise, développer ce contraste des deux mondes finissant par se mêler », écrit Flaubert. Reste que les antonymes, fussent-ils verbaux et capables de mettre en mouvement les essences et les natures pour en faire des actions ou des aspects, demeurent asymétriques, un seul des deux étant, sans surprise, valorisé comme universel.

1. Ἔστι δ' ἀρχὴ τῆς λέξεως τὸ ἑλληνίζειν, *Rhétorique*, III 5, 1407 a 19-20.

2. *Adv. Math.*, I 10, 176.

3. VII, 44 ; 59. Voir déjà la *Poétique* d'Aristote, 22, 1458 a 18-31, où Lallot-Dupont Roc rendent βαρβαρισμός, lié aux « noms empruntés » ou γλῶτται (mots en langues dira-t-on pour Babel et la Pentecôte), par « charabia » (Seuil, 1980).

PERSUASION ET CONVICTION DANS LE *GORGIAS*[1]

María Isabel Santa Cruz

À Monique Dixsaut

L'emploi du terme πίστις n'est pas très fréquent dans l'œuvre platonicienne, mais dans certains dialogues, notamment le *Gorgias*, de même que dans les livres centraux de la *République* et dans quelques passages des *Lois*, le terme et ceux qui lui sont apparentés acquièrent un relief particulier. Dans cette étude je me contenterai d'examiner le *Gorgias*, où Platon met la πίστις, un mode de savoir qui apparaît, en principe, limité et inférieur, en étroite connexion avec la persuasion. Je tenterai de montrer que dans ce dialogue où Socrate présente la rhétorique sophistique comme une ἐμπειρία et non point comme une τέχνη, la πίστις, qui peut être vraie ou fausse, reçoit d'abord une valeur négative, par opposition à l'ἐπιστήμη. Néanmoins il est vrai que, au cours de la discussion avec Calliclès, la πίστις apparaît en outre comme l'effet produit dans l'âme par un discours persuasif dont l'auteur possède une πίστις vraie, c'est-à-dire une conviction qui tient ferme parce qu'elle s'appuie sur une argumentation rationnelle non réfutée. Entre la πίστις produite par le discours persuasif de l'orateur dépourvu d'art et la connaissance résultant de l'enseignement de quelqu'un possédant un art, Socrate défend une « bonne » πίστις et une « bonne » persuasion.

La critique de la rhétorique[2], thème direct du *Gorgias*[1], est sans doute subordonnée au propos principal du dialogue : attaquer la politique que la

1. Je tiens à exprimer toute ma reconnaissance à D. Taormina et D. El Murr pour avoir relu et corrigé la version française de ce texte.

2. Le terme ῥητορική apparaît pour la première fois dans le *Gorgias*, et presque en même temps chez Isocrate apparaît le terme, également nouveau, de ῥητορεία. J. Walker (*Rhetoric and Poetry in Antiquity*, Oxford, Oxford University Press, 2000, p. 34) signale qu'il y a, d'après E. Schiappa (*Protagoras and Logos : A Study in Greek Philosophy and Rhetoric*, Columbia, University of South Carolina Press, 1991, p. 41-48), d'importants éléments pour croire que le terme a été forgé par Platon lui-même, étant donné son goût pour l'emploi de néologismes avec la terminaison – ική, qui indique « art de quelque chose », comme dans le cas de διαλεκτική. Mais il est aussi possible que Platon ait adopté ou adapté un terme qui avait commencé à être d'usage courant.' Ρητορική apparaît mentionnée pour la première fois dans le *Gorgias* en 448 d. Socrate fait référence à τὴν καλουμένην ῥητορικήν, ce

rhétorique sert et décider quel est le genre de vie qu'on doit choisir. Tout au long du dialogue, Platon lie d'une façon magistrale rhétorique et éthique. La critique de la rhétorique est donc en même temps et surtout une justification du mode de vie philosophique[2], incarné dans la figure de Socrate, un mode de vie qui n'exclut point la vie politique *per se*, et qui s'oppose plutôt au genre de vie soutenu par les politiques contemporains de Socrate. Les trois entretiens de Socrate, avec Gorgias, Polos et Calliclès, découvrent le conflit profond entre ces deux genres de vie opposés dont l'un, défendu par les sophistes, repose sur une base fausse et ne résiste pas à l'épreuve de l'examen rationnel.

I

Après le prologue, qui situe la scène et présente les personnages, en opposant fortement style épidictique et style dialogique[3], l'entretien entre Socrate et Gorgias commence (447 d-461 b). Toute cette première section du dialogue, dans laquelle Platon présente Gorgias avec respect[4], se déroule avec le présupposé que la rhétorique est une τέχνη ou, ce qui revient au même dans ce contexte, une ἐπιστήμη[5]. D'autre part, dans sa première et courte intervention, Polos affirme

qui peut signifier « ce qu'on appelle rhétorique », ou bien « ce qui peut être appelé rhétorique », soit dans le but d'indiquer qu'il est en train d'introduire un néologisme, soit dans le sens de « ce que les gens appellent rhétorique ». Walker, tenant compte du contexte où le terme apparaît, préfère cette dernière possibilité. Dans l'un ou l'autre cas, ce que Socrate appelle ῥητορική est quelque chose de très semblable à la ῥητορεία d'Isocrate.

1. Dans cette étude, je ne traiterai pas de la difficile question de la datation du *Gorgias*, probablement l'un des derniers dialogues de jeunesse. Par ailleurs, je tente de faire une lecture du *Gorgias* sans y projeter les développements sur la rhétorique dans les dialogues postérieurs, notamment dans le *Phèdre*. Je suis le texte établi par Dodds (*Gorgias*, texte révisé, introd. et commentaire par E.R. Dodds, Oxford, Clarendon Press, 1959, rééd. 1990). Les citations sont tirées de la traduction de M. Canto (Platon, *Gorgias*, trad. inédite, introd. et notes par M. Canto, Paris, Flammarion, 1993), avec quelques modifications.

2. Le terme ῥητορική désigne à la fois la discipline enseignée et une manière de s'exprimer, opposée aux règles de discussion établies par Socrate. *Cf.* M. Canto, *op. cit.*, p. 314, n. 7. Que Platon ait forgé le terme ou non, ῥητορική est tout autant utile à Platon dans un but polémique que ῥητορεία l'est à Isocrate, mais Platon emploie ῥητορική d'une manière plus systématique et pour favoriser sa propre version de la philosophie. Dans la réponse de Socrate à Polos, l'opposition entre rhétorique et dialogue et la tension qui aura lieu tout au long de l'œuvre sont déjà mises en évidence. *Cf.* Walker, *op. cit.*, p. 34-35.

3. Sur ce point voir M. Dixsaut, *Métamorphoses de la dialectique dans les dialogues de Platon*, Paris, Vrin, 2001, p. 16-28.

4. Platon ne peint pas l'attitude de Gorgias comme arrogante mais plutôt comme révélatrice d'une grande confiance en soi-même. Certes, Gorgias a un grand ego, mais il jouit aussi d'une grande réputation. *Cf.* J. Beversluis, *Cross-examining Socrates. A Defense of the Interlocutors in Plato's Early Dialogues*, Cambridge, Cambridge University Press, 2000, p. 293-294.

5. À propos du présupposé de la rhétorique comme art, *cf.* 448 b : ἐπιστήμων ὢν τῆς τέχνης (quoique tout de suite après, on trouve ἔμπειρος τέχνης); 448 c : τίνος τέχνης ἐπιστήμων ; 448 e : ἐπιστήμων τέχνη ; 449 a : ἐπιστήμονα τέχνης; 449 c-d; 449 d : ἐπιστήμη ; 450 b; 451 a, 453 a. Ce n'est pas Gorgias qui introduit la caractérisation de la rhétorique comme une τέχνη. C'est Socrate qui le fait, dans le but, sans doute, de réfuter son interlocuteur. *Cf.* Roochnick, *Of Art and Wisdom. Plato's Understanding of Techne*, University Park, Pennsylvania, The Pennsylvania State University Press,

d'un ton pompeux l'étroite liaison entre ἐμπειρία et τέχνη, sans que Socrate ne le corrige. En effet, « cher Chéréphon, nombreux sont les arts que l'on trouve chez les humains et qui, dans l'expérience, furent découverts par l'expérience (ἐκ τῶν ἐμπειριῶν ἐμπείρως). Car l'expérience fait que le cours de la vie s'écoule en accord avec l'art, tandis que l'inexpérience (ἀπειρία) le soumet au hasard » (448 c 4-7)[1]. Platon, sans doute volontairement, met dans la bouche, non pas de Socrate, mais de Chéréphon – qui vient d'employer et répétera ensuite l'expression ἐπιστήμων τῆς τέχνης (448 b 4; c 2) – une équivalence entre ἐπιστήμη et ἐμπειρία : « Mais s'il était experimenté dans le même art (ἔμπειρος ἦν τέχνης) qu'Aristophon, fils d'Aglaophon, ou que, d'ailleurs, le frère d'Aristophon, comment serait-il juste de l'appeler ? » (448 b 11-13)[2].

Que la rhétorique soit une ἐπιστήμη ou τέχνη, qu'elle soit liée à l'ἐμπειρία, sera bientôt réfuté par Socrate. En effet, au début de l'entretien avec Polos, Socrate met en question un tel présupposé.

> Polos : Puisque, à ton avis, Gorgias est en embarras à propos de la rhétorique, que dis-tu qu'elle est ? Socrate : Tu me demandes bien de dire quelle sorte d'art est la rhétorique ? P : Oui, je te le demande. S : Ce n'est pas un art –à mon avis du moins, Polos, pour te dire toute la vérité. P : Mais alors la rhétorique, qu'est-ce que c'est, selon toi ? S : Une chose (πρᾶγμα) dont tu traites dans un écrit de toi que j'ai lu récemment, une chose dont tu as fait un art. P : De quoi parles-tu ? S : Je dis qu'elle est une sorte d'expérience[3]. P : Une expérience, voilà ce qu'est la rhétorique, pour toi ! S : Oui, je le pense, sauf avis contraire de ta part. P : Et une expérience de quoi ? S. De gratifier, de faire plaisir (462 b 4-c 7). La cuisine, elle aussi, est une sorte d'expérience, et toutes les deux, cuisine et rhétorique, appartiennent à une même forme d'activité ou de pratique (ἐπιτήδευμα[4] : 462 e 3 et 8 ; 463 a 1 et 6 ; b 1-2), qui n'a rien à voir avec l'art (τεχνικὸν μὲν οὔ : 463 a 7) et qui est une partie de la flatterie (κολακεία)[5]. La rhétorique, de même que la cuisine, semble être un art, mais elle ne l'est pas : elle n'est qu'une expérience et une routine (ἐμπειρία καὶ τριβή : 463 b 4).

1996, p. 189-190, et F. Renaud, « La rhétorique socratico-platonicienne dans le *Gorgias* (447 a-461 b) », *Philosophie Antique* 1, 2001, 65-86 : p. 76 : « Si Socrate a manqué le discours de Gorgias, on constate qu'il possède néanmoins une certaine connaissance de la position de Gorgias. Socrate semble donc s'approprier d'abord l'opinion de Gorgias, mais ce ne sera que pour la réduire à l'absurde, avec les mots mêmes de son interlocuteur ».

1. Le style et le vocabulaire du passage indiquent qu'il s'agit d'une citation ou d'une parodie. Dodds préfère cette dernière option (*Cf.* note *ad loc.*, p. 192).

2. Tandis que Chéréphon associe expérience et art, Polos fait naître l'art de l'expérience. *Cf.* T. Irwin, *Gorgias*, trad. angl. et notes par Terence Irwin, Oxford, Clarendon Press, 1979, note *ad loc.*, p. 112.

3. Sauf en 448 c 4-7, Canto traduit ἐμπειρία par « savoir-faire ».

4. Irwin traduit ἐπιτήδευμα par « practice ». Le terme est employé dans le même sens que παρασκευή (500 b 1) ou πραγματεία (501 b 3), un sens assez indéterminé qui inclut à la fois les procédés et les arts. *Cf.* Dodds, n. à 500 b 1 ; Canto, n. 159, p. 341.

5. *Cf.* Dodds, note *ad. loc.*, p. 225 : On traduit habituellement κολακεία par « flatterie », mais le terme s'applique à un grand éventail d'actions; il a aussi une implication plus forte d'absence de fondement moral (*cf.* 521 b 1-2).

La différence entre τέχνη et ἐμπειρία réapparaît dans l'entretien avec Calliclès (500 b; 501 a-b), où Socrate ajoute que l'ἐμπειρία s'appuie sur le souvenir de ce qui se passe habituellement.

> Oui, j'ai dit en substance [à Gorgias et à Polos] que la cuisine, à mon avis, n'est pas un art, mais une expérience; que la médecine, en revanche, est un art. J'ai dit que la médecine examine la nature du patient qu'elle doit soigner, qu'elle étudie les causes qui justifient ce qu'elle fait et peut rendre raison (λόγον δοῦναι) de chacun de ses gestes. Quant à l'autre pratique, celle qui procure du plaisir, elle consacre au plaisir la totalité de ses soins : c'est toujours vers le plaisir qu'elle se dirige sans le moindre recours à l'art (ἀτέχνως), mais de ce plaisir elle n'examine ni la nature ni la cause et, d'une façon tout à fait irrationnelle (ἀλόγως) et sans rien calculer, pour ainsi dire, elle conserve le souvenir de ce qui se passe habituellement par routine et par expérience (τριβῇ καὶ ἐμπειρίᾳ), et elle arrive à procurer des plaisirs (500 e 4-501 b 1).

La mise en cause de la rhétorique repose donc sur des raisons épistémologiques tout autant qu'éthiques[1] : d'une part, la rhétorique n'est pas une τέχνη, mais une sorte d'expérience, de pratique, de savoir-faire (ἐμπειρία καὶ τριβή: 463 b), puisqu'elle ne peut pas articuler ses méthodes ou ses causes (465 a 3-5), elle est irrationnelle (ἄλογον) (465 a 6), ne connaît pas mais conjecture (οὐ γνοῦσα [...] ἀλλὰ στοχασαμένη (464 c 6; *cf.* 465 a 2), fait semblant (προσποιεῖται) (464 c 7) d'être un art et trompe (ἐξαπατᾷ : 464 d 2); d'autre part, la rhétorique est pour l'âme ce que la cuisine est pour le corps: une activité de flatterie (κολακεία : 463 b 1), car elle a pour but le plaisir et n'a aucun souci du bien (465 a 2). L'ἐμπειρία est un genre de savoir acquis par le moyen d'une pratique, d'une fréquentation avec l'objet et d'une accumulation de souvenirs, mais elle exclut une vraie connaissance[2].

II

Si Socrate peut maintenir cette sévère critique de la rhétorique, la considérer comme une activité sans art, c'est parce qu'il a préalablement contraint Gorgias à admettre, entre autres choses, une opposition binaire[3], que le Gorgias historique

1. Certes, la connexion entre ces deux ordres de raisons n'est pas évidente. *Cf.* Roochnick, *op. cit.*, p. 184.

2. Dans le *Gorgias*, Platon fait un usage négatif du terme ἐμπειρία, comme il le fait, par exemple, dans le *Phèdre* (270 b 6 : une rhétorique ou une médecine scientifiques procéderont μὴ τριβῇ μόνον καὶ ἐμπειρίᾳ ἀλλὰ τέχνῃ. Cf. *Phil.*, 55 e et *Lois* 938 a). Dans d'autres contextes, en revanche, il l'emploie positivement, notamment lorsqu'il la fait contraster avec l'ἀπειρία. *Cf.* F. Bravo, *Las ambigüedades del placer. Ensayo sobre el placer en la filosofía de Platón*, Sankt Augustin, Academia Verlag, 2003, p. 148-150.

3. B. Vickers (*In Defence of Rhetoric*, Oxford, Clarendon Press, 1998, p. 90) remarque que le réductionnisme opéré volontairement par Platon au moyen de ces oppositions binaires s'achève par un monisme qui n'accepte que l'un des pôles et rejette l'autre. Dans le long chapitre consacré à Platon (p. 83-147), Vickers défend fortement la rhétorique, mettant l'accent sur la manipulation et la

n'aurait probablement pas acceptée : connaissance ou savoir (ἐπιστήμη ou μάθησις) *versus* conviction ou croyance (πίστις)[1]. À n'en pas douter, Platon emprunte à Gorgias la séparation entre πίστις et vérité, de même que la connexion entre πίστις et apparence, d'une part, et πίστις et persuasion d'autre part, mais il modifie le tableau gorgien, suggérant alors qu'il y a, pour lui, l'être et la possibilité de le connaître.

Quand Socrate demande une autre fois quel est l'objet (περὶ τί) de la rhétorique, Gorgias répond finalement qu'il parle « du pouvoir de convaincre, grâce aux discours, les juges au Tribunal, les membres du Conseil au Conseil de la Cité, et l'ensemble des citoyens à l'Assemblée, bref, du pouvoir de convaincre dans n'importe quelle réunion de citoyens » (452 e 1-4)[2]. Gorgias admet ensuite la définition que Socrate lui propose : la rhétorique est πειθοῦς δημιουργός (453 a 2)[3], une activité dont le but est de produire (ποιεῖν) la persuasion (πειθώ) dans l'âme des auditeurs (453 a 4-5) ; il admet, en outre, ce que Socrate ajoute, à savoir que c'est tout ce dont elle s'occupe[4]. Quoique Gorgias semble avoir restreint le rôle de la rhétorique à celui de la persuasion judiciaire, Socrate prend « persuasion » dans un sens élargi, qui embrasse tout genre de persuasion[5]. L'altération est sans aucun doute significative. Dans ce contexte, la persuasion est comprise comme l'effet, comme la condition psychique produite par l'orateur dans l'âme de l'auditeur[6], c'est-à-dire comme le résultat d'une activité de persuasion et non comme le processus[7]. Pourtant, au cours du dialogue, la persuasion va se

distorsion systématique que Platon fait des évidences et des arguments pour défendre sa position et opposer ouvertement rhétorique et philosophie.

1. B. McComiskey (*Gorgias and the New Sophistic Rhetoric*, Carbondale, Southern Illinois University Press, 2002, p. 21 et n. 4) caractérise l'ἐπιστήμη comme la connaissance déjà acquise et la μάθησις comme le processus par lequel on obtient la connaissance. La πίστις est, d'après cet auteur, l'état de conviction ou d'accord résultant d'une persuasion réussie.

2. Gorgias ajoute (452 e 7-8), en référence au rhéteur, qu'il a la capacité de parler aux masses et de les convaincre (πείθειν). Olympiodore (*In Platonis Gorgiam*, éd. L.G. Westerink, Leipzig, Teubner, 1970, 5.6.) remarque l'emploi de l'infinitif présent πείθειν, signalant que Gorgias vise l'activité (ἐνέργεια), car l'orateur exerce une persuasion mais il n'arrive pas nécessairement à obtenir une persuasion comme résultat (οὐ πάντως δὲ τέλος ἔχει τὸ πεῖσαι).

3. Artisan, ouvrier, façonnier de persuasion. D'après Irwin (n. *ad loc.*, p. 118), cette description de la rhétorique peut remonter à Gorgias. Dodds (n. *ad loc.*, p. 203), au contraire, pense que la personnification est typiquement platonicienne ou socratique et qu'il n'y a pas lieu d'en attribuer la paternité à Tisias et Corax. M. Canto, (n. 16, p. 317) est du même avis.

4. 453 a 2-3 : ἡ πραγματεία αὐτῆς ἅπασα καὶ τὸ κεφάλαιον εἰς τοῦτο τελευτᾷ. Gorgias, croyant à tort que la définition est complète, répond : ἀλλά μοι δοκεῖς ἱκανῶς ὁρίζεσθαι· ἔστιν γὰρ τοῦτο τὸ κεφάλαιον αὐτῆς (a 6-7).

5. Il est intéressant de noter que πειθώ apparaît dix-neuf fois dans l'entretien entre Socrate et Gorgias et qu'on n'emploie plus jamais cet terme dans le dialogue. *Cf.* S. Benardete, *The Rhetoric of Morality and Philosophy. Plato's* Gorgias *and* Phaedrus, Chicago-London, The University of Chicago Press, 1991, p. 6.

6. *Cf.* J. Murray, « Plato on Knowledge, Persuasion and the Art of Rhetoric : *Gorgias* 452 e-455 a », *Ancient Philosophy* 8, 1988, 1-10 : p. 2-3 et p. 9, n. 8 et 9.

7. Il n'est pas sans intérêt de remarquer que, dans le bref interlude qui vient à la suite, Socrate fait une rapide description de lui-même et de son souci du débat philosophique. Il dit qu'il cherche la vérité et que, lors d'une discussion, il veut savoir de quoi on parle, ou du moins se convaincre lui-même : ὡς

présenter comme un processus dont le produit est un état d'esprit, consistant soit à savoir, soit à être simplement convaincu.

Bien que Gorgias ait admis que la rhétorique est productrice de persuasion, il n'a pourtant pas spécifié quelle sorte de persuasion est la sienne et sur quelle sorte d'objets elle porte. Il ne suffit pas de décrire Zeuxis comme peintre d'animaux : il faut dire quel genre d'animaux il peint, parce qu'il y a d'autres peintres qui peignent d'autres formes d'animaux (453 b 5-d 6)[1]. De même, la rhétorique n'est pas, comme Gorgias le voudrait, le seul art de persuasion, car – Socrate le signale – quand on enseigne quelque chose, quoi que ce soit (ὅστις διδάσκει ὁτιοῦν πρᾶγμα : d 9), on convainc de ce qu'on enseigne[2]. Cela est vrai pour tous les arts (τῶν αὐτῶν τεχνῶν : 453 e 1 ; τὰς ἄλλας : 454 a 1) puisque chacun d'eux convainc quand il enseigne. Socrate insiste alors en proposant un exemple spécifique : l'arithmétique nous enseigne tout ce qui a trait au nombre, mais elle nous convainc (πείθει : 453 e 4) également. Gorgias doit admettre que l'arithmétique, de même que les autres arts, est πειθοῦς δημιουργός et que la persuasion qui est la sienne est didactique (τῆς διδασκαλικῆς) relativement aux nombres pairs et impairs[3], à la différence de la persuasion rhétorique, qui est une πειθὼ πιστευτική[4].

Suivant l'exemple de l'arithmétique, Gorgias est invité à dire quel genre de persuasion exerce la rhétorique et sur quel objet, et affirme que la rhétorique est artisan de la persuasion qui s'exerce dans les tribunaux, ou dans toute autre assemblée, à propos de ce qui est juste et injuste (454 b). La réponse ne satisfait pas Socrate qui, toujours dans le but de réfuter Gorgias, prend une autre voie ("Ιθι δή : 454 c 7) : à l'aide d'une nouvelle dichotomie, il trace une nette distinction entre posséder un savoir comme résultat d'un apprentissage et d'un enseignement systématique (μεμαθηκέναι)[5] et posséder une conviction comme résultat d'avoir été seulement persuadé (πεπιστευκέναι) – et, parallèlement, entre savoir

ἐμαυτὸν πείθω (453 a 8-b 1), en jouant certainement sur la notion de persuasion. C'est sans doute un aveu d'ignorance de la part de Socrate. D'après Dodds (n. à 453 c 2, p. 203-204) un passage comme celui-ci montre que Socrate s'intéresse avant tout à la découverte de la vérité et que la réfutation de l'interlocuteur est « accessoire ». Contre Dodds, *cf.* Beversluis, p. 295.

1. D'après J. Murray, art. cit., p. 3, cette analogie entre la persuasion et les animaux peints confirme que Platon utilise, dans ce passage, la persuasion comme un produit.

2. Platon pousse Gorgias à admettre ce point, mais Gorgias aurait très bien pu soutenir que la persuasion a pour objet de mouvoir la volonté au moyen du discours et non seulement de communiquer une connaissance ; il tombe dans un piège bien pire dans sa cinquième définition, quand il répond à la demande de Socrate sur ce qu'est la persuasion propre à la rhétorique en disant qu'elle est le genre de persuasion qui s'exerce sur les masses à propos du juste et de l'injuste. *Cf.* Vickers, *op. cit.*, p. 92.

3. Ce genre de persuasion pourrait être rapproché du procédé dianoétique décrit en *République* VI et VII. C'est un point certainement intéressant, que je n'aborderai pas ici.

4. D'après ce que soutient A. Taglia (*Il concetto di pistis in Platone*, Firenze, Le Lettere, 1998, p. 8-11), dans le *Gorgias* Platon met sur le même pied πειθὼ πιστευτική et βία, violence, reprenant ainsi une équivalence entre persuasion et contrainte, établie par le Gorgias historique.

5. En associant apprentissage et connaissance, Socrate suggère que cette dernière doit être acquise d'une façon telle qu'elle produise une croyance rationnelle justifiée. *Cf.* 465 a, 500 e-501 a et *Mén.*, 97 a-98 b. *Cf.* Irwin, note *ad loc.*, p. 118.

(μάθησις) et conviction (πίστις) (454 c 7-d 3)[1]. « Si tu veux, posons qu'il existe deux formes de conviction, l'une qui produit la conviction sans savoir (πίστιν παρεχόμενον ἄνευ τοῦ εἰδέναι)[2], et l'autre qui produit la connaissance (ἐπιστήμην) » (454 e 3-5). Si Platon lie ensemble διδάσκειν et πειθώ, c'est assurément pour montrer qu'il y a une alternative à la πειθώ rhétorique. Probablement dans l'intention de souligner l'opposition entre πίστις et ἐπιστήμη, Platon considère celle-ci comme un état d'esprit produit par un acte de persuasion opéré du dehors[3]. Entre les deux états mentaux il n'y a pas de continuité, car la πίστις n'est pas une phase préliminaire à l'ἐπιστήμη. La πίστις, vraie ou fausse, est l'état mental de celui qui croit, qui a une conviction, mais qui ne peut pas la garantir ni en donner raison; si la πίστις se trouve donc liée à la τύχη, l'ἐπιστήμη est, elle, toujours vraie, puisqu'elle connaît la nature et les causes de son objet propre et qu'elle peut donc donner raison d'elle-même.

Ce qui distingue les deux genres de persuasion est le rapport particulier qu'ils entretiennent avec le savoir[4]. La persuasion exercée par la rhétorique[5] est productrice d'une conviction : Ἡ ῥητορικὴ ἄρα, ὡς ἔοικεν, πειθοῦς δημιουργός ἐστιν πιστευτικῆς ἀλλ' οὐ διδασκαλικῆς περὶ τὸ δίκαιόν τε καὶ ἄδικον (454 e 9-455 a 2). De la persuasion rhétorique naît la conviction sans savoir (ἐξ ἧς πιστεύειν γίγνεται ἄνευ τοῦ εἰδέναι, 454 e 7) : elle est πιστικὸς μόνον (455 a 4-5)[6], elle produit une conviction, une πίστις, dépourvue de base rationnelle, et non pas une connaissance comme celle que le maître ou l'enseignant peut produire[7]. Pour Socrate, la persuasion est le noyau et l'essence de l'activité rhétorique et elle n'améliore pas l'état cognitif des destinataires, tandis que les arts se servent de la persuasion pour transmettre la connaissance (ἐπιστήμη). La πίστις est alors le résultat de la persuasion qui se dispense du vrai savoir[8]. Celui-ci précisément est l'élément dont la présence ou l'absence détermine le genre de persuasion.

1. Selon Dodds (n. *ad loc.*, p. 206), la distinction entre connaissance et opinion, fondement de l'épistémologie autant que de la métaphysique platoniciennes, apparaît pour la première fois dans ce passage. Dodds signale en outre la façon dont Platon modifie la terminologie dans quelques œuvres postérieures telles que le *Ménon* et la *République*. Beversluis (*op. cit.*, p. 297, n. 14) est en partie d'accord avec Dodds, mais, contre Dodds, il affirme que dans le *Gorgias*, comme dans les premiers dialogues, ἐπιστήμη et πίστις ou δόξα ne sont pas des termes techniques.

2. Comme l'explique Olympiodore (*In Gorg.*, 6. 10), Platon emploie « savoir » et « connaissance » de façon équivalente (τὸ εἰδέναι ἀντὶ τῆς ἐπιστήμης παραλαμβάνει).

3. *Cf.* J. Murray, art. cit., p. 6. Olympiodore (*In Gorg.*, 6. 1) affirme en revanche que la persuasion didactique est motivée de l'intérieur (αὐτοκίνητος), tandis que l'autre genre de persuasion est motivée du dehors (ἑτεροκίνητος).

4. Voir M. Dixsaut, *Platon. Le Désir de comprendre*, Paris, Vrin, 2003, p. 70-72.

5. Cela est vrai de la rhétorique judiciaire, mais assurément pas de toute sorte de rhétorique. Cf. *Phèdre* 261 a-b.

6. Cf. *Théét.*, 201 a 8, où il est dit des orateurs qu'ils persuadent sans enseigner (πείθουσιν οὐ διδάσκοντες).

7. Gorgias pourrait avoir objecté que Socrate prend « enseignement » dans un sens absolu. *Cf.* Vickers, *op. cit.*, p. 93.

8. *Cf.* l'observation de R. Wardy (*The Birth of Rhetoric. Gorgias, Plato and their successors*, London-New York, Routledge, 1996, p. 66-67) relative à la validité que pourrait aujourd'hui avoir la catégorie de la « persuasion sans connaissance ».

Pour pouvoir établir la distinction entre μάθησις et πίστις, toutes deux résultats d'une persuasion, Platon fait usage comme critère du rapport que la πίστις entretient avec la vérité : à la différence de l'ἐπιστήμη, toujours vraie, la πίστις peut être vraie ou fausse. Pourtant, ceux qui ont appris et ceux qui ont une conviction ont été convaincus les uns commes les autres (οἵτέ γε μεμαθηκότες πεπεισμένοι εἰσὶν καὶ οἱ πεπιστευκότες, 454 e 1-2)[1].

On peut noter que dans ce contexte la persuasion n'apparaît plus comme un produit, mais qu'elle est maintenant présentée comme un processus ayant comme résultat ces deux états cognitifs différents que sont la conviction ou la connaissance. En effet, l'emploi des parfaits πεπιστευκέναι et μεμαθηκέναι (454 c 7-d 2) – et peu après de μεμαθηκότες et πεπιστευκότες (454 e 1-2) – souligne que πίστις et ἐπιστήμη sont des résultats, des états mentaux produits par deux genres différents de πειθώ, par deux mécanismes ou activités de persuasion différents[2]. Dans ce contexte la πίστις, liée à ce type de savoir négatif qu'est l'ἐμπειρία, reçoit, elle aussi, une connotation négative[3]. Par ailleurs, la πίστις n'indique pas une condition équivalente au πείθεσθαι. Loin de s'identifier au πείθεσθαι, πιστεύειν n'en est qu'une modalité. L'acquisition du πιστεύειν s'accompagne toujours du πείθεσθαι, mais la réciproque est fausse. L'aspect négatif de la πίστις n'appartient que circonstanciellement au πείθεσθαι[4].

Il n'est pas sans intérêt de signaler que Platon, dans le *Gorgias*, à la différence de ce qu'il affirme dans le *Ménon* comme dans la *République*, n'oppose pas ἐπιστήμη à δόξα, mais à πίστις et à πιστεύειν. Cela semble compréhensible au vu du contexte et en raison du rapport étymologique entre πειθώ et πιστεύειν, sur lequel Platon assurément s'appuie. En effet, πιστεύειν, πίστις, πιστικός et d'autres termes apparentés sont des dérivés (vocalisme zéro) du verbe πείθομαι, d'autant que le nom πειθώ est dérivé du même verbe (vocalisme –e)[5]. D'autre part, si dans le *Ménon* il est dit que les opinions vraies peuvent se transformer en ἐπιστήμη quand elles sont enchaînées par une considération de la cause (αἰτίας λογισμῷ) (98 a), dans le *Gorgias* il ne semble pas possible qu'une conviction devienne science. En *République* VI et VII, d'autre part, ἐπιστήμη et πίστις sont liées à des objets appartenant à des niveaux ontologiques différents, tandis que

1. 454 e et *passim* : πίστις ἄνευ τοῦ εἰδέναι n'est pas le signe d'une possible coexistence de πίστις et d'ἐπιστήμη, puisque cette πίστις est celle produite par les rhéteurs qui ne connaissent pas la vérité. La πίστις est un état négatif, non seulement parce qu'elle est inférieure au savoir, mais parce qu'elle l'entrave ; elle est donc un état dont il faut se libérer, dont le philosophe ne peut pas être la proie (*Cf.* Taglia, *op. cit.*, p. 153).

2. *Cf.* Taglia, *op. cit.*, p. 151.

3. Sur le rapport entre πίστις et ἐμπειρία, *cf.* Taglia, *op. cit.*, p. 79-88.

4. *Cf.* Taglia, *op. cit.*, p. 85.

5. Sur l'étymologie, voir P. Chantraine, *Dictionnaire étymologique de la langue grecque. Histoire des mots*, Paris, Klincksieck, 1980, 4 volumes, *s.v.*, É. Benveniste, *Le Vocabulaire des institutions indo-européennes*, vol. I : *économie, parenté, société*, Paris, Minuit, 1969, p. 115-121, et M. Detienne, *Los maestros de verdad en la Grecia arcaica*, trad. cast., Madrid, Taurus, 1981 [Paris, Maspero, 1967], p. 67-72.

dans le *Gorgias* aucune référence n'est faite à une distinction entre niveaux ontologiques[1].

Par ailleurs, dans le *Politique*, Platon trace une distinction entre les sciences, dans le but d'isoler la politique comme la science directive par excellence. Tout art exige un apprentissage (μάθησις), mais le fait de décider si l'on doit apprendre et enseigner un art est la compétence d'un art supérieur. La rhétorique, considérée comme une science ou un art dans ce contexte (304 a *sq.*), doit être au service de la politique; elle est définie comme l'art qui a le pouvoir de convaincre les masses par le moyen de la narration d'histoires, et non pas d'un enseignement (διὰ μυθολογίας ἀλλὰ μὴ διὰ διδαχῆς, 304 c 10-d 2). Quoique Platon ne fasse dans ce passage aucune référence à la πίστις, il semble bien possible de mettre en parallèle la contraposition entre μυθολογία et διδαχή du *Politique* et la distinction entre deux sortes de persuasion tracée dans le *Gorgias*.

III

La persuasion n'est pas censée être une fonction exclusive de la rhétorique et l'invective contre la rhétorique ne comporte pas une attaque contre la persuasion *per se*[2]. Le lien étroit entre πείθεσθαι et rhétorique, tel qu'il était établi par Gorgias, s'est donc effacé[3]. Dans le *Gorgias*, en référence sans doute aux propos du Gorgias historique[4], πίστις et ἐπιστήμη s'opposent l'une à l'autre, mais, en outre, les deux états d'esprit sont liés à la persuasion, comme le montre, ainsi que nous l'avons vu, la distinction entre persuasion πιστευτική et persuasion διδασκαλική[5].

Le rhéteur est *seulement* persuasif (455 a 4 : πιστικὸς μόνον) : il n'enseigne pas, sa persuasion n'engendre qu'une conviction dépourvue de fondement. Qui plus est, pressé par Socrate, Gorgias finit par avouer que le rhéteur est habile en terrains où il n'a pas de compétence, que le rhéteur persuade ceux qui ne savent pas[6] et que celui qui ne sait pas (ὁ οὐκ εἰδώς) est donc plus persuasif que ceux qui

1. Dans la *République*, en raison précisément de la distinction d'objets, πίστις et ἐπιστήμη coexistent en tant qu'états d'esprit dans un même sujet, mais non, bien entendu, par rapport au même objet.

2. *Cf.* Murray, art. cit., p. 4.

3. *Cf.* Taglia, *op. cit.*, p. 85-86 et 145-147, et Irwin, n. à 454 e- 455 a, p. 118-119.

4. *Cf.* McComiskey, *op. cit.*, p. 21-25, et Renaud, art. cit., p. 70-72.

5. D'après Murray (art. cit., p. 9, n. 4), il est bien possible que la notion de persuasion ait subi des variations tout au long de l'œuvre de Platon. Murray (*ibid.*, p. 1 et n. 1, 2 et p. 6-7 et n. 17) signale aussi la connexion exagérée entre rhétorique et persuasion traditionnellement attribuée à Platon. Il critique la caractérisation habituelle de la persuasion comme un instrument sophistique que Platon veut éviter, ou bien comme une technique dont les philosophes ne se serviraient qu'en cas d'impossibilité d'utiliser un moyen légitime de communication du savoir. Il critique d'ailleurs l'interprétation qui limite la fonction de la persuasion à la production d'opinions.

6. Socrate déplace le sens du mot ὄχλος, employé dans son sens ordinaire pour désigner un ensemble de gens réunis dans une assemblée, lui donnant un sens péjoratif : ceux qui ne savent pas, les ignorants. Voilà un exemple de la façon dont Socrate réfute souvent ses interlocuteurs en employant

savent (τοῦ εἰδότος) devant des gens qui ne savent pas (οὐκ εἰδόσι : 459 b 3-4)[1]. L'orateur n'a besoin que d'un procédé de persuasion (μηχανήν... τινα πειθοῦς) qui lui donne l'air (φαίνεσθαι) d'en savoir plus que n'en savent les connaisseurs (459 b 8-c 2)[2]. Si l'orateur est ignorant mais persuasif, il s'ensuit que ses auditeurs doivent être, eux aussi, ignorants, pour ne pas détecter les erreurs de l'orateur[3].

Platon prend « ignorance » en un sens absolu. Gorgias aurait pu, sans doute, poser bon nombre d'objections, mais au lieu d'objecter, il fait de nécessité vertu[4]. Si Socrate met son interlocuteur dans l'embarras, c'est parce que celui-ci admet l'opposition entre savoir et non-savoir, une autre des oppositions binaires dont Platon use tout au long du dialogue. Je ne m'arrêterai pas sur ce qui vient ensuite, dans la section finale de l'entretien avec Gorgias (459 c-461 b), où Socrate met en relief les contradictions de Gorgias à propos de la connaissance, de l'instruction et de l'ignorance par rapport à la justice.

IV

En détachant la persuasion de la rhétorique sophistique et en la liant avec les arts motivés par un souci du vrai dans leur fonction éducative, Platon admet que la persuasion est un instrument légitime dont le philosophe peut se servir dans sa quête de la vérité[5]. L'interprétation assez répandue d'après laquelle le Platon du *Gorgias* est le grand ennemi de la rhétorique[6], à laquelle il oppose diamétralement la philosophie, est à coup sûr une simplification. L'attention que Platon porte à la rhétorique est motivée non seulement par son désir de combattre un ennemi, mais aussi par la déplaisante possibilité de devoir faire face à un ennemi pas si différent de lui-même[7].

Je voudrais maintenant souligner comment, dans le *Gorgias*, Platon montre qu'il y a, entre persuasion didactique et persuasion rhétorique, un type « intermédiaire » de πειθώ, et que la supériorité de l'ἐπιστήμη sur la πίστις ne confine pas cette dernière à une pure négativité. Platon réhabilite la πίστις, lui confère une valeur positive. La dichotomie initiale qui mène Gorgias à se contredire est celle entre persuasion avec savoir (exercée par celui qui possède une τέχνη) et

des termes ordinaires, mais en les dépouillant de leur sens habituel pour les investir d'un sens différent. *Cf.* Beversluis, *op. cit.*, p. 302-303.

1. Gorgias ne l'a admis que dans un cas particulier, celui du médecin, mais Socrate généralise tout de suite l'affirmation. La remarque a été déjà faite par Olympiodore (*In Gorg.*, 9. 5. et 9. 6).

2. D'ailleurs, qui persuade produit dans ceux qui sont persuadés un état d'obéissance. En fait, le présent passif du verbe « persuader » (πείθεσθαι) est indistinguable du présent moyen, qui signifie « obéir ». *Cf.* Benardete, *op. cit.*, p. 17.

3. Voir à ce propos, les commentaires éclairants d'Irwin (n. à 459 c, p. 123-124), de Plochman et Robinson, (*A Friendly Companion to Plato's* Gorgias, Carbondale, Southern Illinois University Press, 1988, p. 44) et de Beversluis (*op. cit.*, p. 304-305).

4. *Cf.* 459 c 3-5 : « Mais la vie n'en est-elle pas beaucoup plus facile, Socrate ? Il n'y a aucun art à apprendre, sinon un seul, la rhétorique, et on n'est pas moins fort qu'un spécialiste ! ».

5. *Cf.* Murray, art. cit., p. 8.

6. Une position analogue à celle soutenu par Vickers (*op. cit.*, *passim*).

7. *Cf.* Roochnik, *op. cit.*, p. 181-182.

persuasion sans savoir (celle du rhéteur) : celui qui persuade peut persuader parce qu'il possède un savoir ou bien il peut convaincre à partir d'un non savoir. Mais Socrate, comme cela devient évident dans l'entretien avec Calliclès, ne respecte pas cette nette dichotomie et admet aussi un type de persuasion exercée par celui qui se trouve en état de πίστις. Le maître d'arithmétique, connaisseur d'un art, persuade en enseignant et, en transmettant le savoir, il produit dans le destinataire un état mental d'ἐπιστήμη. L'orateur, en revanche, n'est pas en possession d'un savoir; il ne sait pas et sa persuasion flatteuse, exercée sur la partie irrationnelle de l'âme, fait naître une πίστις dans l'auditeur. L'orateur ne possède pas un savoir à transmettre et, par conséquent, sa persuasion ne fait naître qu'une conviction sans fondement dans l'âme des ignorants. Si l'orateur parlait devant des gens qui connaissent, il ne serait pas persuasif, puisque le savoir des auditeurs mettrait en question le non savoir de celui qui tente de les persuader (458 e-459 b).

Dans la première section du *Gorgias*, comme nous l'avons vu, la πίστις est présentée comme un état qui ne semble pas pouvoir cohabiter avec l'ἐπιστήμη : quand on possède une connaissance on est convaincu (454 c), mais quand on possède une connaissance la πίστις reste exclue; s'il y a ἐπιστήμη, la πίστις disparaît. Pourtant, au cours de l'entretien avec le récalcitrant Calliclès, le même Socrate du *Gorgias*, un Socrate qui se vante de son ignorance, finit par concéder à la πίστις quelque valeur positive. Socrate, lui, ne possède pas non plus un vrai savoir comme celui que possède l'expert (le médecin, par exemple), mais, à la différence du rhéteur, il a des convictions fermes[1], qu'il tiendra à soutenir aussi longtemps qu'on ne lui démontre pas, avec des arguments robustes, qu'il a tort.

En d'autres termes, Socrate laisse entendre qu'entre persuasion didactique et persuasion rhétorique sophistique, il y a une « bonne » persuasion πιστευτική et une « bonne » πίστις : celles qui ont lieu lorsque celui qui persuade poursuit le bien[2], ne tente pas de tromper et d'en tirer un profit, est dirigé par la partie rationnelle de son âme et n'essaie de convaincre que par le moyen de la réfutation et d'une argumentation cohérente et bien charpentée. Si Calliclès tente de convaincre Socrate d'abandonner l'argumentation (*cf.* 486 c 4 : ἀλλ' ὠγαθε, ἐμοὶ πείθου, παῦσαι δὲ ἐλέγχων), Socrate, pour sa part, s'efforce de *convaincre* Calliclès qu'une vie ordonnée vaut mieux qu'une vie sans frein, et il manifeste son intention d'atteindre ce but au moyen d'une démonstration (493 c-d; 494 a; 513 c-d), en insistant sur le fait que la vérité ne réside que dans l'accord des opinions entre elles (472 b; 486 e[3]; 487 d-e[4]). Lisons, par exemple, ce que Socrate

1. Voir la distinction tracée par P. Woodruff (« Plato's Early Theory of Knowledge », dans H. Benson (éd.), *Essays on the Philosophy of Socrates*, New York, Oxford University Press, 1992, p. 87-106) entre *non-expert knowledge* et *expert knowledge*.

2. Parfois, ce n'est que l'intention (éthique) du philosophe qui permet de distinguer son argumentation de celle du sophiste. *Cf.* Renaud, art. cit., p. 81-82 et n. 70.

3. *Cf.* 486 e 5-6 : « Je suis sûr que toutes les opinions (δοξάζει) de mon âme avec lesquelles tu seras d'accord (μοι σὺ ὁμολογήσῃς), seront, dès ce moment-là, des vérités ».

4. *Cf.* 487 e 1-7 : « Si en ce que nous disons (ἐν τοῖς λόγοις) tu es d'accord avec moi (ὁμολογήσῃς μοι) sur une chose, ce point d'accord aura été à partir de ce moment-là suffisamment contrôlé (βεβασανισμένον) et par toi et par moi, et nous n'aurons plus besoin de le soumettre à un contrôle

dit après avoir employé l'allégorie du pot percé pour caractériser la partie inférieure de l'âme, celle qui peut être convaincue[1] :

> Ces comparaisons sont, sans doute, assez étranges, mais, pourtant, elles montrent bien ce que je cherche à te démontrer (ἐνδειξάμενος), pour autant que j'en sois capable, dans le but de te convaincre (πεῖσαι) de changer d'avis et de choisir, au lieu d'une vie déréglée, que rien ne comble, une vie d'ordre, qui est contente de ce qu'elle a et qui s'en satisfait. Eh bien, est-ce que je te convaincs (πείθω) de changer d'avis et d'aller jusqu'à dire que les hommes, dont la vie est ordonnée, sont plus heureux que ceux dont la vie est déréglée ? Ou, est-ce que tu ne changeras pas d'avis, même si je te raconte d'autres histoires comme cela ? (493 c 3-d 3).

Or l'attitude de Calliclès est tenace. Comme il le dit un peu plus tard, après l'image des hommes portant de pots percés : « Tu ne me convaincs pas (οὐ πείθεις), Socrate » (494 a 6). Calliclès finit par trouver les arguments de Socrate plus logiques que convaincants : « Je ne sais pas comment il se fait que tu m'aies l'air d'avoir raison, Socrate, mais, malgré tout, j'éprouve ce que presque tout le monde ressent – tu ne m'as pas tout à fait convaincu (οὐ πάνυ σοι πείθομαι) ! » (513 c 4-6). Socrate insiste : « C'est parce que l'amour du démos, Calliclès, bien établi dans ton âme, se révolte contre ce que je dis. Mais si, à plusieurs reprises, nous examinons la question à fond, sans doute seras-tu convaincu (πεισθήσῃ) » (513 c 7-d 1)[2].

Qui plus est, non seulement Socrate tente de convaincre Calliclès, mais il s'efforce de le convaincre à propos de ce qui, *d'après sa conviction*, est le mieux :

> Je pense que tous, nous devons être en compétition (φιλονίκως ἔχειν) pour savoir où est le vrai et où est le faux dans la question dont nous parlons, car si cela devient évident, c'est un bien commun à tous. Je vais donc poursuivre cette discussion et essayer d'exposer ce qu'il en est, à mon avis (ὡς ἄν μοι δοκῇ ἔχειν). Mais si, à l'un de vous, je donne l'impression de convenir avec moi-même de quelque chose qui n'est pas vrai, il faut interrompre et réfuter. Car moi, je parle sans savoir entièrement ce que je dis (οὐδὲ γάρ τοι ἔγωγε εἰδὼς λέγω ἃ λέγω)[3], mais je cherche en

supplémentaire... Donc, s'il y a un accord (ὁμολογία) entre toi et moi, cela veut dire que réellement nous avons atteint une vérité ». Pour la traduction de τέλος... τῆς ἀληθείας, *cf.* Dodds, note *ad loc.*, p. 283. Voir également Irwin, n. à 487 e, p. 183.

1. *Cf.* 493 a-b : un homme subtil (κομψὸς ἀνήρ) a appelé la partie inférieure de l'âme « pot » (πίθος : 493 a 7) en raison de sa nature susceptible d'être persuadée (διὰ τὸ πιθανόν τε καὶ πειστικόν). Pour le sens de πιθανόν et πειστικόν dans ce passage, voir Dodds, note *ad loc.*, p. 301, et Taglia, *op. cit.*, p. 82 et n. 8.

2. Sur le sens de cette exhortation de Socrate, *cf.* Beversluis, *op. cit.*, p. 367-372. D'après lui, la découverte du *Gorgias*, par rapport aux dialogues de jeunesse, est qu'il ne suffit pas, pour mener les gens à la vertu, de leur montrer les contradictions de leurs propres croyances ; avant de pouvoir changer leurs âmes et leurs actions, il faut modifier la direction de leurs désirs : « *The* Gorgias *marks the beginning of the end of the Socratic elenchus and the moral psychology of which the Great Myth is an early expression* » (p. 372).

3. Le texte de Dodds s'écarte sur ce point de celui établi par Burnet, car Dodds accepte πάνυ τι du ms F. Dodds signale (n. *ad loc.*, p. 333) que l'expression indique l'incompatibilité de l'enquête philosophique avec une connaissance complète autant qu'avec une complète ignorance. Olympiodore

commun avec vous, de sorte que, si mon adversaire dit quelque chose de clair, je serai le premier à être d'accord (505 e 4-506 a 5).

En effet, Socrate *n'est que convaincu (persuadé)* que sa position est plus cohérente que celle des autres et c'est précisément pour cela qu'il soutient, avec des arguments, ses thèses : « J'ai dit – en tout cas, je tiens à dire et je soutiens – que c'est la vérité. Or, si tout cela est vrai... » (Ἐγὼ μὲν οὖν ταῦτα οὕτω τίθεμαι καί φημι ταῦτα ἀληθῆ εἶναι· εἰ δὲ ἔστιν ἀληθῆ..., 507 c 8-9). « Donc, une fois de plus, je soutiens que les choses sont comme je dis. Mais si elles sont bien telles... » (ἐγὼ μὲν οὖν αὖ τίθημι ταῦτα οὕτως ἔχειν· εἰ δὲ οὕτως ἔχει..., 509 a 7-b 1)[1]. L'emploi que Socrate fait du verbe δοκεῖν est réitéré dans la section finale de l'entretien avec Calliclès (par ex., 509 a 2; 510 a 7-8; b 2-3; 513 b 2-3). Il affirme qu'il parle selon son opinion (ὡς ἄν μοι δοκῇ ἔχειν, 506 a 1), et qu'il parle, en plus, sans avoir une pleine connaissance de ce qu'il dit (οὐδὲ γάρ τοι ἔγωγε ειδὼς πάνυ τι λέγω ἃ λέγω, 506 a 3-4), mais qu'il cherche en commun avec les autres et qu'il est prêt à abandonner ses croyances s'il est réfuté, mais qu'il les soutiendra si elles sont liées par des arguments solides.

Ces choses, qui dans les arguments antérieurs étaient pour nous évidentes, tiennent l'une à l'autre et forment toutes une chaîne. Et, si je peux dire encore quelque chose d'assez prétentieux, elles sont enchaînées les unes aux autres au moyen d'arguments de fer et de diamant; or ces arguments, si je dois me fier à l'impression que j'ai eue jusqu'ici, tu ne vas pas pouvoir les rompre, ni toi, ni quelqu'un d'autre, encore plus impétueux que toi. Il est donc impossible d'avoir raison en disant autre chose que ce que je dis maintenant. En effet, pour ce qui me concerne, mon argument est toujours le même : que je ne sais pas ce qu'il en est de tout cela (ἐγὼ ταῦτα οὐκ οἶδα ὅπως ἔχει), mais que, malgré tout, de tous les hommes que j'ai rencontrés, et c'est le cas aujourd'hui encore, il n'y en a pas eu un qui ait pu dire, sans faire rire de lui, autre chose que ce que je dis. Donc, une fois de plus, je soutiens que les choses sont comme je dis. Mais si elles sont bien telles ... (ἐγὼ μὲν οὖν αὖ τίθημι ταῦτα οὕτως ἔχειν· εἰ δὲ οὕτως ἔχει, 508 e 6-509 a 1)[2].

Sa πίστις n'est pas donc une connaissance experte, mais elle n'est pas non plus pure et simple ignorance. Socrate suggère que le résultat de la réfutation peut être employé comme un guide vers la vérité. Dans la mesure où, après l'examen, il arrive à un accord avec les interlocuteurs, il pourra soutenir ses convictions, qui seront tenues pour vraies pourvu qu'elles ne soient pas réfutées. Il répète qu'il ne sait pas comment sont les choses, mais qu'aucun de ses interlocuteurs n'a pu démontrer, sans faire rire de lui, qu'elles ne sont pas telles que Socrate l'affirme

(*In Gorg.*, 34. 3) commente qu'il ne s'agit pas d'une confession d'ignorance : il y a différents genres de γνῶσις et celle que Socrate dit ne pas posséder est celle des νοερὰ καὶ θεία.

1. On pourrait y voir, peut-être, une anticipation de la méthode par hypothèses décrite dans le *Phédon*, à ceci près que dans ce dialogue l'hypothèse principale est d'ordre métaphysique tandis que dans le *Gorgias* il s'agit de propositions d'ordre éthique.

2. *Cf.* Beversluis, *op. cit.*, p. 361-2. L'opiniâtreté de Calliclès n'est pas due au fait qu'il n'arrive pas à comprendre, mais au fait qu'il n'accepte point ce qu'il comprend.

(508 e-509 a)[1]. Or, afin d'achever sa tentative insistante pour convaincre Calliclès, il a recours à une autre stratégie[2], celle consistant à abandonner l'argumentation rationnelle pour faire appel à un récit[3], qui couronne le dialogue[4]. *De l'avis de Socrate* (ὡς ἐγὼ οἶμαι) Calliclès, certes, pensera (ἡγήσῃ) que c'est un mythe, mais Socrate, lui, pense que c'est un λόγος : « Ainsi, je te dirai tout ce que je vais te dire *dans la pensée* qu'il s'agit de choses vraies (ὡς ἀληθῆ γὰρ ὄντα σοι λέξω ἃ μέλλω λέγειν) »(523 a 1-3)[5]. Socrate *croit* à l'histoire – il évite toute déclaration de connaissance – et il *est convaincu* de son contenu (524 b; 526 d) : « Voilà ce que j'ai entendu dire, Calliclès, et je suis convaincu de sa vérité (πιστεύω ἀληθῆ εἶναι)[6] » (524 a 8-b 1). En outre, il n'est pas seulement convaincu de son contenu, mais aussi des conclusions qu'on peut en tirer : « Eh bien moi, Calliclès, j'ai été convaincu (πέπεισμαι) par cette histoire, et je ne cesse de m'examiner, afin de faire paraître devant le juge l'âme la plus saine qui soit » (526 d 3-5). Pourtant, à la fin, il ajoute : « Mais tout cela te paraît sans doute être un mythe, une histoire de vieille femme, et tu n'as que mépris pour cela. Bien sûr, il n'y aurait rien d'étonnant à le mépriser, si, en cherchant par-ci, par-là, nous pouvions trouver quelque chose de mieux et de plus vrai » (527 a 5-8). Aucun de ses interlocuteurs n'a pu démontrer qu'il faut choisir un genre de vie différent de celui que Socrate propose. Seul le λόγος de Socrate reste debout (ἠρεμεῖ : 527 b 4)[7] après la discussion, sans se contredire, sans avoir subi aucune réfutation, et Calliclès est donc invité à se laisser convaincre par cet argument, à le prendre comme un guide pour l'action, et à abandonner ses propres convictions.

1. Selon Dodds (n. à 509 a 5, p. 341 ; p. 16 et n. 2) la profession socratique d'ignorance n'est pas en accord avec l'affirmation immédiatement antérieure. Cependant, et contrairement à ce qu'il semble, le commentaire de Socrate sur la nature de ses conclusions n'est pas incohérent. Socrate en effet affirme qu'il ne sait pas comment les choses sont, mais qu'il maintient de convictions stables, parfaitement enchaînées, appuyées sur des arguments réfutatifs. *Cf.* Irwin, note *ad loc.*, p. 228-229.

2. Socrate fait de nouveau appel à cette stratégie, en dépit de la résistance de Calliclès à se laisser convaincre par les récits évoqués auparavant par Socrate (493 c-d, 494 a).

3. *Cf.* 523 a 1 : Ἄκουε δή, φασί, μάλα καλοῦ λόγου. Olympiodore (*In Gorg.*, 47. 1) commente que Socrate dit μάλα καλοῦ dans le but de distinguer ce mythe philosophique de ceux des poètes, qui sont μόνως καλοί, mais non μάλα καλοί ; il ajoute que Calliclès certainement le tiendra pour un mythe, parce qu'il ne sera pas capable d'en percer la surface et d'en saisir le sens caché.

4. Comme le signale M. Dixsaut, c'est sans doute dans ce dialogue que se trouvent le mieux explicitées les raisons platoniciennes du recours au mythe. *Cf.* M. Dixsaut, *Platon. Le Désir de comprendre*, *op. cit.*, p. 211.

5. Je souligne la nuance subjective du ὡς. À propos de la « vérité » du mythe, *cf.* Dodds, note *ad loc.*, p. 376-377, et Beversluis, *op. cit.*, p. 366 et n. 41.

6. Il ne semble pas possible d'identifier un usage spécifique de πίστις par rapport au mythe, car entre mythe et discours savant Platon établit d'habitude des intersections continues. Dans le *Gorgias* on met la πίστις qu'on a du mythe au même niveau que la πίστις qu'on a d'un raisonnement ; il semble donc qu'il n'y ait pas de différence qualitative entre les deux genres de πίστις. La πίστις de Socrate dans le mythe est une alternative à celle de Calliclès par rapport à un raisonnement fautif. L'accord avec le raisonnement ne sert pas comme une preuve de la vérité du mythe, mais il garantit que la πίστις ne soit pas réfutée, puisqu'il n'y a pas d'argument meilleur que celui avec lequel le mythe s'accorde. *Cf.* Taglia, *op. cit.*, p. 53-55.

7. Olympiodore (*In Gorg.*, 50. 17) signale que l'expression équivaut à ἀσάλευτος μένει, ὑπὸ μηδενὸς ἐλεγχόμενος.

> Allons, laisse-toi convaincre par moi (ἐμοὶ οὖν πειθόμενος), et tiens-moi compagnie vers ce lieu où, dès ton arrivée, tu seras bienheureux dans la vie comme dans la mort – ainsi que notre argument l'indique (ὡς ὁ λόγος σημαίνει) (527 c 5-6).
> Prenons donc comme guide cet argument (ὥσπερ οὖν ἡγεμόνι τῷ λόγῳ χρησώμεθα) qui vient de nous apparaître, puisqu'il nous indique (σημαίνει) que la meilleure façon de vivre c'est pratiquer la justice et toute autre vertu, dans la vie comme dans la mort. Suivons donc cet argument et en engageons d'autres à faire comme nous, sans avoir aucun égard pour l'argument auquel tu as donné ta conviction (ᾧ σὺ πιστεύων) et que tu m'engages à suivre. Car cet argument, Calliclès, est sans aucune valeur (ἔστι γὰρ οὐδενὸς ἄξιος) (527 e 1-7).

Le dialogue a mis face à face deux convictions fortes, celle de Socrate et celle de Calliclès. Aucun de deux n'a réussi à convaincre l'autre; aucun de deux ne s'est laissé persuader. Néanmoins, seul le λόγος de Socrate est resté inébranlable jusqu'à la fin de la conversation.

« LA PHILOSOPHIE DIT TOUJOURS LA MÊME CHOSE » : NOTE SUR *GORGIAS*, 482 A

MICHAEL ERLER

INTRODUCTION

Dans ses Dialogues, Platon inaugure une nouvelle compréhension de la notion de philosophie. Il donne en effet un aspect dynamique à la compréhension du mot « philosophie » qui est traditionnellement plutôt statique : l'usage que fait l'initié du savoir[1]. Chez Platon, la philosophie devient la recherche du savoir dans la conscience d'un manque; de ce fait, le mot désigne une discipline qui se distingue des autres activités intellectuelles. C'est dans le *Lysis* et dans le *Banquet* qu'il est question de la transformation de la notion traditionnelle de philosophie et que cette transformation s'accuse[2]. Dans la *République*, la nouvelle notion de philosophie devient le signe de la marque caractéristique du vrai philosophe qui se distingue des dieux par un manque de savoir (*Phèdre*, 278 d) et des autres humains par la conscience de ce manque et par le désir de le combler; en même temps la signification originelle du terme «philosophie» reste présente à l'esprit[3].

Pourtant, dans les dialogues antérieurs à la *République* se dessinent aussi certaines caractéristiques du nouveau concept de philosophie, souvent par contraste avec les représentations et les comportements traditionnels. De ce point de vue, le *Gorgias* est d'un intérêt tout particulier. Dans ce dialogue, en effet, Platon présente Socrate comme étant l'homme politique «vrai», c'est-à-dire

1. *Cf.* K. Albert, *Über Platons Begriff der Philosophie*, Sankt Augustin, Academia Verlag, 1989, p. 18 *sq.*; M. Dixsaut, *Le Naturel philosophe, Essai sur les Dialogues de Platon*, Paris, Vrin-Les Belles Lettres, 1985, p. 365 *sq.* À propos de la discussion sur l'origine de la philosophie, voir W. Burkert, « Platon oder Pythagoras ? Zum Ursprung des Wortes "Philosophie" », *Hermes* 88, 1960, 159-177 et Chr. Riedweg, *Pythagoras. Leben, Lehre, Nachwirkung : eine Einführung*, München, C.H. Beck, 2002, p. 120 *sq.*; A.W. Nightingale, *Genres in Dialogue. Plato and the Construct of Philosophy*, Cambridge, University Press, 1995, p. 13 *sq.*

2. Pour l'aspiration au savoir, cf. *Banq.*, 203 c-204 b, *Lys.*, 218 a-b. Voir M. Kranz dans *Historisches Wörterbuch der Philosophie* 7, 1989, 576-583 (*s.v.* Philosophie).

3. Cf. *Rép.*, 376 a-c, 496 a-c, et M. Erler, *Gnomon* 75, 2003, p. 394 *sq.*

philosophique[1], essentiellement distinct du politicien ordinaire, « rhétorique ». Les différences sont mises en relief par le comportement de Socrate, et ce par un jeu intertextuel avec l'*Antiope* d'Euripide – Calliclès dans le rôle de Zétheus le pragmatique, Socrate dans celui d'Amphion adepte des Muses[2] –, mais aussi par les remarques de Socrate, qui servent à expliquer sa compréhension de la philosophie.

La philosophie

Parmi ces remarques se trouvent la défense de Socrate contre ce que Calliclès lui reproche, à savoir qu'il dit, en tant que philosophe, toujours la même chose – et la justification de cette défense. Cette explication est amenée par la critique de Calliclès, qui porte sur le comportement de Socrate dans le dialogue (482 c-483 a)[3]. En effet, Calliclès se formalise de l'insistance obstinée de Socrate à soutenir la thèse selon laquelle la vraie rhétorique doit servir l'accusation. Aux yeux de Calliclès, l'avis de Socrate est absurde et va à l'encontre du bon sens. Calliclès ne comprend pas pourquoi Socrate n'est pas prêt à se plier à l'opinion de tous. Pour Socrate, en revanche, la thèse découle logiquement de la discussion avec Polos. C'est pourquoi il ne voit pas de raison de ne pas accepter cette conséquence de son argumentation, même si elle contredit l'opinion courante. Puisque Calliclès a l'air de considérer que le comportement de Socrate tient uniquement de l'entêtement et qu'il s'en offusque, Socrate explique son comportement.

Il partage, en effet, une expérience avec Calliclès. Tout comme lui, il serait amoureux : Calliclès le serait du *dèmos*, du peuple, et lui de la philosophie (481 c *sq.*). Néanmoins, le bien-aimé de Calliclès, le *dèmos*, serait quant à lui très inconstant et versatile. Voilà pourquoi Calliclès serait obligé de changer toujours d'opinion, tandis que la bien-aimée de Socrate, la philosophie, « dirait toujours la même chose » (482 a), ne serait nullement changeante, soutiendrait toujours des avis cohérents et attendrait de son amant le même comportement. Par conséquent, Socrate, son amant, devrait lui conformer son comportement.

« La philosophie dit toujours la même chose ». Cette prémisse doit donc expliquer pourquoi Socrate est obligé de rester lui aussi sur son opinion et de dire toujours la même chose. Car il va de soi qu'il veut lui aussi plaire à sa bien-aimée (482 b). Calliclès, en revanche, aurait un problème. Car celui qui veut s'adapter à une bien-aimée versatile comme le *dèmos* est obligé de changer d'avis tout le temps et risquerait de se mettre en contradiction avec lui-même, dans une *dysharmonia* (482 b). Il se pourrait alors que, pour ainsi dire, le « Calliclès » intérieur tombe dans une contradiction avec Calliclès. Or, cette dysharmonie serait plus

1. Cf. *Gorg.*, 521 d et M. Erler, *Platon*, München, C.H. Beck, 2006, p. 175 *sq.*

2. Cf. *Gorg.*, 485 c-e et A.W. Nightingale, « Plato's Gorgias and Euripides' Antiope : a study in generic transformation », *Classical Antiquity* 11, 1992, 121-41.

3. Voir J. Dalfen, *Gorgias*. Übersetzung und Kommentar von J. Dalfen (Platon, *Werke* VI 3), Göttingen, Vandenhoeck & Ruprecht, 2004, p. 310 *sq.*

grave qu'une lyre mal accordée ou qu'un chœur qui n'est pas en accord avec lui-même (482 b). Seul le philosophe qui dit toujours la même chose et reste sur son opinion, peut-on conclure, contribue à l'harmonie intérieure de l'homme, à l'accord entre la parole et l'action[1].

Au premier abord, l'explication que Socrate donne de son comportement et son postulat que « le philosophe » doit toujours dire la même chose dans la mesure où il se conforme aux conséquences de son argumentation paraissent non sensationnels et accessoires. Mais l'explication prend du relief et de la signification, quand on observe que Platon la place dans le contexte d'une discussion qui s'est déroulée à Athènes sur le thème de l'innovation et de la tradition.

En premier lieu, gardons à l'esprit que l'image que Socrate donne de la philosophie, non versatile et devant suivre celui qui l'aime, représente ce que l'on apprend de fait dans les Dialogues à propos du comportement du « protophilosophe » qu'est Socrate. À ce sujet, le *Criton* donne un exemple particulièrement notable en présentant comme paradigme le philosophe fidèle à ses principes, qui veut suivre, non pas le signe divin comme dans l'*Apologie*, mais uniquement l'argument qui lui paraît le meilleur (*Crit.*, 46 b).

De plus, le reproche de Calliclès et la réaction de Socrate reprennent apparemment un lieu commun de la critique antisocratique. Il n'est pas rare, en effet, qu'on trouve, dans la littérature socratique, le reproche selon lequel Socrate utilise toujours les mêmes exemples empruntés à la vie de tous les jours pour illustrer la méthode et le résultat de son argumentation. On trouve aussi ce reproche un plus loin dans le *Gorgias* (490 c-e). Dans ce passage, Socrate invoque plusieurs exemples pour illustrer et accréditer une thèse. Mais Calliclès proteste : « Tu ne cesses de parler tout le temps des cordonniers et des foulons » (490 e) – ce à quoi Socrate réplique par la remarque : « C'est non seulement la même chose (*scil.* que je dis), mais aussi sur les mêmes sujets (*scil.* que je la dis) ». Calliclès, en revanche, dirait autre chose à chaque fois : « Je te reproche au contraire que tu ne dises jamais la même chose des mêmes sujets » (491 b-c).

On rencontre le même reproche dans les *Mémorables* de Xénophon (1, 2, 37 *sq.*). Là aussi Critias blâme Socrate de toujours illustrer sa position par les mêmes exemples. Apparemment Critias est d'avis que ce genre d'exemples ne convient pas au débat philosophique et cultivé. Ce jugement se dessine dans la bouche de la Diotime de Platon (*Banq.*, 203 a), et Alcibiade, dans le *Banquet*, le connaît comme étant une opinion d'autrui qu'il ne partage cependant pas (221 c). Enfin, dans les *Mémorables* de Xénophon, Hippias se prononce à peu près comme Calliclès : « Est-ce que tu dis, Socrate, toujours la même chose que je t'ai déjà entendu dire il y a fort longtemps ? » Socrate lui donne la réponse que l'on trouve dans le *Gorgias* de Platon : « Ce qui est encore plus important que cela, Hippias, c'est que non seulement je dis toujours la même chose, mais je dis aussi la même chose des mêmes sujets » (*Mem.*, 4, 4, 6). Aristophane, lui aussi, parodie dans les

1. *Cf.* aussi *Gorg.*, 457 e, 461 a et *Phéd.*, 86 c, 92 c.

Nuées l'habitude de Socrate consistant à utiliser des exemples de la vie quotidienne[1].

Si l'on fait la comparaison avec notre passage du *Gorgias* (482 c), il s'avère que, là aussi, ce reproche typique contre Socrate est au fondement de celui de Calliclès et de la défense de Socrate. On pourrait ainsi dire que, d'une certaine manière, Platon commente sa propre présentation d'une particularité du comportement de Socrate. Mais il est en outre manifeste que le reproche n'est évidemment pas simplement repris, mais plutôt élevé à un niveau supérieur. En effet, Socrate ne se justifie pas seulement par l'utilisation inchangée de certains exemples, mais plutôt par le recours à la constance comme attitude fondamentale du philosophe et, par là, comme une caractéristique de la vraie philosophie. Par conséquent, la vraie philosophie se distingue de la rhétorique par le refus de s'adapter aux opinions changeantes et de rechercher tout le temps les nouveautés uniquement pour satisfaire aux besoins du public. La constance ainsi exigée concerne donc le contenu, mais pas nécessairement la forme de l'expression. On peut observer que, dans les Dialogues, Socrate, pour ce qui concerne leur contenu, reste toujours sur ses positions. Mais cela ne l'empêche pas de doser le contenu de celles-ci en fonction de l'envergure des interlocuteurs, d'exposer la même position de différentes manières et de s'adapter à l'horizon intellectuel des interlocuteurs, conformément à la rhétorique philosophique de Platon[2]. Pour le Socrate de Platon, la constance de l'opinion et la cohérence de l'argumentation deviennent la marque et le but préconçus de l'activité philosophique platonicienne : elles seules visent à l'harmonie intérieure de l'homme. Calliclès, en revanche, trouve étrange la revendication d'être constant quant au contenu de ses opinions. Mais il prend pour modèle les prémisses de la rhétorique de l'époque, dont Socrate veut justement s'écarter dans le *Gorgias*.

LA RHÉTORIQUE

De fait, la rhétorique traditionnelle se distingue, selon la définition qu'elle donne d'elle-même, non par la recherche de la constance, mais par la capacité à s'adapter habilement à différents auditoires. Cette attitude se trouve confirmée par Isocrate au début du *Panégyrique*[3]. Il y constate qu'il est tout à fait possible de revenir parfois, dans le discours, à une matière connue. Mais, dans la rhétorique, il importerait avant tout d'exposer les mêmes choses toujours de façon différente,

1. *Cf.* Xénophon, *Mem.*, 1, 2, 37 *sq.* Voir O. Gigon, *Kommentar zum ersten Buch von Xenophons* Memorabilien (Schweizerische Beiträge zur Altertumswiss. Bd. 5), Basel, Reinhardt, 1953, p. 62 *sq.*

2. Voir la présentation synthétique de R. Geiger, *Dialektische Tugenden, Untersuchungen zur Gesprächsform in den Platonischen Dialogen*, Paderborn, Mentis, 2006, p. 19 *sq.* avec les références bibliographiques.

3. *Cf.* Isocrate, *Paneg.*, 4, 8 *sq.* et 74. Voir P. Roth, *Der* Panathenaikos *des Isokrates*, Übersetzung und Kommentar, München-Leipzig, K.G. Saur, 2003, p. 252 *sq.* (sur *Panath.*, 245) ; H. Wersdörfer, *Die* φιλοσοφία *des Isokrates im Spiegel ihrer Terminologie*, Leipzig, Harrassowitz, 1940, p. 107 *sq.* ; C.J. Classen, *Sprachliche Deutung als Treibkraft Platonischen und Sokratischen Denkens*, München, C. H. Beck, 1959, p. 25.

innovante. Le principe de la rhétorique ne serait pas l'insistance sur le même, mais la recherche de l'innovation et du changement ou de la variété (*poikilia*). C'est que la capacité d'adaptation et le caractère changeant correspondent aux attentes du public et sont, de ce fait, considérés par Isocrate comme un élément important de son art du discours, qu'il désigne aussi comme « philosophie »[1]. Cette ambition d'innover dans la présentation – « de faire paraître, par la puissance de leur parole, aussi bien les petites choses grandes et les grandes petites que ce qui est nouveau sous un jour ancien et ce qui est ancien sous un jour nouveau » – cette ambition est déjà attribuée aux maîtres de la rhétorique que sont Tisias et Gorgias[2], elle est reprise par Isocrate et se trouve critiquée encore par l'auteur du *De sublimitate*[3]. Cela témoigne de l'influence durable qu'exerce, dans la tradition rhétorique, la maxime à laquelle obéit apparemment aussi Calliclès dans le *Gorgias* et à laquelle s'oppose Socrate, lorsqu'il fait, non de la recherche de l'innovation, mais de la répétition du même la maxime de son activité philosophique. Par là, il s'oppose non seulement à une prémisse de la rhétorique, mais aussi à une mentalité générale de son temps, qui s'observe dans nombre de domaines au Ve et surtout au IVe siècle, quand la notion d'innovation était jugée positive[4]. Selon une attitude optimiste, on s'attendait à ce que le progrès puisse se réaliser dans presque tous les domaines[5]. On a considéré, par exemple, comme un avantage de la comédie que ce genre permette de divertir le public en envisageant tout le temps des sujets nouveaux[6]. Dans le domaine technique aussi on demandait des innovations; c'est uniquement à propos de l'État qu'il passait pour avantageux de rester attaché à la tradition. Socrate ne veut pas participer à cette manie de l'innovation. Il ne cesse de rejeter fermement la recherche de l'innovation. En effet, si l'on est arrivé à connaître ce qui est vrai, toute modification signifie un changement pour le pire. De la même façon, le Socrate de Platon se refuse à l'adaptation aux attentes du public[7].

1. Voir K. Ries, *Isokrates und Platon im Ringen um die Philosophia*, Diss. München, 1959.

2. *Phèdre*, 267 b.

3. *Cf.* Isocrate, *Paneg.*, 4, 8.; Ps. Longin, *De subl.*, 38, 2.

4. À ce sujet, *cf.* E. Schütrumpf, *Aristoteles. Politik. Buch II-III*, Übersetzt und erläutert, Berlin, Akademie Verlag, 1991, p. 205

5. E.R. Dodds, *Der Fortschrittsgedanke in der Antike und andere Aufsätze zu Literatur und Glauben der Griechen*, Zürich-München, Artemis Verlag, 1977, p. 7-35.

6. *Cf.* Choirilos fr. 2 Barnabé.

7. À propos du rejet de Platon concernant l'innovation en musique et en général, cf. *Rép.*, 381 b, 424 b et *Lois* 797 b-c, 798 c. Dans le *Critias*, Critias espère, en faisant son exposé, pouvoir s'imposer « dans ce théâtre » (*Critias*, 108 d) : c'est dire qu'il se comporte comme un poète ou un rhapsode. Quant aux innovations, les Athéniens les attendaient lors des représentations des comédies, voir *Lois*, 816 e et K. Schöpsdau, *Plato.* Nomoi. *Buch IV-VII*, Übersetzung und Kommentar v. K. Schöpsdau, (Platon *Werke* IX 2), Göttingen, Vandenhoeck & Ruprecht, 2003, p. 530 *sq*.

LA MUSIQUE

Il est alors remarquable que la tension qui s'installe entre la philosophie platonico-socratique et la rhétorique traditionnelle, tension qui est à la base de notre passage du *Gorgias*, se trouve discutée aussi dans le domaine particulier auquel Socrate fait lui-même précisément allusion. Il promet, en effet, que, correctement entendue, l'activité philosophique entraîne le *bios sumphonos*, l'harmonie entre parole et action, qui est le but de la *paideia* et de la philosophie platoniciennes[1]. Par contre, il brandit la menace de la discorde – « dysphonie » – intérieure comme étant la conséquence de l'adaptation rhétorique. Il établit donc expressément un lien entre philosophie et musique. Un tel rapport entre philosophie et musique est fréquent chez Platon, aussi bien dans le *Gorgias* que dans d'autres dialogues. La philosophie est comparée à la musique, elle est même identifiée avec elle, parce que la musique, comme la philosophie, dirige la pensée humaine vers le domaine intellectuel et peut procurer l'harmonie à l'âme[2].

Cela ne vaut pas pour toutes sortes de musique, bien entendu. Au sein du domaine musical se déroule une querelle qui, sous certains aspects, coïncide avec le débat entre philosophie et rhétorique dont témoigne le *Gorgias*. La musique traditionnelle, quant à elle, se distingue depuis toujours par un équilibre entre mélodie et parole; le chant et le jeu de l'*aulos* forment une unité. C'est pourquoi Platon accepte cette musique comme un moyen de la *paideia*, parce que l'on peut s'attendre à ce qu'elle communique de l'harmonie et exerce, sur cette base, une influence positive sur la disposition morale de l'homme[3]. Pourtant, au cours du ve siècle cette conception traditionnelle a cessé de demeurer incontestée. Depuis les guerres contre les Perses s'est dessinée une nouvelle compréhension de la musique, la dénommée « Musique Nouvelle », qui se distingue par un relâchement du rapport étroit entre musique et parole. En effet, la parole et le contenu passent de plus en plus au second plan au profit des formes d'expression musicale. Cette Musique Nouvelle que l'on met en rapport avec Phrynis de Mytilène, Cinesias, Philoxenos, Timotheos, vise à provoquer des affects en pratiquant le mimétisme naturaliste et à divertir par la virtuosité instrumentale[4]. Ce

1. Cf. *Lachès*, 188 c-d, 193 d-e; *Rép.*, 443 d-e. On manque le but d'une vie dans laquelle la parole et l'action ne sont pas en harmonie. Voir R. Blondell, *The Play of Character in Plato's Dialogues*, Cambridge, Cambridge University Press, 2002, p. 117.

2. Cf. *Phéd.*, 61 a; sur le rapport avec la musique, cf. *Gorg.*, 457 e, 480 b, 482 b-c, 503 e, *Crat.*, 406 a, *Banq.*, 215 c, *Phèdre*, 248 d, 259 d, *Lois*, 689 d, *Tim.*, 47 c-d. Voir aussi K. Dorter, « Plato and music: sensuousness and spirituality », *Music man* 2, 1978, 205-221, notamment p. 216; A.G. Wersinger, *Platon et la dysharmonie*, Paris, Vrin, 2001. Quant au rapport entre philosophie et musique selon les sophistes, voir A. Brancacci, « Protagora, Damone e la musica », *Quaderni Urbinati di Cultura Classica* 68, 2001, 137-148, et M. Erler, *Platon* (*Die Philosophie der Antike* 2, 2) Basel, Schwabe, 2007, p. 510-517.

3. Cf. *Rép.*, 522 a, 549 b, *Tim.*, 47 c-d, et M.L. West, *Ancient Greek Music*, Oxford, Clarendon Press, 1992, p. 369.

4. *Cf.*, par exemple, la scène d'Agathon dans les *Thesmophories* (v. 101 *sq.*) d'Aristophane, et B. Zimmermann, « Comedy's criticism of music », *Drama* 2, 1992, p. 39-50, notamment p. 45 *sq.*; du même, voir *Dithyrambus: Geschichte einer Gattung*, Göttingen, Vandenhoeck & Ruprecht, 1992,

que l'on recherche, c'est la variété et la variation (*poikilia*) de l'expression, le changement des rythmes et des harmonies, des intermèdes de soliste, le changement d'un genre à l'autre, l'imitation des voix animales – tout cela dans le souci de satisfaire le goût à chaque fois changeant du public. Le but est de divertir le public par des innovations. Anaxillas, auteur de comédies au IVe siècle, a sur ce point une bonne formule (*frg.* 27 K.-A.) : « À l'image de l'Afrique, la musique ne cesse de produire chaque année de nouvelles espèces d'animaux ». Le succès montre que cela correspondait à l'attente du public de l'époque[1]. C'est sans doute l'une des raisons pour lesquelles la tragédie, surtout celle d'Euripide (voir, par exemple, l'air phrygien dans l'*Oreste*), cherchait à s'approprier cette mode et aussi l'une des raisons pour lesquelles la comédie d'Aristophane en parodiait et en critiquait les particularités, tel le penchant pour l'onomatopée exotique[2].

Lorsqu'il fait la critique de la Musique Nouvelle, de sa manie de l'innovation et de sa tentative pour satisfaire toujours le goût du public, Aristophane s'accorde avec Platon qui, dans la *République* et dans les *Lois* notamment, rejette la Musique Nouvelle, parce qu'il voit réapparaître en elle des caractéristiques négatives qu'il attribue à la démocratie en général. C'est que le désir permanent de satisfaction immédiate[3] exerce une influence négative sur l'éducation, parce que les éléments de cette satisfaction, à savoir le rythme, la mélodie et la parole, sont hétérogènes et que les genres sont mélangés, et que ce désir porte préjudice à l'âme à cause de la recherche permanente de l'innovation[4]. À l'instar de Damon, théoricien de la musique, Platon[5] établit un lien entre les adaptations permanentes de la Musique Nouvelle, qui ne suivent à chaque fois que l'humeur du public, et le comportement négatif des auditeurs, qui se traduit par le mépris des lois et par la dépravation sociale. C'est pourquoi Platon rejette les innovations dans le domaine musical[6]. Platon est loin de contester que la musique vise le plaisir, mais il faut un jugement stable. Il faut qu'il s'agisse du plaisir des hommes meilleurs[7]. Lorsque l'on compare les fondements de ce débat avec ceux du débat entre rhétorique et philosophie, tels que Socrate les soutient dans le *Gorgias*, il tombe sous le sens que les deux coïncident à peu de choses près. Dans notre passage du

p. 117 *sq.* et Chr. Kugelmeier, *Reflexe früher und zeitgenössischer Lyrik in der alten attischen Komödie*, Stuttgart-Leipzig, B.G. Teubner, 1996, p. 264 *sq.*

1. M.L. West, *Ancient Greek Music*, *op. cit.*, p. 371.

2. B. Zimmermann, « Dichtung und Musik. Überlegungen zur Bühnenmusik im 5. und 4. Jahrhundert v. Chr. », *Lexis* 2, 1993, 23-35.

3. La musique pénètre l'âme, cf. *Lois*, 673 a et K. Schöpsdau, *Plato.* Nomoi. *Buch I-III*, Übersetzung und Kommentar v. K. Schöpsdau, (Platon *Werke* IX 2), Göttingen, Vandenhoeck und Ruprecht, 1994, p. 252 *sq.* et p. 327 *sq.* À propos de la variété (*poikilia*) comme caractéristique négative des états démocratiques, cf. *Rép.*, 475 c-476 b, 557 b-c, 561 a-e.

4. Cf. *Lois*, 669 b-670 a, 812 d. Sur ce point, voir H. Görgemanns, A.J. Neubecker, « "Heterophonie" bei Platon », *Archiv für Musikwissenschaft* 23, 1966, 151-169 : p. 160 *sq.*

5. Voir l'entrée « Damon » dans R. Goulet (dir.), *Dictionnaire des Philosophes Antiques*, t. II, Paris, Éditions du C.N.R.S., 1994, p. 600-607 (D. Delattre).

6. Cf. *Rép.*, 424 b *sq.*, *Lois*, 656 c *sq*, 797 a *sq.*, et K. Schöpsdau, *Plato.* Nomoi. *Buch IV-VII*, *op. cit.*, p. 530 *sq.*

7. Cf. *Lois*, 657 c *sq.*, 658 e et K. Schöpsdau, *Plato.* Nomoi. *Buch I-III*, *op. cit.*, p. 280.

Gorgias, Platon veut apparemment rappeler au lecteur cette discussion. Comme pour le jeu intertextuel avec l'*Antiope* d'Euripide, la référence de Socrate au débat faisant rage dans le monde musical de l'époque doit mettre en relief un aspect important de sa nouvelle notion de philosophie.

CONCLUSION

En effet, un peu plus loin dans le *Gorgias*, il sera question, lors d'une petite digression, de la fonction sociale des manifestations publiques aussi bien dramatiques que musicales[1]. Socrate obtient l'accord de Calliclès pour constater que certaines représentations musicales comme le jeu de l'*aulos*, celui de la cithare, le chant choral, le dithyrambe et la tragédie ne visent qu'au plaisir du public, pas à son amélioration. C'est pourquoi il faut considérer de telles représentations artistiques comme de la flatterie et estimer qu'elles prêtent à comparaison avec la rhétorique traditionnelle (502 c) dans la mesure où celle-ci suit toujours les humeurs du public. C'est à la critique de la rhétorique que sert cette critique généralisée de tout art de performance en exercice dans la vie culturelle d'Athènes, donc aussi de la tragédie et de certaines formes de la musique. Il est vrai que, dans ce contexte, Socrate ne prononce que le nom de Cinesias, auteur de dithyrambes, l'un des protagonistes de la Musique Nouvelle[2], et laisse ainsi entendre ce que la critique vise réellement : il s'agit de cette conception de l'art de performance et de la musique, qui ne cherche que le divertissement et suit l'attente du public (*Rép.*, 602 b). Elle est frappée par la même critique que « l'art flatteur » de la rhétorique, mais ce n'est pas le cas de la Musique Ancienne et – peut-on maintenant ajouter – de cette philosophie qui « dit toujours la même chose », qui ne cherche donc pas les innovations ni l'adaptation au goût du public. Ce principe est incarné par Socrate, le « protophilosophe », qui dit toujours la même chose et reste ferme sur les résultats de ses réflexions, même si c'est contre son propre avantage, de ce Socrate qui est opposé aux humeurs du *dèmos*, et qui le paie de sa vie. Certes, Socrate, lui aussi, déploie une multiplicité de connaissances en invoquant des exemples lors de ses démonstrations par analogie. Mais, à la différence du sophiste Hippias, par exemple, ou des rhéteurs, Socrate subordonne ces connaissances à ses intentions philosophiques. Et celles-ci restent toujours les mêmes[3].

Traduit de l'allemand par W. Kühn, avec Dimitri El Murr

1. Voir E.R. Dodds, *Plato's* Gorgias, A Revised Text with Introduction and Commentary by E.R. Dodds, Oxford, Clarendon Press, 1959, p. 320.

2. Cf. *Gorg.*, 501 e. Sur Cinesias, voir Chr. Kugelmeier, *Reflexe früher und zeitgenössischer Lyrik ...*, *op. cit.*, p. 208-248.

3. À la différence d'Hippias, par exemple, qui conçoit de façon encyclopédique le savoir multiple, c'est-à-dire comme une fin en soi, Socrate subordonne de multiples connaissances à des objectifs philosophiques qui restent les mêmes : voir R. Blondell, *The Play of Character*, *op. cit.*, p. 142 et n. 150.

Μηχανὴ πειθοῦς : MÉTHODE ET VÉRITÉ DANS LE *GORGIAS*[1]

GIOVANNI CASERTANO

OPPOSITIONS

Πόλεμος et μάχη, guerre et bataille : les premiers mots par lesquels Calliclès accueille Socrate, arrivé en retard à la « fête », peuvent constituer une clé de lecture de tout le dialogue. Dialogue d'oppositions, en effet, et de batailles, d'où ne sort qu'un vainqueur, qui n'est ni Socrate, ni l'un de ses opposants.

Oppositions, donc : en tout premier lieu, l'opposition entre rhétorique et justice, mise en évidence explicitement et implicitement, qui rappelle celle entre rhétorique et philosophie; ensuite, l'opposition entre opinion et science, entre croire savoir et savoir, qui pose un peu plus de problèmes.

La schématisation socratique peut même être construite comme une proportion, et Socrate déclare explicitement construire cette proportion comme les géomètres (465 b 8 : ὥσπερ οἱ γεωμέτραι), et ce pour deux raisons : pour ne pas tomber dans la macrologie (465 b 7), et parce qu'ainsi Polos pourra peut-être mieux le suivre (465 b 8-c 1). La proportion est donc 1) « oripeau : gymnastique = art culinaire : médecine (κομμωτική : γυμναστική = ὀψοποιική : ἰατρική) »; ou mieux (465 c 2 : μᾶλλον δέ) 2) « oripeau : gymnastique = sophistique : législation = art culinaire : médecine = rhétorique : justice (κομμωτική : γυμναστική = σοφιστική : νομοθετική = ὀψοποιική : ἰατρική = ῥητορική : δικαιοσύνη) ». La formule 2) est « meilleure » que la formule 1) parce qu'elle concerne le corps et l'âme en même temps, tandis que la formule 1) ne concerne que le corps.

L'opposition, comme on peut le voir, est nette. Mais elle comprend, même si c'est pour le moment seulement de manière implicite, un autre caractère fondamental : la différence entre science, ou savoir, et pratique empirique pure. En effet, la rhétorique n'est pas une technique, mais une action (462 b 11 : πρᾶγμα), une pratique (462 c 3 : ἐμπειρία), qui produit une certaine joie ou plaisir (462 c 7),

1. J'ai écrit ces pages pour Monique Dixsaut, à laquelle me lie une amitié ancienne, qui repose non seulement sur l'estime et l'admiration vis-à-vis de la spécialiste et interprète de haute qualité qu'elle est, mais aussi de συμπάθεια face au texte de Platon. De ce travail j'ai tiré 22 thèses que j'ai présenté au VIIe Symposium Platonicum, qui s'est tenu à Würzburg en juillet 2004.

une simple pratique qui ne sait point rendre raison (465 a 3 : οὐκ ἔχει λόγον οὐδένα) de ce dont elle s'occupe, ni de sa nature ni de la cause (465 a 5 : αἰτία) de toute chose. Assurément, on ne peut pas appeler technique un fait irrationnel (465 a 6 : ἄλογον πρᾶγμα). Mais cela ne veut pas dire que l'opposition n'est pas problématique, comme on le verra. Pourtant, comme Platon le sait très bien, et comme il le déclare à la toute fin de cette « démonstration » : par nature (465 c 6 : φύσει) ces activités se distinguent, mais, parce qu'elles sont proches (465 c 6 : ἐγγύς), et qu'au fond les rhéteurs et les sophistes s'occupent des mêmes choses (465 c 6-7 : περὶ ταὐτά), elles se mélangent et se confondent[1].

Le caractère fondamental de la rhétorique consiste donc à produire, chez celui qui écoute, une croyance, et non pas une connaissance, parce que connaître est différent de croire : la μάθησις est différente de la πίστις (454 d 2) ; par ailleurs, étant donné qu'il peut exister une croyance (πίστις) vraie et une croyance fausse, mais non pas une science (454 d 6-7 : ἐπιστήμη) vraie et une science fausse, il est clair (454 d 7 : δῆλον) que science et croyance ne sont pas la même chose (454 d 8). Le fait de produire chez autrui une croyance séparée de la connaissance, à savoir dépourvue de νοῦς, pose immédiatement la rhétorique dans le domaine, non d'une technique, mais d'une empirie trompeuse : en effet, celle-ci utilise, voire « pourchasse » (464 d 2 : θηρεύεται) la sottise (ἄνοιαν), à savoir l'ignorance, et de ce fait est fondamentalement trompeuse (464 d 2-3 : ἐξαπατᾷ). En persuadant sans enseigner (459 a 1 : οὐ διδάσκοντα ἀλλὰ πείθοντα) le rhéteur sera plus persuasif que celui qui sait, évidemment face à ceux qui ne savent pas (459 b 3-4 : ὁ οὐκ εἰδὼς ἄρα τοῦ εἰδότος ἐν οὐκ εἰδόσι πιθανώτερος ἔσται) ». La rhétorique, donc, n'a pas besoin de savoir comment les choses se passent (459 b 8 : τὰ πράγματα ὅπως ἔχει), il lui suffit d'avoir inventé (459 b 9-c 1 : ηὑρηκέναι) non pas une technique mais « un artifice de la persuasion » (459 b 8-c 1 : μηχανὴν πειθοῦς)[2], pour donner l'impression (459 c 1 : φαίνεσθαι), à ceux qui ne savent pas, de savoir plus que ceux qui savent.

En effet, le rapport entre savoir, croyance et persuasion ne peut pas être un rapport de séparation nette, donc une simple opposition, et ce, au moins parce que, en admettant que la rhétorique ne fait rien d'autre que persuader ceux qui ne savent pas, la science met elle aussi en œuvre des mécanismes de persuasion, donc de conviction et de croyance. Aussi l'opposition se situe-t-elle à l'intérieur même de la croyance, qui peut être induite par la science, ou bien par l'opinion. S'il existe alors une connexion entre persuasion, croyance et opinion, il en existera une autre entre persuasion, croyance et science. Dit autrement, la persuasion et la croyance appartiennent aussi bien à la science qu'à l'opinion. Comme le reconnaît Socrate lui-même en 454 c-e : il existe une croyance (πίστις) *vraie* et une *fausse*, mais non une science (454 d 6-7 : ἐπιστήμη) vraie et une fausse : il est donc clair (454 d 7 : δῆλον) que science et croyance ne sont pas la même chose

1. Les ressemblances, dira-t-on aussi explicitement dans le *Sophiste*, « sont le genre le plus glissant » (231 a 7). C'est pour cette raison qu'il faut être vigilant face à celles-ci.

2. *Cf.* aussi 459 d 5-6 : πειθὼ δὲ περὶ αὐτῶν μεμηχανημένος.

(454 d 8). Il faut alors établir (*cf.* 454 e 3 : θῶμεν) *deux types de persuasion* : l'une qui produit « croyance sans savoir » (454 e 3-4 : πίστιν ἄνευ τοῦ εἰδέναι), l'autre qui produit le savoir (454 e 8 : τὸ εἰδέναι). Or, il est évident que la persuasion qui produit le savoir est toujours légitime, parce qu'il ne peut pas exister une science qui soit tantôt vraie tantôt fausse, tandis que la persuasion qui produit la croyance est parfois vraie et parfois ne l'est pas.

La persuasion, donc, n'est pas la prérogative exclusive de la rhétorique, mais celle aussi de la science. Et si la persuasion appartient aussi bien à l'opinion qu'à la science, et, dans ce domaine, aussi bien à la rhétorique qu'à la justice, ou bien à la philosophie, il est évident que l'opposition tout entière se joue, à ce point, sur un autre paramètre : celui de la vérité. Mais ce sera justement l'introduction du paramètre de la « vérité », conjugué avec celui de la persuasion, qui va rendre extrêmement problématique le discours platonicien.

DISCUTER SANS COMMUNIQUER

L'opposition entre rhétorique et justice, ou bien entre rhétorique et philosophie[1], se révèle aussi dans les méthodes que chacune d'entre elles met en œuvre : ἐπίδειξις et διαλέγεσθαι sont les deux démarches qui, encore une fois au début du dialogue[2], marquent immédiatement le contraste entre Socrate et ses interlocuteurs. Mais en quoi consiste la « méthode » socratique dans ce dialogue ? Et en quoi s'oppose-t-elle à la méthode de la rhétorique ?

Les caractères avec lesquels se présente la méthode socratique, bien connus dès l'*Apologie*, sont les suivants : ne pas savoir et rechercher continuellement – je dis ce que je dis non pas parce que je le sais (506 a 3 : οὐδὲ ... εἰδώς), mais parce que je le cherche (506 a 4 : ζητῶ) avec vous. Ne pas savoir et essayer de savoir : mais comment ? La réponse comprend les caractères bien connus de la démarche socratique : si nous parlons de l'art de Gorgias, alors il faut dire non pas *de quelle qualité* (448 e 6 : ποία τις) il est doté, mais plutôt ce *que c'est* (448 e 7 : τίς), et ensuite *en rapport à quel objet* (449 d 2 : περί τι) particulier il agit. La méthode correcte consiste alors à déterminer, de l'objet qu'on analyse, dans l'ordre : 1) le τίς, 2) le ποιόν, 3) le περί τι. Le troisième point, à son tour, exige d'autres déterminations. En effet, ayant établi que le domaine de l'activité rhétorique est celui des discours (449 e 1 : περὶ λόγους), il faut encore se demander : *de quels discours* (449 e 1 : ποίους) ?

Établir les domaines, les termes, à l'intérieur desquels se réalise notre discussion dialectique, est fondamental afin que notre discours soit correct, donc

1. L'opposition entre rhétorique et philosophie n'est pas explicitement soulignée dans le *Gorgias* au moins jusqu'à l'intervention de Calliclès, lorsque l'horizon de l'incompatibilité des positions en contraste s'est, au fur et à mesure, élargi du domaine de la pratique de la justice à celui de l'éducation, du bonheur, bref, à celui des deux façons de concevoir et de vivre toute sa vie.

2. 447 a 6 (ἐπιδείξατο), confirmé en b 2 (ἐπιδείξεται) et b 8 (ἐπιδείξεται), toujours par Calliclès ; et 447 c 1 (διαλεχθῆναι), dans la question de Socrate sur la disponibilité de Gorgias à continuer, mais sous une autre forme, la fête. L'opposition revient en 448 d 10-11.

que nos conclusions soient correctes. Socrate le dit explicitement. En 457 c-458 c, il déclare qu'« il n'est pas facile de discuter en se tenant à l'intérieur des limites déterminées réciproquement, et de se séparer après avoir enseigné et appris l'un de l'autre » (457 c 5-d 1 : οὐ ῥᾳδίως δύνανται περὶ ὧν ἂν ἐπιχειρήσωσιν διαλέγεσθαι διορισάμενοι πρὸς ἀλλήλους καὶ μαθόντες καὶ διδάξαντες ἑαυτούς), ni de se battre « non pas pour prévaloir mais pour rechercher ce qui a été déterminé par le discours » (457 d 4-5 : φιλονικοῦντας ἀλλ' οὐ ζητοῦντας τὸ προκείμενον)[1]. Mais il y a même plus : Socrate explique qu'il a remarqué cela *sur la base d'une sensation*; il lui semblait (457 e 2 : νῦν ἐμοὶ δοκεῖς), en effet, que Gorgias n'avait pas dit des choses conséquentes et conformes (457 e 3 : ἀκόλουθα... σύμφωνα) à ce qu'il avait affirmé auparavant. Le fait de rester dans le domaine des prémisses accordées et établies est donc une condition nécessaire afin que le discours heuristique soit correct : demander des élucidations, demander à l'interlocuteur de rester dans le domaine des prémisses établies, n'est pas seulement le ressort de la réfutation, mais aussi la condition pour pouvoir atteindre de quelque façon la vérité. Si je te réfute, continue Socrate, je le fais non pas parce que je me bats contre toi, mais parce que je me bats pour le sujet même (457 e 5 : πρὸς τὸ πρᾶγμα) : j'ai plaisir (458 a 2 : ἡδέως) à ce qu'on me réfute si je dis quelque chose qui n'est pas vrai (458 a 3 : εἴ τι μὴ ἀληθὲς λέγω), et je réfute volontiers si quelqu'un dit quelque chose qui n'est pas vrai.

À ce moment du texte, nous percevons déjà *l'horizon d'une ambiguïté* : chercher, essayer de trouver avec les mots le sens d'autres mots, réfuter et être réfuté en ayant la conviction d'« être dans la vérité », outre la tentative de « trouver une vérité », n'est pas chose simple. En effet, l'expression « si je dis quelque chose qui n'est pas vrai » indique le fait que je possède une opinion donnée que je considère comme vraie, qui ne l'est plus au moment où je suis réfuté par toi, et que je reconnais les raisons de ta réfutation : j'acquiers ainsi une autre opinion, que cette fois je considère comme vraie par rapport à l'opinion précédente qui, elle, n'est plus vraie. Et si je te réfute, le même processus peut se produire en toi. D'autre part, lorsqu'ils discutent, les hommes échangent des mots, qui renvoient aux pensées ou aux sensations de celui qui parle, dans la supposition qu'elles peuvent signifier ces mêmes pensées ou sensations pour celui qui les écoute. Voilà la grande leçon de Gorgias. Et Platon est tout à fait conscient du fait que, pour pouvoir parvenir à un accord réel entre les interlocuteurs, il est absolument nécessaire de réduire au minimum, si ce n'est d'éliminer complètement, ce halo d'ambiguïté qui entoure toujours la différence entre « dire » et « entendre ».

Cette perspective est clairement présente en 453 a-c. Socrate s'adresse à Gorgias :

> Écoute-moi, Gorgias. S'il y a quelqu'un qui discute (453 b 1 : διαλέγεται) dans le but de savoir justement ce sur quoi le discours porte (453 b 2 : εἰδέναι αὐτὸ τοῦτο

1. Προκείμενον : ce qui se trouve devant, et donc, qui a été posé, établi, par le discours.

περὶ ὅτου ὁ λόγὸς ἐστίν), c'est moi. Et je crois que tu l'es aussi [...]. Je ne sais pas (453 b 7 : οὐκ οἶδα) ce que c'est (453 b 6 : ἥτις ποτ' ἐστίν) que la persuasion (453 b 6 : πειθώ) qui dérive de la rhétorique et sur quels objets elle porte (453 b 6-7 : περὶ ὧντινων πραγμάτων), mais je crois le supposer (453 b 8 : ὑποπτεύω)[1][...]. Toutefois je te demanderai *comment tu l'entends* (453 b 9 : τίνα ποτὲ λέγεις) [...] et non pas à cause de toi, mais à cause du discours (453 c 2-3 : οὐ σοῦ ἕνεκα ἀλλὰ τοῦ λόγου), afin qu'il avance de manière à rendre le plus clair possible ce dont on parle (453 c 4 : καταφανὲς ποιοῖ περὶ ὅτου λέγεται).

Comme on peut le remarquer, il ne suffit pas de déclarer, de « dire », le domaine du *peri ti*, mais il faut toujours « dire sur ce qu'on dit », parce que la clarté de ce que l'on dit n'est pas dans ce que l'on dit, mais dans le discours qui explique ce que l'on a dit. En d'autres termes, il est toujours nécessaire d'expliciter tous les sous-entendus de ce que l'on dit et de ce que l'on écoute, il est nécessaire de ne laisser dans le discours rien d'acquis pacifiquement.

L'intervention de Socrate avait été motivée par la définition gorgienne de la rhétorique comme capacité de persuader par les discours (452 e 1), comme pouvoir de produire la persuasion (453 a 2 : πειθοῦς δημιουργός)[2] : mais, conformément aux présupposés méthodologiques déjà établis par Socrate, cela ne suffisait pas. Il fallait aussi dire 1) de quelle sorte de persuasion la rhétorique use, du moment que celui qui enseigne quelque chose persuade (453 d 7-10), et 2) sur quel objet la rhétorique persuade. Gorgias achève alors sa définition, en disant que la persuasion mise en acte par la rhétorique est celle que 1) l'on exerce dans les tribunaux et dans d'autres assemblées, et 2) qui est relative à ce qui est juste et ce qui ne l'est pas (454 b 5-8). Socrate confirme alors : je soupçonnais (454 b 9 : ὑποπττεύον) que tu parlais de ce type de persuasion qui porte sur ces choses là, mais c'était toi qui devais le dire, car j'interroge *à la fin d'un développement ordonné du discours* (454 c 1-2 : τοῦ ἑξῆς ἕνεκα περαίνεσθαι τὸν λόγον), non pas pour toi, mais *afin que nous ne nous habituions pas à faire des suppositions et à nous arracher les mots avant de les dire* (454 c 2-3 : μὴ ἐθιζώμεθα ὑπονοοῦντες προαρπάζειν ἀλλήλων τὰ λεγόμενα)[3], et afin que tu puisses achever (454 c 5 : περαίνῃς) tes affirmations comme tu veux (454 c 5 : ὅπως ἂν βούλῃ), suivant la base que tu as posée (454 c 4 : κατὰ τὴν ὑπόθεσιν).

Cette page confirme ce qui a été dit auparavant. En celui qui parle et en celui qui écoute, il y a un monde de pensées qui ne se résout pas en ce que l'on dit et l'on écoute « publiquement », « objectivement », un monde lié à la singularité de chacun, dont chaque interlocuteur cherche à s'emparer. Mais chacun doit avoir aussi la conscience que, en s'en emparant, il peut aussi « arracher » aux mots de l'autre des significations non intentionnelles. D'où l'exigence d'expliciter tout ce

1. Le verbe ὑποπτεύω est, pour ainsi dire, une ambiguïté dans l'ambiguïté : il signifie non seulement supposer, mais aussi être méfiant.

2. Cette dernière définition, en réalité, avait été donnée par Socrate, mais Gorgias affirme que la rhétorique a été ainsi opportunément définie (453 a 8 : ἱκανῶς ὁρίζεσθαι).

3. Προαρπάζειν n'est pas un mot courant, et il semble qu'il n'existe pas avant Platon ; il signifie s'emparer, saisir, voler avant, enlever.

qui pourrait être sous-entendu. D'où l'effort commun de rendre compte de la cohérence de ce que l'on dit non seulement avec les prémisses posées et partagées, mais aussi avec ses propres intentions réelles. Ce qui est, en d'autres termes, la manière dont Platon reconnaît le sérieux des doctrines gorgiennes sur l'incommunicabilité, et sur la tournure personnelle que tout discours prend lorsqu'il est porteur de son propre *pathos*; reconnaissance et tournure qui, cependant, doivent être « réabsorbées » en réaffirmant l'exigence « du discours » d'atteindre en tout cas un plan, si non d'« objectivité », au moins d'interpersonnalité. Le *Gorgias*, en effet, est un exemple de l'existence de cette possibilité de discuter sans communiquer.

Nous reviendrons plus loin sur cet aspect du dialogue; pour le moment je voudrais me contenter de souligner une série d'« indices » stylistiques de ce que je viens de dire. En 462 e, Socrate, après avoir confirmé que son intention n'était pas de « tourner en ridicule (462 e 7: διακωμῳδεῖν) »[1] l'occupation de Gorgias, déclare explicitement : « *et je ne sais même pas si ce dont je parle est la rhétorique de Gorgias*, car n'apparaît pas clairement (463 a 2 : οὐδὲν... καταφανές) ce qu'il en pense (463 a 2-3 : τί ποτε οὗτος ἡγεῖται) dans notre discours de tout à l'heure. » Autrement dit, il a reconnu que Gorgias et lui-même n'ont jusqu'à maintenant pas dialogué, mais que chacun d'entre eux a suivi son propre discours : ils ont parlé, mais n'ont pas dialogué.

Le début du dialogue avec Polos présente le même type de complexité. Ce discours est tout entier un jeu explicite et intentionnel de sous-entendus, comme, par exemple, lorsque Socrate déclare, en 463 d 4-5, après avoir expliqué qu'il appelle laides les choses mauvaises, qu'il répond ainsi « puisqu'il faut *te répondre comme à celui qui connaît déjà ce que j'ai l'intention de dire* (ἐπειδὴ δεῖ σοι ἀποκρίνασθαι ὡς ἤδη εἰδότι ἃ ἐγὼ λέγω). » Tant et si bien que Socrate, presque à la fin de l'échange, soulignant qu'il n'y a pas eu de dialogue, précise qu'ils se sont comportés tous les deux de manière ridicule, puisque, pendant tout le temps de leur discussion, ils n'ont rien fait d'autre que de toujours tourner en rond, et qu'ils *ont ignoré mutuellement ce que l'autre disait* (*cf.* 517 c 6-7 : εἰς τὸ αὐτὸ ἀεὶ περιφερόμενοι καὶ ἀγνοοῦντες ἀλλήλων ὅτι λέγομεν).

SOCRATE ESTIME DIRE LA VÉRITÉ

Mais il y a d'autres caractéristiques de la méthode. Auparavant nous avons vu que, aux pages 457-458, une exigence de la méthode dialectique avait été posée : se tenir à l'intérieur de limites réciproquement déterminées et rechercher dans ces limites, afin que le discours avance correctement, car rester dans le domaine des prémisses accordées et établies est une condition nécessaire pour que le discours heuristique soit correct. Nous avions aussi noté, dans ce passage, un premier lien de la méthode avec la vérité. Socrate avait déclaré qu'il se serait volontiers laissé

1. Il s'agit d'un verbe inventé par Platon, dont on ne retrouve aucune autre occurrence dans tout le *corpus*.

réfuter, s'il avait dit quelque chose de non vrai, et qu'il aurait volontiers réfuté si l'autre avait dit quelque chose de non vrai. Pour le moment, schématisons ainsi : Socrate dit la vérité si son discours (qui, dans la confrontation avec les autres, exprime son opinion) réussit à faire apparaître sa thèse comme conséquente aux prémisses posées en commun et accordées par les interlocuteurs. Mais, en même temps, Socrate est convaincu que son discours, malgré la déclaration de ne pas savoir mais de chercher, correspond à la vérité et, sur la base de cette présomption de vérité, réfute le discours de l'autre (il considère, autrement dit, que le discours de l'autre doit être réfuté parce qu'il n'est pas vrai); ou bien, si l'on veut, il est disposé à se laisser réfuter parce qu'il reconnaît que le discours de l'autre est vrai (il considère, autrement dit, que son propre discours doit être réfuté parce qu'il n'est pas vrai). Dans un cas comme dans l'autre, il y a une conviction de vérité qui est présupposée par la réfutation, donc par le véritable discours démonstratif-réfutatoire; en d'autres termes, la situation de départ d'un dialogue prévoit deux interlocuteurs qui s'affrontent, qui croient chacun en la vérité de leur propre opinion et qui cherchent à réfuter la vérité de l'autre, considérée comme fausse. Mais, du point de vue formel, la vérité d'une opinion face à l'autre ne peut qu'être affirmée, c'est-à-dire reconnue, par les deux interlocuteurs ensemble à la fin du dialogue, précisément, lorsque l'un des deux parvient à l'opinion de l'autre; à moins qu'on ne trouve une troisième opinion qui puisse être acceptée par les deux interlocuteurs, donc établie comme vraie. Mais nous reviendrons sur ce point plus tard.

Arrêtons-nous pour l'instant sur un autre aspect. Toujours dans la discussion avec Polos, considérons le second des deux aspects de l'opposition entre les opinions des deux interlocuteurs[1], à savoir si le pire des maux, pour qui commet une injustice, est de subir la peine ou de lui échapper. Socrate, en soutenant évidemment la deuxième hypothèse, propose une série de schématisations sur les maux et la méchanceté dans l'économie, le corps et l'âme et, par conséquent, sur les trois techniques libératoires de ces maux (476 a-479 e)[2]. A la fin de son argumentation, Socrate affirme que, *à partir de ce qu'on vient d'admettre*, ceux qui échappent à la justice le font parce ils voient son aspect douloureux, mais qu'ils restent aveugles face à son utilité, et qu'ils ignorent combien il est plus malheureux de vivre avec (479 b 8 : συνοικεῖ) une âme malade qu'avec un corps malade. Or, continue Socrate, *si toutes ces prémisses établies sont vraies* (479 c 4-5 : εἰ δὲ ἡμεῖς ἀληθῆ ὡμολογήκαμεν), il faut alors examiner les conséquences de notre discours (479 c 5-6 : τὰ συνβαίνοντα ἐκ τοῦ λόγου). Ces conséquences sont : a) l'injustice et commettre une injustice constituent les pires des maux (479 c); b) escompter la peine est le moyen de se libérer de ce mal (479 d); c) ne pas l'escompter signifie persister dans le mal (479 d); d) par conséquent, commettre une injustice est un mal moins grave que ne pas escompter la peine

1. Le premier était : est-ce que le fait de commettre une injustice est plus grave que de la subir ?

2. Il n'est pas inutile de souligner, une fois de plus, que la logique platonicienne n'est pas classificatoire mais dialectique.

après avoir commis une injustice, qui est le premier et le plus grave de tous les maux (479 d). Et Socrate de conclure : *on a démontré que je disais la vérité* (479 e 8 : οὐκοῦν ἀποδέδεικται ὅτι ἀληθῆ ἐλέγετο).

Ce passage se prête à quelques réflexions : si l'accord repose sur des prémisses vraies, les conséquences seront vraies elles aussi. Or les conséquences vraies constituent exactement l'opinion de départ du personnage Socrate, opinion qui, si elle n'était au départ que son opinion personnelle, est à la fin démontrée, donc vraie. Mais les prémisses accordées sont celles posées par Socrate lui-même, et *non partagées par Polos*. Si ce dernier les a acceptées, il ne l'a fait que pour terminer la discussion avec Socrate. Il est donc légitime de s'interroger sur la validité véritative de la démonstration socratique : en effet, si les prémisses sont acceptées par un interlocuteur non convaincu, mais désireux seulement de terminer le discours, ces prémisses ne sont acceptées que par Socrate; et si la vérité de la conclusion dépend de la reconnaissance de la nécessité qui lie de telles conclusions à de telles prémisses, alors la vérité de ce qui a été démontré n'est valide que pour Socrate. Cette situation, implicite si l'on veut dans la confrontation avec Polos, sera ensuite reconnue explicitement dans la confrontation avec Calliclès. Mais la question principale qui demeure sur le fond est la suivante : et si les prémisses avaient été différentes? Evidemment, des prémisses accordées, différentes de celles qui ont été posées ici, conduiraient à des conclusions différentes, *mais elles aussi vraies*. En d'autres termes, la question principale de la possibilité, pour une « vérité », d'exister en dehors du discours particulier qui la fonde demeure.

Toutefois la consécution entre prémisses et conséquences, nécessaire à la vérité des conséquences, ne vaut pas grand chose si nous considérons l'autre versant de la méthodologie socratique consistant à chercher et à trouver le consentement de l'interlocuteur. En effet, il s'agit d'une situation constante du dialogue. Non seulement Gorgias, puis Polos et finalement Calliclès, « résistent » aux démonstrations socratiques, mais aucun d'entre eux n'adhère à la fin aux « vérités démontrées » par Socrate. Il s'agit d'un acquis dramatique du dialogue, mais c'est aussi un fait rendu explicite dans l'écriture même de Platon. A la fin de son *match* avec Socrate, Polos reconnaît que la validité des conséquences de la démonstration socratique *ne vaut que pour Socrate*, alors que pour lui les choses dites paraissent tout à fait absurdes : « j'ai l'impression qu'il s'agit de choses absurdes (480 e 1 : ἄτοπα), mais, peut-être (ἴσως), pour toi elles sont en accord (480 e 2 : ὁμολογεῖται) avec les précédentes. » Et Socrate, de façon ambiguë, d'un côté réaffirme le principe méthodologique général et « possibiliste » d'une révision des prémisses et des conséquences (« alors il est nécessaire ou de retirer celles-là aussi, ou bien d'accepter celles-ci » : 480 e 3-4), et, de l'autre côté, repousse toujours plus les positions, grâce à une autre série de conséquences paradoxales : ainsi, si on doit faire du mal à quelqu'un, il faut employer tous les moyens pour qu'il n'expie pas la peine; s'il a commis une injustice, pour qu'il ne restitue pas le butin, s'il a volé, et qu'il ne meurt pas, s'il mérite la mort (480 e 6-481 b 5). On retrouve, dans les premiers mots de la réplique faite à Polos, l'aspect paradoxal des conséquences de la thèse (vraie selon Socrate) selon laquelle le pire des maux est, ayant commis une injustice, de ne pas expier la peine reconnue comme juste : « *En renversant* complètement la situation » (480 e 6), on pourrait même dire que si l'on doit faire du mal à quelqu'un… Paradoxe et renversement bien saisis et réaffirmés par Calliclès, qui s'introduit à ce moment-là dans le discours : Socrate parle-t-il sérieusement ou bien plaisante-t-il (481 b 6-7 : σπουδάζει [...] ἢ παίζει) ? Car, s'il est sérieux et ce qu'il dit est vrai, notre vie est alors entièrement *renversée* (481 c 3 : ἀνατετράμμενος).

C'est donc un fait que la consécution d'un raisonnement, même s'il est parsemé de consentements de l'interlocuteur sur des points ou des affirmations particulières du dialogue, ne produit pas en soi la conviction : la preuve en est la réplique de Calliclès, presque à la fin du dialogue : « je ne sais pas comment, mais il me semble que tu parles bien (513 c 4 : εὖ λέγειν), mais je ressens ce qu'il arrive (513 c 5 : πάθος) à la plupart des hommes : je ne suis pas assez persuadé (513 c 5-6 : οὐ πάνυ σοι πείθομαι) ». Il faut souligner que Calliclès reconnaît à Socrate non pas d'avoir dit la vérité, mais seulement d'avoir bien parlé et, malgré cela, de ne pas avoir réussi à le convaincre.

AMITIÉ, CONSENTEMENT ET VÉRITÉ

En effet, pour convaincre quelqu'un, c'est-à-dire pour mettre en acte un mécanisme de persuasion qui ne soit pas cet « artifice de la persuasion » (459 b 8-c 1 : μηχανὴν πειθοῦς) que Socrate attribue négativement à la rhétorique, il faut une autre condition : l'amitié entre les interlocuteurs. Cette condition, à laquelle il est ici seulement fait allusion[1], avec un ton évidemment ironique afin de souligner son absence, est clairement établie, à mon avis, dans le *Ménon* lorsque Socrate dit à propos de la recherche de la vérité : « Et si celui qui interroge était un savant éristique amoureux des disputes (σοφῶν τις [...] καὶ ἐριστικῶν τε καὶ ἀγωνιστικῶν), je lui dirais « Voilà ma réponse : si elle n'est pas correcte (μὴ ὀρθῶς), c'est à toi de prendre la parole et de la réfuter (λαμβάνειν λόγον καὶ ἐλέγχειν)[2]. » Mais *si des amis, comme toi et moi maintenant, veulent discuter* (διαλέγεσθαι) *entre eux, il faut répondre de manière plus douce et plus conforme à la dialectique* (δεῖ δὴ πρᾳότερόν πως διαλεκτικώτερον ἀποκρίνεσθαι)[3]. » A mon avis ce passage est significatif de l'ambiance amicale qui doit exister entre les interlocuteurs, afin qu'un dialogue puisse réellement, et non seulement formellement, se réaliser.

Cette situation dans le *Gorgias* n'existe pas. Les interlocuteurs ne sont pas des amis, et ils sont porteurs non seulement de conceptions différentes, mais surtout de façons différentes, sinon opposées, de concevoir et de vivre la vie. L'ambiance

1. *Cf.* par exemple 473 a 3.

2. L'expression λαμβάνειν λόγον est significativement ambiguë, car elle signifie non seulement « prendre la parole », mais aussi « demander d'autres raisons » à l'interlocuteur.

3. *Mén.*, 75 b-d.

du dialogue tout entier est marquée, plutôt, par l'inimitié et l'incompatibilité entre les interlocuteurs. Mais nous reviendrons plus loin sur ce point.

Ce qui importe, pour l'instant, est que c'est la vérité elle-même qui est en cause. D'après plusieurs passages du dialogue, ce qui détermine la vérité de ce que je dis est le consentement de l'autre. En 475 c-e, Socrate, revenant sur le sujet de sa dispute avec Polos (474 c 5-475 c 9), et forçant le consentement de ce dernier sur des noyaux particuliers de sa propre « réfutation », en conclut que même le jeune rhéteur était d'accord sur le fait que subir une injustice est pire que la commettre, tandis que le fait de la commettre est plus mauvais. Il conclut en affirmant que commettre une injustice est plus mauvais que la subir, et ce pour l'une de ces deux raisons : 1) soit commettre une injustice est plus douloureux que la subir, 2) soit c'est plus mauvais. Or, commettre une injustice n'est pas plus douloureux que la subir. Donc commettre une injustice est pire que la subir, parce que c'est plus mauvais. Ainsi, il pose, assez subrepticement, la question suivante : « et tu choisirais plutôt ce qui est pire et plus mauvais au lieu de ce qui l'est moins ? N'hésite pas à répondre, Polos, [...] mais en te remettant loyalement au discours comme à un médecin (475 c 7-e 1) *réponds oui ou non à ce que je te demande*[1]. » Et après que Polos a répondu – « Non, je ne le choisirais pas » –, Socrate conclut : alors je disais la vérité (475 e 3), en affirmant que ni moi, ni toi, ni personne d'autre ne préférerait commettre une injustice plutôt que de la subir : en effet, cela est pire ». Or, il est intéressant de mettre en évidence qu'ici, justement, le consentement de celui avec lequel on discute est pour Socrate la garantie de la vérité. En d'autres termes, lorsque l'opinion de l'un est partagée par l'autre, cette opinion peut être qualifiée de vérité[2]. Cela est aussi dit, explicitement, en 486 e, où, après avoir ironisé sur le fait qu'en rencontrant Calliclès, il a rencontré une fortune inespérée, Socrate dit : « Je *sais bien* que, si tu es d'accord avec moi *sur les opinions de mon âme, alors dès ce moment-là*, elles *seront sans aucun doute vraies* (486 e 5-6 : εὖ οἶδ' ἄν μοι σὺ ὁμολογήσῃς περὶ ὧν ἡ ἐμὴ ψυχὴ δοξάζει, ταῦτ' ἤδη ἐστὶ αὐτὰ τἀληθῆ)[3]. » L'opinion sur laquelle on s'accorde ne devient donc vraie qu'*à partir du moment* où elle est accordée. Et qu'entre ceux qui l'ont accordée.

Mais, dans cette page, ressort un autre aspect inquiétant de la vérité. Nous avons vu que la condition fondamentale du succès d'un dialogue est l'atmosphère d'amitié qui doit exister entre les interlocuteurs : ici ce concept est une fois de plus renforcé. Gorgias et Polos, continue Socrate, sont mes amis, mais ils ne sont pas sincères; toi, par contre, tu es bien élevé et tu es mon ami (487 b 7), et j'en ai la

1. Ici il n'est pas inutile de souligner comment la façon de procéder de la part de Socrate est dangereusement proche de la façon éristique de brider l'interlocuteur par une série de questions auxquelles il doit répondre, de façon simpliste, par oui ou par non, pour ensuite le mettre en contradiction avec lui-même (contradiction, bien entendu, sur le seul plan d'une « démonstration » abstraite et formelle, à savoir sans aucune valeur) : l'exemple évident est l'*Euthydème*.

2. *Cf.* 500 e 3-4 : « Confirme-moi (500 e 3 : διομολόγησαι) s'*il t'a paru* que j'ai dit la vérité (500 e 4 : εἰ ἄρα σοι ἔνδοξα τότε ἀληθῆ λέγειν) ».

3. Il faut souligner ici la valeur de ce ἤδη : juste maintenant; dès ce moment; à ce point.

preuve (487 c 1 : τεκμήριον) : tu m'as donné les mêmes conseils que tu avais donnés, une fois, à tes amis, lorsque l'opinion (487 c 7 : δόξα) de ne pas aspirer à philosopher jusqu'à atteindre une précision excessive (487 c 7 : εἰς τὴν ἀκρίβειαν) l'emporta. Cela est pour moi la preuve suffisante (487 d 4 : ἱκανὸν τεκμήριον) que tu es bienveillant envers moi (487 d 5 : εὔνους). Il est clair, alors, que nous aurons, nous deux, suffisamment examiné ces affirmations sur lesquelles nous sommes d'accord et n'aurons plus besoin de les soumettre à d'autres essais (487 e 3 : βάσανον), car tu ne me feras jamais des concessions par manque de sagesse, ou par respect ou bien pour me tromper : « *Ton consentement et le mien* (487 e 7 : ὁμολογία) *seront réellement l'accomplissement* (487 e 7 : τέλος) *de la vérité.* »

Cette page nous confirme, tout d'abord 1) que l'amitié, la « bienveillance », sont conditions indispensables au dialogue[1], donc à la transformation d'une opinion en une vérité. En deuxième lieu, 2) qu'*on peut aussi ne pas vouloir dire* la vérité, point qui, d'un côté, ouvre un autre versant inquiétant, celui du rapport complexe entre dire le vrai et mentir, qui ne correspond pas toujours au rapport entre le vrai et le faux, comme nous l'enseigne l'*Hippias mineur*; et qui, d'un autre côté, confirme que *l'on peut ne pas vouloir dire la vérité à ceux qui nous sont indifférents*, ou pour lesquels on n'a aucun intérêt. En troisième lieu, 3) que la vérité a toujours besoin d'une *preuve*, c'est-à-dire d'une confirmation dans un fait. Et finalement, 4) que l'on réaffirme que l'ὁμολογία entre les interlocuteurs est la garantie de la réalisation de la vérité.

Sur le troisième de ces aspects, je reviendrai plus tard. Pour le moment je veux me contenter de souligner que cette caractérisation de la vérité comporte une conséquence pour le moins étrange. Socrate rapporte, en guise de preuve de l'amitié de Calliclès, que celui-ci a été franc avec lui, et ce, parce qu'il lui a donné les mêmes conseils qu'il donna autrefois à ses amis, quand, dans le cercle des amis de Calliclès, se diffusa l'opinion que la philosophie est un exercice qui convient aux jeunes, mais dont il ne faut pas exagérer la pratique, et dont il faut s'abstenir pendant l'âge mûr, lorsque les occupations d'un homme devraient être tout autres. Or, Socrate ne souligne qu'un aspect des effets de l'amitié : Calliclès est son ami et veut lui dire la vérité, mais il se tait sur un autre aspect, fondamental. Sur la base des remarques précédentes de Socrate, en particulier de 486 e, l'opinion accordée entre Calliclès et ses amis est vraie. Mais la même opinion, dans la rencontre entre Calliclès et Socrate, devient fausse, et pour cette raison, doit être réfutée par Socrate. Cela ne signifie pas seulement qu'une opinion, précisément, peut être vraie ou fausse, ce qui ne trouble personne, mais cela a d'autres implications, ou si l'on veut, pose d'autres questions : la même opinion peut-elle être en même temps vraie et fausse, selon la personne qui l'exprime ? Si la vérité est toujours l'opinion accordée, peut-il exister une « vérité » qui soit indépendante du contexte dans lequel elle est énoncée ? Y a-t-il vraiment, alors, une opposition

1. Le fait qu'ici cette amitié entre les interlocuteurs ne paraisse pas exister n'a aucune incidence sur les caractéristiques que nous sommes en train de souligner.

entre « opinion » et « vérité » ? La vérité, établie dans un contexte dialogique donné, a-t-elle une valeur seulement dans ce contexte, ne vaut-elle que pour ceux qui l'ont accordée, à ce moment précis et selon ces prémisses ? Et, s'il en est ainsi, pourra-t-on atteindre une vérité valable pour tous, en tout temps, et inconditionnelle ? Ou bien faudra-t-il dire adieu à une telle vérité ?

LES AFFECTS ET LA VÉRITÉ

Les mécanismes de la persuasion, sur lesquels repose la possibilité de la réalisation d'un accord, ne dépendent pas exclusivement de la rigueur et de l'exactitude des procédés démonstratifs. Encore une fois, à l'arrière-fond de cette conception, il y a Gorgias et son affirmation que la parole doit beaucoup de son efficacité persuasive aux qualités de la sphère du θυμός, du πάθος, bref, de l'ἦθος de celui auquel on s'adresse. Il y a au moins trois passages dans notre dialogue où une telle conception apparaît clairement. En 481-482, Socrate commence par établir, de façon générale, que si les hommes n'avaient pas en commun une certaine affection (481 c 5-6 : τι πάθος τὸ αὐτό) et si chacun avait une affection particulière (481 c 7 : ἴδιόν τι πάθος), il ne serait pas facile de manifester (481 d 1 : ἐνδείξασθαι) à un autre sa propre affection (481 d 1 : πάθημα). Cela signifie qu'il est déjà nécessaire de disposer d'un « sentir commun », afin qu'une communication effective soit possible; et que celui qui se renferme exclusivement dans son monde affectif particulier, reste imperméable au discours intersubjectif.

Toi et moi, continue Socrate, nous ressentons la même chose (481 d 3 : ταὐτόν τι πεπονθότες) : moi, j'aime Alcibiade et la philosophie, toi le dèmos des Athéniens et Dèmos, le fils de Pyrilampe. Et, quoi que dise ton favori, toi, tu n'as pas la force de le contredire (481 d 7 : ἀντιλέγειν) : si dans l'assemblée le dèmos d'Athènes dit des choses différentes de celles que tu as dites, tu t'empresses de changer d'avis (481 e 2-3 : μεταβαλλόμενος) et de dire ce qu'il veut entendre. Tu n'es pas capable de t'opposer aux desseins et aux affirmations (481 e 5 : βουλεύμασίν τε καὶ λόγοις) de tes aimés, de sorte que, si quelqu'un s'étonnait de ton comportement, si tu décidais de dire la vérité, tu devrais dire que, tant qu'on n'empêchera pas tes aimés de dire ces choses, jamais tu ne pourras t'empêcher toi-même de les dire. Et c'est la même chose pour Socrate : si l'on veut qu'il change ses discours, il faudrait empêcher la philosophie de dire les mêmes choses. Mais la philosophie est beaucoup moins inconstante (482 a 6 : πολὺ ἧττον ἔμπληκτος) que son autre amour, car le fils de Clinias dit tantôt une chose, tantôt une autre, alors que la philosophie dit toujours les mêmes choses.

Ici on peut remarquer, tout d'abord, 1) la présence, typiquement gorgienne, et platonicienne (*cf.* le *Banquet*), de l'amour dans les raisonnements. Afin que l'on puisse communiquer, il faut qu'il y ait un même *érôs* qui unisse les interlocuteurs, même si l'identique, le ταὐτόν τι, qui rapproche Socrate et Calliclès, n'est tel que formellement, puisque les objets de leurs amours sont différents. Tous les deux aiment un jeune homme réel : Calliclès, Dèmos et Socrate, Alcibiade. Mais ils aiment aussi une entité abstraite : Calliclès, le peuple athénien et Socrate la philosophie. D'« identique », donc, il n'y a que le fait qu'ils aiment, un « sentiment » qui est commun, mais uniquement du point de vue formel, « en tant » que sentiment. A ce point, on pourrait réfléchir sur le fait qu'il ne suffit pas d'identifier une raison justifiant la possibilité de communiquer et de s'accorder entre deux interlocuteurs, résidant dans la présence en eux d'un *pathos* et d'un *érôs*; il faudrait, aussi, qu'ils soient rapprochés par le même *pathos* et par le même *érôs*, étant donné que l'attitude concrète de chacun n'est pas due au fait qu'ils « sentent », mais qu'ils « sentent une chose et non une autre ». Aussi la vraie prémisse d'un accord réel est-elle que l'« on sente la même chose ». Avec tout ce qui en dérive : entre autres, que l'on ne peut réellement convaincre que celui qui sent déjà de manière analogue à la nôtre. Ensuite, on doit remarquer 2) que ce sont les deux amours de Calliclès qui sont homogènes : inconstants tous les deux, ils induisent en Calliclès ses propres opinions et ses propres vouloirs, et l'obligent à changer continuellement d'opinions et d'attitudes. Les deux amours de Socrate, sont, en revanche, tout à fait différents l'un de l'autre : Alcibiade peut dire et prétendre toujours des choses différentes, mais la philosophie tient toujours le même discours et veut toujours les mêmes choses; or si ses amours sont en opposition, Socrate est aussi évidemment en opposition avec lui-même. Socrate lutte donc; et il réfute. Lui-même, et Alcibiade[1], mais jamais la philosophie; mais pour pouvoir faire triompher la philosophie sur l'autre amour, il est nécessaire justement d'aimer la philosophie : aussi, non seulement le véritable amour comprend-il la réfutation et non pas l'acquiescement, mais, en outre, un amour est toujours nécessaire pour pouvoir en combattre une autre[2].

Le troisième passage confirme ce que nous venons de dire. Socrate énonce ce qui pourrait apparaître comme une constatation d'ordre général : « Chacun se réjouit en écoutant des discours conformes à son propre caractère (513 b 8-c 1 : τῷ αὑτῶν ἤθει) et s'énerve, en revanche, contre les discours qui lui sont étrangers ».

MAIS QU'EST-CE QUE LA VÉRITÉ ?

Tentant alors de déterminer les caractères de la vérité platonicienne dans ce dialogue, nous pourrions dire tout d'abord qu'elle est irréfutable. L'irréfutabilité de la vérité est un caractère que tous reconnaissent et revendiquent : le problème se pose lorsque deux opinions, considérées comme vraies par ceux qui les soutiennent, entrent en conflit, et que chacun revendique l'irréfutabilité de la sienne propre, justement parce qu'il considère qu'elle est vraie. Ce point apparaît clairement dans la discussion entre Socrate et Polos sur le bonheur du juste ou de l'injuste. En 472-474, Socrate ajoute : « *La vérité est toujours irréfutable* (473 b 10-11 : τὸ γὰρ ἀληθὲς οὐδέποτε ἐλέγχεται). » L'irréfutabilité de la vérité est donc

1. Je fais référence, évidemment, au très célèbre épisode raconté par le même Alcibiade en *Banquet*, 217 a-219 d.

2. Comme, du reste, Démocrite l'a dit, lui aussi : *cf.* DK 68 B 271.

un caractère formel qui lui est propre, au sens où il s'agit d'une qualité indépendante du contenu de la thèse soutenue: chacun des défenseurs de thèses opposées croit, en effet, que la sienne propre est irréfutable.

Mais revenons à la page 470 c-471 a et résumons : – Polos : Même un enfant pourrait te démontrer que *ce que tu dis n'est pas vrai*; et il n'y a pas besoin d'exemples (470 d 1 : πράγμασιν) anciens : des faits qui se sont produits (470 d 1 : τὰ γεγονότα) hier sont suffisants pour te réfuter et te démontrer (470 d 2 : ἱκανά σε ἐξελέγξαι ἐστὶν καὶ ἀποδεῖξαι) que beaucoup d'hommes, tout en commettant des injustices, sont heureux. Tu vois (470 d 5 : ὁρᾷς) Archélaos, qui règne sur la Macédoine? – Socrate: Je ne le vois pas, mais j'en entends parler (470 d 7 : ἀλλ' ἀκούω). – Polos : il te paraît qu'il est heureux ou malheureux ? – Socrate : je ne sais pas (470 d 9 : οἶδα), je ne l'ai jamais rencontré (470 d 9 : συγγέγονα). – Polos : si tu l'avais rencontré tu le saurais (470 e 1 : γνοίης), tandis que, en étant ici, tu ne sais pas (470 e 2 : γιγνώσκεις) s'il est heureux ? Socrate : non. – Polos : il est évident que tu diras ne même pas savoir (470 e 5 : γιγνώσκειν) si le Grand Roi est heureux. – Socrate : *et je dirais la vérité*, car j'ignore son état (ὅπως ἔχει) par rapport à l'éducation et à la justice. Pour moi, en effet, tout le bonheur réside en cela : j'affirme que l'homme ou la femme bien élevés (καλὸν καὶ ἀγαθόν) sont heureux, et que, s'ils sont injustes et méchants, ils sont malheureux. – Polos : Et donc Archélaos est malheureux, *selon ce que tu dis* (471 a 1-2 : κατὰ τὸν σὸν λόγον) ? – Socrate : Oui, s'il est injuste.

Dans ce passage, il existe, d'abord, une ambiguïté entre le δίκαιον et le νόμος, les deux concepts étant ici assimilés. On note ensuite un lien entre le connaître et le voir : le fait de connaître paraît dépendre du fait de « voir », ce qui semblerait impliquer la nécessité d'avoir une expérience directe, de rencontrer Archélaos. Autrement dit, la vérification personnelle d'un fait, avant qu'on puisse dire le connaître, donc, avant de pouvoir affirmer dire la vérité, semble nécessaire. En effet, Socrate entend parler aussi bien d'Archélaos que du Grand Roi, mais il ne peut pas se prononcer sur leur justice, donc sur leur bonheur, s'il ne vérifie, auparavant et en personne, leur comportement par rapport à l'éducation et à la justice, dont dépend, selon lui, le bonheur. Mais la vérification de l'expérience n'est nécessaire que pour le cas particulier, par exemple Archélaos, car *la vérité d'une conclusion réside toujours et seulement dans le discours* : en effet, « d'après le discours » qui dit que l'injuste est malheureux, *je sais* que, si Archélaos est injuste, alors il est malheureux, indépendamment de la vérification pratique qui consiste à vérifier si Archélaos est effectivement injuste, donc, *à savoir* s'il est malheureux. En d'autres termes, c'est la définition du bonheur qui établit si l'on est heureux ou pas. Mais la définition est formelle, elle fait abstraction de la vérification du cas particulier et elle demande que l'on sache ce que sont *paideia* et *justice*.

Quoi qu'il en soit, une autre caractéristique, liée à l'irréfutabilité de la vérité, apparaît dans le *Gorgias* : le fait que la vérité est la richesse, le « bien principal », pour l'homme. L'exercice de la réfutation et le fait de se battre pour le plaisir d'explorer et de chercher la vérité, ont été affirmés explicitement par Socrate en

457-458. Il avait précisément affirmé qu'il considérait le fait d'être réfuté comme un bien très important, tout comme c'est un plus grand bien d'être libéré du plus grand des maux que d'en délivrer autrui : il n'y a pas de *mal plus grand, en effet, qu'une opinion fausse* (458 a 8 : δόξα ψευδής) sur les choses dont on discute. La vérité est donc conçue comme libération.

Mais si la vérité libère de la fausse opinion et si, comme nous l'avons vu, l'opinion s'enracine en un fond qui n'est pas seulement logique mais aussi passionnel et émotif, alors la vérité peut déranger et pour cette raison être refusée par un grand nombre d'hommes qui ne s'occupent que de leur propre « tranquillité ». Voilà, en effet, un autre caractère de la vérité : « ne sera-t-il pas trop grossier de dire la vérité (462 e 6 : μὴ ἀγροικόψερον ᾖ τὸ ἀληθὲς εἰπεῖν) ? », se demande Socrate. Et la grossièreté de Socrate est encore soulignée par Polos au début de son intervention[1]. Vérité libératrice, et aussi vérité grossière.

Et pourtant la vérité, comme Socrate le dit dans le mythe final, est la nourriture principale d'une âme qui se dédie à la recherche et au bien vivre, c'est-à-dire à la justice[2] ; et de ce point de vue, l'engagement à la rendre toujours plus claire pour tous est un *bien commun*. Nous devrions tous nous engager dans la recherche de la nature de la vérité et de l'erreur sur les choses dont nous discutons (505 e 4-6 : πρὸς τὸ εἰδέναι τὸ ἀληθὲς τί ἐστιν περὶ ὧν λέγομεν καὶ τί ψεῦδος) : c'est un bien commun à tous (505 e 6 : κοινὸν ἀγαθόν) de la rendre claire (505 e 6 : φανερόν).

Comme nous pouvons le voir, nous restons toujours dans le domaine d'une caractérisation formelle de la vérité : irréfutabilité, libération, grossièreté, bien commun, nourriture de l'âme, sont tous, à y regarder de près, des « situations » où l'âme se trouve être et des « expériences » que l'âme vit : non pas toute seule, mais à l'intérieur d'un groupe plus ou moins circonscrit de personnes qui les partagent. D'un autre côté, ce sont des caractères qui font abstraction de la qualité et du contenu concret d'une opinion, qui ne touchent pas le contenu concret d'une opinion considérée comme vraie : la vérité est la *pleonexia* pour Calliclès et pour ceux qui partagent ses conceptions et son mode de vie, pour Socrate et pour ceux qui le suivent, en revanche, la vérité est la justice. Et ces deux vérités sont opposées. Établir, donc, qu'il peut exister une croyance, donc une opinion vraie et une opinion fausse, mais seulement une science vraie (454 d), établir tous les caractères que la vérité possède, signifie seulement établir un principe : c'est en effet dans la confrontation et dans l'affrontement entre les opinions que l'on pourra éventuellement accorder quelle est la vraie opinion, donc la vérité.

1. 461 c 4. Voir aussi le passage de 522 d-e, cité ci-dessus, où jeunes et vieux sont vexés par les vérités dites par Socrate.

2. L'âme, tout comme le corps, conserve après la mort les marques visibles (524 d 4 : ἔνδηλα) de sa nature et les modifications qu'elle a subies (524 d 6 : παθήματα), surtout l'âme qui a grandi *sans la nourriture de la vérité* (525 a 3 : ἄνευ ἀληθείας τεθράφθαι).

La vérité et les faits

En 470 d, un autre aspect de la vérité est apparu : le lien avec les faits. Nous avons vu comment Polos considère comme vraie son opinion et comme fausse celle de Socrate parce qu'en guise de témoignage en faveur de son opinion, il peut convoquer les faits : « des faits qui se sont produits hier, sont suffisants à te réfuter et à te démontrer… ». Calliclès paraît lui aussi se référer au témoignage de la vie de la masse, lorsqu'il affirme que le beau et le juste selon la nature consistent à laisser grandir démesurément ses propres désirs et à être capable de les satisfaire, parce que *tous pensent ainsi et agiraient ainsi*, si les convictions humaines contraires à la nature ne les freinaient pas. Et il souligne, précisément, que cette vérité est confirmée par les faits : « mais *pour cette vérité que tu dis de poursuivre, les choses en sont ainsi* (492 c 4-5 : ἀλλὰ τῇ ἀληθείᾳ [...] ἣν φὴς σὺ διώκειν, ὧδ' ἔχει). »

Il semblerait que la position socratique soit un refus de cette perspective et la réaffirmation d'une vérité qui ferait abstraction de toute référence aux faits, c'est-à-dire à la qualité et au nombre des témoignages factuels en faveur de la vérité d'une thèse. C'est ce qu'il semblerait à première lecture quand Socrate accuse Polos de le réfuter rhétoriquement et non dialectiquement (471 d). Polos réfute comme les hommes dans les tribunaux croient le faire, en apportant de nombreux témoins en faveur de ce qu'ils disent : « *Mais ce type de réfutation ne vaut rien par rapport à la vérité* (471 e 7-472 a 1 : πρὸς τὴν ἀλήθειαν). » Polos pourrait même convoquer tous les Athéniens et tous les étrangers pour témoigner que Socrate ne dit pas la vérité; mais Socrate, même s'il reste seul, n'en demeure pas moins en désaccord avec lui : Polos ne réussit pas à le convaincre[1], car il produit de nombreux faux témoins (472 b 4-5) pour tenter de lui arracher sa richesse et la vérité (472 b 5-6 : ἐκβάλλειν ἐκ τῆς οὐσίας καὶ τοῦ ἀληθοῦς)[2]. Socrate, quant à lui, s'il ne produit pas l'unique témoignage de son interlocuteur en faveur de ce qu'il dit, ne croit pas avoir atteint un résultat digne de ce nom à propos des choses sur lesquelles porte le discours. Et il estime que cela vaut aussi pour Polos, si ce dernier n'obtient pas l'unique témoignage de Socrate et ne laisse pas de côté tous les autres : ce concept est confirmé plus loin en 474 a[3], et en 476 a[4]. Il termine en réaffirmant la totale imperméabilité des deux modes de la réfutation (472 c 4 : τρόπος ἐλέγχου). Socrate paraît donc ne pas se préoccuper le moins du monde de l'opinion de la masse qui témoigne contre sa propre opinion.

1. Littéralement, « tu ne me contrains pas (472 b 4 : οὐ ἀναγκάζεις) », et ce, parce qu'un discours met en acte une nécessité, qui toutefois, comme nous l'avons déjà vu et comme nous le verrons encore, ne suffit pas à susciter le consentement.

2. C'est-à-dire la richesse constituée par le fait de posséder la vérité.

3. « Je sais produire, de mes affirmations, un seul témoin : la personne même à laquelle s'adresse mon discours. La plupart, je les laisse perdre ; et je sais faire voter une seule personne : à la masse je n'adresse même pas mon discours » (474 a 5-b 1).

4. « Avec toi, tous les autres concordent sauf moi, à moi, toi seul me suffis, seul consentant et seul témoin ; et je ne demande que ton vote, laissant perdre les autres » 475 e 9-476 a 2.

Et pourtant, Socrate aussi a besoin d'un témoignage afin que son opinion puisse être considérée comme vraie. Autrement dit, la position de Socrate n'est pas une position solipsiste; le dialogue, en tant que forme privilégiée de communication, présuppose l'intention d'atteindre un « accord » avec un groupe. Sur ce point, de ces pages que nous venons de commenter ressortent les deux aspects du rapport vérité/conviction qui, s'ils sont en théorie strictement liés l'un à l'autre, peuvent ensuite se trouver en contradiction (comme cela arrive souvent dans notre dialogue). D'un côté, en effet, il faut au moins convaincre celui avec lequel on discute, sinon la vérité dont Socrate se fait le porteur n'a pratiquement aucune valeur, elle n'est pas « digne », au sens où elle n'a aucune efficacité pratique et positive dans la vie de la communauté. Une argumentation, une démonstration, qui n'induisent pas une conviction, marquent, en effet, la faillite du dialogue lui-même. D'un autre côté, il y a l'exigence du raisonnement correct et de la fidélité à soi-même, ce qui peut entraîner, comme Socrate l'affirme, un désintéressement total pour les opinions des autres: si ces dernières sont jugées non vraies, on déclare qu'elles n'infirment absolument pas sa propre opinion. Bref, dans le socratisme en général, et en particulier dans celui du *Gorgias*, il y a une oscillation entre l'exigence concrète de discuter, donc de convaincre, et celle de raisonner correctement et conformément à soi-même, même au prix de ne convaincre personne. Il y a donc aussi une oscillation entre deux aspects de la vérité : ce sur quoi nous nous accordons l'un et l'autre, toi et moi, est vrai, mais ce qui est vrai est vrai aussi indépendamment de qui et de combien l'affirment; ou mieux, puisque la vérité ne peut que résider dans un discours, mon seul discours peut témoigner de la vérité, et pour cette raison il est possible rester seul avec la vérité, comme en témoignent d'autres allusions platoniciennes à la solitude de Socrate[1]. En tout cas, le fait est que même l'affirmation d'une vérité comme celle ci, indépendante de la nature et du nombre de ceux qui l'affirment, reste toujours une affirmation, soit sous la forme d'un discours, soit sous celle de l'opinion de celui qui l'affirme : elle reste une vérité qui a toujours besoin d'un « toi » qui la partage et qui, si elle ne le trouve pas, n'a aucune valeur.

En réalité, même Socrate ne peut pas échapper à l'exigence de convoquer des faits en faveur de ses opinions, comme il lui arrive du reste dans d'autres dialogues, par exemple dans le *Protagoras*[2]. Nous avons déjà vu que Socrate apportait comme « preuve » (487 c 1 : τεκμήριον), voire comme « preuve suffisante » (487 d 4 : ἱκανὸν τεκμήριον), de l'amitié et de la sincérité de Calliclès, le fait que ce dernier lui répète les mêmes choses sur lesquelles il s'était accordé avec ses amis. Et, dans la suite du discours, Socrate demande à Calliclès s'il peut lui citer des faits qui démontrent sa thèse selon laquelle les rhéteurs ont rendu meilleurs les Athéniens (503 b 6-9), ou si, dans la pratique, il peut lui citer quelque rhéteur qui

1. Cf. *Phil.*, 16 b : Socrate est amoureux de la philosophie, mais souvent il est resté dans une solitude sans issue (ἔρημον καὶ ἄπορον).

2. Ici, dès le début de la discussion avec le sophiste, le même fait (*i.e.* les Athéniens laissent parler tout le monde dans l'assemblée) était utilisé par Protagoras en faveur de sa propre thèse sur la possibilité d'enseigner la vertu, et par Socrate, en faveur de l'impossibilité de l'enseigner.

ait amélioré les Athéniens. Et lorsque Calliclès nomme Cimon, Miltiade et Périclès, apportant en témoignage toutes leurs actions en faveur de la cité, Socrate ne conteste pas le fait qu'ils aient été au service de la cité, mais bien le fait d'avoir rendu meilleurs les Athéniens. Il cite, à son tour, une preuve, à savoir le fait que les Athéniens ont ostracisé Cimon et Thémistocle, qu'ils ont voté pour précipiter Miltiade dans le gouffre, et que Périclès fut condamné, à la fin de sa carrière, pour délit de concussion et qu'il risqua d'être condamné à mort. Ce « fait » est en absolue opposition avec la thèse selon laquelle ces hommes politiques ont rendu meilleurs les citoyens : car, s'ils avaient été rendus meilleurs, de pires qu'ils étaient, ces mêmes citoyens, quand ils étaient pires, les honorèrent, mais une fois devenus meilleurs, les accusèrent. Donc, conclut Socrate, nos discours étaient vrais, lorsque nous disions qu'aucun homme[1] n'a été un bon politique pour cette cité (515 d-516 e). Comme on peut le voir, Socrate lui aussi se sert largement des faits pour démontrer la vérité de sa thèse. Evidemment, si un même fait peut être évoqué à l'appui de thèses différentes voire opposées, ce n'est pas le fait même qui est vrai ou faux, mais *son interprétation*, et l'interprétation du fait n'est rien d'autre que le discours que nous construisons sur ce fait. De là découle que, lorsque nous disons qu'un fait est vrai ou faux, rationnel ou irrationnel, comme le fait ici Socrate, nous produisons une affirmation elliptique, ou mieux nous attribuons au fait une qualité du discours, le nôtre ou celui de notre interlocuteur : ce n'est que le discours sur le fait, à savoir l'interprétation du fait[2], qui peut être vrai ou faux. Ce point est confirmé par une réplique qui suit immédiatement, où Socrate spécifie que la chose irrationnelle (ἄλογον πρᾶγμα) n'est pas le fait en soi, mais justement *un certain discours sur un certain fait* : « Pourrait-il y avoir *quelque chose de plus irrationnel que ce discours* (519 d 1-2 : τούτου τοῦ λόγου τί ἂν ἀλογώτερον εἴη πρᾶγμα) », selon lequel des hommes devenus sages et justes, libérés de l'injustice grâce à l'œuvre du maître, commettent une injustice ?[3]

Conflit d'opinions

Si nous examinons alors le rapport entre vérité et accord, donc entre vérité et conviction, nous nous trouvons toujours, dans le *Gorgias*, face à deux opinions

1. À l'exception de Socrate, sur la base de ce qu'il dit en 517 d : « Je crois être le seul parmi mes contemporains à me dédier à la véritable technique politique et à l'exercer (ἀληθῶς πολιτικῇ τέχνῃ καὶ πράττειν τὰ πολιτικά) ». Le passage est en contraste, mais non en contradiction, avec 473 e 8, où il affirme ne pas être un homme politique : il n'y a pas contradiction parce que, dans les deux passages, le sens dans lequel on entend la politique est différent. La politique de Socrate consiste à chercher toujours le meilleur et à vivre avec justice. Cela confirme encore une fois que c'est toujours le champ sémantique des termes que l'on utilise qui donne la vérité à une affirmation.

2. L'interprétation ne porte pas sur le fait que cet homme politique a été condamné, mais sur la question de savoir s'il a rendu ses concitoyens meilleurs, ou non.

3. Voir aussi tout de suite après : « Ne te semble-t-il pas qu'il est déraisonnable (519 e 3 : ἄλογον) celui qui affirme (519 e 3 : φάσκοντα) avoir rendu sage quelqu'un et ensuite lui reproche, à lui qu'il a rendu (et qui donc est) sage, d'être méchant ? »

opposées. Tous les interlocuteurs peuvent, en effet, se mettre d'accord sur toutes les caractéristiques de la vérité énoncées par Socrate : son irréfutabilité, le fait qu'elle doit se présenter dans un discours argumentatif correct et, surtout, sa confirmation par les faits. Et pourtant les interlocuteurs peuvent continuer à ne pas trouver un accord et donc à ne pas se convaincre mutuellement. La confirmation par les faits, notamment, est un caractère qui ne suffit pas à convaincre de la vérité d'un discours, parce que ce sont toujours l'interprétation et le sens de ce fait qui constituent l'affirmation de vérité, dans un discours, et de fausseté, dans le discours opposé. Ce qui est important n'est pas l'accord sur les faits, qui peut être atteint facilement entre les interlocuteurs mais qui n'a aucune valeur : ce sont plutôt les deux discours, les deux interprétations qui se construisent. Et ce sont ces deux discours, c'est-à-dire ces deux opinions, sur les faits qui peuvent rester irrémédiablement opposés et imperméables. En outre, comme nous l'avons vu, il existe un facteur émotionnel qui a un grand poids dans les convictions des hommes, et qui peut difficilement être neutralisé par la rigueur des discours argumentatifs.

Dans le *Gorgias* nous nous trouvons face à la situation particulière suivante : chaque interlocuteur est convaincu de posséder la vérité et il ne parvient pas à persuader l'autre, ou ne se laisse pas persuader par sa vérité. Mais il y a plus : chez Platon ce fait est *reconnu*, comme il est évident dans quelques tournures du style dialogique. Par exemple, au début de l'échange polémique avec Calliclès, lorsque ce dernier accuse Socrate d'avoir pris au piège aussi bien Gorgias que Polos en les obligeant à se contredire, il affirme aussi la totale extériorité du discours socratique par rapport à la vérité : toi, en effet, tu produis des affirmations grossières et propres à un orateur populaire (482 e 3-4 : φορτικὰ καὶ δημηγορικά), *en disant poursuivre la vérité* (482 e 4 : φάσκων τὴν ἀλήθειαν διώκειν). Pour Calliclès la nature et la loi sont opposées : « Par nature, le plus laid est aussi tout ce qui est pire, c'est-à-dire le fait de subir une injustice, mais pour la loi, c'est le fait de commettre une injustice » (483 a 7-b 1). Mais la nature elle-même montre (483 c 9 : ἀποφαίνει) qu'il est juste que le meilleur ait plus que le pire et le plus puissant plus que le moins puissant. Partout, il en est ainsi : on considère juste que le meilleur commande sur l'inférieur et qu'il ait plus. Pour cette raison, si un homme naît avec une nature bien douée (484 a 2-3 : φύσιν ἱκανὴν ἔχων), il secouera toutes les conventions de la loi et le juste selon la nature brillera (484 b 1). Et Calliclès de conclure de façon péremptoire : « Et telle est la vérité (484 c 4 : τὸ μὲν οὖν ἀληθὲς οὕτως ἔχει). »

Ce caractère péremptoire, toutefois, n'est pas seulement propre au personnage « négatif » qu'est Calliclès, mais aussi à Socrate, ici plus qu'ailleurs. Nous avons déjà cité la page 509 a où, après avoir répété qu'il ne savait pas comment les choses sont dans les faits, Socrate affirmait que tous ceux qui parlent différemment de lui, apparaissent ridicules, et qu'ainsi les choses sont comme il le soutient (509 a 7 : τίθημι). Un peu plus loin, en démontrant que le plaisir et le bien ne sont pas la même chose, que le bien est l'ordre, et que l'ordre est la vertu, il conclut de façon draconienne : « *Je soutiens cela et j'affirme que c'est la vérité* (507 c 8-9 : ταῦτα οὕτω τίθεμαι καί φημι ταῦτα ἀληθῆ εἶναι). »

Il me paraît clair, donc, que notre dialogue est la représentation d'une bataille, comme cela avait été annoncé dès le début. Une bataille dans laquelle les deux adversaires sont tous les deux convaincus de posséder la vérité et le proclament ouvertement, en proclamant, du même coup, évidemment, la fausseté (ou le ridicule) du discours opposé. Une bataille dans laquelle les réfutations que chacun adresse au discours de l'autre n'ont aucun effet, ne « démontrent » absolument rien pour la personne à laquelle elles sont adressées. Tout au long du dialogue les signes éparpillés de cette situation se multiplient.

Bref, il y a une totale incommunicabilité entre les interlocuteurs, explicitement reconnue[1] et soulignée en outre par ce drôle de jeu, mis en acte tant par Socrate que par son interlocuteur, jeu que l'on pourrait schématiser ainsi : entre deux interlocuteurs, A et B, A soutient la thèse *X*, B la thèse *non-X*; mais A soutient que B, tout en affirmant *non-X*, en réalité veut affirmer *X*; et B soutient que A, tout en affirmant *X*, en réalité veut affirmer *non-X*.

Émergeant en termes voilés dans la confrontation avec Gorgias (453 c, 462 e-463 a), ce jeu se dévoile ouvertement dans la confrontation avec les deux autres interlocuteurs. Après que Polos a terminé l'exposition de sa thèse selon laquelle les injustes peuvent être heureux (*cf.* Archélaos), Socrate déclare péremptoirement : je ne suis d'accord (471 d 9 : ὁμολογῶ), pas sur la moindre des choses que tu dis. Et Polos de répliquer : « *Tu ne veux pas* (471 e 1 : οὐ γὰρ ἐθέλεις) être d'accord, *puisqu'en réalité tu penses exactement comme je dis* (471 e 1 : ἐπεὶ δοκεῖ γέ σοι ὡς ἐγὼ λέγω)[2]. »

Mais Socrate use également de cet artifice rhétorique. En 474, juste après avoir soutenu que lui suffit le seul témoignage de la personne à laquelle il s'adresse, Socrate affirme : « Pour ce qui me concerne, *je crois que toi, moi et les autres hommes* nous considérons le fait de commettre une injustice pire que de la subir, et le fait de ne pas être punis, pire que de l'être » (474 b 3-5). Cette fois, la thèse socratique est présente comme étant propre non seulement à Socrate et à son interlocuteur, mais à tous les hommes. En d'autres termes, Socrate et Polos disent des choses opposées, mais Socrate soutient qu'en fait, Polos, en disant ce qu'il dit, dit la même chose que lui, c'est-à-dire dit exactement le contraire de ce qu'il affirme, et que tout cela est même partagé par tous les hommes. Mais le jeu est ici trop apparent, et Polos réplique en effet : « Pour ce qui me concerne, par contre, je crois que ni moi, ni aucun autre homme ne pense cela[3]. »

1. Voir 453 c, 462 e-463 a ; *cf.* 489 b *sq.*

2. Il y a déjà eu une autre occasion similaire, quelques pages plus haut, quand Socrate a soutenu que l'affirmation selon laquelle les rhéteurs, faisant ce qu'ils considèrent le mieux, n'ont pas un grand pouvoir dans la cité, était aussi celle de Polos. Ici, en effet, Polos fait allusion, en soutenant que l'accord ne dépend pas seulement de l'opinion, mais aussi de ce que l'on veut, à la présence d'un élément non rationnel, mais affectif, dans la conviction, qu'il soit conscient ou pas de la complexité du problème.

3. *Cf.* 474 b 6-7, et le jeu se poursuit encore pendant trois lignes, jusqu'à b 10.

Dans la discussion avec Calliclès aussi, Socrate et le jeune homme se reprochent mutuellement de parler contre leurs propres opinions. Socrate : Tu gâches nos discours précédents, si tu réponds de manière contraire à ce qui te paraît (495 a 9 : εἴπερ παρὰ τὰ δοκοῦντα σαυτῷ ἐρεῖς). Calliclès : mais tu le fais aussi (495 b 1). Et les deux pages qui suivent (495 c-497 b) sont extrêmement significatives de ce jeu « sophistique » mis en acte par Socrate et dénoncé par Calliclès.

Dans tout le passage, se révèle non seulement une hostilité évidente entre les interlocuteurs, mais aussi une sorte d'incommunicabilité totale, de froideur et de formalisme dans la discussion.

Que le *Gorgias* soit un dialogue dans lequel, paradoxalement, il n'y a aucun « dialogue », est un fait prouvé par toutes les répliques de Calliclès qui invitent Socrate à poursuivre et à finalement conclure son discours tout seul[1], étant donné qu'il n'intéresse personne.

VÉRITÉ POUR LA VIE

Dans le *Gorgias*, il n'y a pas dialogue, mais seulement opposition entre deux façons de concevoir et de vivre la vie : il y a Socrate, qui soutient un modèle de vie fondé sur la justice et sur l'ordre, et il y a son interlocuteur, Polos ou Calliclès, qui soutient un modèle de vie basé sur l'injustice et sur la violence. L'affrontement est donc entre ces deux λόγοι ἀντικείμενοι, entre des discours qui s'opposent et ne trouvent aucune médiation, tout comme les démonstrations logiques et les réfutations qui les soutiennent ne trouvent aucune médiation. Socrate essaye, comme nous l'avons vu, (471-472), de lier les deux modèles de réfutation à la rhétorique et à la dialectique; mais Calliclès accuse Socrate de raisonner et de démontrer de façon sophistique (497 a). De là dérivent les accusations mutuelles de jouer avec les mots, de parler pour ne rien dire (Calliclès en 489 b, Socrate en 489 e). Il y a, dans le *Gorgias*, des signes clairs que le véritable sujet sur lequel on discute et on s'affronte est *comment vivre sa propre vie*. Après que Calliclès a affirmé que le beau et le juste « selon la nature » consistent à laisser croître démesurément les désirs et à avoir la capacité de les satisfaire (491 e-492 a), Socrate, reconnaissant envers Calliclès pour avoir parlé franchement (492 d 2 : παρρησιαζόμενος *cf.* 487 b 1, 491 e 9), et avoir dit clairement (492 d 2 : σαφῶς) ce que les autres pensent (492 d 3 : διανοοῦνται), mais n'osent pas dire, le prie de ne pas renoncer, afin que devienne réellement clair *la façon dont on doit vivre* (492 d 4-5 : ἵνα τῷ ὄντι κατάδηλον γένεται πῶς βιωτέον). Evidemment, il ajoute que *la vie* décrite par Calliclès *est terrible* (492 e 7 : δεινός), et, peu après, qu'ils sont en train de discuter de *deux modes de vie*, celui du sage et celui de l'effréné (493 d 6-7 : περὶ τοῦ βίου ἑκατέρου, τοῦ τε σώφρονος καὶ τοῦ ἀκολάστου)[2].

1. Outre l'intervention de Calliclès qu'on vient de rappeler, voir, par exemple, 501 c 8-9, 505 c 5-6, 505 c 8-9, 506 c 4, et encore 513 e 1, 514 a 5, 516 b 4, 516 c 10-12, 516 d 4, 519 d 8-9, 522 e 7-8.

2. *Cf.* aussi 494 a 2.

Ainsi, de façon terminologiquement précise, en 507 : celui qui veut être heureux doit poursuivre et cultiver la sagesse (507 d 1 : σωφροσύνην) et fuir le dérèglement (507 d 2 : ἀκολασίαν), et, s'il doit être châtié, il faut le punir s'il veut être heureux. Voilà, à mon avis, *le point sur lequel fixer le regard, pendant la vie* (507 d 6-7 : οὗτος ἔμοιγε δοκεῖ ὁ σκοπὸς εἶναι πρὸς ὃν βλέποντα δεῖ ζῆν). Et encore, lorsque Calliclès a concédé à Socrate qu'il parle bien mais qu'il ne l'a pas pour autant convaincu (513 c), Socrate, réaffirmant qu'*érôs* et *pathos* sont un obstacle à la persuasion (513 c 7-8 : « c'est ton amour pour le peuple qui t'oppose à moi »), donc, implicitement, que l'on ne peut convaincre que celui qui a une affectivité proche de la nôtre, répète qu'il y a deux procédés (513 d 2 : παρασκευά) pour prendre soin de l'âme et du corps. À savoir, deux modes de vie : l'un, en vue du plaisir, est la flatterie, et il est ignoble, l'autre, en revanche, prend soin de l'âme et du corps afin qu'ils soient les meilleurs possibles (513 d 8 ; e 2-3). Et finalement, soulignant le fait que le discours-mythe est un guide, qui « signifie » et « indique » quelque chose, une façon de vivre (et de mourir) selon la justice et la vertu, qu'il est un « instrument » d'auto-conviction et de persuasion, Socrate conclut ainsi son monologue final : *nous utiliserons, donc, comme guide, le discours* qui vient d'être expliqué (527 e 2-3 : ὥσπερ οὖν ἡγεμόνι τῷ λόγῳ χρησώμεθα τῷ νῦν παραφανέντι) et qui nous indique (527 e 3 : ἡμῖν σημαίνει) que *la meilleure façon de vivre* (527 e 4 : ὁ τρόπος ἄριστος τοῦ βίου) consiste à pratiquer la justice et toutes les autres vertus. *Suivons* (527 e 5 : ἑπώμεθα) donc ce chemin et non celui qui ne vaut rien (527 e 7-8).

C'est pour cette raison qu'il faut un mythe, donc des images, des descriptions fantastiques ; bref un discours qui n'est plus un raisonnement logiquement irréprochable, mais un discours parénétique : parce que les images, plus que les démonstrations, peuvent convaincre et persuader, lorsqu'il s'agit de décider comment vivre. C'est ce que Socrate construit à la fin du *Gorgias*, mais qu'il avait déjà annoncé en 493. Après avoir dit que la vie décrite par Calliclès est terrible, Socrate cite le récit d'un homme raffiné, un narrateur de mythes (493 a 5 : μυθολογῶν), sicilien ou bien italien, qui avait représenté le rôle de l'âme des insensés comme un tonneau percé à cause de son désir insatiable (493 b 2-3). En réalité Socrate est bien conscient, que, d'une part, lorsqu'on utilise des images, celles-ci peuvent ne pas être adéquates, mais qu'elles sont toutefois plus significatives, qu'une démonstration logique du « sens » de ce que l'on dit; et, d'autre part, que c'est justement pour cette raison que les images peuvent mieux induire la persuasion. En effet, il ajoute : *ces images sont un peu drôles, mais elles expliquent ce que je veux te montrer* (493 c 3-4 : ταῦτ' ἐπιεικῶς μέν ἐστιν ὑπό τι ἄτοπα, δηλοῖ μὴν ὃ ἐγὼ βούλομαί σοι ἐνδειξάμενος), *pour te persuader de changer d'avis* (493 c 5 : πεῖσαι μεταθέσθαι) et de préférer une vie ordonnée au lieu de l'autre (493 c 5-7)[1]. Et Socrate de poursuivre avec l'autre image (493 d 5 : εἰκόνα), provenant

1. Même s'il est peu probable que, dans ce cas particulier, le mythe puisse effectivement convaincre : « Mais puis-je te convaincre de changer d'avis (493 d 1 : πείθω… μετατίθεσαι), si je raconte d'autres histoires semblables (493 d 3 : πολλὰ τοιαῦτα μυθολογῶ) ? ».

toujours de la même école, des deux hommes qui ont plusieurs tonneaux, les uns pleins, les autres percés. Evidemment, ces images ne convainquent pas Calliclès, qui, utilisant à son tour une image, dit que ce que Socrate propose est τὸ ὥσπερ λίθον ζῆν, de vivre tel une pierre (494 a 8), ce qui confirme, une fois de plus, la totale impossibilité de communication entre les deux modes de vie.

Mais le personnage Socrate ne peut manquer à sa « mission » et, même tout seul, il ne peut pas ne pas continuer à proclamer « ses » vérités. Comme c'est le cas à la fin du *Gorgias*. Ecoute un très beau discours (523 a 1 : λόγου), que tu considèreras comme un mythe (523 a 2 : μῦθον), je crois, et que moi, en revanche, je considère comme un discours (523 a 2 : λόγον) : *je te dirai les choses que je vais te dire comme si elles étaient vraies* (523 a 2 : ὡς ἀληθῆ). Un mythe, en effet, dit des vérités, au moins pour celui qui le raconte et, donc, de ce point de vue, se trouve sur le même plan qu'un discours : il enseigne, parce qu'il est relativement facile d'en tirer des conséquences pour la vie[1]. « Voilà ce que j'ai entendu raconter et *je crois que c'est vrai* (524 a 9-b 1 : πιστεύω ἀληθῆ εἶναι). » Le mythe, plus précisément, produit une croyance en la vérité et, même s'il ne peut pas être démontré (c'est une « vérité presque-vraie », *comme* (ὡς) si elle était vraie), il n'est pas pour autant moins valide pour délimiter un mode de vie qui devrait attirer et convaincre. Plus que par un discours démonstratif, Socrate a bien été persuadé (526 d 5 : πέπεισμαι) par ce récit, et, « travaillant » sur sa vérité (526 d 7 : τὴν ἀλήθειαν ἀσκῶν)[2], il essaye de vivre et de mourir en s'y conformant toujours au mieux (526 d 7-e 1), et il exhorte aussi les autres hommes à mener le même genre de vie et la même lutte. Pour cette raison, d'un certain point de vue, *le mythe est encore plus vrai qu'un discours*. Conscient de l'hostilité et de l'incrédulité de son interlocuteur, Socrate, en effet, paraît dissimuler une capacité cruciale du mythe d'éclairer des vérités qui ne sont pas acceptées ou qui ne peuvent pas être exprimées dans un discours. « Tu crois, peut-être, que ces mots sont un mythe (527 a 5 : μῦθος) raconté par une vieille femme et tu les méprises : et il ne serait pas étrange de les mépriser, si, avec quelque recherche (527 a 7 : εἴ πῃ ζητοῦντες), nous réussissions à trouver des *choses meilleures et plus vraies* (527 a 8 : βελτίω καὶ ἀληθέστερα) que celles-ci. » Mais je ne crois pas que cette dernière affirmation (il serait juste de mépriser le mythe, si, par la recherche, on pouvait trouver des choses meilleures et plus vraies) doive être lue comme soutenant que la recherche ne réussit pas à trouver des vérités, là où le mythe y parvient ; il s'agit plutôt d'une réaffirmation du *caractère éthique de la vérité* et de la nécessité, pour cette raison, de convaincre les hommes, en démontrant et en « mythologisant », d'améliorer leur conduite, et ce, parce que la vérité n'est au fond pas simplement un fait de pure logique, mais aussi et surtout une question de choix de vie.

1. *Cf.* 524 b 1-2 : de ces discours je *tire cette conséquence* (τοιόνδε τι λογίζομαι συμβαίνειν).

2. Ασκέω signifie travailler avec soin, soigner, veiller, s'exercer, se parer : encore un verbe extrêmement révélateur du fait que la découverte d'une vérité n'apaise en aucun sens, mais au contraire doit stimuler vers une forme de vie.

L'UTILISATION RHÉTORIQUE DE LA DIALECTIQUE DANS LE *PHÈDRE*

WILFRIED KÜHN

LA TROMPERIE QUI NÉCESSITE LA PENSÉE DE LA VÉRITÉ

Même celui qui considère comme des antipodes Platon et Nietzsche ne saurait nier qu'ils ont en commun de porter plus d'attention à l'apparence fausse que d'autres philosophes connus. Cependant, n'est-ce pas de façon contraire que ces deux obsédés de l'apparence abordent le rapport entre fausseté et vérité ? Platon ne vise-t-il pas à neutraliser la fausseté en la faisant dépendre, au titre de simulacre, de ce qui est vrai ou réel, alors que Nietzsche, après avoir déclaré que l'illusion et la fausseté sont des conditions nécessaires à la vie, inscrit la vérité et la connaissance dans l'ensemble des illusions ? Même si, à la différence de Platon, Nietzsche ne semble pas, ou pas systématiquement, tenir compte du fait que la réalité du faux consiste à apparaître vrai – tant et si bien que, à condition que l'apparence fausse soit indispensable, on ne saurait se défaire de la croyance en la vérité. Qui plus est, non seulement la vie humaine, telle que Nietzsche la conçoit, ne peut se passer de la vérité, pour illusoire qu'elle soit, mais en outre le philosophe se rend compte qu'il est impossible pour lui de maintenir les notions d'apparence, de fiction et d'illusion tout en abandonnant celles d'être, de réalité et de vérité. Comme on le sait, l'abolition du monde vrai signifie aussi celle du monde des apparences.

Comment comprendre ce qu'il en est de la fausseté, si ce n'est en découvrant sa naissance ? À en croire le *Phèdre* de Platon, cette naissance n'a rien de métaphysique, elle ne consiste pas en ce que le démiurge produit une imitation trompeuse du monde vrai. La fausseté naît plutôt lorsque les hommes se trompent les uns les autres. Ceux qui se laissent tromper adoptent des opinions fausses et seuls les imposteurs le savent; leurs victimes tiennent pour vrai ce qu'on leur raconte. Dans la section du dialogue qui concerne l'art du discours contradictoire (ἀντιλογικὴ τέχνη), Platon prend plutôt la perspective de l'orateur qui sait tromper et moins celle de ses victimes (261 c 4-262 b 10). En effet, il s'agit de l'argument le plus important parmi ceux destinés à montrer que la pratique rhétorique doit se nourrir de la connaissance de ce qui est réel et non des opinions courantes (260 a 1-8 et e 5-7)[1].

L'importance de l'argument peut se concevoir d'emblée, sans entrer dans le détail : après avoir caractérisé la pratique rhétorique d'abord par sa fonction persuasive (260 b 6, c 9, d 9) et ensuite comme « psychagogie » (261 a 9), Socrate la considère maintenant par le biais de la tromperie (ἀπάτη, 261 e 7, 262 a 5-6, b 2-3, 263 b 3) ; ce point de vue appelle la vérité comme terme opposé qui permet de dire ce qu'est la fausseté que comporte la tromperie. Sans prononcer le mot « vérité », Socrate conçoit la fausseté comme l'opinion qui va « contre les êtres » et qui résulte du fait que quelqu'un a été détourné « de l'être vers son contraire » (262 b 2-3 et 7-8). Si l'on peut tenir pour acquis que la vérité est l'opinion conforme aux êtres, il s'ensuit que les phrases citées reposent sur l'opposition entre fausseté et vérité. Socrate ne veut pas dire que la vérité n'existe que dans ce rapport. Mais l'exégète peut se demander si la nécessité de comprendre ce qu'est au fond la rhétorique trompeuse n'est pas analogue à la situation humaine plus élémentaire dans laquelle l'expérience de la ruse ou de la tromperie subies amène à réfléchir sur l'honnêteté des actes et la vérité du discours, en les opposant au comportement dont on a fait l'expérience.

L'ASPECT TROMPEUR DES DISCOURS DE SOCRATE

De même qu'une première analyse du discours contradictoire et trompeur met en lumière le rôle de la réalité et de la vérité, de même l'analyse approfondie des antécédents conceptuels du discours contradictoire revient à faire l'ébauche de la dialectique, c'est-à-dire de la méthode qui permet de parler et de penser vrai (266 b 3-5). Pourtant, l'ébauche de la dialectique proposée, à savoir des procédés de rassemblement et de division (265 d 3 -266 b 1), ne prend-elle pas pour paradigme les deux discours de Socrate sur le désir amoureux (ἔρως) ? Certes, mais l'auteur fictif de ces discours, Socrate, nous avertit qu'ils nous égarent, qu'ils sont un exemple de la tromperie basée sur le savoir (262 c 10-d 2)[2]. Par conséquent,

1. Les deux arguments qui précèdent misent sur les *conséquences* indésirables des discours basés sur les opinions. Premièrement, Socrate soutient que l'orateur se ridiculise quand il combine une opinion fausse du public (« l'animal aux oreilles longues – l'âne en fait – est le cheval ») avec une opinion vraie (« le cheval est très utile dans la guerre »), parce qu'il s'ensuit ce qui est une bêtise aux yeux de tout le monde (« l'animal aux oreilles longues est très utile dans la guerre », 260 b 1-c 2 ; pour d'autres interprétations, voir E. Heitsch dans Platon, *Werke III 4, Phaidros*, Göttingen, Vandenhoeck und Ruprecht, 1997[2], p. 127-128, et B. Centrone, « *Fedro* 261 e 6 -262 c 3, o l'inganno della buona retorica », *I Quaderni Bombesi* 1, 2001, p. 177). Deuxièmement, on apprend que, même s'il réussit à convaincre, le rhéteur politique qui adopte les jugements de valeur du public risque de se voir rendre responsable des malheurs frappant ceux qui tiennent pour utile une action préjudiciable (260 c 6-d 2). Même si ce deuxième cas de figure se produit dans la pratique rhétorique, il convient de rappeler que Socrate s'est proposé d'examiner immédiatement non pas cette pratique, mais son explication qui consiste à dire qu'elle repose sur la connaissance des opinions courantes uniquement (260 a 1-8).

2. Parmi les interprètes il n'existe aucun accord pour savoir quels sont les deux discours visés : le discours de Lysias et le premier des discours de Socrate (Robin, note *ad loc.*), le discours de Lysias et les deux discours de Socrate, pris comme un seul (R. Hackforth, *Plato's* Phaedrus, Cambridge,

interpréter l'ébauche de la dialectique en respectant rigoureusement le contexte du *Phèdre*, comme le suggère Monique Dixsaut (*Métamorphoses de la dialectique dans les Dialogues de Platon*, Paris, Vrin, 2001, p. 110-111), c'est tenir compte, entre autres, du caractère trompeur des longs discours de Socrate.

Etant donné qu'une telle approche peut paraître inadéquate, compte tenu de l'attachement de Socrate à la vérité, je voudrais invoquer, dès à présent, ce qui fait figure d'indice. L'ébauche de la dialectique est censée répondre à la question de savoir comment Socrate peut passer du premier des longs discours, c'est-à-dire le blâme du désir amoureux, au second qui contient son éloge (265 c 5-d 1). Cela a déjà été observé par les exégètes, mais on n'a pas prêté attention au fait que le verbe μεταβαίνειν qui désigne le passage du blâme à l'éloge rappelle l'opération-clé du rhéteur qui trompe en passant d'un terme à un autre qui lui ressemble à tel point que ce passage passe inaperçu (voir μεταβαίνων en 262 a 2 et μεταβιβάζειν en 262 b 6). Cela dit, il faut distinguer deux sortes de passages : le passage manifeste d'une appréciation à son contraire, concernant le même sujet, comme c'est le cas des « avocats » qui savent présenter la même action tantôt comme juste tantôt comme injuste (261 c 4-d 2); et le passage latent entre des termes semblables. Comme Socrate le déclare expressément, le second type de passage permet d'opérer le premier (262 a 2-3).

Il faut donc admettre que, par rapport à ses propres discours réprobateur et élogieux, Socrate utilise le verbe μεταβαίνειν pour désigner non pas le passage latent entre termes semblables, mais le passage manifeste entre une appréciation et son contraire. Ce passage sera-t-il donc expliqué plus pertinemment par l'ébauche de la dialectique que par la précédente analyse de la tromperie ? Mon interprétation consiste à dire que, entre cette ébauche et cette analyse, il y a plutôt complémentarité que rivalité. De toute façon, l'ébauche de la dialectique ne met pas en lumière le passage entre des termes semblables, que contiennent effectivement les deux discours de Socrate, mais elle le présuppose. Je veux parler du passage entre la première des notions devant caractériser le désir amoureux et la seconde, concrètement le passage de l'appétit (ἐπιθυμία) au délire (μανία). Comme on le sait, la première notion sert de base au discours réprobateur, la seconde au discours élogieux, mais, au lieu de coïncider avec le passage du blâme à l'éloge, le passage entre les notions s'opère plus discrètement vers la fin du premier discours (241 a 4). Ainsi, il tombe moins sous le sens que Socrate commence le deuxième discours par une nouvelle caractérisation du désir amoureux, c'est-à-dire en le concevant comme un délire (244 a 6, 245 b 7-c 1). J'en conclus que, lorsque Socrate se propose d'expliquer le passage du blâme à l'éloge (265 c 5-d 1), il se

Cambridge University Press, 1952, *ad loc.*; G. J. De Vries, *Commentary on the* Phaedrus *of Plato*, Amsterdam, Adolf U. Hakkert, 1969, *ad loc.*) ou bien les deux discours de Socrate (Ch. Rowe, Plato, *Phaedrus*, Warminster, Aris and Phillips, 1988², p. 197 ; Th. A. Szlezák, *Platon und die Schriftlichkeit der Philosophie*, Berlin-New York, W. de Gruyter, 1985, p. 34, n. 21; Heitsch, *Phaidros*, *op. cit.*, p. 136). Si Rowe ne trouve la tromperie que dans le premier de ces discours, c'est parce qu'il ne conçoit pas la tromperie conformément à l'analyse que Socrate vient d'en donner (261 c 4 -262 b 10).

met à analyser un discours à deux volets, qui, à un moment crucial, passe d'un terme-clé à un autre qui ressemble au premier[1].

Dans les pages qui suivent, je voudrais ajouter la tromperie aux éléments sur lesquels s'appuie l'exégèse de l'esquisse de la dialectique. Cela va m'amener à revenir sur la question largement débattue du rapport entre cette esquisse et les structures conceptuelles des deux discours de Socrate, structures auxquelles l'esquisse fait explicitement référence.

COMMENT EST CONSTRUITE LA TROMPERIE RHÉTORIQUE ?

Si l'analyse du discours contradictoire contribue à élucider la construction des longs discours de Socrate, ces discours et leur conceptualisation dialectique permettent inversement de comprendre, en les concrétisant, certains aspects très abstraits de l'analyse de la contradiction rhétorique. Comme on le sait, cette analyse part de la prémisse selon laquelle les hommes se laissent tromper à propos d'objets peu différents plutôt que d'objets qui diffèrent beaucoup (261 e 7-262 a 1). Cela implique qu'être trompé signifie être amené à confondre deux choses, c'est-à-dire à tenir pour identique ce qui est semblable, mais différent. Pour induire son public dans cette erreur, l'orateur doit savoir ce qui est semblable et ce qui ne l'est pas – ce qui implique qu'il sache la réalité de chaque chose susceptible de faire l'objet d'un débat contradictoire (262 a 5-b 1).

a) Cependant, quel genre d'entités est censé être semblable ou dissemblable ? Puisque Socrate a commencé l'ensemble de la série d'arguments en demandant à Phèdre si l'orateur doit connaître ce *dont* il parlera (259 e 5-7), on peut penser que les choses dissemblables et semblables dont il sera question plus loin sont des objets individuels, comme les actions qui occupent les tribunaux. Mais on peut aussi bien supposer que Socrate vise des attributs comme « juste » et « injuste » (261 d 1-2) ou bien les signifiés de jugements comme « cette action est injuste ». Le contexte immédiat n'apporte pas de clarification, mais lorsqu'on se tourne vers les discours de Socrate, on se rend compte que, dans ce cas à tout le moins, sont semblables certaines caractéristiques – « appétit » et « délire » – du sujet en

1. Pour R. Burger (*Plato's* Phaedrus. *A defense of a philosophical art of writing*, Birmingham, University of Alabama Press, 1980, p. 82), la tromperie consiste à faire apparaître, dans chacun des discours, une partie du désir amoureux comme si elle était le tout. Mais cela ne saurait concerner que le premier discours, étant donné que Socrate commence le second en laissant entendre que le délire dont le désir amoureux fait partie est préjudiciable dans certains cas et bénéfique dans d'autres (244 a 6-9). Comme le désir amoureux est marqué par le caractère attribué au délire à chaque fois, le lecteur est averti qu'aucun des discours n'épuise la réalité du désir amoureux. Après avoir interprété le passage concernant la tromperie rhétorique, B. Centrone propose de repérer la tromperie inhérente aux discours de Socrate dans le fait d'introduire subrepticement les procédés de la dialectique (art. cit., p. 185-186). Pourtant, si c'était vrai, l'opération rhétorique trompeuse de Socrate ne correspondrait en rien à sa description de la tromperie qui est le propre du discours contradictoire. De plus, il n'est pas vrai que Socrate ait introduit les procédés dialectiques subrepticement, car il annonce à Phèdre qu'il partira d'une détermination consensuelle de la notion centrale du discours, à savoir le désir amoureux, et qu'il s'y tiendra dans l'ensemble du discours (237 b 8-d 3).

question qu'est le désir amoureux, mais non les valeurs qui interviennent dans la contradiction, c'est-à-dire « utile » et « préjudiciable » (238 e 1-2 et 245 b 5-c 1).

b) Pour revenir à l'analyse abstraite du discours contradictoire, il faut noter que Socrate explique l'erreur par la ressemblance, parce que Phèdre ne comprend pas une première approche de l'argument. Celle-ci dit que, si la rhétorique est un art, elle consiste à rendre semblable tout objet à tout autre, pourvu que chacun des deux le permette (261 e 1-5). Or, comment pourrait-on *rendre* semblables deux caractéristiques qui le sont déjà comme « appétit » et « délire » ou qui ne le sont pas comme « mammifère » et « oiseau » ? La difficulté peut se résoudre si l'on suppose qu'il s'agit de rendre semblables non les caractéristiques dont il sera question par la suite, mais les choses caractérisées. Car on peut éventuellement les rendre semblables en mettant au premier plan celles de leurs caractéristiques qui sont semblables. Mais, nouvelle objection, selon la description que Socrate en donne, la contradiction des orateurs ne fait pas confondre deux objets aux auditeurs, deux actions par exemple, mais elle fait apparaître un seul et même objet tantôt juste tantôt injuste ou tantôt utile tantôt préjudiciable (261 c 10-d 10). On comprendra donc comme suit l'idée selon laquelle l'orateur rend semblable un item à un autre : il présente un seul sujet de plusieurs caractéristiques d'abord sous l'aspect d'une caractéristique qui entraîne une certaine valeur et ensuite sous l'aspect d'une autre caractéristique semblable à la première, mais qui entraîne la valeur opposée. De plus, l'orateur cache au public le procédé qui consiste à considérer le sujet sous deux aspects semblables si bien que les auditeurs ne pensent pas à nuancer le fait qu'il est toujours question de la même chose (voir ἀποκρυπτομένου, 261 e 4, et λήσεις, 262 a 3).

C'est précisément ce qui se passe dans les deux discours de Socrate : lorsqu'il définit le désir amoureux par l'appétit, il se donne les moyens de dépeindre le malheur que ce désir apporte à son destinataire, alors qu'il lui suffit de caractériser le même désir comme un délire pour être à même de vanter ses bienfaits. D'où l'exigence de l'art de la contradiction : le rhéteur est obligé de trouver deux caractéristiques du sujet qui non seulement sont semblables, mais, qui plus est, dont l'une permet d'attribuer au sujet une valeur et l'autre la valeur contraire. Voilà comment se pose la question de la bonne définition du point de vue de l'art de la contradiction.

c) Comment la tromperie se produit-elle ? Si l'orateur avance par petites étapes, dit Socrate, il va vers le contraire en cachette plus facilement que s'il avance par grandes étapes (262 a 2-3). De quoi le public se rend-il ou ne se rend-il pas compte ? Il me paraît peu probable que Socrate veuille parler de l'achèvement du processus trompeur au niveau des jugements de valeur, car le public qui finit par se laisser convaincre qu'une certaine action est injuste risque de se souvenir qu'il s'était fait persuader auparavant du contraire ; c'est en effet par là que passe l'admiration pour l'orateur. Par contre, l'interprétation que je propose permet de comprendre que Socrate vise le passage d'une caractéristique à l'autre : si ce passage s'effectue par petites étapes, c'est-à-dire entre termes semblables, il reste inaperçu si bien que le nouveau jugement de valeur qui en résulte ne peut que surprendre.

Que Socrate évoque plusieurs petites étapes (κατὰ σμικρόν, 262 a 3, b 6-7) a l'air de mal s'accorder avec l'exemple des deux discours de Socrate où je n'ai repéré qu'un seul passage conceptuel, celui de l'appétit au délire. Ce sont en effet les notions dont partent le premier et le deuxième discours respectivement, mais le premier facilite le passage de l'appétit au délire en intercalant entre les deux la démesure (ὕβρις, 238 a 1-2). Comme elle est censée n'être rien d'autre que l'appétit non bridé par l'opinion raisonnable, Socrate a l'air de ne pas changer de caractéristique, lorsqu'il présente le désir amoureux comme un appétit tellement violent qu'il s'apparente au délire. Si l'on tient compte de la démesure, on constate que les discours de Socrate présentent en réalité deux passages entre termes semblables.

d) Que veut dire la thèse de Socrate selon laquelle tromper signifie soit instiller des opinions qui vont contre les êtres soit détourner de l'être pour mener vers son contraire (262 b 2-3 et 7-8) ? Spontanément, on est enclin à comprendre qu'est faux le jugement dont chaque discours trompeur finit par persuader les auditeurs qu'il est vrai. Est-ce à dire qu'est vrai le jugement pour lequel l'orateur plaide dans un premier temps, jugement qui est contraire au jugement final ? Mais comment savoir que ce dernier est régulièrement faux ? Puisque c'est un pari impossible, on aimerait donner un autre sens à la thèse de Socrate. Elle se défendrait mieux si elle signifiait que le discours trompeur fait croire sans nuance que la réalité en question a maintenant une certaine valeur et peu après la valeur contraire ; je dis « sans nuance », parce que l'orateur ne fait pas ressortir les caractéristiques semblables qui sont autant d'aspects laissant apparaître leur sujet sous différents jours. Qui plus est, soit un seul discours contradictoire soit la pratique courante des orateurs conduit les auditeurs à se faire une idée générale des jugements et de leurs objets. C'est pourquoi l'erreur que provoque le rhéteur ne concernerait pas les jugements particuliers, elle consisterait plutôt à croire qu'il est impossible de caractériser définitivement un objet quelconque par une seule valeur telle que « juste ».

Que Platon conçoive cette erreur en termes ontologiques se voit confirmer dans le passage du *Phédon* consacré aux discours contradictoires (90 b 4-c 6). D'après ce texte, ce sont les orateurs eux-mêmes qui finissent par être convaincus que les êtres aussi bien que les discours ne connaissent aucune stabilité, mais sont constamment renversés de sorte à prendre le caractère ou le sens contraire (b 9-c 6). Voilà la fausse idée de la réalité en général que les orateurs transmettent au public, selon le *Phèdre*. Compte tenu du passage du *Phédon* il est significatif que, dans le *Phèdre*, Socrate caractérise l'orateur compétent par la capacité d'échapper à l'erreur qu'il provoque chez le public (262 b 8)[1].

1. Dans la même section du *Phèdre*, l'aspect défensif de l'art rhétorique a déjà été mentionné deux fois (261 e 4-5 et 262 a 5-6). À la première occurrence, il s'agit pourtant de la capacité de percer à jour la tentative de quelqu'un d'autre qui veut faire apparaître inchangé un objet considéré sous un aspect

e) C'est ainsi que, dans le *Phèdre*, Socrate présente pour la première fois le rhéteur comme étant en même temps philosophe au sens où il prend pour acquis que la réalité à laquelle se rapporte le discours est faite de structures objectives stables. Qui plus est, le rhéteur doit connaître ces structures pour tromper le public de façon double : quant aux caractéristiques différentes mais semblables qui permettent d'attribuer deux valeurs contraires à un sujet commun et quant à l'idée de la réalité et du discours, idée qui, auprès des auditeurs, devient celle d'une fluctuation généralisée. C'est donc au moyen de l'analyse de la compétence consistant à plaider de façon contradictoire et à créer l'erreur que Platon argumente en faveur de la nature parasitaire de la fausseté par rapport à la vérité ; je parle de fausseté et non d'erreur, parce que l'orateur qui pense le faux pour organiser la tromperie n'est pas lui-même pris dans l'erreur. Pour inverser, comme il prétendait le faire, le rapport entre fausseté et vérité en tenant compte de Platon, Nietzsche aurait dû réfuter l'analyse de la tromperie rhétorique[1].

au même sujet considéré sous un aspect semblable. Par conséquent, l'erreur qu'évite le rhéteur capable de découvrir la manœuvre concerne les termes particuliers employés à chaque fois, non le jugement et la réalité en général. À la deuxième occurrence, le texte ne donne aucun indice permettant de déterminer le type d'erreur contre lequel le bon rhéteur doit être armé. Spontanément, le lecteur aura donc tendance à assimiler cette erreur à celle qui vient d'être évoquée. Mais l'auteur peut, en écrivant cette phrase (262 a 5-7), anticiper l'idée de l'erreur fondamentale, qu'il va désigner sous peu en termes ontologiques.

1. Une réfutation pas tout à fait étrangère à l'approche de Nietzsche serait la suivante. Socrate est parti, comme je l'ai rappelé (voir *supra*, n. 1, p. 260), d'une certaine *théorie* de la rhétorique, celle qui soutient qu'il suffit au rhéteur de connaître les opinions du public. Pour contredire cette théorie, Socrate *interprète* la démarche contradictoire des rhéteurs et il le fait en philosophe amateur de la dialectique. Cela veut dire que l'analyse socratique du discours contradictoire est celle d'un penseur qui se demande comment construire ce genre de discours par des moyens dialectiques. Le caractère perspectif de cette analyse se vérifie par le fait qu'elle laisse de côté toutes sortes d'autres moyens proprement rhétoriques tels que Socrate les a employés dans son propre discours contradictoire, comme la comparaison de l'amant avec un loup, l'invocation du dieu Éros et le récit mythique du destin de l'âme. Par conséquent, il n'y a rien d'étonnant à ce que l'analyse de Socrate débouche sur une théorie dialectique de la rhétorique, théorie qui se prolongera dans l'ébauche des deux procédés dialectiques, le rassemblement et la division. Pour en revenir au rapport entre fausseté et vérité, on peut conclure que le caractère parasitaire de la fausseté découle non de sa construction rhétorique en soi, mais de cette construction telle que l'interprète l'amateur de la dialectique. Le fait d'avoir ramené la fausseté rhétorique à la vérité dialectique n'est pas sans conséquence pour la fonction de la vérité : elle sert désormais à instruire aussi bien qu'à tromper, autrement dit, elle ne promet plus de garantir par elle-même que l'usage qu'on fait d'elle soit honnête ; ce problème intrigue particulièrement E. Heitsch, *Phaidros*, *op. cit.*, p. 132 et 187 ; « Dialektik und Philosophie in Platons "Phaidros" », *Hermes* 125, 1997, p. 149, et amène B. Centrone, art. cit., p. 182-183, à prêter à certaines expressions décrivant la tromperie « un sens neutre ». Mais Socrate se tire d'affaire, me semble-t-il, en passant de la théorie de la pratique rhétorique à la théorie de l'enseignement de la rhétorique : ce n'est pas en trompant les élèves qu'on peut enseigner l'art de la tromperie (j'ai développé cette idée dans *La fin du* Phèdre *de Platon. Critique de la rhétorique et de l'écriture*, Firenze, L.S. Olschki, 2000, p. 118-121).

COMPARER L'ÉBAUCHE DE LA DIALECTIQUE AVEC LES STRUCTURES DES DEUX DISCOURS

Pour interpréter l'ébauche de la dialectique, que Socrate dessine en se référant à ses deux discours, il faut se faire une idée de la structure de ce couple de discours. Étant donné que l'ébauche de la dialectique passe sous silence le passage de la notion d'appétit à celle de délire, passage qui correspond néanmoins à la conception du discours trompeur, l'exégète est amené à se demander si le passage est approprié du point de vue thématique. Autrement dit, quels sont les inconvénients dont Socrate devrait s'accomoder, si, au lieu de passer de l'appétit au délire, il considérait constamment le désir amoureux comme une sorte de délire (μανία) ou d'égarement de l'esprit (παράνοια, 266 a 3), comme il le prétend en faisant l'esquisse de la dialectique?

Premièrement, Socrate ne serait guère cohérent en utilisant ces termes pour définir le désir amoureux au début de son premier discours. En effet, il s'est fixé lui-même la règle selon laquelle l'orateur doit, à propos de cette définition, se mettre d'accord avec le public (237 c 3-4, c 8-d 1). Or, tandis qu'il est fondé à supposer explicitement cet accord en définissant – comme dans le *Banquet* (200 a 3, 205 d 1-3) – le désir amoureux comme une sorte d'appétit (ἐπιθυμία, *Phèdre* 237 d 4, *cf.* 231 a 3, 232 b 2-3, 233 b 1), il ne le serait probablement pas, s'il proposait de penser le désir amoureux comme un délire ou un égarement de l'esprit. Car, en fait, il *prépare* le passage au terme de délire (241 a 4) en passant par la notion de démesure et en dépeignant copieusement les excès de comportement propres aux amants[1].

Deuxièmement, il serait insensé de vouloir combiner l'égarement de l'esprit – au lieu de l'appétit – et l'opinion *raisonnable* en situation de prédominance, pour obtenir la maîtrise de soi (σωφρωσύνη, 237 e 2-3); par conséquent, le texte ne contient aucun indice qui autoriserait une telle tentative. Il est plutôt vrai que l'égarement de l'esprit n'existe que sous deux formes nettement opposées: le délire divin et le délire humain qui correspond à la démesure, non à l'appétit. La maîtrise de soi serait donc condamnée à disparaître, si l'appétit était remplacé par l'égarement de l'esprit. Par la suite, Socrate devrait renoncer à concevoir, dans les termes de sa rhétorique dialectique, l'appétit maîtrisé du non amant – ce qu'il s'impose pour surpasser Lysias – et à penser la petitesse humaine et la bienséance qui, fruits de la maîtrise de soi, aident à comprendre le délire divin en s'y opposant (241 d 5-7 et e 5-7, 244 d 1-5, 256 e 3-7, 265 a 10-11).

On conclura que la démarche de Socrate, consistant à commencer par définir le désir amoureux au titre d'appétit pour passer ensuite à la caractérisation par le terme de délire, se comprend bien. Il n'en reste pas moins que la structure conceptuelle des discours est plus compliquée que ne le laisse entendre l'ébauche

1. Avec Ch. Rowe (*Phaedrus*, *op. cit.*, p. 201, *ad* 266 a 2), on peut ajouter que les autres espèces de l'appétit, à savoir la gloutonnerie et l'ivrognerie, ne sauraient être classées comme des égarements de l'esprit.

de la dialectique. En effet, alors que le second discours a uniquement pour base le délire d'origine divine, le premier discours se fonde sur la notion d'appétit dont l'ambivalence est exploitée pour opposer l'amant au non amant. Par l'ambivalence de la notion d'appétit j'entends le fait que l'appétit, s'il devient démesure dès lors qu'il s'impose contre l'opinion raisonnable, est néanmoins susceptible de se laisser dominer par cette opinion et de devenir maîtrise de soi (237 e 2-238 a 2).

Socrate n'arrive pas à reformuler cette structure en termes de délire ou d'égarement de l'esprit[1]. Cela apparaît comme un défaut, parce que Socrate veut récupérer conceptuellement la démesure par deux fois : en évoquant le délire qui est quelque chose de mauvais (244 a 7) et en constatant la « moitié » gauche de l'égarement de l'esprit (266 a 4-7). Mais c'est inadéquat dans la mesure où le mauvais délire et le mauvais égarement de l'esprit se déterminent en s'opposant au délire d'origine divine, alors que la démesure s'oppose à la maîtrise de soi avec laquelle elle a en commun l'appétit au titre de principe ou de genre[2]. Aussi bien la maîtrise de soi que l'appétit échappent aux tentatives de faire coïncider les notions fondamentales des deux discours. Par conséquent, il faut retenir que chacun des deux discours a sa propre base conceptuelle et que, au niveaux des discours eux-mêmes, il ne se dessine aucune structure commune.

Comment l'ébauche de la dialectique se construit-elle en se référant aux deux structures conceptuelles que représentent les caractérisations du désir amoureux par les notions d'appétit et de délire ? À ce propos, les deux volets de l'ébauche, concernant respectivement le rassemblement et la division, diffèrent fondamentalement. En effet, tel qu'il est décrit en termes *abstraits* dans l'ébauche (265 d 3-8), le rassemblement s'applique aux deux discours de façon égale ; la diversité de contenu, propre aux deux structures conceptuelles, s'en trouve respectée. La division, en revanche, est conçue pour résumer *concrètement* la conception prétendument sous-jacente aux deux discours, autrement dit, leur plan, comme si le premier discours traitait du mauvais égarement de l'esprit et le second du bon délire (265 d 9-266 b 2 ; *cf.* Hackforth, *op. cit.*, n. 1, p. 133).

Par cette récapitulation qui ne résiste pas à une lecture attentive des deux discours, Socrate confirme une tendance qui se manifeste dans la suite des discours et qu'il convient de bien distinguer de la préférence pour l'éloge du désir amoureux. Je veux parler de la tendance à sauvegarder, en caractérisant finalement le désir amoureux comme délire au lieu d'appétit, la *possibilité* de valoriser ce désir. En effet, tandis que la caractérisation par l'appétit condamne le désir amoureux à n'être qu'une sorte de démesure (238 a-c), la caractérisation par le délire, sans exclure le mauvais désir amoureux, permet aussi de penser un désir amoureux qui est plus que justifié en faisant partie des délires d'origine divine. Or, Socrate prétend que la conception dichotomique des deux « moitiés » de

1. À ce sujet, je ne partage pas le jugement de Monique Dixsaut, *Métamorphoses de la dialectique*, *op. cit.*, p. 126.

2. Selon D. A. White, en revanche, la démesure est la forme la plus compréhensive de celles évoquées dans le premier discours de Socrate (*Rhetoric and reality in Plato's* Phaedrus, Albany, State University of New York Press, 1993, p. 222).

l'égarement de l'esprit contient le plan conceptuel de sa prestation rhétorique tout entière (266 a 2-b 1). Et cette conception de l'égarement de l'esprit s'inspire de celle, dichotomique en premier lieu, du délire, le changement du terme étant dû précisément à l'ambition de couvrir l'ensemble des deux discours (*cf.* l'emploi exclusif de μανία en 265 a 9-11). Il est donc cohérent que la notion de délire divin ou humain se révèle supérieure, dans la suite des discours, à la notion d'appétit dominant ou maîtrisé, car seule la première apparaîtra dans l'ébauche de la division dialectique comme comprenant les structures des deux discours. Voilà comment Socrate justifie, par une raison apparemment objective et indépendante de sa préférence pour l'éloge, celle des deux conceptions du désir amoureux qui lui laisse la possibilité d'être bénéfique.

Si donc la partie la plus détaillée de l'ébauche de la dialectique, c'est-à-dire la présentation de la division, doit persuader Phèdre que le désir amoureux se caractérise plutôt comme un délire – divin ou bien humain –, comment cette partie de l'ébauche de la dialectique se rapporte-t-elle à l'analyse du discours contradictoire, que j'ai évoquée dans le paragraphe précédent? Cette analyse invite à penser que Socrate a évalué le désir amoureux de deux façons contraires pour présenter un modèle du discours contradictoire. L'exposé de la division, quant à lui, signifie que celle des caractérisations du désir amoureux qui permet de l'évaluer de deux façons contraires est aussi au fond du premier discours et remplace donc légitimement la caractérisation conventionnelle qui interdit toute valorisation de ce désir. S'il en est ainsi, le passage trompeur de l'appétit au délire (241 a 4) paraît justifié rétrospectivement. En même temps, l'exposé de la division accomplit ce que Socrate a promis, en expliquant comment il *pouvait* passer du blâme à l'éloge (265 c 5-6) – ce qui est typique d'un discours contradictoire. Cela est en effet possible, à supposer que le désir amoureux se caractérise par les notions ambivalentes de délire et d'égarement de l'esprit.

RASSEMBLEMENT

Socrate présente le rassemblement, c'est-à-dire la vue qui fait converger dans une unité ce qui est disséminé, en lui donnant comme finalité la définition et la clarté qu'elle comporte (265 d 3-5). Dans les deux discours qu'il invoque ensuite, il a commencé par caractériser le désir amoureux comme appétit et comme délire. Puisque ce sont là les notions les plus englobantes parmi celles qui entrent dans les définitions, je conclus qu'elles constituent les unités des rassemblements qui ne font pas partie du discours; l'orateur doit les avoir opérés auparavant. Ce point de départ exégétique porte à croire que le rassemblement qui aboutit aux notions englobantes n'est rien d'autre que la contrepartie des divisions auxquelles Socrate soumet les mêmes notions, celles d'appétit et de délire[1].

1. Selon Monique Dixsaut (*Métamorphoses de la dialectique*, *op. cit.*, p. 118-120) qui invoque la définition contenue dans le premier discours, ce sont les différents éléments de la définition qui sont rassemblés, alors que l'unité qui oriente le rassemblement est l'erôs ainsi défini. Est-ce que cette

Tel qu'il est brièvement décrit en 265 d, le rassemblement apparaît comme une méthode formelle qui n'oblige pas l'orateur à tenir compte d'un ensemble déterminé d'éléments disséminés. Un interprète qui se demande si le but de clarifier le sujet du discours (265 d 4-5) n'impose pas le critère de l'objectivité à la définition, donc aussi au rassemblement, trouve la réponse dans les lignes suivantes du texte : que le désir amoureux ait été bien dit ou non, cette définition a de toute façon donné clarté et cohérence au discours. Quel est donc le point de vue qui oriente le rassemblement? D'abord, c'est selon toute apparence l'intention de l'orateur ou plus précisément le jugement de valeur auquel il veut parvenir; ensuite, comme on l'a déjà rappelé, il doit partir d'une définition susceptible d'être approuvée par le public. La façon dont ces deux critères se rapportent l'un à l'autre peut s'observer en considérant le début du premier discours de Socrate.

Si tout le monde convient que le désir amoureux est un appétit, l'explication de ce que cela veut dire dépend de l'intention dissuasive relative à la réponse à donner à l'amant; que Socrate reprenne cette intention à Lysias ne change rien au fait qu'elle le guide dans l'explication de ce que croit tout le monde. Le caractère partisan de cette explication se révèle en la comparant avec le passage parallèle du *Banquet*. En effet, sous prétexte que l'appétit peut aussi appartenir aux non amants, le *Phèdre* divise l'appétit en une version modérée, appelée « maîtrise de soi », et une version démesurée à laquelle est rattaché le désir amoureux, conjointement avec d'autres sortes de démesures. Cette démarche s'oppose totalement à ce qu'on peut lire dans le *Banquet* (205 a 5-d 8) : à vrai dire, le désir amoureux (ἔρως) n'est rien d'autre que l'appétit ou la volonté d'obtenir ce qui est bon, mais nous avons pris l'habitude de n'appeler « désir amoureux » qu'une espèce particulière de cette volonté qui, quant à elle, connaît d'autres concrétisations comme la recherche des richesses, l'amour des exercices corporels ou celui du savoir. Selon cette approche, il n'est pas question de diviser l'appétit en deux versions opposées en termes de valeur ni de restreindre le désir amoureux à une de ces versions ni de l'associer à des formes d'appétit démesuré. Inversement, on se rend compte que, même si dans le *Phèdre* Socrate veut considérer le désir amoureux comme espèce déterminée d'appétit, rien ne l'oblige à le regrouper avec la gloutonnerie et l'ivrognerie, étant donné qu'il peut aussi figurer à côté de la philosophie et de la recherche des richesses.

interprétation s'applique aussi à la caractérisation – à supposer qu'on réserve le terme de « définition » à la définition complète – qui ouvre le deuxième discours (voir 244 a 6-9 pour une caractérisation implicite et 245 b 7-c 1) ? Dans ce contexte, Socrate se borne à caractériser le désir amoureux comme un délire, alors qu'il divise le délire en une pluralité de parties; seul le délire apparaît donc au titre de l'unité vers laquelle tendait le rassemblement. Faut-il ou non en tenir compte, lorsqu'on interprète le passage de 265 d? Comme Monique Dixsaut, Ch. Rowe (*Phaedrus*, *op. cit.*, p. 200) ne met pas à contribution le début du deuxième discours, alors que M. Wedin repère un exemple du rassemblement dans le passage de 265 b-c où Socrate ne fait cependant que résumer le début du deuxième discours et sa suite (voir « Collection and division in the *Phaedrus* and *Statesman* », *Revue de philosophie ancienne* 5, 1987, p. 212-213). De toute façon, le début du deuxième discours contient la division rappelée en 265 b, à l'exception de l'invocation d'Apollon et de Dionysos, et cette division présuppose un rassemblement, comme c'est aussi le cas de la division qui ouvre le premier discours.

La comparaison avec le *Banquet* invite à soupçonner que, dans le *Phèdre*, la phrase « le désir amoureux est un appétit » se trouve développée par un arrangement qu'explique le dessein de dénigrer le désir amoureux. Or, ce développement n'est rien d'autre que la division de l'appétit. Et, l'appétit n'étant pas défini de son côté, ce qu'il est se dessine en considérant ses parties. D'où l'importance du caractère unilatéral de la division, c'est-à-dire le fait que le côté démesure de l'appétit se trouve bien détaillé et le côté maîtrise de soi pas du tout. On en conclura que la division est exposée pour suggérer à l'auditeur qu'il suffit au désir amoureux d'être reconnu comme un appétit pour être classé parmi les démesures. De façon analogue, il semble suffire au désir amoureux d'être reconnu, au début du deuxième discours, comme un délire, pour se retrouver parmi les inspirations divines.

Qu'est-ce que cela signifie à propos du rassemblement qui n'est pas exposé? S'agissant de définir un sujet comme le désir amoureux, l'orateur l'inscrit dans un domaine conceptuel qui se détermine par une notion englobante et une série de sujets – dont le terme à définir –, qui permet de dégager ce que cela signifie pour eux d'être caractérisés par la notion englobante. Or, le domaine conceptuel n'étant pas donné, l'orateur doit le constituer, et c'est ainsi que je comprends la formule selon laquelle le rassemblement consiste à *faire* converger (ἄγειν) vers une unité ce qui est disséminé, et cela grâce à une vue englobante (265 d 3-4).

Si l'on peut se permettre une exégèse forte, mais réaliste de la formule, elle veut dire que l'orateur doit du même coup repérer les items qui forment la série de sujets que je viens d'évoquer et avoir l'idée de la notion commune à ces items et concrétisée par eux. Pour comprendre leur dissémination, il suffit de se mettre à la place de celui qui veut définir le désir amoureux : au lieu de proposer des notions appartenant au domaine érotique ou sexuel, comme on peut être tenté de le faire, l'orateur doit découvrir, dans d'autres domaines, des réalités comme la gloutonnerie ou la divination qui représentent, dans leur spécificité, une notion censée marquer aussi le désir amoureux, mais qui ne se manifeste pas plus en tant que telle que les réalités citées ne se manifestent au titre de ses sujets[1]. Il n'est donc pas étonnant que, selon Socrate, l'orateur ait besoin d'une sorte d'intuition qui fasse le lien entre les réalités disséminées et la notion qui les réunit. Même si l'orateur se laisse guider par l'intention de jeter les fondements de la condamnation ou de l'éloge du désir amoureux.

Si l'on se demande comment l'orateur peut réussir l'artifice décrit, on trouve éventuellement une amorce de réponse dans le lien établi depuis Hermias entre la description du rassemblement en 265 d et celle de la réminiscence en 249 b 8-c 4.

1. M. Wedin (art. cit., p. 212-213) décrit le rassemblement en des termes semblables, mais je ne le suis pas, lorsqu'il suppose que, pour achever la définition, il faut intégrer la forme une – ce que j'appelle « la notion » – dans un rassemblement ultérieur. En effet, la définition du désir amoureux s'achève en indiquant à chaque fois la spécificité qui le distingue des autres appétits ou délires, comme c'est le cas de la motivation par le plaisir de la beauté corporelle (238 c 1-3). Quant à la notion, en revanche, la comparaison entre le *Banquet* et le *Phèdre* montre que les rassemblements différents permettent à l'orateur de prêter deux sens au terme « appétit », sans qu'il ait besoin de le définir.

En effet, on peut comprendre que, d'une part, le rassemblement est la réminiscence telle qu'elle est décrite et que, de l'autre, cette réminiscence se fonde sur l'usage de la langue. Je tire cette interprétation de la traduction suivante de la phrase contenue en 249 b 8-c 1 : « Car l'homme doit comprendre ce qui est dit suivant <sa> forme, venant de bon nombre de perceptions, <mais> rassemblé dans une unité par le raisonnement. » Cela me semble vouloir dire que le rassemblement est précédé non seulement de multiples perceptions, mais aussi d'une dénomination qui correspond à une forme. Avant de constituer l'unité conceptuelle par le rassemblement, on traite déjà comme une unité l'objet de multiples perceptions en l'appelant par un seul terme comme « désir amoureux », « gloutonnerie » ou « appétit ». Étant donné que ces termes susceptibles d'entrer dans le rassemblement s'accordent avec des formes, leur utilisation est probablement censée véhiculer une certaine intelligence que l'orateur développe en explicitant les rapports entre les réalités ainsi désignées. Voilà les ressources dont dispose l'art de la rhétorique qui se fonde sur la dialectique[1].

DIVISION

Alors que l'esquisse du rassemblement éclaircit, de façon abstraite, les préalables de l'ouverture de chacun des discours de Socrate, l'esquisse de la division ne porte pas sur les deux divisions qui ouvrent les discours, mais prétend dessiner le plan d'ensemble de façon concrète (265 d 9-266 b 2, *cf. supra*, p. 267-268). Par ce biais, Socrate cherche à accréditer l'utilisation de la notion de délire qui rend possible la pensée d'un désir amoureux de nature bénéfique. Cependant, comme un plan d'ensemble doit comprendre aussi la pensée du mauvais désir amoureux, la division est faite pour expliquer qu'il existe deux espèces contraires de désir amoureux, un bon et un mauvais. À ce sujet, ma thèse consiste à dire que,

1. Pour mon interprétation de 249 b-c, voir *La fin du* Phèdre, *op. cit.*, p. 52-53. Il est vrai que je suis amené à distinguer deux sortes d'objets du rassemblement : j'identifie au terme à définir (tel « désir amoureux ») ce qui, selon 249 b-c, est rassemblé dans une unité – ξυναιρούμενον au singulier –, alors que j'identifie à une série de termes apparentés les réalités disséminées – τὰ διεσπαρμένα – qui font, d'après 265 d 3-4, l'objet du rassemblement dans cette unité qui me paraît être la notion englobante (tel « appétit »). La différence entre le singulier et le pluriel indique donc une différence de la pensée, même si l'on veut croire que les deux pensées se complètent : le rassemblement des réalités disséminées sert à conférer son unité conceptuelle au terme à définir. Que la réminiscence consiste, selon 249 b-c, dans le raisonnement qui aboutit à la définition, cela semble contredire la théorie de la réminiscence exposée dans le *Phédon*, car la réminiscence conçue selon cette théorie est provoquée immédiatement par la perception, sans qu'il faille un raisonnement (voir Dixsaut, *Métamorphoses de la dialectique*, *op. cit.*, p. 114-115). Mais ce n'est vrai que pour une première étape de la réminiscence. Puisque celle-ci est censée nous redonner notre *savoir* prénatal, Socrate a le loisir de faire intervenir la notion de savoir dont il dit qu'il est la capacité de rendre raison de son objet (76 b 4-c 2). À ce moment-là, il s'avère que ni les perceptions ni la connaissance des mots comme « bon » ou « juste » (75 c 7-d 3) ne nous suffisent pour récupérer le savoir que Simmias n'attribue qu'à Socrate, le dialecticien (cf. *Crat.*, 390 c 6-12). En principe, les passages du *Phédon* et du *Phèdre* s'accordent donc pour distinguer une étape prédialectique et la recherche du savoir dialectique, à laquelle seul le texte du *Phèdre* réserve la dénomination « réminiscence ». À propos du bien, le « pressentiment » prédialectique est bien décrit, comme on le sait, en *Rép.*, VI, 505 d 11-e 3.

en concevant la division, Socrate se borne à faire remonter à la notion englobante, c'est-à-dire le délire, la contrariété des deux désirs : ils s'opposent au titre de valeur et de non valeur, parce qu'ils sont des parties du délire qui, de son côté, connaît la même opposition.

Ne faut-il pas admettre de surcroît que tout ce qu'on apprend à propos du délire ou de l'égarement de l'esprit est précisément le fait qu'il se décompose en deux « moitiés » de valeur contraire ? En outre, il se distingue de l'appétit par le fait de ne pas avoir besoin d'une autre réalité pour se diviser : alors que l'appétit se divise en démesure ou maîtrise de soi à la faveur de ses deux rapports avec l'opinion raisonnable, le délire se divise tout seul, autrement dit, il est immédiatement divisé, il n'existe que sous la forme de la division et son unité apparaît purement verbale.

Est-ce que cette observation est contredite par le fait que Socrate évoque une forme commune qu'il détermine d'abord comme « l'aspect irrationnel de l'esprit » (τὸ ἄφρον τῆς διανοίας, 265 e 4) et ensuite comme « l'égarement de l'esprit » (παράνοια, 266 a 2-3)[1] ? À ce propos, j'observe une divergence entre ce que Socrate annonce en utilisant certains termes constitutifs de la dialectique et ce qu'il réalise en dessinant concrètement le plan de ses discours. En effet, il explique que le deuxième procédé, à côté de celui du rassemblement, consiste à diviser une forme commune en parties qui sont également des formes. Mais, bien que la lettre du texte souligne l'unité de la forme commune (*cf.* ἕν τι κοινῇ εἶδος, 265 e 4), Socrate ne s'emploie point à faire ressortir ce qui constitue cette unité dans le cas présent. Au contraire, le fait que Socrate passe d'une dénomination à l'autre, c'est-à-dire de « l'aspect irrationnel de l'esprit » à « l'égarement de l'esprit » et au « délire » (266 a 7) a l'air de signaler que l'identité conceptuelle de la forme commune est sans intérêt pour l'explication du plan des deux discours.

Le seul élément susceptible de déterminer la forme commune en question est l'appellation par « l'aspect irrationnel de l'esprit ». Mais c'est là une détermination par pure opposition à la raison, opposition qui ne fait qu'exclure tout un domaine (celui de la raison) de la forme qu'il s'agit de diviser. Cette exclusion est loin de nous apprendre la nature de la forme commune, car sinon elle nous ferait savoir, selon les critères établis dans le *Phèdre* (270 b 4-5, c 9-d 8), si la forme est simple ou multiple et quelles sont les capacités actives et passives qui lui appartiennent, à elle ou encore à chacune des formes dont elle se compose éventuellement. Rien de tout cela n'est même envisagé à propos de la forme commune, sa composition dichotomique est présupposée, non justifiée. Elle serait d'ailleurs difficile à défendre, à supposer que la peur et la colère, par exemple, fassent partie de l'aspect irrationnel de l'esprit : comment les diviser en deux formes contraires de la même façon que le désir amoureux[2] ?

1. Monique Dixsaut semble partir de cette unité, lorsqu'elle suppose aussi une unité d'*erôs*, voir *Métamorphoses de la dialectique*, *op. cit.*, p. 127 ; *contra* Heitsch, *Phaidros*, *op. cit.*, p. 142.

2. Aux yeux de D. A. White, (*Rhetoric*, *op. cit.*, p. 220) en revanche, « absence de raison » et « délire » sont synonymes pour désigner la forme à diviser.

D'une détermination trop peu précise, à savoir l'opposition à la raison, Socrate passe à un terme trop restreint, celui d'« égarement de l'esprit » que Platon n'utilise au demeurant que pour désigner la démence sénile (*Lois* XI, 928 e 4 et 929 d 7). D'une part, on a du mal à croire que Socrate songe à intégrer les inspirations divines, telles la divination et la poésie (265 b 2-6), dans l'ensemble des égarements de l'esprit, mais, de l'autre, la notion d'égarement de l'esprit semble présenter l'avantage de permettre encore un passage discret, celui au délire, ce dont Socrate profite pour classer précisément les inspirations divines au titre de bons délires (266 a 7) ; on peut en conclure que le terme d'égarement de l'esprit ne convient qu'aux « maladies humaines » (265 a 9-10)[1]. Somme toute, on ne saurait déterminer l'unité de la forme dont la division doit permettre de découvrir les deux désirs amoureux.

De plus, le principe de la division n'est nullement expliqué, étant donné que la différence entre la moitié gauche et la moitié droite n'explique rien dans le domaine conceptuel, mais ne fait qu'anticiper, dans l'imagination, les valeurs contraires des résultats de la division[2]. Que dire alors sinon que Socrate ne s'intéresse pas au procédé qui consisterait à appliquer la conception abstraite de la division à la structure conceptuelle des deux discours ? Il se contente plutôt de montrer comment, *en principe*, peut se justifier ce qu'il a pratiqué dans ses discours contradictoires : la division en deux réalités opposées de ce qu'on désigne par le seul terme de « désir amoureux ». Pourtant, dans la mesure où la justification n'est pas donnée, le lecteur se rend compte que les structures conceptuelles qui fondent les deux discours ne découlent pas manifestement d'une analyse dialectique. C'est plutôt l'inverse qui est vrai : puisque l'esquisse de la division doit légitimer la caractérisation du désir amoureux par le délire (voir *supra*, p. 267-268) et que le délire est conçu comme radicalement ambivalent à l'image de ce que Socrate veut dire du désir amoureux, l'utilisation de la dialectique s'explique par le dessein rhétorique de faire apparaître le désir amoureux tantôt nuisible tantôt bénéfique[3].

1. Ce n'est pas l'avis de Monique Dixsaut, *Métamorphoses de la dialectique*, *op. cit.*, p. 126.

2. Voir Wedin, art. cit., p. 214 ; Heitsch, *Phaidros*, *op. cit.*, p. 142, n. 274.

3. Il va de soi que ce que je soutiens à propos de l'utilisation de la dialectique ne vaut pas pour les autres façons dont le *Phèdre* évoque la dialectique : par le biais de conceptions théoriques ou de projets d'application, notamment à l'âme et aux discours.

LA MORT ET LE STATUT DES MORTS D'ESCHYLE À PLATON

JEAN FRÈRE

Dans son commentaire au *Phédon*, Monique Dixsaut soutient que l'âme ne « survit » pas au corps mort et que, par conséquent, son immortalité n'est pas une « autre vie » mais une « existence »[1]. Cette remarque pose, entre autres, le problème du statut de l'âme des morts chez Platon. Nous allons suivre Platon dans sa façon d'envisager la mort et le cheminement de l'âme après la mort du corps. Mais, pour mieux comprendre la pensée de Platon, nous irons aux sources dans lesquelles celui-ci puise, en s'en distançant, la force de son originalité. Aussi envisagerons-nous le rapport de Platon à Eschyle en faisant un bref détour par Homère, qui est, d'une manière ou d'une autre, leur horizon commun. Comment Eschyle et Platon conçoivent-ils l'au-delà? Quels liens établissent-ils entre la qualité morale de la vie terrestre et la condition de l'âme après la mort? C'est à la fin de ce détour que nous espérons pouvoir saisir ce que devient l'âme, chez le poète tragique de l'au-delà et chez le philosophe de l'immortalité, quand elle cesse d'être le principe qui anime le corps.

L'HORIZON HOMÉRIQUE

Face à Ulysse descendu aux enfers, l'âme de Tirésias s'étonne et interroge : « Pourquoi donc, malheureux, quittant la lumière du soleil, es-tu venu voir les morts et la terre sans joie ?[2] » Le monde souterrain, où subsistent les âmes des trépassés, apparaît à Homère comme un lieu ténébreux et terrible[3], effrayant et affligeant pour les vivants, mais également désolant pour les morts[4]. Même le vaillant Achille ne parvient pas à s'arracher à la douleur d'être mort et jalouse le

1. Monique Dixsaut, *Platon. Phédon*, trad., introd. et notes par Monique Dixsaut, Paris, Garnier Flammarion, 1991, p. 166 : « Quand l'âme parcourt le cycle des contraires, elle meurt, elle est morte, mais elle continue à exister; à être, pas à vivre. ». *Cf.* M. Dixsaut, « Immortel et indestructible : le dernier problème du *Phédon* », dans F. Karfík, A. Havlicek (eds), *Plato's Phaedo. Proceedings of the Second International Symposium Pragense*, Prague, Oikoumene, 2001, p. 384-405.

2. *Odyssée*, XI, 93-94.

3. *Ibid.*, 155-159.

4. *Ibid.*, 541-542.

sort, quel qu'il soit, de ceux qui vivent encore. « Ne me console pas de la mort, illustre Ulysse; j'aimerais mieux, serf attaché à la glèbe, être au gage d'autrui, d'un homme sans patrimoine, n'ayant guère de moyens, que de régner sur les morts qui ne sont plus rien[1]. » Plongées dans la brume obscure, affligées et en souci, les âmes des morts ne sont plus qu'ombres qui survivent à un corps péri à jamais.

Si Homère croit en un « après » la vie terrestre, il envisage celui-là comme une survivance larvaire de ce qui anima naguère l'existence de chacun, comme la présence pour ainsi dire latente d'une âme qui ne surgit que quand on l'interpelle et qui, interrogée, ne peut que se souvenir avec regret de ce qu'elle a jadis vécu. Si, au regard d'Homère, il y a un statut de la mort en ce sens que quelque chose de l'individu subsiste, il n'est point, pour l'âme du mort, de devenir, non plus que de communication possible avec ceux qui évoluent sous la lumière du soleil. En effet, l'âme du mort reste figée sur son devenu et impuissante à influencer d'aucune manière l'histoire des vivants. De cette situation, l'âme du mort tire une double affliction : persistance douloureuse des préoccupations de la vie et tristesse effrayée face au dépérissement irrévocable. L'âme du héros ne jouit de nul privilège et les paroles d'Achille, jointes à celles que les autres âmes illustres prononcent, témoignent des caractères exclusivement négatifs qu'Homère attribue à la mort.

Plusieurs siècles plus tard, avec Platon, la situation paraît inversée. Le philosophe considère la mort comme un bien, car il espère trouver, après l'anéantissement du corps, quelque chose de meilleur, car il croit rencontrer là-bas un sort beaucoup plus avantageux pour les hommes vertueux que pour les méchants[2]. Le désir, l'empressement de mourir qui anime l'ami de la sagesse se fonde sur la croyance – qui devient une certitude grâce aux preuves de l'immortalité de l'âme – en l'exercice d'un jugement qui, après la mort, récompense les bons et châtie les méchants. Le mythe de la *République* décrit avec précision les effets de ce jugement qui a lieu après la mort.

Réparties en deux catégories, celle des âmes épuisées et poussiéreuses, sanctionnées en fonction de leurs fautes durant la vie terrestre, et celle des âmes pures dont l'existence fut vertueuse, les âmes des morts suivent corrélativement deux destinées distinctes. Les premières s'abîment dans les souterrains ténébreux où elles souffrent et gémissent jusqu'à expier les délits et crimes commis, les secondes gagnent joyeusement la « prairie » comme dans une fête solennelle[3]. Dès lors on comprend l'affirmation que Platon met dans la bouche de Socrate, condamné à la peine capitale : « Quiconque s'attache à la philosophie au sens droit du terme, les autres hommes ne se doutent pas que son unique souci, c'est de mourir et d'être mort[4]. » Cette inversion que l'on constate chez Platon, et qui

1. *Odyssée*, XI, 488-491.
2. *Phédon*, 63 b-c, trad. Robin, Paris, Les Belles Lettres, 1949.
3. *République*, X, 614 d-e : *endroit merveilleux*; cf. *Phédon*, 107 d et *Gorgias*, 524 a.
4. *Phédon*, 64 a.

consiste à faire de l'après-mort un état désirable, auquel celui qui a mené une vie bonne s'achemine avec joie, est fonction de l'introduction de l'idée d'un jugement porté sur la vie[1]. Comblé, le sage mène par-delà la corruption du corps, une existence de fête, communiquant avec les dieux ainsi que les hommes trépassés vertueux[2]. contemplant la vérité à loisir et faisant part aux âmes vertueuses comme la sienne « de plaisirs délicieux et de spectacles d'une beauté infinie[3] ».

D'Homère à Platon, la conception de la mort change jusqu'à l'opposition. Les âmes d'élite, que la mort clouait sur la souffrance d'une survivance sans devenir dans les ténèbres chez Homère, trouvent, au contraire, la joie optimale dans une existence faite de rencontres heureuses et de contemplations chez Platon. D'Homère à Platon, un long chemin a été parcouru, et l'idée de la mort s'est complexifiée, enrichie, approfondie de ce parcours. Or la transformation n'a pas été soudaine, la route n'a pas manqué de jalons. Sur la mort, les Tragiques avaient également une pensée propre, eux toujours aux prises avec elle dans leurs drames et pathétiques par le conflit même entre la vie et la mort qu'ils décrivent à travers les situations-limites du meurtre, du suicide, de la catastrophe d'une défaite sanglante.

ENTRE HOMÈRE ET PLATON

C'est en tant qu'étape, peut-être décisive, entre Homère et Platon, qu'il convient d'interroger Eschyle. Comment celui-ci concevait-il la situation d'être mort et avait-il une conception précise de la mort elle-même ou, plus exactement, de ce qui, après la mort, advient ? Dans quelle mesure les œuvres qui nous restent d'Eschyle se détachent-elles de l'idée homérique trop schématique encore de la mort, pour annoncer une réflexion plus élaborée sur celle-ci ? Et de quelle manière Eschyle, tout en quittant un point de vue trop simple, demeure-t-il encore loin d'une philosophie sur la mort telle qu'elle se précise dans le platonisme ?

Cette dernière question ouvre une nouvelle piste. En étudiant au plus près la vision platonicienne de l'au-delà de la mort, nous découvrons que les âmes n'ont plus le statut que leur accordait Eschyle. Au regard du poète, les âmes restaient encore proches du monde des vivants et, interpellées avec insistance, elles revenaient pour un court moment parler avec les vivants. Avec Platon, entre le monde des vivants et celui des morts il n'y a plus de lien. Cette séparation signifie, à notre avis, une modification profonde de la condition des âmes des morts. En transition dans l'au-delà entre deux incarnations – entre deux phases où elles donnent la vie à un corps –, l'âme serait-elle le sujet d'une expérience radicalement autre de l'expérience qu'elle vit dans le monde du devenir ? Et, si tel est le cas, de quel type d'expérience s'agit-il ? Quelle est, pour Platon, la condition de l'âme quand elle n'anime pas de corps mortel ?

1. *République*, X, 614 c.
2. *Phédon*, 63 b.
3. *République*, X, 615 a.

Telles seront, en leurs grandes lignes, les questions que cette étude comparative s'efforcera d'explorer.

COMPLEXITÉ D'ESCHYLE

Au commencement du mythe sur la destinée des âmes dans le *Phédon*, et au moment de décrire la multiplicité des chemins et la diversité des sorts que les âmes suivent dans Hadès, Platon se réfère à Eschyle avec une intention évidemment polémique : « Preuve que la route n'est pas comme le dit le Télèphe d'Eschyle[1]. » L'impossibilité, pour nous, d'interroger la pièce citée n'entrave guère la compréhension du sens de la critique de Platon. Selon lui, Eschyle aurait une conception trop simpliste, peu nuancée, de ce dont Platon croit avoir sondé la complexité. Comme, dans la suite du récit fabuleux, Platon met l'accent sur les différences de cheminement des âmes dues aux qualités diverses dont ces âmes ont fait preuve durant leur existence concrète, l'on peut deviner le reproche principal que le philosophe adresse au poète : celui-ci aurait négligé le facteur éthique dans sa façon d'envisager la mort et cette négligence semble constituer elle-même une erreur, erreur qui aurait engendré toutes les autres méprises d'Eschyle, organisées autour de l'occultation de la profondeur du problème.

Pourtant, à lire de près les œuvres d'Eschyle, l'on s'aperçoit que le statut des morts n'est ni aussi simple ni aussi étranger à la préoccupation éthique que le suggère Platon. Existence de dieux souterrains, présence des Erinyes vengeresses ou justicières, lien entre l'état du mort et les conditions de sa vie, rapports entre vivants et morts, puis entre morts, sont autant de versants du problème de la mort tel que le poète le ressent, le pense et l'exprime. Or c'est à travers une étude plus serrée des vers consacrés à la mort qu'il deviendra possible de cerner et de discuter la différence, voire la rupture, que Platon accuse entre sa propre idée de la mort et celle d'Eschyle. Après une approche des différences d'attitude face à la mort et de description de l'Hadès, nous aborderons la question plus délicate des rapports entre la mort et la vie chez ces deux auteurs. Nous soulèverons, enfin, le problème plus essentiel de la justice tel qu'il se pose pour Eschyle et pour Platon.

LE DEUIL

Dans les *Perses*, la mort est d'abord présentée comme elle est éprouvée par ceux qui continuent de vivre. La mort arrache irrémédiablement l'être à la vie en y creusant le vide de son absence et en suscitant la souffrance du deuil, faite de solitude et de regret. Les épouses des guerriers morts, en leur douleur, gémissent « et le regret des hommes emplit les lits de larmes[2]. Chaque femme perse, en son deuil languissant, a donné l'escorte d'un regret amoureux à son belliqueux et

1. *Phédon*, 108 a.
2. *Perses*, 133-134.

bouillant époux, et demeure seule du couple d'antan[1]. » Le chœur accompagne et soutient les lamentations des femmes, soulignant par son langage imagé l'irréversibilité de l'événement qui fait tant souffrir. « Las ! Hélas ! Tu me fais voir ceux que j'aime roulés du flot où sans cesse ils replongent, corps sans vie emportés dans leurs larges saies errantes[2]. » Douloureuse pour ceux qui en subissent le deuil, la mort est également affligeante pour ceux qui l'ont subie. La solitude inexorable pour les uns, le dépérissement définitif des autres constituent les deux aspects de la mort, qui est un fait radicalement tragique, sinon le fait tragique par excellence. Et les larmes, et les déchirements, et les cris, et les sanglots, sont autant de réactions inévitables, naturelles, face à la souffrance totale qu'est la mort. « Ah ! Gémis, déchire-toi le cœur ! À pleine voix, crie tes souffrances jusqu'aux cieux ! Hélas ! Tends, dans un appel de douleur hurlante, ta voix misérable[3]. » Mis devant la douleur intégrale – l'affliction extraordinaire de la mort – l'être humain se plonge dans le deuil. En transcrivant dans ses vers cette désolation, le poète n'exprime pas seulement les vibrations d'une expérience, mais aussi une conception qui est sienne. Pour lui, la mort est un malheur entier qui, en tant que tel, appelle et justifie la lamentation extrême.

À l'instar des femmes perses, Xanthippe hurle et se frappe la poitrine en songeant à la mort imminente de son époux[4]. Mais Socrate refuse cette attitude et exige sur le champ le départ de sa femme éplorée. Pareils à Xanthippe, les disciples de Socrate ne peuvent retenir leurs larmes quand arrive le moment crucial qui emportera leur maître à jamais. « Alors nous, qui presque tous jusqu'alors avions de notre mieux réussi à nous retenir de pleurer, lorsque nous vîmes qu'il buvait, qu'il avait bu, il n'y eut plus moyen : ce fut plus fort que moi, dit Phédon, mes larmes à moi aussi partent à flot, si bien que, la face voilée, je pleurais tout mon saoul ... Quant à Apollodore qui, déjà auparavant, n'avait pas un instant cessé de pleurer, il se mit alors à pousser de tels gémissements de douleur et de colère que tous ceux qui étaient présents eurent le cœur brisé. » Mais Socrate, serein et courageux, heureux même, maintenant comme tout à l'heure, s'indigne de l'attitude de ses amis et les rappelle à l'ordre. « Qu'est-ce que vous faites là ? Vous êtes extraordinaires ! Si pourtant j'ai renvoyé les femmes, c'est pour cela surtout, pour éviter de leur part semblable faute de démesure ; car c'est avec des paroles heureuses qu'il faut finir. Soyez calmes, ayez de la fermeté[5]. » La réaction des parents et des disciples, toute de larmes et de gémissements, contraste avec l'attitude du philosophe, tranquille et comme content de mourir, et qui désapprouve absolument les comportements de deuil.

À travers cette condamnation de la conduite courante face à la mort s'exprime une première opposition de Platon à Eschyle. Ce qui était normal, fondé, justifié pour celui-ci devient aberrant, injustifié, irrecevable pour celui-là. Par-delà les

1. *Ibid.*, 135-139.
2. *Ibid.*, 174-177.
3. *Ibid.*, 570-575.
4. *Phédon*, 60 a.
5. *Ibid.*, 117 c-d.

manifestations extérieures de la douleur, c'est la douleur elle-même que Platon rejette résolument. C'est donc sur le fond du problème que le philosophe et le poète divergent. Au regard de Platon, la mort n'est point tragique, elle est même tout le contraire d'un fait tragique. C'est en tant qu'il constitue une réplique à la conception tragique de la mort qu'il faut lire le *Phédon*. Car à Eschyle, qui envisageait la mort comme le malheur total auquel la désolation démesurée était une réponse proportionnée, Platon rétorque que, pour le sage, la mort est un bien, source d'immenses biens, et que le désespoir à son sujet ne peut être qu'une attitude hybristique. Car à Eschyle, qui considère la mort comme l'objet de la crainte la plus terrible, Platon répond que la mort est, pour le philosophe, l'objet de son meilleur espoir.

Hadès

Pourquoi cette antithèse ? Pourquoi le passage de la mort dramatique à la mort heureuse, voire béatifiante ?

Si la réponse à cette question est devenue, pour ce qui concerne son aspect global, un lieu commun – Platon affirme l'immortalité de l'âme et le sort privilégié du philosophe –, les éléments constitutifs de cette réponse sont loin d'être simples. Si Platon s'oppose à Eschyle en présentant, face à une conception qui s'esquisse, une philosophie de la mort, il ne parvient pas à éviter le discours poétique dans l'expression de ce que la mort est à ses yeux. Ainsi, plutôt que de reprendre le chemin de l'analyse rationnelle dont le *Phédon* est la fidèle relation, il serait intéressant de questionner les mythes platoniciens pour chercher ce que l'image signifie. En utilisant de la sorte Platon, par ce type de propos qui le rapproche, par sa forme du moins, du poète, on pourra mieux se représenter la manière dont il se détache des suggestions de la poésie.

La mort est un fait qui mène à un lieu : d'Homère à Platon, les Grecs attribuent aux morts une région propre qui est invisible, qui est l'Hadès. Or la façon d'imaginer le lieu témoigne de ce qui, sur l'état de mort, est pensé. Dans la description du domaine des morts, Eschyle et Platon diffèrent et traduisent, par cette divergence, un désaccord profond. Eschyle ne s'attarde pas à décrire l'Hadès. Il souscrit aux croyances populaires qui situent les enfers sous terre[1] et les qualifient de ténébreux souterrains[2]. Sans doute Eschyle aurait approuvé la description de la mort que le poète inconnu a ajouté pour achever les *Sept contre Thèbes*. « Allons, mes amis, qu'au vent des sanglots vos bras battent autour de vos fronts l'entraînante cadence de la nage qui, de tout temps, à travers l'Achéron, a su faire passer la lourde nef aux voiles noirs avec ses pèlerins jusqu'à la rive ignorée d'Apollon, la rive sans soleil, hospitalière et invisible[3]. » Quoi qu'il en soit, ce qui paraît intéresser Eschyle, ce sont les puissances qui régissent la région des défunts. Or

1. *Agamemnon*, 1386, *Perses*, 689.
2. *Perses*, 840.
3. *Sept contre Thèbes*, 854-860.

dans l'administration du lieu sans soleil, Zeus Sauveur est le chef suprême[1], secondé par Hermès infernal[2] et entouré d'autres divinités assignées à l'organisation de la réalité souterraine[3]. L'insistance d'Eschyle pour nommer les dieux des ténèbres correspond, comme nous le verrons plus loin, à deux soucis étroitement liés l'un à l'autre.

Le premier est de rendre compte, par le truchement des dieux infernaux, des rapports entre vivants et morts. La deuxième préoccupation est de montrer l'existence de lois rigoureuses, fondées sur le divin et destinées à établir un ordre et une justice déterminés. Les rapports entre vivants et trépassés ne suppriment néanmoins pas la séparation des régions respectives de la vie et de la mort, et c'est cette cassure qui confère à ces relations singulières leur caractère particulièrement tragique. Lorsque l'ombre de Darius surgit, interpellée par les lamentations de la reine qui, en gémissant, fend le sol, elle ne manque pas de souligner le caractère extraordinaire de son surgissement. « Il n'est point aisé de quitter les enfers ; surtout, les dieux d'en bas savent mieux prendre que lâcher[4]. » Exceptionnelle, l'apparition de l'ombre de Darius l'est aussi par rapport au sort réservé aux morts sans activité tragique, c'est-à-dire à la foule de ceux qui, sans avoir marqué l'histoire, sont passés dans l'Hadès. En effet, pour le commun des hommes, la mort est « un destin de sommeil que rien n'interrompt ni ne termine[5]. »

Dans la représentation imagée de la région des morts et de l'état des morts, Eschyle se détache d'Homère par la rareté de ses descriptions des enfers et par l'abondance de ses indications sur les dieux infernaux ainsi que les relations nouées entre morts et vivants. Ces différences permettent de mesurer la distance entre une conception de la mort comme réalité irréductiblement statique et une conception qui s'organise autour de l'effort de discerner les mouvements singuliers d'une réalité laquelle se présente désormais comme une structure dynamique. À une pensée qui sépare la mort de la vie et regarde celle-là comme une vallée de larmes stériles succède une réflexion soucieuse de dégager, par-delà la séparation irréparable, les liens susceptibles de rapprocher ces opposés redoutables. Ainsi, les représentations du lieu et du malheur des morts sont-elles reléguées au deuxième plan.

Dans cette évolution, les propos de Platon s'inscrivent, d'un certain point de vue, comme un curieux retour en arrière. En effet, la richesse des descriptions du domaine des morts ne manque pas d'étonner. Platon élabore des mythes eschatologiques extrêmement complexes où la géographie tient une place primordiale et se réfère elle-même aux indications fournies par les chants homériques. Et c'est par la complexité de cette géographie que Platon pense se distinguer essentiellement d'Eschyle[6]. Or il est évident que ce retour à la description correspond chez

1. *Agamemnon*, 1387, *Choéphores*, 18-19.
2. *Choéphores*, 1, 726.
3. *Perses*, 686.
4. *Ibid.*, 687-689.
5. *Agamemnon*, 1451.
6. *Phédon*, 108 a.

Platon à un souci neuf qui accuse par sa nouveauté le dépassement d'Homère et d'Eschyle tout à la fois.

LE CHEMINEMENT DES ÂMES

Dans le *Phédon*, le mythe eschatologique suit les considérations morales, nécessairement impliquées par la démonstration de l'immortalité de l'âme[1]. Cette situation du mythe confirme le lien indissoluble qui unit celui-ci au souci éthique et signale que la description est ici, contrairement aux fables homériques, l'illustration d'une option philosophique. Cette option consiste à affirmer la réalité d'un jugement après la mort et à introduire, par là même, une véritable histoire pour l'âme des trépassés. Et comme ce jugement et cette histoire sont fonction de la qualité de la vie de chaque défunt, attestant de la sorte d'une continuité morale de l'expérience de l'âme, la géographie des enfers s'intègre dans une géographie plus générale, c'est-à-dire dans une étude de la structure de la terre, une cosmologie. La terre réelle, qui s'étend bien au-delà de celle que nous habitons, est dite divisée en trois parties : la terre supérieure, qui est le paradis terrestre, la terre où nous vivons et la terre inférieure, qui se partagent et s'abîment en des gouffres divers[2]. L'ensemble de la terre inférieure est traversé par quatre fleuves qui puisent leur source dans le cœur abyssal de la terre, le Tartare. Parmi ces courants, trois concernent le lieu et la destinée des morts. L'Achéron, qui coule de la terre visible à la terre invisible, arrive au lac Achérousias où il verse la grande masse des âmes des défunts ; le Périphléghéton, dont le parcours sinueux est marqué de la traversée d'une région de feu qui trouble ses eaux de lave et de cendre ; le Cocyte enfin, qui est d'une eau froide et sans mélange. La cosmologie permet de mieux comprendre, en la situant dans l'espace, l'histoire des âmes des morts, histoire qui commence avec leur arrivée au lieu du jugement.

Le mythe du *Phédon* est destiné à rendre sensible une vérité qui dépasse les cadres de la rationalité dans la mesure où elle exprime les traits d'une aventure en son fonds religieuse. Les propos qui introduisent le récit eschatologique du *Gorgias* – récit qui annonce de façon laconique celui du *Phédon* – sont, sur ce point, signifiants. « Écoute donc, dit Socrate, une belle histoire, que tu prendras peut-être pour un conte, mais que je tiens pour un discours véritable; et c'est comme vraies que je te donne les choses dont je vais te parler[3]. » La parole véridique affirme la réalité de deux lieux réservés aux morts, celui des Îles des bienheureux et celui du Tartare. Platon se réfère à ce sujet à l'*Iliade* qui mentionne le partage de l'univers et le lieu souterrain du Tartare[4]. Sans doute la référence au poète devient-elle légitime à partir du moment où la description de l'au-delà ne

1. *Phédon*, 107 c-d.
2. *Ibid.*, 110 b – 114 c.
3. *Gorgias*, 523 a.
4. Cf. *Phédon*, 112 a.

constitue pas une fin en soi –décrire est la fonction de la poésie – mais un moyen pour exprimer une conception qui s'efforce d'être vraie.

L'importance que revêt la topologie dans la réflexion platonicienne sur la mort se trouve confirmée dans la *République*. Le mythe d'Er le Pamphylien présente le lieu où l'âme arrive après la mort, structuré de manière précise; il y aurait une région centrale, *l'endroit extraordinaire* ou *la prairie*[1], ouverte sur deux doubles béances, les deux premières menant à l'intérieur de la terre, les secondes conduisant au ciel. Ces béances seraient le départ de chemins menant à la terre d'une part et au ciel de l'autre, chemins que les âmes parcourent deux fois, l'une de la plaine au ciel ou à la terre, l'autre du ciel ou de la terre à la plaine. Au point de départ, les âmes sont jugées par un tribunal dressé dans la prairie et qui estime la valeur de chaque âme en fonction de sa vie. Durant le voyage, ont lieu la purification des âmes qui ont failli et la mouvance heureuse des âmes vertueuses et, à l'arrivée, les échanges joyeux des âmes purifiées et pures. Un seul cas de non-retour et d'enterrement définitif: celui des âmes qu'un crime incurable maintient inexorablement dans les abîmes infernales. Ainsi, une fois de plus, l'analyse géographique de la région des morts témoigne de la volonté d'insister sur le sort éthique des âmes en en soulignant les multiples aspects.

Après la mort, l'âme est entraînée dans une longue marche: tel est le sens fondamental des mythes de Platon. Mais le voyage ne se limite pas au simple passage de la vie à la mort, comme l'avaient pensé Homère et Eschyle. Ce voyage ne s'arrête pas avec l'arrivée dans l'Hadès. Ce voyage est, pour Platon, une véritable péripétie morale, dont les étapes sont diverses, et si nuancées en leur diversité, que seule une description imagée des lieux peut en rendre compte. À la perspective poétique d'Homère, qui reste prisonnière de l'image, Platon oppose la perspective philosophique qui fait de l'image le contraire de la fiction. À la perspective psychologique d'Eschyle, qui envisage la mort seulement dans les situations qu'elle crée chez les vivants, s'oppose la perspective métaphysique de Platon qui atteint le fondement de ce dont doit dépendre la vie ici-bas des hommes. Ainsi le philosophe rompt avec les larmes qui s'adressent à la mort en tant que terme de la vie pour annoncer aux hommes les larmes et les tourments qui les attendent là-bas s'ils ne prennent pas la peine de bien vivre en désirant mourir.

DIALOGUE AVEC LES MORTS, DIALOGUE ENTRE LES MORTS

Eschyle et Platon présentent deux perspectives différentes sur le dialogue des morts. Chez Platon, coupés des vivants, les morts dialoguent entre eux ou avec les dieux. Dialogue horizontal au niveau de l'Hadès. Chez Eschyle, il y a la possibilité d'un dialogue vertical entre les morts et les vivants, entre les vivants et les morts. Ce n'est plus la pâle survivance homérique des ombres; Eschyle admet la survie des morts, du moins des morts illustres tels Darius, Agamemnon, Clytemnestre. Les vivants peuvent, parfois même doivent, les invoquer, voire

1. *République*, X, 614 b-e.

susciter leur évocation. Dans les *Perses*, le chœur appelle Darius. Darius entend-il? Soudain surgit l'ombre-image de Darius. « Ô, fidèles entre les fidèles, vos plaintes aiguës, évocatrices des âmes, pitoyablement m'appellent; mais quitter les enfers n'est point aisé[1]. » Pour n'être point aisé, l'exode n'en est pas moins possible, et le dialogue de Darius mort avec le chœur et avec la reine est un dialogue réel, qui n'a pas la brièveté, la pâleur des évocations des ombres au chant XI de l'*Odyssée*.

Darius mort, quand il surgit du pays de l'Hadès, est un quasi vivant parlant avec des vivants. Il s'enquiert de leurs souffrances. Si le chœur garde sa pudeur face au roi défunt, la reine du moins peut apprendre à son époux mort la triste nouvelle : « Tu vas tout savoir en peu de mots, Darius; la puissance perse est anéantie. » Le roi ignore les événements d'ici-bas. « Comment ? Est-ce la famine, est-ce la guerre civile qui s'est abattue sur l'État ? » Le roi s'effraie d'apprendre l'audace de son fils Xerxès. Darius dit : « Xerxès a été jusque-là ! Fermer le grand Bosphore ? » La reine répond : « Un dieu, sans doute, avait touché ses esprits. » Darius répond : « Terrible dieu pour l'avoir à ce point aveuglé[2]. » Darius se souvient des événements antérieurs à sa propre mort : « Ah ! Elle est vite venue la réalisation des oracles, et c'est sur mon propre fils que Zeus a laissé tomber l'achèvement des prophéties. » Il évoque la grandeur ancienne des Perses. Darius prévoit, par ailleurs, l'avenir : « Même l'armée, à cette heure restée en pays grec, n'obtiendra pas le salut du retour[3]. » Tout semble se passer comme si le dialogue l'avait réveillé. Ignorant, tout à l'heure, des faits actuels, il peut dorénavant pressentir les événements futurs et conseiller les vivants. Darius, le sage illustre, avant de retourner dans les ténèbres, conseille enfin les vivants : « Calme Xerxès par de bonnes paroles, tu es la seule dont il supportera la voix. Pour moi, je retourne aux ténèbres souterraines. » C'est enfin le conseil aux vieillards : « Même au milieu des maux, accordez à vos âmes la joie que chaque jour offre; car, chez les morts, la richesse ne sert de rien[4]. » Mort comme vivant, Darius reste le *tout-puissant*, le *bienfaisant*, l'*invincible*, l'*égal aux dieux*. Il y a une continuité dans la mort des traits du vivant qui fut illustre, même si désormais sa survie est vide d'événements. Des réapparitions épisodiques ne sont pas « résurrections »[5].

Outre le mort illustre qui apparaît interpellé par les vivants, Eschyle envisage le mort qui apparaît de lui-même. Ainsi Clytemnestre, illustre meurtrière de son époux Agamemnon, surgit à la lumière du jour de son autorité propre. Autorité de reine, de reine insatisfaite, qui se manifeste au chœur des Erinyes à demi endormies pour les exciter à la haine contre Oreste. Ainsi l'ombre de Clytemnestre se plaint-elle auprès des Erinyes qui, ensommeillées, semblent ne point penser à son sort : « Ah, vraiment, j'ai grand besoin de dormeuses quand, chez les morts, l'injure meurtrière ne m'est pas épargnée. Chez les ombres, j'erre dans la honte.

1. *Perses*, 681-688.
2. *Ibid.*, 713-725.
3. *Ibid.*, 759-797.
4. *Ibid.*, 839-842.
5. *Euménides*, 647.

De mes actes, on me fait grand crime là-bas[1]. » Point de dialogue harmonieux entre amis, mais conflit d'âmes mortes toutes de colère et de haine en leur dysharmonie. Dans l'Hadès eschyléen, point de dialogue harmonieux.

Enfin, il y a la puissance du héros mort qui s'exerce sur les vivants : d'abord aux abords de son tombeau, mais surtout le héros mort veut combattre avec les vivants pour repousser l'envahisseur, pour défendre la cité contre l'injustice ; ou encore le mort peut se venger des vivants. Oreste, à la fin des *Euménides*, menace les Athéniens s'ils ne votent pas pour l'absoudre : « Du fond de mon tombeau, à ce transgresseur de la foi, je me chargerai de faire regretter son entreprise[2]. » À la fin des *Sept contre Thèbes*, le chœur gémit : « Ombre puissante d'Œdipe, tu as prouvé ton pouvoir[3]. » Chez Platon, ce sont les âmes impures, boueuses, terreuses, qui viennent hanter épisodiquement les tombeaux, inquiétantes, certes, mais qui restent sans pouvoir sur les vivants[4].

Chez Homère, les ombres ont pâle survivance. Chez Platon, les âmes conservent leur *ethos*. Chez Eschyle, les morts illustres ont survie colorée. Cassandre subsiste avec son geste et son caractère propres : « J'irai gémir jusque chez les morts, sur mon sort et sur celui d'Agamemnon[5]. » Le mort emporte avec lui sa colère[6]. Chez Platon, le dialogue entre deux mondes distincts, celui des âmes séparées de leur corps, celui des vivants avec leur corps, est un dialogue impossible. Chez Homère, le dialogue est rare, bref, et quasi impossible avec les ombres. Chez Eschyle, en revanche, les défunts célèbres conservent une sorte de vie. Le dialogue avec les vivants s'avère ici dialogue possible.

PUNITION ET PURIFICATION

Eschyle et Platon se distinguent aussi par leur conception de la justice.

Dans la conception que présentent les mythes platoniciens sur l'au-delà[7], la justice d'ici-bas étant justice embrouillée, c'est un tribunal de trois juges d'une irréprochable et parfaite justice rationnelle, qui attend les mortels dans leur arrivée dans l'Hadès et qui les oriente dans les régions adéquates selon leurs fautes ou leur vie juste, selon leur méconnaissance ou leur connaissance de la vérité, selon leur impiété ou leur piété. Rhadamanthe juge les mors d'Asie, Éaque les morts d'Europe, Minos juge en dernier ressort, au cas où les deux autres juges douteraient[8].

1. *Ibid.*, 94-99.
2. *Ibid.*, 767-771.
3. *Sept contre Thèbes*, 975-977.
4. *Phédon*, 81c-d.
5. *Agamemnon*, 313-314.
6. *Choéphores*, 325-326.
7. *Gorgias*, *Phédon*, *République X*, *Phèdre*.
8. *Gorgias*, 524 a.

L'âme, dépouillée de son corps, garde ses traits naturels[1] et les modifications qu'elle a subies par suite des manières de vivre auxquelles l'homme l'a pliée. Tartare ou Île des bienheureux sont les deux extrêmes où se partage l'existence des âmes des morts. Existence qui, au demeurant, au bout de mille ans, débouchera sur une nouvelle vie terrestre, avant une nouvelle mort. C'est une cascade de jugements derniers, systématisée avec une rigueur où le mathématique se joint à une élaboration rationnelle du talion, où l'au-delà vient tantôt approfondir tantôt rectifier les récompenses ou les punitions de l'ici-bas, d'un ici-bas où les hommes, malgré le choix pré-empirique de leur rôle, sont, pour une grande part, l'origine de leurs pensées et de leurs actions. Ceux qui expient des fautes graves ont besoin de souffrances sur terre et dans l'Hadès. Quant à ceux qui ont commis les crimes suprêmes et par là sont incurables, ils sont soumis à des supplices terribles et sans fin[2]. La punition est expiatoire ou constitue un modèle pour autrui. De toute façon, la punition est purification, à la fois exigence rationnelle, exigence éthique, exigence religieuse. Dans sa façon de concevoir la justice de l'au-delà dans ses détails les plus subtils, Platon semble faire preuve du souci juridique qui, de la *République* aux *Lois*, n'a cessé de croître. La purification des âmes ayant fauté et la récompense de celles qui ont été pures relèvent d'un esprit de législateur rigoureux.

La conception eschyléenne de la justice divine et de la justice humaine dans les rapports entre vie terrestre et vie dans l'au-delà implique une complexité extrême de niveaux. Chez Platon, il y a un tribunal organisé de dieux équitables sondant les âmes, punissant et récompensant. Chez Eschyle, il n'y a pas d'anéantissement des hommes qui furent justes, mais survie heureuse. En revanche, il y a tantôt tourment et tantôt anéantissement des mauvais par les déesses de la vengeance, les Erinyes. « Qui, de soi-même, sans contrainte, sait être juste n'ignorera pas le bonheur et jamais ne périra tout entier. » Par opposition, il y a le rebelle audacieux. Celui-ci appellera sans qu'on l'écoute. Le ciel rit en voyant l'insolent : « Son long bonheur d'antan, il l'a précipité contre l'écueil de la justice et, sans que nul ne le pleure, le voilà mort, anéanti[3]. » Anéanti et invisible. Eschyle n'envisage donc guère de tribunal, mais d'une part un sort heureux qui se poursuit heureux et, d'autre part, les déesses filles de la Nuit, avec leur courroux vengeur.

Mais les Erinyes justicières dans l'au-delà pourchassent le criminel déjà ici-bas. « Le lot que m'a filé la Parque inflexible, c'est de faire escorte aux mortels qu'une fureur a jetés dans les voies du meurtre, jusqu'à ce qu'ils descendent sous terre; et, pour lui, la mort ne sera pas la délivrance[4]. » Elles châtient ceux qui voient la lumière aussi bien que ceux qui l'ont perdue. Elles déchargent ainsi les dieux. Hadès exige, mais Hadès ce sont les Erinyes : « Chacun subit le châtiment que réclame l'injustice. Hadès, sous la terre, exige des humains de terribles

1. Les traits qu'elle avait lors de sa naissance dans un corps mortel.
2. *Gorgias*, 525 c.
3. *Euménides*, 550-555.
4. *Ibid.*, 333-339.

comptes. Et son âme qui voit tout garde fidèle empreinte[1]. » Les Erinyes s'adressent à Oreste : « Tu périras délaissé de tous, l'âme à jamais désertée par la joie, ombre vidée de sang[2]. » Telles sont les justicières. Mais Athéna en conteste la droiture : « Tu veux passer pour juste plus que l'être en effet[3]. »

D'où l'effort d'Eschyle pour rationaliser la justice vengeresse des Erinyes, pour tempérer cette justice furieuse grâce aux figures d'Apollon et d'Athéna. Certes, punir le meurtrier est nécessaire. Mais des questions se posent. Tout meurtre est-il un crime ? Quelle est l'étendue de la culpabilité ? Peut-on punir les descendants pendant plusieurs générations ? Certains meurtres ne sont-ils pas des actes justes, qui nécessitent la justification du meurtrier et non sa punition, ici-bas et dans l'au-delà ? La figure d'Oreste est ici au centre du débat. Oreste a tué Clytemnestre. N'était-ce pas toutefois justice ? Les Erinyes sont-elles justes et pieuses en pourchassant Oreste pour son meurtre ? Seulement, si l'on ne poursuit pas Oreste, ne laisse-t-on pas la voie libre pour toutes sortes de licences ?[4] Eschyle répond par la négative. Le dieu Apollon assume la responsabilité de purifier Oreste du sang. Pour lui, le meurtre injuste, c'est le meurtre d'un héros. Aussi Clytemnestre n'avait-elle pas le droit de tuer Agamemnon et c'est elle que l'Erinyes aurait dû poursuivre. Oreste a donc rétabli l'ordre en sommant les Erinyes de cesser de le poursuivre ici-bas et dans l'au-delà. Les jeunes dieux piétinent donc les anciens dieux. Bientôt, fureur et vengeance, colères et nuisances des Erinyes s'effaceront. La droite justice remplace donc dorénavant la vengeance passionnelle ici et dans l'au-delà. Dans le cas d'Oreste, purifié par la volonté d'Apollon et d'Athéna, les Erinyes se transforment en Euménides. Par contre, que les impies, vraiment impies, soient pourchassés, sans scrupule, par les Erinyes, selon l'antique loi : *Le meurtre doit être payé par le meurtre*.

Face aux situations du meurtre impie – Clytemnestre et Egisthe assassinant Agamemnon –, du vol impie – Prométhée –, de l'amour impie – Œdipe –, Eschyle esquisse un approfondissement des châtiments divins contre l'homme, aussi bien en ce monde que dans l'autre. Introduire la juste mesure ici-bas, c'est l'introduire dans l'au-delà. Avec la figure d'Oreste, purifié ici-bas par Apollon et donc délivré des tourments de l'Hadès, on est sur le chemin de la purification de Platon débouchant sur un au-delà lui-même purificateur.

Poésie du héros et philosophie du sage

Mais on est seulement sur le chemin de l'au-delà de Platon. Car l'au-delà platonicien, c'est le triomphe des sages, c'est le châtiment ou la condamnation irrévocable des héros sanguinaires et ambitieux. Or l'au-delà chez Eschyle est le triomphe des héros illustres, des héros ambitieux et guerriers. Le juste de Platon

1. *Ibid.*, 273-275.
2. *Ibid.*, 300-302.
3. *Ibid.*, 430.
4. *Ibid.*, 494-495.

n'est pas le juste d'Eschyle. Le juste savant, modéré, pieux, selon Platon, n'est pas le roi combatif ou la reine ambitieuse et fière selon Eschyle. Deux modèles de vie s'opposent ici à travers l'œuvre du poète tragique et celle du philosophe de la pureté religieuse ainsi que du combat pacifique pour découvrir la vérité et pour rétablir l'ordre dans les cités. Eschyle est le chantre quasi nietzschéen du Surhomme. Platon fait l'éloge de l'homme que mène la juste mesure. Eschyle est le poète de la vie, et il conçoit la vie comme un combat. Platon, en revanche, est l'annonciateur d'un autre style de vie, d'une vie qui recherche l'harmonie, d'une vie pacifiée. On saisit dès lors pourquoi les deux approches de l'au-delà sont si nettement différentes chez Eschyle et chez Platon. Enfin, Eschyle est étranger à toute idée de métempsychose ou de réincarnation.

Au terme de notre étude, plusieurs constats s'imposent.

Tout d'abord, alors qu'Eschyle conçoit la survivance des âmes dans l'au-delà dans la continuité de la vie sensible, pour Platon l'immortalité de l'âme n'est qu'existence pure. En effet, les âmes d'un Darius et d'une Clytemnestre peuvent venir dialoguer avec les vivantes, ce qui est totalement impossible dans la perspective platonicienne. Cette impossibilité de communication entre l'âme des vivants et l'âme des morts montre qu'entre le devenir terrestre et l'aventure de l'âme après la mort il y a réelle solution de continuité. Principes animant le corps, lors de leur vie terrestre, les âmes ne sont plus que réalités pensantes – se souvenant, non pas des circonstances historiques de leurs actes, mais seulement de la qualité morale de ceux-ci.

Ensuite, tandis que, au regard d'Eschyle, l'immortalité est réservée exclusivement aux personnes illustres par leur fougue au combat, Platon fait de l'immortalité le sort de toute âme. La généralisation de l'immortalité est liée à une modification fondamentale de la conception de la justice. Alors que, chez Eschyle, la question de ce qui est juste est abordée à travers le thème de la vengeance, Platon envisage la réalité, dans l'au-delà, d'un tribunal jugeant les âmes en fonction de normes bien définies. Plus radicalement, alors qu'Eschyle suggère la nécessité de passer d'une justice vengeresse à une justice punitive plus élaborée, Platon établit une justice rationnelle et parfaite, chargée autant du châtiment de l'injuste que de la récompense du juste.

Enfin, là où Eschyle ne donne aucune information sur le lieu de l'Hadès, Platon, au contraire, nous fournit une foisonnante topographie du monde infernal. Cette abondance d'images dans la description de l'au-delà nous semble relever du besoin d'accorder aux âmes, qui ne sont plus que pensées pures, des repères extrêmement précis dans leur cheminement dans l'au-delà.

L'ARGUMENT RELATIF À LA *PLEONEXIA* DANS LE PREMIER LIVRE DE LA *RÉPUBLIQUE* : DEUX CONCEPTIONS DE CE QU'EST « AVOIR DAVANTAGE »

CHRISTOPHER ROWE

INTRODUCTION

L'objet direct de cet article[1] est un court argument, dans la *République* de Platon (I, 349 b 1-350 c 11), particulièrement mal compris par les commentateurs modernes. Mais le présent article a aussi, bien sûr, un objet plus vaste : l'éternelle question de savoir comment il faut lire et interpréter Platon. Je commencerai par donner quelques exemples illustrant la façon dont les interprètes modernes ont généralement lu cet argument; je proposerai ensuite une lecture sensiblement différente, qui permettra de placer l'argument – c'est du moins mon avis – sous un jour plus clair et favorable. Or c'est là une tâche qui paraît plutôt urgente, car cet argument a semblé *si mauvais* à certains lecteurs qu'il paraît surprenant que Platon ait même pris la peine de l'écrire. Bien sûr, il y a toute une ligne d'interprétation des Dialogues selon laquelle Platon fait un usage délibéré des arguments fallacieux[2] afin d'aider à l'éducation du lecteur (à qui incombe la tâche de repérer où le bât blesse) ou alors, peut-être, pour des raisons dramatiques, afin de souligner l'adresse avec laquelle Socrate utilise les présupposés de ses adversaires pour les emprisonner dans leurs propres contradictions. Mais, dans le cas qui nous occupe[3], de telles explications se heurtent à des problèmes spécifiques : si Socrate

1. Cet article est offert à Monique Dixsaut avec mon respect et mon affection, en guise de remerciements pour nos conversations passées sur Platon et dans l'attente de nos conversations futures.

2. Voir R.K. Sprague, *Plato's Use of Fallacy. A Study of the* Euthydemus *and Some Other Dialogues*, London, Routledge and Kegan Paul, 1962.

3. Il y a d'autres cas similaires. Le premier qui me vienne à l'esprit est dans le *Lysis* où, selon une ligne d'interprétation usuelle, Platon jouerait délibérément avec deux sens différents de *philia* (à moins qu'il ne soit lui-même complètement déboussolé quant à ces deux sens) : le sens objectif et le sens subjectif. Voir par exemple D.B. Robinson, « Plato's *Lysis* : the structural problem », *Illinois Classical Studies*, 11, 1986, 63-83. Selon moi, une telle interprétation passe tout simplement à côté de ce que Platon cherche à faire : non seulement il est parfaitement conscient – comme le serait à coup sûr n'importe quel locuteur grec – de la soi-disant ambiguïté, mais il ne joue même pas avec elle. Au

utilise délibérément l'équivoque (ce qui est l'opinion commune : voir plus loin), celle-ci – pour ceux qui la voient à l'œuvre ici – est plutôt rudimentaire[1], et Thrasymaque est simplement là pour être ridiculisé et paraître stupide (pour Socrate ce n'est donc pas vraiment une victoire dialectique, alors même que son auteur détient toutes les cartes).

S'il est permis à Socrate d'embarrasser aussi facilement un interlocuteur, il ne fait alors rien d'autre que jouer à un jeu et devient par là même à peine différent de, voire identique à ces « éristiques » qu'il critique fréquemment et, bien sûr, tourne en dérision[2]. Pour beaucoup d'interprètes, voilà qui est la vérité pure et simple : il est fréquemment permis à Socrate de maltraiter ses interlocuteurs[3]. Mon idée est la suivante : si cela était vrai, nos raisons de lire Platon s'en trouveraient sérieusement affaiblies. Même si l'on met de côté les questions de cohérence (comment Platon peut-il se comporter en éristique alors même qu'il critique les éristiques ?), on peut assurément se demander quel avantage Platon pourrait trouver à dépeindre un Socrate qui se contenterait de malmener ses interlocuteurs, de les désorienter ou encore, de tromper ceux avec lesquels il *affirme* vouloir avoir une véritable conversation; et quels avantages y aurait-il pour un quelconque lecteur de Platon à observer un tel comportement chez Socrate[4] ? D'où mon intérêt pour cet argument de *République* I qui, à tous les égards, semble présenter un exemple particulièrement significatif de ce genre de mauvais traitement infligé à un interlocuteur. Mon objectif principal, dans cet article, est de fournir une approche qui désarmera, ou devrait désarmer, les critiques les plus virulentes adressées à cet argument.

Cependant, je voudrais en même temps répondre à une attaque d'un type différent contre cet argument : une attaque stipulant, non pas qu'il y a un usage quelconque de l'équivoque (ou, en tout cas, qu'il y a une équivoque qui par elle-

contraire, il construit un argument qui la présuppose. Voir T. Penner, Ch. Rowe, *Plato's* Lysis, dans la série *Cambridge Studies in the Dialogues of Plato*, Cambridge, Cambridge University Press, 2005. Ce qui, entre autres choses, rend le contexte du *Lysis* comparable à celui qui nous occupe dans la *République* est que Platon adopte et construit une position – un ensemble d'idées – qui, d'un point de vue moderne et même du point de vue des interlocuteurs de Socrate dans le dialogue, est bien plus que légèrement inhabituelle. Dans les deux cas, j'affirme que c'est la façon dont Socrate prend position, et non une simple ambiguïté ou une équivoque triviale, qui est responsable de la difficulté. Mais c'est déjà par trop anticiper mes conclusions sur notre passage de la *République*.

1. Et, par conséquent, la leçon philosophique qu'il s'agirait de tirer de l'épisode serait pour le moins *élémentaire*.

2. On pense ici, avant tout, à l'*Euthydème* et à la façon dont Socrate traite les deux frères, Euthydème et Dionysodore.

3. Voir, par exemple, J. Beversluis, *Cross-examining Socrates : A Defense of the Interlocutors in Plato's Dialogues*, Cambridge, Cambridge University Press, 2000. Beversluis soutient que l'interlocuteur, dans le passage que je vais considérer, en l'espèce, Thrasymaque, est particulièrement maltraité : « au lieu de transpirer et de rougir de son argument, Thrasymaque aurait dû y jeter un œil plus attentif » (p. 239).

4. Peut-être que la considération la plus importante sur ce problème est la suivante : l'argument dont il est question ici est considéré comme suffisant pour empêcher Thrasymaque de soutenir, de façon extraordinaire, que l'injustice est un bien et une sagesse (*Rép.*, I, 304 d 4-5). Il doit donc y avoir, à coup sûr, *quelque chose* de sain dans la réfutation supposée que Socrate propose de cette position ?

même contaminerait sérieusement l'argument de Socrate), mais plutôt que les deux interlocuteurs sont seulement engagés dans un dialogue de sourds. Dans un passage de *Plato's Moral Theory*, Terry Irwin combine un exemple de ce second type de critique avec une version du premier :

> *Socrates now attacks Thrasymachus' claim that the unjust man is better off than the just man (374e 2-9) and argues that the just man is a craftsman, not merely the object of the ruler's craft aiming at the ruler's interest. The just man is like other good and wise craftsmen who do not try to overreach other craftsmen, and the unjust man is like bad and incompetent craftsmen who try to overreach everyone* (349B1-350C11). *The argument rests on an equivocation in "overreach"* (pleonektein); *the good craftsman will not try to "overreach" another good craftsman, by adding to the right prescription of the right amount, while the unjust man will "overreach" in a different way, by trying to get more benefits for himself.* [A qualification :] *"equivocation" is not quite right; Socrates will insist that the unjust man's overreaching is just a case of the first kind of overreaching – a foolish effort to grab more than the right amount, because he does not know the right amount, like an incompetent doctor who does not know the right dose. But this account of the unjust man is meant to be supported by the "overreaching" argument, and cannot fairly be used in its defence. Thrasymachus' unjust man is not devoted to pointless excess, but to securing the best results for himself – and Socrates has not proved that they are not acquired by injustice. To prove that the unjust man is simply incompetent at some craft, Socrates should show that he pursues the same determinate end as the just man, but less efficiently; but he has never found it easy to show that the final good is a determinate end*[1].

Dans un livre ultérieur[2], Irwin semble avoir retiré le reproche d'équivocité qu'il adressait à Socrate, en partie – c'est du moins ce que je déduis – parce qu'il a compris que Socrate attaque la caractérisation que Thrasymaque donne lui-même de l'homme injuste ; apparemment, Irwin n'adhère plus au second type de critique non plus, en remarquant qu'il y a d'autres façons de caractériser l'injustice (et que par conséquent, l'argument de Socrate est essentiellement *ad hominem*) :

> *The ... argument [at] 349B1-350C11 begins from the claim that "the person who is able to do great things [or 'the person with great power':* ton megala dunamenon*] overreaches"* (343E7-344A1). *Thrasymachus said this about the unjust person who uses his opportunities to gain advantages for himself and so to "overreach"* (pleonektein*) or get the better of other people. This is the person who goes in for "complete unjust action"* (348D5-9, 351B4-5); *he takes every opportunity to commit injustice, especially on a large scale. Thrasymachus agrees that the unjust person takes this overreaching, competitive attitude to everyone. Socrates argues that competent practitioners of a craft do not try to overreach other competent practitioners; they recognize that it is foolish to try to prescribe more medicine than the right amount prescribed by a competent doctor. The*

1. Terence Irwin, *Plato's Moral Theory : The Early and Middle Dialogues*, Oxford, Clarendon Press, 1977, p. 181-2.
2. T. Irwin, *Plato's Ethics*, Oxford, Clarendon Press, 1995.

indiscriminate desire to overreach is the mark of an incompetent and foolish practitioner. Measured by this standard, the unjust person turns out to be incompetent and foolish, since he tries to overreach everyone indiscriminately (349B1-350C11).
Socrates'argument is a fair answer to Thrasymachus' praise of "complete injustice", as it has been described so far. Socrates assumes that Thrasymachus regards the unjust person as the contrary of the just person. Whereas the just person is strongly committed to just action whenever he has a choice between just and unjust action, the unjust person, as Socrates and Thrasymachus conceive him at this stage, is committed to unjust action in the same way[1].

Irwin ajoute en note, à la fin du passage cité précédemment, que « une fois que l'on remarque cet aspect de l'argument[2], il est possible de répondre aux objections faites par Annas[3]... et Reeve[4] », objections dont la plus importante est très semblable à celle qu'Irwin lui-même proposait dans son propre ouvrage, *Plato's Moral Theory*, cité plus haut (voir le second paragraphe : « afin de prouver que l'homme injuste est simplement incompétent, Socrate devrait montrer qu'il poursuit la même fin déterminée que l'homme juste, mais de façon moins efficace ; mais il n'a jamais été facile pour Socrate de montrer que le bien final est un but déterminé »).

Annas mentionne la prétendue ambiguïté, dans le passage, autour de πλέον ἔχειν / πλεονεξία (*pleonexia*) (« avoir plus » mais aussi « faire mieux »[5]), mais elle ne considère pas que c'est là le problème principal posé par le passage ; Reeve ne la mentionne pas – alors même qu'il qualifie l'argument de « grossièrement fallacieux », et ce, en gros, pour les raisons évoquées précédemment. Mais la majorité des interprètes, ou en tout cas, la majorité de ceux dont j'ai pu, dans un rapide tour d'horizon, vérifier la position, semble penser qu'il suffit de signaler l'ambiguïté, ou une ambiguïté, dans les termes de l'argument pour le discréditer partiellement, voire totalement : ainsi, « les significations littérale et dérivée de πλέον ἔχειν sont considérées comme identiques tout au long du curieux argument qui suit[6] » ; « la réfutation de Socrate dépend [du fait que le terme grec πλεονεκτεῖν implique aussi la tromperie et l'injustice] : tantôt, πλεονεκτεῖν

1. T. Irwin, *Plato's Ethics*, *op. cit.*, p. 177-8.

2. Pour lequel il renvoie à H.W. Joseph, « Plato's *Republic* : the argument with Thrasymachus », dans *Essays in Ancient and Modern Philosophy*, Oxford, Clarendon Press, 1935, p. 32-3 (selon Joseph lui-même, l'argument est « absolument convaincant », p. 31).

3. J. Annas, *An Introduction to Plato's* Republic, Oxford, Clarendon Press, 1981, p. 51-2.

4. C.D.C. Reeve, *Philosopher-Kings : The Argument of Plato's* Republic, Princeton, Princeton University Press, 1988, p. 20.

5. Annas, *An Introduction...*, *op. cit.*, p. 51 : « *The unjust man is greedy ; the ignoramus is simply over-ambitious* ».

6. *The* Republic *of Plato*, éd. J. Adam, vol. I (2e éd., intro. de D. A. Rees, Cambridge, Cambridge University Press, 1963), *ad* 349 b 10 : « *[t]he literal and derived significations of [πλέον ἔχειν] are treated as identical throughout the curious reasoning that follows.* »

dénote le simple excès quantitatif, tantôt l'injustice[1] » ; « la faiblesse manifeste de l'argument réside dans l'emploi de l'idée d'« avoir / vouloir davantage » (*pleonexia*)[2] » ; « le plus grand échec, dans cet argument, est à coup sûr l'usage bancal que Socrate fait de l'idée d'"obtenir le meilleur de" [qui, dans le cas de l'injuste, signifie "tromper" et, dans les autres cas, renvoie à l'idée de compétition][3] » ; « l'argument de la *pleonexia* n'a pas de valeur[4] » ; « Platon a exploité l'ambiguïté du verbe grec *pleonektein*...[5]. » Ce dernier avis est extrait d'un texte où l'on trouve, et de loin, le jugement le plus sévère qu'il m'ait pour l'instant été donné de lire sur l'argument de Socrate :

> *It is difficult to believe that Plato intended this argument seriously, for it is almost embarrassingly bad, and calls for at least two main criticisms. First, he has exploited the ambiguity of the Greek word* pleonektein ... *In the case of music [one of the cases of expertise that will be introduced], what Plato means is that the expert will try to do better than the non-expert ... In the case of justice, on the other hand, Plato means not that the unjust man will try to do better than anybody else, but that he will try to get the better of everybody else ...*

Et les auteurs de ce passage de poursuivre avec la même franchise en développant le second reproche standard adressé à notre argument :

> *Secondly, Plato's argument assumes, without any kind of justification offered for it, that the unjust man will display his foolishness because he will be less good at pursuing his job of crime than the just man will be at leading his honest life. But there is no reason at all for thinking of the unjust man as a second-rate or third-rate version of a just man, as the bad musician is of the good musician. The unjust man is not pursuing the same object as the just man, but not doing it as well – he is pursuing a quite different object, and may do it just as well. The suggestion is that an unjust man, simply because he is unjust, will overreach himself, and that will be his downfall. No doubt, plenty of bad men do overreach themselves in this way, but it would be wildly optimistic and ingenuous to suppose that all do. Why, because a*

1. D.J. Allan, *Plato* : Republic, *Book I*, 2e éd., London, Methuen, 1944, p. 106 : « *Socrates' refutation depends [on the fact that the Greek word* πλεονεκτεῖν *has an implication of deceit and unfairness] : at one point* πλεονεκτεῖν *denotes simple excess in quantity, at another point unfairness.* »

2. A. Schubert, *Platon : "Der Staat". Ein einführender Kommentar*, Paderborn, Schöningh, 1995, p. 27 : « *[e]ine offensictliche Schwäche liegt in der Verwendung des "Mehr-haben-Wollens"* (πλεονεξία). »

3. N. Pappas, *Routledge Philosophy GuideBook to Plato and the* Republic, London, Routledge and Kegan Paul, 1995, p. 46 : « *[t]he greatest failing in this argument must be Socrates' sloppy use of the idea of "getting the better of"* ».

4. Quant à l'échec de l'argument, on renvoie le lecteur à Cross et Woozley (voir *infra*) et à Irwin, *Plato's Moral Theory*, déjà cité : voir M. Vegetti, dans *Platone : La Repubblica*, trad. et commentaire M. Vegetti (dir.), vol. 1, Napoli, Bibliopolis, 1998, p. 202.

5. R.C. Cross, A.D. Woozley, *Plato's* Republic : *A Philosophical Commentary*, London, Macmillan, 1966, p. 52.

man is wicked or a criminal, he should also be more stupid or less skilful than the honest man, Plato makes no attempt to explain[1].

La conception de l'argument de Socrate que je vais défendre ici est plus proche de la seconde des deux interprétations, d'ailleurs assez différentes, avancées par Irwin. Telle que je la reconstruis, celle-ci stipule en fait que l'argument de Socrate est en lui-même plutôt respectable, mais malheureusement *ad hominem*, ou à tout le moins *ad occasionem* : l'argument répond assez bien au cas défendu par Thrasymaque, correspondant à un certain type de personne injuste – peut-être le type de personne que Thrasymaque rêverait d'être, si ses rêves étaient en accord avec la théorie qu'il défend; mais toutes les personnes injustes ne sont pas de ce type-là : aussi l'argument ne semble-t-il pas avoir grand chose à apporter contre l'injustice en général. Dans la mesure où Irwin, et avant lui Joseph, replacent l'argument dans son contexte et (du fait, en grande partie, de cette contextualisation) semblent prêts à le considérer comme valable, je me trouve en plein accord avec eux. En général, les interprètes n'ont pas remarqué à quel point la réponse de Socrate à Thrasymaque jaillit directement de ce que Thrasymaque lui-même a précédemment accordé (à l'instar de ce que l'on attendrait d'ailleurs d'une conversation ordinaire). Ils ont préféré lire l'argument de Socrate comme s'il était indépendant : ainsi, puisque l'argument n'a jamais été écrit pour être lu de telle façon, il n'est pas étonnant qu'ils n'aient pas manqué de considérer qu'il était bancal[2]. (Comme nous le verrons, les affirmations relatives à la soi-disant équivocité de πλεονεκτεῖν jaillissent toutes de cette même source.) Pour ma part,

1. R.C. Cross, A.D. Woozley, *Plato's* Republic : *A Philosophical Commentary*, *op. cit.*, p. 52-53. Les auteurs suggèrent en outre que l'argument voit Socrate contredire un point établi précédemment avec Polémarque, à savoir que la justice n'est pas une compétence. Selon moi il s'agit là d'une lecture erronée du contexte de l'échange avec Polémarque, qui montre seulement que la justice n'est pas une compétence d'un type spécifique, mais pas qu'elle n'est pas une compétence du tout. Il y a en tout cas plusieurs bizarreries dans les critiques de Cross et Woozley : par exemple, l'argument de Socrate ne stipule ni n'implique rien quant à l'idée selon laquelle l'injuste *se surpasserait* lui-même et en viendrait de ce fait à souffrir. Cette idée semble inventée pour justifier autant que faire se peut la stratégie suivie par Socrate. Quoi qu'il en soit, ma véritable cible est l'autre et principale partie de la seconde objection de Cross et Woozley, selon laquelle « *there is no reason at all for thinking of the unjust man as a second-rate or third-rate version of a just man, as the bad musician is of the good musician.* » Voilà ce que selon Socrate, c'est du moins ce que j'affirme, nous avons toutes les raisons de penser, et ce, parce que c'est vrai. Toute personne veut être heureuse, veut pour elle-même des choses véritablement bonnes : s'agissant de parvenir à ce but-là, propose Socrate, la personne injuste est en effet une version considérablement inférieure de sa contrepartie, la personne juste; il a simplement une conception complètement différente de ce qui est bon et de ce que tout le monde désire – même si tout le monde n'a pas l'intelligence, ou le courage, de le rechercher et de l'acquérir. Voir plus loin.

2. La raison d'une telle attitude a partie liée avec l'objectif général pédagogique qui est celui des auteurs du texte cité plus haut : il est fait usage de Platon comme d'un medium propre à enseigner comment construire des arguments philosophiques, ou, plus souvent, comment ne pas les construire. Or les exigences du processus éducatif ne vont pas toujours de pair avec une analyse du texte aussi claire ou aussi patiente qu'elle devrait l'être. Quelle qu'en soit la raison, la plupart des interprètes anglo-saxons de la fin du XXe siècle ont eu tendance à adopter une attitude plutôt pontifiante envers le Platon engagé dans la confection d'arguments philosophiques (vice plutôt moins prononcé de l'autre côté de la Manche et auquel, assurément, Monique Dixsaut n'a jamais cédé).

je suggèrerai que l'argument est encore plus profondément ancré dans le contexte qu'Irwin le soutient. Mais au lieu de le trouver décevant et limité, je soutiendrai qu'il contient des leçons d'une importance fondamentale pour notre compréhension tant de la position de Platon – ou à tout le moins, celle de Socrate, ici en *République* I – que de ses stratégies argumentatives en général.

L'ARGUMENT

Rappelons, pour commencer, le résumé bien utile qu'Irwin donne du contexte :

> *The ... argument [at] 349b1-350c11 begins from the claim that "the person who is able to do great things [or 'the person with great power' :* ton megala dunamenon*] overreaches" (343e7-344a1). Thrasymachus said this about the unjust person who uses his opportunities to gain advantages for himself and so to "overreach"* (pleonektein*) or get the better of other people. This is the person who goes in for "complete unjust action"* (348d5-9, 351b4-5).

Ce passage, s'il décrit bien le contexte général de l'échange entre Socrate et Thrasymaque, en manque cependant un aspect important, juste avant 349 b (où notre argument, proprement dit, commence). Socrate a établi que Thrasymaque identifie l'homme injuste, c'est-à-dire l'homme totalement / parfaitement injuste, avec l'homme sage et l'homme bon (ce que 349 b-350 c vise précisément à réfuter). Ces hommes totalement injustes sont décrits comme étant doués d'une capacité (δυνάμενοι) à assujettir cités et populations (ἔθνη), à la différence des simples coupeurs de bourses ; « ce qui n'est pas dire que de tels larcins sont sans avantage, si l'on échappe à toute punition, mais juste qu'il ne vaut pas la peine d'en parler (348 d 5-9) ».

Tel est le contexte immédiat de la première partie de notre argument :

> SOCRATE — Te semble-t-il que le juste voudra davantage (πλέον ἔχειν) que / l'emporter sur le juste [c'est-à-dire un autre homme juste] ?
> THRASYMAQUE — Pas du tout; si c'était le cas, il ne serait plus l'individu charmant (ἀστεῖος) et ingénu qu'il est en réalité.
> SOCRATE — Mais alors, que dis-tu de l'action juste [*scil.* voudra-t-il davantage que / l'emporter sur l'action juste ?] ?
> THRASYMAQUE — Pas même sur la juste [*scil.* action – et encore moins sur l'action injuste] (349 b 2-7).

Pour Thrasymaque, l'action mène à un « profit », c'est-à-dire à un partage disproportionné des biens tels que la plupart des gens les conçoivent (il vient de donner le pouvoir et l'argent comme exemple, en 348 d) ; et, pour lui, plus il y en a, mieux c'est. Couper les bourses n'apporte qu'un petit profit, mais prendre le contrôle d'une cité ou d'une nation tout entière, voilà qui constitue un bien meilleur gain. Selon Thrasymaque, cela implique que le juste est encore plus bas sur l'échelle de valeur que l'auteur de petits larcins, et ce parce qu'il tourne complètement le dos à ce genre de profit. (Les justes considèrent qu'ils devraient avoir davantage que les injustes et pensent qu'il serait juste qu'il en soit ainsi[1]; mais malheureusement, suggère Thrasymaque, ils ne seront jamais capables de faire en sorte d'avoir davantage : voir 349 b 8-10.) C'est cela que Thrasymaque veut dire quand il précise que le juste ne veut même pas avoir davantage que / l'emporter sur l'action juste. Un tel individu est tellement ingénu qu'il ne veut même pas entrer dans la seule compétition qui vaille vraiment la peine[2]. À l'inverse, l'individu injuste, le seul à être véritablement sensé et à savoir comment se procurer tout ce que la vie a à offrir, voudra toujours surpasser autrui, qu'il soit juste (sans aucune compétition, ici) ou, en effet, injuste. C'est ce point que Socrate persuade Thrasymaque d'admettre en 349 c 7-10 : « Ainsi l'injuste voudra-t-il avoir davantage que / l'emporter sur (πλεονεκτήσει) la personne injuste comme sur l'action injuste, et entrera-t-il en compétition (ἁμιλλήσεται) pour obtenir le meilleur pour lui-même ? – C'est bien le cas ».

La question sur laquelle se concentre ici la majorité des commentateurs (j'en ai donné plusieurs illustrations précédemment) est celle de l'usage des expressions πλέον ἔχειν / πλεονεκτεῖν : avoir davantage / l'emporter sur. Ce qui, en revanche, échappe le plus souvent à leur attention est la position que Socrate veut défendre. Ce que Socrate défend n'est pas identique à ce que Thrasymaque attaque, ou pense attaquer, car leurs perspectives sont nettement différentes, comme cela apparaît déjà clairement à ce stade de la *République*. Notamment, il est évident que Socrate ne considère pas que les justes sont ingénus, comme le fait Thrasymaque, et cela, même s'ils ne veulent pas avoir davantage que ceux qui leur ressemblent. Ils ont tout simplement une autre idée de ce que la vie doit leur apporter, une autre idée de ce qui est bon[3], et donc aussi de ce que c'est qu'avoir davantage que quelqu'un d'autre. La raison pour laquelle Socrate soutient cette

1. Et ce vraisemblablement en récompense de leur justice – qui pourrait simplement consister à ne pas vouloir risquer de subir les châtiments qui devraient être infligés à l'injuste.

2. Sur ce passage, la proposition d'Adam consistant à ajouter au texte, afin de lire : « Et pas sur l'action juste *non plus* (τῆς <πράξεως τῆς> δικαίας) », semble particulièrement mal venue, dans la mesure où elle aplatit la réponse de Thrasymaque au lieu de lui conférer l'espèce de force dont ses autres réponses sont dotées (Simon Slings, en imprimant οὐδὲ <ταυ>τῆς [δικαίας] dans le nouvel Oxford Text de la *République*, manque, et c'est assez inhabituel pour le noter, le point en jeu ici, en suivant Willamowitz. Voir aussi S.R. Slings, *Critical Notes on Plato's* Politeia, Brill, Leiden, 2005, p. 13). Le passage tout entier est avant tout une conversation entre deux points de vue antithétiques ; et Thrasymaque n'est en aucun cas le dindon de la farce.

3. Il ne fait aucun doute que Thrasymaque pense que l'homme injuste est bon pour ce qui est d'obtenir ce qui est bon, ou plutôt ce qu'il considère être bon. (Cross et Woozley précisent que l'homme injuste selon Thrasymaque est bon pour ce qui est de son « entreprise criminelle » (*job of crime*), ce qui évoque l'image d'un cambrioleur ou d'un escroc compétent, alors que tout ce qui intéresse Thrasymaque et son criminel, ce sont les retours de leur investissement. Des retours véritablement importants, comme ceux dont parle Thrasymaque, pourraient impliquer des compétences politiques ainsi que d'autres compétences ; ils pourraient également impliquer l'exercice de la force brute ou du pouvoir, et le simple manque de scrupules – et pourtant, Thrasymaque les considérera encore comme des signes de sagesse). Qui plus est, il fait encore moins de doute, à la lumière de l'argument général de la *République*, que Socrate pense que c'est l'homme juste qui excelle en cette même matière : obtenir ce qui est bon. Mais c'est simplement que Thrasymaque et lui-même ont des conceptions différentes de ce qui est véritablement bon. Voir plus loin sur ce point.

idée n'a pas encore été véritablement articulée, et ne le sera pas dans cette partie de l'argument, mais, quoi qu'il en soit, Thrasymaque ne nous a pas dit non plus pourquoi il soutient que la puissance et l'argent sans limite sont une bonne chose. Cette première partie de l'argument que nous discutons est, à mes yeux, tout aussi importante pour ce qu'elle commence à nous dire sur *la propre position de Socrate* et sur sa différence avec celle de Thrasymaque, que pour les munitions qu'elle apporte et qui contribuent à la défaite dialectique de Thrasymaque (comme on le verra plus loin, il en est à peu près de même pour les autre parties de l'argument). Bien loin de seulement recourir aux éléments dont il a besoin pour vaincre son adversaire, Socrate part de ce que lui-même croit – et après tout, comment douter que son but ultime, autant qu'on puisse en juger à partir de la forme du dialogue en général, ne soit pas d'amener Thrasymaque, et qui que ce soit d'autre, à adopter son point de vue? Ce que notre argument dans son ensemble cherche à faire est de montrer que Thrasymaque, que cela lui plaise ou non, doit au moins accepter une partie de la thèse de Socrate : à savoir que c'est le juste, et non l'injuste, qui est sage. Mais, bien sûr, une fois son accord donné sur ce point, un certain nombre de choses s'ensuivent : si les justes sont sages, alors ils accomplissent les meilleures actions ... Nous avons l'habitude, et peut-être est-ce naturel, de considérer que la tâche de Socrate est de réfuter Thrasymaque, mais, en réalité, le premier livre de la *République* serait mieux décrit comme l'échec de la tentative de Thrasymaque pour réfuter *Socrate*, et comme la démonstration par Socrate des raisons pour lesquelles Thrasymaque doit finir par se ranger de son côté.

Quant aux soi-disant différences de signification dans l'usage que Socrate fait des expressions πλέον ἔχειν / πλεονεκτεῖν, j'affirme pour ma part qu'elles ne jouent aucun rôle d'importance dans le contexte. Assurément, avoir davantage, ou vouloir davantage, que quelqu'un n'est pas en général la même chose que l'emporter sur l'action de quelqu'un, ou chercher à la faire; mais, s'agissant du contexte dans lequel l'argument prend place, cela n'a quasiment aucune importance, et ce pour la raison très simple que les deux protagonistes traitent volontairement les deux expressions de façon conjointe, même si c'est pour des raisons différentes. 1) D'abord, comme nous l'avons vu, Thrasymaque a introduit les deux points conjointement : le champion de l'injustice recherchera le gain maximal, et ce faisant, ne s'intéressera pas aux menus larcins; ce qui l'intéressera sera plutôt les grandes entreprises, comme d'assujettir les cités et les populations (348 d 5-6). Dans cette perspective thrasymachéenne, πλέον ἔχειν, conçu comme avoir davantage, est inséparable de πλέον ἔχειν conçu comme l'emporter sur l'action de quelqu'un. 2) Mais pour Socrate la connexion entre les deux points est encore plus intime : ils sont en fait *une seule et même chose* – à condition d'ajouter une prémisse que le présent argument va ajouter, à savoir que l'homme juste est sage. Car il est implicite que l'homme juste sera sage quant aux choix des choses *bonnes*[1]; et l'on trouve précisément une preuve de sa sagesse dans le fait que le juste ne cherche pas à obtenir le même type de « profit » que l'injuste. S'il accomplit une action juste, le juste aura déjà plus que la seule personne qu'il peut surpasser de cette manière, à savoir l'homme injuste (et ce, parce qu'il obtiendra ainsi tout le bien qu'il peut obtenir)[2]; de même, il aura surpassé le seul type d'actions qu'il peut surpasser, à savoir l'action injuste[3] (en faisant l'hypothèse que deux personnes sages, parfaitement et également sages l'une et l'autre, accompliront toujours les mêmes actions dans les mêmes circonstances[4].) L'action et son résultat sont distincts, s'ils le sont jamais, dans le cas de l'action injuste.

Mais je n'entends pas insister plus sur ce point ici[5], malgré son importance dans d'autres contextes[6]. En tout cas, Socrate construit l'argument de façon à pourvoir à l'un et l'autre des deux types de « surpasser », *i.e.* πλέον ἔχειν comme « avoir davantage que » et comme « l'emporter sur » quelqu'un. Après avoir conclu la première partie de l'argument en le résumant (« Ainsi le juste tente seulement de l'emporter sur (πλεονεκτεῖ) qui lui est dissemblable, et non sur qui lui est semblable, alors que l'injuste tente de l'emporter sur l'un et l'autre (349 c 11-d 1) »), Socrate amène Thrasymaque à réitérer l'affirmation selon laquelle les injustes sont sages et bons, et les justes ni l'un ni l'autre (349 d 3-5). Et Socrate de répondre en suggérant qu'en tout cas[7], en musique et en médecine, il

1. Thrasymaque identifie assurément la sagesse et la bonté à la capacité d'acquérir des biens, tels qu'il les comprend. Voir particulièrement 348 c 5-8 avec 349 d 3-11. Socrate ne peut être que fort enclin à suivre cette identification, étant donnée sa *propre* compréhension, très différente, de ce que sont les biens.

2. Le problème n'est en rien celui de savoir ce que les deux expressions – πλέον ἔχειν, πλεονεκτεῖν – *signifient*, mais plutôt de savoir *ce que c'est* que πλέον ἔχειν / πλεονεκτεῖν. Pour Thrasymaque, c'est avoir davantage des choses qui sont habituellement considérées comme bonnes, telles que le pouvoir ou l'argent; pour Socrate, c'est avoir davantage de ce qui est *réellement* bon. Voir la question que Socrate soulèvera plus tard dans la *République* (VI, 505 b 1-2) : « Penses-tu que c'est un davantage que d'acquérir absolument toutes choses, si ce que l'on acquiert n'est pas bon ? », et particulièrement la référence à la πλεονεξία ἄδικος dans le *Critias*, 121 b 6, dans le contexte de la discussion d'une vision erronée du bonheur.

3. Que l'on puisse contester que les idées qui viennent d'être mentionnées découlent de celle selon laquelle les justes sont sages importe peu. Les points qui sous-tendent mon raisonnement sont d'abord que, pour Socrate, les idées en question sont parfaitement connectées, et ensuite que le présent argument est en partie destiné à élaborer de cette façon la position de Socrate et sa différence par rapport à celle de Thrasymaque. Encore une fois, l'argument dans son ensemble porte au moins autant sur la thèse que défend Socrate que sur celle que défend Thrasymaque.

4. Ce que Socrate présuppose explicitement en 350 a 6-9.

5. C'est-à-dire, que pour le sage action et résultat ne peuvent pas être séparés.

6. Voir par exemple Terry Penner, « Desire and power in Socrates : the argument of *Gorgias* 466 a-468 e that orators and tyrants have no power in the city », *Apeiron* 24, 1991, 147-202.

7. L'emploi de cet « en tout cas » peut se justifier par le fait que, quand Socrate demande à Thrasymaque d'examiner s'il est des cas où les personnes dotées d'une compétence agissent différemment (350 a 6-9), Thrasymaque répond qu'il pense qu'il doit en être (ἀνάγκη… ἔχειν) tel que Socrate le dit (ce qui est plutôt surprenant, au vu de ses affirmations précédentes selon lesquelles l'expert en *gouvernement*, qui représente selon lui l'homme parfaitement injuste, n'agit pas du tout de la sorte : il nous faut supposer qu'il accorde ce point, finalement, sans voir qu'il affectera l'ensemble de sa thèse selon laquelle l'injuste est sage).

n'en va pas de même : on ne trouvera aucun expert en musique cherchant à l'emporter sur un autre expert en musique, ou considérant qu'il devrait avoir davantage (ἀξιοῖ πλέον ἔχειν) que lui, dans l'art d'accorder la lyre, ou un expert en médecine « voulant l'emporter sur un autre expert en médecine, ou une autre action médicale[1], dans le manger et le boire (350 a 1-2) ». Dans ce dernier cas, je pense que c'est à l'auto-prescription que Socrate fait allusion, non à la prescription du médecin à son malade : l'idée est que l'expert en médecine ne cherche pas à obtenir plus pour lui-même que ce que sa compétence, et le régime prescrit par elle (son action), lui dictent[2]. Si tel est bien le cas, alors l'exemple du médecin éclaire le second aspect de celui du musicien (qu'il ne veut pas avoir davantage qu'un autre musicien) : l'expert en musique ne cherche pas à avoir davantage, *i.e.* à obtenir davantage, à être mieux récompensé (mieux considéré ?) qu'un autre expert en musique pour avoir réussi à accorder sa lyre. Aussi ceux qui possèdent une compétence ne cherchent-ils ni à surpasser les actions des autres experts ni à obtenir davantage qu'un autre pour faire les choses telles qu'elles doivent être faites, c'est-à-dire conformément à ce que leur compétence permet aux uns comme aux autres de faire. (J'ai affirmé précédemment qu'aucune « différence de signification » dans les usages de πλεονεκτεῖν / πλέον ἔχειν n'était pertinente dans le contexte. J'ajoute à présent formellement, à la lumière de l'analyse précédente du traitement des musiciens et des médecins, que Platon sait parfaitement ce qu'il fait[3] en usant de ces expressions, et qu'il est parfaitement évident qu'il le sait).

À partir de là, au vu de tout ce que Thrasymaque a concédé, sa défaite dialectique est pour une grande part déjà jouée. Si tout expert parle ou agit de la même façon que tout autre expert doué de la même compétence, en choisissant les mêmes choses « en rapport avec la même action[4] », alors, étant donné que l'expert est sage et que le sage est bon, l'homme bon et sage ne désirera pas l'emporter sur (πλεονεκτεῖν) son semblable, mais seulement sur qui lui est dissemblable et opposé : en revanche, l'homme mauvais et ignorant désirera l'emporter tant sur son semblable que sur son opposé. Or c'est bien ainsi que se comporte l'injuste, tandis que le juste, lui, ne cherche à l'emporter que sur son dissemblable, et non sur qui lui est semblable. Aussi celui-ci ressemble-t-il à l'homme sage et bon,

1. Le terme grec est ici πρᾶγμα et non πρᾶξις, comme plus haut dans le texte (en 349 b 6, c 5), mais sans doute parce que cela permet plus facilement à ἰατρικοῦ de couvrir tant l'ἀνδρός que le πράγματος.

2. Voir *supra* ma reconstruction de la perspective de Socrate quant au cas de l'homme juste : le bien pour l'homme juste consiste à agir justement ; et l'action qu'il accomplira quelles que soient les circonstances sera la même que celle que tout autre homme juste accomplira dans des circonstances (exactement) identiques.

3. Et ce qu'il fait n'est pas d'user d'*équivoques*, comme j'espère l'avoir montré précédemment : dit autrement, la défaite de Thrasymaque ne dépend pas d'un quelconque jeu sur la signification qui lui aurait échappé. (Elle dépend plutôt de sa conception insoutenable de ce que c'est que πλέον ἔχειν ou πλεονεκτεῖν).

4. C'est-à-dire, selon moi, en choisissant de faire et de dire les mêmes choses dans les mêmes circonstances (350 a).

et celui-là à l'homme mauvais et ignorant[1]. Mais, puisqu'il a été admis précédemment (349 d 10-12) que justes et injustes sont en réalité tels que ceux auxquels ils ressemblent, alors il aura été démontré que les justes sont bons et sages, et les injustes, ignorants et mauvais.

À première vue, voilà qui semble un peu étrange ; c'est-à-dire, jusqu'à ce que l'on comprenne que « ceux auxquels ils ressemblent » s'applique uniquement aux deux couples sage/bon et ignorant/mauvais. Thrasymaque a affirmé que, bien sûr, l'injuste *ressemble* à l'homme sage et bon parce que, de fait, il *est* tel, d'où Socrate tire la concession suivante (même si Thrasymaque ne la reconnaît pas encore comme telle) : l'homme juste et l'homme injuste seront chacun identiques au type auquel ils ressemblent parmi les deux en question, à savoir l'homme sage/bon et l'homme mauvais/ignorant. Le titre « sage/bon » doit être accordé à l'une ou l'autre des parties en présence, et il n'y a aucun autre titre en jeu ; quel que soit, de l'un ou de l'autre, celui qui ressemble à l'homme sage et bon – qui se trouve doté d'une ou de plusieurs propriétés caractéristiques de l'homme sage et bon, suffisantes pour lui faire ressembler – cela suffira pour régler le problème. On ne peut donc accuser Socrate de passer d'un jugement sur la ressemblance à un jugement d'identité, ni accuser Thrasymaque de se laisser entraîner dans un tel procédé ; mais peut-être qu'il s'agit là d'une erreur si élémentaire que n'importe qui y réfléchirait à deux fois avant de l'attribuer à l'un ou à l'autre des protagonistes[2]. Platon – et je répète un point déjà souligné – n'a rien à gagner à faire passer Thrasymaque, et encore moins Socrate, pour un imbécile.

Le résultat de l'échange entre les deux hommes est le suivant : c'est l'homme juste, et non l'homme injuste, qui est sage et bon. On ne peut pas dire que Socrate ait donné une quelconque *démonstration* de la vérité de cette conclusion, étant donné qu'elle dépend en réalité d'une soi-disant ressemblance entre le juste et le sage – et, qui plus est, d'interprétations différentes quant aux raisons de cette ressemblance. Thrasymaque convient que les justes ne cherchent pas à l'emporter sur les justes (ou les actions justes), mais ne comprend pas la raison que Socrate a de soutenir qu'il en est bien ainsi ; Thrasymaque tient ce fait pour une illustration de la stupidité des hommes justes, tandis que Socrate considère qu'il est précisé-

1. Etant donné la façon dont « sage » et « bon », d'un côté, et « ignorant » et « mauvais », de l'autre, semblent aller de pair dans le cours de l'argument, il est difficile de ne pas supposer que l'ἀρετή et la κακία dont il est question sont à entendre comme compétence et manque de celle-ci, c'est-à-dire connaissance (sagesse) et ignorance. Cela ne semble pas déranger Thrasymaque (tout particulièrement en 348 d, où, après avoir affirmé que l'injuste possède l'εὐβουλία, c'est-à-dire, en gros, la droite ligne d'action, il accorde que l'injuste est aussi bon et sage, pourvu qu'il soit à même d'obtenir en retour des gains vraiment importants ; voir aussi 349 c 5-9). Mais il est clair que l'identification de la bonté et de la connaissance (sagesse) est plus immédiatement digne d'intérêt pour Socrate que pour Thrasymaque : c'est en effet Socrate, et non Thrasymaque, qui habituellement affirme que la bonté *est* connaissance ou sagesse. (C'est en tout cas ce qu'il fait souvent hors de la *République*, tant et si bien que lorsque nous le voyons faire la même chose ici dans la *République*, nous semblons être en terrain connu).

2. À moins de se satisfaire de la réduction de la dialectique socratique à une simple éristique : voir *supra*, p. 290.

ment lié à leur sagesse. Pour lui, bien qu'il ne le dise pas explicitement, les justes ressemblent aux hommes sages parce qu'ils sont sages, ce que Thrasymaque affirme explicitement des injustes (voir 349 d 8-9, avec d 5-6). Aussi du point de vue de Thrasymaque l'argument repose-t-il sur ce que l'on pourrait appeler une simple ressemblance formelle, alors que du point de vue de Socrate (même si, encore une fois, cela n'apparaît pas explicitement), cette ressemblance est réelle, et véritablement probante[1]. Pourtant à aucun moment, selon moi, Socrate ne propose quoi que ce soit qu'il ne prenne pas au sérieux. En d'autres termes, rien de ce qu'il dit n'est avancé, ou inventé, dans le seul intérêt de l'argument.

Il est vrai qu'en un sens, cette façon de défendre l'argument de Socrate le laisse paraître encore moins à son avantage : non seulement, c'est un argument plutôt faible, mais en réalité (pourrait-on dire) il n'ébranle pas la position de Thrasymaque. Selon l'analyse que j'en ai proposée, les deux hommes ne sont-ils pas simplement engagés dans un dialogue de sourds ? Cette objection rappelle, à moins qu'elle lui soit tout simplement identique, la seconde des principales objections auxquelles, comme nous l'avons vu, la majorité des interprètes recourt habituellement (les deux protagonistes ont à l'esprit différentes sortes de compétence, appliquées à différentes sortes d'objets)[2]. Ces interprètes pourraient poser la question de savoir (et peut-être le font-ils implicitement) pourquoi Thrasymaque n'a pas le droit de proposer l'objection suivante : « Mais, quel que soit ce que j'ai accordé précédemment, je ne pense pas maintenant que l'homme parfaitement injuste entrera plus en compétition avec un autre comme lui, que l'homme juste avec d'autres comme lui. Pourquoi les deux cas seraient-ils différents ? Pourquoi n'existerait-il pas des actions injustes, suprêmement et parfaitement réalisées, produites par des experts au mieux de leur forme, des actions telles que tout autre expert, quelle que soit sa qualité, ne pourrait pas ne pas admirer (qu'il admire le talent engagé dans ces actions ou, plus pertinemment, le profit qui en résulte) ? Le fait que les justes n'entrent pas en compétition les uns contre les autres n'établit qu'une ressemblance superficielle entre eux et l'expert sage et bon, car c'est en réalité, et comme je l'ai dit précédemment, seulement le signe de leur ingénuité. » En d'autres termes, pourquoi ne pas admettre la possibilité d'une compétence, d'un art, de l'injustice, parallèle à la compétence de l'homme juste selon Socrate ?

Ma propre réponse à cette objection consiste à demander ce que peut bien être exactement ce soi-disant « art de l'injustice ». Pour autant qu'on puisse dire que Thrasymaque soutienne l'existence d'un tel art, il s'agira de l'art d'obtenir le maximum possible pour soi-même, quelle que soit la situation. Je laisse de

1. En fait, Socrate pourrait bien vouloir affirmer que si, comme Thrasymaque le soutient, l'homme injuste est (a) un savant et (b) quelqu'un qui recherche le bien, il ne peut le faire sans une compétence *au sujet* du bien. Voir *infra*. (Ici, et, encore une fois, au moins du point de vue de Socrate, les parallèles avec la musique et la médecine, que Thrasymaque accepte, ont un certain mordant).

2. Voir *supra*, p. 290-294.

côté[1] le fait qu'il est sans doute impossible de déterminer une limite au nombre des biens ordinairement reconnus comme tels et que l'on pourrait obtenir dans telle ou telle situation (tant et si bien que les experts en injustice pourraient bien se trouver par principe en compétition perpétuelle les uns contre les autres); l'injustice pourrait n'être qu'un type spécifique de compétence, où même les praticiens idéaux entreront parfois en compétition les uns avec les autres. Mais la compétence dont Thrasymaque considère que les injustes sont dotés n'est pas l'injustice. Les injustes sont, selon lui, doués pour ce qui est *d'obtenir le maximum pour eux-mêmes*; ils sont sages parce qu'ils ont la droite ligne d'action, c'est-à-dire parce qu'ils optent pour l'injustice, qui rapporte les gains les plus importants. Et si les justes sont ingénus, c'est qu'ils optent précisément pour la mauvaise ligne d'action (alors même qu'ils désirent la même chose). L'« art de l'injustice » est une notion introduite par les commentateurs, pas par Thrasymaque, et encore moins par Socrate – pour ce dernier, on voit mal comment une compétence quelconque pourrait avoir affaire avec le choix et le désir d'obtenir des choses mauvaises (comparer avec le *Gorgias* où Socrate nie que la rhétorique elle-même soit une véritable compétence). La compétence dont l'injuste prétend être dotée selon Socrate est identique à celle dont Thrasymaque considère que l'injuste est pourvu : obtenir pour soi-même le maximum de choses dignes d'être possédées[2].

Peut-être Platon aurait-il dû permettre à Thrasymaque d'introduire un art de l'injustice, tel qu'on a suggéré précédemment. Je ne suis pas très sûr que, si les praticiens par excellence d'un tel art doivent être des escrocs et des dictateurs d'envergure, ce serait là une compétence que quiconque aurait intérêt à posséder. Mais quoi qu'il en soit, Platon va consacrer la plus grande partie des neuf livres restant de la *République* à discuter de l'attraction ou non exercée par de telles opinions. Il suffira ici de souligner que l'échec de Platon à poursuivre, par la bouche de Socrate, cette ligne argumentative dont les interprètes regrettent l'absence (« pourquoi pas un art de l'injustice ? ») est en tout cas parfaitement consonant avec la teneur générale du contexte global qui nous occupe, c'est-à-dire consonant avec sa teneur généralement *socratique*. Comme je l'ai déjà suggéré, Socrate, à chaque tournant décisif de l'argumentation, part de positions qu'il soutient lui-même; et cela est particulièrement vrai ici, puisqu'en effet il refuse – ou puisque Platon décide de lui faire refuser – de discuter de la possibilité même d'une science visant à obtenir ce que, selon lui, seul l'homme ignorant pourrait choisir. Cet argument opposant Socrate et Thrasymaque n'appartient pas au genre de discussion neutre, ouverte, auquel on se serait attendu, ou qu'on aurait peut-être appelé de nos vœux; il s'agit plutôt, comme je l'ai décrit (et à juste titre, je

1. Ce dont Platon ne se serait peut-être pas satisfait : voir, par exemple, les discussions sur le plaisir en *République* IX ou dans le *Philèbe*.

2. Ainsi, même la seconde critique plus modérée de l'argument faite par Irwin, selon laquelle les hommes injustes ne sont pas tous analogues à l'homme parfaitement injuste de Thrasymaque, risque bien de manquer le point souligné par Socrate. Aucun homme injuste ne juge correctement de ce qui est bon.

pense), de la confrontation de deux perspectives opposées. Le Socrate qu'on trouve ici n'a pas l'esprit plus ouvert, quant au point central de la discussion, que Thrasymaque : rechercher ce que Thrasymaque soutient que nous devrions tous rechercher n'est tout simplement pas, pour Socrate, la bonne ligne d'action, et quiconque le prétend n'a pas réussi à comprendre ce qui est véritablement bon. Ainsi, ce dont l'homme injuste fait preuve ne peut en aucun cas être une *compétence* quelconque, ou une *connaissance* : comment pourrait-ce être le cas, si cela découle tout simplement d'une absence de compréhension? C'est l'homme juste qui comprend et peut être dit expert (quant aux biens).

Comme j'y ai fait allusion précédemment, je pense que Socrate a bien plus en réserve qu'il ne nous en révèle explicitement dans ce contexte; ce que j'ai souligné, et qui nous est nécessaire pour comprendre sa stratégie dans cet argument, appartient à un ensemble systématique d'idées que l'on pourrait adéquatement appeler une *théorie*. Ce n'est sans doute pas un hasard si le premier livre de la *République* a été jugé « socratique » : peut-être – c'est du moins ce qui est soutenu le plus souvent – Platon l'a-t-il d'abord écrit comme une œuvre séparée et a décidé plus tard de le réutiliser en introduction à son chef d'œuvre (c'est ainsi en effet que les modernes ont généralement considéré la *République*). Je ne veux pas, néanmoins, recourir moi-même à ce genre d'interprétation du livre I ni même en recommander l'usage[1]. Je veux simplement en user comme d'une manière commode de rapporter ce fait, reconnu par le plus grand nombre, et selon lequel il existe des liens exceptionnellement étroits, tant dans les idées que dans la méthode, entre le premier livre de la *République* et les soi-disant « premiers » dialogues, les dialogues « socratiques ». Bien sûr, pour bon nombre de lecteurs de Platon, particulièrement dans le monde anglo-saxon, le Socrate de ces dialogues est avant tout quelqu'un qui ne sait rien, qui ne s'engage lui-même que dans très peu de choses et qui en outre aime à interrompre ses conversations au moment précis où il est parvenu à plonger son interlocuteur dans un état d'*aporia*, de perplexité. Toutefois j'ai proposé ailleurs que c'est là une vision fausse du Socrate des soi-disant « premiers » dialogues. Le Socrate des dialogues tels que le *Charmide*, l'*Euthyphron* et surtout le *Lysis*[2] dispose d'une théorie éthique bien formée et bien développée. C'est cette même théorie qui, pour faire court, constitue l'arrière-fond du premier livre de la *République*.

Voilà une affirmation qui semblera outrepasser les limites de cet article. Mais, comme je l'ai dit en commençant, l'objectif de l'analyse de cet argument particulier n'est pas seulement d'éclairer un petit bout de texte. Il s'agissait aussi de produire et d'identifier une stratégie spécifique qui, selon moi, peut être

1. Pour ma part, je soutiens que le livre I de la *République* est partie intégrante du reste de l'œuvre : voir mes articles intitulés « The literary and philosophical style of the *Republic* » (dans G.X. Santas (éd.), *The Blackwell Guide to Plato's* Republic, Oxford, Blackwell, 2006) et « The place of the *Republic* in Plato's political thought » (dans G.R.F. Ferrari (éd.), *The Cambridge Companion to Plato's* Republic, Cambridge, Cambridge University Press, 2007).

2. Voir T. Penner, Ch. Rowe, *Plato's* Lysis (pour les références complètes, voir *supra*, n. 3, p. 289-290).

découverte, avec des variantes naturellement, dans d'autres passages du premier livre de la *République* (et bien sûr ailleurs dans les dialogues en général). Cette stratégie consiste, en gros, à argumenter sur plus d'un niveau en même temps – au niveau de l'interlocuteur, mais aussi, simultanément, à un niveau plus profond, au niveau socratique. La raison de cette stratégie n'est à mes yeux pas difficile à comprendre. Socrate et, on peut le présumer, Platon, son auteur, ont tout simplement une vision du monde différente de celles des autres gens, bien qu'ils fassent tous usage du même langage : comme tout le monde, ils parlent du désir, des choses bonnes et mauvaises, du fait d'avoir davantage, de surpasser autrui, etc., mais ils utilisent les mots pour se référer à des choses différentes. Ou plutôt, plus précisément, ils utilisent ces mots pour se référer aux choses auxquelles, selon eux, ces mots se réfèrent vraiment. Si donc Socrate et Platon visent à changer la façon de penser des gens et leur façon d'utiliser le langage, la question est alors de savoir comment opérer ces changements. La solution (au moins dans le cas qui nous a occupé) est de *paraître* utiliser les termes de l'interlocuteur, de trouver diverses manières de l'ébranler et de l'amener loin de sa propre position initiale vers celle de Socrate; et en même temps d'éviter de céder aux termes de l'interlocuteur, d'éviter de lui concéder quoi que ce soit qui contredise la position de Socrate. L'étrangeté apparente de l'argument ainsi que le sentiment que Thrasymaque s'est fait rouler et que partagent la plupart des lecteurs découlent en partie, voire intégralement, d'une lecture du texte du point de vue exclusif de Thrasymaque; ou, à tout le moins, d'un point de vue neutre, selon lequel il y a ici, comme partout ailleurs, deux parties en présence. Cette dernière lecture sera celle de Glaucon et d'Adimante, au début du livre II; ce n'est pas celle de Socrate, ni celle que Platon prévoit pour Socrate ici. Et même à ce moment-là, au début du livre II, ni Glaucon ni Adimante ne soutiendront la position de Socrate. Ce dernier accorde seulement qu'il n'a, à l'évidence, pas fait assez pour persuader les autres assistants; mais, quant à lui, il se déclare plutôt satisfait de la défense proposée dans le livre I[1].

Encore une fois, je ne devrais pas généraliser à partir d'un seul cas[2] (bien qu'une illustration à plus grande échelle du genre d'approche que j'ai recommandée ici soit désormais disponible). Il se pourrait bien que mon analyse, en termes de stratégie d'auteur, de ce qui n'est qu'une petite partie d'un seul livre de la *République* paraisse bien peu convaincante, isolée de la démonstration de l'applicabilité de cette stratégie dans quelques autres passages au moins[3]. S'il en est ainsi, je serai satisfait si l'on m'accorde au moins le seul point suivant : bon nombre d'idées très familières et d'apparence socratique ne cessent de surgir dans le cours de l'argument. Voilà un fait dont il faut rendre compte, quelle que soit la

1. Voir II, 368 a-b.
2. Voir T. Penner, Ch. Rowe, *op. cit.*, *supra*, n. 3, p. 289-290.
3. Pour une telle démonstration, voir Ch. Rowe, *Plato and the Art of Philosophical Writing*, Cambridge, Cambridge University Press, 2007.

lecture proposée de ce passage; j'ai pour ma part proposé une explication et attends encore une explication alternative. Cela dit, il est vrai que je n'ai pas non plus vu quelqu'un identifier clairement ce qui dans ce passage mérite selon moi explication.

Traduit de l'anglais par Dimitri El Murr, avec Ranja Knöbl

LES GOÛTS DE LUXE DE GLAUCON

KENNETH QUANDT

Lors de ma première visite chez les Dixsaut, Monique partit chercher un vase à fleurs. Jean me fit asseoir au salon et en profita pour me dire : « Monique est amoureuse de Platon depuis sa jeunesse. » Je compris qu'il m'avertissait que pour elle Platon était une affaire sérieuse. Pour moi aussi.

L'amour a mille manières honorables de s'exprimer, mais ma passion pour Platon n'est pas si différente de celle de Monique. Pour elle, les Dialogues sont une expression audacieuse de l'intelligence la plus vive ; pour moi ils sont comme une musique qui s'interprète elle-même en avançant. Pour elle, les idées sont toujours neuves et délimitent leur propre horizon tout en donnant corps à des thèmes qui confèrent sa cohérence à l'ensemble [1]. Ce qui est pour moi prodigieux est que ces mêmes idées ne cessent d'être redécouvertes dès que les interlocuteurs acceptent de poser les questions dont ils savaient depuis le début qu'elles étaient les plus importantes. Et l'essentiel est que nous savons tous les deux que pour comprendre il faut comprendre ce que c'est que comprendre, si l'on veut comprendre quoi que ce soit. Il me semble parfaitement clair qu'on tient là la raison pour laquelle Platon a écrit des dialogues.

Car le dialogue n'est pas pour Platon un moyen de développer ses arguments ; il représente la compréhension en acte de ce que c'est que comprendre, et cela inclut les forces qui s'opposent à cette compréhension. Pour illustrer ce point, j'aimerais analyser rapidement un passage mal compris parce que l'on croit généralement avoir affaire à un moment de compréhension au lieu de reconnaître qu'il n'y a alors qu'incompréhension. Glaucon vient interrompre l'entretien entre Socrate et Adimante aussitôt après que Socrate a dressé pour celui-ci un tableau détaillé de la vie dans la cité simple afin de pouvoir en découvrir la justice.

Rien de plus frappant que le style et le ton de cette description :

1. Montrer à quel point cela est vrai est un des grands mérites des articles réunis dans *Platon et la question de la pensée* (Paris, Vrin, 2000) ; cela met son interprétation au rang de celle du grand platonisant américain Paul Shorey, qui a vu dans la « théorie des idées » le « centre de gravité » des Dialogues.

> Examinons d'abord de quelle façon les membres d'une société ainsi aménagée (οἱ οὕτω παρεσκευασμένοι) passeront leurs journées. Est-ce autrement qu'en faisant (ποιοῦντες) leur nourriture, leur vin, leurs manteaux et leurs chaussures ? Et quand ils se seront construit (οἰκοδομησάμενοι) des maisons, ils travailleront en été la plupart du temps nus et sans chaussures, mais habillés et chaussés comme il faut durant la froidure de l'hiver ; ils se nourriront (θρέψονται) en pilant de l'orge pour en préparer (σκευαζόμενοι) de la farine et du blé pour en tirer une farine plus fine ; cuisant l'une et pétrissant l'autre (τὰ μὲν πέψαντες, τὰ δὲ μάξαντες), ils en font de braves galettes et des pains qu'ils posent (παραβαλλόμενοι) sur une natte de roseau ou sur des feuilles propres, s'allongeant (κατακλινέντες) pour manger sur des couches jonchées de smilax et de myrte. Ils festoieront (εὐωχήσονται) ainsi, leurs enfants près d'eux, buvant un peu de vin, la tête couronnée et chantant des hymnes aux dieux (ἐστεφανωμένοι καὶ ὑμνοῦντες) ; ils s'uniront (συνόντες) agréablement les uns avec les autres, ne faisant (ποιούμενοι) pas d'enfants au-delà de ce que permettent leurs ressources, pour se préserver de la pénurie et de la guerre [1]. (*République,* II, 372 a-c)

Pour dépeindre la journée du citoyen, Socrate choisit le pastiche plutôt qu'une simple litanie d'occupations, avec une succession de douze distiques paratactiques dont le sens naît de l'ordre des termes et des chiasmes. Les participes s'effacent devant l'indicatif (εὐωχήσονται) au moment décisif où le repas est servi. L'accumulation de distiques est remarquablement discrète mais l'effet est puissant. Il s'agit d'une vie variée mais sans excès, de choix offerts sans qu'il y ait surabondance de richesses, de régularité sans monotonie [2].

Le tableau était destiné à Adimante, mais c'est Glaucon qui répond : « C'est sans rien mettre avec leur pain, dit-il, que tu fais "festoyer" ces hommes ! » ("Ανευ ὄψου, ἔφη, ὡς ἔοικας, ποιεῖς τοὺς ἄνδρας ἑστιωμένους), comme pour faire un reproche à Socrate sans dire exactement lequel [3]. Socrate feint d'y répondre et ajoute un pot-pourri d'ὄψοι [4], mais pour conclure il revient au mode idyllique :

> Soc. — Tu as raison, j'avais oublié qu'ils auront aussi des assaisonnements (καὶ ὄψον ἕξουσιν) – du sel, évidemment, des olives, du fromage et des légumes sauvages et bien entendu cultivés (καὶ βολβοὺς καὶ λάχανά γε) qu'ils feront

1. Traduction de P. Pachet légèrement modifiée (*Platon. La République*, Paris, Gallimard, Folio-Essais, 1993).

2. Maintes caractéristiques de la pastorale sont esquissées dans cette seule phrase, comme l'emploi répété de participes pour décrire un comportement : les participes transforment les actions en prédicats.

3. L'ironie de Glaucon ne permet pas de décider si ὄψον signifie viande ou assaisonnement. Rien ne justifie les conjectures des commentateurs quant à la nature végétarienne du régime.

4. Socrate fait ce qu'il peut pour réparer son omission et ce faisant oublie au milieu de sa liste que le verbe principal est ἕξουσιν (ils auront) : il ajoute à la fin ἑψήσονται (ils feront bouillir), ce qui les montre en train de faire bouillir du fromage ! Le γε après λάχανα réfute toute accusation de lésinerie ; *pou* introduit une note d'excuse ; et παραθήσομεν (c7) tente d'atténuer légèrement, grâce à un verbe au moyen, la brutalité du παραβάλλειν (b4) précédent, qui décrit la façon dont on donne la nourriture à un animal. Le passage de la troisième à la première personne révèle que Socrate est en train de négocier avec Glaucon.

bouillir (ἑψήσονται) pour en faire des plats comme en font bouillir les gens de la campagne. Nous leur servirons même des friandises (καὶ τραγήματά που παραθήσομεν αὐτοῖς) faites avec des figues, des pois chiches et des fèves, et ils se feront griller au feu des fruits du myrte et du chêne, en les faisant descendre avec un peu de vin. Ils passeront ainsi les jours de leur vie en paix et en bonne santé, et mourront sans doute à un grand âge en transmettant à leurs descendants une vie semblable à la leur [1].

Et Glaucon — Si c'était une cité de cochons que tu constituais (κατεσκεύαζες), Socrate, les engraisserais-tu d'autre chose (τί ἂν αὐτὰς ἄλλο ἢ ταῦτα ἐχόρταζες;) [2] ?

— Comment faut-il faire alors, Glaucon ? dis-je.

— Juste comme c'est l'usage (Ἅπερ νομίζεται) [3], dit-il : allonger, comme tu dis [4], sur des couches ceux à qui on ne veut pas, je pense, mener la vie dure (ἐπί τε κλινῶν κατακεῖσθαι, οἶμαι, τοὺς μέλλοντας μὴ ταλαιπωρεῖσθαι), les faire dîner à des tables, et leur donner les mêmes assaisonnements et friandises que ceux qu'ont les hommes d'aujourd'hui [5].

Même si le ton passe de l'ironie à la satire, Glaucon dissimule ses véritables sentiments en employant ἐχόρταζες et ταλαιπωρεῖσθαι. Cette vie lui paraît être une vie de labeur, murée dans une sévère et étroite austérité, mais son reproche ne renvoie à rien de précis dans la description. C'est tout ce calme qui le trouble. Socrate a d'abord refusé de « saisir »la réaction de Glaucon, mais sa réponse en

1. Ὑποπίνοντες nous ramène au style de l'idylle, mais cette fois on accompagne les hommes jusqu'à la tombe ! Cette calme simplicité rappelle la description de la vie de Tellus faite par Solon dans sa première réponse à Crésus, qui provoque une réponse analogue (Hérodote, I.30.4).

2. Glaucon substitue à παρασκευάζειν (372a6) un κατεσκεύαζες plus impersonnel et refuse de reprendre à son compte le plus aimable παρατιθέναι de Socrate (372c7), préférant χορτάζειν qui s'applique seulement à des animaux puisque un χόρτος est un enclos pour animaux à l'engrais. Il ne veut pas établir que les hommes sont des cochons (la « cité des cochons » est une pure invention des commentateurs et un complet contresens), mais que les ὄψοι généreusement déversés par Socrate ne répondent pas à sa véritable objection, à savoir que les hommes lui semblent être parqués dans un enclos comme des animaux à l'engrais.

3. Expression qui dégage de toute responsabilité, avec une asyndète qui sert à cacher ce que ressent Glaucon.

4. Référence au κατακλινέντες de Socrate en 372b5.

5. Les commentateurs s'empressent de suivre Glaucon et nous assurent que ces hommes mènent une vie qui n'est pas civilisée ou est intolérablement austère : R. Nettleship, *Lectures on the* Republic *of Plato*, London, Macmillan [1929] 1958, p. 72 ; J. Adam, *The* Republic *of Plato*, edited with critical Notes, Commentary and Appendices, 2 vol., 1902 ; 2nd edition with an Introduction by D. Rees, Cambridge, University Press, 1965, vol. I. p. 99 ; P. Shorey, *Plato.* The Republic, 2 vol., Cambridge and London, Harvard University Press, 1930, vol. I, p.158 ; F.M. Cornford, *The* Republic *of Plato,* Oxford, University Press, 1941, p. 58 ; R.C. Cross and A.D. Woozley, *Plato's* Republic *: A Philosophical Commentary*, London, Macmillan,1964, p. 94 ; D. Lee, *Plato,* The Republic, Harmondsworth, Penguin Books [1955] 2003, p. 60 ; S. Benardete, *Socrates' Second Sailing: On Plato's* Republic, Chicago, Chicago University Press, 1988, p. 51 ; Annas, *An Introduction to Plato's* Republic, Oxford, Clarendon Press, 1981, p. 76 ; N.P. White, *A Companion to Plato's* Republic, Indianapolis, Hackett, 1979, p. 88 ; G.RF. Ferrari (ed.) and T. Griffith (trans.), *The Republic*, Cambridge, University Press, 2000, p. XLIII et p. 55 n. 23 ; S. Rosen, *Plato's* Republic *: A Study*, New Haven and London, Yale University Press, 2005, p. 80-81.

cerne maintenant le sens : « Oh, dis-je, j'y suis [1] ! ce n'est pas une cité mais une cité atteinte de fièvre qu'il nous faut construire. » Il ajoute alors tout ce que veut Glaucon, puis va beaucoup plus loin[2]. Glaucon approuve.

L'interruption de Glaucon trahit un désir qui préfère se dissimuler sous l'ironie, ou l'indignation, ou l'altruisme [3] – au choix. Les stratégies qui le lui permettent sont celles grâce auxquelles les hommes ferment habituellement les yeux sur leurs propres erreurs en se les pardonnant les uns aux autres. Platon dépeint ce vice au lieu d'en parler : nous ne comprendrons rien si nous ne le voyons pas en nous, ce « quelque chose » que nos normes sociales servent seulement à masquer [4]. Platon est bien conscient que ce qu'il y a de révoltant dans la comparaison avec les cochons naît de l'éloquence de la description (celle qu'il prête à Socrate) et conscient également du fait qu'un observateur extérieur y réagira davantage qu'un interlocuteur trop occupé pour y faire attention[5].

Le dialogue fonctionne à deux niveaux. Il y a un programme de recherche, mais il y a aussi les sentiments des interlocuteurs que l'examen rationnel fait émerger sous forme d'interruptions. Dans le cas de Thrasymaque, qui cache son jeu mieux que personne, ces sentiments le poussent finalement à se taire (350e), à *cesser* d'interrompre puisque c'est là sa seule manière de participer à la discussion (336b, 343a). Mais le jeu des frères est, lui, parfaitement explicite. Ils ont avoué avoir besoin que Socrate les persuade que la vie juste est la plus heureuse. Il leur faut plus que de la raison s'ils ont dès le début inconsciemment décidé que la raison ne suffira pas, et il nous en faut plus à nous aussi. Aucune intuition ne peut s'imposer à notre âme si, à l'intérieur, se trouve quelque chose qui barre la route.

Une fois la cité reconstruite, Socrate et Glaucon voient les gardiens se mettre en marche afin de voir quel endroit de la cité sera le plus indiqué pour établir leur camp (415d), et nous avons à nouveau une description de leur vie quotidienne dans le plus long discours que Socrate ait fait jusqu'ici. Cette fois, Glaucon en

1. Μανθάνω (372e) est idiomatique et indique que l'on a compris ce que l'autre sous-entendait : *cf.* Aristophane, *Oiseaux,* 1451-1463, 1529 ; *Lyistrata*, 1008 ; *Grenouilles,* 65, 195, 1444-5 ; Platon, *Euthyph.*, 3b, 9b, 13d ; *Gorg.*, 447d, 474c ; *Phéd.*, 117c ; *Phil.*, 16a ; *Rép.*, 511b, 568e.

2. On reconnaît la façon dont Socrate traite habituellement les interruptions : *cf.* 420a2-7 (après 419a-420a) ; 487d-e (après 487b-d) ; voir son ajout d'un troisième paradoxe (473b-e) une fois qu'il a répondu aux deux paradoxes que, lors de son interruption, lui a opposés Polémarque (449c-473b). Ici, la liste de ses ajouts est désordonnée parce que épithumétique. Les corrections des éditeurs ne font que nuire à l'effet visé.

3. Il feint de compatir avec les hommes dont il parle.

4. C'est de la πλεονεξία, mais notons avec quelle facilité les interprètes nomment luxe ce qui est civilisation et civilisation ce qui est luxe ! Cela m'a longtemps échappé jusqu'à ce que j'apprenne de René Girard la logique retorse du désir

5. Adimante soulève une objection (419a) après avoir vu le tableau de la vie des gardiens peint par Socrate et Glaucon (416d-417b, cf. ὅρα 416d) ; et il trouve à redire à leur description du naturel philosophe, contre lequel pourtant « Momos lui-même n'aurait rien à redire » (487a).

accepte sans chicaner la simplicité rigoureuse [1], tandis qu'Adimante observe : va-t-il objecter ?

Et qu'en est-il des autres observateurs, les lecteurs de Platon ? Si la description de Socrate nous paralyse comme elle a paralysé Glaucon et si nous nous trouvons impliqués érotiquement, Platon a réussi. Si nous restons à l'extérieur, nous demandant pourquoi Platon fait en sorte que ses marionnettes débattent du problème, il a échoué et c'est sa faute, ou bien la nôtre, ou encore celle de la forme qu'il a choisie. Si l'expérience consistant à chercher la justice dans quelque chose qui dépasse l'individu nous paraît être une sorte d'ontologie sociale que Platon pose arbitrairement plutôt qu'une stratégie improvisée par Socrate pour fournir aux jeunes gens un moyen neutre et sûr de réfléchir sans danger sur la justice ; si la *paideia* portant sur la musique nous scandalise parce que dictatoriale, faute de comprendre que ces mesures sont une réponse à Adimante reprochant à la poésie de ne pas avoir loué la justice ; si la défense par Socrate de la communauté des femmes nous paraît être une bizarrerie de Platon et non pas la manière socratique de forcer Glaucon à dépasser les objections choquantes de Polémarque et de le préparer à la décision la plus grave : permettre à la philosophie de gouverner sa vie ; si le programme d'études annoncé nous fait imaginer un Platon se préparant à fonder une Académie, sans que nous comprenions que Socrate ne fait tout au long rien d'autre que soumettre Glaucon à une épreuve de dialectique où il se fait finalement coller ; si la méthode cahotante employée par Socrate pour peindre le déclin de la *polis* évoque pour nous une tentative assez ratée de genèse des régimes politiques plutôt que le moyen utilisé par Socrate pour faire saisir brutalement à Adimante comment se déroulera sa propre vie, s'il permet à son âme de prendre l'injustice comme objet d'expériences, alors la responsabilité de l'échec revient à Platon, à la forme dialoguée – ou à nous-mêmes.

Traduit de l'américain par Jean Dixsaut

1. L'élément accessoire apporté par le développement sur l'οἴκησις (415e-416c) vaut la peine d'être examiné de près. C'est Glaucon, et non la cité, qui a été purifié.

PLATON SUR L'ÂME IMPRÉGNÉE DE MUSIQUE

EVANGHELOS MOUTSOPOULOS

Il est, semble-t-il, inutile d'insister sur l'importance que Platon accorde à la musique en tant qu'art, mais aussi en tant que matière à enseigner parmi d'autres : grammaire, mathématiques, etc., le tout couronné par la philosophie[1], envisagée, à son dire, comme musique suprême[2]. La tradition magico-musicale était, à son époque, établie de longue date. Elle remontait aux pratiques légendaires d'Orphée et de Musée avant d'englober les recherches des Pythagoriciens, poursuivies sur un plan scientifique autant que psychologique à proprement parler. L'une des étapes majeures de ces recherches fut scellée par Damon d'Oa, penseur pythagoricien et homme politique qui, en 443 avant notre ère, avait exposé dans un discours prononcé devant l'Aréopage, les résultats de ses recherches. En adoptant ses conclusions telles quelles, Platon les tenait assurément en haute estime[3]. Si l'on s'en tient aux suggestions de Damon, la musique jouerait un rôle primordial dans la formation du caractère. Selon la doctrine damonienne, telle musique, par exemple, formerait des caractères virils; telle autre, des caractères efféminés[4]. Platon demeurera fidèle à l'enseignement damonien jusqu'à la fin de sa vie[5].

Un texte platonicien trop souvent méconnu mériterait pourtant une attention plus soutenue. Il y est affirmé en substance que la nourriture offerte par la musique est extrêmement importante, puisque rythme et harmonie pénètrent profondément dans l'âme et s'en emparent avec force pour lui conférer beauté et noblesse[6]. Les effets, directs et indirects, de ce processus sont d'ailleurs beaucoup plus essentiels : dans le cas où la nourriture musicale est correctement administrée,

1. Cf. *Rép.*, III, 402 a.
2. Cf. *Phéd.*, 61 a : ὡς φιλοσοφίας μὲν οὔσης μεγίστης μουσικῆς.
3. Cf. *Rép.*, IV, 424 d : ὥς φησί τε Δάμων καὶ ἐγὼ πείθομαι.
4. Cf. *Rép.*, III, 399 d-400 d.
5. Cf. *Lois*, VII, 814 d-816 b.
6. Cf. *Rép.*, III, 401 d.

le jeune devient καλὸς κἀγαθός[1], et c'est en cela que consiste son importance[2]. Les mouvements musicaux qui, d'après Platon, véhiculent sons, rythmes et harmonies nous sont, certes, bien connus; mais on prêtera aussi attention aux considérations relatives au mécanisme par lequel rythme et harmonie influencent l'âme. Il s'agit, notamment, d'une véritable pénétration, voire d'un envahissement impétueux. C'est ce qui justifie la vigueur avec laquelle cette impétuosité se manifeste. Tous ces caractères, par lesquels la musique s'affirme, ne font qu'en attester la virulence.

Selon toute vraisemblance, ce texte est directement inspiré du discours de Damon, à moins qu'il en soit une pure citation. L'idée maîtresse qui s'en dégage est sans conteste celle d'une adéquation entre mouvements sonores et mouvements de l'âme. La nouvelle tradition ainsi instaurée se maintiendra pendant longtemps. Vers la fin du IIIe siècle de notre ère, Aristide Quintilien soutenait encore que les mouvements des cordes et des colonnes d'air trouvent un écho dans les âmes qu'ils font mouvoir, à leur tour, par sympathie[3]. La musique agirait donc comme un enchantement. C'est à cinq reprises consécutives que, dans les *Lois*, Platon rappellera que les chants agissent à l'instar d'incantations[4] : ils prédisposent l'âme à exprimer tel ou tel sentiment et, pour ainsi dire, la forcent à extérioriser ses vécus par des mouvements corporels et vocaux. Tout un circuit de mouvements musicaux s'instaure alors. Ces mouvements se répondent, d'où l'utilité, voire la nécessité, des festivités qui sont des occasions de déploiement des potentialités musicales de l'âme. De même, Platon maintient la tradition quand il favorise les vertus curatives de la musique, en affirmant qu'elle sert à rétablir l'harmonie, souvent dérangée, entre le corps et l'âme, tout comme entre les parties de cette dernière : conception hippocratique qui reflète des préoccupations archaïques[5] et va jusqu'à soutenir que les berceuses entonnées par les mères désireuses de voir leurs nourrissons s'assoupir ne sont que des incantations soutenues par les mouvements des bras, qui simulent un balancement, tel celui ressenti par ceux qui naviguent[6]. Il en serait de même des aliénés, susceptibles de recouvrer leur santé mentale grâce à des pratiques qui, elles aussi, font appel à la musique[7].

1. *Cf.* E. Moutsopoulos, *L'idée de kalokagathia et sa fonction éthique et esthétique en Occident. Les enjeux de l'éthique* (Institut International de Philosophie, Entretiens de Kyoto, 1994), Tokyo, Centre International pour l'Étude Comparée de la Philosophie et de l'Esthétique, 1995, p. 21-34.

2. Cf. *Rép.*, III, 402 a.

3. *Cf.* Arist. Quint., 18, 107 Meibom : τί δὴ θαυμαστὸν, εἰ τοῖς κινοῦσι τὰ ὄργανα νευραῖς τε καὶ πνεύματι σῶμα ὅμοιον ἡ ψυχὴ λαβοῦσα, συγκινεῖται κινουμένοις καὶ πνεύματός τε ἐμμελῶς καὶ εὐρύθμως ἠχοῦντος τῷ παρ' αὐτῇ πνεύματι συμπάσχει καὶ πληττομένης νευρᾶς ἐναρμονίως ταῖς ἰδίαις συνηχεῖ τε καὶ συντείνεται, ὅπου γε κἀν τῇ κιθάρᾳ τὸ τοιόνδε συμβαῖνον θεωρεῖται...

4. Cf. *Lois*, II, 659 e ; 664 b ; 665 e ; 666 c ; 670 e. *Cf.* aussi E. Moutsopoulos, « Sur la participation musicale chez Plotin », *Philosophia* 1, 1971, 379-388.

5. *Cf.* P.-M. Schuhl, « Les premières étapes de la philosophie biologique », *Revue d'Histoire des Sciences* 4, 1951, 197-221, notamment p. 197.

6. Cf. *Lois*, VII, 790 e-791 a. Cf. *Philèbe*, 34 a : Τὸ δ' ἐν ἑνὶ πάθει τὴν ψυχὴν καὶ τὸ σῶμα κοινῇ γιγνόμενον [...] κινεῖσθαι. Cf. *Timée*, 88 d.

7. Cf. *Lois*, VII, 791 a.

On relira avec profit le passage de la *République*, signalé au début, à la lumière de deux textes du *Timée*. Le premier est relatif au mouvement du son dans l'air[1]. Toujours au courant des recherches les plus récentes de son temps, Platon ignore cependant ostensiblement le mouvement vibratoire et considère l'air comme un simple milieu de transmission. Si distinction dans la propagation des sons il y a, elle est due uniquement à leurs hauteurs différentes. Deux sons émis simultanément par la même source sonore, une cithare par exemple, se propageront à des vitesses analogues à leurs hauteurs : à envisager le cas de l'octave, le son le plus aigu précédera le son le plus grave et atteindra l'oreille deux fois plus rapidement que lui. Le deuxième texte est relatif au parcours des sons à l'intérieur du corps[2]. Le rôle du tympan se voit totalement négligé et les sons continuent leur course en envahissant tour à tour la tête (siège de la rationalité), la région du diaphragme (siège des sentiments) et enfin la région du foie (euphémisme pour le siège des désirs). Ce serait dans cette région que le son le plus lent rattrape le son le plus rapide pour se fondre avec lui et procurer, en fin de parcours, une impression unitaire. Or ce processus suppose que, dès le seuil de l'oreille, le son subit un retardement dans son cheminement, dû probablement à la résistance du corps qu'il traverse[3], retardement d'autant plus important que ce son était initialement plus aigu. Ce faisant, aucun des deux sons n'est altéré : leur hauteur demeure toujours constante.

Une fois l'âme tout entière imprégnée, les effets de l'harmonie sonore se font directement sentir. Parmi les auditeurs, les uns, superficiels, ne ressentent qu'un simple plaisir, sans plus; les autres sont des sages qui découvrent dans les harmonies sonores les traces d'une harmonie éternelle[4]. Les sons se révèlent, en effet, mortels; ce sont les modèles harmoniques intelligibles qui sont évoqués par leurs reproductions sensibles. Les sages, eux, n'ont qu'à en profiter. Or le mécanisme par lequel les harmonies s'introduisent dans l'âme qu'elles inondent à leur passage demeure toujours inaltérable. On se rappellera les termes par lesquels Platon qualifie cette emprise, de même que celle qui résulte de l'intrusion du rythme : rythme et harmonie pénètrent successivement dans les sièges des trois parties de l'âme pour leur communiquer leur mouvement avant de s'éteindre et les forcer de se plier à leur impétuosité. Mieux que tout autre, Aristide Quintilien exprime cette idée de communication et de participation au mouvement en utilisant le terme de commotion (συγκινεῖται)[5]. Si, par conséquent, rythmes et harmonies s'emparent de l'âme avec force, c'est parce qu'ils lui imposent leur propre mouvement.

« Avec force » (ἐρρωμενέστατα) est une expression adverbiale qui mérite d'être analysée. Dans les conditions où elle apparaît, loin de signifier

1. Cf. *Timée*, 69 b-c.
2. Cf. *Timée*, 80 a-b.
3. *Cf.* E. Moutsopoulos, *Mouvement musical et philosophie dans les derniers dialogues de Platon. Musique et Philosophie*, Dijon, Société Bourguignonne de Philosophie, 1985, p. 3-15.
4. Cf. *Timée*, 80 b ; et *Théétète*, 144 d : κομψοί.
5. Cf. *supra*, et la n. 3, p. 314.

« violemment » elle désigne une véhémence qui n'a absolument aucun rapport avec quelque indication agogique que ce soit et fait uniquement allusion à la communication et à l'imposition d'un mouvement, le plus souvent différencié. De toute manière, le mécanisme de diffusion de l'harmonie et du rythme dans le corps n'a rien de violent. Au contraire, il est soutenu que les sons qui les véhiculent jusqu'aux recoins les plus éloignés des sièges des parties de l'âme sont mortels[1]. C'est donc le rythme et l'harmonie mêmes et non les sons, simples moyens de transfert, qui transmettent leurs charges aux âmes. Au demeurant, aux dires de Damon dont Platon, on l'a vu, affectionne particulièrement les théories, toutes les harmonies et les rythmes à retenir n'ont pas nécessairement une allure militaire pour que quelque violence leur soit en l'occurrence reconnue. On évoquera que, dans les *Lois*, dernière étape de l'esthétique musicale platonicienne, les seules harmonies à enseigner aux jeunes sont les harmonies dorienne et phrygienne qui conviennent respectivement aux braves et aux pieux[2].

Le terme d'harmonie se présente chez Platon sous deux aspects différents. Il désigne, d'une part, certains modèles particuliers d'après lesquels la lyre serait accordée; d'autre part, notamment dans le *Timée*, un accord consonant[3]. La première acception est celle qui prévaut dans la théorie damonienne; la seconde fait appel au pythagorisme musical classique. Elle facilite la compréhension du mécanisme d'imprégnation de l'âme par des structures rythmiques et harmoniques. Dans les *Lois* encore, les soixante chanteurs du chœur dionysien sont censés avoir acquis

> plus que tous les autres le sens du rythme et de la composition des harmonies, et savoir ainsi, dans les imitations musicales qui suscitent les émotions de l'âme, discerner la bonne et la mauvaise imitation, choisir les productions de l'une et rejeter celles de l'autre, pour mettre en honneur les premières, les chanter, en *enchanter* (nous soulignons) les âmes des jeunes, <et> exhorter chacun d'eux à se mettre à leur suite, afin d'acquérir la vertu en se laissant, comme eux, guider par ces imitations mêmes[4].

Aussi devraient être bannies toutes les techniques musicales dont résultent des rythmes compliqués et dont la plupart des musiciens de l'époque avaient abusé, en recourant même, par souci de réalisme, non seulement à des harmonies de toutes sortes, mais aussi à des artifices propres à épater le grand public[5]. Inviter les musiciens à éviter les compositions complexes est du ressort des législateurs. Ni liberté absolue, ni déterminisme pur et simple ne conviennent à la Cité décrite dans les *Lois*, mais une tolérance surveillée[6]. À défaut de quoi, les intentions des

1. Cf. *Lois*, VII, 812 d.
2. Cf. *Lois*, VII, 812 c-d; 814 e-815 a.
3. Cf. *Timée*, 80 a.
4. Cf. *Lois*, VII, 811 b-c.
5. Cf. *Rép.*, III, 397 a-b, et P.-M. Schuhl, « Platon et la musique de son temps », *Revue Internationale de Philosophie* 32, 1955, 276-287.
6. *Cf.* E. Moutsopoulos, *La Musique dans l'œuvre de Platon*, 2e éd., Paris, P.U.F., 1989, p. 305-308.

compositeurs risquent de se voir falsifiées, ne serait-ce que par des exécutants trop hardis.

Il est souhaitable, d'après Platon, que la libre manifestation de la musique à l'intérieur de l'âme ne soit pas entravée par des détours qui visent à en compliquer la compréhension, surtout auprès des jeunes qui débutent. Plus la structure est compliquée et plus l'envoûtement de l'âme normalement escompté s'affaiblit. Or, dès le *Protagoras*, le philosophe affirme que « la vie humaine tout entière nécessite des modèles de beau rythme et de belle harmonie »[1]. Dans ce contexte, on entendra rythme et harmonie comme des modèles musicaux de comportement. Plus que des règles de conduite, cependant, il s'agirait de dispositions de l'âme et de pratiques conformes aux exigences de la nature humaine et de la société. On en revient alors à l'enseignement damonien au terme duquel à telle situation convient telle forme musicale ; tant et si bien que toute une liste de configurations formelles pourrait être dressée à ce sujet d'après les indications fournies par Damon et par Platon.

Les modalités d'emprise de l'âme par la musique sous les aspects élémentaires de rythme, de mélodie et de consonance (ces deux dernières désignées par le terme d'« harmonie » [2]), aussi différents soient-ils, en tant qu'éléments musicaux, sont réduites à une seule, à savoir à un ordre invariable qui préfigure l'ordre suggéré par Aristote en tant que support du beau. C'est de cet ordre que le corps et l'âme ont besoin pour mieux s'épanouir et mieux se porter. Dans le cas de la musique, ils y trouvent leur compte en raison du processus d'imprégnation déjà décrit[3] ; processus impensable, à moins de supposer l'existence de moules ou de réceptacles corporels, mieux : viscéraux, ce que suggère le finalisme constant qui sous-tend la pensée musicale de Platon.

1. Cf. *Prot.*, 326 b
2. Cf. *Rép.*, III, 399 a *sq.*
3. Cf. *Rép.*, III, 401 d-402 a ; *Timée*, 80 a-b.

APPARAÎTRE ET CONTRARIÉTÉ DANS LE LIVRE IV DE LA *RÉPUBLIQUE*

MARCELO P. MARQUES

L'apparaître, en tant que problème philosophique chez Platon, est directement lié à l'expérience du rapport entre contraires, c'est-à-dire à la perception des choses en mouvement dans la mesure où elles vont d'un contraire à l'autre. Dans l'apparaître, qu'il soit phénoménal ou judicatif[1], les choses se montrent, à chaque fois, comme étant autres et contraires à ce qu'elles semblaient être par ailleurs[2].

Le problème de l'ἐναντιολογία émerge, chaque fois dans les dialogues, dans des situations spécifiques, dans des contextes argumentatifs qui en déterminent davantage la signification. Un passage synthétique du *Sophiste* le montre de façon exemplaire :

> Réellement, mon cher, nous sommes dans un examen extrêmement difficile. Car l'apparaître et le paraître être quelque chose, mais ne pas l'être, et le dire quelque chose, mais non quelque chose de vrai, tout ça est plein d'apories, toujours, dans le temps passé comme maintenant. Car comment faut-il parler, pour dire et juger (opiner, penser) que le faux est réellement, et, en le prononçant, ne pas rester en contradiction (ἐναντιολογίᾳ), Théétète, voilà qui est extrêmement difficile (à savoir)[3].

1. A. Mourelatos, *The route of Parmenides*. New Haven & London, Yale University Press, 1970, p. 194-200. Mourelatos parle des différents sens de δοκέω déjà chez Parménide : en général, il y aurait l'aspect phénoménique, qu'il rapproche de φαίνω, et l'aspect critériologique ou judicatif, qui concerne la pensée, la réflexion et la dimension délibérative.

2. Mon objet est de comprendre l'expérience de l'apparaître, tout au long de la *République*, en ses différents aspects. Voir M. P. Marques, « Entre aparecer e ser : sobre *República* V » dans Marcos M. Santos, (Org.) *I Simpósio de Estudos Clássicos da USP*, São Paulo, Humanitas / FAPESP, 2006, p. 247-270. D'autres résultats partiels ont fait l'objet de communications orales : Itatiaia, 2006 – « O aparecer como dimensão da vida política, no livro II da *República* » ; Ouro Preto, 2007 – « Retórica e filosofia da imagem na *República* » ; São Paulo, 2007 – « Aparecer e imagem no livro VI da *República* ».

3. *Soph.*, 236 d 9-237 a 1 : Ὄντως, ὦ μακάριε, ἐσμὲν ἐν παντάπασι χαλεπῇ σκέψει. τὸ γὰρ φαίνεσθαι τοῦτο καὶ τὸ δοκεῖν, εἶναι δὲ μή, καὶ τὸ λέγειν μὲν ἄττα, ἀληθῆ δὲ μή, πάντα ταῦτά ἐστι μεστὰ ἀπορίας ἀεὶ ἐν τῷ πρόσθεν χρόνῳ καὶ νῦν. ὅπως γὰρ εἰπόντα χρὴ ψευδῆ λέγειν ἢ δοξάζειν

Ce passage guide comme une épigraphe la lecture que je propose du livre IV. Ma question est la suivante : dans quelle mesure l'apparaître contradictoire est-il constitutif du processus même du penser (διανοεῖσθαι) et en particulier de la réflexion qui prend comme objet l'âme ? Il s'agit du défi de penser « ce qui est », ainsi que « ce qui n'est pas », à propos de l'âme, et d'être capable de les dire discursivement, au long de l'examen partagé, sans dire quelque chose de risible ou d'absurde.

Il s'agit d'analyser l'âme dans son rapport avec la cité et, au long de l'examen, des êtres et situations qui paraissent être ἐναντίοι et face auxquels les interlocuteurs sont obligés de se demander ce qu'ils sont ainsi que ce qu'ils ne sont pas vraiment. Le contexte argumentatif est celui de la mise en rapport de la cité juste et de l'âme juste, lancée par la critique radicale des prétentions au savoir et au pouvoir de la part des poètes et sophistes, fabricants de discours et de représentations *imagées* qui circulent, hégémoniques, dans la cité, déterminant les opinions et les actions des citoyens. Loin de penser à une impossible suppression sommaire ou une simple négation ascétique de l'apparence, je trouve que dans l'argumentation de Socrate l'examen des différentes modalités de l'apparaître est constitutif du chemin dialectique lui-même. C'est ainsi que je me demande quel peut bien être le sens du conflit et de la contrariété (aussi bien que celui de la consonance), dans la constitution même de la complexité interne de l'âme[1].

Tout d'abord, il faut reconnaître que la pratique réflexive qu'on trouve dans les Dialogues se révèle comme un processus radical de penser « par opposition à » et de parler « contre » la cité ; c'est cette critique des représentations partagées soutenant les pratiques politiques qui (du livre IV au livre IX) mène Socrate et ses interlocuteurs de la politique à la psychologie puis qui les ramène de nouveau à la politique. Je pense que l'essai de mise-en-structure théorique de l'âme de la part du penseur Platon est suscité par les rapports d'opposition (contradictions ?) que le citoyen Platon perçoit dans la vie politique concrète : il s'approprie de façon critique des conflits empiriques qu'il vit, en les transposant au plan réflexif, conceptuel et argumentatif. La recherche d'une conception philosophique de la justice émerge ainsi des vicissitudes de la vie politique, de la constatation de l'inefficacité et de l'injustice inhérentes aux régimes politiques et d'une exigence de faire face à la corruption des âmes individuelles[2], pour y retourner, en tant que projet possible d'une cité juste et heureuse.

Platon critique ceux qui veulent innover en modifiant sans cesse la législation (IV, 425 d-426 c), ayant en vue un supposé bien supérieur (τοῦ βελτίστου), mais aussi les conservateurs soutenus rhétoriquement par la complaisance éthique et

ὄντως εἶναι, καὶ τοῦτο φθεγξάμενον ἐναντιολογίᾳ μὴ συνέχεσθαι, παντάπασιν, ὦ Θεαίτητε, χαλεπόν.

1. Par ailleurs, la lecture de quelques passages du *De Anima*, qui critiquent « ceux qui font la division de l'âme », m'a aussi poussé à expliciter davantage le point de vue du Socrate de la *République*. Cf. *De Anima*, III, 432 a 20-432 b 5 ; I, 406 b 25-407 b 10 ; I, 411 a 20-b 30.

2. *Lettre VII*, 326 a-327 a ; A. Diès, *Autour de Platon*, Paris, Les Belles Lettres, (1926) 1972, p. 400-432 ; G. Leroux, Indroduction. Platon. *République*. Paris, GF-Flammarion, 2002, p. 27 ; J. Adam, The *Republic* of Plato, Cambridge, Cambridge University Press, 1902, vol. I, p. 216-217.

politique des dits sophistes[1]. Il s'oppose aussi bien au conventionnalisme qu'au naturalisme éthique[2]; il détruit les conceptions éthiques et politiques des poètes archaïques ainsi que celles des leurs successeurs plus récents[3]; il refuse la moralité aristocratique, ainsi que la permissivité démocratique et dépasse même l'intellectualisme éthique, en réfléchissant, à propos de la complexité des mobiles de l'action, sur la présence ou l'absence du consentement dans la poursuite de l'action, tout en reconnaissant la part d'irrationalité. En somme, il mène « le combat contre son propre temps » beaucoup plus loin que son maître le lui avait signalé[4].

Dans cet article, je suivrai l'argumentation qui soutient la division de l'âme dans le livre IV tout en avançant quelques considérations qui visent à mettre en relief les connexions entre apparaître et contrariété.

Voyons dans le détail comment est mise en place la complexité structurelle de la ψυχή. Je veux montrer dans quelle mesure l'âme est déterminée par la différence, par une sorte d'altérité qui la rend complexe intérieurement. Comme le soutient Socrate, ce qui rend discursivement possible l'établissement des articulations structurelles de l'âme, c'est la position et la caractérisation du conflit et de la contrariété à l'intérieur de l'âme[5].

Les vertus sont des fonctions ou des figures (σχῆμα, IV, 421 a), conçues à partir des tâches propres (τοῦ ἑαυτῶν ἔργου, 421 c) à chaque groupe fonctionnel dans la cité. Mais s'il y a un fait inéluctable, c'est que la cité est traversée par le conflit permanent; il y a toujours deux cités en guerre, l'une contre l'autre, celle des pauvres et celle des riches (421 e-423 a), ainsi que d'autres innombrables causes de conflits[6]. Ce qui est recherché, c'est la cohésion politique, l'affrontement et le dépassement de la discorde (στάσις)[7]; curieusement, la quête de l'unité (423 b) ne se fait qu'à partir de la spécialisation fonctionnelle, c'est-à-dire qu'il faut différencier et diviser davantage, mais d'une autre façon, pour retrouver l'unité et l'identité. Dans la deuxième partie du livre IV (427 d-444 e), l'analyse des parties ou groupes de la cité s'articule à la différenciation des genres de l'âme[8].

1. Voir Leroux, trad. *République*, p. 599, n. 33.

2. Voir M. Canto-Sperber, *Dictionnaire d'éthique et de philosophie morale*, Paris, P.U.F., 1996, p. 1148-1149.

3. Voir *Mén.*, 71 e; 73 c-d; 77 b, etc.

4. Voir F. Nietzsche, *Introduction à la lecture des dialogues de Platon*, trad. O. Berrichon-Seydn. Paris, Éditions de l'Éclat, 1991, p. 56.

5. Le livre IV peut bien être vu comme étant central au dialogue, parce qu'il explicite l'homologie structurelle entre politique et théorie de l'âme, dont dépend son développement. Voir le schéma proposé par Leroux, *op. cit.*, p. 28-29.

6. Voir *Lois*, I, 625 e 5-626 b 4. Adam fait une référence curieuse aux scholies et à la *Suida* qui parlent d'un possible « jeu entre *poleis* ». Adam, *op. cit.*, vol. I, p. 211-212.

7. Voir l'analyse faite par J. Frère des différentes occurrences du terme στάσις chez Platon, en tant que conflit, ou bien en tant que repos, ce qui l'amène à le traduire par « résistance ». J. Frère, *Temps, désir et vouloir en Grèce ancienne*, Paris, Dioné, 1995, p. 139-197.

8. *Rép.*, IV, 428 e 7 : parties (μέρει), groupes (ἔθνει); 429 a 1 : genre, race (γένος); 429 b 2 : partie (μέρος); 429 b 8 : parties (μέρει). Selon *De anima*, III, 432 a 15 *sq.*, la façon dont certains divisent l'âme suscite encore d'autres différences qu'ils ne prennent pas en compte, etc. À mon avis, la division

Socrate et Glaucon prétendent établir en quoi la justice et l'injustice diffèrent l'une de l'autre (τί ἀλλήλοιν διαφέρετον, 427 d 4-5), c'est ce qui les incite à rechercher la justice dans la cité. Si la cité est sage, virile, modérée et juste, les genres de la cité devraient aussi être ceux de l'âme – le rationnel, l'énergique et l'appétitif – ainsi que ses vertus[1].

La modération, en tant qu'expression de l'individu qui est « maître de soi-même », semble comporter quelque chose de risible (γελοῖον, 430 e-432 a 9). Pour qu'un même individu puisse être maître de soi, il est nécessaire que « celui qui serait plus fort que lui-même soit aussi plus faible que lui-même », car « c'est le même (ὁ αὐτός) que l'on désigne, dans tous ces cas ». Mais, en vérité, cette apparence ne se justifie pas, car, avec l'altérité entre les parties de la cité, ainsi que celle entre les parties de l'âme, nous pourrons comprendre « qu'il y a ce qui est meilleur et ce qui est pire » (τὸ μὲν βέλτιον, τὸ δὲ χεῖρον, 430 e 11-431 a 5). C'est par la reconnaissance de l'altérité des parties de l'âme qu'il sera possible d'établir la maîtrise de soi ou la modération, qui est une consonance selon la nature (κατὰ φύσιν συμφωνίαν) et entre les parties, pour savoir laquelle d'entre elles doit dominer (432 a 6-9).

La complexité de la σωφροσύνη en trois niveaux est bien mise en évidence par l'argumentation (431 e *sq.*); elle traduit le gouvernement du meilleur sur le pire, de la φρόνησις sur les appétits, la concorde entre meilleur et pire, quant à qui doit gouverner; ce qui implique que la σωφροσύνη doit être une qualité nécessairement structurelle (du tout de l'individu ou de la cité)[2]. Si, d'une part, la σωφροσύνη paraît impliquer une simple bipartition, d'autre part, c'est elle aussi qui exige l'union (μία ἐκ πολλῶν) des trois dimensions ou parties. Comment pourrait-on parler de συμφωνία pour une seule partie ?

de l'âme entreprise par Socrate ne répond pas à un simple besoin classificatoire ou à des exigences analytiques détachée de la vie pratique. Elle répond à une démarche de différenciation qui permet aux interlocuteurs de penser la justice aussi bien que l'injustice, à partir d'une convergence de facteurs qui prend en compte la complexité de l'action, d'une part, telle qu'elle est vécue effectivement dans la cité et, d'autre part, telle qu'elle est pensée ou représentée par poètes, sophistes ou philosophes. La façon typiquement platonicienne de penser, c'est de différencier (séparer) pour mieux réunir. L'argumentation évoque les termes mêmes de l'établissement des très grands genres du *Sophiste* – l'être, le même et l'autre. Voir, par exemple, *Soph.*, 254 d 4-255 e 7; M. P. Marques, *Platão, pensador da diferença*. Belo Horizonte, UFMG, 2006, p. 237-262. Sur l'unité fondée sur et à partir de la multiplicité, voir Adam, *op. cit.*, vol. I, p. 213.

1. *Rép.*, IV, 440 e-441 a : les trois principes de l'âme – τὸ λογιστικόν, τὸ θυμοειδές, τὸ ἐπιθυμητικόν. Il est important de noter que la mise en structure de l'âme en parties n'exclut aucunement leur mouvement permanent. Penser ces trois principes en tant que parties n'implique pas du tout une vision réifiante de l'âme. Platon n'utilise ce terme spatial et mathématique que partiellement ; tout de suite après, il parle de « choses de l'âme » et de « genres de l'âme ». Voir J. Frère, *Les Grecs et le désir de l'être*, Paris, Les Belles Lettres, 1981, p. 204. Une partie psychique n'est ni un objet physique, un morceau corporel, ni une partie logique. Penser l'âme en recourant à des éléments différents (genres ou parties) signifie reprendre de façon critique la *dóxa* hégémonique dans la cité ; la multiplicité de principes psychiques synthétise théoriquement et rend possible une exigence d'intelligibilité là où il ne semblerait en avoir aucune.

2. Adam critique la compréhension erronée d'Aristote (*Topiques*, V) qui, soit veut trouver une symétrie superficielle, soit ne croit pas que le dirigeant aurait été capable de disputer son propre droit à gouverner. Adam, *op. cit.*, p. 235-236.

Parmi les considérations du même et du différent, dans la cité et dans la ψυχή, il y a une question qui est estimée la plus difficile : il s'agit de savoir si c'est par la même chose qu'on achève chacune de nos actions ou par un élément différent à chaque fois. Socrate examinera donc s'il y a une unité simple ou une unité complexe en ce qui concerne les principes qui nous poussent à l'action. Le contexte de la recherche est évidemment psycho-politique et il mènera à ce qu'on pourrait appeler un « principe de non-contradiction psychique », dont j'aimerais maintenant examiner la construction.

> Il est visible que la même chose (ταὐτόν) ne consentira pas à faire ou à subir à la fois (ἅμα) des choses opposées, en tout cas sous le rapport de la même chose (κατὰ ταὐτόν) et en relation avec la même chose (πρὸς ταὐτόν) ; par conséquent, si par hasard nous trouvons que cela se produit dans ces actes-là (dans ces actions et passions), nous saurons que ce n'était pas la même chose (οὐ ταὐτόν), mais plusieurs, qui font ou subissent cela[1].

Cette formulation sera reprise et détaillée en tant que principe guidant la recherche : on se demande s'il est possible que le même soit en repos et en mouvement, en même temps, selon la même chose (436 c 5-6). Pour éviter des disputes futures, sont présentés des exemples dans lesquels est examinée la variation d'un κατά. Ce sont les exemples de l'homme en repos mais qui bouge[2], des toupies qui tournent autour de leurs pointes et encore celui de tout objet qui se meut circulairement dans le même lieu (436 d-e). La conclusion est une formulation qui nous semble curieusement familière :

> Par conséquent ce genre d'énoncé ne nous bouleversera pas, et ne pourra non plus nous persuader que jamais, ce qui est le même (τὸ αὐτὸ ὄν) puisse, à la fois (ἅμα) sous le même rapport (κατὰ ταὐτόν) et par rapport à la même chose (πρὸς ταὐτόν), subir ou encore être ou faire des choses opposées (τἀναντία)[3].

Socrate ne croit pas qu'il soit nécessaire de prouver que les choses sont comme ils disent et il admet que si elles en viennent à apparaître (comme étant) différentes (ἐάν ποτε ἄλλῃ φανῇ) de ce qu'ils ont dit, tout ce qui aura été déduit d'elles sera du même coup annulé. Mais il présente encore quelques exemples qui doivent prouver davantage le principe qui vient d'être formulé : faire un signe d'approbation, par opposition à un signe de désapprobation; vouloir saisir un objet, par opposition à le rejeter; attirer à soi par rapport à repousser quelque

1. *Rép.*, IV, 436 b 8-c 1 : Δῆλον ὅτι ταὐτὸν τἀναντία ποιεῖν ἢ πάσχειν κατὰ ταὐτόν γε καὶ πρὸς ταὐτὸν οὐκ ἐθελήσει ἅμα, ὥστε ἄν που εὑρίσκωμεν ἐν αὐτοῖς ταῦτα γιγνόμενα, εἰσόμεθα ὅτι οὐ ταὐτὸν ἦν ἀλλὰ πλείω. Je cite toujours la traduction de Pierre Pachet, avec quelques modifications. Platon, *La République*, Paris, Gallimard, 1993.

2. Par exemple, si quelqu'un disait, par rapport à un homme en repos, mais qui remue les mains et la tête, que le même est, à la fois, en repos et en mouvement, on dirait qu'il ne faut pas parler ainsi, mais dire qu'une part de lui est en repos et que l'autre se meut; le même (homme), selon des parties différentes, est en repos (ne marche pas) et en mouvement (meut des parties de son corps).

3. *Rép.*, IV, 436 e 8-437 a 2 : οὐδὲν ἄρα ἡμᾶς τῶν τοιούτων λεγόμενον ἐκπλήξει, οὐδὲ μᾶλλόν τι πείσει ὥς ποτέ τι ἂν τὸ αὐτὸ ὂν ἅμα κατὰ τὸ αὐτὸ πρὸς τὸ αὐτὸ τἀναντία πάθοι ἢ καὶ εἴη ἢ καὶ ποιήσειεν.

chose et, finalement, avoir faim et soif. Toutes ces choses seront établies comme faisant partie des contraires, les unes par rapport aux autres, des actions ou des affections (πάντα τὰ τοιαῦτα τῶν ἐναντίων ἀλλήλοις θείης εἴτε ποιημάτων εἴτε παθημάτων;). Par rapport à la faim et la soif et, en général, à tous les appétits (ou désirs) (ὅλως τὰς ἐπιθυμίας), l'analyse minutieuse montre comment désirer équivaut à attirer, à approuver quelque chose et à essayer de l'avoir avec soi. Au contraire, ne pas vouloir, ne pas consentir et ne pas désirer seront mis du côté du rejeter et du repousser, c'est-à-dire, de tout ce qui est contraire aux mouvements antérieurs. Il faut observer qu'il ne s'agit que des mouvements psychiques, parmi lesquels sont mis en évidence ceux qui s'opposent, de sorte que le débat finira par aboutir à une vraie théorie de l'action. Contrairement, donc, au mouvement antérieur, ne pas vouloir (τὸ ἀβουλεῖν), ne pas consentir (μὴ ἐθέλειν) et ne pas avoir un désir (μηδ' ἐπιθυμεῖν) restent du côté du repousser (τὸ ἀπωθεῖν) et de l'écarter de soi (ἀπελαύνειν ἀπ' αὐτῆς). Dans le détail, l'analyse est vraiment remarquable par une rigueur et une perspicacité inédites dans le traitement des choses de l'âme.

La soif est une espèce d'appétit qui est prise comme paradigme pour tous les appétits, à cause de la clarté dont elle est dotée; à partir de la soif on fait une distinction entre appétits nécessaires et non-nécessaires. La soif en soi, sans rien d'autre que ce qu'elle est naturellement, c'est-à-dire, en tant que désir, n'est rien d'autre que cela qui a été dit que quelqu'un désire, à savoir, le désir de boisson (sans se demander si elle est chaude ou froide, ou si c'est un désir de beaucoup ou de peu de boisson).

> C'est bien cela, dit-il : chaque désir (appétit), du moins en lui-même, est seulement désir de cette chose unique dont il est naturellement désir; quant au désir d'une chose de telle ou telle qualité, cela se produit en plus [1].

Et encore :

> Il est bien certain en effet que tous désirent ce qui est bon [2].
> Ainsi, à chaque fois, l'âme de celui qui désire, n'affirmeras-tu pas qu'elle convoite ce qu'elle désire, ou qu'elle attire à soi ce qu'elle veut avoir à elle, ou encore qu'en tant qu'elle veut que quelque chose lui soit procurée, elle se dit à elle-même, comme si on le lui demandait, qu'elle approuve cette chose, en souhaitant que cela se produise ? [3]

Les deux passages se complètent: si toute soif est soif de quelque chose de bon, et cela vaut pour tous les désirs, tout désir est désir de ce qui paraît être bon à celui qui désire, il ne peut pas en être autrement. Les problèmes qui surgiront

1. *Rép.*, IV, 437 e 7-8 : αὐτή γε ἡ ἐπιθυμία ἑκάστη αὐτοῦ μόνον ἑκάστου οὗ πέφυκεν, τοῦ δὲ τοίου ἢ τοίου τὰ προσγιγνόμενα.

2. *Rép.*, IV, 438 a 2-3 : πάντες γὰρ ἄρα τῶν ἀγαθῶν ἐπιθυμοῦσιν.

3. *Rép.*, IV, 437 c 1-6 : οἷον ἀεὶ τὴν τοῦ ἐπιθυμοῦντος ψυχὴν οὐχὶ ἤτοι ἐφίεσθαι φήσεις ἐκείνου οὗ ἂν ἐπιθυμῇ, ἢ προσάγεσθαι τοῦτο ὃ ἂν βούληταί οἱ γενέσθαι ἢ αὖ, καθ' ὅσον ἐθέλει τί οἱ πορισθῆναι, ἐπινεύειν τοῦτο πρὸς αὑτὴν ὥσπερ τινὸς ἐρωτῶντος, ἐπορεγομένην αὐτοῦ τῆς γενέσεως.

seront formulés aussi bien par rapport au désir en soi, que par rapport à ses différents objets, à ce dont le désir est désir. Socrate en viendra à des nuances inédites pour établir, tout d'abord, que tout désir est désir « de », le rendant « partiellement » indépendant de ce dont il est le désir.

En effet, Socrate met en garde contre un objecteur imaginaire qui dirait que tous désirent une boisson de bonne qualité, mais l'objection, dans ce contexte précis, ne sert qu'à détailler davantage et à diviser sa position en deux : 1. tout désir est désir de et 2. tout désir est désir de ce qui est / paraît être bon[1]. Pour rester dans la *République*, on peut renvoyer à III, 413 a 4-5 : « c'est sans leur consentement que les hommes sont privés des biens », et au fameux passage de VI, 505 d 5-9 : « (il est manifeste que) quand il s'agit du bien personne ne se satisfait plus de ce qui semble l'être, mais qu'on cherche ce qui l'est réellement ».

J'aimerais mettre en évidence l'idée selon laquelle tout désir est désir d'un apparaître. « Mais que se passe-t-il lorsque quelqu'un pense subir une injustice ? Est-ce qu'en lui son cœur ne bout pas, ne s'irrite pas et ne s'allie pas à ce qui lui semble juste ? »[2]. Qu'il s'agisse de la soif, du savoir, de l'aspirer ou du tendre à, cela dont on a le désir apparaît à celui qui désire comme étant désirable, donc bon. C'est à partir de la dynamique complexe du psychisme, qui est en train d'être établie de façon argumentée dans ce passage, que sera posée la question de la qualité de l'objet du désir, la question de savoir si ce qui paraît être bon l'est réellement ; ce qui est vraiment bon doit être conçu comme étant tel aussi bien hors de que dans l'âme ; le problème étant donc de savoir comment faire en sorte que l'âme, par son discernement interne, soit capable de juger et de connaître le bien externe et interne, ce qui ne peut être établi que dialogiquement.

« Il semble même qu'il y a quelque chose qui manque », dit Socrate, ironiquement, en se référant à sa propre découverte, comme si c'était évident : « Car, peut-être, dit-il, quiconque dirait cela semblerait être en train de dire quelque chose ». Cela paraît évident, mais ne l'est pas, car il faut qu'il établisse ce qu'on pourrait appeler « la structure ouverte du désir », sa structure τινος, pour bâtir, pas à pas, la complexité tripartite de l'âme, qui est son but final dans cette section du livre IV.

> Mais, pourtant, dis-je, parmi toutes les choses en tout cas qui sont telles qu'elles sont « de » quelque chose, celles qui sont déterminées sont, me semble-t-il, « de » quelque chose de déterminé (τινός ἐστιν), tandis que prises chacune en elle-même elles sont seulement « de » chaque chose elle-même[3].

Suivent plusieurs exemples – le plus et le moins, ce qui est en plus grande quantité et ce qui est moins, le double et la moitié, le plus lourd et le plus léger, le plus rapide et le plus lent, le plus chaud et le plus froid, ainsi que d'autres rapports semblables. Mais l'analogie la plus décisive, proposée pour qu'on puisse

1. Adam reconnaît cette position comme « a commonplace » chez les platoniciens et renvoie encore à *Gorg.*, 468 a, *Mén.*, 77 c et à *Banq.*, 204 e. Adam, *op. cit.*, vol. I, p. 251.

2. *Rép.*, IV, 440 c 7-8 : Τί δὲ ὅταν ἀδικεῖσθαί τις ἡγῆται [...] οὐκ ἐν τούτῳ ζεῖ τε καὶ χαλεπαίνει καὶ ξυμμαχεῖ τῷ δοκοῦντι δικαίῳ.

3. *Rép.*, IV, 438 a 7-b 2 : Ἀλλὰ μέντοι, ἦν δ' ἐγώ, ὅσα γ' ἐστὶ τοιαῦτα οἷα εἶναί του, τὰ μὲν ποιὰ ἄττα ποιοῦ τινός ἐστιν, ὡς ἐμοὶ δοκεῖ, τὰ δ' αὐτὰ ἕκαστα αὐτοῦ ἑκάστου μόνον.

comprendre la structure τινος du désir, c'est la science. Le plus curieux est que la science soit évoquée comme paramètre ou auxiliaire pour comprendre le désir, et non l'inverse[1]. L'analogie suggère inversement que toute science est, en dernier ressort, question de désir. Le passage d'un thème à l'autre semble tout à fait naturel à Socrate.

Par rapport aux sciences (περὶ τὰς ἐπιστήμας), la science en soi est le savoir du cognoscible en soi, c'est-à-dire, de la chose, quoi que ce soit, dont il faut établir qu'il y a science. Un savoir déterminé est savoir d'une chose déterminée; un certain savoir avec une qualité déterminée est savoir d'une chose déterminée, avec une qualité déterminée.

> Que toutes les choses qui sont telles qu'elles sont « de » quelque chose, prises seules, en elles-mêmes, sont indéterminées; mais prises comme étant « de » certains objets déterminés, sont déterminées[2].

C'est ainsi qu'est établie la spécificité des sciences, sans que le savoir de ce qui est sain ou malade soit, en tant que tel, un savoir sain ou malade, mais un savoir médical. La détermination du savoir ne se confond pas non plus avec les déterminations ultérieures de son objet (438 a 1-3).

À ce stade, on se rend compte que le détour qui est fait pour établir la structure τινος de la soif est aussi remarquable que nécessaire à la démonstration, car, ne l'oublions pas, en fin de compte, il ne s'agit pas d'un simple appétit (la soif), mais du fonctionnement de tout désir. C'est par ce biais qu'on pourra soutenir la structure dynamique de l'âme comme un tout.

Finalement, Socrate peut faire face à la structure apparemment conflictuelle ou « contradictoire » de la ψυχή :

> Donc l'âme de celui qui a soif, en tant qu'il a soif, ne veut rien d'autre que boire, c'est de cela qu'elle a envie et à cela qu'elle tend[3].
> Donc, si jamais quelque chose la tire en sens inverse, quand elle a soif, c'est qu'il y aurait en elle quelque autre chose que cela même qui a soif et qui la pousse, comme une bête, vers l'acte de boire ?[4]

Voici la troisième version du principe qui guide l'argumentation :

> Car, tu le sais, nous affirmons que la même chose ne pourrait pas, par la même partie d'elle-même, et concernant la même chose, faire en même temps des choses opposées[5].

1. Dans le *Sophiste*, l'Étranger d'Elée utilise la même analogie avec la science pour établir le caractère τινος de tout ce qui est ἕτερος : cf. *Sophiste*, 257 c 7-8 et Marques, *Platão, pensador da diferença, op. cit.*, p. 272-276.

2. *Rép.*, IV, 438 d 10-e 1 : ὅτι ὅσα ἐστὶν οἷα εἶναί του, αὐτὰ μὲν μόνα αὐτῶν μόνων ἐστίν, τῶν δὲ ποιῶν τινων ποιὰ ἄττα.

3. *Rép.*, IV, 439 a 9-b 1 : τοῦ διψῶντος ἄρα ἡ ψυχή, καθ' ὅσον διψῇ, οὐκ ἄλλο τι βούλεται ἢ πιεῖν, καὶ τούτου ὀρέγεται καὶ ἐπὶ τοῦτο ὁρμα.

4. *Rép.*, IV, 439 b 3-6 : Οὐκοῦν εἴ ποτέ τι αὐτὴν ἀνθέλκει διψῶσαν, ἕτερον ἄν τι ἐν αὐτῇ εἴη αὐτοῦ τοῦ διψῶντος καὶ ἄγοντος ὥσπερ θηρίου ἐπὶ τὸ πιεῖν ;

5. *Rép.*, IV, 439 b 5-6 : οὐ γὰρ δή, φαμέν, τό γε αὐτὸ τῷ αὐτῷ ἑαυτοῦ περὶ τὸ αὐτὸ ἅμα τἀναντία πράττοι.

Nous trouvons, dans la suite, l'exemple de l'archer dont les mains apparemment repoussent et attirent l'arc, à la fois. L'opération (qui deviendra classique, mais qui ne l'est pas encore) consiste à différencier pour rendre possible la consonance des opposés ; si l'on reprend les termes du début de l'argument, nous pouvons dire que là où il paraissait n'avoir que le même, il faut reconnaître l'autre, pour que le même, dans la mesure où il est affecté par les contraires, ne soit pas risible.

Si l'on peut dire que les gens ont soif et refusent de boire, nous devons dire qu'il y a dans leur âme ce qui ordonne (τὸ κελεῦον) et, d'autre part, ce qui empêche de boire (τὸ κωλῦον πιεῖν) ; que l'un est celui qui ordonne (ἄλλο ὂν καὶ κρατοῦν τοῦ κελεύοντος), et l'autre celui qui le maîtrise. Et encore : l'élément qui empêche des tels actes prend naissance, lorsqu'il le fait, à partir du raisonnement (ἐγγίγνεται ἐκ λογισμοῦ). Tandis que les éléments qui poussent et entraînent viennent des affections et des maladies, on n'est pas sans raison de dire « qu'il y a deux éléments, différents l'un de l'autre ».

Le but de l'argument a été atteint, à savoir que les genres de l'âme peuvent être établis. Le premier élément est celui par lequel l'âme raisonne ; le second, celui par lequel l'âme aime, a faim, a soif et se laisse agiter par les autres désirs, élément appétitif, dépourvu de raison, donc compagnon des satisfactions et des plaisirs qui lui sont propres. Il y a encore le troisième élément, celui de la forme du cœur, par lequel nous nous mettons en colère. Il est maintenant possible d'explorer les rapports entre les trois.

Le cas de Leontios, qui, en venant du Pirée, au long du mur nord, perçoit des cadavres et lutte avec lui-même pour résister à la fascination d'aller les voir est un bon exemple de ce que je veux mettre en relief, à savoir que tout désir est le désir d'un apparaître.

> À la fois il désirait regarder, et à la fois, au contraire, il était indigné, et se détournait[1].

Pendant un certain temps, il aurait lutté (μάχοιτο) et aurait couvert le visage (παρακαλύπτοιτο) ; mais, dominé par le désir (κρατούμενος ὑπὸ τῆς ἐπιθυμίας), il aurait ouvert les yeux et, en courant dans la direction des cadavres, aurait dit :

> Voici pour vous, dit-il, génies du mal, rassasiez-vous de ce beau spectacle ![2]

L'exemple sert bien à soutenir mon propos : la dimension du « spectacle » est décisive pour le mécanisme du désir, ou, pour le dire d'une autre façon, il y a dans l'appétitif une demande d'apparence ou de l'apparaître sans laquelle il ne fonctionnerait pas. Ainsi, ce qui est propre au désir, c'est justement de viser un apparaître quelconque ; il n'y a pas de désir sans cette structure τινος attirée par un

1. *Rép.*, IV, 439 e 9-440 a 1 : ἅμα μὲν ἰδεῖν ἐπιθυμοῖ, ἅμα δὲ αὖ δυσχεραίνοι καὶ ἀποτρέποι ἑαυτόν.

2. *Rép.*, IV, 440 a 3-4 : Ἰδοὺν ὑμῖν, ἔφη, ὦ κακοδαίμονες, ἐμπλήσθητε τοῦ καλοῦ θεάματος.

apparaître ou bien sans l'action de se tourner vers une apparence (une mise en disposition qui aspire, convoite ou aime quelque chose qui se montre).

Nous nous approchons de la fin de l'argument. Il est maintenant possible de reconnaître que ce qui paraissait être le même, un et affecté de façon risible par les contraires, est multiple, dans la mesure où l'âme est vue comme étant traversée par la différence et comme pouvant, ainsi, comporter les affections des contraires de façon raisonnable. Ce n'est qu'ainsi que « l'apparence de contradiction » se laisse expliquer comme « désir de l'apparaître », d'une façon compréhensible et discursivement soutenable.

Quant ou troisième élément, le θυμοειδές :

> Que ce qui nous apparaît concernant l'élément de l'espèce du cœur est l'inverse de (ce qui nous apparaissait) tout à l'heure[1].
> Oui, dis-je, en tout cas s'il apparaît être quelque chose d'autre que l'élément raisonnable, de la même façon qu'il est apparu être autre que l'élément appétitif.
> Mais, dit-il, il n'est pas difficile de faire apparaître cela[2].

On ne peut pas ne pas remarquer les occurrences concentrées de φαίνω, suivies d'une référence épique qui couronne l'argumentation. Ulysse s'encourage à supporter le comportement déplorable des prétendants et, frappant la poitrine, réprimande son cœur, en dialoguant avec soi-même.

> En effet, dans ce passage, Homère représente bien nettement, comme une chose différente s'adressant à une chose différente[3] …

L'analyse « logique » aussi bien que le recours à l'image poétique mettent en évidence la différence dans l'âme[4]. La nouveauté chez Platon est que cette constatation reçoit une destination inédite; les différences dans l'âme sont rapportées à des intelligibles en soi qui fonctionnent comme des paramètres pour l'action. La cité réelle est ce qu'elle est : plus ou moins gonflée d'humeurs, plus ou moins virile, plus ou moins juste, etc. Laissée à elle-même, si elle n'a comme mesure que ses propres paramètres humains, elle tend à se dissoudre dans ses contradictions; ainsi, elle ne saurait être vue ou évaluée effectivement pour ce qu'elle est (ou n'est pas). Avec la position de mesures supra-humaines (des intel-

1. *Rép.*, IV, 440 e 1-2 : Ὅτι τοὐναντίον ἢ ἀρτίως ἡμῖν φαίνεται περὶ τοῦ θυμοειδοῦς.

2. *Rép.*, IV, 441 a 5-7 : Ναί, ἦν δ'ἐγώ, ἄν γε τοῦ λογιστικοῦ ἄλλο τι φανῇ, ὥσπερ τοῦ ἐπιθυμητικοῦ ἐφάνη ἕτερον ὄν. Ἀλλ' οὐ χαλεπόν, ἔφη, φανῆναι.

3. *Rép.*, IV, 441 b 7-c 1 : ἐνθαῦθα γὰρ δὴ σαφῶς ὡς ἕτερον ἑτέρῳ ἐπιπλῆττον πεποίηκεν Ὅμηρος. Voir *Odyssée* XX, 17.

4. Il me semble évident que les différences entre les contextes argumentatifs de *République* IV et *Métaphysique* IV, par elles-mêmes, devraient empêcher la réduction du problème spécifique et opératoire de Socrate, à savoir, établir les principes psychiques de l'action humaine, à la question beaucoup plus générale et ambitieuse d'établir un critère de sens, voire d'humanité, applicable à tous ceux qui osent énoncer une proposition quelconque. Ce n'est que dans le livre X (602 e 8-9) que commence à émerger, à proprement parler, la dimension judicative (δοξάζειν) ou propositionnelle de la contradiction. En outre, il va sans dire qu'en *République* IV, il ne s'agit pas de présupposer une théorie de la substance individuelle. Finalement, il faut remarquer que tout conflit compris comme ayant lieu dans l'âme n'est pas dialogue ou pensée (διάνοια). Voir M. Dixsaut, « Qu'appelle-t-on penser ? » *Cahiers Philosophiques de Strasbourg* 3, 1995, 211-228.

ligibles en soi), on peut la mettre en perspective d'un point de vue « atopique » qui rend possible qu'elle apparaisse sous une lumière telle que ses conflits (contradictions) seront ou pourront être formulés, voire résolus. L'éducation de l'âme (et de la cité) pourra être mise en avant, ayant en vue un horizon d'(in)visibilité (d'idéalité, d'intelligibilité) qui rendra possible son excellence, en donnant une direction et un sens à sa transformation.

C'est en opposant ces choses et en les frottant les unes contre les autres (παρ' ἄλληλα : 435 a 1), c'est en établissant des rapports entre les différents éléments les uns par rapport aux autres que nous arriverons à la justice, tout en essayant de distinguer les parties, de sorte que devienne manifeste « si elles sont, les unes par rapport aux autres, les mêmes ou autres » (εἴτε τὰ αὐτὰ ἀλλήλοις εἴτε ἕτερά ἐστι : 436 b 5-6). Ainsi nous pouvons distinguer le faire et le subir, l'action et la passion, du même et de l'autre, d'une espèce ou d'une partie de l'âme. Dans ce qui était vu comme étant toujours le même, Socrate a distingué le même de l'autre. Si avoir un désir et le repousser ou se refuser à le satisfaire est possible, c'est parce que l'âme est traversée par une altérité quelconque, étant donc composée d'éléments différents[1].

Nous devons donc reconnaître que l'analyse utilise implicitement des arguments et des principes logico-ontologiques qui ne seront thématisés que plus tard, mais qui rendent parfaitement claire la signification de la division de l'âme chez Platon : il faut établir qu'il y a des parties différentes dans l'âme, pour qu'il puisse y avoir des rapports entre elles et pour qu'on puisse comprendre sa complexité (y inclure les contradictions internes apparentes ou effectives). Il faut que ces rapports soient ordonnés pour qu'ils puissent constituer des vertus, sur des plans différents, dans la cité ou dans l'âme[2].

Comme je l'avais indiqué, l'ensemble des vertus, telles qu'elles sont conçues selon le principe d'homologie structurelle entre cité et psychisme, répond aux diverses conceptions psychologiques antérieures, tout en signifiant une rupture importante, de la part de Platon, avec soit l'éthique aristocratique, soit la moralité politique conventionnelle; les biens extérieurs sont réduits à des moyens ou des circonstances de la réalisation des vraies valeurs, comprises comme des formes intelligibles et intériorisées comme des paramètres psychiques qui, dans la

1. *Rép.*, IV, 439 c 5-7 : il y a un élément qui est autre (ἄλλο ὄν) ; 439 d 4-8 : il y a deux éléments, et différents l'un de l'autre (ἕτερα ἀλλήλων) ; 439 e 1-4 : distinguons ces deux formes qui se trouvent dans l'âme (δύο ἡμῖν ὡρίσθω εἴδη ἐν ψυχῇ) ; 440 a 5-6 : la colère, parfois, fait la guerre aux appétits, comme un élément différent à un élément différent (ὡς ἄλλο ὄν ἄλλῳ).

2. En plus de la question du rapport entre le même et l'autre, il y a, dans ce passage, un débat concernant les rapports entre mouvement et repos, dans le contexte de la réflexion sur l'être relatif des vertus ou des genres de l'âme, et, finalement, le passage classique sur la justice dans l'âme dans lequel l'analyse est faite en recourant aux termes être soi-même et/ou être autre que. Voir *Rép.*, IV, 436 c 5-7 ; c 8-d 10; 443 c 9-444 a 2 : αὑτοῦ, περὶ ἑαυτὸν, τὰ ἑαυτοῦ, τὰ οἰκεῖα, αὑτὸν αὑτοῦ, φίλον ἑαυτῷ, τἀλλότρια, πρὸς ἄλληλα, ἄλλα.

mesure même où ils sont articulés en interne, constituent cette vertu complexe qu'est la justice dans l'âme[1].

Les vertus sont des qualités structurelles de l'âme, c'est-à-dire que chacune des excellences réalise le bien de la communauté politique sous un certain aspect, mais toujours en connexion avec l'âme et avec la façon dont elle est organisée intérieurement[2]. Le courage ou la virilité (ἀνδρεία) concerne les affections, la dimension énergétique de l'âme, en tant que vertu gardienne de la pensée juste. La tempérance (σωφροσύνη), dans la mesure où elle concerne l'âme comme un tout, est consonance (συμφωνία) et accord (ἁρμονία), et articule désirs, actions et passions opposés. La sagesse (σοφία) est la vertu rationnelle par excellence, dans la mesure où elle est connaissance de l'intelligible, et comprend le discernement du bien, faisant la liaison entre la vision (théorique) et l'action (pratique) efficace et excellente. La justice (δικαιοσύνη) doit appartenir à l'âme comme un tout, pour pouvoir opérer l'articulation consonante, délibérer et juger, étant en elle-même un bien intrinsèque pour l'individu, avec, évidemment, des conséquences pour ses rapports avec les autres. La vertu ainsi conçue est toujours vertu de l'ensemble, produisant l'accord (ὁμοδοξία) entre les citoyens, la constance des guerriers dans la préservation (σωτηρία) de la loi et le discernement (φρόνησις) des gardiens; elle procure le plus grand bien quand elle fait que chacun (homme libre, mais aussi femme, enfant et esclave, ainsi que dirigeant et dirigé) s'occupe de ce qui le concerne en particulier, assurant la cohésion du tout (433 c-d).

La justice dans l'âme est semblable à la justice dans la cité (II, 367 e-369 a; IV, 434 d-436 a), et l'injustice est la discorde, dans la cité et dans l'âme. Pour qu'il y ait justice dans l'âme, il faut qu'il y ait altérité. Il est nécessaire que les parties de l'âme soient différenciées pour qu'elles puissent se mettre en relation réciproque; ce n'est qu'à partir de ce moment qu'on peut vraiment commencer à parler du juste et de l'injuste, proprement dits, ainsi que du sain et du malade. La différence n'est pas l'injustice ou le mal, car elle est aussi la condition de la justice ou du bien dans l'âme. Pour qu'il y ait de la justice il faut qu'une partie de l'âme soit ce qu'elle est, qu'elle soit même qu'elle-même et autre que les autres. Donc l'altérité dans l'âme n'est ni discorde ou maladie, ni concorde ou santé non plus, mais ce qui les rend possibles[3].

La psychologie morale de Platon met en question l'intellectualisme dit socratique dans la mesure où elle se structure à partir d'une conception du désir

1. À mon avis, l'abstraction de la dimension politique du problème va contre le principe fondamental de l'analyse faite par Socrate; ne pas le reconnaître risque de fausser toute la compréhension du dialogue qui est, à la limite, une dramatisation de l'enjeu du pouvoir. Adam reprend le problème aristotélicien (*Topiques*, V) de savoir quelle dimension devrait avoir priorité, l'individuelle (psychologique) ou la collective (politique) : *cf.* Adam, *op. cit.*, livre II, p. 227. Plus récemment, Vegetti prend position sans équivoque pour la priorité de la dimension politique, comprise de façon complexe : *cf.* M. Vegetti, *La Repubblica*, vol. III, Napoli, Bibliopolis, 1998, p. 11-45.

2. Voir les commentaires d'Adam à propos de la méthode socratique, située entre le politique et le géométrique, dans l'établissement (inédit) de la théorie des quatre vertus. Adam, *op. cit.*, vol. I, p. 224-445.

3. Marques, *Platão, pensador da diferença*, *op. cit.*, p. 105-109.

qui se développe en une théorie complexe de l'action. Le désir peut se manifester en tant qu'acceptation ou refus (437 c). Le fait que différents désirs puissent s'opposer (avoir soif et ne pas boire) révèle dans quelle mesure Platon distingue le principe des désirs rationnels du principe des désirs irrationnels – la partie rationnelle de l'âme (τὸ λογιστικόν) et la partie irrationnelle (τὸ ἀλόγιστον), ainsi qu'un principe intermédiaire, l'ardeur (θυμός) (439 d-e). Quand il divise l'âme humaine en trois genres ou parties, Socrate (Platon) n'oppose pas trois réalités psychologiques hétérogènes (raison, affectivité et désir)[1], ni n'oppose un raisonnement à un désir, mais il est en train de construire une structure complexe qui est déterminée par trois principes d'action, ou encore, trois modalités du désir[2].

Aux trois éléments (parties) de l'âme sont associées trois façons d'agir, trois forces qui mènent à l'action; trois parties, chacune avec ses déterminations, ses demandes et avec son plaisir propre[3]. Les actions humaines sont déterminées par la partie de l'âme dont elles procèdent; les actions rationnelles procèdent de l'intelligence, qui se constitue proprement en tant que pouvoir d'agir. Mais, même s'il y a prédominance d'une dimension, toute action implique une articulation structurée des différences dans l'âme. L'âme, chez Platon, est une sorte de mouvement ou d'énergie vitale une et unique, qui se détermine en plusieurs plans et qui pousse l'individu vers l'action. La perspective du livre IV est celle de la « genèse » des forces psychiques (genèse discursive, pensée en tant que processus logique et ontologique). Dans cette genèse, Socrate différencie et met en rapport les dimensions de la ψυχή, des dimensions qui sont affectives ou cognitives, mais toujours motrices de l'action, des sources de motivation, principes pratiques qui déterminent l'attirance ou le refus par rapport à des objets déterminés.

Dans l'expérience cognitive, il y a un élan rationnel et intellectuel, dont l'action varie en degrés, selon les déterminations de l'objet, qui se prête plus ou moins à l'intellection. Il y a chez Platon une spécificité des désirs rationnels, dans la mesure où ils procèdent d'un jugement (δόξα) qui fonde le mouvement de l'âme dans le sens d'agir selon ce jugement. Mais dans la mesure où il admet des motivations multiples de l'action, chaque partie de l'âme est principe d'action, avec ou sans justification rationnelle. Chez Platon, tout désir suppose un travail de la pensée : même les désirs irrationnels[4], qui sont définis en termes de réplétion et de

1. On ne peut pas réduire la psychologie platonicienne à une conception moderne, selon laquelle l'appétit – qui couvrirait tout le champ du désir et, donc, du mouvement – s'opposerait à la raison (siège aussi des croyances) qui serait seulement mue par le désir, mais ne serait pas, elle-même, désir. Il semblerait plutôt que cela soit une conception dérivée de Hume que de penser que « la raison pour soi seule jamais ne peut être la motivation d'un acte quelconque de la volonté (…) qu'elle ne peut jamais faire opposition à la passion, dans la direction de la volonté ». David Hume, *A Treatise of human nature*, II, III, 3.

2. Sur la compatibilité entre bipartition et tripartition, voir M.D. Reis, *Tripartição e unidade da psychê no* Timeu *e nas* Leis *de Platão*, Belo Horizonte, UFMG, (Thèse), 2007, p. 97-100. Aristote lui-même recourt à la bipartition. Voir *EN*, I 3, 1102 a 26-28; VI 2, 1139 a 3-9. Voir Reis, *op. cit.*, p. 101-104.

3. *Rép.*, IX, 580 d. M. Canto-Sperber, *Dictionnaire d'éthique…*, *op. cit.*, p. 1151.

4. La quête de satisfaction corporelle et l'intérêt pour le gain matériel; les nécessités naturelles, manger, boire ; les désirs violents. Voir *Rép.*, VIII, 561 b-d.

jouissance[1]. Les désirs rationnels s'orientent vers ce qui est vrai et meilleur, mais même le vrai doit apparaître comme tel. L'intelligence aussi se meut en se posant des objets désirables et beaux, des êtres qui lui apparaissent tels et l'attirent.

Le θυμός, ou partie ardente de l'âme, est dominé par un désir permanent de domination, de victoire (IX, 581 a-b). Tous les désirs du θυμός – colère, indignation, méprise –, sont des modalités de l'affirmation de soi, ce qui le distingue de l'appétit et de la raison; mais le θυμός possède aussi une tendance à seconder les jugements et les désirs de la partie rationnelle par rapport à ce qui est bon; dans une âme juste, le θυμός sert au λογιστικόν. Chaque vertu est définie par un certain exercice des désirs.

La partie appétitive (τὸ ἐπιθυμητικόν) en tant que telle (l'appétit *stricto sensu*) concerne certains désirs fondamentaux, ceux qui rattachent l'âme au corps et aux êtres physiques en général; des élans qui tendent à instaurer un régime ou une constitution déterminée par le besoin, par l'alternance réplétion-évacuation et par la répétition. L'appétit de la partie appétitive est, disons, l'appétit en sa dimension sauvage, justement à cause de son manque de mesure. Néanmoins, si la bonne constitution est celle pour laquelle la vertu ou le bon fonctionnement est le paramètre – ni l'excès, ni le manque – la σωφροσύνη est la bonne mesure de ce qui tend, par sa nature même, à ne pas en avoir une. Ce qui n'empêche que l'appétit, dans la mesure où il se pose des objets successifs, ait des significations différentes, en se dirigeant vers des objets ou des buts à chaque fois plus rationnels, de sorte que Socrate pourra dire que chaque partie possède ses appétits et ses plaisirs propres (IX, 580 d-581 a)[2]. Comme nous le savons, le livre IX approfondit la théorie du livre IV en explicitant davantage la complexité des rapports entre les genres de l'âme[3]. La théorie platonicienne de la partition psychique est une théorie économique, qui opère avec peu de principes, en essayant de rendre compte d'une pluralité de phénomènes – les constitutions des âmes et des cités, avec leur multiplicité, contrariété, conflits, etc. L'analyse de la partie appétitive dans le livre IV n'est qu'une pièce parmi d'autres dans l'étude du jeu complexe des puissances psychiques qui déterminent, certes, la satisfaction des besoins corporels, mais aussi l'aspiration majeure pour le juste et le vrai.

1. *Rép.*, IV, 441 e-442 c. Dans le *Phédon* (99 a), Socrate dit que ses muscles et ses os se trouveraient ailleurs, transportés par une certaine opinion sur le meilleur (ὑπὸ δόξης φερόμενα τοῦ βελτίστου), s'il n'avait pas décidé d'accepter sa condamnation, ayant jugé que c'était la meilleure chose à faire (εἰ μὴ δικαιότερον ᾤμην καὶ κάλλιον εἶναι). Voir encore *Philèbe*, 34 d-35 d, sur le rôle de la mémoire qui fait apparaître quelque chose comme désirable.

2. Selon Aristote, il serait déplacé de traiter la dimension appétitive de l'âme comme étant une des parties, car l'appétit devrait être présent dans toutes les parties : cf. *De Anima*, III, 432 b 5-10. Effectivement, la présence des appétits dans toute l'âme est bien la théorie développée dans la *République*. Mais cela n'est pas du tout un problème pour Platon. Le fait que d'un côté il y ait une partie appétitive et de l'autre, des types différents d'appétits, chacun opérant, disons, selon des régimes différents, ne devrait pas étonner le lecteur coutumier de Platon, qui connaît l'usage métonymique qu'il fait des termes (ποίησις, μίμησις, etc.) et des notions.

3. Voir M. Dixsaut, « Le plus juste et le plus heureux », dans M. Dixsaut (sous la direction de), *Études sur la République de Platon*, vol. 1 : *De la justice, éducation, psychologie et politique*, Paris, Vrin, 2005, p. 327-352.

L'appétitif est aussi le principe par lequel l'âme aime (439 d), comme le rationnel est aussi principe de mouvement et de motivation[1]. Entre l'appétitif et le rationnel, il y a conflit, mais aussi consonance, processus d'apprentissage, passage de l'ignorance à la connaissance, dialectique qui instaure dans l'âme un autre régime qui est possibilité, dépassement, ascension, unification diversifiée de la multiplicité[2].

Dans le conflit permanent entre les désirs, l'une ou l'autre des parties peut vaincre, mais la vraie nature de la vertu, c'est la pensée (διάνοια – φρόνησις) et l'exercice de la philosophie[3]. La vertu parfaite accomplit le plus haut degré d'intelligibilité dont la nature humaine est capable. Le caractère, ce qui prédomine dans la lutte des désirs des différentes parties de l'âme, reflète (ou exprime) une composition structurelle des parties qui configurent les vertus; la prévalence de la partie rationnelle peut constituer différentes modalités d'équilibre stable, associés à des affections différentes.

Savoir si la justice est différente ou la même que d'autres formes, soit dans la cité, soit dans chacun des hommes, signifie avoir la vision de quelque chose, quelque chose qui est objet de recherche, d'examen et d'espoir (434 d). Dans ce sens, ce qu'est la justice doit apparaître à l'intelligence des interlocuteurs, car même la forme posée comme absolue est toujours quelque chose qui paraît être telle ou telle, d'une certaine façon ou d'une autre à ceux qui la cherchent et désirent (434 e). Cette quête suscite l'examen qui est une contraposition ou un frottement qui perdure jusqu'à ce que quelque chose apparaisse ou se donne à voir, en devenant justice visible ou évidente (φανεράν), pour qu'on puisse, alors, la fixer dans l'âme.

1. J. Frère, *Les Grecs et le désir...*, *op. cit.*, montre, dans le détail du texte, la gamme de nuances avec lequel la langue grecque dit le désir et dont Platon est un héritier à la hauteur.

2. Voir l'analyse de M. Dixsaut, *Le Naturel philosophe*, Paris, Vrin, 1994, p. 131-134. En outre, dans sa traduction du *Phédon* (Platon, *Phédon*, Paris, GF-Flammarion, 1989), p. 85, Monique Dixsaut montre comment il n'y a pas chez Platon un dualisme entre entendement et volonté. Ferrari, à son tour, montre combien le processus de structuration psychique par le bien et le vrai est compris à partir de l'expérience de la passion érotique : *cf.* G.R.F. Ferrari, « Platonic love », dans R. Kraut (éd.), *The Cambridge Companion to Plato*, Cambridge, Cambridge University Press, 1992, p. 248-276.

3. Voir les passages classiques : *Phéd.*, 67 c-d, qui associe pensée (διάνοια), purification et espérance, et *Théét.*, 176 a-b, qui met en rapport être juste, apparence et discernement (φρόνησις).

LE BIEN DANS LA *RÉPUBLIQUE* : POUR QUOI FAIRE ?*

FULCRAN TEISSERENC

Placé par Socrate au sommet de la hiérarchie des êtres, le Bien assume une triple fonction : ontologique, car il dispense l'existence et l'essence aux réalités intelligibles (509 b) ; épistémologique, car l'idée du Bien fournit aux objets connus leur vérité et la faculté d'être connus, et à l'âme sa puissance de connaître (508 e) ; pratique enfin, car il faut le voir pour se conduire avec sagesse dans la vie privée et publique (517 c). C'est beaucoup, semble-t-il, pour un seul principe. La prudence voudrait sans doute qu'on se contente de décrire séparément ces trois contributions. Mais l'intelligence du texte requiert d'en saisir l'unité. Monique Dixsaut a emprunté cette voie avec fermeté dans plusieurs de ses écrits [1]. Nous voudrions poursuivre dans cette direction, en nous intéressant plus particulièrement à la troisième fonction, espérant montrer comment les deux premières participent à son accomplissement.

LA VOIE COURTE ET SA CRITIQUE

Une voie courte d'accès aux vertus est explorée au livre IV. Mais dans le livre VI, Socrate soutient qu'il leur faut reprendre l'examen des vertus par une voie plus longue. Qu'a donc mis en évidence la première enquête qui nécessite d'être repris et approfondi lors de la seconde ?

La leçon du livre IV est connue : la justice confie la direction de l'âme à la partie rationnelle de celle-ci et lui subordonne harmonieusement les autres parties, chacune accomplissant ainsi sa fonction propre. Celle de la raison est

* Pour Monique Dixsaut, chez qui, comme chez Platon, le courage est une des vertus de la pensée droite.

1. Platon, *République*, Livres VI et VII, trad. et commentaire de M. Dixsaut, Paris, Bordas, 1980, p. 89-97; *Le Naturel Philosophe*, Paris, Vrin, 1985 [2001], p. 269-288; « L'analogie intenable : le Soleil et le Bien », *Rue Descartes*, n° 1-2, 1991, 93-120, repris dans *Platon et la question de la pensée*, Paris, Vrin, 2000, p. 121-151 ; *Métamorphoses de la dialectique dans les dialogues de Platon*, Paris, Vrin, 2001, p. 94-101 ; *Platon, le désir de comprendre*, Paris, Vrin, 2003, p. 253-265 ; « Encore une fois le bien », dans *Études sur la République de Platon 2. De la science, du bien et des mythes*, sous la direction de M. Dixsaut avec la collaboration de F. Teisserenc, Paris, Vrin, 2005, p. 225-255.

double : connaître la vérité et gouverner. Cette dernière tâche, la raison l'assume en formulant des injonctions (442 c 6) et en contrôlant l'action. Ainsi, une âme droitement dirigée possède un savoir (ἐπιστήμη) de ce qui est meilleur pour chaque partie comme pour le tout, ainsi qu'une capacité à prendre des décisions à la lumière de ce savoir et à rendre effectives ces décisions (442 c 5-8). La justice est liée à l'unification de l'âme, elle dépend de la convergence des désirs vers ce que la raison aura dévoilé comme fin à poursuivre parmi toutes les réalités qu'elle est appelée à connaître.

Pourquoi cette approche est-elle insuffisante ? En raison d'une ambiguïté sur la valeur même de la pensée rationnelle. Son autorité épistémique est certes indiscutable. Mais son autorité pratique est loin d'aller de soi. On le fera voir en clarifiant d'abord les diverses modalités selon lesquelles la raison est susceptible d'évaluer les finalités qui s'offrent à l'homme.

Première possibilité, la raison est le milieu dans lequel se révèlent en toute transparence les fins dignes d'être poursuivies. Organe de la connaissance, elle est neutre par rapport à ce qu'elle aide à se manifester. Auquel cas l'idée selon laquelle la raison elle-même vaut plus que le reste parce qu'elle est l'instrument et l'instance du jugement est pour le moins discutable : une balance n'a pas à peser plus lourd que les poids qu'elle met en balance.

Deuxième possibilité, la raison est elle-même l'*étalon* qui sert de mesure. Elle est donc déjà juge et partie. Mais d'où tire-t-elle alors sa force normative ?

De fait, Socrate ne se contente pas de faire de la raison une puissance qui examine, mesure et compare les diverses valeurs qui se proposent à l'action humaine. C'est aussi, à ses yeux, une puissance qui promeut d'elle-même *une certaine activité*, la recherche de la vérité et du savoir, *au rang de fin*. Ainsi le gouvernement de la raison ne serait pas seulement celui d'une procédure formelle dégageant un bien substantiel de l'âme, indépendant de la procédure qui le met à jour (par exemple, un examen probatoire qui ferait passer aux différents candidats l'épreuve de la réfutation). En réalité, cette recherche rationnelle du bien retentirait aussi sur la définition même du bien, qu'on le caractérise par la *phronèsis* ou que l'on définisse la vie la meilleure par la raison (580-3, voir aussi l'idée socratique qu'une vie sans examen ne vaut pas la peine d'être vécue, *Apologie*, 38 a).

La question reste donc pendante de savoir si la raison est habilitée à fixer elle-même sa propre valeur de manière inconditionnée. Car faire prévaloir en l'âme ce qui est objectivement bon et subordonner les désirs à ce bien, si c'est là la tâche pratique de la raison, ne saurait se ramener à sa fonction théorique, la recherche de la vérité (y compris et d'abord dans les matières qui intéressent l'action). Autrement dit, l'enquête rationnelle sur le bien n'est pas nécessairement conduite à s'inclure elle-même dans le bien. Assurément, la raison forme un bien dérivatif, puisqu'elle est le moyen de connaître le bien. Mais d'autres arguments sont requis pour aller au-delà d'un rôle auxiliaire. Par exemple, le médecin peut comprendre par une démarche intellectuelle les maladies de l'âme et du corps, *et* recommander comme excellente pour la santé de l'une et de l'autre la pratique de l'exercice physique. L'âme qui possède une claire compréhension intellectuelle de la nature de son bien pourrait avoir à reconnaître que ce n'est pas dans l'activité théorique comme telle que réside principalement son bien, mais, pour s'en tenir à des alternatives que Socrate eut à affronter, dans l'accroissement de la puissance des désirs ou dans la recherche du plaisir. Ne serait-ce pas d'ailleurs ce dont en un sens Socrate devrait convenir dans la *République*, lui qui force ses philosophes à redescendre dans la caverne ?

Pour le dire rapidement : poursuivre rationnellement les fins ne peut être en tant que tel la fin de la vie humaine. Ce cercle, Socrate le dénonce sans conteste quand il récuse par exemple l'identification du bien à la φρόνησις. Cette dernière ne pourrait soutenir une telle identité qu'en se présentant comme pensée d'une certaine réalité, le bien, et non plus comme pensée en général. Sauf qu'alors, le bien n'est plus dans la pensée, mais dans l'objet particulier qu'elle vise. Platon fait sentir ainsi l'impasse d'une autonomie rationnelle érigée en valeur suprême. Et pourtant, il n'entend pas renoncer au privilège de la pensée. Mais sur quoi le fonder, s'il ne peut à lui seul être son fondement ?

La solution consistera bien sûr à trouver une réalité intelligible qui, pensée, restaure l'activité de pensée dans son éminence – parce que cette réalité fait de la recherche de la vérité l'horizon impersonnel et nécessaire de l'âme, réconciliant ainsi la dimension subjective d'une activité et la dimension objective de ce à quoi elle s'applique.

LES FORMES, SOURCES DE MOTIVATION PRATIQUE ET ÉTHIQUE ?

Cette solution, esquissée en partie au début du livre VI, est plus complètement exposée à la fin de ce dernier et au début du livre VII. Elle revient à montrer que le bien pour l'âme n'est pas seulement interne (une certaine disposition), mais aussi externe et dans la relation à cette extériorité que constituent le Bien et les formes articulées à lui. C'est ce qu'enseignent l'image du soleil et l'Allégorie de la Caverne, mais c'est déjà ce que suggère Socrate lorsqu'il indique la nature même du désir qui caractérise le philosophe. À la différence du philodoxe qui se complaît dans l'opinion et refuse l'être véritable, le philosophe privilégie l'essence existant éternellement, soustraite aux variations de la génération et de la corruption (VI, 485 b). Socrate insiste à deux reprises sur le fait que l'amour du philosophe partage ainsi la structure commune aux désirs érotiques de se porter sur toute réalité susceptible de le satisfaire. S'il ne néglige rien de ce qui est (aucune partie de l'essence, grande ou petite, précieuse ou non, n'est ainsi ignorée), ce désir institue toutefois une différence entre le devenir et l'être, différence dont le deuxième terme est absent, du moins de l'expérience sensible. Par sa force discriminante, il révèle son enracinement dans la partie rationnelle de l'âme, alors que les désirs « épithumiques » sont indéterminés (441 c). Mais l'analyse de l'ἔρως philosophique au début du livre VI dépasse celle du λογιστικόν au livre IV, dans la mesure où l'accent est mis sur la valeur éminente de l'objet auquel il se lie, grandeur qui justifie en retour l'intérêt qu'il lui porte. Ce point est largement développé dans les trois images centrales de la *République*.

À une conception formelle de la raison (et privilégiant sa facticité, comme puissance innée de l'âme), se substituerait dans la voie longue une conception plus substantielle qui souligne l'importance de sa détermination et de son activation par sa rencontre avec certaines réalités (490 b). Il y aurait donc un mouvement « dialectique » par lequel un désir subjectif rationnel porterait l'âme vers certaines réalités, dont l'interrogation raffermirait en retour la raison en lui donnant une motivation objective, non seulement pour poursuivre l'exploration des formes, mais aussi peut-être, et c'est là un point crucial, pour s'approcher le plus possible du mode d'être qu'elles exemplifient.

Il pourrait ainsi paraître légitime de prêter au philosophe (qui seul est vraiment juste) quelque chose de plus qu'un intérêt pour la vie intellectuelle : le désir de resserrer les liens entre le monde sensible et les formes (*cf.* 484 c-d et *Banquet*, 205 c-206 c). Une telle lecture reconnaîtrait que la redescente dans la caverne implique de renoncer à la vie qui, sur un plan individuel, exprime au mieux l'ordre rationnel souhaitable. Mais d'un autre côté, ajouterait-elle, la vie mixte qui combine activités politiques et intellectuelles serait pourtant la meilleure, et la plus heureuse, en ce sens qu'elle réalise davantage la fin que poursuit le philosophe, promouvoir le bien (et l'ordre rationnel qu'il implique) partout où cela est possible (*cf.* 519 e 1-520 a 4). Dans la première espèce de vie, l'imitation serait circonscrite à la seule personne du philosophe, dans la seconde, elle s'étendrait à sa cité.

Mais est-on vraiment fondé à voir dans la connaissance des formes et du Bien l'origine des motivations pratiques et politiques du philosophe ? Il est permis d'en douter, pour plusieurs raisons.

D'abord, dissipons une ambiguïté à propos du retour dans la caverne. Le problème le plus fréquemment posé à son sujet concerne la justification d'un tel retour en termes de *self-interest*. Si ce retour répond à une exigence de justice, il implique aussi le sacrifice partiel de la vie jugée préférable, dévolue à la contemplation des formes. Or Socrate s'était engagé à montrer que la justice est plus profitable que l'injustice et qu'elle est l'élément dominant du bonheur. D'où l'apparente contradiction. Mais il est une autre question, qui seule nous concerne ici : est-ce vraiment la considération du Bien qui oblige le philosophe à redescendre, ou s'agit-il de raisons extérieures à la contemplation des formes ? La seconde réponse est la plus probable si l'on prête attention aux formulations de Socrate qui mentionne à plusieurs reprises (520 a 8, e 2, 521 b 7, 540 b 4-5) la « nécessité » ou la « contrainte » que les fondateurs de la cité exercent sur les philosophes (dont le consentement est obtenu sur le mode négatif de l'absence de refus : « Ils ne refuseront pas, n'est-ce pas ? », 520 d 6-7). En 500 d 4, Socrate demandait déjà : « Si quelque nécessité s'imposait à lui [le philosophe] de se préoccuper d'appliquer aux façons de faire privées et publiques des hommes ce qu'il voit là-bas, *au lieu seulement* de se modeler lui-même sur ce qu'il voit, crois-tu qu'il deviendrait un mauvais artisan de la tempérance, et de la justice, et de toute l'excellence dont le peuple est capable ? ». La question suggère d'elle-même que la nécessité en question est étrangère à la contemplation des réalités véritables, qu'elle s'impose indépendamment de ce qu'il voit, même si ce qu'il voit est évidemment utile à ce qu'il fait. En 519 c 5-6, les philosophes qu'on laisse à leurs études jusqu'à la fin de leur existence terrestre, bien qu'ils possèdent en leur vie l'unique but auquel se rapporter dans l'action privée comme publique, « dédaignent cependant d'agir, et s'imaginent déjà installés aux îles des bienheureux ». Cela prouve que la connaissance des formes ne les détermine pas à agir, bien qu'elles constituent le but à viser dès lors que l'on agit (*cf.* 347 c). Présenté comme une exigence de justice et de restitution de dettes, le fardeau imposé au philosophe dépend d'une circonstance historique, pour l'instant inactuelle (519 c 2-3), mais effective le jour où la cité idéale sera instituée. La déontologie politique des philosophes-rois n'a donc rien à voir avec une injonction intemporelle de rapprocher les institutions humaines d'une norme intelligible, ou d'étendre l'ordre rationnel perceptible dans les formes aux choses en devenir.

Ensuite, si les formes ont assurément pour Platon une normativité cognitive, il est plus douteux de leur attribuer une normativité éthique. Il est remarquable que l'ascension vers la forme suprême se fasse, à la différence de celle qui conduit au Beau, en dehors d'une réflexion sur l'application du prédicat « bon » ou « bien », donc en dehors de tout contexte lié à la πρᾶξις. Elle s'effectue de même en dehors de l'éveil d'un désir particulier, comme celui que peut susciter la beauté (cf. *Phèdre*, 250 d).

De plus, quelles formes faudrait-il imiter ? Rien ne suggère dans le texte que certaines devraient être imitées à l'exclusion d'autres. Pourtant, il existe des formes de vices, comme celle de l'injustice, du mauvais ou du laid (476 a 4 ; voir aussi 445 c et 596 a), qui ne sont pas destinées à être prises pour modèles, tout comme d'ailleurs un grand nombre d'autres, indifférentes aux questions pratiques, comme celles du repos ou du mouvement, ou encore du pair ou de l'impair. En suggérant l'ordre rationnel ou l'harmonie ou l'unité des formes, prises en elles-mêmes ou en leur totalité, certains commentateurs évitent de se référer à des εἴδη particuliers. Mais ils s'exposent au paradoxe bien connu de juger que l'âme est tenue de favoriser le rapprochement avec les attributs idéaux des formes (unicité, identité à soi, éternité et permanence des rapports entre formes) et non point avec les attributs propres à chacune (la beauté qui appartient à l'essence de la beauté, ou la justice qui est celle de la justice elle-même). Pourtant, les formes intelligibles s'offrent à l'intelligence en raison précisément de leur nature propre. La pensée désireuse de répondre à la question « qu'est-ce que ? » vise en effet chacune en sa singularité (et non les attributs qu'elle possède en commun avec les autres, conséquences et non conditions de sa nature singulière d'essence). Il y aurait donc ici un étrange divorce entre les raisons pour lesquelles la pensée s'attache d'un point de vue cognitif aux formes et celles pour lesquelles elle s'y intéresserait d'un point de vue pratique.

Enfin, les formes disposent d'une perfection ontologique excluant une quelconque dimension prescriptive. Car si elles invitaient à améliorer quelque chose qui aurait besoin de l'être, elles manifesteraient à son égard une sollicitude déplacée. Toute forme est en elle-même une manière d'être véritable qui se suffit, et ne pourrait réclamer quoi que ce soit que par déficience ou manque, ce qui est évidemment impossible. Ainsi, dans l'objet connu par le philosophe, pas d'appel à l'action, rien qui ressemble à une exigence morale, à un impératif catégorique ou prudentiel. Les formes, mêmes celles des vertus, sont amorales (ce qui ne veut pas dire immorales). Elles font comprendre ce qu'est la vertu, elles ne demandent pas la mise en pratique de la vertu. En somme, les formes servent à éclairer l'action, elles en sont la condition nécessaire mais non suffisante. S'il faut les connaître pour agir correctement, elles ne fournissent pas l'impulsion à l'action correcte.

Contre ce résultat, on ne manquera pas d'évoquer les textes nombreux dans lesquels Socrate considère les formes et le Bien comme des modèles pour réformer l'âme et la cité (517 c, 519 c, 540 a-b). Leur valeur paradigmatique n'est-elle pas à la base de leur valeur pratique et politique? Assurément; mais cela n'oblige pas à remettre en cause les analyses précédentes.

La solution de cette difficulté est double, à notre sens. D'une part, les formes comme telles ne prescrivent rien, mais le fait de les penser, et de voir légitimée par la découverte du Bien la tâche de les penser, a des effets pratiques. D'autre part, l'âme n'est pas solitaire; elle a charge d'un corps et parfois d'une cité; dans ces conditions, certaines formes peuvent se manifester comme le terme vers lequel tendent des réalités empiriques en manque d'être; le rôle du Bien est de poser la valeur finale des premières *pour* les secondes.

Connaissance et téléologie

Justifions la première partie de notre proposition. Quand Socrate dresse le portrait du philosophe à l'intention d'une foule sceptique sur ses mérites, il met en valeur son détachement à l'égard des passions politiques. Les vertus qu'il possède découlent de son activité philosophique (499 a *sq.*), dans l'exacte mesure où elle l'éloigne des affaires d'ici-bas. En lui, ni malveillance ni envie : il a mieux à faire qu'à s'intéresser au théâtre d'ombres de la vie sociale, où chacun vit par et pour la réputation et la reconnaissance que les autres veulent bien lui octroyer.

En outre, l'effet inattendu de la réflexion du philosophe est de le rendre semblable aux réalités qu'il contemple. L'âme qui connaît se purifie et se simplifie dans l'acte de connaissance. Elle se rassemble sur l'objet dont elle médite l'unité et la cohérence. Elle s'abstrait du temps et se dégage de sa localisation en un corps. Par sa réflexion et son interrogation, elle acquiert une intériorité, corollaire de l'identité à soi de la réalité intelligible. Elle participe pour ainsi dire à l'éternité de la forme, sans jamais cependant participer à cette forme, c'est-à-dire acquérir l'ἰδέα de cette forme. À penser l'injustice, à considérer les cinq manières éternelles de manquer de justice, l'âme ne devient pas injuste, pas plus qu'elle ne devient triangulaire à penser le triangle. Mais dans tous ces cas-là, elle acquiert quelque chose de la modalité d'être de ce qu'elle pense. Tout comme la réalité intelligible est une, invariable, impassible et immuable, l'âme qui pense cette réalité-là possède dans une certaine mesure ces qualités. Dans une certaine mesure : l'âme est mouvement, et il est clair qu'elle ne peut être, au sens strict, réalité immuable et inaltérable.

Or cette parenté ou cette similitude ne sont pas délibérément obtenues, tout en étant par elles-mêmes souhaitables. Car elles sont le *résultat* d'une activité qui a un *tout autre* objectif: penser cela même qu'est la réalité interrogée. C'est en voulant le vrai (désir légitimé par le Bien), que l'âme en vient à imiter certains des aspects de son objet et non l'inverse : ce n'est pas en vue de ces qualités qu'elle déciderait stratégiquement de viser le vrai. La rationalité attendue de l'âme demeure strictement cognitive et non instrumentale.

Du reste, les caractères ordonnés, immuables, identiques à soi, éternels sont moins des propriétés préalables de l'intelligible (on pourrait imaginer des réalités éternelles définitivement opaques pour l'intelligence : l'être du réceptacle dans le *Timée* en témoigne) que des conséquences de son intelligibilité. Poser le cercle ou l'inégalité, c'est viser une essence qui articule nécessairement des déterminations dont pâtit la pensée qui s'en approche : par exemple, l'équidistance de tous ses points à un point donné pour le premier, ou la division en relation de supériorité et relation d'infériorité pour la seconde. L'âme du philosophe se tourne vers ces réalités parce qu'elle veut saisir et comprendre ce qui est pleinement vrai. C'est une retombée de cet effort qu'elle se mette à y ressembler.

Cette partie de notre réponse fournit également la clef du problème du bonheur et de son lien à la connaissance philosophique. On se demande si l'un est le but de l'autre, si l'on s'engage dans la seconde pour obtenir le premier. Mais même s'il est vrai pour Platon que la connaissance rende *de facto* heureux, en particulier parce qu'elle correspond à la tâche propre de l'âme du philosophe, ce n'est ni pour être heureux ni pour accomplir sa fonction que le philosophe s'engage dans la voie ascendante que décrit la *République*. Ces résultats bienvenus ne sont connus qu'après coup. La valeur qui le guide est la vérité, qui le porte jusqu'au Bien, lequel en retour maintient et conforte l'exigence de vérité.

Reste que nous n'avons jusqu'ici qu'apporté la moitié de la réponse au problème qui nous intéressait. Nous nous demandions si le philosophe tirait des formes un enseignement éthique; nous avons éliminé l'idée qu'elles puissent s'imposer à lui sous l'aspect d'une injonction ou d'une prescription. Nous avons montré néanmoins que la connaissance et la philosophie entraînent une réforme spontanée de l'âme, qui confère en retour à ces disciplines une portée éthique indirecte. Pourtant, il semble bien que le cheminement de l'intelligence dans les formes soit jugé indispensable par Socrate à l'exercice des fonctions politiques. Le Bien serait-il vraiment sans portée pour affermir le souci politique du philosophe? Ne servirait-il qu'à former sa pensée théorique sans nourrir sa motivation de gouvernant?

Pour répondre à cette question, il convient de rappeler que le Bien conserve au livre VII une fonction pratique, même si elle n'est pas soulignée avec autant d'éclat que son rôle épistémologique et ontologique. Ainsi, il est toujours, d'après

Socrate, « le plus excellent de tous les êtres » (532 c 6), et « celui qui n'en connaît pas l'idée, non seulement ignore le bien, mais aussi tous les autres biens » (534 c 5-6). Socrate reprend ainsi une réflexion de la fin du livre VI, où il notait que la connaissance du Bien fournit une double contribution : relativement à tout ce que nous pouvons acquérir, elle seule permet d'en fixer l'utilité (505 a 2-b 3) ; relativement à tout ce que nous pouvons connaître, elle seule également rend utile le savoir de toutes les autres choses (505 a 6-7). En conséquence, les intelligibles, aussi clairement connus soient-ils, ne révèlent leur statut éventuel de cause finale qu'articulés au Bien, pris dans sa lumière. Socrate vient d'ailleurs de dire que la connaissance du Bien permet de rendre plus claire et plus précise la connaissance des autres vertus. Manquait à leur détermination (leur mesure) la liaison au Bien grâce à laquelle elles deviennent avantageuses, tout comme devient avantageux le savoir que l'on en prend quand il est accompagné du savoir du Bien (parce qu'alors le savoir des vertus est aussi un savoir de la valeur de ces vertus – pas seulement de leur contenu –, et parce que le savoir du Bien établit la valeur de tout savoir, 505 a 7, b 3).

Mais ce passage du livre VI suggère un autre enseignement. Connaissances ou possessions sont envisagées par rapport à une âme susceptible d'en faire l'acquisition. L'idée d'utilité implique un sujet qui en bénéficie, tout comme celle d'acquisition suppose un être à qui elle profite. Quand, dans ces lignes, Socrate évoque la possession du Bien (505 b 1), à l'instar de ce qu'il dit dans le *Banquet*, ce n'est assurément pas pour dire que le Bien peut devenir un élément ou une disposition de l'âme, alors qu'il est extérieur et transcendant. Mais c'est pour indiquer qu'il est l'objet d'une recherche de la part d'une âme à qui il manque quelque chose. Ainsi, toute âme agit en vue de lui, en dépit de l'obscurité dans laquelle il est enveloppé. L'âme s'efforce vers une fin encore indéterminée, qui n'est que formellement bonne, donc susceptible d'être diversement identifiée et récusée. L'*idea* du Bien met un terme à cette quête, en désignant ce à quoi elle aspire réellement. À qui le poursuit, le Bien se donne en effet pour « l'exigeant, qui relie et rattache ensemble » (*Phédon*, 99 c). Qu'est-ce qu'il unit sur le mode du devoir être (δέον) ? D'une part l'âme intelligente et soucieuse, en charge du corps et de la cité, d'autre part les formes (justice, courage, tempérance) qui expriment pour ces réalités déficientes (corps, cité) les conditions d'une existence accomplie.

Sans vouloir éclairer l'obscur et le difficile par le plus obscur et le plus difficile, il se pourrait que le passage justement fameux sur la causalité du Bien nous soit ici de quelque secours. Quelle action Socrate attribue-t-il au Bien quand il affirme que le Bien ajoute (προσεῖναι) l'essence et l'existence aux réalités connues (509 b) ? Non pas celle de faire surgir du néant l'essence et l'existence, ou de les attacher à une réalité déjà là, ce qui renverrait à une causalité relevant du devenir, mais bien plutôt celle de les rendre présents et disponibles[1] pour toute chose en quête de détermination. Le Bien est cause en chaque domaine de beauté

1. Sens également donné par le LSJ pour προσεῖναι (*s. v.*, II).

et de rectitude, dit aussi Socrate (517 c). Ces deux caractères signalent le déploiement, à l'instigation du Bien, de l'essence et de l'existence des réalités intelligibles comme raisons d'être ultimes, valeurs polarisant les réalités en devenir animées d'un certain désir (*cf. Phédon*, 75 a 2-3).

Pour résumer, le Bien confère une dimension téléologique aux formes, il les fait voir sous le jour de l'utile et du profitable, non point absolument, mais relativement à certaines réalités qui s'éprouvent sous l'espèce du manque. Aussi les êtres intelligibles ne sont-ils pas directement source de motivation pratique : ils ne le sont qu'articulées au Bien et *pour* les choses en quête d'achèvement. Cette double condition a pour conséquence que dans son activité purement cognitive, l'âme n'est pas déterminée à agir politiquement, ni même « moralement ». Ce n'est que dans la mesure où elle assume par nécessité la direction d'une réalité défaillante, corps et cité, et qu'elle s'élève jusqu'au terme de l'intelligible, qu'elle en vient à se saisir du Bien et des formes comme autant de modèles susceptibles de réformer son action.

LA MÉTHODE DU *PARMÉNIDE* EST-ELLE LA DIALECTIQUE ?

SYLVAIN DELCOMMINETTE

Avec *Le Naturel philosophe*, Monique Dixsaut n'a pas seulement produit l'une des plus importantes interprétations de Platon du siècle dernier, elle a aussi montré que l'histoire de la philosophie pouvait être une entreprise véritablement philosophique sans rien perdre de sa rigueur exégétique. La lecture de ce livre dense ne laisse certainement pas intact, et constitue pour ceux qui s'en sont laissé imprégner une source inépuisable d'inspiration, tant par sa démarche que par la richesse de ses analyses. En ce qui me concerne, son influence sur mes propres recherches est telle qu'elle demeure parfois souterraine et inconsciente : il n'est pas rare que, aux prises avec tel ou tel passage des Dialogues, me viennent des idées qui, sur le moment, me paraissent originales, mais dont je me rends compte ultérieurement qu'elles trouvent leur origine dans cette œuvre séminale. C'est ce qui m'est arrivé récemment lorsque, après avoir développé une interprétation du *Parménide* dans le cadre d'un cours, j'ai relu le chapitre qui lui était consacré dans *Le Naturel philosophe*[1] et ai constaté que « mon » interprétation lui devait à peu près tout. Dans la mesure où elle diffère toutefois de la manière dont Monique Dixsaut a elle-même prolongé ses suggestions dans des articles ultérieurs[2], je me permets de la présenter ci-dessous, en témoignage de mon admiration et de ma profonde reconnaissance pour tout ce que je lui dois.

Comme l'indique le titre de ma contribution, je m'interrogerai ici sur la méthode du *Parménide* – c'est-à-dire essentiellement celle de la deuxième partie de ce dialogue, mais nous verrons qu'elle n'est pas étrangère à celle de la

1. M. Dixsaut, *Le Naturel philosophe. Essai sur les Dialogues de Platon*, Paris, Vrin-Les Belles Lettres, 1985, p. 310-324.

2. Voir en particulier « Le Temps qui s'avance et l'instant du changement (*Timée*, 37 c-39 e, *Parménide*, 140 e-141 e, 151 e-155 e) », *Revue philosophique de Louvain*, 101, 2003, 236-264 ; « Les Hypothèses du *Parménide* : construire des mondes conceptuels possibles », dans A. Havlícek, F. Karfík (éd.), *Plato's* Parmenides. *Proceedings of the Fourth Symposium Platonicum Pragense*, Prague, OIKOYMENH, 2005, p. 263-295, et « De Parménide au *Parménide* : de l'un comme signe de l'être aux hypothèses sur l'un », dans M. Broze, B. Decharneux, S. Delcomminette (éd.), ' Ἀλλ' εὖ μοι κατάλεξον… *« Mais raconte-moi en détail… »* (Odyssée, *III, 97*). *Mélanges de philosophie et de philologie offerts à Lambros Couloubaritsis*, Paris-Bruxelles, Vrin-Ousia, 2008, p. 225-243.

première. Contre la grande majorité des interprètes, je voudrais montrer qu'il n'y a aucune raison d'identifier cette méthode à la dialectique, et qu'une interprétation correcte de son statut permet d'éclairer la signification du dialogue d'un jour nouveau.

Commençons par rappeler le contexte. À l'occasion de son passage à Athènes en compagnie de Parménide, Zénon fait une lecture publique de son livre dans lequel, selon ses propres dires (128 c-d), il s'attache à venir au secours de la thèse de son maître contre les critiques dont elle fait l'objet. Ces critiques cherchent à tourner la thèse de Parménide en ridicule en montrant que, « si <le tout> est un (εἰ ἕν ἐστι) »[1], il en résulte de nombreuses conséquences absurdes et contraires (πολλὰ καὶ γελοῖα… καὶ ἐναντία). Pour défendre son maître, Zénon utilise la démonstration par l'absurde : il montre que l'hypothèse (ὑπόθεσις) des critiques, à savoir « si <le tout> est multiple (εἰ πολλά ἐστιν) », entraîne des conséquences encore plus absurdes (γελοιότερα) que celle de Parménide – en particulier que les êtres seraient à la fois semblables et dissemblables, ce qui est impossible.

Le jeune Socrate, alors à peine âgé de vingt ans, objecte à Zénon que les contradictions qu'il dénonce sont en réalité facilement résolues, pour peu que l'on fasse l'hypothèse des Idées. En effet, dire qu'une chose sensible est à la fois semblable et dissemblable n'entraîne aucune contradiction, car ce n'est pas sous le même rapport que cette chose est à la fois semblable et dissemblable : elle est semblable en tant qu'elle participe à l'Idée de la ressemblance et dissemblable en tant qu'elle participe à celle de la dissemblance; mais ces Idées, quant à elles, ne contiennent aucune contradiction de ce genre. L'hypothèse des Idées permet donc d'échapper aux contradictions du sensible, en distinguant différents points de vue

1. Dans cette expression (128 d 1), le ἕν doit être en position d'attribut, le sujet sous-entendu étant τὸ πᾶν, comme en 128 a 8-b 1 (ἕν… εἶναι τὸ πᾶν) dont ce passage est la reprise. Cette lecture est exigée par la structure du raisonnement par l'absurde, qui suppose que l'on parte de la contradictoire de la thèse à démontrer pour en tirer des conséquences absurdes ou impossibles. En effet, si εἰ ἕν ἐστι signifiait « si l'un est » et εἰ πολλά ἐστιν « si le multiple est », le raisonnement de Zénon ne serait pas valide, ces deux hypothèses n'étant pas contradictoires et étant d'ailleurs compatibles. Afin d'obtenir des énoncés contradictoires (ou plus exactement contraires, la contrariété impliquant la contradiction), il faut considérer ἕν et πολλά comme prédicats. Dans ce cas, le sujet des deux hypothèses doit être le même, et puisque ce sujet est τὸ πᾶν dans celle de Parménide, tel doit également être le cas dans celle critiquée par Zénon. Pourtant, d'après Socrate, l'hypothèse dont Zénon tirait des conséquences absurdes était plutôt « si les êtres sont multiples » (εἰ πολλά ἐστι τὰ ὄντα, 127 e 1-2). Cela implique que dans ce contexte, τὸ πᾶν est synonyme de τὰ ὄντα – ou, plus exactement, que τὰ ὄντα est synonyme de τὰ παντά, tandis que τὸ πᾶν l'est de τὸ ὄν. La thèse prêtée à Parménide par Socrate est donc bien celle de l'unité de l'être effectivement soutenue par Parménide dans son Poème (fr. 8, 6), ici exprimée par une formule qui ne se trouve pas dans les fragments dont nous disposons. Notons toutefois qu'ainsi comprise, cette thèse revient en définitive à affirmer que seul l'un est et que le multiple n'est pas : car si « le tout », équivalent à « l'être », et donc « tout ce qui est », est un et n'est pas multiple, le multiple n'appartient pas à « tout ce qui est », et en ce sens n'est pas, à la différence de l'un, qui donc seul est. C'est ce qui explique, me semble-t-il, que Zénon lui-même caractérise les adversaires de Parménide comme « ceux qui affirment le multiple (τοὺς τὰ πολλὰ λέγοντας, 128 d 3) », ce qui signifie manifestement « ceux qui affirment que le multiple est », et que plus loin (136 a 5), Parménide se référera à nouveau à l'hypothèse attaquée par Zénon sous la forme εἰ πολλά ἐστι, mais en l'entendant cette fois manifestement au sens de « si le multiple est », tandis qu'il affirmera que sa propre hypothèse est celle qui pose l'un lui-même (137 b 3-4).

sous lesquels la même chose peut revêtir différents prédicats, éventuellement opposés entre eux. Ce qui serait vraiment étonnant, poursuit Socrate, ce serait que le même genre de contradictions se reproduise dans l'intelligible : qu'une même Idée puisse être dite à la fois semblable et dissemblable, voilà qui forcerait son admiration.

Après avoir félicité Socrate pour son « élan vers les *logoi* » (130 b 1), Parménide le confronte à une série d'apories suscitées par son hypothèse. Ce sont les fameux « arguments contre les Idées », sur lesquels je reviendrai. Malgré ses tentatives, Socrate est incapable d'y répondre de manière convaincante. Pourtant, loin de conclure à la nécessité d'abandonner l'hypothèse des Idées, Parménide en réaffirme la nécessité, en laissant clairement entendre que les objections précédentes ne sont, en réalité, que bavardage stérile : « ceux qui disent cela *croient dire quelque chose…* » (135 a 5-6) – sous-entendu : mais en réalité, ils ne disent rien qui vaille, ils parlent pour ne rien dire. En effet, si nous ne posons pas les Idées, nous ne saurons plus où tourner notre pensée, et la possibilité de la dialectique – c'est-à-dire de la philosophie – sera anéantie (135 b 6-c 3). Mais le problème, poursuit-il, c'est que Socrate s'est essayé « trop tôt » et « sans entraînement préalable » à définir le beau, le juste, le bien, et chacune des Idées. S'il veut atteindre la vérité, il doit donc s'assouplir par la pratique d'une gymnastique (γυμνασία) appropriée (135 c 8-d 6). La méthode préconisée par Parménide à cette fin est une adaptation de celle que Zénon pratiquait dans son écrit mentionné plus haut, avec toutefois deux différences majeures : (1) il faut l'appliquer non pas aux choses visibles, mais aux Idées elles-mêmes; (2) il faut examiner en chaque cas les conséquences qui découlent non seulement de l'hypothèse de l'existence de ce qui fait l'objet de l'examen, mais également celles qui découlent de l'hypothèse de sa non-existence (135 d 8-136 a 2). Parménide s'explique à partir de l'hypothèse critiquée par Zénon : si le multiple est[1], il faut chercher ce qui en résulte à la fois pour les choses multiples elles-mêmes par rapport à elles-mêmes et par rapport à l'un et pour l'un par rapport aux choses multiples et par rapport à lui-même ; ensuite, il faut poser l'hypothèse contradictoire, à savoir que le multiple n'est pas, et examiner ce qui en résulte et pour l'un et pour les choses multiples tant par rapport à eux-mêmes que par rapport les uns aux autres. On obtiendra donc huit chaînes de conséquences différentes à examiner dans chaque cas. Et il faut procéder de même à propos de toutes les autres déterminations (ressemblance, dissemblance, mouvement, repos, genèse, destruction, être, non-être, etc.) : examiner dans chaque cas ce qui résulte de la supposition que la détermination en question est ou n'est pas, tant pour elle-même relativement à elle-même et relativement aux autres que pour les autres relativement à eux-mêmes et relativement à cette détermination (136 a 4-c 6)[2]. Parménide accepte ensuite,

1. Sur cette formulation de l'hypothèse, voir la note précédente.

2. Le texte de ce passage est difficile, mais son sens général me semble clair, pour autant qu'on le lise en relation avec l'exemple qui précède et l'exercice qui suit. Pour une discussion approfondie des différentes lectures possibles, *cf.* C.C. Meinwald, *Plato's* Parmenides, Oxford, Oxford University Press, 1991, p. 31-39.

après une certaine résistance, d'illustrer son propos en appliquant la méthode qu'il vient de décrire à « sa propre hypothèse », à savoir celle de l'un (137 b 1-5)[1].

C'est cette méthode que la plupart des commentateurs qualifient de « dialectique »[2]. Remarquons que Parménide lui-même n'emploie jamais ce terme à ce propos. À vrai dire, les termes διαλεκτικός, διαλεκτική, διαλεκτικόν et διαλεκτικῶς n'apparaissent jamais dans le dialogue, tandis que le verbe διαλέγεσθαι n'apparaît que trois fois, deux fois avec le sens général de « discuter avec » (126 c 2 et 135 d 2), et une seule fois où, substantivé et qualifiant δύναμις, il a à proprement parler le sens de « dialectique » (135 c 2)[3]. Or, dans ce dernier cas, il ne désigne pas l'exercice qui suit, censé *préparer* celui qui l'exerce à définir les Idées, mais bien plutôt l'activité qui sera anéantie si l'on ne commence pas par poser les Idées – bref, non pas le *préalable* à l'activité de définition du beau, du juste, du bien « et de chacune des Idées », mais cette activité elle-même. Cette simple occurrence devrait dès lors déjà susciter le doute quant à l'identification de la méthode du *Parménide* à la dialectique.

D'ailleurs, il faut bien constater que la plupart du temps, cette identification est assumée sans véritable argument[4]. Bien plus, il semble que de nombreux

1. Dans tout ce passage, le terme « hypothèse » est ambigu : il désigne tantôt l'*objet* étudié lui-même, par exemple le multiple ou l'un, tantôt les *énoncés* qui posent l'existence ou l'inexistence de cet objet. Voir en particulier 137 b 3-5, où ὑπόθεσις et ὑποθέμενος ne peuvent renvoyer à la même chose, car Parménide ne décrirait jamais l'*alternative* εἴτε ἕν ἐστιν εἴτε μὴ ἕν (qu'il faut sans doute corriger, comme le propose C.C. Meinwald, *op. cit.*, p. 39-45, soit en supprimant le second ἕν, soit en le remplaçant par ἐστιν), gouvernée par ὑποθέμενος, comme « sa propre hypothèse », celle-ci étant bien plutôt l'*objet* concerné par cette alternative. (Cette ambiguïté n'est pas la même que celle défendue par D. O'Brien, « Un Problème de syntaxe dans le *Parménide* de Platon (*Parm.* 137 a 7-b 4) », *Revue des études grecques*, 119, 2006, 421-435). Dans le premier sens, Parménide examine dans la suite du dialogue une et une seule hypothèse : l'un ; dans le second, il en examine deux : « si l'un est » et « si l'un n'est pas ». Le passage d'un sens à l'autre est aisément compréhensible : *cf.* 142 d 3-4, où l'on trouve l'expression τοῦ ἑνὸς ὄντος pour désigner « ce dont nous avons fait l'hypothèse (οὗ ὑπεθέμεθα) », à savoir l'*objet* de l'énoncé hypothétique εἰ ἓν ἔστιν (*cf.* 142 c 3) dont τὸ ἓν ὄν est la forme substantivée ; à un niveau de généralité supérieur, l'un peut être considéré comme l'objet de chacun des deux énoncés hypothétiques contradictoires « si l'un est » et « si l'un n'est pas ». En revanche, il est erroné de parler de huit (ou neuf) hypothèses : il faut bien plutôt parler de huit (ou neuf) *chaînes de conséquences*, qui toutes prennent leur point de départ dans une seule hypothèse fondamentale (ou deux si l'on prend le terme « hypothèse » au sens d'« énoncé hypothétique »).

2. Je ne connais que deux commentateurs qui remettent *explicitement* en question la légitimité d'appliquer le terme « dialectique » à la méthode de la deuxième partie du *Parménide* : M. Dixsaut, *Métamorphoses de la dialectique dans les dialogues de Platon*, Paris, Vrin, 2001, p. 141 et J.-B. Gourinat, « La Dialectique des hypothèses contraires dans le *Parménide* de Platon », dans M. Fattal (éd.), *La Philosophie de Platon*, Paris, L'Harmattan, 2001, p. 234, 251, 259-260. D'autres distinguent toutefois cette méthode de la dialectique platonicienne proprement dite, sans pour autant que cela les empêche de continuer à utiliser le terme « dialectique » à son propos.

3. Pour un relevé très utile des occurrences de ces termes dans les Dialogues, *cf.* M. Dixsaut, *Métamorphoses de la dialectique*, *op. cit.*, p. 345-354.

4. Je n'ai trouvé que deux commentateurs modernes qui *argumentent* en faveur de cette identification. (1) Selon R.E. Allen, *Plato's* Parmenides. *Translated with Comment*, New Haven-Londres, Yale University Press, 1997, p. 216-217, la deuxième partie du dialogue est dialectique d'une part parce qu'elle se présente sous la forme d'un dialogue entre un questionneur et un répondant – mais à ce compte, les sophismes de l'*Euthydème* pourraient eux aussi être qualifiés de

commentateurs qualifient la méthode du *Parménide* de « dialectique » en référence tantôt à la méthode de Zénon dont elle est un développement, Zénon étant considéré depuis Aristote comme « l'inventeur de la dialectique »[1], tantôt à la dialectique aristotélicienne, qui s'en inspire manifestement sur de nombreux points[2], tantôt à la dialectique hégélienne, qui s'en revendique explicitement et y voit son ancêtre le plus éminent[3]. Certes, rien n'interdit d'employer le mot « dialectique » en un sens autre que platonicien, même pour parler de Platon. Mais il s'agit alors de savoir ce qu'on fait, et de ne pas en conclure sans autre argument que cette méthode doit dès lors également être dialectique au sens platonicien. L'enjeu, ici, n'est pas seulement terminologique, car dans la mesure où la dialectique est pour Platon la science suprême, il y va du statut même de la seconde partie du dialogue, et donc de la signification du *Parménide* dans son ensemble.

Si l'on veut trouver une discussion approfondie de cette question, il faut remonter jusqu'à Proclus[4]. Celui-ci nous apprend que, dans l'Antiquité, certains doutaient que la méthode du *Parménide* soit la dialectique au sens platonicien du terme, quoiqu'elle puisse d'après eux être identifiée à la dialectique au sens aristotélicien. Proclus rapporte quatre arguments en faveur de cette position : 1) d'après la *République* (VII, 539 a-c), la dialectique ne doit pas être enseignée aux jeunes gens car, sans préparation préalable, elle risquerait de les faire sombrer dans la sophistique ; 2) Parménide appelle la méthode qu'il préconise « gymnastique », ce qui s'accorde bien avec la dialectique aristotélicienne (*cf. Topiques* I, 2, 101 a 28-30), mais pas avec la dialectique platonicienne ; 3) Parménide qualifie cette méthode de « bavardage » (ἀδολεσχία, *cf. Parm.*, 135 d 5-6), ce qui ne peut convenir à la dialectique platonicienne conçue comme science suprême ; 4) cette

« dialectiques » –, et d'autre part parce que ce qu'il appelle les « déductions » qui y sont effectuées ne le sont pas par simple dérivation logique d'implications à partir des hypothèses de départ, mais par la confrontation entre ces hypothèses et d'autres propositions considérées comme vraies sans que cela ait été démontré – argument qui semble s'appuyer sur une conception aristotélicienne, et non platonicienne, de la dialectique. (2) De son côté, M.L. Gill écrit dans une courte note de bas de page qu'il est « vraisemblable » que l'exercice de la deuxième partie du dialogue soit une forme de dialectique, dans la mesure où il est censé nous amener à la vision de la vérité (*cf.* 135 d 6, 136 c 5-6, 136 e 2) (« Introduction », dans M.L. Gill, P. Ryan, *Plato :* Parmenides, *Introduction and Translation*, Indianapolis-Cambridge, Hackett, 1996, n. 82, p. 52). À quoi on peut répondre que, d'après les livres VI et VII de la *République*, la vérité est avant tout, non pas un trait caractérisant le contenu de certaines propositions, mais la « lumière » propre à l'intelligible, à laquelle le programme éducatif du livre VII a pour but d'habituer progressivement l'âme. En disant que l'exercice qu'il lui recommande permettra à Socrate de « discerner la vérité » (διόψεσθαι τὸ ἀληθές, 136 c 6), Parménide peut dès lors très bien avoir en vue cet effet des disciplines *préparatoires* à la dialectique, conformément à l'interprétation qui va être proposée.

1. Sur Zénon inventeur de la dialectique, *cf.* Diogène Laërce, IX, 25 (= DK 29 A1) et VIII, 57 (= DK 29 A10) ; Sextus Empiricus, *Contre les mathématiciens*, VII, 7 (= DK 29 A10) = Aristote, fr. 65 Rose[3].

2. Sur cette question, voir E. Berti, « Aristote et la méthode dialectique du *Parménide* de Platon », *Revue internationale de philosophie*, 133-134, 1980, 341-358.

3. *Cf.* G.W.F. Hegel, *Phénoménologie de l'esprit*, trad. J.-P. Lefebvre, Paris, Aubier, 1991, p. 75 (Préface, p. LXXXIX) ; *Leçons sur l'histoire de la philosophie*, t. 3 : *La philosophie grecque*, trad. P. Garniron, Paris, Vrin, 1972, p. 448.

4. Cf. *Commentaire sur le* Parménide *de Platon*, I, 648.1-658.30.

méthode ne correspond pas à la méthode pratiquée par Socrate ou l'Étranger sous le nom de dialectique dans les autres dialogues.

Proclus n'a aucun mal à réfuter le troisième argument en faisant valoir, à juste titre, que Parménide ne prend pas cette qualification de « bavardage » à son propre compte, mais dit que c'est *la foule* qui l'appelle ainsi. En ce qui concerne le premier argument, Proclus déclare qu'il faut distinguer entre les prescriptions du législateur, qui s'adressent à la multitude et doivent donc tenir compte de natures multiples et irrégulières, et les conseils donnés à un particulier, qui ne prennent en compte que la nature propre de celui à qui ils s'adressent. En l'occurrence, Socrate est d'un naturel particulièrement doué, et c'est pourquoi Parménide jugerait qu'il pourrait d'ores et déjà être initié à la dialectique sans en subir aucun dommage. Cette réponse est moins convaincante, car Socrate ne dit pas dans la *République* que les naturels les plus doués pourraient pratiquer la dialectique plus tôt que les naturels les moins doués, mais qu'ils sont *les seuls* qui puissent la pratiquer (*cf.* VII, 535 c et 539 d); et, même pour eux, cette pratique suppose une longue préparation préalable (dix ans de mathématiques), dans la mesure où c'est pour les naturels les plus doués qu'une mauvaise éducation peut avoir les conséquences les plus graves (*cf.* VI, 491 d-492 a). Or, comme y insiste Parménide, c'est cette préparation qui fait défaut à Socrate, raison pour laquelle il s'est avéré incapable de répondre aux objections contre l'hypothèse des Idées[1]. Quant au deuxième argument, Proclus fait remarquer que Socrate emploie en réalité bel et bien la terminologie de la « gymnastique » à propos de la dialectique dans la *République* (*cf.* VII, 539 d-e), ce qui est certes vrai, mais n'empêche nullement Socrate de l'appliquer également à ces exercices préparatoires à la dialectique que sont les mathématiques : en réalité, c'est la totalité de l'éducation intellectuelle qui peut être considérée comme une « gymnastique de l'intelligence »[2]. Or l'exercice du *Parménide* est décrit comme une gymnastique *préalable* à l'activité consistant à définir le beau, le juste, le bien et les autres Idées[3] – bref à la dialectique au sens de la *République*. Pour parer cette contre-objection, Proclus introduit une distinction qui lui permet en même temps de répondre en filigrane au quatrième argument : il distingue entre trois types de dialectiques – pour faire bref : la méthode du *Parménide*, la méthode de rassemblement et de division et l'*elenchos* – et déclare que c'est seulement la première que tant Socrate dans la

1. La situation de Socrate dans le *Parménide* est donc différente de celle de Théétète et de Socrate le Jeune dans le *Théétète*, le *Sophiste* et le *Politique*, qui sont quant à eux présentés comme des mathématiciens déjà aguerris, dès lors beaucoup plus prêts à pratiquer la dialectique.

2. Sur les mathématiques comme gymnastique, l'occurrence la plus claire est VII, 526 b 7. En VI, 498 b 7, le terme γυμνασία me semble renvoyer non pas seulement à la dialectique, comme l'écrit J.-B. Gourinat, art. cit., p. 239, mais plus généralement à tout le programme éducatif du livre VII, puisqu'il désigne les exercices propres à développer l'âme lorsque celle-ci commence à s'accomplir, c'est-à-dire lorsque le corps, objet principal de l'éducation jusqu'à l'âge de vingt ans, a atteint son plein développement (*cf.* VII, 537 b 1-5). Il en va de même pour γυμνάζειν en VI, 503 e 2, qui ne peut être limité à l'exercice dialectique.

3. *Cf.* 135 c 8-d 1 : Πρῳ γάρ, εἰπεῖν, πρὶν γυμνασθῆναι, ὦ Σώκρατες, ὁρίζεσθαι ἐπιχειρεῖς καλόν τέ τι καὶ δίκαιον καὶ ἀγαθὸν καὶ ἓν ἕκαστον τῶν εἰδῶν.

République que Parménide dans le dialogue qui porte son nom qualifient de « gymnastique » et recommandent pour les jeunes gens. Autrement dit, Proclus ne peut sauver son interprétation qu'en *inventant* purement et simplement un nouveau type de dialectique qui n'est jamais nommé comme tel par Platon et dont le seul exemple dans les Dialogues serait... la méthode du *Parménide* !

On peut en conclure qu'aucun argument décisif n'a été avancé pour justifier l'identification de la méthode du *Parménide* à la dialectique en un quelconque sens platonicien, et que plusieurs arguments plaident au contraire contre cette identification. Mais on peut faire un pas supplémentaire et montrer que cette méthode est bien mentionnée par Platon dans un autre dialogue, mais en y étant précisément *distinguée* de la dialectique. Ce dialogue, c'est à nouveau la *République*.

On sait qu'à la fin du livre VI de ce dialogue (510 b-511 e), Socrate divise l'intelligible, représenté par un segment de droite, en deux « domaines », en fonction de la méthode par laquelle l'âme saisit son objet. La première section correspond à la faculté de l'âme que Socrate nomme διάνοια, et qu'il illustre par la démarche de la géométrie, tandis que la seconde correspond à ce qu'il appelle νοῦς ou νόησις, qui se manifeste dans la pratique de la dialectique. La démarche dianoétique se distingue de la dialectique par deux traits :

1) Elle prend pour principes des hypothèses (*cf.* 510 b 5 : ἐξ ὑποθέσεων). Socrate explique ce qu'il entend par ce terme un peu plus loin : les hypothèses du mathématicien sont par exemple l'impair, le pair, les figures, les trois espèces d'angles, etc., qu'il suppose connues et évidentes pour tous (à commencer par lui-même), ce pourquoi il croit pouvoir se dispenser d'en donner le *logos* et les prend pour principes (510 c 2-d 3). Le terme « hypothèses » renvoie donc ici à des « choses » plutôt qu'à des propositions, et c'est le fait que le mathématicien *ne connaît pas* ce qu'il prend pour hypothèses qui leur confère leur statut hypothétique, dans la mesure où, comme le précisera plus loin Socrate, « connaître » signifie : être capable de donner le *logos* de ce dont on parle (VII, 533 a 10-c 6). Les hypothèses sont des unités intelligibles que le mathématicien se contente de postuler sans s'interroger sur leur être véritable. Au contraire, le dialecticien, s'il part lui aussi d'hypothèses, c'est-à-dire de la position de l'unité intelligible qu'il étudie, commence par reconnaître le caractère hypothétique de celle-ci (VI, 511 b 4), autrement dit l'état d'ignorance dans lequel il se trouve à son égard ; c'est pourquoi toute sa démarche consistera à tenter d'en donner le *logos* afin d'en atteindre la connaissance. Pour ce faire, il commencera par remonter à un principe anhypothétique, à partir duquel l'hypothèse de départ pourra être éclairée et ainsi « supprimée » (*cf.* VII, 533 c 9), c'est-à-dire perdre son caractère hypothétique en devenant réellement connue.

2) Elle s'appuie sur des images (VI, 510 b 4). De fait, le géomètre qui tente de démontrer un théorème doit s'aider d'une figure sensible, qu'elle soit effectivement dessinée ou simplement imaginée, par la médiation de laquelle il vise son modèle intelligible qui constitue l'objet véritable de sa démonstration (510 d 5-511 a 2). C'est précisément pour cette raison qu'il n'atteint en réalité jamais les

Idées elles-mêmes, mais seulement leurs « ombres » ou leurs « reflets » – bref, ce que l'on peut appeler des représentations des Idées, non encore dépouillées de tout élément sensible. Au contraire, le dialecticien ne fait usage d'aucun élément sensible dans son parcours de l'intelligible, et se confronte directement et exclusivement aux Idées elles-mêmes (510 b 7-8, 511 c 1-2).

Comme l'a suggéré Monique Dixsaut[1], la méthode du *Parménide* correspond exactement à la méthode dianoétique décrite dans la *République*, méthode dont il convient de rappeler que la géométrie et les mathématiques en général ne sont que des *exemples* et non, en principe du moins, les uniques représentants.

1) Que cette méthode soit « hypothétique » ne devrait faire aucun doute : dans toute la seconde partie du *Parménide*, il s'agit d'examiner les conséquences qui découlent de la position d'une hypothèse, à savoir l'un, envisagée selon deux énoncés hypothétiques posant respectivement son existence et son inexistence. Jamais, au cours de l'exercice, Parménide ne cherche à « donner le *logos* » de l'hypothèse elle-même en commençant par remonter à un principe anhypothétique, quelle que soit l'interprétation qu'il faille donner à ce principe.

2) Quant au fait que la méthode dianoétique use d'images, il vaut tout autant pour la méthode pratiquée dans le *Parménide*, et permet d'éclairer un curieux paradoxe. Parménide affirme en effet que l'entraînement qu'il prône doit être appliqué non pas à propos des choses visibles, mais à propos « de ces objets que l'on pourrait par excellence saisir par le *logos* et dont on pourrait considérer que ce sont des Idées » (135 e 3-4). Or, l'un est sans cesse traité au cours de l'exercice en fonction de déterminations sensibles : s'il est, il doit nécessairement être dans le temps et dans un lieu ; s'il a des parties, ces parties sont conçues comme des parties spatiales d'un tout également spatial, etc. Ce paradoxe s'explique si l'on comprend que l'un dont il est question dans la deuxième partie du dialogue est certes une unité intelligible, mais toujours visée à partir d'images, de représentations, et dès lors jamais réellement pensée comme telle, précisément parce qu'elle ne fait pas l'objet d'une investigation dialectique.

Les sciences dianoétiques étant présentées dans le livre VII de la *République* comme les disciplines préparatoires à la dialectique, cette interprétation s'accorde particulièrement bien avec le cadre dramatique du *Parménide*, à savoir la jeunesse de Socrate et la recommandation de pratiquer une « gymnastique intellectuelle » avant de chercher à définir les Idées elles-mêmes. Mais en quoi une telle méthode est-elle pertinente dans le cas présent ? Appliquée en mathématiques, elle donne lieu à des résultats que Platon ne remet pas en question, même si les mathématiques ne constituent pas à ses yeux la science suprême. Mais est-il légitime d'étendre son application au-delà de ce champ, pour examiner des

1. *Le Naturel philosophe*, *op. cit.*, p. 310-324 (voir surtout n. 21, p. 313 et p. 319), dont je reprends certains arguments dans la suite. Voir déjà R.S. Brumbaugh, *Plato on the One. The Hypotheses in the* Parmenides, New Haven, Yale University Press, 1961, p. 191-199. A. Diès, *Platon. Œuvres complètes*, t. VIII, 1re partie : *Parménide*, Paris, Les Belles Lettres, 1923, Notice, p. 47-48, faisait déjà remarquer que les mots de la famille de νοῦς sont absents de la deuxième partie du *Parménide*, où la pensée est bien plutôt nommée διάνοια (seule exception : νοοῦντι en 165 c 1).

déterminations intelligibles telles que l'un, l'être, le mouvement, le repos, l'autre ou le même ? À mon sens, ce que Platon veut montrer dans la deuxième partie du *Parménide* est précisément qu'une telle extension *n'est pas* légitime. Et s'il veut montrer cela, c'est parce que c'est cette méthode qui a été utilisée dans la première partie du dialogue et qui a suscité les arguments contre les Idées auxquels Socrate n'a pu répondre.

En effet, de manière générale, toute cette première partie se situe dans l'optique d'une *théorie* des Idées. Les Idées sont considérées comme des entités permettant de rendre compte de la réalité dans son ensemble; elles sont envisagées *en tant qu'Idées*, dans toute leur généralité, et leur relation à leurs participants est elle aussi envisagée d'une manière générale et abstraite. Or, un tel point de vue ne serait légitime que si nous savions déjà *ce que sont* les Idées, car c'est seulement alors que nous pourrions avoir une chance de traiter ces problèmes d'une manière pertinente. Mais la seule manière de connaître les Idées est la dialectique. Et la dialectique ne peut examiner ce que sont les Idées *en général* : elle vise seulement à la connaissance de telle ou telle Idée particulière. Bien plus, elle procède toujours en commençant par *poser* une certaine Idée (un « principe anhypothétique ») comme point de départ de sa démarche et en progressant à partir d'elle d'Idée en Idée vers la connaissance de l'Idée examinée. D'une part, la dialectique est toujours une démarche *ponctuelle*, qui nous permet d'atteindre la connaissance de telle Idée particulière, et non des Idées en général; d'autre part, elle *présuppose* la position des Idées comme condition de possibilité de son propre déploiement et ne permet donc pas de justifier celle-ci. C'est qu'une telle justification n'a pas lieu d'être, car les Idées ne sont pas invoquées à titre d'éléments explicatifs du monde, mais sont posées afin d'ouvrir le champ à un type de pensée radicalement nouveau, qui est précisément la dialectique. L'effectivité de la dialectique suffit à manifester la pertinence de cette position initiale, qui n'a pas besoin de s'appuyer sur une justification extérieure[1].

Cela ne signifie pas pour autant qu'il est impossible de parler des Idées en général, car celui qui aura appliqué la dialectique à un grand nombre d'Idées différentes sera désormais en mesure de repérer certains caractères qui appartiennent à toutes les Idées en tant que telles, ce qui lui permettra de préciser leur statut. Mais cela ne lui sera possible qu'*au terme du processus*, lorsqu'il se sera suffisamment entraîné à la dialectique et aura ainsi accoutumé son âme à cette étrange lumière qui règne dans l'intelligible[2]. En revanche, celui qui tente *d'emblée* de décrire les Idées en tant que telles et les relations qu'elles entretiennent avec le sensible en vue d'élaborer une « théorie des Idées » ne sait tout simplement pas de quoi il parle. C'est précisément ce qui se passe dans la première

1. Sur tout ceci, voir M. Dixsaut, *Métamorphoses de la dialectique dans les Dialogues de Platon*, *op. cit.*, p. 141-142.

2. *Contra* F.M. Cornford, *Plato and Parmenides*, London, Routledge, 1939, p. 103-104, selon qui Parménide suggère qu'avant de définir une Idée particulière, il faut étudier les assomptions générales impliquées dans l'assertion qu'une telle Idée existe et peut être définie. Je crois qu'il veut montrer exactement le contraire.

partie du *Parménide* : sous la conduite de Parménide, Socrate examine les conséquences de l'hypothèse des Idées sans connaître encore suffisamment cette dernière. Ce faisant, il ne peut atteindre les Idées elles-mêmes, mais seulement leurs ombres ou leurs reflets. De fait, au cours de cette première partie, tant les Idées que la participation du sensible à l'intelligible sont constamment interprétées à partir d'images sensibles : le jour, le voile, la relation tout-parties comprise en termes spatiaux, de même d'ailleurs que la séparation elle-même... La pensée de Socrate n'est pas encore suffisamment libérée du sensible : elle ne peut viser les Idées que par l'intermédiaire d'images, comme le font les géomètres. Mais si une telle démarche est légitime dans le cas des mathématiques, elle ne l'est pas dans le cas présent, car elle revient à gommer systématiquement la différence *de nature* entre le sensible et l'intelligible et à homogénéiser indûment ces deux plans radicalement hétérogènes. Avant de chercher à penser la relation entre le sensible et l'intelligible, il faut commencer par penser les deux termes de la relation – les penser vraiment, et non se les *représenter*. Or, pour cela, il faut commencer par abandonner la méthode dianoétique et pratiquer la dialectique.

Dans ces conditions, toute réponse aux arguments contre les Idées qui se situerait sur le même plan qu'eux serait radicalement insuffisante. En effet, le problème de ces arguments n'est pas qu'ils soient logiquement invalides, ni qu'ils reposent sur une représentation inadéquate des Idées, mais bien plutôt *qu'ils reposent sur une représentation des Idées*, et ce, parce qu'ils résultent de l'application d'une méthode inadaptée. La seule manière de réfuter ces arguments est de démontrer cette inadaptation, en d'autres termes de démontrer que la méthode dianoétique ne peut s'appliquer aux Idées elles-mêmes et doit être dépassée vers la dialectique. Tel est l'enjeu de la deuxième partie du dialogue : montrer que la méthode hypothétique, lorsqu'elle prétend s'appliquer aux Idées, aboutit à sa propre auto-destruction[1].

C'est dans cette optique qu'il faut comprendre les deux modifications introduites par Parménide à la méthode zénonienne de la *reductio ad absurdum*, à savoir d'une part appliquer cette méthode aux Idées, et d'autre part l'appliquer de manière *systématique*, en n'omettant aucune possibilité. En effet, montrer que la position d'une hypothèse conduit à des conséquences absurdes ne suffit pas : encore faut-il voir si la position de l'hypothèse contradictoire n'aboutit pas au même résultat. Car dans ce cas, à moins de remettre en question la validité du principe de contradiction lui-même, ce qui aurait paru aussi absurde à Platon qu'à

1. Cette interprétation se rapproche de celle soutenue par W.G. Runciman, « Plato's *Parmenides* » [1959], repris dans R.E. Allen (éd.), *Studies in Plato's Metaphysics*, London, Routledge, 1965, p. 149-184 (voir surtout p. 178 et 181-182), sinon qu'à la différence de cet auteur, il me semble que l'auto-destruction de la méthode hypothétique est par elle-même une réfutation des objections de la première partie du dialogue et qu'il n'y a dès lors pas lieu de penser que Platon espérait les résoudre au moyen de la *diairesis* – ce que cette dernière méthode ne permet d'ailleurs pas de faire, comme Runciman le reconnaît lui-même (*cf.* p. 182-183).

Aristote[1], il faut reconnaître que l'origine de cette situation se trouve dans la méthode même qui a permis de mettre au jour de telles conséquences, ou du moins dans l'application qui en a été faite[2].

Afin d'arriver à ce résultat, Parménide part de son hypothèse (l'un) et commence par en tirer les deux énoncés hypothétiques contradictoires « si l'un est » et « si l'un n'est pas ». De chacun de ces énoncés, il montre que l'on peut tirer des conséquences absurdes non seulement relativement à l'un lui-même, mais aussi relativement aux autres. Cette absurdité consiste en l'attribution ou la négation de prédicats incompatibles (c'est-à-dire appartenant à une série de deux prédicats complémentaires ou plus, tels qu'il est nécessaire qu'un et un seul de ces prédicats appartienne à tout sujet donné) relativement à un même sujet. Lorsque les conséquences examinées concernent l'un lui-même, Parménide montre qu'elles peuvent être incompatibles non seulement entre elles (par exemple en énonçant que l'un est à la fois même et autre, ou encore qu'il n'est ni même ni autre), mais aussi avec l'énoncé hypothétique de départ (par exemple en énonçant que si l'un est, alors il n'est pas, et n'est même pas un, comme dans la première chaîne de conséquences). En revanche, lorsqu'elles concernent les autres, elles peuvent seulement être incompatibles entre elles, puisque le sujet de l'énoncé hypothétique et celui des conséquences n'est pas le même.

Conformément au programme qu'il a tracé, Parménide complique la situation en dédoublant chacune des quatre chaînes de conséquences ainsi obtenues selon que le sujet à propos duquel on tire les conséquences est envisagé « par rapport à lui-même » ou « par rapport aux autres » (ou « à l'autre », c'est-à-dire « à l'un », dans le cas où le sujet est « les autres »). Dans le premier cas, on examine le sujet en question indépendamment de toute relation avec l'autre terme (l'un pour les autres, les autres pour l'un), tandis que dans le deuxième, on l'examine dans sa relation (positive ou négative) avec cet autre terme. À nouveau, les conséquences auxquelles aboutit chacune de ces chaînes sont mutuellement incompatibles : par exemple, selon la première chaîne de conséquences (« si l'un est, qu'en résulte-t-il pour l'un considéré par rapport à lui-même ? »), l'un n'a aucune détermination, tandis que selon la deuxième (« si l'un est, qu'en résulte-t-il pour l'un considéré par rapport aux autres ? »), il les a toutes. Ce dédoublement a certainement pour but d'ajouter un niveau de contradiction supplémentaire parmi les conséquences tirées de chacun des énoncés hypothétiques. Certains commentateurs considèrent au contraire que le fait que l'un ou les autres soient envisagés sous

1. Ce principe, ou plutôt celui, qui en découle, de l'exclusion des contraires, est d'ailleurs constamment utilisé au cours de la démonstration, et clairement affirmé par exemple en 146 d 4-7.

2. G. Ryle, « Plato's *Parmenides* » [1939], repris dans R.E. Allen (éd.), *Studies in Plato's Metaphysics*, *op. cit.*, p. 117-120, considère quant à lui que la raison de cette situation est plutôt à chercher dans le *type de sujet* auquel s'applique cette méthode – en l'occurrence le concept d'unité, concept « formel » dont Platon voudrait montrer qu'il ne peut être traité comme un sujet d'attributs. Cette interprétation se rapproche de celle défendue ici, sinon que selon moi 1) le « type de sujet » dont Platon veut montrer qu'il ne peut faire l'objet d'un certain traitement est n'importe quelle Idée et 2) le traitement en question n'est pas celui qui consiste à en faire un sujet d'attributs, mais la méthode hypothétique.

deux rapports différents dans les différentes chaînes de conséquences interdit de considérer celles-ci comme mutuellement contradictoires[1]. Si une telle remarque est logiquement indiscutable, force est de constater que les interlocuteurs du dialogue ne semblent pas en tenir compte. Cela apparaît clairement lorsque Parménide introduit cette mystérieuse troisième chaîne de conséquences qui vient rompre le plan initial : il synthétise alors les résultats précédents en disant que l'un est à la fois un et multiple (deuxième chaîne de conséquences) et ni un ni multiple (première chaîne de conséquences), et que la seule manière d'échapper à la contradiction est de considérer qu'il participe au temps et est *tantôt* dans la première situation, *tantôt* dans la deuxième (155 e 4-7)[2]. Telle me semble d'ailleurs être la fonction de cette troisième chaîne de conséquences : voir si la contradiction entre les deux premières ne peut être levée à partir de la notion de devenir. Cette tentative échoue, car l'analyse du devenir conduit à isoler comme lieu du changement l'instantané (τὸ ἐξαίφνης), notion qui conduit à des conséquences tout aussi inacceptables que les premières, en ce sens que dans l'instantané, ce qui change ne peut avoir aucune des déterminations entre lesquelles s'opère le changement : ni celles qu'il perd ni celles qu'il gagne.

En d'autres termes, si l'examen des conséquences fait constamment intervenir des différences de points de vue – non seulement entre les diverses chaînes, mais également au sein de chacune, afin d'attribuer ou de nier des prédicats incompatibles du sujet en question –, celles-ci paraissent immédiatement « oubliées » de manière à pouvoir présenter les conséquences dégagées comme incompatibles entre elles. Parménide semble tomber dans le travers dénoncé par l'Étranger d'Élée dans le *Sophiste*, auquel celui-ci oppose la démarche proprement dialectique :

> Laisser là ces arguties dont le premier venu est capable, mais savoir, au contraire, suivre la marche d'une argumentation en la critiquant pas à pas, et, soit qu'elle affirme être le même sous un certain rapport (πῃ) ce qui est autre, ou autre ce qui est même, la discuter suivant le rapport même et le point de vue qu'elle envisage dans l'une ou dans l'autre assertion. Mais montrer que le même est autre, n'importe comment (ἁμῇ γέ πῃ) ; l'autre, même ; le grand, petit ; le semblable, dissemblable, et prendre son plaisir à étaler perpétuellement ces oppositions (τἀναντία) dans les arguments, ce n'est point là de la vraie critique : ce n'est, manifestement, que le fruit hâtif d'un tout premier contact avec le réel (τῶν ὄντων τινὸς ἐφαπτομένου δῆλος νεογενὴς ὤν) (*Sophiste*, 259 c 7-d 7, trad. A. Diès).

1. Voir en particulier K.M. Sayre, « Plato's *Parmenides* : Why the eight hypotheses are not contradictory », *Phronesis*, 23, 1978, 133-150, qui développe son interprétation dans *Parmenides' Lesson. Translation and Explication of Plato's* Parmenides, Notre Dame (Indiana), University of Notre Dame Press, 1996, et, dans un sens différent, C.C. Meinwald, *op. cit.*

2. Les commentateurs ne s'accordent pas sur la place de cette chaîne de conséquences. Les Néoplatoniciens la considéraient comme une « troisième hypothèse », correspondant à l'âme, et, parmi les modernes, certains la considèrent comme un appendice à la deuxième chaîne de conséquences, d'autres comme une synthèse entre les deux premières. Les arguments de J.-B. Gourinat, art. cit., p. 257-258, en faveur de cette dernière interprétation me paraissent décisifs.

La dialectique est précisément cette méthode qui examine, par une confrontation directe avec les Idées, les différents rapports sous lesquels celles-ci peuvent entrer en communication les unes avec les autres, de manière à recevoir différents prédicats, y compris des prédicats contraires. C'est précisément ce qui n'est pas fait dans le *Parménide*, parce que Socrate, et à plus forte raison le jeune Aristote, en sont encore à ce « premier contact avec le réel » raillé par l'Étranger.

Depuis les néoplatoniciens, de nombreux interprètes, parce qu'ils considéraient que la méthode du *Parménide* était la dialectique, ont cherché à « sauver » ce dialogue de ses apparentes incohérences en essayant de retrouver ces distinctions de points de vue constamment gommées dans le dialogue. La méthode la plus fréquente pour ce faire consiste à montrer que chaque chaîne de conséquences correspond à un « un » (ou à un sens de l'un) différent, Parménide ayant alors pour but de dévoiler l'ambiguïté de cette notion. À l'encontre de ce type d'interprétations, G.E.L. Owen a fait remarquer que les ambiguïtés et les variations de sens des notions utilisées se produisent non seulement en passant d'une chaîne de conséquences à une autre, mais aussi à l'intérieur de chacune de ces chaînes, où certaines prémisses sont à la fois utilisées et réfutées dans le même mouvement[1]. De manière générale, on peut objecter à ces tentatives d'être en un sens *trop platoniciennes* : elles dépassent déjà le niveau purement aporétique du *Parménide* vers ce qui permettra de résoudre les contradictions qu'il met au jour. En effet, comme Socrate l'explique dans la *République* (VII, 522e-526b), l'intérêt pédagogique des contradictions est qu'elles forcent l'âme à s'élever vers l'intelligible et à faire usage de l'intelligence pour examiner *ce qu'est* chacune des déterminations opposées afin d'échapper à la contradiction. Or, toujours d'après Socrate, aucun enseignement n'est plus apte à procurer ce résultat que les mathématiques, comme sciences dianoétiques, précisément parce que leurs objets paraissent contradictoires lorsqu'ils sont envisagés de manière sensible et forcent dès lors l'âme à les considérer par la seule intelligence. Parmi ces objets, Socrate cite en particulier l'un (τὸ ἕν, 524d6), dont Glaucon reconnaît qu'il possède éminemment cette propriété, dans la mesure où « nous voyons simultanément la même chose comme une et comme une multiplicité infinie » (525a5-6). Le *Parménide* ne fait que développer cette constatation, en se fondant toutefois non pas sur la sensation visuelle, mais sur le mode encore sensible sous lequel la pensée dianoétique vise l'intelligible, à savoir par le biais de représentations – et ce afin de placer le lecteur face à une telle prolifération de contradictions qu'il se voie contraint de chercher une issue en faisant usage de son intelligence et donc de la dialectique.

Car si toutes ces contradictions ont pu surgir, c'est parce qu'on s'est contenté d'examiner les conséquences d'une hypothèse (l'un) *sans jamais s'interroger sur la nature de cette hypothèse*. On l'a traitée comme si elle était bien connue de tous et que son sens ne faisait pas difficulté. Les contradictions qui en ont été tirées

1. G.E.L. Owen, « Notes on Ryle's Plato » [1986], repris dans G. Fine (éd.), *Plato 1 : Metaphysics and Epistemology*, Oxford, Oxford University Press, 1999, p. 298-319 (voir surtout p. 314).

montrent qu'il n'en va pas ainsi, et qu'avant d'examiner les conséquences d'une hypothèse, il faut examiner cette hypothèse elle-même, déterminer quel est son sens, voire quels sont *ses* sens. « Car celui qui a pour point de départ quelque chose qu'il ne connaît pas, et dont le point d'aboutissement et les étapes intermédiaires sont enchaînés à partir de quelque chose qu'il ne connaît pas, comment pourrait-il bien, en accordant ensemble de tels éléments, parvenir jamais à un savoir? » (*Rép.*, VII, 533 c 3-6, trad. P. Pachet) Pour remédier à cette situation, il convient d'abandonner la méthode hypothétique et de pratiquer la dialectique. C'est à faire ressentir la nécessité de ce passage qu'est consacré le *Parménide*. L'auto-destruction de la méthode dianoétique manifeste son inadéquation à traiter des Idées elles-mêmes, ce qui d'une part apporte une réfutation définitive aux arguments opposés aux Idées dans la première partie du dialogue, puisque eux-mêmes résultaient d'une telle application inappropriée, et d'autre part nous fait ressentir la nécessité de la dialectique comme seule méthode capable de nous mener à la connaissance des Idées. Car à la différence des antinomies kantiennes, les antinomies du *Parménide* n'ont pas pour but de rabaisser les prétentions de la raison humaine empêtrée dans ses propres contradictions, mais au contraire de l'élever en la faisant accéder à un niveau où la science véritable devient seulement possible.

LA MÉMOIRE DANS LE *THÉÉTÈTE* ET LE *PHILÈBE* DE PLATON

GIUSEPPE CAMBIANO

D'après la chronologie traditionnelle des Dialogues de Platon, le *Théétète* et le *Philèbe* appartiennent à la dernière phase de la réflexion platonicienne. Mais ces deux dialogues exposent des conceptions de la mémoire, comme destinée à conserver des connaissances, qui montrent des différences considérables. Le but de cet essai est de mettre en lumière ces différences.

I

Puisque le *Théétète* est un dialogue aporétique, je m'abstiendrai d'attribuer à Platon lui-même les thèses sur la mémoire présentées dans ce dialogue. La première donnée qu'il faut prendre en considération dans ce dialogue est que la mémoire est mise en connexion non seulement avec la perception mais aussi avec la pensée. Cela veut dire que la mémoire n'est pas décrite exclusivement comme le résultat de la perception. Déjà, dans la première partie du dialogue, parmi les objections contre l'identification protagoréenne de l'ἐπιστήμη à la perception, Socrate évoquait le cas de la mémoire.

> Soit la question : "Supposons – disait Socrate – qu'on soit venu à savoir (ἐπιστήμων) quelque chose ; que, de cet objet même, on ait encore, on conserve le souvenir : est-il possible qu'à ce moment-là, quand on se le rappelle, on ne sache (ἐπίστασθαι) pas cela même qu'on se rappelle ?" – mais j'ai l'air de me lancer dans un grand discours : ce que je veux demander, c'est si, une fois qu'on a appris (μαθών) quelque chose, on ne le sait (οἶδε) pas quand on se le rappelle (163 d 1-5, trad. Narcy).

Sur la base de l'identification protagoréenne, arriver à savoir quelque chose équivaut à avoir eu la perception de cette chose. Mais alors, se rappeler cette chose en fermant les yeux ne peut pas signifier en avoir la science, du moment qu'on n'en a aucune perception actuelle. La conclusion est que « ce dont on avait la science, on se le rappelle encore, mais on ne le sait pas, puisqu'on ne le voit pas », ce qui serait monstrueux (164 b 4-6). Si l'ἐπιστήμη est identifiée à la perception, on arrive à la conséquence absurde que la mémoire, en tant qu'opération qui peut être exercée même lorsque l'objet dont on a le souvenir n'est plus perçu, se situerait totalement hors de la science[1]. Le texte dit que la mémoire est caractérisée par une intentionnalité, dans le sens que la phénoménologie donne à ce terme : elle est « de quelque objet » (τινός, 163 e 6), qui est décrit comme ce dont on a eu la perception, mais on ne précise pas quel est le type d'objet qui est présent à la mémoire ou qui est dans la mémoire. La discussion se borne à présupposer que perception et mémoire se réfèrent au même objet. Peut-être est-ce ce présupposé qui est mis en question par Protagoras dans l'apologie que Socrate lui fait prononcer par la suite. Plus précisement, Protagoras exclut que « chez un sujet quelconque, le souvenir présent de ce qu'il a éprouvé soit une impression (πάθος) semblable, pour lui qui ne l'éprouve plus, à ce qu'il a une fois éprouvé » (166 b 2-4).

La réponse de Protagoras paraît s'appuyer sur le fait que perception et mémoire sont deux πάθη qui se succèdent dans le temps, d'où l'on pourrait déduire qu'ils se réfèrent à des objets différents. Si l'on veut conserver le lien, noué dans la première partie du dialogue, entre l'homme-mesure de Protagoras et une ontologie héraclitéenne, on pourrait dire que, lorsqu'il s'agit de situations diverses dans le temps, le sujet et l'objet ne sont pas les mêmes. Mais, s'il en va ainsi, le cas de la mémoire ne peut pas être présenté comme objection à l'identité de la science et de la perception. D'autre part, le coût de cette apologie de Protagoras paraît être la négation de toute fonction cognitive de la mémoire : la mémoire est un πάθος qui n'a rien à faire avec la science. L'objection de Socrate présupposait, au contraire, que perception et mémoire – même si elles appartiennent à des moments temporels différents – se réfèrent au même objet, bien qu'on puisse se rappeler un objet même si on ne le perçoit plus. Protagoras, au contraire, tire une conclusion qui ne comporte pas l'acceptation d'une ontologie héraclitéenne, parce qu'elle n'exclut pas la possibilité que le même individu connaisse et ne connaisse pas le même objet (166 b 4-5), d'où l'on pourrait inférer que, si l'ἐπιστήμη coïncide avec la perception, la mémoire n'a rien à faire avec la connaissance[2].

En fait, dans la suite du dialogue, l'alternative entre connaître ou ne pas connaître le même objet est maintenue, tandis qu'apprendre (μανθάνειν) et oublier sont considérés comme des états ou des processus intermédiaires, μεταξύ, entre le savoir et le non savoir (187 e 5-188 a 4) et, précisément, comme des

1. *Théét.*, 163 d 1-164 b 9 ; voir aussi 164 d 5-8 : il est impossible d'avoir le souvenir d'un objet qu'on ne connaît pas. Même dans ce cas la mémoire est associée à la σωτηρία du contenu de la perception et on présuppose que l'*episteme* acquise par la perception n'a pas été perdue ou oubliée, ce qui revient à dire qu'il y a quelque continuité entre la perception de l'objet et le souvenir de ce même objet. Pour la traduction du *Théétète*, je suis la traduction de M. Narcy (chez Garnier Flammarion). Sur la mémoire chez Platon, voir maintenant M. Dixsaut, « Platon et ses deux mémoires », dans A. Brancacci, G. Gigliotti (éd.), *Mémoire et souvenir. Six études sur Platon, Aristote, Hegel et Husserl*, Napoli, Bibliopolis, 2006, p. 13-45 que je regrette de n'avoir pu lire qu'après avoir écrit mon essai.

2. Sur la portée limitée de cette objection contre Protagoras, voir D. Bostock, *Plato's* Theaetetus, Oxford, Clarendon, 1988, p. 86 et M.F. Burnyeat, *The* Theaetetus *of Plato*, Indianapolis-Cambridge, Hackett, 1990, p. 91, n. 32.

passages du non savoir au savoir ou du savoir au non savoir : dans le deux cas, le rôle essentiel est joué par la mémoire et l'oubli. En outre, dans la section du dialogue où est introduite la métaphore du bloc de cire, le lien de la mémoire avec la connaissance, et non seulement avec la perception, est abordé. La métaphore du bloc de cire, don de la mère des Muses, Mnemosyne, est introduite dans un but argumentatif : θὲς δή μοι λόγου ἕνεκα (191 c 8-d 1), lorsqu'on débat la possibilité d'avoir une opinion fausse, en conséquence de la deuxième définition de l'ἐπιστήμη comme opinion vraie. Lisons le passage :

> comme lorsqu'en guise de signature nous imprimons la marque de nos anneaux, quand nous plaçons ce bloc de cire sous les sensations et sous les pensées (ἐννοίαις), nous imprimons (ἀποτυποῦσθαι) sur lui ce que nous voulons nous rappeler, qu'il s'agisse de choses que nous avons vues, entendues ou que nous avons reçu dans l'esprit (αὐτοὶ ἐννοήσωμεν). Et ce qui a été imprimé (ἐκμαγῇ), nous nous le rappelons et nous le savons (ἐπίστασθαι), aussi longtemps que l'image (εἴδωλον) en est là ; tandis que ce qui est effacé ou ce qui s'est trouvé dans l'incapacité d'être imprimé, nous l'avons oublié, c'est-à-dire que nous ne le savons pas (191 d 3-e 1).

Bien sûr, la référence à la cire ne doit pas être interprétée comme une référence à un support corporel, ce qui comporterait une analyse en termes physiologiques du processus de mémorisation, car le présupposé est que le bloc de cire est contenu dans nos âmes (191 c 8-9). Le vocabulaire du passage cité est riche de métaphores qui renvoient à l'opération d'imprimer quelque chose sur un matériel capable d'en recevoir l'empreinte et de la conserver. Le terme même d'ἐκμαγεῖον se réfère à un matériel pétri, dans ce cas, la cire. Dans le *Timée*, Critias compare la mémorisation à l'incision encaustique (ἐγκαύματα ἀνεκπλύτου γραφῆς ἔμμονα), obtenue comme résultat des questions posées au maître qui enseigne et, donc, comme résultat d'une mémorisation intentionnelle qui est plus facile chez les jeunes (26 c 7-28 c 5). Ce qui est en jeu ici est la mémoire de choses dites par des autres. Dans le *Théétète*, la métaphore de l'opération d'imprimer donne lieu à une conception de la mémoire comme enregistrement et dépôt, non des objets eux-mêmes qui ont étés perçus ou pensés, mais des signes qui renvoient aux objets qui ont été mémorisés et dont ils sont préciséments les signes. Cette dimension de la mémoire, liée au signe, est essentielle pour la mémoire, en tant que référence à quelque chose d'objectif.

On pense d'ordinaire que le contenu enregistré dans la mémoire est constitué par des images mentales qui conservent une relation de ressemblance avec l'objet, dont elles sont les images. L'emploi du terme εἴδωλον paraît aller dans ce sens[1]. Il faut toutefois souligner deux points. Le premier est que, dans la mémoire,

1. Il faut remarquer que dans ce passage on ne parle pas de γραμματεῖον, c'est-à-dire d'une tablette pour écrire. D'après F.M. Cornford (*Plato's Theory of Knowledge*, London, Routledge, 1935, p. 121-122), le passage introduit une nouvelle signification du verbe « connaître » : je connais un objet quand j'en ai une connaissance directe (*acquaintance*) et une image de cet objet reste dans ma mémoire. Mais il souligne que ce passage n'éclaire pas la nature et l'origine de l'ἔννοια, bien qu'elle prépare la discussion qui suit sur la connaissance des nombres qui ne sont pas perçus, mais sont

sont enregistrés les empreintes ou les signes, non seulement des perceptions mais aussi des pensées et que ces pensées sont distinguées des perceptions et ne sont pas nécessairement produites par elles[1]. Ce dernier point me paraît confirmé par l'emploi de αὐτοί en 191 d 5. Nous pouvons rappeler que, dans la description même du processus de réminiscence dans le *Phédon*, on parle d'un concevoir (ἐννοεῖν) évoqué par la perception des choses sensibles et de leurs propriétés, mais que, dans ce cas, l'objet de l'ἐννοεῖν sont des idées, et non des objets sensibles ou des images de ces objets (73 c 1-d 1). Dans ce dialogue, toutefois, Socrate donne aussi des exemples qui ne se réfèrent pas à des idées, comme lorsqu'on se rappelle un objet qui avait été perçu dans le passé, grâce à la perception présente d'un autre objet habituellement associé au premier (73 d 3-74 a 4). Ce qui est intéressant est que, dans ces passages, on ne fait aucune référence explicite au processus de mémorisation, mais qu'on passe directement de la perception d'un objet présent à la pensée d'un autre objet qui était déjà présent dans la mémoire à l'état latent. A mon avis, la chose est justifiée dans le contexte du *Phédon*, où les exemples servent à montrer que, par la réminiscence, on instaure une relation entre la perception d'un objet sensible et la pensée d'une idée, et non entre la perception d'un objet sensible et l'image mémorisée de cet objet ou d'un autre objet sensible. Même dans l'exemple de Simmias et de son portrait, c'est-à-dire dans un cas où l'on reste dans le domaine du sensible, il s'agit d'ἐννοεῖν un objet dont on avait eu antérieurement la perception et, en même temps, d'ἐννοεῖν si, entre l'objet perçu et l'objet pensé, il y a un défaut de ressemblance, lequel manifeste l'imperfection de l'objet perçu par rapport à l'objet pensé (74 a 5-7). Dans cet exemple, Simmias lui-même paraît être en première instance l'objet de la pensée, sans aucune référence explicite à une image mentale de Simmias. C'est la pensée qui institue une comparaison entre le portrait, objet sensible perçu, et l'objet « réel », qui ensuite sera identifié à l'idée. Si, dans les exemples cités, l'objet pensé avait été décrit comme une image mentale, il s'en serait suivi que l'idée est l'équivalent d'une image mentale, ce qui, dans la perspective de Platon, est évidemment une absurdité, puisque le statut d'image ne peut appartenir qu'à l'objet sensible et non à l'idée. Au contraire, dans le passage du *Théétète* on ne dit pas que les pensées mémorisées sont des idées[2]. Je me permets de souligner aussi que, dans ce contexte, le famille lexicale liée à φαίνεσθαι n'est pas présente, tout comme sont absents les éléments qui renvoient à la φαντασία en tant que domaine étroitement lié à la mémoire – comme ce sera le

imprimés comme des images dans la mémoire. Sur le caractére épistémique et non sémantique de cette enquête voir M.F. Burnyeat, *op. cit.*, p. 92-95.

1. Selon M.F. Burnyeat (*op. cit.*, p. 91) la nouveauté de la métaphore du bloc de cire est que la perception et la mémoire-connaissance y sont décrites comme deux voies épistémiques indépendantes. Sur le problème du statut des objets que nous pensons, voir également P. Crivelli, « Plato's Waxen Block », dans *Ideal and Culture of Knowledge in Plato*, éd. W. Detel, A. Becker, P. Scholz, Stuttgart, Steiner, 2003, p. 175-200, mais je doute fort que Platon ait ici un concept d'imagination, dans le sens d'imaginer, par exemple, une montagne de glaces.

2. Platon ne donne pas d'exemples d'ἔννοιαι M.F. Burnyeat (*op. cit.*, p. 91, n. 32) pense à des constructions mentales comme le modèle même du bloc de cire.

cas chez Aristote – à moins d'interpréter la notion de σημεῖον comme se référant à ce qui paraît lors de la perception originaire d'un objet, auquel cas le φαίνεσθαι serait lié à la perception. C'est ce qui advient dans la première partie du dialogue, lorsque la thèse de l'homme-mesure de Protagoras est discutée, tandis qu'ici ce sont les relations entre mémoire et connaissance qui sont en jeu. Michael Frede a souligné que l'exemple du bloc de cire est un modèle appauvri, parce qu'il ne distingue que ce que nous percevons et ce que nous connaissons et paraît identifier ce que nous connaissons à ce dont nous nous rappelons, en présupposant que la connaissance est un produit de la mémoire[1].

Un deuxième point qu'il est nécessaire de souligner est que la mémorisation est présentée comme un processus intentionnel (*cf.* 191 d 4: βουληθῶμεν), ce qui paraît induire implicitement une sélection de ce qu'on veut mémoriser. Rappelons la destinée de *Funes el memorioso*, le personnage d'un conte des *Ficciones* de Borges, condamné à se souvenir de tous les détails de chaque moment: « non seulement il se rappelait chaque feuille, chaque arbre, chaque mont, mais aussi toutes les fois qu'il les avait perçus ou imaginés », ce qui le rendait presque incapable d'avoir « des idées générales, platoniciennes », donc de penser[2]. Dans le *Théétète*, la mémorisation répétée d'un objet ou d'un événement – qui sera essentielle, par exemple, pour les médecins de l'école empirique – n'est pas prise en considération. On pourrait donc penser que la connaissance directe d'un objet, même acquise une seule fois, est considérée comme suffisante pour décider de la mémoriser. En tout cas, si l'on peut soutenir que la perception est conçue come une passivité, qui ne dépend pas du sujet qui perçoit, cela ne vaut pas pour la mémoire qui est mise en relation avec l'ἐπίστασθαι plus qu'avec la perception. On en trouve confirmation dans le fait que ces deux dimensions – comme celles contraires de l'oubli et du non ἐπίστασθαι – sont liées entre elles non par un simple καί dont la fonction est additionnelle, mais par un τε καί qui, s'il n'équivaut pas à un véritable hendyadis, intensifie en tout cas le lien étroit entre les deux termes. La liste des cas d'impossibilité d'erreur, comme forme de confusion entre deux choses, comprend aussi les cas dans lesquels ce qu'on sait – du moment qu'on en a un μνημεῖον dans l'âme, sans en avoir la perception – peut être pris pour une autre chose qu'on sait et dont on a un τύπος, sans qu'on la perçoive, ou pour une autre chose qu'on ne sait pas et dont on n'a pas l'empreinte (192 a 1-6). Comme on le voit, le fait de connaître quelque chose est étroitement lié au fait d'en avoir le τύπος imprimé dans l'âme, c'est-à-dire d'en avoir un μνημεῖον. Cela me semble confirmer le lien étroit établi ici entre mémoire et connaissance, au moins dans le sens d'une coexistence entre le fait de connaître x et d'avoir la mémoire de x, sinon comme lien causal entre le souvenir de x et la connaissance de x. Il s'agit ici d'objets dont on exclut qu'ils soient les objets

1. *Cf.* M. Frede, « An empiricist view of knowledge: memorism », dans S. Everson (ed.), *Companions to Ancient Thought: 1. Epistemology*, Cambridge, Cambridge University Press, 1990, p. 238. Voir aussi D. Bostock, *op. cit.*, p. 177, n. 1.

2. J.L. Borges, *Obras completas*, Buenos Aires, Emecé, 1974, p. 489-490.

d'une perception présente, bien qu'on puisse en avoir eu la perception dans le passé. En effet, on dit que le cas d'un objet qu'on connaît et qui est perçu, et dont on a par ailleurs un σημεῖον conforme à cette perception, est possible : dans ce cas précis, il est impossible de prendre cet objet pour un autre qui jouit de la même propriété d'être connu, perçu et mémorisé (192 b 2-5; *cf.* μνημεῖον en b 6-7 aussi). Mais, tandis que des choses qu'on connaît ou qu'on a connues on a en même temps le souvenir, il est possible que, de ces mêmes objets, on ait, ou pas, la perception actuelle : je peux connaître et avoir le souvenir de Théétète ou de Théodore et les voir parfois, mais parfois pas, sans que le souvenir et l'ἐπιστήμη qui les concernent cessent pour autant (192 d 3-e 6). Cela confirme encore une fois l'intention de lier la mémoire à la science, plus qu'à la perception. Les exemples présentés dans cette partie du *Théétète*, traitant de la possibilité d'avoir une opinion fausse causée par une confusion entre objets déjà mémorisés et connus et objets perçus, concernent Théétète et Théodore (*cf.* 192 e 8-193 b 7). Même dans ces cas, est souligné le lien étroit entre le fait de connaître Théétète et Théodore et le fait d'avoir imprimé dans le bloc de cire leurs σημεῖα, comme s'il s'agissait d'anneaux[1]. Ces exemples prennent en considération des individus, plus que des états de choses ou des événements, dont ces individus soient des constituants, ou le fait même d'avoir perçu un objet donné et les modalités par lesquelles on l'a perçu. Cette restriction peut être justifiée, si l'on tient compte du contexte qui vise à montrer en quoi consiste l'opinion fausse dans une phase successive à l'*imprint* et à la mémorisation. Il s'agirait en ce cas d'un problème de fausse identification, c'est-à-dire – comme l'ont soutenu Cornford et plusieurs autres – d'une erreur dans les jugements d'identité. Je n'aborderai pas ici cette question[2], mais il est clair que lorsqu'on emploie le terme ἀναγνώρισις (193 c 4) pour décrire ce processus, le but est de rappeler le processus de reconnaissance typique des spectacles théâtraux, qui consiste à identifier un objet ou un individu dont on avait eu précédemment la perception et dont la marque avait été conservée dans la mémoire.

Dans les cas considérés l'erreur peut dépendre aussi des conditions dans lesquelles la perception a lieu, par exemple de loin et non ἱκανῶς (193 c 1-2), ce qui empêche de faire correspondre aux objets qui sont vus les σημεῖα qui leur correspondent dans la mémoire. En tout cas l'erreur n'est pas attribué à la mémoire et à la connaissance liée à la mémoire[3]. Mais il est clair que la mémoire pourrait être responsable de l'erreur au moment de la mémorisation, lorsque se forme l'impression des σημεῖα. En effet, la qualité et les degrés de la mémoire dépendent de la qualité de la cire et, conséquemment, du niveau de clarté et de stabilité des signes qui y sont imprimés. Quand la cire est épaisse, abondante, lisse, pétrie avec mesure, les marques sont alors pures et suffisamment profondes,

1. *Théét.*, 193 b 10-c 1 ; le terme σημεῖα revient aussi dans la suite (*cf.* 193 e 7-194 a 4 et 194 a 6-b 6, où l'on retrouve les termes ἀποτυπώματα et τύπους).

2. *Cf.* F.M. Cornford, *op. cit.*, p. 113, 120 et surtout l'analyse de Burnyeat.

3. *Théét.*, 193 b 9-d 2.

donc durent longtemps : « ceux qui sont ainsi faits, tout d'abord ils apprennent aisément (εὐμαθεῖς), ensuite ils ont de la mémoire (μνήμονες), enfin ils n'invertissent pas les marques (σημεῖα) des sensations, mais ils ont des opinions vraies[1] ». Ils sont ceux qu'on appelle pour ces raisons σοφοί (194 d 6). La séquence des adverbes πρῶτον – ἔπειτα – εἶτα énumère trois dimensions de la mémoire qui permettent de définir comme σοφός celui qui en est doué. Mais il est possible d'être εὐμαθής sans être μνήμων ou inversement (194 e 1-4). Platon avait précisé qu'on peut aussi mémoriser des ἔννοιαι mais jusque là il n'avait pas expliqué comment peuvent se produire des erreurs qui ne concernent que des pensées. Dans la suite du dialogue ce sont surtout les nombres qui sont pris en considération. Du nombre onze on dit « qu'on ne fait rien d'autre que penser (μηδὲν ἄλλο ἢ διανοεῖταί τις) » et du douze « qu'à son tour on pense seulement (μόνον αὖ διανοεῖται) » (195 e 1-3). Ces expressions pourraient être interprétées de deux façons : soit au sens où un individu se borne à penser le nombre onze ou douze, sans se référer à des groupes de onze ou douze entités sensibles particulières ; soit au sens où onze et douze ne peuvent être que des objets de la pensée. Je crois que par rapport au contexte cette dernière interprétation ajoute trop. Théétète paraphrase le tout par l'expression « le onze et le douze qu'on a dans la pensée (ἐν τῇ διανοίᾳ) » (195 e 6-7), mais cela n'implique pas qu'il considère ces nombres comme des entités exclusivement intelligibles. En tout cas, même dans ce contexte, la référence à la mémoire fait son apparition, car Socrate dit :

> Supposons quelqu'un se proposant d'examiner (σκοπεῖν), lui-même en lui-même, cinq et sept : je ne dis pas sept et cinq hommes, ni autre chose de ce genre, mais cinq et sept eux-mêmes (αὐτά) ; nous affirmons, dans ce qui précède, que ce sont des traces (μνημεῖα) dans le bloc de cire (ἐν τῷ ἐκμαγείῳ)[2].

Comme on sait, même par rapport à ces objets une aporie est soulevée sur la possibilité d'en avoir une opinion fausse. Mais ce qui nous intéresse ici est une autre question : que signifie le fait que ces nombres, qu'on se borne à penser, sans se référer à des objets empiriques, sont imprimés dans l'ἐκμαγεῖον ? Si ce dernier n'est que la mémoire, que signifie le fait que ces objets sont dans la mémoire ? Ce texte ne parle explicitement ni d'idées – bien que le mot αὐτά designe souvent chez Platon les idées – ni de réminiscence, bien qu'auparavant, lorsqu'on avait abordé la question des *koina*, Théétète avait inclus dans cette classe l'un, le pair, l'impair, c'est-à-dire, les nombres, en tant qu'objets du seul ἐπισκοπεῖν de l'âme, sans aucun emploi des organes du corps (185 c 9-e 2). Mais si les nombres, objets de la seule pensée, sont eux aussi des marques imprimées dans la mémoire, quelle

1. *Théét.*, 194 d 2-4, mais il faut voir toute la section 194 a 4-d 6, où l'on retrouve ἐκμαγεῖον et où paraît confirmée la référence des σημεῖα aux objets. Sur les différentes capacités de mémorisation, voir aussi 191 c 8-d 1.

2. *Théét.*, 195 e 8-a 3 ; *cf.* 196 b 5. D'après P. Crivelli, art. cit., p. 196, les nombres ne sont pas des *memory-imprints*, et ce parce que les nombres en soi sont distincts de leur représentation sous forme de souvenir dans le bloc de cire.

est l'origine de ces marques? Dire qu'elles proviennent de la perception n'aurait du sens qu'à condition d'introduire en même temps un processus d'abstraction dont il n'y aucune trace dans le dialogue, hormis le fait qu'un tel processus serait tout à fait improbable dans le cadre théorique platonicien. En tout cas le texte est ici tout à fait opaque[1]. C'est pour cela peut-être que la conclusion du débat est aporétique[2] et que l'on passe à la métaphore du colombier afin d'éclairer les deux sens du mot ἐπίστασθαι, comparés à deux types de chasse : prendre à la chasse des colombes et les placer dans le colombier et, dans une phase ultérieure, les saisir. Il faut remarquer que ces deux chasses sont également des processus intentionnels, car, à propos de l'objet du deuxième type de chasse, on dit explicitement : « celle qu'on veut » (198 a 1). Mais on ne se trompe pas, je crois, si l'on pense que le premier type de chasse comporte aussi une mémorisation – enfermer dans la cage – de ce qui a été capturé et que le deuxième type comporte un souvenir de ce qui avait été mémorisé et était déjà présent dans le colombier, sans qu'on y fasse attention (en 198 d 7-8 on parle de n'avoir pas sous la main, πρόχειρον, dans la διάνοια). L'image du bloc de cire et des marques imprimées ne prenait pas en considération le cas d'une connaissance acquise, mais latente. Cette notion paraît introduite par l'image du colombier. Cette dernière image aussi amènerait à penser que l'objet qui est pris à la chasse existait auparavant en dehors du colombier. Mais qu'est-ce que ce dehors? Le monde sensible? Dans quel sens les ἐπιστῆμαι des nombres onze et douze voyagent-elles dans le monde sensible? Comme on le voit, on revient là encore à la question que nous avions déjà posée. En tout cas, la distinction entre les nombres et les objets extérieurs (ἔξω) qui ont du nombre, se trouve dans le texte (198 c 1-2). Mais on dit aussi que « s'il s'agit d'enfants (παιδίων μὲν ὄντων) » ce logement – la mémoire et la pensée – est vide d'ἐπιστῆμαι et que celui « qui enferme dans cet espace clos la science qu'il a acquise doit avoir appris, ou trouvé (μεμαθηκέναι ἢ ηὑρηκέναι) la chose dont c'était la science (ἐπιστήμη) et que savoir (ἐπίστασθαι), c'est cela » (197 e 1-6). Le cas de l'apprendre ne pose pas de problèmes, parce qu'il est évident que grâce à un enseignement l'âme-mémoire se remplit de contenus qu'auparavant elle n'avait pas. Moins claire est la voie par laquelle un individu arrive à connaître les nombres par sa recherche personnelle. Mais il faut souligner que Platon refuse constamment l'idée que le savoir puisse être transmis de l'extérieur, comme dans le transvasement d'un récipient plein dans un récipient vide. La doctrine de l'*anamnesis* est introduite précisément pour justifier

1. F.M. Cornford, *op. cit.*, p. 129-130, avait déjà remarqué à quel point il est singulier dans une perspective platonicienne de considérer la connaissance des nombres comme l'enregistrement d'une empreinte dans la mémoire, mais il avait soutenu qu'il n'y a pas de raisons pour conclure que Platon a abandonné la doctrine de la réminiscence, bien que le dialogue examine la prétention du monde des objets sensibles à être la seule source de la connaissance.

2. Voir dans ce sens G. Adalier, « The Case of *Theaetetus* », *Phronesis*, 46, 2001, 1-37 : l'échec du dialogue dépend du fait que l'image de la tablette comporte une ontologie matérialiste qui n'est pas en accord avec les jugements sur les nombres, qui ont un statut intelligible.

la conception selon laquelle le savoir est acquis de l'intérieur[1]. Mais dans le *Théétète* on ne fait aucune référence à l'*anamnesis*; au contraire, on parle d'enseigner et apprendre l'arithmétique, en envisageant l'enseignement précisément comme une transmission (παραδιδόντα) (198 a 10-b 5).

II

Une approche différente de ce type de problèmes se rencontre dans le *Philèbe*. Quand il s'agit de démontrer qu'il y a des plaisirs vrais et des plaisirs faux, qui dépendent respectivement d'opinions vraies ou fausses, Socrate se pose la question de savoir si la δόξα s'engendre en nous à partir de la μνήμη et de la perception[2]. La question peut être rendue plus claire en faisant référence au cas fréquent suivant: lorsqu'un homme voit « de loin des objets sans les voir très nettement » et se pose la question :

> Que peut donc bien être ce qui m'apparaît (τὸ φανταζόμενον) derrière ce roc, debout, sous un arbre ? [...]. Après quoi, se répondant à lui-même, il pourra dire : "C'est un homme", et tombera juste ou, par contre, se fourvoyant, il déclarera peut-être que ce qu'il aperçoit est une statue taillée par un berger[3].

Par rapport aux analyses du *Thèètète* nous pouvons remarquer ici quelques différences. En premier lieu l'apparition d'un terme lié à la famille de φαίνεσθαι, mais qui coïncide ici essentiellement avec le domaine de la perception, sans que soit thématisé un domaine spécifique de la φαντασία dans ses liens avec la mémoire, c'est-à-dire avec des images mnémoniques. Mais surtout ce ne sont pas des individus tels que Théétète ou Théodore qui sont pris en considération, mais un objet qui doit être identifié comme faisant partie d'une classe ou comme exemplaire d'un type (homme ou statue). En plus, cet objet individuel est considéré dans un état de chose qui paraît à la vue (debout, derrière ce roc, sous un arbre), ce qui comporte une description de cet objet. Pouvons-nous parler dans ce cas d'un contenu propositionnel de la perception ? Dans ce contexte la δόξα n'est que la réponse que celui qui perçoit se donne à lui-même à sa question sur l'objet qui paraît dans cet état de choses. Lorsque cette δόξα est prononcée tout haut et adressée à quelqu'un, l'opinion « sera dès lors devenu discours (λόγος) » (38 e 1-4). Il y a ici une reprise de la description des rapports entre δόξα et λόγος, qu'on peut trouver aussi dans le *Théétète* et le *Sophiste* mais dans ces contextes aucune

1. *Cf.* F.M. Cornford, *op. cit.*, p. 135-136. D'après J. Mc Dowell, *Plato. Theaetetus*, Oxford, Clarendon, 1973, p. 221-223, en 198 c 8-9, il y aurait une référence à la réminiscence, précisement au paradoxe sur la recherche de *Ménon,* 80 d, et la critique de l'image du colombier serait une critique de la théorie de la réminiscence. Contre cette thèse, voir D. Bostock, *op. cit.*, p. 190-192 : en réalité en 197 e-198 b on parle d'un colombier qui est vide à la naissance et est rempli de connaissances grâce à un enseignement. Voir aussi M.F. Burnyeat, *op. cit.*, p. 110-114.

2. Cf. *Phil.*, 38 b 12-13 : ἐκ μνήμης τε καὶ αἰσθήσεως. Tandis que le *Théétète* mettait l'accent sur la connexion entre mémoire et connaissance, ici l'accent est mis sur la connexion entre mémoire et perception. Pour le *Philèbe* je suis la traduction d'Auguste Diès (Les Belles Lettres).

3. *Phil.*, 38 c 5-d 10. L'interprétation de ce passage par H.-G. Gadamer, *Studi platonici*, Casale Monferrato, Marietti, 1983, t. I, p. 140, n. 25, me paraît inutilement compliquée.

référence à la mémoire n'est faite. Même dans ce passage du *Philèbe* on ne trouve pas de référence à la mémoire, et la possibilité que la δόξα formulée par un individu soit correcte ou incorrecte est attribuée aux conditions dans lesquelles la perception a lieu. Mais dans la suite immédiate du dialogue la mémoire fait son apparition, liée toutefois à un domaine métaphorique différent de celui du bloc de cire (bien que parfois celui-ci ait été associé par les interprètes au domaine du livre). Mais c'est dans le *Philèbe* que l'association de la mémoire avec le livre est explicite. En effet, Socrate ajoute tout de suite: il me paraît que notre âme ressemble (προσεοικέναι) à un livre (38 e 12-13) et il explique dans quel sens. Les lignes qui suivent ne sont pas très claires et présentent même des difficultés textuelles que je ne me risquerai pas à résoudre. Je me borne à citer la traduction d'Auguste Diès :

> La mémoire, en sa rencontre avec les sensations, et les réflexions que provoque cette rencontre, me semble alors, si je puis dire, écrire (γράφειν) en nos âmes des discours (λόγοι), et, quand une telle réflexion inscrit des choses vraies, le résultat est en nous une opinion vraie et des discours vrais (39 a 1-6).

Il n'y a pas de doute, je crois, que γράφειν signifie dans ce passage l'acte d'écrire, plus que l'acte de dessiner ou peindre: l'activité de la mémoire est comparée à celle d'un γραμματεύς, un écrivain qui est en nous (παρ' ἡμῖν) et qui écrit des λόγοι (39 a 6-7). Peu importent ici les deux emplois du terme λόγος, en tant que discours écrit dans notre âme ou discours adressé tout haut à autrui. Ce qui importe c'est que dans ce contexte on ne parle pas d'empreintes, τύποι ou σημεῖα. Le fait que l'on précise que ce sont des λόγοι qui sont écrits me paraît attribuer à la mémoire, dans cette phase, des contenus propositionnels, aspect qui ne faisait pas son apparition explicite dans le *Théétète.* Dans le *Philèbe* la référence à des images mnémoniques n'est introduite que par la suite, quand Socrate invite à admettre que dans nos âmes est aussi présent un autre artisan (39 b 3-4), c'est-à-dire « un peintre (ζωγράφον), qui vient après l'écrivain (μετὰ τὸν γραμματιστήν) et dessine (γράφει) dans l'âme les images (εἰκόνας) correspondantes aux paroles (λεγόμενα) (39 b 6-7) ». Nous trouvons ici esquissées deux fonctions de la mémoire, avec des contenus différents : une opération d'écriture, qui a pour objet des λόγοι, et une opération de peinture, qui a pour objet des images des contenus de ces λόγοι. Il s'agit de deux opérations successives dans le temps, car la première mémorisation paraît concomitante de la perception et concerne un contenu propositionnel, tandis que dans le cas de la seconde la perception est absente et la mémorisation concerne un contenu pictural. Cette deuxième opération est ainsi décrite :

> Lorsque, séparant (ἀπαγαγών), de la vision immédiate ou de quelque autre sensation, les opinions et les discours (δοξαζόμενα καὶ λεγόμενα) dont elle

s'accompagnait, on aperçoit (ὁρᾷ) de quelque façon en soi-même les images (εἰκόνας) des choses ainsi pensées et formulées[1].

Ce que le texte platonicien laisse inexpliqué est la question de savoir si les deux phases sont indépendantes l'une de l'autre ou si la deuxième n'est que la traduction picturale du contenu propositionnel de la première. Si cette dernière option était celle de Platon, il serait intéressant de savoir en quoi consiste cette opération de traduction ou transformation du contenu propositionnel en image.

En tout cas la mémoire joue ici un rôle stratégique entre les perception et la construction d'opinions et de λόγοι et ensuite d'images de ces opinions et ces discours. Le fait est que, antérieurement dans le *Philèbe* aussi, la μνήμη avait été associée, plus qu'à la perception, à des fonctions intellectuelles. Dès le début, lors de l'exposition des deux thèses opposées sur la nature du bien, on oppose, à la position qui identifie le bien avec le plaisir, celle qui l'identifie à une classe de fonctions ou d'activités psychiques, qui incluent aussi le μεμνῆσθαι, à côté du φρονεῖν et du νοεῖν, ainsi que de l'ὀρθὴ δόξα et des λογισμοί vrais[2]. Cette association de la μνήμη aux autres activités intellectuelles et non à la perception se justifie dans le contexte, car les adversaires visent à identifier le plaisir avec le plaisir lié à l'αἴσθησις, un mot qui prend ici un sens plus large que celui de perception au sens exclusivement cognitif, c'est-à-dire le sens plus général de « sensation ». Parmi les arguments opposés aux hédonistes, il y en a un qui fait appel à la mémoire : dépourvus de mémoire, nous serions incapables de nous rappeler le plaisir que nous avons éprouvé à certains moments « et le plaisir qui t'arrive au moment présent ne pourrait te laisser (ὑπομένειν) aucun souvenir » (21 c 1-4). Dans le modèle de la vie mixte, proposé dans la suite du dialogue, la mémoire apparaît comme un des éléments constitutifs. La question est de savoir si le fil qui lie la mémoire à la perception comme une de ses sources possibles vient à être coupé. Dans un passage du dialogue on affirme qu'il y a une espèce (εἶδος) de plaisir qui n'appartient qu'à l'âme : ce sont les plaisirs qui ne doivent leur naissance qu'à la mémoire (διὰ μνήμης) (33 c 5-6). Pour élucider ce point il faut une analyse de ce qu'on doit entendre par μνήμη et en quoi celle-ci diffère de l'*anamnesis.* Ce qui nous intéresse ici est le premier point. Pour comprendre ce qu'est la μνήμη, on juge nécessaire d'éclairer d'abord ce qu'est l'αἴσθησις (33 c 8-10). Le discours de Socrate est construit d'une manière apodictique, par des énoncés préliminaires exprimés par une séquence d'impératifs et de conjonctifs de stipulation, à partir du θές en 33 d 2. Quelles sont ces hypothèses ? En premier lieu

1. *Phil.*, 39 b 9-c 1. La séquence temporelle entre les deux aspects de la mémoire n'est pas remarquée par D. Bostock, *op. cit.*, p. 149, puisqu'il affirme que ce qui est écrit dans le livre de l'intellect peut être accompagné par une peinture, bien que proposition et peinture soient distinguées.

2. *Phil.*, 11 b 7-8 ; en 21 b 6-9 la liste comprend νοῦς, μνήμη, ἐπιστήμη et δόξα vraie ; en 21 d 9-e 2 φρόνησις, νοῦς, ἐπιστήμη et μνήμη en 60 d 4-e 1, vers la conclusion de la discussion, μνήμη, φρόνησις, ἐπιστήμη et δόξα vraie sont incluses « dans une même classe (*idea*) ».

> que parmi les affections [παθημάτων, le caractère passif de la sensation persiste] du corps, certaines s'éteignent (κατασβεννύμενα) dans le corps avant de parvenir à l'âme et laissent celle-ci insensible (ἀπαθῆ), alors que les autres les pénètrent tous les deux et provoquent un ébranlement (σεισμόν) qui les émeut l'un et l'autre respectivement et conjointement (ἴδιόν τε καὶ κοινόν) (33 d 2-6).

On dira donc avec raison que les premiers παθήματα demeurent inaperçues (λανθάνειν) pour notre âme, mais non les autres (33 d 8-10). On pose alors la question de ce qu'il faut entendre pour λανθάνειν et Socrate précise qu'il n'entends pas « une genèse de l'oubli », interprétations qui pourrait être justifiée, dirions-nous, par la connexion de λανθάνειν avec λήθη, mais que Socrate refuse, parce qu'oubli signifie ἔξοδος de la μνήμη, la fuite du souvenir, mais dans le cas en question le mémoire n'est pas encore née et il est par conséquent absurde de dire que s'engendre une perte (ἀποβολήν) de ce qui n'est pas encore (33 e 2-5). Socrate propose alors un changements de termes, c'est-à-dire d'appeler, au lieu d'oubli, absence de sensation (ἀναισθησίαν) la condition dans laquelle l'âme échappe (λεληθέναι) au fait d'être affecté par les ébranlements qui émeuvent le corps, tandis que l'αἴσθησις sera le mouvement (κίνησιν) qui se produit en tant que πάθος commun au corps et à l'âme et les fait mouvoir conjointement (33 e 10-34 a 5). Dans ce sens on peut dire que la mémoire est la conservation (σωτηρία) de l'αἴσθησις, « au moins à mon avis », précise Socrate (34 a 10-11). Mais s'il en est ainsi, la mémoire vient à être étroitement liée à la sensation, qui est un πάθος – mouvement commun au corps et à l'âme. Ce type différent de mémoire qu'est l'*anamnesis* est plutôt une prérogative de l'âme en soi, prérogative définie comme la reprise (ἀναλαμβάνειν) par l'âme, indépendamment du corps et par elle seule, des affections qu'elle avait éprouvées jadis conjointement avec le corps (34 b 2-8). Il faut remarquer que dans ce contexte l'*anamnesis* est présentée comme une activité de l'âme seule, mais que ses objets restent tout de même le contenu des perceptions corporelles précédentes. Mais Socrate met immédiatement, à côté du souvenir d'une sensation, le souvenir d'un μάθημα : dans les deux cas il s'agit de la réminiscence de ces souvenirs qui, après avoir été mémorisés, ont été ensuite oubliés (34 b 10-c 2).

Ce type d'analyse permet d'entamer une enquête sur le plaisir qui est indépendant du corps et sur la genèse du désir. Le désir naît quand celui qui est vide désire « le contraire de ce qu'il éprouve », c'est-à-dire de se remplir (35 a 5-6). Mais est-il possible que ce qui est vide pour la première fois ait un contact, « soit par la sensation, soit par la mémoire », avec la réplétion, c'est-à-dire « avec ce dont on n'a présentement et dont on n'a jamais eu antérieurement aucune impression (ἔπαθεν) ? » (35 a 3-9). Mais celui qui désire désire quelque chose (τι) et « ce n'est pas ce qu'il éprouve qu'il désire. Car il a soif, et la soif est un vide ; or, ce qu'il désire, c'est la réplétion » (35 b 1-4). Il est donc nécessaire que cette réplétion il y touche par quelque partie, mais que cette partie soit le corps est impossible, puisque son corps est vide. À ce point on peut tirer la conclusion suivante : « Il n'y a donc plus que son âme qui puisse avoir contact avec la réplétion, par la mémoire évidemment ; car par quoi d'autre le pourrait-elle ? »

(35 b 1-c 1). L'effort de tout être vivant tend toujours vers l'état contraire à l'état présent (les παθήματα) du corps, mais « cet appétit (ὁρμή) qui pousse vers des affections contraires aux affections (παθήματα) actuelles prouve bien qu'il existe une mémoire (μνήμην) de ces affections contraires » (35 c 9-14). Le désir, lié structuralement à la μνήμη, n'est donc qu'une dimension propre de l'âme (35 d 1-3). Dans cette argumentation la mémoire joue un rôle stratégique pour démontrer que les désirs n'appartiennent qu'à l'âme et que par conséquent ce n'est pas le corps qui a soif ou faim ou éprouve des affections de ce genre. En 35 a 6-9 Socrate avait supposé un individu vide pour la première fois et avait posé la question de l'origine d'un contact avec l'état contraire à ce vide, la réplétion, que cet individu n'avait par hypothèse jamais éprouvée auparavant. Il avait envisagé deux sources alternatives possibles, la perception ou la mémoire, mais la perception étant exclue, il ne restait donc plus que la mémoire. Socrate ne dit pas pourquoi il faut exclure la perception, mais je suppose que cela dépend du fait que la perception est toujours perception de quelque chose qui est présent, mais dans le présent l'individu est vide et ce qui peut remplir le vide, encore absent. Ce n'est que la perception de quelque chose de passé, conservée sous forme de souvenir de ce qui est contraire au vide, qui peut donner des informations sur ce qui peut remplir et sur ce qu'est la réplétion. Cette solution pourrait paraître plausible, mais le texte dit que dans le passé celui qui est vide pour la première fois n'a jamais éprouvé, c'est-à-dire n'a jamais fait l'expérience d'un état de réplétion. Il s'agirait donc d'une sorte de commencement absolu à partir d'un état de vide. Mais s'il est ainsi, on ne comprend pas d'où provient la mémoire de la réplétion, puisque dans ce contexte on ne parle pas d'un état prénatal ou de réminiscence. On a supposé qu'il pourrait s'agir de la condition du nouveau-né, en parallèle avec le passage du *Théétète* dans lequel il est dit que quand on est enfant, la mémoire est vide. Nous aurions donc pour conséquence que le nouveau-né serait dépourvu de désirs, mais sur ce point Platon ne dit rien d'explicite. Une deuxième difficulté serait que la mémoire est d'abord décrite comme concernant des παθήματα-mouvements, qui sont communs au corps et à l'âme (δι' ἀμφοῖν), et comme conservation d'αἴσθησις (34 a 10-11). Au contraire, ce serait à l'*anamnesis* d'être la mémoire qui est propre à l'âme en elle-même, mais cette mémoire a aussi pour objet les choses que jadis elle a éprouvées conjointement avec le corps (*cf.* 34 b 2-8), c'est-à-dire les contenus de perceptions précedentes. Cette forme d'*anamnesis* ne peut donc pas donner des informations sur ce que c'est la réplétion à celui qui est vide pour la première fois. Il reste qu'il pourrait s'agir de de l'*anamnesis* telle qu'elle est décrite dans des dialogues comme le *Ménon*, le *Phédon* ou le *Phèdre*, mais le *Philèbe* ne dit rien à ce sujet. Socrate se pose la question de ce qui advient dans l'état intermédiaire (ἐν μέσῳ) entre le vide et la réplétion : à cause du πάθος du vide on souffre, mais on se souvient des choses plaisantes qui, présentes, « feraient cesser la douleur, mais dans cet état on ne se remplit pas encore ». Nous pouvons donc dire qu'on se trouve dans un état

intermédiaire entre les παθήματα de la douleur et du plaisir[1]. Mais cette argumentation présuppose aussi qu'on ait la mémoire de choses plaisantes, et ce, évidemment parce qu'on en a déjà eu une perception, qui a été mémorisée. Le cas du désir dans une situation originaire de vide ne me paraît donc pas avoir reçu de réponse[2].

1. *Phil.*, 35 e 7-36 a 1.

2. R. Hackforth, *Plato's Examination of Pleasure*, Cambridge, Cambridge University Press, 1945, note à 35 c, remarque la contradiction apparente avec 35 a 6-9, mais n'accepte pas la solution de Apelt, selon lequel la mémoire de 35 c 1 n'a pas pour objet la πλήρωσις, mais un équilibre originaire et propose que la passage implique la thèse, non explicitement énoncée par Socrate, que dans la première circonstance de vide aucun désir ne peut avoir lieu. L'hypothèse selon laquelle le passage se réfère à la condition du nouveau-né a été proposée par D. Frede, *Plato's* Philebus, Indianapolis-Cambridge, Hackett, 1993, p. XLIV et 37, n. 1, qui juge que ce cas du nouveau-né qui n'a pas de mémoire, donc n'éprouve aucun désir, mais seulement de la douleur, consitue un cas négligeable. D'après H.-G. Gadamer, *op. cit.*, vol. I, p. 132, l'argumentation viserait à montrer que dans le désir est présent le moment structurel de la mémoire, qui garantit à l'âme la possibilité d'être en rapport avec une réalité qui n'est pas présente.

SOCRATE AUX PORTES DU BIEN : L'OCCASION MANQUÉE DU *PHILÈBE* (61 A-65 A)*

DIMITRI EL MURR

En *Phil.*, 61 a, à l'entrée de l'ultime section du dialogue et après avoir résumé rapidement les résultats de l'enquête, Socrate affirme que la vie mixte s'est avérée la seule capable de remplir les conditions de la vie heureuse, et que c'est le mélange qu'elle constitue qui est une « certaine route (τινα ὁδόν) qui mène vers le bien (61 a 7) ». Mais comment trouver cette route? Socrate utilise alors une analogie significative : si l'on veut trouver un homme, il est judicieux de s'enquérir préalablement de sa demeure (οἴκησις) ; de même, si l'on veut définir ce qu'est le bien, il faut d'abord trouver dans quel genre de vie il réside et se manifeste, donc savoir ce qu'est exactement ce mixte qu'est la vie bonne. Il apparaît que celle-ci est faite des plaisirs nécessaires, des plaisirs mesurés liés à la santé et à la maîtrise de soi et de toutes les connaissances, les plus vraies comme les moins vraies, celles tournées vers des entités immuables comme celles dont l'objet est en devenir. En 64 c, Socrate se déclare enfin « aux portes du bien ».

Mais que veut-il dire exactement quand il prétend « se tenir désormais aux portes du bien et à l'entrée de sa demeure » (ἐπὶ μὲν τοῖς τοῦ ἀγαθοῦ νῦν ἤδη προθύροις καὶ τῆς οἰκήσεως ἐφεστάναι τῆς τοῦ τοιούτου, 64 c 1-2) ? Quelle est la signification du terme προθύρον et, plus généralement, de la métaphore domestique qui structure la fin du dialogue ? L'enjeu de cette question n'est pas que terminologique, car l'élucidation de cette métaphore touche à un problème qui engage l'interprétation de toute la section finale du dialogue. De quel bien Socrate parle-t-il ici ? Du bien tel qu'il se manifeste dans une certaine vie humaine ou du bien en soi ? Et, s'il s'agit du second, le *Philèbe* nous laisse-t-il à sa porte ou franchissons-nous le seuil pour entrer dans la demeure ? Le Socrate du *Philèbe* présenterait-il l'analyse qui, dans la *République* (VI, 506 b-509 d), brillait par son absence ?

* Cette étude est offerte, en témoignage de ma profonde gratitude, à Monique Dixsaut, un maître et une amie qu'à ce double titre, j'espère, moi non plus, ne jamais décevoir.

Qu'est-ce qu'un πρόθυρον ?

Sur le terme qui nous occupe, nous disposons de deux types de témoignages : les témoignages archéologiques et les littéraires. Dans le corpus délien[1], πρόθυρον signifie un porche, un vestibule, par opposition aux autres mots susceptibles de désigner une entrée. Contrairement au θυρών ou au θυρωρεῖον, le πρόθυρον désigne une avancée par rapport à la porte. Plus précisément, le terme

> se distingue de προπυλών et πυλών, employés eux aussi pour une structure disposée en avancée, car ils impliquent une construction d'une certaine monumentalité et une ouverture dans le mur de la ville ou dans le péribole d'un sanctuaire. Πρόδομος et πρόναος désignent plutôt des vestibules de temples et ne sont pas en saillie. Ils sont dotés de colonnes, parfois *in antis*, alors que l'on n'attend pas leur présence dans le cadre d'un πρόθυρον. Les inscriptions déliennes confirment que πρόθυρον est une structure en avancée qui marque l'entrée dans un temple, un sanctuaire, exceptionnellement dans un local d'habitation. Il n'est cependant pas possible de choisir entre le sens de porche et celui de vestibule[2].

Aussi, à partir des témoignages archéologiques et malgré la définition qu'en a donnée Vitruve[3], il semble impossible de décider, si, d'une part, le πρόθυρον est situé à l'extérieur (porche) ou à l'intérieur (vestibule) de la construction architecturale qui le comprend et, d'autre part, s'il appartient quasi exclusivement au lexique des monuments sacrés ou couramment aussi à celui de l'habitation privée.

À considérer les textes littéraires qui y font allusion[4], un point apparaît néanmoins acquis : Platon (comme d'ailleurs Pindare, Hérodote, Thucydide ou Aristophane[5]) associe le terme aux réalités quotidiennes et aux habitations privées. Le prologue du *Protagoras* constitue sans doute le texte le plus précieux pour comprendre ce qu'est un πρόθυρον. En *Prot.*, 314 c, Socrate et Hippocrate s'apprêtent à rendre visite à Callias qui tient chez lui un *meeting* de sophistes renommés.

> *Sous le porche d'entrée de la maison* (ἐν τῷ προθύρῳ), nous fîmes une courte halte pour achever un propos commencée le long du chemin : désireux de l'épuiser avant

1. Voir M.-Ch. Hellmann, *Recherche sur le vocabulaire de l'architecture grecque d'après les Inscriptions de Délos*, Paris, BEFAR 278, 1992, *s.v.* Deux formes supplémentaires sont attestées : le masculin πρόθυρος et le diminutif προθύριον.

2. S. Rougier-Blanc, *Les Maisons homériques. Vocabulaire architectural et sémantique du bâti*, Nancy, A.D.R.A., Paris, De Boccard, 2005, p. 112-113.

3. *Cf.* Vitruve, *De Architectura*, VI 7, 5 : « *item* πρόθυρα *graece dicuntur, quae sunt ante ianuas uestibula, nos autem appellamus prothyra quae graece dicuntur* διάθυρα ».

4. Les attestations littéraires sont peu nombreuses, mais le terme au singulier ou au pluriel semble avoir été couramment utilisé par les tragiques, le plus souvent pour désigner l'entrée d'un temple ou d'un palais : *cf.* Eschyle, *Choéphores*, 966 et Euripide, *Alceste*, 101. Voir, pour plus de détails sur l'usage scénique du πρόθυρον dans le théâtre antique, l'article ancien mais toujours utile de K. Rees, « The Function of the πρόθυρον in the Production of Greek Plays », *Classical Philology*, 10, n°2, 1915, 117-138.

5. *Cf.* Pindare, *Pyth.*, III 78 ; Hérodote, III 35 et 140 ; Thucydide, VI 27 (qui, faisant référence à l'épisode de la mutilation des Hermès, précise que les statuettes étaient dans Athènes πολλοὶ καὶ ἐν ἰδίοις προθύροις καὶ ἐν ἱεροῖς) ; Aristophane, *Guêpes*, 802, 875, *Assemblée des femmes*, 709.

> d'entrer, nous restâmes quelques instants *dans le porche* (ἐν τῷ προθύρῳ) à discuter, jusqu'au moment où nous fûmes d'accord (*Prot.*, 314 c 3-7, trad. Croiset – Bodin, légèrement modifiée).

Ce passage permet d'identifier le πρόθυρον comme le porche d'entrée ouvert sur la rue, pouvant soit donner directement sur la cour, soit se prolonger par un couloir[1]. Même si la suite du passage est assez elliptique et que l'on manque de détails sur la façon dont Socrate et Hippocrate pénètrent dans la cour, il est très clair que le portier entend leur discussion depuis l'intérieur, alors qu'ils sont ἐν τῷ προθύρῳ. On peut ainsi en déduire que Socrate et Hippocrate attendent dans une sorte d'espace intermédiaire, ni dedans (les portes sont fermées et le portier les maintient telles) ni tout à fait dans la rue. Par conséquent, le πρόθυρον semble désigner chez Platon une structure extérieure permettant d'accéder aux portes d'une demeure et s'ouvrant plus ou moins directement sur une cour. Cette structure, et c'est le point digne d'intérêt, est par définition *intermédiaire* et *transitoire*, et marque la limite entre l'extérieur, l'espace public, et l'intérieur de la demeure, l'espace privé.

À s'en tenir là, les résultats seraient bien maigres, car, après tout, que Platon fasse allusion à une structure architecturale domestique, peut-être courante chez les riches Athéniens de son temps, n'a en soi rien de bien surprenant, ni de bien intéressant. Mais Platon ne se contente pas de faire allusion à ce motif architectural, il en fait *usage* comme d'un motif littéraire étroitement lié au personnage de Socrate.

Au début du *Banquet*, Aristodème, faisant son entrée chez Agathon, s'aperçoit qu'il a laissé Socrate derrière lui. Mais où est-il donc ? Le jeune esclave envoyé le quérir décrit la situation de Socrate en ces termes :

> Le Socrate que vous m'avez envoyé chercher s'est retiré sous le porche des voisins et se tient planté là (ἀναχωρήσας ἐν τῷ τῶν γειτόνων προθύρῳ ἕστηκεν), et malgré mes appels, ne veut pas entrer (*Banq.*, 175 a 7-9).

Devant l'insistance d'Agathon à faire entrer Socrate, Aristodème lui enjoint de ne rien faire. C'est en effet l'habitude de Socrate, rappelle-t-il, de s'immobiliser pour réfléchir, quel que soit l'endroit où il se trouve[2], tout comme c'est son habitude d'arriver partout en retard[3]. On retrouve donc, dans le *Banquet*, un trait déjà aperçu dans le prologue du *Protagoras* : le porche d'entrée est un lieu propre à la discussion avec Socrate ou à celle de Socrate avec lui-même[4]. Qu'est-ce qui

1. Pour une tentative de reconstitution planimétrique de la maison de Callias, voir F. Pesando, *Oikos e Ktesis, La casa greca in età classica*, Perugia, Edizioni Quasar, 1987, p. 42-43.

2. *Banq.*, 175 b 1-2 : ἔθος γάρ τι τοῦτ' ἔχει· ἐνίοτε ἀποστὰς ὅποι ἂν τύχῃ ἕστηκεν.

3. *Banq.*, 175 c 4-6 : ἥκειν οὖν αὐτὸν οὐ πολὺν χρόνον ὡς εἰώθει διατρίψαντα, ἀλλὰ μάλιστα σφᾶς μεσοῦν δειπνοῦντας.

4. Comparer *Prot.*, 314 c 6-7 : στάντες ἐν τῷ προθύρῳ διελεγόμεθα ἕως συνωμολογήσαμεν ἀλλήλοις et la remarque d'Agathon dans le *Banquet*, 175 c 7-d 2 : Δεῦρ', ἔφη φάναι, Σώκρατες, παρ' ἐμὲ κατάκεισο, ἵνα καὶ τοῦ σοφοῦ ἁπτόμενός σου ἀπολαύσω, ὅ σοι προσέστη ἐν τοῖς προθύροις. δῆλον γὰρ ὅτι ηὗρες αὐτὸ καὶ ἔχεις· οὐ γὰρ ἂν προαπέστης.

retient donc Socrate de traverser le seuil d'une entrée? À chaque fois, Platon prend grand soin de marquer qu'il s'agit de la philosophie, c'est-à-dire d'une réflexion ou d'une discussion qui se saisit de lui et qu'il veut mener à son terme. Par ailleurs, force est de constater que dans le cas de la demeure de Callias comme dans celle d'Agathon, et par différence avec leurs porches d'entrée, Socrate pénètre dans une demeure où son mode particulier de διαλέγεσθαι, d'interroger et de répondre, a du mal à se faire entendre et à s'imposer comme la norme à suivre[1].

Mais pourquoi cette prédilection de Socrate pour les porches d'entrée? Sa signification devient plus claire si l'on compare l'épisode du prologue du *Banquet* au portrait d'Eros que Socrate dépeint par la bouche de Diotime. Les traits communs entre le portrait d'Eros et celui de Socrate ont souvent été soulignés et commentés. On a en revanche moins remarqué qu'Eros, comme Socrate, se tient ἐπὶ θύραις καὶ ἐν ὁδοῖς (*Banq.*, 203 d 2). Tout comme Eros, ce démon à la nature intermédiaire, entre mortel et immortel, liant les hommes et les dieux, se tient inlassablement devant les portes, Socrate, qui se sait ignorant mais qui seul désire vraiment savoir, aime à traîner dans ces lieux intermédiaires que sont les porches d'entrée. En outre, on sait qu'Eros est un chasseur expérimenté, un θηρευτὴς δεινός (*Banq.*, 203 d 5-6). Or ces deux traits significatifs sont ceux-là même que l'on retrouve dans la section finale du *Philèbe* quand Socrate, une fois sous le porche du bien, dit ne pas pouvoir pourchasser le bien sous une seule idée, mais devoir le saisir sous trois. Hasard insignifiant ou heureuse spéculation? Les προθύροι τῆς τοῦ ἀγαθοῦ οἰκήσεως du *Philèbe* doivent-ils être rapprochés de ces autres porches d'entrée où Socrate s'attarde, comme dans son lieu propre? Et si oui, en quel sens?

INTERPRÉTATIONS : L'ENJEU DU PROBLÈME

Dans le *Philèbe*, une fois arrivé ἐπὶ τοῖς τῆς οἰκήσεως τοῦ ἀγαθοῦ προθύροις, Socrate analyse la cause de la bonté du mélange, ce qui fait de la vie *mixte* une vie *bonne*. Tout mélange, quel qu'il soit, répond en effet à la loi suivante : pour être un mélange véritable, et non une fusion confuse, il doit présenter une juxtaposition harmonieuse respectueuse du tout comme de l'intégrité de ses parties. C'est donc la mesure imposée au mélange qui garantit tant son existence que sa beauté. À la mesure et à la beauté, il faut enfin joindre la vérité, partie intégrante d'une vie incluant toutes les connaissances. Socrate affirme alors :

> Si donc nous ne pouvons attraper le bien avec une seule idée (εἰ μὴ μιᾷ δυνάμεθα ἰδέᾳ τὸ ἀγαθὸν θηρεῦσαι), saisissons-le avec trois, la beauté, la proportion et la vérité, et disons que c'est cela, pris comme une unité, que nous assignerons très justement comme cause de ce qui est dans le mélange, et que c'est par cela, en tant que c'est bon, que le mélange devient tel (*Phil.*, 65 a 1-5).

1. Cf. *Prot.*, 334 c-338 c et *Banq.*, 198 c-199 b.

À la question de savoir si le *Philèbe* nous laisse aux portes du bien en soi ou au contraire le définit, deux réponses antinomiques ont été apportées en accord avec le passage précédemment cité.

Commençons par la plus récente. Dans son remarquable commentaire du dialogue, Sylvain Delcomminette affirme que, dans la section finale, « il ne s'agit de rien de moins que de découvrir le contenu de l'Idée du bien à propos duquel Socrate demeurait si mystérieux dans la *République* »[1]. Delcomminette comprend donc le passage sur le « vestibule du bien », non comme une limite que ne franchirait pas le dialogue, mais bien comme un seuil que les pages suivantes nous font traverser.

> Si, après avoir effectué le mélange, Socrate dit que nous nous trouvons dans le vestibule du bien, c'est au sens où nous pouvons désormais pénétrer dans sa demeure (donc traverser le vestibule) pour y chercher celui qui y réside, c'est-à-dire le bien lui-même, et c'est précisément en procédant de la sorte que Socrate montre que celui-ci consiste en la mesure, la beauté et la vérité prise comme unité. Il n'y a donc aucune raison d'identifier ces trois déterminations au vestibule du bien : elles sont bien plutôt les habitants de sa demeure, donc le bien lui-même[2].

Le *Philèbe* remplit ainsi le vide laissé par le livre VI de la *République* et les propos si énigmatiques que Socrate y tenait : comprendre ce qu'est le bien en soi, c'est saisir l'unité essentielle que forment mesure, beauté et vérité. En développant une interprétation positivement « agathologique » de la fin du *Philèbe*, Delcomminette prend consciemment le contre-pied d'une autre lecture de la section finale : celle défendue par les néoplatoniciens.

Le *Philèbe* a reçu en effet une attention toute particulière de la part des néoplatoniciens. Même s'il ne subsiste qu'un seul commentaire du dialogue (celui de Damascius), nous savons par ailleurs qu'il n'en existait pas moins de sept[3]. Le *Philèbe* a tout particulièrement intéressé Jamblique et Proclus qui, outre son commentaire, a consacré un *monobiblos* aux trois monades du *Philèbe* (Beauté, Vérité et Proportion)[4]. Le commentaire de Proclus a été la base sur laquelle celui de Damascius s'est fondé.

1. S. Delcomminette, *Le* Philèbe *de Platon. Introduction à l'agathologie platonicienne*, Leiden, E.J. Brill, 2006, p. 577.

2. *Ibid.*, p. 583.

3. Voir H. Dörrie und M. Baltes, *Der Platonismus in der Antike*, vol. III, Stuttgart-Bad Cannstatt, F. Frommann Verlag, 1993, p. 198-199 : Amélius (?), Porphyre, Jamblique, Théodore d'Asiné, Syrianus, Marinus, Proclus et Damascius.

4. Sur le μονόβιβλος de Proclus sur les trois monades (Περὶ τῶν τριῶν μονάδων), malheureusement perdu, cf. *In Remp.*, I, p. 295, 18-296, 1 Kroll; *In Tim.*, I, p. 385, 9-17, II, p. 267, 18-21 et 269, 6-13, III, p. 66, 13-24 et 69, 10-14 Diehl; *Theol. Plat.*, III 18, p. 63, 17 Saffrey-Westerink. Voir aussi J. Combès, « Les trois monades du *Philèbe* selon Proclus », dans *Études néoplatoniciennes*, 2e éd. revue et aug., Paris, Millon, 1996, p. 223-43.

S'agissant du σκοπός du dialogue, Damascius attribue l'opinion suivante à Jamblique qu'il rapproche de celle de Syrianus et de Proclus[1] :

> Selon Jamblique et les disciples de Syrianus et de Proclus, le propos est la cause finale de tous les êtres (περὶ τοῦ τελικοῦ αἰτίου πᾶσι τοῖς οὖσιν), c'est-à-dire le bien qui pénètre tout (περὶ τοῦ διὰ πάντων διήκοντος ἀγαθοῦ), mais non pas sans qualification (οὐχ ἁπλῶς δὲ οὕτως). Car il ne s'agit pas du bien transcendant, mais du bien qui se manifeste dans les êtres mêmes, auquel aspirent tous les êtres et qu'ils atteignent (car le bien transcendant est inaccessible) (τὸ γὰρ ἐξῃρημένον ἀνέφικτον) (*In Phil.*, § 5, 1-5 éd. et trad. Van Riel[2]).

Les Néoplatoniciens voient donc unanimement[3] dans le *Philèbe* une entreprise pour définir le bien immanent et manifesté dans les choses. Damascius fait même un pas de plus dans cette direction en restreignant le domaine que couvre le *Philèbe* qui, selon lui, ne traite pas du bien immanent pour toutes choses, mais seulement pour les êtres doués de sensation (cf. *in Phil.*, § 6). Selon Damascius, donc, Socrate, en 65 a 1, ne fait que préciser ce qu'il avançait en 64 c 1 : le « vestibule » du bien est constitué par les trois idées de mesure, de vérité et de beauté qui sont autant de manifestations de sa puissance. En d'autres termes, Socrate ne définit en rien ici le contenu de l'Idée du bien, par principe ineffable et inconnaissable dialectiquement, mais nous laisse à l'entrée de sa demeure.

Si, des remarques introductives de Damascius sur le σκοπός du dialogue, nous pouvons inférer la teneur de l'interprétation néoplatonicienne de la fin du *Philèbe*, il faut néanmoins souligner que rien dans le commentaire du Diadoque ne nous est parvenu quant à l'interprétation exacte que les Néoplatoniciens offraient de l'expression ἐπὶ τοῖς τοῦ ἀγαθοῦ προθύροις. Que les néoplatoniciens aient donné une lecture hyperbolique du bien auquel la fin du *Philèbe* fait allusion n'a rien de très surprenant, mais comment ont-ils lu cette formule mi-contournée mi-grandiose de 64 c ? Sur cette question, et en l'absence d'un commentaire direct du passage, il faut considérer la façon dont certains néoplatoniciens ont fait usage de cette formule. À commencer par Plotin lui-même.

1. Sur le commentaire de Damascius, voir C. Moreschini, « Temi delle lezioni sul *Filebo* di Damascio » dans P. Cosenza (dir.), *Il* Filebo *di Platone e la sua fortuna*, Napoli, M. D'Auria Editore, 1996, p. 73-92.

2. Damascius, *Commentaire sur le* Philèbe *de Platon*, texte établi, traduit et annoté par G. Van Riel, Paris, Les Belles Lettres, 2008.

3. Unanimement ? Précisons qu'il semblerait qu'il y ait discordance entre le témoignage de Damascius et celui qu'on peut lire dans les *Prolégomènes à la philosophie de Platon*, texte alexandrin du VIe siècle. Justifiant la place éminente accordée au *Philèbe* dans le cursus d'études de Jamblique, l'auteur affirme en effet que c'est « en dernier [qu']il faut expliquer le *Philèbe*, puisque la discussion y porte sur le bien, qui est au-delà de tout : il faut donc aussi que ce dialogue soit au-delà de tous les autres et le dernier » (*Prol.*, 26.26-29, trad. Trouillard). Sur cette divergence, sans incidence sur mon propos, je renvoie aux études de G. Van Riel (« Le *Philèbe* dans l'interprétation de Jamblique », dans M. Dixsaut (dir.), avec la collaboration de F. Teisserenc, *La Fêlure du plaisir. Études sur le* Philèbe *de Platon*, Paris, Vrin, 2 vol., 1999, vol. II, p. 169-90) et de D. O'Meara (« Lectures néoplatoniciennes du *Philèbe* », *ibid.*, p. 191-201).

En *Enn.*, V 9 [5], 2, 1-26, Plotin explique le type d'ascension que le philosophe amoureux de la beauté doit accomplir, remontant progressivement de l'effet à sa cause, pour finalement atteindre un terme primitif beau par lui-même. L'âme ne saurait être cause de la beauté, puisque certaines sont laides. Mais qu'en est-il de l'Intellect ?

> Faut-il s'arrêter là, comme si on était arrivé au principe premier, ou bien aller encore au-delà de l'Intellect? et l'Intellect se tient-il, de notre point de vue (ὡς πρὸς ἡμᾶς), devant le principe premier, comme *sous le porche du bien* (ὥσπερ ἐν προθύροις τἀγαθοῦ), annonçant que toutes choses sont en lui comme une empreinte de ce principe ou, plus précisément, une empreinte multiple du principe qui « reste absolument un » (ὥσπερ ἐκείνου τύπος μᾶλλον ἐν πλήθει ἐκείνου πάντῃ μένοντος ἐν ἑνί) ? (V 9 [5], 2, 24-2, trad. Fronterrota modifiée).

Plotin transpose donc à l'Intellect la formule ἐπὶ τοῖς τοῦ ἀγαθοῦ προθύροις, relative aux trois *ideai* du *Philèbe*. Pour les philosophes amoureux (ὡς πρὸς ἡμᾶς), en effet, l'Intellect se tient sous le porche du bien, ce qui signifie, d'une part, que l'Intellect ne saurait être le point ultime de l'ascension philosophique (il faut passer le porche pour entrer dans la demeure), mais, d'autre part, que, même si l'Intellect est radicalement différent du premier principe, il n'en porte pas moins la marque, Plotin rappelant ici implicitement la nuance introduite par Socrate en 61 a 4 (σαφῶς ἢ καί τινα τύπον αὐτοῦ ληπτέον). L'usage de cette métaphore permet donc à Plotin de dire non seulement ce qui sépare l'Intellect de l'Un-Bien, (car le porche, sous lequel l'Intellect se tient comme un portier, masque l'intérieur de la demeure) mais aussi de souligner qu'ils sont liés l'un à l'autre (car le porche comme le portier annoncent l'accès possible à l'intérieur de la demeure). Si c'est donc l'Intellect et le monde intelligible tout entier qui se situent ἐν προθύροις τἀγαθοῦ, alors franchir le seuil et pénétrer dans la demeure du bien ne peuvent s'accomplir que par un saut qualitatif radical, en laissant derrière soi les attributs de la pensée intellective pour atteindre la contemplation du principe[1]. On comprend alors pourquoi les Néoplatoniciens, à la suite de Plotin, ont été amenés à voir dans ce passage du *Philèbe* l'expression d'une limite que Socrate ne franchit pas : le vestibule est ce lieu intermédiaire où la présence du Bien se fait sentir, sous la forme de la Mesure, de la Beauté et de la Vérité présentes à l'Intellect, mais au-delà duquel la pensée discursive est impuissante et seul l'initié peut s'aventurer.

C'est précisément l'image de l'initiation aux Mystères[2] que Proclus convoque dans sa *Théologie platonicienne* pour décrire l'effet de la beauté sur l'âme[3] :

1. C'est pour cette raison que Plotin soutient que dans le *Philèbe* Platon ne recherche pas le bien premier, mais seulement le bien pour nous : cf. *Enn.*, VI 7 [38], 25, 12-13.

2. Qu'on trouve déjà chez Plotin, *Enn.*, VI, 9 [8] 11. 1-26.

3. Voir G. Van Riel, « Ontologie et théologie. Le *Philèbe* dans le troisième livre de la *Théologie Platonicienne* de Proclus » dans A. Ph. Segonds, C. Steel (éd.), *Proclus et la Théologie platonicienne*, Paris, Les Belles Lettres, Leuven, University Press, 2000, p. 399-413.

> Et de même que dans les plus saints des mystères, les visions mystiques sont précédées de visions stupéfiantes pour ceux qui vont être initiés, de même aussi dans le monde intelligible : avant la participation au Bien se manifeste d'abord la Beauté qui stupéfie les spectateurs, qui convertit leur âme et qui, *installée dans le vestibule* (ἐν τοῖς προθύροις ἱδρυμένον), montre quelle est la nature du Bien qui reste caché à l'intérieur du sanctuaire (τὸ ἐν τοῖς ἀδύτοις καὶ τὸ κρύφιον ἀγαθόν) (*Theol. Plat.*, III, p. 64, 6-12, éd. et trad. Saffrey-Westerink).

Dans ce passage, comme dans d'autres[1], Proclus utilise l'expression qui nous occupe dans un sens clairement hyperbolique, fidèle en cela à ce que l'on sait de sa lecture du *Philèbe* : la Beauté, l'une des trois monades, est sur le seuil du Bien, elle révèle sa présence, indique quelque chose de sa nature ineffable, mais le Bien, lui, reste caché dans le sanctuaire, lieu de l'*adyton*.

Dans le *De principiis* de Damascius, on retrouve la même idée : l'Un ineffable est un sanctuaire au seuil duquel s'arrêtent nos pensées et nos concepts (*De princ.*, vol. I, p. 7, 5). Mais Damascius, plus loin dans le traité, ajoute un commentaire plus détaillé de la formule de Socrate dans le *Philèbe* :

> C'est pourquoi Socrate, lui aussi, dans le *Philèbe*, n'ayant pas pu regarder en face l'un de là-haut (πρὸς τὸ ἓν ἐκεῖνο μὴ δυνηθεὶς ἀντωπῆσαι), l'a suggéré au moyen de la triade placée sur son seuil (διὰ τριάδος αὐτὸ παρεδήλωσεν τῆς ἐν προθύροις αὐτοῦ τεταγμένης), comme Platon le dit, certainement parce que, selon le mode unifié, il a vu la triade resplendir de l'éclat unique de l'hénade. (*De princ.*, I, p. 305, 27, trad. Combès).

Si Socrate s'est arrêté au seuil du bien, c'est qu'il ne pouvait aller plus loin; il n'a donc, dans la section finale du dialogue, fait que rendre plus clair (παρεδήλωσεν) ses effets, *i.e.* son éclat (μαρμαίρουσαν) sur la vie bonne.

Finalement, à la lecture de ces passages, deux conclusions s'imposent : d'abord, les néoplatoniciens voient dans les προθύροι l'évocation du porche d'entrée d'un temple ou d'un sanctuaire, bref d'un lieu sacré où n'entre pas qui veut, et non celle de l'entrée d'une demeure privée, où Socrate aime habituellement à s'attarder; ensuite, ces προθύροι marquent le point d'arrêt de la progression dialectique et agathologique du dialogue. Le *Philèbe* traite donc du bien tel qu'il se manifeste dans la vie humaine, d'un bien éthique suspendu au bien absolu et métaphysique, principe de procession et de conversion, dont Socrate ne nous donne que les manifestations essentielles mais dans le mystère duquel il ne nous fait pas pénétrer.

Parce qu'elles ont coutume de voir dans ce passage du *Philèbe* l'expression platonicienne grandiose de l'importance de la recherche du Bien en soi, identifié implicitement à une divinité devant le sanctuaire de laquelle Socrate s'arrêterait ou dont il révèlerait la nature dans la fin du dialogue, l'interprétation néoplatonicienne et certaines interprétations modernes ont un point commun : aucune ne relève l'association récurrente des porches d'entrée avec le personnage de

1. Cf. *In Alc.*, 61, 14 et 139, 5 Westerink.

Socrate. Il va de soi que la prédilection de Socrate pour les porches d'entrée ne saurait constituer un argument *pro* ou *contra* l'une ou l'autre des deux lectures considérées. Mais il n'est pas moins évident que l'une et l'autre lecture ne disposent d'aucune ressource particulière pour rendre compte de l'usage de ce motif concomitant du retour de Socrate dans le *Philèbe*. Une troisième voie me semble néanmoins possible, qui rendrait sa cohérence à la métaphore de Socrate en l'inscrivant dans la progression exacte et dans les limites propres de l'argument du dialogue.

LA VIE BONNE ET LA VIE DU PHILOSOPHE, OU POURQUOI LE SOCRATE DU *PHILÈBE* NOUS LAISSE AUX PORTES DU BIEN

En 61 a, Socrate précise qu'il « leur faut mettre la main soit sur le bien de façon claire, soit sur quelque chose qui en ait l'empreinte (τὸ τοίνυν ἀγαθὸν ἤτοι σαφῶς ἢ καί τινα τύπον αὐτοῦ ληπτέον) ». Ce passage suscite deux questions : pourquoi faut-il mettre la main sur le bien, quelle que soit sa forme, alors même que trois critères du bien ont été définis en 20 c-e et confirmés en 61 a ? quel est le sens de l'alternative présentée par Socrate ?

Le bien, la vie bonne et l'argument général du Philèbe

La nécessité de saisir le bien, d'une manière ou d'une autre, est surprenante, car le bien (pour nous ou en soi, peu importe pour l'instant) n'est pas le sujet direct du dialogue. Le début abrupt du *Philèbe* oppose, non pas deux thèses portant sur l'essence du bien comme celles que Socrate oppose dans la *République* (VI, 505 b) – qu'est-ce que le bien ? pour les raffinés, c'est l'intelligence, pour la multitude, le plaisir –, mais deux *logoi* qui se confrontent de façon agonale[1]. Philèbe soutient que le plaisir est *bon* pour tout ce qui vit (ἀγαθὸν πᾶσι ζῴοις), Socrate que la *phronèsis* et tout ce qui lui est apparenté sont « meilleurs et plus excellents que le plaisir pour tous ceux qui sont capables d'y participer (τῆς γε ἡδονῆς ἀμείνω καὶ λῴω σύμπασιν ὅσαπερ αὐτῶν δυνατὰ μεταλαβεῖν, 11 c 1-2) ». Affirmer que la *phronèsis* est *meilleure* que le plaisir revient à dire qu'on peut les *comparer* et n'implique évidemment pas d'affirmer que tous les plaisirs sont mauvais. La perspective qui ouvre le dialogue est donc immédiatement *axiologique* et non définitionnelle : ce n'est pas une essence mais des genres de vie qu'il s'agit de définir pour les hiérarchiser, et ce, afin d'être à même de choisir le

1. On objectera peut-être qu'en 20 b 8, Socrate distingue le plaisir et l'intelligence d'un troisième terme, en affirmant qu'aucun des deux premiers n'est *le bien* (ὡς οὐδέτερον αὐτοῖν ἐστὶ τἀγαθόν) et qu'il emploie l'article. Mais ce n'est là que la leçon du Bodleianus (B), car le Marcianus (ms. T) porte la leçon ἐστὶν ἀγαθόν que je tendrais pour ma part à favoriser. (On retrouve les deux mêmes leçons divergentes un peu plus loin en 20 e 6). À moins que, comme le soutient Bury (*The* Philebus *of Plato*, Cambridge, Cambridge University Press [1897] 1988, note additionnelle, p. 215), suivi par Hackforth, ἀγαθόν puisse valoir comme substantif ?

plus avantageux[1]. On comprend donc pourquoi Socrate précise dès 11 d 5 qu'il faut, pour résoudre l'*agôn* qui l'oppose à Philèbe, indiquer une ἕξις et une διάθεσις de l'âme qui soient capables d'assurer à tout homme (ἀνθρώποις πᾶσι) la vie heureuse (τὸν βίον εὐδαίμονια). Socrate soutiendra τὴν [διάθεσιν] τοῦ φρονεῖν, Philèbe, τὴν τοῦ χαίρειν.

Le bien dont il s'agit dans le début du dialogue est donc celui de la *vie bonne*, un bien conférant à la vie humaine la disposition la plus avantageuse, et partant, la plus heureuse. Mais comment déterminer laquelle, de la vie affirmée par Philèbe ou de celle défendue par Socrate, est pour tout homme la meilleure ? En 20 e, Socrate définit un principe d'exclusion mutuelle : pour savoir quelle vie est la meilleure, il faut les considérer à l'état pur, à part l'une de l'autre (ἰδόντες χωρὶς, 20 e 2). Pourquoi user d'un tel procédé ? Quelques lignes auparavant, Socrate a exposé la τἀγαθοῦ μοῖρα, le lot ou la marque distinctive qui revient en propre au bien. Celle-ci se décline selon trois critères : la perfection, l'autosuffisance et la désirabilité universelle[2]. Or c'est précisément le critère autarcique constitutif de toute chose bonne qui appelle le principe d'exclusion mutuelle. En effet, pour savoir quel genre de vie est meilleur, il faut préalablement savoir si l'un ou l'autre, ou les deux, sont *bons*; or, selon le précédent argument, être bon signifie être autosuffisant et objet universel de désir; par conséquent, on commencera par examiner si chacun des deux genres de vie en lice se suffit à lui-même. Aussi la vie uniquement consacrée au plaisir, à l'exclusion de tout usage de la *phronèsis*, et celle de l'intelligence, coupée de toute forme de jouissance, se suffisent-elles à elles-mêmes et sont-elles choisies par tous ? Non bien sûr. D'une part, tout plaisir humain pour être tel se doit d'être conscient[3], donc implique certains aspects au moins de la *phronèsis* (à moins de vivre tel le poumon marin[4]) ; d'autre part, une vie dédiée à l'intelligence, sans aucun plaisir, ne semble pas vivable. La vie humaine dont il s'agit d'examiner le rapport avec le plaisir et l'intelligence dans le reste du dialogue est donc une vie mixte : la disposition de l'âme capable d'assurer à tout homme la vie heureuse incorporera dans son mélange plaisir et intelligence.

L'existence d'un troisième genre de vie avait été « pressentie » par Socrate dès 11 e et confirmée, par souvenir divin, en 20 b. Mais que la vie humaine bonne soit un troisième genre mélangeant les deux premiers ne conclut pas l'*agôn* entre Socrate et Philèbe sur un match nul. Car avec lequel, du plaisir ou de

1. M. Dixsaut a justement insisté sur ce point capital : voir « L'affirmation de Philèbe (11 a-12 b) », dans *Ead.* (dir.), *La Fêlure du plaisir*, *op. cit.*, vol. I, p. 27-28.

2. Le passage est assez complexe et il est difficile, notamment, de distinguer nettement le critère de perfection et celui d'auto-suffisance. Mais je laisse de côté cette question qui ne touche pas directement à mon propos. Merci à Louis-André Dorion de m'avoir communiqué ses précieuses analyses sur ce passage.

3. S'agissant du critère de désirabilité universelle, Socrate précise en effet qu'il concerne πᾶν τὸ γιγνῶσκον (20 d 8). Diès a raison de traduire par « tout être conscient ».

4. Sur la signification de ce passage, voir l'article de D. Lefebvre, « Qu'est-ce qu'une vie vivable ? La découverte de la vie mixte dans le *Philèbe* 20 b-22 b », dans M. Dixsaut (dir.), *La Fêlure du plaisir*, *op. cit.*, vol. I, p. 61-88.

l'intelligence, cette vie a-t-elle la plus grande συγγενεία? C'est seulement en répondant à cette question qu'il sera possible de déterminer ce qui a le plus de valeur pour la vie bonne, donc de savoir si, comme le soutient Socrate, la *phronèsis* a plus de prix pour la vie que le plaisir. Une fois les ingrédients du mélange analysés tour à tour (23 b-59 e), il ne reste plus qu'à constituer le mélange (59 e-64 c) en décidant de quels éléments particuliers il est formé, puis à déterminer sa cause (64 c-65 b) pour enfin décider si celle-ci a plus de parenté avec le plaisir ou avec l'intelligence (65 b- 67 b). Si donc Socrate affirme en 61a qu'il est nécessaire de saisir le bien d'une manière ou d'une autre, c'est afin d'être capable de déterminer la nature et la valeur de la *cause* de la bonté du mélange constitutif de la vie bonne. Pour ce faire, l'analyse de 22 c-e détaillant les conditions propres d'une chose bonne par elle-même ne suffisent plus.

Comment saisir le bien ? l'alternative de Socrate

Revenons désormais à l'alternative offerte par Socrate en 61 a4-5. Après avoir résumé (en 60 a-61 a) les pages 20 c-23 b du dialogue, Socrate rappelle qu'aucune des deux vies pures, exclusivement faites de plaisirs ou d'intelligence, n'a correspondu aux critères de perfection, d'autosuffisance et d'universelle désirabilité qui font d'une chose une chose bonne et il ajoute qu'aucune des deux ne saurait être τὸ παντάπασιν ἀγαθόν (61 a2), renvoyant implicitement au τὸ ὄντως ἡμῖν ἀγαθόν de 21 a 1-2. On ne peut que remarquer que Socrate, en employant l'adverbe παντάπασιν et sans datif d'intérêt cette fois, semble faire référence au bien dans son sens absolu, au bien en soi inconditionnel. Il ne peut donc s'agir, dans l'alternative qui suit, que du même bien, qu'il faut saisir soit σαφῶς, soit τυπῷ αὐτοῦ.

Dans les lignes suivantes, Socrate rappelle que la vie mixte est cette route ἐπὶ τἀγαθόν, où il est possible de le saisir, et introduit alors l'analogie domestique à laquelle il a déjà été fait allusion. En effet, pour trouver un homme, quel meilleur moyen que de s'informer d'abord sur l'οἴκησις qui est la sienne? L'analogie est claire : l'homme est à sa demeure ce que le bien est à la vie mixte. C'est donc dans la structure même de la vie mixte que l'on *pourrait* trouver le bien. Ce conditionnel rend la modalité exacte du potentiel employé par Socrate (μέγα τι δήπου πρὸς τὴν εὕρεσιν ἂν ἔχοι τοῦ ζητουμένου, 61 b 1-2). Socrate ne dit donc pas qu'il est certain que l'on trouvera le bien en soi dans la vie mixte, mais qu'il y a de grandes chances que cela soit le cas. De même, quelques lignes plus loin, il ajoute qu'il y a plus d'espoir (ἐλπὶς μὴν πλείων, 61 b 8) de le découvrir dans une vie mélangée de belle façon que dans son contraire.

Mais comment savoir si le bien que l'on va découvrir quelques pages plus loin est le bien en soi que la *République* laissait dans l'ombre ou une approximation de celui-ci? À ce stade du texte, il est impossible de le dire. Pour ce faire, il faut considérer la nature du mélange produit par Socrate et Protarque et correspondant à la vie bonne. Pour quelles raisons en effet mélangent-ils toutes les sciences, les plus vraies comme les moins vraies, avec les plaisirs nécessaires et les plaisirs mesurés ? La réponse de Protarque est bien connue : il est nécessaire que notre vie soit une vie (εἴπερ γε ἡμῶν ὁ βίος ἔσται καὶ ὁπωσοῦν ποτε βίος, 62 c 3-4). Mais quelle serait alors cette autre vie, laissée de côté, qui n'inclurait dans son mélange que les sciences les plus vraies et les plaisirs les plus purs qui leur correspondent ? Socrate, quelques lignes auparavant, a décrit le genre d'homme correspondant à cette vie :

> SOCRATE — Supposons donc un homme qui a l'intelligence (φρονῶν) de l'essence même de la justice (περὶ δικαιοσύνης ὅτι ἔστιν), une force de raisonnement correspondante à sa force de conception (λόγον ἔχων ἑπόμενον τῷ νοεῖν) et, sur tout le reste des réalités, une égale rectitude de jugement (περὶ τῶν ἄλλων πάντων τῶν ὄντων ὡσαύτως διανοούμενος).
> PROTARQUE — Soit.
> SOCRATE – Sera-ce donc pour lui avoir assez de science, que de pouvoir expliquer ce qu'est le cercle en soi et la sphère divine, mais d'ignorer notre sphère à nous, hommes, et nos cercles à nous, et même pour bâtir une maison, de n'employer que ces autres règles et ces autres cercles transcendants ? (*Phil.*, 62 a 2-b 2, trad. Diès légèrement modifiée)

Cet homme, il n'est pas exagéré de l'appeler divin, ou philosophe. Mais, aux yeux de Protarque, cette vie, précisément, n'en est pas une : elle n'est pas une vie humaine, vivable. Ce passage est absolument capital pour comprendre ce qui se joue dans la section finale du dialogue. Comme Socrate le précise, Protarque et lui-même n'ont pu confirmer leur décision initiale, évoquée en 55 c 7-9, de n'inclure dans la vie bonne que les ingrédients les plus vrais de l'intelligence.

> SOCRATE — Désires-tu donc que, semblable à un portier (ὥσπερ θυρωρός) bousculé et violenté par la foule (ὑπ' ὄχλου τις ὠθούμενος καὶ βιαζόμενος), je cède, ouvre les portes et laisse affluer à l'intérieur toutes les sciences, pour que la science moins pure se mêle avec celle qui est pure ?
> PROTARQUE — Je ne vois pas, moi, Socrate, ce qu'on pourrait perdre en accueillant toutes les autres sciences, une fois qu'on possède les plus hautes. [...]
> SOCRATE — Les voici admises; revenons à la source des plaisirs. Car notre intention primitive, de faire le mélange en n'y accueillant d'abord que les parties vraies, n'a pu se réaliser (ὡς γὰρ διενοήθημεν αὐτὰς μειγνύναι, τὰ τῶν ἀληθῶν μόρια πρῶτον, οὐκ ἐξεγένεθ' ἡμῖν); au contraire, épris de toutes espèces de sciences, nous les avons laissé entrer en masse avant même d'y recevoir les plaisirs (*Phil.*, 62 c 5-d 11, trad. Diès).

Sous la pression de Protarque, donc, Socrate, tel le portier débordé sous le porche du bien, laisse pénétrer toutes les sciences dans le mélange de la vie bonne. Selon Protarque, cela ne porte pas à conséquence. Mais est-ce si sûr? Aux dires mêmes de Socrate, la vie mixte obtenue est pourtant le produit d'un échec relatif. Il n'est donc pas étonnant que quelques pages auparavant Socrate ait pressenti (une fois de plus) qu'il ne serait pas aisé de saisir le bien en soi, mais néanmoins que son empreinte pourrait suffire. Si la fin du *Philèbe* ne définit pas ce qu'est le bien en soi, c'est parce que le dialogue dénie que la vie du philosophe soit, à proprement parler, une vie, une vie, bien sûr, qui ne ressemble à aucune autre et qui, aux yeux du grand nombre, est à proprement parler invivable. Une vie au sens que le *Phédon* donne à ce terme : déliée du corps et tournée vers les seules réalités intelligibles.

Vie divine, vie humaine, vie du philosophe

On objectera peut-être que le texte est un peu court pour qu'on y voie en creux la conception philosophique, donc en un sens supra-humaine, de la vie défendue dans le *Phédon*. Mais le *Philèbe*, sur ce point, ne manque pas de ressources. En 22 c, Socrate considérait, comme en passant, que la vie des dieux était sans aucun doute la preuve de l'existence d'une vie purement consacrée à l'intelligence. En 33 c, il reprend le problème à nouveaux frais et examine la possibilité d'un état parfaitement neutre, où aucun plaisir ni aucune douleur ne sont ressenties. Pourtant, la modalité de cet état d'impassibilité parfaite n'est pas la même dans chacun de deux genres de vie en lice : autant cet état est absolument impossible dans la vie de plaisirs, autant rien n'empêche (οὐδὲν ἀποκωλύει, 33 a 9) celui qui choisit la vie de *phronèsis* de le vivre (τῷ τὸν τοῦ φρονεῖν ἑλομένῳ βίον, 33 a 8). Ici, les réactions des éditeurs et traducteurs du dialogue sont éloquentes. Badham, suivi par Burnet, supprime purement et simplement le texte unanime de tous les manuscrits et imprime [τῷ] τὸν τοῦ φρονεῖν [ἑλομένῳ] βίον κτλ : en effet, si c'est bien du dieu que parle ici Socrate, comment considérer qu'il ait à choisir quoi que ce soit ?[1] Diès, quant à lui, imprime le texte des manuscrits mais traduit 33 b 3-4 (τῷ τὸν τοῦ νοεῖν καὶ φρονεῖν βίον ἑλομένῳ), puis ἐκείνῳ en b 6, par « l'homme qui… » et « cet homme ». Bien sûr cette traduction est possible et même naturelle, mais elle fait dire à Platon plus qu'il n'en dit. Car, s'il n'est pas un dieu (comme Diès l'a bien vu), est-il encore un homme, un homme comme les autres, celui qui choisirait la vie de pensée pure ? Naturellement, il est pour Platon un homme divin, autrement dit un philosophe, dotée d'une certaine forme d'impassibilité en apparence semblable à celle du dieu, mais en réalité, radicalement différente : l'impassibilité du dieu est absence permanente de sensation, donc immuabilité parfaite, celle du philosophe, privation, c'est-à-dire déliaison intermittente de l'âme par rapport au corps.

Les pages précédant et suivant l'analyse de l'état neutre intermédiaire entre plaisir et douleur traitent bien en effet de la déliaison de l'âme par rapport au corps, mais celle-ci « ne signifie rien d'autre et rien de plus que l'indépendance du psychologique par rapport au physiologique, et réciproquement »[2]. Il ne s'agit donc pas du tout ici du mode de déliaison envisagé dans le *Phédon* qui, comme on

1. L'erreur s'expliquerait, il est vrai, très facilement : τῷ ἑλομένῳ serait une glose empruntée à 33 b 3-4 afin de fournir un complément (au datif) à οὐδὲν ἀποκωλύει en 33 a 9 et incorporée ensuite dans le texte.

2. M. Dixsaut, « Une certaine espèce de vie (*Philèbe* 34 d 1-36 c 3) » in *Ead.* (dir.), *La Fêlure du plaisir*, *op. cit.*, vol. I, p. 250.

le sait, est spécifique au philosophe[1]. Mais pourquoi cette autre vie est-elle absente du *Philèbe* ? Parce que la vie dont le *Phédon* évoque la mort n'est ni la vie de pure pensée, sans plaisir aucun, réservée aux seuls dieux, ni la vie humaine bonne dont le *Philèbe* construit patiemment la norme. Elle ne peut être la vie de pensée pure car le philosophe est traversé par un certain type de désir, non par le désir pour toutes les espèces de connaissance[2], mais par le désir de comprendre chaque réalité intelligible[3], désir dont il serait absurde de penser qu'il n'a pas pour effet un certain plaisir (et même le plus grand). La vie du philosophe est donc une vie mixte, mais qui n'incorpore pas les mêmes ingrédients que la vie bonne du *Philèbe*. En cédant à la pression de Protarque, Socrate a constitué une vie bonne qui ne manque de rien, mais qui pourtant manque de l'essentiel. À l'inverse, la vie du philosophe, si lourdement absente du *Philèbe*, manque de la plupart des choses nécessaires pour vivre parmi les hommes (ce qui n'échappe pas à Protarque), mais cette γελοία διάθεσις (62 b 3) ne fait rire que ceux qui se trompent de porte ou ceux qui restent sous le porche.

Si telle est bien la progression argumentative du *Philèbe*, sa limite apparaît du même coup évidente : aussitôt contemplée, la possibilité pour le dialogue d'aboutir à une définition du bien en soi disparaît. Socrate et Protarque ont trouvé la demeure du bien, la vie bonne et humaine, mais ils restent sur le seuil de ce qui ultimement la rend bonne. Mesure, beauté, vérité ne sont que des effets du bien sur nous, des manifestations de sa puissance, mais ils ne sont pas le bien en soi. Si Socrate reste sous le porche, ce n'est pas parce que dans la demeure se tient un Bien ineffable et indicible, mais parce que, pour saisir le bien en soi à partir de ses effets sur la vie – méthode qui constitue la spécificité du *Philèbe* –, c'est une autre espèce de vie qu'il faut considérer.

Si l'on comprend ainsi la fin du *Philèbe*, il devient clair que l'image de Socrate debout sous le porche fait écho aux autres passages du *Protagoras* ou du *Banquet* où Socrate n'est ni vraiment dedans ni vraiment dehors. Pas plus que dans la *République*, Socrate ne dit ce qu'est le bien en soi car, dans l'un comme l'autre dialogue, aucun de ses interlocuteurs n'est vraiment prêt à le suivre ou capable de le faire. Or ce n'est pas à Socrate de passer la porte pour comprendre ce qu'est le bien : dans l'espace du πρόθυρον, dans cet espace intermédiaire qui de ce fait est son lieu propre, Socrate attend un philosophe. Mais de philosophe, il n'y a pas dans le *Philèbe*, puisque l'on y refuse que sa vie soit digne de choix. Si Socrate nous laisse aux portes du bien, c'est à cause de cette occasion manquée.

1. *Phéd.*, 64 e 8-65 a 2 : πρῶτον μὲν ἐν τοῖς τοιούτοις δῆλός ἐστιν ὁ φιλόσοφος ἀπολύων ὅτι μάλιστα τὴν ψυχὴν ἀπὸ τῆς τοῦ σώματος κοινωνίας διαφερόντως τῶν ἄλλων ἀνθρώπων.

2. *Phil.*, 62 d 9-10 : διὰ τὸ πᾶσαν ἀγαπᾶν ἐπιστήμην.

3. Cf. *Phil.*, 58 d et 59 c.

L'ÂME OU L'INTELLIGIBLE ? COMMENT INTERPRÉTER *SOPHISTE* 253 D 5-E 2 ?

LUC BRISSON

Je suis très heureux de participer à ce volume d'hommage en l'honneur de Monique Dixsaut, avec laquelle j'ai travaillé pendant plusieurs années dans un climat de confiance tel qu'il n'était pas nécessaire d'être d'accord sur tout pour partager notre passion pour la pensée antique, et notamment pour celle de Platon.

MONIQUE DIXSAUT ET LA DIALECTIQUE DANS LES DIALOGUES DE PLATON

Comprendre ce qui est et le dire, cela pour Platon ne peut se faire en dehors de la dialectique. Voilà ce que montre Monique Dixsaut dans un livre ambitieux et toujours bien informé, mais qui reste d'une lecture agréable[1]. À travers une analyse de passages précis, cités en grec ancien, traduits et commentés, de l'*Hippias mineur*, du *Gorgias*, du *Protagoras*, du *Ménon*, de l'*Euthydème*, du *Cratyle*, des livres V-VII de la *République*, du *Phèdre* (265 c-266 c), du *Parménide*, du *Théétète*, du *Sophiste*, du *Politique* et du *Philèbe*, Monique Dixsaut montre comment la forme primitive de la dialectique, qui est capacité d'interroger et de répondre, persiste à travers les formes plus raffinées qu'elle revêt, en fonction des problèmes posés.

Je ne connais aucun autre travail qui, à l'instar de ce livre original, bien structuré et bien présenté, présente une analyse aussi complète de toutes les occurrences des termes se rapportant à la « dialectique » et qui propose une vue d'ensemble prenant en compte la plupart des dialogues que comprend le *corpus* platonicien. La forme primordiale de la dialectique, qui correspond à la discussion par questions et réponses, se retrouve, sans rupture brusque dans les formes plus élaborées qui apparaissent plus tard. C'est une même pensée qui cherche toujours dans la même direction, mais avec des moyens différents et pour répondre à des questions différentes.

1. M. Dixsaut, *Métamorphoses de la dialectique dans les Dialogues de Platon*, Paris, Vrin, 2001.

DE QUOI PARLE PLATON EN *SOPHISTE* 253 D 5-E 2 ?

C'est dans ce contexte d'accord généralisé avec les conclusions tirées par Monique Dixsaut que je voudrais proposer une lecture nouvelle d'un passage déterminant du *Sophiste* (253 d 5-e 2)[1].

Les réponses apportées jusqu'ici

Ce passage, qui peut être découpé en quatre sections (S1, 2, 3, 4) comme on le verra, a donné lieu à une abondante littérature secondaire; et Monique Dixsaut consacre quelques pages de son livre aux deux interprétations qui eurent le plus d'influence, celle de Stenzel[2] et celle de Gomez Lobo[3].

Pour J. Stenzel, le terme ἰδέαι renvoie à des Formes, qui, dans le cadre de son interprétation, correspondent à des concepts, et non à des réalités sensibles. Et, dans ce passage, Platon présente une dialectique fondée essentiellement sur la méthode de division, ce qui, selon lui, présente une nouveauté. Dans les deux premières sections, on part d'unités particulières pour leur trouver un genre englobant; dans la première section, les unités particulières sont présentées comme séparées, tandis que dans la seconde section elles sont décrites comme unifiées. On obtient alors des ensembles qui vont être divisés dans la troisième section; dans la quatrième section, on aboutit en dernière analyse à une forme indivisible séparée de toutes les autres[4].

Pour sa part, A. Gomez Lobo voit dans ce passage la reprise des distinctions entre les « genres-voyelles », ces « pervasive Forms », que sont l'être et l'Autre, ou le Non-être, et les « genres-consonnes », ces « non-pervasive Forms », que sont toutes les autres. La première section porte, à son avis, sur l'Autre ou le Non-être, tanis que dans la troisième section il serait question de l'être. Dans la deuxième et dans la quatrième sections, il s'agirait des Formes ordinaires.

1. Voir le chapitre IV, p. 151-230. Pour une interprétation générale, voir aussi G. Movia, *Apparenze, essere e verità. Commentario storico-filosofico al* Sofista *di Platone*, Milano, Vita e Pensiero, 1991, p. 31-317.

2. J. Stenzel, *Studien zur Entwicklung des platonischen Dialektik von Sokrates zu Aristoteles*, 2. Aufl., Leipzig, 1931; trad. angl. D.J. Allan, *Plato's method of dialectic*, Oxford, Clarendon Press, 1940.

3. A. Gomez Lobo, « Plato's description of dialectic in the *Sophist* 253d1-e2 », *Phronesis*, 22, 1977, 29-47. W. Waletzki, « Platons Ideenlehre und Dialektik im *Sophistes* 253c », *Phronesis*, 24, 1979, 241-252; A. Gomez Lobo, « Dialectic in the *Sophist*: a reply to Waletzki », *Phronesis*, 26, 1981, 80-83. N. Notomi, *The Unity of Plato's* Sophist. *Between the sophist and the philosopher*, Cambridge, Cambridge University Press, 1999, p. 235-237.

4. On peut dire que cette interprétation est, dans sa structure, celle qui a été reprise par la majorité des commentateurs : F.M. Cornford, *Plato's theory of knowledge. The* Theaetetus *and the* Sophist *of Plato translated with a running commentary*, London, Routledge and Kegan Paul, 1935; R.S. Bluck, *Plato's* Sophist, éd. G.C. Neal, Manchester, Manchester University Press, 1975; J.R. Trevaskis, « Division and its relation to dialectic and ontology in Plato », *Phronesis* 12, 1967, 118-129.

Monique Dixsaut, qui traduit et commente ce passage fameux du *Sophiste* (253 d 5-e 2), en donne l'interprétation suivante. La première section fait référence à la participation entre des unités non sensibles considérées du point de vue de leur identité (le Même) ; et la deuxième section, à la participation entre des unités non sensibles considérées du point de vue de leur altérité (l'Autre). La troisième et la quatrième section abordent le problème de l'unité et de la pluralité qui traduisent dans la dialectique ces structures ontologiques que déploient le Même et l'Autre. La seule façon pour une pluralité de communiquer c'est d'être réunie sous une unité (troisième section); autrement il n'y a que des unités complètement séparées (quatrième section). De là suit, pour Monique Dixsaut, qu'il existe une pluralité première et irréductible qui ne procède pas d'une unité, mais qui ne s'y ramène pas. Il s'agit de l'être qui se manifeste sous des aspects essentiellement différents, les Formes toujours entrelacées les unes aux autres et jamais ramenées à un principe. Je suis, pour l'essentiel, d'accord avec cette conception de la dialectique. Mon seul point de désaccord porte sur le fait que la dialectique peut avoir un autre objet que l'intelligible, même si, en dernière analyse, elle se rapporte à l'intelligible, considéré comme la réalité véritable. C'est pour montrer cela que je voudrais proposer une nouvelle lecture de *Sophiste* 253 d 5-e 2 qui, me semble-t-il, fait référence non pas au domaine de l'intelligible, mais à celui de l'âme.

Ma lecture de ce passage

La différence entre ma lecture de ce passage, et celle de Monique Dixsaut porte sur les trois points suivants. Le terme ἰδέα renvoie alors, selon moi, non pas à l'intelligible, mais à une entité donnée, l'âme dans ce cas précis. La connotation concrète de plusieurs termes oriente vers cette hypothèse. Et surtout on peut trouver dans le *Phèdre* et surtout dans le *Timée* des passages relatifs à l'âme qui, à mes yeux, viennent la confirmer. Cette nouvelle lecture ne contredit pas les conclusions générales auxquelles arrive Monique Dixsaut sur la question de la dialectique dans le *Sophiste*. Elle se borne à montrer que le passage en question constitue dans l'argumentation une sorte de parenthèse, où Platon montre l'intérêt de la dialectique qui s'applique non seulement au domaine des réalités intelligibles, mais aussi à celui de l'âme en général.

Quelques remarques sur le sens du terme idéa

Le terme ἰδέα, qui désigne l'objet en discussion dans ce passage, ne fait pas forcément référence à une réalité intelligible[1]. Il peut avoir plusieurs autres

1. Ou la participation de la chose à l'εἶδος, comme le soutient Monique Dixsaut, « *Ousia, eidos* et *idea* dans le *Phédon* » [1991], repris dans *Platon et la question de la pensée : Études platoniciennes* I, Paris, Vrin, 2000, p. 71-91.

usages non techniques : celui d'« aspect extérieur, d'allure »[1], ou celui de « de structure, de nature »[2]. Ἰδέα peut encore signifier « espèce, sorte, type »[3], et alors il devient souvent un terme « vide » qui renvoie à une réalité indiquée par le contexte. Dans le passage du *Sophiste* considéré, je traduis le terme ἰδέα par « nature »[4], en supposant que, suivant le contexte, cette « nature » peut être celle de l'âme, comme c'est le cas par exemple dans ce passage du *Théétète* :

> Sans doute en effet serait-il surprenant, mon garçon, que, en nous comme dans un cheval de bois, fussent postées nombre de fonctions sensorielles déterminées, sans que tout cela ensemble tendît vers une certaine unique nature (εἰς μίαν τινὰ ἰδέαν ... πάντα ταῦτα συντείνει) (qu'on doive l'appeler « âme » ou lui donner tel autre nom (εἴτε ψυχὴν εἴτε ὅτι δεῖ καλεῖν), par laquelle, au moyen de ces fonctions, comme au moyen d'instruments, nous avons la sensation de tout ce qui est sensible (*Théétète*, 184 d 1-5).

L'exemple du *Phèdre* est encore plus probant. Au moment où commence la recherche sur l'âme, on trouve ce programme :

> Nous devons nous faire une idée juste de la nature (φύσις) de l'âme, aussi bien divine qu'humaine, en considérant ce qui peut l'affecter (πάθη) et ce qu'elle peut faire (ἔργα)[5] (*Phèdre*, 245 c 2-4).

Suit un exposé (ἀπόδειξις) qui comprend deux points. L'un qui montre que l'immortalité de l'âme découle du fait qu'elle est la source et le principe de tout mouvement (*Phèdre*, 245 c 5-246 a 2). Et le second qui s'interroge sur son apparence (*Phèdre*, 246 a 3-b 4), c'est-à-dire, puisqu'il s'agit d'une entité incorporelle, sur sa structure :

> Aussi sur son immortalité, voilà qui suffit. Pour ce qui est de sa structure (ἰδέα), voici ce qu'il faut dire. Pour dire quelle sorte de chose c'est (οἷον μέν ἐστι), il faudrait un exposé en tout point divin et fort long ; mais dire de quoi elle a l'air (ᾧ δὲ ἔοικεν), voilà qui n'excède pas les possibilités humaines. Aussi notre discours procédera-t-il de cette façon (*Phèdre*, 246 a 3-6).

1. Par exemple en *Protagoras*, 315 e 1, Socrate parlant d'Agathon qui est l'aimé de Pausanias dit : « il y avait Pausanias, celui qui est des Céramées, et, avec Pausanias, un garçon tout jeune encore, d'un naturel accompli, si je m'en crois, et, en tout pour l'aspect extérieur tout à fait beau (τὴν ἰδέαν πάνυ καλός) ».

2. Les exemples viennent du *Timée*. Timée explique (en 49 c 3) que, lorsque deux particules de feu (tétraèdre) se confondent, elles constituent une particule qui a la structure (ἰδέα) de l'air (octaèdre). En 58 d 8, c'est la structure (ἰδέα) de la configuration (dodécaèdre) de certaines variétés d'eau qui fait qu'elles sont liquides et non solides comme les métaux.

3. Par exemple, en *République*, VI 507 e 6 : « Ainsi donc, ce n'est pas selon un type de rapport de peu d'importance que le sens de la vue et la faculté de voir se trouvent liés... ». Voir aussi *Tim.*, 49 c3 concernant les différentes choses qui apparaissent dans la χώρα, et *Tim.*, 70 c 5 et 71 b concernant les différentes fonctions de l'âme.

4. Voir sur le sujet, J.-F. Pradeau, « Les formes et les réalités intelligibles : l'usage platonicien du terme *eîdos* », *Platon. Les formes intelligibles*, éd. J.-F. Pradeau, Paris, P.U.F., 2001, p. 17-54 ; surtout n. 1, p. 29.

5. Je privilégie la signification forte de « structure », nature qui détermine la puissance, c'est-à-dire la φύσις.

Le terme ἰδέα fait donc bien référence à la nature de l'âme, mais considérée sous l'aspect de sa structure, comme le montrent les lignes qui suivent et qui décrivent l'âme à l'aide de l'image célèbre de l'équipage ailé. Tout cela indique bien que le terme ἰδέα ne se borne pas à désigner l'intelligible, et qu'il peut se rapporter de façon privilégiée au domaine de l'âme.

Une nouvelle lecture de Sophiste *253 d 5-e 2*

Le passage que je vais traduire et commenter me paraît évoquer un exemple, celui de l'âme, où une même nature (ἰδέα) apparaît multiple en restant une ; son identité est fonction de son unité, mais dépend de son altérité par rapport aux autres choses parmi lesquelles elle se distribue. Dans l'exemple donné, il s'agit du rapport de l'âme du monde avec le corps du monde et du rapport de l'âme humaine avec le corps de l'homme.

La phrase introductive est la suivante : « Or, celui qui est capable de faire cela (τοῦτο) discerne comme il faut... ». Le terme « cela (τοῦτο) » désigne la dialectique appliquée aux Formes (*Sophiste*, 253 b-c). Cette technique qui permet de distinguer le philosophe se trouve ainsi décrite, en termes très clairs, dans les lignes qui précèdent immédiatement le passage que je vais analyser : « Diviser ainsi par genres (κατὰ γένη) et ne point prendre pour autre (ἕτερον) une espèce ou une Forme (εἶδος) qui est la même (ταὐτόν) ni, pour la même (ταὐτόν), une espèce ou une Forme qui est autre (ἕτερον), n'est-ce point là, dirons-nous, la tâche de la science dialectique » (*Sophiste*, 253 d 1-3). Même si, dans ce passage, on donne à εἶδος le sens fort de Forme, la phrase qui suit évoque une application de cette technique à un autre domaine de réalité. Et cet autre domaine me semble être celui de l'âme.

Je poursuis donc en évoquant les quatre sections dans lesquelles se décompose le texte considéré.

> S1 [1] – ... une nature unique qui se retrouve à travers plusieurs choses, dont chacune reste distincte dans son unité, étendue qu'elle est dans toutes les directions (πάντῃ διωρισμένας) (*Sophiste*, 253 d 5-6) ;

On peut penser ici à l'âme du monde dont il est dit en *Timée*, 34 b 3-4 : « Puis, au centre de ce corps (= le corps du monde), il (= le démiurge) a placé une âme, il l'a étendue à travers le corps tout entier (διὰ παντός τε ἔτεινεν) et même au-delà il l'en a enveloppé. » Jamais le verbe διατείνω n'est, chez Platon, appliqué aux Formes.

> S2 – et plusieurs natures, différentes les unes des autres, enveloppées du dehors par une seule (ὑπὸ μιᾶς ἔξωθεν περιεχομένας) (*Sophiste*, 253 d 6-7) ;

1. La lettre S signifie ici la « section », le passage analysé étant divisé en quatre sections, comme on le verra.

Un peu plus loin dans le *Timée*, on trouve un passage parallèle à *Timée*, 34 b 3-4, où l'opération évoquée en S1 est décrite en sens inverse, et qui correspond, me semble-t-il, à ce qu'on trouve en S2 :

> Une fois l'âme entièrement constituée conformément à l'idée de celui qui la constitua [= le démiurge], ce dernier passa à l'assemblage de tout ce qu'il y a de matériel à l'intérieur de cette âme et, faisant coïncider le milieu de celui-ci avec le milieu de celle-là, il les ajusta. Alors, l'âme étendue dans toutes les directions depuis le milieu jusqu'à la périphérie du ciel (ἐκ μέσου πρὸς τὸν ἔσχατον οὐρανὸν πάντῃ διαπλακεῖσα) qu'elle enveloppait circulairement de l'extérieur (ἔξωθεν περικαλύψασα) ... (*Tim.*, 36 d 8-e 4).

Cet enveloppement de l'extérieur s'explique par l'aspect du corps qu'anime l'âme du monde, dont il est dit : « Comme figure, il lui donna celle qui lui convenait et qui lui était apparentée. Au vivant qui doit envelopper en lui-même tous les vivants (τὰ πάντα ἐν αὑτῷ ζῷα περιέχειν μέλλοντι ζῴῳ), la figure qui pourrait convenir, c'était celle, où s'inscrivent toutes les autre figures (= la sphère) » (*Tim.*, 33 b 1-3). La même idée est reprise dans la prière finale où l'univers est décrit comme un « vivant visible comprenant (περιέχον) les vivants visibles, dieu sensible, image d'un Vivant intelligible... » (*Tim.*, 92 c 7). Or le dieu intelligible qui est le modèle de ce dieu sensible qu'est l'univers enveloppe, lui, tous les vivants intelligibles :

> En effet, ce qui enveloppe (τὸ περιέχον) tout ce qu'il y a de vivants intelligibles ne saurait jamais venir après un autre au second rang. Car il faudrait encore un autre vivant qui enveloppe les deux précédents, et dont ces deux-là seraient chacun une partie ; et ce ne serait plus à ces deux-là, mais à celui qui les enveloppe (τῷ περιέχοντι) que notre monde ressemblerait, serait-il plus juste de dire (*Tim.*, 31 a 4-8).

Force est donc de reconnaître que le même verbe (περιέχειν) est utilisé pour décrire le Vivant intelligible qui enveloppe la totalité des vivants intelligibles, le vivant sensible qui enveloppe la totalité des vivants sensibles et l'âme qui enveloppe de part en part le corps du monde de l'extérieur.

Mais mon but ici est de montrer que ces multiples emplois du verbe περιέχειν rendent vraisemblable la lecture que je propose de ce passage du *Sophiste*. Le corps du monde enveloppe toutes les choses sensibles ; l'âme qui le meut coïncide absolument avec lui qui comme son modèle, le Vivant intelligible, comprend tous les vivants.

> S3 – et par ailleurs (αὖ) une seule et même entité qui se retrouve à travers plusieurs ensembles en restant attachée (συνημμένην)[1] à son unité (*Sophiste*, 253 d 8-9) ;

1. « Puis l'espèce d'âme qui désire nourritures, boissons et tout ce dont le corps crée naturellement le besoin, cette partie, ils [= les assistants du démiurge] l'ont établie dans l'espace compris entre le diaphragme et la frontière constituée par le nombril, cependant qu'ils fabriquaient dans tout cet espace une sorte de mangeoire destinée à permettre au corps de se nourrir ; aussi est-ce là précisément qu'ils enchaînèrent cette partie de l'âme comme si c'était une bête sauvage, tout en l'attachant

On doit remarquer le αὖ qui indique que l'on prend un nouveau départ en restant dans le même contexte. Cela indique, suivant l'interprétation que je propose ici, que l'on parle toujours de la même réalité, l'âme, mais sous un autre point de vue ; il s'agit non plus de l'âme du monde, mais de celle de l'être mortel.

Or, on trouve dans la *République*, un passage, étrangement similaire à celui-ci, concernant les trois espèces dans l'âme humaine :

> S. – Façonnons par la pensée une image de l'âme (εἰκόνα τῆς ψυχῆς), pour que celui qui tient ces propos prenne la mesure de ce qu'il dit. G. – Quelle image? demanda-t-il. S. – Une image répondis-je, comme celle de ces créatures antiques dont les mythes décrivent la naissance : la Chimère, Scylla, Cerbère, et un certain nombre d'autres figures composites qui, dit-on, (καὶ ἄλλαι τινὲς συχναὶ λέγονται) réunissent en un seul et même ensemble naturel plusieurs aspects (συμπεφυκυῖαι ἰδέαι πολλαὶ εἰς ἓν γενέσθαι). G. – C'est en effet ce qu'on raconte, dit-il. S. – Façonne donc la figure unique (μίαν ἰδέαν) d'un animal composite à plusieurs têtes, possédant à la fois les têtes d'animaux paisibles et d'animaux féroces, disposés en cercle et accorde-lui le pouvoir de changer et de tirer de lui-même toutes ces formes par lui-même. G. – Cet ouvrage sera l'œuvre d'un modeleur habile, dit-il, mais comme la pensée est plus malléable que la cire et les matériaux de ce genre, la voici modelée. S. – Modèle à présent une autre figure (μίαν ἄλλην ἰδέαν), celle d'un lion, puis celle d'un homme, mais fais en sorte que le premier soit beaucoup plus grand, et que le second vienne en deuxième. G. – Voilà qui est plus facile, dit-il, c'est modelé. S. – Attache maintenant ensemble ces trois êtres, en les réunissant en un seul, de manière qu'ils s'ajustent pour ainsi dire naturellement les uns avec les autres. G. – Elles sont attachées ensemble. S. – Façonne ensuite un recouvrement extérieur, l'image d'un être unique, celle d'un être humain de telle sorte que quelqu'un qui ne pourrait voir les formes contenues à l'intérieur, mais ne pourrait que saisir l'apparence extérieure, croie voir un être vivant unique, un être humain. G. – Le recouvrement est façonné, dit-il (*Rép.*, IX 588 b 10-e2).

Bref, en dépit du fait que l'âme humaine doit accomplir plusieurs fonctions et répartir son énergie entre plusieurs espèces d'activités, elle reste fortement attachée à l'unité qui est la sienne.

> S4 – et plusieurs entités qui demeurent séparées, parce qu'elles sont distinctes à tous les points de vue (*Sophiste*, 253 d 9).

Ce membre est très difficile à traduire, mais on peut renforcer son parallélisme avec S2 : καὶ πολλὰς [κειμένας] χωρὶς πάντῃ διωρισμένας. Dans le *Timée*, on trouve en effet ce passage relatif à la séparation de la « partie » immortelle de l'âme, l'intellect (νοῦς), des deux autres l'ardeur (θυμός) et le désir (ἐπιθυμία) :

> Voilà justement pourquoi, craignant de souiller l'espèce divine, ils [= les assistants du démiurge] profitent de ce que la contrainte exercée par la nécessité n'était pas totale, pour établir à part dans une autre demeure (διοικοδομήσαντες) sise dans le

(συνημμένον) au corps, parce qu'il est nécessaire de le nourrir, si jamais l'espèce mortelle doit subsister » (*Tim.*, 70 d7-e5).

> corps l'espèce mortelle, après l'avoir séparée par un isthme et par une frontière édifiés entre la tête et la poitrine, en plaçant, entre les deux, le cou, en guise de séparation. C'est dans la poitrine et dans ce qu'on appelle le thorax qu'ils ont installé l'espèce mortelle. Et, puisque l'une de ces parties est naturellement meilleure, et l'autre moins bonne, ils établissent dans la cavité du thorax une nouvelle séparation (διοικοδομοῦσι αὖ), comme on sépare (διορίζοντες) le lieu de séjour (οἴκησιν) des hommes de (χωρίς) celui des femmes, et ils établirent entre eux le diaphragme pour servir de cloison (*Tim.*, 69 d 6-70 a 2).

On pourrait donc comprendre que la partie intellective de l'âme reste en tout point parfaitement distincte de toutes les autres parties de l'âme particulière et donc de tous les corps à travers lesquels l'âme est étendue, étant entendu par ailleurs que, en dépit de cette séparation, l'âme reste fortement attachée à son unité.

Remarques pour conclure

Une telle interprétation qui fait intervenir l'âme, celle du monde dans les deux premières sections, et celle de l'homme dans les deux dernières sections peut être appuyée sur les passages du *Phèdre* cités plus haut[1]. De surcroît, on retrouve un vocabulaire similaire à la fin du même dialogue, lorsque Socrate recommande au médecin et au rhéteur de procéder à l'analyse de la nature (δεῖ διελέσθαι φύσιν) du corps dans un cas, et de l'âme dans l'autre (*Phèdre*, 270 b 1-d 7). Et pour la rhétorique, il y revient un peu plus loin :

> Puisque la puissance du discours se trouve être celle d'avoir une influence sur les âmes, celui qui se propose de devenir orateur doit savoir combien il y a de genres d'âme. Or, il y en a tel et tel nombre de telle et telle qualité ; par suite, les hommes ont telle ou telle personnalité. Une fois ces distinctions faites, on passe aux discours : les genres en sont de tel et tel nombre, et chacun a tel et tel caractère. Dès lors, tels hommes, sous l'action de tels discours et en vertu de cette cause-ci, se laisseront facilement persuader de telles choses, alors que tels autres hommes, pour cette même raison, ne se laisseront pas facilement persuader (*Phèdre*, 271 c 10-d 7).

De là suit, comme Platon l'explique plus loin, que la rhétorique doit s'adapter aux différentes sortes d'âme auxquelles elle s'applique.

Trois convictions ont guidé ma lecture de *Sophiste*, 253 d 5-e 2 : a) le terme ἰδέα désigne non pas une forme intelligible, mais une nature, une espèce, une structure ; b) le terme est souvent utilisé par Platon dans des contextes où l'on parle de l'âme ; c) dans ces contextes, on retrouve un jeu « dialectique » où unité et pluralité sont tout à la fois opposées et complémentaires. En *Sophiste*, 253 d 5-e 2, la dialectique de l'unité et de la pluralité des ἰδέαι se trouve déployée dans un vocabulaire dont, dans le *Timée*, Platon fait usage pour expliquer comment l'âme

1. Voir p. 390.

peut conserver son unité tout en étant déployée dans un corps, celui du monde ou celui de l'être humain, qui fait surgir en elle une certaine pluralité. En d'autres termes, je ne veux pas dire que la dialectique porte exclusivement sur l'âme dans son rapport avec le corps, mais que le rapport de l'âme avec le corps illustre à merveille l'opposition et la complémentarité de l'un et du plusieurs, de la division et du rassemblement.

On pourrait être tenté de repousser cette lecture en raison du contexte de ce passage dans le *Sophiste*. Car la distinction va porter sur la participation des grands Genres entre eux : on se trouve alors au niveau des Formes, non à celui de l'âme. Cette objection ne tient pas vraiment à mes yeux. Car à ce stade de la discussion dans le *Sophiste*, il suffit de donner un exemple des différentes procédures à l'œuvre dans la dialectique, en prenant l'exemple de l'âme, pour introduire le développement sur les cinq grands Genres. En d'autres termes, je remets en question l'axiome présidant à la lecture et à l'interprétation de ce passage, un axiome qui remonte à J. Stenzel, suivant lequel la dialectique porte toujours sur des Formes ou des Genres. En dernière analyse, la dialectique porte sur les Formes ou les Genres, et en cela Monique Dixsaut a raison de soutenir cette position, mais le point de départ du processus de division et de rassemblement peut se trouver au niveau des corps ou mieux de celui des âmes. La lecture que je propose de *Sophiste*, 253 d 5-e 2 n'est donc pas révolutionnaire au niveau de la doctrine, même si je pense avoir montré que la dialectique peut au point de départ porter sur un objet qui n'est pas intelligible, à savoir l'âme; mais une telle lecture me paraît être plus fidèle au texte et permettre de mieux cerner la démarche de Platon dans cette partie du dialogue.

ÉLOGE D'UNE DÉESSE
NOTE SUR LE THÈME DU *TIMÉE* DE PLATON

DOMINIC J. O'MEARA

Le thème du *Timée* de Platon n'est-il pas, comme chacun le sait, la genèse du monde et de l'homme, tout simplement ? Certes, mais pas « tout simplement » ! Car si nous donnons au mot « thème » un sens rhétorique et entendons par là le lieu et la fonction rhétoriques du récit cosmogonique donné par Timée, récit qui compose la très grande partie du texte de Platon, nous devrions dire, comme nous le verrons, qu'il s'agit dans le texte de l'éloge d'une déesse, Athéna. Il serait peut-être utile d'élaborer cette remarque d'une manière plus poussée, intégrant des observations déjà faites, ici et là, pour en suggérer les éventuelles conséquences. C'est ce que je tenterai de faire dans les lignes suivantes, présentées comme hommage modeste à une grande lectrice de Platon.

I

La mise en scène du *Timée* est la suivante. La fête des Panathénées est en cours à Athènes (21 a, 26 e 3), sans qu'il soit clairement indiqué dans le texte s'il s'agit des Petites ou des Grandes Panathénées. Socrate retrouve ses hôtes de la veille : Timée, Hermocrate et Critias. Un quatrième hôte manque, indisposé (17 a 4). Comme Socrate avait reçu en fête ses hôtes (διαιτυμόνων) le jour d'avant, ainsi vont-ils le recevoir aujourd'hui pour lui proposer un festin (ἑστιαρόρων) en retour (17 a 1-3). Hospitalité et réciprocité lient les protagonistes du texte : Socrate et Critias, citoyens d'Athènes, et les visiteurs étrangers, venus de la Grande Grèce, Timée et Hermocrate[1]. Socrate recevait les autres en fête le jour d'avant, ils le reçoivent en fête maintenant.

1. Le quatrième hôte de Socrate, qui est absent, est venu probablement aussi de la Grande Grèce, comme l'a remarqué Atticus (rapporté par Proclus, *Commentaire sur le Timée*, éd. E. Diehl, Leipzig, Teubner, 1903, I, p. 20, 20-27). Car Socrate s'en informe auprès de Timée, comme d'un compagnon de Timée (17 a 1-2).

Tout ceci dans le cadre plus large de la fête d'Athéna à laquelle les visiteurs étrangers sont sans doute venus assister. Nous nous rappelons[1] la visite d'autres prestigieux personnages de la Grande Grèce, Parménide et Zénon, aux fêtes des Panathénées, quand Socrate, encore assez jeune, les avait rencontrés (*Parménide* 127 b).

La terminologie festive des premières pages du *Timée* (ἑστίασις, ξένια[2]), festin pour hôtes étrangers et citoyens, évoque un banquet, banquet public (celui des Panathénées) et banquet privé (celui de Socrate et de ses convives), repas festifs et convivialité avec échange de discours[3]. Socrate se comporte en symposiarche, non pas en symposiarche peu convaincant, tel Eryximaque qui veut se faire passer pour le gestionnaire de la série des discours sur l'amour du *Banquet* de Platon[4], mais en bon symposiarche qui, avec l'accord des convives, ordonne et distribue les tâches[5] – à savoir les thèmes à traiter par chaque convive dans le discours qu'il doit donner – et dont les indications et l'avis sont observés avec minutie par ses compagnons. Ainsi, Socrate de leur dire :

> Maintenant que j'ai rempli ma tâche, je vous ai donc à mon tour assigné celle que je vous ai indiquée. Or, après avoir examiné la chose en commun, vous avez convenu entre vous de me rendre aujourd'hui mon festin oratoire (ξένια). Me voici donc paré pour la fête, et le plus empressé de tous pour recevoir (ce qu'on m'offrira)[6].

Et Critias de lui dire un peu plus loin :

> Tous ensemble, en unissant nos efforts, nous allons tâcher de satisfaire le mieux possible à tes prescriptions. Il faut donc examiner, Socrate, si ce discours est à notre gré, ou s'il faut chercher autre chose à la place (26 d 5-e 1).

En tant que symposiarche, Socrate doit veiller au respect de certaines exigences. Les convives doivent proposer, par exemple, de donner chacun un discours en rapport avec ses compétences propres. Ainsi Socrate se déclare-t-il non compétent en ce qui concerne les matières des discours qui seront donnés par ses convives, dont les compétences spécifiques par rapport à la matière de chaque

1. Proclus, *Commentaire sur le Timée* I, p. 84, 21-85, 4 (Proclus donne toutefois de ce rapprochement une lecture métaphysique).

2. Voir 17 b 2-3, 20 c 1, 27 a 2, 27 b 8.

3. Sur les termes ἑστίασις et ξένια, voir P. Schmitt Pantel, *La Cité au banquet*, Rome, École française de Rome, 1992, p. 126-130 et p. 164-165. Proclus fait un rapprochement (I, p. 18, 9-11) avec le banquet des dieux dans le *Phèdre* (247 a). Sur l'aspect festif des discours du *Timée*, voir S. Slaveva-Griffin, « "A Feast of Speeches" : Form and Content in Plato's *Timaeus* », *Hermes* 133, 2005, 312-327.

4. Comme le fait remarquer K. Dover, *Plato. Symposium*, Cambridge, Cambridge University Press, 1980, p. 11, qui se réfère notamment au *Banq.*, 214 a-c et 176 e-177 d.

5. Noter le vocabulaire du symposiarche qui ordonne les tâches (ἐπιτάττειν) dans le *Banq.*, 214 b 8 et dans le *Tim.*, 17 b 5, 20 b 6, 20 d 2, 26 a 4, 26 d 6. Sur le bon symposiarche, cf. *Lois*, 640 b-641 a.

6. 20 b 6-c 3. Je cite la traduction de L. Brisson, *Platon. Timée Critias*, Paris, GF-Flammarion, 1992.

discours sont établies[1]. Socrate, en tant que bon symposiarche, doit veiller aussi sans doute sur le rapport de chaque discours au thème du banquet. Mais quel est donc le thème du banquet de discours, entamé déjà la veille, qui réunit Socrate, Timée, Hermocrate et Critias ?

Dans le *Banquet*, le thème des discours est le dieu Eros : chaque discours doit en faire l'éloge. Ici, dans le *Timée*, dans le cadre faste des Panathénées, le thème semble bien être la déesse Athéna, dont les discours feront l'éloge. En effet, Critias pense que les discours que Timée, lui-même et Hermocrate voudraient proposer à Socrate permettraient

> en même temps de te rendre grâce et de faire un éloge vrai et mérité de la déesse, en cette panégyrie; ce serait effectivement comme si nous lui adressions un hymne (21 a 1-3).

Pour s'assurer que le discours qu'il envisage convient bien, Critias en présente un aperçu, les « points principaux » (26 c 6), projet que Socrate approuve. Le discours que se propose de donner Critias sera prolongé par celui que donnera Hermocrate et préfacé par le discours que prononcera Timée, la suite des trois discours étant présentée en guise d'éloge à Athéna.

On a comparé cette succession de discours avec le concours des rhapsodes aux Panathénées, qui devaient se relayer dans la récitation de la poésie d'Homère[2]. On a remarqué également l'analogie entre l'exploit de l'ancienne Athènes, ville d'Athéna, contre l'Atlantide, tel qu'il sera raconté dans les discours prévus dans le *Timée*, et l'exploit d'Athéna, sa victoire sur les Géants, tel qu'il est représenté sur la robe nouvelle, le *peplos*, présentée à la déesse à la fin de la procession des Panathénées : les discours prévus dans le *Timée* seraient ainsi comme des offrandes à la déesse[3].

II

Mais qu'en est-il du discours qu'avait donné Socrate la veille ? Se rapportait-il au même thème ? Était-il consacré aussi à la déesse, tout comme le festin nocturne (παννυχίς), qui précédait, la veille, la grande procession des Panathénées ? Il

1. 19 d, 19 e-20 b, 27 a 3-5. Sur la compétence des orateurs voir *Banq.*, 177 d 7-e 3 : cette compétence peut être rhétorique, apparente, illusoire (198 b-d), ou fondée sur une vraie connaissance en la matière, que possède Socrate grâce à l'enseignement qu'il a reçu de Diotime (201 d).

2. G. Nagy, *Plato's Rhapsody and Homer's Music* : *The Poetics of the Panathenaic Festival in Classical Athens*, Washington D.C., Harvard University Press, 2002, p. 56, 59-61. De cette comparaison nous pourrions tirer la conclusion que les Panathénées auxquelles se rattache le *Timée* sont bien les Grandes (au cours desquelles avait lieu le concours des rhapsodes) et non pas (comme le pense Proclus) les Petites (voir *infra*, n. 1, p. 401). Dans l'*Ion*, Socrate s'entretient avec un rhapsode qui veut gagner le concours des Grandes Panathénées (530 b).

3. P. Hadot, « Physique et poésie dans le *Timée* de Platon », dans ses *Études de philosophie ancienne*, Paris, Les Belles Lettres, 1998, p. 282, 294 (reprenant en partie une suggestion que l'on trouve chez Proclus).

serait surprenant que cela ne soit pas le cas. Mais pour s'en assurer il convient de regarder de plus près les matières des discours du banquet du *Timée*.

Critias se propose, en guise d'éloge d'Athéna, de raconter l'histoire de l'ancienne Athènes, dont les Athéniens d'aujourd'hui n'ont conservé aucun souvenir. En effet, Athéna était la fondatrice de l'ancienne Athènes, elle l'a nourrie et l'a élevée (23 d 5-e 2). Cette cité avait reçu de la déesse son emplacement propice, ses bonnes institutions et ses sciences[1], qui en faisaient la réplique, projetée dans un lointain passé, de la cité excellente (ἀρίστη, 17 c 3) que Socrate avait décrite dans son discours de la veille. Critias est en mesure de faire le récit de cette Athènes oubliée des Athéniens, car le récit lui avait été transmis par ses ancêtres et remontait à Solon. Solon l'avait reçu à son tour d'un prêtre de Saïs, ville égyptienne fondée, mille ans après l'ancienne Athènes, par Neith, déesse identifiée à Athéna (21 e 5-6), une cité d'une structure politique semblable à celle de l'ancienne Athènes (24 a-d) et qui avait préservé la mémoire de sa cité-sœur disparue. Habilité ainsi par la transmission familiale, depuis la visite de Solon à Saïs, de l'histoire de l'ancienne Athènes, Critias lui consacrera son discours, ce qu'il fait dans le *Critias*.

Le *Critias* nous est parvenu inachevé et le discours de Critias ne dépasse guère la description de la structure politique de l'ancienne Athènes, alors que l'objectif du programme des discours des convives est de montrer cette Athènes en action, réalisant un exploit insigne, sa victoire sur l'Atlantide. On peut donc supposer que le discours de Critias devait se prolonger et aboutir sur le récit de la guerre entre Athènes et l'Atlantide et de la victoire d'Athènes. Nous ne savons pas à quel moment Hermocrate devait prendre le relais, à quel moment du récit son discours devait intervenir. Mais s'il s'agit bien, dans ce personnage, du général de Syracuse qui sera particulièrement dangereux pour les Athéniens actuels, nous pouvons supposer que le principe de l'accord entre les compétences de l'orateur et la matière de son discours voudrait que ce soit en particulier les faits de guerre de l'ancienne Athènes, l'histoire de sa victoire sur l'Atlantide, qui devaient lui revenir comme tâche. À l'autre hôte étranger, Timée, revient la tâche de préparer le récit qu'entamera Critias, en racontant la genèse du monde et de l'homme, genèse dans laquelle va se situer la fondation de l'ancienne Athènes. Ici aussi la compétence de l'orateur est déterminante : Timée possède les connaissances scientifiques nécessaires (notamment astronomiques) pour entreprendre un tel discours (27 a).

Nous revenons ainsi au premier discours de la série, celui de Socrate, donné la veille, portant sur une cité excellente. Peut-on associer cette cité à Athéna et concevoir le discours tenu par Socrate la veille comme un éloge de la déesse, comme l'est la série de discours de ses convives ?

Socrate résume, au début du *Timée*, les points principaux (ἐν κεφαλαίοις, 19 a 8) de son discours de la veille, en guise de rappel, tout comme Critias présente les points principaux (ἐν κεφαλαίοις, 26 c 6) du récit de l'ancienne Athènes, en

1. 24 a 2-d 6 ; voir *Critias*, 109 c 8-d 2.

guise d'avant-goût du discours qu'il se propose de donner. Le rappel du discours de Socrate évoque à bien des égards la description de la cité idéale de la *République*. Mais il semble difficile d'identifier la *République* comme étant le discours que Socrate a tenu la veille. Car la discussion de la *République* est liée à la fête de Bendis, fête ayant lieu au mois de Thargélion, deux mois avant les Panathénées (au mois de Hécatombaion)[1]. Aussi, le rappel proposé par Socrate de son discours tenu la veille est-il curieusement sélectif, si on le compare à la *République*[2]. Enfin, ajouterais-je, il devait s'agir la veille, non pas d'une discussion, comme dans la *République*, mais d'un discours continu prononcé par Socrate dans le cadre d'un banquet, tout comme le sont les discours qui vont le relayer maintenant et le prolonger. Ainsi, Socrate dit-il aux autres, sa tâche accomplie :

> A vous de parler ! Quant à moi, j'ai, avec l'exposé (λόγων) que j'ai fait hier, acquis le droit de me reposer maintenant, en vous écoutant (ἀντακούειν, 26 e 7-27 a 1).

Platon n'a sans doute pas écrit le discours tenu par Socrate la veille. Mais en replaçant ce discours dans le cadre du programme des discours organisé par Socrate dans le *Timée*, nous pouvons penser, non sans raison, que le premier discours du programme, celui de Socrate donné la veille, n'était pas la *République*[3], mais un discours de la République excellente (sans italiques !) dont il s'agira aussi, sous la forme de l'ancienne Athènes, dans les autres discours donnés par les convives.

Les trois autres discours ont pour tâche de montrer l'excellente cité du discours de Socrate en marche, en action, réalisant des exploits à la mesure de sa valeur (19 b, 20 e-21 a, 26 cd). Or cela est rendu possible par l'heureuse correspondance (25 e) entre la cité décrite par Socrate et la structure politique de l'ancienne Athènes (et de Saïs, détentrice de sa mémoire). Cette correspondance rend ainsi possible le projet de voir la cité excellente de Socrate en marche, en action. En effet cette cité excellente, c'est l'ancienne Athènes, fondée par la déesse dans un passé oublié, qui peut l'animer. Il y a ainsi une continuité liant la cité du discours tenu par Socrate la veille à celle dont le destin est raconté par les autres convives. Comme cette dernière peut servir d'éloge de sa déesse fondatrice

1. Voir D. Clay, « The Plan of Plato's *Critias* », dans T. Calvo, L. Brisson (éd.), *Interpreting the* Timaeus-Critias, Sankt Augustin, Academia Verlag, 1997, p. 50-51. Comme Proclus identifie le discours de la veille de Socrate avec la *République*, il se trouve obligé d'associer le *Timée*, non pas avec les Grandes Panathénées (qui, il le sait, avaient lieu vers la fin du mois de Hécatombaion), mais avec les Petites, qu'il pense (à tort) pouvoir situer dans le mois de Thargélion, c'est-à-dire à la période où se situe la discussion dans la *République* (voir les notes de A. J. Festugière, *Proclus. Commentaire sur le* Timée, Paris, Vrin, 1966, p. 55, n. 1 ; p. 121, n. 2).

2. Voir, par exemple, Clay, art.cit. p. 50-51, et M. Vegetti, « L'autocritica di Platone : il *Timeo* e le *Leggi* », dans M. Vegetti, M. Abbate (éd.), *La Repubblica di Platone nella tradizione antica*, Napoli, Bibliopolis, 1999, p. 13-27 (avec la note bibliographique p. 14, n. 2).

3. Ce qui ne veut pas dire que le discours de Socrate de la veille ne correspondait pas, dans son contenu, aux idées politiques exposées dans la *République*.

et nourrice, ainsi la première trouve en la déesse sa mise au monde, et ainsi en devient aussi l'éloge[1].

III

Pourquoi Platon n'a-t-il pas rédigé le discours tenu par Socrate la veille ? Peut-être que le résumé de Socrate et les discours de Timée, de Critias et de Hermocrate pouvaient suffire, dans l'économie du programme des discours prévu par Platon. Pourquoi le discours de Critias, le *Critias*, est-il transmis dans un état inachevé ? Pourquoi Platon n'a-t-il pas pu, ou voulu, rédiger le discours d'Hermocrate? Autant de questions[2] qui ne recevront jamais de réponse, sans doute.

Cependant, l'étude du programme du festin de discours que se sont proposés Socrate, Critias et leurs hôtes étrangers permet de replacer le torse qu'est le *Timée-Critias* dans une perspective plus large comportant un équilibre thématique particulier. Privé (intentionnellement ?) du discours de Socrate, au début, et amputé de la suite du discours de Critias et de celui d'Hermocrate, à la fin du bloc *Timée-Critias*, le programme des discours du banquet, explicité dans le *Timée*, intègre le récit de la genèse du monde et de l'homme dans un cadre beaucoup plus vaste, celui de la présentation de la cité excellente, et dans sa constitution, et dans son fonctionnement légendaire, sous l'égide de sa fondatrice, Athéna, qui trouve par là les éloges qui lui reviennent en ces jours de fête. Mais cette Athéna est la déesse inspiratrice de la vie politique, non pas de la cité qui la fête maintenant en public, mais d'une cité tout autre, dont la vertu a permis jadis la défaite de l'Atlantide, une cité qu'évoquent Socrate et ses convives[3].

1. M. Erler, « Ideal und Geschichte. Die Rahmengespräche des *Timaios* und *Kritias* und Aristoteles' *Poetik* », dans *Interpreting the* Timaeus-Critias, *op. cit.*, p. 90-91, rapproche à juste titre le récit des hauts faits de l'ancienne Athènes dans le *Timée* du récit des *praxeis* glorieuses exigé par le genre littéraire de l'*encomium*, ce récit complétant l'éloge de la *phusis* et de la *paideia* (points devant figurer aussi dans un éloge) de l'excellente cité prononcé par Socrate la veille. Mais l'éloge de la cité est l'éloge de sa fondatrice et bienfaitrice, la déesse Athéna.

2. Voir, par exemple, Clay, art. cit., p. 51-54.

3. Je voudrais remercier Christopher Rowe pour ses conseils.

DEUXIÈME PARTIE

LA TRADITION PLATONICIENNE

LES ANCIENS …

PASSIONS ET DÉLITS PASSIONNELS CHEZ PLATON ET ARISTOTE

THUMOS CONTRE *HUBRIS* OU LA LÉGITIMITÉ DU CRIME[1]

CRISTINA VIANO

La législation pénale est l'un des domaines les plus philosophiques du droit, puisqu'elle concerne directement les passions humaines qui jouent à la fois le rôle causal de mobiles d'un acte criminel et le rôle instrumental d'outils persuasifs pour influencer les juges au tribunal pendant un procès.

Les informations que nous possédons sur les crimes passionnels et l'évaluation des passions dans le droit attique sont, comme toute autre information qui le concerne, fragmentaires. Nos sources sont essentiellement les témoignages des poètes, des orateurs, des historiens mais aussi des philosophes, et notamment de Platon et d'Aristote, qui naturellement abordent ce thème dans une perspective « philosophique », en liaison étroite avec leurs théories éthiques, politiques et psychologiques.

Je voudrais ici analyser et comparer les opinions de Platon et d'Aristote sur les délits passionnels, leur évaluation morale et juridique des états émotifs, et notamment dans le cas de ces délits où l'on voit la plus paradigmatique des passions réagir contre la plus paradigmatique des injustices, à savoir les meurtres dictés par la colère en réponse à un outrage. En effet, un acte d'*hubris* était l'injustice la plus grave que pouvait subir un citoyen de la *polis*, une offense intolérable qui compromettait à la fois son identité privée et publique, son honneur et sa réputation, sa raison même d'exister dans la communauté des hommes. Au point que, dans certain cas, comme le viol et l'adultère, le droit attique considérait légitime l'assassinat de l'auteur de l'outrage de la part de sa victime ou de ses proches. Les opinions de Platon et d'Aristote sur la gravité morale et juridique de l'outrage concordent, tout comme ils approuvent la légitimité de certains

1. Cette recherche a été commencée en octobre 2005, lors de mon séjour au Center for Advanced Studies in Humanities of Edinburgh, que je tiens à remercier pour sa chaleureuse hospitalité. Une première version a été présentée au colloque international « Emotions over Time » (Rethimnon, décembre 2005), organisé par l'Université de Crète et soutenu par la Fondation Costopoulos. Je remercie David Konstan, Melissa Lane et Jocelyne Wilhelm pour leurs précieuses suggestions.

meurtres en réponse à cette offense. Mais leurs évaluations de la colère sont très différentes et témoignent d'un désaccord radical à l'égard du rôle du facteur passionnel dans les actions humaines.

PLATON, *LOIS* IX

Platon nous offre une exposition complète de ses principes de droit pénal dans le livre IX des *Lois*. Comme l'a bien remarqué Saunders, le code pénal platonicien est un mélange d'innovation et de conservatisme radical[1]. Il s'agit d'une construction très complexe où souvent le même objet est soumis à différents critères de classement; je me limiterai ici aux points essentiels.

Toute la construction juridique de Platon se fonde, de manière paradoxale, sur la théorie de l'injustice involontaire (860 d). Selon cette théorie toute action injuste est involontaire et naît de l'ignorance, du moment que le fait de bien agir rend heureux et le fait de mal agir rend malheureux. Dans le droit criminel platonicien, la distinction entre volontaire (ἑκούσιον) et involontaire (ἀκούσιον) garde sa valeur indépendamment de l'action injuste (ἀδικία) et se situe sur un autre plan, celui du dommage (βλάβη). Dans cette perspective, la loi doit prévoir la punition de l'injustice et la réparation du dommage. Mais, du moment que personne ne commet le mal volontairement, Platon attribue la cause d'une action mauvaise à une erreur psychique, à une pathologie de l'âme guérissable ou, dans les cas les plus graves, incurable. La punition décrétée par la loi a justement pour fonction de « guérir », c'est-à-dire d'extirper la passion négative de manière à ce que l'individu ne soit plus un danger pour la société et pour lui-même et, dans les cas incurables, de le supprimer tout simplement.

Le degré de responsabilité dans les crimes est déterminé par des critères essentiellement psychologiques. Platon commence par distinguer trois causes de fautes (ἁμάρτημα) : l'emportement (θυμός), le plaisir (ἡδονή) et l'ignorance (ἄγνοια). Cette classification concerne les passions qui dominent à l'intérieur de l'âme. Alors que l'ignorance est essentiellement un manque ou bien une illusion rationnelle, l'emportement et le plaisir sont les véritables causes actives des crimes, elles sont décrites par l'Athénien comme deux « forces » (ῥῶμαι) contraires agissant dans l'âme et difficiles à maîtriser :

> Évidemment vos conversations et vos informations mutuelles vous apprennent au moins au sujet de l'âme que l'une de ses affections ou de ses parties constitutives, l'emportement (εἴτε τι πάθος εἴτε τι μέρος ὢν ὁ θυμός), élément naturellement querelleur et difficilement maîtrisable bouleverse bien des choses par sa violence irraisonnée (ἀλογίστῳ βίᾳ) [...]. Or le plaisir est, d'après nous, différent de l'emportement et c'est, à notre avis encore, une force contraire (ἐξ ἐναντίας...

1. T.J. Saunders, *Plato's Penal Code, Tradition, Controversy, and Reform in Greek Penology*, Oxford, Oxford University Press, 1991, Introd., p. 2; voir aussi L. Gernet, Platon, *Les Lois*, texte, trad. et éd. E. des Places, introd. A. Diès, L. Gernet, Paris, Les Belles Lettres, 1951, 2 volumes, vol. I, Introd., p. 205, qui définit le code pénal de Platon comme l'œuvre d'un réformateur et d'un juriste.

ῥώμης) qui le rend capable, par la persuasion unie à la tromperie sans violence (πειθοῖ μετὰ ἀπάτης οὐ βιᾴ), de réaliser tout ce que veut son désir (863 a-b).

Dans cette description on remarque immédiatement que Platon hésite à attribuer au *thumos* le statut d'une passion ou celui d'une partie constitutive de l'âme. J'ai traduit *thumos* par « emportement » parce que « colère » désigne plutôt le *pathos*, alors qu'emportement peut désigner aussi bien la partie irascible de l'âme que la passion qui lui est propre. Ce sera Aristote qui distinguera nettement entre *thumos*-faculté de l'âme et *thumos*-passion, c'est-à-dire la colère (ὀργή), au moyen du binôme puissance – acte. S'il continue à utiliser le terme *thumos*, dans certains contextes, pour désigner aussi bien le désir impulsif et la colère (ce qui arrive fréquemment dans la *Rhétorique*, où le langage est intentionnellement moins précis), c'est aussi parce qu'on peut considérer la colère comme la passion paradigmatique du *thumos*. On remarquera aussi que chez Platon le *thumos* est caractérisé de manière négative et notamment par sa violence irrationnelle. Le désir du plaisir en revanche est caractérisé par la tromperie sans violence.

Un peu plus loin (864 c), Platon classe les fautes selon trois espèces correspondant aux états psychiques de celui qui les accomplit : a) colère et crainte ; b) plaisir et désir ; c) ignorance. À cela il faut ajouter l'application des lois selon deux catégories qui correspondent à la manière d'agir des coupables : 1) les actes commis par violence et ouvertement (βιαίων καὶ συμφανῶν) ; 2) les actes commis en secret, dans l'ombre et par tromperie (μετὰ σκότους καὶ ἀπάτης λαθραίως).

Tous ces éléments, les états psychiques et la manière d'agir, convergent dans l'établissement des critères de classement des crimes, et tout particulièrement des meurtres. Platon les classe selon une gradation progressive de gravité :

a) involontaires (ἀκούσια)
b) par colère (θυμοῦ)
c) volontaires (ἑκούσια)

Une classe à part est constituée par d) les meurtres où l'auteur est exempt de crime (καθαρὸς ἐν τῷ νόμῳ).

(a) Les meurtres involontaires, souvent violents, sont accomplis sans préméditation, par exemple quelqu'un tue un ami dans une lutte ou en guerre, ou encore un médecin qui tue accidentellement son patient en lui administrant un breuvage destiné à le guérir.

(b) Quant aux meurtres dictés par la colère, ils sont difficiles à classer (χαλεποὶ διορίζειν, 867 b). Ils occupent une place intermédiaire entre les actes volontaires et les actes involontaires (μεταξὺ δέ που τοῦ τε ἑκουσίου καὶ ἀκουσίου, 867 a), ou plus exactement une place doublement intermédiaire parce qu'ils sont de deux espèces, et chacune d'elles penche vers l'un des deux côtés sans pourtant s'identifier à l'un ou à l'autre. Platon distingue en effet (b. 1) l'homicide sans intention délibérée (ἀπροβουλεύτως, 866 e), suivi du repentir, accompli par celui dont la colère éclate soudain avec violence, de (b. 2) l'homicide prémédité (μετὰ ἐπιβουλῆς, 867 a) de celui qui, « outragé par des paroles injurieuses ou des actes déshonorants (προπηλακισθέντες [de προπηλακίζω] λόγοις ἢ καὶ ἀτίμοις ἔργοις, 866 e) », garde sa colère et poursuit sa vengeance en tuant plus tard et sans regret. Les crimes du premier type sont les moins graves et ressemblent aux crimes involontaires. Ceux du deuxième type sont les plus graves et ressemblent aux crimes volontaires. La peine prévue est plus longue (trois ans d'exil contre les deux attribués aux crimes commis par colère involontaire) afin de châtier et de guérir cette passion nocive qu'est la colère. Dans les cas incurables, le coupable sera banni sans retour et s'il tente de revenir, supprimé. Platon consacre une longue analyse aux meurtres dictés par la colère, et notamment aux crimes entre parents. On remarquera que cette passion est toujours considérée comme négative. De même, il n'y a aucune acceptation de la vengeance comme compensation psychologique[1]. Seulement dans le traitement de la punition de l'homicide volontaire, Platon fait appel à l'usage archaïque consistant à confier le meurtrier à la famille du mort pour qu'il exerce son droit de vengeance.

(c) Les meurtres volontaires (869 e) sont prémédités et sont commis quand on est dominé par les plaisirs, les désirs sensuels et l'envie.

La prise en considération de la colère comme catégorie indépendante dans la classification des meurtres semble bien être une nouveauté[2] introduite par Platon par rapport au droit attique, qui devait se limiter à mettre l'accent sur la distinction plus générale entre crimes volontaires et involontaires. Ce qui est nouveau chez Platon, c'est l'intérêt pour le facteur émotif dans un contexte de droit pénal. Comme nous le verrons, l'importance de la colère sera amplifiée par Aristote, qui en accentuera le caractère irrésistible et non prémédité, et qui en soulignera, contrairement à Platon, la nature positive de juste réaction à une offense.

Quant aux meurtres exempts de crime (d), les circonstances qui les rendent légitimes sont les suivantes :

> Quant aux meurtres dont l'auteur sera jugé exempt de crime et aux circonstances qui légitimeront cette exemption, les voici (ὧν δε ὁ κτείνας ἐφ' οἷς τε ὀρθῶς ἂν καθαρὸς εἴη, τάδε ἔστω). Un voleur qui s'introduit de nuit pour dérober quelque bien, le prendre et le tuer sera sans crime ; tuer, pour sa propre défense, un pillard, sera sans crime ; si quelqu'un fait violence (βιάζηταί τις ἢ παῖδα περὶ τὰ ἀφροδίσια) à une femme libre ou à un jeune garçon, celui ou celle à qui il aura fait outrage (ὑπό τε τοῦ ὑβρισθέντος βία), son père, ses frères, ses fils, le tueront impunément ; si un homme voit violenter (βιαζομένη) sa femme légitime et tue celui qui la violente, il sera sans crime selon la loi (ἔστω καθαρὸς ἐν τῷ νόμῳ) ; si un homme tue quelqu'un pour secourir, menacés de mort sans être aucunement coupables, son père, sa mère, ses enfants, ses frères ou la mère de ses enfants, il sera en tous points exempt de crime (874 b-d).

1. Dans le *Protagoras*, Platon exclut la vengeance de la punition parce qu'on ne peut pas effacer le passé : « Celui qui a souci de punir intelligemment ne frappe pas à cause du passé – car ce qui est fait est fait – mais en prévision de l'avenir, afin que ni le coupable ni les témoins de sa punition ne soient tentés de recommencer » (324 b).

2. Saunders, *op. cit.*, p. 225.

Le premier, le deuxième et le dernier cas se rapportent essentiellement à des cas de légitime défense de soi ou de ses proches contre une agression, mais le troisième et le quatrième cas apparaissent comme des cas de colère provoquée « par des actes déshonorants (ἀτίμοις ἔργοις, 866 e) ». Il s'agit d'outrages (*cf.* ὑπό τε τοῦ ὑβρισθέντος βία) sexuels, viol et adultère, dont Platon souligne la composante de violence (*cf.* βιάζηται). Cette liste est conforme aux cas prévus par les lois athéniennes sur l'homicide et l'adultère qu'on a pu reconstituer d'après les témoignages[1]. De fait, par rapport à la loi attique, Platon souligne la composante de violence dans les actes sexuels illicites, alors que la loi semblait souligner plutôt la gravité de l'*hubris*, du desonnheur que ces actes impliquaient[2]. Bien que le moteur psychique de ces meurtres soit évidemment la colère, on remarquera que ni celle-ci ni la vengeance ne sont mentionnées ici par Platon. En effet, ce n'est pas la passion qui justifie le meurtre légal mais les circonstances dans lesquelles le meurtrier s'est retrouvé et surtout le haut degré d'injustice de l'offense reçue.

ARISTOTE

Aristote élabore et systématise les théories juridiques de Platon sur les passions et les crimes. Comme Platon, Aristote prend son point de départ dans la distinction entre volontaire et involontaire et classe les actions humaines selon les états psychiques des hommes. Mais sa conception de la responsabilité morale, son évaluation des passions, et notamment de la colère, sont très différentes et s'appuient sur des principes anthropologiques, psychologiques et, en dernière instance, métaphysiques très différents.

Malheureusement Aristote ne nous offre pas un exposé systématique de ses réflexions sur le droit pénal comme le fait Platon dans le livre IX des *Lois*. Comme il arrive parfois, on ne trouvera pas chez lui une définition générale de la loi ou des délits passionnels mais des analyses concernant les divers aspects de ces notions selon différents contextes.

La principale source des idées aristotéliciennes sur la fonction des passions dans le droit pénal se trouve surtout dans la *Rhétorique*, où Aristote, en traitant le genre judiciaire, analyse les passions dans la double perspective des mobiles de l'acte injuste (I, 10) et des outils techniques pour influencer les juges au tribunal (II, 2-11). En particulier, la longue analyse des passions en tant que « preuves techniques » (*pisteis entechnoi*), morales et subjectives, du livre II dépasse largement son but purement technique. Elle nous offre l'examen le plus complet des mécanismes complexes d'action et réaction des émotions fondamentales que nous pouvons trouver dans le corpus aristotélicien.

1. *Ibid.*, p. 243.

2. En effet, il existait alors les actions publiques d'outrage (γραφὴ ὕβρεως), d'adultère (γραφὴ μοιχείας) et l'action privée de violence (δίκη βίαιον). La loi de Dracon admettait la légitimité de tel meurtre, *cf.* E. Cantarella, « Adultère (Grèce) », dans J. Leclant (dir.), *Dictionnaire de l'Antiquité*, Paris, P.U.F., 2005, p. 22.

Je commencerai donc par résumer les aspects fondamentaux de la conception aristotélicienne de la colère comme cause de l'action, en m'appuyant sur l'analyse de *Rhétorique* II et sur l'*Ethique à Nicomaque*. Je voudrais ensuite analyser deux passages de l'*Eth. Nic.* où il me semble que la référence intentionnelle à des concepts et à des situations juridiques constitue une partie essentielle de l'argumentation d'Aristote.

Le portrait de la colère dans la « Rhétorique des passions ».

En *Rhet.* II, la colère (ὀργή), est la passion abordée en premier et le plus longuement. Aristote la définit ainsi :

> Admettons que la *colère* est un désir pénible de vengeance manifeste provoqué par un dédain manifeste en ce qui regarde notre personne ou celle des nôtres, ce dédain n'étant pas mérité (Ἔστω δὴ ὀργὴ ὄρεξις μετὰ λύπης τιμωρίας φαινομένης διὰ φαινομένην ὀλιγωρίαν εἰς αὐτὸν ἤ τι τῶν αὐτοῦ, τοῦ ὀλιγωρεῖν μὴ προσήκοντος). Si c'est bien en cela que consiste la colère, il s'ensuit nécessairement d'abord que l'on se met toujours en colère contre un individu déterminé, par exemple Cléon, et non pas contre l'homme en général ; ensuite que l'on a fait ou voulu faire contre nous-mêmes ou l'un des nôtres une action déterminée ; en troisième lieu, qu'à tout mouvement de colère est consécutif un plaisir (πάσῃ ὀργῇ ἕπεσθαί τινα ἡδονήν) dû à l'espoir de se venger (II 2, 1378 a 30-b 1).

Dans cette définition, la colère apparaît clairement comme une émotion « par réaction » et notamment à cette forme de provocation qui est un dédain manifeste et immérité. Le dédain est une opinion qui attribue peu de valeur à quelque chose (περὶ τὸ μηδενὸς ἄξιον). Dans les rapports humains, nier publiquement la valeur de quelqu'un signifie affirmer son infériorité et mettre en crise sa position dans la société[1].

Les variétés du dédain (καταφρόνησις) sont : mépris (ὀλιγωρία), vexation (ἐπηρεασμός) outrage (ὕβρις), irrespect (ἀτιμία, qui est une forme d'outrage). L'*hubris* mérite une attention particulière :

> L'outrage consiste en des actes ou des paroles qui peuvent faire éprouver de la honte (αἰσχύνη) au patient sans d'autre but que ce résultat et pour le simple plaisir : rendre la pareille n'est pas, en effet, outrager, mais se venger. La cause du plaisir pour ceux qui outragent, c'est qu'ils croient, en faisant du mal, mieux affirmer leur supériorité (ὑπερέχειν) (1378 b 23).

1. D. Konstan, « Aristotle on anger and the emotions : the strategies of status », dans S. Braund, G.W. Most, *Ancient Anger. Perspectives from Homer to Galen*, Cambridge, Cambridge University Press, 2004, p. 99-120, attire l'attention sur les deux aspects fondamentaux caractérisant la colère : la perception d'un mépris et le désir de vengeance. Il souligne bien que l'égalité défendue par les tribunaux athéniens consistait en une vigilance continue et universelle à protéger la réputation et les bien matériels de l'individu (p. 118-119).

La honte est définie plus loin (6, 1383 b 12) comme « une peine ou un trouble relatifs aux vices présents, passés ou futurs qui semblent entraîner la perte de la réputation (εἰς ἀδοξίαν) »[1].

Dans le monde grec, l'*hubris* désigne l'injustice la plus grave, le paradigme de l'acte injuste, l'antithèse même du droit[2] et la cause première de la στάσις dans la communauté politique. Dans le livre V de la *Politique*, l'*hubris* est analysée en effet parmi les causes de la destruction de la tyrannie[3].

En *Rhet.*, I 13, 1374 a 11, Aristote donne la définition légale d'*hubris* :

> En effet, la méchanceté et l'injustice de l'acte résident dans l'intention (ἐν γὰρ τῇ προαιρέσει ἡ μοχθηρία καὶ τὸ ἀδικεῖν); et les termes de ce genre signifient l'intention, par exemple les termes « outrage » et « vol »; car outrager n'est pas dans tous les cas frapper, mais frapper pour une fin déterminée, par exemple le déshonneur de celui que l'on frappe ou sa propre jouissance (οἷον τοῦ ἀτιμάσαι ἐκεῖνον ἢ αὐτὸς ἡσθῆναι).

Ce passage montre que la qualification (ἐπίγραμμα, 1374 a 1) d'un délit d'*hubris* est déterminée par l'intention. Selon Fisher[4], le *focal meaning* de la notion grecque d'*hubris* – à la fois légal, politique et moral – est justement exprimé par la définition aristotélicienne d'insulte délibérée qu'on trouve dans la *Rhétorique*.

Nous avons vu qu'un outrage peut consister en actes et en paroles[5]. Quant aux actes, on trouve en *Pol.* V une liste d'exemples d'*hubris* (10, 1311 a 36-b 36) qui se réduisent, pour la plupart, à des attentats commis sur la personne (*cf.* 1311 b 6 : διὰ τὸ εἰς τὸ σῶμα αἰσχῦναι) en premier lieu viols et adultères, et aussi castrations, coups, violences physiques, châtiments corporels.

L'apaisement de la colère, conséquent à la vengeance est le calme (πραότης), qui consiste en un retour à l'état normal. Dans l'*Éthique à Nicomaque*, le calme ou « douceur de caractère » est la vertu correspondant à la passion de la colère (περὶ ὀργάς, IV 11, 1125 b 26). Elle devrait constituer la moyenne entre l'irascibilité et

1. Dans l'*Ethique à Nicomaque*, IV 15, Aristote considère la honte, de même que la pudeur (αἰδῶς), plutôt comme des passions que des vertus proprement dites : « Et si l'impudence (ἀναισχυντία), autrement dit le fait de n'avoir pas honte d'accomplir les actions honteuses, est une chose vile, il n'en résulte pas pour autant que ressentir de la honte (αἰσχύνεσθαι) quand on accomplit de mauvaises actions, soit un acte vertueux » (1128 b 32-33). Ce passage montre aussi bien la différence de rôles entre pudeur et honte : la pudeur a la fonction d'inhiber un mauvais comportement, alors que la honte considère retrospectivement ce comportement avec regret.

2. *Cf.* U.E. Paoli, « Il reato di adulterio [*moicheia*] in diritto attico », *Studia et documenta historiae et iuris* 16, 1950, 132-182 : p. 140, n. 28.

3. L'*hubris* prend ici une signification générale de démesure et désigne l'attitude typique du tyran dictée par un excès de désir et ayant comme unique but le plaisir : les richesses pour lesquelles il manifeste un désir insatiable sont en réalité des moyens pour se procurer tous les plaisirs. Cette démesure provoque la colère des gouvernés et constitue ainsi l'une des causes principales des révoltes contre la tyrannie.

4. N.R.E. Fisher, *Hybris. A Study in the Value of Honour and Shame in ancient Greece*, Warminster, Aris & Phillips, 1988.

5. Dans *Pol.*, V 10, 1311 a 32-36, l'*hubris* est définie comme πολυμερής (= ayant plusieurs espèces).

l'indifférence. En réalité, Aristote lui-même admet que parler de douceur de caractère est impropre puisqu'il n'y a pas de nom pour le juste milieu spécifique dans la colère et que ce terme incline plutôt vers le manque (*cf.* 1125 b 28 : πρὸς τὴν ἔλλειψιν) de celle-ci, ce qui est d'ailleurs rare. En effet, Aristote souligne dans l'*Ethique à Nicomaque* à plusieurs reprises le caractère « naturel » et positif de la colère comme désir de vengeance (*cf.* ἀνθρωπικώτερον γὰρ τὸ τιμωρεῖσθαι, 1126 a 30). Nous pouvons ainsi constater que la juste attitude à l'égard de la colère, celle selon les règles, contre les personnes justes et pour des bonnes raisons, celle qui obéit à la raison, n'est pas critiquée mais, au contraire, qu'elle est considérée comme une vertu et louable (*cf.* ἐπαινετή, 1126 b 4), alors que l'indifférence face à la provocation est vue comme un défaut et une attitude d'esclave (*cf.* 1126 a 6).

Aristote montre donc une attitude positive à l'égard de la colère et de la vengeance. Venons-en à la colère comme cause de l'acte injuste.

Injuste et volontaire

Dans l'*Ethique à Nicomaque*, V 10, Aristote soutient le principe du caractère volontaire de l'acte injuste. C'est justement à partir de son caractère volontaire que l'on détermine la justice ou l'injustice d'une action (1135 a 20). Aristote définit ainsi le volontaire :

> J'entends par volontaire, comme il a été dit précédemment, tout ce qui, parmi les choses qui sont au pouvoir de l'agent, est accompli en connaissance de cause (ὃ ἄν τις τῶν ἐφ' αὑτῷ ὄντων εἰδώς), c'est-à-dire sans ignorer ni la personne subissant l'action, ni l'instrument employé, ni le but à atteindre (par exemple, l'agent doit connaître qui il frappe, avec quelle arme et en vue de quelle fin), chacune de ces déterminations excluant au surplus toute idée d'accident, ou de contrainte (1135 a 23-27).

La classification des actes dommageables (βλάβαι) tracée par Aristote est la suivante et se fonde sur des états psychiques (1135 b 8 *sq.*) :

a) actes involontaires (ἀκούσια) : torts (fautes, méprises). Cause : ignorance (le principe peut résider en nous ou venir du dehors).

b) actes volontaires (ἑκούσια) : actes injustes.

b. 1) « Quand l'acte est fait en pleine connaissance, mais sans délibération préalable (ὅταν δὲ εἰδὼς μὲν μὴ προβουλεύσας δέ), c'est un acte injuste, par exemple tout ce qu'on fait par colère, ou par quelques autres de ces passions qui sont irrésistibles ou qui sont la conséquence de l'humaine nature (car en commettant ces torts et ces fautes les hommes agissent injustement, et leurs actions sont des actions injustes, bien qu'ils ne soient pas pour autant des êtres injustes ni pervers, le tort n'étant pas causé par méchanceté) » (1135 b 19-24).

b. 2) « Mais quand l'acte procède d'un choix délibéré, c'est alors que l'homme est injuste et méchant » (ὅταν δ' ἐκ προαιρέσεως, ἄδικος καὶ μοχθηρός, b 25).

Aristote résout donc l'incertitude de Platon quant au caractère volontaire ou involontaire de la colère en la classant parmi les actes volontaires sans délibération. Dans cette situation, l'individu qui commet une injustice sous l'emprise de la colère n'est pas lui-même injuste. Aristote accentue ultérieurement cet aspect de la colère, en précisant :

> De là vient que les actes accomplis par l'emportement sont jugés à bon droit comme faits sans préméditation, car ce n'est pas celui qui agit par emportement qui commence l'action, mais bien celui qui a provoqué la colère. En outre, le débat ne porte pas sur la question de savoir s'il s'est produit le fait mais s'il a été causé justement (puisque c'est une injustice manifeste qui déclenche la colère)[1].

Ce passage est assez étonnant puisqu'il semble contredire le caractère volontaire de l'action accomplie par colère. Du point de vue éthique, on pourrait comprendre ce déplacement du principe de l'action injuste faite sous l'emprise de la colère au sens métaphorique : on peut dire seulement du point de vue de la délibération que l'ἀρχή de l'action est dans celui qui a provoqué la colère chez la personne qui a réagi en commettant, lui, une action injuste volontairement mais sans intention délibérée. Mais on peut aussi interpréter ce passage comme un argument juridique et supposer qu'Aristote fait ici allusion à un contexte de droit pénal, et notamment au jugement (*cf.* κρίνεται) d'un homicide commis sous l'effet de la colère en réaction à une grave injustice infligée délibérément[2]. En effet, Aristote ajoute (ἔτι) que le « débat » porte non pas sur le fait qui s'est produit mais sur la justice de cette action (ἀμφισβητεῖται... περὶ τοῦ δικαίου). Le verbe ἀμφισβητεῖν est un terme juridique, les ἀμφισβητοῦντες sont les parties adverses dans un procès. Dans la classification des tribunaux criminels de *Pol.*, IV 16, 1300 b 24, nous trouvons la même expression au sujet des crimes avoués :

> Il y a plusieurs espèces de tribunaux pour les meurtres, que les juges soient les mêmes ou qu'on ait affaire à des juges différents : les tribunaux pour les meurtres commis avec préméditation, pour les meurtres involontaires, pour tous les cas où le crime est avoué mais où le débat roule sur la justice de l'acte accompli (καὶ ὅσα ὁμολογεῖται μέν, ἀμφισβητεῖται δὲ περὶ τοῦ δικαίου) [...] (1300 b 23-27).

La question serait donc de savoir si le meurtre en question est légal. Le passage précédent explique en termes éthiques et psychologiques la « déresponsabilisation » de la colère provoquée par une injustice. Mais de quelle injustice pourrait-il s'agir ? Puisqu'il s'agit de colère, la provocation doit être une forme de mépris, et nous avons vu que l'*hubris* est une forme très grave de mépris.

Dans la *Constitution d'Athènes*, LVII 3, 1, Aristote donne justement l'exemple de l'homicide pour adultère comme homicide légitime : « Si l'accusé admet le meurtre, mais défend la légitimité de son acte, comme par exemple s'il a surpris la

1. *Eth. Nic.*, V 10, 1135 b 25-29 : διὸ καλῶς τὰ ἐκ θυμοῦ οὐκ ἐκ προνοίας κρίνεται· οὐ γὰρ ἄρχει ὁ θυμῷ ποιῶν, ἀλλ' ὁ ὀργίσας. ἔτι δὲ οὐδὲ περὶ τοῦ γενέσθαι ἢ μὴ ἀμφισβητεῖται, ἀλλὰ περὶ τοῦ δικαίου· ἐπὶ φαινομένῃ γὰρ ἀδικίᾳ ἡ ὀργή ἐστιν.

2. *Cf.* C. Natali, Aristotele, *Etica Nicomachea*, Bari, Laterza, 1999, p. 497, n. 511. Saunders, *op. cit.*, p. 225, n. 44 : « It is hard to know whether Arist. *NE* 1135b 26-27 [...] is a report of jurisprudential opinion, common opinion, or legal practice, and what relevance it has to homicide law in particular ».

victime en flagrant adultère (οἷον μοιχὸν λαβών) [...] il sera jugé par le Delphinium[1]... ».

*L'*akrasia *du* thumos

Une autre référence intentionnelle à la notion légale d'*hubris* se trouve à mon avis en *Eth. Nic.*, VII 7, 1149 a 24-b 25, où Aristote produit quatre arguments[2] pour prouver que le manque de contrôle (ἀκρασία) du désir impulsif est moins honteux (ἧττον αἰσχρά)[3] que celui du désir sensuel (ἐπιθυμία). Le premier argument porte sur la manière de fonctionner du *thumos* par rapport à la raison : il écoute de quelque manière la raison, alors que le désir sensuel ne l'écoute pas du tout (1149 a 24-b 2). Le deuxième, sur le fait que le *thumos* est un désir plus « naturel » que l'ἐπιθυμία qui, au contraire vise l'excès et ce qui n'est pas nécessaire (1149 b 2-13). Le troisième, sur l'absence de malice, de ruse préméditée, dans le *thumos*, qui agit toujours ouvertement (οὐκ ἐπίβουλος [...] ἀλλὰ φανερός), alors que la ruse est typique du désir sensuel et signe d'injustice (1149 b 13-20). Enfin, le quatrième argument comporte l'élément de l'*hubris* et est ainsi formulé :

> De plus, personne ne commet un outrage en ressentant de la peine, par contre tout homme agissant par colère agit en ressentant de la peine, alors que celui qui commet un outrage le fait avec plaisir. Si donc les actes contre lesquels on se met le plus justement en colère sont plus injustes, le manque de contrôle causé par le désir sensuel sera aussi plus injuste [que le manque de contrôle causé par l'impétuosité]. Car il n'y a pas d'outrage dans l'impétuosité[4].

Ce passage est difficile, il a fait couler beaucoup d'encre et continue de faire l'objet de très vives discussions, comme lors du dernier *Symposium Aristotelicum* (Venise, juillet 2005), consacré au livre VII de l'*Ethique à Nicomaque*[5].

En premier lieu, sa structure argumentative n'est pas simple. La démonstration se déroule sur des plans différents et les prémisses ne sont pas toutes rendues explicites[6]. Le principal problème concerne la compréhension du *focal meaning*

1. Le tribunal Delphinium avait son siège dans le sanctuaire d'Apollon Delphinium, en dehors des murs d'Athènes. Il était gouverné par l'archonte-roi qui établissait si un meurtre s'était produit par erreur et pour une juste cause, comme dans le cas de l'adultère.

2. Le Commentateur Anonyme, dans G. Heylbut (éd.), *Eustratii et Michelii et anonyma in Ethica Nicomachea commentaria*, Berolini, 1892, p. 432, 12, définit l'argument comme ἐπιχείρημα. Il s'agit de l'argumentation dialectique, opposée, par ex. au φιλοσόφημα, qui est l'argumentation scientifique. *Cf.* Aristote, *Top.*, VIII 11, 162 a 15 : ἐπιχείρημα δὲ συλλογισμὸς διαλεκτικός.

3. La honte (αἰσχύνη) est le *pathos* que l'on éprouve quand on a commis une mauvaise action. Cf. *Eth. Nic.*, IV 15, 1128 b 22. Donc on peut donner à αἰσχρόν le sens général de « moralement négatif ».

4. *Eth. Nic.*, VII 7, 1149 b 20-23 : Ἔτι οὐδεὶς ὑβρίζει λυπούμενος, ὁ δ'ὀργῇ ποιῶν πᾶς ποιεῖ λυπούμενος, ὁ δ' ὑβρίζων μεθ' ἡδονῆς. Εἰ οὖν οἷς ὀργίζεσθαι μάλιστα δίκαιον, ταῦτα ἀδικώτερα, καὶ ἡ ἀκρασία ἡ δι' ἐπιθυμίαν· οὐ γάρ ἐστιν ἐν θυμῷ ὕβρις.

5. Les actes, édités par C. Natali, sont parus chez Oxford University Press, en 2009 sous le titre : *Aristotle's* Nicomachean Ethics, *Book VII, Symposium Aristotelicum.*

6. Voir l'intelligente et précise analyse de N.R.E. Fisher, *Hybris*, *op. cit.*, p. 15-17.

de cet argument : quel est le point décisif prouvant que le manque de contrôle du *thumos* est moins grave que le manque de contrôle du désir sensuel ? L'alternative consiste à accentuer le facteur de la douleur qui accompagne les actes de colère ou bien le facteur de la gravité de l'*hubris*, qui est absente dans les actes de colère. Mais quel sens faut-il alors donner ici au mot *hubris*[1] ?

On pourrait supposer que cet argument évoque une situation juridique[2], à savoir l'évaluation d'un acte délictueux dicté par la colère déchaînée par un outrage subi[3]. Mais on peut aller plus loin et donner carrément à *hubris* le sens d'une offense légale (*cf.* la γραφὴ ὕβρεως : l'action publique d'outrage). En attribuant à *hubris* la détermination juridique d'un délit, on peut résoudre ainsi l'argument : le manque de contrôle du *thumos* est moins grave que le manque de contrôle de l'ἐπιθυμία parce qu'il n'est jamais à l'origine d'un délit d'*hubris* (= la plus grave des injustices). La douleur qui accompagne les actes de colère est la garantie, presque le signe irréfutable qu'il n'y a pas d'*hubris* dans ces actes, parce que celle-ci, au contraire, implique toujours le plaisir[4].

Si cette hypothèse est juste, notre passage pourrait fournir l'interprétation éthique d'une situation judiciaire fréquente, où le juge doit se prononcer sur la légitimité d'un acte délictueux dicté par la colère à la suite d'un outrage. Dans la perspective de la *Rhétorique*, où les passions sont définies comme « les causes qui font varier les hommes dans leurs jugements » (δι' ὅσα μεταβάλλοντες διαφέρουσι πρὸς τὰς κρίσεις, II, 1, 1378 a 19) et sont employées comme outils techniques de la persuasion, on peut très bien imaginer l'orateur évoquer les détails de l'outrage afin d'influencer les juges en suscitant leur colère (II, 2-11)[5] à l'égard du coupable d'un délit d'*hubris* et donc, par sympathie, leur indulgence à l'égard du coupable du délit dicté par la colère.

Ce délit pourrait très bien être un meurtre. Dans ce cas l'orateur de la défense, en montrant qu'il s'agit d'une juste réaction à une offense très grave, chercherait à faire acquitter le meurtrier en montrant qu'il s'agissait d'un cas d'homicide

1. Un autre problème concerne l'implication de celle-ci dans le désir sensuel (ἐπιθυμία). Fisher, *Hybris*, *op. cit.*, p. 17, souligne une relative incertitude de la part d'Aristote quand il met en relation l'*hubris* avec les plaisirs psychiques ou physiques. En effet, si l'*hubris* consiste en un plaisir de supériorité, on peut dire qu'il s'agit d'un plaisir plutôt mental. Il est vrai qu'il peut se réaliser par des actes sexuels, ou dans l'ivresse, mais dans ce cas, on pourrait penser qu'Aristote considère l'*hubris* comme le compagnon fréquent de plaisirs excessifs et la composante essentielle de certains d'entre eux.

2. Le troisième argument pourrait être aussi « légal » et faire allusion à la distinction entre actes délictueux manifestes et actes délictueux clandestins. Cf. *Eth. Nic.*, V 5, 1131 a 1, Platon, *Lois*, IX 864 c.

3. S. Broadie (Aristotle, *Nichomachean Ethics*, transl. with historical introd. by Ch. Rowe, philosophical introd. and commentary by S. Broadie, Oxford, Oxford University Press, 2002, p. 396) pense que la seconde partie de cet argument suggère qu'un cas paradigmatique de colère est la réponse à la perception d'une agression préalable dictée par le manque de contrôle du désir sensuel.

4. Voir la définition de *Rhet.*, II 2, 1378 b 23.

5. Dans un procès, l'état émotif de celui qui se prononce sur la réalité d'un délit et sur son degré de culpabilité est fondamental : « car les choses ne paraissent pas les mêmes à qui aime ou qui hait, à qui éprouve de la colère ou est dans un *habitus* de calme » (*Rhet.*, II 1, 1377 b 31).

légitime, comme par exemple l'homicide de l'adultère, qui était justement un cas grave d'*hubris*[1].

CONCLUSION

Platon et Aristote attribuent donc un rôle important à la colère parmi les causes des actions délictueuses, mais leurs évaluations morales et psychologiques de cette passion sont diamétralement opposées. Pour Platon la colère est une passion négative et violente, une pathologie psychique dont il faut « guérir ». Pour Aristote la colère n'est pas une maladie à soigner mais plutôt une potentialité de l'âme, un désir naturel et constitutif de vengeance et de réattestation de soi, une passion hautement « sociale », qui réagit à l'injustice et qu'il faut maîtriser et apprivoiser afin d'en faire un usage moral correct. En effet, pour Aristote il y a une vertu relative à la colère, dont la juste mesure penche plutôt pour l'excès que pour le défaut.

Quant à la responsabilité dans les actes de colère, nous avons vu qu'Aristote résout l'incertitude de Platon au sujet du caractère volontaire ou involontaire de ce *pathos*, en la classant parmi les actes volontaires sans délibération. Dans cette situation, l'individu qui commet une injustice sous l'emprise de la colère n'est pas lui-même injuste. Par conséquent, Platon et Aristote interprètent différemment la gravité des actions criminelles dictées par la colère. Il est vrai que sur le fond ils sont d'accord quant aux meurtres justifiés par la loi et sur la gravité extrême de l'outrage, mais pour Aristote il y a place pour la justification de la colère et pour la satisfaction psychologique et individuelle de la vengeance, alors que, pour Platon, la violence de la colère est avant tout un danger pour la collectivité, danger qu'il faut évacuer. En effet, Platon ne lui attribue aucun rôle dans l'explication de la légalité des meurtres exempts de crime. Ce genre de meurtre est légal parce que la loi reconnaît la gravité objective des circonstances dans lesquelles s'est trouvé le meurtrier. Platon considère les meurtres admis par la loi comme une catégorie séparée et indépendante par rapport au classement des fautes selon les états psychiques. Dans ce cas, Platon sépare donc nettement le domaine juridique de l'analyse éthique et psychologique des mobiles de l'action délictueuse.

Chez Aristote, au contraire, il n'y a pas de solution de continuité entre la réflexion juridique et la réflexion morale sur les passions en tant que moteurs de l'action humaine. L'interférence des situations et des termes juridiques concernant la responsabilité des actes de colère, et l'atténuation de la gravité du manque de contrôle du *thumos* dans l'*Ethique à Nicomaque* sont à mon avis très significatives. Si Aristote emploie dans une argumentation éthique des arguments juridiques, c'est parce qu'il voit une étroite parenté entre ces deux domaines. Par

1. W.V. Harris, *Restraining Rage. The Ideology of Anger Control in Classical Antiquity*, Harvard, Mass.-London, Harvard University Press, 2001, p. 62, remarque qu'au IVe siècle av. J.-C., dans certains contextes, ὀργή et ὀργίζεσθαι ne signifient pas seulement « colère » et « être en colère », mais aussi « punition » et « punir ». Par exemple, chez Lycurgue, *Contre Léocrate*, 138, « extrême ὀργή » semble bien signifier la peine de mort.

ailleurs, si dans l'*Ethique à Nicomaque* la « discipline » éthique, tout comme son vocabulaire, est encore « en construction », il est donc tout à fait naturel qu'Aristote cherche à exprimer ses concepts en employant différents registres de langages, et notamment appartenant à des domaines proches et parents[1]. C'est le cas de la législation, qui, selon l'architectonique aristotélicienne, est une fonction de la politique, qui implique et est, en un certain sens, le même que l'éthique. D'autre part, si pour Aristote l'éthique est à la base de la science du législateur[2], et si la matière première incontournable de l'éthique aristotélicienne, ce sont les passions, l'évaluation éthique des passions individuelles doit alors sans doute jouer un rôle fondamental et fondateur aux yeux d'Aristote, dans ce long processus qu'est la constitution des lois[3].

Il reste maintenant à se demander si ces deux évaluations si différentes que Platon et Aristote nous offrent du facteur émotif de la colère coexistent dans la pratique judiciaire grecque, ou si l'une d'entre elles l'emporte. En d'autres termes : la colère pouvait-elle être considérée, dans certains cas, comme une circonstance atténuante ou constituait-elle toujours une circonstance aggravante ? L'appel à la colère des juges était-il employé dans les plaidoyers comme une procédure déclarée et parfaitement légitime, conformément à la « rhétorique des passions » aristotélicienne, ou bien était-il considéré comme une pratique suspecte? Ou encore, peut-on parler d'un « bon usage » de la colère dans les procès ? Et si oui, en quoi consiste-t-il[4] ?

Il s'agit là du sujet d'une autre recherche dont la présente enquête constitue le point de départ[5].

1. *Cf.* C. Natali, « *Nicomachean Ethics* VII, 5-6 : beastliness, irascibility, *akrasia* » dans C. Natali (ed.), *Aristotle's* Nicomachean Ethics, *Book VII*, *op. cit.*, p. 126-128.

2. Cf. *Eth. Nic.*, I 1, 1094 a 25 *sq*.

3. Cf. *Rhet.*, I 1, 1354 a 1 : « Les lois ne se font qu'après un long examen, tandis que les juges se prononcent vite ».

4. Pour une approche du traitement « public » de la colère, voir D.S. Allen, « Angry bees, wasps, and jurors : the symbolic politics of *orgê* in Athens », dans S. Braund, G.W. Most, *op. cit.*, p. 76-98, qui explique l'importance fondamentale de l'appel à la colère des juges par le fait que cette émotion était en réalité une valeur hautement morale, intégrée de manière indissoluble dans les définitions de loi et de justice. Elle synthétise cette situation dans *The World of Prometeus. The Politics of Punishing in Democratic Athens*, Princeton, Princeton University Press, 2000, p. 62 : « The practice of punishing transformed a moment of anger into a moment of justice. The mouvement from the anger to justice or from the personal to the political occurred as a negotiation of honor and of status roles within the community ».

5. Alors que cette étude était achevée, sont parus deux importants ouvrages sur les *Lois* de Platon que je voudrais néanmoins signaler : Platon, *Les Lois*, trad. L. Brisson et J.-F. Pradeau, Paris, GF-Flammarion, 2005, 2 vol. et A. Laks, *Médiation et coercition. Pour une lecture des* Lois *de Platon*, Lille, Presses Universitaires du Septentrion, 2005.

LA POSTÉRITÉ DES *LOIS* DANS LA PENSÉE D'ARISTOTE

RICHARD BODÉÜS

Les positions d'Aristote à l'égard de Platon, disputables à perte de vue, ont, semble-t-il, quelque chose d'irrémédiablement ambigu. Malgré une critique sévère des Idées-Formes en de multiples contextes, sa philosophie demeure peut-être, globalement et dans le fond, celle d'un platonicien, comme ont tenté de le montrer deux études récentes[1]. Sur le terrain particulier de la philosophie politique, que ces études n'explorent pas, la même sorte d'ambiguïté s'observe facilement à l'œil un peu exercé. C'est ainsi que la *Politique*, malgré une critique explicite des *Lois*, exposée au livre II, contient finalement, aux livres VII et VIII, un long essai qui, sans l'avouer, s'inspire très manifestement du dernier ouvrage de Platon, pour esquisser les conditions d'un régime constitutionnel parfait. Contrairement aux hypothèses évolutionnistes soutenues jadis dans l'interprétation des œuvres d'Aristote, ce long essai n'est pas un projet que le philosophe aurait renié plus tard dans sa carrière, mais un projet qu'il a plus tard assorti de considérations utiles aux législateurs qui ne bénéficient pas des conditions indispensables à l'instauration d'un régime aussi parfait. Les pages de *Politique* VII-VIII permettent donc vraisemblablement de suivre la postériorité des *Lois* dans la pensée d'Aristote aussi longtemps que celle-ci s'est appliquée à la politique.

Les remarques qui suivent, allant du plus général au plus particulier, ont pour ambition modeste de préciser la nature d'une certaine filiation, en montrant que le projet aristotélicien, lors même qu'il s'écarte de Platon, s'inscrit dans la ligne fixée par celui-ci, peut-être avec l'espoir secret d'atteindre plus sûrement les principaux objectifs poursuivis par son devancier.

I

Pionnier des études évolutionnistes, W. Jaeger a soutenu jadis que les deux derniers livres de la *Politique* présentent l'esquisse d'un Etat « idéal » ou encore

1. L.P. Gerson, *Aristotle and Other Platonists*, Ithaca-London, Cornell University Press, 2005 et G.E. Karamanolis, *Plato and Aristotle in Agreement? Platonists on Aristotle from Antiochus to Porphyry*, Oxford, Oxford University Press, 2006.

d'une « Utopie », apparentée étroitement aux thèses défendues par le dernier Platon dans les *Lois*[1]. Ces qualifications, que la littérature dite savante répète volontiers, sont l'une et l'autre extrêmement malheureuses, bien que la parenté signalée soit indéniable. Aristote, en effet, ne poursuit là aucun idéal inspiré par le principe d'un Bien en soi, qui commande d'unifier la Cité autant que possible, mais récuse au contraire cette unification révolutionnaire, que la *République* réclame sous la forme d'un communisme intégral[2]. D'autre part, il est si peu tenté par l'Utopie, qu'il pose, à l'inverse, comme une exigence absolue, que le philosophe ne doit supposer « rien qui soit impossible » (*Politique*, II 6, 1265 a 18 et VII 4, 1325 b 29). On pourrait ajouter, je crois, que ces qualifications ne rendent pas entièrement justice à Platon lui-même, du moins si l'on considère l'intention propre des *Lois*. Certes, l'auteur des *Lois* maintient encore, par principe, la primauté « paradigmatique » d'une Cité où les terres, les femmes et les enfants seraient choses communes à tous (*Lois*, V 739 b-e), mais ce que les *Lois* se proposent de défendre, c'est l'organisation d'une autre Cité, où la famille traditionnelle a sa place, où la propriété privée est reconnue et où les terres, inaliénables, sont partagées entre propriétaires : « Que nos colons se partagent d'abord la terre et les propriétés familiales, sans cultiver le sol en commun »... (*Lois*, V 739 e-740 a). Bref, c'est le genre d'organisation pour laquelle plaide Aristote lui-même. D'autre part, conscient de la difficulté qui subsiste de mettre en place un tel système, moins révolutionnaire, Platon ne conseille pas de tenter l'impossible, mais voit plutôt le bien dans un moindre mal et, par conséquent, invite même le législateur à déroger, quand il le faut, à ses principes[3]. Malgré le « retours de tendresse »[4] du philosophe pour le tyran qui, associé au législateur, éviterait sans doute à celui-ci de déroger, les *Lois* inclinent donc plutôt dans le sens d'Aristote, pour qui les utopies ne sont que vanités. Et au total, la parenté entre les deux penseurs vient moins, semble-t-il, de la propension du disciple à conserver l'idéalisme du maître, que de la volonté qu'a le maître de faire droit au réalisme du disciple[5].

1. *Cf.* W. Jaeger, *Aristotle. Fundamentals of the History of His Development*, translated with the author's corrections and additions by Richard Robinson, 2e éd., Oxford, Oxford Clarendon Press, 1961 [paperback], p. 259 et *sq.*, spécialement, 263-264 (« Aristotle's ideal state » = « The Utopian part of his *Politics* »).

2. Sur cette critique, voir notamment M. Canto-Sperber, « L'unité de l'État et les conditions du bonheur public (Platon, *République* V ; Aristote, *Politique* II) », dans *Aristote. Politique. Études sur la « Politique » d'Aristote*, sous la direction de Pierre Aubenque, publiées par Alonso Tordesillas, Paris, P.U.F, 1993, p. 49-71.

3. Cf. *Lois*, V 745 e et *sq.*, spécialement, 746 b : « Qui ne peut à l'occasion faire l'une de ces choses la laissera sans l'exécuter. »

4. L'expression est de G. Glotz, *La Cité grecque*, Paris, Albin Michel, 1928, p. 453.

5. J'ai envisagé jadis l'hypothèse d'une influence d'Aristote sur Platon, notamment pour expliquer l'assouplissement des positions de celui-ci dans les *Lois* (« Pourquoi Platon a-t-il composé les *Lois* » *Les Études Classiques*, 53, 1985, 367-372).

II

Vu les références nombreuses et pour ainsi dire constantes qu'Aristote se permet implicitement aux *Lois*, vu surtout les emprunts qu'il fait à cet ouvrage en *Politique*, VII-VIII, on pourrait avoir l'impression que ces deux derniers livres présentent en quelque sorte « une synthèse » des *Lois*. Mais, en vérité, ce serait oublier qu'Aristote néglige là, à peu près entièrement, le code criminel et les exposés de *Lois*, IX-XII[1], pour ne rien dire des développements qui, à partir de *Lois*, VIII 842 b, suivent les dispositions légales sur l'éducation. Ce serait aussi oublier que pour le reste, c'est-à-dire pour *Lois*, I-VIII 842 a, le dialogue de Platon n'alimente pas la réflexion sans réserve. D'une part, toutes les questions qui agitent les interlocuteurs dans cette première moitié du dialogue ne sont pas considérées en *Politique*, VII-VIII, loin de là : en particulier, les propos de Platon en *Lois*, I-III n'ont qu'un écho relativement modeste chez son disciple. D'autre part, ce qui est considéré spécialement ou en priorité fait encore l'objet de critiques non dissimulées, comme l'atteste le passage de *Politique*, II 6. Ce passage en effet cible presque exclusivement *Lois*, IV-VI, morceau central qui, pour Aristote, semble contenir l'essentiel des convictions de Platon touchant l'instauration d'un régime constitutionnel parfait dans une perspective réaliste. Notons encore que *Lois*, VI, qui propose l'institution des magistratures exigées par une excellente Cité et que critique *Politique*, II 6, 1265 b 18-1266 a 30, n'a pas d'équivalent exact en *Politique*, VII-VIII, peut-être parce que le texte conservé n'est pas complet. Quoi qu'il en soit, c'est donc avant tout la section de *Lois* IV-V qui permet le mieux de mesurer jusqu'où la pensée de Platon, passée au crible de la critique, s'insinue dans la réflexion d'Aristote. La section en cause correspond au début du propos annoncé en *Lois*, III 702 e, qui consiste proprement à fonder « en parole » ou « en raison » (λόγῳ) la Cité envisagée pour la colonie crétoise qu'ont évoquée les interlocuteurs du dialogue. Et ce début, comme on l'a remarqué récemment, est spécialement consacré à des « préliminaires constitutionnels »[2] sans lesquels la Cité projetée ne peut répondre aux attentes qu'elle suscite.

Avant de considérer l'écho que ces préliminaires trouvent chez Aristote, précisément en *Politique*, VII 4-12, observons malgré tout brièvement comment, au préalable déjà et, bien entendu, ultérieurement, celui-ci s'inspire des *Lois*, sans avoir en somme ressenti le besoin d'en faire la critique (si l'on en juge par le silence de *Politique*, II 6, sur ces points).

III

Au préalable, c'est-à-dire dans les courts développements introductifs (*Politique*, VII 1-3) qu'il tient pour des « préludes » (*cf.* πεφροιμιασμένα :

1. C'est probablement cette importante section de l'ouvrage qui inspire l'observation de *Politique*, II 6, 1265 a 1-2 : « La plus grande partie des *Lois* se trouve être des lois ».

2. L. Brisson, J.-F. Pradeau, *Platon. Les Lois, Livres I à VI*, Paris, GF-Flammarion, 2006, p. 32.

1323 b 37 et πεφροιμίασται : 1325 b 23), peut-être en souvenir des *Lois* (IV, 719 e et *sq.*), Aristote s'est principalement préoccupé de l'idée que la Cité parfaite doit avoir pour fin la vertu (des citoyens)[1]. Il faut entendre : *toutes* les vertus, car le philosophe condamne sans appel les lois qui, comme à Lacédémone ou en Crète, « n'ont en vue qu'une seule chose uniquement » (1324 b 6-7), la guerre ou le courage qu'elle réclame, visent à la domination des Cités voisines ou aux avantages que la guerre procure et négligent les vertus que la paix demande à titre de fin. On reconnaît immédiatement dans cette exigence celle que formulent les *Lois*, où Platon insiste pour dire que la Cité qu'il appelle de ses vœux doit viser la vertu « totale »[2] et pourfend, dans les mêmes termes, les mêmes Cités qui « n'ont en vue qu'une partie de la vertu » (*Lois*, I 630 e). Peu importe que les deux philosophes, éventuellement, puissent ne pas avoir, par exemple, exactement la même conception de la vertu[3] ou encore ne pas s'entendre exactement sur la liste des vertus particulières qui composent la vertu « totale »[4]. L'important, c'est que l'un et l'autre conviennent sans réserve de la fin à laquelle doit nécessairement répondre la Cité parfaite et qu'ils placent, l'un comme l'autre, dans la vertu qui n'excepte aucune de ses composantes. Ce principe d'origine platonicienne est en effet celui qui permet à Aristote de voir en la Cité parfaite celle qui poursuit un but ultime, le bonheur, situé au delà du nécessaire, conformément à la nature profonde de la Cité elle-même[5].

IV

Dans la suite, une fois fixés les préliminaires dont nous allons parler, quand il s'agit de préciser l'œuvre propre du législateur (*Politique*, VII 13 et *sq.*), Aristote se souvient encore des *Lois* ou plus exactement des propositions de lois que Platon avait formulées dans ce dialogue et que lui, Aristote, avait, nous dit-on, compilées dans un ouvrage aujourd'hui perdu[6]. Il s'en souvient très exactement d'étape en étape, à mesure qu'il expose les dispositions à prendre par un législateur essentiellement préoccupé de l'éducation du futur citoyen dès la naissance de celui-ci ... et même avant. Limitons-nous ici à un exemple. Comme Platon (*Lois*,

1. Le principe est établi dès le départ : cf. *Politique*, VII 1, 1323 b 40-1324 a 2 : « La vie la meilleure et pour chacun isolément et pour les Cités collectivement est celle qu'accompagne la vertu, assortie de ressources en quantité suffisante pour prendre part aux actions vertueuses. »

2. « Il s'agit de la thèse la plus fréquemment soutenue et rappelée dans le dialogue : I, 630-631, III, 688 a, IV, 705 d et 718 c-d, V, 742 d-e, VI, 770 b-771 a, VII, 688 c ; puis enfin VIII, 836 d » (Brisson, Pradeau, *op. cit.*, p. 25, n. 2).

3. Voir ci-après, XIII.

4. Voir ci-après, X.

5. C'est pour cela que dès *Politique*, VII 14, 1333 a et *sq.*, une fois réglés les préliminaires, Aristote introduit, sur la base des critiques adressées aux Cités guerrières, ses considérations sur l'éducation ; parallèles à celles qu'on trouve en *Lois*, VI-VIII, ces considérations occupent tout le reste des livres VII et VIII.

6. *Cf.* Diogène Laërce, V 22 (Τὰ ἐκ τῶν Νόμων Πλάτωνος αβγ) ; le même ouvrage est signalé comme comportant deux livres dans l'Index de Hesychios (cf. *Aristotelis opera*, III, éd. O. Gigon, Berlin, W. de Gruyter, 1987, p. 26 b 15).

IV 721 a et *sq.*), notre philosophe tient qu'il est impératif de légiférer sur le mariage et, plus précisément, de déterminer dans une loi l'âge qui convient pour celui-ci (*Politique*, VII 16, 1334 b 29 et *sq.*). Encore une fois, peu importe que la loi qu'il envisage ne soit pas exactement la même que celle que Platon a prescrite[1]. Le plus important, bien que cela puisse nous échapper, c'est que les deux philosophes s'entendent sur la nécessité de légiférer au mieux sur de tels sujets. Parce qu'ils conviennent au fond de la même fin générale, on l'a vu au paragraphe précédent, ils tendent aussi à convenir que cette fin exige la mise en œuvre des mêmes moyens particuliers et, donc, du législateur qu'il se préoccupe de tous les principaux articles qui, compte tenu du but en vue, réclament sa compétence. De Platon, Aristote reçoit donc sans réserve l'identification et la délimitation des chapitres qui appellent une bonne législation.

V

Passons maintenant à l'examen de ces préliminaires, conditions préalables à toute législation. Voici comment Aristote introduit à leur considération : « Il faut d'abord dire, écrit-il, quels doivent être en particulier les présupposés que réclame la Cité pour répondre à notre vœu, car il est impossible qu'un régime parfait atteigne à la perfection sans des ressources extérieures en rapport avec celle-ci ; c'est pourquoi beaucoup de préalables doivent être supposés conformément à notre vœu, sans qu'aucun ne soit impossible » (*Politique*, VII 4, 1325 b 35-39)[2]. Et voici comment il conclut l'exposé de ces préalables : « Le difficile n'est pas de concevoir en pensée de telles choses, mais bien plutôt de les produire, car les paroles sont affaires de vœu, tandis que leur réalisation est affaire de chance » (VII 12, 1331 b 19-22)[3]. Un détail dans l'énoncé de ces propos, par ailleurs de style purement aristotélicien, mérite de retenir l'attention : c'est la manière dont le régime parfait est rapporté à un vœu (littéralement, à une « prière » : εὐχή), dont on attendrait d'un dieu la réalisation, et, dans le même ordre d'idées, l'assertion que la « fortune » (τύχη) entre pour beaucoup dans cette réalisation. C'est à n'en pas douter l'écho direct du développement des *Lois* (IV, 708 e et *sq.*), où Platon explique combien les aléas de la fortune déterminent la législation, combien, si l'on veut, le législateur, pour entreprendre avec succès, doit au départ compter sur la fortune et le dieu (709 b) et combien, pour cela, il doit « prier » et « faire des vœux » (709 d). Aristote assume donc ici explicitement une mise en garde

1. Platon, qui propose une loi à cet effet, fixe l'âge du mariage obligatoire, pour les garçons, entre 30 et 35 ans (à 25 ans au plus tôt) et celui des filles entre 16 et 20 ans (*Lois*, IV 721 a-b ; VI,772 d-e ; 785 b et VIII 833 b). Aristote, qui invite seulement le législateur à prendre une disposition en ce sens, recommande le mariage à 37 ans environ, pour les garçons, et à 18 ans, pour les filles, de façon à profiter de la même période de fécondité (*Politique*, VII 16, 1335 a 28-29).

2. Cf. *Politique*, II 6, 1225 a 17-18, qui est une critique du manque de réalisme de la *République*, malgré les protestations anticipées de son auteur (en V, 456 c).

3. Cf. *Politique*, VII 13, 1332 a 29-32 : « Nous formons des vœux pour que l'instauration de la Cité bénéficie des avantages dont la fortune est souveraine (car nous posons qu'elle est souveraine), mais que la Cité soit vertueuse n'est plus une affaire de chance, mais de savoir et de décision ».

solennelle de Platon touchant les limites de la contribution du législateur à la réalisation d'un régime parfait, vu, précisément, l'importance de préalables qui ne dépendent pas strictement de lui-même. Une telle mise en garde, chez Platon, pourrait s'expliquer dans la perspective d'une Cité « paradigmatique », difficile à instaurer sans les secours divins, mais en réalité, l'avertissement vaut autant dans la perspective réaliste où s'inscrit son propos, car il concerne des préalables qui, de toute façon, échappent au législateur. Et Aristote, qui le prend donc à son propre compte, reconnaît qu'il s'impose effectivement en raison des impondérables que la politique ne maîtrise jamais. Il y a ici une stricte communauté de vue. Si la Cité parfaite, dans sa réalisation, a quelque chose d'exceptionnel, ce n'est pas seulement que le législateur qui a en vue la vertu des citoyens place ainsi trop haut en quelque sorte la fin à poursuivre (*cf.* III), ni parce qu'il est malaisé de trouver un bon législateur, capable d'édicter ce qui convient à cette fin (*cf.* IV), c'est d'abord et surtout parce que celui-ci est tributaire, avant même de légiférer, de conditions favorables, elles-mêmes exceptionnelles, que seule la bonne fortune peut procurer.

VI

Aristote, sans doute, innove sur ce point, mais uniquement par l'introduction d'une terminologie propre à suggérer la notion de données préalables (données nécessaires au législateur, mais aussi peu fournies par lui que ne sont établies par la démonstration les prémisses nécessaires à celle-ci) : il parle en ce sens d'« hypothèses » (ὑποθέσεις) et, plus loin, présente celles-ci comme la « matière propre » du législateur (*Politique*, VII 4, 1326 a 4), une matière brute qu'il n'invente pas, qui lui est fournie au contraire et avec laquelle il doit travailler, comme le potier avec la glaise. Ces hypothèses, qui constituent la matière du législateur et doivent être favorables pour permettre l'avènement d'une Cité parfaite, sont, dit-il, nombreuses; ce qui ajoute aux difficultés de la perfection souhaitée, dès lors que toutes ou du moins la plupart doivent être favorables. Mais elles peuvent être réunies sous deux chefs, selon qu'elles concernent ou la population ou le territoire de la Cité (*Politique*, VII 4, 1326 a 6 et *sq.*). Ce classement systématique, une nouvelle fois, est inspiré des *Lois*[1]. Platon y est en effet soucieux et de la population et du territoire de la future colonie; et, sachant que le législateur n'a choisi, ni le pays crétois (IV, 704 b), ni les colons grecs d'origines diverses qui lui sont confiés (IV, 707 e), Platon laisse entendre clairement qu'il se soucie ainsi de préalables, c'est-à-dire d'hypothèses favorables au sens d'Aristote. Ce sont donc les *Lois* qui ont permis à celui-ci d'identifier et de circonscrire les matières principales fournies au législateur de la Cité parfaite, avant d'envisager quelle devrait être l'œuvre (formelle) de ce législateur, comme elles ont permis, nous l'avons dit plus haut, d'identifier et de circonscrire aussi, dans l'œuvre elle-même, les chapitres (le mariage, par exemple) qui appellent une bonne législation.

1. Aristote en fait expressément l'aveu en *Politique*, II 6, 1265 a 18-20.

En systématisant davantage que ne le fait Platon, Aristote précise (*Politique*, VII 4, 1326 a 5-8) que deux questions se posent touchant aussi bien la population que le territoire : l'une concerne leur grandeur et relève de la quantité, l'autre, leurs propriétés et relève de la qualité. L'on ne peut ici passer en revue tous les éléments de réponse apportés à chacune de ces questions, mais en chaque cas, l'examen conduit au même genre d'observations. À titre d'exemple, voyons donc, touchant la population, comment la position d'Aristote se compare à celle de Platon.

VII

Le besoin de fixer en quantité la population est une exigence qu'Aristote emprunte tout simplement à Platon : « On doit établir la masse numérique des habitants et fixer sa quantité » (*Lois*, V 737 c). Sur ce point, Aristote commence son argumentation par une critique de l'opinion « du très grand nombre », selon qui la « grandeur » d'une Cité se mesurerait à l'ampleur de sa population (*Politique*, VII 4, 1326 a 8 et *sq*.). On trouve ce genre de remarque critique dans les *Lois*, où « le grand nombre » est fustigé pour s'imaginer qu'une Cité doit être « aussi grande que possible » (V, 742 d). Mais c'est dans un contexte différent : Platon, dans ce contexte, récuse l'opinion vulgaire en faveur des Cités toujours plus opulentes. Sa critique est donc en quelque sorte récupérée par Aristote dans une argumentation destinée à limiter le nombre des citoyens. Et là, comme on peut le supposer, elle est peut-être retournée contre Platon dont il regrette l'inclination à trop peu limiter ce nombre.

VIII

Dans les *Lois* en effet Platon propose en somme de régler la question de deux manières. D'abord, d'une façon plutôt empirique et *a posteriori*, c'est-à-dire en fonction de données telles que le territoire susceptible de nourrir la population (V, 737 c et *sq*.). Mais ensuite, laissant là les précisions jusqu'au moment où, sur place, les responsables de la colonie pourront voir le pays et son voisinage, le porte-parole de l'auteur abandonne ce point de vue : « Maintenant (νῦν), dit-il, en guise de figure et d'esquisse, pour nous borner, passons à la législation » (V, 737 d) ; et le philosophe de proposer alors le nombre précis de 5040 citoyens, dont la seule vertu, soulignée à plusieurs reprises, est la multiplicité de ses diviseurs, permettant de très nombreuses subdivisions de la population, selon les besoins[1]. Or Aristote écarte cette proposition : « La multitude proposée maintenant (νῦν), dit-il, on ne doit pas l'oublier, aura besoin d'un territoire qui, pour tant de monde, sera celui de Babylone, sinon d'un autre espace d'étendue infinie, s'il doit nourrir sans travailler cinq mille citoyens et en plus, autour d'eux, une foule de femmes et

1. Cf. *Lois*, V 738 a et VI 771 c. Le nombre est divisible par tous les nombres de 2 à 10 et compte par ailleurs 59 diviseurs.

de serviteurs bien des fois plus nombreuse» (*Politique*, II 6, 1265 a 13-17). La réticence d'Aristote s'explique du fait que le chiffre avancé par Platon pour le motif qu'on a dit a été fixé *a priori*, c'est-à-dire sans considération pour l'ampleur du territoire qu'il exige. À l'avantage théorique que suppose le chiffre de 5040 avec ses nombreux diviseurs, Aristote oppose l'inconvénient d'un trop grand nombre, 5000, qui, dans les faits, multiplié par le coefficient non négligeable qu'impose la population des non citoyens, nécessiterait un territoire démesuré pour garantir à la Cité le degré d'autarcie que réclame Platon lui-même pour sa perfection. L'avantage *a priori* est annulé par l'inconvénient qu'à l'épreuve présenterait une Cité aussi nombreuse.

IX

Mais la critique qui, d'un côté, l'éloigne de Platon est une critique qui l'en rapproche par un autre côté, dès lors qu'au préalable, on l'a vu, les *Lois* recommandaient de fixer plus empiriquement les limites de la population, non seulement en fonction des capacités de la terre nourricière, mais aussi en fonction des Cités voisines, dont la menace potentielle exige une force armée à la hauteur (*Lois*, V 737 a). À cet égard, Aristote a donc trouvé, chez Platon lui-même, de quoi fonder la critique qu'il lui adresse par ailleurs. Il ne peut effectivement que se féliciter de lire dans les *Lois* les recommandations qu'on vient de signaler et même surenchérir: «Il est beau d'ajouter qu'il faut aussi considérer les contrées voisines, avant tout si la Cité doit avoir une vie internationale, et non une existence solitaire [...]; et si pareille vie est impossible [...], malgré tout, il n'en faut pas moins être redoutable à ses ennemis, non seulement quand ils envahissent le territoire, mais lorsqu'ils l'évacuent» (*Politique*, II 6, 1265 a 20-28). Au total, donc, Aristote n'écarte l'hypothèse idéale de Platon (5000 citoyens) que pour mieux appuyer les recommandations réalistes de celui-ci, plus conformes à sa propre tendance.

X

Une seule réserve significative accompagne les remarques somme toute élogieuses qu'Aristote porte sur ce passage des *Lois*. Platon s'était borné à dire en l'occurrence que la terre nourricière ne doit pas excéder ce qui suffit à entretenir une population dont on attend la tempérance (V, 737 d), vertu sur laquelle il insiste par ailleurs[1]. La remarque, au demeurant, concerne tout autant, sinon plus, les questions relatives à la quantité et à la qualité du territoire que celle qui touche à la quantité de la population. Mais elle fait ici l'objet d'une critique de la part d'Aristote, parce que, selon lui, la tempérance n'est pas la seule vertu qui exige d'être prise en compte dans cette affaire et la vie de tempérance préconisée par Platon lui paraît singulièrement étriquée: «Mieux vaudrait préciser "vie de

1. Voir, en particulier, *Lois*, V 742 a-743 d.

tempérance et de libéralité", car l'une sans l'autre aurait pour conséquence, soit, le luxe, soit la gêne; c'est que ce sont bien là les seules dispositions désirables dans l'usage de ses biens» (*Politique*, II 6, 1265 a 32-35). La critique n'est pas futile, dans la mesure où la libéralité, qui exige la possession d'une certaine richesse (pour ne rien dire de la magnificence, qui exige, elle, de grandes richesses)[1] compte parmi les vertus qu'Aristote tient pour exemplaires et qu'elle entre très certainement dans la vertu totale du citoyen qu'a en vue l'instauration d'une Cité parfaite. La générosité de l'homme libéral est trop intimement liée à la nature de l'homme libre pour qu'Aristote ne soit pas sérieusement réservé à l'égard de la sobriété platonicienne, qui va jusqu'à retirer aux 5040 l'usage de l'argent.

XI

Mais quelle que soit l'importance de cette réserve, Aristote n'en demeure pas moins sous le coup des recommandations des *Lois* lorsque celles-ci préconisent de prendre en compte le territoire et les Cités voisines pour fixer les limites de la population. Il faut, disait Platon, «les définir en s'appuyant sur les faits et à l'aide d'arguments» (ἔργῳ καὶ λόγοι: *Lois*, V 737 d). Il est piquant de constater qu'Aristote procède exactement ainsi: «D'après les faits (τῶν ἔργων), il est évidemment difficile et peut-être impossible que soit régie par de bonnes lois la Cité trop populeuse [...] et on peut le voir aussi si l'on se fie aux arguments» (τῶν λόγων: *Politique*, VII 4, 1326 a 25-29). Ce sont donc des arguments et des faits, comme le veut Platon, qui plaident en faveur d'une limitation aussi rigoureuse que possible du nombre des citoyens. C'est un principe contraignant, mais un principe seulement. Car si, en définitive, Aristote ne fournit aucun chiffre précis (ni même un ordre de grandeur approximatif), c'est que seules les circonstances favorables laissent voir comment l'arrêter, si la bonne fortune le permet.

XII

Qu'en est-il, par ailleurs, de la qualité de la population ou, pour mieux dire, des futurs citoyens? Les *Lois*, sur ce point, laissent comprendre qu'il serait mieux que la Cité réunisse des individus venus d'un même pays et formant une seule race (*Lois*, V 707 e). Platon évoque bien par ailleurs la nécessité d'une «épuration» d'ordre moral, écartant de la Cité les criminels et les défaillants indésirables, afin que «l'afflux y soit le plus pur possible» (V, 736 b), et il suppose que les candidats à la colonie envisagée ont été déjà sélectionnés; il déclare en outre avoir «la bonne fortune» (V, 736 c) de disposer, avec les colons, de personnes qui n'ont pas accumulé de ressentiments entre elles, comme l'ont fait, avec le temps, les membres d'une vieille Cité. Tout cela pointe positivement vers un genre de qualités que n'ont pas ruinées, si elles ont existé, de mauvaises habitudes, celles

1. Voir à ce sujet, *Ethique à Nicomaque*, IV 4, 1122 a 18 et *sq*.

du crime, des injustices ou des rivalités qu'entraîne le partage des terres. Mais les *Lois* ne précisent pas clairement quelles seraient les qualités naturelles de la population appelée à former une Cité parfaite, des qualités qui, à l'instar de la fertilité du sol ou de ses richesses, avant toute forme de culture ou d'exploitation, favorisent, parce qu'elles sont naturelles chez les individus, l'avènement de pareille Cité. Seule, la remarque sur l'avantage d'une communauté de race, parce qu'elle évoque la race, pourrait donner à réfléchir en ce sens; mais Platon pense à l'avantage que procure une race quelconque pourvu qu'elle soit la même, plutôt qu'aux avantages de certaines qualités proprement raciales contribuant à l'avènement d'une Cité parfaite. Il y a donc, dans les *Lois*, une sorte de lacune qu'Aristote semble avoir voulu combler.

XIII

Pour ce faire, Aristote avance l'idée que des qualités « naturelles », liées au climat, s'observent chez les différents peuples de la terre, que les Grecs en général, qui vivent sous un climat tempéré, et, en particulier, ceux des Grecs qui jouissent du climat le plus tempéré réunissent à la fois l'intelligence et l'ardeur naturelles qui disposent ensemble à la vertu requise pour former une communauté politique (*Politique*, VII 7, 1327 b 19-28). Cette idée, d'allure originale, récupère en réalité les éléments de psychologie dont faisait état la *République* (II, 375 b-e) pour définir le « naturel philosophe » nécessaire aux « Gardiens » de la Cité[1]. L'ardeur, expliquait Platon à cet endroit, porte spontanément à se défendre et à combattre avec vigueur contre n'importe qui, mais, associée à l'intelligence, qui discerne l'ennemi de l'ami, elle intègre la douceur, son contraire, que réclame le comportement envers ses concitoyens. Comme Platon semble-t-il, Aristote paraît convaincu que l'ardeur, sans l'intelligence, est indomptable et surtout n'incline pas à obéir à quelque autorité politique que ce soit, cependant que l'intelligence, sans ardeur, incline, pense-t-il, à une obéissance servile, également incompatible avec l'association entre citoyens libres. Mais une nuance importante distingue, semble-t-il, la pensée des deux philosophes. Contrairement à Platon, pour qui la vertu est science et selon qui l'intelligence, jointe à l'ardeur, permet à celle-ci de se déployer en animosité contre certains, en laissant une place à la douceur envers d'autres, Aristote, quant à lui, ne croit pas aux heureux effets de l'intelligence sur l'ardeur; il croit plutôt aux effets heureux de l'intelligence et de l'ardeur, lorsque ceux-ci sont naturellement tempérés et donc peuvent exister ensemble et ne pas s'exclure ou du moins se nuire mutuellement, comme c'est le cas sous des climats extrêmes. La nuance revient à dire que l'ardeur n'est pas proprement conduite par l'intelligence à discriminer entre ceux qu'il faut combattre et ceux qu'il faut chérir ardemment, mais qu'elle est plutôt conduite à faire une place à

1. On trouve aussi, en *République*, IV 435 e et en *Timée*, 24 c, des références de Platon à la psychologie des peuples. *Cf.* note suivante.

l'intelligence qui, alors, opère cette discrimination, quand elle est naturellement tempérée et non plus aveugle.

XIV

C'est d'ailleurs, semble-t-il, en partie pourquoi, en *Politique*, VII 7, 1327 b 38-1328 a 16, il s'autorise à critiquer l'injonction de Platon qui fait à ses Gardiens un devoir d'être incommodes envers les inconnus, alors qu'il ne faut l'être, dit Aristote, envers personne. C'est que Platon croit pouvoir concilier violence extrême et douceur extrême. Quoi qu'il en soit, il paraît certain qu'Aristote introduit dans la considération du citoyen naturel, propre à entrer dans la Cité parfaite, une attention déterminante à quelque chose qui avait échappé à Platon dans la considération du philosophe naturel, propre à devenir Gardien : le besoin de vivre sous un climat tempéré qui, en quelque sorte, équilibre son âme[1]. Cette attention, il la doit apparemment aux pages d'un traité de la collection hippocratique (*Airs, eaux, lieux*, 12. 16 et 23), qui lie de façon semblable au climat les dispositions de l'âme humaine et, opposant l'Occident froid et humide à l'Orient chaud et sec, contraste aussi l'ardeur des Occidentaux et la subtilité des Orientaux. Aristote néglige, de son côté, la part que les auteurs hippocratiques reconnaissent aux facteurs humains (les coutumes et les habitudes ayant force de lois) dans la formation psychologique des différents peuples, et il n'en retient que la part reconnue aux facteurs naturels, non pas innés au sens propre du terme, mais attribuables à l'environnement. Mais surtout, beaucoup plus clairement que ces auteurs, il conçoit la place qui peut être faite, entre l'Occident et l'Orient, à un espace favorablement tempéré, ni trop chaud ni trop froid, qui permet l'équilibre naturel de l'âme des futurs citoyens de la Cité parfaite[2]. Telle est son originalité.

XV

Mais le recours aux auteurs de la collection hippocratique et spécialement au traité qui lui a suggéré les idées qu'il défend n'est pas, lui, une originalité. Au contraire, on trouve encore dans les *Lois*, un passage qui témoigne non seulement de la connaissance qu'avait Platon de ce traité, mais encore de sa volonté de voir la politique prendre en considération ses enseignements touchant l'influence du climat sur les populations (V, 747 d). Il n'est donc pas, semble-t-il, présomptueux de penser qu'Aristote, sur ce chapitre encore, a obéi aux recommandations de Platon et n'a complété son entreprise et corrigé ses doctrines qu'en suivant les voies qu'il préconisait.

1. La servilité des habitants de l'Asie est observée aussi en *Lois*, III 697 c ; mais c'est l'*Epinomis*, 987 d qui observe la disposition des Grecs à la vertu en raison du climat tempéré.

2. Sur tout ceci, voir en dernier lieu J. Jouanna, *Hippocrate*, Paris, Fayard, 1992, p. 307-319 et 427-329, qui compare les doctrines hippocratiques à celles de différents auteurs, dont Platon et Aristote.

Les quelques remarques, trop brèves, qui précèdent sont peut-être malgré tout de nature à suggérer, en conclusion, les principales données qui permettent de mesurer la postérité des *Lois* dans la pensée politique d'Aristote.

Elle se mesure évidemment d'abord et avant tout à la permanence d'un projet de régime, sinon parfait, du moins visant à la plus grande perfection possible. Il serait malvenu de minimiser et, plus encore, de nier pour autant l'originalité d'Aristote. Mais avouons que celle-ci se trouve principalement, comme le diable, dans les détails, dans mille détails significatifs, certes, mais qui ne font pas oublier la dette du disciple envers un maître omniprésent dans sa pensée, quand il s'agit d'esquisser le meilleur régime politique. Par leur concession avouée à la nécessité d'un certain réalisme (*cf.* I), les *Lois* ont, à cet égard, pavé la route au disciple. Tout dans les *Lois* n'est pas relayé par celui-ci et ce qui l'est fait à l'occasion l'objet d'une critique vigoureuse, mais c'est une critique ciblée (*cf.* II) et qui n'exclut pas l'éloge appuyé (*cf.* IX). Et surtout, elle épargne la nature exacte du projet platonicien. Aristote en effet, d'entrée de jeu, adopte au contraire la finalité que Platon assignait aux lois : assurer la vertu totale des citoyens et, par elle, leur véritable bonheur (*cf.* III), même si, on le constate au passage, le disciple ne se range pas exactement à l'idée que le maître se faisait de la vertu (*cf.* XIII) ou de ses composantes (*cf.* X). De même, à défaut de suivre toujours Platon en recommandant les lois particulières que celui-ci proposait dans l'espoir d'atteindre ses fins, Aristote lui emboîte le pas en retenant les principaux domaines où celui-ci pensait devoir légiférer compte tenu de la fin poursuivie (*cf.* IV). Et l'œuvre de Platon fournit ainsi la distinction des principaux chapitres du traité aristotélicien. C'est aussi des *Lois* qu'Aristote tire, en la systématisant et en la conceptualisant de façon plus nette, la thèse selon laquelle le régime parfait exige des conditions préalables (*cf.* VI). Et sur ce point d'importance capitale, c'est encore aux *Lois* qu'il doit la conviction que ces préalables dépendent principalement de la bonne fortune (*cf.* V). En y regardant de plus près, l'on peut observer à titre d'exemple que le premier d'entre eux, identifié déjà par Platon, est traité par Aristote dans le même esprit, pour faire pièce aux idées vulgaires de grandeur (*cf.* VII). Et si le disciple refuse, comme un *a priori* inconséquent, l'avantage illusoire d'une population chiffrée idéalement (*cf.* VIII), c'est pour mieux sanctionner l'exigence d'une détermination *a posteriori* que Platon lui-même avait d'abord fait valoir (*cf.* IX). Par où l'on peut voir à nouveau, cette fois sur un point précis, que la voie réaliste empruntée par Aristote était une voie ouverte déjà dans les *Lois* et que, fidèle plus qu'on ne l'imagine d'ordinaire à un certain Platon, lors même qu'il s'écarte de l'idéalisme, Aristote aurait pu légitimement, on le voit à ces indices, se donner pour son continuateur le plus autorisé (*cf.* XI). Sans doute aurait-il pu prétendre de même, lorsqu'il répare en quelque sorte des lacunes de Platon (*cf.* XII) et paraît s'inspirer alors de la tradition des Asclépiades, car les *Lois* avaient soufflé à leurs lecteurs l'importance de cette tradition (*cf.* XIV).

LES ORIGINES DU DOGMATISME PLATONICIEN

JOHN M. DILLON

Le philosophe Platon, comme tous ses amis en conviendraient, avait des vues bien arrêtées sur la plupart des sujets, mais il est remarquable que, dans ses œuvres publiées, il choisisse de présenter ces vues en prenant bien des détours. Le dialogue platonicien est après tout une forme littéraire conçue pour présenter des idées philosophiques aporétiquement et dialectiquement, non dogmatiquement. Si nous en tirons des doctrines c'est pour ainsi dire à nos risques et périls – et nul ne le sait mieux que la récipiendaire de ces *Mélanges*, qui a tant fait elle-même pour approfondir notre compréhension de ce que Platon a derrière la tête.

Il existe néanmoins un corps doctrinal lié à l'école platonicienne. Même du vivant de Platon, nous avons le témoignage (certes tendancieux) d'Aristote sur l'existence de certains principes philosophiques de Platon qu'il appelle parfois[1] *agrapha dogmata*, connues maintenant sous le nom de « doctrines non écrites ». Sur ce sujet j'ai pris une position personnelle[2], cherchant à conserver un équilibre précaire entre ce que je tends à considérer comme les positions extrêmes de Harold Cherniss et de ses continuateurs comme Leonardo Tarán d'une part, et de l'autre l'« École de Tübingen » de Konrad Gaiser, Hans-Joachim Krämer et leurs propres continuateurs (comme Giovanni Reale). Pour résumer ici ma position, je n'ai aucun mal à croire qu'il existe un corps doctrinal, ou au moins des hypothèses de travail, qui n'ont pas trouvé place dans les Dialogues, et que ces doctrines, comme celle de la dérivation de toutes choses à partir d'un couple de premiers principes, un Un et une Dyade Indéfinie, soient essentielles pour le système platonicien ; mais d'un autre côté je ne vois aucun besoin de poser un corpus complet de connaissances secrètes, présent à l'Académie dès sa création, qui serait conservé comme une sorte de « mystère » pour initiés.

1. Ainsi *Met.*, A 6, 987 b29 *sq.* On trouvera chez H.-J. Krämer, *Der Ursprung der Geistmetaphysik*, Amsterdam, Schippers, 1965, un utile relevé tant de citations d'Aristote que de leurs commentaires par les néoplatoniciens.

2. *The Heirs of Plato. A Study of the Old Academy (347-247 BC)*, Oxford, Oxford University Press, 2003, chapitre I : « The Riddle of the Academy ».

Sans aller pourtant jusque là, il me semble extrêmement probable que l'Académie a été le théâtre d'intenses spéculations philosophiques qui n'apparaissent pas dans un dialogue. Après tout, jamais Platon ne promet de révéler par écrit tout ce qu'il pense – bien au contraire, si l'on songe à un passage comme *Phèdre*, 275 d-e, ou à ce remarquable extrait de la lettre VII (341 c-e)[1] :

> Mais voici ce que je peux assurément affirmer concernant tous ces auteurs, ou futurs auteurs, qui prétendent connaître les sujets que j'étudie sérieusement (περὶ ὧν ἐγὼ σπουδάζω), soient qu'ils les tiennent de moi ou d'autres, ou qu'ils les aient découverts par eux-mêmes ; il est impossible, selon mon jugement en tout cas, que ces hommes comprennent quoi que ce soit à ce sujet. *Il n'existe pas, pas plus qu'il n'existera jamais, aucun traité de moi sur cette matière.* Car elle ne supporte pas de formulation verbale comme d'autres mais, résultant d'une application continue au sujet lui-même et d'une longue vie avec lui, elle est soudainement (ἐξαίφνης) amenée au jour dans l'âme, de même que la lumière est allumée par une étincelle bondissante, et ensuite se nourrit elle-même.

Même si ce n'est pas Platon lui-même qui parle – ce qui selon moi est le cas – il s'agit assurément de quelqu'un de bien informé de ce qui se passait dans l'école. Platon n'a jamais totalement renoncé à l'idée socratique faisant de la philosophie avant tout une activité orale ainsi qu'un processus perpétuellement ouvert. C'est ainsi que la conversation et l'argumentation étaient de mise dans le monde de l'Académie. Et les membres de l'Académie dont nous savons si peu de choses – des gens comme Speusippe, Xénocrate, Aristote, Eudoxe de Cnide, ou Héraclide du Pont – formaient une bande portée sur la conversation et l'argumentation, non le genre à rester assis en silence comme des statues d'Indiens devant l'enseigne du marchand de cigares tant que Platon n'avait pas terminé son dialogue !

En tout cas, quel que soit le statut de ces « doctrines non écrites », nous sommes confrontés – me semble-t-il – à un problème intéressant : dans la perspective de la tradition platonicienne ultérieure, qui commence avec Antiochus d'Ascalon au premier siècle avant notre ère, il est né une forte conviction que Platon et l'Ancienne Académie avaient réuni un corps doctrinal cohérent et complet sur tous les aspects de la philosophie, croyance qui a persisté dans toute l'Antiquité Tardive. Non que le platonisme ait jamais été considéré comme une structure monolithique ; il laissait assez de place pour tout un éventail de positions sur la plupart des questions éthiques et physiques. Mais l'opinion générale était bien que Platon dogmatisait au lieu de se contenter, comme le soutenaient les néo-académiciens d'Arcésilas jusqu'à Carnéade, de soulever des problèmes et de suspendre le jugement[2]. Ce que j'aimerais proposer comme objet de ma

1. Lettre que je n'hésite pas à considérer comme faisant autorité (c'est-à-dire provenant de sources dans l'Ancienne Académie qui savaient de quoi elles parlaient, même s'il y a débat sur le fait qu'elle soit de la main de Platon en personne).

2. *Cf.* la discussion de la question au début du *Commentaire anonyme au Théétète* qui date peut-être de la fin du Ier siècle avant notre ère, mais plus probablement du siècle suivant. En ce qui concerne la Nouvelle Académie, on a même vu apparaître ultérieurement une croyance intéressante (assurément une fiction bien intentionnée) : les néo-académiciens n'y croyaient pas personnellement, mais

recherche ici est de savoir 1) s'il existe la moindre justification à cette croyance et 2) si c'est le cas, à quel stade ce dogmatisme aurait pu naître.

Pour aborder cette question il me semble préférable de commencer pour ainsi dire par la fin, c'est-à-dire par le témoignage d'Antiochus, et de remonter le temps. Ce que nous trouvons chez lui – ou plutôt dans bien des passages importants de Cicéron où ses porte-parole développent la doctrine platonicienne revue par Antiochus[1] – est d'abord une nette division de la philosophie comme sujet en trois domaines : éthique, physique (comprenant ce que nous appellerions plutôt « métaphysique » ou discussion des premiers principes), et logique, suivis sous chaque rubrique d'un ensemble de doctrines proclamées avec assurance. Depuis longtemps on suppose, sans grand débat, que cette élaboration est en grande partie le fruit de l'imagination d'Antiochus, une cuisine où il a plaqué un ensemble ultérieur de doctrines prises chez les stoïciens – qui l'ont fortement influencé – sur ses héros de l'Ancienne Académie.

Il y a une trentaine d'années, dans *The Middle Platonists*, j'ai critiqué cette supposition d'une part en soutenant qu'il n'y avait guère d'intérêt à ce qu'Antiochus tente de faire avaler à un public bien informé et plutôt sceptique une théorie pour laquelle il n'existait pas la moindre justification[2], et de l'autre en rappelant la minceur de nos connaissances sur les débats théoriques dans l'Ancienne Académie, en particulier sous la direction de Xénocrate et de Polémon. En même temps je prenais garde de ne pas attribuer trop de doctrine précise à Polémon en particulier, puisque apparemment nous savions si peu de choses sur lui malgré ses quarante années à la tête de l'Académie. Mais depuis lors j'ai été fort encouragé par un article tout à fait pénétrant de David Sedley, « The Origins of Stoic God », paru en 2002[3], qui me semble permettre de reconstituer une grande partie de la position doctrinale de Polémon; je dois

affichaient cette position en public pour combattre les stoïciens – tout en dogmatisant en privé ! *Cf.* Sextus Empiricus, *HP*, I, 234 et Augustin, *Contra Academ.*, 3, 20, 43 (qui cite un passage perdu des *Académiques* de Cicéron).

1. Il s'agit ici essentiellement d'œuvres comme le *De Finibus* IV et V (pour l'éthique) et les *Academia Priora* et *Posteriora* (pour la « physique »), mais il existe quantité d'autres passages intéressants. Pour une étude assez complète d'Antiochus, voir mon livre *The Middle Platonists : 90 B.C. to A.D. 220*, revised ed. with a new afterword, Ithaca (N.Y.), Cornell University Press, 1996, chap. 2; mais aussi Jonathan Barnes, « Antiochus of Ascalon », dans M. Griffin, J. Barnes (éd.), *Philosophia Togata*, Oxford, Clarendon Press, 1989, p. 51-96.

2. Jamais, comme je le soulignais, il n'est accusé de rien de semblable par Cicéron, qui personnellement éprouve pour Antiochus énormément d'affection et de respect, mais n'en reste pas moins loyal envers la Nouvelle Académie. Le plus grave reproche que lui fasse Cicéron est d'être trop proche des stoïciens (*si perpauca mutavisset, germanissus Stoicus, Acad. Post.*, 132; *a Chrysippo pedem nusquam, Acad. Post.*, 143 ; et *cf.* aussi *Acad. Pr.*, 135, où Cicéron tente de le prendre en défaut sur le point précis de la vertu comme condition suffisante pour le bonheur, qui selon lui n'était en aucun cas la position de l'Ancienne Académie). Je répète que rien de tout cela n'équivaut à un rejet du projet d'ensemble d'Antiochus, et ne dépasse pas la polémique entre écoles.

3. Dans D. Frede, A. Laks (éd.), *Traditions of Theology : Studies in Hellenistic Theology, its Background and Aftermath*, Leiden, Brill, 2002, p. 41-83.

avouer que j'ai pris sa suite – et me suis quelque peu emballé – dans le chapitre 4 de *The Heirs of Plato*.

Avant de revenir à l'article de David Sedley, j'aimerais examiner le sujet de l'éthique, et même avant cela soulever la question même de la division formelle de la philosophie en sujets, qui me semble inextricablement mêlée à la création d'un *système* philosophique. C'est Sextus Empiricus qui nous apprend (*Adv. Log.*, I 16) que le premier philosophe à distinguer clairement les trois principaux domaines, ou sujets, de la philosophie, présentés par Sextus dans l'ordre « Physique – Éthique – Logique » était Xénocrate[1]. Cependant, et je trouve cela important, Sextus fait précéder cette déclaration d'une autre : Platon avait déjà procédé à cette distinction virtuellement (*dunamei*) puisqu'il abordait de nombreux problèmes dans tous ces domaines[2]. Ce que cette déclaration révèle en fait est que Xénocrate lui-même, avec cette division très claire, tentait de faire endosser à Platon la paternité de ce concept, peut-être dans son ouvrage attesté *Sur la philosophie* (DL IV 13). Après tout, il n'aurait pas eu de mal à invoquer divers passages des Dialogues, et même des dialogues entiers, comme le *Timée* pour la physique, *République* IV pour l'éthique, ou le *Théétète* pour l'épistémologie (en tant que branche de la logique), ou même la deuxième moitié du *Parménide* à ce propos, à la manière de ce qu'on fait, plus tard, les auteurs de manuels de platonisme comme Alcinous ou Apulée.

Si c'est bien le cas, il est permis d'y voir la partie visible d'un très gros iceberg. D'abord, pour interroger les œuvres de Platon, il faudrait disposer d'une édition définitive. Il y a bien longtemps, c'est Henri Alline[3] qui avança que la première édition des œuvres de Platon avait été préparée dans l'Académie dirigée par Xénocrate ; bien que depuis des années cette hypothèses ait été considérablement attaquée car sans justification, je dois dire que cette conjecture me semble extrêmement probable. Qu'une édition de ce genre ait été faite est certain, puisque nous a été transmis ce qui semble être l'œuvre intégrale de Platon – on ne peut en dire autant d'aucun autre philosophe de l'antiquité à l'exception peut-être de Plotin (et là nous savons comment cela s'est fait) – et il me semble très improbable que Speusippe se soit jamais lancé dans pareille entreprise. Elle étaierait très solidement ce qui semble avoir été le grand projet de Xénocrate – défendre la tradition du platonisme contre les attaques d'Aristote et consorts tels que Théophraste –, puisqu'une défense plausible aurait exigé de disposer des œuvres du maître sous une forme définitive.

Muni d'un corpus faisant autorité, il pouvait poursuivre son entreprise – même si je pense aussi qu'il n'hésitait pas à invoquer si nécessaire des « doctrines non écrites », s'appuyant non seulement sur son expérience personnelle de ce qui se passait dans l'Académie mais sur un texte comme la Lettre VII citée plus haut

1. En réalité, si Antiochus suit fidèlement Xénocrate, l'ordre de celui-ci a dû être « Éthique – Physique – Logique », et Sextus se contente de suivre l'ordre préféré par les stoïciens.

2. Il aurait pu encore ajouter qu'Aristote semble reconnaître une tripartition de la philosophie en *Topiques* I 14 (105 b 19 *sq.*).

3. Henri Alline, *Histoire du texte de Platon*, Paris, Champion, 1915.

(s'il n'en était pas le véritable auteur!). Il aura eu en tête de forger une sorte de corpus doctrinal cohérent à partir d'un matériau assez peu prometteur.

Si nous commençons par la sphère de l'éthique, le genre de problèmes qui apparaissaient, à la suite de l'*Éthique à Nicomaque* d'Aristote (peu importe sous quelle forme elle était accessible), aurait été l'importance relative des vertus et des biens de moindre importance, ceux du corps et des circonstances extérieures, dans la réussite du bonheur, ou εὐδαιμονία, et le but général de la vie, que ce soit θεωρία ou πρᾶξις. Les indications venant de Platon sont après tout contradictoires. Du *Phédon*, par exemple, on pourrait conclure que les préoccupations du corps ne sont pour le philosophe qu'une distraction, et qu'elles devraient être autant que possibles déconnectées de celles de l'âme, même avant la mort (le philosophe devant précisément s'entraîner à mourir!), tandis que de la *République*, en particulier du livre IX (tout spécialement 580 d-592 b), on pourrait déduire que les biens de moindre importance, désirés par l'élément fougueux (le θυμός) et l'élément passionné (l'ἐπιθυμία), tout en étant bien inférieurs aux biens de l'âme, doivent recevoir un statut limité, sous une forme convenablement contrôlée et adoucie. Cette ambiguïté se retrouve dans les *Lois* où (au livre X, en 631 b-c) nous apprenons que « les biens sont de deux sortes, humaine et divine ; et les biens humains dépendent du divin, et celui qui reçoit le plus grand acquiert aussi le moins grand, faute de quoi il est privé des deux. » Platon nous dit ensuite que ces biens « humains », comme santé, beauté, force et richesse, sont très inférieurs aux biens « divins » de l'âme qui sont les quatre vertus, mais ne doivent pas être chassés de l'examen. Mais un peu plus loin (en 661 a-d) il les définit comme des « biens conditionnels », qui ne sont vraiment bons que pour l'homme vertueux et sont en fait des maux pour l'homme mauvais qui est capable d'en faire mauvais usage[1].

D'un autre côté, examinons les définitions du bonheur proposées par Xénocrate et par Polémon, telles qu'elles nous sont rapportées par le père Clément, de l'église d'Alexandrie (*Strom.*, II 22). D'abord, celles de Xénocrate, apparemment tirées de son traité *Sur le Bonheur* :

> Xénocrate de Chalcédoine définit le bonheur comme l'acquisition de l'excellence (ou de la vertu, ἀρετῆς) qui nous est propre, et des ressources permettant de la servir. Puis en ce qui concerne le siège qui lui convient (ἐν ᾧ) il dit clairement que c'est l'âme ; comme causes efficientes (ὑφ' ὧν), il identifie les vertus ; comme causes matérielles (ἐξ ὧν), au sens de parties, les actions nobles, bonnes habitudes et bonnes attitudes (ἕξεις τε καὶ διαθέσεις) les mouvements et les relations ; et comme compléments indispensables (ὧν οὐκ ἄνευ), les biens corporels et externes.

Si Clément est fiable, il y a là bien des éléments intéressants. D'abord, pouvons-nous en conclure que la « métaphysique des prépositions » en tant que

1. Ce sujet a été repris récemment, avec un luxe de détails passablement épuisant, par Christopher Bobonich au chapitre 2 de son *Plato's Utopia Recast*, Oxford, Clarendon Press, 2002.

telle, qu'un grand spécialiste comme Willy Theiler suppose être un produit de la scolastique du premier siècle de notre ère ou d'un siècle ultérieur, est déjà utilisée par Xénocrate à la fin du IVe siècle? Je ne vois pas ce qui nous en empêche. Il n'y a selon moi rien dans cette formulation qui n'aurait pu être tiré, par un penseur à l'esprit scolastique, de l'usage existant, un peu moins systématique, de prépositions formulées à cet effet par Platon et Aristote, et je me demande comment Clément serait parvenu à cette application des termes prépositionnels si Xénocrate ne l'y avait pas un peu poussé.

Cependant le contenu de la doctrine est plus important. De ce qui précède nous pouvons déduire que l'εὐδαιμονία est pour Xénocrate non seulement l'acquisition ou la possession de l'ἀρετή, mais l'acquisition « des ressources permettant de la servir », c'est-à-dire les biens corporels et externes qui sont ses ὧν οὐκ ἄνευ, que j'ai traduit par ses « compléments indispensables »[1].

On voit le lien avec les témoignages tirés de Cicéron qui, réfutant les stoïciens dans son *De Finibus*, IV, 15-18, présente la version selon Antiochus de la doctrine de l'Ancienne Académie et du Peripatos, ou plus précisément de Xénocrate et d'Aristote. Après avoir affirmé que les deux derniers nommés partent des mêmes premiers principes éthiques que les stoïciens plus tard, « les premières choses selon la nature » ou πρῶτα κατὰ φύσιν (*prima naturæ*, dans son latin), Cicéron entreprend de résumer leur position. Comme ce résumé ne concorde pas vraiment bien avec ce qui nous est connu d'Aristote (en concordant peut-être mieux avec les premières œuvres dont disposait Cicéron, mais que nous n'avons pas), il paraît raisonnable que la paternité, en gros, en revienne à Xénocrate[2].

> Tout organisme naturel tend à se préserver lui-même, afin d'assurer sa sécurité et également sa préservation conformément à son type spécifique[3]. Dans ce but, affirment-ils, l'homme a fait appel à l'aide des arts pour assister la nature; et au premier rang d'entre eux il y a l'art de vivre, qui l'aide à protéger les dons que la nature lui a offerts et à se procurer ceux qui manquent. De plus ils ont divisé la nature de l'homme en âme et corps. Ils ont décrété que chacune de ces parties est désirable en elle-même, et par conséquent ils ont dit que les vertus (ou excellences) de chacune étaient désirables en elles-mêmes; en même temps ils ont loué l'âme comme surpassant infiniment le corps en valeur, et donc placé aussi les vertus de l'esprit au dessus des biens du corps. Mais ils considéraient que la sagesse est la gardienne et la protectrice de l'homme tout entier, étant la camarade et l'aide de la nature, et disaient donc que la fonction de la sagesse, puisqu'elle protégeait un être fait d'un esprit et d'un corps, était de l'aider et de le conserver à ce double titre.

Certes le principe figurant en tête de ce passage ne semble guère refléter de près ou de loin quoi que ce soit des Dialogues de Platon, mais il pourrait fort bien

1. Le problème du rôle des ἕξεις τε καὶ διαθέσεις comme « parties » à partir desquelles le bonheur est construit mérite aussi qu'on s'y intéresse, car il semble renfermer une doctrine qu'on trouve aussi chez Aristote, au début du livre II de *l'Éthique à Nicomaque* (1. 1103 a 14-b 25) : la vertu éthique naît de *l'ethos*, d'une bonne formation et de la *pratique* d'actions nobles.

2. Je suis la traduction de H. Rackham, dans la collection Loeb.

3. *Omnis natura vult esse conservatrix sui, ut et salva sit et in genere conservetur suo.*

être un développement d'un principe énoncé par un compagnon de Platon, Eudoxe de Cnide, connu pour avoir soutenu que le plaisir était le bien le plus élevé, puisque la maximalisation du plaisir était le premier objectif de tout être sentant depuis le jour de sa naissance[1]. Si c'est le cas, Xénocrate l'a adapté en le détournant, afin de justifier le maintien du souci de la survivance et du confort physiques comme fondement de l'édifice. D'un autre côté, les idées exprimées dans le reste du texte peuvent facilement venir des passages des *Lois* cités plus haut.

Ce choix des « choses premières selon la Nature » comme fondement d'une théorie éthique, Antiochus l'attribue aussi à Polémon (par ex. *De Fin.*, IV 50-1), mais celui-ci semble faire preuve d'un peu plus d'austérité que son maître Xénocrate. La différence doit être mince puisque la doxographie ne cesse de les mettre dans le même sac, mais il faut noter que Polémon était le maître de Zénon, futur fondateur du stoïcisme, à qui il a visiblement transmis une éthique plus austère que Zénon à son tour a renforcée.

Clément rapporte la position de Polémon aussitôt après celle de Xénocrate (*Strom.*, II 22) :

> Polémon, l'associé de Xénocrate, semble vouloir que le bonheur (εὐδαιμονίαν) consiste en autarcie (αὐτάρκειαν) vis-à-vis de toutes les bonnes choses, ou en tout cas les plus nombreuses et les plus grandes. Car il pose que le bonheur ne peut jamais être atteint sans la vertu, *tandis que la vertu suffit au bonheur même privé des biens corporels et externes.*

Si Polémon est original, c'est dans cette dernière précision. On peut y voir des traces d'un débat se poursuivant à l'intérieur de l'Académie quant au statut précis des prétendus biens « mortels ». Néanmoins, d'après ce que dit Antiochus, il semblerait que Polémon n'écarte pas totalement ces biens inférieurs. Voici le passage (IV 50-51) auquel il a été fait allusion plus haut. Cicéron y critique Caton qui s'est permis divers arguments stoïciens spécieux :

> Quant à ton autre argument, il n'est en aucune façon « consécutif » mais vraiment borné à l'extrême – quoi que naturellement la faute en soit aux stoïciens et non à toi. « Le bonheur est une chose dont il faut être fier; mais il ne peut se faire que quiconque ait une bonne raison d'être fier sans vertu. » Polémon accordera à Zénon la première proposition, de même que son Maître (à savoir Xénocrate) et toute leur école, sans compter tous les autres philosophes qui, tout en mettant la vertu loin au dessus de tout le reste, la marient à autre chose pour définir le bien le plus élevé; puisque la vertu est chose dont il faut être fier, ce qui est le cas, et qu'elle surpasse tout à un point que le langage ne saurait dire, Polémon réussira à être heureux s'il est doté de la seule vertu et privé de tout par ailleurs, et en même temps il ne vous accordera pas que rien d'autre que la vertu ne doit être estimé bon.

1. *Cf.* Aristote, *E.N.*, I 12, 1101 b 27-31 ; X 2, 1172 b 9-18. Aristote fait remarquer dans ce second passage que les idées d'Eudoxe gagnaient considérablement en crédibilité du fait de sa très haute moralité.

On reconnaît là les grandes lignes d'une doctrine platonicienne sur les premiers principes de l'éthique et les composantes du bonheur; à quelques détails près dans les priorités, elles peuvent constituer la base d'une position cohérente. À des époques ultérieures, selon qu'on tenait plus à lutter contre le stoïcisme (comme chez Plutarque) ou contre les péripatéticiens (comme chez l'Athénien Atticus, ce platonicien tardif), on suivait une éthique plus ou moins austère, on favorisait par exemple la μετριοπάθεια aux dépens de l'ἀπάθεια, ou l'inverse; mais dans un cas comme dans l'autre on s'appuyait sur un fond de doctrine platonicienne, doctrine qui à mon avis avait été posée par Xénocrate et Polémon, non par Platon lui-même.

Il en va de même dans le domaine des premiers principes de la physique. L'héritage laissé par Platon n'avait pas été particulièrement clair, en tout cas c'est bien notre impression. Nous avons d'un côté le Bien de la *République*, ce premier principe qui est d'une certaine façon au-delà (ἐπέκεινα) du reste de l'existence dont il est le sol nourricier en plus d'être un objet de désir; de l'autre il y a le Démiurge du *Timée*, décrit comme un Intellect, mais représenté comme contemplant un Modèle, d'une certaine façon au-dessus et au-delà de lui-même, dans sa création de l'Âme et du monde (à moins que le Démiurge avec sa création soit un mythe et doive être déconstruit, comme le soutenaient fermement tant Speusippe que Xénocrate malgré les critiques d'Aristote); et puis il y a l'Un des hypothèses de la seconde partie du *Parménide*, dont Platon a, ou non, voulu faire un premier principe, mais qui a certainement été compris comme tel par la suite; et encore les premiers principes énoncés dans le *Philèbe* (26 c *sq.*), qui semblent de la même famille que l'Un et la Dyade Indéfinie des Doctrines non écrites; enfin, mais ce n'est pas la moindre, nous avons apparemment la doctrine, formulée énergiquement d'abord dans le *Phèdre* (245 c *sq.*) mais prédominante aussi dans le livre X des *Lois*, d'une âme du monde rationnelle comme le premier principe de tout mouvement, donc de toute création. Que faire de cet excès de richesses ?

Ce qu'en a fait Xénocrate est parfaitement clair; il l'est beaucoup moins dans le cas de Polémon, même s'il me semble possible de reconstituer sa position à condition de regarder de près certains indices très minces. Dans un cas comme dans l'autre, le résultat est intéressant. Dans le cas de Xénocrate, ce qui est attesté[1] (mais seulement par le doxographe Ætius, qui n'est pas un témoin modèle) est le couple formé par une Monade et une Dyade, la première définie comme « Zeus et l'Impair et l'Intellect » mais aussi « ayant le Rôle du Père, régnant dans les cieux » ; ce dernier détail semble étonnamment la rapprocher du Zeus du mythe du *Phèdre* (246 e) et la placer, non dans une sorte de relation transcendante avec le cosmos physique, mais plutôt en résidence dans sa sphère la plus élevée. Pour ce qui est de sa conjointe, cependant, il semble y avoir une grave difficulté dans le texte, à laquelle je me suis attaqué plusieurs fois au fil des années, mais qui me tracasse toujours. Voici le texte tel qu'il apparaît dans les *Placita* :

1. *Placita*, I 7, 30, p. 304 Diels = Fr. 15 Heinze / Fr. 213 Isnardi Parente.

> Xénocrate, fils d'Agathenor, de Chalcédoine [considère] comme dieux la Monade et la Dyade, la première comme mâle, ayant le rôle du Père, régnant dans les cieux (ἐν οὐρανῷ βασιλεύουσαν), qu'il appelle « Zeus » et « impair » (περριτόν, *scil.* numériquement) et Intellect, qui est pour lui le dieu primaire ; l'autre comme femelle, à la manière de la Mère des Dieux (μητρὸς θεῶν δίκην), gouvernant le royaume sous les cieux, qui est pour lui l'Âme de l'Univers (ψυχὴ τοῦ παντός).

On dirait ici que le principe femelle, qui est l'équivalent de la Monade, définie comme « la mère des dieux », est aussi présenté comme une Âme du Monde, dont le théâtre des opérations se trouve « sous les cieux ». J'ai écrit que soit Ætius s'était gravement trompé ici, soit la tradition manuscrite avait été corrompue[1]. Si je persiste en ce sens c'est que nous apprenons aussi de Plutarque, plus fiable comme source (*Proc. An.*, 1012D-1013B = Fr. 68 H / 188 IP), que, quand Xénocrate interprète la création de l'âme dans le *Timée* (35 a-b), par « substance indivisible » (ἀμέριστος οὐσία) il entend en fait la Monade, et « ce qui est divisé autour des corps » (ἡ περὶ τὰ σώματα μεριστή) comme Multiplicité (πλῆθος)[2], ou la Dyade Indéfinie, tandis que l'Âme, présentée comme un « nombre automoteur » est le produit de leur rencontre. Donc la Dyade Indéfinie elle-même ne saurait être l'Âme du Monde.

Je croirais volontiers qu'il s'est produit ceci : une ligne a été perdue dans le passage d'Ætius, entre μητρὸς θεῶν et δίκην, où nous apprenions que la Dyade était femelle, « occupant le rang de Mère des Dieux, qu'il appelle « Rhéa » et « Pair » et « Matière », alors que δίκην doit être entendu comme un nom propre, Dikê – l'assesseur de Zeus chez Hésiode dans *Les Travaux et les Jours* (256-7) et son continuateur en *Lois* 716 a – qui présente l'Âme du Monde comme le rejeton de ces deux entités, un peu à la manière d'Athéna (peut-être citée elle aussi). Nous aurions ainsi, en tout cas, une présentation cohérente du système des premiers principes chez Xénocrate, à son tour susceptible d'être vu comme une tentative pour mettre un peu d'ordre dans les *testimonia* platoniciens.

Si c'est bien le cas, nous entrevoyons, me semble-t-il, Xénocrate au travail pour créer une doctrine platonicienne cohérente afin de contrer les attaques d'Aristote (ainsi dans le *De Cælo* I 12). Pour une grande part sa stratégie consiste à insister sur une interprétation non littérale du *Timée*, puisqu'une interprétation littérale crée de sérieux ennuis qu'Aristote n'a pas manqué de relever. Le premier problème est l'incohérence qu'il y a à postuler quelque chose, à savoir le cosmos physique, qui a un commencement mais, en vertu d'un décret arbitraire du Démiurge, pas de fin. Ici l'absurdité est logique, mais il y a encore la difficulté du Démiurge : bien qu'il semble être une divinité suprême, il n'en contemple pas moins un παράδειγμα, ou « modèle », d'après lequel il exécute sa tâche de création qui est à la fois indépendante de lui et qui lui est coordonnée ; et il y a aussi

1. « Xenocrates' Metaphysics : Fr. 15 (Heinze) Re-examined », *Ancient Philosophy*, 5, 1990, 47-52 (repr. dans *The Golden Chain. Study in the Development of Platonism and Christianity*, Aldershot, Variorum, 1990). J'ai développé mes arguments dans *The Heirs of Plato*, *op. cit.*, p. 98-107.

2. En réalité il s'agit du terme préféré de Speusippe pour le principe femelle, mais sans aucun doute Xénocrate l'employait lui aussi.

la bizarrerie (même si l'exégèse moderne réalise des miracles pour en donner une explication rassurante) venant de ce que, alors que Timée a déclaré qu'un intellect ne peut être présent dans rien qui n'ait une âme (30 b 2-3), le Démiurge est précisément cela, un intellect sans âme[1].

Cependant, une fois qu'on a postulé que le récit de la création démiurgique est un mythe, tous ces problèmes s'évanouissent de façon satisfaisante. Dans ces conditions le Démiurge ne me semble pas devenir autre chose qu'un Intellect divin, qui contemple son propre contenu, à savoir la totalité des Formes, conçues à ce stade comme des nombres ou au moins des formules numériques de quelque sorte, et qui les projette éternellement sur un substrat que Platon, c'est malheureusement bien connu, ne présente pas comme de la matière – à la différence d'Aristote, et très probablement aussi de Speusippe et encore de Xénocrate. C'est aussi le Zeus du mythe du *Phèdre*, et peut-être aussi le Bien de la *République*.

Mais alors qu'en est-il de l'Âme du Monde en *Lois* X, qui semblerait être le dernier mot de Platon sur la question des principes suprêmes ? Je ne sais pas exactement ce qui se passe ici, et je n'affirme pas que Polémon n'ait pas une conception légèrement différente de celle de Xénocrate, mais je tends à penser que, pour le Platon des *Lois*, les principes suprêmes sont toujours bien l'Un et la Dyade Indéfinie mais que, pour une raison inconnue, quand on les examine séparément, ils sont vus comme des principes *potentiels*, qui doivent se réunir pour passer à la réalité ; le résultat de leur réunion serait la génération, d'abord de tout le système des Formes-Nombres, puis, une fois ajouté le principe de mobilité, celle de l'Âme. L'ensemble du processus devant être conçu comme éternel et même intemporel, le principe activement cosmogonique, et la cause du mouvement en toute autre chose, est bien l'Âme du Monde.

Voilà en tout cas l'une des versions d'un système des premiers principes, léguée à des générations ultérieurs de platoniciens, sous la forme de la triade Dieu – Formes, ou même Forme (*Idea*) – Matière. Elle me semble remonter à Xénocrate qui à son tour se donnait beaucoup de mal pour l'attribuer à Platon, pouvant invoquer un bon nombre de textes sacrés qui vont dans ce sens. Mais ce n'est pas le seul système à émerger de l'Ancienne Académie, ce qui me ramène à Polémon, et à David Sedley.

Il s'agit d'un problème qui nous tracassait depuis longtemps, déjà quand j'étudiais l'Ancienne Académie dans le premier chapitre de *The Middle Platonists* et aussi bien des années par la suite : alors que Polémon avait dirigé l'Académie pendant quarante bonnes années et qu'il était resté un personnage fort respecté, tout ce que l'on savait apparemment de lui, hormis un bouquet d'anecdotes et de citations, était un peu de théorie morale ; il ne semblait pas avoir eu l'ombre d'une idée sur la physique ou la logique. Comment cela était-il

1. La naïveté dont je parle consiste à établir une distinction entre *avoir* un intellect, nécessitant que quelque chose ait une âme, et être un intellect, qui n'a pas besoin d'obliger à avoir ou être quoi que ce soit d'autre. Tout cela est bel et bon, mais, dans le mythe, le Démiurge est plus qu'un simple intellect désincarné ; il est présenté comme un personnage divin qui *a* un intellect, et doit donc aussi avoir une âme.

possible? Comment pouvait-on se dire platonicien tout en négligeant toute la construction métaphysique qui sous-tendait les théories éthiques de Platon? Certes Varron, le porte-parole d'Antiochus, nous donne dans un passage des *Académiques* de Cicéron (I 24-9) ce qui se présente comme un examen de la physique de l'Ancienne Académie, mais le contenu en est si évidemment stoïcien que personne ne l'a regardé de près.

Et pourtant il y existe bien un petit indice sur l'existence d'une doctrine de Polémon dans ce domaine; sollicité correctement, il peut donner des résultats intéressants, et c'est à cela que s'est intéressé David Sedley dans son article « The Origins of Stoic God ». À la suite immédiate du vaste compte rendu qu'Ætius donne de la théologie de Xénocrate, il ajoute une ligne, une seule: « Polémon affirmait que le cosmos est Dieu (Πολέμων τὸν κόσμον θεὸν ἀπεφήνατο) ».

Certains ont pris note de cette bribe doxographique sans la trouver particulièrement intéressante, car ils pensaient qu'on pouvait la lire: « Polémon affirmait que le cosmos est *un dieu* » – information qui n'est guère palpitante. Mais dans le contexte elle ne peut avoir ce sens: Ætius présente diverses conceptions philosophiques de la divinité suprême, non d'un dieu ancien parmi d'autres. Nous voilà donc avec ce témoignage, même s'il ne se cache pas d'être doxographique, selon lequel pour Polémon, tout platonicien qu'il était, le principe suprême n'est autre que le cosmos. Comment est-ce possible?

Je crois qu'il faut d'abord remonter aux derniers passages où Platon s'est penché sur ce sujet (*Lois* X) et plus précisément à l'*Epinomis*, cet appendice aux *Lois* dû à son fidèle secrétaire, Philippe d'Oponte[1]. Dans l'*Epinomis* (par ex. en 976 d *sq.*; 981 b-e), Philippe se prononce sans équivoque avec ceux qui affirment comme principe suprême l'Âme du Monde rationnelle immanente dans le cosmos et qui affirment même que l'étude de l'astronomie est la science la plus haute puisque c'est là que l'on étudie les mouvements de l'esprit divin. Apparemment Philippe s'était convaincu que Platon avait donné là son dernier mot sur la question, mais ce qu'il présente est une version assez radicale de la pensée de Platon, que ses collègues Speusippe ou Xénocrate étaient visiblement loin de partager. Mais si l'on adopte cette conception du premier principe actif, quelles sont les conséquences à en tirer quant à la structure dynamique du cosmos comme un tout? Considérons le présentation par Antiochus de la théorie physique de l'Ancienne Académie:

> Le sujet de la Nature, qu'ils ont traité ensuite (*scil.* après l'éthique), ils l'ont abordé en le divisant en deux principes, l'un le créateur (*efficiens* = ποιητική), l'autre à la disposition du premier, pour ainsi dire, d'où quelque chose pourrait être créé. Dans le principe créateur ils estimaient que de la puissance était inhérente (*vis* = δύναμις) et dans celui qui recevait l'action une sorte de « matière » (*materia* = ὕλη); et pourtant ils pensaient que chacun des deux était inhérent à l'autre, car pas

1. Je m'avoue totalement convaincu de l'attribution à Philippe par les arguments de Leonardo Tarán dans sa belle édition de cette œuvre: *Academica: Plato, Philip of Opus and the Pseudo-Platonic* Epinomis, Philadelphie, American Philosophical Society, 1975.

plus que la matière n'aurait pu s'agglomérer si elle n'était maintenue par une autre puissance, la puissance ne l'aurait pu sans quelque matière (car rien n'existe sans être nécessairement quelque part)[1]. Mais ce qui était le produit de l'un et l'autre ils l'appelaient « corps (*corpus* = σῶμα) et, pour ainsi dire, une sorte de « qualité » (*qualitas* = ποιότης).

Nous avons là un univers à deux principes certes très voisin de celui des stoïciens mais voisin aussi, c'est intéressant, de celui qui est attribué à Platon lui-même par Théophraste dans son curieux petit ouvrage, la *Métaphysique* (6 a 24-25). Ces deux principes peuvent, après tout, être considérés comme l'Un et la Dyade Indéfinie, ou la Limite et l'Illimité, dont aucun ne peut exister sans l'autre, et dont l'union engendre d'abord le Nombre et l'Âme, mais finalement le cosmos. Même le choix d'appeler δύναμις le principe actif et ποιότης le principe formel (car c'est de cela qu'il est question) pourrait provenir d'une exégèse scolastique du *Théétète* d'abord en 156 a, où Socrate appelle δυνάμεις les principes actif et passif du cosmos, puis en 182 a où il forge le terme ποιότης. Donc, même si nous devons admettre qu'Antiochus donne ici une teinture stoïcienne à ces éléments, il semble raisonnable d'avancer qu'il n'aurait pu le faire sans quelque justification trouvée dans les sources provenant de l'Ancienne Académie dont il disposait.

Un peu plus loin, aux sections 27-28, le principe actif est identifié comme une Âme du Monde rationnelle, résidant avant tout dans les cieux, mais se répandant dans toutes les parties du cosmos (c'est en ce sens que le cosmos pris dans son ensemble peut être décrit comme un Dieu). Elle est « intelligence et sagesse parfaites (*mens sapientiaque perfecta*), qu'ils appellent Dieu, et une sorte de providence, gouvernant toutes choses qui tombent sous son contrôle. » Il n'y a rien là, selon moi, qui ne puisse provenir d'une interprétation non littérale du *Timée*.

Nous voyons donc ici, comme pour la théorie éthique, une légère différence d'accent entre les positions doctrinales de Xénocrate et de Polémon, mais rien qui ressemble à une contradiction. Pour Polémon, les premiers à tirer profit de sa doctrine personnelle ont été les stoïciens, mais par la suite il a été connu de gens comme Eudore d'Alexandrie, le philosophe Thrasylle, de la cour de Néron, et même Philon, le philosophe juif platonisant, qui tous ont adopté une théologie assez stoïcienne ; en revanche, des philosophes comme Plutarque et Atticus ont été davantage influencés par Xénocrate. Mais à eux deux ils ont fourni la base d'un corps de dogmes platoniciens.

Je ne m'attarderai pas sur la théorie logique et l'épistémologie, puisqu'en réalité la plupart des platoniciens ultérieurs ont adopté comme étant platonicien tout le système aristotélicien de logique, avec les innovations qu'avaient pu introduire Théophraste et ses successeurs. Non que le système venu de l'Ancienne Académie divisant toutes choses en catégories d'Absolu et de Relatif ait été oublié, mais il a été plutôt repoussé à l'arrière-plan. Il est vrai que la section des

1. C'est là une référence intéressante à un passage du *Timée*, 52 b : « Tout ce qui existe doit nécessairement se trouver en un endroit (ἔν τινι τόπῳ). »

Académiques (I 30-2) consacrée à la logique n'est pas sans intérêt, et indique que Polémon n'oubliait pas cela non plus.

J'aurais pu entrer beaucoup plus en détail dans les domaines de l'éthique et de la physique, mais j'espère en avoir assez dit ici pour rendre ma thèse claire : les contraintes d'une rivalité entre plusieurs écoles, d'abord entre l'Académie et le Lycée mais ensuite entre des platonisants tardifs et en même temps des stoïciens et des aristotéliciens, ont fait que le platonisme est devenu plus formalisé que ce que Platon lui-même avait laissé, et ont fait que c'est essentiellement Xénocrate, auteur d'une multitude de traités, tant généraux que particuliers, qui a fourni la structure de cette doctrine organisée en corpus. Non que les platoniciens aient jamais été soumis à rien d'approchant une orthodoxie monolithique. La doctrine platonicienne n'a jamais été reçue d'en haut; c'était plutôt un système qui se réglait lui-même, où chacun savait ce que signifiait en gros être platonicien (ce qui pouvait plus tard inclure d'être pythagoricien) et parvenait à rester à l'intérieur de ces paramètres tout en se chamaillant vigoureusement non seulement avec les autres écoles mais aussi avec son voisin.

Traduit de l'anglais par Dimitri El Murr.

LE NON-ÊTRE ET L'ALTÉRITÉ : PLOTIN ET SES PRÉDÉCESSEURS*

DENIS O'BRIEN

Si originale soit-elle, la pensée de Plotin prend son essor dans la pensée de ses prédécesseurs. Ce n'est donc qu'en reprenant, dans le détail, les passages auxquels fait discrètement allusion Plotin que nous parvenons à dégager le ressort caché de sa pensée, les liens subtils qu'il tisse avec la pensée de ses prédécesseurs, que ce soit pour se l'approprier ou pour s'en éloigner.

Ainsi en est-il du dernier chapitre du douzième traité de l'ordre chronologique, *Ennéade* II 4, intitulé *De la matière* d'après les manuscrits, *Des deux matières* selon Porphyre[1]. Dans ce chapitre (chap. 16), Plotin tire profit des critiques que Platon adresse à Parménide dans le *Sophiste* et qu'Aristote adresse au même Parménide dans la *Physique*. Ce faisant, il ne cite toutefois nulle part le nom de Platon ni non plus celui d'Aristote.

Reconnaître la présence de ces deux auteurs, bien que leurs noms soient passés sous silence, est toutefois indispensable à une bonne intelligence de l'ensemble. Si les éditeurs n'ont pas restitué comme il faut le texte du chapitre, si les traducteurs ne l'ont pas traduit correctement et si, plus grave encore, les exégètes n'ont pas su intégrer dans la philosophie des *Ennéades* la thèse que Plotin cherche à exprimer dans ce traité, c'est parce que tant l'allusion au *Sophiste* que la réminiscence de la *Physique* sont passées inaperçues.

Le désarroi des éditeurs. Aux lignes 13 à 15 du chapitre, la transmission du texte est défectueuse[2]. La syntaxe, telle que l'ont rapportée les manuscrits, est

* *Remerciements.* Chère Monique, dans l'espoir que ma contribution à ce recueil d'hommages aura l'heur de vous plaire, j'ai rassemblé plusieurs éléments tirés de mes recherches antérieures et de conférences, inédites, prononcées au fil des ans à Lublin, à Boston, à Nanterre et à Paris. Mes plus vifs remerciements vont à ceux qui ont organisé ces rencontres et à tous ceux qui y ont participé, ainsi qu'aux amis qui ont bien voulu relire ces pages et dont les observations m'ont permis d'améliorer tant la présentation que le contenu : Dimitri El Murr, Patrice Lebas, Jean-François Pradeau et, *last but very far from least*, Charles Ramond.

1. Porphyre, *Vita Plotini* 4.45 et 24.46. Le traité se divise en deux parties, consacrées l'une à la matière du monde intelligible (chapitres 1 à 5), l'autre à la matière du monde sensible (chapitres 6 à 16). Ce sont les « deux matières » du titre rapporté dans la *Vita*.

2. Le texte sera cité ci-après (§ I).

impossible, même pour un auteur qui ne brille pas par la clarté de son style. Kirchhoff (1856) signale la présence d'une lacune ; Henry et Schwyzer, dans l'apparat de leur édition, énumèrent les efforts prodigués par des éditeurs modernes pour la combler. Si tous ont échoué, c'est parce qu'ils n'ont pas reconnu la réminiscence de la *Physique*, qui seule permet de restituer au texte le verbe qui lui fait défaut.

L'erreur des traducteurs. Aux premières lignes du chapitre, la syntaxe prête à confusion. Comment interpréter le καί de la ligne 3 ? Richard Dufour, dernier traducteur en date, prend comme modèle la traduction d'Armstrong : la particule ferait corps avec l'expression qui suit[1]. Bien que ce soit aussi la traduction de Marsile Ficin, elle n'en est pas moins erronée : le καί doit s'attacher à l'expression qui précède (donc διὸ καί). Telle est la syntaxe qui s'impose dès que l'on reconnaît l'allusion implicite au texte du *Sophiste*.

L'incompréhension des exégètes. Objectera-t-on que de si menus détails ne portent pas à conséquence ? Quelle importance attacher à la traduction d'un simple καί ? Et pourquoi se donner tant de peine pour combler une si petite lacune ? Si la tradition manuscrite est ici défectueuse, seule la découverte d'un document nouveau permettrait de restituer, de façon définitive, tel mot plutôt que tel autre. Si regrettable soit-il de ne pas disposer de l'intégralité du texte, l'absence d'un seul mot, ou d'une seule expression, ne doit pas empêcher de saisir le sens du passage dans son ensemble…

Tels sont, à n'en pas douter, les propos qui viennent spontanément à l'esprit d'un lecteur moderne des *Ennéades*. Si pourtant il s'y laisse prendre, il se prive d'une connaissance intime de la philosophie de Plotin. Si l'on ne réussit pas à combler la lacune de la ligne 14, on risque de passer à côté d'un aspect essentiel de la critique que fait Plotin de la doctrine d'Aristote. Si l'on ne traduit pas correctement le καί de la ligne 3, on ne saisit pas la façon dont Plotin se situe par rapport aux critiques que Platon adresse à Parménide dans le *Sophiste*. Et si l'on ne comprend pas les rapports que Plotin entretient avec la doctrine d'Aristote, d'une part, et avec la thèse de Platon dans le *Sophiste*, d'autre part, on n'aura qu'une connaissance très imparfaite de la conception nouvelle que Plotin se fait de l'Un (ce « non-être » qui est une absence d'altérité), de la matière (ce « non-être » qui n'est autre qu'une altérité) et de l'âme (cet être qui, pour s'unir à l'Un, doit renoncer à son altérité).

Une bonne intelligence de la philosophie des *Ennéades* est en effet à ce prix. Une connaissance approfondie de la philosophie des *Ennéades* ne peut faire l'économie d'un examen détaillé des textes, tant de Plotin que de ses prédécesseurs, et ne peut donc négliger les deux détails sur lesquels vont porter les pages qui suivent.

1. R. Dufour, *Traité 12 (II, 4) Sur les deux matières, Présentation et traduction*, dans *Plotin, Traités 7-21*, sous la direction de L. Brisson et J.-F. Pradeau, Paris, « Garnier-Flammarion », 2003. A. H. Armstrong, *Plotinus, with an English translation*, vol. II, London et Cambridge, Massachusetts, « Loeb Classical Library », 1966. Les deux traductions et le texte seront cités ci-après (§ XIII).

I

En *Ennéade* II 4 [12] 16.13-15, nous lisons dans les manuscrits : ... ὅταν τὸ θῆλυ τοῦ ἄρρενος καὶ οὐκ ἀπόλλυται τὸ θῆλυ, ἀλλὰ μᾶλλον θηλύνεται. L'avènement de la forme, écrit Plotin dans les lignes qui précèdent, ne détruit pas cette « privation » qu'est la matière. Il en est de même, poursuit-il dans les lignes citées, « quand la femelle entretient un certain rapport avec le mâle et que la femelle ne périt pas, mais qu'elle devient au contraire (ἀλλά) plus féminine encore »[1].

« Entretient un certain rapport » n'est qu'une paraphrase du mot ou des mots qui doivent combler la lacune, le mot ou les mots qui sont nécessaires pour lier le nominatif τὸ θῆλυ au génitif τοῦ ἄρρενος. Quel que soit le sens précis de l'expression qui manque dans les manuscrits, le rapport de la femelle avec le mâle est censé illustrer, dans le contexte du traité, la nature de la matière, le rapport qu'entretient la matière avec la forme. Mais quel est le *tertium comparationis* qui permet de comprendre cette mise en parallèle, à première vue si peu congrue ?

Pour suivre le raisonnement de Plotin, nous devons avoir présente à l'esprit la doctrine d'Aristote, telle que nous la trouvons exposée dans les derniers chapitres du premier livre de la *Physique*. Dans ces chapitres, Aristote essaie d'apporter une solution à la difficulté qui avait taraudé les esprits des philosophes dans les années qui suivirent la diffusion du poème de Parménide. Comment expliquer le changement ? Comment quelque chose qui n'a pas existé dans le passé peut-il venir à l'existence dans le présent ou dans l'avenir ?

Parménide refuse en effet toute « genèse », que ce soit à partir de l'être ou à partir du non-être. Rien, dit-il (fr. 8.6-21), ne peut venir à l'être à partir de ce non-être que l'on ne peut concevoir et dont on ne peut même pas parler. Rien non plus ne peut venir à l'existence à partir de ce qui est déjà, pour se mettre « à côté de lui ». Si rien ne peut venir à l'être, rien non plus ne peut passer de l'être au non-être. « Ainsi est éteinte la genèse, conclut-il (fr. 8.21), éteinte aussi la destruction, disparue sans qu'on en parle. »

Tel est le défi lancé par Parménide à tous ceux qui s'obstinent à ne pas croire que l'être est un et immobile, à ne pas reconnaître que les objets que nous affirmons « venir au jour et disparaître, être et ne pas être » ne sont qu'un « nom » (fr. 8.38-41).

Aristote, croyant fermement à l'existence d'un monde de pluralité et de changement, relève ce défi. Sa réponse est la simplicité même. Dans le point de départ de toute genèse ou de tout changement, écrit-il (*Phys.*, I 7-8), il faut distinguer le substrat et la privation. Le « non-être » serait la privation. Cette privation ne serait toutefois pas un non-être absolu, mais une simple absence de forme, la condition d'un substrat « privé » de la forme dont il sera investi au terme du changement.

1. Traduisant de la sorte, je conserve le καί rapporté par les manuscrits, faisant ainsi suivre la particule modale (le -αν de ὅταν) d'un verbe à l'indicatif (ἀπόλλυται et, plus loin, θηλύνεται). La traduction et le texte proposés ci-après permettront d'éviter cette anomalie. Voir § IV *infra*.

Interprété de la sorte, tout changement, tout « devenir », ne serait, pour Aristote, qu'un passage de la privation à la forme, la privation comme la forme ne subsistant que dans le substrat. Ainsi en est-il (je reprends l'exemple que donne Aristote en *Phys.*, I 7, 189 b 34-190 a 31) de l'homme inculte (ἄμουσος) qui devient cultivé (μουσικός). La forme est ici la culture, l'homme est le substrat, et son absence de culture, une privation. L'homme, devenant cultivé, passe de la privation (son absence de culture) à la culture (donc à la forme), tout en restant l'homme qu'il était et l'homme qu'il sera (« l'homme » jouant ici le rôle de substrat).

II

L'argument tel que l'a présenté Aristote est certes un peu plus complexe. Aristote distingue en effet diverses propositions (*Phys.*, I 7). « L'inculte devient cultivé » peut aussi se formuler « De l'inculte, vient à l'existence un cultivé », à la différence de la proposition « Un homme devient cultivé ». Cette dernière proposition ne peut en effet se formuler de façon indirecte (on ne dit pas : « D'un homme, vient à l'existence un cultivé »).

L'explication, d'après Aristote, relève du caractère éphémère de l'objet désigné par l'expression formée d'un alpha privatif (ἄ-μουσος, « l'in-culte », dans l'exemple cité ci-dessus). Seul cet objet peut se mettre indifféremment au nominatif ou au génitif, ce dernier cas désignant non seulement le point de départ du changement, mais aussi le terme voué à la disparition. Que l'on affirme « L'inculte devient cultivé » ou « De l'inculte, vient un cultivé », le sens est par conséquent le même, tandis que « Un homme devient cultivé » ne peut s'exprimer par le biais d'un cas oblique (« D'un homme... »). L'homme, devenant cultivé, ne disparaît pas pour autant.

De ce simple fait linguistique, Aristote s'estime en droit de tirer la distinction entre *substrat* et *privation*. Les propositions que l'on peut convertir (« L'inculte devient cultivé » / « De l'inculte, vient un cultivé ») font ressortir la *privation* (donc « l'inculte »). La proposition que l'on ne peut convertir (« Un homme devient cultivé » ne peut s'exprimer « D'un homme, vient un cultivé ») met en évidence la présence du *substrat* (en l'occurrence, l'homme).

Aristote devient-il ici un précurseur de la philosophie « linguistique » d'un Ayer ou d'un Ryle ? Peut-être. Laissons toutefois de côté cette perspective insolite ; l'analyse d'Aristote n'a pas encore touché à sa fin. De l'analyse du changement Aristote passe à une analyse du désir (*Phys.*, I 9). Le lecteur s'attend à la reprise du même exemple. L'homme inculte « désire » devenir cultivé. Il « désire » se défaire de son absence de culture (privation), s'investir de la culture (forme), sans toutefois cesser d'être l'homme qu'il est. « L'homme » serait donc, encore une fois, le substrat, à savoir l'objet qui persiste lors du passage de la privation à la forme, successivement l'homme qui « désire » et l'homme qui accomplit son désir.

Mais Aristote ne reprend pas cet exemple. Il parle du laid et du beau (*Phys.*, I 9, 192 a 22-25). Le principe reste pourtant le même. Celui qui est laid veut devenir beau. Il veut donc, tout en restant ce qu'il est (l'homme, le substrat), se débarrasser de sa laideur (privation), de façon à se rendre beau (la beauté jouant ici le rôle de forme).

III

Ainsi en est-il également, si l'on en croit Aristote (*ibid.*), de la femelle qui « désire » le mâle. La femelle ne veut plus... Mais qu'est-ce que la femelle ne veut plus ? Qu'est-ce, dans cet exemple, que la privation ? La femelle veut devenir... Mais qu'est-ce qu'elle veut devenir ? Qu'est-ce, dans cet exemple, que la forme ? D'un seul coup, la clarté s'estompe. Les propos s'embrouillent. L'analyse n'est plus lucide.

« La femelle désire le mâle. » Évidemment la femelle, « désirant » le mâle, ne veut pas devenir masculine ; elle ne serait plus alors femelle. Ce serait comme si l'homme inculte, devenant cultivé, n'était plus un homme, ou si l'homme qui était laid, pour devenir beau, devait renoncer à être un homme. Mais si la femelle, « désirant » le mâle, ne peut pas « désirer » ne plus être femelle, qu'est-ce qu'elle désire ? Quelle est la « forme » qu'elle veut s'approprier ? Et qu'est-ce que ce manque que la forme doit combler, cette « privation » dont la femelle veut se débarrasser pour accomplir son désir ?

Autant de questions qui, dans le texte de la *Physique*, sont laissées sans réponse. Les commentateurs font certes appel ici aux théories biologiques du même Aristote. Dans la théorie aristotélicienne de la reproduction sexuelle – c'est notoire – la femelle n'est qu'une matière par rapport à la semence du mâle qui, seule, joue le rôle de forme, si bien que l'engendré serait un produit de l'action de la forme (le mâle) sur la matière (la femelle).

De telles théories sont-elles ici pertinentes ? J'ai du mal à le croire. Dans ce dernier chapitre du premier livre de la *Physique*, Aristote ne fait aucune allusion à sa théorie sur la reproduction sexuelle[1]. Admettons qu'une telle allusion soit ici implicite, qu'Aristote y pense, bien qu'il n'en souffle mot ; nous n'en sommes pas pour autant plus avancés.

La difficulté reste en effet entière : l'exemple du « désir » féminin ne correspond pas aux exemples de la culture et de la beauté. Dans l'exemple de la femme « désirante », comment en effet distinguer la privation du substrat ? La femme « désirant » l'homme (la femelle « désirant » le mâle, dans l'exemple d'Aristote) n'est pas la privation, car elle ne veut pas renoncer à sa féminité, une fois son désir accompli. Mais, si la femme (la femelle) est le substrat, quel est le manque, la privation, dont elle « désire » se défaire ?

Cet exemple primordial du « désir », le désir d'une femme pour un homme, d'une femelle pour un mâle, bien qu'il soit si fréquemment mis en évidence dans

1. Pour expliquer la fonction de la « dyade », il fait allusion au rôle d'« une mère », mais de façon incidente et accessoire (*Phys.*, I 9, 192 a 14 : ὥσπερ μήτηρ).

la vie de tous les jours, ne se prête pas, ou ne se prête pas de façon claire, à l'analyse qu'a proposée Aristote du changement et du désir.

IV

Vient Plotin. Relisons le passage cité ci-dessus (*Ennéade* II 4 [12] 16.13-15). Plotin reprend l'exemple même d'Aristote, mais le sens qu'il lui confère est tout différent. La femme qui désire un homme – la femelle qui désire un mâle – en assouvissant son désir ne disparaît pas pour autant (οὐκ ἀπόλλυται). C'est bien plutôt le contraire (ἀλλά). La femme désirant le mâle, et accomplissant son désir, devient encore plus féminine (μᾶλλον θηλύνεται).

Dès que nous reconnaissons l'arrière-plan aristotélicien de ce passage des *Ennéades*, nous voyons d'emblée le mot que l'on doit restituer pour combler la lacune des manuscrits. C'est le mot même qu'emploie Aristote au dernier chapitre du premier livre de la *Physique*, à savoir ἐφίεσθαι (192 a 18 et 20). Lisons, dans le texte des *Ennéades*, II 4 [12] 16.14 : ὅταν τὸ θῆλυ τοῦ ἄρρενος < ἐφίηται >, « Lorsque la femelle désire le mâle ». « Lorsque la femelle désire le mâle, la femelle ne disparaît pas ; elle devient, au contraire, plus féminine encore[1]. »

La proposition est certes tellement saugrenue dans le contexte des *Ennéades*, si l'on n'a pas en tête le texte d'Aristote, que l'on comprend bien le désarroi des copistes. On comprend même qu'un copiste n'ait pas voulu recopier sur son exemplaire un mot si contraire à la bienséance du texte des *Ennéades*. Pourquoi en effet (se serait-il dit) parler en ce moment précis du « désir » féminin ? Pourquoi introduire dans une analyse serrée et difficile, la question délicate – ou plutôt indélicate – du « désir » que peut ressentir une femme pour un homme ?

Ce mot (se serait-il dit) n'est évidemment pas ici à sa place... Mais si : ce verbe est très exactement à sa place dès que nous percevons, dans ce passage des *Ennéades*, une reprise, et une critique, du texte d'Aristote[2].

1. *Enn.* II 4 [12] 16.13-15 : ... ὅταν τὸ θῆλυ τοῦ ἄρρενος <ἐφίηται>, οὐκ ἀπόλλυται τὸ θῆλυ, ἀλλὰ μᾶλλον θηλύνεται. Restituant le verbe, je supprime le καί rapporté par les manuscrits. Peut-on le conserver, imposant ainsi à la phrase une syntaxe différente (voir § I *supra*) ? *Enn.* II 4 [12] 16.13-15 : ... ὅταν τὸ θῆλυ τοῦ ἄρρενος <ἐφίεται> καὶ οὐκ ἀπόλλυται τὸ θῆλυ, ἀλλὰ μᾶλλον θηλύνεται, « ... quand la femelle désire le mâle et que la femelle ne périt pas, mais qu'elle devient au contraire (ἀλλά) plus féminine encore ». Interprétés de la sorte, les trois verbes font partie de la subordonnée (ὅταν...), si bien que la particule modale (ὅτε + ἄν = ὅταν) est suivie par trois emplois successifs d'un indicatif (<ἐφίεται>, ἀπόλλυται, θηλύνεται). Fréquemment attestée dans le grec de l'époque, cette syntaxe serait pourtant sans parallèle dans le texte des *Ennéades*, tel qu'il est édité par Henry et Schwyzer.

2. Cette explication de l'origine de la lacune dans les manuscrits n'est proposée qu'à titre d'hypothèse. Peut-être ne s'agit-il que d'une simple erreur de transmission. Quelle que soit l'origine de la lacune, le lien de parenté avec le texte de la *Physique* permet de la combler. Le verbe dans les deux textes est à coup sûr le même (Aristote, *Phys.*, I 9, 192 a 18 : ἐφίεσθαι, Plotin, *Enn.* II 4 [12] 16.14 : <ἐφίηται>).

V

Car il s'agit bien d'une critique. Si Plotin reprend, dans ce texte, l'exemple de la femme « désirante », ce n'est pas parce qu'il entend intégrer dans sa doctrine de la matière la théorie aristotélicienne de la privation. C'est bien plutôt le contraire. Si Plotin reprend l'exemple même proposé par Aristote dans la *Physique*, c'est pour en tirer une conséquence toute nouvelle.

De même que la femme ne cesse pas d'être une femme dans l'accomplissement de son désir, de même la matière, dans la doctrine des *Ennéades*, ne cesse pas d'être une privation quand elle est investie de forme.

Tel est le texte, et tel est le sens, de ce passage des *Ennéades*. Telle est aussi l'interprétation du scoliaste. Je tiens en effet les mots qui suivent dans le texte pour une scolie. Nous lisons : « C'est-à-dire, ce qu'elle est, elle le devient davantage encore [1]. » Entendons : de même que la femme, « désirant » un homme et accomplissant son désir, devient encore plus féminine, de même la matière, revêtue de forme, « devient davantage encore ce qu'elle est », à savoir privation.

VI

Aristote – ou un aristotélicien bon teint – objectera : mais aucun changement ne peut se produire si la privation ne disparaît pas. L'homme ne devient pas cultivé s'il reste inculte. L'homme ne devient pas beau s'il est condamné à rester laid. Affirmer que la privation subsiste lors du changement est une contradiction dans les termes. Si la privation reste, il ne peut y avoir de changement.

Et Plotin de répondre : voilà exactement ce que j'ai voulu dire. Telle est la nature de la matière. La matière est privation. Mais la matière, en tant que privation, ne disparaît pas lors du changement. Si la matière n'était plus privation quand elle est investie de forme, il n'y aurait plus de matière du tout.

Tout « changement » de la matière n'est en effet, dirait Plotin, qu'un faux semblant, le manteau jeté au mendiant pour cacher sa misère. Si beau qu'il puisse paraître, ce monde n'est au fond qu'un cadavre, un cadavre certes maquillé, mais un cadavre tout de même. Lors des changements que nous voyons, la matière, elle, reste ce qu'elle a toujours été, une privation. L'âme du monde a beau lui imprimer les formes qu'elle a reçues de l'Intellect, même revêtue de forme, la matière, la privation, ne subit aucune transformation réelle [2].

L'image scandaleuse du « cadavre maquillé » ne relève pas d'une rhétorique privée de sens. La beauté de ce monde n'est qu'un maquillage. Le maquillage cache à nos yeux le cadavre, mais ne le fait pas, ne le fera jamais, disparaître. L'âme du monde a beau embellir la matière, en la recouvrant de forme ; jamais

1. *Enn.* II 4 [12] 16.15-16 : τοῦτο δέ ἐστιν· ὅ ἐστι μᾶλλον γίγνεται. « C'est-à-dire / à savoir (τοῦτο δέ ἐστιν), ce qu'elle est (ὅ ἐστι), elle le devient davantage encore (μᾶλλον γίγνεται). » Il se peut que ces mots soient de Plotin. La formule τοῦτο δέ ἐστι revient en effet plusieurs fois dans les *Ennéades*. Mais le sentiment exprimé n'est-il pas un peu simpliste pour que Plotin en soit l'auteur ?

2. « Le manteau », voir *Enn.* III 6 [26] 11.18-21 (... οἷον οἷς περιτίθεμεν) ; *cf.* chap. 18.18-23 (οἷον ἀμφιέσματι). « Cadavre maquillé », voir *Enn.* II 4 [12] 5.18 (νεκρὸν κεκοσμημένον).

elle ne pourra lui insuffler la vie. La matière du monde sensible n'est pas, et ne sera jamais, autre chose que privation.

VII

Mais pourquoi la matière est-elle une « privation » ? Dans la philosophie d'Aristote ces deux termes (matière, privation) ne sont pas synonymes. « Nous pour notre part, écrit Aristote, nous affirmons que la matière est une chose et que la privation en est une autre[1]. » La matière d'Aristote est en effet le substrat qui subsiste lors du changement d'un élément dans un autre, sans que ce substrat se trouve jamais privé de telle ou telle qualité élémentaire. Le substrat qui ne serait que privation ne serait plus un substrat.

Comment donc expliquer que, pour Plotin, ce qui subsiste, lors du changement, soit à la fois matière et privation, ces deux termes devenant, dans la philosophie des *Ennéades*, synonymes l'un de l'autre ? Pour saisir la réponse à cette question, nous devons remonter aux premières lignes du chapitre (chap. 16.1-3). « La matière, écrit ici Plotin (chap. 16.3), est identique à la privation[2]. » S'exprimant ainsi, Plotin s'oppose formellement à la doctrine d'Aristote[3]. Qu'est-ce donc qui fonde, dans la philosophie des *Ennéades*, cette identité de la matière et de la privation ? Pourquoi, dans ces trois lignes, Plotin se croit-il autorisé à adopter une conclusion si peu conforme à la conception aristotélicienne de la matière ?

Reprenons le fil du raisonnement. Au chapitre précédent, Plotin croit avoir montré l'identité de la matière et de l'indéterminé (τὸ ἄπειρον). Il demande maintenant (chap. 16.1) : « Est-elle donc identique aussi à l'altérité[4] ? » Entendons : la matière est identique à l'indéterminé (thèse déjà établie au chapitre précédent du traité) ; est-elle donc « aussi » (καί) identique à l'altérité ?

Réponse : « Non pas. » « Elle est pourtant identique, poursuit Plotin, à une partie de l'altérité », cette partie de l'altérité qui « s'oppose aux êtres proprement dits, à savoir les formes »[5].

VIII

S'exprimant de la sorte, Plotin fait intervenir la doctrine de l'altérité élaborée par l'Étranger dans le *Sophiste* (254 d 14-259 b 7). Platon, comme Aristote, s'est affronté aux arguments de Parménide, à cette différence près qu'Aristote essaie de rétablir, à l'encontre de l'être immobile de Parménide, le changement, donc le

1. *Phys.* I 9, 192 a 3-4 : ἡμεῖς μὲν γὰρ ὕλην καὶ στέρησιν ἕτερόν φαμεν εἶναι.

2. *Enn.* II 4 [12] 16.3 : ... καὶ στερήσει ταὐτόν [*sc.* ἡ ὕλη].

3. Voir le texte cité ci-dessus, *Phys.*, I 9, 192 a 3-4 : ὕλην καὶ στέρησιν ἕτερόν φαμεν εἶναι.

4. *Enn.* II 4 [12] 16. 1 : ἆρ' οὖν καὶ ἑτερότητι ταὐτόν ;

5. *Enn.* II 4 [12] 16. 1-3 : ἢ οὔ, ἀλλὰ μορίῳ ἑτερότητος ἀντιταττομένῳ πρὸς τὰ ὄντα κυρίως, ἃ δὴ λόγοι. « Non pas (ἢ οὔ). » « Elle est pourtant identique à une partie de l'altérité » (ἀλλὰ μορίῳ ἑτερότητος [*sc.* ταὐτόν ἐστι]) », cette partie de l'altérité qui « s'oppose aux êtres proprement dits (ἀντιταττομένῳ πρὸς τὰ ὄντα κυρίως), à savoir les formes (ἃ δὴ λόγοι) ».

mouvement, tandis que l'Étranger du *Sophiste* entend démontrer, toujours à l'encontre de Parménide, la pluralité. Parménide affirmait que l'être, en l'absence de tout non-être, est un. L'Étranger veut montrer que l'être (tout ce qui existe) est, au contraire, multiple.

Pour ce faire, l'Étranger distingue un non-être absolu d'un non-être disons relatif. Le non-être absolu, « ce qui n'est d'aucune façon » (237 b 7-8 : τὸ μηδαμῶς ὄν), est en effet impossible, voire inconcevable ; on ne peut pas penser si l'on ne pense rien. Sur ce point Parménide (selon l'Étranger) voyait clair[1]. Nous concevons toutefois très bien, d'après l'Étranger, le non-être en tant qu'altérité. Tout ce qui « est », du fait même qu'il est, participe de l'être, mais n'est toutefois pas identique à l'être. Il participe donc de l'autre par rapport à l'être, devenant ainsi « non-être ».

Or, ce qui est vrai de l'être est vrai aussi de toutes les formes. Tout objet qui participe à la beauté devient beau, mais n'est pas de ce fait identique à la beauté, devenant ainsi à la fois « beau » et « non beau ». Tant pour le non-beau que pour le non-être, cette absence d'identité ne repose pas sur la nature même de l'objet. L'objet, quel qu'il soit, est tel qu'il est. Il a sa nature propre. Il ne relève pas de la nature de cet objet de ne pas être... tous les objets qu'il n'est pas. Seule la participation à l'autre fait en sorte que tel objet ne soit pas tel autre.

D'où la doctrine de l'autre et des « parties » de l'autre élaborée par l'Étranger dans le *Sophiste* (257 c 5-258 e 5). Tout objet qui « est » participe de l'être, mais participe aussi de l'autre par rapport à l'être. Tout objet qui est beau participe de la beauté, mais participe aussi de l'autre par rapport à la beauté. La forme de l'autre (à la différence de la forme de l'être ou de la forme de la beauté) est donc nécessairement éparpillée en parties, telle partie de l'autre s'opposant à l'être, telle autre partie s'opposant à la beauté, et ainsi de suite pour chacune des formes.

La multiplicité de formes positives (l'être, la beauté, la justice, la grandeur...) aurait ainsi pour contrepartie, dans la théorie du *Sophiste*, une multiplicité des parties de l'autre. Chaque forme participe en effet de l'autre par rapport à toutes les autres formes, la multiplicité de formes ne reposant pas directement sur ce que l'on appellerait peut-être, de nos jours, l'« individualité » de chaque forme, c'est-à-dire sur la différence intrinsèque de telle forme par rapport à telle autre. La « différence » qui sépare les formes les unes des autres est elle-même une forme, la forme de l'altérité, divisée en autant de parties qu'il y aurait de formes, la forme de l'altérité (au singulier) n'existant qu'éparpillée en une multiplicité de parties. Toutes ces « parties » de l'autre sont autant de formes négatives : le non-être, le non-beau, le non-juste, le non-grand..., la négation exprimant une altérité et la multiplicité de négations supposant, par conséquent, une multiplicité des parties de l'autre.

1. *Cf.* Parménide, fr. 2.7-8 : « Le non-être, tu ne saurais ni le connaître [...] ni le faire comprendre », fr. 8.8-9 : « Voici qui n'est pas dicible, qui n'est pas pensable non plus : "n'est pas". »

IX

Il n'en reste pas moins que l'une de ces « parties » participe nécessairement de la forme dont elle est « autre ». Ainsi en est-il de la partie de l'autre qui s'oppose à l'être. Tout en s'opposant à l'être, cette partie de l'autre, comme toutes les parties de l'autre, participe de l'être. La partie de l'autre qui s'oppose à l'être, qui serait donc la forme du « non-être », participe de l'être, si bien que la forme du non-être « est ».

Ainsi s'explique la définition censée donner le coup de grâce aux arguments de Parménide. Nous avons défini, dit en effet l'Étranger (258 d 6), « la forme qui *est* de ce qui *n'est pas* » (τὸ εἶδος ὃ τυγχάνει ὂν τοῦ μὴ ὄντος). La partie de l'autre qui s'oppose à l'être, dans l'analyse de l'Étranger, est nécessairement une forme, une forme négative, « la forme du non-être » (τὸ εἶδος [...] τοῦ μὴ ὄντος). Mais puisque cette partie de l'autre, comme toutes les parties de l'autre, participe de l'être, la forme du non-être « est » (d'où le participe dans l'expression τυγχάνει ὄν)[1].

La forme du non-être n'est donc pas un non-être absolu, « ce qui n'est d'aucune façon ». La forme du non-être est une partie de l'autre. Comme toutes les parties de l'autre, elle participe de l'être. D'où ce paradoxe : la forme, bien qu'elle soit la forme du *non-être*, *est*.

X

Cette définition n'est pourtant pas la seule. Dans les lignes suivantes du dialogue, l'Étranger fait état d'un raffinement de la théorie, essentiel à la critique adressée à Parménide. Cette partie de l'autre qu'est le non-être ne s'oppose pas seulement à la forme « participée », donc à l'être en tant que tel (« la nature de l'être »). Elle s'oppose également à l'être éparpillé dans tous les objets qui « sont », donc à « l'être de chaque objet »[2].

Cette double opposition (opposition à « la nature de l'être » et à « l'être de chaque objet ») garantit, si l'on peut dire, la pluralité des « êtres ». Contrairement à ce qu'affirmait Parménide, l'univers comprend une multiplicité d'objets, donc

1. *Soph.*, 258 d 6 : τὸ εἶδος ὃ τυγχάνει ὂν τοῦ μὴ ὄντος. Littéralement, si l'on essaie de faire ressortir la force du verbe : « la forme du *non-être* à laquelle il échoit *d'être.* » En anglais : « *the form that there turns out to* be *of what* is not. »

2. Première définition, 258 a 11-b 3 : ἡ τῆς θατέρου μορίου φύσεως καὶ τῆς τοῦ ὄντος [*sc.* φύσεως] πρὸς ἄλληλα ἀντικειμένων ἀντίθεσις. Littéralement : la forme du non-être serait « la mise en opposition (ἡ [...] ἀντίθεσις) de la nature d'une partie de l'autre (τῆς θατέρου μορίου φύσεως) et de la nature de l'être (καὶ τῆς τοῦ ὄντος [*sc.* φύσεως]), l'une s'opposant à l'autre (πρὸς ἄλληλα ἀντικειμένων) ». Seconde définition, 258 e 2-3 : τὸ πρὸς τὸ ὂν ἑκάστου μόριον αὐτῆς [*sc.* τῆς θατέρου φύσεως] ἀντιτιθέμενον [...] αὐτὸ τοῦτό ἐστιν ὄντως τὸ μὴ ὄν. Littéralement : « La partie de la nature de l'autre (τὸ [...] μόριον αὐτῆς [*sc.* τῆς θατέρου φύσεως]) mise en opposition (ἀντιτιθέμενον) à l'être de chaque objet (πρὸς τὸ ὂν ἑκάστου), voilà la chose même qui est (αὐτὸ τοῦτό ἐστιν) réellement le non-être (ὄντως τὸ μὴ ὄν). » Pour la variante rapportée par Simplicius, et adoptée par les éditeurs modernes du dialogue (258 e 2 : ἕκαστον à la place de ἑκάστου), voir § XII *infra*.

une multiplicité d'« êtres ». Cette multiplicité suppose que chaque « être » diffère d'un autre, grâce à l'intervention de ce non-être qui fait en sorte que chaque objet qui participe de l'être participe aussi de l'autre, non seulement par rapport à la forme de l'être (l'être « participé », « la nature de l'être »), mais aussi par rapport à l'être de tout autre objet (l'être « participant », « l'être de chaque objet »). Par ce biais, tous les « êtres » se distinguent les uns des autres, grâce à ce non-être qui participe, lui aussi, de l'être.

Telle est, dans toute sa complexité, la théorie du *Sophiste*. Tel est le sens de la définition sur laquelle s'achève la critique adressée à Parménide. « Cette partie de l'autre mise en opposition à l'être de chaque objet, dit l'Étranger, voilà la chose même qui est réellement le non-être » (258 e 2-3 : ... ὄντως τὸ μὴ ὄν).

Or voilà le texte repris par Plotin aux premières lignes du dernier chapitre de son traité *De la matière*. Quand Plotin parle de « l'altérité » et d'une « partie » de l'altérité, il fait allusion à la définition du non-être formulée dans le passage cité ci-dessus (*Soph.*, 258 e 2-3). Ainsi s'explique que, refusant une simple identité de la matière et de l'altérité, Plotin retient une identité de la matière et d'une partie seulement de l'altérité. S'exprimant de la sorte, Plotin fait allusion à la théorie de l'Étranger, à l'altérité scindée en une multiplicité de « parties », chaque partie s'opposant à une forme différente, constituant ainsi une série de formes négatives, une seule partie de l'autre s'opposant à l'être, donc une seule partie de l'autre constituant le non-être.

XI

Mais cet emprunt à la théorie de Platon est aussi une critique. Pas plus que dans sa reprise de la théorie d'Aristote, Plotin ne reprend telle quelle la théorie de Platon. Plotin a transformé la doctrine d'Aristote, effaçant, pour ce qui est de la matière, la distinction du substrat et de la privation. Il en va de même, *mutatis mutandis*, dans sa reprise de la théorie du *Sophiste* : Plotin reprend à sa façon la doctrine de l'autre et des « parties » de l'autre.

Dans la théorie de Platon, chaque partie de l'autre s'oppose à une forme différente : une partie de l'autre s'oppose à l'être, une autre partie de l'autre s'oppose à la beauté, et ainsi de suite, à cette seule différence près que la partie de l'autre qui s'oppose à l'être participe de la forme à laquelle elle s'oppose. A cette différence près, toutes les parties de l'autre se trouvent, si l'on peut dire, sur un pied d'égalité, telle partie s'opposant à l'être, telle partie s'opposant à la beauté, à la justice ou à la grandeur... (je ne fais que reprendre les exemples énumérés dans le texte du *Sophiste*).

Il n'en va plus de même dans la théorie de Plotin. La matière, dit Plotin, n'est pas identique à l'altérité ; elle est, au contraire, poursuit-il, identique à cette partie de l'autre qui s'oppose « aux êtres proprement dits, à savoir les formes ». En s'exprimant de la sorte, Plotin ne reprend pas la théorie du non-être telle que l'avait formulée l'Étranger du *Sophiste*. Dans le *Sophiste*, l'Étranger définit la forme du non-être (« réellement le non-être », 258 e 3 : ὄντως τὸ μὴ ὄν) comme cette partie de l'autre qui s'oppose à « l'être de chaque objet ». Plotin parle d'une partie de l'autre qui s'oppose, non pas à l'être de chaque objet, mais à chaque être, à tous « les êtres proprement dits, à savoir les formes » [1].

La différence peut sembler minime. Elle est en réalité grosse de conséquences. Plotin, dans ce dernier chapitre de son traité, change de fond en comble la théorie du *Sophiste*. Cette partie de l'autre qu'est la matière s'oppose, pour Plotin, non pas à telle forme ou à telle autre ; elle s'oppose à l'ensemble des formes. Cette partie de l'autre qu'est la matière rassemble, si l'on peut dire, toutes les parties de l'autre, sans qu'elle s'identifie pour autant à l'altérité en tant que telle.

Plotin retient en effet la distinction sur laquelle insiste l'Étranger, la distinction de l'autre et des parties de l'autre. Mais il lui impose un sens tout différent du sens qu'elle avait dans le dialogue de Platon. Cette « partie » qu'est la matière ne s'oppose pas seulement à l'être et à l'être de chaque objet ; elle s'oppose à tous les « êtres proprement dits », donc à toutes les formes. Elle n'est donc pas seulement « non-être », elle est aussi non belle, non juste, non grande. Dans la philosophie des *Ennéades*, une seule partie de l'autre réunit toutes les oppositions, sans toutefois qu'elle soit autre qu'une « partie ».

XII

Pourquoi cette conception paradoxale d'une « partie » qui réunit, en quelque sorte, toutes les parties, une « partie » donc qui n'en est pas vraiment une ? La raison en est simple. L'Étranger, dans le *Sophiste*, ne souffle mot de la matière. C'est Plotin qui a décidé de faire en sorte que le non-être du *Sophiste* soit rendu identique à la matière du *Timée* – plus exactement au « réceptacle », à la « nourrice du devenir ».

Pour l'auteur du *Timée*, le trait essentiel de la matière est précisément qu'elle n'en a pas. La matière, pour qu'elle puisse recevoir toutes les formes, doit elle-même n'en avoir aucune. La matière, en tant que telle, doit être privée de toute détermination positive précisément pour qu'elle n'oppose aucune résistance aux formes qui lui seront imposées par le démiurge.

Mutatis mutandis, il en est de même pour Plotin. La matière réunit toutes les formes négatives – elle est non belle, non juste et même non grande – précisément pour qu'elle puisse recevoir (dans la mesure où elle est apte à les « recevoir ») toutes les formes qui lui seront imposées par l'âme du monde, y compris la forme de la grandeur, reçue de façon appropriée à chacune des formes individuelles.

Ainsi s'explique l'écart qui sépare la définition du non-être formulée par l'Étranger de la définition de la matière formulée par Plotin. Pour l'Étranger, le non-être est cette partie de l'autre qui s'oppose à l'être et à l'être de chaque objet. Selon Plotin, la matière est une partie de l'autre qui s'oppose, non pas à l'être de chaque objet, mais à chaque être, donc à tous les « êtres ». S'opposant ainsi à

1. Platon, *Soph.*, 258 e 2 (voir ci-dessus § X) : … πρὸς τὸ ὂν ἑκάστου. Plotin, *Enn.* II 4 [12] 16.1-3 (voir ci-dessus § VII) : … πρὸς τὰ ὄντα κυρίως, ἃ δὴ λόγοι.

toutes les formes, à tous les *logoi*, le non-être du *Sophiste* s'identifie à la matière, au « réceptacle », du *Timée*[1].

XIII

Il n'en reste pas moins que la matière de Plotin est le non-être tel que le définit l'Étranger du *Sophiste*, dans la mesure où elle est un « non-être » qui n'est pas inexistant.

La partie de l'autre qui s'oppose à la beauté ne participe pas de la beauté, mais aucune partie de l'autre ne participe pas de l'être. D'où ce paradoxe, clef de voûte du raisonnement destiné à briser l'unicité de l'être de Parménide : même la partie de l'autre qu'est le « non-être » est un « être ». Puisqu'elle s'oppose à l'être, elle « n'est pas ». Puisqu'elle participe de l'être, elle « est ».

Ainsi s'explique la forme volontairement paradoxale de la définition que donne l'Étranger du non-être, dans le passage cité à l'instant. Cette partie de l'autre qui s'oppose à l'être de chaque objet, « voilà la chose même, dit-il, qui est réellement le non-être » (258 e 2-3 : … ὄντως τὸ μὴ ὄν). « *Le non-être* » (τὸ μὴ ὄν), parce que cette partie de l'autre qui participe de l'être, s'oppose à l'être, se révélant donc « non-être ». « *Réellement* le non-être » (ὄντως τὸ μὴ ὄν), parce que la partie de l'autre qui s'oppose à l'être, participe de l'être, donc elle « est ».

Tels sont les propos dont nous entendons les échos dans le traité *De la matière*. « Voilà la chose même, dit l'Étranger, qui est réellement le non-être. » « Voilà la chose même… », je traduis ainsi αὐτὸ τοῦτό ἐστιν (258 e 3). Plotin, dans son traité *De la matière*, reprend le même sentiment, mais l'exprime par le biais d'une formule qu'il avait lue une centaine de fois chez Aristote : διὸ καί. « La matière est-elle donc identique aussi à l'altérité ? Non pas. Elle est pourtant identique à cette partie de l'altérité qui s'oppose aux êtres proprement dits, à savoir les formes. Voilà exactement pourquoi (διὸ καί) elle est non-être (μὴ ὄν)[2]… » « Voilà exactement pourquoi » : διὸ καί. Changez le sens de ce καί et vous ruinez le sens du passage, en lui enlevant l'essentiel de ce que Plotin doit ici à Platon.

Traduire, comme le fait Dufour, comme le fait Armstrong, « même si elle est non-être » ou « bien qu'elle soit non-être » (καὶ μὴ ὄν), c'est mettre sens dessous dessus ce que dit ici Plotin[3]. L'identité de la matière et du non-être n'est pas

1. La théorie de Plotin est à l'origine du texte du *Sophiste* tel qu'il est cité par Simplicius dans son commentaire sur la *Physique* d'Aristote : la forme du non-être serait « cette partie de l'autre qui s'oppose à chaque être » (*Phys.*, 238.26 : τὸ ὂν ἕκαστον). « Chaque être » fait écho aux « êtres proprement dits » dans le texte des *Ennéades* (II 4 [12] 16.2 : τὰ ὄντα κυρίως). La variante rapportée par Simplicius (τὸ ὂν ἕκαστον, « chaque être ») est adoptée, à tort, par les éditeurs modernes du dialogue. La leçon unanime des manuscrits (258 e 2 : τὸ ὂν ἑκάστου, « l'être de chaque objet ») est aussi la leçon citée par Simplicius dans un passage antérieur de son commentaire (*Phys.*, 135.26).

2. *Enn.* II 4 [12] 16.1-3 : ἆρ' οὖν καὶ ἑτερότητι ταὐτόν [*sc.* ἡ ὕλη] ; ἢ οὔ, ἀλλὰ μορίῳ ἑτερότητος ἀντιταττομένῳ πρὸς τὰ ὄντα κυρίως, ἃ δὴ λόγοι. διὸ καὶ μὴ ὂν [*sc.* ἡ ὕλη ἐστί] οὕτω τι ὂν καὶ στερήσει ταὐτόν. Voir ci-dessus § VII.

3. Dufour : « C'est pourquoi (διό), même si elle est non-être (καὶ μὴ ὄν)… » Armstrong : « *Therefore* (διό), *though it is non-existent* (καὶ μὴ ὄν)… » Pour la syntaxe et la traduction de Ficin, voir ci-après § XV.

présentée sous la forme d'une concession (« même si... », « bien que... »). Pour Plotin comme pour Platon, l'identité d'une partie – et d'une partie seulement – de l'autre avec le non-être est le fondement même de la doctrine des parties de l'autre[1].

XIV

Si Plotin reprend à son compte cette doctrine, refusant une identité de la matière et de l'altérité, retenant une identité de la matière et d'une partie seulement de l'altérité, c'est précisément parce qu'il reprend à son compte la conception d'un *non-être* qui est aussi un *être*, et qui n'est donc pas un non-être absolu, « ce qui n'est d'aucune façon » (*Soph.*, 237 b 7-8), ce non-être impossible et inconcevable mis de côté tant par Platon que par Plotin.

La matière de Plotin, pas plus que la forme du non-être de Platon, n'est en effet « inexistante ». Quand Armstrong traduit καὶ μὴ ὄν par « *though it is non-existent* », il ne se trompe pas seulement sur la syntaxe de la phrase (voir ci-dessus § XIII) ; il rend contradictoires à la fois la théorie de Plotin et la théorie, sous-jacente, de Platon. Une « partie » de l'autre n'est pas « inexistante », que ce soit la forme du non-être (Platon) ou la matière (Plotin). L'inexistant est... inexistant. On ne peut le récupérer, ni pour en faire une forme, ni non plus pour qu'il soit matière.

Aussi l'Étranger de Platon distingue-t-il, dans les lignes suivant sa démonstration de « la forme qui est, de ce qui n'est pas » (258 e 6-259 b 6), d'une part ce non-être qui serait « réellement le non-être » (258 e 2-3 : ὄντως τὸ μὴ ὄν), à savoir la forme du non-être et, d'autre part, un « contraire » de l'être, faisant allusion, par cet appel à la contrariété, au « non-être » inconcevable et incommunicable, qui n'aurait aucune part de l'être et qui serait par conséquent « ce qui n'est d'aucune façon » (237 b 7-8 : τὸ μηδαμῶς ὄν).

Plotin ne s'exprime pas autrement quand il distingue, d'une part « une certaine forme qui *est* de ce qui *n'est pas* » (εἶδός τι τοῦ μὴ ὄντος ὄν), faisant ainsi clairement allusion à la forme du non-être telle que la définit l'Étranger dans le *Sophiste* et, d'autre part, « ce qui n'est absolument pas » (τὸ παντελῶς μὴ ὄν)[2]. La

1. D'où la traduction proposée ci-dessus : « Voilà exactement pourquoi (διὸ καί) elle est non-être (μὴ ὄν). » Le καί n'a pas pour fonction d'introduire une incise : καὶ μὴ ὄν, « *though it is non-existent* » (Armstrong), « même si elle est non-être » (Dufour). Le καί s'attache à la particule qui précède, comme très souvent chez Aristote : διό, « voilà pourquoi », διὸ καί, « voilà bien pourquoi », « voila exactement pourquoi ». Les deux mots qui suivent (μὴ ὄν) font office de complément au sujet et au verbe de la principale, l'un et l'autre suppléés à partir des mots qui précèdent : « Voilà exactement pourquoi (διὸ καί) la matière est non-être (μὴ ὄν [*sc.* ἡ ὕλη ἐστί]). » Entendons : la matière est « non-être » dès qu'elle s'identifie à cette partie de l'autre qu'est le non-être. Qu'un sujet féminin sous-entendu (ἡ ὕλη, « la matière ») soit repris par un participe au neutre (μὴ ὄν suivi par οὕτω τι ὄν) n'a rien d'insolite dans le grec des *Ennéades*.

2. *Enn.* I 8 [51] 3.3-7. « Une certaine forme qui *est* de ce qui *n'est pas* » (chap. 3.4-5 : εἶδός τι τοῦ μὴ ὄντος ὄν) n'est qu'une simple répétition de la définition de la forme du non-être élaborée dans le *Sophiste*, quand l'Étranger déclare avoir mis en lumière « la forme du *non-être* à laquelle il échoit *d'être* » (*Soph.*, 258 d 6 : τὸ εἶδος ὃ τυγχάνει ὂν τοῦ μὴ ὄντος).

distinction est la même quand l'âme s'éloigne de l'Un. S'approchant progressivement de ce « non-être » qu'est le mal et la matière, elle ne s'en approche pas pour autant d'un « non-être absolu » (τὸ πάντη μὴ ὄν, τὸ παντελὲς μὴ ὄν)[1].

Pour Plotin comme pour Platon, ce qui n'est « absolument » pas (Plotin : παντελῶς, πάντη, παντελές), ce qui n'est « d'aucune façon » (Platon : μηδαμῶς), n'est pas un mystérieux « non-être », encore plus éloigné de l'être que ne le serait la « forme » du non-être. Ce qui n'est « absolument pas »... n'est absolument pas. Ce qui n'est « d'aucune façon »... n'est d'aucune façon.

Ce néant, cet inexistant, n'est pas la forme du non-être de Platon, ni non plus la matière de Plotin. La partie de l'autre qui s'oppose à « la nature de l'être » et à « l'être de chaque objet » (Platon), « aux êtres proprement dits » (Plotin), est bien « non-être », mais elle n'est pas, de ce fait, inexistante.

XV

Ainsi s'expliquent les trois mots qui suivent dans le texte des *Ennéades* (II 4 [12] 16.3) : οὕτω τι ὄν, « étant de cette façon quelque chose ». Dans le *Sophiste*, la partie de l'autre qui s'oppose à l'être, participe de l'être. Puisqu'elle participe de l'être, elle « est », même si ce qu'elle « est », est « ce qui n'est pas »[2].

Mutatis mutandis, il en va de même pour Plotin. La partie de l'autre qu'est la matière n'est pas un non-être absolu, un pur néant. Elle est « quelque chose », puisqu'elle n'est pas rien. Elle n'est pas un non-être absolu ; elle existe. Mais la façon dont elle existe – s'opposant aux êtres – fait en sorte que ce qu'elle est... est non-être. C'est parce qu'elle est de la façon dont elle est – une partie de l'autre s'opposant aux êtres – qu'elle est non-être.

L'expression οὕτω τι ὄν n'est donc pas mise en opposition aux mots qui précèdent, comme dans les traductions d'Armstrong et de Dufour : « Bien qu'elle soit non-être (καὶ μὴ ὄν), elle est de cette façon quelque chose (οὕτω τι ὄν)[3]... » Le sens est presque exactement l'inverse : l'expression οὕτω τι ὄν constitue l'explication de ce qui précède : « Voilà exactement pourquoi la matière est non-être (διὸ καὶ μὴ ὄν), étant de cette façon quelque chose (οὕτω τι ὄν)[4]... »

1. *Enn.* VI 9 [9] 11.35-38. Plotin emploie successivement un adverbe (πάντη) et un adjectif (παντελές). Pour rendre plus simple mon exposé, je laisse ici de côté cette différence.

2. *Soph.*, 258 d 6. Voir § IX *supra*.

3. Dufour : « C'est pourquoi, même si elle est non-être, elle est ainsi un être. » Armstrong : « *Therefore, though it is non-existent, it has a certain sort of existence in this way.* » Dans ces deux traductions, le non-être fait partie d'une incise, et l'être joue le rôle de complément dans la proposition principale. Dufour : « C'est pourquoi (διό), même si elle est non-être (καὶ μὴ ὄν), elle est ainsi un être (οὕτω τι ὄν). » Armstrong : « *Therefore* (διό), *though it is non-existent* (καὶ μὴ ὄν), *it has a certain sort of existence in this way* (οὕτω τι ὄν). »

4. Dans cette traduction, le « non-être », et non pas l'« être », joue le rôle de prédicat dans la proposition principale, et la mention de l'« être » lui est subordonnée. Cette subordination (de « l'être » et non pas du « non-être ») a une valeur, non pas concessive (« bien que... », « même si... »), mais explicative (« puisque... »). « Voilà exactement pourquoi (διὸ καί) la matière est non-être (μὴ ὄν [*sc.* ἡ ὕλη ἐστί]), étant (*i.e.* « puisqu'elle est ») de cette façon quelque chose (οὕτω τι ὄν)... » La traduction de Ficin impose à l'ensemble de la phrase une syntaxe différente : « *Quapropter et quod ita non ens*

XVI

La matière est non-être parce qu'elle « est d'une certaine façon », à savoir « autre… » Cette altérité ne porte plus, comme dans le *Sophiste* de Platon, sur « la nature de l'être » et sur « l'être de chaque objet » ; elle porte, dans les *Ennéades*, sur « les êtres proprement dits, à savoir les formes ». Pour ce qui est de l'« être » et du « non-être », la conséquence est pourtant la même. Que la « partie » de l'autre porte sur « l'être » et sur « l'être de chaque objet » ou qu'elle porte sur tous les « êtres », elle est, du fait de son altérité, à la fois « être » et « non-être » : « être », parce qu'elle participe de l'être, « non-être », parce qu'elle s'oppose à l'être et aux êtres, que ce soit « à l'être de chaque objet » (Platon) ou « aux êtres proprement dits, à savoir les formes » (Plotin).

Cette partie de l'autre qu'est la matière est donc « quelque chose », dans la mesure où « l'autre » est une négation de l'être, et non pas un impossible et inconcevable contraire de l'être. Mais elle n'est qu'une négation de l'être : tout ce qu'elle est, est « autre… ». D'où le paradoxe mis en évidence par Plotin dans les mots cités : la matière, « étant de cette façon quelque chose », est « non-être ». C'est parce que la matière « est de cette façon quelque chose » qu'elle est « non-être » ; sa « façon d'être » fait en sorte qu'elle soit « non-être ». Ce qu'elle est – « quelque chose », mais « quelque chose » seulement pour autant qu'elle est « autre… » – la rend « non-être ».

Et maintenant, le fin mot de l'histoire : … καὶ στερήσει ταὐτόν[1]. La matière est « identique à la privation » parce qu'elle est l'absence de toute détermination positive. Telle est la définition de la privation. Telle est aussi la définition, dans les *Ennéades*, de la matière. La matière est « privation » parce que, en s'opposant « aux êtres proprement dits, à savoir les formes », elle est privée de toute détermination « formelle » et qu'elle est, en ce sens, non-être. « Étant de cette façon quelque chose (οὕτω τι ὄν) », la matière est à la fois « non-être » et « privation ».

XVII

Aussi la matière des *Ennéades* réunit-elle, si l'on peut dire, à la fois le non-être de Platon dans le *Sophiste* (l'opposition à l'être) et le non-être d'Aristote dans la *Physique* (la privation). La théorie du *Sophiste* permet d'affirmer que la matière

dici ens quoddam potest. » Telle que la traduit Ficin, la phrase constitue une seule et même proposition, dans laquelle « le non-être » fait partie du sujet et « l'être » s'intègre au prédicat, l'adverbe (οὕτω) se rattachant, non pas à « l'être », mais au « non-être ». Entendons : « *Quapropter* (διό) *et quod ita non ens* (καὶ μὴ ὂν οὕτω) *dici ens quoddam potest* (τι ὄν [*sc.* λέγεται]). » « Voilà pourquoi (*quapropter*) même ce qui, par ce biais, est non-être (*et quod ita non ens*) peut être désigné, d'une certaine façon, comme un être (*dici ens quoddam potest*). » (Je traduis l'adjectif *quoddam* par une expression adverbiale, « d'une certaine façon », pour la simple commodité du français.) Dans cette traduction, comme dans les traductions de Dufour et d'Armstrong, l'être, et non pas le non-être, est ce qu'on affirme du sujet de la phrase.

1. *Enn.* II 4 [12] 16.3 : διὸ καὶ μὴ ὂν οὕτω τι ὂν καὶ στερήσει ταὐτόν.

est non-être. Cette conclusion permet d'enchaîner avec la théorie de la *Physique*, et de conclure à l'identité de la matière et de la privation.

Dans ces quelques lignes (*Enn.* II 4 [12] 16.1-3), à condition de les traduire correctement, nous voyons donc la confluence de deux théories qui, à l'origine, étaient bien distinctes : le non-être du *Sophiste* de Platon, la privation de la *Physique* d'Aristote. Plotin réunit ces deux théories, mais en les transformant toutes les deux. Le non-être de Plotin est un non-être, mais un non-être qui s'oppose, non pas à l'être de chaque objet, mais à tous les êtres. La privation de Plotin est une privation, mais une privation qui persiste, une absence de forme, même quand elle est investie de forme.

D'où cet ultime paradoxe : la matière de Plotin n'est pas un non-être « absolu », même si elle est une altérité « absolue ». Cette formule (altérité « absolue ») n'est pas de Plotin. Elle est même à proprement parler une contradiction dans les termes. Toute altérité, de par sa nature même, est une altérité relative. Tel est le sens de ce mot ; tel est le propre de ce concept, mis en lumière par l'Étranger du *Sophiste* (255 c 12-d 2) : « autre » est « autre que... ». Une altérité simple, une altérité qui ne serait pas relative, est une altérité qui n'en serait pas une. Une altérité qui ne serait pas « autre par rapport à... » n'a pas de sens. Elle est même inconcevable.

Si toutefois j'emploie, de façon provisoire et passagère, la formule d'une altérité « absolue », c'est pour bien faire ressortir le paradoxe d'une altérité – disons, plus prudemment, universelle. La matière de Plotin est « autre » par rapport à toute détermination positive, à cette seule exception qu'elle n'est pas inexistante. Elle n'est donc pas un non-être absolu, bien qu'elle soit une altérité universelle, en ce sens qu'elle est « autre », non point par rapport à telle forme ou à telle autre, mais par rapport à toutes les formes. Elle « est », mais elle n'est... rien. Elle n'est rien, si ce n'est... autre.

XVIII

Jusqu'ici Parménide est le grand absent de ce débat, ne se laissant entrevoir que par le biais des critiques que l'on a formulées à son encontre. Il ne serait pas juste de ne pas lui donner (brièvement) la parole.

Les arguments en faveur de l'être un et immobile, privé de mouvement et de changement, n'occupent que la première partie de son poème. Quand Parménide en vient aux « opinions des mortels » et au monde des apparences, il oppose deux « formes », la « nuit » et le « feu ». Le feu, dit-il, est « le même que lui-même » et « non le même que l'autre »[1]. Ces deux termes sont repris, à la lettre, par l'Étranger du *Sophiste* quand il dresse la liste des « très grands genres », qu'il appelle aussi des « formes », rangeant « le même » et « l'autre » du côté de l'être[2].

1. Fr. 8.57-58 : ἑωυτῷ πάντοσε τωὐτόν (« le même que lui-même en toutes directions »), τῷ δ' ἑτέρῳ μὴ τωὐτόν (« mais non le même que l'autre »).
2. *Soph.*, 254 d 4-257 a 12.

Dans le *Sophiste*, le même et l'autre participent de l'être, donc ils « sont ». Inversement, l'être participe du même et de l'autre, se constituant ainsi le même que lui-même et « autre » par rapport à tous les autres objets de l'univers.

Cette participation réciproque (participation du même et de l'autre à l'être, participation de l'être au même et à l'autre) va à l'encontre de l'ontologie de Parménide. La distinction du « même » et de « l'autre » n'aurait de validité, pour Parménide, que dans le monde des apparences. Si Parménide dit que l'être est « le même et dans un même lieu » [1], il ne dit nulle part qu'il est « autre ».

Comment en effet pourrait-il l'être ? L'altérité suppose, comme dans le monde des apparences, une pluralité d'objets. L'altérité suppose en effet que tel objet soit « autre » par rapport à tel autre. L'être de Parménide est le seul objet qui « est ». Il n'entre point par conséquent dans un rapport d'altérité.

XIX

Plotin reprend l'ontologie de Platon quand il parle du monde intelligible. Le monde intelligible est « l'être », et toutes les formes, qui sont autant d'« êtres » (des « êtres proprement dits » pour reprendre le langage du traité *De la matière*), participent à la fois du même et de l'autre.

Or voilà précisément ce qui n'est pas vrai de l'Un. L'Un est à l'origine de l'être intelligible. C'est de l'Un que vient l'altérité, laquelle, se retournant vers son origine, se transforme en « être » [2]. L'Un lui-même ne participe donc pas à l'altérité. Source d'altérité, il n'est pas lui-même « autre » [3].

Mais si l'Un de Plotin, pas plus que l'être de Parménide, n'entre dans un rapport d'altérité, les conséquences n'en sont pas les mêmes dans les *Ennéades* et dans le poème de Parménide. L'être de Parménide est « un » (fr. 8.6). Mais la réciproque n'est pas vraie : l'Un de Plotin n'est pas « être ». Pour Plotin comme pour Platon, l'être participe du même et de l'autre. Le principe qui ne participe pas du même et qui ne participe pas de l'autre ne sera donc pas, pour celui qui prend comme point de départ l'ontologie du *Sophiste*, un être.

L'Un de Plotin est donc « non-être » [4]. Mais évidemment ce n'est pas le « non-être » de la matière. La matière est « non-être » parce qu'elle est altérité, et rien d'autre qu'altérité. L'Un de Plotin est « non-être » parce qu'il est exempt de toute altérité. Si la matière et l'Un sont, chacun, « non-être », le sens de ce terme n'est donc pas le même quand il s'agit de l'Un et quand il est question de la matière. L'Un n'est pas altérité, mais source d'altérité. La matière n'est rien, sinon altérité.

1. Fr. 8.29 : ταὐτόν τ' ἐν ταὐτῷ τε μένον (« restant le même et dans un même lieu »).

2. *Enn.* II 4 [12] 5. Voir aussi *Enn.* V 2 [11] 1.

3. Plus exactement, l'Un n'est pas « autre » au sens où le sont les objets issus de l'Un, « autres » les uns par rapport aux autres et tous par rapport à l'Un. Voir ci-après § XXII *sub finem*.

4. Voir *Enn.* VI 9 [9] 3.36-40 et 5.24-38, *Enn.* III 8 [30] 10.28-32, *et alibi*.

XX

D'où vient, pour l'auteur des *Ennéades*, cette altérité, ce « non-être », qu'est la matière ? De l'Un, mais pas directement. L'Un de Plotin n'est pas le « créateur » de toutes choses, « visibles et invisibles ». Mais il n'est pas non plus un « démiurge » ou un « premier moteur ».

Si le démiurge de Platon agit sur le monde pour le rendre tel qu'il est, si le premier moteur d'Aristote est cause du mouvement, bien qu'il soit lui-même immobile, ni l'un ni l'autre ne font exister l'univers. Que l'univers soit en tel état plutôt qu'en tel autre relève bien de l'action du démiurge, de la présence d'un premier moteur, mais l'existence même de l'univers, tant pour Platon que pour Aristote, n'a pas de cause.

Il n'en va pas de même dans les *Ennéades*. L'Un de Plotin, à la différence d'un « démiurge » ou d'un « premier moteur », est bien la cause de l'existence de toutes choses. Mais cette causalité n'est pas « créatrice ». L'Un de Plotin n'est pas un « Dieu créateur » au sens où toute chose « créée », « pour exister, ne suppose avant elle rien d'autre que Dieu »[1].

Aussi l'Un n'est-il pas lui-même la cause immédiate de l'existence de ce non-être qu'est la matière. La matière, comme tout ce qui existe, provient en dernier ressort de l'Un, mais ce n'est pas l'Un qui l'a « créée ». L'Un ne fait pas exister la matière, sans l'intervention de causes intermédiaires.

XXI

C'est bien plutôt le contraire. De l'Un vient l'Intellect. De l'Intellect vient l'Âme[2]. De cette Âme viennent les âmes multiples, non seulement les nôtres, mais aussi l'âme du monde, dont l'une des manifestations est l'âme qui se trouve dans les plantes[3]. Cette dernière, que Plotin appelle aussi une âme « partielle », est à l'origine de la matière lorsqu'elle engendre une « indéfinition absolue », un objet « sans vie », qu'elle doit ensuite, comme par une « seconde initiative », investir de forme, faisant ainsi exister le monde tel que nous le voyons[4].

D'où l'ambiguïté de ce monde, tel que le conçoit Plotin (*cf.* § VI *supra*). Rayonnant de beauté puisqu'il est recouvert de forme, ce monde n'est au fond qu'un « cadavre maquillé » dans la mesure où la matière, bien qu'elle soit nécessaire à l'existence des formes telles que nous les percevons (donc des

1. *Cf.* Spinoza, *Cogitata metaphysica* pars II, cap. X : « ... *res creata est illa, quae ad existendum nihil praeter Deum praesupponit.* »

2. Je distingue, par une convention typographique arbitraire, l'« Âme » supérieure, issue de l'Intellect, mais qui ne se sépare pas du monde intelligible, et la multiplicité des « âmes » qui viennent dans ce monde, à la fois les nôtres et l'âme « sœur » (*cf. Enn.* IV 3 [27] 6) qui régit le monde destiné à nous recevoir. Voir ci-après.

3. Voir *Enn.* V 1 [10] et *Enn.* V 2 [11]. L'âme qui se trouve dans les plantes, voir *Enn.* V 2 [11] 1.19-28 et 2.29-31.

4. Voir *Enn.* III 9 [13] 3 et *Enn.* III 4 [15] 1. *Cf. Enn.* VI 4 [22] 16.22-24.

formes « participées » par les objets du monde sensible), ne subit, de ce fait, aucun changement réel.

L'âme a beau revêtir de forme l'objet qu'elle a engendré, cet objet, matière du monde sensible, à la différence de la matière du monde intelligible, ne s'unit jamais aux formes. « Non-être » et « privation », la matière du monde sensible n'est, au fond, jamais rien d'autre qu'une « indéfinition absolue » – et par voie de conséquence, si l'on suit la logique de Plotin, « le mal en soi » [1].

XXII

Mais l'économie de l'univers de Plotin ne se résume pas à la production de l'Intellect, de l'Âme et de la matière. Les âmes qui sont les nôtres ne viennent pas dans ce monde parce qu'elles y sont contraintes ; leur venue est « volontaire », bien qu'elle ne fasse pas l'objet d'un « choix » [2]. Venues dans ce monde sans contrainte, les âmes ne sont pas non plus contraintes d'y rester. Par un mouvement de retour, elles peuvent remonter, non seulement à l'Intellect, mais à l'Un.

La remontée de l'âme à l'Un ne va toutefois pas sans remettre en question la nature des rapports de l'âme et de l'Un. Quand nous parlons « maintenant » de l'Un, écrit Plotin (*Enn.* VI 9 [9] 10.18-21), « nous en parlons comme "autre" ». « C'est précisément pour cette raison, poursuit-il, que la vision (entendons : la vision de l'Un) est difficile à exprimer. » Et d'enchaîner : « Comment en effet pourrait-on déclarer qu'il est "autre", quand ce n'est pas comme "autre" qu'on l'a vu, lorsqu'on le contemplait là-haut, mais comme "un" par rapport à soi-même [3] ? »

La réticence dont fait preuve ici Plotin n'est pas celle d'un « mystique » qui rechignerait à parler d'une expérience intime, personnelle. Ce qui rend « difficile à exprimer » l'union qu'il peut y avoir de l'âme avec l'Un est l'absence de réciprocité. L'Un qui n'est pas « autre », n'est pas autre par rapport à nous. La seule altérité qu'il peut y avoir dans les rapports de l'âme avec l'Un se trouve du côté de l'âme [4].

1. *Enn.* III 4 [15] 1.11-12 (ἀοριστίαν παντελῆ, « indéfinition absolue »). *Enn.* I 8 [51] 7-8 (*cf.* 8.42 : αὐτοκακόν, « le mal en soi »).

2. *Enn.* IV 3 [27] 13 (voir surtout les lignes 17 à 20 ; lire οὔτε ἄκουσαι à la place de οὔτε ἑκοῦσαι à la ligne 17).

3. *Enn.* VI 9 [9] 10.20-21 : πῶς γὰρ ἂν ἀπαγγέλλειέ τις ὡς ἕτερον οὐκ ἰδὼν ἐκεῖ ὅτε ἐθεᾶτο ἕτερον, ἀλλὰ ἓν πρὸς ἑαυτόν ; « Comment en effet pourrait-on déclarer (πῶς γὰρ ἂν ἀπαγγέλλειέ τις) qu'il est "autre" (ὡς ἕτερον), quand ce n'est pas comme "autre" qu'on l'a vu, lorsqu'on le contemplait là-haut (οὐκ ἰδὼν ἐκεῖ ὅτε ἐθεᾶτο ἕτερον), mais comme "un" par rapport à soi-même (ἀλλὰ ἓν πρὸς ἑαυτόν ;) ? »

4. Il est vrai qu'en plus d'un passage l'Un est « autre par rapport à tous les objets qui viennent après lui », *Enn.* V 4 [7] 1.6 : πάντων ἕτερον τῶν μετ' αὐτό (cf. *Enn.* V 3 [49] 11.18 : ἕτερον ἁπάντων). Voir aussi *Enn.* III 8 [30] 9.47-49 : εἰ δὲ πρότερον τῶν πάντων, ἄλλα μὲν τὰ πάντα, ἄλλο δὲ αὐτὸ ἔσται τῶν πάντων. « S'il est antérieur à toutes choses, toutes choses sont autres (*sc.* par rapport à lui), et lui, il doit être autre par rapport à toutes choses. » S'exprimant de la sorte, Plotin ne laisse pas entendre que l'Un participerait de l'altérité dont il serait lui-même la source. Source d'altérité, l'Un n'est pas « autre » au sens où le sont les objets issus de l'Un, « autres » les uns par rapport aux autres et tous par rapport à l'Un ; il n'est « autre » que dans la mesure où il ne peut être

XXIII

L'altérité de l'âme n'est toutefois pas définitive. A la différence des corps, écrit Plotin (*Enn.* VI 9 [9] 8.29-33), les êtres incorporels sont séparés les uns des autres, non point par l'espace, mais par « l'altérité et la différence ». « Par conséquent, poursuit-il, quand l'altérité n'est pas présente, sont présents les uns aux autres ceux qui ne sont pas autres [1]. »

Ainsi en est-il du rapport de l'âme avec l'Un, à cette différence près que le passage de l'absence à la présence ne suppose aucun changement de la part de l'Un. « Lui, pour sa part, puisqu'il n'a pas d'altérité, est toujours présent, mais nous ne le sommes que lorsque nous, nous n'en avons pas [2]. » D'où cette ultime différence : si nous désirons l'Un, « lui, pour sa part, ne nous désire pas » [3].

XXIV

Ces derniers propos risquent d'induire en erreur. Si l'Un « ne nous désire pas », ce n'est pas parce qu'il s'éloigne de nous. Bien au contraire, l'absence de « désir » traduit la proximité de l'Un. Plotin écrit en effet : « Lui, pour sa part, ne nous désire pas, de façon à être auprès de nous, mais nous, nous le désirons, de façon à être auprès de lui [4]. »

Entendons : l'Un, toujours « auprès de nous », n'a nullement besoin de nous « désirer » ; un tel désir n'aurait en effet pas d'objet. L'Un est déjà « auprès de nous » du fait même qu'il est la cause de notre existence. L'altérité ne sépare pas l'Un de l'objet issu de l'Un. Si nous, au contraire, « désirons » l'Un, c'est parce que nous ne sommes « auprès de lui » que lorsque nous parvenons à nous affranchir de l'altérité qui nous en sépare.

Tel est le jeu subtil d'« altérités » qui commande l'essentiel de la philosophie des *Ennéades*. Absence de toute altérité de la part de l'Un, puisque c'est lui la source d'altérité. Altérité universelle de la matière, dernier des produits issus de l'Un et qui n'est rien, sinon altérité. Enfin, altérité provisoire de l'âme, altérité qui n'en est plus une, dès que l'âme s'unit à l'Un.

XXV

Cette conclusion risque toutefois de faire surgir un nouveau paradoxe. Comment se fait-il que, s'affranchissant de toute altérité quand elle s'unit à l'Un,

confondu avec tous les objets qu'il fait exister. Si la philosophie de Plotin n'est pas « créationiste » (voir § XX *supra*), elle n'en est pas, pour autant, un panthéisme.

1. *Enn.* VI 9 [9] 8.32-33 : ὅταν οὖν ἡ ἑτερότης μὴ παρῇ, ἀλλήλοις τὰ μὴ ἕτερα πάρεστιν.

2. *Enn.* VI 9 [9] 8.33-36 : ἐκεῖνο μὲν οὖν μὴ ἔχον ἑτερότητα ἀεὶ πάρεστιν, ἡμεῖς δ' ὅταν μὴ ἔχωμεν.

3. *Enn.* VI 9 [9] 8.35-36 : κἀκεῖνο μὲν ἡμῶν οὐκ ἐφίεται… (la suite de la phrase est citée ci-après).

4. *Enn.* VI 9 [9] 8.35-36 : κἀκεῖνο μὲν ἡμῶν οὐκ ἐφίεται, ὥστε περὶ ἡμᾶς εἶναι, ἡμεῖς δὲ ἐκείνου, ὥστε ἡμεῖς περὶ ἐκεῖνο.

l'âme garde néanmoins son identité ? Comment se fait-il que, dépouillée de toute altérité, elle soit toujours une âme ?

La question laisse d'autant plus perplexe qu'au moment de parler de l'union de l'âme avec l'Un Plotin met en parallèle l'absence de toute « qualité » ou de toute « forme » tant auprès de l'âme qu'auprès de la matière. Pour que l'âme puisse « se fondre » avec l'Un (συγγενόμενον), écrit-il (*Enn.* VI 9 [9] 7.16-23), elle doit non seulement ignorer tout ce qui lui est extérieur ; elle doit aller jusqu'à s'ignorer elle-même. Ce faisant, elle devient « sans forme » (ἀνείδεον), pareille en cela à la matière.

> De même qu'à propos de la matière il est dit qu'il faut bien qu'elle soit sans qualité aucune si elle doit recevoir les empreintes de toutes les qualités, de même, et bien davantage encore, il faut que l'âme devienne sans forme s'il ne doit y loger aucun obstacle à la plénitude de l'illumination projetée sur l'âme par la nature première (à savoir l'Un)[1].

La matière, « privée de toute qualité » (ἄποιον), est aussi privée de vie, si bien que, dans la philosophie des *Ennéades*, elle ne serait qu'un « cadavre maquillé »[2]. Comment donc concevoir que l'âme, elle aussi « privée de forme », ne soit pas, à son tour, privée de vie, si bien qu'elle ne soit plus une âme quand elle s'unit à l'Un ?

La perplexité qu'inspire la mise en parallèle de l'âme et de la matière ne fait que s'aggraver à la lecture du chapitre suivant du même traité, quand Plotin parle d'une âme qui ne serait plus, ou pas encore, unie à l'Un, et qui serait donc menacée, dit-il, d'une « dissolution totale ». « Dès que nous ne nous tiendrons plus autour de lui, écrit-il, nous n'existerons plus[3]. »

Triste destin que celui de l'âme et de nous-mêmes : si l'on prend à la lettre les deux textes cités, l'âme ne se voit-elle pas condamnée, soit à ne plus exister si elle se sépare de l'Un, soit à ne plus vivre, dès qu'elle s'unit à lui ?

XXVI

Pour sortir de ce dilemme, rappelons l'analyse du désir exposée par Aristote dans la *Physique*, ainsi que la correction implicite qui lui est apportée par Plotin dans son traité *De la matière*. Recouverte de forme, la matière ne disparaît pas, pas plus que la femelle ne disparaît lorsque, « désirant » un mâle, elle assouvit son désir. C'est bien plutôt le contraire : assouvissant son désir, la femelle, écrit Plotin, devient « encore plus féminine »[4].

1. *Enn.* VI 9 [9] 7.12-16 : … ὥσπερ περὶ τῆς ὕλης λέγεται, ὡς ἄρα ἄποιον εἶναι δεῖ πάντων, εἰ μέλλει δέχεσθαι τοὺς πάντων τύπους, οὕτω καὶ πολὺ μᾶλλον ἀνείδεον τὴν ψυχὴν γίνεσθαι [*sc.* δεῖ], εἰ μέλλει μηδὲν ἐμπόδιον ἐγκαθήμενον ἔσεσθαι πρὸς πλήρωσιν καὶ ἔλλαμψιν αὐτῇ τῆς φύσεως τῆς πρώτης.

2. *Enn.* II 4 [12] 5.18 (voir § VI *supra*).

3. *Enn.* VI 9 [9] 8.41-42 : … ὅταν μή [*sc.* περὶ αὐτὸν ἔχωμεν], λύσις ἡμῖν παντελὴς ἔσται καὶ οὐκέτι ἐσόμεθα.

4. *Enn.* II 4 [12] 16.13-15 (voir § IV *supra*).

En est-il de même, *mutatis mutandis*, de l'âme [1] ? Le verbe qu'emploie Plotin, dans ces deux contextes, est le même (ἐφίεσθαι, « désirer »)[2]. Pour que l'âme s'unisse à l'Un, accomplissant ainsi son désir, elle doit renoncer à tout ce qui la sépare de l'Un. S'affranchissant, par conséquent, de cette « altérité » et de cette « différence » qui rendent impossible que soient « présents les uns aux autres ceux qui ne sont pas autres »[3], l'âme, plutôt que de se rétrécir, ne doit-elle pas s'épanouir, pareille en cela à la femelle qui « devient plus féminine encore » quand elle assouvit son désir ?

Cet épanouissement de l'âme est tout le contraire du dépouillement de la matière. Dépouillée de toute forme, la matière n'est rien, sinon altérité. S'affranchissant de toute forme, l'âme s'affranchit de toute altérité. Mais comment l'âme y parvient-elle ? Les âmes venues dans ce monde sont nécessairement « autres » par rapport à tous les objets qu'elles ne sont pas. Comment se défaire de cette négation, de cette altérité ?

Pour qu'elle ne soit pas « autre », l'âme doit se retirer de ce monde, se réfugiant, si l'on peut dire, auprès de l'Un, l'unique principe qui ne lui imprimerait pas un nouveau rapport d'altérité. Les rapports de l'Un et de l'âme deviennent ainsi réciproques, dans la mesure où l'absence d'altérité qui caractérise le rapport de l'Un à l'âme caractérise également le rapport de l'âme à l'Un quand l'âme s'unit à la source dont elle est issue.

Source de toutes choses, l'Un n'est pas lui-même « autre » par rapport aux objets qu'il fait exister. S'affranchissant non seulement de toute altérité par rapport aux objets issus de l'Un, mais aussi de toute altérité par rapport à l'Un lui-même, l'âme, elle non plus, n'est pas « autre » quand elle s'unit à l'Un. Accomplissant son désir, l'âme, dès qu'elle s'unit à l'Un, ne se définit plus par ce qu'elle n'est pas ; devenue « sans forme », elle ne se définit plus par son altérité à l'égard du principe qui la fait exister.

1. Le rapprochement qui suit n'est proposé qu'à titre d'hypothèse. Plotin ne met pas en regard les deux passages.

2. *Enn.* VI 9 [9] 8.33-36 (l'âme). *Enn.* II 4 [12] 16.13-15 (la matière). Pour la restitution du verbe à ce dernier texte, voir § IV *supra*.

3. *Enn.* VI 9 [9] 8.29-33 (voir § XXIII *supra*).

ÊTRE-AU-MONDE CHEZ PLOTIN : LE PARADOXE DE LA PARENTÉ DANS LE TRAITÉ *33*

ANNICK CHARLES-SAGET

Le traité *33* de Plotin (II 9, *Contre les gnostiques*) produit aujourd'hui sur son lecteur d'étranges effets. Plotin nous était proche, et voici que, dans un excès de polémique, il nous devient étranger. Il s'emporte, scandalisé, contre de faux Platoniciens, et voici que les gnostiques de l'école[1], de faux amis qu'ils étaient, nous deviennent presque frères, tandis que la parole de Plotin se perd dans un monde insolite, peuplé d'astres animés qui seraient nos proches parents. Citons les deux passages incriminés :

> Ces gens [les gnostiques], avec un corps tel que le corps humain, avec une âme remplie de désirs, de peines, de colère, ...prétendent être capables de contact avec l'intelligible; mais, s'il s'agit du soleil, ils nient que cet astre possède un pouvoir bien plus exempt de passion, plus conforme à l'ordre et moins sujet à l'altération que le nôtre; il n'aurait même pas l'intelligence, cet astre si supérieur à nous qui venons de naître et sommes empêchés par tant d'illusions d'aller jusqu'à la vérité ! Ils ont, eux, et avec eux les hommes les plus vils – τῶν φαυλοτάτων ἀνθρώπων –, une âme immortelle et divine, tandis que le ciel entier, avec ses astres, n'a aucune part à l'âme immortelle ! Le ciel est fait pourtant de choses bien plus belles et plus pures ! (5, 1-11)
>
> Voilà des gens qui ne dédaignent pas d'appeler frères même les hommes les plus vils – τοὺς φαυλοτάτους –; mais ils ne daignent pas donner ce nom au soleil, aux astres du ciel et pas même à l'âme du monde, tellement leur langage s'égare. Les

1. Cf. *Vie de Plotin* (PVP), 16. L'histoire des rapports entre l'école de Plotin et les gnostiques se transforme en même temps que s'éditent les textes gnostiques (*cf.* en particulier les textes de la Bibliothèque Copte de Nag Hammadi). Pour saisir l'ampleur des recherches actuelles, il suffit de comparer la communication de H.C. Puech à la Fondation Hardt en 1957 (repris dans *En Quête de la Gnose*, Paris, Gallimard, 1978, p. 83-116, avec un Appendice) et la mise au point récente de Michel Tardieu, dans L. Brisson *et al.* (éd.) *Porphyre, La vie de Plotin* (cité PVP), t II, Paris, Vrin, 1992, p. 503-563, « Les Gnostiques dans la *Vie de Plotin* ». Voir en particulier, pour les publications relatives au chapitre 16, le « Répertoire chronologique (1933-1990) », p. 546-563. Une nouvelle traduction du traité *33*, par P. Hadot et M. Tardieu, devrait paraître bientôt. Par défaut, en cet article, je m'appuie sur la traduction de E. Bréhier, avec quelques corrections quand il y a oubli ou quand il est besoin de modifier le texte en raison des travaux plus récents.

hommes vils – φαύλους – ne peuvent avoir droit à ce lien de parenté – συγγένεια (18, 17-21).

On reste surpris. Que tous les hommes ne soient pas nos frères, soit. Mais que le soleil nous soit plus frère que l'homme, quelle étrange parenté est-ce là ! Platon, en *République* VI, lui donnait une place plus éminente ! Le sens de la συγγένεια[1] doit être repris, redessiné, et celui de l'être-au-monde tout aussi bien, puisque c'est en cette opposition des φαύλοι et du soleil que notre sens du proche et celui du parent sont mis à mal. Pour comprendre ce qui est scandale pour Plotin, il nous faut donc d'abord retrouver le contexte de cette étrange affirmation, puis expliquer pourquoi Plotin en vient à ce paradoxe qui serait d'origine platonicienne puisque, dès qu'il s'agit d'âme du monde, le *Timée* est présent. Serait-ce toutefois une stricte reprise du *Timée*? Nous hésitons à l'admettre, et serions tentés de penser que cette parenté relève d'un excès strictement plotinien ou néoplatonicien. Néanmoins, ce paradoxe une fois éclairci, il demeure une gêne plus profonde, une distance qui ne relèverait plus de la polémique ni de sa rhétorique. Quelque chose de ce monde grec nous serait devenu tout à fait étranger à nous modernes, et Plotin nous rendrait sensible à l'étrangeté de ce monde, de cet être-au-monde là. La chose n'est pas simple et ne se limite pas à la croyance en l'âme du monde ou des astres, qu'Aristote critiquait déjà comme une proposition bizarre et inutile[2]. Reste la question de l'humain : il ne suffit pas, semble-t-il, de retrancher « cela », cette hypothèse de l'âme du monde, pour que le sens du proche devienne plus humainement nôtre.

LE PARADOXE EN SON CONTEXTE

Une opposition intérieure à l'école

Nous savons par Porphyre (PVP 16) que des chrétiens « hérétiques » étaient venus suivre les cours de Plotin. Ils prétendaient savoir lire Platon et se nourrissaient pourtant de Révélations dont Porphyre cite quelques titres. Les études récentes sur les apports de Nag Hammadi ont permis de mettre quelques textes, maintenant traduits du copte, sur certains noms cités par Porphyre, ainsi *L'Allogène*, *Zostrien*[3]. Nous avons donc, en ce traité *33*, un témoignage unique,

1. Voir E. des Places, *Sungeneia : la parenté de l'homme à Dieu, d'Homère à la patristique*, Paris, Klincksieck, 1964. La συγγένεια par affinité se dit du lien entre les ingrédients d'une recette alchimique : voir par ex., A.J. Festugière, *La Révélation d'Hermès Trismégiste* (4 vol., Paris, J. Gabalda, 1944-1954), t. I, p. 236 : « car l'aimant a affinité avec le fer ».

2. Cf. *De anima*, I 3 : de 406 b 26 à 407 b 11, Aristote critique l'assimilation entre les révolutions du ciel et les mouvements mêmes de l'âme. Sans accorder la moindre considération au genre du récit, mythe vraisemblable, Aristote met en lumière toutes les inexactitudes – οὐ καλῶς τὸ λέγειν, 407 a 2-3 – qui parsèment la description de cette âme-intellect. En I 2, 404 b 19-21, il faisait allusion à d'autres difficultés touchant à la conception de l'animal en soi dans les doctrines non écrites.

3. *Cf.* l'article de M. Tardieu, cité plus haut, « Les Gnostiques dans la *Vie de Plotin* ». Quant aux textes gnostiques cités dans PVP, chap. 16, voir dans Bibliothèque Copte de Nag Hamadi, *L'Allogène*, NH XI 3, par W-P. Funk, P.-H. Poirier, M. Scopello…, Québec, Louvain, Paris, Peeters, 2004;

en ce que Plotin critique des contemporains et non des textes appartenant à la tradition philosophique. Ce sont là des personnes dont les paroles sont citées – φήσουσι (4, 1 et 3) – et qui sont sommées de répondre, dès que Plotin, après avoir, dans les trois premiers chapitres, exposé sa propre conception des trois réalités, entame la critique de ses interlocuteurs. Il parvient vite à la déclaration qu'il y a chez eux des affirmations « ridicules » (γελοῖον, 4, 13, mais déjà en 1, 36). La violence des jugements de Plotin ne se fait pas entendre d'emblée : il y a le ton de la remontrance devant des bizarreries (2, 1 : ἐπινοίας περιττάς), celui de la réfutation (ἄλογον, 5, 16), mais bientôt l'attaque directe envers ceux qui sont accusés de « mépriser » la beauté du monde, d'y être scandaleusement aveugles : « Celui qui se plaint de la nature du monde ne sait donc pas ce qu'il fait et jusqu'où va son audace » (θράσος, 13, 1-2). Ou encore, plus loin : « Non, encore une fois : mépriser le monde, mépriser les dieux et toutes les beautés qui sont en lui, ce n'est pas devenir bon » (16, 1-2).

Il ne s'agit donc pas seulement d'un désaccord théorique, mais d'une incompatibilité entre la sensibilité de Plotin et celle des gnostiques familiers de l'école. Le point névralgique est indiqué par Porphyre dans le titre qu'il donne au traité : « Contre ceux qui disent que le démiurge du monde est mauvais et que le monde est mauvais ». Le démiurge est au moins mauvais en son œuvre. Les gnostiques portent un jugement sur le monde, un jugement qu'on pourrait dire esthétique tout autant que philosophique : Plotin ne peut comprendre que l'on ne soit pas ému, plein d'une admiration étonnée devant la puissance et l'éclat du ciel (2, 15-18). Mais le scandale devient accusation de délire, lorsque Plotin met en relation le jugement sur les astres et le jugement sur les hommes, les hommes les plus médiocres, il s'entend. Une présupposition soutient ce sandale : si, et seulement si l'on suppose déjà que les astres ont une âme intelligente, alors il devient aberrant de ne pas reconnaître la différence de valeur entre un astre et un médiocre humain. Au chapitre 18, l'argument est encore plus violent, puisqu'il va jusqu'à dénier toute parenté entre hommes (plus exactement entre un homme sage et un homme vil) au profit d'une parenté entre le philosophe et le soleil.

Les mots de « parenté » (συγγένεια) et d'homme vil (φαῦλος) demandent à être éclaircis.

Étude du mot φαῦλος

Le mot φαῦλος est un terme de mépris. Il implique un jugement de valeur, ou plutôt une dé-valorisation de l'objet considéré, il suppose, de la part de celui qui la prononce une extériorité telle que le φαῦλος est comme une chose, comme de la boue, de la crasse, qu'on hésite toujours à créditer d'une forme. C'est une mise à l'écart, un rejet, et non une description.

Zostrien, NH VIII 1, par C. Barry, W.-P. Funk, P.H. Poirier, J.D. Turner, Québec, Louvain, Peeters, 2000.

À ce titre, ce n'est pas un mot d'usage chrétien, car si tout homme peut et doit être vu comme frère, même le plus misérable, en tant qu'il est aussi fils de Dieu, jamais, précisément en vertu de cette parenté, un homme ne pourra être dit φαῦλος, irrémédiablement médiocre, et mauvais comme un mauvais vin ou un méchant homme[1]. Ce n'est pas non plus un mot gnostique[2], car les « frères » sont des éons ou des élus qui possèdent en eux et entre eux, quelque étincelle divine et les autres humains, s'ils sont misérables, c'est là, pour les gnostiques, un effet d'accidents qui viennent de plus haut : rien ne subsiste de purement bon dans ce monde mal fait ou dans ceux qui l'habitent.

Le φαῦλος n'est donc ni chrétien ni hérétique. En revanche, en philosophie, c'est un mot courant chez les stoïciens. Au vertueux, au σπουδαῖος, s'oppose le φαῦλος, et chacun sait que Plotin est resté très proche des jugements éthiques des stoïciens[3]. Lorsqu'il emploie ce terme, Plotin n'use donc pas d'un terme gnostique, alors que c'est le cas pour la Sophia (10, 19), ou la μετάνοια (chap. 6, 2), mais il use en revanche d'un ton qui sera très banal dans les critiques

1. Dans le Nouveau Testament, φαῦλος s'attribue banalement à quelqu'un ou quelque action ou quelque parole, qui sont mauvais. Voir Jn, 3, 20, ὁ φαῦλα πράσσων par opposition à ὁ ποιῶν τὴν ἀλήθειαν ; *ibid.*, 5, 29, οἱ δὲ τὰ φαῦλα πράξαντες, par opposition à οἱ τὰ ἀγαθὰ ποιήσαντες ; même oppos. en Rm, 9, 11, Jc, 3, 16 ; même sens de « mauvais » en Tt, 2, 8. (Je remercie B. Lagarde pour ces références). Sur la banalité du terme, voir aussi H.C. Puech, *En Quête de la Gnose*, *op. cit.*, p. 100.

2. Je renvoie ici à la communication d'Anna van den Kerchove, « La question des "frères" dans le traité *33* et quelques textes gnostiques », dans le Séminaire-Colloque organisé par Michel Tardieu, les 7 et 8 juin 2005, au Collège de France. Les occurrences gnostiques renvoient à une appartenance à une même communauté, d'ici ou de l'au-delà, ainsi *Apocryphe de Jean*, B 46. 15-18 : « et il (le plérôme) entendit sa repentance (de l'éon Sophia) et les frères ont prié pour elle », ou *Traité Tripartite*, NH I 90. 23-25 : « et <il> se réjouit de la visite de ses frères venus le visiter ». Quant à la distinction entre l'élu et la multitude, citons, entre mille passages, ce texte de *L'Allogène*, connu à l'époque, sinon dans l'école, de Plotin (c'est l'Envoyé qui parle) :

« Ô Allogène, Tu as été revêtu
d'une grande puissance, dont
t'a revêtu le Père
du Tout, l'éternel,
avant que tu ne viennes en ce lieu, afin
que tu puisses discerner les choses qui sont difficiles
à discerner, que tu puisses connaître
les choses qui sont inconnaissables
pour la multitude » (*L'Allogène*, 50, 24-33).

3. Cette proximité est particulièrement apparente et reconnue dans les traités de la dernière période de Plotin, après le départ de Porphyre, par exemple dans les traités *47* et *48*, « Sur la Providence ». Mais il est important de noter que le thème de la beauté et de l'harmonie du monde comme Tout, qui est essentiel à la critique plotinienne des gnostiques, est aussi un thème récurrent chez les stoïciens. D'où l'allusion, dans le tr. *47* [III 2] 1, 8, à l'hypothèse aberrante du « mauvais démiurge », et la reprise, en 3, 1, du thème du blâme – μέμφεσθαι – qu'on ne saurait jeter sur le monde (dans le tr. *33*, il existe 10 occurrences de ce verbe et 5 dans le tr. *47*). A cet égard, le tr. *33* marque un rapprochement certain avec les thèses stoïciennes de la perfection du Tout et avec l'éthique d'acquiescement qui leur correspond.

hélléniques des croyances chrétiennes : le *Contre les Chrétiens* de Porphyre reprend et transmet les épithètes du mépris[1].

La parenté – συγγένεια

L'élément paradoxal ne réside donc pas dans l'usage du mot φαῦλος pour désigner un individu vulgaire dont le sage s'écarte car il n'a rien à lui donner, rien à en recevoir. Il ne réside pas non plus dans l'absence d'une fraternité humaine universelle, dont chacun sait qu'il s'agit d'un apport chrétien, conforté d'une thèse stoïcienne. Car la parenté chrétienne qui relierait tout homme à Dieu devenu « Notre Père », a trouvé un accord évident avec le sens stoïcien de l'universelle dépendance des hommes à l'égard de Zeus, dépendance qui efface ou rend dépourvues de sens au moins les différences de la société ordinaire[2]. Le paradoxe réside dans la comparaison du degré de parenté qu'aurait un homme philosophe ou bien avec un homme quelconque ou bien avec le soleil, et cette comparaison conduit à une évidente supériorité de nos liens avec l'astre en répudiant l'homme de rien.

Quelle parenté peut bien être évoquée pour justifier cette plus grande proximité ? Rappelons que toute συγγένεια se dit rétrospectivement, elle est de l'ordre de la revendication et non du fait. Etre « bien né », c'est être noble dès la naissance, dans une confusion des qualités individuelles et de celles de la race. Le mot συγγένεια ne peut donc être univoque. Il vaut au moins pour deux sens : tantôt il s'agit d'un sens très large, proche du sens d'« affinité », qui renvoie à une certaine harmonie, ressemblance, résonance entre deux êtres, tantôt συγγένεια fait référence à un strict système de parenté. En général, les termes de frères et sœurs sont pris en ce dernier sens et réclament une définition de la filiation. D'où la gêne par nous ressentie quand Plotin parle de soleil-frère. De quel système de parenté s'agit-il là ?

1. Dans son ouvrage récemment réédité, *La Réaction païenne, étude sur la polémique antichrétienne du Ier au VIe siècle*, Paris, L'Artisan du livre, 1942, P. de Labriolle consacrait un long chapitre (p. 223-296) au « Néoplatonicien Porphyre », où il analyse le *Contre les chrétiens* à partir des fragments proposés en 1916 par Harnack. Outre les critiques textuelles ou philologiques que Porphyre savait exercer avec acuité (Plotin avait usé de ce savoir pour que devienne manifeste l'inauthenticité de la *Révélation de Zoroastre*, PVP, 16), de Labriolle relève les tons de condescendance et de mépris aussi bien, dont Porphyre use devant les obscurités, les illogismes, les mensonges ou sottises qu'il pointe dans les Evangiles.

2. C'est là un des points de différence entre la sensibilité éthique de Plotin et celle des stoïciens, ce sens d'une fraternité abstraite, pour n'importe quel homme devenu « frère », en raison de la descendance commune, divine. En témoigne cette apostrophe d'Epictète à un homme libre, en vérité un « esclave » – ἀνδράποδον –, croyant toujours à ses droits : « Esclave, ne veux-tu pas supporter ton frère, qui a Zeus pour père, qui, comme un fils, est né des mêmes germes que toi et qui est de la même descendance céleste ? Parce que tu as été élevé à une place éminente, vas-tu aussitôt te constituer tyran ? Ne te rappelleras-tu pas à qui tu commandes ? A des membres de la famille, à des frères par nature – συγγενῶν... ἀδελφῶν φύσει –, à des fils de Zeus ? », *Entretiens*, 1, 13, trad. J. Souilhé. On notera toutefois que, selon D.L. VII 120, si les stoïciens recommandent le respect des parents et des frères, après les dieux, ils admettent qu'il soit « naturel » de chérir ses enfants, sauf... s'ils sont « mauvais » (φαῦλοι).

Nul ne s'étonnera que l'intelligible de Plotin, même s'il est dit engendré et capable d'engendrer, ne soit pas associé à un système strict de parenté[1]. Le verbe γεννᾶν est un terme technique pour dire la *cause*, ce qui produit un être et non un objet (ποιεῖν est utilisé dans les deux cas). Γεννᾶν est dit du Principe qui, en tant que cause, peut être dit aussi « Père »[2]. En amplifiant l'analogie, si la « patrie » est pensée comme terre des pères, le désir de l'origine peut se dire, comme dans le premier traité de Plotin, désir de revenir en la patrie : « Notre patrie, c'est là d'où nous venons, et notre père est là-bas » (I 6, 8, 21).

Quant à l'engendrement, puisqu'il suscite une descendance, il crée une συγγένεια entre les membres du γένος. Mais le terme est souvent employé pour dire une autre parenté que familiale ou biologique. Notons que, chez Plotin, le substantif συγγένεια est plus rare que le verbe γεννᾶν et ses dérivés; sémantiquement, il ne répond pas aux liens correspondant à la hiérarchie de l'engendrement. Selon le *Lexicon Plotinianum* de Sleeman & Pollet, il n'y a que 4 occurrences de συγγένεια dans les *Ennéades*: dans le traité *2* [IV 7], l'âme est dite parente (10, 1) de la nature divine car elle a « parenté » (10, 19) avec les vertus divines; dans le traité *26* [III 6], la matière, en raison de l'hétérogénéité de sa nature avec l'essence, n'a aucune « parenté » avec l'οὐσία (15, 9); on ne s'étonnera pas que dans le traité *50* [III 5], *De l'amour*, en reprenant le thème platonicien du lien entre amour et beauté, Plotin affirme à deux reprises la « parenté » de l'âme avec le beau (1, 18 et 44). En trois de ces cas, il s'agit d'affinité, de ressemblance de nature. Le tracé généalogique n'est pas clair et n'a nul besoin de l'être, car la relation est vue du côté de l'âme qui revendique un lien en raison d'une ressemblance, et non du côté de ce qui engendre. Le traité *33* est donc le seul à passer de la considération de l'engendrement à celui de la parenté, d'une parenté quasi familiale, celle des frères et sœurs[3]. Et c'est précisément en ce cas que la parenté nous apparaît tout à fait paradoxale, là où elle est en outre pesamment justifiée par des considérations cosmiques qui ont désormais perdu pour nous toute valeur scientifique.

1. Difficile de parler de frère/sœur sans qu'il y ait père et mère. Or (à la différence des gnostiques – chaque *éon* a un σύζυγος –, ou des stoïciens qui interprètent physiquement les « mariages divins », *cf.* Augustin, *De Civ. Dei*, IV, 10, cité par E. Bréhier, *Enn.* III, p. 72) la généalogie de Plotin n'a pas besoin du rapport masculin/féminin dans ses engendrements (L'Aphrodite céleste « n'a pas de mère et ne préside pas aux mariages, car il n'y a pas de mariages dans le ciel », *Tr. 50* [III 5] 2, 18-19). La fécondité surabondante est évidemment non sexuée.

2. Sur les ambiguïtés du mot Père, utilisé dans le *Timée* pour parler du Démiurge, voir le commentaire de Proclus, *In Tim.* I, p. 303, 24-319, 21, trad. A.J. Festugière, t. II, p. 275-292. Sur cette dénomination de Dieu dans la *Révélation d'Hermès Trismégiste*, *cf.* A.J.F., *R.H.T.* t. IV, p. 64.

3. En dehors du sens familial ordinaire (*Tr. 3* [III 1] 5, 48), ἀδελφός se dit, au féminin, ἀδελφή pour l'âme du monde, dans un contexte de métaphore, qui renvoie au souci qu'un être supérieur mais tendre prend d'un être plus faible qui dépend de lui : « tant que l'on a un corps, il faut demeurer en des maisons construites par une âme bonne et sœur de la nôtre, qui a le pouvoir de bâtir sans peine », *Tr. 33*, 18, 14-17; cf. *Tr. 27* [IV 3] 6, 13. Analogiquement, le Christ dit adieu aux disciples en annonçant qu'il va là-haut leur préparer une demeure.

On aimerait rappeler combien Socrate, déçu par les physiciens, avait été doublement déçu par la promesse mal tenue d'Anaxagore (*Phéd.*, 97 c-98 c), combien son amour des *logoi* était demeuré lié à une méfiance explicite à l'égard des explications physiques du monde. Ou bien encore, combien il disait préférer la cité où l'on parle, aux paysages habités par des êtres mythiques (*Phèdre*, 229 d-230 d). Est-ce le même Socrate qui écoute Timée l'astronome prononcer un discours dont Plotin reconnaît qu'il est en rupture avec le sens de l'âme pensante des premiers dialogues? Dans le *Timée*, l'âme de première dignité n'est plus l'âme de qui s'interroge, mais l'âme du monde. C'est une difficulté que Plotin reconnaît explicitement dans le traité *6* [IV 8], et pourtant il réassume la primauté de l'âme du monde et c'est bien la raison pour laquelle nous tombons dans un système de parenté à la fois cohérent et insoutenable : le traité *33*, dans l'argumentaire du chapitre 16, retire aux gnostiques, et à nous-même qui le lisons, la possibilité de penser l'intelligible et le divin sans se référer d'abord au monde et aux beautés qu'il contient.

Reprenons les enchaînements : aimer quelqu'un, c'est aussi aimer ses enfants et tous ceux qui lui sont parents. Or le Père intelligible a engendré toutes les âmes, et les plus belles sont celles des astres, qui sont beaucoup plus proches de lui que les âmes humaines (συναφεῖς τοῖς ἐκεῖ πολὺ μᾶλλον ἢ αἱ ἡμῶν (16, 10). Nous sommes néanmoins frères et sœurs. Les arguments de Plotin accentuent le lien : impossible de prétendre quelque rapport avec les intelligibles si l'on ne reconnaît pas à la fois l'infériorité et la dépendance de l'humain à l'égard de l'enveloppement du monde et de ses âmes. Il semblerait que Plotin oublie ses propres refus à l'égard d'une providence trop anthropomorphique, qui aurait souci, qui s'inquiéterait de ceux dont elle a la charge ou la garde, on ne sait plus[1]. Mais n'est-ce pas un autre anthropomorphisme que de parler de « frère » pour un astre? Devant la mise en question, par les gnostiques, de la beauté intelligente et divine du monde, Plotin devient donc raisonneur et dogmatique. C'est le point aveugle de Plotin que cet aveuglement dont la beauté du monde est, à sa manière, un effet. À sa manière, car la cause philosophique de la divinité du monde trouve d'abord son origine philosophique dans le *Timée* de Platon. Comment le *Timée* favorise-t-il cette parenté paradoxale ?

LE MYTHE DU *TIMÉE* FACE AUX MYTHES DE LA *RÉPUBLIQUE*

Impossible de ne pas trouver, après coup, quelque provocation dans le lien affirmé, au début du *Timée*, entre le dialogue de la *République* et celui du *Timée*, dans la mesure où le premier critique les faiblesses des mythes, tandis que le

1. Dans le traité *3* [III 1] « Du destin », Plotin écrivait : « il faut distinguer ce qui est notre action de ce que nous subissons nécessairement, et ne pas tout attribuer aux astres » (5, 22-24), et plus loin : « pourquoi dire : ils nous envoient des maux, parce qu'ils en subissent eux-mêmes, dès qu'ils se couchent et se transportent au-dessous de la terre ? Comme si leur état devenait différent quand ils se couchent par rapport à nous, et comme s'ils n'étaient pas transportés éternellement sur la sphère céleste, et ne gardaient pas un même rapport de position avec la terre ! » (6, 11-15).

second use de ce genre jusqu'au point final, avec cette simple correction que le mythe de Timée est un mythe vraisemblable (εἰκὸς μῦθος). Comment ce vraisemblable permettrait-il d'échapper à toutes les critiques méritées par les mensonges des mythes traditionnels ?

Rappelons que les critiques des livres II et III s'attaquent aux effets néfastes, pour l'éducation des gardiens, des fausses représentations du divin : les dieux des mythes sont animés de passions violentes, ils mentent, changent, se métamorphosent, alors que le divin est vrai, immuable en son éternité. En quoi le mythe du *Timée* est-il, lui, semblable-au-vrai ? Il affirme et déduit, en supposant connus les savoirs physiques et astronomiques de son temps, que le monde est une totalité aussi belle que possible, harmonieuse et immortelle en sa partie céleste. Cet « aussi belle que possible » donne un label de vérité à la mytho-théologie du *Timée*. Ainsi se justifient les proportions mathématiques qui relient les éléments corporels entre eux ainsi que les « parties » immortelles de l'âme du monde, lesquelles composent un ciel unique. Ce tout, aussi parfait que possible, est rendu parfait par le Dieu-démiurge qui assure l'incorruptibilité des liens. Ce tout mérite alors d'être dit « divin ». Sa théologie n'est pas perverse.

Est-ce suffisant pour que ce Tout et le récit de sa formation échappent à tout reproche de mythologie ? Si l'on examine la manière dont le récit respecte la définition du divin, on s'aperçoit que les déterminations du divin dans le *Timée* sont strictement liées aux énoncés de la *République* en ce qu'elles reprennent en les niant les défauts dénoncés dans l'analyse des mythes : les proportions signifient qu'aucune transformation n'est arbitraire, les rapports mathématiques disent que la stabilité échappe au hasard. Mais par ce don que les structures mathématiques accordent au monde, le monde en devient-il positivement vivant, intelligent ? Ou bien ces qualités ne sont-elles que la transformation d'une négation, ou la privation d'un défaut, et non la « production » d'une vie, à moins que l'on appelle « vie » simplement l'automouvement défini depuis le *Phèdre* comme principe de vie ? Mais alors il n'y aura pas de pensée.

Deux transformations rendent donc le monde divin, la transformation de l'absence de désordre en perfection, et celle du mouvement régulier en automouvement. Le divin ne dépasse donc pas la perfection d'ordre mathématique. Sans doute, l'introduction du Démiurge dans le récit permet de transformer la description des structures en un sorte de cosmogonie. Mais le personnage « démiurge » est tellement « mythique », c'est-à-dire lié aux nécessités du récit – il donne en effet figure à ce qui est irreprésentable et impensable, au « passage » de l'intelligible au sensible, passage à la fois mimé et caché par l'image de l'artisan –, que les premiers successeurs de Platon dans l'Ancienne Académie l'écarteront, sans qu'il soit besoin d'invoquer l'effet de la critique aristotélicienne. Par Plotin aussi, la figure sera effacée.

La cosmologie positive du *Timée* présente donc une vision théologiquement convenable, selon les exigences de la *République*, et astronomiquement adaptée à son temps. Elle n'est en rien la seule réponse possible aux axiomes de la philosophie confrontés aux connaissances scientifiques : il n'y a pas de stricte déduction entre l'affirmation de la beauté du monde et la composition d'un âme du monde intelligente. Platon, on le sait, n'intègre pas en tant que telles les conclusions du *Timée* dans les œuvres ultérieures, même si l'on retrouve certaines résonances avec le *Philèbe*, *Le Politique* ou *Les Lois*. La construction « vraisemblable » implique absence de dissonance (sur le divin) et possibles résonances par ailleurs, sans que l'on puisse conclure ou passer à une autre modalité de pensée. En ce sens, et à la différence des autres mythes platoniciens, pour le *Timée*, il n'est pas d'allégorie.

L'EXCÈS PROPREMENT PLOTINIEN DU PARADOXE

Sur ce dernier point, pas d'allégorie pour le *Timée*, Plotin respecte la différence entre le *Timée* et les autres mythes pour lesquels il s'accordera une évidente liberté de lecture jusqu'à proposer, dans un de ses derniers traités (*Tr. 50*, III, 5), une brève théorie du travail d'interprétation[1]. Plotin analyse, puis rassemble, resserre, réduit au maximum l'espace imaginaire du récit. En ce sens et sur de tels récits, Plotin ne peut être suspecté de mythologiser à l'excès : ses interprétations d'Hésiode en particulier parviennent à supprimer toute violence ou tout désir qui rendraient ces mythes troublants, et peut-être trop humains. Kronos qui mange ses enfants n'a rien du Saturne de Goya : s'il les garde en lui, ce n'est pas pour effacer de futurs rivaux qui mettraient en danger son pouvoir. Non, Kronos représente « en vérité » la complétude parfaitement remplie de soi-même qui caractérise l'intelligible[2]. À la différence de Proclus, Plotin n'aime pas les histoires inquiétantes.

Toutefois, il est un « mythe vraisemblable » que Plotin adopte dès ses premiers traités, et dont il ne se départira pas : il accepte pour vrai l'engendrement de l'âme à partir de l'intelligible et la parenté originaire entre l'âme humaine et l'âme du monde. C'est un des passages décisifs du traité *2* « Sur l'immortalité de l'âme », décisifs car c'est là la première occurrence dans l'œuvre de Plotin du « mythe » de la procession et la conjonction est faite sans hésitation, sans question, entre ce mythe et l'âme du monde. Au chapitre 13, Plotin répond à une objection faite à la thèse d'une âme simple et incorruptible. « Comment donc, puisque l'intelligible est séparé, l'âme vient-elle dans le corps ? » Plotin rappelle alors une propriété essentielle de l'intelligible : « tout ce qui est intellect seul, qui

1. Le chapitre 9 du traité « Sur l'amour » propose une analyse de la méthode du récit mythique – le récit sépare des éléments liés en vérité –, puis Plotin applique au mythe du *Banquet* « la recomposition » (tr. Hadot, *Tr. 50*, Paris, Éditions du Cerf, 1990, p. 141) des éléments disjoints. Cette « recomposition » transpose tous les éléments qui deviennent des puissances de l'intelligible dans leur rapport à l'âme. En ce sens, il n'y a pas de reste. Le mythe est-il alors plus que décor littéraire donné aux vérités du philosophe ?

2. C'est dans le traité *10* [V 1] 4, 10 et 7, 33-35 que le personnage de Kronos est identifié comme la figure de complétude d'un intellect « rassasié » de tout ce qu'il contient. Dans le traité *31* [V 8] 12, « De la Beauté intelligible », Kronos n'est pas nommé, mais c'est encore lui le dieu qui « se complaît en ce qu'il engendre, qui aime ses propres enfants, les garde tous en lui, dans la joie de sa splendeur et de leur splendeur ».

est impassible au milieu des intelligibles, mène une vie seulement intellective et reste toujours là-bas; car il n'a ni tendance ni désir». Ces dernières négations, faites par l'auteur qui voit autre chose que l'intellect visé, annoncent ce qui vient : autre chose va surgir du calme de l'intellect, et nous allons entendre quelque chose comme le récit d'une naissance. Le glissement du théorique au mythique se fait insensiblement, à l'intérieur de la même phrase : «mais ce qui s'adjoint le désir et vient juste à la suite de cet intellect, s'avance pour ainsi dire – οἷον πρόεισιν – déjà plus loin; il désire produire un ordre conforme à ce qu'il a vu dans l'intellect, et, comme s'il en était gros et souffrait les douleurs de l'enfantement, il s'efforce de produire et de créer – ποιεῖν σπεύδει καὶ δημιουργεῖν». Alors ce qui naît et qui est âme va en quelque sorte se diviser selon deux moments : le même sujet (l'âme) accompagne d'abord (μετὰ μέν) l'âme totale, pour se séparer ensuite (μέρος δέ) et gouverner un seul corps qui, pourtant, ne la contient pas. Traduisons : «Et, dans cet effort tendu vers le sensible, avec l'âme totale des touts, elle domine ce qui est gouverné de l'extérieur et se soucie avec elle de la totalité, puis, ayant voulu gouverner seule une partie, et advenue là où elle est, cependant elle n'appartient pas toute au corps et garde quelque chose d'extérieur à lui» (13, 8-13). Il y a là un tissage inextricable entre ce qui s'avance, (se) produit, et ce qui reste là. Mais en quoi n'est-ce pas un mythe de dire que l'âme se sépare de l'intelligible par son « désir », et que l'âme humaine se sépare ensuite de l'âme du tout par un désir d'autre sorte ?

Il nous faut bien reconnaître ici que la reprise de Platon n'est pas la reprise d'un mouvement dialectique, et qu'il s'agit, avec le *Timée*, de l'acquiescement à une cosmogonie. Notons aussi un détail : cette cosmogonie n'a pas à être corrigée selon ce que l'astronomie a pu proposer de nouveau à la description du monde. Car Plotin n'est pas sensible aux imprécisions mathématiques : il les estime naturelles dans l'espace du devenir. Ce qui lui importe, c'est que cette cosmologie instaure un régime de totalités, d'enveloppement des parties par le Tout, afin que les âmes humaines, considérées de l'extérieur dans un récit qui veut leur donner une place convenable, « vraisemblable », par rapport aux axiomes de la construction du Tout, acquièrent leur statut d'âmes particulières. Il importe moins ici que leur ancien privilège soit difficilement maintenu, celui de dire-et-penser, c'est-à-dire d'être l'origine de l'étonnement qu'est la philosophie. Assurément, il n'est aucune expérience vivante de penser, aucun examen dialectique qui permettent de rendre «vraisemblable» la dépendance acceptée entre chaque âme interrogeante et l'âme du monde.

En conséquence, ce récit de la naissance et donc de la nature des «âmes particulières» est, chez Plotin, posé comme vrai sans que jamais l'élément de «vraisemblance» ne soit, en tant que tel, reconnu. Même si le mythe devient de plus en plus «philosophique», même si Plotin, pour dire cet engendrement, développe une nouvelle théorie du principe et de sa causalité propre qui intègre la fécondité (par surabondance) comme une de ses déterminations essentielles. La différence, si forte dans le *Timée* de Platon entre vrai et vraisemblable, devient invisible, effacée qu'elle est par son intégration dans une philosophie qui s'enrichit selon deux mouvements : et par une remontée, de style platonicien, du sensible vers ce qui le supporte, et par un engendrement dont la rationalisation ne permet plus de maintenir la différence du vrai au vraisemblable, dans le rapport du principe à ses effets.

On peut en effet considérer que certains axiomes plotiniens (l'intelligible est un Tout-un ; l'Un pur en est le principe) relèvent de décisions philosophiques, qui amplifient, transforment le sens et les difficultés de la théorie des formes chez Platon, et restent par là intérieures à la philosophie. Mais le rapport de l'intelligible à l'âme humaine, s'il est pensé selon une « procession » réelle intégrant la médiation du monde, produit un effet plus grave : il jette un trouble sur le rapport de l'âme humaine à l'intelligible. Même si Plotin corrige le mythe en effaçant quelques traits trop anthropomorphiques (ainsi, le Démiurge-artisan), il maintient cette médiation du récit du *Timée* que constitue le monde des astres incorruptibles. L'âme humaine est donc tirée en deux sens contraires : son expérience propre lui apprend ce qu'est connaître par l'intelligible, tandis que le récit du *Timée* l'obligerait à un détour, à reconnaître d'abord une dépendance à l'égard de l'âme du monde.

Il y a là une asymétrie entre les deux mouvements, où se joue la différence entre le vrai et le vraisemblable, différence qui mériterait d'être projetée sur les mouvements de « conversion » et de « procession ». Cette asymétrie est le plus souvent effacée par les commentateurs. On lit comme si le cercle était parfait : on pourrait aussi bien partir ou de l'âme humaine qui se convertit, ou du Principe qui procède. Mon propos vise à montrer que, en raison de l'intégration du *Timée*, les deux mouvements ne se rencontrent pas, et que l'âme humaine qui s'élève n'est pas l'âme particulière où parvient le mouvement processif. Autrement dit, la procession ne parvient jamais à l'âme pensante, inquiète. Le « produit » de son avancée n'est qu'un simulacre d'âme, même si certains traités tels que le traité *6* en son début, tendraient à faire penser que l'âme qui « descend » est celle-la même qui s'était élevée. On aimerait ici paraphraser Héraclite et dire que la route qui monte n'est pas la même que celle qui descend. Ce n'est pas le même chemin, il n'est pas parcouru par la même âme ni selon le même mode.

Il faudrait analyser de près les chapitres 1 et 2 de ce traité *6*, intitulé par Porphyre « Sur la descente de l'âme »[1]. D'une expérience de l'âme où chaque philosophe peut reconnaître quelque chose de l'expérience qu'il a de la retombée dans le quotidien, Plotin propose une exégèse « mythique » en situant cette expérience dans l'espace de la différence entre l'âme particulière et l'âme du monde, incommensurablement plus parfaite. Ainsi la redescente de l'intelligible au sensible, qui est le propre de tout âme humaine et la marque finale de tant de dialogues platoniciens, devient descente, séparation de l'âme du monde. Le mythe l'emporte encore en ce point précis.

1. En sept. 2005, j'ai présenté une analyse de ce traité, sous le titre « La descente de l'âme, essai herméneutique » au cours d'un colloque « Philosophie contre Révélation », de l'Université de Roma Tor Vergata ; le colloque avait lieu à la Villa Mondragone, Monte Porzio Catone.

D'autres conséquences s'ensuivent. Pour Plotin – et c'est un trait présent en bien des écrits religieux de son temps, en particulier chez les Gnostiques –, la connaissance de soi est connaissance de l'origine : l'homme se sait quand il sait d'où il vient[1]. Or si l'origine ne se dit dans l'intériorité humaine que par l'engendrement des réalités, et si l'âme (hypostase ou âme du monde) est l'engendré direct de l'intelligible, la connaissance de soi de l'âme humaine devra reprendre ou dépendre de la théorie (au sens processionnaire) des réalités. L'expérience propre de l'âme humaine est alors relayée, ou corrigée, ou ombrée par la procession, qui, elle, ne peut être purifiée de tout εἰκὸς μύθος.

L'opposition aux gnostiques n'est donc plus strictement celle de la philosophie aux Révélations, et c'est bien une des raisons de l'ambiguïté du traité *33*. Car, si, entre les gnostiques et Plotin, la question n'est pas d'ontologie, elle n'est pas non plus vraiment d'ordre éthique : les gnostiques ne sont pas plus (bons) samaritains que les platoniciens : ils cherchent à reconnaître les *élus*, ceux qui ont reçu en eux le riche don de l'étincelle divine, et se soucient peu du pauvre sur le chemin[2]. Mais, comme Plotin, ils ont souci de leur origine : à leur manière ils racontent, en reprenant un médiateur de révélation, ce qu'est leur histoire, histoire des aventures et mésaventures des puissances de l'au-delà, jusqu'à la naissance des hommes. En ce sens, sur le même terrain du récit, Plotin peut critiquer et revendiquer plus de rigueur que les imaginaires gnostiques (c'est le début du traité *33*), mais il n'en est plus de même, et c'est même selon nous une attaque désespérée et d'emblée perdue, lorsqu'il tient à maintenir un effet du platonisme du *Timée* en ce qu'il a de plus « mythique », l'origine de l'âme particulière dans l'âme du monde et la parenté qui s'en suit entre chaque âme et « son frère le Soleil ». Ce n'est plus qu'une opposition entre un mythe philosophique et une révélation religieuse. La distance est plus faible.

1. *Cf.* M. Tardieu, *Trois mythes gnostiques, Adam, Éros et les animaux d'Égypte dans un ecrit de Nag Hammadi (II,5)*, Paris, Études augustiniennes, 1974, p. 335. H.C. Puech (dans *En Quête de la Gnose*, *op. cit.*, p. 215-270) a insisté sur le lien entre ce sens de l'origine et le temps mythique. Il distingue avec précision les sens grec et chrétien du temps, de celui qu'impliquent les textes gnostiques : « L'esprit gnostique tend… à nier le temps ou, tout au moins, à s'en passer et à le dépasser. Mis en présence d'éléments historiques, il les ramène spontanément à de l'intemporel ou, plus exactement, à du mythique » (p. 267). Il reste que le sentiment d'étrangeté au monde a le même effet que le sens de l'oubli chez Plotin, c'est le premier moment de la conscience de soi (*cf.* Puech, *op. cit.*, p. 212-213) : être-dans le monde – ἐν κοσμῷ –, n'implique pas être-du monde – ἐκ, ἀπὸ κόσμου.

2. *Cf.* Zostrien, 3, 28-30 et 4, 4-8 :

« Devant moi
se dressa l'ange de la connaissance de
(la lum)ière éternelle et il me dit :
…ne (prête plus atten)tion
à ceux que tu connais, (afin)
d'en sauver d'autres, (ceux que)
le père des hauteurs choisira. »

CONCLUSION

J. Trouillard a dit que le Néoplatonisme commençait avec l'interprétation ontologique des hypothèses du *Parménide*. C'est là, sans aucun doute, un signe, un élément d'identification qui permet de reconnaître ou de dénommer comme néoplatoniciennes les œuvres philosophiques de Plotin à Damascius. En usant du même critère, on pourrait dire que le néoplatonisme est une philosophie de l'ultime transcendance. La fascination pour « l'au-delà de tout monde » apparaît au moins et déjà chez Numénius, dès que le démiurge ou Père du monde apparaît comme nécessairement second, comme requérant une origine plus pure, celle qu'on lira dans l'interprétation de la première hypothèse du *Parménide*. C'est en effet une sorte de passion infinie de la pensée que la quête indéfinie du simple, du pur, du seul, de l'indicible, celle qui parle le langage d'une affectivité amoureuse des négations qui disent l'au-delà.

Mais il est un autre trait commun aux philosophies néoplatoniciennes, trait tout aussi prégnant, mais moins voyant parce qu'il ne correspond plus à aucune passion de la pensée et qu'il a perdu définitivement son pouvoir de nous émouvoir, si ce n'est par un sursaut de surprise et presque de scandale : c'est celui d'une perfection du monde, perfection telle qu'il est vivant et pensant et que l'âme humaine n'est qu'imperfection à son égard. Ces affirmations-là touchent aussi à des enjeux existentiels humains, et ce sont eux que méconnaît la lecture sérieuse, lecture traditionnelle dans l'école platonicienne, d'un *Timée* véridique. Dès le IIe siècle, le *Timée* a été lu comme une Bible, et du IIe au Ve, ce fut même dévotion : l'on ne peut oublier le dit de Proclus, rapporté par Marinus[1] : de tout Platon, c'est le *Timée* qu'il faut garder.

D'un autre point de vue, physico-mathématique cette fois, on peut dire aussi que le *Timée* est à l'origine des cosmologies occidentales, dans la mesure où il promeut la présence des êtres mathématiques dans l'espace céleste. C'est là un acquis en histoire des sciences[2]. Mais il fait plus : il détermine un rapport de

1. *Cf.* Marinos, *Proclus ou Sur le Bonheur*, éd. et trad. H.D. Saffrey, A. Ph. Segonds, Paris, Les Belles Lettres, 2001, § 38, 15-20 : « Il [Proclus] avait coutume aussi de dire souvent : Si j'étais le maître, de tous les livres des Anciens, je ne laisserais en circulation que les *Oracles* et le *Timée*, et je priverais les hommes de ce temps de tous les autres, car parmi ceux qui les lisent au hasard et sans les examiner à fond, il en est qui en éprouvent du dommage ».

2. *Cf.* J. Merleau-Ponty, B. Morando, *Les Trois Étapes de la cosmologie*, Paris, R. Laffont, 1971. Merleau-Ponty insiste sur la cohérence du projet cosmologique antique qui, seul, a pu parler de l'Univers comme totalité parfaite. A partir du milieu du XVIe siècle, la considération de l'espace infini a rendu impossible le maintien d'une image fermée de l'univers. Le projet cosmologique a repris au début du XXe siècle : à partir de la mesure des distances-temps (les années-lumière) une profondeur temporelle entre des astres évidemment dépourvus de toute sphère porteuse, a permis de poser, avec de nouveaux outils mathématiques et techniques, la question des origines. Dans une conférence récente de la Société Française de Philosophie (21/01/06), intitulée « Après un siècle d'astronomie, quelle image du monde ? » (*Bulletin de la Société Française de philosophie*, Paris, Vrin, 100e année, n°2, Avril-Juin, 2006), Pierre Léna insistait, avec des arguments plus récents, sur les particularités de cette cosmologie sans « uni-vers », sans « objet », si par objet on entend quelque chose dont on peut dessiner les limites. On ne peut oublier que cette « image » se fait à partir des moyens d'hommes vivant sur terre : quelle que soit la puissance des moyens d'investigation, il ne peut plus être question d'une

l'homme au monde, affirme une parenté que le Christianisme refusera pour des raisons que l'on pourrait, au premier abord, considérer comme théologiques : Dieu seul est divin et non le monde. Un autre effet est plus pervers, et c'est celui-là que nous met violemment sous les yeux le traité *33* : en reconnaissant une parenté du meilleur de l'âme humaine avec les astres ou l'âme du monde, il fait perdre ou met en balance un rapport direct non seulement avec l'intelligible, mais aussi avec tout l'humain. « Tout l'humain », voilà un faux universel que Plotin juge ἄτοπον. Reconnaissons que cet universel comporte quelque chose d'aberrant car ce n'est pas une totalité concrète, mais est-ce une raison suffisante pour le déclarer ἄτοπον ? Pour Plotin, et en stricte logique, il suffit d'un contre-exemple pour invalider un universel. C'est un de ses arguments pour dire, au traité *51* [I 8] 4, que l'homme n'est pas méchant, puisque tout homme n'est pas mauvais. Dans l'ordre du fait, c'est incontestable. Mais l'ordre humain est-il de l'ordre du fait, ou bien, comme l'était l'immortalité pour Socrate, de l'ordre du pari ? Pari religieux ou politique ou philosophique, mais un pari. Ce parti pris contre l'ordinaire disparate des choses humaines, c'était celui de la philosophie. Un tel pari pourrait avoir encore plus de sens que la reconnaissance d'un ordre parfait, au-delà. Disons que nous préférons le Plotin philosophe au Plotin frère du soleil.

totalité heureuse qu'un être quelconque, le Démiurge platonicien par exemple, verrait ou formerait comme un tout.

DE L'ART DE PERSUADER DANS LA PHILOSOPHIE DE PLOTIN

LAURENT LAVAUD

À la fin du *Sophiste*, alors qu'il s'interroge sur les modalités de la production du monde, l'Étranger fait soudainement une pause devant l'hésitation manifeste de Théétète. Ce dernier avoue en effet « changer souvent d'avis » face à l'alternative suivante : soit le monde est l'effet d'« une cause spontanée privée d'intelligence »; soit l'existence du monde requiert « une raison et une science divine » (265 c 7-9). Théétète cependant, avec la docilité qui caractérise sa nature, penche plutôt pour la seconde solution, parce qu'il pressent qu'elle a la faveur de son interlocuteur. Devant cet aveu, l'Étranger fait la remarque suivante :

> Si nous pensions que tu fais partie de ceux qui changeront d'opinion dans l'avenir, nous entreprendrions désormais de te mettre d'accord avec notre raisonnement par la contrainte de la persuasion (μετὰ πειθοῦς ἀναγκαίας). Cependant j'ai appris à connaître ta nature et, puisque, sans nos discours, elle se trouve portée dans la direction que tu viens d'indiquer, abandonnons ce projet. Ce serait une perte de temps (265 d 5-e 2).

La nature de Théétète est celle d'un philosophe : c'est ce que l'Étranger a pu vérifier tout au long du subtil et difficile dialogue qui vient de précéder. Nul n'est besoin, dès lors, de gaspiller son temps à user d'un discours persuasif qui ne conviendrait pas au naturel de Théétète : mieux vaut, comme le fait l'Étranger, poursuivre l'examen dialectique de la technique de production, et tenir pour acquise la distinction entre la production divine et la production humaine. Le discours persuasif sera par conséquent réservé aux âmes moins douées, et moins aptes à l'exercice parfois aride et exigeant de la dialectique. Ce qu'y gagne Théétète cependant, et avec lui tout philosophe authentique, est d'échapper à la « contrainte » de la persuasion (265 d 7) pour s'adonner à ce que l'Étranger appelle, un peu plus haut dans le dialogue, la « science des hommes libres » (253 c 7), à savoir la dialectique.

Cette remarque de l'Étranger confirme ce qu'avançait déjà Socrate dans le *Phèdre* : le bon orateur doit, comme le bon philosophe, avoir une connaissance approfondie de la nature de l'âme à laquelle il s'adresse. Il n'y a de discours efficace et persuasif que par la juste adaptation de ce que l'on dit à la qualité de celui qui le reçoit :

> Tant que l'on n'aura pas disposé et ordonné le discours de la façon suivante : en discernant parfaitement la nature d'une âme, et en inventant l'espèce de discours qui s'ajuste à chaque nature, proposant un discours complexe à une âme complexe, en tout point en accord avec elle, et un discours simple à une âme simple, on ne sera pas capable de manier la technique oratoire comme l'exige la nature de ces discours, ni dans le but d'enseigner, ni dans le but de convaincre (277 b 8-c 5)[1].

L'orateur et le philosophe doivent, pour exercer leurs discours respectifs, connaître la nature de leurs interlocuteurs[2]. Alors cependant que l'art rhétorique exige un ajustement du discours à celui qui en est le destinataire, la dialectique n'adapte ou ne modifie en rien la teneur de ses raisonnements : il ne s'agit pas de conquérir l'adhésion de l'auditeur, mais d'atteindre l'accord avec la vérité. Une fois par conséquent assuré de l'étoffe philosophique de son interlocuteur, le dialecticien sera tendu vers la recherche de la vérité, quelle que soit la difficulté du parcours, en n'ayant plus cure de ménager celui avec lequel il s'entretient. Mais il y a plus : loin de renvoyer dos à dos le rhéteur et le philosophe, dans ce passage du *Phèdre*, Socrate soutient que seul le philosophe peut être un rhéteur authentique. Il est en effet le seul à connaître la vérité de ce dont il parle et à être capable de la définir et de la diviser selon ses articulations naturelles (277 b 5-8). De plus, seul le philosophe est apte à percer à jour la nature de celui auquel il s'adresse, d'en éprouver la valeur et le degré de complexité. Il y a donc bien un usage philosophique de l'art de persuader – usage qui ne saurait cependant être en aucun cas confondu avec la dialectique : il s'agit de ne jamais perdre de vue le service de la vérité dans l'usage des procédés propres à entraîner l'adhésion de l'auditeur, et à discerner la plus juste adaptation du discours exprimant cette vérité à celui qui doit la recevoir.

Cet art philosophique de la persuasion, Plotin en recueille l'héritage, mais selon les modalités et les exigences propres à sa pensée. En premier lieu, Plotin, s'il se montre souvent attentif à persuader ceux auxquels il s'adresse, à entraîner leur adhésion, n'en réserve pas moins une place secondaire à la persuasion par rapport à la « nécessité » propre à la pensée intellective : « la démonstration entraîne la nécessité, mais non la persuasion. La nécessité est dans l'intellect[3], alors que la persuasion est dans l'âme. Or, à ce qu'il semble, nous cherchons plus à être persuadés qu'à contempler la vérité par l'intellect pur » (traité *49* [V, 3], 6, 9-12). Le partage semble clair : la démonstration, alors même qu'elle se déploie

1. Nous ne donnons ici que la dernière des conditions que requiert, selon Socrate, le juste usage de l'art oratoire.

2. Socrate a en effet bien souligné, quelques lignes plus haut, que le dialecticien ne peut distribuer les semences de sa science que « lorsqu'il a trouvé "une âme qui y est appropriée" » (276 e 6).

3. Je ne pense pas que le νοῦς désigne ici le second principe (aussi n'ai-je pas mis de majuscule). Il s'agit à mon sens de la faculté de pensée pure et supérieure, qui, tout en étant présente dans l'âme de chaque individu, se distingue d'une certaine façon de cette âme.

dans le discours, traduit la nécessité rationnelle propre à l'intellect, alors que la persuasion relève d'un niveau inférieur de pensée, qui est celui de l'âme. Autrement dit, il est possible de tenir deux types de discours : l'un, démonstratif, exprime dans la successivité l'être saisi immédiatement par l'intellect; l'autre, persuasif, doit chercher à rendre la vérité ainsi dégagée saisissable à l'âme qui vit « ici », dans les contradictions du sensible, et qui est devenue incapable de penser par la seule puissance de son intellect. La persuasion est donc certes un art du discours inférieur et dérivé, mais elle est en même temps la sollicitude d'un esprit soucieux de ne pas abandonner en route l'interlocuteur qui a délaissé l'usage pur de la pensée et qui se trouve ainsi désemparé lorsque le raisonnement s'élève à l'intellect. On retrouve d'ailleurs à plusieurs reprises dans les traités cette distinction entre la démonstration nécessaire et la persuasion, et ce souci de rendre plus accessible, plus sensible, pourrait-on dire, la vérité proprement intelligible (voir par exemple les traités *22* [VI, 4], 4, 5 et *23* [VI, 5], 11, 4-7).

Tant que l'on se limite au rapport entre l'âme et l'intellect, l'articulation entre la nécessité et la persuasion paraît nette. L'exercice de l'« intellect pur » (traité *49* [V, 3], 6, 12) renvoie sans nul doute à la dialectique, comme en témoigne la référence au *Philèbe* (58 d 6) impliquée par cette expression. La nécessité de la démonstration semble en ce sens être celle de la détermination dialectique du rapport entre les Formes. On peut donc, sans se montrer trop hasardeux, rattacher l'articulation nécessité/persuasion qui apparaît chez Plotin à la différenciation platonicienne entre dialectique et rhétorique. Et Plotin, en un sens, illustre la théorie platonicienne selon laquelle seul le philosophe qui « connaît la vérité » de ce dont il parle (*Phèdre*, 277 a 8) est apte à exercer pleinement l'art de la persuasion : ce n'est, dans les traités, qu'une fois accomplie la démonstration en se situant au niveau de l'intellect, que Plotin se préoccupe de la persuasion, c'est-à-dire de l'âme qui, trop influencée par le sensible, résiste à la nécessité de l'argumentation intellective. La persuasion a donc une fonction à la fois pédagogique, puisqu'elle traduit dans un langage plus accessible ce que l'intellect pur a dégagé, et éthique, puisqu'elle doit purifier l'âme de l'emprise du corps et l'amener à revenir à elle-même pour pouvoir saisir pleinement la vérité.

Le problème cependant devient beaucoup plus épineux lorsque, chez Plotin, la persuasion ne se rapporte plus seulement à la réalité intelligible (comme c'est le cas dans les textes auxquels on a jusqu'ici renvoyé) mais à l'existence du Bien au-delà de l'être. La difficulté est la suivante : y a-t-il encore une forme de « nécessité » rationnelle ou intellective, dès lors que le Bien se situe au-delà de la nécessité[1] et au-delà de la raison[2] ? Quelle démonstration nécessaire la persuasion pourrait-elle avoir à charge de traduire, dès lors que le Bien est indémontrable, puisqu'il excède les armes de la raison? Pourtant, le philosophe ne saurait

1. « Le Bien possède en lui une surabondance de puissance, puisqu'il n'est pas contraint par la nécessité, mais qu'il est lui-même pour les autres choses la nécessité et la loi » (traité *39* [VI, 8] 10, 33-35).

2. « Le Bien n'est pas une raison, mais il est plus beau que la raison » (traité *39* [VI, 8] 15, 31-32).

abdiquer la fonction de persuader son auditoire de l'existence du Bien : aux yeux de Plotin, nulle tâche n'est plus haute ni plus urgente que de conduire ses disciples à faire par eux-mêmes l'expérience du principe de toutes choses.

Dans le traité *38* [VI, 7], alors qu'il s'attache à montrer qu'il ne faut pas attribuer la pensée au Bien, Plotin se montre soudain soucieux de persuader ceux qui l'écoutent :

> Ceux qui ont été en contact avec une réalité telle que la sienne savent bien qu'il ne faut pas lui attribuer la pensée. Mais il faut ajouter à ce qui a déjà été dit des paroles encourageantes, si du moins il est possible, d'une façon ou d'une autre, de signifier par le discours quelque chose à son objet. Il faut en effet que la nécessité possède la persuasion mélangée à elle (δεῖ δὲ τὴν πειθὼ μεμιγμένην ἔχειν τὴν ἀνάγκην) (40, 1-5).

On retrouve dans ce passage le double vocabulaire de la nécessité et de la persuasion. Cependant, alors que le traité *49* [V, 3] opposait ces deux modalités du discours comme correspondant à deux niveaux de pensée différents, le traité *38* [VI, 7] recommande leur alliance, ou, plus précisément leur « mélange » (40, 4). L'idée reste néanmoins fondamentalement la même : le discours de la nécessité doit, pour porter pleinement, être secondé par un discours moins austère, et peut-être moins rigoureux, qui entraîne l'adhésion. Le problème vient plutôt, comme on l'a déjà noté, de la pertinence de cette notion de « nécessité », lorsqu'elle s'applique au Bien. Comment Plotin peut-il à la fois postuler une forme de nécessité dans le discours sur le premier principe et s'interroger sur la possibilité de « signifier » (σημῆναι) quelque chose qui le concerne ? Il faut ici risquer une hypothèse : il y a bien un discours nécessaire relatif au Bien, mais ce discours dit ce que le Bien n'est pas, et non ce qu'il est. Toute nécessité se réduit, lorsqu'il faut tenter de dire le Bien, à une nécessité négative. Ainsi, dans les lignes qui précèdent cette citation du traité *38* [VI, 7], Plotin s'est-il attaché à démontrer l'impossibilité que le premier principe pense. S'il pensait en effet, le Bien distinguerait en lui-même l'intelligence et l'intelligible, il serait divers, et ne pourrait plus prétendre au rang d'absolu principe. C'est donc nécessairement qu'il ne pense pas : même la pensée rationnelle est capable de le comprendre. Mais ce qu'il est en lui-même, on ne saurait l'exprimer par une démonstration nécessaire.

De fait, seule l'expérience du principe, le « contact » avec lui (40, 2) peut entraîner une conviction définitive de son existence et de sa puissance. Le discours ne peut que conduire l'âme au seuil de cette expérience, mais il ne peut aller au-delà : le principe en échappant à l'être et à l'intelligibilité, échappe aussi du même coup à toute délimitation rationnelle. On se retrouve par conséquent dans un tout autre cas de figure que celui évoqué plus haut, lorsque la persuasion avait pour seule tâche de transcrire à un niveau inférieur la nécessité inhérente à l'être intelligible. Désormais ce que la persuasion cherche à traduire n'est plus l'enchaînement nécessaire d'un ordre intelligible, mais la richesse d'une expérience, l'étonnement premier qui transit l'âme lorsqu'elle accède à la puissance du Bien.

Cet art de persuader de la richesse et de la supériorité du Bien prend, dans le traité *39* [VI, 8], une ampleur et une complexité inégalées. La multiplication, dans ce traité, des énoncés positifs portant sur le premier principe, et la tension, voire la contradiction qu'ils semblent introduire avec les autres écrits de Plotin relatifs au Bien ou à l'Un, n'ont cessé d'étonner et de stimuler le zèle des commentateurs. Plotin ne craint pas en effet dans ce traité d'attribuer au Bien la volonté et la libre disposition de soi (15, 19; 20, 34), l'amour de soi (15, 1-2), l'auto-production (13, 54), l'auto-causalité (14, 41) et même une forme d'intellection supérieure (ὑπερνόησις, 16, 32). Une telle abondance de déterminations surprend d'autant plus le lecteur du traité que dans sa première partie, et notamment dans les chapitres 8 à 12, Plotin n'a cessé de multiplier les mises en garde négatives et les interdits, et de souligner l'incapacité du discours à rien dire qui exprime en propre le Bien. Ainsi dans le chapitre 8 : « en réalité, nous ne pouvons rien trouver à dire qui lui convienne en propre, non seulement pour lui attribuer des qualités, mais même pour parler de lui » (l. 4-6) ; ou dans le chapitre 11 : « Il faut nous éloigner en silence et cesser toute recherche, puisque nos réflexions nous plongent dans l'embarras » (11, 1-3). Comment dès lors expliquer un tel contraste entre les deux parties du traité ? Pourquoi Plotin semble-t-il, à peine énoncées les mises en garde critiques, les enfreindre aussitôt pour donner libre cours à un discours foisonnant d'affirmations sur le principe ?

Il semble que cette tension ne doive être résolue que si on évalue avec précision le statut de ces énoncés positifs. Il ne s'agit pas de dire ce qu'est le Bien en lui-même (ce à quoi, de fait, le discours doit renoncer), mais de convaincre un interlocuteur rétif à l'idée qu'existe un premier principe supérieur à l'Intellect. Si l'on y prend garde en effet, le traité *39* [VI, 8] n'est pas un simple traité théorique d'un seul tenant dont l'objet serait de démontrer la liberté du Bien. À diverses reprises, le texte prend l'allure d'un dialogue dans lequel Plotin se trouve confronté aux réticences et aux objections d'un interlocuteur. Voici par exemple la réaction de cet interlocuteur au début du chapitre 12, alors que Plotin vient de refuser d'appliquer aucune catégorie au principe : « Mon âme, *nullement persuadée par les arguments avancés*, se retrouve dans l'embarras » (lignes 2-3). C'est précisément pour répondre à cet embarras et pour chercher à vaincre les réticences de l'auditeur que Plotin va élaborer dans la suite du traité un discours plus affirmatif, et par là plus persuasif, au sujet du Bien.

Une fois par conséquent clairement posé que les énoncés positifs s'insèrent dans le cadre d'un discours de persuasion, et qu'ils ne doivent donc pas être mis sur le même plan que d'autres types de discours relatifs au Bien, les contradictions apparentes avec d'autres passages des traités tombent d'elles-mêmes. Plotin n'invente pas ici une nouvelle métaphysique, plus affirmative et positive, qui donnerait directement accès à l'intériorité du principe, et qui abolirait donc la métaphysique plus négative, plus rigoureuse, qui interdit radicalement au discours de dire quoi que ce soit du Bien. Ce ne sont pas en effet deux métaphysiques qui s'opposent, mais deux modes de discours qui s'articulent, en s'orientant vers des finalités distinctes.

Cette articulation apparaît clairement au début du chapitre 13, qui constitue une sorte de charnière opérant le basculement entre les deux parties du traité: « l'on va désormais avancer des arguments dans le but de persuader et en permettant une forme de relâchement de la pensée qui se traduit dans nos discours » (l. 4-5). On ne saurait être plus clair: les énoncés qui vont désormais s'enchaîner n'ont d'autre but que la persuasion (πειθώ, 13, 4) et ne peuvent donc prétendre au même statut que les énoncés plus rigoureux qui précèdent: le terme de « relâchement de la pensée » (παρανοέω, 13, 4) est ici on ne peut plus éloquent.

Il reste à savoir cependant à qui, plus précisément, s'adresse cet effort de persuasion. Mon hypothèse est que l'interlocuteur qui apparaît dans le traité subit l'influence de l'École péripatéticienne et plus particulièrement celle d'Alexandre d'Aphrodise qui, dans le *Traité du destin*, entend refuser la liberté aux dieux: ces derniers existent en effet nécessairement et, selon le commentateur d'Aristote, la liberté doit être réservée aux êtres inférieurs qui vivent dans un monde soumis à la contingence[1]. Cette hypothèse, si elle est juste, éclaire certaines difficultés qui se posent à la lecture de la deuxième partie du traité *39*. Un bon nombre de formules utilisées par Plotin au sujet du Bien semblent en effet introduire une forme de réflexivité au sein du principe (lorsqu'il parle d'amour de soi [15, 1-2], de production de soi [13, 54] ou de regard vers soi [16, 20-21]) et réduire la distance qui le sépare de l'Intellect (lorsqu'il évoque la « superintellection » du Bien [16, 32] ou qu'il le qualifie d'« Intellect dans l'unité » [18, 27]). Ces formules paraissent rapprocher le Bien plotinien de l'Intellect aristotélicien qui se définit précisément par sa réflexivité, puisqu'il est « pensée de soi-même » (*Métaphysique*, XII 7, 1072 b 19-20). Cette proximité se renforce encore si l'on prend garde que Plotin utilise le vocabulaire de l'acte (16, 28; 18, 52; 20, 9), de la vie (15, 26), du désirable (15, 1), autant de termes utilisés dans le livre Λ de la *Métaphysique* pour caractériser le premier dieu. On peut donc rapporter une telle proximité à l'effort plotinien pour traduire la transcendance du Bien dans un univers conceptuel plus familier à un lecteur de la tradition péripatéticienne. Ce faisant, il trahit certes la rigueur et l'exactitude propres à l'apophatisme qu'il professe habituellement en ce qui concerne le principe, mais il met en œuvre avec beaucoup d'habileté ce procédé d'« ajustement » dont parlait Platon au sujet de l'art de persuader (*Phèdre,* 277 c 1). Plotin se voit ainsi dans l'obligation d'adapter son discours sur le Bien à l'âme d'un péripatéticien qui résiste à l'idée de poser un premier principe délié de tout rapport à l'être et à la pensée.

Il faut prendre garde cependant que, dans la pensée de Platon, le discours de persuasion, s'il doit être mené avec tout l'art requis, est toujours adossé au travail

1. Pour des arguments plus détaillés sur ce rapprochement entre l'interlocuteur et l'École péripatéticienne, voir ma traduction commentée du traité *39* (*Traités 38-41*, trad. sous la dir. de L. Brisson et J.-F. Pradeau, Paris, GF-Flammarion, 2007). J'y insiste en particulier sur le rôle majeur du *Traité du Destin* pour la problématique d'ensemble du traité *39*. Le passage où Alexandre refuse d'attribuer la liberté aux dieux – et qui constitue à mon sens le point de départ du traité *39* – se trouve à la page 204, 12-15.

préalable de la dialectique: seul ce travail permet en effet de déterminer «la vérité» sur ce dont on parle et de le «définir» (ὁρίζεσθαι) avec précision (*Phèdre*, 277 b 5-7). Or, un tel travail dialectique préalable fait nécessairement défaut en ce qui concerne le premier principe plotinien : n'étant pas une Forme, il échappe à toute détermination et à toute définition. La persuasion plotinienne n'est donc plus, lorsqu'elle se mesure à l'existence du Bien, l'adaptation ou l'ajustement du discours dialectique, mais elle semble bien plutôt suppléer un vide, une béance du discours. Il y a certes un discours négatif possible à l'endroit du principe – la première partie du traité *39* en atteste – mais ce discours a moins pour fonction de dire le principe que de souligner ses propres défaillances et déficiences. Dès lors que le discours cherche à lever le voile sur la vie et la puissance immanentes du principe, dès qu'il s'agit de dire positivement ce qu'il est, il n'y a d'autre choix que d'adopter le langage de la persuasion qui, pour approximatif qu'il est, n'en met pas moins l'âme de celui qui le reçoit sur la voie de l'expérience du Bien. La persuasion acquiert dès lors chez Plotin une dignité proprement philosophique, non pas seulement parce qu'elle est une aide ou une alliée d'un autre discours supérieur, celui de la dialectique, comme c'était le cas chez Platon, mais bien plutôt parce qu'elle entraîne l'âme qui l'entend à se mettre elle-même en chemin vers le principe indicible, et que, malgré toutes ses imperfections et ses approximations, le discours persuasif accompagne cette âme jusqu'au seuil à partir duquel seul règne le silence de la contemplation.

DESCENTE DANS L'ANIMALITÉ
OBSERVATIONS À PROPOS D'UN PASSAGE CONTROVERSÉ SUR LA MIGRATION DE L'ÂME HUMAINE (JEAN STOBÉE I 49. 60)*

DANIELA PATRIZIA TAORMINA

Le problème de la migration des âmes obéit à certaines règles dans le platonisme de l'âge impérial. Il est normalement abordé à partir d'une grille de textes et de questions fixée par la tradition. Les textes fondamentaux sont Platon, *Phédon*, 81-82, *Phèdre*, 249, *République*, X, 620. Les questions sont de nature méthodologique et doctrinale. Au niveau méthodologique, il s'agit de savoir si les passages platoniciens doivent être lus de façon littérale ou de façon allégorique. Au niveau doctrinal, la question se décompose en plusieurs questions précises : où vont les âmes une fois séparées du corps ? Y a-t-il un rapport entre la vie que les hommes ont menée et la destinée de leurs âmes, que ce soit lorsque celles-ci sont séparées du corps, ou lorsqu'elles s'unissent à nouveau à un autre corps ? Et si un tel rapport existe, en quoi consiste-t-il ? Les âmes humaines peuvent-elles migrer dans un animal ? En admettant cette possibilité, cela donne lieu à une alternative : soit l'âme humaine migre réellement dans un corps animal, soit elle migre dans un corps humain ayant une disposition animale.

C'est sur ce dernier point, c'est-à-dire sur la possibilité pour l'âme humaine de migrer dans le corps d'un animal, que porte l'extrait 60, transmis par Jean Stobée dans le chapitre 49 du livre I, consacré à l'âme, de ses *Eclogae*. Ce texte fait partie d'une longue section, composée des extraits 46 à 69 (p. 414. 14-472. 2) et portant sur la διαγωγή des âmes après la sortie du corps.

* Cette étude s'appuie sur ma traduction de Stobée I 49. 60, presentée en mai et juin 2001 au Centre Jean Pépin du CNRS et disponible depuis lors à la bibliothèque de ce centre à Villejuif. Je remercie les organisateurs du séminaire ainsi que les participants, et en particulier Mme C. Dalimier, MM. L. Brisson, M. Christiansen, M. Narcy, W. Kühn, pour leurs précieuses suggestions. Je tiens par ailleurs à remercier les collègues du GraduirtenKollegen de l'Institut für Altertumswissenschaften de la Fiedrich-Schiller-Universität de Jena, avec lesquels, lors d'un cycle de séminaires tenus en novembre 2005, j'ai discuté certains aspects de la question abordée ici, et particulièrement Mme R.M. Piccione, MM. M. Perkams, R. Thiel, Ch. Tornau, M. Vielberg.

Les extraits 59, 60 et 61 sont liés formellement par l'indication comprise dans le lemme. L'extrait 59, en effet, est introduit par le lemme Πορφυρίου, et les deux extraits suivants par la forme synthétique Τοῦ αὐτοῦ, indiquant qu'ils sont du même auteur que l'extrait précédent. Si on prête foi à ces indications, les trois passages représentent donc des extraits de Porphyre. Aucun élément ne permet en revanche de savoir si les trois textes proviennent tous du même ouvrage.

Les trois extraits ont une certaine continuité quant à leur contenu, même s'ils ne sauraient s'enchaîner de façon immédiatement claire. L'extrait 59 porte sur la permanence et l'éternité (διαμονὴ καὶ ἀιδιότης) de l'âme, caractéristiques présentées comme étant les doctrines les plus connues et les plus célèbres de Pythagore. Ces propriétés de l'âme sont illustrées par une anecdote et par deux préceptes, l'extrait se concluant par une explication du terme « migration » (μεταβολή) : la migration en direction du corps est appelée « naissance » (γένεσις), celle qui se fait à partir du corps est appelée « mort » (θάνατος). L'extrait 60 porte encore sur la migration des âmes, mais la doctrine est ici présentée à partir d'une exégèse d'Homère. Une explication allégorique de l'*Odyssée* est donnée aussi dans l'extrait 61, mais au sujet d'un thème nouveau, à savoir le lieu dans lequel se retrouvent les âmes des hommes pieux.

Les trois extraits constituent les fragments 381-383 de Porphyre dans l'édition de A. Smith. Ils ont été considérés comme porphyriens par des interprètes illustres du néoplatonisme. Toutefois, deux d'entre eux, les extraits 60 et 61, sont inclus par Bernardakis et par Sandbach dans leurs éditions respectives des fragments de Plutarque de Chéronée, d'autres auteurs les ayant aussi attribués à Plutarque. L'extrait 60 pose donc un problème d'attribution. Mais il pose en outre un problème doctrinal, car comme on va le voir, il n'y a aucun accord entre les commentateurs sur l'interprétation de ce passage.

Je commencerai par donner un aperçu schématique du passage, puis présenterai la thèse soutenue par Bernardakis et par Sandbach. Enfin, sur la base des éléments les plus significatifs du texte, j'aborderai le problème théorique qu'il pose, pour parvenir ainsi à mes conclusions.

L'EXTRAIT 60

L'extrait 60 est une exégèse de l'épisode du livre κ de l'*Odyssée* décrivant l'arrivée d'Ulysse et de ses compagnons dans l'île Aiaié. Ulysse charge ses compagnons menés par Eurylochos d'explorer l'île. Ils rencontrent ainsi Circé, qui leur prépare un cyceon les transformant en cochons. Eurylochos seul ne s'approche pas du cyceon et, de retour sur le bateau, raconte son aventure à Ulysse. Celui-ci part alors à la recherche de ses compagnons pour les sauver. Sur le chemin, il rencontre Hermès, qui le met en garde contre le péril représenté par Circé et lui donne un antidote contre les effets du cyceon. Parvenu chez Circé, Ulysse peut ainsi boire le cyceon sans subir de transformation.

Dans son explication, le commentateur donne tout d'abord le thème général du passage : la description qu'Homère donne de Circé exprime « de manière admirable » la conception de l'âme. Cette conception est celle qui ressort des vers 239-40, cités : « des cochons ils avaient la tête et la voix, les soies et le corps; mais l'esprit était sans changement, tel qu'autrefois » (p. 445. 15-19).

S'enchaînent ensuite trois parties.

I. La première partie (p. 445. 20-446. 11), qui a un caractère introductif, formule trois points distincts :

a) Le premier est d'ordre méthodologique. Le commentateur explique que les vers d'Homère représentent un mythe exprimant sous forme d'énigme ce que Pythagore et Platon disent de l'âme. L'exégète expose ainsi, implicitement, le critère et le présupposé de sa lecture. Le critère est la lecture allégorique des vers cités, qui éclaire l'obscurité propre à l'énigme[1]. Le présupposé est l'accord entre Homère, Pythagore et Platon au sujet de la nature de l'âme (p. 445. 20-21).

b) Le deuxième point expose synthétiquement la doctrine commune à Homère, Pythagore et Platon (p. 445. 21-26). Cette doctrine porte d'abord sur les caractères essentiels de l'âme, dont la représentation fonde l'explication du thème traité, c'est-à-dire la destinée de l'âme après la mort : l'âme est « incorruptible par nature et éternelle », mais elle n'est pas « tout à fait impassible ni immuable »; à travers les « corruptions » et les « morts » elle subit « une migration[2] et une transformation vers d'autres formes de corps » (p. 445. 23-4 : μεταβολὴν ἴσχει καὶ μετακόσμησιν εἰς ἕτερα σωμάτων εἴδη). Une cause plus spécifique de ces transformations est l'aptitude que l'âme garde après sa séparation du corps : en agissant conformément aux plaisirs qu'elle recherche, elle « poursuit ce qui est adéquat et approprié au genre de vie (p. 445. 26 : βίου διαίτης) qui [lui] ressemble et [lui] est habituel » (p. 445. 21-26).

c) Le troisième point souligne, dans la lignée de *Phédon*, 107 d 2 *sq.*, le rôle de la *paideia* et de la philosophie dans les transformations subies par chaque âme. L'âme qui se souvient des choses belles tout en détestant les plaisirs vils et illicites garde la vigilance nécessaire pour ne pas devenir à son insu une « bête » (p. 446. 4 : θηρίον). À propos de la transformation corporelle de l'âme, le texte cite Empédocle, appelant « démon » le sort et la nature de cette transformation. Sort et nature « nous entourent d'un revêtement étranger de chairs »[3], c'est-à-dire qu'ils revêtent les âmes de nouveaux vêtements (p. 445. 26-446. 11).

1. Pour l'allégorie par « énigmes », voir Porph. *vit. Pyth.*, 12, p. 41. 14-15 d. P.

2. Pour la signification technique du terme, *cf.* Porph. chez Stob. I 49. 59, p. 445. 11-12. Pour μεταβολή comme déplacement plutôt que changement, *cf.* Porph. *sent.*, 24 et Arist. *cat.*, 15 a 13-14 : κινήσεως δέ ἐστιν εἴδη ἕξ· γένεσις, φθορά, αὔξησις, μείωσις, ἀλλοίωσις, κατὰ τόπον μεταβολή.

3. Fr. 126 DK = CTXT 93b Inwood. Il faut cependant souligner que la signification de φύσις dans le fragment est assez problématique : le terme pourrait en effet indiquer, comme le remarquait E. Bignone (*Empedocle : studio critico. Traduzione e commento delle testimonianze e dei frammenti*, Torino, Fratelli Bocca, 1916, réimpr. Roma, L'Erma di Bretschneider, 1963), non pas la nature, mais la naissance.

II. La deuxième partie (p. 446. 11-447. 5) introduit le thème de la palingénésie. Cette section explique trois éléments du mythe : le nom de Circé, l'île Aiaié, enfin, le cyceon préparé par Circé.

a) Par le nom de Circé, Homère indique les temps et les espaces (p. 446. 11-12 : « le parcours » et « la révolution », τὴν ἐν κύκλῳ περίοδον καὶ περιφοράν) du cycle de la régénération (p. 446. 12 : « palingénésie », παλιγγενεσία). Circé a obtenu ce rôle du père Soleil, lequel relie et enchaîne toujours une corruption à une génération et *vice versa* (p. 447. 11-14).

b) L'île Aiaié indique la partie du continent vers laquelle les âmes des morts se dirigent. Désorientées, elles se lamentent et, selon le vers homérique, ne savent pas « où est l'occident, ni où va sous terre le soleil qui donne la lumière aux mortels » (κ 190-191) (p. 446. 14-20).

c) Enfin, le cyceon indique la génération qui mélange l'éternel et le mortel, le rationnel et le passionnel, l'olympien et le terrestre. Les âmes tombent, victimes (ἐπισπόμεναι) du cyceon, du fait qu'elles aspirent, en fonction des plaisirs qui ont été les leurs, au genre de vie qui leur est habituel et familier dans la chair et avec la chair (p. 446. 21-22 : τὴν συνήθη καὶ σύντροφον ἐν σαρκὶ καὶ μετὰ σαρκὸς δίαιταν). Elles sont charmées et amollies par des plaisirs qui les conduisent à nouveau vers la génération. Elles ont alors besoin de beaucoup de chance et de modération, afin d'éviter d'obtenir une vie malheureuse et sauvage (p. 447. 4-5 : κακοδαίμονα καὶ θηριώδη βίον) (p. 446. 21-447. 5).

III. La troisième partie porte sur le carrefour de l'Hadès (p. 447. 5-20). Ce terme n'est en réalité pas homérique, mais bien platonicien (*Phédon*, 108 a 4). Cependant, comme Platon se réfère à ce propos aux poètes, on y voit une origine homérique et cette opinion est répandue parmi les commentateurs de l'époque impériale[1]. Cet aspect est important, car notre exégète veut, sur chaque élément, montrer l'accord entre Homère et Platon. On peut distinguer quatre points dans l'argumentation :

a) Le premier point explique en général que le carrefour de l'Hadès fait référence aux trois parties de l'âme : la rationnelle, l'irascible et la désirante (p. 447. 5-10). Une remarque méthodologique explique que les réalités auxquelles on fait ici référence (= les parties de l'âmes) « ne sont plus un mythe, ni de la poésie, mais vérité et discours physique » (p. 447. 9-10 : οὐκέτι ταῦτα μῦθος οὐδὲ ποίησις, ἀλλὰ ἀλήθεια καὶ φυσικὸς λόγος). On reviendra sur ce point plus loin.

b) Le deuxième point explique la transformation subie par l'âme qui, au moment de la génération, est dominée par l'élément désirant. Cette âme, à cause de son amour du plaisir et de sa gloutonnerie, se transforme « dans des corps hébétés et dans des vies troubles et impures » (p. 447. 12-13 : εἰς νωθῆ [καὶ] σώματα καὶ βίους θολεροὺς καὶ ἀκαθάρτους).

c) Le troisième point décrit et explique la transformation subie par l'âme qui, au moment de la « deuxième génération » (p. 447. 17 : εἰς δευτέραν γένεσιν

1. *Cf.* Procl. *in remp.*, I, p. 85. 11 *sq.* ; 132. 5 *sq.*

ἀφίκηται), est dominée par la partie irascible. Cette âme se jette « dans la nature d'un loup ou d'un lion » (p. 447. 18-19 : ἔρριψεν ἑαυτὴν εἰς λύκου φύσιν ἢ λέοντος) (p. 447. 14-25).

d) Le dernier point, enfin, explique que l'Hermès à la baguette d'or dans l'*Odyssée* κ 277 représente le *logos*. Ce dernier montre clairement ce qui est juste et a une double fonction : il maintient l'âme éloignée du cyceon, ou, une fois qu'elle l'a bu, « la conserve dans la vie et dans le caractère moral d'un homme » (p. 448. 2 : ἐν ἀνθρωπίνῳ βίῳ καὶ ἤθει) (p. 447. 25-448. 3).

L'ATTRIBUTION DE L'EXTRAIT À PLUTARQUE DE CHÉRONÉE

Peut-on considérer ce fragment comme provenant de Porphyre ? Le problème de son attribution a été posé par Bernardakis et par Sandbach. Comme on l'a dit précédemment, les deux auteurs attribuent notre extrait à Plutarque, ainsi que l'extrait 61 qui lui fait suite dans le chapitre 49 de l'*Anthologion*[1]. Il est important de souligner que cette attribution a été ensuite acceptée ou à tout le moins n'a pas été exclue par d'autres interprètes[2], et qu'elle a récemment été reprise par M. Hillgruber[3].

La thèse de G. N. Bernardakis[4]

Bernardakis attribue notre fragment à Plutarque, lorsqu'il aborde le problème de la paternité de la deuxième partie du *De vita et poesi Homeri*. Dans cette perspective, il met en rapport l'allégorie de Circé, présente aux chapitres 125 et 126 du *De vita*, et notre fragment. Dans les deux passages, la langue et le style (en particulier la claire attention à l'évitement du hiatus), caractérisent selon Bernardakis l'écriture de Plutarque, et non celle de Porphyre. En outre, la palingénésie des âmes (παλιγγενεσία, μεταβολὴ καὶ μετακόσμησις), la citation du vers d'Empédocle, la référence à la deuxième genèse des âmes (δευτέρα γένεσις), trouveraient une correspondance dans les ouvrages de Plutarque.

1. Dans l'édition de G.N. Bernardakis, *Plutarchi Chaeronensis. Moralia*, vol. VII : *Plutarchi Fragmenta vera et spuria multis accessionibus locupletata continens*, Lipsiae, Teubner, 1896, les extraits 60 et 61 figurent dans la section des « Fragmenta incerta » et constituent les fragments 146 α' et 146 β' ; dans l'édition de F. H. Sandbach, *Plutarchi Moralia*, vol. VII, Lipsiae, Teubner, 1967 (cf. *Plutarch's Moralia*, vol. XV : *Fragments*, London-Cambridge Mass., Loeb, 1969), les deux passages constituent les fragments 200 et 201, sous la rubrique « Other fragments ».

2. W. Burkert (« Plotin, Plutarch und die platonisierende Interpretation von Heraklit und Empedokles », dans J. Mansfeld, L. M. de Rijk (éd.), *KEPHALAION. Studies in Greek Philosophy and its Continuation offered to Professor C. J. de Vogel*, Assen, Van Gorcum, 1975, p. 137-146 : p. 145, n. 28) considère que le passage est de Plutarque ; M. Zambon (*Porphyre et le moyen-platonisme*, Paris, Vrin, 2002, p. 68 ; 82-85), bien que plus prudent, n'exclut pas la validité de la thèse de Bernardakis.

3. *Die pseudoplutarchische Schrift De Homero. Teil I: Einleitung und Kommentar zu den Kapiteln 1-73*, Stuttgart-Leipzig, Teubner, 1994, p. 56.

4. *Praefatio*, dans *Plutarchi Chaeronensis. Moralia*, vol. VII, *op. cit.*, p. XLI-XLII.

En réalité, ces éléments ne prouvent ni que la paternité de l'extrait revient à Plutarque, ni qu'elle ne saurait revenir à Porphyre. Les éléments les plus consistants, parmi ceux invoqués par Bernardakis, sont d'ordre stylistique et linguistique. Toutefois, même ces éléments sont discutables. Pour ce qui est du style, la recherche moderne nous a appris que l'attention à éviter le hiatus ne saurait être un élément probant pour décider de l'attribution d'un texte à Plutarque[1]. Pour ce qui est de la langue, l'auteur fait référence à des termes comme παλιγγενεσία, μεταβολή, μετακόσμησις et δευτέρα γένεσις. Or, les deux premiers termes ne sont pas seulement attestés chez Plutarque, mais aussi chez Porphyre[2]. Le terme μετακόσμησις, s'il est effectivement absent du vocabulaire de Porphyre, est utilisé dans l'extrait 60 en couple avec μεταβολή, association sémantique qui est elle aussi absente chez Plutarque. Enfin, le thème de la deuxième genèse des âmes est un *topos* chez les platoniciens tardifs, en liaison avec l'exégèse de Platon. Bien que le terme de δευτέρα γένεσις ne se rencontre pas tel quel chez Porphyre, la notion est, en revanche, clairement présente[3].

Les autres éléments invoqués par Bernardakis sont tout aussi discutables. Le parallélisme relevé entre le passage sur la migration de l'âme εἰς ἕτερα σωμάτων εἴδη, et Plutarque, *De sera numinis vindicta* 565 D et 567 E, n'est pas convaincant, car c'est de la transformation « dans des corps d'animaux » ou « en des animaux » (εἰς σώματα ζῴων et εἴς τε ζῷα) qu'il s'agit dans les passages de Plutarque. De même, le parallélisme entre la citation d'Empédocle dans notre extrait et Plutarque, *De esu carnium* 996 C 2-11, n'est pas significatif, car se servir d'Empédocle pour expliquer la doctrine de l'incarnation et de la réincarnation de l'âme est bien loin d'être le fait du seul Plutarque, mais est aussi présent chez Clément d'Alexandrie, Hyppolite, Porphyre et Plotin, dans les écrits gnostiques et hermétiques, et chez Hiéroclès d'Alexandrie[4]. Il suffit de rappeler que Porphyre, dans le fr. 271. 23-24 (= Stob. II 8. 42), explique la destinée des âmes au moment de leur descente dans le monde du devenir par une citation explicite d'Empédocle, fr. 115[5]. Et cela est d'autant plus significatif que, toujours dans le même fragment, Porphyre propose une lecture parallèle de Platon et d'Homère[6].

En conclusion, les éléments invoqués par Bernardakis montrent que le fragment transmis par Stobée remonte clairement à un auteur de matrice

1. I. Gallo, « Ecdotica e critica testuale nei "Moralia" di Plutarco », dans I. Gallo (dir.), *Ricerche plutarchee*, Napoli, M. D'Auria Editore, 1992, p. 11-37 (= *Parerga Plutarchea*, Napoli, M. D'Auria Editore, 1999, p. 125-155 : 152); *La lingua dei Moralia di Plutarco : normativismo e questioni di metodo*, dans I. Gallo, R. Laurenti (dir.), *I Moralia di Plutarco tra filologia e filosofia*. Atti della giornata plutarchea di Napoli. Istituto Suor Orsola Benincasa, 10 aprile 1992, Napoli, M. D'Auria Editore, 1992, p. 29-46 : 30-31.

2. Pour παλιγγενεσία, *cf.* Porph. *Quest. Hom. in Od.*, 18, 79.10; pour μεταβολή, *cf.* Porph. fr. 381. 12 Smith.

3. *Cf.* fr. 300 et 448 Smith.

4. Voir les textes de ces auteurs rassemblés et discutés par W. Burkert, art. cit.

5. Voir F. Altheim et R. Stiehl, *Porphyrios und Empedokles*, Tübingen, Max Niemeyer, 1954.

6. Fr. 271. 105-126 Smith.

platonicienne, mais sans légitimer pour autant son attribution à Plutarque. Il reste à vérifier par la suite si ces éléments autorisent à maintenir l'attribution du passage à Porphyre.

La thèse de F.H. Sandbach[1]

Sandbach suit Bernardakis. Dans sa courte introduction au fragment, il soutient que l'attribution des extraits 60 et 61 à Plutarque, proposée par Bernardakis, est probablement correcte : style, vocabulaire, rythme, tout suggérerait que Plutarque est l'auteur des deux passages. Pour ce qui est de l'extrait 61, le parallélisme avec Plutarque, *De facie*, 942 F et 944 C irait en ce sens, et pour l'extrait 60, le fait que Plutarque était familier d'Empédocle. En revanche, le fait que l'interprétation d'*Odyssée* κ 190-191 proposée à la p. 446. 21 *sq.* diffère de celle que Grégoire de Corinthe attribue à Porphyre (dans Hermog. περὶ μεθόδου δεινότητος[2]) irait contre l'attribution du fragment à Porphyre.

Sandbach en conclut que Stobée (ou le manuscrit qu'il utilise) se trompe lorsqu'il considère l'extrait comme provenant de Porphyre. Cette erreur pourrait avoir deux causes : 1. la chute d'un lemme intermédiaire, hypothèse considérée par Sandbach comme *most likely* ; ou bien 2. le fragment a été extrait d'un ouvrage de Porphyre qui incluait un passage de Plutarque[3]. Cette deuxième hypothèse est formulée à partir d'un passage du *De abstinentia* III, où Porphyre reprend un passage entier de Plutarque sans le nommer.

Dans ce cas aussi, l'argument me semble faible, et ce au moins pour deux raisons.

1) L'interprétation d'*Odyssée* κ 190-191, attribuée à Porphyre par Grégoire de Corinthe, diffère de celle donnée dans notre fragment, sans être pour cela en contradiction avec elle, comme cela a déjà été observé par W. Deuse[4]. La première est littérale, l'autre allégorique, l'une n'excluant donc pas l'autre.

2) La chute d'un lemme, ou le plagiat de Plutarque par Porphyre, sont des hypothèses plausibles, mais ne constituent pas pour autant des critères probants.

En conclusion, les arguments avancés par Bernardakis comme ceux avancés par Sandbach ne prouvent pas que l'extrait 60 provient de Plutarque. Ils illustrent davantage la continuité d'une tradition herméneutique qui invoque le passage de l'*Odyssée* sur Circé pour conforter la conception de la migration de l'âme[5]. Quoi

1. *Plutarchi Moralia*, vol. VII, Lipsiae 1967, note aux fragments 200 et 201 reprise dans *Plutarch's Moralia*, London-Cambridge, Mass., 1979, note d'introduction au fragment 200, p. 366-368.

2. Dans *Rhet. Gr.* VII 2, p. 1245. 23 *sq.*

3. Tout récemment C. Castelletti, dans Porfirio. *Sullo Stige*, Milano, Bompiani, 2006, p. 309-10 a repris cette thèse.

4. *Untersuchungen zur mittelplatonischen und neuplatonischen Seelenlehre*, Wiesbaden, F. Steiner, 1983, note p. 139.

5. Pour une vue panoramique, bien qu'assez superficielle, d'auteurs et de textes, voir S. Tochtermann, *Der allegorisch gedeutete Kirke-Mythos. Studien zur Entwicklungs- und Rezeptionsgeschichte*, Frankfurt a. M.-Berlin-Bern-New York-Paris-Wien, Peter Lang, 1992.

qu'il en soit, la question dirimante, et négligée par les deux savants, est celle de la doctrine affirmée par l'auteur du passage.

LA DOCTRINE DE L'EXTRAIT 60

Si l'on se situe sur le plan herméneutique, le problème devient difficile à résoudre, comme le montre d'ailleurs le désaccord entre les interprétations des savants qui considèrent que le passage est porphyrien. La divergence est même radicale et donne lieu à des positions antithétiques sur la migration de l'âme humaine dans un corps animal : l'une, qui la nie, est soutenue par H. Dörrie[1] ; l'autre, qui l'affirme, est soutenue en particulier par A.J. Festugière[2], W. Deuse[3] et A. Smith[4]. Pour ma part, je pense que la question doit être abordée en revenant aux passages du texte qui ont déterminé les deux interprétations, en lisant ces passages dans leur contexte immédiat, mais aussi à la lumière des interrogations formulées par les platoniciens tardifs au sujet de la migration de l'âme. La question de savoir si l'auteur du passage admet la migration de l'âme humaine dans un animal peut alors se préciser : admet-il la transformation dans un corps animal, ou bien dans un genre de vie animal ? Ou encore : quel langage utilise-t-il, métaphorique ou littéral ?

Le premier passage permettant d'amorcer une réponse à ces questions se trouve dans la première partie du texte, à la page 445. 23-24. L'exégèse donnée ici est allégorique, alors que son présupposé réside, comme nous l'avons vu, dans l'accord postulé entre Homère, Pythagore et Platon :

> … ἐν ταῖς λεγομέναις φθοραῖς καὶ τελευταῖς μεταβολὴν ἴσχει [*i. e.* ἡ ψυχή] καὶ μετακόσμησιν εἰς ἕτερα σωμάτων εἴδη
>
> … dans ce qu'on appelle « corruptions » et « morts » [*i. e.* l'âme] a une migration et une transformation vers d'autres espèces de corps.

Derrière cette position il y a Empédocle, explicitement nommé dans les lignes suivantes du texte, à la page 446. 8. C'est à Empédocle que remonte en effet l'association des termes μεταβολή et μετακόσμησις, ainsi que la relation entre cette association et l'expression εἰς τὰ σώματα : « [Empédocle] dit que chemins douloureux sont les migrations des âmes vers le corps et [leurs] transformations » (ἀργαλέας κελεύθους φησὶν εἶναι τῶν ψυχῶν τὰς εἰς τὰ σώματα μεταβολὰς καὶ μετακοσμήσεις)[5].

1. « Kontroversen um die Seelenwanderung im kaiserzeitlichen Platonismus », *Hermes*, 85, 1957, 414-135 (= *Platonica Minora*, München, W. Fink, 1976, p. 420-40).
2. « Une source hermétique de Porphyre », *Revue des Études Grecques*, 49, 1936, 586-595.
3. *Op. cit.*, p. 135-148.
4. A. Smith, « Did Porphyry reject the Transmigration of Human Souls into Animals ? » *Rheinisches Museum*, 127, 1984, 276-284.
5. *Cf.* fr. 115. Le passage est conservé par Hippol., *ref.*, VII 29, dans le cadre d'une comparaison de la doctrine d'Empédocle avec celle de l'âme échouée du *Phèdre*. *Cf.* à ce propos D. O'Brien, *Pour interpréter Empédocle*, Paris-Leiden, Les Belles Lettres-Brill, 1981, p. 77 *sq.*

Le recours à Empédocle permet de formuler la conception de la migration de l'âme de façon minimaliste, afin de trouver un accord entre les auteurs nommés. Il s'agit d'un choix précis. Selon la tradition, en effet, Pythagore soutient que l'âme est immortelle et qu'elle migre « vers d'autres genres d'êtres vivants » ([*scil.* τὴν ψυχήν] μεταβάλλουσαν εἰς ἄλλα γένη ζῴων). Nous savons cela, précisément, par Porphyre[1]. Pour sa part, Platon admet la possibilité que l'âme humaine, à cause de la contamination du corps, migre dans des corps d'animaux. Dans le *Phédon*, auquel notre texte fait allusion[2], Platon maintient que les âmes de ceux qui se sont laissés accabler par leurs passions bestiales peuvent se réincarner dans des corps d'animaux : ceux qui ont bâfré vont vraisemblablement plonger « dans le genre des ânes ou de bêtes de ce genre » (εἰς τὰ τῶν ὄνων γένη καὶ τῶν τοιούτων θηρίων)[3]. Dans la tradition du moyen platonisme, la migration de l'âme humaine en des corps animaux semble se présenter ensuite comme une conception orthodoxe. Le *De sera numinis vindicta* de Plutarque, par exemple (26 p. 565 D), pose une dichotomie entre les âmes des hommes qui, grâce aux châtiments, finissent par retrouver un état et des dispositions normaux, et les âmes qui, à cause de la brutalité de leur ignorance et de leurs appétits, sont poussées « vers des corps d'animaux » (εἰς σώματα ζῴων)[4]. Selon le témoignage d'Énée de Gaze, Harpocration, Boëtus et Numénius disent que l'âme humaine migre dans toutes sortes d'animaux (ἡ τῶν ἀνθρώπων ψυχὴ πάντα τὰ ζῷα μεταβαίνει), et ils interprètent le milan de Platon comme milan, le loup comme loup, l'âne comme âne (... τὸν τοῦ Πλάτωνος ἰκτῖνον παραλαβόντες ἰκτῖνον παραδιδόασι καὶ τὸν λύκον λύκον καὶ ὄνον τὸν ὄνον)[5]. Enfin, dans la tradition exégétique de l'*Odyssée*, représentée par *De vita et poesi Homeri* 126, les âmes des hommes dépourvus d'intelligence migrent vers des espèces de corps de bêtes : ... τῶν ἀφρόνων ἀνθρώπων αἱ ψυχαὶ μεταλλάττουσιν εἰς εἴδη σωμάτων θηριωδῶν.

Ces exemples montrent suffisamment que, face à une tradition qui fait constamment référence au passage de l'âme humaine dans des « corps de bêtes », notre texte garde une position neutre : il ne se réfère explicitement ni à l'âme humaine, ni aux animaux. Il se borne à exposer une conception générale, affirmant seulement que l'âme migre « vers d'autres espèces de corps ».

Le deuxième passage qui nous intéresse est représenté par la suite de la partie I de l'extrait, c'est-à-dire par le point (c), selon le schéma proposé plus haut (p. 445. 26-446. 9). Le texte de référence est ici *Phédon*, 107 d 2 *sq.*, passage selon lequel l'âme, lorsqu'elle descend dans l'Hadès, n'emporte avec elle que son éducation (παιδεία) et ses goûts. Ce passage est un *topos* pour les exégètes de Platon, lesquels en accentuent la connotation morale : l'absence d'éducation est cause des passions, alors que l'éducation et la philosophie libèrent l'âme des

1. *Cf.* par exemple Porph. *vit. Pyth.*, 19, p. 44. 21-22.

2. L'expression οἰκεῖον ὁμοιότητι καὶ συνηθείᾳ βίου διαίτης de la page 445. 25-26 est une allusion à *Phéd.*, 82 a 7 *sq.* Cf. *Théet.*, 177 a 5-7.

3. *Phéd.*, 81 e 7-82 a 1. Cf. *Phèdre*, 249 b ; *Timée*, 42 b-c.

4. Cf. *de sera numinis vindicta* 32, p. 567 E.

5. Aen. Gaz. *Theophr.*, p. 12. 2-11 Colonna (= fr. 448 Smith).

passions[1]. Dans cette perspective, notre commentateur vérifie la portée de l'idée, énoncée auparavant, que l'âme n'est pas « tout à fait impassible ni immuable ». Le discours est encore général, dans la mesure où il semble concerner aussi bien l'âme qui est déjà dans un corps (p. 446. 1 : ἑκάστῳ, μνημονεύουσα), que celle qui est en train de migrer dans un corps. La possibilité qui est envisagée est que l'âme puisse devenir un animal. Cette possibilité est formulée de manière très ambiguë et a, de toute façon, une valeur allégorique :

> … Ἔνθα δῆ‹λον› τὸ μετὰ παιδείας ἑκάστῳ καὶ φιλοσοφίας ὄφελος, ἂν μνημονεύουσα τῶν καλῶν ἡ ψυχὴ καὶ δυσχεραίνουσα τὰς αἰσχρὰς καὶ παρανόμους ἡδονὰς δύνηται κρατεῖν καὶ προσέχειν αὑτῇ καὶ φυλάττειν, μὴ λάθῃ θηρίον γενομένη καὶ στέρξασα <καὶ φροντίζουσα>[2] σώματος οὐκ εὐφυοῦς οὐδὲ καθαροῦ πρὸς ἀρετήν, φύσιν ἄμουσον καὶ ἄλογον καὶ τὸ ἐπιθυμοῦν καὶ θυμούμενον μᾶλλον ἢ τὸ φρόνιμον αὔξοντος καὶ τρέφοντος.
>
> … Est alors claire l'utilité, pour chacun, de l'éducation et de la philosophie, si l'âme, se souvenant des choses belles et détestant les plaisirs vils et illicites peut l'emporter et faire attention à elle-même, et veiller à ne pas devenir à son insu une bête et à ne pas chérir <et se soucier> d'un corps qui n'est ni doué d'une bonne disposition naturelle, ni pur par rapport à l'exercice de la vertu, et fait croître et nourrit une nature rustre et dépourvue de raison, et ce qui est désirant et irascible plutôt que ce qui est rationnel (p. 445. 26-446. 7).

Le troisième passage se situe dans la section II c de notre schéma (p. 447. 1-5). Cette section, comme nous l'avons vu, introduit de façon explicite le thème de la palingénésie (p. 446. 12), c'est-à-dire la nouvelle naissance de l'âme après une période passée aux enfers[3]. La situation spécifique dans laquelle se trouvent les âmes est définie par le contexte : elles tombent dans le domaine de la génération. Elles y sont poussées dans la mesure où elles aspirent, en fonction des plaisirs qui ont été les leurs, au genre de vie qui leur est habituel et familier dans l'union avec le corps, et sont charmées et amollies par les plaisirs qui les conduisent de nouveau vers la génération. Le texte continue avec une remarque à forte connotation morale :

> … ἐν ᾧ δὴ μάλιστα πολλῆς μὲν εὐτυχίας αἱ ψυχαὶ δέονται πολλῆς δὲ σωφροσύνης, ὅπως μὴ τοῖς κακίστοις ἐπισπόμεναι καὶ συνενδοῦσαι μέρεσιν ἢ πάθεσιν αὐτῶν κακοδαίμονα καὶ θηριώδη βίον ἀμείψωσιν.
>
> … c'est alors surtout que les âmes ont besoin, d'une part, de beaucoup de fortune, d'autre part, de beaucoup de modération, afin d'éviter que, pour s'être soumises et avoir cédé à leurs parties ou passions les plus mauvaises, elles obtiennent en échange une vie malheureuse et sauvage (p. 447. 1-5).

1. *Cf.* Porph. *ad Marc.*, 9, p. 110. 12-14 d. P. et *ivi* 31, p. 124. 7-10.

2. La construction de στέργω avec le génitif, qui ne semble pas être attestée ailleurs, fait supposer la chute d'un deuxième verbe, s'accordant avec la suite (σώματος…). L'adjonction καὶ φροντίζουσα proposée ici, à partir du parallélisme avec Epict. I 23. 5, m'a été suggérée par Ch. Tornau, que je remercie vivement.

3. *Cf.* Περὶ Στυγός, fr. 377 Smith.

La signification du passage pivote autour du terme βίος, qui, nous le savons par Proclus, a partagé les interprètes de *Timée*, 42 c 2-4, où est décrite la deuxième génération de l'âme. Selon Platon, l'âme, accablée par les passions, migre d'abord dans la nature d'une femme (εἰς γυναικὸς φύσιν), et ensuite, si elle persiste dans ses vices, migre à ressemblance de ces vices dans une nature sauvage : εἴς τινα … θήρειον φύσιν. Lorsqu'il explique ce passage, Proclus souligne que la question de la descente de l'âme humaine dans les animaux dépourvus de raison fait l'objet d'une querelle. Les uns estiment que les θηριώδεις βίους signifient les ressemblances qu'ont certains hommes avec les bêtes (ἀνθρώπων ὁμοιώσεις πρὸς θηρία); les autres admettent que l'âme humaine peut entrer dans des corps de bêtes. A l'appui de la première thèse, Proclus apporte comme preuve une comparaison entre *Timée*, 42 c 2-3 et d'autres passages platoniciens. En *République*, X, 620 c 3, affirme Proclus, Platon dit que l'âme de Thersite « se revêt d'un singe » (πίθηκον ἐνδύεσθαι), et en *Phèdre*, 249 b 4 il dit que l'âme migre « dans une vie de bête » (εἰς βίον θήρειον). Cependant, poursuit Proclus, Platon ne dit pas que l'âme descend « dans un corps de singe » (οὐ σῶμα πιθήκειον), ni qu'elle migre « dans un corps de bête » (εἰς σῶμα θήρειον). Selon Proclus, le même raisonnement est donc valable aussi à propos de *Timée*, 42 c 4, où Platon dit que l'âme migre dans une nature de bête, μεταβάλλειν εἰς θήρειον φύσιν, et « la nature de bête n'est pas le corps d'une bête, mais la vie de la bête (ἡ γὰρ θήρειος φύσις οὐκ ἔστι τὸ σῶμα τὸ θήρειον, ἀλλ' ἡ ζωὴ τοῦ θηρίου) »[1].

Proclus fait donc appel à une ligne interprétative qui a nié, à propos de la deuxième génération, la migration de l'âme humaine dans un corps animal, et il soutient à son tour cette lecture en soulignant la différence entre le « corps de bête » et la « vie » ou « nature » de bête. Ce témoignage incite ainsi à la prudence dans l'interprétation de notre fragment. Celui-ci, même s'il n'est pas lu à la lumière des catégories procliennes, n'affirme pas que les âmes obtiennent en échange de leurs passions un corps de bête, mais qu'elles obtiennent « une vie malheureuse et sauvage ».

Dans la troisième section de mon schéma, la migration de l'âme est liée à nouveau au cycle des réincarnations, appelé ici « deuxième génération » de l'âme. Le thème est abordé du point de vue anthropologique et, comme nous l'avons vu, il suit la trace platonicienne de la tripartition de l'âme en parties rationnelle, irascible et désirante. Le changement du texte de référence est explicitement affirmé : « et ces choses [*i. e.* la tripartition de l'âme] ne sont plus un mythe, ni de la poésie, mais vérité et φυσικὸς λόγος » (p. 447. 9-10). Ainsi le commentateur marque le passage du mythe et de la poésie (c'est-à-dire le texte homérique) à la vérité et au discours physique (le texte platonicien). L'expression οὐκέτι μῦθος s'oppose en effet implicitement à ὁ μῦθος de la page 445. 20, qui désignait les vers homériques en tant qu'« énigme » de la conception platonicienne et pythagoricienne de l'âme. Cependant le passage au plan de la vérité ne semble pas

1. Proclus, *In Tim.*, III, p. 294. 22-295.14; cf. *in remp.*, II, p. 309. 30 *sq.*, *de provid.*, § 47.

conduire à une exégèse littérale, car le φυσικὸς λόγος est une expression technique pour signifier l'allégorie chez les stoïciens, et aussi bien Plutarque que Porphyre l'utilisent dans ce sens[1].

De toute manière, la lecture parallèle de Platon et d'Homère reste un point fixe, même si le schéma exégétique adopté ici apparaît dans un premier moment inversé par rapport à celui utilisé dans les parties précédentes du texte. À propos de la partie irascible et de la partie désirante de l'âme, en effet, le commentateur prend comme référence principale la tripartition de l'âme de la *République*, qu'il compare avec le mythe eschatologique du *Phédon* et le livre κ de l'*Odyssée*. De la sorte, la *République* donne la grille épistémologique qui permet d'interpréter et de comparer deux mythes, celui du *Phédon* et celui de Circé. La doctrine platonicienne de l'âme apparaît ainsi transposée en termes mythiques et lue selon une clé métaphorique. Ensuite, à propos de la partie rationnelle de l'âme, on revient au livre κ de l'*Odyssée* et à une claire lecture allégorique qui montre une correspondance entre Homère et Platon.

Voyons le texte :

> ... Ὧν μὲν γὰρ ἐν τῇ μεταβολῇ καὶ γενέσει τὸ ἐπιθυμητικὸν ἐξανθοῦν ἐπικρατεῖ καὶ δυναστεύει, τούτοις εἰς νωθῆ [καὶ] σώματα καὶ βίους θολεροὺς καὶ ἀκαθάρτους ὑπὸ φιληδονίας και γαστριμαργίας φησὶ γενέσθαι τὴν μεταβολήν. Ὅταν δὲ φιλονεικίαις σκληραῖς καὶ φονικαῖς ὠμότησιν ἔκ τινος διαφορᾶς ἢ δυσμενείας ἐξηγριωμένον ἔχουσα παντάπασιν ἡ ψυχὴ τὸ θυμοειδὲς εἰς δευτέραν γένεσιν ἀφίκηται, πλήρης οὖσα προσφάτου πικρίας καὶ βαρυφρόνης, ἔρριψεν ἑαυτὴν εἰς λύκου φύσιν ἢ λέοντος, ὥσπερ ὄργανον ἀμυντικὸν τὸ σῶμα τῷ κρατοῦντι προϊεμένη πάθει καὶ περιαρμόσασα. [...] Οὕτως ὁ χρυσόρραπις Ἑρμῆς ἀληθῶς ὁ λόγος ἐντυγχάνων καὶ δεικνύων ἐναργῶς τὸ καλόν, ἢ παντάπασιν εἴργει καὶ ἀπέχει τοῦ κυκεῶνος, ἢ πιοῦσαν ἐν ἀνθρωπίνῳ βίῳ καὶ ἤθει διαφυλάττει πλεῖστον χρόνον, ὡς ἀνυστόν ἐστι.
>
> ... En effet, chez ceux en qui, lors de la migration et de la naissance, le désirant florissant domine et l'emporte, chez ceux-ci, dit-il [*scil.* Homère], la migration se fait dans des corps hébétés et dans des vies troubles et impures, à cause de l'amour du plaisir et de la gloutonnerie. En revanche lorsque l'âme parvient à la deuxième génération avec l'irascible rendu complètement sauvage à cause du goût exacerbé pour les querelles et les cruautés meurtrières, à partir d'une certaine querelle ou hostilité, l'âme se jette, puisqu'elle est pleine d'un ressentiment récent et d'irritation, dans la nature d'un loup ou d'un lion, en abandonnant le corps, comme un instrument de défense, à la passion dominante et en l'adaptant à elle [...] Cet Hermès à la baguette d'or, étant véritablement la raison qui rencontre et indique clairement ce qui est juste, ou bien retient absolument l'âme et la tient loin du cycеon, ou bien, une fois qu'elle a bu, la conserve dans la vie et le caractère d'un homme pour très longtemps, autant qu'il lui est possible (p. 447. 10-20; 447. 25-448. 3).

1. Voir Plut. *de stoic. repug.*, 1035 C 1, D 6, et Porph. *ad Iliad.*, 20, 67.41 où, selon le φυσικὸς λόγος, Apollon est le soleil, Athéna la φρόνησις, Arès l'ἀφροσύνη ; cf. *de abst.*, IV 6. 6.

Le passage pose des problèmes textuels, lexicaux et exégétiques. A la ligne 12 le texte est corrompu, en F (εἰς νωθῆ καὶ) et en P (ἰσονωθῆ καὶ). Canter a proposé la correction εἰς ὀνώδη sur la base d'un passage parallèle de Énée de Gaza, *Theophrastus* 12. Selon Énée, Porphyre et Jamblique disent que les âmes ne migrent pas dans un âne (μεταβάλλοντες οὐκ εἰς ὄνον), mais dans un homme asinien, ressemblant à un âne (ἀλλ' εἰς ὀνώδη ἄνθρωπον); de même, elle ne migre pas dans un lion, mais dans un homme léonin. Heeren, de son côté, supprime le καί, de même que Wachsmuth, qui toutefois dans l'apparat conjecture καὶ (vel ἢ) <ὑώδη>, visiblement à partir du texte homérique.

Au niveau lexical, on constate aussi que βαρυφρόνης à la ligne 18 est un *hapax*, que Heeren, suivi par Gaisford, Bernardakis et Sandbach, propose de corriger en βαρυφροσύνης, mot rare lui aussi, mais attesté chez Plutarque.

Au niveau exégétique, enfin, il n'est pas clair si le corps dans lequel migre l'âme dominée par les éléments désirant et irascible est celui d'un animal, ou celui d'un homme avec des traits d'animal. A la ligne 12, si on adopte le texte de Heeren, les corps sont définis à partir d'une qualité, νωθής, c'est-à-dire qu'ils sont lents, hébétés. Toute la construction du passage rend probable que cet adjectif résume un trait caractéristique de l'âne, tout comme, dans la suite, l'adjectif ἀκάθαρτος, référé à la vie de l'âme. La mention de la gourmandise à la ligne 14 (γαστριμαργία) fait en effet allusion à *Phédon* 81 e 5, où l'âme affectée par la gourmandise migre dans le genre des ânes. L'âne est aussi dit lent en *Iliade* Λ 559, et Antipater de Tarse, selon un témoignage fournit par Porphyre, reprochait aux ânes leur insouciance de la propreté (ὀλιγωρία καθαριότητος)[1]. Ainsi νωθής et ἀκάθαρτος semblent des traits comportementaux qui peuvent être communs à l'homme et à l'animal.

Le passage traite ensuite de l'âme dans laquelle domine l'élément irascible. Elle se jette alors « dans la nature d'un loup ou d'un lion ». Dans ce cas aussi il y a la recherche d'un accord entre Homère et Platon : *Odyssée* κ 218 mentionne en effet ces deux animaux et, dans *Phédon* 82 a 4-5, les âmes qui préfèrent à tout l'injustice, la tyrannie et le rapt revêtent le genre des loups. Ici le rapport entre âme et corps est plus complexe que dans le cas précédent. C'est l'âme, en effet, qui met le corps au premier plan et l'adapte à la passion. Le lien entre corps et passion est ici très étroit, comme le souligne la comparaison entre le corps et l'instrument, en rapport à la passion. Toutefois le texte qui nous est parvenu n'explique pas en quoi consistent le προίημι et le περιαρμόζω. De toute manière, dans ce cas aussi, la métensomatose animale n'est pas explicitement affirmée, et le fait que l'on insiste sur les notions de vie et de nature met en garde contre le fait de lire le passage dans ce sens. Le rapport entre l'âme et les animaux semble alors un rapport de ressemblance, institué sur la base des éléments comportementaux qui permettent de comparer l'homme avec l'animal.

Le fragment se conclut sur une remarque portant sur l'âme rationnelle. Ici le texte de référence est *Odyssée* κ 277 lu de façon allégorique et comparé avec la

1. SVF III 47 (= Porph. *de abst.*, III 23.5).

République : un élément homérique, Hermès à la baguette d'or, correspond à la vérité de Platon, le *logos* qui préserve l'âme « dans la vie et dans le caractère d'un homme » (ἐν ἀνθρωπίνῳ βίῳ καὶ ἤθει).

En conclusion, notre auteur ne prend jamais nettement position en faveur de la métensomatose animale. La position formulée dans le fragment est d'une extrême prudence.

CONCLUSION

Si cette lecture est correcte, elle va à l'encontre de l'hypothèse selon laquelle l'extrait devrait être attribué à Plutarque. Ce dernier, en effet, s'est clairement rangé en faveur de la migration de l'âme humaine dans un corps animal, n'hésitant pas à utiliser des expressions très nettes en ce sens, telles que εἰς σώματα … μεταβολή[1]; εἰς σώματα ζῴων ἐξήνεγκε[2]. De la même façon, comme nous l'avons vu, dans le chapitre 126 du *De vita et poesi Homeri* il est dit fermement que les âmes des hommes dépourvus d'intelligence passent dans des corps de bêtes.

Le cadre est tout à fait différent pour Porphyre. Les sources lui attribuent des thèses différentes et même opposées, notamment un système complexe distinguant une première et une deuxième génération des âmes, ainsi que deux phases de choix pour les âmes lors de la première génération[3]. Selon Augustin, Porphyre refuserait la migration de l'âme humaine dans un animal[4], tandis qu'un texte de Némésius ne permet pas d'exclure avec certitude qu'il l'ait admise[5]. De toute manière, les sources ne présentent pas d'éléments conceptuels en contraste avec ce qui est affirmé dans notre fragment. Elles fournissent, tout au plus, des éléments théoriques pouvant être rapprochés du fragment. La doctrine relative à la migration de l'âme désirante, par exemple, peut être mise en rapport avec le témoignage d'Énée de Gaze. Bien que problématique, ce témoignage attribue à Porphyre et à Jamblique la thèse selon laquelle l'homme ne retourne pas en vie (ἀναβιῶναι) dans un âne, mais dans un homme asinien, ne revient pas dans un lion, mais dans un homme léonin[6].

Il apparaît alors plus économique et plus adapté de maintenir l'attribution du fragment indiquée par Jean Stobée, à savoir à Porphyre. Un dernier indice en ce sens, aussi faible soit-il, vient enfin de la position de l'extrait dans le chapitre de l'*Anthologion* qui, sous la forme dans laquelle il nous est parvenu, est riche en extraits de Porphyre, alors qu'il ne contient aucun passage de Plutarque.

1. *De esu carnium*, 998 D.
2. *De sera numinis vindicta*, 565 D.
3. Sur les différentes thèses que les sources attribuent à Porphyre, voir A. Smith, art. cit.; J. Carlier, « L'après-mort selon Porphyre » dans A. Charles-Saget (éd.), *Retour, repentir et constitution de soi*, Paris, Vrin, 1998, p. 133-160; H. Dörrie†, M. Baltes, *Der Platonismus in der Antike. Die philosophische Lehre des Platonismus*, Bd. 6.2 *Von der « Seele » als der Ursache aller sinnvollen Abläufe* (*Bausteine 151-181*), Stuttgart-Bad Cannstatt, Fromman-Holzboog, 2002, p. 376-7.
4. Fr. 300 Smith (= *civ. Dei*, X 30. 1-10; 16-20).
5. Fr. 447 Smith (= *nat. hom.*, 2. p. 34. 18-35. 11 M.).
6. Fr. 448 Smith.

ET LES MODERNES

POST-SCRIPTUM À L'ANTINOMIE DE L'ÊTRE ET DU DEVENIR[1]

MICHÈLE COHEN-HALIMI

> *... pour Nietzsche, c'est la volonté d'affirmer qui est première, la négation n'en est que l'envers, pas la condition mais l'autre face.*
>
> Monique Dixsaut, *Nietzsche par-delà les antinomies* (p. 309)

De quelle manière identifier le commencement d'une pensée ?

On s'est beaucoup interrogé sur l'achèvement ou l'inachèvement de l'œuvre de Nietzsche. Sur la folie comme partie intégrante, comme accomplissement de son œuvre ou comme facteur d'interruption d'une élaboration nouvelle. Deleuze soutenait l'idée que la pensée de Nietzsche avait été « brutalement interrompue par la maladie, avant qu'il ait pu écrire ce qui lui paraissait essentiel »[2]. Ma question n'est pas celle de la fin mais celle, apparemment symétrique, du commencement. En réalité, il me semble qu'interroger sérieusement la question du commencement de la pensée nietzschéenne revient à abolir dans la lecture ces partitions coutumières et trompeuses, opérées par la chronologie des œuvres.

Qu'est-ce donc qui, dans *La Naissance de la tragédie*, commence ? Et qu'est-ce qui de ce commencement va rester oblitéré, non déployé, quasi refoulé par la rencontre avec Wagner ? Si l'on veut bien admettre que la pensée nietzschéenne ne commence pas toute avec la *Naissance de la tragédie* mais qu'elle est précédée, puis souterrainement suivie dans ses marges, par des réflexions intenses sur les philosophes nommés par Nietzsche « préplatoniciens ». Si l'on se rappelle que Nietzsche, en 1867-1868, a le double projet d'un travail sur les écrits apocryphes de Démocrite et d'une thèse sur la téléologie, qu'il réfléchit par conséquent à l'anti-finalisme dans une perspective matérialiste, liée à sa lecture admirative de Lange. Si l'on ajoute à ces projets restés à l'état de notes, les leçons hebdomadaires qu'il consacre, dès le semestre d'hiver 1869-1870, aux philosophes

1. Cet article est la version remaniée d'une conférence publiée en portugais dans les Annales du VII Symposium de philosophie : « Jeu et musique » (Fortaleza, septembre 2006), Rio-São Paulo, Forense, 2008.

2. *Île et autres textes*, Paris, Minuit, 2001, p. 164.

préplatoniciens, leçons qu'il rédige après la parution de *La Naissance de la tragédie*. Si l'on ajoute encore la rédaction de *La Philosophie à l'époque tragique des Grecs* conçue comme un « pendant (*Gegenstück*) » à *La Naissance de la tragédie*, on ne peut que s'étonner de constater à quel point l'ascendant de Wagner sur le jeune Nietzsche a dû être puissant pour parvenir à détourner, à refouler, à réduire tout l'écheveau complexe de ce commencement philosophique nietzschéen et le faire disparaître dans l'intervalle silencieux qui sépare *La Naissance de la tragédie* des *Considérations inactuelles*. Or, ce qui se passe dans les intervalles multiples, qui lient les préplatoniciens à *La Naissance de la tragédie* puis celle-ci à la définition de la philosophie tragique, dessine les virtualités d'un commencement resté inaperçu dont l'actualisation sera toutefois moins empêchée que différée par Wagner.

Le commencement philosophique de Nietzsche est soumis à une stratification, il a sa face visible bien connue et sa face souterraine qui apparaît à partir de 1883-1884, après la mort de Wagner, au beau milieu du *Zarathoustra*. En effet, du 15 juin au 2 juillet 1884, Nietzsche séjourne à Bâle, il reprend en main tous ses textes philosophiques et philologiques de jeunesse, il se relit et, se relisant, sa pensée se réfléchit en progressant. Le relecture-écriture devient un trope fondamental de son art de penser : qu'on songe aussi bien aux préfaces de 1886 qu'à « Pourquoi j'écris de si bons livres » dans *Ecce Homo*. La pensée pense son commencement comme recommencement agonique, conflictuel. Un « regard lointain » la rapproche d'elle-même, elle régresse pour avancer, progresse par boucles et spirales. « La ligne droite n'est pas le plus court chemin » notait déjà le jeune Nietzsche lisant Démocrite[1], avant d'écrire, en 1884, sous le coup de sa propre relecture-écriture, un fragment intitulé « L'involontaire dans la pensée » :

> La pensée émerge, souvent composite et dans l'ombre de toutes celles qui se pressent autour d'elle. Nous l'en extrayons, nous la nettoyons, nous la mettons sur ses pieds et nous voyons comment elle *marche* – tout cela très vite ! Puis nous la faisons passer en jugement : penser est une sorte d'exercice de la justice qui comporte aussi l'audition des témoins. [...] – L'origine d'une pensée nous est cachée – : il y a une grande vraisemblance pour qu'elle soit un *symptôme* d'un état général [...] : dans le fait que ce soit justement *cette* pensée qui vient et pas une autre, qu'elle vienne justement avec cette clarté plus ou moins grande [...] dans tout cela s'exprime quelque chose d'un état général qui nous fait des *signes* –[2].

S'interroger sur le commencement, c'est-à-dire sur le non-commencement immédiat, sur le recommencement de la pensée préplatonicienne ou tragique, chez Nietzsche, revient à comprendre qu'une pensée ne se décide pas, qu'elle n'est pas la propriété du moi, qu'elle dépasse la connaissance et la conscience qu'on en a, qu'il y a des pensées qui, grandissant en nous jusqu'au point de notre capacité ou incapacité à les affirmer, dessinent le tableau clinique ou symptômal du sujet qui les conçoit. *Le Cas Wagner*, *Nietzsche contre Wagner* sont autant

1. *Sur Démocrite*, fragments inédits, trad. Ph. Ducat, Paris, Métailié, 1990, p. 37.
2. FP 26 (92) 1884.

d'index d'une justice rendue comme d'une maladie surmontée. La pensée nous saisit dans la désignation de nous-mêmes. Et cette désignation, quand elle accède à la conscience, est un conflit, une épreuve, un symptôme, un procès, en un mot : un *agon*... Nietzsche relisant ses notes philosophiques de jeunesse comprend soudain ce qu'on appelle penser. C'est le signe d'Héraclite dans l'*agon* de cette relecture, qui peut servir de fil conducteur pour tracer les lignes de développement, visibles et moins visibles, de la pensée nietzschéenne. Il ne s'agit donc pas de remonter à la source des premiers textes philologiques et philosophiques de Nietzsche, en quête d'une genèse de sa pensée, mais plutôt de suivre en le descendant le flux discontinu de cette source pour comprendre ce qui s'y maintient, ce qui s'y transforme, même dans le plus extrême éloignement.

Pourquoi Héraclite ?

Pour deux raisons, dont je définirai d'abord la première, qui est factuelle : il y a une éminence certaine de la référence à Héraclite dans l'amont et dans l'aval de la pensée nietzschéenne.

Dans l'amont, c'est-à-dire dans les *Leçons sur les préplatoniciens*, dans *La Philosophie à l'époque tragique des Grecs*, dans *La Naissance de la tragédie* et ses fragments, Héraclite appartient aux « types purs »[1] de l'esprit philosophique, qui précèdent l'hybride Platon, il est « le seul à avoir reconnu la régularité unitaire du monde »[2], le premier à avoir pensé « un devenir et un déclin dépourvus de toute justification morale »[3]. Un de ses concepts les plus grandioses, « créé du plus profond de l'âme grecque » est « le conflit comme action ininterrompue d'une *Dikè* unitaire »[4], autrement dit, l'idée de *polémos-dikè*, « idée spécifiquement hellénique introduite dans la philosophie » et définie par Héraclite dans la perspective d'une « Cosmodicée »[5]. Héraclite est encore ce philosophe, contemporain de Parménide, qui a l'« audace »[6] de nier l'être en général. Il est aussi le seul philosophe préplatonicien dont l'audace philosophique soit reprise dans *La Philosophie à l'époque tragique des Grecs* par le biais d'une très singulière prosopopée où Nietzsche semble s'écouter relire la thèse de *La Naissance de la tragédie* :

> Je contemple le devenir, s'écrie Héraclite, et personne n'a scruté si attentivement ce ressac et ce rythme éternel des choses. Et qu'ai-je vu ? Des processus réglés, des certitudes infaillibles, les voies toujours identiques de la justice [...], le spectacle d'une justice souveraine et de forces naturelles présentes en tous lieux comme des

1. *La Philosophie à l'époque tragique des Grecs* (noté désormais PhtG), dans *Œuvres*, « Bibliothèque de la Pléiade », Paris, Gallimard, 2000, p. 340.

2. *Ibid.*, p. 145.

3. *Ibid.*, p. 158.

4. *Ibid.*, p. 151.

5. *Ibid.*, p. 152.

6. *Ibid.*, p. 352.

> démons dont elles disposent. Ce n'est pas le châtiment de ce qui est devenu, mais la justification du devenir que j'ai observé... [1]

Désignée comme « transfiguration de la joute »[2] (*Verklärung des Wettkampfs*), la philosophie d'Héraclite ouvre au jeune Nietzsche un programme de travail dont il définit ainsi les quatre premiers moments (dans un ensemble de huit chapitres) :

> Chap. I : *Héraclite*. Développer le concept de la *joute* à partir d'Héraclite.
> Chap. II : *La Joute chez les Grecs*. Puis la joute dans l'État, dans le culte, dans l'éducation, dans la civilisation (Platon et les Sophistes) – Notons que ce projet de chapitre II s'est partiellement réalisé dans une des *Cinq Préfaces à cinq livres qui n'ont pas été écrits*, qui s'intitule « La joute chez Homère », et que Cosima reçoit en cadeau de Noël en décembre 1873.
> Chap. III : Combat de l'héroïco-mythique avec l'individualité.
> Chap. IV : La légende de l'agon[3].

Dans l'amont de l'œuvre nietzschéenne, Héraclite sert à arracher la philosophie tragique à la mythologie d'un savoir qui ne s'exerce plus, il anime un sens revécu de la pensée antique, il réactualise les significations du passé. Plus encore, il est le nom-signe que toute l'histoire de la philosophie a tenté de refouler dans l'oubli. Nietzsche rappelle, avec une attention par avance identificatoire et quasi prophétique, le destin des livres d'Héraclite, la solitude immense du penseur, ses aphorismes ésotériques, chargés de tenir à distance le bon sens et les appropriations réductrices. Avec Héraclite, le temps de l'histoire de la philosophie se révèle comme la contradiction d'évocation d'un autre temps, le temps préplatonicien, qu'il faut donc faire remonter à la surface, dont il faut prescrire l'intempestivité pour que revienne une pensée du devenir, libérée de tout finalisme, de toute norme et morale transcendantes, bref, pour que revienne une pensée du devenir innocent.

On n'est pas surpris de retrouver Héraclite dans l'aval de l'œuvre nietzschéenne, sous l'invention de la pensée de l'éternel retour, mais aussi dans de multiples fragments jalonnant l'année 1884 jusqu'au texte tardif de *Ecce Homo* où, relisant *La Naissance de la tragédie*, dans la séquence intitulée « Pourquoi j'écris de si bons livres », Nietzsche écrit ceci :

> ... la sagesse *tragique* fait défaut ; j'en ai moi-même, en vain, cherché des traces chez les *grands* Grecs, ceux des deux siècles qui ont précédé Socrate. Il me restait un doute au sujet d'*Héraclite*, dont la fréquentation me met plus à l'aise et me réconforte plus qu'aucun autre – L'acquiescement à l'impermanence et à l'*anéantissement*, le "oui" dit à la contradiction et à la guerre, le *devenir*, impliquant le refus de la notion même d'"être" – en cela, il me faut reconnaître en tout cas la pensée la plus proche de la mienne qui ait jamais été conçue. La doctrine de

1. *PhtG*, p. 352.
2. FP 16 (17) 1871-1872.
3. FP 16 (21) 1871-1872.

l'"éternel retour", c'est-à-dire du mouvement cyclique absolu et infiniment répété de toutes choses – cette doctrine de Zarathoustra *pourrait* tout compte fait, avoir été enseignée par Héraclite[1].

Pourquoi donc l'élection d'Héraclite pour saisir chez Nietzsche l'*agon* dans la pensée ? Pourquoi est-ce Héraclite, plutôt qu'un autre, qui est le plus capable de nous dire comment Nietzsche multiplie les antinomies ? La raison factuelle de la position éminente d'Héraclite pourrait se résumer en deux propositions :

1) Toujours « vivante », selon le mot de Nietzsche, la philosophie d'Héraclite (dont Hegel disait déjà qu'elle n'était pas « une philosophie passée »[2]) est celle dans laquelle vient abdiquer l'idée d'auteur et de commencement premier, pour une démonstration toujours plus prodigue de ce que signifie « penser ». Héraclite pourrait donc s'entendre comme le « nom verbal » de la pensée nietzschéenne. – Et Nietzsche lui-même comme le nom verbal de Platon lu par Monique Dixsaut ? – En grammaire, un nom verbal exprime l'action sans la référer à aucun agent. Par le nom d'Héraclite et en se proclamant lui-même « premier philosophe tragique »[3], Nietzsche désigne la puissance de désactualisation du moi, propre à l'acte de penser. Penser, c'est se découvrir autre pour l'avoir oublié, c'est devenir autre en l'apprenant. L'indistinction qui se produit pour Nietzsche entre son identité et d'autres identités procède de la conception héraclitéenne d'un *agon* où penser signifie différer de soi, s'opposer à soi, se tendre en discord avec soi-même. En un mot, pour Nietzsche, on est seul comme Héraclite quand on pense mais, si l'on pense, on est toujours deux. La pensée en acte commence dans le deux. Il suffit de relire ici le § 260 du *Gai savoir*, dont le titre « Une fois un » signifie déjà que l'algèbre singulière de la pensée est celle d'une élévation au carré du un dont la somme est étrangement un en deux ou deux en un. Deux en un, c'est l'algèbre nietzschéenne de la pensée, c'est le différer de soi à soi dans la pensée. Mais que dit Nietzsche dans ce texte du *Gai savoir* ? Il dit ceci : « – Un seul a toujours tort : mais avec deux commence la vérité – ».

2) Le style très singulier d'Héraclite, style laconique, réputé obscur, aux aphorismes ésotériques n'est pas sans évoquer celui de Nietzsche qui disait de l'Éphésien : « jamais un homme n'a écrit de façon plus claire ni plus lumineuse. Style très laconique en effet; donc bien entendu obscur pour ceux qui lisent en courant »[4]. Au-delà d'une simple affinité de style, Nietzsche trouve chez Héraclite l'écriture capable de prévenir le risque qu'encourt toute pensée, quand elle s'énonce et se communique, celui de tomber dans l'inertie des signes, de se rendre appropriable à l'entendement commun et de perdre en conséquence toute puissance d'impulsion, toute force de frayage au-delà des adhérences du bon sens. Comment le comprendre peut-il être intensifié par l'écriture sans jamais se

1. *Ecce Homo*, (noté *EH*), O.P.C. VIII, 288.
2. *Leçons sur l'histoire de la philosophie*, trad. P. Garniron, t. I, Paris, Vrin, 1971, p. 158.
3. *EH*, O.P.C., VIII, 288.
4. *PhtG*, *op. cit.*, p. 238.

soumettre à une forme arrêtée? On ne peut que rappeler ici l'étonnant paragraphe 296 de *Par-delà bien et mal*:

> Hélas, mes pensées, qu'êtes-vous devenues, maintenant que vous voilà écrites et peintes ! Il n'y a pas longtemps vous étiez si diaprées, si jeunes, si malignes, pleines de piquants et de secrètes épices qui me faisaient éternuer et rire – et à présent ? [...] Qu'écrivons-nous, que peignons-nous avec nos pinceaux chinois, nous autres mandarins, éterniseurs de choses qui *peuvent* s'écrire... ?

Héraclite est aussi le nom d'une tentative recommencée par Nietzsche de retourner contre elle-même la réprobation platonicienne, formulée dans le *Cratyle* (438 d), de la possibilité de phraser en organisant la lutte, le conflit, la rébellion, la *stasis* (selon le mot employé par Platon) des mots entre eux. On pense alors à la *stasis* des mots dans les énoncés d'Héraclite : « Nuit et Jour, c'est Un » (fr. 56). « Le chemin montant descendant est un et le même » (fr. 118 [60]). Enfin, fragment bien connu (fr. 51) et cité par Nietzsche[1] : « Ils ne comprennent pas comment ce qui discorde concorde avec soi-même: harmonie discordante, comme celle de l'arc et de la lyre. » Et, en écho, on entend chez Nietzsche la *stasis* des mots de Zarathoustra : « Cime et abîme – maintenant cela ne fait qu'un » (III, « Le voyageur »). Héraclite est le penseur qui écrit en nous arrachant à la maladie fixatrice des mots, il écrit à contre-sens – *stasis* –. Au-delà des similitudes de style, il s'agit de saisir la puissance agissante, dissolvante, que Nietzsche identifie dans les fragments d'Héraclite. Or, au cœur de cette reconnaissance se joue l'intérêt premier et constant de Nietzsche pour l'écriture musicale. Pourquoi? Parce qu'Héraclite, penseur du deux en un, de la discordance concordante, du devenir multiple, est pour Nietzsche celui qui court-circuite le plus violemment et le plus efficacement le vertige de l'Un : le problème kantien du schématisme, le problème hégélien de la médiation conciliatrice... Héraclite est le penseur de la différenciation différenciante mais non différenciée. D'où l'absence dans sa langue de la forme comprise comme *skhêma*, c'est-à-dire comme figure fixe. Au *skhêma*, Héraclite préfère le *rhythmos*, qui désigne originairement chez Démocrite le contour des composés d'atomes. Mais *rhythmos*[2], terme fondamental de la physique préplatonicienne, dérive de *rhein* (couler) et désigne donc à la fois une forme et un flux, ou encore, une forme en formation, une configuration changeante, « un concept fluide ». – Bergson n'est-il pas aussi le nom verbal du Nietzsche de Monique Dixsaut... ? – Le sens premier de *rhythmos* fut donc formel, physique avant d'être musical. Mais tirant parti de cette amphibologie constitutive du concept de *rhythmos*, Nietzsche va chercher du côté de la musique quelque chose d'équivalent à l'écriture plastique et fluide d'Héraclite, plasticité, fluidité, qui faisait dire à Socrate, selon le témoignage bien connu de Diogène Laërce, que lire Héraclite, c'est devenir nageur. Nietzsche joue ainsi le rhème contre le schème et tente, dans *La Naissance de la tragédie*, de prolonger cet *agon*

1. *PhtG*, *op. cit.*, p. 315.

2. Voir le remarquable livre de P. Sauvanet, *Le Rythme grec d'Héraclite à Aristote*, Paris, P.U.F., 1999, auquel je dois beaucoup sur ces points lexicaux et philosophiques.

forme/flux par l'invention d'une philosophie musicale, que Wagner saura mettre à son service. On peut alors se remémorer le chapitre 5 de la *Naissance de la tragédie* où Nietzsche rappelle que pour Schiller tout acte d'écrire naissait, procédait d'une « disposition musicale »[1].

La nage – pour autant que l'on ne se noie pas, pour autant que l'on ne patauge pas, comme dans la mélodie infinie de Wagner – mais aussi la danse et la marche sont chez Nietzsche autant de tropologisations du rhème, autant d'objections aux pensées métaphysiques de la forme, autant de résistances à la fixité du schème. Et le rhème lui-même, dans son double sens musical et formel, relève d'une pensée de l'*agon*, qui nous conduit, à présent, plus directement à la raison philosophique, et non plus seulement factuelle, du commencement pour ainsi dire héraclitéen de la philosophie nietzschéenne.

Il s'agit donc de montrer comment, conformément à son projet de jeunesse, Nietzsche n'a cessé de développer le concept (ou le rhème) héraclitéen de la joute : *l'agon*. Cette démonstration devrait nous permettre de relativiser la vérité d'un certain anti-hégélianisme des lectures deleuziennes de Nietzsche. Autrement dit, je ne crois pas que le rapport de la négation et de l'affirmation se distribue selon la polarité Hegel / Nietzsche, telle que Deleuze la définit. S'il est bien vrai que Hegel est le philosophe de la dialectique spéculative, de la pensée de l'affirmation conçue comme négation de la négation, il n'est pas si sûr que Nietzsche soit le penseur, comme le soutient Deleuze, d'une affirmation primordiale, étrangère à toute négativité. Sans doute est-il important de rappeler que le jeune Nietzsche, commençant son travail sur les philosophes préplatoniciens, écrivit à son ami Gersdorff, le 16 février 1868 : « j'ai résolu de décrire [...] *le sauvetage de la négation par la négation.* » L'élucidation de ce point litigieux – le point de l'anti-hégélianisme prêté à Nietzsche notamment par Deleuze – exige que le problème du rapport de Nietzsche à Hegel soit complexifié depuis une dette commune des deux philosophes à l'égard d'Héraclite.

L'*agon* d'Héraclite servira donc de pierre de touche permettant de réévaluer le rapport de Nietzsche à la dialectique hégélienne, et par suite à la négativité. Il faut tout d'abord rappeler dans quels termes vibrants Hegel, dans ses *Leçons sur l'histoire de la philosophie*, rend hommage à Héraclite qu'il tient pour son prédécesseur dans l'invention de la dialectique : « C'est [...] chez Héraclite qu'on doit rencontrer pour la première fois l'idée philosophique sous sa forme spéculative [...] il n'est pas une proposition d'Héraclite que je n'aie reprise dans ma logique »[2]. Ou encore : « Avoir reconnu qu'être et non-être ne sont que des abstractions sans vérité et que le premier vrai est seulement le devenir, est une vue profonde »[3]. Hegel ajoute enfin : « Passer de l'être au devenir est une grande pensée [...]. Ainsi cette philosophie n'est pas une philosophie passée, son

1. *La Naissance de la tragédie* (noté *NT*), dans *Œuvres*, *op. cit.*, t. I, p. 33.
2. *Leçons sur l'histoire de la philosophie*, t. I, trad. P. Garniron, Paris, Vrin, 1971, p. 153-154.
3. *Ibid.*, p. 158.

principe est essentiel et se trouve au début de ma logique, juste après l'être et le néant »[1].

Comment Héraclite peut-il être à la fois le précurseur de Hegel et le « nom verbal » de Nietzsche ? Il y a là un écheveau à démêler dont l'enjeu est bien le rapport de Nietzsche à la dialectique spéculative. Pour Hegel, Héraclite est celui qui est parvenu à distinguer opposition et séparation, puisqu'il a défini une harmonie qui, loin d'être imposée par un arbitrage extérieur, provient du jeu des déterminations : une harmonie qui ne vient pas d'un évitement de la différence mais qui naît du mouvement par lequel chaque élément, apparemment opposé sur le mode de la séparation, se rejoint, en réalité, dans son opposé. Le devenir nomme cette connivence incessante que le conflit, l'*agon*, ne fait qu'expliciter. Hegel peut ainsi reconnaître en Héraclite un précurseur mais un précurseur qui n'aurait pas encore atteint la pensée de l'*Aufhebung* et qui en serait resté à une dialectique arrêtée. Ce que Hegel identifie comme défaut sera défini par Nietzsche comme force. Il s'agit, dans un cas (le cas hégélien), d'ajouter à la tension différenciante de l'*agon* une relève pacifiante par où s'énonce *l'identité* de l'identité et de la différence, et, dans l'autre cas (le cas héraclitéen et nietzschéen), de retenir l'*agon*, le conflit contradictoire, dans la définition de l'harmonie et d'énoncer ainsi *la différence* de l'identité et de la différence. Ce qui se joue dans le différend héraclitéen opposant souterrainement Nietzsche à Hegel, c'est moins une pensée de l'affirmation qu'un véritable « sauvetage » par Nietzsche, selon ses propres termes prémonitoires, « de la négation par la négation ». Hegel remarquait d'ailleurs lui-même que, chez Héraclite, « le moment de la négativité est immanent »[2].

Pour Héraclite-Nietzsche, il s'agit d'affranchir la philosophie d'une harmonie conçue comme stabilité première ou à venir, il s'agit de libérer la métaphysique occidentale de l'invention leibnizienne, singulièrement tardive, longuement « incubée » (comme l'a remarqué Heidegger), du principe de raison suffisante, constitué en instrument de réfutation de l'auto-suffisance du devenir. Expliquer ce qui advient, expliquer un événement selon le principe de raison suffisante revient toujours à expliquer une rupture[3], un excès par rapport à un équilibre en postulant que l'équilibre est norme ontologique. Si Hegel se rend proche d'Héraclite en rompant puissamment avec l'éminence du principe de contradiction et en affirmant, dans *La Science de la logique*, l'effectivité de la contradiction, il reste, selon Nietzsche, tributaire du principe de raison suffisante. Pour Héraclite-Nietzsche, il n'y a aucune réponse à attendre de la question « Pourquoi telle chose plutôt que telle autre ? », le hasard est souverain, le devenir est auto-suffisant, l'*agon* ne sert la manifestation d'aucun Esprit, d'aucune norme, d'aucune justice, il est lui-même, et à lui seul, justice :

1. *Leçons sur l'histoire de la philosophie*, *op. cit.*

2. *Ibid.*, p. 159.

3. G. Lebrun a magnifiquement analysé ce point dans *L'Envers de la dialectique*, Paris, Seuil, 2004.

> Héraclite n'a [...] aucune raison d'*être obligé* de prouver (alors que Leibniz en avait une) que ce monde est de surcroît le meilleur possible ; il lui suffit qu'il soit le beau jeu innocent de l'*Aiôn* [...] Mais si l'on voulait poser à Héraclite la question suivante : Pourquoi le feu n'est-il pas tantôt de l'eau et tantôt de la terre ?, il se contenterait de répondre précisément : "C'est un jeu, ne le prenez pas au tragique et surtout ne le considérez pas d'un point de vue moral !"[1].

Le langage de la raison suffisante tombe avec le langage du principe de contradiction. « Peut-être y a-t-il un domaine de la sagesse dont le logicien serait banni ? » énonce le chapitre 14 de *La Naissance de la tragédie*. Et ce qui tombe également, ce sont les catégories de la signification réconciliatrice, c'est l'idée même de réconciliation. L'affirmation du jeu et de son innocence, la transfiguration héraclitéenne de la joute qui, dit Nietzsche, « exècre la suprématie d'un seul »[2], restituent au devenir son pur advenir. Il faut donc penser la dialectique héraclitéenne, qui définit la joute, comme le devenir multiplicité de l'un dans et par un procès immanent d'auto-différenciation infini. La justice est ce procès même du conflit :

> il (Héraclite) lui fut [...] impossible de considérer les couples en lutte séparément de leurs arbitres ; les juges semblaient eux-mêmes combattre et les combattants arbitrer leur lutte [...] il est allé jusqu'à s'écrier : "le combat au sein du multiple est lui-même la seule justice !" Et plus généralement : l'un est le multiple[3].

Reste une question de taille : si l'on comprend la joute héraclitéenne comme dialectique négative, comme suspens antidaté par Nietzsche de l'*Aufhebung* hégélienne, comme tension contradictoire sans union des opposés, plus encore, comme procès de différenciation incessant sans détermination oppositive des différenciés, peut-on alors suivre Deleuze dans sa stigmatisation générale de la dialectique ? N'y a-t-il, comme Deleuze semble l'accréditer dans son livre sur Nietzsche, qu'une seule signification de la dialectique, celle spéculative de Hegel ? L'enjeu du différend hégéliano-nietzschéen, qui se noue autour du nom d'Héraclite, ne consiste-t-il pas précisément, pour Nietzsche, à fracturer l'hégémonie hégélienne dans le champ dialectique sans pour autant sortir d'une pensée dialectique ? Nietzsche n'ouvre-t-il pas en le multipliant le sens unique de la dialectique ? Des dialectiques par-delà *la* dialectique...

Je ne suis, à vrai dire, plus très sûre de bien comprendre Deleuze, quand il écrit dans son *Nietzsche et la philosophie* : « A l'élément spéculatif de la négation, de l'opposition ou de la contradiction, Nietzsche substitue l'élément pratique de la différence... » (p. 10) ; ou quand il déprécie l'importance de *La Naissance de la tragédie* en raison de la ressemblance qu'il croit déceler entre l'*Aufhebung*

1. *PhtG*, chap. VII, p. 361.

2. *La Joute chez Homère*, dans *Œuvres*, *op. cit.*, p. 319. *Cf.* p. 318-319 : « Les Ephésiens : "Chez nous, personne ne doit être le meilleur; mais si quelqu'un le devient, que ce soit ailleurs et chez d'autres." Pourquoi personne n'aurait-il le droit d'être le meilleur ? Parce qu'ainsi la joute finirait par disparaître et que le fond éternel qui est au principe de la vie de l'État grec serait mis en péril ».

3. *PhtG*, p. 356.

hégélienne et « l'antithèse Dionysos-Apollon, dieux qui se réconcilient pour résoudre la douleur ». Je ne comprends pas bien non plus Deleuze quand, inféodant Nietzsche à son combat farouchement anti-hégélien, il résume la philosophie nietzschéenne en ces termes : « l'affirmation différentielle contre la négation dialectique » (p. 19). Il me semble que l'histoire de la philosophie est lue par Nietzsche au travers d'un prisme héraclitéen et qu'à travers ce prisme, Nietzsche peut soupçonner un évitement, un contournement répétés de la dialectique, comprise comme conflit insoluble : Kant réintroduit l'éristique dans la philosophie[1], retourne l'attention vers la dialectique pour l'étouffer aussitôt sous une « discipline de la raison », Hegel invente la fameuse *Aufhebung*, par laquelle la contradiction déployée, conservée, s'auto-dépasse pour révéler la manifestation d'un sens ou d'un non-sens.

Faire retour à la joute d'Héraclite ne signifie donc, pour Nietzsche, ni renoncer à la dialectique, ni à la négativité mais en exhumer pour le réinventer tout ce qui d'elles a été occulté, réduit par l'histoire philosophique. Héraclite a distingué opposition et séparation, il a pensé une harmonie procédant du jeu même des déterminations contradictoires et non de leur dissolution. L'harmonie héraclitéenne, remise à l'honneur par Nietzsche, ne vient donc pas de ce qu'on aurait réussi à surmonter la négation différenciante mais naît du mouvement par lequel chaque élément apparemment opposé sur le mode de la séparation se rejoint dans son opposé. Le devenir définit ainsi une connivence explicitée par le conflit. Deleuze voulant expurger ce conflit et cette connivence de toute négativité en est venu, symptomatiquement, à ontologiser le devenir :

> (Héraclite) *a fait du devenir une affirmation*. Or il faut longtemps réfléchir pour comprendre ce que signifie faire du devenir une affirmation. Sans doute est-ce dire, en premier lieu : il n'y a que le devenir. Sans doute est-ce affirmer le devenir. Mais on affirme aussi l'être du devenir, on dit que le devenir affirme l'être ou que l'être s'affirme dans le devenir. Héraclite a deux pensées [...] l'une selon laquelle l'être n'est pas, tout est en devenir ; l'autre selon laquelle l'être est l'être du devenir en tant que tel (*Nietzsche et la philosophie*, p. 27).

Deleuze doit donc prêter deux pensées à Héraclite pour sauver l'affirmation du devenir de toute connivence possible avec la négativité. Et que fait-il pour éviter que le procès du devenir ne trahisse la négativité qui lui est immanente ? Il reconvertit le devenir en cela même dont le devenir était la négation : l'être, il ontologise le devenir. Or, Nietzsche ne faisait-il pas d'Héraclite son *alter ego* philosophique en raison de l'audace qui avait été la sienne, celle de nier l'être lui-même ?

Ce qu'il faut donc tenir ensemble est qu'Héraclite nie l'être et affirme le devenir. Non pas deux pensées mais deux fois la même, deux en une. Quelle est alors cette négativité en jeu dans la joute héraclitéenne et si constamment étouffée par l'histoire de la philosophe que Nietzsche doive envisager son sauvetage ?

1. Cette histoire réprimée de la dialectique a été bien mise en lumière par G. Lebrun dans *L'Envers de la dialectique*, *op. cit.*

Dans le jeu héraclitéen, l'altérité n'est pas à concevoir comme négation du même ni comme entité en-dehors du même. Il n'y a pas pour Héraclite, Hegel l'avait bien vu, d'en soi et de pour soi des entités opposées. La négativité est immanente à la relation d'une chose avec l'autre dont elle est l'autre, l'altérité est infiniment relative, la relation ne fixe jamais ses termes, toute présence à soi est abolie, puisque chaque soi se perd, se forme, se reperd dans ce qu'il n'est pas :

> Héraclite est celui qui comprend le cours du devenir comme [...] le dédoublement d'une même force en deux activités qualitativement différentes, opposées mais qui tendent à se joindre [...] les qualités qui nous paraissent durables n'expriment (en conséquence) que l'avantage momentané de l'un des deux lutteurs.

La forme n'est donc qu'une stabilisation furtive du conflit, une figure en équilibre instable, puisqu'elle n'arrête pas le mouvement mais l'épouse : rhème ou « concept fluide » est sa définition la plus juste. Un devenir sans négativité conduirait à penser une coexistence non antagonique de formes. Nietzsche a défini une telle coexistence non contradictoire par la catégorie ironique du caméléon : les caméléons, dit-il, « ne sont pas en contradiction avec eux-mêmes [...] leurs états se juxtaposent, même s'il leur arrive d'être séparés jusqu'à sept fois. Ces êtres changent, ils ne *deviennent* pas »[1].

La philosophie héraclitéenne du négatif pourrait ainsi se définir comme une philosophie de l'ambiguïté primordiale ou encore, pour reprendre le concept le plus fort du premier chapitre de *La Naissance de la tragédie*, comme une philosophie de la duplicité : *die Duplizität* est le concept, fort peu hégélien au demeurant, que Nietzsche choisit pour qualifier la relation de Dionysos à Apollon. Autrement dit, l'union de ces deux pulsions, apollinienne et dionysiaque, ne peut pas se comprendre comme une synthèse ou une antithèse d'entités pulsionnelles constituées par avance dans leur différence réciproque, elle est plutôt l'expression d'une ambiguïté primordiale de chacune rapportée à l'autre. Car chacune de ces deux pulsions se dit dans l'autre comme autre de l'autre. La forme ne se conçoit pas sans l'hybris dont elle est la limite et qui l'excède déjà. Il faut la tension contradictoire de l'*agon* héraclitéen pour percer le mystère de cette union tragique que Nietzsche compare significativement à l'union des sexes : que serait le féminin et le masculin, considérés chacun isolément ou en soi ? Le féminin et le masculin, comme l'apollinien et le dionysiaque, se lient et se différencient depuis leur duplicité respective, la *négativité* qui leur est immanente et intime est « l'envers », « l'autre face » de l'*affirmation* de leur différence.

Nietzsche lui-même n'aura cessé de se dire double, double en tête de Janus, double dans la filiation qui le fait fils d'un père mort et d'une mère vivante, double dans son regard éloigné vers sa maladie wagnérienne, double quand il pense, double quand, avec Héraclite, il atteint le noyau intime de la dialectique hégélienne et semble l'épouser au point d'y tromper plus d'un lecteur, et finalement la décapite au sommet de sa relève. Il résumait lui-même le sens de sa duplicité

1. Cité par P. Klossowski dans *Le Cercle vicieux*, Paris, Le Mercure de France, 1969, p. 135.

dans le *Crépuscule des idoles*: « On n'est *fécond* qu'à ce prix : être riche de contradictions »[1].

La préposition allemande « *gegen* » dont le sens est aussi bien celui, intime, de « tout près », « tout contre » que celui, adversatif, d'une opposition pourrait servir à résumer et saisir le geste de l'*agon* nietzschéen, qui refuse de neutraliser le conflit, qui affirme la lutte, l'opposition, la négation mais qui court-circuite tout dessein d'en résoudre les tensions. Et cette résistance à la neutralisation de l'*agon* dans la pensée introduit, chez Nietzsche, à la seule vertu du penseur, la probité, magnifiquement définie par *Aurore* (§ 370) :

> Ne jamais réprimer ni te taire à toi-même une objection que l'on peut faire à ta pensée ! Fais-en le vœu ! Cela fait partie de la probité première de la pensée. Tu dois chaque jour mener campagne contre toi-même[2].

Sauver la négation par la négation était le projet du jeune Nietzsche. Ce sauvetage s'avère être d'envergure. Je me demande si nous en avons suffisamment pris conscience… Et je remercie, pour cette raison, Monique Dixsaut de l'inactualité de son *Nietzsche*…

1. *Crépuscule des idoles*, OPC VIII, 84.
2. Cf. *Humain trop humain*, OPC III, 15 et III, 18-19 : « Mes ouvrages parlent *uniquement* de mes victoires : c'est "moi" qu'ils contiennent avec tout ce qui m'était ennemi. » et « C'est ainsi, solitaire désormais […] que […] je pris parti *contre* moi-même et *pour* tout ce qui me faisait mal, juste à moi, et m'affectait durement ».

LA PASSION DE LA SCIENCE RIGOUREUSE. « TRIEB UND METHODE » : NATORP LECTEUR DU *PHÈDRE*

GIANNA GIGLIOTTI

S'il est vrai que « l'oscillation entre [...] deux conceptions de la philosophie – savoir du tout de ce qui est, négation de toute totalité constituée au nom de l'exigence du principe – [...] traverse toute l'histoire de la philosophie, [...] en adoptant [d'autres] formes d'opposition : [...] science rigoureuse ou savoir absolu contre passion de la connaissance »[1], le lien inextricable entre ces deux conceptions qui apparaît clairement dans les écrits de Paul Natorp consacrés au *Phèdre* revêt non seulement un intérêt purement historiographique, mais montre aussi comment les deux conceptions peuvent s'influencer l'une l'autre. Dans l'interprétation que donne Natorp de son « *leidenschaftlich geliebten Plato* »[2], sur lequel il s'est penché avant même de s'intéresser à Kant et dont il considère la lecture comme « l'initiation à la philosophie »[3], sont présentes aussi bien la « passion » de la direction centrifuge vers « la périphérie », vers le « tout de ce qui est » qu'il doit être possible de s'approprier dans les différentes modalités du connaître et du faire, que la « direction centripète » vers « le centre », vers l'unité du principe selon lequel ce connaître et ce faire sont possibles. J'ai volontairement utilisé la métaphore, chère à Natorp, de « direction centrifuge » et « centripète » pour souligner qu'il ne s'agit pas là d'une lecture purement kantienne de Platon, ce qui lui a souvent été reproché. Cette demi-vérité risque d'ailleurs de devenir sinon une erreur d'interprétation, du moins un lieu commun[4]. Il s'agit au contraire d'une lecture qui d'un côté, témoigne de l'extrême rigueur philologique

1. Monique Dixsaut, *Platon et la question de la pensée. Études platoniciennes I*, Paris, Vrin, 2000, p. 18.

2. *Cf.* P. Natorp, « Selbstdarstellung », dans R. Schmidt (éd.), *Die deutsche Philosophie der Gegenwart in Selbstdarstellungen*, Band I, Leipzig, Meiner, [1921] 2e éd. 1923, p. 163.

3. P. Natorp, *Platos Ideenlehre. Eine Einführung in den Idealismus*, Leipzig, Dürr, 1903, p. v (désormais *PI*) ; 2e éd. Leipzig, Meiner, 1921 (désormais *PI2*).

4. Julien Servois représente en cela une exception. Cf. *Paul Natorp et la théorie platonicienne des Idées*, Villeneuve d'Ascq, Presses Universitaires du Septentrion, 2004, p. 16 : « la conceptualité kantienne est pour Natorp *le moyen* nécessaire pour mettre au jour [le] *logos* et non une "grille" conceptuelle imposée à un sens déjà constitué ».

de Natorp, de l'autre, montre comment, dès les dernières décennies du XIXe siècle et tout au long de sa vie, l'étude de Platon a été déterminante dans le parcours philosophique de Natorp. Le Platon de Natorp n'est pas un brillant exercice d'historiographie néo-kantienne, c'est à tous les égards le témoignage de la présence et de l'importance de Platon dans la pensée allemande entre la fin du XIXe et le début du XXe siècle. En se référant à Platon, Natorp utilise déjà l'image du retour à l'origine. En 1889, il écrit à propos de la critique de la rhétorique qui est supposée être le thème principal du *Phèdre* : « Ou ne devons-nous pas plutôt citer l'un de ces exemples extrêmement significatifs de la *façon* platonicienne (*die platonische Art*) de pénétrer de la coquille au noyau, d'une extériorité que chacun est en mesure de saisir au cœur d'une intériorité que personne n'avait jamais soupçonnée ? »[1]. Cette *façon platonicienne* n'inspirera-t-elle pas la philosophie néo-kantienne comme *méthode* ?

Selon Gadamer, Natorp aurait attendu que Cohen quitte Marburg pour « donner libre cours aux élans, longtemps réprimés que suscitaient en lui la mystique et la musique »[2]. Bien que nous n'ayons aucune raison valable de mettre en doute le témoignage direct d'un élève particulièrement attentif et doué, il n'est pas pour autant illégitime de rechercher, grâce à une lecture des textes et à leur datation, une trace de ces mêmes élans dans des textes bien antérieurs. Mais de ce fait même, ils acquièrent un sens un peu différent, parce que, d'une part, ils ont toujours existé et que, de l'autre, ils ont toujours été étroitement mêlés à la force du *logos*.

Natorp s'attaque à l'interprétation de Platon, et du *Phèdre* en particulier, au moment crucial où prévaut la méthode stylométrique appliquée à la langue des Dialogues[3], selon laquelle il ne suffit plus de déterminer la fréquence de certains termes, mais il est aussi nécessaire de rechercher des stylèmes particuliers. Il n'est pas prêt à transiger sur ses propres capacités de rigueur philologique. « Je n'ai certes pas l'intention de renier l'École philosophique à laquelle on me rattache et à laquelle moi-même je me rattache. Mais j'attribue une certaine importance au fait d'être également reconnu comme le disciple d'une autre École, à savoir celle

1. P. Natorp, « Platons *Phädros* », *Philologus. Zeitschrift für das classische Altertums*, 48, 3, 1889, 428-449 ; 48, 4, 1889, 583-628 : p. 430 (c'est moi qui souligne).

2. H.-G. Gadamer, *Philosophische Lehrjahre- Eine Rückschau*, Vittorio Klostermann, Frankfurt am Main, 1977, p. 225.

3. *Cf.* P. Natorp, « Über die Methode der Chronologie platonischer Schriften nach sprachlichen Kriterien », *Archiv für Geschichte der Philosophie* 11, 4, 1898, p. 461-464. Voir aussi le compte-rendu de Lutoslawski, *The Origins and Growth of Platos Logic* redigé par Natorp, *Preussische Jahrbucher* 90, 3, 1898, p. 347-352. Lutoslawski insiste longuement sur les aspects positifs de la stylométrie dans une lettre à Natorp, envoyée de Londres et datée du 10 juin 1897, dans laquelle il oppose « la nouvelle science de la stylométrie » aux « résultats insatisfaisants de la précédente statistique linguistique », en reconnaissant cependant que ces méthodes ne permettent pas d'arriver à des « conclusions indiscutables ». (Je remercie la Universitätsbibliothek Marburg de m'avoir autorisée à utiliser les lettres de Lutoslawski à Natorp, qui sont encore manuscrites et inédites. Je me réfère ici à la côte : Hs 831 : 181).

de la Philologie de Bonn »[1], écrit-il fièrement en s'opposant à tous ceux qui lui reprochent un manque d'adhérence aux textes en raison de la forte empreinte spéculative de son ouvrage, *Platos Ideenlehre*.

Entre 1889 et 1900, Natorp a consacré trois longs essais au problème de la datation du *Phèdre* – et bien sûr, à son interprétation[2]. Au cours de ces années, il s'est lancé dans de laborieuses recherches de mots, de lexèmes et de leur fréquence, en travaillant en parallèle avec Lutoslawski[3]. En prenant en considération les différentes recherches effectuées avant qu'il commence à rédiger ses propres travaux, et en tenant compte du fait que la datation du *Phèdre* semble décisive pour fixer les rapports chronologiques entre les différents Dialogues selon la méthode stylométrique[4], autant que l'on puisse en juger à partir des études contemporaines de celles de Natorp, quelle importance revêt pour lui, tout particulièrement, la datation du *Phèdre* ?

Il est avant tout nécessaire de rappeler comment, malgré une scrupuleuse attention pour tous les apports de nature « extérieure » qui peuvent servir à fixer la séquence des Dialogues, Natorp reste convaincu que les arguments les plus forts sont toujours ceux qui dérivent du contenu théorique et conceptuel des écrits ; il

1. Paul Natorp, *Über Platos Ideenlehre*, Berlin, Reuther & Reichard, 1914, p. 18. (désormais *UPI*). Une certaine prise de distance par rapport à la philologie est décelable dans l'article, très critique, de Wilamowitz sur le *Platon* de ce dernier. *Cf.* « Platon. Von Prof. Dr. Paul Wilamowitz-Moellendorffs », paru dans le *Frankfurter Zeitung* du 26.6. 1921 (65 Jahrg. Nr. 466). Natorp, faisant allusion à la nouvelle édition de *Platos Ideenlehre* qui venait d'être publié, écrit que ce qui l'avait amené à pousser plus loin son analyse de Platon donnée en 1902 n'avait pas été un travail « *historisch-philologischer* », du genre de celui qu'avait effectué Wilamowitz, dont il reconnaissait par ailleurs le grand mérite, mais le fait de se plonger toujours plus profondément dans la « vie de la pensée platonicienne ». Il est clair qu'il ne s'agissait pas vraiment de revoir l'image de Platon telle quelle avait été définie durant les années de la philologie, mais plutôt de chercher désormais chez Platon une réponse à la situation spirituelle du tragique après-guerre en Allemagne, comme cela apparaît clairement dès les premières phrases de l'article. Un livre axé sur « *Platons Zeitliches, nicht was mit ihm Zeitloses in die Zeit eingetreten ist* » risquait fort d'être incompréhensible pour les jeunes gens au sortir de la guerre.

2. Il s'agit de « Platons *Phädros* », art. cit. ; de son article en trois parties intitulé « Untersuchungen über Platos *Phaedrus* und *Theaetet* » *Archiv für Geschichte der Philosophie*, 12, 1, 1899, Erstes Stück, 1-49, Zweites Stück, 159-186 et 13, 1, 1900, Drittes Stück, 1-22 ; et de « Platos *Phaedrus* », *Hermes. Zeitschrift für classische Philologie*, 34, 1900, 385-436.

3. Dans le *Nachlass* de Natorp, qui se trouve à l'Universitätsbibliothek Marburg, sont conservées les nombreuses lettres de Lutoslawski à Natorp écrites dans les années 1895-1902, – (mais les lettres les plus longues sur Platon datent des dernières années du XIXe siècle) – c'est-à-dire au moment crucial où Natorp se consacre à sa lecture de Platon. Ce même fascicule contient également des notes manuscrites de Natorp avec le calcul de la fréquence de stylèmes et de termes des Dialogues platoniciens. Avec l'autorisation de la Bibliothèque, je publie en appendice quelques pages de ces lettres inédites.

4. *Cf.* H. von Arnim, *Platos Jugenddialoge und die Entstehungszeit des Phaidros*, Stuttgart, Teubner, 1914 (= Amsterdam, Hakkert, 1967), p. 156. Natorp possédait cet ouvrage dans sa bibliothèque, ainsi que l'ouvrage précédent du même auteur, *Sprachliche Forschungen zur Chronologie der platonischen Dialogen*, Sitzungberichte der Kais. Akademie der Wissenschaften in Wien, Philosophisch-Historische Klasse, Bd. 169, Abh. 3, Wien, 1912. Dans la correspondance avec Lutoslawski, il apparaît clairement qu'il s'agit d'un auteur auquel Natorp attribue une certaine importance.

reste en somme fidèle à la philologie philosophique de Schleiermacher et de Boeckh pour lesquels la *platonische Frage* relève à la fois de la philologie et de la philosophie étant donné que Platon a une importance particulière pour cette dernière, car il en constitue « *das Haupt und der Vater* »[1]. Natorp exprime d'ailleurs quelques réserves par rapport à la méthode stylométrique : « Theodor Gomperz a osé affirmer que la question platonicienne est désormais "en grande partie résolue". Sa conviction se fonde principalement sur les résultats des recherches linguistiques et stylistiques. Or, autant je suis désormais moi-même convaincu que dans chaque question concernant la chronologie des écrits platoniciens, les critères de la langue et du style nécessitent une extrême attention, autant je me suis moi-même efforcé de vérifier les résultats statistiques obtenus jusqu'à aujourd'hui et d'en améliorer la méthode, [...] et autant ces efforts m'ont pleinement convaincu que la perspective de trancher une fois pour toutes ces questions sur une telle base est illusoire, et qu'il est en tout cas inadmissible de prétendre y être parvenu »[2]. Comme toujours, Natorp est particulièrement attentif à la pensée de Schleiermacher, tout en s'écartant ici de son point de référence principal qui est Usener[3]. Je pense même que l'interprétation que Schleiermacher donne de la dialectique platonicienne a été très importante pour Natorp[4] qui possédait aussi bien les *Sämmtliche Werke* de Schleiermacher que sa traduction des Dialogues de Platon et l'édition originale des œuvres de Platon éditées par Stallbaum. Mais il faudrait se demander dans quelle mesure la conception de Schleiermacher relative à la dialectique comme *Kunstlehre*, c'est-à-dire comme discipline technique avec une fonction constitutive par rapport aux savoirs réels, a pu influencer Natorp. Dans son *Introduction* à la traduction du *Phèdre*, Schleiermacher affirme que les discours de la première partie du dialogue sont importants non pas pour leur objet, mais pour la manière d'argumenter. En d'autres termes, déjà pour lui les différents sous-titres du dialogue, « Du beau », « De l'amour », « De l'âme » étaient en quelque sorte trompeurs, étant donné que ces objets n'étaient pas le vrai sujet de Platon qui s'intéressait au contraire à la

1. *Cf.* E. Bratuscheck, « August Boeckh als Platoniker », *Philosophische Monatshefte*, Berlin, 1868, Band I, Viertes und fünftes Heft, p. 257-349 : p. 264. Du même auteur, voir aussi « Friedrich Schleiermacher », *Philosophische Monatshefte*, Berlin, 1868, Band II, Viertes und fünftes Heft, p. 1-22.

2. Paul Natorp, « Platos *Phaedrus* », art. cit., p. 385. Von Arnim (*Platos Jugenddialoge...*, *op. cit.*, p. 155-156) fait au contraire preuve d'une plus grande confiance dans la méthode stylométrique ; ce dernier place le *Phèdre* après le *Théétète*, la *République* et le *Parménide*. Au sujet des limites de la méthode stylométrique, voir, par exemple, T.M. Robinson, « The Relative Dating of the *Timaeus* and *Phadreus* », dans L. Rossetti (éd.), *Understanding the* Phaedrus, Proceedings of the IInd Symposium Platonicum, Sankt Augustin, Academia Verlag, 1992, p. 23-30. (Selon les nouvelles méthodes statistiques proposées en 1959 et revues en 1970, on aurait la séquence : *Phèdre*, *République*, *Timée*, *Sophiste*, *Critias*, *Philèbe*, *Lois*).

3. *Cf.* « Platons *Phädros* », art. cit, p. 428.

4. Sur la similitude des positions de Boechk et de Schleiermacher dans le fait d'attribuer à la dialectique platonicienne une grande importance dans la définition de l'aspect « formel et méthodique » des sciences, *cf.* Bratuscheck, « August Boeckh als Platoniker », art. cit., p. 274.

« vraie essence de la *Redekunst* », dont le fondement se trouve dans la dialectique[1].

Dans la *Dialectique*, Schleiermacher écrit que « selon Platon, avec l'art du dialogue doivent aussi être donnés les principes suprêmes de l'art de philosopher et la construction de la totalité du savoir[2] », et il revient constamment sur le sujet de la connexion (*Zusammenhang*). La philosophie comme science rigoureuse – Schleiermacher s'étend longuement sur le lien entre *Wissenschaft* et *Kunstlehre* – est essentiellement dialectique parce qu'elle vise aussi bien les principes suprêmes que la connexion et la construction de la totalité. « S'occuper des principes et de la connexion du savoir est l'objet de la philosophie »[3]. Cela signifie donc que la dialectique et la philosophie coïncident – comme le pensait Platon – dans la mesure où la philosophie a un rôle essentiellement méthodique : « la construction de la connexion du savoir présuppose le savoir lui-même, et elle n'est que consécutive au savoir réel [...]. Nous ne prétendons pas posséder le savoir du principe autrement que dans la construction du savoir réel »[4]. Dans son *Introduction* de 1804 à la traduction des Dialogues, Schleiermacher insistait sur l'importance particulière du *Phèdre* pour définir un aspect de la dialectique comme discipline à la fois technique et artistique, en donnant à cette dernière expression le sens de la capacité de donner forme, du *Trieb* qui met en communication[5]. Que le premier dialogue important sur le thème de l'*érôs* soit aussi le premier dialogue qui ait pour thème la dialectique est un élément décisif dans l'interprétation de Natorp. Décisif également pour tenter de déterminer la date du *Phèdre*. Schleiermacher, comme nous le savons, considérait le *Phèdre* comme un dialogue programmatique et il le plaçait au début de tout le parcours philosophique de Platon (qui désormais avait pris ses distances avec Socrate), surtout à cause du style plein d'élan et d'enthousiasme[6].

1. Je cite à partir de l'édition en CD-Rom des *Platons Ausgewählte Werke*, Bd. 5, hrsg. von H. Conrad.

2. F.D.E. Schleiermacher, « Vorlesungen über die Dialektik », dans *Kritische Gesamtausgabe, Vorlesungen II/10/1-2*, hrsg. v. A. Arndt, Berlin-New York, W. de Gruyter, 2002, p. 399.

3. *Ibid.*, p. 418.

4. *Ibid.*, p. 229-231.

5. *Cf.* Schleiermacher, « Einleitung », dans *Kritische Gesamtausgabe*, *op. cit.*, I/1, p. 65-66. Consulter également : Theo Kobusch, « Platon nach Schlegel, Schleiermacher und Solger », dans Theo Kobush und Burkahrd Mojsisch (hrsg.), *Platon in der abendländischen Geistesgeschichte*, Darmstadt, Wissenschaftliche Buchgesellschaft, 1997, p. 210-225 ; A. Laks, « Platonisme et système chez Schleiermacher : des *Grundlinien* à la Dialectique » dans A. Laks, A. Neschke (éd.), *La Naissance du paradigme herméneutique. Schleiermacher, Humboldt, Boeckh, Droysen*, Lille, Presses Universitaires du Septentrion, 1990, p. 155-181 ; Y. Lafrance, « F. Schleiermacher, lecteur du Phèdre de Platon », dans L. Rossetti, *Understanding the* Phaedrus, *op. cit.*, p. 209-213.

6. *Cf.* Schleiermacher, « Introduction à la traduction du *Phèdre* » : la preuve de la « *Jugendlichkeit des Werkes* » se trouve « *in der ganze Art und Farbe desselben* ». Dans sa longue et importante préface à l'édition du dialogue pour Les Belles Lettres (1933) Robin écrit : « Schleiermacher avait cru trouver dans le *Phèdre* le programme de toute la philosophie de Platon, programme tracé dans l'enthousiasme d'une jeunesse inspirée ; [...]. L'invraisemblance psychologique d'une telle conception suffirait à la condamner. Cependant il n'était pas faux de regarder le *Phèdre* comme un raccourci de l'ensemble [...]. L'erreur de Schleiermacher a été de s'imaginer une telle anticipation figeant, pour cinquante ans

S'appuyant également sur Wilamowitz, Natorp tend au début (1889) à considérer le *Phèdre* comme une œuvre de jeunesse; puis, suite aux études basées sur la stylométrie et après que Wilamowitz et Gomperz furent revenus sur leur position, il entreprend lui aussi de réviser la sienne[1], tout en prenant ses distances par rapport à la méthode stylométrique[2]. Pour lui, elle présuppose en effet que le développement du style soit progressif et continu, si bien qu'une proximité stylistique peut être considérée comme preuve d'une proximité chronologique. Mais Natorp objecte que chez Platon l'évolution stylistique n'est pas linéaire, et que l'on ne peut pas considérer comme un critère valable *a priori* l'hypothèse selon laquelle la fréquence de certaines tournures est toujours proportionnelle à la longueur du texte[3]. La ligne directrice selon laquelle Natorp interprétera les Dialogues sera donc plutôt fondée, d'une part, sur la manière dont évolue la

au moins, la pensée de Platon dans un moule préfiguré» (p. VI-VII). Natorp avait écrit («Platos *Phaedrus*», art. cit., p. 404-05): «Par conséquent, Schleiermacher avait raison d'affirmer qu'il faut voir dans le *Phèdre* un programme de la philosophie platonicienne – ainsi qu'une "*epideixis*" du point de vue du contenu – et non pas une exposition qui prétende arriver à des conclusions définitives ne serait-ce que sur les questions essentielles de la philosophie. Mais il en a conclu beaucoup trop rapidement que pour cette raison, le dialogue doit avoir été conçu au tout début de l'activité d'écrivain de Platon. Et en effet, il s'agit bien d'un début, mais c'est le début de la démarche philosophique propre à Platon, désormais libéré de l'emprise de Socrate». Heidegger s'est lui aussi élevé contre la datation proposée par Schleiermacher, soutenant qu'un dialogue qui «sous tous les aspects essentiels, peut être considéré comme le plus achevé» ne peut être si ancien (*Nietzsche*, Pfulligere, Neske, 1961, p. 222). Pour Gadamer aussi, l'argumentation de Schleiermacher est «étrangement faible». Il y a cependant dans la pensée de Schleiermacher quelque chose qui sera fondamental dans l'interprétation que donnera Natorp par la suite. Gadamer admet en effet qu'«il faut admirer la conviction avec laquelle [Schleiermacher] reconnaît l'unité du contenu disparate de cette œuvre, à savoir l'unité ou la connexion profonde de l'impulsion et de la méthode, pour recourir à ses propres termes, une intuition qui, confrontée à l'interprétation néoplatonicienne dominante, qui voyait dans le dialogue un ouvrage mystique, traduit une compréhension profonde de la dialectique platonicienne» («*Schleiermacher als Platoniker*», (1969) dans *Kleine Schriften III*, Tübingen, Mohr, 1972, p. 143). Pour une récente lecture mystique *cf.* J.M. Rhodes, *Eros, wisdom and silence. Plato's erotic dialogues*, Columbia-London, University of Missouri Press, 2003. Gadamer insiste beaucoup sur l'importance de l'interprétation de la dialectique platonicienne donnée par Schleiermacher, et en particulier sur un point essentiel pour Natorp: l'opposition entre dialectique et sophistique a avant tout une valeur logico-philosophique et non pas éthico-politique, car elle concerne la découverte que le problème de la validité universelle de la connaissance ne peut être résolu qu'en démontrant la relativité des propositions négatives. C'est-à-dire en interprétant le μὴ ὄν comme ἕτερον, passage qui – pour Cohen également – est un passage fondamental pour l'interprétation relationnelle du *logos* qui sous-tend toute l'analyse de Natorp.

1. *Cf.* P. Natorp, «*Untersuchungen...*», art. cit., p. 1. Comme Natorp l'avait déjà fait pour la datation contestée du *Théétète*, qu'il avance par rapport aux interprétations les plus plausibles, il avancera plus tard l'hypothèse d'une double version également en ce qui concerne le *Phèdre*. Cf. *PI2*, p. 489.

2. Une prise de distance analogue par rapport aux «Stylisticiens» se trouve chez Robin, «Notice du *Phèdre*», *op. cit.*, p. II-III.

3. *Cf.* «*Untersuchungen...*», art. cit., p. 8 *sq.*, où Natorp conteste le nombre des fréquences de mots rares relevé par Campbell. Sur les questions de chronologie des *Dialogues* au temps de Natorp, voir en outre A. Diès, *Autour de Platon* (1926), Paris, Les Belles Lettres, 1972, p. 245-271. Tout en définissant le point de départ de Natorp comme un «point de départ [...] doctrinal, expressément tiré du contenu philosophiques des dialogues» (p. 252), Diès reconnaît l'engagement du travail philologique de Natorp qu'il rapproche de ceux de Lutoslawski, Gomperz, Raeder et Ritter.

pensée de Platon et, d'autre part, sur la recherche du noyau théorique essentiel des différents dialogues comme lieu par rapport auquel reconstruire les liens internes et objectifs de l'argumentation[1]. Il est donc fondamental de comprendre ce qui, pour lui, constitue le cœur, le vrai sujet du *Phèdre* et en quoi il est pour cela nécessaire d'en établir la datation.

Nous pouvons dire de manière extrêmement synthétique que selon Natorp le problème de la dialectique comme *forme* authentique de la philosophie se trouve au cœur même du dialogue; qu'il est vrai que le thème de l'*érôs* signifie dans une certaine mesure union de connaissant et de connu – et que par conséquent, les renvois à Plotin, dans lequel le Natorp de 1920 puise abondamment, sont en quelque sorte légitimes – mais précisément dans la mesure où Natorp considère le *Phèdre* comme une œuvre écrite par un Platon au seuil de la maturité, cette *tension* passionnelle du connaissant au connu doit être interprétée comme la découverte que la méthode philosophique dans sa spécificité est un processus toujours inachevé, qui n'admet aucun système fermé, sans que cela implique pour autant le relativisme de la sophistique ou de la rhétorique[2].

C'est précisément la capacité de prendre conscience de cet affranchissement du *processus* par rapport au *système*, et le fait que ce processus ait une nature *à la fois* logique et pulsionnelle qui, si l'on y regarde de près, constitue pour Natorp le paramètre décisif pour la datation du *Phèdre*[3]; cela témoigne aussi de la lointaine

1. Lire l'incipit de l'essai « Platons *Phädros* », art. cit., p. 428 : « Notre recherche a essentiellement pour but la *datation* du *Phèdre*; mais pour ce faire, il faut avant tout déterminer avec précision le *fil conducteur* du dialogue, car ce n'est qu'en fonction de celui-ci que l'on peut vraiment comprendre les différents éléments sur lesquels s'appuyer pour établir une chronologie ». Puis, à la page suivante : « Je tends à procéder plutôt de la manière suivante, à savoir que j'essaie avant tout de découvrir le lien interne, objectif entre chaque thème particulier sur lequel un texte est construit – ce qui doit dans un premier temps permettre de saisir la structure générale du texte, et ce n'est qu'à ce moment-là que je m'efforce de comprendre également la signification de l'ouvrage ». Lembeck, (K.-H. Lembeck, *Platon in Marburg. Platonrezeption und Philosophiegeschichtsphilosophie bei Cohen und Natorp*, Würzburg, Königshausen und Neumann, 1994, p. 200) a souligné le fait que pour Natorp, non seulement le contenu conceptuel des Dialogues est déterminant pour dater le *Phèdre* mais aussi l'évolution de la pensée de Platon que cette datation permet de retracer. À la page suivante, Lembeck résume en six points les principaux arguments qui sous-tendent l'interprétation du *Phèdre* de Natorp, sans faire allusion à quelque chose qui, selon moi, est très significatif, à savoir l'idée que le lien entre rhétorique, d'un côté, et dialectique-philosophie de l'autre, contient déjà, en germe, une conception de la philosophie comme méthode – caractéristique des penseurs de Marburg et de Natorp dans sa maturité – déjà imprégnée d'« un élément mystique », en donnant à ce terme le sens de l'*érôs* platonicien tel que Natorp le découvre dans le *Phèdre* et le *Banquet*, à savoir comme *Trieb*, instrument pour la philosophie.

2. *Cf.* aussi Robin, « Notice du *Phèdre* », *op. cit.*, p. XXIX : « il y a dans le *Phèdre* une solidarité organique entre l'élément "amour" et l'élément "rhétorique", qu'aucun des deux ne peut être rendu indépendant de l'autre, mais que tous deux concourent à la vie de l'ensemble ».

3. *Cf.* « Platos *Phaedrus* », art. cit., p. 424-425 : « En somme, Platon s'attache principalement à une seule chose : la méthode des concepts, rien d'autre. Mais il y a une différence fondamentale entre le concept comme simple instrument dans l'appareil de la connaissance, comme simple étape le long du chemin qui mène au but infiniment lointain de la vérité, et ce même concept en tant qu'expression supposée être l'expression ultime et définitive du vrai reconnu comme tel. Dans le *Phèdre*, c'est ce dernier qui est constamment présent. C'est-à-dire que la connaissance doit certes prendre comme point de départ le sensible, mais pour s'élever ensuite dans un bond immédiat (ὀξέως φέρεται) vers

origine de l'union entre *logos*, *psyché* et *érôs* que Natorp prend pour thème dans l'*Anhang*, écrit en 1920. Et les différents éléments « archaïques » que Natorp repère dans le dialogue – « Outre la dialectique, la psychologie fait son apparition de manière très significative dans le *Phèdre*; [...] Ce qui [...] frappe à première vue, c'est l'aspect archaïque, le recours à des philosophèmes qui ne sont pas seulement présocratiques, mais qui remontent aussi à la plus haute antiquité grecque, comme ceux d'Anaximandre et d'Alcméon »[1] – contribuent à donner une idée de la *méthode*, à laquelle Natorp tient par-dessus tout, dans laquelle le logique est enracinée dans la dimension totalisante de l'être.

Mais le passage cité précédemment (*cf.* note 3, p. 527-528) nous amène à faire une autre considération. Le rôle de la sensibilité semble être essentiel pour définir le rapport entre unité et multiplicité. Attribuer au *beau* et à l'*érôs* qui y conduit le rôle essentiel que Platon lui reconnaît signifie interpréter le dépassement du sensible – du corps – non pas comme sa négation, mais comme sa transfiguration.

Ce que le beau, le sensible, apportent n'est rien d'autre que la fonction de la *relation*. Paul Friedländer écrit dans une note : « Même le vieux Natorp était trop enclin à interpréter Platon dans le sens de Plotin ». Et comme preuve de ce qu'il avance, il poursuit : « Ainsi, il s'est lourdement trompé sur le sens des mots θεᾶσθαι μόνον καὶ συνεῖναι de *Banquet* 211 d. Μόνον signifie "seulement", et non pas "seul" et συνεῖναι ne veut pas dire "être un", mais communion de deux êtres séparés »[2]. Etant donné que « dans le sens de Plotin » signifie pour Friedländer dans le sens du mysticisme, il est nécessaire de préciser ici que, si Natorp écrivait encore en 1914 : « Mais comme Kant qui jugeait "plus prudent" de laisser son petit bateau à proximité de la rive sûre des connaissances fondées sur notre raison plutôt que de s'abandonner à la haute mer du mysticisme, je préfère moi aussi en tant qu'interprète de Platon m'en tenir à tout ce qui peut être démontré avec certitude et confier la recherche de la tendance mystique chez Platon à tous ceux qui sont plus "sages" que moi, c'est-à-dire à tous ceux qui ont moins besoin que moi de fonder et de justifier leur opinion »[3], on lit au contraire dans l'*Appendice métacritique* de 1920 : « lorsque ce livre parut [*Platos Ideenlehre*], il semblait, et peut-être était-ce nécessaire, établir une très nette distinction entre un Platon mystique et le théoricien des idées. Aujourd'hui, il faut bien

l'être purement conceptuel qui était autrefois vu à travers la raison pure, au-delà, et qui s'est dégagé de toute sensibilité et de toute spatialité. Cette abrupte transcendance des concepts est la conséquence évidente du *non-développement de la méthode*, qui place le concept comme fondement mais qui ne perçoit pas encore son rôle précisément déterminé dans le processus de la connaissance et qui peut donc encore croire pouvoir saisir immédiatement et pour ainsi dire au vol l'essence des choses dans les concepts. Ce qui est constamment présent, c'est la pure origine de l'unité conceptuelle elle-même comme fonction ».

1. « Platos *Phaedrus* », art. cit., p. 425.

2. *Cf.* P. Friendländer, *Platon. Eidos. Paideia. Dialogos*, Berlin-Leipzig, W. de Gruyter, p. 97, n. 1. Friedländer ne dit pas à quel ouvrage de Natorp il se réfère. Je pense qu'il s'agit de l'*Appendice métacritique* de 1920, comme nous le verrons par la suite.

3. *UPI*, p. 27-28.

donner raison aux critiques qui soutiennent qu'une telle distinction n'a plus aucune raison d'être »[1].

Mais le mysticisme platonicien que Natorp illustre et fait sien – et c'est là le point qui nous intéresse – n'est pas dualiste, il ne consiste pas tant dans une fuite au-delà du sensible que dans une transfiguration, dans une translation au sein d'une dimension logico-mystique, de ce sensible même. Rien d'étonnant à ce que nous retrouvions ici un éloge de l'*Aisthesis* beaucoup plus fort que celui présent dans la lecture du *Théétète* de 1903. Il nous faut encore une fois citer *in extenso* : « Ce qui est décisif non seulement pour Platon, mais aussi pour toute fondation de la connaissance qui veut rester dans la voie de l'idéalisme, ce n'est pas seulement la constatation négative : la connaissance n'est pas l'*Aisthesis*, l'*Aisthesis* n'est pas la connaissance, mais plus encore la constatation positive au plus haut point : la fonction de la *pensée*, qui seule fonde la connaissance, ne s'exerce pas autrement que confrontée au problème [...] c'est-à-dire au caractère flou et *indéterminé* de l'*Aisthesis*, qui, loin d'être indifférente à sa détermination, est au contraire décisive, la rend seule possible à chaque point de son devenir, mais ne la réalise pas elle-même. L'*Aisthesis* reste la *condition matérielle* de la connaissance, elle seule pose les questions auxquelles la connaissance doit répondre, elle représente l'x de l'équation de la connaissance, dont le sens n'est pas l'indétermination absolue ni l'impossibilité absolue de la détermination, mais à travers lequel sa détermination est inévitablement conditionnée par avance de telle manière qu'elle ne peut aboutir que comme cela et pas autrement. C'est en ce sens que l'*Aisthesis* est véritablement "infaillible" (160 d) et "décisive" »[2].

Plus loin, là où il cite l'expression rapportée par Friedländer, nous trouvons Natorp oscillant de manière significative entre le primat de la contemplation et celui de l'incessant mouvement dialectique. S'il est vrai, en effet, que « dans la béatitude de la vision immobile (θεᾶσθαι μόνον καὶ συνεῖναι 211 d), tous les efforts tendant vers la connaissance [...] sont surmontés », il est aussi vrai que, dans la mesure où le beau ultime est le suprême objet de la connaissance, ainsi qu'il est indiqué en *Banquet*, 211 a et c, « la connaissance n'est pas pour autant coupée de l'ultime fondement de l'être »[3]. Ceci illustre exactement l'enracinement ontologique du processus du connaître, caractéristique de la pensée de Natorp dans sa pleine maturité, mais déjà pressenti dans l'interprétation de l'*érôs* comme symbole de la *tension* nécessaire pour atteindre l'objet aimé, et en même temps comme signe, justement dans le *Phèdre*, d'un parcours encore inachevé qui aboutit à l'immanence de l'idée[4].

Dans un article publié dans la revue de Freud, Kelsen insiste beaucoup sur le fait que « dans le paradis platonicien, il n'y a que des hommes » et sur la valeur que Platon attribue à l'amour homosexuel qui, selon lui, n'est pas si paisible qu'on le

1. *PI2*, p. 467.
2. *PI2*, p. 480-481.
3. *Ibid.*, p. 506.
4. Cf. *PI2*, p. 88.

prétend dans l'Athènes de l'époque. Il ne manque pas, lui non plus, de souligner la valeur de *dépassement de la dualité* intrinsèque à l'*érôs* platonicien. C'est précisément la nature homosexuelle de cet *érôs* qui lui permet de parvenir à des créations spirituelles, et Kelsen voit dans le *Banquet* et dans le *Phèdre* l'affranchissement de la sensibilité et son élévation, dans le beau, à condition de dépasser le *chorismos*. « Eros a engendré le Chorismos, Eros l'abolit à nouveau »[1].

Dans son *Platos Ideenlehre*, Natorp écrit dans le chapitre consacré au *Banquet*: «Le Bien [...] souligne [...] l'*unité* fondamentale elle-même, dans laquelle toute la multiplicité est comprise et reste contenue, le Beau souligne davantage la *relation* entre l'unité et la *multiplicité*, et la manière dont elle donne naissance en lui à un profond accord réciproque et donc à la satisfaction»[2]. En d'autres termes, Natorp privilégie l'idée que le caractère de ce à quoi tend le désir est entièrement inscrit dans la *relation* avec la chose même. Il accentue, dans son interprétation, les motifs de tension vers l'objet, conçue comme l'instauration d'une relation, motifs qui sont illustrés avec beaucoup de clarté par exemple dans le *Banquet*, 180e-181a où la dynamique de l'activité détermine la valeur de ce qui en résulte: «Voici en effet ce qui en est de toute activité: en elle même, la manifestation de cette activité n'est ni belle, ni laide [...]. Mais c'est de la manière dont éventuellement s'actualise cette activité, que résulte pour elle ce caractère; [...] et ce n'est pas pour tout Amour qu'on dira: "Il est beau, [...]", mais pour celui-là seul de qui est belle l'impulsion à aimer»; et encore, en *Banquet*, 200e,

1. Hans Kelsen, « Die platonische Liebe », (à l'origine dans *Imago*, 19, 1933, 34-98), *Aufsätze zur Ideologiekritik*, Neuwied am Rhein und Berlin, Luchterand, 1964, p. 196. Gerhard Krüger (*Einsicht und Leidenschaft. Das Wesen des platonischen Denkens*, Frankfurt am Main, V. Klostermann, 1939) a parlé de la «tentative d'anoblir le vice grec dans l'amour "platonicien"». Bien que poussé par l'exigence de retrouver sur une nouvelle base un lien entre une recherche philologique – qui fasse place nette par rapport à une interprétation spéculative et donc modernisante – et une recherche qui tienne également compte de l'élément philosophique et conceptuel, Krüger, dans ses « Considérations préliminaires », affirme que l'*érôs* platonicien n'a pas été moins incompris que la dialectique, et que « l'on ne peut pas ne pas reconnaître l'essence de cette puissance mythique, telle que la conçoit Platon, si l'on ne comprend pas qu'elle mène vers la raison – et non à un culte (p. 10-11 de la traduction italienne par E. Peroli, Milano, Vita e Pensiero, 1995) ». Il semble donc que de l'atmosphère de Marburg, où Krüger avait connu Natorp, quelque chose soit resté.

2. *PI*, p. 177-178. En s'appuyant sur cette interprétation de l'idée du bien, et en particulier sur celle qui est développée à partir de la *République*, Jürgen Stolzenberg (*Ursprung und System. Probleme der Begründung systematischer Philosophie im Werk Hermann Cohens, Paul Natorps und beim frühen Martin Heidegger*, Göttingen, Vandenhoeck & Ruprecht, 1995, p. 118-119) écrit qu'en 1903 déjà, Natorp ne reconnaît pas au concept de l'unité synthétique, dans lequel il y a encore une articulation entre deux moments différents, celui de la détermination et celui du déterminable, « le rang d'un principe suprême et ultime ». Bien que Stolzenberg soutienne qu'on peut déceler une nette évolution dans la pensée de Natorp et qu'il en mette en lumière les points saillants, il est intéressant de constater que, précisément en ce qui concerne l'interprétation de Platon, il relève une similitude entre la lecture qu'en fait Natorp en 1903 et ses prises de position plus tardives. J'ajouterai seulement que cette continuité peut à mon avis être également interprétée dans un sens un peu différent : on pourrait établir un parallèle entre le thème de la « loi de la loi même », qui enserre dans une unité mystique tout le processus de la pensée, présent chez Natorp en 1903, et l'aspect pulsionnel et vital de la conception de l'unité mystique de l'un, dont parle Natorp dans l'*Anhang* de 1920, signe d'une constance dans l'interprétation du thème de l'*érôs* platonicien.

où le désir amoureux est décrit comme mouvement vers l'objet qui en présuppose une éternelle non-possession. : « l'objet du désir, pour celui qui éprouve ce désir, est quelque chose qu'il ne possède pas, *quelque chose qu'il n'est pas lui-même*, quelque chose dont il est dépourvu, c'est de cette sorte d'objets qu'il a désir tout comme amour »[1].

Le sensible se caractérise donc comme quelque chose qui s'oppose à la totale omniprésence du logique, mais cette opposition a une valeur entièrement positive, parce qu'elle déclenche le dynamisme du *logos*. Si Natorp insiste sur la nature non pas sexuelle, mais pulsionnelle de l'*érôs* platonicien, c'est précisément dans le but d'établir un lien important entre sensibilité et philosophie. Dans le chapitre sur Platon rédigé en 1911 pour le dictionnaire *Grosse Denker* sous la direction d'Eduard von Aster, on peut lire à propos du *Théétète* : « Il ressort clairement de la manière dont Platon expose *en profondeur* et *avec amour* cette caractérisation de la sensibilité portée à un point extrêmement subjectif qu'elle n'est en fait que le *reflet* (*Gegenspiegelung*) du pur désir de comprendre l'unité immuable et la constance »[2].

Dans le contexte tout différent de l'*Anhang* de 1920, Natorp trouve moyen d'affirmer à nouveau que le seul élément de négativité de la sensibilité consiste dans la « *Vereinzelung* », que ce n'est pas le beau mais avant tout l'*érôs* qui permet de le dépasser dans sa capacité d'être l'« *Allvermittelden* »[3]. Dans les leçons de 1922-23, où le nom de Platon apparaît plus souvent aux côtés de celui de Hegel que de celui de Kant[4], et où les dialogues qui sont le plus pris en considération sont le *Sophiste* et le *Philèbe*, Natorp reprend à nouveau l'idée de l'exigence platonicienne de trouver un intermédiaire entre puissance et acte, entre mouvement et forme fermée, en insistant sur l'importance d'un *Zwischen*. La synthèse n'est pas simplement une notion logique qui dépasse le « blosse ruhende Gegenübersein » de thèse et hétéro-thèse, mais c'est ἐξαίφνης, c'est « *Kraft* » et

1. *Banquet*, 180 e-181 a et 200 e, trad. Robin (c'est moi qui souligne).

2. P. Natorp, « Platon », dans E. Von Aster (hrsg.), *Grosse Denker*, Leipzig, Quelle & Mayer, 1911, p. 112. *Cf.* la traduction partielle par J. Servois dans *Paul Natorp et la théorie platonicienne des Idées*, *op. cit.*, p. 170 : « lorsque Platon élabore, avec tant de profondeur et d'amour, la caractéristique de la sensibilité [...], il apparaît clairement que cette caractéristique consiste simplement dans l'opposition à l'invariable unité et à la permanence, toutes deux étant requises, de façon pure, par le concept ». Selon moi, la traduction ne rend pas vraiment le sens de la phrase : traduire *Gegenspiegelung* par « opposition », bien que celle-ci soit adoucie par « toutes deux étant requises », signifie affaiblir l'idée de correspondance en mettant au contraire en relief celle de contraste. D'autant plus que *Gegenspiegelung* n'est pas pour Natorp un terme quelconque. Dans la *Philosophische Systematik* (cours des semestres d'été 1922 et 1923, œuvre posthume publiée en 1958, à Hamburg chez Meiner, p. 373), il l'utilise en se référant à la monadologie de Leibniz comme synonyme de la « *Punktualisierung des Überendlichen* » qui se concentre à un certain moment dans le temps. Comme toujours, il est à la recherche d'une façon de parvenir à l'unité qui soit en mesure de conserver à celle-ci un dynamisme intrinsèque.

3. *PI2*, p. 506.

4. Je rappellerai ici que Gadamer a écrit que « l'origine de l'image "critique" de Platon proposée par le néokantisme se trouve dans la dialectique du monde renversé de la *Phénoménologie de l'esprit* ». *Cf.* H.G. Gadamer, *Die philosophische Bedeutung Paul Natorps*, introduction à Paul Natorp, *Philosophische Systematik*, *op. cit.*, p. XVII.

« *Dunamis* », c'est en somme la version spéculative la plus achevée de l'*érôs* qui rend précisément possible la « *Verflechtung* (συμπλοκή) » et la « *Gemeinschaft* (κοινωνία) »[1].

Plaçant le *Phèdre* juste avant le *Théétète*[2], Natorp développe le thème de l'*érôs* en l'interprétant comme celui du rôle de la sensibilité. Il établit en effet un parallèle entre le rôle de l'*érôs* et celui de la sensibilité, l'un par rapport à la philosophie comme dialectique (ou à la dialectique comme philosophie), l'autre par rapport à la connaissance-science (ἐπιστήμη). Il est ainsi possible de comprendre pourquoi il est essentiel de déterminer la place des deux dialogues, l'un par rapport à l'autre[3]. Il suffit de voir comment Natorp interprète la séquence des trois discours du *Phèdre*. Si le problème n'est plus celui de la condamnation morale de la rhétorique – déjà absoute dans le *Gorgias* – mais celui de la forme du discours, tout ce qui traite de la rhétorique vise donc à mettre au point la dialectique[4]. La place réservée à l'art du discours a pour but d'introduire le concept du philosophe. C'est pourquoi parmi les trois discours, le seul discours décisif est le troisième, celui de la palinodie de Socrate. Le thème de l'*érôs* du *Phèdre* est interprété dans le cadre d'une explication précise de ce qu'est la forme de la philosophie. Cette *forme* en vient à coïncider avec le concept fondamental de *méthode* caractéristique de l'école de Marburg, et c'est pourquoi, dans cette phase de la réflexion de Natorp, l'accent est mis sur la tension du processus, en attribuant déjà au logos lui-même un caractère au-delà-du-logique.

Gadamer avait certainement raison lorsqu'il observait que certains échos mystiques sont absents chez le Natorp de Marburg et sont au contraire présents dans l'*Anhang* (datant de 1920) au *Platos Ideenlehre*. Mais il n'en reste pas moins que le thème de l'*érôs* n'est pas interprété par le Natorp de la fin du siècle sans un lien étroit avec la recherche sur l'origine de la nature du *logos*. Voilà pourquoi il est aussi important de le faire remonter au début de la mise en place de la conception platonicienne de la philosophie. En *Phèdre* 265 b, Platon affirme « l'excellence supérieure de l'amoureux délire » et il continue, à partir de là, à exposer les moments de l'unification (συναγωγή) et de la division (διαίρεσις) qui constituent la méthode dialectique (διαλεκτικὴ τέχνη). Il est intéressant de suivre la manière dont Natorp passe de l'interprétation de l'érotique du *Phèdre* proposée en 1889 à la lecture du dialogue exposée dans le *Platos Ideenlehre* de 1903, où le sujet est sans aucun doute mis au second plan par rapport à la découverte de la méthode dialectique : « Le progrès le plus tangible du *Phèdre*

1. *Philosophische Systematik*, *op. cit.*, p. 194-195 et p. 247.

2. Il est intéressant de remarquer que Lutoslawski, dans la lettre à Natorp du 10 juin 1897 que nous avons déjà citée écrivait : « L'un des résultats les plus importants de mes recherches est que vraisemblablement, Platon n'a *rien* écrit entre le *Phèdre* (379) et le *Théétète* (367) ».

3. Robin, dans la Préface déjà citée, affirme lui aussi que « la méthodologie du *Phèdre* semble complémentaire de l'épistémologie du *Théétète* » (p. VIII).

4. Derrida a fait observer que « tout le discours de Socrate [dans le *Phèdre* …] est tissé de schémas et de concepts issus de la sophistique » (*La pharmacie de Platon*, dans *La Dissémination*, Paris, Seuil, 1972, p. 134).

[...] consiste dans le fait que la philosophie formelle [...] y est mise en avant en tant que "connaissance" scientifique spécifique sous le nom de "dialectique" et qu'elle est clairement désignée pour la première fois comme fondement de la philosophie. C'est la découverte de la logique comme discipline qui non seulement se suffit à elle-même, mais qui est en même temps une discipline philosophique fondamentale »[1].

Dans les pages consacrées à l'interprétation du *Phèdre* qui sont centrées sur le rapport entre beauté et vérité, Heidegger insiste sur la valeur de la beauté qui nous soustrait à l'oubli de l'être, « nous ravit et nous transporte dans la vue de l'être »[2]. En écrivant que « vérité et beauté se réfèrent dans leur essence à la même chose, à l'être; elles se co-appartiennent l'une l'autre, dans la seule chose décisive : rendre et garder manifeste l'être »[3], Heidegger traduit sur le plan ontologique cette même co-appartenance que Natorp avait développée sur le plan logique. Mais on retrouve aussi certaines idées de l'*Anhang* : « Platon a toujours affirmé que le mot n'est pas quelque chose d'ultime, mais qu'il reste toujours dépendant de quelque chose d'autre : de la chose elle-même; que le mot ne donne pas sa signification à la chose mais qu'il la reçoit d'elle; qu'on ne reconnaît pas la chose par le mot qui la désigne mais seulement par elle-même [...] – Mais, bien qu'il ne soit en soi rien d'autre qu'un simple signe, pareil au doigt tendu de celui qui montre le chemin, qui n'épargne pas au voyageur d'aller jusqu'au bout du chemin, voire de le trouver lui-même, [...] le mot lui-même est cependant capable de transmettre à l'idée ainsi qu'à la volonté quelque chose de la force créatrice de la chose ou de la vérité »[4].

Nous savons que les promenades que le vieux Natorp faisait à Marburg en compagnie du jeune Heidegger se déroulaient dans un silence significatif. Il a été dit et démontré qu'à la fin de sa vie, Natorp avait exprimé certaines idées qui mènent à Heidegger. Mais en revanche, nous ne savons pas dans quelle mesure, à cette même période, le fougueux philosophe qui venait juste d'arriver à Marburg a pu influencer Natorp dans sa lecture de Platon.

Dans le cours qu'il a tenu à l'Université de Marburg en 1926, pendant le semestre d'été, sur les *Concepts fondamentaux de la philosophie antique*, Heidegger, qui ne manque pas de critiquer ouvertement l'interprétation que Natorp donne de Platon, semble pourtant suivre ses traces lorsque, en affirmant que la dialectique est le problème fondamental de *l'ontologie* platonicienne, il repère dans le *Phèdre* la première réponse de Platon, encore sous forme de mythe, à la question de savoir comment et où se noue le rapport entre logos et être. Le mythe de l'*anamnesis* est précisément la manière encore rudimentaire de répondre au problème du lien entre être et vie[5].

1. *PI*, p. 62.
2. *Nietzsche*, *op. cit.*, p. 228.
3. *Ibid.*, p. 230.
4. *PI2*, p. 508.
5. *Concepts fondamentaux de la philosophie antique*, trad. A. Boutot, Paris, Gallimard, 2003, p. 360-361.

Or Natorp a formé sa conception relative à la dialectique et à la logique en essayant d'abord de comprendre les raisons qui ont poussé Platon à choisir le thème de l'*érôs* comme thème du fameux troisième discours qui, dans le *Phèdre*, est le discours décisif pour établir la différence entre rhétorique et philosophie. Ici réapparaît le problème de la datation. Natorp veut exclure la possibilité que le choix de Platon ait été dicté par le fait que le thème du discours de Lysias est précisément le thème de l'*érôs*. C'est le contraire qui est vrai : le choix de Platon dérive de raisons qui lui sont propres (et Natorp souligne cet aspect en trouvant dans le *Phèdre* une sorte de Platon aux prises non plus avec ses adversaires, les sophistes, mais avec lui-même et son école, et totalement libre de développer sa propre conception)[1]. Et ces raisons résident dans la poursuite du propos déjà annoncé dans le *Protagoras*, le *Charmide* et le *Gorgias*, selon lequel philosophie et amour de la beauté juvénile naissent et grandissent ensemble.

Dans le *Phèdre*, « le lien qui unit pédérastie et philosophie se rapproche autant que possible de l'équivalence. L'amour dans sa forme la plus parfaite n'est rien d'autre que *communion dans la philosophie* »[2]. Il me semble important d'attirer l'attention sur ce concept de *Gemeinschaft*. En le commentant, Natorp développe certaines idées qui, sans être semblables à celles des années 1920, n'en expriment pas moins une forte contamination entre l'importance qui est donnée à la découverte de la méthode et celle donnée à son caractère dynamique, à sa nature de *Trieb*. « La philosophie en tant que *pulsion* (*Trieb*) qui trouve sa *forme* (*Form*) dans la dialectique; c'est ainsi que Schleiermacher a défini il y a peu de temps le véritable sujet du *Phèdre*. Mais l'idée sous-jacente est celle de la communion (*Gemeischaft*), à savoir dans l'*Anamnesis* de l'idée. [...] C'est ainsi que l'amour comme métaphore de l'impulsion philosophique va de pair avec le Beau (la forme) comme métaphore de l'idée »[3].

Commentant le *Phèdre*, Schleiermacher avait en effet écrit que « dans l'exposition de la philosophie [dans ce Dialogue], la conscience de la pulsion et de la méthode philosophique est beaucoup plus forte et plus profonde que celle de la matière philosophique », la philosophie est « *Trieb und Methode* »[4]; et Boeckh, soulignant la correspondance entre désir de savoir et amour enthousiaste, « qui est pour Platon la source éternelle de la philosophie », montrait comment, dans le lien indestructible entre θαυμάζεσθαι et ἐνθυσιάζειν, s'instaurait le lien tout aussi indestructible entre la raison et son objet[5].

1. *Cf.* « Platos *Phaedrus* », art. cit., p. 404 : « Je pense qu'à travers la fiction de l'inspiration, de la vision enthousiaste, Platon s'attribue le droit, *pour cette fois*, d'exposer sa conviction subjective de manière insistante et convaincante, sans véritable recherche ni preuve scientifique (ἄνευ ἀνακρίσεως καὶ διδαχῆς, dit-il lui-même 277 e). En 1921, il écrit : « Nulle part ailleurs, Platon ne s'est mis à nu autant qu'ici ». (*PI2*, p. 488).

2. « Platons *Phädros* », art. cit, p. 437-438.

3. *Ibid.*, p. 438-439.

4. Schleiermacher, CD-Rom des *Platons Ausgewählte Werke*, Bd. 5, hrsg. von H. Conrad, p. 148.

5. *Cf.* Bratuscheck, « August Boeckh als Platoniker », art. cit., p. 286.

Cette identité entre *Trieb* et *Methode*, une adhésion à l'enthousiasme qui, comme chez Leibniz, n'a rien d'ironique, mais qui est consciente de sa limite, reste selon moi une idée qui n'a jamais disparu dans la philosophie de Natorp, même lorsqu'il concentre toute son attention sur la méthode. Le *Trieb* devient plus tard un « *Streben nach Wissen* », que Platon a été le premier à mettre en évidence et à définir comme l'essence de la philosophie[1], et qui tend non pas au système, mais à une systématicité, c'est-à-dire qui cherche comment atteindre une unité qui conserve une pulsion interne et perpétuelle à aller au-delà. Natorp ne se contentera plus d'un processus à l'infini entièrement axé sur le fait d'avancer, mais il voudra conserver l'acception de κοινωνία à l'unité de laquelle tout s'engendre et de laquelle tout dérive, concept qui implique nécessairement une pluralité[2]. Il faut donc souligner ici que ce συνεῖναι, que Friedländer reproche à Natorp d'interpréter comme une unité et non pas comme l'union de deux entités différentes, montre en réalité précisément comment Natorp est parvenu à l'idée d'unité en interprétant l'union comme rencontre-en quelque chose. À Aristote, qui n'a pas vu la présence d'un *tertium* entre puissance et acte, Natorp oppose Platon qui a vu la réalité du passage[3]. Et ce « lieu » dans lequel l'union se réalise est l'*érôs*, ce qui indique donc que la rencontre de l'un et de l'autre n'est possible que dans un *quid* qui les comprend tous deux[4]. Là est l'origine à la fois logique et mystique de la philosophie de l'unité de Natorp vers la fin de sa vie.

Il faut remarquer que si d'un côté, Natorp trouve dans le risque d'hypostasier les concepts la preuve d'une certaine immaturité du *Phèdre*, de l'autre, c'est précisément dans le fait que la dialectique est mise au point dans un dialogue où se manifeste « une forte influence positive de la pensée éléatique »[5] que Natorp voit l'importance de ce dialogue : la contamination entre transcendantal et ontologique agit déjà à cette époque chez Natorp. D'ailleurs, il serait très étrange qu'il n'en soit pas ainsi chez un grand interprète de Platon tel que Natorp l'est à tous les égards. Je crois qu'il est encore une fois nécessaire de rappeler l'importance que revêt pour Natorp l'interprétation de Schleiermacher qui avait souligné avec insistance l'unité de l'être et de la pensée chez Platon.

1. Encore une allusion à Schleiermacher, qui, dans son introduction à la traduction du *Banquet*, écrivait : « La vie du philosophe ne consiste pas à se reposer dans la sagesse mais à y aspirer », *op. cit.*, p. IV 5.

2. Cf. *Philosophische Systematik*, *op. cit.*, p. 1-2.

3. Cf. *Ibid.*, p. 267.

4. *Cf.* H. von Arnim, *Platos Jugenddialoge...*, *op. cit.*, p. 198 : « L'expression 273 e : μιᾷ ἰδέᾳ – περιλαμβάνειν [...] ne doit pas non plus être considérée comme un résultat, mais comme une façon de résumer. L'expression συνάγειν εἰς μίαν ἰδέαν ne permet pas de le comprendre, [...] la pensée de Platon ne nous devient compréhensible que grâce au passage du mythe 249b », et von Arnim cite : « la cause en est qu'une intelligence d'homme doit s'exercer selon ce qu'on appelle *Idée*, en allant d'une multiplicité de sensations vers une unité, dont l'assemblage est acte de réflexion ». Dans son édition du dialogue, Robin introduit cette note : « Pour aller à l'Idée et obtenir la réminiscence de visions oubliées, cette discipline *logique* d'un exercice normal de la pensée a un pendant *émotif*, le don divin du délire d'amour » (p. 42).

5. « Platos *Phaedrus* », art. cit., p. 422.

Contrairement à Bonitz, Natorp est convaincu que *ce n'est pas* dans la dimension éthique qu'il faut chercher le cœur du *Phèdre*. Il s'agit selon moi d'un point essentiel. Par rapport à la condamnation de la sophistique déjà présente dans le *Gorgias*, la reprise du thème de la comparaison entre dialectique/philosophie et rhétorique / sophistique investit, dans le *Phèdre*, la forme du discours, et non pas la nature, éthique ou non, de son contenu. Or, si le problème n'est plus le contenu éthique du discours, le problème n'est donc plus celui de *l'objet* du discours, mais celui de sa *forme*. Le discours est analysé en soi et pour soi ; l'examen de la rhétorique a pour fin la dialectique, et c'est dans ce but que Platon accorde dans le *Phèdre* une place majeure à l'art du discours comme le prouve, selon Natorp, l'introduction célèbre du concept de *philosophe* en 278 d juste après que Platon a opposé au discours écrit le discours vivant et animé, plus naturel. « La dialectique est la *forme* de la philosophie » et dès le début, dans le *Phèdre* « c'est la *philosophie* qui est prise en considération – dans le sens de sa *forme*, c'est-à-dire la dialectique »[1]. Ainsi, en 1889, Natorp expose déjà clairement l'idée que nous retrouvons en 1903 : « dans le *Phèdre*, le but principal est en dernière analyse le développement du concept et de la tâche de la philosophie formelle, c'est-à-dire de la dialectique ; et la critique de la rhétorique – faite dans le *Gorgias* du point de vue du contenu, dans le *Phèdre* du point de vue de la forme – est uniquement subordonnée à ce but principal »[2].

C'est dans cette différenciation que réside l'importance de la lecture du *Phèdre* dans l'itinéraire de Natorp, non seulement interprète de Platon mais aussi, *en tant que tel*, philosophe ; et c'est aussi dans cette différenciation que le thème de l'*érôs* acquiert toute son importance. Natorp écrit : « le bien éternel [...] n'a pas d'image terrestre explicitement reconnaissable, alors que le beau, c'est-à-dire d'après notre interprétation, la forme de *l'accord interne*, offre son image sensorielle au plus clair de nos sens, à la vue, dans la forme d'un beau corps. On peut avoir des doutes sur l'interprétation de cette distinction qui n'apparaît nulle part ailleurs chez Platon. Mais il serait possible de comprendre clairement en présupposant que *l'objet* de la raison, l'inconditionné, [...] se situe certes de façon inaccessible au dessus de tout ce qui est sensible, mais que la *méthode* de l'unification, de la relation de la multiplicité par rapport à une unité, et partant, le passage du conditionné vers des conditions de plus en plus radicales est possible aussi dans le sensible, c'est-à-dire qu'il se trouve dès le départ dans la pulsion de la fantaisie esthétique qui est aussi une pulsion vers l'unification de la multiplicité »[3].

Le grand thème de l'*unité*, que le plus important interprète de la pensée de l'école de Marburg a identifié comme le noyau essentiel de la pensée de Natorp[4], se forme ainsi en relation directe avec le fait que, chez Platon, la dialectique se

1. « Platons *Phädros* », art. cit., p. 434.

2. *PI*, p. 53.

3. *Ibid.*, p. 58-59.

4. Je me réfère bien évidemment à H. Holzhey, *Cohen und Natorp*. Band 1. *Ursprung und Einheit*, Basel, Schwabe, 1986.

définit comme identique à la philosophie, c'est-à-dire avec une conception de la philosophie dans laquelle la démarche joue un rôle décisif en révélant la nature formelle des savoirs et en se constituant peu à peu par-delà ces savoirs. La datation du *Phèdre* est alors de toute importance pour Natorp parce que si le *Phèdre* est essentiellement un programme, comme le soutenait Schleiermacher, – encore bien plus avancé que ce qu'il imaginait –, les contenus qui y sont introduits n'ayant jamais été traités auparavant peuvent légitimement présenter un aspect inachevé. Cela confirme donc le fait que le vrai intérêt de ce dialogue réside dans la méthode, et non dans les contenus, et montre à quel point la méthode était pour Platon pour le moins aussi importante que les contenus.

Au contraire, si le *Phèdre* était un ouvrage plus tardif – comme le soutient par exemple Robin[1] – la dialectique apparaîtrait comme une discipline autonome aux côtés d'autres disciplines définies entre temps. Mais pour Natorp, elle est conçue par Platon comme étant identique à la philosophie. Cet aspect « méthodique » du *Phèdre* est encore aujourd'hui affirmé par la critique : Ferrari a parlé du fait que dans le dialogue, Platon fait apparaître Socrate comme le philosophe qui s'occupe du tout mais dans le sens qu'il s'attache à la forme générale des savoirs, « aux conditions générales » des diverses compétences. Le *Phèdre* serait en d'autres termes une analyse philosophique de l'analyse philosophique[2].

Il est même possible de déceler dans la pensée de Natorp une nuance, à mon avis extrêmement significative, qui témoigne du rôle que cette lecture du *Phèdre* a eu dans la formation de sa propre conception de la nature de la philosophie. Dans l'essai de 1900, Natorp établit un lien incontestable entre la *méthode*, que Platon est en train de découvrir et dont il introduit le « *weltgeschichtliche Name* » dans le *Phèdre*, comme quelque chose de tout à fait nouveau : « *dialectique* »[3], et l'*érôs* comme autre nom de la dialectique-philosophie, pour en indiquer l'origine *enthousiaste* et pour ainsi dire pulsionnelle. Puis, en 1903, dans la première édition de *Platos Ideenlehre*, il revient sur cette idée : « Ici [dans *Phèdre*] pour la toute première fois, la dialectique est désignée comme science à part entière et non plus seulement comme méthode immanente d'une autre science »; mais il exprime en même temps cette crainte que l'« abstraction par rapport à la sphère sensible »[4] – affirmée par exemple dans les images très célèbres de l'âme qui reçoit des ailes dans 249 a-b – conduise Platon à faire de la loi de la pensée quelque chose qui de « loi pour la connaissance » se réifie en un « objet à connaître »[5]. Mais au moment même où il insiste sur la reconnaissance d'un statut spécifique de la méthode philosophique, et donc d'une certaine manière sur son autonomie, il exprime la crainte que cette méthode n'acquière qu'une fausse

1. Natorp était en possession de son ouvrage *La Théorie platonicienne de l'amour*, Paris, Alcan, 1908.

2. *Cf.* G.R.F. Ferrari, *Listening to the Cicadas. A Study of Plato's* Phaedrus, Cambridge, Cambridge University Press, 1987, p. 16-19 et 32-33, 35

3. « Platos *Phaedrus* », art. cit., p. 406.

4. *PI*, p. 71.

5. *Ibid.*, p. 85-86.

valeur ontologique, à savoir une valeur transcendante, et débouche sur « le fait d'hypostasier les concepts, dont Platon n'est pas en permanence victime mais dont il ne s'est jamais autant approché que dans le *Phèdre* ». « C'est le *danger de la transcendance*, contre lequel le *Phèdre* ne met pas suffisamment à l'abri »[1]. Comment ne pas observer alors qu'en 1903 déjà, la seule façon d'éviter ce risque consiste à affirmer la présence de la sensibilité qui, loin de désavouer la dimension transcendantale de la méthode, l'atteste ? Et comment ne pas remarquer que dans l'essai de 1900, le signe de la « *Unentwickeltheit der Methode* » était identifié dans un bond un peu trop brusque – (Natorp cite ὀξέως φέρεται) – au-delà de la sensibilité ? En d'autres termes, comment ne pas remarquer que la configuration scientifique du transcendantal en vient à se déterminer chez Natorp en même temps qu'une définition du rapport entre *logos* et vie, entre *logos* et âme, qui ne sont pas des éléments qui apparaissent dans un second temps, bien qu'il leur soit consacré, ensuite, davantage d'attention ?

L'interprétation non ontologique des idées n'est pas due à une superposition du concept typiquement kantien de transcendantal. Faisant preuve d'une grande finesse, Natorp est conscient du dérapage entre statut méthodologique et statut ontologique de la dialectique. L'ontologisation de la méthode que l'on attribue à Natorp vers la fin de sa vie[2] est déjà anticipée dans l'interprétation du *Phèdre* (et du *Banquet*), du moins dans l'un de ses aspects : la désignation du principe commun entre pensée et vie.

L'équivalence que Natorp établit entre *érôs* et *doxa* comme doctrine emblématique du *Banquet* dans l'*Anhang* de 1920 en constitue une preuve selon moi définitive. Dans le texte de 1903, Natorp n'extrayait de l'ensemble du dialogue que le discours de Diotime et l'interprétait comme une mise au point de la différence entre tendre vers (*Streben*) et atteindre son but. Le but qui est contenu dans l'idée est ce *quid* ultime auquel l'*érôs* aspire ; et l'*érôs* n'aspire pas au beau, mais à la production, à l'enfantement *dans* le beau[3]. Analysant le rôle de la *doxa* dans le *Phèdre* et dans le *Banquet* tant d'années après, il faut remarquer que la progression – et le progrès – entre le premier et le second de ces deux dialogues consiste dans la capacité de concilier effectivement ce qui dans le *Phèdre* semblait encore être un contraste irrésolu entre la condamnation du désir sensible pour pouvoir parvenir à une *doxa* acquise grâce, d'une part, à une éducation rationnelle au bien dans le premier discours de Socrate et, de l'autre, au contraire, à l'exaltation de la manie érotique dans la « Palinodie ». La résolution du contraste, d'ailleurs préparée en soutenant – comme le fait Natorp[4] – que dans le

1. *Cf.* « Platos *Phaedrus* », art. cit., p. 425 et *PI*, p. 85.

2. À propos de cette phase de la pensée de Natorp, *cf.* Christoph von Wolzogen, *Die autonome relation. Zum Problem der Beziehung im Spätwerk Paul Natorps. Ein Beitrag zur Geschichte der Theorien der Relation*, Würzburg-Amsterdam, Königshausen & Neumann-Rodopi, 1984.

3. *PI*, p. 163 : « Or, si l'Eros a pour objet le beau, Eros est donc philosophe (204 b), c'est-à-dire que la philosophie est une *aspiration* à la pure conscience (*Bewusstheit*) ; et non pas la conscience elle-même ».

4. *Cf.* « Platons *Phädros* », art. cit., p. 435.

Phèdre, seul le troisième discours est vraiment important, est obtenue en interprétant le passage du *Banquet* 202 a-c comme l'exaltation de l'ὀρθὴ δόξα.

Il me semble donc fondamental que Natorp, dans une phase où il est plus enclin à attribuer plus d'importance à la vie qu'au *logos* purement intellectuel, développe sa pensée en reprenant le discours sur la *doxa* comme le lieu que Platon introduit « *entre* science et ignorance », plaçant en celle-ci « la soudaine illumination dans l'âme ». La *doxa* « est l'instant générateur »[1]. Pour conclure, Natorp expose en quelque sorte la contrepartie de ce qu'il avait établi en 1903 : si le *Phèdre* est le dialogue qui définit la méthode de la philosophie et s'il le fait dans le cadre d'une célébration de l'*érôs* particulièrement intense, une réflexion de plusieurs années sur la nature de cette méthode aboutit pour ainsi dire naturellement au fait de récupérer pleinement la valeur pulsionnelle de cette démarche méthodique. Natorp en arrive à semblable conclusion grâce à une lecture de son très cher Platon certainement très orientée, mais qui n'en est pas pour autant erronée, puisque aujourd'hui encore Monique Dixsaut peut écrire, en commentant ce passage du *Banquet* : « Érôs est intermédiaire en tant qu'il est désir du beau (204 b), ou plus précisément désir d'enfanter dans la beauté (206 e). Non seulement *sa relation au beau n'est pas prédicative, mais ce n'est même pas la relation simple d'un désir à son objet. De plus, le travail qui détermine la nature de l'intermédiaire détermine, en chaque cas, aussi les extrêmes* »[2]. Pour un philosophe de l'école de Marburg comme Natorp, pour qui le *réel* est identifié comme ce qui est *déterminé* au fur et à mesure par l'avancement constant de la méthode, cette signification de l'*érôs* platonicien ne pouvait pas ne pas donner lieu à de nouvelles réflexions. Pour un historien de la philosophie, peut-être n'est-il pas tant nécessaire d'établir dans quelle mesure ces nouvelles réflexions ont été à l'origine de la définition natorpienne de la philosophie ou dans quelle mesure celle-ci, déjà en partie élaborée à Marburg, l'a guidé par la suite, que de remarquer, dans le jeu des « présences », la capacité que Natorp a eu de lire Platon « pour apprendre à penser à son tour ».

1. *PI2*, p. 493-494.

2. Monique Dixsaut, *Platon et la question de la pensée*, *op. cit.*, p. 244, note (c'est moi qui souligne).

APPENDICE

LETTRES DE LUTOSLAWSKI À NATORP

[Hs 831 : 174][1]

Madrid, 17 novembre 1895

Hochverherter Herr,

[...] Sie thun mir unrecht, wenn Sie glauben, dass ich Ihre Arbeiten uber Phadr. und That ubersehen habe! Solche Zeitschrif. wie Philologus und Arch. f. gesch. d. Ph. habe ich durch und durch benutzt, und ich citiere Ihre Arbeiten in meinem poln. Werke; werde dieselben auch naturlich in dem deutschen Werk ausfuhrlich berücksichtigen. In dr Selbstanzeige des Archivs ist allerdings der Hinweis auf Ihren Artikel „ Aristipp in Platons Tht" (Arch III 347 ff) ausgefallen, weil diese Arbeit sich speciell auf eine Frage bezieht, die mir nicht so wesentlich wie die Polemik mit Zeller zu sein schien. Aber ich habe im poln. Original diese, so wie Ihre Demokritspuren bei Plato (Arch III 515) citirt, wie Sie sich uberzeugen werden, wenn der poln. Text gedruckt vorliegt.

Was die andere von Ihnen erwähnte. Arbeit uber den Phädros anbelangt, so habe ich sie nicht nur gelesen, sondern ausfuhrlich excerpiert; eine Spur der ausführlicheren Berücksichtigung dieser Arbeit, die sie in dem poln. Werk ...., finden Sie selbst in der Selbstanzeige des Arch. Wo ich Seite III Zeile 10 von unten angehe, dass Sie die von Thompson bewiesene Prioritat des Gorg vor dem Phadr. mit unwiderlegbaren Argumenten bestatigen. Dies bezieht sich auf Ihre Ausfuhrungen im Philologus 48.. Band Seite 428-432, 439, 441, 445-456 etc. wo Sie die Beziehung Gorg 459d Phadr 259 exakt darlegen. Alles was Sie da sagen uber die klaren Beziehungen des Phadros auf eine schon bestehende Schule Platos, uber das "...", s. 442 unter dem jeder verstand wer. gemeint sei – findet meine volle Anerkennung.

Ich citiere hier die Seitenzahlen nach meinem Excerpt, da ich den Philologus in Madrid nicht auftreiben kann. Zu der S. 443 Ihres Aufsatzes habe ich die Bemerkung gemacht „merkwurdig dass Natorp hier nicht Teichmüller citiert "weil nämlich der Satz" es stehen Philosophie und Rhetorik nicht abstract sondern persönlich und corporativ einander gegenuber" mit anderen Worten in den Liter. Fehden.zu finden ist.

Mit Ihrer Ausführungen S. 603 die sich zur Th**[eil]** an Schultess anlehnen, aber im Gegensatz zu Schultess die Reihenfolge auf die Theilung der Seele stützen, bin ich nicht einverstanden, weil ich auch im Phd. oder besser gesagt zur Zeit wann Plato Phdr schrieb, seine Annahme einer Theilung der Seele für möglich halte. Plato hatte keinen Grund im Phadr von der Theilung speciell zu

1. Les côtes sont celles de la Universitätsbibliothek Marburg.

sprechen, aber er zeigt doch klar, dass die ganze Unsterblichkeit von der dort die Rede ist, sich auf den vernünftigen Theil der Seele bezieht. Wenn wir die Theilung der Seele für eine frühere Theorie halten wollten musste nicht nur X anderen Büchern desselben Dialogs vorangegangen sein – sondern auch der Tim dem Phdr!

Zu meinem Excerpt aus Ihrer Abhandlung über den Phdr. habe ich die Anmerkung hinzugefugt; "Natorp stutzt sich auf Chronol. der Reden von Isokr. Diese ist aber nach Christ Gesch. der gr. Liter. S. 293-299 unsicher. Kann also nicht als Grundlage dienen„.

So viel nur zum Beweise dass mir Ihre Arbeiten keineswegs unbekannt waren!

[Hs. 831 : 193]

La Coruña, Spanien, 15 Dec. 1897

Lieber Freund,

[...] Also zunächst principiell, was Stylometrie anbelangt, glaube ich nur die Methode gezeigt zu haben, und verlange selber weitere Arbeiten nach dieser Methode, halte auch meine zusammenfassende Wahrscheinlichkeitsrechnung für ungenügend und weiterer Bestätigung bedürftig. Die Methode, die ich vorschlage, ist wesentlich sowohl von der schottischen wie von der deutschen Sprachstatistik verschieden. Sprachstatistik suchte Gruppen, Stylometrie misst Affinitaten. Dass Maxime des Gebrauchs eines Stylems mehr als einmal vorkommen können, ist evident, aber dies habe ich eigentlich bisher einzig und allein bei ...beobachtet, so weit bisherige Forschungen reichen. Mit der Zeit wird man schon mehr Wellenlinien entdecken, aber dies ist der Gruppenbildung ein Hindernis, nicht der Affinitatsmessung auf Grund vieler Styleme. Also nach allen sprachstatistischen Erwägungen könnte Phaedrus früher sein. Aber im Licht der Stylometrie zeigt sich, dass die Affinität des Phaedrus mit jedem einzelnen Dialog seine Stellung in der Reihe bestätigt.

[...] Mit Ihren Bemerkungen über die Veranlassungen der Stileigenthümlichkeiten des Phaedrus bin ich ganz einverstanden. Aber diese Bemerkungen betreffen ja nur wenige Stileme und können nicht den Gesamtschluss schwächen. Aus rein stilistischen Gründen könnte man nicht sicher sein dass Paedr. später als Rep. aber wohl dass es nach dem Phaedo kommt.

Dass viele Stileme bei Plato bewusst gebraucht werden, ist ganz wahr. Aber dies ändert wenig an der Affinitätsverhältnissen; da ja doch auch bewusste stylistische Bestrebungen am häufigsten bei zeitlich nahen Werken uberein-stimmen werden, auch wenn es Ausnahmen giebt. Hier, wie in aller Statistik, sind grosse Zahlen erforderlich.

Stilistisch genommen sind die vorhandenen Beobachtungen ungenügend um mit Sicherheit die Reihenfolge innerhalb der Mittelgruppe Rep. Phaedr. Theaet. zu entscheiden.

Aber inhaltliche Vergleichungen haben mich überzeugt, dass die sich vorläufig ergebende Reihenfolge Rep-Phaedr. Theaet. auch richtig ist.

[Hs. 831 : 194]

La Coruña, Spanien, 27 Dec. 1897

Lieber Freund,

[...] Es ist mir ganz unverständlich warum Sie die Nothwendigkeit Qualitäten in quantitative Wichtigkeitsgrade umzusetzen nicht zugeben. Das wird fortwährend in der Naturforschung gethan. Wärme ist eine Qualität. Temperatur eine Unterscheidung von Wichtigkeitsgraden. Farbe eine Qualität. Wellenlänge eine quantitative Unterscheidung. Stil ist eine Mannigfaltigkeit von Merkmalen – und verschiedene Qualitäten können nicht verglichen werden wenn sie nicht auf Quantitäten reducierbar sind. Ich will Ihnen zugeben, was ich auch im Cap. III gethan habe, dass meine 4 Wichtigkeitsgrade ein sehr ungenaues Werkzeug sind, – aber anders kann man nicht verfahren, wenn man Stilaffinitäten messen will. Qualitäten werden nicht gemessen sondern empfunden. Um etwas zu messen, muss man es in Quantitative Symbole umsetzen. Das ist methodischer Grundsatz in der Naturforschung – und auch in der Physik sind Wichtigkeitsgrade nicht immer vollkommen. [...] Wir sind himmelweit von solcher Vollkommenheit in der Stylometrie, und müssen wir davon nicht zweifeln, dass jegliches Messen nur mit Quantitäten möglich ist, und dass daher es eine Aufgabe der Forschung ist, überall Qualitäten in Quantitäten zu reducieren. Das ist unbedingt wesentlich – darohne kann es keine Stylometrie geben – alles adet dann aus in Stylplanderei – ein Schritt weiter und wir fallen in eine (oder nach freier Uebertragung "butterweiche Faselei" d.h. nichts festes und objectives).

[Hs. 831 : 195]

La Coruña, 28 Dec. 1897

Lieber Freund,

[...] Sie finden im Phaedrus Eleatische Einflusse. Das stellt ja dann gerade diesen Dialog spater – weil im Phaedo Pythagorische Einflüsse vorwiegen.

[Hs. 831 : 196]

La Coruña, Spanien, 10 Jan. 1898

Lieber Freund,

Wenn ich recht den Inhalt Ihres Briefes überlege, so überwiegt noch die logische Schwierigkeit über alles Interesse an den Fragen der platonischen Chronologie. Denn für mich war und ist die Stellung des Phaedr. und Theaet. nach dem Phaedo so sicher wie um irgend etwas über Plato, und ich sehe, dass für Sie die mir unmöglich scheinende Stellung dieses Dialoge vor dem Phaedo in gleicher weise sicher ist!. Wir haben beide dieselben Materialen vor Augen und Competenz, logische Bildung, psychologisches Verständnis dürfen wir uns ja doch wohl auch nicht gegenseitig abweisen. Also was soll man thun? Die Thatsache der Unsicherheit historischer Schlüsse annehmen und es der Zukunft überlassen, wem die weitere Forschung Recht giebt.

[Hs. 831 : 198]

La Coruña, 12 Marz 1898

Lieber Freund,

Sie haben mir nicht geantwortet auf meine Frage bezüglich der Aussichten eines Plato-Congresses. Aber jetzt möchte ich einen ganz bescheidenen Vorschlag machen: könnten wir nicht eine kleine private Disputation über das Datum von Phaedrus u. Theaeteus einrichten, gegen Schluss der Osterferien, in Marburg – wo Sie das frühe Datum – ich gegen Sie das späte Datum vertheidige, und ein halbes Dutzend Fachgenossen aus den benachbarten Universitäten sich die Gründe anhören, eventuell an der Disputation theilnehmen und dann entscheiden ob für irgend welche Ansicht Einstimmigkeit möglich ist. Als Gäste zu einem solchen Colloquium könnten wir Cohen, Wilamowitz Moellendorff, Baumann, Peipers, Siebeck, Oncken, Usener, Schaarschmidt, Rohde, Bist, v Sybel einladen, und ich zweifele nicht dass die Sitzung sehr interessant sein würde.

[Hs. 831 : 200]

La Coruña, 5 April 1898

Lieber Freund,

[...]. Ausserdem müsste man im Phaedrus die Rede von Lysias ausscheiden, und die Reden ganz besonders untersuchen, da die Reden des Phaedrus so wie die dialektische Parodie des Parmenides mit keiner anderen Textprobe in Plato vergleichbar sind. Also ist zu erwarten dass diese Textproben von den andern abweichen.

[Hs. 831 : 212]

Leipzig, 22 Nov. 1898

Lieber Freund,

[...] die stylometrischen Fragen sind endlos und ich sehe es ist sehr schwer darin übereinstimmen. So bleibt nichts anderes übrig als abzuwarten welchen Weg unsere Fortsetzer einschlagen.

[Hs. 831 : 222]

Kossow, Oesterreich, 29 Juli 1900

Lieber Freund,

[...] Es ist sehr Schade dass Sie nicht nach Paris zum Philos. Congr gehen – ich habe einen sehr freundlichen Brief von Louis Couturat erhalten der mir dringend zuredet hinzukommen da er die ganze Platonische Frage und die Stylometrie ~~Chronologie~~ aufs Tapet bringen wird. Naturliches kann ich nicht- aber Marburg ist drei Mal näher und es wird sehr Schade sein wenn wenig competente Leute sich einfinden. Ich glaube wirklich, bei dem gegenwärtigen Stand der Dinge, könnte ein Plato Congress thatsächlich förderlich sein – vielleicht viele Jungere zu Spezielforschungen entscheiden.[...]. Dass Sie dies entbehren können una alle Ihre Kraft objektiven Idealen widmen – ist mir ein Rhatsel dass ich nicht anders lösen kann als durch die Anerkennung von Grundverschiedenheiten unter den Menschen. Deswegen kommen wir auch in der plat. Frage, bei demselben Material das uns beiden zur Verfügung steht – zu verschiedenen Schlussen. Doch ist vom meinem Standpunkt Ihre Datierung des Phaedr. Um 390 schon ein grosses Fortschritt gegenüber des Schleiermachers Usenerschen. Für mich ist eigentlich um so viel sicher dass Phaedr nach Phaedo und Symp. Kommt – könnte also schon 384 geschrieben sein, obgleich ich 380 vorziehe.

[Hs. 831 : 225]

Torino, 6.XII 1902

Lieber Freund, ich danke Ihnen für Ihr Buch [Platos Ideenlehre?] das ich erhalten habe. Ich war ganz verblüfft durch Ihre vornehme Beseitesetzung aller literarischen Hinweise – und glaube dass mindestens bei der Behandlung vom Phaedr und Theat. eine Auseinandersetzung mit denen die sie viel spater ansetzen nothwendig war.

PLATON ET LES PHÉNOMÉNOLOGUES

FRANÇOISE DASTUR

On pourrait penser que la phénoménologie, cette « science des phénomènes » n'a pu se constituer que contre Platon et le platonisme, puisque celui-ci met précisément en question de la manière la plus radicale la possibilité même d'une science du sensible et de l'apparaître. Husserl, le fondateur de la phénoménologie, n'affirmait-t-il pas en effet dès 1900 dans les *Recherches logiques* qu'il s'agit de faire retour aux « choses elles-mêmes » telles qu'elles nous apparaissent ? Mais le même Husserl déclarait aussi quelques années plus tard que le terme de phénoménologie désigne avant tout la méthode et l'attitude de pensée spécifiquement philosophiques[1]. C'est également ce que soulignait en 1927 Heidegger pour lequel le mot « phénoménologie » ne désigne pas l'objet d'une recherche particulière, ni ne caractérise le contenu réel de cet objet, mais nous informe seulement sur la *manière* dont sera montré et traité *ce* dont il doit être débattu dans cette science, à savoir selon une méthode *directe* de monstration et de légitimation[2].

Il ne faut donc pas s'étonner de voir Husserl, dans un texte datant de 1930, qui sert de préface à l'édition anglaise de ses *Idées directrices pour une phénoménologie et une philosophie phénoménologique pures*, définir ainsi la phénoménologie : « Par elle, je restitue l'idée de la philosophie la plus originelle, celle qui, depuis sa première expression cohérente par Platon, se trouve à la base de notre philosophie et de notre science européennes et reste pour elles l'indication d'une tâche impérissable »[3]. Lorsque Husserl entreprend, en 1923, de faire porter son cours de l'année sur l'histoire de la philosophie afin d'y situer la phénoménologie et de montrer qu'elle assume l'héritage de l'idée de la philosophie définie comme science de la fondation ultime, c'est la figure de Platon, plus encore que celle de Socrate, qui en constitue pour lui le véritable point de départ, car « le sérieux extraordinaire » dont Platon a fait preuve en s'efforçant de « triompher du

1. E. Husserl, *L'Idée de la phénoménologie* (1907), Paris, Gallimard, 1985, p. 45.

2. M. Heidegger, *Être et temps*, Paris, Gallimard, 1986, § 7 C, p. 62 [35].

3. E. Husserl, « Postface à mes Idées directrices », *La phénoménologie et les fondements des sciences*, Paris, P.U.F., 1993, p. 180.

scepticisme hostile à la science fait de lui le père de toute science authentique[1]. » Certes Husserl, mathématicien devenu philosophe, a peu étudié l'histoire de la philosophie et s'il a pris soin de lire quelques uns des philosophes modernes (essentiellement Descartes, Locke, Hume, Leibniz et Kant), il n'a qu'une connaissance superficielle de la philosophie antique. Élève de Brentano, qui l'a orienté vers la philosophie, il s'est par contre intéressé de près aux travaux des logiciens de la seconde moitié du XIXe siècle. Or c'est précisément dans la *Logique* de Rudolf Hermann Lotze, philosophe allemand oublié aujourd'hui, mais célèbre dans toute l'Europe et au-delà entre 1840, année où il devint professeur à Göttingen et 1881, année de sa mort à Berlin, que Husserl a trouvé un accès à la pensée de Platon.

C'est dans le second chapitre de cet ouvrage qu'est exposée, sous le titre « Le monde des idées », une interprétation de la théorie des idées platoniciennes dont Husserl affirme qu'elle est « géniale » et qu'elle eut « une importance déterminante » sur toutes ses études ultérieures, car c'est à elle qu'il doit d'être sorti du psychologisme auquel il avait jusqu'alors souscrit et de s'être converti au logicisme et au « platonisme » qui l'accompagne[2]. C'est en effet Lotze, dont Husserl souligne dans un texte plus ancien[3], qu'il a exercé sur lui une influence plus décisive que Bolzano, qui lui a permis d'élaborer son propre concept de signification « idéale » et d'objet « idéal ». Lotze, en philosophe moderne qui considère, comme Descartes, que seule la multiplicité des *cogitationes* en nous est donnée de manière indubitable, voit dans les idées platoniciennes de simples représentations. Or c'est, selon lui, le fait que nos représentations sont dans leur multiplicité essentiellement changeantes qui a conduit Protagoras et les sophistes à affirmer la valeur seulement subjective de la vérité. D'où la réaction salutaire de Socrate qui leur oppose que les concepts du bien, du juste et de l'injuste ont un sens immuable et indépendant de l'appréciation subjective. C'est cependant à Platon que doit être reconnu le mérite d'avoir développé sa théorie des idées comme une extension des convictions socratiques. Car l'idée très simple et très importante que Platon a été le premier à énoncer est la suivante : le tout en mouvement de nos représentations, le flux héraclitéen, n'est rien sans une vérité qui le traverse de bout en bout. Comme l'explique Lotze : « Dans notre perception, les choses sensibles changent de qualités : mais tandis que ce qui est noir devient blanc et ce qui est doux amer, ce n'est pourtant pas la noirceur elle-même qui se transforme en blancheur, ni la douceur en amertume ; mais c'est plutôt chacune de ces qualités, demeurant éternellement semblables à elles-mêmes, qui prend la place d'une autre dans cette chose, et les concepts au moyen desquels nous pensons les choses ne participent pas eux-mêmes à la variabilité ; nous les énonçons pour rendre compte du changement des choses dont ils sont les prédicats[4]. » Ces contenus

1. E. Husserl, *Philosophie première*, t. I, « Histoire critique des idées », Paris, P.U.F., 1970, p. 16.
2. E. Husserl, « Esquisse d'une préface aux *Recherches logiques* » (1913), dans *Articles sur la logique*, Paris, P.U.F., 1975, p. 378.
3. E. Husserl, « Recension du livre de Melchior Palagyi » (1903), *ibid.*, p. 216.
4. R. H. Lotze, *Logik, Drittes Buch, Vom Erkennen*, Hamburg, Felix Meiner, 1989, p. 507-508.

invariables ne sont rien d'autre que ce que Platon a déterminé comme étant constant, ἀεὶ ὄν, c'est-à-dire comme idée, comme premier vrai objet d'une connaissance sûre.

On le voit, Lotze impute ainsi à Platon la démarche cartésienne qui consiste à chercher dans les représentations de la conscience le point archimédique fixe qui permettra d'édifier sur sa base un savoir certain, ce qui laisse supposer que son interprétation du platonisme ne rend pas compte du sens propre de la théorie des idées. Husserl considère lui aussi que les temps modernes commencent par une « restauration des intentions platoniciennes »[1] et que Descartes reprend à nouveau « la lutte menée contre le scepticisme » par Platon[2]. C'est la raison pour laquelle il adopte la conception particulière que Lotze se fait du platonisme. Pour Lotze, en effet, contrairement à ce qu'on en dit habituellement, Platon n'a pas attribué aux idées une réalité semblable à celles des choses et n'a rien voulu enseigner d'autre que « la validité des vérités, la signification éternellement identique à elle-même des idées qui sont toujours ce qu'elles sont, indépendamment du fait de savoir combien il y a de choses qui, en participant à celles-ci, les portent à l'apparaître dans le monde extérieur, et indépendamment du fait de savoir s'il y a des esprits qui, en les pensant, leur donnent la réalité d'un état d'âme se produisant »[3], de sorte que lorsqu'il leur assigne un lieu intelligible supracéleste (νοητός, ὑπερουράνιος τόπος), ce ne revient nullement à hypostasier les idées, mais cela consiste simplement à montrer qu'elles n'appartiennent pas au monde réel, à l'espace, et à tenter d'exprimer ainsi leur pure validité par contraste avec d'autres modes de la réalité[4]. Husserl, qui en 1913 emprunte à Platon le terme d'εἶδος comme synonyme d'essence pour éviter les équivoques qui entachent les expressions d'idée et d'idéal[5], définit la phénoménologie comme une science portant sur des essences dont la méthode, la « réduction eidétique », conduit du phénomène psychologique à l'essence pure dont celui-ci n'est qu'un exemple[6]. C'est ce qui explique qu'il ait pu voir dans la « cécité aux idées » propre aux empiristes une forme de cécité spirituelle et qu'il entreprenne de se défendre contre leur reproche de « réalisme platonicien » en affirmant à la fois le caractère intuitif de la connaissance eidétique et le caractère non mondain de son objet[7]. On peut d'ailleurs penser qu'à cet égard, Husserl, par sa théorie de la *Wesenschau*, de la vision de l'essence, est plus proche du vrai Platon que du platonisme identifié à la théorie de l'opposition des mondes sensible et intelligible.

C'est ce qui explique que Heidegger puisse comparer Husserl à Platon dans le discours qu'il prononce le 8 avril 1929 à l'occasion du soixante-dixième anniversaire de celui qui fut son maître et au moment même où il va, avec son

1. *Philosophie première*, t. I, *op. cit.*, p. 207.
2. *Ibid.*, p. 85.
3. *Ibid.*
4. *Ibid.*, p. 516.
5. E. Husserl, *Idées directrices pour une phénoménologie*, Paris, Gallimard, 1950, p. 9.
6. *Ibid.*, p. 7.
7. *Ibid.*, § 22, p. 73.

accord, prendre sa succession à la chaire de philosophie de l'université de Fribourg. Dans l'éloge qu'il fait de Husserl, Heidegger ne veut mettre l'accent ni sur l'ensemble de son œuvre, dont d'ailleurs seule une petite partie est alors publiée, ni même sur son activité académique d'enseignement, mais uniquement sur ce qui lui paraît décisif dans son travail, à savoir la percée par laquelle il a ouvert une nouvelle dimension du philosopher. Car, affirme Heidegger, la philosophie n'est pas une doctrine, elle n'est pas l'œuvre de l'existence humaine, mais cette existence elle-même « dans la mesure où elle s'accomplit librement à partir de son propre fond »[1]. Cette idée selon laquelle la philosophie touche l'entièreté de l'être de l'homme, qu'elle est une offensive, une attaque *(Angriff)* dirigée contre l'être humain qui se voit ainsi chassé hors de la quotidienneté et reconduit au fondement des choses, Heidegger la développera dans son cours de l'année suivante consacré aux *Concepts fondamentaux de la métaphysique*, soulignant que la philosophie ne peut pas être définie comme une simple occupation ou activité, mais qu'elle précède au contraire toute occupation dans la mesure où elle constitue « l'événement fondamental de l'existence *(Grundgeschehen des Daseins)* »[2]. Or à la fin du cours inaugural qu'il donne le 24 juillet 1929 sous le titre « Qu'est-ce que la métaphysique? », Heidegger, expliquant de la même manière que la philosophie ou métaphysique n'est pas un domaine extérieur dans lequel nous aurions à tenter de nous transposer, cite à l'appui un passage du *Phèdre* de Platon (279 a) où Socrate, parlant d'Isocrate, déclare que « dans la pensée de cet homme-là, il y a, de nature, une certaine philosophie » et en tire la conclusion suivante: « Du fait que l'homme existe, le "philosopher" existe »[3]. Dans l'éloge de Husserl qui précède de quelques semaines ce cours inaugural par lequel il prendra effectivement sa succession, Heidegger, pour définir l'attitude philosophique en ce qu'elle a de propre, cite en conclusion le fameux passage de la *Lettre VII* (341 c-d) qui dit que la philosophie « n'est pas un savoir qui, à l'exemple des autres, puisse aucunement se formuler en propositions; mais, résultat d'un commerce répété avec ce qui est la matière même de ce savoir, résultat d'une existence qu'on partage avec elle, soudainement, comme s'allume une lumière lorsque bondit la flamme, ce savoir se produit dans l'âme et, désormais, il s'y nourrit tout seul lui-même »[4].

Que Platon condamne l'écriture, comme l'indique la phrase qui précède immédiatement le passage qui vient d'être cité: « Là-dessus [à savoir les questions relevant de la philosophie], il n'existe pas d'écrit qui soit de moi, et il n'en existera jamais non plus », cela n'est guère surprenant pour qui connaît l'importance donnée dans le monde indo-européen aussi bien par les Indiens de

1. M. Heidegger, *Reden und andere Zeugnisse eines Lebensweges*, Gesamtausgabe, Band 16, Frankfurt am Main, Klostermann, 2000, p. 59.

2. M. Heidegger, *Les Concepts fondamentaux de la métaphysique*, Paris, Gallimard, 1992, § 7, p. 44-46.

3. M. Heidegger, *Questions I*, Paris, Gallimard, 1968, p. 72.

4. Je cite ici la traduction de Léon Robin dans Platon, *Œuvres complètes*, Paris, Gallimard, « Bibliothèque de la Pléiade », 1950, t. II, p. 1208.

l'époque védique que par les Celtes à la tradition orale, laquelle a pendant des millénaires pu rivaliser avec la tradition écrite en fait de capacité de préservation et de transmission du passé. Il n'en demeure cependant pas moins que Platon lui-même, chez qui la condamnation de l'écriture manifeste qu'il appartient encore d'une certaine manière à cette tradition exclusivement orale, comprend pourtant déjà essentiellement la langue à partir de l'écriture, comme en témoignent les étymologies du *Cratyle*. Lui qui oppose dans le *Phèdre* l'extériorité de cette ὑπόμνησις, de cet aide-mémoire qu'est l'écriture à la μνήμη, à la mémoire vivante de l'âme, lui qui, par la bouche de Socrate, taxe de naïveté ceux qui se figurent qu'un écrit est plus qu'un *moyen* de remémoration, ne pouvait pas cependant ignorer, que le savoir ne peut s'objectiver en des contenus « maniables ». Car c'est, comme il le souligne dans la *Lettre VII*, la relation d'*appartenance* à ce savoir qu'est la philosophie qui ne permet pas que celle-ci puisse jamais s'inscrire dans l'extériorité d'une écriture. Cela ne veut pourtant pas dire qu'il faudrait se mettre en quête de la doctrine soi-disant non écrite de Platon, puisque ce que condamne Platon dans l'écriture, c'est précisément la fixation d'une pensée en doctrine[1], ce que l'on ne trouve nulle part dans les dialogues qu'a pourtant bien écrit Platon, où règne le διαλέγεσθαι, le mouvement vivant de la pensée en tant qu'il est partagé par plusieurs interlocuteurs sans jamais pouvoir devenir cette pure affaire d'école qu'en firent les sophistes. Heidegger a certes fortement insisté sur l'ambiguïté de la position de Platon, qui est celui qui, d'une part, sauvegarde la dimension de l'étonnement, dont témoigne la pensée présocratique en tant qu'elle pense l'ἓν πάντα, l'unité du tout, contre l'attaque de l'entendement sophistique « qui avait pour tout une explication »[2], mais qui, d'autre part, en caractérisant la pensée comme θεωρία, fait lui aussi droit à l'interprétation technique de la pensée, conçue comme réflexion mise au service du produire et du faire, qui lui vient des sophistes[3]. Il n'en demeure pas moins que le rapprochement qu'il opère en 1929 entre Husserl et Platon a pour base non leurs doctrines respectives, mais bien la capacité qu'ils ont eu tous deux d'éveiller chez leurs élèves le goût du libre questionnement. Car c'est là précisément ce qu'apporta à Heidegger lui-même l'enseignement de Husserl, comme il le rappelle dans un petit texte où il retrace son propre itinéraire philosophique. Demeuré pendant des années sous l'emprise de la fascination qu'exerçaient sur lui les *Recherches logiques*, sans cependant être parvenu, par leur simple lecture, à accomplir le mode de pensée phénoménologique, ce n'est, explique Heidegger,

1. Comme Hölderlin le souligne avec pertinence (« De la religion », *Œuvres*, Paris, Gallimard, Pléiade, 1967, p. 646) les lois divines dont se réclame Antigone dans la tragédie de Sophocle du même nom (vers 454) n'ont pas valeur de commandements universels et ne peuvent jamais être pensées abstraitement, mais seulement se présenter dan un cas et pour un acte particuliers. Ces lois sont non écrites au sens où elles sont non prescrites, et demeurent immanentes à l'acte qui les manifeste comme constituant seulement sa condition.

2. M. Heidegger, « Qu'est-ce que la philosophie ? » (1955), *Questions II*, Paris, Gallimard, 1968, p. 22.

3. M. Heidegger, « Lettre sur "l'humanisme" » (1946), *Questions III*, Paris, Gallimard, 1966, p. 75-76.

qu'à partir du moment où il entra en contact personnel avec Husserl, à son arrivée à Fribourg en 1916, que se dissipa son embarras. C'est alors en effet que la phénoménologie lui apparût moins comme une nouvelle doctrine philosophique qu'il s'agirait de s'approprier que comme cette pratique que Socrate nommait « maïeutique » : « L'enseignement de Husserl se fit sous la forme de l'apprentissage graduel, par l'exercice, du "regard" *(Sehen)* phénoménologique qui cependant réclamait en même temps que l'on refuse d'user sans examens des connaissances philosophiques, mais aussi que l'on renonce à faire intervenir dans le débat l'autorité des grands penseurs »[1].

On sait que Heidegger, fortement marqué dès son adolescence par la lecture de la thèse de Brentano sur la *Signification multiple de l'étant chez Aristote*, a toujours accordé plus d'importance à la pensée de l'élève qu'à celle de son maître, même si c'est bien sur une citation du *Sophiste* (244 a) que s'ouvre *Être et temps*. Heidegger a certes consacré à ce même dialogue son cours du semestre d'hiver 1924-1925, mais une grande partie de celui-ci (près du tiers) porte en fait sur Aristote, le fil conducteur choisi par Heidegger n'étant autre que le principe fondamental de l'herméneutique selon lequel on doit aller du plus clair au plus obscur, de sorte qu'il faut donc revenir d'Aristote à Platon, puisque « les tard-venus comprennent toujours mieux leurs devanciers que ceux-ci se sont compris eux-mêmes »[2]. Contrairement à son ami Natorp, qui venait juste de mourir et auquel le cours est dédié *in memoriam*, Heidegger n'adopte pas vis à vis d'Aristote une position critique et ne voit pas en lui un représentant du réalisme, mais considère au contraire que ce qu'il dit « est ce que Platon lui a fourni, simplement réélaboré de manière plus radicale, plus scientifique »[3]. Lorsqu'il s'agira pour lui, à partir des années trente, de situer la philosophie platonicienne par rapport à la pensée des Présocratiques, il ira même jusqu'à affirmer qu'Aristote « pense davantage dans le sens grec, c'est-à-dire plus conformément à l'essence initialement décisive de l'être que ne le fait Platon »[4], car Aristote n'est pour lui ni un platonicien ayant fait naufrage, ni le précurseur de St Thomas d'Aquin, ni celui qui aurait de manière absurde voulu loger les Idées de Platon dans les choses mêmes, mais celui qui, en dépit de la distance qui le sépare du commencement de la philosophie grecque, va dans le sens d'un retour à ce commencement[5]. Dans son cours de 1935, *Introduction à la métaphysique*, Heidegger distinguait dans le commencement grec lui-même un commencement et une fin, et il voyait celle-ci dans la philosophie de Platon et d'Aristote[6]. Les Présocratiques sont en effet ces penseurs auxquels l'être s'ouvre comme φύσις, c'est-à-dire comme ce qui apparaît de soi-même, φύσις ayant la même racine que

1. M. Heidegger, « Mon chemin de pensée et la phénoménologie » (1963), *Questions IV*, Paris, Gallimard, 1976, p. 168

2. M. Heidegger, *Platon : Le Sophiste*, Paris, Gallimard, 2001, p. 21.

3. *Ibid.*, p. 21.

4. M. Heidegger, *Nietzsche* (cours de 1940), Paris, Gallimard, 1971, t. II, p. 329.

5. *Ibid.*, (1944-46), p. 183

6. M. Heidegger, *Introduction à la métaphysique*, Paris, P.U.F., 1958, p. 193.

φῶς, la lumière[1]. La détermination platonicienne de l'être comme ἰδέα ne peut elle-même être conquise que sur le fondement de l'expérience de l'être comme φύσις ; pourtant en elle l'apparaître n'est plus pensé en lui-même, mais référé à une possible prise en vue. Du privilège conféré à l'ἰδέα et l'ἰδεῖν sur la φύσις résulte la fameuse mutation de l'essence de la vérité que Heidegger impute à Platon dans l'interprétation de l'Allégorie de la caverne qu'il élabore au début des années trente et qui sera publiée en 1942 sous le titre *La doctrine de Platon sur la vérité*. Cette mutation consiste en une soumission de l'être à la pensée, à la perception et au νοεῖν, dont naît la métaphysique qui voit l'étant véritable, l'ὄντως ὄν, dans l'ἰδέα, et dans la φύσις, un simple non-être[2]. La métaphysique apparaît alors non plus comme cette disposition naturelle de l'homme dont parle Kant et dont Heidegger trouvait en 1929 la première définition dans le *Phèdre* de Platon, mais est au contraire maintenant identifiée à cet événement historique qu'est le platonisme. Le platonisme marque en effet le début de l'humanisme, explique alors Heidegger, c'est-à-dire le processus par lequel l'homme se place au centre de l'étant, ce à quoi correspond l'importance donnée à la παιδεία, à la formation de l'homme, qui consiste à tourner le regard de celui-ci vers les idées[3].

Il semble cependant que Heidegger hésite à faire de la philosophie platonicienne ce tournant décisif de l'histoire occidentale qui verrait l'apparition simultanée de la métaphysique et de l'humanisme. C'est sans doute ce qui permet de comprendre que dans les années d'après guerre, au cours d'un entretien qu'il eut avec son élève Georg Picht, lui-même éminent platonicien, qui lui expliquait pourquoi il n'avait pas été convaincu par son interprétation de l'allégorie de la caverne, il puisse reconnaître que « la structure de la pensée platonicienne lui demeure complètement obscure »[4]. Car à la question concernant le sens à redonner au mot « humanisme » qui lui pose Jean Beaufret en 1946, il répond cette fois de manière péremptoire que « c'est à Rome que nous rencontrons le premier humanisme »[5]. Il précise en effet que c'est sur la base d'une incorporation de la παιδεία, de l'éducation grecque, dans la *virtus* romaine qu'à l'époque de la République romaine « pour la première fois l'*humanitas* est considérée et poursuivie expressément sous ce nom ». Une telle incorporation n'a été possible que parce que les Grecs dont il s'agit ici sont « ceux de l'hellénisme tardif dont la culture est enseignée dans les écoles philosophiques », et c'est donc la παιδεία comprise comme *eruditio et institutio in bonas artes*, à savoir une culture fondée sur l'érudition et l'assimilation d'un savoir institué, et non pas la παιδεία en son sens platonicien de conversion du regard et περιαγωγὴ ὅλης τῆς ψυχῆς, révolution de l'ensemble de l'âme[6], qui est comprise sous le terme *humanitas*. C'est la

1. *Ibid.*, p. 112.
2. M. Heidegger, *Questions II*, *op. cit.*, p. 159-160.
3. *Ibid.*, p. 160.
4. *Cf.* Georg Picht, « Die Macht des Denkens », *Erinnerung an Martin Heidegger*, Tübingen, Neske, 1977, p. 203.
5. *Questions III*, *op. cit.*, p. 85.
6. Cf. *Questions II*, *op. cit.*, p. 135.

raison pour laquelle l'humanisme est pour Heidegger un phénomène essentiellement historique. Il le définit comme demeurant « dans son essence une manifestation spécifiquement romaine, résultant d'une rencontre de la romanité avec la culture de l'hellénisme tardif »[1]. Ce qui s'est donc explicitement nommé « humanisme », à savoir le mouvement de pensée qu'on a nommé « Renaissance » au XVe et XVIe siècle en Italie, est une *renascentia romanitatis*, une renaissance de la romanité, plus que de la παιδεία en ce qu'elle a de proprement grec, car pendant la Renaissance, « l'hellénisme continue à être considéré sous sa forme tardive et plus précisément romaine ». C'est donc en réalité dans la traduction du grec en latin, dans la « romanisation du grec », que Heidegger voit « l'événement proprement dit de l'histoire », selon une expression marquante du cours de l'hiver 1942-43 qu'il consacre à Parménide[2]. Platon a déterminé l'être à partir de l'ἰδέα, c'est-à-dire à partir de ce qui le rend susceptible d'être pris en vue, tout en continuant cependant de le rapporter à la lumière qui seule autorise un voir. Ce n'est qu'avec Rome que l'accent sera mis unilatéralement sur le voir, sur l'évidence, et non plus sur l'apparaître en tant que tel et que sera ainsi préparée la voie de la transposition moderne de l'ἰδέα en *perceptio.* Mais Platon ne voit déjà plus dans la lumière qu'un lien, un « joug »[3], entre la vue et le visible, sans parvenir à penser son *événement* même, qui a lieu comme coïncidence de l'éclaircie et du cèlement, conformément à ce que dit le mot même d'ἀ-λήθεια. Or, comme le souligne Heidegger dans l'un de ses derniers textes, si l'ἀλήθεια est bien nommée dès le début de la philosophie dans le *Poème* de Parménide, elle n'en a pas pour autant été pensée comme telle par la philosophie, ce qui ne veut pourtant pas dire que la philosophie aurait ainsi perdu de vue quelque chose d'essentiel, mais plutôt que l'ἀλήθεια est demeurée son impensé fondamental[4], ce qui implique qu'elle a été à sa manière fidèle à l'événement de l'être, lequel n'est nullement le « sujet » de l'histoire et qui ne peut se dispenser qu'en se retirant. Heidegger en vient ainsi à reconnaître que « pas même dans la pensée des Grecs », le concept de vérité ne signifie non-occultation et qu'il est dès lors erroné de soutenir, comme il l'a fait en 1942, la thèse d'une mutation de la vérité qui aurait eu lieu avec Platon, car c'est au contraire dès le départ, c'est-à-dire déjà avec Homère et les Présocratiques, que l'ἀλήθεια a été comprise comme adéquation entre ce qui est dit et ce qui est[5]. La tâche qui selon Heidegger est dévolue à la pensée à la fin de la philosophie, c'est donc celle qui consiste, en allant au-delà du grec, à penser l'ἀλήθεια elle-même, pour voir en elle non plus simplement l'éclaircie de l'être, mais l'éclaircie de l'être en tant qu'elle s'occulte

1. *Questions III*, *op. cit.*, p. 85.

2. M. Heidegger, *Parmenides*, Gesamtausgabe, Band 54, Frankfurt am Main, Klostermann, 1982, p. 57.

3. Platon, *République*, 508 a.

4. M. Heidegger, « La fin de la philosophie et la tâche de la pensée » (1968), *Questions IV*, *op. cit.*, p. 133.

5. *Ibid.*, p. 135-136.

elle-même au profit de ce qu'elle dispense, à savoir l'étant[1]. Car l'éclaircie en tant que non occultation advient à partir d'une occultation plus originelle qu'elle et c'est celle-ci, ce cœur de l'ἀλήθεια qu'est la λήθη, occultation et oubli à la fois, qui demeure *comme telle* impensée. C'est cet *événement* de l'ouverture à partir d'une fermeture plus originelle qu'elle qui reste encore à penser à la fin de la philosophie.

C'est aussi sur l'allégorie de la caverne que se centre l'interprétation de la philosophie platonicienne que l'on peut trouver dans l'œuvre de Eugen Fink, qui fut pendant les dix dernières années de sa vie l'assistant privé de Husserl, mais qui a également été fortement marqué par la problématique de l'être-dans-le-monde et le cours que Heidegger a consacré en 1929-30 aux concepts fondamentaux de la métaphysique et en particulier au concept de monde – cours que Heidegger décidera d'ailleurs de dédier à sa mémoire au moment de sa mort en 1975 et qui paraîtra en 1983 dans le cadre de la publication de ses œuvres complètes. Dans le cours que Fink consacre en 1951 aux « Débuts de l'histoire ontologique de l'espace, du temps et du mouvement », on trouve, enchâssé dans un long commentaire du *Poème* de Parménide, une première ébauche d'une interprétation de l'allégorie platonicienne qui met l'accent sur le fait que seul le penseur a connaissance de la captivité irrémédiable dans laquelle se trouve l'être humain, précisément parce qu'il n'est plus lui-même pris en elle. Pour Fink, ce dont il s'agit dans le portrait du penseur que dressent aussi bien Parménide dans son *Poème* que Platon dans l'allégorie de la caverne, c'est d'une libération du regard, qui est pourtant moins évasion hors de la δόξα que prise de conscience douloureuse d'un être-captif en elle. Ceux qui se trouvent immobilisés dans la caverne de façon à ne pouvoir prendre en vue que les ombres qui se dessinent sur les parois de ce monde souterrain, ombres qu'ils prennent pour des réalités, n'ont aucune intelligence de leur véritable condition. Ce n'est que lorsqu'ils se voient mystérieusement délivrés de leurs liens et qu'ils sont capables de regarder derrière eux, puis d'accéder, après une longue et difficile ascension, jusqu'à l'ouvert du monde où ils peuvent enfin apercevoir le soleil lui-même, qu'ils prennent alors conscience de leur ancienne captivité et de l'infinie distance qui continue à les séparer de la source de la lumière. Par cette sortie hors de l'obscurité qui les enveloppait à l'origine, ils se voient moins délivrés de leur captivité que rendus à elle dans sa vérité. Car, comme Platon le souligne[2], le philosophe doit, bien qu'à contre cœur, redescendre dans l'obscurité de la demeure commune pour prendre part au gouvernement de la πόλις. Mais ce retour est moins motivé par des motifs philanthropiques que nécessité par l'impossibilité où se trouve le penseur de s'établir à demeure dans l'éternel et de séjourner durablement dans la lumière. Ainsi, conclut Fink, « toute élévation de la pensée est également aussi une chute. Plus l'être humain échappe à l'emprise qu'a sur lui l'illusion, et plus dure et plus

1. *Ibid.*, p. 137.
2. Cf. *République*, VII 520 c-d.

âpre lui devient sa captivité »[1]. Il n'y a donc de discours sur l'être vrai des choses, d'onto-logie possible qu'à partir d'une situation de captivité dans l'apparaître. C'est par la prise de conscience des limites de sa condition que le penseur s'ouvre à l'illimité et est alors capable de voir l'ombre *comme* ombre sans plus la confondre avec ce qui est véritablement étant. Mais ce regard qui l'élève au-dessus du fini et de la condition humaine ne peut pas être seulement défini à partir de ce qu'il permet d'apercevoir, mais il doit l'être aussi à partir du lieu où il naît, de cette obscurité qui, à la fois, le permet et l'empêche.

Fink a consacré par la suite toute la première partie de son livre paru en 1970 sur la « Métaphysique de l'éducation » à la question de la παιδεία chez Platon qui, selon lui, ne fait sens que dans le cadre de la « métaphysique de la lumière » qu'inaugure ce dernier. Ce que souligne en effet d'emblée Fink, c'est la rupture instaurée par l'apparition de la métaphysique par rapport au monde de la tragédie et du mythe, rupture dont nous ne sommes guère conscients, précisément parce que nous sommes nous-mêmes profondément marqués par la tradition métaphysique. C'est au témoignage de Nietzsche qu'il en appelle à cet égard, lui qui a vu dès sa jeunesse que l'époque qui commence avec Platon et Socrate est séparée par un abîme de la « Philosophie à l'époque de la tragédie grecque » et qui, dans *Le Crépuscule des idoles*, fonde sa « méfiance à l'endroit de Platon » sur le fait qu'il a « dévié par rapport aux instincts fondamentaux des Hellènes », qu'il est « déformé par le moralisme » et « pré-chrétien »[2]. Ce qui fait le thème fondamental de la mythologie grecque, c'est le πόλεμος dont parle le fragment 53 d'Héraclite, ce combat du principe spirituel grec contre l'obscur principe de la nature, combat qui oppose aux Titans ce dieu de la lumière et de l'éclair qu'est Zeus, lequel ne peut cependant régner que porté par eux, ce qui implique que la lumière ne peut déployer sa puissance que dans le combat contre l'obscurité, puisque « une lumière totale se détruirait nécessairement elle-même, parce qu'elle serait sans fondement et ne serait portée par rien »[3]. Avec Socrate et Platon commence donc une nouvelle ère, qui signe la fin du tragique, mais cela ne signifie pas seulement l'apparition d'une nouvelle sorte d'homme, l'homme théorique, optimiste et rationnel, mais bien celle d'une nouvelle expérience fondamentale du monde[4]. Celle-ci consiste en ce que la lumière n'est plus conçue comme une des dimensions de l'être, mais identifiée à celui-ci, de sorte que l'on peut définir la position fondamentale de Socrate et de Platon comme l'interprétation unilatérale de l'être comme lumière et du monde comme espace où celle-ci règne de manière exclusive[5]. Fink cite lui aussi ce passage de la *Lettre VII* où la philosophie est définie comme une lumière s'allumant soudainement en l'être humain et déclare à ce

1. E. Fink, *Zur Ontologischen Frühgeschichte von Raum-Zeit-Bewegung*, Den Haag, Nijhoff, 1957, p. 80.

2. F. Nietzsche, *Le crépuscule des idoles*, Paris, Gallimard, 1974, p. 116.

3. E. Fink, *Metaphysik der Erziehung im Weltverständnis von Platon und Aristoteles*, Frankfurt am Main, Klostermann, 1970, p. 14.

4. *Ibid.*, p. 20.

5. *Ibid.*, p. 21 et 22.

propos qu'il faut y voir plus qu'une simple métaphore poétique, car pour Platon, il y a une correspondance essentielle entre la lumière et l'être qui est le fondement même de sa conception de la παιδεία[1]. Ce que développe Platon dans l'allégorie de la caverne, ce n'est en effet rien d'autre que l'*analogia entis et lucis*[2].

Ce que donne à voir l'allégorie, c'est que la condition originelle de l'humanité est la méconnaissance de soi et l'aliénation, sans que soit nommée la puissance qui maintient ainsi l'homme dans la servitude. Même sa délivrance n'est pas son propre fait, elle lui advient comme une violence qui lui est infligée, de sorte que le fait de pouvoir tourner son regard dans une autre direction est d'abord éprouvé comme une sorte de mort et un abandon de tout ce qui avait auparavant pour lui valeur de réalité. Celui qui a ainsi été libéré fait l'expérience que tout s'est inversé, non pas seulement ce qu'il tenait d'abord pour vrai et qui s'est révélé n'être qu'une illusion, mais aussi la souffrance et la violence qui lui a été faite, qui se retournent en béatitude au moment où il accède à l'être véritable. L'allégorie en vient à sa péripétie dramatique au moment où il doit redescendre dans la caverne où il va être en butte aux railleries et aux attaques de ceux qui y sont restés enfermés. C'est alors que s'ouvre la différence entre la vie ordinaire qui se déroule dans le domaine du visible, l'ὁρατὸς τόπος, et la vie philosophique qui permet d'accéder au νοήτος τόπος. Mais c'est précisément ce qui conduit à s'interroger sur ce qui constitue la présupposition implicite de l'allégorie, à savoir sur ce nom qui est tu de la puissance qui a pu assombrir la lumière dans la caverne, où celle-ci n'a que la forme d'un feu terrestre, ce lointain dérivé de la lumière céleste. Or cette puissance des ténèbres n'est autre que la terre, ce principe féminin[3] qui s'oppose au principe masculin de la lumière, et la caverne, le symbole de la prison terrestre dans laquelle est enfermé l'homme qui cherche la lumière, lui qui vit dans la pénombre et dont l'existence est semblable à celle des oiseaux de nuit.

Il ne faut donc pas voir dans l'allégorie de la caverne un simple moyen pour rendre sensible des idées philosophiques, mais ce qui donne à la philosophie le sens d'un événement presque mythique et d'une initiation à un mystère. Car celui qui est saisi par sa puissance meurt pour ainsi dire à sa vie antérieure et connaît une sorte de résurrection par son accès au monde solaire. Fink met l'accent sur le caractère graduel de cette initiation qui a le sens de la révélation progressive d'un mystère, les "initiés" n'ayant pas acquis de simples connaissances, mais bien des « aperçus » (*Einblick*, mot par lequel on peut traduire εἶδος) par lesquels ils se voient eux-mêmes entièrement transformés[4]. Il rappelle que le culte des mystères dans la Grèce archaïque était celui de Déméter, de ce grand giron maternel qu'est la terre qui donne naissance à toutes choses et auquel toutes choses font retour, culte dans lequel les initiés faisaient l'expérience de l'identité de la vie et de la mort, de Dionysos et de Hadès, et accédaient ainsi à une éternité qu'ils trouvaient

1. *Ibid.*, p. 26.
2. *Ibid.*, p. 36.
3. *Ibid.*, p. 54. Fink s'appuie ici sur un passage du *Ménexène* (238 a) où il est dit que « ce n'est pas la terre qui imite la femme dans la conception et l'enfantement, mais c'est la femme qui imite la terre ».
4. *Ibid.*, p. 55.

dans le devenir lui-même et non pas dans un au-delà. C'est ce qui le conduit à déclarer que « dans l'allégorie platonicienne de la caverne, la philosophie et la παιδεία philosophique n'apparaissent pas seulement comme le "monde renversé" par rapport à la vie quotidienne, mais comme un *Eleusis inversé* », de sorte qu'on pourrait dire en exagérant un peu qu'elle symbolise jusque dans les conséquences politiques qu'elle implique « le dépassement de l'humanité "géocentrique" par une humanité "héliocentrique" »[1]. Le combat que mène Platon au nom du principe solaire l'oppose donc de manière décisive à la sagesse des Tragiques et aux Mystères éleusiens, mais ce combat n'est pas entrepris de manière volontaire, il est plutôt le symptôme de l'apparition d'une nouvelle époque de l'être, celle de la domination d'un nouveau Mystère, celui de Φῶς et d''Αλήθεια, de la lumière et de la vérité[2]. C'est pourquoi il faut voir dans la παιδεία platonicienne une expérience ontologique, une véritable métamorphose de l'existence humaine, par laquelle cependant l'homme demeure dans ce domaine de l'entre-deux, de l'écart entre terre et ciel, où il a depuis toujours son séjour. Car la philosophie n'est pas un voyage qui nous ferait quitter le sensible et le chemin sur lequel elle nous conduit est celui, circulaire, qui nous ramène là où nous sommes déjà depuis toujours, par une inversion de tout ce qui constituait notre nature antérieure, l'âme étant en nous ce qui rend possible une telle conversion. La philosophie n'est donc pas une autre voie, celle de la connaissance théorique, que Platon aurait frayée à côté de celles de la religion et de la poésie, elle est l'inversion de la religion de Déméter ou de Dionysos, elle est, en tant que περιαγωγὴ ὅλης τῆς ψυχῆς, une métamorphose de l'homme tout entier et non pas, comme le veulent les sophistes, une simple technique, car cette ouverture à l'être par laquelle l'homme parvient à la vérité n'est nullement le résultat de son action, elle lui est impartie dès lors qu'il existe, elle est semblable à cette étincelle divine qui réside en l'âme humaine, sans laquelle elle ne serait pas, mais dont elle peut cependant faire un juste ou un faux usage. La παιδεία n'est pas ce chemin qui nous ferait quitter le sensible, elle n'est pas le phantasme réalisé d'une Ascension qui nous conduirait dans les régions célestes, mais la possibilité que nous avons en tant qu'êtres pensants de nous hausser jusqu'à la plus haute lumière de l'être afin d'apercevoir les choses sensibles d'ici-bas sous un nouvel éclairage, celui de l'ἰδέα τοῦ ἀγαθοῦ, elle est, pour laisser le dernier mot à Platon lui-même, « la conversion de l'âme de je ne sais quel jour nocturne vers le vrai jour de l'être, et cette ascension est ce que nous déclarons être la vraie philosophie »[3].

De cette interprétation de l'allégorie de la caverne, Jan Patočka, qui, à son arrivée à Fribourg en 1933, fut initié à la phénoménologie par Eugen Fink, avec lequel il resta en contact jusqu'à sa mort, dit qu'« elle est la plus magnifique qui soit » et que même « La doctrine platonicienne de la vérité » de Heidegger, aussi

1. E. Fink, *Metaphysik der Erziehung im Weltverständnis von Platon und Aristoteles*, *op. cit.*, p. 56 et 57.

2. *Ibid.*, p. 59.

3. Platon, *République*, 521 c (trad. M. Dixsaut, dans Platon, *République, Livres VI et VII*, Paris, Éditions Pédagogie Moderne, 1980).

stimulante qu'elle ait été pour Fink, « doit en quelque sorte lui céder le pas »[1]. Le philosophe tchèque, qui reconnaît avoir été fortement marqué par la lecture du séminaire que Heidegger et Fink ont conjointement consacré en 1966-67 à Héraclite et qui se réclame lui aussi du Présocratique, penseur qui a vu dans le πόλεμος l'origine de toutes choses, loue Fink d'avoir redécouvert qu'au contraire de la guerre empirique, dont le projet est formé en plein jour et en pleine clarté, le πόλεμος ne peut être abordé qu'à partir du « royaume mystérieux de la nuit »[2]. Dans son séminaire commun avec Heidegger, Fink avait en effet mis l'accent sur le visage double de l'homme, qui « est aussi bien tourné vers le jour que vers la nuit »[3], une nuit qu'il ne s'agit pas de comprendre comme simple privation de lumière, mais comme un mode de la λήθη[4], de ce qui se soustrait par principe à toute ouverture[5] et qui constitue cette « obscure dimension du monde » dont l'homme ne sait quelque chose qu'à travers son rapport à la mort[6]. C'est cependant Patočka, de tous les phénoménologues de cette génération qui s'est située « entre » Husserl et Heidegger, qui fut le plus « platonicien », car l'idée maîtresse qui traverse toute l'œuvre de l'auteur de *Platon et l'Europe*[7], c'est celle de l'origine commune de la philosophie, de la politique et de l'histoire et de leur naissance simultanée en Europe occidentale, dans la Grèce de Socrate. Par rapport à ce qu'il nomme « l'humanité d'avant l'histoire » qui n'est, selon lui, guère exigeante en matière de sens, tout ce que la vie recèle de négatif (mort, souffrances, catastrophes) n'ébranlant pas la confiance qu'elle a dans la bonté de l'ordre mondial, l'humanité historique se distingue « par l'*ébranlement de ce sens accepté* »[8]. Or cette quête du sens est précisément ce qui constitue l'essence même de l'expérience de Socrate, laquelle est à l'origine de la philosophie. Ce qui caractérise donc l'époque historique selon Patočka, c'est le fait que l'humanité ne cherche plus alors à se soustraire à la problématicité, mais au contraire s'enfonce en elle, dans l'espoir d'y trouver l'accès à une profondeur de vie plus grande qu'auparavant. C'est ici que Jan Patočka rejoint les thèmes profonds du socratisme et du platonisme qui définissent la philosophie comme soin de l'âme (ἐπιμέλεια τῆς ψυχῆς) et souci de la mort (μελέτη θανάτου), pour mettre en évidence le fait que l'homme historique choisit de répondre de lui-même en devenant dans ce dialogue intérieur qu'est l'âme son propre interlocuteur et en

1. E. Fink und J. Patočka, *Briefe und Documente 1933-1977*, her. von M. Heitz und B. Nessler, Freiburg-München, Alber, 1999, p. 131. Cette lettre est datée du 8 juillet 1975, et ce fut la dernière que Fink reçut avant sa mort, survenue le 25 juillet suivant.

2. *Ibid.*, p. 127-128 (lettre du 30 juin 1975).

3. M. Heidegger et E. Fink, *Héraclite*, Paris, Gallimard, 1973, p. 179.

4. *Ibid.*, p. 203.

5. *Ibid.*, p. 207.

6. *Ibid.*, p. 180. Voir également E. Fink, *Sein, Wahrheit, Welt,* Den Haag, Nijhoff, 1958, p. 104 et p. 156. Ce livre de Fink est également mentionné par Patočka dans sa lettre du 3 juin 1975.

7. J. Patočka, *Platon et l'Europe, Séminaire privé du semestre d'été 1973*, Lagrasse, Verdier, 1983. Texte d'abord publié en samizdat à Prague en 1979.

8. J. Patočka, *Essais hérétiques sur la philosophie de l'histoire*, Lagrasse, Verdier, 1981, p. 73. Texte également paru en samizdat à Prague en 1975.

acceptant de regarder la mort en face sans se donner d'avance la consolation métaphysique d'une immortalité postulée. Car ce qui caractérise pour lui la philosophie, ce n'est pas qu'elle soit à même de rivaliser avec le mythe en fournissant à l'homme un sens plus élevé et intégralement positif, mais au contraire qu'elle établisse l'homme à demeure dans la brisure du sens et dans l'ébranlement des certitudes nées de l'acceptation. Alors que Heidegger réfute l'opposition λόγος-μῦθος, voyant justement dans l'idée que le μῦθος a été détruit par le λόγος « un préjugé de l'histoire et de la philologie, hérité du rationalisme moderne sur la base du Platonisme »[1], et que Fink cherche dans le symbolisme du mythe et de la poésie la ressource d'une pensée « cosmologique » à laquelle la philosophie, dans la mesure où elle se confond avec la métaphysique, n'a pas su trouver un accès, Patočka, plus proche à cet égard de l'européocentrisme husserlien[2], accentue la coupure entre le monde du mythe et celui de la philosophie, voyant dans le soin platonicien de l'âme le « *seul* pilier sur lequel repose l'Europe »[3] et en Platon moins un métaphysicien qu'un penseur du mouvement de l'existence[4].

1. M. Heidegger, *Qu'appelle-t-on penser ?*, Paris, P.U.F., 1959, p. 29.

2. Je me permets de renvoyer à ce propos à mon article, « L'Europe et ses philosophes : Nietzsche, Husserl, Heidegger, Patočka », *Revue Philosophique de Louvain*, 104, n° 1, février 2006, p. 1-22.

3. *Platon et l'Europe*, *op. cit.*, p. 100.

4. *Ibid.*, p. 313.

DEUX DISSERTATIONS ÉCRITES À LA HÂTE : GADAMER ET DAVIDSON SUR LE *PHILÈBE* DE PLATON*

CARLO NATALI

Par une étrange coïncidence, deux philosophes parmi les plus intéressants du XXe siècle, Gadamer et Davidson, ont consacré leurs dissertations respectives à l'analyse du *Philèbe* de Platon. Le choix du sujet n'est pas le seul point en commun entre ces deux penseurs, qui montrent aussi des convergences sur le plan théorique et qui ont fait du terme « interprétation » l'un des mots-clés de leur philosophie. Mais l'on peut se demander, à juste titre, s'il ne s'agit pas d'une ressemblance purement verbale[1]. Dans notre contribution nous nous proposons de raconter la curieuse histoire des deux dissertations de Gadamer et de Davidson afin de mettre en lumière non seulement deux interprétations différentes du *Philèbe* mais aussi deux manières différentes de lire la philosophie de Platon en général.

GADAMER

Les événements extérieurs

Un soir de juillet 1927, Martin Heidegger et Paul Friedländer rentraient chez eux de l'Université de Marbourg, où ils venaient d'accorder à H.G. Gadamer la licence d'enseigner la philologie classique, quand le philologue Friedländer informa le philosophe Heidegger de son intention d'habiliter Gadamer en

* Nous dédions, avec notre amitié la plus sincère, cette recherche à Monique Dixsaut, qui est l'auteur de l'une des plus importantes contributions modernes au *Philèbe* (M. Dixsaut (éd.), avec la collaboration de F. Teisserenc, *La Fêlure du plaisir*, Paris, Vrin, 1999, vol. 2 : Actes d'un séminaire qui a eu lieu à Paris I dans les années 1990), et qui a beaucoup étudié l'histoire des interprétations modernes de Platon.

1. Sur le thème général, voir D.C. Hoy, « Post-Cartesian Interpretation : Hans-Georg Gadamer and Donald Davidson », dans L.E. Hahn, *The philosophy of Hans-Georg Gadamer*, Chicago-La Salle, Open Court, [1997] 1999, p. 111-128. Une polémique animée contre les interprétations « œcuménistes » de la pensée contemporaine se trouve chez P. Engel, « Analytical Philosophy and Cognitive Norms », *Monist*, 82, 1999, p. 218-234 ; on peut reprocher à cette polémique d'établir une opposition trop rigide entre philosophes analytiques et philosophes continentaux.

philologie. On ignore la réponse de Heidegger, mais l'on sait que le lendemain Gadamer reçut de la part de Heidegger une lettre où Heidegger lui-même lui communiquait qu'il avait l'intention d'octroyer à Gadamer l'habilitation en philosophie. Mais, ajoutait Heidegger, Gadamer devait se hâter de rédiger sa thèse d'habilitation, car pendant l'année 1928-1929 Heidegger lui-même partirait à l'Université de Fribourg. La chose étonna et bouleversa profondement Gadamer, qui ne s'attendait pas à une telle disponibilité de la part de son maître en philosophie. Toutefois, il accepta l'invitation et écrivit en quelques mois une dissertation consacrée à l'analyse du *Philèbe*, intitulée *Platos dialektische Ethik*. La soutenance eut lieu pendant l'été 1928 devant Heidegger et Friedländer. Aussi bien l'étonnement de Gadamer que le choix du sujet de la dissertation méritent quelques mots d'explication[1].

Gadamer (1900-2002) avait étudié la philosophie à Breslau avec le philosophe néokantien Hönigswaldt, ensuite à Marbourg avec Nicolai Hartmann, avec qui il se lia d'amitié[2], et avec Paul Natorp qui dirigea sa thèse de doctorat sur le thème du plaisir chez Platon[3]. Pendant qu'il était encore étudiant à Marbourg, il s'inscrivit pour un semestre à Fribourg pour étudier Aristote avec Heidegger, à l'époque encore assistant de Husserl, qui l'impressionna profondément. Il se détacha alors de ses anciens maîtres – à leur grande déception – et devint disciple de Heidegger, qui fut nommé à Marbourg pendant l'année académique 1923-1924. La conversion de Gadamer à la philosophie heideggerienne ne lui obtint pourtant pas, en échange, l'aide de son nouveau maître dans sa carrière de chercheur. Après une première période de fort interêt pour Gadamer, Heidegger se montra par la suite de plus en plus déçu par son disciple spontané qui avait sacrifié pour lui la perspective d'une brillante carrière.

Gadamer, de son côté, considéra toujours Heidegger comme « l'unique philosophe de notre époque » (lettre à Löwith du 12 décembre 1937) et comme « un père » (lettre à Heidegger, 2 octobre1928)[4]. Mais à un moment donné il se rendit compte de la situation et dut chercher d'autres voies. En effet, à partir du printemps 1925, il se consacra à l'étude de la philologie sous la direction de

1. Toutes les informations biographiques et les documents cités dans ce paragraphe dérivent de l'excellent travail de J. Grondin, *Hans-Georg Gadamer. Eine Biographie*, Tübingen, Mohr Siebeck, 1999 ; l'épisode en question est raconté p. 149.

2. La première publication de Gadamer, le compte-rendu d'un volume de *Festschriften* en l'honneur de Natorp, a été publiée par Hartmann (dans *Logos* 12, 1923, p. 340-359); le même Hartmann manifesta l'intention de faire obtenir rapidement à Gadamer aussi bien le doctorat que l'habilitation.

3. *Der Wesen der Lust in der platonischen Dialogen*, Diss. Marbourg (soutenue le 15 mai1922), jamais publiée. Voir le résumé dans Grondin, *Gadamer*, *op. cit.*, p. 96-100. Gadamer illustre le passage d'une condamnation radicale du plaisir à la reconnaissance de la légitimité de ce dernier dans les dialogues plus tardifs de Platon. Selon cet écrit de jeunesse de Gadamer, la conception de la vie mixte du *Philèbe* annonce déjà l'éthique d'Aristote.

4. Des années plus tard, en évoquant les événements de ces années, Gadamer attribuait à lui-même, à son incapacité de s'adapter aux exigences nouvelles, la cause du peu de considération à son égard de la part de Heidegger (H.G. Gadamer, *Maestri e compagni nel cammino del pensiero*, trad. ital., Brescia, Queriniana, 1980, p. 29).

Friedländer. Mais pendant l'été 1927, en constatant le succès que Gadamer avait obtenu en s'affranchissant de lui, Heidegger s'appropria à nouveau Gadamer et sa nouvelle capacité à aborder les problèmes philologiques, capacités inséparables de la lecture et de l'étude des textes grecs.

C'est pourquoi Gadamer fut surpris par la lettre de Heidegger du 21 juillet 1927. Puisqu'il fallait faire vite, il décida de prendre, comme sujet de sa dissertation, Platon, qui avait été aussi le sujet de sa thèse de doctorat et qui constituait, à cette époque, le centre des intérêts de Friedländer. En effet, ce dernier était en train d'élaborer le premier volume de son grand ouvrage sur Platon. Dans la préface à la première édition (1928), il écrivait « J'ai été vivement stimulé, par des discussions ou des critiques sur ce que j'avais écrit, surtout de la part (...) de Martin Heidegger et de Hans-Georg Gadamer. Je les remercie tous »[1]. Gadamer reprit en partie l'argument de son ancienne thèse de doctorat et se consacra à une étude sur le *Philèbe*, dialogue platonicien tardif, sous la direction de Heidegger et de Friedländer.

Le Platon de Marbourg

Nous reviendrons sur les raisons que Gadamer avait de choisir l'un des dialogues parmi les plus difficiles, les plus obscurs et les moins étudiés de Platon. Il faut maintenant dire quelques mots du Platon qu'on lisait à Marbourg dans les années vingt. Il ne s'agit plus du Platon de Natorp, auteur désormais critiqué aussi bien par Gadamer que par Heidegger, mais plutôt du Platon de Friedländer[2].

L'étude de Friedländer apparaît comme l'un des produits de la plus rigoureuse et implacable *Altertumswissenschaft* allemande. Dans la version italienne, que nous utilisons pour cet essai, il s'agit d'un volume de 1481 pages, sans compter les introductions et les annotations des éditeurs modernes. L'édition originale comporte trois tomes, comprenant chacun plusieurs centaines de pages. Le texte est accompagné de centaines de notes où presque toute la littérature critique importante de l'époque est discutée et critiquée, les passages douteux sont mis au clair et les questions de terminologie et de détail sont approfondies. Cette solide base d'érudition et cette ampleur analytique apparaissent en contraste avec la thèse de fond de l'ouvrage qui est relativement asystématique et imprégnée de l'esprit du début du XXe siècle, qui appréciait tout particulièrement le fragmentaire et le flou artistique.

Dans la première partie de son ouvrage, correspondant au premier tome, Friedländer trace une présentation générale de la figure de Platon à partir de l'esquisse autobiographique de la *Lettre VII* qu'il considère comme authentique.

1. P. Friedländer, *Platon*, vol. I : *Eidos -Paideia -Dialogos*, Berlin, W. de Gruyter, 1928 ; vol. II : *Die platonischen Schriften*, Berlin, W. de Gruyter, 1930 ; nouv. éd., Berlin, W. de Gruyter, 1954-1960 en trois tomes ; 3e éd., Berlin, W. de Gruyter, 1964-1975. Nous citons à partir de la trad. ital. intégrale : *Platone*, Milano, Bompiani, 2004, p. 5.

2. Sur le rapport entre Gadamer et le Platon de Friedländer, voir aussi l'*Introduzione* de G. Reale à la trad. ital. du *Platon*, *op. cit.*, p. XII-XVI.

Les chapitres suivants portent sur les caractéristiques fondamentales de la philosophie de Platon : *daimon, arrheton*, l'Académie, l'œuvre écrite, le Socrate de Platon, l'ironie, le dialogue, le mythe, et une série de *Zusätze* d'intérêt moindre[1]. Dans la seconde partie, constituée par les deux tomes successifs, l'auteur analyse et interprète tous les dialogues authentiques de Platon, ainsi qu'un certain nombre de dialogues considérés comme inauthentiques, à la lumière des idées exposées dans la première partie de son ouvrage.

Si l'on voulait exprimer de manière extrêmement synthétique le point fondamental de l'interprétation de Friedländer, il faudrait peut-être dire que pour lui la philosophie de Platon n'est pas une philosophie mais une manière de philosopher dont la forme dialogique n'est pas seulement le déguisement extérieur, ayant pour finalité de gratifier le lecteur non habitué au style sec des demonstrations logiques et métaphysiques, mais surtout un mode essentiel du style philosophique de Platon. La doctrine de Platon n'est pas une doctrine philosophique à comparer avec les autres, mais elle constitue la découverte de la possibilité même de faire de la philosophie, découverte que Platon fit réellement dans sa vie en rencontrant Socrate, qui incarnait cette possibilité de façon, pour ainsi dire, idéale. Platon n'a donc pas de thèses philosophiques à proposer, la doctrine des idées non plus n'est pas une véritable doctrine, comme déjà Aristote le pensait, mais elle est seulement une série d'hypothèses provisoires pour exprimer l'indicible auquel l'expérience de la vie emprique renvoie constamment.

Comme on peut le constater, il s'agit d'une interprétation très unilatérale de la pensée platonicienne qui en laisse dans l'ombre de nombreux aspects logiques et constructifs[2], et que l'on peut mettre en doute, bien que Friedländer argumente en faveur de sa propre position en anticipant les objections possibles.

Nous n'entendons pas nous étendre davantage sur l'interprétation de Friedländer en général; nous avons en revanche l'intention d'ajouter quelques mots sur sa lecture du *Philèbe*. Le volume qui contient l'analyse du *Philèbe* fut publié en 1930, après la rédaction de la dissertation de Gadamer. Mais Gadamer lui-même, dans la préface de sa dissertation, affirme en avoir eu une connaissance anticipée en raison de la collaboration continue avec Friedländer à la fin des années vingt.

Friedländer offre une ample analyse du dialogue, en le divisant en parties et en cherchant à appliquer un schéma logique au développement, parfois confus, du texte platonicien. Il apporte des observations importantes sur les personnages et sur l'histoire du débat sur le plaisir à partir du mythe du jugement de Pâris. Mais il souligne que le problème de Platon est toujours le même, et que Platon ne veut pas développer ici une psychologie des affections comme un champ autonome d'enquête. La « division » aussi est décrite comme un instrument utile mais pas

1. De cette section, rappelons seulement les comparaisons avec Bergson, Schopenhauer, Heidegger, Jaspers, et les courts essais, presque indépendants sur la physique, la géographie et l'urbanisme de Platon.

2. Les critiques de Reale, *op. cit.*, p. IX-X et XXIX-XXXIX nous semblent parfaitement justifiées, de ce point de vue.

comme un dogme méthodologique. L'ontologie du dialogue, avec les quatre genres suprêmes de l'être, est décrite comme prenant son origine dans la question éthique et revenant à celle-ci, c'est-à-dire comme une doctrine déterminée par son contexte et non autonome. Même le passage aux genres suprêmes apparaît à Friedländer teinté d'ironie, et le fait qu'on parvienne seulement au seuil du Bien montre que le niveau suprasensible est, de par sa nature, indicible[1]. Comme on peut le constater, nous sommes en présence d'une interprétation très peu constructive et systématique, qui tente de réduire les points fermes du dialogue à des concrétions momentanées dans un flux continu de pensée.

Cela place la lecture du *Philèbe* donnée par Friedländer dans une situation de contraste extrême par rapport à celle de Natorp, qui voyait, au contraire, dans les principes du dialogue, l'exposition du « *ganz allgemeine logische Problem der Prädikation oder des Urteils überhaupt* » et dans le genre du mélange, l'expression du jugement : « *Das "Dritte aus jenen beiden in Eins Gemischte" (23D) fände demnach seinen Ausdruck in dem fertigen Urteil : x ist A* ». Ainsi Natorp voit dans le *Philèbe* la plus haute expression de l'identité entre logique et doctrine des idées, selon laquelle l'un est aussi multiple en vertu du *logische Sinn der Aussage*. S'opposant complètement au *Philèbe* de Friedländer, le *Philèbe* de Natorp constitue l'exposé le plus avancé de l'idée du Bien comme expression *von Methode und wieder Methode und nichts als Methode*[2].

Le Philèbe *de Gadamer*

Gadamer ne suit pas Friedländer dans l'approche générale du *Philèbe*, tout en l'estimant sous de nombreux aspects, mais il est certainement encore plus éloigné du *Philèbe* de Natorp. Sa dissertation que l'on peut lire dans la version légèrement modifiée qu'il publia en 1931[3], est divisée en trois parties de nature, niveau d'approfondissement et longueur très inégaux, que nous énumérons ici selon leur éloignement progressif du texte du *Philèbe* : (A) une série de notes philologiques en bas de page du texte principal où Gadamer discute certains passages difficiles du dialogue et propose des émendations au texte de Burnet ; (B) une paraphrase interprétative du dialogue lui-même dans un langage modérément influencé par Heidegger (chap. II : Interprétation du *Philèbe*) et (C) un chapitre sur la dialectique (chap. I : Le dialogue platonicien). Dans ce chapitre, qui apparaît le premier dans ce volume, Gadamer prend comme point de départ le genre spécifique de dialogue que l'on trouve dans le *Philèbe*, à savoir un dialogue collaboratif, où Socrate et son interlocuteur collaborent dans la recherche de la vérité, et non un

1. *Platone, op. cit.*, p. 1050, 1060-1063, 1067, 1089 et 1091-1093.

2. P. Natorp, *Platos Ideenlehre*, Leipzig, Dürr, 1903, Hamburg, Felix Meiner, 2e éd. 1921, réimpr. de la 2e éd. Hamburg, Felix Meiner, 1961, p. 313, 321, 332.

3. *Platos dialektische Ethik und andere Studien zur platonischen Philosophie*, Hamburg, Felix Meiner, 1968 (réimprimé ensuite de manière anastatique et complété par des essais postérieurs). Nous citons cette éditions (sur laquelle s'appuie la trad. ital. de A. Moretto, Casale Monferrato, Edizioni Marietti, 1983) par le sigle *PDE*.

dialogue visant à la réfutation comme les dialogues proprement socratiques étudiés par Vlastos. Gadamer reconnaît dans cet échange et dans la méthode de la dialectique décrite dans le *Philèbe*, une éthique du dialogue qui, à son avis, annoncerait l'idéal aristotélicien de la science. Nous n'aborderons pas ici cette section, où Gadamer établit un rapport assez indirect avec le *Philèbe* en soutenant la thèse que la dialectique platonicienne est déjà une éthique[1], thèse qui peut apparaître plutôt étrange à un lecteur ingénu et qu'à notre avis, il faut comprendre justement à partir de la nature du dialogue entre Socrate et Protarque et de leur inspiration commune à la recherche de la vérité.

Le but de Gadamer était d'offrir une « transcription phénoménologique » du développement dialogique du *Philèbe*, transcription qui, selon Gadamer, comporte des limites puisqu'elle est nécessairement influencée par la différence entre la langue de l'interprète et le grec, mais qui permet toutefois une lecture moderne et actuelle du dialogue platonicien. Gadamer imagine être une sorte de « premier lecteur » du *Philèbe* et appliquer à un dialogue l'« accès pensant à la "chose même" » qu'il avait appris de Heidegger, en évitant tout savoir érudit et prenant comme point de départ « les phénomènes tels qu'ils nous apparaissent ». La méthode choisie par Gadamer a pour but d'« expliquer ce qui est évident » dans la lecture des textes historiques et pas seulement dans l'analyse de l'expérience. L'objectif final consiste à mettre en évidence non seulement les schémas conceptuels selon lesquels Platon analyse le phénomène du plaisir et de la vie bonne, mais aussi le présupposé ontologique à la lumière duquel il cherche la vérité des états psychiques affectifs[2].

Tels sont les objectifs de Gadamer ; voyons comment il les réalise. Le choix de Gadamer consistant à s'imaginer comme « premier lecteur » ingénu du dialogue platonicien nous laisse perplexes surtout parce que c'est le choix d'un penseur qui a placé au centre de sa théorie l'idée du cercle herméneutique et de la nécessité de considérer ses propres présupposés dans le dialogue avec le texte[3]. Nous verrons comment et combien les interprétations de Natorp, de Friedländer et de Heidegger pèsent en fait sur la lecture que Gadamer offre du dialogue platonicien.

Le volume présente un seul index général et presque pas de bibliographie. Seules à la fin sont mentionnées les éditions du *Philèbe* de Stalbaum, de Badham, de Bury, deux traductions et quelques études générales[4]. Ce faisant, Gadamer suit

1. *PDE*, p. XIII.

2. Les expressions entre guillemets proviennent en partie de la *Prefazione all'edizione italiana* et, en partie de l'*Introduzione* à la dissertation, *cf.* la trad. ital. cit., p. XIII-XIV, XVI, 12 et 14.

3. La citation provient du paragraphe « Il circolo ermeneutico e il problema dei pregiudizi » de *Verità e metodo*, trad. ital., Milano, Bompiani, 1983, p. 314.

4. Les traductions de Schleiermacher et Apelt, les études générales de Natorp (*Platos Ideenlehre*), Stenzel (*Studien z. Entw. d. platonischen Dialektik*), Wilamowitz (*Platon*), Jaeger (*Aristoteles*) et, de façon étrange, le volume de F. Solmsen sur l'évolution de la logique d'Aristote (*Studien z. Entw. d. aristot. Logik und Rhetorik*, Berlin, Weidmann, 1929). Dans les notes du chapitre II, on trouve cités d'autres ouvrages d'histoire de la philosophie ancienne, de R. Walzer, W. Theiler, C. Baeumker, W. Toeplitz et le *Platon* de Friedländer, publié entretemps, mais il s'agit de références très occasionnelles.

certainement, comme le signale Grondin, l'école de Stefan George, qui aimait montrer un certain dédain aristocratique à l'égard des minuties philologiques, mais il suit aussi l'exemple de Natorp, qui dans son volume platonicien avait intentionnellement omis toute référence à la lecture critique afin de conduire le lecteur directement à Platon, et non aux différentes opinions sur Platon. Il s'agissait donc d'une coquetterie philosophique courante et, malheureusement, encore trop répandue de nos jours[1].

Les raisons du choix du *Philèbe* ont été indiquées par Gadamer dans son introduction : le dialogue platonicien pose le problème de l'éthique, étant donné qu'il explore le concept de bien humain. Il se place ainsi à la charnière entre la spéculation de Platon, qui n'écrivit jamais une éthique philosophique pas plus qu'il ne développa jamais une quelconque doctrine philosophique, et la spéculation d'Aristote qui fonda le premier l'éthique comme discipline indépendante. Cette remarque de Gadamer est très intéressante, étant donné qu'il considère de manière positive le déclenchement par Platon d'un processus qui aboutira à la distinction du philosopher platonicien en différentes disciplines mi-indépendantes alors que pour Heidegger ce même phénomène est le signe de la décadence de la philosophie et de sa transformation en une aride discipline scolastique[2]. Du point de vue historique, le choix de commenter le *Philèbe* se relie aux études de Jaeger sur l'évolution de la pensée d'Aristote à partir du platonisme de sa jeunesse vers une forme originale de pensée, car il indique la forme tardive de l'éthique platonicienne à laquelle Aristote se réfère et à partir de laquelle il développe sa position. La lecture du *Philèbe* est donc importante pour Gadamer comme prologue à une lecture philosophique de l'éthique d'Aristote, tâche qui l'occupera pendant les décennies à venir[3].

Voyons maintenant les sections portant directement sur l'explication du dialogue. Dans les notes philologiques, Gadamer met à profit le travail des années pendant lesquelles il était disciple de Friedländer et fait valoir, face à la supérieure et incommensurable ouverture à l'Être du Philosophe de la Forêt Noire, sa connaissance des mystères de la syntaxe et de la grammaire grecques, qui pour Heidegger furent toujours plutôt obscurs[4]. Ces notes ne portent jamais sur la constitution du texte du *Philèbe* mais, suivant les tendances de la philologie du XIXe siècle, proposent un certain nombre de modifications du texte transmis à travers la transposition des lignes et d'autres interventions visant à le rendre plus compréhensible. Les résultats de telles procédures critiques, qui sont fréquentes dans les éditions de Bury, Stallbaum et d'autres exégètes, n'ont pas résisté à l'épreuve du temps et ont en grande partie été oubliées. Cela vaut aussi pour les propositions de Gadamer. La critique postérieure n'a pas tenu compte de ses interventions; un seul savant les a discutées explicitement en les jugeant de

1. *Cf.* Grondin, *op. cit.*, p. 100-101 ; Natorp, p. XI-XII.
2. M. Heidegger, *Lettera sull'« umanismo »*, trad. ital., Milano, Adelphi, 1987, p. 305.
3. *PDE*, p. 1-2, *cf.* Grondin, *op. cit.*, p. 159-160.
4. Grondin, *op. cit.*, p. 148.

manière plutôt négative[1]; ce n'est pas ici le lieu de les analyser séparément, étant donné qu'il s'agit d'explications de passages particuliers. Nous nous bornerons à dire, en nous appuyant aussi sur une brève analyse de la critique postérieure, que c'est seulement dans quelques rares cas qu'on peut être d'accord avec Gadamer (*ad* 13 b 3-5; 38 b 13; peut-être aussi en 17 a 1), alors que les passages où ses interventions n'aident pas à comprendre le texte et le rendent inutilement compliqué sont nombreux (*ad* 14 b 1; 15 b; 25 d-e; 26 c 1; 29 a 10; 30 a 9-b 7; 38 d; 46 c-47 c; 52 a-b). Mais il faut dire que nous avons à faire à un travail de jeunesse, écrit en vue d'une habilitation, et non à l'intervention d'un éditeur professionnel des textes grecs.

L'importance de l'interprétation gadamérienne du *Philèbe* ne réside pas dans ces notes mais est à rechercher plutôt dans l'explication philosophique du texte. Elle est en grande partie une traduction du contenu du dialogue dans les termes et selon l'apparat conceptuel de la pensée de Heidegger. Cependant certaines sections sont plus intéressantes et originales que d'autres.

On ne sera peut-être pas trop injuste à l'égard de l'interprétation gadamérienne en disant qu'il s'agit d'une lecture assez aristotélicienne de la pensée de Platon. L'aristotélisme foncier de la lecture gadamérienne apparaît évident surtout dans la tendance qu'il manifeste à concrétiser les catégories suprêmes de la pensée platonicienne en qualités ontologiques des êtres, bien qu'il insiste sur le fait que les genres suprêmes sont des modes de l'être (*Seinswesen*). Indéfini, Limite et Mélange ne sont pas considérés comme des principes généraux et suprêmes de l'être, et notamment de l'être des idées, mais ils sont considérés comme des qualifications ontologiques constituant les choses de notre monde. Dans la lecture de Gadamer, l'analyse platonicienne des genres suprêmes devient quelque chose de très proche de l'individuation aristotélicienne des catégories fondamentales du monde sensible. Cela est particulièrement visible dans la thèse selon laquelle le véritable opposé de l'Illimité n'est pas la Limite, mais le Limité (*das Begrenzte*), étant donné que limite et mesure ne sont jamais rien d'autre que la limite de quelque chose de limité, les déterminations de quelque chose de déterminé. Ainsi le nombre est la quantité de quelque chose, la mesure est la détermination d'une grandeur[2]. La même réalité sensible est réhabilitée par Gadamer, qui observe que le monde matériel est à présent défini par Platon

1. M. Migliori, *L'uomo fra piacere, intelligenza e bene. Commentario storico-filosofico al «Filebo» di Platone*, Milano, Vita e Pensiero, 1993, p. 76, 152, 172, 218, 262; les critiques que Migliori adresse aux propositions textuelles de Gadamer contrastent avec l'estime qu'il montre en revanche à l'égard des propositions interprétatives du Gadamer philosophe, aussi bien en général que dans les détails.

2. *PDE*, p. 108. La critique la plus récente soutient, en revanche, que Limite et Illimité sont conçus par Platon comme des genres suprêmes, dans le sens pythagoricien et non dans le sens des catégories aristotéliciennes : *cf.* R. Hackforth, *Plato's* Philebus, Cambridge, Cambridge University Press, 1945, 2e éd. 1972, p. 41-42; J. Gosling, *Plato.* Philebus, Oxford, Clarendon Press, 1975, p. 196-206; W. Kühn, « Quatre catégories cosmologiques employées en éthique », dans Dixsaut (éd.), *La Fêlure*, *op. cit.*, p. 107-108. Mais il ne manque pas de savants proches de la position de Gadamer.

comme un « venir à l'être » et non seulement comme reflet et illusion[1]. Nous sommes ici très loin de l'interprétation de la pensée platonicienne qui avait séduit Natorp, et qui se fondait en revanche sur la possibilité de réduire ce qui a l'apparence du concret au fruit de rapports de lois et déterminations numériques absolues[2]. Gadamer oppose le Platon phénoménologue de l'expérience commune au Platon de Natorp, précurseur de la science moderne, inventeur de l'épistémologie fondée sur des lois et sur la reconnaissance de la structure mathématique de la réalité.

La thèse des premiers paragraphes du deuxième chapitre semble se placer à distance égale de Natorp et Friedländer. En effet, elle postule que la dialectique du *Philèbe* doit être considérée soit comme un élément d'un discours général sur la méthode, présent aussi dans d'autres dialogues, comme Natorp le voudrait, soit comme un élément tout à fait interne à la discussion du moment avec Protarque, et s'achevant en elle, comme l'aurait suggéré Friedländer. La thèse de Gadamer soutient qu'il faut relier la dialectique du *Philèbe* non pas à la capacité de la structure logique du jugement épistémique (*Kraft des logischen Sinns der Aussage*) de connecter Un et Multiple, comme le voulait Natorp, mais à la pratique du dialogue socratique et, plus généralement, à la structure du parler aux autres pour s'entendre sur quelque chose (*aus der Struktur des Sprechens als Verständigung in der Sache*). Ce point aura par la suite un rôle fondamental dans les débats successifs entre Gadamer et Davidson. Cette compréhension de la dialectique permet à Gadamer d'établir dans le premier chapitre un audacieux rapprochement entre la dialectique platonicienne, le dialogue socratique et l'ἐπιστήμη aristotélicienne comme s'ils étaient des variations d'un seul noyau conceptuel fondamental d'idées.

Gadamer ne nie donc pas le lien de la dialectique du Platon tardif à la « science », mais il entend ce terme dans le sens de l'ἐπιστήμη aristotélicienne et cherche à déconnecter la dialectique du *Philèbe* de la structure mathématique et formelle de la science moderne. L'éthique du dialogue en quête de vérité, et non la structure logique du jugement, est pour Gadamer la fondation de l'ἐπιστήμη en tant que tâche humaine et manière spécifique d'être de l'homme dans le monde. Ainsi il n'est pas fait mention de la fonction épistémologique de la doctrine des idées conçues comme *hypothèses* scientifiques (ὑποθέσεις, le terme même

1. *PDE*, p. 110 : le terme allemand est *Werden zum Sein*, que le traducteur italien rend avec « *divenire-essere* », de manière imparfaite, à notre avis.

2. *Cf.* P. Natorp, *op. cit.*, p. 439 : dans le *Philèbe*, Platon instaure des mathématiques de la qualité, en anticipant ainsi le projet du jeune Leibniz ; les mathématiques, selon Platon, ne se limitent pas à la quantité mais, comme le soutient aussi Whitehead, l'un des plus acharnés défenseurs de cette tendance, s'étendent à tout ce qui peut être exposé dans une série continue et précise, qu'il s'agisse de pensées ou d'événements. Le fait que Gadamer prend explicitement position contre cette affirmation de Natorp est symptomatique, cf. *PDE*, p. 97 : il n'est pas vrai que dans le *Philèbe* les mathématiques deviennent la forme de chaque connaissance fondée sur des lois naturelles (*Gesetzerkenntnis*, traduit en italien de manière erronée par « *conoscenza legale* », *cf.* trad. ital., p. 102). La connaissance des mathématiques dans le *Philèbe* est, au contraire, pythagorisante et donc beaucoup plus archaïque ; à ce propos Gadamer cite les études historiques de Stenzel.

employé par Platon pour désigner les Idées) que Natorp avait en revanche soulignée exclusivement[1]. Mais selon Gadamer une importante différence persiste entre l'interprétation platonicienne et celle, aristotélicienne, des phénomènes du plaisir et du bonheur humains. Alors qu'Aristote vise une « compréhension acquise » du point de vue conceptuel des phénomènes discutés, Platon, à partir d'une analyse ontologique de la possibilité de la vie, parvient plutôt à esquisser une résolution du problème de la vie humaine assez vague du point de vue conceptuel, mais protreptiquement efficace, au moyen de l'hypothèse du Bien en soi. Ainsi la progression du dialogue révèle la vérité transcendante de la raison humaine sous la forme d'une hypothèse non scientifique mais philosophique[2].

Cette lecture « phénoménologique » du dialogue est sans doute importante et produit des résultats intéressants, notamment dans l'analyse de l'espoir, du plaisir et de la joie[3]. Mais cet élément présente, au moins pour l'auteur du présent article, un intérêt moindre en compraraison de la lecture partiellement aristotélicienne de Platon, qui est l'aspect le plus remarquable de la thèse de Gadamer.

DAVIDSON

Les événements extérieurs

Presque toute une génération s'est écoulée. La deuxième guerre mondiale avait déjà changé le monde, quand, un jours de mars 1946, l'un de ses anciens enseignants de Harvard, C.I. Lewis, exhorta Donald Davidson à se mettre à la tâche parce qu'il avait perdu du temps (du point de vue académique) pendant trois ans. Davidson avait étudié à Harvard dans les années 1935-1941, puis il avait été engagé dans la marine et avait participé à une grande partie de la Seconde Guerre Mondiale, en trouvant aussi le temps de se marier (1942-45). Une fois démobilisé, il s'était lancé dans plusieurs voies dont celle d'écrivain, et il était enfin revenu à Harvard. Davidson n'avait pas encore rédigé sa dissertation doctorale, et c'est pourquoi Lewis l'exhorta à se dépêcher. Davidson alors se hâta et écrivit une

1. Grâce à ces caractéristiques, en revanche, Natorp trouve aujourd'hui le consensus des milieux éloignés de la phénoménologie, *cf.* V. Politis, *An Introduction to Paul Natorp's* Plato's Theory of Ideas, dans P. Natorp, *Plato's Theory of Ideas*, trad. angl., Sankt Augustin, Academia Verlag, 2004, p. 11-15 et 42-43 (en particulier sur l'interprétation du *Philèbe*). Quant au volume de Gadamer, c'est aujourd'hui un texte assez souvent cité par les critiques de l'Europe continentale, mais sans pour autant constituer une étape indispensable dans les études sur le *Philèbe*. Sa diffusion dans le milieu anglophone a été favorisée par la traduction en anglais (New Haven, 1991), mais son influence sur les études dans ce milieu culturel a été plus modeste.

2. *Cf.* l'essai *Sull'originarietà della filosofia* (1945), dans *Ermeneutica e metodica universale*, trad. ital, Torino, Edizioni Marietti, 1973. Je remercie Francesca Modenato pour avoir éclairci certains aspects importants de la méthode gadamérienne.

3. *PDE*, § 9-12, p. 131-159.

thèse sur le *Philèbe* de Platon. Aussi bien la perplexité que le choix de Davidson quant au sujet de sa dissertation méritent un mot d'explication[1].

Davidson (1917-2003) avait étudié la philosophie à Harvard avec A.N. Whitehead, R. Demos et C.I. Lewis; il s'était consacré par ailleurs aux études philologiques à une époque où le département de philologie comptait des membres tels que M.I. Finley, W. Jaeger, H.A. Havelock et J. Findlay[2]. Sa préparation philologique de base était très étendue, et comprenait aussi la connaissance de l'art, de l'histoire et de l'architecture grecs. Le premier cours de logique qu'il suivit dans sa vie, dispensé par W.V.O. Quine (en automne 1939), marqua un tournant dans son histoire intellectuelle[3]. Comme le dit Davidson lui-même, l'aproche philosophique de Whitehead se fondait principalement, à la fin de sa vie, sur l'histoire de la philosophie, qu'il expliquait par de grandes fresques thématiques. Davidson admirait la perfection de ces reconstructions, comme si elles étaient des œuvres de poésie mais, en accord avec la formation reçue jusqu'à ce moment-là, il ne se sentait pas engagé à en rechercher la vérité et avait un intérêt de pure érudition pour l'histoire de la pensée[4].

La fréquentation des cours de Quine et l'étude de la logique mathématique furent deux événements qui impressionnèrent beaucoup Davidson. Ces expériences l'amenèrent à lire les théories philosophiques étudiées sous un jour nouveau, et il adopta un style philosophique fondé sur la logique mathématique et permettant de poser le problème de la vérité des théories en question. Le retour d'Europe de Quine ouvra de nouvelles perspectives dans le débat philosophique de son université. Quine manifestait une certaine impatience à l'égard du dernier Whitehead qu'il trouvait peu intéressant[5]. D'après les comptes rendus successifs,

1. Il n'existe pas encore de biographie de Davidson comparable à celle de Grondin pour Gadamer. Pour cette reconstruction des événements externes, nous nous sommes donc appuyés sur des interviews de Davidson consultables sur le Web: interviews données à Ernst Lepore (consultable à l'adresse suivante: http://philosophy.berkeley.edu/interview.html), à Gary Jones (http: //www.hottopos.com/videtur14/vittorio.htm), à Thomas Kent (http://jac.gsu.edu/jac/13.1/Articles/1.htm JAC 1993) et sur l'essai autobiographique: D. Davidson, *Intellectual autobiography*, dans L.E. Hahn (éd.), *The philosophy of Donald Davidson*, Chicago-La Salle, Open Court, 1999, p. 3-70. Ces témoignages autobiographiques ne sont pas tous cohérents entre eux, mais le tableau général est suffisamment clair. Le Prof. E. Lepore nous a gentiment communiqué d'autres données par courrier électronique, ce dont nous le remercions chaleureusement.

2. Dans sa biographie intellectuelle, Davidson raconte avoir été, pendant quelques temps, le disciple préféré de Werner Jaeger, dans les années 1940-41, cf. *Intellectual autobiography*, *op. cit.*, p. 24.

3. Davidson attribue aussi une influence semblable aux cours de C.I. Lewis sur Kant (Entretien avec E. Lepore, cité *supra*, p. 569, n. 1).

4. Entretien avec G. Jones, cité *supra*, p. 569, n. 1.

5. Il raconte lui-même être sorti en 1940 d'une conférence de Whitehead en s'exclamant « Alfred North Whitehead, Mary Baker Eddy, Jesus H. Christ! » (le mot d'esprit consiste probablement dans la comparaison entre Whitehead et la mystique protestante fondatrice de l'église Scientiste; « Jesus H. Christ! » est une imprécation usuelle aux États-Unis, tirée du monogramme IHC): voir W.v.O. Quine, *The Time of my life : An Autobiographiy,* Cambridge, Mass, M.I.T. Press, 1985, p. 63. Davidson raconte que Quine ne rompit pas son amitié avec lui parce qu'il avait décidé d'écrire une thèse sur Platon sous la direction de Demos, mais qu'il en fut un peu étonné et que par la suite il n'y fit jamais la moindre allusion (Entretien avec E. Lepore, cité *supra*, p. 569, n. 1).

on peut saisir une certaine rivalité entre les vieux historiens, non dépourvus toutefois d'intérêts théoriques, et les nouveaux *dreary logicians*[1], qui les remplacèrent progressivement.

Tout en appréciant le style philosophique de Quine, Davidson n'en avait pourtant pas assumé le style sec, analytique et mathématique, et il ne se sentait pas capable d'aborder les thèmes typiques de son maître préféré. Puisqu'il devait se dépêcher d'écrire sa dissertation, il décida de prendre comme sujet le *Philèbe* de Platon. Comme il le dit lui-même :

> *I did my dissertation on something I had already started, namely Plato's Philebus, because I felt that I didn't know enough of the sort of thing that Quine was doing to write on his work*[2].

Davidson reprit, en partie, le thème de ses études de la période précédant la guerre et se consacra à une analyse du dialogue platonicien tardif, sous la direction formelle du platonicien officiel de son université, Raphäel Demos, tout en développant sa recherche de manière totalement autonome[3]. La première version de son travail, écrite très à la hâte dans la période où Davidson collaborait aux cours de logique élémentaire de Quine, fut refusée par le département de philosophie (1946). Il écrivit une nouvelle version de sa thèse en 1948-49, avec l'aide d'une bourse d'un an offerte par Ford et soutint au début de 1949.

Le Platon de Harvard

Nous reviendrons sur les raisons qui ont poussé Davidson à choisir comme sujet de sa thèse l'un des dialogues les plus difficiles, les plus obscurs et les moins étudiés de Platon. Il faut maintenant présenter en quelques mots le Platon qu'on lisait à Harvard dans les années trente et quarante. Mais avant, il sera utile de

1. Comme le disait le poète Thomas Rabbitt (*cf.* http: //www.storysouth.com/summer2004/ Rabbitt.html.)

2. Entretien avec Kent, cité *supra*, p. 569, n. 1. De nombreuses années plus tard, en mentionnant la période de ses études à Harvard, Davidson affirme que l'intérêt pour le *Philèbe* naquit en lui pour la première fois sous l'influence de Finley, Levin et T. Spencer pendant ses premières années d'études, pour des raisons purement historiques : il voyait dans le dialogue une confirmation des informations venant d'Aristote sur les doctrines non écrites de Platon et était intéressé par les traces de Pythagorisme qu'il croyait y repérer (D. Davidson, « Gadamer and Plato's *Philebus* », dans Hahn, *Gadamer*, *op. cit.*, p. 422).

3. La publication récente de la dissertation de Davidson (D. Davidson, *Plato's* Philebus, Diss. Harvard University 1949, New York-London, Garland Publishing, 1990, désormais désignée par *Ph*) n'offre aucune preuve du fait que Demos ait été l'*advisor* de sa thèse puisqu'il n'y a aucune mention d'un directeur de thèse. Mais le fait nous a été confirmé par lettre par E. Lepore, après consultation de la veuve de Davidson, Marcia Cavell. Dans son *Intellectual autobiography*, *op. cit.*, p. 25, Davidson fournit de nombreux détails sur cette histoire, mais il évite absolument de nommer Demos. Gadamer affirme de façon erronée que le directeur de la thèse de Davidson fut Werner Jaeger et que le travail de Davidson, qu'évidemment il ne connaît pas, était philologique (*cf.* H.G. Gadamer, « A reply to Donald Davidson », *ibid.*, p. 433).

présenter au lecteur la figure de Raphaël Demos (à l'origine Demitricopoulos, 1892-1968), un savant beaucoup moins connu que P. Friedländer[1].

Demos fut l'un de nombreux Grecs qui enseignaient la philosophie ancienne aux États-Unis, comme Vlastos et, plus récemment, Apostle et Mourelatos. Spécialiste de Platon, il lui consacra la plus grande partie de ses recherches. Il est l'auteur d'une vaste présentation générale de la philosophie de Platon et d'une utile anthologie de textes platoniciens en traduction. Il s'intéressa aussi à la tradition byzantine et néogrecque. Comme d'autres de sa génération, Demos reçut sa formation avant l'arrivée de la philosophie « analytique » de Quine et Russell, et fut considéré par les philosophes inspirés par Quine comme un représentant de la vieille école, démodé et un peu ridicule[2]. Il continua à enseigner jusqu'au début des années soixante, et son départ à la retraite, contemporain de celui de Paul Tillich, laissa le département de Harvard dans les mains des *dreary logicians* inspirés par Quine.

À Harvard, Demos se consacra surtout aux cours destinés aux étudiants *undergraduate*, et son volume sur Platon fut pendant longtemps un texte obligatoire pour tous les étudiants de philosophie. Davidson aussi avait dû le lire[3]. Comme enseignant, il fut un philosophe socratique : il fut très aimé et apprécié par ses étudiants en raison de sa brillante rationalité et de son ironie. Mais il fut aussi l'objet d'inévitables commentaires ironiques : C.O. Schrag écrivit que c'est en prenant à la lettre l'affirmation de Whitehead selon laquelle toute la philosophie occidentale n'était rien d'autre qu'une série de notes en bas de page de la philosophie de Platon, que Demos avait décidé de consacrer sa vie à l'explication du texte concerné par ces notes[4]. D'autres l'accusèrent directement de faire de Platon un disciple de Whitehead. Demos ne fut pourtant pas un pur historien mais participa aussi aux débats philosophiques de son temps : on mentionnera une discussion avec B. Russell sur les « negative facts » et son essai de 1960 qui inaugura une longue et féconde discussion avec B. Russell sur la notion de « self-deception »[5]. Les prises de positions théoriques de Demos sont, à première vue,

1. Après ses premières études à l'université américaine « Anatolia College » (Marsovan, Turquie), une fois atteint le niveau de Bachelor (1910), Demos vint à Harvard en 1913 et obtint son doctorat en 1916. Disciple et successeur de Whitehead, il enseigna à Harvard pendant quarante-six ans (1916-1962), comme Instructor, Assistant Professor et à la fin comme Alford Professor of Natural Religion, Moral Philosophy and Civil Polity. Sur Demos, voir l'article « Demos, Raphäel » de J. Poteet (dans John R. Shook (éd.), *Dictionary of Modern American Philosophers*, 4 vol., Bristol, Thoemmes Press, 2005, *s.v.*). Sur Harvard au milieu du XXe siècle, *cf.* K. Reckford, « One Writer's Classics : John Updike's Harvard », *Amphora. A publication of the American Philological Association*, 1, 2002, 6-8.

2. Dans l'autobiographie de Quine, Demos apparaît deux fois à l'arrière-fond, comme une figure plutôt effacée, *cf.* p. 111 et 126. Dans une page centrale, non numérotée, il apparaît en photo avec E. Nagel, P. Weiss, M. Cohen et d'autres.

3. « When I was an undergraduate, I studied with Raphaël Demos – the person who taught Greek philosophy at Harvard » (Entretien avec E. Lepore, cité *supra*, p. 569, n. 1).

4. Cf. *Symposium*, 8, 2004, p. 13.

5. *Cf.* R. Demos, « A Discussion of certain types of negative propositions », *Mind*, 26, 1917, 188-196 ; « A Discussion of modal propositions and propositions of practice » *Mind*, 27, 1918, 77-85 ;

déterminées par son interprétation de Platon. Il tenta en effet – avec peu de succès – de reformuler les théories platoniciennes dans le contexte de la philosophie et de la logique contemporaines.

Le volume de Demos sur la philosophie de Platon se présente sous la forme d'un essai assez long, d'environ quatre cents pages, rédigé dans un style d'exposition souple, bien que très dense, accompagné de peu de notes essentielles et de peu de renvois bibliographiques. Cette agilité dans l'exposition apparaît en contradiction avec la thèse fondamentale de son ouvrage, à savoir une interprétation résolument systématique de la philosophie de Platon, considérée comme un corpus bien structuré de doctrines à comparer avec, et à opposer à, d'autres systèmes philosophiques antérieur et ultérieurs. On pourrait penser qu'il adopte une position semblable à celle de Friedländer, car il admet que chez Platon on trouve, plus qu'une philosophie, une manière de philosopher. Mais il n'en est rien. Demos pense que cette manière de philosopher engendre une métaphysique, une éthique et une anthropologie caractéristiques, c'est-à-dire des positions philosophiques précises, et pas seulement un flux continu de pensée. Son présupposé interprétatif est le suivant : bien que le fait de réduire toute la philosophie de Platon à un système présente le danger d'en falsifier les opinions, il permet pourtant de découvrir et d'énumérer certaines notions essentielles, certains éléments de base de la pensée platonicienne, qui, combinés entre eux, sont à l'origine de toutes ses affirmations théoriques. De plus, il nous permet parfois d'appliquer, de manière délibérée, la doctrine de Platon aux problèmes contemporains[1]. Rien n'est plus éloigné du Platon de Friedländer, qui n'arrive jamais à formuler une philosophie que l'on puisse placer à côté des autres, que l'on puisse leur opposer ou que l'on puisse comparer avec elles. À un moment donné, Demos affirme de façon explicite :

> *We are speaking in the present and addressing ourselves to persons living in the present; and by showing how our problems, and to some extent our solutions, are similar to Plato's, we have thought to make Plato's position more real to the reader, more intelligible and, to a certain degree, plausible*[2].

Dans ce but, Demos explique souvent Platon en employant le jargon logique et philosophique de son milieu. Ce qui est très loin de l'emploi des Grecs au sens antimoderne propre à Heidegger et à ses disciples. Il nous semble intéressant de souligner, à ce propos, que Demos, comme Heidegger, reconnaît que le sens originaire de ἀληθής en grec est celui de « non caché », et qu'il exprime l'idée que « *an object invariably makes an appearance, claiming to be such and such* ». Mais cela ne l'empêche pas d'attribuer à Platon une « *correspondance theory of truth* », correspondant à la ressemblance entre image et archétype, et de nous

« Doubts about Empiricism » *Philosophy of Science*, 14, 1947, 203-218 ; « On Lying to Oneself », *Journal of Philosophy*, 57, 1960, 588-595.

1. *The Philosophy of Plato*, London, Oxford University Press, 1939, reprint New York, Octogon, 1966, p. VII et 3.

2. *Ibid.*, p. 296, *cf.* p. VIII.

expliquer pourquoi Platon ne pourrait pas accepter une « *coherence theory* » ou une « *pragmatic theory* » de la vérité[1].

Afin de réaliser son projet d'une exposition de la pensée platonicienne utile à l'homme actuel, Demos reprend toutes les affirmations et les prises de positions théoriques que l'on peut trouver dans les Dialogues de Platon, dialogues dont il a une connaissance pleine et détaillée, comparable à celle des anciens commentateurs Néoplatoniciens. Pour le dire au moyen d'un paradoxe, le Platon de Demos est, d'une part, le Platon systématique de Proclus et de la tradition de l'antiquité tardive et, de l'autre, un philosophe à la hauteur des problèmes de la pensée contemporaine, qui peut être analysé et discuté comme un philosophe moderne. Le Platon de Demos est celui d'un Proclus ressuscité de nos jours, qui a vu les tableaux de Picasso et étudié la théorie de la relativité, mais qui n'a pas abandonné la structure hiérarchique de son interprétation du maître.

Le Philèbe *de Davidson*

Davidson ne suit pas l'approche général de Platon propre à Demos, que d'ailleurs il ne cite jamais. Mais, comme nous le verrons, l'influence d'une œuvre peut se manifester dans des formes plus subtiles que celles reconnues officiellement. Pour l'instant, bornons-nous à observer que Davidson choisit comme sujet de sa thèse Platon, et non pas Aristote ou Spinoza. Nous verrons plus loin que l'interprétation de Demos a été employée par Davidson consciemment comme contre modèle, ou comme exemple négatif de la lecture de Platon, mais aussi que, peut-être, certaines tendances de l'interprète plus âgé sont pourtant demeurées chez son fougueux disciple.

Le lecteur doit aussi tenir compte du fait que, lorsqu'il écrivit sa thèse, Davidson était encore loin de formuler ses thèses sur la philosophie de l'action et sur la vérité et l'interprétation, thèses qui remontent aux années soixante. Nous ne pouvons pas trouver dans la dissertation de Davidson le point de départ sûr et explicite des thématiques du Davidson de l'âge mûr, comme nous l'avons vu, au contraire, chez Gadamer. De plus, le genre de travail qui caractérise les deux thèses, à savoir le commentaire d'un dialogue de Platon, s'accorde assez bien avec le style et le travail philosophiques de Gadamer, selon lequel les doctrines doivent être développées à partir de la tradition philosophique précédente et dans un dialogue fécond avec elle. Il n'en va pas ainsi chez Davidson, dont le travail philosophique de la maturité appartient à la tradition analytique. Or la philosophie analytique s'est toujours montrée très peu intéressée par le dialogue avec le passé et a considéré l'histoire de sa propre discipline comme guère plus qu'un simple passe-temps, ce que font les sciences « dures », telles que la physique et les mathématiques. Bien sûr il y a des exceptions à cette description, mais personne ne pourrait affirmer qu'à première vue, et en prenant les écrits de Davidson à la lettre, le dialogue avec Platon et Aristote a eu pour lui la même importance que

1. *Ibid.*, p. 206, 214 et 270.

pour Gadamer et Heidegger. S'il a eu une certaine influence, il faut la chercher à des niveaux plus profonds.

Le travail de Davidson consiste en un volume dactylographié de quatre cent cinquante pages environ, accompagné d'un index général et d'une courte note bibliographique. Dans cette note, Davidson mentionne les principales éditions et traductions du *Philèbe* utilisées vers le milieu du XXe siècle (Stallbaum, Badham, Bury, Diès, Hackforth et quelques autres moins importantes) et certaines études sur le *Philèbe*, recueillies sous le titre de « Books on the *Philebus* », bien qu'elles soient, dans leur plus grande partie, des articles. Dans cette section est citée aussi la dissertation de Gadamer, que Davidson ne semble pas avoir utilisée beaucoup[1] à cette époque. Enfin il énumère certains ouvrages généraux sur Platon, comme le livre de Cornford sur la cosmologie, celui sur Socrate, l'*Aristote* et la *Paideia* de Werner Jaeger, le livre de Popper sur Platon et les histoires de la philosophie ancienne de Gomperz et Zeller, plus quelques comptes-rendus et articles mineurs[2]. Il s'agit donc d'une bibliographie très modeste, peu soignée et sélective, typique d'un étudiant mûr qui veut terminer vite sa dissertation. De cette liste sont complètement absentes les œuvres de Natorp, Friedländer, Heidegger et Whitehead.

Le volume est composé d'une *Introduction*, où Davidson règle ses comptes avec Demos et Quine, mais de façon implicite et sans jamais les nommer. Il y a ensuite une série de quatre chapitres sur la section méthodologique et métaphysique du dialogue (11 b-31 b), qui occupent plus de trois cents pages et constituent la partie la plus importante du travail. La thèse s'achève avec un résumé rapide de la partie la plus longue du *Philèbe*, les analyses du plaisir, de la pensée, et la conclusion de la discussion (31 b-67 b), le tout achevé en une centaine de pages. Davidson lui-même dit, au début du chapitre V, que la partie du *Philèbe* qui exige véritablement un commentaire est le début, et que le reste n'est que l'application des principes établis dans la partie méthodologique. Même si dans cette section la plus longue du dialogue on peut trouver des confirmations intéressantes, « *the main task of interpretation is now over* »[3]. Nous laisserons donc de côté cette section finale et verrons un peu en détail la partie consacrée à la méthode de la dialectique et à la doctrine des quatre principes de la réalité. Mais d'abord il nous faut résumer ce que Davidson a à dire dans son *Introduction*.

Davidson présente son travail dans la forme classique d'une dissertation en histoire de la philosophie antique : il y a une énigme (*puzzle*) dans l'histoire de la philosophie et nous tentons de le résoudre. L'énigme concerne ici la nature et l'unité du *Philèbe*, dialogue où les réflexions sur les genres suprêmes de l'être s'accompagnent d'une discussion plus étendue sur le rôle du plaisir et de la

1. Peut-être Davidson se réfère-t-il à Gadamer quand il parle d'un allemand qui aurait interprété le *Philèbe* du point de vue du néo-hégélianisme. S'il s'agit bien de cela, la méprise est totale. Voir aussi le paragraphe suivant.

2. D'autres volumes sont cités seulement dans les notes, comme les études de Stenzel ou de Winspear, cf. *Ph*, p. 82 et 214.

3. *Ph*, p. 327.

pensée dans la vie bonne de l'homme. Mais avant de commencer à résoudre cette énigme, Davidson, sans nommer personne, précise sa position par rapport à la pensée de ses maîtres de Harvard.

Au sujet de Demos, Davidson est assez polémique. Le choix même de discuter un seul dialogue et non pas un sujet unique dans tous les dialogues s'oppose aux choix de Demos qui, comme nous l'avons vu, avait soutenu qu'il vaut mieux procéder par thèmes, et non pas par dialogues séparés, de manière à ne pas dissoudre Platon dans une multiplicité de Platons différents[1]. Davidson soutient en revanche qu'avant d'essayer d'interpréter la philosophie de Platon, il faut accomplir la tâche préparatoire d'interpréter chaque dialogue individuel. Il assume ainsi la position d'un historien et d'un philologue plus que celle d'un philosophe théorétique. En outre, il critique la tentative d'insérer les déclarations du *Philèbe* dans le cadre prédéfini d'une « *Platonic philosophy* », comme le fait Demos dans son volume. De plus, Davidson affirme qu'il est difficile d'établir si Platon eut une philosophie cohérente et qu'il y a beaucoup d'indices contraires. Enfin, il conclut qu'il est vrai que dans tous les dialogues on peut repérer des attitudes, idées et positions qui sont toujours les mêmes, mais qu'il est aussi extrêmement difficile d'établir quelles sont ces positions unitaires, et que lui-même ne croit pas y être arrivé. Ce qui implique que Demos n'a pas non plus été capable de le faire.

Quant à Quine, Davidson semble vouloir justifier son choix d'écrire une thèse sur Platon. Il admet que toute recherche philosophique devrait être une enquête sur la vérité des choses, et il ajoute que cette tâche est le seul but final de la recherche. Mais il prévient que lui-même n'a pas cherché à concilier Platon avec ce qui lui paraît être la vérité. Sa contribution, ajoute Davidson, consiste à ôter l'ambiguïté qu'aux yeux des modernes Platon emploie dans la manière de s'exprimer et dans l'usage des mots. Il atteint ce but grâce à une approche « ingénue » et sans présuppositions à l'égard du texte du dialogue. Ce choix méthodologique ressemble beaucoup à celui de Gadamer, mais les résultats sont très différents : en effet Gadamer aborde la lettre du dialogue platonicien ayant derrière lui *Etre et temps* de Heidegger, et il s'exprime dans un langage beaucoup plus obscur et complexe que celui de Platon tandis que Davidson introduit, comme nous le verrons, certaines catégories logiques modernes afin de rendre plus clair, peut-être trop, ce que dit Platon. Enfin, Davidson prévient que sa dissertation n'a ni la prétention de résoudre un problème philosophique en soi, ni *tous* les problèmes que Platon pose. Il conclut en disant que cela « *is the continuing enterprise of the whole of Western philosophy* ». Par cet hommage au célèbre *dictum* de Whitehead s'achève la détermination de la position de Davidson à l'égard de ses maîtres[2]. Passons maintenant au corps de son analyse.

Les aspects du *Philèbe* avec lesquels Davidson se sent le plus à l'aise sont les aspects logico-scientifiques. Dans sa dissertation, il attribue peu d'importance à la structure dialogique des œuvres de Platon, où il voit surtout une forme de

1. Demos, *op. cit.*, p. IX.
2. *Ph*, p. 3-9.

rhétorique extérieure qui menace d'obscurcir la structure logique de l'analyse[1]. Sa lecture du *Philèbe* est fortement unitaire : le *Philèbe* est un dialogue dont la finalité est d'établir ce qu'est le bien humain. C'est pourquoi toutes les sections de ce dialogue doivent être comprises en relation étroite avec ce thème. Ce point est démontré dans le premier chapitre grâce à une liste de tous les passages où Platon signale les rapports entre les différentes sections de ses écrits. En proposant cette interprétation, Davidson est d'accord avec Gadamer, mais il s'en écarte parce qu'il identifie le problème du dialogue au thème de la valeur en général[2] et non au domaine de l'éthique. Le dialogue est unifié par le fait que, dans le but d'établir quelle est la vie la meilleure pour l'homme, Platon propose d'abord une méthode, et ensuite l'applique. Davidson consacre les meilleures pages de sa dissertation à analyser quelle est cette méthode, en produisant une série de remarques selon nous exactes et dignes d'être considérées.

La méthode décrite par Platon est constituée, selon Davidson, de trois moments énumérés en 15 b : rassemblement, division et mélange. Soit un domaine d'enquête scientifique donné : il faut d'abord indiquer l'essence de ce domaine et poser une seule idée qui le qualifie et qui fonctionne comme principe d'inclusion et d'exclusion. L'essence de chaque étant est exprimée en termes d'inclusion dans un ensemble. Dans le but d'établir les caractéristiques essentielles de l'idée unique et sa définition, de nombreuses méthodes sont employées, mais au final Platon procède par induction et par réfutation. La réfutation, l'*elenchos* socratique n'est pas proprement une méthode d'induction. Elle est seulement une méthode de contre-preuve (*disproof*), grâce à laquelle des résultats erronés ou trop hâtifs sont écartés. Dans cette phase, Davidson n'attribue pas beaucoup d'importance à l'*elenchos* chez Platon, auquel il consacre quelques notes assez rapides. Il remarque ensuite que si les indications de Platon sur le rassemblement des données ne sont ni claires ni exhaustives, aucun philosophe après lui n'a pourtant réussi à résoudre le problème de l'induction[3].

Après avoir établi quelle est l'idée unique qui caractérise le domaine d'études, on passe à la « division ». L'idée est divisée en idées plus particulières, non pas à l'infini mais toujours selon un nombre déterminé, jusqu'à atteindre des universels qui ne soient plus divisibles, à savoir les *infimae species*. Cette section de la méthode sert à mettre au clair quels rapports d'exclusion et d'inclusion subsistent entre les différentes idées, et demande, pour être achevée, une série de simples calculs de *class inclusion*. Au-delà de ces *infimae species* se trouvent les individus, mais leur rapport aux idées demeure sans explication. Davidson ajoute que Platon n'a jamais réussi à expliquer complètement le rapport entre universel et

1. *Ph*, p. 155, 330; p. 394, il ajoute que la section finale du dialogue est presque totalement dépourvue de progrès théoriques, et que la logique laisse ici la place à la rhétorique, si bien que même la plus faible analogie est acceptée comme si elle était une preuve contraignante du point de vue logique.

2. *Ph*, p. 52.

3. *Ph*, p. 76-77. Pour la description du rassemblement en général, voire l'ensemble de la section aux p. 65-77.

individu[1], comme tous les philosophes après lui. La différence consiste dans le fait que, au contraire de ce qui arrive chez les modernes, la différence des classes ne peut pas pour Platon se poursuivre *ad libitum*, ou selon des points de vue différents. Étant donné que le cosmos est un produit fabriqué de manière intelligente et harmonieuse par un esprit supérieur, il y a une seule division exacte : celle qui reproduit les articulations du réel[2]. Au moyen de la division on atteint une connaissance exacte des éléments constituant le domaine; la troisième phase, dite de « composition », permet d'entrelacer ces idées dans le but d'atteindre la solution du problème posé, à savoir la composition de la meilleure façon de vivre pour l'homme. Le moment de la composition est le moment de la création de la valeur : c'est seulement à partir de la composition harmonieuse des *infimae species*, de l'inclusion des espèces bonnes et de l'exclusion des mauvaises, que peut découler un ensemble bon et harmonieux[3].

Les idées dont Davidson parle sont, évidemment, très semblables aux universels aristotéliciens, et Davidson exprime souvent les rapports entre les idées en termes de genre et d'espèce. Le Platon de Davidson est donc, comme celui de Gadamer, un Platon aristotélisant, mais l'Aristote dont il est question ici est celui des *Analytiques*, l'Aristote logique et épistémologique, et non pas l'Aristote lu par Heidegger. Selon Davidson, dans le *Philèbe* les idées ne sont plus des paradigmes de valeur, comme dans le *Gorgias* et dans la *République*, mais seulement des classes; ce point est démontré par le fait qu'il y a aussi des idées d'êtres méchants, comme les plaisirs mauvais[4]. Sur ce point, Davidson s'oppose à Demos, qui avait constamment soutenu que les idées sont à la fois des classes et des paradigmes[5].

Le long chapitre sur les quatre genres est bien fait et offre beaucoup d'analyses intéressantes. Tout comme Gadamer, Davidson soutient aussi que la Limite et l'Illimité (le premier de façon plus claire que le second) sont des caractéristiques ontologiques propres à un substrat et non des principes autonomes, et que le substrat en question est le troisième genre, le Mixte, qui comprend en soi tous les êtres du monde sensible[6]. Le Mixte en tant qu'idée est la classe de tous ces êtres qui possèdent une bonne composition, un *blending* harmonieux des parties, qui

1. *Ph*, p. 53.

2. *Ph*, p. 77-118, en particulier p. 83.

3. *Ph*, p. 119-135. W. Kühn, « Quatre catégories... », art. cit., p. 138, critique cette interprétation de Davidson : la limite serait une restriction de l'illimité, et non seulement l'imposition de l'harmonie sur le dissonant. Selon Kühn, Davidson serait ici trop influencé par la lecture de la partie finale du dialogue.

4. *Ph*, p. 46-47.

5. *The Philosophy of Plato*, *op. cit.*, p. 175-178; Demos soutient que Platon considère les Idées aussi bien de manière intensive, surtout dans les premiers dialogues, en tant que modèles, que de manière extensive, dans les dialogues tardifs, en tant que classes, mais que ces deux aspects ne sont jamais séparés de manière définitive. Quant à nous, il nous semble que cette thèse est, du point de vu historiographique, plus convaincante que celle de Davidson, même si elle peut comporter des problèmes logiques.

6. *Ph*, p. 174, 178, 188, 194, 197.

est leur caractéristique permanente et immuable et la cause de leur bonté. La bonté, pour un être, consiste à être mélangé de manière harmonieuse et une telle harmonie est, du moins en principe, exprimable en termes mathématiques. Ainsi tout mélange n'est pas bon, mais est bon seulement celui qui est harmonieux, et le mélange harmonieux est reconnaissable parce qu'il est permanent[1]. La bonté d'un être dépend de sa forme, comme le dirait Aristote. Natorp et Davidson ont des difficultés communes dans l'interprétation de la cause efficiente comme cause de la bonté de l'ensemble, car ils pensent que cette bonté serait mieux expliquée par une cause formelle[2].

On pourrait donc se poser la question : ces ressemblances sont-elles le fruit du hasard et du développement des arguments du *Philèbe*, ou sont-elles le fruit de quelque influence cachée des positions de Natorp sur celles de Davidson, étant donné que ce dernier ne semble pas connaître le volume de Natorp? Un trait d'union pourrait être la dissertation de Gadamer, car nous avons vu que Gadamer cite et critique la position de Natorp. Mais la citation est trop courte et rapide pour qu'elle puisse transmettre à Davidson toutes les idées nécessaires pour expliquer cette ressemblance. Une autre possibilité pourrait être la suivante : étant donné une certaine proximité entre les positions de Natorp et celles de Whitehead à propos de Platon, et le long enseignement de ce dernier à Harvard, quelque chose du débat sur la nécessité d'ajouter une Cause du mélange aux trois autres genres du *Philèbe*, aurait pu être transmise par la tradition orale.[3]. On remarquera en tout cas qu'à partir de ce moment, dans la pensée de Davidson, « cause » correspond à « cause efficiente », à savoir à l'idée d'un être qui accomplit quelque chose, qui produit un résultat, sans tenir compte de la critique humienne du principe de causalité et sans accepter la conception courante de cause en tant qu'événement qui en précède un autre sous l'emprise d'une *covering law*.

Le volume de Davidson représente la tentative la plus cohérente et la plus déterminée de lecture unitaire du *Philèbe* que nous connaissions. À partir de quelques intuitions fondamentales sur l'unité de méthode et d'argument dans le dialogue, et à partir de l'idée que la méthode décrite par Platon, dans ses trois moments de rassemblement, division et composition, gouverne aussi l'organisation extérieure du dialogue, Davidson lance une violente attaque contre la lettre du texte de Platon. En effet, si d'une part il explique bien de nombreux aspects du dialogue, il met entre parenthèses, ou il néglige tout à fait, les éléments qui n'entrent pas dans ce schéma. Ce travail est en soi une remarquable contribution à l'étude de Platon. En effet, après sa réimpression en 1990, il a été considéré par les savants comme partie intégrante des rares travaux critiques indispensables sur le

1. *Ph*, p. 209-211; 214-219; 239-240; 250-252; plus loin Davidson pose des limites à cette tendance platonicienne de mathématiser le Bien, en la définissant comme une tentative incomplètement réussie et qui entre en conflit avec d'autres tendances profondes de la pensée de Platon, *cf.* p. 243-246.

2. *Ph*, p. 249; 261-265; 269-276; 283-293; *cf.* Natorp, *Platos Ideenlehere*, *op. cit.*, p. 327-331.

3. *Cf.*, sur un point precis d'interprétation platonicienne, les thèses discutées à la note 24.

Philèbe[1]. Peut-être sa principale limite réside-t-elle dans le fait qu'il néglige les aspects rhétoriques et dialogiques du texte : le fait que la méthode de la science soit la même méthode par laquelle le dialogue doit être composé constitue un présupposé qui gouverne l'analyse de Davidson, mais qu'il ne discute jamais.

DAVIDSON ET GADAMER QUARANTE ANS APRÈS

En 1967, Davidson fut élu à l'université de Princeton et se trouva en contact direct avec G. Vlastos. Influencé par lui, son intérêt pour Platon en fut renouvelé. Il n'est pas étonnant qu'à partir de ce moment Davidson se soit intéressé, de manière beaucoup plus intense qu'aupavant, à la réfutation socratique. En effet, il s'agit du thème central des études du dernier Vlastos. Une trace de cette nouvelle vision de la pensée de Platon se trouve dans une conférence tenue à Londres en mars 1984 et publiée par la suite sous le titre *Plato's philosopher*[2].

Alors que dans sa dissertation doctorale, l'*elenchos* avait joué un rôle minime, il joue maintenant le rôle le plus important. Davidson parle longuement du *Philèbe*, qu'il considère comme fondamental dans la production platonicienne. Il mentionne encore sa théorie, selon laquelle la méthode employée par Socrate pour résoudre le problème de la vie humaine bonne se fonde sur le *rassemblement* et la *division*. La troisième partie de la méthode, le mélange, en revanche est négligée dans cette nouvelle version. En effet, toute l'attention est ici concentrée sur le fait que Platon, dans le *Philèbe*, remet en scène Socrate et sa méthode de l'*elenchos*, comme si, après avoir tenté d'ajouter d'autres méthodes philosophiques plus constructives à l'*elenchos* socratique, il n'avait jamais été satisfait par celles-ci : la réminiscence (*Ménon*), les différentes méthodes d'ascèse vers le monde des idées que l'on trouve dans les dialogues de la maturité (*République*, *Banquet*, *Phèdre*), les méthodes du *Philèbe*. La thèse que Davidson veut soutenir est que Platon, même à la fin de sa vie, est revenu à Socrate et à l'*elenchos* comme à la seule voie sûre à parcourir en philosophie.

Le problème de cet essai consiste aussi dans le fait que Davidson, comme Demos l'avait déjà fait dans son volume platonicien, attribue à Platon une *correspondance theory of truth*[3], alors que tout ce que la réfutation socratique arrive à faire c'est de repérer les incohérences dans l'ensemble des opinions de l'interlocuteur de Socrate. Il s'agirait donc plutôt de l'anticipation d'une

1. Voir les indices dans le volume édité par Dixsaut, *La Fêlure du plaisir*, *op. cit.*, p. 438 et dans la vaste étude de Migliori, *L'uomo fra piacere, intelligenza e bene*, *op. cit.*, p. 577. Migliori, comme Davidson, est convaincu de l'unité du *Philèbe* et, dans les p. 123-124 et 523 de son étude, il prend ses distances avec l'approche de Davidson, en en acceptant certains aspects mais en en critiquant l'organisation schématique.

2. Publiée dans la *London Review of Books* 7, 1984, n. 14, p. 15-17 et plusieurs fois réimprimée. Nous la citons dans la version qui constitue l'introduction de sa thèse de doctorat, publiée en 1990 : *Ph*, p. 2-15.

3. *Ph*, p. 2, cf. *The Philosophy of Plato*, *op. cit.*, p. 270.

coherence theory of thruth. À vrai dire, ce n'était pas là la fonction que Davidson avait attribué à la réfutation dans le *Philèbe* à l'époque de sa thèse de doctorat. En effet, à cette époque, la réfutation était seulement un moyen pour réaliser ce genre d'induction appelé rassemblement. En particulier, comme la dialectique des *Topiques* d'Aristote, la réfutation avait pour but de tester la définition de l'universel en vérifiant si tous les cas concrets possibles entrent dans la définition elle-même et ne sont pas des contre-exemples possibles[1]. En revanche, dans l'article de 1983, Davidson souscrit complètement à la théorie de Vlastos, selon laquelle la réfutation sert à trouver la vérité à travers la cohérence, à condition que l'interlocuteur réponde sincèrement. Cela peut arriver, selon Vlastos, parce qu'au moins quelques unes des conceptions d'un interlocuteur doivent être vraies, et par conséquent seul un ensemble d'opinions vraies peut être cohérent. Cette tentative ingénieuse de la part de Vlastos de passer d'une *coherence theory* à une *correspondance theory* de la vérité a été très discutée dans la critique platonicienne moderne et n'a convaincu que fort peu de spécialistes, surtout en Europe. Davidson, en revanche, l'accepte et en fait l'un des précurseurs de sa propre théorie de la vérité, qui vise « *to ensure that when our beliefs are consistent they will in most large matters be true* ». Pour un argument théorique en faveur de cette thèse, dans son article de 1983, Davidson renvoie à d'autres études, et indique Socrate – le Socrate de Vlastos – comme son précurseur. Mais, si la conception socratico-platonicienne de l'*elenchos* a été l'un des thèmes inspirateurs de la conception davidsonienne de la vérité et de la signification, une telle inspiration ne remonte pas aux études platoniciennes de l'époque de sa dissertation et doit dériver de sa rencontre avec Vlastos, parce que c'est seulement à ce moment-là que Davidson laisse à la réfutation un espace prépondérant dans son image du philosophe selon Platon.

Quelques années plus tard, dans les années quatre-vingt-dix, Davidson revient sur la discussion du *Philèbe*, à l'occasion d'un volume collectif d'études sur la pensée de Gadamer, et choisit justement comme sujet de sa contribution la dissertation de Gadamer sur le *Philèbe*[2].

Selon nous, ce dernier essai de Davidson, bien que moins connu que le précédent, lui est supérieur. En effet le premier présentait toutes les caractéristiques d'un écrit « de circonstance » et était trop influencé par les thèses de Vlastos[3]. Or Davidson consacre maintenant une bonne partie de son intervention à résumer les principales thèses de sa dissertation, qu'il semble mieux se rappeler et dont il semble davantage convaincu. À partir de celle-ci, il fait certains éloges et de nombreuses critiques à Gadamer.

Davidson rappelle que, dans sa reconstruction, la méthode dialectique de Socrate se divise en trois moments : rassemblement, division et mélange – même si ce dernier est effectivement présent mais n'est pas énuméré dans la description

1. *Ph*, p. 74-75.
2. « Gadamer and Plato's *Philebus* », dans Hahn, *Gadamer*, *op. cit.*, p. 421-435.
3. Davidson, « Gadamer », art. cit., p. 423.

explicite de la méthode même dans *Philèbe* 15 c-17 a. Comme dans son essai précédent, Davidson répète que la caractéristique du *Philèbe* est le retour de Socrate à l'*elenchos*, mais cette fois il tient à souligner la nouveauté que l'*elenchos* du *Philèbe* représente par rapport aux dialogues de jeunesse de Platon. Apparaît ici à nouveau la thèse typique de sa dissertation de 1949, à savoir que les idées ne sont plus des paradigmes de valeur mais seulement des classificateurs neutres, qui servent de base aux processus de rassemblement et de division à travers lesquels la dialectique s'explique. Ainsi les principales thèses de la dissertation de 1949 sont confirmées en 1997.

Par rapport à l'interprétation de Gadamer, Davidson critique, entre autres choses, la thèse selon laquelle il y aurait un accord de fond entre Socrate, Platon et Aristote, un noyau unique de la pensée, et que les différences entre les philosophes se réduiraient au fait de mettre l'accent, au-delà de ce noyau qui leur est commun, sur tel aspect plutôt que sur tel autre.

Quant au rapport entre le *Philèbe* de Platon et sa propre pensée philosophique, Davidson abandonne maintenant ses positions de jeunesse et répète ses thèses de 1985 : l'intérêt du *Philèbe* ne réside pas dans sa méthodologie diairétique – comme Davidson lui-même l'avait soutenu dans sa thèse doctorale – ou dans sa cosmologie théologisante, mais dans le modèle de dialogue employé ici, selon lequel les positions initiales sont abandonnées pour atteindre un accord réciproque. Sur ce point, Davidson déclare être en accord avec Gadamer : le langage est tel seulement à l'intérieur d'une conversation, et non pas comme langage privé. Mais Gadamer, ajoute Davidson, oublie que pour obtenir un dialogue, en plus d'une interprétation réciproque il faut aussi une traduction réciproque du langage des deux interlocuteurs, à savoir dans les termes de l'un et de l'autre.

Répondant à Davidson en peu de mots[1], Gadamer regrette le fait qu'en dépit de leur longue fréquentation, Davidson n'arrive pas à s'insérer dans son propre schéma de pensée. Il n'admet pas que l'évolution de la figure de Socrate dans les dialogues de Platon soit importante et, par un rappel implicite des thèses de Friedländer, il remarque que maintes caractéristiques des Dialogues n'ont pas de relief philosophique parce qu'elles ne sont rien d'autre que des manières différentes de mettre en scène le même contenu : les différences entre les différents dialogues n'ont pas sur ce point un relief philosophique mais seulement « dramatologique ».

TOUT CELA A-T-IL SERVI À QUELQUE CHOSE ?

Le moment est venu de tirer les conclusions de notre enquête sur l'influence du *Philèbe* dans la pensée de Davidson : on peut peut-être dire qu'à la différence de Gadamer, Davidson n'a pas exploité de manière explicite dans ses recherches successives les résultats de son travail doctoral. Il soutient même les avoir oubliés pendant des années et y être revenu seulement à la fin de son parcours

1. Gadamer, « Reply to Donald Davidson », dans Hahn, *Gadamer*, *op. cit.*, p. 433-435.

philosophique[1]. Il nous semble pourtant que le travail de la thèse de doctorat a rendu Davidson plus conscient de l'importance des pensées conçues par les Grecs de l'Antiquité, et ce, même pour le travail de ce philosophe, caractérisé par un « *hard-headed analytic style* », qu'il est devenu avec le temps. Dans ses œuvres, il se montre très sensible à des problèmes théoriques différents de ceux propres à la littérature « analytique » qui en général se borne à citer Hume, Kant, Frege, Wittgenstein et les contemporains.

Dans les deux cas, aussi bien pour Gadamer que pour Davidson, le choix du *Philèbe* comme sujet de dissertation découle de circonstances extérieures : la hâte de conclure la thèse, le fait d'avoir eu précédemment affaire à ce dialogue, peut-être aussi la pauvreté de la littérature critique, nettement moins importante que celle sur la *République* ou sur le *Phédon*. Tous les deux ont quitté la tendance philosophique dans laquelle ils avaient été formés, pour suivre avec enthousiasme un maître nouveau, Heidegger ou Quine, qui suivaient avec perplexité leurs efforts, bien que l'Américain ait démontré une qualité humaine bien supérieure à celle de l'Allemand[2]. Les deux auteurs se sont, pour des raisons différentes, intéressés au dernier Platon, et tous deux offrent une lecture du texte en termes modernes, inspirés par la phénoménologie heideggérienne ou par la logique du XXe siècle. Tous deux montrent beaucoup d'intérêt pour la section « métaphysique et méthodologique » du *Philèbe* qu'ils lisent de façon aristotélisante. Mais pour l'un et pour l'autre cette section du dialogue ne restera pas, dans le développement ultérieur de leur pensée, comme un point de repère intéressant, bien qu'ils lui aient consacré de nombreuses réflexions.

L'idée que l'aspect le plus intéressant du *Philèbe* soit l'échange dialectique entre Socrate et Protarque leur est commune, mais seul Gadamer dirige aussitôt son attention sur les aspects interpersonnels, propres au dialogue visant le vrai. Davidson, en revanche, voit d'abord l'*elenchos* seulement comme un moyen de tester la validité d'une induction, et c'est l'influence de Vlastos qui lui ouvre de nouvelles perspectives. Dès lors, il continue à considérer la réfutation comme un *test*, mais un *test* qui sert à comprendre la cohérence des opinions de l'interlocuteur, donc à ouvrir la voie à la vérité, et non seulement à vérifier le rassemblement inductif. L'ouverture à l'enseignement des Grecs, qui pour Gadamer est une donnée acquise, reste pour Davidson un élément en arrière-plan, exprimé rarement sous une forme explicite, mais qui aide à rendre plus souple et moins prévisible sa manière d'intervenir dans les débats philosophiques[3].

1. Davidson, « Gadamer », art. cit., p. 421.

2. Dans le livre de Grondin, *Hans-Georg Gadamer*, *op. cit.*, p. 138-149, on trouve décrite avec maints détails la duplicité de Heidegger envers Gadamer.

3. Je tiens à remercier Cristina Viano qui a généreusement bien voulu traduire cet article en français. Une version plus longue de cet article a tété publiée en langue italiennne dans *Methexis*, XX, 2007, 113-143.

ÉPILOGUE

MONIQUE DIXSAUT, LA DIALECTIQUE, LA *RÉPUBLIQUE*

ALAIN BADIOU

I

Reprenant une formule bien connue du *Sophiste*, Monique Dixsaut donne pour titre à la conclusion de son mémorable livre *Métamorphoses de la dialectique dans les dialogues de Platon :* « La science des hommes libres ». C'est de la dialectique, évidemment, qu'il s'agit. Tout l'effort de Monique Dixsaut, que cet énoncé récapitule, est de proposer, toujours au ras du texte de Platon, une vision de la dialectique soustraite à deux contresens courants, y compris sous forme savante.

La première grande erreur est de poser que la dialectique est une logique, indifférente aux contenus qu'elle met en forme. La version la plus ordinaire est de la ramener à une méthode de définition par divisions successives. Contre quoi Monique Dixsaut lit dans Platon que le διαλέγεσθαι (que je traduis aussitôt, bien qu'elle dise ce mot intraduisible, par « le dialectiser ») est un mouvement de pensée qui n'a aucun sens en dehors de son point de départ. Or ce point de départ est un problème défini, en sorte que les étapes du mouvement et les notions qui chemin faisant en appuient la continuation, strictement référées au problème initial, n'ont de portée, et de vérité, que singulières. Elle démontre également que les divisions elles-mêmes, souvent à contre-pente de l'évidence langagière, ne sont aucunement invariables ou « conceptuelles » : elles dépendent de la stratégie selon laquelle on se déplace dans l'intelligible. Car, comme Monique Dixsaut le dit fortement : « N'est intelligible, au sens platonicien, qu'un terme où l'intelligence se retrouve »[1]. Il faut donc définir la dialectique comme la pensée en acte au regard d'un problème réel qu'on traite en immanence, ce que matérialisent les interlocuteurs des dialogues : ils se sont mis d'accord sur l'existence du problème, et sont donc engagés dans la singularité pensante du dialectiser.

La deuxième grande erreur est de poser que la dialectique est un mouvement ascensionnel réglé par un *télos* univoque, l'idée du Bien, en sorte que l'intelligible

1. *Métamorphoses de la dialectique dans les Dialogues de Platon*, Paris, Vrin, 2001, p. 342.

est prescriptif *du dehors* et que la dialectique est l'ensemble des règles qui garantissent que le chemin suivi est conforme à une norme. On verse alors du logicisme dans la religiosité : la dialectique est en réalité une éthique de la pensée, une méthode de soumission de la recherche intellectuelle à un Principe transcendant, seul apte à en garantir la probité et l'universalité. Contre cela, Monique Dixsaut établit que si on doit reconnaître que le Bien, dans le lieu visible et la pragmatique sociale, a une « fonction éthico-politique », en revanche « dans le "lieu intelligible", il exerce un autre type de causalité ». Il faut alors définir la dialectique comme le type de pensée dans lequel « le dialecticien comprend que le trait essentiel de l'*idea* du Bien n'est pas le bon (au sens éthique) mais l'intelligible »[1].

Pour faire court : si la dialectique est la science des hommes libres, c'est sous la condition qu'on veuille bien la penser, dans le mouvement du dialectiser, comme le propre d'un Sujet qui détermine ce qu'est, enracinée dans une question effective et locale, l'intelligibilité dont cette question est porteuse.

Ce qui se dit négativement : ni Aristote, ni les néo-platoniciens. Platon, tel quel.

Je peux alors dire que mon entreprise, que depuis vingt ans j'ai nommée un « platonisme du multiple », tend de plus en plus à activer cette compréhension de la dialectique, et tente d'en donner une version contemporaine. Un « Platon-tel-quel-d'aujourd'hui » : voilà le paradoxe dans lequel je soutiens la tension du φιλοσοφεῖν qui est un autre nom du διαλέγεσθαι.

Ce paradoxe se déplie en plusieurs autres. Je donne ici quatre exemples :

Premièrement, toujours tenir que Platon, c'est le texte de Platon, rien d'autre. Mais immerger ce texte dans les problèmes, les écritures et les référents intellectuels d'aujourd'hui. Pas d'interprétation, donc, mais un texte déplacé, recontextualisé.

Deuxièmement, comprendre tout ce que Platon doit à son époque, comment il s'y inscrit. Mais dégager son noyau universel en pratiquant – comme lui-même l'exige en appelant à se soustraire à la puissance des opinions – une déshistoricisation, une désanthropologisation, de son texte. Pas d'ignorance ou de déni des particularités, donc, mais un texte aussi épuré que possible de ce qui parfois, inévitablement, l'englue dans des préjugés localisés. D'autres préjugés à la place des siens ? J'en prends le risque.

Troisièmement, connaître la tradition telle en particulier que les traductions successives la questionnent parfois, la cimentent souvent. Mais ne pas hésiter à faire sur ce point de grands gestes par lesquels nous sera rappelé que la philosophie n'est ni la grammaire, ni l'étymologie. Pas d'irrespect gratuit, donc, mais aucune réserve quand il s'agit de sauver dans la langue la contemporanéité de Platon, ou sa rigueur oubliée.

Quatrièmement, savoir qu'il y a une évolution de Platon, connaître son inscription dans les dialogues, admettre d'éventuelles coupures, voire de

1. *Ibid.*, p. 100-101.

souterraines autocritiques, dans le trajet qui fut le sien. Mais assumer une caractéristique très frappante de ce qu'il a jugé bon d'écrire en forme de théâtre, à savoir qu'on ne ne présuppose jamais rien, et qu'en un certain sens tout, c'est à dire le dialectiser, recommence à neuf dans chaque dialogue. Pas de systématisation fermée, donc, pas de cohérence imposée, la vie réelle de la vie-pensée qu'on nomme Platon. Mais aussi, un rapport esthétique, littéraire, singulier, à chaque unité d'écriture dans laquelle le sujet-Platon a voulu (re)dire, en le disant tout autrement, ce qu'il désirait dire. Combiner aussi librement que possible le littéraire et le littéral.

Je crois avoir appliqué ces principes, et quelques autres, au travail dans lequel je suis engagé depuis trois ans : une « hypertraduction », c'est le mot que j'ai choisi, de *La République*. Les lecteurs de ce qui suit (un fragment de cette hypertraduction) le verront bien, ou peut-être à leurs yeux ne le verront que trop. Mais il n'est pas mauvais de donner quelques exemples.

1. Sur le premier principe. J'ai décidé de tenir les interlocuteurs du dialogue pour des gens largement instruits de ce qui importe, quelle que soit l'époque. On trouvera donc nombre d'anachronismes apparents, qui ne font que réaliser ce que le dialogue suppose : il réunit des gens qui, au service du problème qu'ils ont en commun, sont prêts à mobiliser tous les savoirs disponibles, poétiques, mathématiques, anthropologiques, historiques, légendaires, et j'en passe. Qu'ils le fassent dans un survol de plusieurs siècles ne fait qu'élargir la disponibilité intellectuelle qu'exige l'arche immense, dans ce dialogue, du « dialectiser ». J'ai aussi rendu hommage au féminisme spéculatif de Platon en considérant la seule présence de jeunes gens comme un reste d'obéissance aux conventions. J'ai en conséquence transformé Adimante en une Amantha, ce qui, je l'ai constaté à ma propre surprise, permet de donner plus de relief à nombre de passages.

2. Sur le second principe. J'ai observé comme tout le monde que, sous la contrainte du temps, Platon donne une version rigide des emplois de chacun, une description fonctionnelle du classement des citoyens, et qu'il soutient que la direction de l'Etat ne peut appartenir qu'à une aristocratie limitée. J'ai aussi observé qu'en revanche cette « aristocratie » relève dans son essence du talent et non du sang, qu'elle inclut des femmes (chose stupéfiante, et que Platon n'avance qu'après bien des coquetteries), et que presque tout le livre est en réalité consacré à sa formation intellectuelle, tout le reste étant expédié comme s'il s'agissait d'une opinion courante sans intérêt. J'ai donc tout simplement élargi et universalisé cette prééminence : ce que Platon dit de la nature et de la formation de son élite, je l'ai traduit de telle sorte que cela s'applique à tous les citoyens sans exception. Au préjugé élitiste de Platon, je substitue une vision égalitaire. Substitution, au préjugé antique d'un communisme réservé à une aristocratie, du préjugé moderne d'une aristocratie communiste en ce qu'elle est une aristocratie pour tous ? J'en prends encore une fois le risque. Ce qui est très frappant, en tout cas, c'est que les changements textuels que cette universalisation impose sont très limités.

3. Sur le troisième principe. Un geste fondamental de ma part est de traduire « Idée du Bien » par « Idée du Vrai », ou parfois même « Vérité », pendant que ἀληθεία sera très souvent traduit par « exactitude » ou alors « vérités » au pluriel, ou encore « véridicité ». Sans aucun doute, c'est là m'introduire quelque peu dans Platon, à moins que ce ne soit finalement rendre possible l'introduction dans mon entreprise d'une forte dose de Platon. Je ne veux d'aucune façon faire endosser à Monique Dixsaut ce genre de geste, elle qui travaille dans la plus rigoureuse science du texte. Mais pour terminer en disant encore une fois ce qui dans son travail m'importe, je voudrais citer un autre passage crucial de son livre sur la dialectique chez Platon : « Il n'est pas [le Bien], comme toute essence, cause seulement d'une propriété pour les choses qui en participent, mais cause universelle d'intelligibilité »[1].

Alors voilà. Entre autres choses, je tente de lire *La République*, pour notre temps, comme une pensée du réel, et notamment du réel politico-éthique, exigeant la référence immanente à une « cause universelle d'intelligibilité » qui ne soit pas un Dieu.

II

Pour situer le morceau de traduction qui va suivre, il est utile de disposer du redécoupage que je propose de *La République* tout entière. On sait que la division en dix livres est tardive et arbitraire. La mienne, en un prologue, quatorze chapitres et un épilogue, est certainement encore beaucoup plus tardive ! Mais je saurais soutenir, je ne le fais pas ici, qu'elle est moins arbitraire. La voici donc :

Prologue. Conversation dans la villa du port (327 a-336 b)
1. Réduire le sophiste au silence (336 b-357 a)
2. Questions pressantes des jeunes gens et jeunes filles (357 a-368 d)
3. Genèse de la société et de l'État (368 d-376 c)
4. Discipline de l'esprit : littérature et musique (376 c-403 c)
5. Discipline du corps : diététique, médecine et sport (403 c-412 c)
6. La justice objective (412 c-434 d)
7. La justice subjective (434 d-449 a)
8. Les femmes, les enfants et la guerre (449 a-471 c)
9. Qu'est-ce qu'un philosophe ? (471 c-484 b)
10. Politique et philosophie (484 b-502 c)
11. Qu'est-ce qu'une Idée ? (502 c-521 c)
12. Des mathématiques à la dialectique (521 c-541 b)
13. Critique des quatre politiques pré-communistes, 1. Timocratie et oligarchie (541 b-555 b)
14. Critique des quatre politiques pré-communistes, 2. Démocratie et tyrannie. (555 b-573 b)
15. Justice et bonheur (573 b-592 b)
16. Poésie et Pensée (592 b-608 b)
Épilogue : Éternité mobile des Sujets (608 b-fin)

1. *Ibid.*, p. 99.

Pour les curieux, je veux dire où j'en suis de ce gigantesque travail au moment où je soumets ce fragment pour publication : j'ai terminé (sous réserve de réajustements terminaux) l'hypertraduction du prologue, de l'épilogue et des chapitres 1, 2, 3, 5, 9, 11, 13, 15 et 16. Sont bien avancés les chapitres 12 et 14. Les chapitres 4 et 6 sont entamés. Je n'ai pas encore touché au chapitre 7 ni au chapitre 8.

J'ai choisi de soumettre au jugement des lecteurs de ce livre, dont je sais qu'il sera souvent un jugement très averti, à peu près les deux derniers tiers du onzième chapitre, passage qui contient certains des développements, conceptuels et/ou imagés, les plus célèbres de Platon.

III

DIAGRAMMES, IMAGES ET CONSÉQUENCES DE LA PUISSANCE DIALECTIQUE

« Socrate semble alors se concentrer, comme pour franchir une passe difficile :

— Ecoutez-moi bien. Vous savez que si l'on se tourne vers ce dont les couleurs ne baignent plus dans la franche lumière du jour, mais seulement dans les lueurs errantes de la nuit, alors les yeux voient si trouble qu'on peut les dire aveugles, et la vue, privée de toute pureté. Si c'est vers ce que le soleil baigne de son éclat qu'on se tourne, alors les yeux voient distinctement, et, bien qu'ils soient les mêmes que pendant la nuit, il est cette fois évident qu'ils participent d'une vue tout à fait pure.

— Certes, certes, grommelle Amantha. J'imagine que vous allez nous proposer, entre le soleil et l'idée du Vrai, une analogie, ou une « isomorphie », comme vous dites. D'un côté, la vue, le visible et le soleil. De l'autre, la pensée, le pensable et les vérités, telles qu'elles relèvent de la Vérité. Mais je voudrais bien savoir comment elle fonctionne exactement, et dans le détail, cette analogie.

— Tu es bien impatiente, jeune fille !

— Et vous, pardonnez-moi de vous le dire, parfois bien lent.

— Ah ! sourit Socrate, ce que ton frère Platon appelle mes « longs détours » ! Mais tu as raison. Coupons vers l'analogie, passons sans désemparer de l'individu, en tant qu'il voit, au Sujet, en tant qu'il pense. Quand un Sujet se tourne vers l'éclaircie réciproque de l'Etre et de la Vérité, il pense et sait tout ce qui se tient dans cette éclaircie, et il est lui-même dans l'éclat de la pensée. Quand, en revanche, il se tourne vers ce qui est mélangé d'ombre, vers ce qui n'est que génération et corruption, vers la chaude vie immédiate plutôt que vers l'étoile prise aux rets du calcul, il devient la proie des opinions inéclairées, au point que, ballotté en tous sens par ces opinions inconsistantes, on dirait que le pouvoir de penser l'abandonne et qu'il n'est plus tant un Sujet qu'un animal humain aux abois.

— Quel désastre ! s'épouvante Glauque.

Mais Socrate poursuit, comme dans un rêve spéculatif :

— Ce qui fait don simultanément aux être connus de leur exposition à un savoir véridique et aux êtres connaissants de la puissance d'un tel savoir, c'est, soyez-en sûrs, l'idée du Vrai. Elle est ce à partir de quoi il peut y avoir science et exactitude, dès lors que l'entendement y accède. Cependant, si sublimes que soient en effet cette connaissance et cette exactitude, ce n'est qu'à poser l'idée du Vrai comme distincte et plus sublime encore que nous pouvons en prendre la mesure. Nous l'avons dit : s'il est tout à fait juste de considérer que la lumière et la vue co-appartiennent à la forme du soleil, il ne l'est pas de les identifier au soleil lui-même. Nous dirons aussi bien : il est juste de considérer que la science et le savoir véridique co-appartiennent à la Vérité, il ne l'est pas de les identifier à la Vérité elle-même. Car, à la qualité propre de la Vérité, il convient d'attribuer une fonction plus générale.

Amantha s'extasie :

— Décidément, pour vous ce que vaut la Vérité est proprement incalculable, si elle produit la science et tous les savoirs exacts et si en outre elle se situe elle-même à un rang plus élevé encore !

Et Glauque :

— Je vois bien que votre valeur suprême n'est pas du tout, mais alors pas du tout, identique au plaisir.

— Espèce d'âne ! ricane Amantha. Socrate a balayé dès hier soir cette identification !

Socrate les entend-il ? Il s'est levé, les yeux fermés, et parle lentement doucement, comme un murmure dans le matin des lumières.

— Le soleil ne fait pas seulement don au visible de la puissance passive d'être vu, mais aussi de ces déterminations actives que sont le devenir, la poussée de la sève ou la nourriture. Et ce, bien que lui, le soleil, exception lumineuse qui fait tout notre ciel diurne, ne soit rien de tout cela. De même, ce n'est qu'autant qu'il est en vérité que le connaissable peut être dit connu dans son être. Mais c'est aussi à la Vérité qu'il doit, non seulement d'être connu dans son être, mais son être-connu lui-même, soit ce qui, de son être, ne peut être dit « être » qu'autant qu'il est exposé à la pensée. La Vérité elle-même, cependant, n'est pas de l'ordre de ce qui s'expose à la pensée, car elle est la relève de cet ordre, se voyant ainsi conférer une fonction distincte, selon l'antériorité comme selon la puissance.

Et Glauque, tout sourire :

— Quelle divine transcendance !

Socrate semble alors se réveiller :

— Transcendance ? Est-ce à cela que tu réduis… Mais peu importe. Tout est de votre faute. Pourquoi m'avoir forcé à expliciter mes convictions sur ce point ?

— Continuez, cher Socrate, dit Amantha apaisante, continuez. Ne faites pas attention aux plaisanteries de mon frère. Et comme elle veut à tout prix relancer la machine-Socrate :

— Vous disiez que Soleil et Vérité règnent, l'un sur le genre et le lieu du visible, l'autre sur le genre et le lieu du pensable. Je me représente parfaitement ces deux déclinaisons de l'être, ces deux formes, plutôt, le visible et le pensable.

Mais comment s'articulent-elles, ces formes, dès lors qu'on les dispose dans leur élément générique, la lumière pour l'une, la Vérité pour l'autre ?

— Eh bien, d'accord, cède Socrate, je vais tenter d'éclairer notre lanterne sur ce point, le plus obscur de tous. Mais je vous préviens : plus de tirades lyriques ! Des schémas, des proportions : de la mathématique.

— Nous sommes prévenus, fanfaronne Glauque-le-logicien, et nous sommes prêts !

— Soit un segment AB, qu'un point C divise en deux parties inégales, AC et CB. La partie AC représente ce qui, de l'être, est disposé dans le visible. La partie CB, ce qui s'en expose à la pensée.

— Le sensible et l'intelligible, en somme.

— On prétend que ton frère Platon résume ainsi ma doctrine. C'est bien plus compliqué, mais passons. On conviendra (c'est un choix symbolique arbitraire, mais efficace) que l'on a AC/CB = 1/2 : relativement au même être – une multiplicité quelconque – la dignité de ce qui s'en expose à la pensée est le double de celle qui s'attache à son apparition sensible.

— C'est, commente Amantha, parce que ce qui d'un être s'expose à la pensée enveloppe, et en un certain sens redouble, ce qui en est immédiatement donné dans le visible.

— Pourquoi pas ? Mais continuons. Selon le critère du clair et de l'obscur, un point D partage le segment AC – le visible – en deux parties dont le rapport est à nouveau égal à 1/2. Le segment AD représente les images. J'entends par là ce qui va des ombres à nos grands écrans de cinéma, en passant par les reflets sur les eaux, les miroirs et tous les corps polis et brillants.

— Et bien entendu, ponctue Glauque, que AD ne soit que la moitié de DC signifie le peu de dignité ontologique de ces fantomatiques copies. Mais que représente DC ?

— Les objets visibles du monde, ce qui s'expérimente, ce qui est là. Tout ce qui relève de nous, les vivants : les plantes, et aussi l'entière catégorie des outils, par exemple. Vous admettrez sans difficulté qu'opère ici une division fondée sur la vérité ou son absence, dont le principe est que le rapport entre une chose-qui-ressemble-à-une-autre et cette autre à laquelle elle ressemble, est le même que le rapport que, étant donné un contenu quelconque, soutient l'opinion qu'on en a au savoir qu'on en construit.

— « Sans difficulté », sourit Glauque, c'est beaucoup dire !

— On y verra plus clair en divisant à son tour le segment du pensable. Soit le point E situé entre C et B de telle sorte que CE/EB = 1/2. La section CE représente ce que je nomme la pensée analytique. Le Sujet s'y déploie en se servant comme d'appuis imagés des objets réels de la section précédente. Il est alors contraint de conduire sa recherche à partir d'hypothèses et de conclure sans parvenir au principe de sa conclusion. Dans la seconde section, EB, le Sujet parvient au principe anhypothétique, certes à partir d'une hypothèse, mais sans avoir besoin d'appuis imagés, puisque sa méthode engage les Formes, et elles seules.

— Je n'y comprends rien, lâche Glauque.

— Reprenons donc. Comment opèrent ceux qui s'occupent de géométrie ou d'arithmétique ? Ils supposent l'existence de la suite des nombres entiers, des figures planes, des valeurs angulaires et de bien d'autres choses liées au problème qui est le leur. Ils utilisent tout ce matériel comme s'il s'agissait de données bien connues et suffisamment claires, pour que, si on les adopte comme hypothèses initiales, on ne soit nullement obligé d'en rendre compte, pas plus à soi-même qu'aux autres. Ensuite, partant de ces données, ils explicitent tout ce qui en découle de façon immanente, et parviennent par voie de conséquence au résultat qu'ils avaient en vue.

— Bien, bien ! dit Amantha, on a fait des maths nous aussi !

— Tu t'es donc toi aussi servie de formes visibles et tu as argumenté à leur propos, bien que ce ne soit pas elles que visait ta pensée, mais d'autres, purement pensables, auxquelles les schèmes visibles ne font que ressembler. La démonstration mathématique concerne en effet le Carré en soi, ou la Diagonale en soi, et non la diagonale que tu as maladroitement dessinée. Toutes ces figures, modelées dans l'espace ou tracées sur des surfaces visibles, et dont il peut exister des ombres ou des reflets dans l'eau, les mathématiciens s'en servent comme si elles étaient des images à partir desquelles on peut parvenir à l'intuition de ces êtres qui, eux, ne se laissent saisir que par la pensée analytique ; c'est tout cela que représente la première section de l'être-pensable. Le Sujet, lorsqu'il s'y applique, est contraint de se servir d'hypothèses, sans pouvoir parvenir au principe, incapable qu'il est de s'élever au-dessus des hypothèses.

— Pourquoi ? s'inquiète Amantha.

— Parce qu'il se sert encore, comme d'appuis imagés, des objets réels que nous avons rangés dans la deuxième section du visible, ceux qui ont eux-mêmes leurs obscures images dans la toute première section. Ainsi, quoique établi dans la pensée, le Sujet est encore tributaire du visible et de la relation de ressemblance qui en est la loi.

— Vous êtes en train de dire du mal des mathématiciens, ma parole ! se scandalise Glauque.

— Du mal, à l'intérieur du plus grand bien ! Mais apprenez maintenant ce que je nomme la deuxième section de l'être en tant qu'il s'expose à la pensée pure. Le chemin du raisonnement est ici fondé sur la seule puissance du dialectiser : mes hypothèses ne sont pas traitées comme des principes, mais comme étant et restant des hypothèses, qui servent d'appuis et de degrés, afin de parvenir à un principe universel anhypothétique. Quand on y arrive, le déploiement discursif se renverse en mouvement descendant, qui parcourt toutes les conséquences du principe jusqu'à la conclusion, sans se servir jamais de rien de sensible, mais passant d'une forme à une autre par des médiations elles-mêmes formelles, pour enfin conclure sur une forme.

Glauque alors, comme souvent, entreprend de mettre en forme, c'est le cas de le dire, sa compréhension du discours du Maître :

— Vous affirmez que faire théorie de l'être saisi dans son exposition à la pensée par les moyens du savoir que détient le dialectiser est plus approprié que de s'en remettre aux techniques scientifiques, dont le modèle est la géométrie. Certes, les mathématiciens, qui traitent les hypothèses comme des principes, sont contraints de procéder discursivement et non empiriquement. Mais leur intuitionner restant suspendu aux hypothèses et ne s'ouvrant nul accès au principe, ils ne vous paraissent pas avoir la pensée de ce dont ils font théorie et qui pourtant, repris dans la lumière du principe, relève bien d'une pensée intégrale de l'être. Il me semble que vous appelez pensée analytique la procédure des géomètres et de leurs semblables et que vous la distinguez de la pensée dialectique. Vous situez cette pensée analytique quelque part entre l'opinion (accordée à la section AD de notre diagramme) et la pensée pure, ou intellection dialectique (accordée à la section suprême, EB). De là, du reste, que la section EC, à laquelle correspond cette pensée analytique, est de longueur égale à la section CD, à laquelle correspondent les objets de l'opinion. Vif contraste avec l'écart entre la section AD, à laquelle sont consacrées les images et la section de la dialectique, EB, écart qui est comme de un à quatre. Le calcul montre aussi…

— Belle technique, excellent résumé ! coupe Socrate. Nous pouvons voir et nommer les choses ainsi :

Socrate trace alors sur la nappe de la grande table, avec un morceau de charbon, le schéma complet des dispositions de l'être tel qu'il vient à l'apparaître et tel que peut s'y constituer un Sujet.

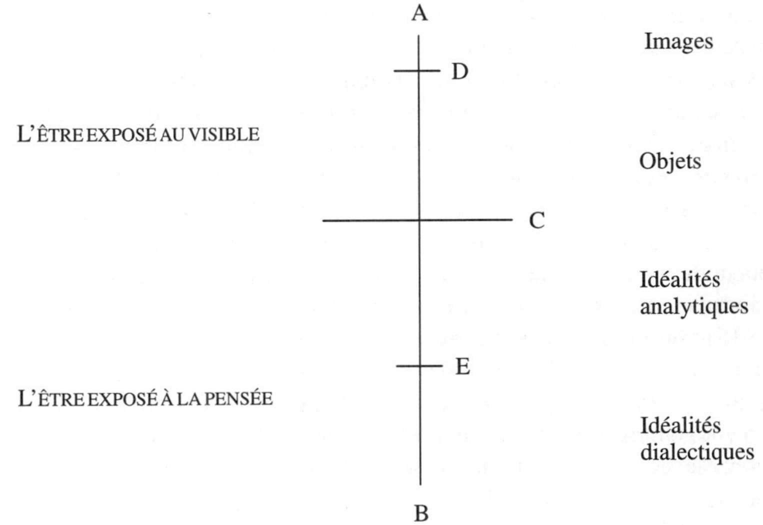

— Aux quatre sections, faites correspondre les quatre états qui en articulent la venue pour un Sujet. Pour la plus considérable, EB, parlons de pensée pure, d'intellection, ou mieux encore de pensée dialectique. Pour celle qui vient ensuite, CE, nous emploierons pensée discursive, ou entendement, ou mieux encore, pensée analytique. Pour la troisième, DC, disons « certitude », et pour la dernière, AD, « supposition ». Nous supposons en effet qu'une image renvoie à quelque référent réel, et nous sommes certains que les objets réels existent. L'existence des idéalités mathématiques est à son tour supposée dans la pensée analytique. Mais nous sommes certains de l'universalité des principes idéaux auxquels nous conduit la pensée dialectique. Cet ordre peut aussi se dire : plus un être se donne dans l'élément de la Vérité, plus le Sujet le pense dans sa propre clarté.

— En sorte, songe tout haut Amantha, que vérité objective et clarté subjective sont deux dimensions du même processus.

— Tu me tires un peu trop du côté de Descartes ! Mais puisque tu parles de la lumière, je vais essayer de vous peindre un tableau, ombres et lumières mêlées.

— Après le mathème, retour au poème ! se moque Glauque.

— Pourquoi pas ? Imaginez une gigantesque salle de cinéma. En avant, l'écran – qui monte jusqu'au plafond, mais c'est si haut que tout ça se perd dans l'ombre – barre toute vision d'autre chose que de lui-même. La salle est comble. Les spectateurs sont, depuis qu'ils existent, emprisonnés sur leur siège, les yeux fixés sur l'écran, la tête tenue par des écouteurs rigides qui leur couvrent les oreilles. Derrière ces dizaines de milliers de gens cloués à leur fauteuil, il y a, à hauteur des têtes, une vaste passerelle en bois, parallèle à l'écran sur toute sa longueur. Derrière encore, d'énormes projecteurs inondent l'écran d'une lumière blanche presque insupportable.

– Drôle d'endroit ! dit Glauque.

– Guère plus que notre Terre… Sur la passerelle circulent toutes sortes d'automates, de poupées, de silhouettes en carton, de marionnettes, tenus et animés par d'invisibles montreurs, ou dirigés par télécommande. Passent et repassent ainsi des animaux, des brancardiers, des porteurs de faux, des voitures, des cigognes, des gens quelconques, des militaires en armes, des bandes de jeunes des banlieues, des tourterelles, des animateurs culturels, des femmes nues… Les uns crient, les autres parlent, d'autres jouent du piston ou du bandonéon, d'autres ne font que se hâter en silence. Sur l'écran, on voit les ombres que les projecteurs découpent dans ce carnaval incertain. Et dans les écouteurs, la foule immobile entend bruits et paroles.

— Mon Dieu ! ponctue Amantha. Etrange le spectacle, plus étranges encore les spectateurs !

— Ils nous ressemblent. Voient-ils d'eux-mêmes, de leurs voisins, de la salle et des scènes grotesques de la passerelle, autre chose que les ombres projetées sur l'écran par le torrent des lumières ? Entendent-ils autre chose que ce que diffuse leur casque ?

— Certainement rien, s'exclame Glauque, si leur tête est immobilisée depuis toujours en direction du seul écran, et leurs oreilles bouchées par les écouteurs.

— Et c'est le cas. Ils n'ont donc aucune autre perception du visible que la médiation des ombres, et nulle autre de ce qui est dit que celle des ondes. Si même on suppose qu'ils inventent des moyens de discuter entre eux, ils ne pourront jamais distinguer entre le nom d'une ombre, qu'ils voient, et celui de l'objet, qu'ils ne voient pas, dont cette ombre est l'ombre.

— Sans compter, ajoute Amantha, que l'objet sur la passerelle, robot ou marionnette, est déjà lui-même une copie. On pourrait dire qu'ils ne voient que l'ombre d'une ombre.

— Et, complète Glauque, qu'ils n'entendent que la copie numérique d'une copie physique des voix humaines.

— Eh oui ! Ces spectateurs captifs n'ont aucun moyen de conclure que la matière du Vrai est autre chose que l'ombre d'un simulacre. Mais que se passerait-il si, chaînes brisées et aliénation guérie, leur situation changeait du tout au tout ? Attention ! Notre fable prend un tour très différent. Imaginons qu'on détache un spectateur, qu'on le force soudain à se lever, à tourner la tête à droite et à gauche, à marcher, à regarder la lumière qui jaillit des projecteurs. Bien sûr, il va souffrir de tous ces gestes inhabituels. Ebloui par les flots lumineux, il ne peut pas discerner tout ce dont, avant cette conversion forcée, il contemplait tranquillement les ombres. Supposons qu'on lui explique que sa situation ancienne ne lui permettait de voir que l'équivalent dans le monde du néant des bavardages, et que c'est maintenant qu'il est proche de ce qui est, qu'il peut faire face à ce qui est, en sorte que sa vision est enfin susceptible d'être exacte. Ne serait-il pas stupéfait et gêné ? Ce sera bien pire si on lui montre, sur la passerelle, le défilé des robots, des poupées, des pantins et des marionnettes, et que, à grand renfort de questions, on tente de lui faire dire ce que c'est. Car à coup sûr les ombres antérieures seront encore, pour lui, plus vraies que tout ce qu'on lui montre.

— Et, remarque Amantha, en un certain sens, elles le sont : une ombre que valide une expérience répétée n'est-elle pas plus « réelle » qu'une soudaine poupée dont on ignore la provenance ?

Socrate, immobile, peut-être aussi furieux qu'émerveillé, fixe Amantha en silence. Puis :

— Sans doute faut-il aller jusqu'au bout de la fable, avant de conclure quant au réel. Supposons qu'on contraigne notre cobaye à regarder fixement les projecteurs. Les yeux lui font atrocement mal, il veut fuir, il veut retrouver ce qu'il supporte de voir, ces ombres dont il estime que leur être est bien plus assuré que celui des objets qu'on lui montre. Alors, de rudes gaillards payés par nous le tirent sans ménagement dans les travées de la salle. Ils lui font passer une petite porte latérale jusqu'ici dissimulée. Ils le jettent dans un tunnel crasseux par lequel on débouche en plein air, sur les flancs illuminés d'une montagne au printemps. Ebloui, il couvre ses yeux d'une main faible ; nos agents le poussent sur la pente escarpée, longtemps, toujours plus haut ! Encore ! Ils arrivent au sommet, en plein soleil, et là, les gardes le lâchent, dévalent la montagne et disparaissent. Le voici seul, au centre d'un paysage illimité. L'excès de la lumière dévaste sa conscience. Et comme il souffre d'avoir été ainsi traîné, malmené, exposé ! Comme il hait nos mercenaires ! Peu à peu cependant, il essaie de regarder, vers les crêtes, vers les vallées, le monde éblouissant. Il est d'abord aveuglé par l'éclat de toute chose et ne voit rien de tout ce dont nous disons communément : « Ceci existe, ceci est vraiment là. » Ce n'est pas lui qui pourrait dire, comme Hegel devant la *Jungfrau*, et d'un ton méprisant, « *das ist* », cela ne fait qu'être. Il essaie cependant de s'habituer à la lumière. Après bien des efforts, sous un arbre isolé, il finit par discerner le trait d'ombre du tronc, la découpe noire des branches, qui lui rappellent l'écran de son ancien monde. Dans une flaque au pied d'un rocher il arrive à percevoir le reflet des fleurs et des herbes. De là, il en vient aux objets eux-mêmes. Lentement, il s'émerveille des buissons, des sapins, d'une brebis égarée. La nuit tombe. Levant les yeux vers le ciel, il voit la lune et les constellations, il voit se lever Vénus, encore. Assis raide sur une vieille souche, il guette la radieuse. Elle émerge des derniers rayons et, de plus en plus brillante, décline et s'abîme à son tour. Vénus. Enfin, un matin, c'est le soleil, non dans les eaux modifiables, ou selon son reflet tout extérieur, mais le soleil lui-même, en soi et pour soi, dans son propre lieu. Il le regarde, il le contemple, dans la béatitude qu'il soit tel qu'il est.

— Ah ! s'écrie Amantha, quelle ascension vous nous décrivez ! Quelle conversion !

— Merci, jeune fille. Ferais-tu comme lui ? Car lui, notre anonyme, appliquant sa pensée à ce qu'il voit, démontre que de la position apparente du soleil dépendent les heures et les saisons, et qu'ainsi l'être-là du visible est suspendu à cet astre, si bien qu'on peut dire : oui, le soleil est le régent de tous les objets dont nos anciens voisins, les spectateurs de la grande salle fermée, ne voient que l'ombre d'une ombre. Evoquant ainsi sa première demeure – l'écran, le projecteur, les images artificielles, ses compagnons d'infortune –, notre évadé involontaire se réjouit d'en avoir été chassé et prend en pitié tous ceux qui sont restés cloués sur leur fauteuil de visionnaires aveugles.

— La pitié, objecte Amantha, est rarement bonne conseillère.

— Ah ! répond Socrate en la fixant de ses petits yeux noirs et durs, tu es bien une jeune fille : violente et sans pitié. Revenons donc à la pensée pure. Dans le royaume des artifices, dans la caverne du semblant, qui donc avait le premier rôle ? Qui pouvait se flatter de l'emporter sur les autres ? Sinon celui dont l'œil perçant et la mémoire sensible enregistraient les ombres passagères, repérant celles qui revenaient souvent, celles qu'on voyait rarement, celles qui passaient groupées, ou toujours solitaires... Celui, en somme, qui était le plus apte à percevoir ce qui allait survenir sur la surface contraignante du visible. Croyez-vous que notre évadé, après avoir contemplé le soleil, serait jaloux de ces devins du jeu des ombres ? Qu'il envierait leur supériorité et désirerait jouir des avantages qu'ils en retirent, si grands soient-ils ? Ne serait-il pas plutôt comme Achille dans *l'Iliade*, qui préférait cent fois être un serviteur attaché à la glèbe et à la charrue plutôt que de vivre, comme il le faisait, dans une somptuosité purement illusoire ?

— Oh ! Socrate ! Je vous vois vous aussi vous cacher derrière Homère avec ravissement, se moque Amantha.

— Je suis grec, après tout, murmure Socrate, sur la défensive.

– Si, coupe Glauque, redoutant une querelle, nous imaginions que notre évadé redescend réellement dans la caverne ?

— Il y sera forcé, dit gravement Socrate. En tout cas, s'il regagne sa place, ce sont cette fois les ténèbres qui, après l'illumination solaire, l'aveuglent soudain. Et si, avant même que ses yeux soient réaccoutumés à l'ombre, il entre en compétition avec ses anciens voisins qui n'ont jamais quitté leur fauteuil, pour anticiper le devenir de ce qui est projeté sur l'écran, il sera à coup sûr le comique de la rangée. On murmurera partout qu'il n'est sorti et monté si haut que pour revenir myope et stupide. Conséquence immédiate : plus personne n'aura la moindre envie de l'imiter. Et si, hanté par le désir de partager avec eux l'Idée du soleil, l'Idée du Vrai visible, il tente, lui, de les détacher et de les conduire pour que, comme lui, ils sachent ce que c'est que le jour nouveau, je crois qu'on s'emparera de lui et qu'on le tuera.

— Vous y allez fort ! dit Glauque.

— C'est qu'un de ces devins minables dont se moquait hier soir ta sœur me l'a annoncé : on me tuera, moi, Socrate, parce que, à soixante-dix ans, je m'obstinerai encore à demander où est la sortie de ce monde obscur, où est le vrai jour.

Une sorte de mélancolie s'empare d'eux brusquement. Ils se taisent, et, comme venu de très loin, on entend le bruit de la mer, ou peut-être est-ce le vent qui se lève. Socrate tousse, boit un verre d'eau, s'élance :

— Ce que nous devons maintenant faire, chers amis, est absolument clair : unifier la présentation imaginaire dont nous venons de nous délecter – l'histoire de celui qui s'évade du grand cinéma cosmique – et la présentation symbolique, ou plus précisément géométrique, que nous avons proposée il y a une heure, à savoir, la ligne où sont marqués par des segments inégaux les quatre types de rapport au réel, de l'image à l'idée dialectique, en passant par l'opinion et l'idée analytique.

— Ce n'est pas évident, remarque Glauque. On a deux mondes d'un côté et quatre procédures de l'autre.

— Mais ce quatre est divisé en deux : le perceptible et le pensable. Ou le sensible et l'intelligible, comme disent les disciples de votre frère Platon. En gros, très en gros, on comparera d'abord ce qui se déploie visiblement comme apparence aux ombres que perçoivent les prisonniers du cinéma. Ensuite, on identifiera la lumière des projecteurs à la puissance du soleil. L'anabase de l'évadé dans la montagne et sa contemplation des cimes, posons que c'est l'ascension du Sujet vers le lieu de la pensée. Ces comparaisons, mes jeunes amis, sont conformes à ce que j'espère et que vous désirez tant connaître. Ce n'est que du point de vue de l'Autre, et non de l'individu – cette pauvre chose, fût-il Socrate – que se décide si mon espérance est fondée. Je peux seulement affirmer que tout ce qui une fois m'est apparu, quels que soient le temps et le lieu de cette expérience, se disposait selon un unique principe de son apparition. A l'extrême limite du savoir, presque hors de son champ, se tient ce que j'appelle faussement l'Idée de la Vérité. « Faussement », puisque je vous ai déjà dit que, soutenant l'idéalité de toute Idée, la Vérité ne pouvait être elle-même une Idée comme les autres. C'est du reste pourquoi il est très difficile d'en construire un concept. Cependant, si on y parvient, on se voit contraint de conclure que c'est selon cette

« idée » que tout ce qui est s'expose à l'éclat de ce qu'il détient d'exactitude et de beauté. Et si l'on poursuit nos comparaisons, on dira que, à la donation de la lumière et à l'action du seigneur de la lumière, tels que nous les expérimentons dans le visible, correspondent exactement dans le registre de l'intelligible la venue, selon l'idée du Vrai, tant des vérités particulières que de la pensée qui y correspond.

— Mais, dit Amantha, le front plissé, la comparaison est boiteuse.

— Ah! réplique un Socrate bizarrement tout joyeux, n'y aurait-il jamais d'accord possible entre une image géométrique et une image poétique? M'accorderas-tu, au-delà de cette discordance, que ce n'est qu'à se plier aux injonctions de la Vérité qu'un individu peut agir rationnellement, que le contexte de son action soit public ou privé ?

C'est Glauque qui répond à la place d'une Amantha visiblement insatisfaite :

— Ça, en tout cas, on ne peut pas dire le contraire.

— Tu m'accorderas aussi sans résistance ni étonnement que les évadés du cinéma cosmique, ceux qui sont parvenus au sommet de la montagne et y ont contemplé le soleil, n'ont aucune envie de se mêler des bourbeuses affaires des hommes. Incorporés à un Sujet-de-vérité, ils ne désirent plus là-haut qu'un éternel séjour. Ce qui est après tout normal, si notre allégorie cinématographique exprime bien le réel de tout ce processus. Non ?

— Oui ! déclare Glauque, tétanisé.

— Que nul ne s'étonne, dans ces conditions, que celui qui passe brutalement d'une contemplation à hauteur de l'Autre aux petites histoires de la vie humaine ait l'air égaré et vaguement ridicule. Mal habitué à l'ombre où il est à nouveau plongé, le voici contraint de se défendre devant des tribunaux ou d'autres instances de l'État, lieux où il n'est question, en fait de justice, que de son ombre, ou tout au plus des objets artificiels qu'une lumière factice projette sur l'écran du monde. Il aura bien du mal à rivaliser, concernant ces images, avec ceux qui en sont les spécialistes, précisément parce qu'ils n'ont jamais eu l'intuition de la justice en soi.

— Absence d'étonnement ne vaut pas preuve, dit Amantha.

— Tu parles par énigme, maintenant? dit Socrate d'un ton pincé. Si tu t'engageais plus rationnellement dans notre problème, tu te souviendrais que la vue est perturbée de deux manières différentes par deux causes différentes, selon qu'on passe de la lumière à l'ombre ou de l'ombre à la lumière. Et peut-être, en te torturant les méninges, arriverais-tu à la conclusion que ces remarques sur la vue s'appliquent tout aussi bien au Sujet. Alors, ma chère, quand tu en verrais un si troublé qu'il est incapable de comprendre une notion usuelle, tu ne rirais pas bêtement, mais tu te demanderais si ledit Sujet, tiré brusquement hors d'une existence bien exposée à sa propre lumière, n'est pas tout simplement aveuglé par son inexpérience de l'ombre. Ou si, au contraire, passant d'une ignorance ténébreuse à un peu plus de lumière, il n'est pas ébloui par cet insupportable éclat. Dans le premier cas, tu saurais que tu as affaire à quelqu'un dont les affects et la vie tout entière appartiennent au bonheur. Dans le second cas, tu devrais plutôt plaindre le malheureux, mais s'il te venait l'idée cruelle d'en rire, ce rire serait moins risible que si l'avait suscité celui qui vient de l'en-haut lumineux.

— Je me repens, cher maître ! s'incline Amantha, souriante.

— Que ton repentir ouvre ton esprit aux conclusions essentielles. D'abord à celle-ci : l'éducation n'est pas ce que certains prétendent qu'elle est. Je pense à tous ces psychologues et pédagogues qui se font fort d'introduire le savoir là où il n'est pas – dans un Sujet qu'on suppose vierge de toute disposition cognitive – exactement comme on grefferait la puissance de voir sur un œil aveugle. Or, ce que nous venons de comprendre et de dire, c'est qu'en tout Sujet réside la puissance de connaître et l'appareil qui permet d'activer cette puissance. Imaginons un œil qui ne pourrait se tourner de l'ombre vers ce qui brille que grâce à un mouvement du corps tout entier. Nous pourrons alors nous représenter que c'est seulement au prix d'un élan total du Sujet qu'on s'arrache aux complexités du devenir, jusqu'à ce que soit supportable l'intuition indivise de l'être et de ce qu'il détient d'éclat immanent – cela même dont nous disons que c'est la Vérité.

— Quel « élan total » en effet, murmure Amantha.

— L'éducation n'est donc pas une affaire d'imposition, mais d'orientation. C'est dirais-je, une technique de conversion. Il importe seulement de trouver le moyen le plus simple et le plus efficace pour que s'opère ce retournement du Sujet. Il ne s'agit nullement de lui imposer la vue, il l'a déjà. Mais comme elle est mal dirigée et ne se tourne pas vers les réalités adéquates, il faut à tout prix la réorienter.

— Mais comment? demande Glauque. Quels sont les exercices, les techniques qui organisent cette réorientation ?

— Cette conversion, reprend Amantha. J'aime ce mot, « conversion ». J'aime que Socrate tente de le soustraire à son destin religieux.

— Il se peut, reprend Socrate, que la plupart des fonctions que l'on appelle « facultés subjectives » aient un air de famille avec les qualités du corps : on peut les faire exister dans celui à qui elles font d'abord défaut en utilisant toutes les ressources de la répétition, l'habitude, l'exercice... Mais la faculté que nous nommons « pensée » fait exception à tout parallélisme entre le Sujet et son support corporel. Relevant du registre de l'Autre, la pensée ne peut perdre sa puissance propre. Qu'elle soit utile et bénéfique, ou au contraire inutile et nuisible, ne dépend donc que de l'orientation de cette puissance.

— Vous m'éclairez sur quelque chose qui m'a toujours frappé, intervient Glauque. C'est à propos des gens dont on dit qu'ils sont méchants, mais rusés. J'ai remarqué que, en dépit ou à cause de leur subjectivité misérable, ils ont la vue perçante et discernent avec la plus extrême finesse les objectifs abjects de leur action, comme les obstacles qui les en séparent. Vous nous expliquez que l'œil du Sujet, chez ces gens-là, n'est nullement aveugle, mais que, mal orienté, il est contraint de servir le mal.

— Eh oui ! approuve Socrate. Si bien que nous avons le paradoxe suivant : plus ces gens y voient clair, plus ils sont pervers.

— Mais comment alors, s'inquiète Glauque, réorienter la vision subjective dans la bonne direction, celle que vous nommez parfois « incorporation à une vérité » ?

— Il y faut sans doute une préparation, dont je peux te donner une image. Suppose que dès l'enfance on opère le naturel animal des individus, en y retranchant, comme on fait pour libérer une montgolfière et accélérer son envol, ces masses de plomb que sont, pour nous, tout ce qui en nous se complaît au simple et passif devenir. Si on détournait ainsi l'œil subjectif des visions captives que lui proposent les produits du marché mondial : emballages scintillants de biscuits secs, poupées gonflables de femmes nues, voitures partout nickelées, ordinateurs pour multi-conversations débiles, bref, tout ce qui tourne cet œil vers la bassesse et l'insignifiance, si, cette ablation chirurgicale opérée, on le tournait au contraire vers les vérités, pour qu'il les voie, et qu'on incite aussitôt l'individu tout entier à s'incorporer au Sujet qui les oriente, alors on s'apercevrait que, chez les mêmes individus dont tu parles, le même œil peut voir ces vérités avec la même netteté qui le tourne aujourd'hui vers le néant des choses mauvaises, et qu'ainsi on est en droit de supposer chez tous les individus sans exception une égale et positive puissance de la pensée.

— Tel est le fondement égalitaire de notre communisme, ponctue Glauque.

— Et il est subjectif bien plus qu'économique, ajoute Amantha.

— Certes, certes, dit Glauque, mécontent. Il faudra bien qu'il soit un jour les deux.

— Avançons pas à pas, les enfants ! s'exclame Socrate. Une conséquence inéluctable de ce que nous venons de dire est que deux types d'individus seraient – ou, dans les néfastes conditions présentes, sont – inaptes aux fonctions dirigeantes. D'abord ceux chez qui l'absence totale de formation, l'abandon où ils ont été laissés produisent une sorte d'indifférence cynique aux vérités. Ensuite, ceux qui, retranchés du carrousel social, consacrent, solitaires, toute leur vie à l'étude. Aux premiers fait défaut la norme unifiée à laquelle ils pourraient rapporter leurs actions publiques ou privées. Quant aux seconds, qui se croient transportés déjà de leur vivant dans les îles fortunées, ils refuseront tout net de s'occuper de politique.

— Mais alors, questionne Glauque, soucieux, il n'y aura personne pour animer notre cinquième politique ?

— Cela dépend de notre travail. Quand je dis « nous », je veux dire les pionniers de l'Idée communiste. Nous devons créer les conditions – puisque nous savons que la pensée de n'importe qui peut valoir celle de n'importe qui – pour que les larges masses se tournent vers ce savoir que nous avons déclaré fondamental, celui qu'oriente la vision du Vrai. Que tout le monde, de gré ou de force, sorte de la caverne ! Que l'anabase vers la cime ensoleillée soit celle de tous ! Et si une aristocratie minoritaire parvient seule au sommet et y jouit de l'Idée du Vrai, nous ne permettrons pas ce qu'on lui a presque toujours permis.

— Quoi donc ? demande un Glauque fébrile.

— N'as-tu pas entendu parler de petites élites, organisées dans des partis politiques communistes, qui, ayant réussi au prix de grands sacrifices une sortie en force, se sont installées au sommet de l'État sans plus se soucier des gens d'en-bas ? Sans jamais retourner vers les ouvriers, les paysans, les simples soldats, pour vivre avec eux et, comme disait Mao, se « lier aux masses » ? Cette jouissance séparée du nouveau monde, nous ne la tolérerons pas. Il faudra redescendre auprès de ceux qui n'ont pu sortir ou qui ont flanché pendant l'ascension. Il faudra partager avec eux, dans l'élément novateur de l'idée, les travaux et médiocrités transitoires.

— Mais, objecte Glauque, n'est-ce pas injuste de priver d'une vie un peu meilleure ces révolutionnaires qui ont payé un lourd tribut pour vaincre, pour briser l'enfermement oppressif ?

— Cher Glauque, ni « victoire », ni « récompense », ni même « sacrifice » n'appartiennent vraiment à notre vocabulaire. Notre principe n'est pas d'assurer à un groupe particulier de gens du pays, si méritants, soient-ils, une vie exceptionnellement satisfaisante. Il s'agit pour nous qu'un tel type de vie se répande dans le pays tout entier. Nous voulons unir autour de ce principe l'écrasante majorité des gens, en privilégiant la discussion et l'accord, sans reculer quand il le faut devant l'emploi de la force. L'essentiel est que tous s'emploient à communiquer aux autres le bilan de leur expérience et ce qui peut en être extrait d'utile à l'action générale. Si surgit, dans certaines circonstances historiques, une avant-garde éclairée, ce n'est pas pour qu'elle tourne son action vers ce qui lui plaît, mais pour qu'elle se mette au service d'une forme supérieure d'unité populaire.

— Quel splendide tableau ! dit Amantha, mi-figue, mi-raisin.

— C'est à Glauque que je répondais, dit Socrate sèchement. Et je n'ai pas fini. Appelons « philosophes » tous ceux – et ce peut, ce doit être à la longue, n'importe qui – dont la disposition vitale est d'être orientés par une Idée. Alors, je te le dis, forcer nos philosophes à se soucier de ceux qui ne le sont pas encore, à se lier à eux, à soutenir en eux la réorientation de l'existence…

— La conversion, coupe Amantha.

— Oui, d'accord, la conversion, eh bien, tout cela ne représentera pas la moindre injustice envers eux.

— La plus exacte justice, au fond, soutient Glauque.

— Parfaitement. Et l'argument décisif peut prendre la forme suivante, que vous pouvez entendre, mes amis, comme une prosopopée de la Justice :

« Ô vous qui, tentant de vivre sous le signe de l'Idée, méritez le nom de philosophes, nous comprenons que, soumis au joug de l'une des quatre mauvaises politiques – celles qui se fondent, non sur l'idée, mais respectivement sur l'honneur militaire, la richesse, la liberté des opinions et le désir d'un seul –, vous ne soyez guère séduits par l'engagement dans les affaires publiques. C'est de façon personnelle et spontanée que vous avez acquis le naturel philosophe, non pas à cause d'un contexte politique, dans tous les cas hostile à l'Idée, mais en dépit de lui. Il est après tout juste que celui qui s'est formé tout seul et qui, si je puis dire, ne doit sa nourriture à personne, ne veuille pas non plus la rembourser à quiconque, et surtout pas à un État qui se soucie de sa recherche de l'Idée comme d'une guigne. Mais si vous êtes philosophes à raison du contexte politique nouveau que nous avons su créer, parce que notre boussole, pour orienter la vie collective, était l'Idée communiste, si, de ce fait même, vous avez déployé votre subjectivité active dans des conditions plus complètes et plus appropriées que ceux qu'ailleurs on nomme philosophes, si, en somme, vous nous devez la capacité de circuler bien plus aisément entre l'Idée et la pratique, alors, vous avez l'obligation de redescendre, chacun à votre tour, dans la maison commune et de vous habituer à regarder les ombres. Car, une fois cette habitude retrouvée, votre vision sera mille fois supérieure à celle des gens qui n'ont pas encore pu sortir du cinéma cosmique. Vous aurez la maîtrise de ce que sont les images, et de ce à quoi elles se réfèrent, puisque vous aurez eu l'intuition, vous, de ce que sont, dans l'élément de la Vérité, les procédures artistiques créatrices de beauté, les politiques créatrices de justice, et les scientifiques, d'exactitude. Ainsi, cette communauté politique encore in-constituée, mais qui déjà est la vôtre et la mienne, vivra un réel éveil et ne sera pas de l'étoffe des songes, comme le sont aujourd'hui la plupart des Etats où l'on se bat pour des ombres, si bien que d'affreuses guerres civiles y ont pour enjeu le seul pouvoir, comme si c'était quelque chose d'important. En vérité, je vous le dis, la communauté politique dont les dirigeants avaient le moins le désir de l'être est la meilleure et la mieux protégée contre les guerres civiles. En revanche, sont les pires de toutes les communautés où gouvernent des gens avides de pouvoir ».

— Voilà, glose Amantha, une conclusion très forte, aussi convaincante qu'inattendue.

— Tu entends ta sœur, cher Glauque ? Es-tu convaincu toi aussi ? Nos jeunes philosophes persisteront-ils, après nous avoir entendus, dans la voie de la bouderie solitaire et de la désobéissance ? Refuseront-ils éternellement de prendre part, chacun à son tour, au travail politique, étant entendu que la plupart du temps ils vivront, comme tout le monde, dans la fréquentation des vérités pures ?

— C'est sûr qu'aucun ne voudra ni ne pourra se défiler. Car c'est à des justes que nous ordonnons des choses justes. Il est cependant tout aussi sûr qu'ils n'iront au pouvoir que comme un chien qu'on fesse. Ce qui fera un joli contraste avec ce qu'on voit aujourd'hui dans tous les États sans exception !

— Tu as parfaitement raison, cher ami. C'est l'essence même de la question que tu mets en lumière. Si nous trouvons, pour ceux dont le tour est venu d'assurer une part du pouvoir, une vie bien supérieure à celle que leur propose ce pouvoir, alors nous aurons la possibilité qu'existe une vraie communauté politique. Car ne viendront au pouvoir que ceux pour qui la richesse n'est pas l'argent, mais ce que requiert le bonheur : la vraie vie, pleine de riches pensées. Si en revanche courent aux affaires publiques des gens affamés d'avantages personnels, des gens convaincus que le pouvoir favorise toujours l'existence et l'extension de la propriété privée, aucune vraie communauté politique n'est possible. Ces gens se battent férocement pour le pouvoir, et cette guerre, où se mélangent passions privées et puissance publique, détruit, avec les prétendants aux fonctions suprêmes, le pays tout entier.

— Spectacle hideux ! gémit Glauque.

— Mais dis-moi, connais-tu une vie capable d'engendrer le mépris du pouvoir et de l'Etat ?

— Bien sûr ! intervient Amantha. La vie du vrai philosophe, la vie de Socrate !

— N'exagérons rien, dit Socrate, ravi. Tenons pour acquis qu'il ne faut pas que parviennent au pouvoir ceux qui en sont amoureux. Dans ce cas, nous n'aurions que la guerre des prétendants. Voilà pourquoi il est nécessaire que se consacrent tour à tour à la garde de la communauté politique cette immense masse de gens que je n'hésite pas à déclarer philosophes : des gens désintéressés, instinctivement instruits de ce que peut être le service public, mais qui savent qu'existent bien d'autres honneurs que ceux qu'on tire de la fréquentation des bureaux de l'État, et une vie bien préférable à celle des dirigeants politiques.

— La vraie vie, murmure Amantha.

— La vraie vie, répète Socrate. Qui n'est jamais absente. Ou jamais complètement. »

BIBLIOGRAPHIE DE MONIQUE DIXSAUT

OUVRAGES

Le Naturel philosophe, Essai sur les Dialogues de Platon, Paris, Vrin-Les Belles Lettres, 1985, 2e éd. corr., Paris, Vrin-Les Belles Lettres, 1994, 3e tirage, Paris, Vrin, 1998, 3e éd., corr., Paris, Vrin, « Tradition de la pensée classique », 2001 ; traduction italienne par C. Colletta, *La natura filosofica. Saggio sui dialoghi di Platone*, Napoli, Loffredo, « Skepsis » vol. 13, 2003.

Platon et la question de la pensée. Études platoniciennes I, Paris, Vrin, « Histoire de la philosophie », 2000.

Métamorphoses de la dialectique dans les Dialogues de Platon, Paris, Vrin, « Bibliothèque d'histoire de la philosophie », 2001.

Platon. Le désir de comprendre, Paris, Vrin, « Bibliothèque des philosophes », 2003.

Nietzsche, Par-delà les antinomies, Paris, La Transparence, 2006.

TRADUCTIONS

Platon. La République, livres VI et VII, traduction, introduction et commentaire, 1980, 2e éd., corr., Paris, Bordas, 1986.

Platon. Phédon, introduction, traduction nouvelle et notes, 1991, 2e éd. corr., Paris, GF-Flammarion, 1991.

DIRECTION D'OUVRAGES COLLECTIFS

Jeanne Delhomme, Paris, Éditions du Cerf, « Cahiers de la nuit surveillée », 1991.

Contre Platon.

– vol. 1 : *Le Platonisme dévoilé*, Paris, Vrin, « Tradition de la pensée classique », 1993.

– vol. 2 : *Renverser le platonisme*, Paris, Vrin, « Tradition de la pensée classique », 1995.

Querelle autour de la Naissance de la tragédie, textes choisis et annotés par M. Dixsaut (textes et lettres de Nietzsche, E. Rohde, U. von Wilamowitz-Möllendorf, Richard et Cosima Wagner, Friedrich Ritschl), Paris, Vrin, « Tradition de la pensée classique », 1995.

La Fêlure du plaisir. Études sur le Philèbe *de Platon.*

– vol. 1 : *Commentaires*, Paris, Vrin, « Tradition de la pensée classique », 1999.

– vol. 2 : *Contextes*, Paris, Vrin, « Tradition de la pensée classique », 1999.

La Connaissance de soi. Études sur le traité 49 de Plotin, Paris, Vrin, « Tradition de la pensée classique », 2002.

Études sur la République *de Platon.*
– vol. 1 : *De la justice. Éducation, psychologie et politique*, Paris, Vrin, « Tradition de la pensée classique », 2005.
– vol. 2 : *De la science, du bien et des mythes*, Paris, Vrin, « Tradition de la pensée classique », 2005.

OUVRAGES EN COLLABORATION

Monique Dixsaut et Aldo Brancacci (éds.), *Platon, Source des Présocratiques : Exploration*, Paris, Vrin, « Histoire de la philosophie », 2002.

John Dillon and Monique Dixsaut (eds), *Agonistes, Essays in honour of Denis O'Brien*, Aldershot- Brookfield U.S.A.- Singapore- Sydney, Ashgate, 2005.

ARTICLES

« Dualisme et différence (Compte rendu de *La Pensée interrogative* de J. Delhomme) », *Revue de Métaphysique et de morale*, 1957, 354-358. (Monique Bensimon).

« Du tragique au pessimisme. Mozart et Schopenhauer », l'*Avant-Scène Opéra*, n° 16-17 : *Cosi van tutte*, juillet-octobre 1978, 172-176.

« Isocrate contre des sophistes sans sophistique », dans *Le Plaisir de parler, Études de sophistique comparée*, sous la dir. de Barbara Cassin, Paris, Minuit, 1986, p. 63-85.

« Philosophie de l'intelligence, intelligence de la philosophie », *Les Études philosophiques*, n° 4, 1987, 485-493.

« Platon et le *logos* de Parménide », dans *Études sur le Poème de Parménide*, t. II : *Problèmes d'interprétation*, sous la dir. de P. Aubenque, Paris, Vrin, 1988, p. 215-253.

« Nietzsche et le métaphorique : des métaphores, des concepts et des catégories », dans *Recherches sur la philosophie et le langage*, n° 9, 1989, 155-172.

« La Rationalité projetée à l'origine, ou : De l'étymologie », dans *La Naissance de la raison en Grèce*, sous la dir. de J.-F. Mattéi, Paris, P.U.F., 1990, p. 59-70.

« Thalès ou Socrate : qui commence ? ou : De l'ironie », dans *Recherches sur la philosophie et le langage*, n° 12 : « Hommage à Henri Joly », 1990, 177-195.

Articles *Alḗtheia*, *Érôs*, *Maieutikḗ*, *Manía* (*Mantikḗ*, *Enthousiasmós*), *Metaxú*, *Noûs* (*Nóēsis*, *Nóēma*, *Énnoia*), *Ónoma – Prâgma*, *Parádeigma*, *Philía*, *Psukhḗ*, *Skholḗ – Spoudḗ*, *Sōma – Sēma – Asṓmatos*, *Sophós*, *Sōphrosúnē – Húbris*, dans l'*Encyclopédie philosophique universelle*, vol. II : *Les Notions philosophiques. Dictionnaire*, t. 1, Paris, P.U.F., 1990.

« L'analogie intenable », dans *Rue Descartes* (Revue du Collège international de philosophie), n. 1-2 : « Des Grecs », avril 1991, 93-120.

« Le Non-être, l'Autre et la négation dans le *Sophiste* », dans *Études sur le* Sophiste *de Platon*, sous la dir. de P. Aubenque, Napoli, Bibliopolis, 1991, p. 167-213.

« Jeanne Delhomme ou le goût de la pensée », dans *Jeanne Delhomme*, sous la dir. de M. Dixsaut, Paris, Éditions du Cerf, « Cahiers de la nuit surveillée », 1991, p. 9-17.

« Le sens d'une alternative (*Phédon*, 78 b), ou : De l'utilité des commentaires néoplatoniciens », dans *Cahiers de la villa Kérylos*, n° 1 : « Platonisme et néo-platonisme » (Actes du colloque organisé par l'Institut de France en septembre 1990), Athènes, 1991, 51-68.

« *Ousia, eidos* et *idea* dans le *Phédon* », *Revue philosophique*, n° spécial « Platon », 1991, n° 4, 479-500.

« La dernière définition du sophiste », dans *Sophies Maietores*, Mélanges offerts à Jean Pépin, sous la dir. de M.-O. Goulet-Cazé, G. Madec et D. O'Brien, Paris, Études augustiniennes, 1992, p. 45-75.

Articles Aristote : *Rhétorique*, Isocrate, Platon : *Lysis*, *Ménexène*, *Phédon*, *Banquet*, *République*, *Phèdre* dans l'*Encyclopédie philosophique universelle*, vol. III : *Les Œuvres philosophiques. Dictionnaire*, t. 1, Paris, P.U.F., 1992.

« L'âme prend corps (*Cratyle* 422 e, *Sophiste* 263 e) », *Bulletin de la Société de philosophie de Poitiers*, 1993, 46-56.

« Signe et sépulcre : du corps selon Platon », dans *ESCAP 1992-1993*, Sup de Co Poitiers, p. 46-51.

« D'un antiplatonisme à l'autre », dans *Contre Platon*, vol. I : *Le Platonisme dévoilé*, sous la dir. de M. Dixsaut, Paris, Vrin, « Tradition de la pensée classique », 1993, p. 9-25.

Direction et présentation du n°11 de la revue *Rue Descartes* (juin1994) : « Penser *en Nietzsche* » (avec une trad. de la Préface de Peter Gast à la 2ᵉ éd. de *Ainsi parlait Zarathoustra* par N. Guéroult).

Notice « Platon » pour l'*Encyclopaedia Universalis* (45 pages), 1994.

« Une politique vraiment conforme à la nature », dans *Reading the "Statesman", Proceedings of the III Symposium platonicum*, sous la dir. de Ch. Rowe, Sankt Augustin, Academia Verlag, « International Plato Studies », 1995, p. 253-273.

« Du dialogue intérieur de l'âme selon Platon », *Cahiers philosophiques de l'université de Strasbourg*, n° 2, déc. 1996, 211-228.

« Qu'appelle-t-on penser selon Platon ? », publication du *Centre d'études sur la pensée antique « kairos kai logos »*, Aix-en-Provence, 1996, p. 1-23.

« Générosité (ou Magnanimité) », dans le *Dictionnaire d'éthique et de philosophie morale* sous la dir. de M. Canto, Paris, P.U.F., 1996, p. 595-599.

« La *philia* et ses lois », Résumé de la conférence donnée à la Société pour l'encouragement des études grecques, *R.E.G.*, 109, 1996, XX-XXI.

« De quoi les philosophes sont-ils amoureux ? Note sur la *phronesis* chez Platon et Aristote », dans *La Vérité pratique, Éthique à Nicomaque l. VI*, sous la dir. de J.-Y. Chateau, Paris, Vrin, « Tradition de la pensée classique », 1997, p. 335-362.

« Nietzsche lecteur de Platon », dans *Images de Platon et lectures de ses œuvres. Les interprétations de Platon à travers les siècles*, sous la dir. de A. Neschke-Hentschke Louvain-Paris, Peters, 1997, p. 295-313.

« Le Figure della mania nei Dialoghi di Platone », dans *Nella dispersione del vero. I filosofi : la ragione, la follia*, a cura di G. Borelli et F.C. Papparo, Napoli, Filema, 1998, p. 9-32.

« What is it Plato calls thinking ? », dans *Boston Area Colloquium in Ancient philosophy* (B.A.C.A.P.), vol. XIII, 1997, J.J. Cleary and G.M. Gutler (eds), Leiden-Boston-Köln, Brill, 1999, p. 1-26.

« Introduction (La dialectique face à l'illimité) », dans *La Fêlure du plaisir. Études sur le* Philèbe *de Platon*, sous la dir. de M. Dixsaut, Paris, Vrin, « Tradition de la pensée classique », 1999, p. IX-XXVII.

« L'affirmation de Philèbe (*Phil.*, 11a-12b) », dans *La Fêlure du plaisir. Études sur le* Philèbe *de Platon*, sous la dir. de M. Dixsaut, Paris, Vrin, « Tradition de la pensée classique », 1999, p. 27-42.

« Une certaine espèce de vie (*Phil.*, 34d-36c) », dans *La Fêlure du plaisir. Études sur le* Philèbe *de Platon*, sous la dir. de M. Dixsaut, Paris, Vrin, « Tradition de la pensée classique », 1999, vol. 1, p. 245-265.

« De Platon vers Nietzsche. L'autre manière de philosopher », *Bulletin de la Société française de Philosophie*, 93 e année n°2, avril-juin 1999.
« L'exposition par Hegel de la dialectique platonicienne », dans *Hegel e Platone*, a cura di G. Movia, Cagliari, 1999, p. 117-148.
« Métamorphoses de la dialectique », *Kriterion*, 102 : « Filosofia antiga », Belo Horizonte, Brasil, 2000, 9-43.
« Images du philosophe », *Kleos*, V4, N. 4, Rio de Janeiro, 2000, 191-248.
« Ce qu'était Aristote pour Nietzsche », dans *Ontologie et dialogue*, Mélanges en hommage à Pierre Aubenque, textes réunis par N.-L. Cordero, Paris, Vrin, « Tradition de la pensée classique », 2000, p. 197-217.
« Is there such a thing as Nietzsche's Aristotle ? », dans *Whose Aristotle, whose Aristotelianism ?* Acts of the second Keeling Colloquium, R.W. Sharples ed., Aldershot- Brookfield U.S.A.- Singapore- Sidney, Ashgate, 2001, p. 150-168.
« Immortel et indestructible : le dernier problème du *Phédon* », dans *Plato's Phaedo*, Proceedings of the Second Symposium Platonicum Pragense, A. Havlicek and F. Karfik (eds.), Prague, Oikoumenè, 2001, p. 384-405.
Direction et présentation du n° de la *Revue Philosophique de la France et de l'étranger* : « Le Temps dans l'Antiquité », t. CXXXXII, 2002.
« Platon et la leçon de Gorgias : pouvoir tout dire de l'être, ne rien pouvoir dire de ce qui est », dans *Platon, Source des Présocratiques. Exploration*, sous la dir. de M. Dixsaut et A. Brancacci, Paris, Vrin, « Histoire de la philosophie », 2002, p. 191-217.
« Natura e ruolo dell'anima nella sensazione (*Teeteto* 184b-186e) » dans *Il* Teeteto *di Platone : struttura e problematiche*, a cura di G. Casertano, Napoli, Loffredo, 2002, p. 39-62.
« Divination et prophétie (*Timée*, 71a-71d) », dans *Plato Physicus*, a cura di C. Natali et S. Maso, Amsterdam, Hakkert, 2003, p. 275-291.
« Le temps qui s'avance et l'instant du changement (*Timée*, 37c-39e et *Parménide*, 140e-141e, 151e-155e) », *Revue Philosophique de Louvain* 101, mai 2003, 236-264.
« Préface » à G. Ryle, *L'Itinéraire de Platon*, trad. de J. Follon, suivi de « En matière d'autobiographie », Paris, Vrin, « Analyse et philosophie », 2003, p. VII-XII.
« Aristote parricide. Note sur la dialectique chez Platon et Aristote », dans *Platon* et *Aristote. Dialectique et métaphysique*, sous la dir. d'Ilias Tsimbidaros, Bruxelles, Ousia, 2004, p. 71-99.
« Le dialogue, un échange d'idées ? » dans *L'Échange et les échanges*, Publication de l'Institut Jacques Cartier, diffusion ESCAP, Poitiers, 2004, p. 1-11.
« Parlare Giustamente », dans *Il Protagora di Platone, Struttura e problematich*e, 2 vol., a cura di G. Casertano, Loffredo, Napoli, 2004, vol. 1, p. 402-421.
« Les hypothèses du *Parménide* : construire des mondes conceptuels possibles », dans *Plato's Parmenides*, Proceedings of the Fouth Symposium Platonicum Pragense 2003, A. Havlicek and F. Karfik eds., Prague, 2005, p. 263-295.
« Le Platon d'Alain », dans *Alain dans ses œuvres et son journalisme politique*, Actes du colloque organisé à l'occasion du cinquantenaire de la mort d'Alain les 30 novembre et 1 er décembre 2001, Paris, Institut Alain, 2004, p. 13-29.
« Réfutation et dialectique », dans *Agonistes*, Essays in honour of D. O'Brien, John Dillon and M. Dixsaut (eds), Aldershot-Brookfield U.S.A.-Singapore-Sidney, Ashgate, 2004, p. 53-74.

« Contre images et comparaisons. D'un commun paradoxe chez Platon et chez Nietzsche », *Giornale critico della Filosofia italiana*, sett. serie, vol. I, 2005, fasc. II, 213-235.

« Pourquoi le *Politique* ? », *Les Études philosophiques* : Le *Politique* de Platon, juillet 2005, 289-294.

« La *philia* et ses lois », dans *Cosmos et psychè*. Mélanges offerts à Jean Frère, sous la dir. de E. Vegleris, Hildesheim-Zurich-New York, Georg Olms Verlag, 2005, p. 101-122.

« Pourquoi poser des idées ? », *Le Magazine Littéraire*, n° 447, novembre 2005, 51-52.

« Platon et ses deux mémoires », dans *Mémoire et souvenir. Six Études sur Platon, Aristote, Hegel et Husserl*, sous la dir. de A. Brancacci et G. Gigliotti, Napoli, Bibliopolis, 2006, p. 13-45.

« L'Empedocle di Nietzsche » dans *Empedocle tra poesia, medicina, filosofia e politica*, a cura di G. Casertano, Napoli, Loffredo, 2007, p. 310-330.

« Les deux égéries de Platon : Aspasie et Diotime » dans *Le Nouvel Observateur*, daté du Jeudi 16 août 2007, n° 2232, p. 11.

« Platon, Nietzsche et les Images » dans *Puissances de l'image*, sous la dir. de J.-Cl. Gens et P. Rodrigo, Dijon, Éditions Universitaires de Dijon, 2007, p. 11-24.

« Des multiples sens de la *phronèsis* dans les Dialogues de Platon » dans *Le Jugement pratique. Autour de la notion de* phronèsis, sous la dir. de D. Lories et L. Rizzerio, Paris, Vrin, 2008, p. 123-144.

« De Parménide au *Parménide* : de l'un comme signe de l'être aux hypothèses sur l'un » dans *'Αλλ'εὖ μοι κατάλεξον ... « Mais raconte-moi en détail... »*. Mélanges de philosophie et de philologie offerts à Lambros Couloubaritsis, sous la dir. de M. Broze, B. Decharneux et S. Delcomminette, Paris – Bruxelles, Vrin – Ousia, 2008, p. 225-243.

« Une pensée libératrice » dans *Le Nouvel Observateur*, n° 2297 du 13 au 19 novembre 2008, p. 118.

« Plotin. Quand l'intelligence pense sans chercher », Entretien avec Monique Dixsaut, paru dans le *Monde*, daté du vendredi 8 août 2008, repris dans *Trente entretiens du Monde des Livres*, sous la dir. de J. Birnbaum, Paris, Flammarion, 2008, p. 281-287.

« Une dimension platonicienne de la puissance : la puissance de pâtir » dans *Dunamis. Autour de la puissance chez Aristote*, textes réunis par M. Crubellier, A. Jaulin, D. Lefebvre et P.-M. Morel, Louvain, Peeters, 2008, p. 225-249.

« La rhétorique, une définition impossible ? » dans *Anthropine sophia. Studi di filologia e storiografica filosofica in memoria di Gabriele Giannantoni*, a cura di F. Alesse, F. Aronadio *et alii*., Napoli, Bibliopolis, 2008, p. 79-103.

« Le problème de la tragédie : Nietzsche avec Platon contre Aristote » dans *Hommage à l'Académicien Evanghélos Moutsopoulos pour son 80e anniversaire*, première partie : Philosophie ancienne, *Diotima*, 39, 2011, 2009, p. 111-127.

« Platon et la question du mal », *Cahiers d'Études lévinassiennes* n°8, 2009, 171-189.

« *Logos* et *doxa* » dans G. Mazzara i V. Napoli (eds.), *Platone. La teoria del sogno nel* Teeteto, Atti del Convegno Internazionale, Palermo 2008, Sankt Augustin, Academia Verlag, 2010, p. 119-134.

LES CONTRIBUTEURS

Jacqueline Risset, Université de Rome III.
Aldo Brancacci, Université de Rome Tor Vergata.
Dimitri El Murr, Université de Paris I Panthéon-Sorbonne.
Daniela Patrizia Taormina, Université de Rome Tor Vergata.
David Lefebvre, Université de Paris IV Sorbonne.
Charles Kahn, Université de Pennsylvanie.
Samuel Scolnicov, Université de Jérusalem.
Annie Larivée, Université de Carleton, Canada.
Stanley Rosen, Université de Boston.
Charles L. Griswold, Université de Boston.
Etienne Helmer, Université de Puerto Rico.
Melissa S. Lane, Université de Princeton.
Barbara Cassin, C.N.R.S., Centre Léon Robin, Paris.
Maria Isabel Santa Cruz, Université de Buenos Aires.
Michael Erler, Université de Würzburg.
Giovanni Casertano, Université de Naples Frederico II.
Wilfried Kühn, C.N.R.S., Centre Jean Pépin, Villejuif.
Jean Frère, Université de Strasbourg.
Christopher Rowe, Université de Durham.
Kenneth Quandt, San Francisco.
Evanghelos Moutsopoulos, Université d'Athènes.
Marcelo P. Marques, Université Fédérale de Minas Gerais.
Fulcran Teisserenc, Lycée Pothier d'Orléans.
Sylvain Delcomminette, Université libre de Bruxelles.
Giuseppe Cambiano, Ecole Normale de Pise.
Luc Brisson, C.N.R.S., Centre Jean Pépin, Villejuif.
Dominic J. O'Meara, Université de Fribourg, Suisse.
Cristina Viano, C.N.R.S., Centre Léon Robin, Paris.
Richard Bodeüs, Université de Montréal.
John M. Dillon, Trinity College, Dublin.
Denis O'Brien, C.N.R.S., Centre Jean Pépin, Villejuif.
Annick Charles-Saget, Université de Paris Ouest Nanterre La Défense.
Laurent Lavaud, Université de Paris I Panthéon Sorbonne.
Michèle Cohen-Halimi, Université de Paris Ouest Nanterre La Défense.
Gianna Gigliotti, Université de Rome Tor Vergata.
Françoise Dastur, Université de Nice Sophia-Antipolis.
Carlo Natali, Université Ca' Foscari de Venise.
Alain Badiou, École Normale Supérieure, Paris.

TABLE DES MATIÈRES

achevé d'imprimer en 2010
par Peeters s.a. B-3020 Herent